"十三五"国家重点出版物出版规划项目

经济科学译丛

利息与价格

货币政策理论基础

迈克尔·伍德福德（Michael Woodford） 著

刘凤良 陈彦斌 于 泽 江 艇等 译

陈彦斌 刘凤良 校

Interest and Prices

Foundations of a Theory of Monetary Policy

中国人民大学出版社

·北京·

前言

本书是对我的研究进程的一次报告——关于我从研究生阶段开始就深受吸引并为之奋斗的两项难题。第一项难题是如何调和宏观经济学与微观经济学理论，同时对可以追溯到凯恩斯之前很久的宏观经济思想传统所关注的主要问题并不简单地加以忽视——其中最紧要的一点就是，怎样理解从而减少由于价格或工资缓慢调整所导致的对现有生产能力有效利用的暂时偏离。我的导师 Bob Solow 始终强调微观经济学与宏观经济学的统一，他在两大领域中都显示了极高的才能。当我还在创作博士论文的时候，他就激励我尝试将黏性价格整合到跨期一般均衡模型之中——这类模型此后成为宏观经济分析的主导模式。我的另一位老师 Peter Diamond 特别强调一门能够将资源在部门间非有效配置问题与宏观经济稳定整合起来研究的公共经济学的重要性。直到我能够对这些挑战做出不致自感羞愧的回应，整整花了 20 年。但愿我并不会因为动作迟缓本身就被判不及格。

第二项难题是如何调和中央银行与理论货币经济学各自对货币政策的理解。长期以来，中央银行认为货币政策的关键问题是如何确定短期名义利率的合适水平。而理论文献则一直把货币政策视作中央银行对基础货币供给的控制，或中央银行的行为对一些广义货币总量变化的影响。直到最近这一情况才有所改变。我在大学阶段所接触到的文献中，不但在对有待分析的备选政策进行刻画时，利率显得并不重要，而且很多时候，在所采用的理论框架中，利率水平无法确定，或者即使对利率进行了定义，但不论选择什么样的货币政策，名义利率始终为零。我最先从 Axel Leijonhufvud 那里学到的威克塞尔货币分析传统，成为我重要的灵感源泉。据此，我所要努力揭示的是：我们可以将隔夜利率作为货币政策的操作目标，并将货币政策理解为对这一目标进行调节的规则，而同时坚持在跨期一般均衡理论的大框架中赋予货币分析清晰的基础。

我第一次产生念头要对这一论题进行系统化的表述，是源自1998年6月，我被邀请到瓦赫宁恩为荷兰经济学网络（NAKE）所举办的暑期学校讲授为期一周的宏观经济理论课程。同年8月我在堪萨斯联储银行重复了同样的讲座。1999年2月在伦敦经济学院，讲演材料的另一个更长版本被用于讲授为期三周的博士生课程。此后，我感觉自己对所要表述的内容形成了较为清晰的认识，于是开始创作本书。完成这项创作任务所耗费的时间比我最初的预计略长，部分原因在于这一领域的研究进展实在太过迅速了。或许自1999年春季就开始流传的本书草稿有助于加速这一进展，但我有时仍不免疑惑，现在对货币政策进行我所期望的系统化表述，究竟是否时机成熟。本书显然并不意味着这一话题的终结，但它或许能帮助更多人加入到对话之中。

本书所刻画的大部分研究成果是和一系列合作者共同完成的，他们是Julio Rotemberg，Ben Bernanke，Lars Svensson，Marc Giannoni以及Pierpaolo Benigno（大致按时间顺序排列）。书中的很多想法实际上来自他们，尽管我必须对书中任何表述上的不足承担责任。希望他们能够原谅我没能在书中更频繁地提及他们的名字。这一研究项目也因为我的一些学生的工作而获得了极大的进展，除了上面已经被列为合作者的以外，还包括Robert Kollman，Chris Erceg，Stephanie Schmitt-Grohe，Martin Uribe，Peter Ireland，Tim Fuerst，Tack Yun，Thomas Laubach，Eduardo Loyo，Rochelle Edge，Kosuke Aoki，Jon Steinsson，Gauti Eggertsson，Bruce Preston，以及Hong Li。如果没有他们的帮助，我对这些问题的理解不可能如此深入。

鉴于我所要讨论的主题，毫无疑问很多最有价值的对话者是来自各国的中央银行。尤其在我担任纽约联邦储备银行顾问的那两年（1995—1997年），以及2000年夏天作为新西兰储备银行的专职研究员的那段时间，对我的研究计划的形成产生了很大的帮助。在研究准备过程中，我同样在对以下单位的短期访问中获益匪浅：美联储，加拿大银行，英格兰银行，欧洲中央银行，瑞典银行，意大利银行，日本银行，以及香港货币局。我尤其要感谢David Archer，Andy Brookes，Kevin Clinton，Chuck Freedman，Spence Hilton，Chris Ryan以及William Whitesell，他们就各自中央银行的货币政策执行对我进行了耐心地指导。

Ed Nelson和Argia Sbordone仔细地阅读了大部分书稿（有时是好几个版本），对此我愧欠良多。我也要感谢Pierpaolo Benigno，Pelin Berkmen，Oliver Blanchard，Jean Boivin，Michael Dotsey，Peter Dougherty，Gauti Eggertsson，Pedro Garcia Duarte，Tim Fuerst，Jeff Fuhrer，Marvin Goodfriend，Bob Hall，Michael Kiley，Jinill Kim，Hong Li，Eduardo Loyo，Bennett McCallum，Rick Mishkin，Athanasios Orphanides，David Romer，Julio Rotemberg，Juha Seppala，Jon Steinsson，Brad Strum，Lars Svensson和Marco Vega，他们对书稿的不同章节进行了评论，以及Gauti Eggertsson，Marc Giannoni，Hong Li，Eduardo Loyo和Brad Strum，他们为本项研究提供了帮助。我在哈佛的学生当中，特别应该提到Yves Nosbuch，因为他找出了很多排印错误。

我还要感谢国家科学基金会通过向国家经济研究局的一系列拨款对本项研究的支持，感谢 John Simon Guggenheim 纪念基金会和普林斯顿大学经济政策研究中心，它们在我休假期间对我的支持使得我可以计划并开始本书的创作。最后，我要感谢 Peter Dougherty，他对这样一个看起来随时都有可能无法得出结论的项目抱有着持久的热情。

但我最最要感谢的是 Argia 对我所持的信念，她像 Hyginus 一样勇敢而忠诚。

目 录

第 1 章 货币规则的回归 …… (1)
1.1 价格稳定的重要性 …… (3)
1.1.1 走向新“新古典综合” …… (4)
1.1.2 微观基础与政策分析 …… (7)
1.2 政策承诺的重要性 …… (9)
1.2.1 管理预期的中央银行 …… (10)
1.2.2 传统最优控制的缺陷 …… (12)
1.3 不控制货币总量的货币政策 …… (16)
1.3.1 实施利率政策 …… (17)
1.3.2 无现金经济中的货币政策 …… (20)
1.4 利率规则 …… (24)
1.4.1 当前的建议 …… (25)
1.4.2 对利率规则的一般性批评 …… (28)
1.4.3 新威克塞尔货币理论 …… (31)
1.5 本书的计划 …… (35)
第一篇 分析框架 …… (43)
第 2 章 利率规则下的价格水平决定 …… (45)
2.1 无现金经济中的价格水平决定 …… (46)

2.1.1 具有名义资产的资产定价模型 …… (47)
2.1.2 威克塞尔政策制度 …… (53)
2.2 其他利率规则 …… (60)
2.2.1 外生利率目标 …… (61)
2.2.2 泰勒规则和确定性 …… (63)
2.2.3 对通货膨胀变化的惯性反应 …… (66)
2.3 具有货币摩擦的价格水平决定 …… (71)
2.3.1 具有交易摩擦的模型 …… (72)
2.3.2 重新考虑利率规则 …… (73)
2.3.3 与以货币增长为目标的比较 …… (74)
2.3.4 不可分离效用的后果 …… (78)
2.4 自我实现的通货膨胀和通货紧缩 …… (85)
2.4.1 局部确定下的全局多样性 …… (86)
2.4.2 预防通货紧缩陷阱的政策 …… (91)
2.4.3 阻止通货膨胀恐慌的政策 …… (93)
第3章 具有名义刚性的最优化模型 …… (102)
3.1 基本的黏性价格模型 …… (105)
3.1.1 定价和内生产出 …… (105)
3.1.2 提前固定价格的后果 …… (112)
3.1.3 新古典菲利普斯曲线 …… (114)
3.1.4 战略互补的来源 …… (118)
3.2 具有交错定价的通货膨胀动态 …… (125)
3.2.1 卡尔沃定价模型 …… (127)
3.2.2 新凯恩斯主义菲利普斯曲线 …… (133)
3.2.3 名义扰动的持续实际影响 …… (134)
3.2.4 名义支出增长率中持续性的后果 …… (139)
3.2.5 部门不对称的后果 …… (141)
3.3 名义扰动对通货膨胀的滞后效应 …… (145)
3.3.1 具有滞后价格变动的交错定价 …… (147)
3.3.2 对过去通货膨胀指数化的后果 …… (150)
3.4 名义工资黏性的后果 …… (155)
3.4.1 交错工资设定模型 …… (156)
3.4.2 黏性工资和名义扰动的实际效应 …… (160)
第4章 分析货币政策的新威克塞尔框架 …… (175)
4.1 一个货币政策效果的基准模型 …… (176)
4.1.1 非线性均衡条件 …… (176)
4.1.2 一个对数线性化的近似模型 …… (178)
4.2 利率规则和价格的稳定性 …… (180)
4.2.1 自然利率 …… (181)
4.2.2 均衡的确定性条件 …… (184)

4.2.3　学习动态机制下的稳定性 …………………………………… (190)
4.2.4　通货膨胀的决定因素 …………………………………………… (200)
4.2.5　通过承诺泰勒规则来保证通货膨胀的稳定性 ………………… (207)
4.2.6　通货膨胀目标制 ………………………………………………… (209)
4.3　货币和总需求 ………………………………………………………… (212)
4.3.1　一个最优化的IS—LM模型 …………………………………… (212)
4.3.2　实际余额效应 …………………………………………………… (214)
4.4　价格稳定的财政要求 ………………………………………………… (221)
第5章　对货币政策的动态反应 ……………………………………………… (233)
5.1　货币政策的滞后效应 ………………………………………………… (234)
5.1.1　前定支出的后果 ………………………………………………… (235)
5.1.2　私人支出的习惯持续 …………………………………………… (241)
5.2　一些小的定量模型 …………………………………………………… (244)
5.2.1　罗特伯格-伍德福德模型 ……………………………………… (244)
5.2.2　更多复杂的变形 ………………………………………………… (250)
5.3　货币政策和投资动态 ………………………………………………… (254)
5.3.1　黏性价格下的投资需求 ………………………………………… (255)
5.3.2　存在内生资本的最优价格设定 ………………………………… (258)
5.3.3　与新威克塞尔基准模型的比较 ………………………………… (260)
5.3.4　资本和自然利率 ………………………………………………… (268)

第二篇　最优政策 ……………………………………………………………… (277)
第6章　通货膨胀稳定化与福利 ……………………………………………… (279)
6.1　损失函数的近似与最优政策 ………………………………………… (281)
6.2　基于效用的福利准则 ………………………………………………… (286)
6.2.1　产出缺口的稳定性与福利 ……………………………………… (286)
6.2.2　通货膨胀与相对价格扭曲 ……………………………………… (289)
6.3　价格稳定性 …………………………………………………………… (294)
6.3.1　有效自然产出率的情形 ………………………………………… (295)
6.3.2　自然产出率轻微低效率的后果 ………………………………… (298)
6.3.3　特别提示 ………………………………………………………… (301)
6.4　基本分析的扩展 ……………………………………………………… (304)
6.4.1　交易摩擦 ………………………………………………………… (304)
6.4.2　零利息率下界 …………………………………………………… (309)
6.4.3　不对称扰动 ……………………………………………………… (314)
6.4.4　黏性工资与黏性价格 …………………………………………… (320)
6.4.5　时变的税收楔子或费用加成 …………………………………… (325)
6.5　较大扭曲的情形 ……………………………………………………… (329)
第7章　对政策规则承诺的获益 ……………………………………………… (341)
7.1　从长期看最优的通货膨胀目标 ……………………………………… (344)

7.1.1 相机抉择政策的通货膨胀偏误 …………………………………… (344)
7.1.2 基本分析的拓展 ……………………………………………………… (349)
7.2 对扰动的最优反应 ……………………………………………………… (355)
7.2.1 成本推动冲击 ……………………………………………………… (356)
7.2.2 自然利息率的波动 …………………………………………………… (366)
7.3 最优的简单政策规则 …………………………………………………… (370)
7.3.1 最优的非惯性计划 …………………………………………………… (372)
7.3.2 最优泰勒规则 ……………………………………………………… (374)
7.4 最优状态依存工具路径作为一种政策规则 ……………………………… (377)
7.5 对一种最优目标规则的承诺 ……………………………………………… (380)
7.5.1 稳健的最优目标准则 ………………………………………………… (380)
7.5.2 目标规则的实施 ……………………………………………………… (384)
第8章 最优货币政策规则 ………………………………………………………… (392)
8.1 一般线性二次框架 ……………………………………………………… (393)
8.1.1 最优状态依存路径 …………………………………………………… (394)
8.1.2 政策规则的各种备选形式 …………………………………………… (398)
8.1.3 各种冲击下的稳健性 ………………………………………………… (401)
8.1.4 强健最优规则的存在性 ……………………………………………… (403)
8.1.5 最优工具规则 ……………………………………………………… (407)
8.2 最优通胀目标规则 ……………………………………………………… (410)
8.2.1 一个具有通胀惯性的模型 …………………………………………… (411)
8.2.2 一个同时具有工资黏性和价格黏性的模型 …………………………… (414)
8.2.3 一个具有习惯持续的模型 …………………………………………… (416)
8.2.4 先决的支出和定价决策 ……………………………………………… (417)
8.2.5 小型数量模型下的最优政策 ………………………………………… (420)
8.3 最优利率规则 …………………………………………………………… (426)
8.3.1 新威克塞尔基本模型中的最优规则 ………………………………… (426)
8.3.2 通胀惯性的后果 ……………………………………………………… (432)
8.3.3 先决的支出和定价决策 ……………………………………………… (442)
8.3.4 非完全信息下的最优政策 …………………………………………… (444)
8.4 对当前流行的政策建议的一些思考 ……………………………………… (446)
8.4.1 泰勒规则 …………………………………………………………… (446)
8.4.2 通货膨胀预测盯住制 ………………………………………………… (452)
附 录 …………………………………………………………………………… (461)
附录A 第2章附录 ………………………………………………………… (461)
A.1 命题2.1的证明 ……………………………………………………… (461)
A.2 命题2.2的证明 ……………………………………………………… (462)
A.3 对数线性化与均衡的确定性 ………………………………………… (463)
A.4 命题2.3的证明 ……………………………………………………… (467)
A.5 命题2.4的证明 ……………………………………………………… (469)

A.6　命题 2.5 的证明 …………………………………………………… (469)
A.7　命题 2.7 的证明 …………………………………………………… (470)
A.8　命题 2.8 的证明 …………………………………………………… (471)
A.9　命题 2.9 的证明 …………………………………………………… (472)
A.10　命题 2.10 的证明 …………………………………………………… (473)
A.11　命题 2.11 的证明 …………………………………………………… (474)
A.12　命题 2.12 的证明 …………………………………………………… (475)
A.13　命题 2.13 的证明 …………………………………………………… (476)
A.14　命题 2.14 的证明 …………………………………………………… (476)
A.15　命题 2.15 的证明 …………………………………………………… (477)
A.16　具有备择时点协定的货币摩擦 …………………………………… (478)
A.17　施密特-葛罗布和乌利贝模型的例子 ……………………………… (482)
附录B　第3章附录 …………………………………………………… (483)
B.1　非CES需求与可变加成 …………………………………………… (483)
B.2　命题 3.3 的证明 …………………………………………………… (484)
B.3　命题 3.4 的证明 …………………………………………………… (485)
B.4　命题 3.5 的证明 …………………………………………………… (487)
B.5　命题 3.6 的证明 …………………………………………………… (488)
B.6　命题 3.7 的证明 …………………………………………………… (489)
B.7　命题 3.8 的证明 …………………………………………………… (491)
附录C　第4章附录 …………………………………………………… (493)
C.1　小型线性模型中均衡的确定性：一些有用的结论 ………………… (493)
C.2　命题 4.3 的证明 …………………………………………………… (498)
C.3　命题 4.4 的证明 …………………………………………………… (499)
C.4　命题 4.5 的证明 …………………………………………………… (501)
C.5　命题 4.6 的证明 …………………………………………………… (502)
C.6　命题 4.7 的证明 …………………………………………………… (503)
C.7　命题 4.9 的证明 …………………………………………………… (504)
C.8　命题 4.11 的证明 …………………………………………………… (505)
附录D　第5章附录 …………………………………………………… (506)
D.1　对习惯持续模型的另一种解释 …………………………………… (506)
D.2　命题 5.1 的证明 …………………………………………………… (507)
D.3　命题 5.2 的证明 …………………………………………………… (509)
附录E　第6章附录 …………………………………………………… (509)
E.1　命题 6.1 的证明 …………………………………………………… (509)
E.2　命题 6.3 的证明 …………………………………………………… (512)
E.3　命题 6.6 的证明 …………………………………………………… (513)
E.4　命题 6.7 的证明 …………………………………………………… (514)
E.5　命题 6.9 的证明 …………………………………………………… (516)
E.6　命题 6.10 的证明 …………………………………………………… (518)

E.7　命题6.11的证明 …………………………………………… (520)
E.8　命题6.12的证明 …………………………………………… (521)
附录F　第7章附录 …………………………………………………… (522)
F.1　命题7.6的证明 ………………………………………………… (522)
F.2　命题7.9的证明 ………………………………………………… (523)
F.3　命题7.10的证明 ……………………………………………… (524)
F.4　最优非惯性计划 ……………………………………………… (525)
F.5　命题7.15的证明 ……………………………………………… (526)
F.6　命题7.16的证明 ……………………………………………… (526)
附录G　第8章附录 …………………………………………………… (527)
G.1　假设8.3与假设8.4 ………………………………………… (527)
G.2　假设8.5 ……………………………………………………… (529)
G.3　一些技术性引理 ……………………………………………… (530)
G.4　命题8.5的证明 ……………………………………………… (531)
G.5　命题8.6的证明 ……………………………………………… (532)
G.6　命题8.7的证明 ……………………………………………… (533)
G.7　命题8.8的证明 ……………………………………………… (536)
G.8　命题8.9的证明 ……………………………………………… (538)
G.9　命题8.10的证明 ……………………………………………… (543)
G.10　命题8.11的证明 …………………………………………… (545)
参考文献 ……………………………………………………………… (551)
索引 …………………………………………………………………… (571)
译后记 ………………………………………………………………… (610)

第 1 章　货币规则的回归

如果我们对于未来的价格体系有充分加以调节的能力的话，那么毫无疑问，最理想的局面……将是在不干预各种商品相对价格之必然变动的前提下，使货币价格的一般平均水平……保持完全稳定不变。

然而，这种调节为什么未能被包含在政策实践的范围之内呢？……以关税、国家补贴、出口奖励等方式试图部分地改变［相对价格］的自然秩序的做法，几乎不可避免地会造成社会效用的损失。这些做法必然被认为是违背情理的。另一方面，所谓绝对价格——货币价格——经最后分析，纯属习惯问题，它取决于对价格标准的选择，而这是我们力所能及的。

——克努特·威克塞尔（Knut Wicksell），《利息与价格》，1898，第 4 页。

在过去的一个世纪里，全球的货币体系经历了显著的变革。20 世纪之初，实践家们认为，货币单位的意义必须由其可兑换成一定数量贵重金属的性质加以保证。关于货币政策的争论往往只涉及金本位制和银本位制的相对优势或复本位制的可能性。然而世事流转，世界上的货币已经越来越完全地受控于各国中央银行的“管理”。自 70 年代初固定汇率的布雷顿森林体系解体之后，世界上的货币与任何实际商品的最后一丝联系也被抛弃了。如今我们生活在纯粹“法定”记账单位的世界中，每个记账单位的价值唯一地取决于对其负责的中央银行的相应政策。

这一变革同时也带来机遇与挑战。一方面，黄金或其他贵重金属市场的反复无常不再会造成货币购买力的变动，以及由此产生的对经济活动形式的破坏。正如一个世纪之前的货币改革家克努特·威克塞尔所提出的，货币的购买力无需受制于任何“自然的”市场力量，而应该是政府调控的固有对象。原则上，这一认识应该能带来价值标准的更高的稳定性，从而促进契约行为和市场交易。同时，在法定货币体系下，世界各国中央银行的责任相比较于它们的任务仅为维持其货币对黄金的可兑换性之时更为复杂，而中央银行这项新的特权应该如何最佳利用，却无法立刻彰显。实际上，在实行新体制的最初十年中，很多工业化国家的政策都受到持续通货膨胀趋势的困扰，使得在80年代出现了一些要求回归到商品本位制的呼声。

这种回归被证明是不必要的。相反，80年代以后，主要工业化国家的中央银行将通货膨胀拉回到较低且稳定的水平方面做得相当成功，而这也未见得对其他政策目标造成了任何永久性的代价。例如，在通货膨胀稳定之后的美国，实际GDP的增长一直高于平均水平，且更趋稳定。略显反常的是，在宏观经济稳定性得以改善的这一时期，与之同时发生的却是中央银行致力于宏观经济稳定的雄心从某种意义而言有所降低。世界各国的中央银行更为明确地致力于相对更为直截了当的通货膨胀控制目标，并且发现这样一来不仅较以往经验所示能够更容易地控制通货膨胀，而且价格的稳定性为实际经济行为创造了更可靠的基础。

于是，当新世纪来临时，大家正在逐渐形成的一项新的共识是，货币政策应该由明确的货币规则所规定，旨在确保价值标准的稳定性，而非纯粹以相机抉择为基础，以随时服务于看似最为紧迫之目的。不过新的货币规则也并非如金本位规则一样盲目机械——后者给出了一个世纪以前的传统货币的定义。相反，对于那些能充分认识行为后果并为之负责，且根据成效审慎选择政策的机构而言，新的货币规则将成为系统性操作的原理所在。的确，根据当前这种基于规则的政策制定方式，被强调更多的是对合意的经济后果做出明确承诺，例如通货膨胀率目标，而不是中央银行认为可能有助于监控该目标实施效果的某些特定的技术指标。

本项研究试图为这种基于规则的货币政策模式提供理论基础。发展出这样一套理论是一项很紧迫的任务，因为只有当中央银行对其所作所为能够提供清晰明确的理由，我所描述的这样一种基于规则的货币政策才是可行的。因此有必要使中央银行知道怎样进行系统性的操作才能实现其目标——此时的目标是由一些远非中央银行所能直接控制的变量所定义。也有必要使中央银行能够就系统性承诺的性质与公众进行沟通——此时类似货币兑换实物承诺中的硬性约束已经不复存在。正如我下文将会解释的，可靠的货币政策的优势很大程度上取决于私人部门在从事经济活动时能否理解和信任此项政策。

毋庸置疑的是，在过去的十年中，世界各国的中央银行对于其货币政策操作方式的自觉意识已经有了显著的提高，就其行为及所依据的考虑因素与公众已经进行了更为清楚的沟通。在这一方面尤其重要的一项进展是，在20世纪90年代“通货膨胀目标制”作为货币政策的操作方式[1]被世界各国很多的中央银行所采纳。如我随后所详细讨论的，这一方式（最好的例证来自英格兰银行、加拿大银行、新西兰储备银行和瑞典银行的创新家们的实践）的特点不仅在于对明确的目标做出公开承诺，而且承诺在针对如何实现这一目标的系统性决策框架之内对中央银行的政策行为做出解释。这导致中央银行就解释当前状况与未来前景方面与公众之间的沟通得以大幅改善，特别是通过公布详尽的《通货膨胀报告》。双方的沟通还包括就政策行为的商议程序进行相当明晰的讨论，有时甚至发表一些预测模型，而这些预测在商议过程中起到重要作用。因而这些国家的中央银行发现需要一套清楚的理论来指明如何以最佳的方式实现其目标，并且对于激励这一问题的思考发挥了重要作用。

事实上，中央银行为了获得更系统性的政策操作方法而提出的概念性框架，很大程度上是在缺乏货币经济学学术文献指导的条件下而发展起来的，这一局面直到最近才有所改变。确实，在实践中人们感兴趣的关于政策操作的主要问题——中央银行应该怎样决定隔夜利率的合适水平？货币政策应该怎样应对各种类型的无法预期的扰动？——在最近几十年已经不再被认为是学术研究的合适主题，原因包括卢卡斯（Lucas，1976）对政策评价的传统计量方法的犀利批评，基德兰德和普雷斯科特（Kydland and Prescott，1977）对传统的最优控制方法应用于经济政策操作问题的批评，以及新一代具有更严格的微观经济基础波动数量模型（“实际经济周期理论”）的发展认为货币政策对于经济福利而言没有意义。

然而，本书将会详细讨论的最新进展，已经在相当程度上改变了这一图景。本项研究试图表明，我们能够运用现代宏观经济理论工具——充分考虑私人部门预期内生性的跨期均衡建模——来分析最优利率设定问题，使之既能够认真对待银行家们所关心的问题，同时又把对传统政策评价实践的“新古典”批评考虑在内。循此途径所发展出来的一种理论，将能够为货币政策操作的系统性方法提供根基，而这正是当前许多中央银行孜孜以求的。我将阐述这一理论的基本要素，在本章中，我将首先回顾这一理论的一些关键特征，以便从第 2 章开始进行更系统性的展开。

1.1 价格稳定的重要性

基于规则的货币政策新模式的一个显著特征是对一项特定的政策目标给予更多的强调：维持低且稳定的通货膨胀率。在那些具有明确通货膨胀目标的国家中，这一点最为明显。但它似乎也能刻画近年来美国的货币政策特征。过去的十年间，美国的通货膨胀率取得了不同寻常的稳定，许多计量研究的证据表明美联储对通货膨胀变动的反应更为强烈。（参见 1.4.1 节对近年来美国政策的深入讨论。）

然而从经济理论的角度而言，这种强调的理由并非一目了然。标准的一般均衡模型——以及最早一代经济波动数量均衡模型，即 20 世纪 80 年代的实际经济周期模型——认为价格的绝对水平应该与资源配置无关，后者仅取决于相对价格。传统的凯恩斯（Keynes）宏观经济计量模型的观点当然是相反的：工资和价格增长率的变化与经济活动和就业的实质性变化是相关的。然而此种所谓“菲利普斯（Phillips）曲线”关系的存在，其表达的含义往往是：货币政策应该被用于帮助实现产出或就业目标，而并非提倡价格的稳定性。

本项研究则支持关于货币政策合理目标的另一种观点。通过货币政策来稳定的一项被恰当定义的价格指数实际上是一个值得为之努力的——至少在一阶近似的程度上——重要目标，它也理应成为货币政策的主要目标。但支持的理由并非如通货膨胀目标制的拥护者们有时所认为的那样，在于通货膨胀率的变动没有实际效应。相反，恰恰因为一般价格水平的不稳定会造成相当的实际扭曲——从而导致总就业和总产出以及经济活动部门构成的无效率变动——所以价格稳定才是重要的。

此外，尽管货币政策的变动存在可预测的实际效应，但这并不意味着政策的制定必须主要依赖于对政策的产出或就业效应的计算，因为作为各种类型的实际扰动的结果，有效率的实际经济活动的总水平和部门构成也是随时间变化的。市场机制承担着一项艰巨的计算任务——在多数情况下是相当精确的——使得资源配置随时间变动以应对生产和消费机会的变化。基于此，就业和产出相对于某一平滑趋势的时序变化之本身并不能说明市场运行的失灵。而一般价格水平的不稳定性却是实际资源配置无效率的一个好的指示器——如果我们使用了合适的价格指数——因为价格朝同一方向变动的一般趋势（不论是相对于过去值上升或下降）既是资源配置系统性不均衡的原因，也是其症状。

上述概括性见解从各个方面而论都是尝试对在凯恩斯革命之前的货币经济学家当中很具影响力的某项观点进行复兴。该观点由著名的瑞典经济理论家克努特·威克塞尔在 20 世纪初进行了最好的表述，同时做出贡献的还有他的追随者——两次世界大战期间兴起的“斯德哥尔摩（Stockholm）学派”（例如埃里克·林达尔（Erik Lindahl）和贡纳尔·缪尔达尔（Gunnar Myrdal）），以及受到威克塞尔著作影响的弗里德里希·哈耶克（Friedrich Hayek）等人。然而，这些学者发展各自的观点时并未受益于现代一般均衡理论[2]或宏观经济计量建模技术，因此威克塞尔理论能否为现代央行的银行家所必须倚重的政策数量分析——并且考虑到当前公众对政策决策的正当性诉求越来越高，这种分析显得更为关键——提供基础，是值得担心的。本书正是试图为上述观点提供理论基础，使之既能够在概念推演上满足现代经济学的严格标准，又能够在形式上符合经济时间序列分析的需要。

1.1.1 走向新“新古典综合”

本书所提倡的货币政策模式立足于对经济波动的分析，特别是对过去几年货币传导机制的分析。[3]本书所分析的模型在两个关键方面与最初两代均衡经济周期模型——即卢卡斯（1972）开创的新古典模型和基德兰德和普雷斯科特（1982）以及朗和普洛瑟（Long and Plosser，1983）开创的实际经济周期（RBC）模型——有所不同。这两代模型最早对经济短期波动进行了严格的跨期一般均衡分析，但是这些模型所包含的要素都不足以使它们适用于货币政策分析。卢卡斯模型尽管允许未被预期到的货币政策变动（被刻画成是货币供给增长率的随机变动）具有实际效应，但该模型认为货币政策的任何实际效应必须完全是暂时的，并且只要货币扰动对名义总支出的影响能够在事前被预测，它们就不具有任何实际效应。然而在第3章中我们将看到，能够识别出的货币政策冲击效应的向量自回归（VAR）证据与这些预测结论是很不一致的。相反，尽管这些对名义总支出产生的效应至少在6个月之前就能根据联邦基金利率被预测到，但是它们对实际经济活动产生的（滞后程度类似的）效应仍然是相当大的，并且会持续好几个季度，而且在实证上的这一失败对货币政策分析而言并非不重要。只有未被预期到的货币政策才具有实际效应这一结论直接导致萨金特和华莱士（Sargent and Wallaces，1975）得出一个令人生疑的结论：使用货币政策来稳定实际经济活动的任何尝试都必然无效。

20世纪80年代的RBC模型则是从一个颇为不同的视角来看待经济活动短期波动的典型特性，但是这一脉的古典模型同样没有为旨在稳定经济的货币政策留有任何余地，因为在这些模型中，实际变量的演变和任何名义变量都是完全独立的。因而当涉及实际经济波动时，货币政策（至少隐含地）被认为是没有任何意义的。因为来自VAR研究的实证证据和央行银行家的实践经验都无法支持这一观点，我也就不愿意使用这类模型来讨论合意的货币政策规则的特性。

第3章至第5章对最近的文献进行了回顾，并从中说明如何能够发展出这样一类模型，使它们既具有严格的跨期最优化行为基础，同时又能对货币扰动的实际效应进行更贴近现实的分析。这些模型也将表明，系统的货币政策能够从根本上改变整个经济对各种实际扰动做出反应的方式，这也正是我们对经济所做出的预测，从而对于本书所关心的问题而言具有重大意义。VAR模型通常并不能表明实际经济的波动中很大一部分应该归因于货币政策冲击——即央行利率政策的纯随机部分。此外在任何情形下，我们并不需要了解这类货币政策冲击的效应是什么，因为不管从什么角度而言都应该尽最大可能消除这类冲击（即使得货币政策可预测）。（在此处，我之所以要讨论我所主张的模型对这类冲击效应的证据的解释能力，恰恰是因为货币政策效应的这一方面能够基于相对较弱因而更足信的识别假设在实证上被识别。）另外，我非常感兴趣的是怎样从模型中得出不同的系统性货币政策决定实际扰动效应的不同方式。对中央银行而言，在实践中具有重要性的问题永远不是“这个月我们是否应该制造一些随机噪声”，而是“这个月的新闻是否说明调整利率水平是有必要的？”要思考这一问题，我们就需要了解不同类型的货币政策应对外生扰动的不同结果。

在我所主张的模型中要得到关于系统性货币政策的有价值结论，关键因素在于假定价格和/或工资并非连续调整，而是至少在短期内（几个月或甚至一年）稳定在一个过去的合意水平上。然而这一假定并不意味着我们需要接受作为60年代凯恩斯宏观经济计量模型核心的那些工资和价格调整的刻板的模型。那些模型假定价格或工资根据市场非均衡的某些测度标准而机械地变动，而在我的模型中，人们最优地制定价格或工资，即根据制定者当时所能获得的信息，价格和工资符合制定者的最优利益。在下一次重新考虑制定价格之前（或新制定的价格生效之前）存在一个间隔期，我们把它看作是一项制度事实，就如同可行的生产技术。当然，这一事实所产生的约束将会被制定价格的决策者考虑在内。因此我们假定的价格“黏性”隐含着当人们考虑重新制定价格时，他们会采取前瞻性（forward-looking）的方式，根据对未来需求和成本条件的预期来制定价格，而非仅仅依据当前条件。结果，预期就成为通货膨胀和实际经济活动的均衡关系中的一个关键要素（正如费尔普斯和弗里德曼在60年代所论证的那样）。我们在第3章中将会看到，在某些特殊的假定条件下，此种均衡关系恰恰具有新古典文献中所假定的形式：产出偏离其“自然率”水平的程度与通货膨胀的未预期部分是成比例的。然而在一般情况下这一结论并不成立。其他的我认为更符合现实的模型也能够得到某种形式的“附加预期的菲利普斯曲线”关系，但不像新古典模型那样隐含着预期到的货币政策不具有实际效应这样的结论。

认识到下面这一点也很重要：此处对名义刚性的强调并不意味着对RBC理论所强调的经济波动中的实际因素的忽视。RBC文献的一个重要成果是表明产出的均衡水平很容易受到各种实际扰动——技术进步率的变化，政府购买力的变化，税率的调整，或各类偏好的改变——的影响。在我所提出的模型中，我并不准备抽象掉这些扰动的存在。毕竟，正是这些实际扰动（即除了来自货币政策本身的随机性之外的扰动）的存在才凸显了货币政策问题的重要性，我努力希望所获得的结论对于更多类型的扰动都能成立。当然，对实际扰动效应的预测并不必然和RBC理论相一致，因为在后者的经典形式中，工资和价格被假定为完全伸缩性。在我的模型中，对实际扰动效应的预测取决于货币政策的特性。

尽管如此，预测实际变量在工资和价格完全伸缩性条件下的演变——RBC理论的研究主题——仍然是本书所发展的理论的一个重要基准。给定当前的实际因素（偏好，技术，政府购买力等），在弹性工资和价格均衡中将会得到的产出水平——弗里德曼（1968）称之为产出的“自然率水平”——仍然是一个非常有用的概念，即使本书认为不论在何种货币政策条件下这都不是产出的实际水平。我在第3章中将会指出，在一个合理定义的菲利普斯曲线关系中，与通货膨胀动态相联系的不是产出水平与趋势之间的缺口，而是实际产出与自然率水平之间的缺口；我在第4章中也会指出，如果“泰勒（Taylor）规则”是稳定通货膨胀的成功方法，利率应该针对后者这种产出缺口概念做出反应；第6章表明，货币政策应该稳定这种产出缺口以最大化家庭福利；第8章表明，最优利率规则和/或最优通货膨胀目标也应该针对这种产出缺口做出反应。从上述任何一项的应用角度来看，RBC文献所指出的产出的自然率水平会随着经济周期的起伏而变化的事实在实践中显得极为重要。我感兴趣的另一点是，给定当前的实际因素，威克塞尔（1898）所谓的“利息的自然率”——在弹性工资和价格条件下的均衡实际利率——随时间变化的结果。[4]对此RBC理论也做出了很多贡献，告诉我们什么样的因素会导致利息的自然率发生变化。因此如果我们对RBC理论进行恰当的解释，它将成为构筑本书所要发展的理论的重要组成部分。

正是出于这一原因，古德弗兰德和金（Goodfriend and King，1997）把这类模型称作“新新古典综合”，与希克斯和萨缪尔森对凯恩斯短期分析和新古典长期分析所做的那次综合取类似的含义。在这样一种具有更明确的动态形式的现代综合中，新古典理论（即RBC理论）所定义的不再是一个静态的“长期均衡”，而是一条动态路径，它代表经济在每个时点的一种虚拟均衡——假定工资和价格不具有黏性时将会得到的均衡。虚拟均衡的演化十分重要，因为变量的实际值与虚拟均衡值之间的缺口是激励人们对工资和价格进行调整的重要测度，从而也就是工资和价格动态过程的决定因素。

同时，价格和/或工资的黏性意味着我们可以通过回忆凯恩斯理论的方式去理解短期产出的决定。确实，本项研究的基本分析框架正是一个包含"IS方程"、货币政策规则和"AS方程"的简单模型结构。(与希克斯的提法相比，货币政策规则——我经常假定为类似泰勒规则的东西——取代了"LM方程"，因为在大多数时候我并不关心货币数量目标制的结果。)然而，即使仅出于"短期分析"的目的，我所提出的模型也不如老式的凯恩斯模型那样纯静态；特别而言，预期会成为模型的结构关系（例如"跨期IS关系"）中的关键要素，因此任何引起预期变化的因素都会导致结构关系的变动。

正如卢卡斯（1976）所论证的，在关键的结构关系中包含显著的前瞻项会对最优政策的特征分析带来实质性后果，即使一些后果未被新古典文献所提及。例如，传统宏观经济计量模型中所估计的IS方程通常显示滞后期利率而非当期利率具有总需求效应，因为在试图通过可观察变量解释实际总支出的回归中，人们发现滞后期利率的系数比当期利率的系数更显著。然而，对于这一观察到的利率冲击对实际GDP的滞后效应，罗特伯格和伍德福德（Rotemberg and Woodford, 1997）所估计的基于最优化的模型对其的解释则是基于如下的假定：私人支出中相对利率较敏感的那部分决策尽管是以前瞻性的方式做出的，但却是提前确定的。因此假定当期总需求取决于过去对于当期和未来利率的预期，而非过去的利率本身。

在计量上，如果利率的观察值具有较高的序列相关，那么大家将不容易区分上述两种假说。然而我认为，从支出时机最优选择的角度来看，如果能够认为支出决策提前确定的假设是合理的（就如同定价决策一样），那么第二种假说的逻辑则显得更简明，并且假说的选择对于政策操作的结论而言至关重要。如果支出确实只受到滞后期利率的影响，那么对中央银行而言，重点在于根据利率对未来总需求影响的预测而对其进行调整；此时的关键在于"抢先"行动。相反，如果起作用的只是过去对当前和未来利率的预期，那么无法预期到的利率变动不会影响需求，因此对新事件的即时反应不会产生效果。于是重点就在于让利率继续根据过去已经感知到的前景做出反应，即使更多的当前信息已经大幅改变了央行的预测。最优利率政策的这一惯性特征将在第7章和第8章中给予讨论。

1.1.2 微观基础与政策分析

我之所以认为发展一个具有清晰的个体最优化基础的货币传导机制模型是重要的，乃是基于两方面原因：第一，应用这样的模型评价不同的货币政策，能够避免卢卡斯（1976）所强调的传统凯恩斯宏观经济计量模型政策评价工作的缺陷；第二，不同政策得出的结果可以根据私人的偏好来进行评价，因为后者已经反映在模型的结构关系之中。

卢卡斯（1976）认为，应用传统的宏观经济计量模型来评价政策的工作之所以存在缺陷，是因为他们没有认识到，估计得到的方程——"消费方程"、"价格方程”等——实际上（至少在家庭和企业最优化行为假设之下）往往只是退化形式的，而非真实的结构性关系。特别地，在估计方程中，对未来状态的预期（消费者眼中的未来收入或价格制定者眼中的未来成本和未来需求）是用当期和滞后期可观察的状态变量来替代的，但是当政府的政策规则发生变化时，预期和这些变量之间的相关性应该也会改变，这一点在进行政策评价时应该予以考虑。

我们可以通过利用能明确表示经济决策对未来内生变量预期的依存性的结构关系来解决这个问题。本项研究就是旨在说明其具体方法——从刻画私人部门行为的一阶条件（欧拉方程）中推导出用于最优政策计算的结构关系。这些条件中明确包含了私人部门关于内生变量未来演化的预期，并且它们往往只是隐含地定义了私人部门的行为，而不是给出一个封闭形式的消费或价格方程。我偏好使用这种结构关系形式的原因恰恰在于，当能够改变内生变量随机运动规律的政策发生变化时，这些形式应该是保持不变的（只要与之相关的理论是正确的话）。

当然，仅仅因为本书中推导的结构关系是来自家庭和企业明确的最优化问题，并不足以保证它们都是正确的；从实证角度来看，我此处所考察的（相当简单的）最优化问题有可能是符合现实的，也有可能不是。（确实，为了阐述这套研究方法的基本原理，我会举出一些非常简单的例子，它们显然都不能准确地代表现实。）但并不能由此反对我所主张的方法。它仅仅意味着，对于谨慎的实证研究而言，找不到定量意义上更符合现实的替代品来充实货币传导机制研究的细节。对于这些简单模型在何种程度上与经验证据相一致，我在研究中进行了若干讨论，以便引出模型的诸要素，但是我并非有意构造一个足够贴近现实的模型用于中央银行真实的政策分析。尽管如此，我相信在第 3 章和第 5 章中得到的货币传导机制最优化模型的基本要素能够代表“现实主义”模型的关键要素；事实也确实如此，我现在所讨论的较直观的模型和一些中央银行已经用来进行政策定量评价的货币传导机制理性预期模型具有很多共同之处。

以明确的微观经济基础作为出发点的另一个好处在于，个体当事人的福利——由传导机制模型的结构关系下的效用函数来表示——为应该怎样评价不同政策提供了一个自然而然的目标。本项研究通过采用这种方法来处理货币政策问题，试图与公共经济学其他分支（例如最优税收政策的分析）中的标准处理方式保持一致。但这种方式在货币政策评价的文献中并不普遍，后者在评价不同政策时选用的是包含各种宏观经济指标的特定的（ad hoc）稳定目标。

货币政策的福利分析以前一直被完全局限于使用货币购买商品时如何降低交易摩擦（有时被称作“鞋革成本（shoe-leather costs）”）的问题。[5]这是因为长期以来一般均衡的货币模型通常假设工资和价格完全伸缩性以及完全竞争，因此唯一的无效率就来自上述的交易摩擦。在本书中读者将看到，在名义刚性的条件下也可以进行货币政策的福利分析。引入更多的（对于理解不同货币政策的实际效应十分关键的）摩擦为新的政策目标的提出提供了福利层面的理由。

我在第 6 章中证明，工资和价格调整存在的滞后性，正是支持货币政策着眼于维持价格稳定的强有力的理由，虽然看起来货币政策实际效应的存在似乎应该更支持产出稳定才对。价格黏性解释了实际产出为什么会偏离产出的自然率水平，因此我们需要稳定“产出缺口”，即实际产出与产出的自然率水平之间的差距。但价格黏性同时也为稳定价格提供了理由。因为当价格不是连续调整时，不同商品价格的调整不会是恰好同步进行的，所以一般价格水平的不稳定会造成商品相对价格的偏差。这种相对价格的扭曲会进一步导致资源在部门间配置的无效率，即使此时产出的总水平仍然是合理的。

我的理论不仅说明稳定价格和稳定产出缺口同等重要，而且说明在一定条件下通货膨胀的稳定使我们不必再关心实际经济活动的总量水平。这是因为至少在某些条件（第 6 章将会详细描述）之下，随时间变化的有效产出水平与在平均意义上使得所有企业都没有动机提高或降低价格的产出水平是相等的（都等于某一常数，这样并不影响基本结论）。如果产出缺口的福利概念得到了恰当理解，稳定通货膨胀和稳定产出缺口之间就不存在任何冲突。此外，由于衡量实际经济活动的有效水平具有难度（因为它取决于生产成本、消费需求和投资机会等的变动），所以只需监测价格的稳定性对中央银行而言就更加方便。

对通货膨胀变动所造成的扭曲进行明确的福利分析研究的进展的贡献不仅仅在于为目前的中央银行致力于稳定通货膨胀提供了理论支持，还为中央银行更应该稳定哪项价格指数提供了指导。通货膨胀和价格指数的稳定性问题在实践中显得同等重要。例如，20 世纪 90 年代后期很多工业化国家股市的繁荣与崩溃使得人们开始讨论中央银行的通货膨胀目标测度是否需要在考虑商品价格的同时也应该考虑“资产价格的通货膨胀”。[6]

本书的理论所提供的答案是否定的。货币政策应该致力于稳定的价格是指那些间歇性调整的价格——所以才有理由认为当环境需要这些价格进行上下调整时它们可能是有偏差的。对于能够连续调整的价格——股价是这其中最为伸缩性的——应该允许其进行大幅波动，而不需抱有上述的担心，并且如果让这些价格进行波动会使得那些黏性的价格更为稳定，那么弹性价格的这种不稳定性就是合意的。[7]在第 6 章中，我将证明怎样从福利经济学的角度来为这一结论进行辩护。此后我还将介绍怎样设计定量方法来测度稳定不同的价格指数分别会造成多大的无谓损失（deadweight loss），从而我们就可以处理不同程度的价格黏性之间的细微差别。

本书的理论除了说明合理的通货膨胀目标不应该包括资产价格之外，还将指出不是所有的商品价格都同等重要。中央银行应该是以某种“核心”通货膨胀标准为目标，该目标赋予那些黏性较大的价格以更大的权重。此外，既然工资也是黏性的，合意的通货膨胀目标在包括商品价格的同时也应该考虑工资的通货膨胀。第 3 章的经验证据表明，工资和价格的黏性程度是类似的，这意味着（我在第 8 章中将会证明）合意的通货膨胀目标应该赋予工资和价格通货膨胀以大致相同的权重。

1.2 政策承诺的重要性

到目前为止，我已经从理论上总结了实行通货膨胀目标制的中央银行应该稳定价格的理由。但是为什么随之而来我们需要向公众承诺一个通货膨胀的目标率，而不是承诺政策工具合理设定的一整套系统性决定程序？为什么说仅仅任命一批谙熟经济运行规律的中央银行管理者并赋予他们充分伸缩性的权力，然后依靠他们的判断来为公众利益服务，而这样做是不够的？只要政策工具对中央银行而言是可行的，并且政策决策必须依赖的信息在当时是可取的，那么从我的分析来看这样做不是也能达到稳定价格么？

我在此处认为，有充分理由证明，中央银行所承诺的系统性政策模式，不但要求银行能够提供明确的决策制定框架，而且需要银行就做出的决策向公众进行解释。承诺一条经过恰当选择的政策规则具有两个重要的特点。第一，货币政策的有效性既取决于中央银行的实际行动，也取决于公众对未来政策的预期，因此，重点不仅在于中央银行要尽量能够做出正确的决策，也在于其行动是可预测的。

第二，这一点比较微妙，即使公众能够毫无困难地正确理解中央银行的行动模式——正如理性预期假设所刻画的那样——如果银行在每一时点采取行动的时候无法对未来的行为做出承诺（也不会受到过去承诺的约束），那么它就会采取某种系统性的次优行为模式。我将逐一论述这些观点。

1.2.1 管理预期的中央银行

对政策规则做出承诺的第一个优点在于，它能够帮助公众理解政策。尽最大可能地使公众理解中央银行的行动，这一点十分重要，原因并不仅仅在于民主合法性——尽管这本身也是一个很出色的理由，如果中央银行的管理者在执行任务时被授予高度自治权的话——也是为了使货币政策更为有效。

因为成功的货币政策并不是指对隔夜利率的有效控制，而是指对于利率、通货膨胀和收入今后将会如何演变的市场预期进行调整。一方面，最优化模型认为私人部门的行为是具有前瞻性的，因此对于未来市场条件的预期是决定当前行为的重要因素。我们可以推出，只要中央银行能够影响预期，那就将是一项重要的稳定性政策工具。而且，过去的20年来，中央银行市场参与的复杂度越来越高，我们有理由假设，中央银行对系统性政策的承诺将会被私人部门的预测考虑在内——至少目前人们观察到银行的行动确实和它所表示过的承诺相一致。

不但预期对于政策十分重要，而且至少在当前条件下，我们可以说其他的概不重要。主要工业化国家的中央银行已经很少通过信用控制或其他方式直接管制金融市场和机构中的资金流。金融体系复杂性的提高使得这些控制很难再奏效，对于前文强调过的资源在部门间的配置，改善其效率的目标也很难再通过这样的控制来实现，况且这样的控制（如果成功的话）还将不可避免地对经济活动中各方运用资金的相对成本造成无效率的扭曲。

相反，中央银行仅局限于行使一种干预，即为了中央银行的收支平衡而试图控制银行间市场的隔夜利率（例如在美国就叫做联邦基金利率）。但是当前这种隔夜利率水平对于经济决策的制定无足轻重。如果隔夜利率的变动仅仅意味着那一个夜晚的隔夜借款成本的变化，那么即使出现很大幅度的变动（比如增加整整一个百分点）也不会对人们的支出决策产生影响。中央银行隔夜利率目标变动影响支出决策（从而最终影响定价和就业决策）的有效性完全取决于这样的变动对其他金融市场价格的影响，例如长期利率、股票价格和汇率。这些价格和受到中央银行行为更直接影响的短期利率通过套利关系相联系，但是影响这些资产价格决定的是短期利率在今后几个月甚至几年的预期路径，而不是当前的短期利率水平本身。[8]

因此，中央银行影响支出从而影响定价决策的能力取决于其影响隔夜利率未来路径的市场预期的能力，而不仅仅是当期的隔夜利率水平本身。如果市场参与者掌握更多关于中央银行的行动和意图的信息，就能够增强中央银行政策决策实际能够影响这些预期的程度，也就增加了稳定性货币政策的有效性。只要当前关于未来政策变化的重要性为私人部门所熟知，市场就能在很大程度上“按照中央银行的意愿行事”，也就是说，当对未来利率的预期也发生了变动的话，隔夜利率所需要变动的幅度就可以大为减少即能形成足够的激励。[9]

预期管理重要性的一个显而易见的结果是对中央银行决策制定过程透明度的高度需求，在过去的十年间，这一点已经被中央银行的银行家们所广泛接受。(参见布林德（Blinder et al.，2001）的详细而权威的论述。）但是人们有时认为最重要的环节在于增加新闻发布的频率或者政策商议纪要出版的快速和详尽。然而，在本书看来，重要的不是在于中央银行的商议过程本身有多么透明公开，而是关于银行希望公众将来如何行事应该发布明确的信号。公众在制定行为决策时对于中央银行所遵循的政策规则需要了解得越清楚越好，对此进行沟通的最佳方式必然是中央银行就已经做出的决策向公众进行解释；银行自己或许都无法就所有可以想象到的情形描述它可能会采取的行动的，其中绝大部分情形都不会发生。

关于中央银行就政策承诺与公众进行沟通的一些很好的实践范例是实行通货膨胀目标制的几个主要国家的《通货膨胀报告》。这些报告并不假装逐条逐款地记录中央银行的商议过程，以及如何最终决定做出某项决议；而是对已经做出的决议进行分析，并予以解释。这种分析提供了关于中央银行系统性政策模式的信息——阐述该政策模式如何被应用于自上一次报告以来出现的新形势；通过明确讨论中央银行本身的预测，报告还提供了关于形势在未来将可能会如何发展的信息。因为这一分析是面向公众的，它对于未来的商议过程就会产生影响，如果中央银行知道过去公开的那些观点不再被遵循，它就需要做出解释。这样一种对透明性的承诺使得政策更加基于规则，同时也加深了公众对规则的理解。

关于我所指的“基于规则的”政策到底意谓如何，也许有必要给予进一步的澄清。我并不是说中央银行的承诺必须是一项明确的、针对整个可预计未来的、状态依存的（state-contingent）全盘计划，并且计划中详细列明在每个可能出现的情境下应该如何行动。这在实践中显然是行不通的，即使对于刻画经济的正确模型与政策目标达成了完全的一致也是不够的，因为未来可能的情形实在过于数目庞大了。而且这样做也是没有必要的。系统性的政策承诺要起到作用，只需要中央银行承诺对于如何就未来的情势发展做出合理反应保持一种系统性的决策模式，而不必将政策规则如何应对未来所有可能的情势发展一一列出。[10]

下面这种对系统性规则承诺的解释也是没有必要的：即一旦采纳就要永远遵循，而不论日后有关货币政策对经济的效应是否有认识上的改进，包括对于规则实施的结果所积累的经验。如果私人部门具有前瞻性，并且中央银行有能力使私人部门关注其政策承诺，那么有承诺的政策与相机抉择式的最优化政策相比就存在优势——后者是指在每个时点采取看似最优的行动，而不对未来的行动做出任何承诺。这是因为使私人部门能够预期到对于扰动的滞后反应是有好处的，尽管给定私人部门过去的反应，当央行重新进行最优化时，这一反应从事后来看可能并不是最优的。不过这样一来，私人部门对于央行今后行动的预期是央行所愿意看到的——并且今后的行动确实能够与预期相一致，但并不需要承诺遵循一条不论未来发生什么情形都不会改变的固定规则。

只要私人部门不会预计央行的行为将与它们所号称要遵循的规则发生系统性的偏离，这就已经足够了。这种情况的实现只需要央行根据其设定的经济模型，承诺选择某种操作规则，而这一规则并不违背一定的基本原理即可。（第 8 章给出了我所指的这类基本原理的一个例子。）于是人们就会合理地预期央行将会继续遵循当前的规则，只要央行对经济形势的理解没有发生变化。并且，只要关于未来经济的模型和当前的模型不存在可预测的差异时，私人部门的预期就应该相当于它们接受了关于当前规则的无限期承诺时的预期。然而当掌握了新的知识（这是必然的），央行仍然可以向一个更好的规则转变；并且只要这一转变既符合公认的基本原理，又是基于央行的经济模型的改变（并且这一改变本身也是站得住脚的），这将不会削弱央行所做出的承诺的可信性。

由此我们可以看出，基于规则的政策制定乃意味着一种决策过程，其中关于经济的明确的模型（虽然其中不免包含主观判断因素）发挥了主要作用，这一作用既体现在政策委员会的商议过程中，也体现在将这些商议内容向公众进行解释的过程中。这也正是最近那些实行通货膨胀目标制的中央银行对货币政策操作所做出的创新工作的一个突出特征。尽管当前的模型和使用模型进行政策研究的方式都毫无疑问地存在很大的改进空间，但模型对于政策研究的重要性在一个金融市场日益复杂的世界里只会越来越大。

1.2.2 传统最优控制的缺陷

中央银行拥有合理的目标（反映了对社会福利的正确分析），以系统性的方式制定政策，应用正确的经济模型，任命一位在数值最优化方面受过良好训练的管理者，并且将所有这一切彻底向公众做出解释。但以上这些仍然是不够的。央行如果以相机抉择下的最优化方式处理问题——在每个决策环节不断重新决定最优行动，对未来行动不做出任何其他承诺，仅仅表示将始终采取在可能发生的情境下的最优行动——那么即使从央行自己的目标角度来看，实际上也有可能得到比承诺遵循合理选择的政策规则时更差的结果。正如最先由基德兰德和普雷斯科特（1977）所指出的那样，即使中央银行在每一个时点关于政策权衡都拥有一套正确的模型，并且私人部门关于政策的操作方式也具有正确的预期，这种情况仍有可能发生。

乍想之下，相机抉择的最优化应该正是明智的中央银行所应该做的。各种各样无法预料的事件在不断发生，影响着通货膨胀和实际经济活动的决定，并且不难看出，一般而言，任何时点上利率的最优水平都应该取决于已经发生的事件。那么很简单，在实践中就应该以如下方式安排这种复杂的状态依存的政策：在每个时点上，当无法预计的冲击已然发生之后，再及时地设定政策工具。并且，求解跨期最优化问题的动态规划方法——即将规划问题简化为在连续的决策时点上的一系列相互独立的选择问题——似乎能证明这种做法是正确的。

但是标准的动态规划方法对系统最优控制的适用性，仅当该系统是根据控制者的行动做出机械反应时才成立，例如工程控制理论所通常感兴趣的工业问题。稳定性货币政策问题与之不是同一类问题，这是因为中央银行的行动后果不仅取决于从过去至今的政策工具设置序列，而且包括私人部门对未来政策的预期。在这种情形下，连续的（相机抉择的）最优化会导致次优的结果，原因是在每个决策时点，先前的预期被认为是给定的，而不是能够被政策所影响的。然而从这个角度来看，根据理性预期假说，中央银行决策的可预测性特征却能够（内生）决定私人部门较早前的预期。不同的行为承诺如果对私人部门而言是可信的，那么它就能以不同的方式调整这些预期，又因为预期对于中央银行所关注的变量的决定会产生作用，一般就能通过合理利用这一机会来改进结果。

相机抉择最优化所造成的扭曲的一个著名例子是基德兰德和普雷斯科特（1977）以及巴罗和戈登（Barro and Gordon，1983）所分析的“通货膨胀偏差”。这些作者指出，如果存在短期的菲利普斯曲线即通货膨胀与实际经济活动之间的对换关系（给定通货膨胀预期），并且实际经济活动的目标水平要高于最优通货膨胀率时的实际经济活动水平（此时通货膨胀预期也与最优通货膨胀率相一致），相机抉择的最优化导致通货膨胀率高于平均水平从而产生无效率，这是因为被忽视的一点是，追求这种政策会抬高通货膨胀预期（造成菲利普斯曲线朝不利的方向移动）。对于这一通货膨胀偏差问题已经有很多解决方案被提出。其中一个很有影响力的想法是，为中央银行设置的产出和通货膨胀目标要不同于真实社会福利函数中所反映出来的目标（即基德兰德和普雷斯科特或巴罗和戈登所假设的中央银行的目标），除此之外并不限制中央银行在选择政策以实现其目标方面所做的相机抉择，这样偏差就能被消除。这也正是通货膨胀目标制之所以流行的主要原因之一，因为后者也涉及为中央银行设置一项目标并要求其承诺实现，而不是简单地放任央行在每个时点都从社会的最佳利益出发采取行动，但同时关于央行实现目标的方式则给予其很大的伸缩性。

然而我在第 7 章中将会提到，相机抉择最优化所造成的扭曲不仅仅是通货膨胀或其他内生变量平均水平的简单偏差；一般而言这种政策操作方式还会导致对冲击的次优反应。例如，各种形式的实际扰动会造成如威克塞尔所说的“自然利率”的暂时性波动，即稳定通货膨胀和产出缺口所需的名义利率水平会随时间发生变化（见第 4 章）。如果我们使短期利率的调整有所持续的话，那么比较温和的调整幅度就已经能够对支出从而对产出和通货膨胀产生足够大的影响，幅度调整的持续性就意味着利率升高以后，人们预计它不会很快回到正常水平，即使导致利率进行调整的实际扰动此时已经消失了。因为总需求既取决于当前的短期利率，也取决于未来预期的短期利率，所以短期利率小幅而持续的上涨对支出也会产生很大的效应。如果社会同时也希望降低短期利率的波动性的话，那么这种惯性更大的利率政策就会更受欢迎；也就是说，对于中央银行将遵循这一政策的预期会导致一个更优的理性预期均衡。但是实行相机抉择最优化的中央银行在最初的冲击消失之后不会有激励政策继续维持高水平的利率。在该时点上，之前的需求已经就之前形成的预期做出了反应，央行没有理由在设定当期的利率目标时还要考虑它对之前的需求所会产生的效应。

不管发生哪种扰动，利率政策对扰动的动态反应中产生的这种扭曲不可能通过调整央行设定的目标而消除，而是应该使政策依存于历史（history dependent），即政策应该取决于过去的状况，即使这些状况对于决定央行所关心的变量的当前以及未来的演变已经不再具有影响。一般而言，确实没有哪种纯粹的前瞻性决策程序——即央行在每个决策时点上的行动仅为该时点以后的目标变量可行路径集合的函数——能够产生对扰动的最优均衡反应。相机抉择的最优化就是这种程序的一个例子，即使银行的目标有所修改，但只要修改以后并不引入任何历史依存因素，则仍属于这种程序。但是其他一些很流行的建议也往往都是纯粹前瞻性的。因此经典的"泰勒规则"（Taylor，1993）建议将每个决策时点的利率操作目标仅设置成当期通货膨胀和产出缺口估计值的函数（参见下文），并且泰勒（1999b）对于部分调整的动态模式的合意性表示了怀疑，但对大多数中央银行的反应函数进行估计，均体现出这种特征。时下流行的通货膨胀预测目标制建议通常也是纯粹前瞻性的，每个决策时点所设定的利率仅为该时点以后的通货膨胀（或其他可能的目标变量）预测值的函数。因此最优政策必须是纯粹前瞻性的观点看起来似乎是普通常识，但是当私人部门也具有前瞻性时，任何纯粹前瞻性的政策标准几乎必然是次优的。

因此要想对随机扰动产生合适的反应，就需要承诺一项系统性的政策规则，而并非仅仅承诺对央行目标的（一次性）调整。本项研究的首要任务是为此类规则的设计提供可参考的基本原理。我之所以说政策规则是必要的，乃是将另两种最优政策概念与之区分开来。其一是刚刚讨论过的相机抉择的最优化，规则意味着对做出决策的方式进行更详细的规定，而不仅仅是对某一特定目标做出承诺，另一个要与之区分开来的是我们通常所认为的最优承诺。

在对政策承诺与相机抉择的政策制定方式进行比较的文献中，大家一般遵循基德兰德和普雷斯科特的用法，把"承诺"当作是一旦确定就不再变动的，其中详细规定了在之后的每个时点上将会采取的状态依存的行动。于是最优承诺就是选择这样的一种状态依存的规划，使之最大化政策制定者目标的事前预期值，时间从做出承诺的最初 t_0 时刻开始算起。由此而得到了对最优政策的一种描述：它将政策工具设定成自 t_0 时刻起外生冲击历史的函数。

但是对这样一种最优化问题的求解在实践中不是一项吸引人的政策建议。因为一般而言它不是时间一致的：在之后的一个时刻 t_1 求解同样的最优化问题以决定从那时起的最优承诺，所得到的从 t_1 开始的状态依存规划与在 t_0 时被认为是最优的规划是不同的。这是因为在 t_0 时刻选择承诺时，需要根据 t_0 到 t_1 之间的预期，将 t_1 及其后时期的承诺结果考虑在内，而在 t_1 时刻时，这些预期已经成为历史事实，不能被之后选择的政策所影响。（这正是相机抉择的最优化和最优承诺会导向不同政策的原因。）因此这一政策建议不能被认为是提供了一种决策程序，在每个时刻可以用它来决定当时应该采取的最优行动。状态依存的规划必须是一经确定就不再更改，然后就开始实施这一规划，而不再管它是否仍然具有合意性。

有两个理由说明这样的建议不是现实可行的。第一，不可能在事前列举出冲击的所有可能的历史——在某一时点中央银行将会面临的处境之可能性实在过于繁多，以至于不可能在事前就一一列出。第二，强行地坚持某一特定的政策，却仅仅因为在过去的某一特定时刻它是最优的——即凑巧做出承诺的那个时刻 t_0，这样的建议显然是没有吸引力的，你无法想象一个中央银行竟会这样捆住自己的手脚，或私人部门竟然相信央行会这样做。我在此处的观点并不是说中央银行没有能力对系统性的操作规则做出承诺，因而不可避免地要改为相机抉择的最优化；而是说央行的承诺必须以对规则合理性的了解为基础，而不仅仅因为过去凑巧选择了（甚至有可能正是央行自己选择的）这一规则的缘故。

要避免这两个问题，中央银行应该承诺一项系统性的规则，状态依存的规划被用于在每个决策时刻决定政策行动，但又没有退化成一个一经确定就不再更改的、将政策工具设定成冲击历史函数的规划。在第 8 章中我将会说明，有可能设计出这样的规则来用于设定中央银行的利率操作目标，以达到对冲击的最优动态反应，而无需在规则中列举出各种可能发生的扰动。扰动当然会影响政策工具的设定，但是这种影响要么是作为影响内生变量（诸如通货膨胀和产出等，政策工具的设定恰要对其做出反应）的结果，要么在中央银行对经济（在各种可能的政策工具设定下）未来演变的估计中已经被包括在内。这样的规则对于大量的可能类型的扰动都能做出最优的均衡反应，因此在对规则进行描述或评价其合理性时没有必要在事前列举出潜在的扰动是什么。

与第 8 章中阐述的基本原理相一致的最优规则，其形式亦不随时间发生改变。也就是说在 t_0 时刻基于特定的货币传导机制的结构模型和对中央银行稳定目标的特定理解而推导出来的最优规则，也正是在 t_1 时刻将推导而得的规则，如果央行的模型和目标没有发生改变的话。对政策操作的承诺如果与经由这一标准认定为最优的规则相一致，这一承诺就是时间一致的，即在今后基于相同的原理重新思考之后所做出的决策将与之前所做出的决策保持一致。[11]

因此，遵循某一政策规则，并不必然意味着在某一初始时刻选定了规则之后，就必须盲目服从，再也不考虑其合理与否。相反，此处所谓基于规则的政策制定，乃是意味着在每个决策时刻，所采取的行动应该遵循某项政策规则，而给定中央银行在决策制定之时对货币传导机制的理解，规则本身也被认为是最优的（“从不依时而变的角度（timeless perspective）”，第 7 章中将会给出解释）。遵循规则（并因此避免了相机抉择最优化的陷阱）的要求并不意味着限制央行去思考对规则的坚持是否与稳定目标相一致这样的问题。它仅仅意味着，不论何时提出这一问题，央行都需要考虑什么是最优的规则操作，而非什么是（该个别场合的）最优行动；并且它应该从公正的角度考虑各种可供选择的规则的合意性，而不是为了给自己在该特定场合下所希望采取的行动寻找合适的理由而选择相应规则。[12]央行只要愿意，可以经常性地重新思考这一问题，但要避免陷入因相机抉择最优化而导致的次优行为。此外，在考虑一项政策规则的合意性时，正确的做法是先假定该规则将被无限期地遵循，然后据此评价其效果，即使央行并不想约束自己永远遵循该规则。因为只要央行对政策问题的看法没有发生改变（没有理由预期这样的改变），基于规则制定政策的承诺将确保它会继续根据已被认定为最优的规则行事。

这一意义下的基于规则的政策制定能够避免造成僵化，而人们经常把这种僵化与“规则”承诺相联系，这也可能是中央银行不愿意按照政策规则概念进行操作的主要原因。基于规则的政策制定承诺并不排斥利用央行通过任何来源所获得的关于当前经济状况的所有信息，包括对可能已经发生的扰动的认识，而这一认识或许在几个月前还被认为是不可能的。这是因为对政策规则而言，并不需要将政策工具的设置表示成关于一组完整的状态变量的函数，相反，我在第 7 章中将证明，一般而言最优规则不应该采取这种形式。这种政策制定方式也不排斥当央行对货币传导机制的看法发生改变时——这种改变必然会发生，既因为经济体本身的制度变迁，也因为经济学知识的进展——会对政策规则的形式做出修改。因此这种政策制定方式具有伸缩性，而人们经常把这种伸缩性与“相机抉择”相联系；同时，它又能消除政策分析中因为简单应用动态规划原理而造成的系统性偏差。

1.3 不控制货币总量的货币政策

至此我讨论了货币政策规则的合意性，但没有说明政策规则应该采用的准确形式。具体而言，本项研究所设计的规则是被用来决定央行短期名义利率的操作目标。这一目标一般每隔一段时间进行修正，可能是一月一次（如欧洲中央银行），也可能是一年八次（如美国中央银行）。[13]

我将关注重点放在利率规则的选择上，熟悉当前中央银行实践的读者对此应该不会感到奇怪。几乎任何地方的货币政策决策都是指关于隔夜利率操作目标的决策，近年来政策透明度的增加几乎总是意味着央行利率目标以及利率决策制定方式的更大的明确性。在这一背景下，政策规则的采纳自然是对于决定合适利率目标的特定程序的承诺。

然而，货币政策的理论分析几乎总是将政策刻画成货币供给的路径，而且在理论文献中对货币规则的讨论主要是考察某种类型的货币增长规则，这一状况直到最近才有所改变。理论与实践之间的这种奇怪的断裂产生于 20 世纪 70 年代追捧货币目标的热潮之前。古德哈特（Goodhart，1989）对“在理论与央行操作的现实之间毫无用处的两分法”的抱怨，能够同时刻画凯恩斯和弗里德曼的研究的特征：

> 当这两个伟大的经济学家讨论关于短期利率水平的实际政策问题时，他们毫无疑问地认为利率水平一般由货币当局决定并改变，而不是由市场自由决定的……但是当他们撰写理论文章时，他们常常回到这样的假设：中央银行设定名义货币存量，或者设定基础货币水平，而市场推动名义利率的变化……使货币的需求和供给……在短期内达到均衡。(pp. 330～331)

本书的研究试图复兴早期克努特·威克塞尔的研究方法，将系统性货币政策刻画成设定名义利率的规则，并考察其好处。我对货币供给的问题将经常给予忽略，尽管有时会讨论隐含的货币供给演变。有时我不会为了决定货币供给路径而详细叙述政策（或经济模型）的相关细节，甚至也不去讨论货币供给在原则上能否被唯一地决定。有些读者可能会因此而担心我所提出的问题是否不够恰当——即本书研究的"政策规则"可能并不能充分代表对一项政策的完整刻画以确定政策的结果，或者不能代表央行有能力造成的各种事件状态。所以在我转向讨论利率规则具体类型的例子之前，有必要说明为什么可以把货币政策问题看作利率政策问题。

1.3.1 实施利率政策

因为中央银行实际上并不能确定隔夜利率，所以人们有时候据此认为货币政策应该刻画为基础货币增长规则，而非利率规则。即使中央银行为隔夜利率设定了操作目标，但它们通常是通过对国债及其等价物进行公开市场操作来实施这一目标——即通过调整央行负债的供给水平，使之导致隔夜现金市场在目标利率水平附近出清。所以有观点认为，央行每天实际采取的行动是调整基础货币的名义数量，因此对政策的完整刻画应该包含这种调整的规模。

然而，即使央行完全通过货币数量的调整来实施利率政策（这确实大致反映了美国当前的制度安排），引申的结论却是错误的。中央银行（比如美联储）通过两步来决定数量调整：首先，由货币政策委员会（在美国被称为联邦公开市场委员会）决定利率目标，但在决定过程中并不考虑相应的公开市场操作规模；然后由更接近金融市场的机构（主要是纽约联储银行的交易部门）来决定每日适量的公开市场操作规模以使得联邦资金利率保持在利率目标附近。关于利率目标的高端政策决策所涉及的内容相对更为复杂[14]，决策也不是频繁进行，因此本项研究主要考察这一决策问题。

中央银行的利率目标也不是必须通过选择合适的央行负债的供给水平才能得以实施。中央银行影响银行间隔夜拆借现金利率的方式还包括调整在央行存放隔夜头寸的利率和/或央行将隔夜现金借给那些在央行的结算账户透支的银行时的利率。这些都是在美国以外被采用的重要政策工具，是某些国家甚至还是央行借以实施利率目标的主要方式。

加拿大、澳大利亚和新西兰等国家目前通过一种"渠道控制系统（channel system)"来实施货币政策，伍德福德（2001c）对此进行了深入讨论。在这种体制下，利率是由中央银行当前的目标利率水平 $\bar{i}_t$ 决定的，央行通过提供一系列常设业务将隔夜利率维持在央行的目标利率水平附近。除了（通过公开市场操作）供给一定总量的结算余额之外，央行还提供一种信贷业务，额外供给一定量的隔夜余额，其利率由目标利率与固定浮动值之和来决定（即 $i_t^l=\bar{i}_t+\delta$）。在上面提到的这些国家中，浮动值 δ 一般等于 25 个基本点，而与目标利率水平无关。最后，存款机构通过央行进行支付结算时也有权在央行保持额外的隔夜结算余额，其存款利率为 $i_t^d=\bar{i}_t-\delta$，其中 δ 是同一个固定浮动值。

由此，借款利率和存款利率定义了一个波段，隔夜利率应该被包含其中。[15] 因为这些业务都是常设业务（不同于美联储的贴现窗（discount window）机制），因此任何银行向其他银行支付的隔夜现金利率都没有理由高于它从央行的借款利率。类似地，任何银行贷出隔夜现金的利率都没有理由低于它能从央行获得的存款利率。于是不论结算余额的总供给水平如何，央行都能够在一个相当严格的区间内对隔夜利率进行控制，从而频繁的数量调节就不那么重要了。

伍德福德（2001c）刻画了这一体制下决定隔夜利率的一个简单模型。在该模型中，存款机构对结算余额的每日需求仅取决于银行间市场利率水平在由上述两项常设业务所确立的波段中的相对位置，而非该利率的绝对水平。因此银行间市场出清时的利率水平为

$$i_t=i_t^d+F(-S_t/\sigma_t)(i_t^l-i_t^d) \tag{3.1}$$

其中 S_t 为结算余额的总供给（由中央银行公开市场操作所决定），σ_t 为衡量（给定某一天）支付流量的不确定程度，F 为累积分布函数，从 0（当自变量取 $-\infty$ 时）单调递增到 1（当自变量趋向 $+\infty$ 时）。

如前所述，市场隔夜利率必然位于波段之内：$i_t^d\leqslant i_t\leqslant i_t^l$，它在波段内的确切位置应当是央行余额供给的递减函数。模型的预测结论是，若结算余额的总供给等于

$$S_t=-F^{-1}(1/2)\sigma_t \tag{3.2}$$

则此时均衡的隔夜利率恰为目标利率水平（波段的中点）。如果每个机构未预期到的支付流量的概率分布大致对称，那么 $F(0)$ 接近 $\frac{1}{2}$，使隔夜利率维持在目标利率水平附近所需要的结算余额的总供给不应该随着 σ_t 的变化而大幅波动。即使事实并非如此，根据（3.2）式对结算余额供给所需要进行的调整也与目标率水平的变化无关。

因此，中央银行操作目标的实现不要求通过公开市场操作进行任何数量调整，以应对市场利率对目标率水平的偏离；而当央行希望改变隔夜利率水平时也不需要对其结算余额供给做出改变。在（3.2）式体制下，结算余额的目标水平只需要根据“技术性”因素（例如某一时期可预期到的支付流量水平的改变，而它会影响 σ_t 值）进行调整，而不需要在当局试图“紧缩”或“放宽”货币政策时进行调整。然而，隔夜利率水平的变化由存款利率和借贷利率的浮动而导致，而后者通过改变目标利率水平而自动得到（前者浮动正是后者改变的操作性含义），并不需要任何数量调整。

这类体制在加拿大、澳大利亚和新西兰等国家已经被证明在控制隔夜利率水平方面非常有效。例如，图1.1刻画了加拿大自1999年2月实施大额转账系统(Large-Value Transfer System)以来隔夜利率的变化轨迹，自那时起前文所描述的常设业务被付诸实施。[16]从图1.1中可以看到，至少从2000年初开始，波段制操作相当有效，它不但将隔夜利率保持在央行的50个基本点浮动的波段内，而且往往保持在1个基本点的波段内。类似地，澳大利亚和新西兰现在也实现了对隔夜利率更严格的控制（相对于美国目前所实施的操作程序)。[17]为了进行比较，图1.2刻画了同一时期内美国联邦基金利率和美联储的操作目标利率。图1.2可以看到，即便在通常情况下，美国的联邦基金利率目标水平和实际水平之差的标准差也要远远大于那些实施波段制的国家（加拿大大约是1个基本点，而美国则要高于10个基本点)。在货币需求非常不确定的时期（千年虫恐慌和“9·11”恐怖袭击)，在美国对基金利率目标水平的偏离变得更大，而同样的事件在加拿大等国就几乎没有对隔夜利率产生影响。

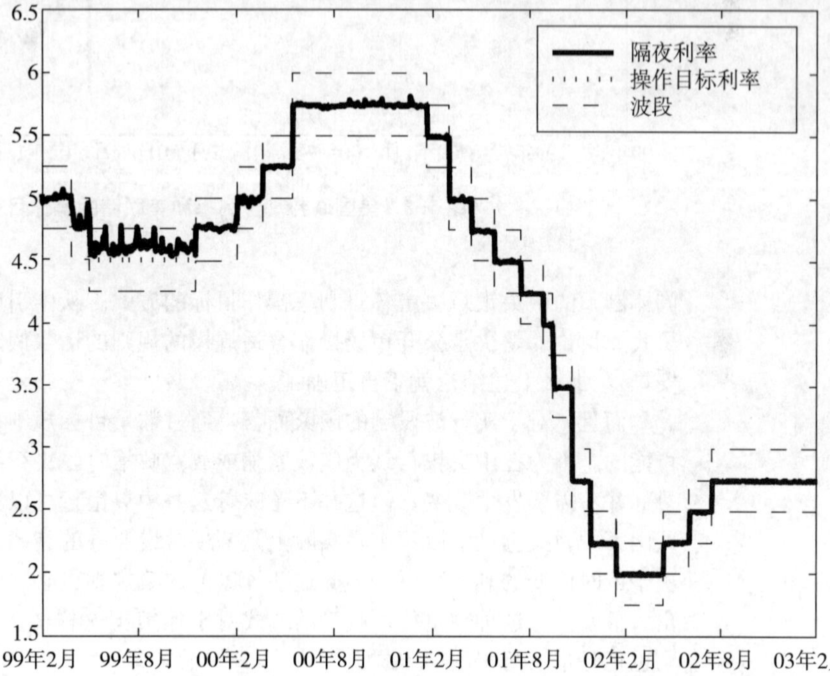

图1.1　加拿大自引入LVTS系统以来的操作波段和市场隔夜利率

资料来源：加拿大银行。

因此，波段制与美国采用的操作目标制度相比，在利率政策实施过程中所涉及的央行结算余额供给的数量调整[18]具有相当大的差异。在美国，紧缩政策只有通过限制美联储结算余额的供给——从而提高银行间可借资金回报和美联储结算余额回报之间的均衡浮动值——才能实现；而在加拿大，则并不需要改变供给量，这是因为不需要改变浮动值 $i_t^l - i_t$ 或 $i_t - i_t^d$。然而没有理由认为这些制度细节会对经济体中的利率政策实施效果产生任何重要影响，因而也不会影响这些不

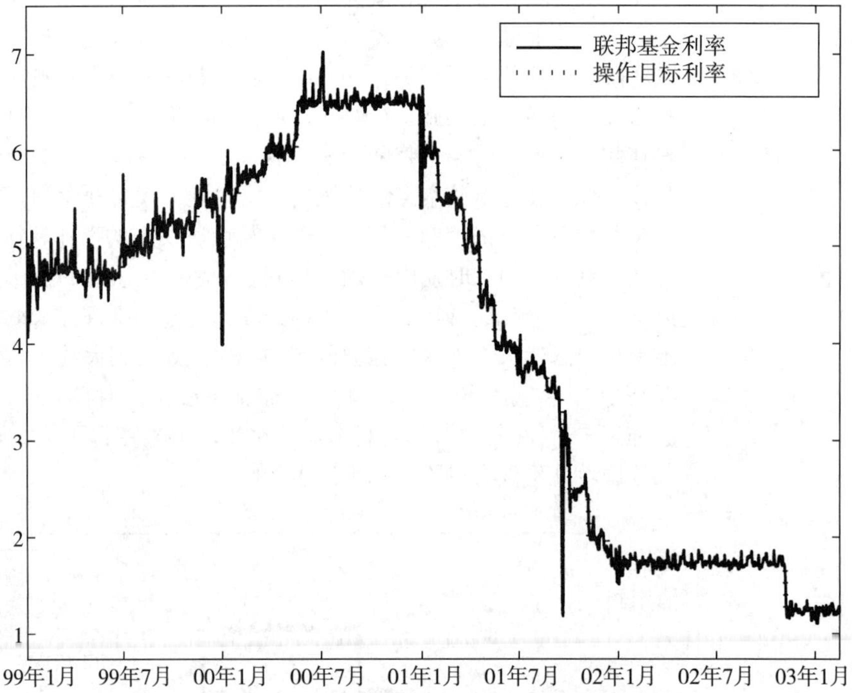

图 1.2　美国联邦基金利率和美联储的操作目标

资料来源：美联储。

同体制下的中央银行决定各自利率操作目标的方式。从中引申的一个推论是，如果我要讨论的是决定公开市场操作合适规模的规则的话（假定采用美国式的制度安排），那么上述结论就不再正确了。

而且，对于实行波段制的国家而言，通过数量目标规则来落实上述建议是不可能的。因为在中央银行认为应该紧缩或放宽政策时，央行结算余额供给的合适目标并不需要发生改变；但这并不意味着这些中央银行可以无所事事！因为在这些国家中，关键性的政策工具实际上是两项常设业务的利率，而这些利率直接取决于依时而变的利率目标，因此这些国家的政策规则也必须以利率规则的形式给出。事实上，这种规定货币政策的方式对于像美国这样的国家也是同样方便的，它也正是本书所采用的方式。

1.3.2　无现金经济中的货币政策

在另一种情形中，货币政策的处方也不得不以利率规则的形式给出，那就是当前文所述的政策建议被应用于“无现金”经济，即一个没有任何货币摩擦的经济。在这样一个假想的经济中，央行负债除了比其他同样无风险的短期债权产生更低的回报之外，在支付体系中没有特殊作用，因而没有人愿意持有。考虑这样一个极端情形的意义在于如下两方面：

第一，我们可以想象在来临的新世纪里，电子支付系统的发展不但能够替代货币在交易中的作用，而且使得通过在央行所设立的户头来进行结算支付的优势不复存在，正如金（1999）所讨论的那样。这一前景在目前看来还是高度不确定的；当前大多数“电子货币”形式仍然依赖中央银行进行交易的最终结算，即使支付是通过电子信号而非纸质支票等老式工具来完成。[19]但是中央银行未来仍然有可能面临一个问题：在无现金经济中它们的作用究竟是什么？而且，它们很快就会面临如何管制电子货币的发展这一问题。如果承认货币政策的实施需要对支付体系中发挥本质功能的介质实行定量配给，那么如何阻止央行货币以外的支付方式的发展就至关重要，从而避免未来央行对于宏观经济稳定的无所作为——按弗里德曼（1999）的说法，央行将成为“只有信号兵团的军队”。

在这一无现金经济的假想情形中思考政策实施问题的第二个原因在于，如果能够表明有效的利率控制在货币摩擦完全不存在的情况下也是可能的，那将极大地简化对货币理论基本问题的分析，该分析可以从无摩擦情形开始，就像物理学家分析钟摆的运动和炮弹的轨迹一样。这种分析方法的优点在威克塞尔（1898）那里就已经体现得很清楚，且众所周知他的分析（尽管早在19世纪末）从“纯信用经济”开始，即

> 在这样一种事态中，货币实际上完全不流通，既不以硬币的形式，也不以纸币的形式，但是所有的国内支付都通过……记账式转移得以完成。（第70页）

紧接下来的章节中遵循的正是这种分析方法。基本模型（见第2章开头）抽象掉了货币摩擦，将注意力集中于货币传导机制的更本质的内容，比如支出决策如何取决于当期利率和未来预期利率，以及名义支出的波动如何影响实际经济行为。考虑到在现实中不生息的货币也会被持有，我将不时地考虑修正这一分析，将一些显而易见的货币摩擦纳入其中。分析表明，在定量意义上，这些修正显得并不重要。

在当日波段制下利率决定的讨论中，我曾经假设出于结算目的的需要将会存在对中央银行余额的（至少少量的）需求，尽管由此会产生小额的机会成本（平均25个基本点）。不过一旦我们认识到中央银行不需要通过改变利率回报的浮动范围就可以改变隔夜利率，这一体系的运行就不再依赖于结算需求的存在。相反，对于商业银行而言假定持有中央银行的余额不再比任何其他同等无风险的隔夜投资更有用处，在这种情形下，只要利率高于存款利率 i_t^d，商业银行对央行余额的需求即为零。但是只要市场隔夜利率不高于央行支付的利率，其他银行应该仍然愿意持有央行任意数量的余额。在这种情形下，隔夜现金市场出清的目标利率就不可能高于央行隔夜余额的利率，因为对于任何正的央行余额供给，（3.1）式简化为 $i_t=i_t^d$。

但是中央银行仍然能够通过使用存款利率作为政策工具来控制均衡隔夜利率，[20]这一制度与现有的波段制的不同之处在于隔夜的借贷业务将不再有存在的必要，因此也就不存在所谓“波段”了。[21]此外，为央行余额所支付的利率水平将不再设定在目标隔夜利率的一个固定浮动值 δ 之下，而是等于该目标

利率。

通过调整隔夜央行余额所支付的利率，中央银行仍然有可能实现对隔夜利率的完全控制，并且就如同在现行的波段制下一样，隔夜利率目标水平的变动无需涉及央行余额目标供给的变动。实际上，在这一极端情形中，央行余额供给所发生的变动将不再对均衡隔夜利率产生任何效应。

但是如果不调整央行余额供给，那么如何实现利率的变动呢？非正式的讨论往往将央行的利率控制看作一种价格控制。当然，如果一个政府决定固定某件商品的价格，它或许有能力做到，但只有当它持有的该商品存量相对于世界市场而言足够大才行，并且时刻准备在有必要的时候大幅变动它的持有量。如果该市场相当大（更精确地说，市场上的供给或需求的价格弹性比较高），以至于大过试图控制价格的政府实体的资产负债表的规模，那么政府的努力就不再有效。这与控制短期名义利率有什么区别？

两者的区别在于，对于利率而言，不存在一个内在的"均衡"水平——即没有央行干预时市场将会趋向的水平，以至于央行为了实现某一给定的操作目标必须抵消这种趋势。[22]这是因为像"美元"这样的法定记账单位，除了因为央行的货币政策承诺而具有特殊的交易价值之外，不存在内在价值（以实际商品和服务度量的）。威克塞尔（1898，pp.100～101）清楚地认识到了这一基本观点，他把相对价格比作钟摆，经受扰动后总会回到相同的均衡位置，而把一般商品的货币价格比作躺在水平面上的柱体，被移动之后它在平面上的任意位置都能同样完好地停住。[23]因此，如果对私人部门的任何实际商品和服务的供给不受干预的话，不同的价格水平路径可以同样完美地与市场均衡相容；与这些不同的一般价格水平相对应的是不同的短期名义利率路径。

当然，这一分析可能隐含着，尽管中央银行可以任意设定名义利率水平（通过创造关于通货膨胀率的合适预期），但它们无法大幅影响实际利率，除非通过相对于它们所要影响的经济体而言较大规模的贸易。这一分析还可能隐含着，央行只能通过改变通货膨胀预期来改变名义利率；但央行通常不认为自己能够在短期内改变通货膨胀预期，所以它们通过这一机制影响短期名义利率的能力是值得怀疑的。

然而，一旦认识到很多价格（和工资）在短时间内都是相当具有黏性的，名义价格路径的任意性（指它们能不能仅由实际因素决定）意味着实际活动的路径和相应的均衡实际利率的路径同样也是任意的。从逻辑上看，允许中央银行依任意法令决定实际活动总水平或实际利率路径，与允许其决定名义利率路径是同等可能的。[24]在实践中，对中央银行而言，直接控制隔夜名义利率最为方便，因此它们一般试图影响这一变量而非其他变量，并以此形成其短期目标（操作目标）。

即使认识到存在一个很大的理性预期均衡集合——其中每个均衡都和市场出清及不存在货币政策条件下的私人部门最优化行为同等地相容——有人仍然可能会假设（例如 Fischer Black，1970），在一个完全无管制的系统中，中央银行无法通过货币政策从这些均衡中进行选择。于是货币价格（以及类似的名义利率、名义汇率等）的路径由市场参与者自我实现的预期所唯一决定。如果中央银行不像其他关键性服务的提供者那样拥有垄断力量，那么它在决定哪个结果实际发生的过程中扮演了什么特殊角色呢?

这个问题的答案是，在纯粹的不兑换纸币体系中，记账单位是由央行的负债来定义的。[25]在未来给定时点支付一定数量美元的金融契约是以联邦储备券或在美联储持有的结算余额（这两者是可以由美联储自由转换的）的承诺形式来支付的。即使在电子货币追捧者所想象的技术乌托邦中（金融市场的参与者愿意接受通过电子网络完成的转移支付作为最终结算，而中央银行不涉及其中），如果债务契约是以国家货币单位缔结的，那么央行的结算余额仍然定义了其他这些要求权的等价物。

这就解释了为何央行结算余额的名义利息回报能够决定整个市场的隔夜利率。央行显然可以自由地选择定义其结算账户的隔夜存款上的名义回报，这毕竟不过是承诺增加记入某一给定账户中的名义量。央行还可以把这一决定过程和它对余额供给数量的决定过程独立开来。商业银行可以以任何自愿条款互相交易这种存款的要求权，但是在这样的账户中的1美元存款的市场价值不过就是1美元而已——因为这就是1美元的定义!

这就将美联储置于和其他美元形式负债的发行者所不同的地位上。[26]花旗银行可以决定它的一张大额定存单到期之后所值的美元数量，然后就必须由市场来决定这样一份要求权的现期美元价值；花旗银行不能同时决定它想要发行的这种要求权的数量和其利息回报。但是美联储就可以，而且它天天在这么做——尽管当前它选择将美联储余额的利息回报设定为零而只是改变其供给。当前，美联储作为一种执行特殊功能工具的垄断供给者的地位，其意义在于使得余额供给数量的变动能够影响这种利率工具和其他市场利率之间的均衡浮动差，而不在于使得央行余额的利率决定与其数量决定相分离。

有人可能会回答说，没错，央行确实能够决定其隔夜存款的利率，从而决定银行间对这种要求权所形成的市场的利率，甚至在金融市场完全无摩擦的世界里也是如此。但是对这种利率的控制必然会对其他市场利率，即那些对于诸如投资支出等关键性跨期决策来说很重要的市场利率产生影响么？答案是肯定的——而且在金融市场高度有效的世界里更是如此，因为在那里，由于不同市场工具的回报差异而产生的套利机会会立刻被消除。由私人部门发行的同等无风险的短期要求权（例如持有非常短期国库券的货币市场共同基金的股份）无法承诺一个不同于央行存款利息率的回报率，否则就会存在对该私人部门工具的超额供给或需求。而且，对隔夜利率的决定也意味着决定了长期存续证券的（经风险修正的）均衡隔夜持有的回报，因而对隔夜利率的未来预期路径的决定实际上也就决定了长期利率。

于是很简单，中央银行的特点就在于，它们是这样一种实体——人们彼此交易的很多契约中的账户单位恰好是用它们的负债来定义的。可能没有什么高深的一般性理由能说明为什么必须这样，当然也不是在每个国家性政治单位中都必须要存在这样一个实体。然而，提供一个妥善管理的账户单位——使得由其定义的很多商品和服务的均衡价格能保持相对稳定——显然能够为经济生活提供便利。此外，一方在与其他方进行交易时，如果存在单一的账户单位将会带来极大的方便，所以人们很自然就会假设这一功能应该继续由政府来承担，即使在信息处理高度有效的世界里也应如此。我在此处仍然假设中央银行（不管是国家性的还是超国家性的，比如欧洲中央银行）继续履行这一职能，而且它们愿意遵照公共利益来管理法定货币。本项研究正是试图提供一种理论来帮助它们实现目的。

1.4 利率规则

我已经论证了货币政策理论的中心议题是提供一些原理，可以据此来选择一项合意的规则，指导设定央行的利率操作目标。在这里或许有必要说明我所认定的规则到底是什么样的，以及需要回答一些什么样的问题。这将为后续章节的分析提供更为具体的背景。

或许最早以利率规则形式给出的货币政策处方是来自威克塞尔（1898，1907）。尽管在他所处的年代里，主要工业国家仍然实行金本位制，并且大多数学者都认定某种形式的商品本位制的必要性，但威克塞尔预见到纯粹法定货币标准的可能性，并且认为这对于"一个理性的货币体系"的发展而言十分关键。威克塞尔提出的在一个纯粹的法定货币标准下实施价格水平目标制的建议在 20 世纪 30 年代显示出了威力。当时瑞典放弃了金本位制，而金本位制正是导致世界范围通货紧缩的引擎，瑞典银行用价格水平目标取而代之，并且遵循威克塞尔的建议，运用利率政策来实现这一目标。该项政策取得了相当的成功，尤其是将之与该时期内很多国家所遭受的价格水平波动的经历相对比后更显如此（Jonung，1979）。然而，这项实验在当时看来过于激进，其后的 50 年内没有再被运用。[27]

威克塞尔所主张的不仅仅是价格水平目标制，还包括用一种特定形式的利率规则来管理这样的体制。威克塞尔（1898）对这项规则的最初表述是这样的：

> 只要价格保持不变，［中央］银行的利率[28]就应该保持不变。如果价格上升，利率就要上升；如果价格下降，利率就要下降；然后利率就应该保持在新的水平上直到价格的进一步变动要求其在相应的方向上作出变动。(p. 189，斜体字部分)

我们可以将威克塞尔的建议以数学的形式表述为央行承诺以如下的形式设定利率操作目标 i_t：[29]

$$i_t=\bar{i}+\phi p_t \tag{4.1}$$

其中 p_t 为某种（试图通过政策加以稳定的）一般价格指数的对数，ϕ 为正的反应系数，或采用如下的形式：

$$\Delta i_t=\phi\pi_t \tag{4.2}$$

其中 $\pi_t\equiv\Delta p_t$ 为通货膨胀率。[30]我将在第 2 章讨论这种政策规则形式下价格水平的决定，并得出这种规则确实能够成功地将价格指数稳定在一个恒定的水平。1.4.3 节将对这种制度下均衡价格水平决定的原理进行简要概括。

这一简单的威克塞尔规则同样具有一定优点，至少和其他一些同样简单的规则相比是如此，詹诺尼（Giannoni，2000）对此进行了讨论。然而，本书的关注点将不会仅限于这类规则。本项研究的首要意图在于分析那些和目前许多中央银行所遵循的规则相近的政策建议形式，这些规则中包含一个（明确的或隐含的）通货膨胀率目标，而非价格水平目标；它们也不是单一地表示成利率变动的形式——否则就如（4.2）式那样，与根据价格水平而调整的规则是等价的。从结果来看，这些规则一般会引起价格水平的“基点浮动”——即使通货膨胀率一直保持在很小的区间范围内，价格水平也长期不存在均值回归（mean reversion），甚至根据某一确定性的目标路径进行向下调整后也不存在这种均值回归。而且，正如我在第 8 章中将得到的最终结论，最优利率规则很有可能具备这种性质。

1.4.1 当前的建议

设定利率规则的最著名的建议应属泰勒（1993），泰勒规则既是对艾伦·格林斯潘（Alan Greenspan）任内美联储的实际政策制定方式的大致描述，也是（应用一系列计量模型根据随机模拟而得到的）规范性的解决方案。现在人们已经熟知，根据泰勒规则，美联储基金利率的操作目标 i_t 应该设成当期通货膨胀率和当期实际产出与潜在产出缺口的线性函数：

$$i_t=0.04+1.5(\pi_t-0.02)+0.5(y_t-y_t^p) \tag{4.3}$$

其中 π_t 为通货膨胀率（在泰勒描述该规则与实际情况的拟合程度时使用的对数 GDP 平减指数在过去四个季度的变化量），y_t 为对数产出（在泰勒的图表中是对数实际 GDP），y_t^p 为对数“潜在”产出（在泰勒的图表中是对数实际 GDP 减去线性趋势量）。i_t 表达式中的常数项表示隐含的通货膨胀目标为每年 2%，联邦基金的长期实际利率的估计值也为每年 2%，因此若要实现长期平均通货膨胀率的目标水平，就需要将长期平均的基金利率设定为 4%。本质相同但更为简单的一种规则是由古德哈特（1992）针对英国的情况而提出的，他认为“应该假设”名义利率会满足如下形式的方程：

$$i_t=0.03+1.5\pi_t$$

并且“应该定期（例如每两年）要求央行官员为偏离该‘规则’而承担责任”（Goodhart，1992，p.324）。

泰勒的数量表达式（4.3）中的系数 1.5 和 0.5 是为了近似刻画美国 1987 年至 1992 年间的实际政策而得到的粗略估计值，并且在模拟中发现这些数值会导致合意的结果（就通货膨胀和产出稳定性而言）[31]。在对该规则的讨论中，泰勒特别强调下面这一点的重要性：当通货膨胀高于目标水平时，应该提高名义利率的操作目标，并且提高的幅度要大于通货膨胀高出目标水平的幅度。这一“泰勒原则”的重要性将在第 2 章和第 4 章中得到详尽的分析。泰勒（1999c）认为美联储在 1979 年以前（当时的美联储主席保罗·沃尔克（Paul Volker）对政策进行了大幅的变动）没有遵循这一原则，而这正是美国在 20 世纪六、七十年代宏观经济不稳定的祸源。泰勒通过使用普通最小二乘法对两个不同的样本期间估计下面这一简单形式的美联储反应函数来刻画政策的变动：

$$i_t=\bar{i}+\phi_\pi(\bar{\pi}_t-\bar{\pi})+\phi_x x_t \tag{4.4}$$

式中系数估计值见表 1.1。（这里我引入 x_t 来表示产出缺口，在泰勒的实证研究中它等于对数实际 GDP 对趋势的偏离量。）尼尔森（Nelson，2001）发现对英国的泰勒式规则的估计得到的结果也类似。在 1992 年实行通货膨胀目标制以前，英国的利率对通货膨胀变动的反应不足 1∶1（并且在 70 年代中期，利率很少或几乎没有对通货膨胀的变动做出反应），但自从 1992 年开始，估计得到的长期通货膨胀的反应系数接近 1.3。

表 1.1　　对美联储反应函数的不同估计[a]

	ϕ_π	(s. e.)	ϕ_x	(s. e.)	γ	ρ_1	(s. e.)	ρ_2	(s. e.)
Taylor（1999c）									
1960—1979	0.81	(0.06)	0.25	(0.05)					
1987—1997	1.53	(0.16)	0.77	(0.09)					
Judd-Rudebusch（1998）									
1979—1987	1.46	(0.26)	1.53	(0.80)	1	0.56	(0.12)		
1987—1997	1.54	(0.18)	0.99	(0.13)	0	0.72	(0.05)	0.43	(0.10)
Clarida et al.（2000）									
1960—1979	0.83	(0.07)	0.27	(0.08)		0.68	(0.05)	*	
1979—1996	2.15	(0.40)	0.93	(0.42)		0.79	(0.04)	*	
Clarida et al.（2000）									
1966—1979	1.49	(0.38)	0.46	(0.13)		0.68	(0.07)	0.26	(0.14)
1979—1995	1.89	(0.64)	0.18	(0.20)		0.77	(0.10)	0.08	(0.19)

[a] 星号表示该值在估计中并未被限定为零，但没有包含在已发表的回归结果中。

通过对中央银行反应函数的经验估计一般可以发现，采用动态形式的反应函数能够更好地拟合数据，尽管其正确性可能不同于泰勒（1999b）所认为的，基于规范性的考虑，利率规则应该纯粹以当期形式表示。[32]例如，根据贾德和鲁迪布什（Judd and Rudebusch，1998）所估计的美联储反应函数，联邦基金利率的操作目标根据隐含的合意水平 $\bar{i}_t$ 进行如下的动态局部调整：[33]

$$i_t=(1-\rho_1)\bar{i}_t+\rho_1 i_{t-1}+\rho_2(i_{t-1}-i_{t-2}) \tag{4.5}$$

而联邦基金利率的合意水平又取决于通货膨胀和产出缺口，其形式与泰勒规则相类似：

$$\bar{i}_t=\bar{i}+\phi_\pi(\bar{\pi}_t-\bar{\pi})+\phi_x(x_t-\gamma x_{t-1}) \tag{4.6}$$

唯一的区别在于引入了非零系数 γ，这意味着联邦基金利率的合意水平可能会随着产出缺口的变化率而变动（它可能与产出缺口水平共存，也可能取代其位置）。贾德和鲁迪布什对两个不同样本期（分别对应于保罗·沃尔克和艾伦·格林斯潘的主席任期）的系数估计值也可见于表 1.1。[34] 泰勒关于格林斯潘时期政策性质的观点得到了验证，不过贾德和鲁迪布什所估计的局部调整动态则意味着政策具有相当大的持续性。贾德和鲁迪布什对沃尔克时期的政策也给出了类似的刻画，但发现基金利率的合意水平取决于产出缺口的变化率，而非其绝对水平。[35]

近来对中央银行行为的很多讨论，从实证和规范层面都认为央行操作目标的设定应该取决于预测值。例如，克拉里达（Clarida et al.，2000）估计了如下形式的美联储反应函数：[36]

$$\bar{i}_t=\bar{i}+\phi_\pi E[\pi_{t+1}-\bar{\pi}\mid\Omega_t]+\phi_x E[x_t\mid\Omega_t] \tag{4.7}$$

其中 Ω_t 为美联储在设定 i_t 时可得的信息集，实际操作目标仍然通过局部调整动态与基金利率的合意水平 $\bar{i}_t$ 相联系。和泰勒一样，这些作者也发现自 1979 年开始，美联储基金利率合意水平根据通货膨胀变动所做出反应的程度有了重大的提高，尽管在他们所设定的形式中美联储是根据通货膨胀的预测值而非已经发生的实际值做出反应。[37]

最后，需要注意的是，关于美联储应该对通货膨胀变动做出更有力反应的观点自 1979 年以来并非没有受到过挑战。欧菲尼德斯（Orphanides，2003）认为刚刚提到的泰勒和其他作者的研究结果由于对通货膨胀和产出缺口数据（尤其是产出缺口数据）的使用存在问题而会产生扭曲，原因是这些数据在美联储制定决策时是无效的。欧菲尼德斯在估计克拉里达等人所假定的联储反应函数时，如果使用美联储官员实际形成的预测值，而非根据现有数据进行计量预测，所得到的估计值在前沃尔克时期和后沃尔克时期非常接近，如表 1.1 所示。根据估计，前后沃尔克时期的通货膨胀反应系数 ϕ_π 都明显大于 1；欧菲尼德斯在转而强调 1979 年以后关键性的政策变化是 ϕ_x 的下降，并认为这才是 80 年代中期以来美国宏观经济稳定的原因。我在此处并不想解决关于美联储政策的这一争议，而只不过想提请读者注意，当前的很多争论，不管是解释近年来美国政策上的成功，还是寻找过去政策失误的原因，其论点都开始关注泰勒型规则中特定系数的合适大小。

这些不同的刻画形式引出了一系列关于合意的利率规则应该具有何种形式的问题。一个显而易见的问题是，在刚刚讨论的泰勒规则和美联储反应函数估计中将美联储的行为刻画为对一些变量做出反应，那么这些变量——通货膨胀和产出缺口的某种测度方式——是不是有意义？让利率对这些变量的变动做出反应而进行调整，并且调整的方向如泰勒所建议的那样，这样做是不是合意的？有没有什么理由说明对这些变量而非其他变量的变动做出反应是更为重要的？对这些变量的变动做出反应是不是足以代表对那些被认为会影响当前经济的原始扰动做出反应？

如果对这些变量做出反应确实是有意义的，那么应该如何准确地定义这些变量？何种价格指数用来衡量通货膨胀最为合适？应该相对于何种潜在产出概念来定义产出缺口的测度？对这些变量的变动应该做出何种程度的反应才是适宜的？

是不是如泰勒所说的 ϕ_π 的值大于 1 很关键？是不是如欧菲尼德斯所说的 ϕ_x 过大会很危险？

我对这种利率规则的动态形式怎样才最适宜也很感兴趣。是不是如泰勒所说，纯粹的当期反应才是最可取的？有没有什么理由支持更具惯性的利率动态——如美联储反应函数的估计形式所显示的那样？如果是这样，则何种惯性程度是利率政策最应该具备的？根据通货膨胀和产出缺口的预测值而非当期或历史值做出反应是否更为可取？如果是可取的，则预测应该进行多远？

另一种在刻画中央银行实际行为和规范性解决方案两方面都很突出的政策规则是通货膨胀预期标定规则。一个经典的例子就是被用来解释英格兰银行当前政策程序的规则形式（例如 Vickers，1998）。根据该规则，央行在 t 时刻决定采纳隔夜利率的操作目标 i_t 的充分且必要条件是，给定利率维持在 i_t 水平的前提下，央行对今后两年通货膨胀演变的预测为 2.5%的年通货膨胀率（央行当前的通货膨胀目标）。这是斯文森（Svensson，1999，2003b）称为“标定规则（targeting rule）”的一个例子，以区别于工具规则（instrument rule）。对于中央银行的利率操作目标并没有一个明确的公式，相反，利率目标可能会被设定在任何有必要的水平上，以使得央行的预测满足一定目标准则，而该目标准则不必只包含未来的通货膨胀。例如，斯文森（1999）建议一种伸缩性的通货膨胀标定规则，对时刻 t 利率的调整应使其满足：

$$E_t\pi_{t+j}+\lambda E_t x_{t+k}=\bar{\pi} \tag{4.8}$$

其中 $\bar{\pi}$ 为平均通货膨胀目标，系数 $\lambda>0$ 取决于产出缺口稳定的相对重要性，时点 j 和 k 不是必须相等。

我同样希望对这种政策规则下目标准则的合意形式进行探讨。一个基本的问题还是在于，以通货膨胀和产出缺口这些特定变量而非其他变量（例如货币总量）的预测值的形式来定义目标准则是否有意义？如果有意义，则产出缺口预测的相对权重应该由谁决定？目标准则中的预测应该进行多远？合意的标准应该像刚刚提到的两个例子那样纯粹前瞻性的，还是应该使通货膨胀目标在取决于未来产出缺口预测值的同时也取决于其历史值？

本项研究试图阐述一种方法论，使之能够被用来为上述关于最优政策规则的问题提供定量意义上的答案。当然，得到的答案将取决于如何假定货币传导机制特性的细节，并且我不会建议某一种特殊的数量规则。本项研究的目的更多的是在于提出一种解决问题的方式，而非公布答案的细节。然而，在对货币政策效果的研究中，不管是学术文献还是中央银行的报告，部分建模要素反复出现在很多当前被采用的模型中；一个合适的模型可能会包含这些特征，所以我还是会得出一些试探性的结论，以说明合理的政策规则的可能形式。

1.4.2 对利率规则的一般性批评

在开始回答这些关于合适的利率规则形式的问题之前，我们有必要先探讨一些更为基本的问题。任何形式的利率规则是否都代表了一种研究货币政策的有意义方式？货币总量目标制的支持者经常以这种方式来反对控制利率——不是说选择利率操作目标需要很高的技巧，而是说利率操作目标的存在本身就是个很严重的错误。

之前已经提到过的一个著名观点就是萨金特和华莱士（Sargent and Wallace，1975）提出的。他们分别考察了一大类货币供给量规则和一大类利率规则，并认为任何货币供给量规则都会（在某一特定的理性预期 IS—LM 模型中）得到确定性的理性预期均衡，而任何利率规则却无法做到。此处均衡的确定性（determinacy）是指满足一定约束条件的唯一均衡，在第 2 章中会有更精确的定义。萨金特和华莱士认为利率规则会导致不可确定性（indeterminacy），意指即使我们只关注均衡条件的有界解（在本项研究中一般均限于此），但仍然存在很大的可行均衡集合。这其中包括的一些均衡，通货膨胀和产出等内生变量会对一些与经济"基本面"因素（即影响通货膨胀和产出决定的结构关系的外生扰动）完全无关的随机事件做出反应；还包括一些均衡，"基本面"扰动所导致的均衡通货膨胀和产出的波动幅度远远超过结构关系所经受的扰动。在这样的情形下，宏观经济的不稳定性会纯粹因为自我实现的预期而产生。这显然是我们所不愿意看到的，如果我们的政策目标是要稳定通货膨胀和/或产出的话。[38]因此萨金特和华莱士认为利率规则是应该被排除在外的类型；于是最优货币政策问题应该被看成是何种货币供给量规则为最优的问题。

但是，正如麦考伦（McCallum，1981）所指出的，即使在他们自己的模型中，萨金特-华莱士的不确定性结论也仅适用于将名义利率看作外生演变的利率规则情形，即它涵盖了将名义利率设为外生扰动历史路径的函数的规则，但没有涵盖将名义利率设为通货膨胀或产出等内生变量的函数的规则。而泰勒规则和先前论及的其他利率规则都属于后一种情形，因此萨金特和华莱士的结论并不适用。第 2 章和第 4 章将表明，当采用通货膨胀和产出决定的最优化模型时也同样如此。我发现，至少在我所分析的货币传导机制的简单模型中，不论是威克塞尔所主张的一般价格水平对利率（或价格水平变动对利率变动）的反馈规则，还是泰勒所刻画的通货膨胀和产出对央行利率操作目标的反馈规则，都足以得到一个确定性的理性预期均衡。在水平到水平（或变动到变动）的威克塞尔形式中，只需要满足变动的方向如威克塞尔所主张的那样。而在变动到水平的泰勒形式中，前面提到的泰勒原则——即通货膨胀的持续增长最终导致名义利率以更高的百分比增长——成为决定均衡是否为确定性的关键条件。[39]

对利率目标制的另一个相关批评也认为这类政策会由于自我实现的预期而产生不稳定性，因而是危险的，但并不是基于多重理性预期均衡的可能性。弗里德曼（1968）认为，根据威克塞尔（1898，1907）对"累积过程（cumulative process）"的著名分析，试图控制利率是很危险的。当名义利率被固定在一个低于自然率的水平时，通货膨胀就会发生，并增加通货膨胀预期，从而降低实际利率，进一步刺激需求，导致更快的通货膨胀和更高的通货膨胀预期，如此循环永无止境。[40]如果名义利率恰好被设定在自然率之上，反方向的过程同样也会产生；因此任何试图固定名义利率的行为几乎都不可避免地会导致通货膨胀率的极度不稳定。(在弗里德曼的分析中，不存在通货膨胀路径的不确定性，因为通货膨胀预期被假定为过去观察到的通货膨胀的特殊函数。)

如第 4 章所论，我们可以通过一个最优化模型正式地表述这一分析，而在该模型中，通货膨胀和收入的预期是基于历史数据外推而得到 (例如使用实证的时间序列模型)。但问题在于，经典分析仅适用于那些外生决定名义利率路径的政策。如果通货膨胀和产出的高涨能导致名义利率的足够上升并抬高了实际利率，那么需求就会受到抑制，从而也会降低通货膨胀——所以在适应性学习的前提下不应该存在通货膨胀或产出的爆炸性不稳定。实际上，布拉德和米特拉 (Bullard and Mitra，2002) 以及普雷斯顿 (Preston，2002a) 的分析发现遵循泰勒原则是使得适应性学习动态向稳态理性预期均衡 (在该均衡中，通货膨胀和产出仅受"基本面"因素影响而波动) 收敛的充分且必要条件 (至少对某些简单的政策规则而言)。

因此认识到下面这一点很重要：这些对利率目标制的著名批评都假定在这种政策之下，不管通货膨胀路径如何，利率目标都是保持固定不变的。这些分析并不适用于诸如威克塞尔规则、泰勒规则或典型的通货膨胀预期标定规则的情形，因为在那些情形下，如果观察或预期到的通货膨胀在很长一段时间内持续超过目标率水平，那么规则就会要求大幅抬高利率。实际上，对于这些主张货币量目标制的传统观点而言，控制货币增长的理由正是在于提出一种政策承诺，以确保过高的通货膨胀率会导致利率的足够上升以抑制名义支出的增长。货币供给的固定目标路径 (或更一般地，仅取决于外生状态变量而不取决于价格水平路径的目标路径) 意味着如果价格水平增长过快，私人部门将不得不在较低的实际货币余额水平下运行。这就要求利率有足够的上升和/或实际经济活动有足够的削减，这样才能使实际货币余额的需求意愿降低到实际货币的供给水平。

但是正如威克塞尔所建议的那样，如果由中央银行履行一项简单的承诺，当一般价格水平偏离其合意路径时抬高利率，同样也能得到上述的利率自动上升并抑制支出的效果。而且，一旦认识到要使这一体系成功运作，数量控制并不是必需的，就没有理由局限于此。整个 20 世纪以来，人们逐渐认识到，要使中央银行能够控制国家货币的价值，国家货币对黄金等实际商品的可兑换性其实并不是必需的。而且一旦这一点被接受，人们很快就发现国家如果不依赖于像金本位这种粗糙的制度其实是大有益处的，因为在这种制度下，国家的账户单位很容易受到黄金市场波动的影响。类似地，一旦人们认识到中央银行能够通过调整利率来阻止价格水平不必要的波动，而无须借助于货币量增长目标所提供的机械的秩序，合理的利率规则能够比货币量目标制更有效率这一点应该是显而易见的了，因为后者会产生不必要的副作用——使得利率 (从而总支出的速度) 很容易受到货币余额需求与交易规模相对关系变动的影响。

对于将利率规则作为系统性货币政策操作方式的另一个更微妙的批评是，即使这样的规则能够导向定义精确并性质良好的均衡，以这种方式描述政策对中央银行而言可能用处仍然不大，如果中央银行试图理解并进而精确校准其行动后果的话。人们经常认为理解货币政策的通货膨胀效应的关键必定是货币数量论，根据这种理论，价格水平由名义货币供给与实际货币余额需求的相对关系所决定。

由此引申的结论是，任何货币政策的重点应该在于其所隐含的货币供给是由直接的货币量目标制所决定，或者是通过其他的间接方式所决定。[41]从这一角度来看，要想获得对中央银行行为后果更清晰的认识，应该将重点明确放在央行试图引导的货币供给演变路径——即货币量目标制——而不是讨论利率政策，因为后者即使隐含了货币供给的特定路径，也并没有使该路径完全透明化。

本项研究试图表明这一批评的基本前提是不正确的。本书第一篇的主要目标之一就是发展出一个理论框架来分析不同利率政策的结果，但并不需要首先把它们转化为等价的货币供给演变规则。实际上，大部分时间里，我在分析利率规则的后果时并不需要推导其隐含的货币供给路径，甚至无须提及“货币需求”函数的系数。在无货币摩擦经济情形中——如前文所述，该情形对于很多问题的分析都是一个简便的近似，并且很可能代表了未来的实际情形——甚至不再存在任何有意义的货币供给或需求的定义。而如果将目前经济中（比如美国）仍然存在的各种摩擦考虑在内，本书的模型则隐含了包括货币供给在内的内生变量的均衡路径。但是决定通货膨胀和产出均衡路径的因素仍然和无摩擦经济几乎相同，因此将通货膨胀和产出的预定路径解释为隐含的货币供给路径的结果，似乎不是理所当然的，也无此必要。相反可以证明，我们能够通过利率规则的系数直截了当地来讨论通货膨胀和产出的决定因素，因此前文提到的央行政策的刻画方式对于分析各种数量规则的后果而言是相当方便的。我在第 8 章中会进一步表明，最优政策正是通过这种刻画方式得以方便的表述，从而能够回答上一节提出的关于利率政策的那些具体问题。

1.4.3 新威克塞尔货币理论

本书所构建的非数量论的分析框架发展了威克塞尔（1898，1906，1907，1915）货币理论著作中的诸多重要论题。威克塞尔认为，即使在他自己所处的年代，在国际金本位制情况下，所观察到的价格水平的变动也主要不是由于世界黄金供给变动所引起的，而是由于其他两个因素——一个是中央银行制定的调整短期票据贴现的“银行率”，另一个是影响自然利息率的实际扰动。根据威克塞尔的观点，价格的稳定性取决于央行能否控制利率，使其与实际因素（例如资本的边际产出）决定的自然利息率水平保持一致。只要在自然利息率没有下降而央行降低利率时，或自然利息率上升（例如由于投资机会的生产率的上升）但央行没有相应提高利率时，通货膨胀都会发生。而当上述不一致的情况在相反方向产生时就会发生通货紧缩。

暂且不论在金本位制下威克塞尔的这种非数量论的价格水平决定的分析方式是否正确，它对于我们当前所处的情形——一个纯粹法定货币的世界，中央银行通过调整名义利率的操作目标以应对通货膨胀的风险，但并不太关注货币总量的演变——而言是相当合适的，况且我们还有可能走向一个货币摩擦可以忽略不计的新世界。[42]在这样的世界中，当货币供给和需求的概念不再适用，那么谁来定义货币价格一般水平的均衡值呢？一个可能的答案是由过去的价格来决定当期的均衡价格，这可能是由于工资或价格的黏性，或是由于过去价格对于未来价格预期形成的效应（在威克塞尔的分析中这是个关键因素）。因此一旦价格已经处于一定水平（不管是何种原因导致），这一初始历史条件约束其后的演变，尽管其后价格的浮动可能远远偏离初始水平。但一般来说，最重要的因素可能是中央银行的利率政策，且是在它对某一价格指数做出反应的情况下。所有工资和价格都比当前水平高出百分之十的情形或许并不能成为一个均衡，这是由于所观察到的这种价格水平的跃升引发了利率的上升，而这正是威克塞尔规则或泰勒规则的题中之意。

通过中央银行对价格水平变动的利率反应来决定均衡价格水平，而无须借助于任何货币总量的相应波动，这样的方式可以简述如下：假设均衡的实际利率由实际因素（例如时间偏好率和资本的生产率）决定，而完全独立于名义量的演变[43]，假定$\{r_t\}$为该实际利率的外生随机过程，于是短期名义利率 i_t 和价格水平的对数 p_t 总是满足费雪（Fisher）方程：

$$p_t = E_t p_{t+1} + r_t - i_t \tag{4.9}$$

此处假定私人部门具有理性预期。因为 r_t 是外生实际因素的某一函数，而非计算得到的实际回报率，所以这是一个均衡关系——总储蓄与总投资相等所必备的条件——而非恒等式。这一“价格伸缩性条件下的 IS 方程”显示了产品市场出清时的价格水平——换句话说，储蓄与投资相等时的价格水平——如何取决于未来预期的价格水平、影响储蓄和投资的实际因素以及中央银行控制的名义利率。

现在假定中央银行根据威克塞尔规则设定短期名义利率：

$$i_t = \bar{i}_t + \phi p_t \tag{4.10}$$

该式是（4.1）式的一般形式，允许截距随时间变化，代表货币政策可能的变动。再假定$\{\bar{i}_t\}$是另一个外生的随机过程（独立于价格演变之外），可能与也可能不与均衡实际利率的外生波动相关。将（4.10）式代入（4.9）式中消去 i_t，得到如下的关系式：

$$p_t = \alpha E_t p_{t+1} + \alpha(r_t - \bar{i}_t) \tag{4.11}$$

当外生过程$\{r_t, \bar{i}_t\}$给定时，上式就决定了价格水平的均衡演变，其中系数 $\alpha \equiv 1/(1+\phi)$满足 $0<\alpha<1$。

当$\{r_t, \bar{i}_t\}$有界时，方程（4.11）存在唯一的有界解，经“向前迭代”求解而得到，即

$$p_t = \sum_{j=0}^{\infty} \alpha^{j+1} E_t(r_{t+j} - \bar{i}_{t+j}) \tag{4.12}$$

因此均衡的价格水平在一个有界的区间内围绕长期平均值而波动：

$$\bar{p} \equiv \phi^{-1}(\bar{r} - \bar{i})$$

其中$\bar{r}$和 $\bar{i}$ 分别为 r_t 和$\bar{i}_t$ 的长期平均值。这一分析表明了政策规则如何在不涉及任何货币总量目标的情况下仍然可以控制长期价格水平，它也表明了在不借助货币供给或货币需求的决定因素情形下如何理解均衡通货膨胀的决定因素——实际

上，是否存在定义良好的基础货币的需求函数对于上述分析而言无关紧要。

这一理论所包含的价格水平决定论具有强烈的威克塞尔主义的风格。从(4.12)式中我们可以观察到，在任何时刻 t，当均衡实际利率没有上升时放宽货币政策——体现为截距项 $\bar{i}_t$ 的减少，或当均衡实际利率 r_t 上升时政策没有随之紧缩，均衡的价格水平都会上升。这一前瞻性模型还隐含着，任何使私人部门预测到上述事件未来将会发生的消息都会立刻刺激通货膨胀。

在此处所概述的简单模型中，没有对威克塞尔所说的真实存在的实际回报率和在价格伸缩性条件下的跨期均衡中将会产生的自然率做出区分。但在第 4 章中，我将表明在黏性价格模型中如何引入这一有用的区分。当价格具有暂时黏性时，借贷发生时的实际回报率将不等于自然利息率，正如产出将不等于其自然率水平；这两项差异发生的程度将取决于总体价格水平不稳定性的程度，因为只有当一般价格水平发生变化时价格的刚性才会产生扭曲。均衡条件（4.9）式必须被一个形式更一般化的条件所替代：

$$i_t - E_t\pi_{t+1} = r_t^n + \delta(\pi_t, \ldots) \tag{4.13}$$

其中 r_t^n 为自然利息率（仍然假定其仅取决于外生的实际因素），差异值$\delta(\cdot)$是当期和未来预期通货膨胀的函数。[44]由（4.10）式和（4.13）式所组成的系统也可以解得价格水平的唯一的有界过程，解的形式是：

$$p_t = \sum_{j=0}^{\infty} \psi_j E_t(r_{t+j}^n - \bar{i}_{t+j})$$

$\{\psi_j\}$为一确定系数。因此在更一般的情形中，通货膨胀的产生是因为央行反应函数没有对由各种实际扰动所导致的自然利息率的变动做出相应调整。正如在威克塞尔的理论中那样，影响储蓄与投资的合意水平的实际扰动成为价格水平变动的重要来源；而其隐含的自然利息率的变动是各种实际扰动对通货膨胀率影响方式的一个有用的概括统计量（summary statistic）。

在第 2 章和第 4 章中，我将证明在例如泰勒规则的情形下，对决定均衡通货膨胀的类似分析也是可能的。在这一情形中，利率对通货膨胀率波动的正向反应并不足以保证确定性均衡（通货膨胀率而非价格水平的唯一的非爆炸性均衡路径）的存在。确定性均衡的一个必要条件是反应系数必须大于 1，与前文所述的泰勒原则是一致的。不过在该情形中结论是类似的；均衡通货膨胀是当期和未来预期的自然利息率与泰勒规则中截距项的缺口的函数。

于是我们发现，当货币政策规则通过利率规则的形式来表达时，确定该规则下通货膨胀的动态结果是有可能的，而无需将这一规则首先改写为隐含的状态依存的货币供给路径。因此前文所概述的各类文献中刻画实际央行政策行为和提出简单政策解决方案的方式并非不妥。这类系统性政策的后果确实可以用表 1.1 中的系数及其函数进行简要的分析。

这里概述的新威克塞尔框架的有用性尽管在无货币摩擦的经济中体现得最为明显，因为在该情形中我们所熟知的数量论方法是不适用的，但在存在货币摩擦的经济（至少是像当前美国这样的发达经济，存在一定的摩擦，人们愿意持有无利息回报的货币）中这一框架是同样有用的。如前所述，我的结论实际上并不依赖于任何无货币摩擦的假定，仅假定均衡的实际利率（或更一般地，自然利息率）是独立于名义变量的演化过程的。但即使存在这样的交易摩擦，以至于尽管基础货币的回报率低于市场水平而仍然对其存在需求，自然利息率在数值上也不会受到通货膨胀率变动的太大影响（忽视这种效应的近似精确性在第2章和第4章中进行了定量分析）。因此本书所倡导的方法也适用于例如美国经济中的泰勒规则效应分析——美联储利率操作目标的变动通过调整美联储（无息）余额供给得以实现。创造这一余额需求的货币摩擦对于数量调整的规模大小（以实现给定的基金利率的变动）而言是至关重要的，但是对于基金利率路径的任何给定变动影响产出和通货膨胀的效应而言则显得无关紧要。

新威克塞尔理论和标准的数量论分析在预测方面也没有任何实质性的差异，尽管这两种分析方式是截然不同的。在确定通货膨胀的数量论分析中，关键之处在于货币需求关系，它将实际货币余额需求刻画为利率和其他变量的函数。然而在前文所述的各种利率规则中，货币供给为了满足这一关系而发生被动的改变；因此这一关系对于利率和产品价格的均衡演化没有施加任何限制。因此在这一体系中，利率和价格的均衡路径通过求解方程（4.9）和方程（4.10）来决定，或当价格具有黏性时求解方程（4.9）和方程（4.13）而得。一旦得到利率和价格的均衡路径，我们就可以通过货币需求关系来决定隐含的货币供给演化路径。但是这一关系在确定均衡通货膨胀时并没有发挥重要作用。而且，如果一定要按照数量论的方法，先拐弯抹角地求解政策规则所隐含的状态依存的货币供给路径，然后再从中推导均衡的通货膨胀路径，则显得毫无必要，因为要想确定货币供给路径，必须先求解价格和利率的路径。

因此，如果需要分析泰勒规则等利率规则的结果，新威克塞尔方法明显是更可取的，即使存在定义良好且在计量上很稳定的货币需求关系时也是如此。但是，有人可能会问，尽管这类政策处方目前相当流行，合适的政策规则真的就属于这种类型么？货币量增长规则是否有可能是更可取的，从而传统的数量论方法在分析其效应时也就显得很必要？

本项研究结果给出的答案是否定的。如第8章所示，我能够推导出这样的最优政策规则，它规定了应该如何设定短期名义利率的操作目标，即将其表示成通货膨胀和产出缺口预期演化路径的函数，而不涉及货币总量的路径。我将进一步论证，这种政策处方相对于其他各种最优政策的可能形式的优势在于，它在一大类可能的外生扰动之下可以保持不变。例如，当一个经济具有定义良好的基础货币需求时，我们可以计算出最优均衡中隔夜利率的状态依存演化路径和基础货币的状态依存演化路径。然而，合意的基础货币演化路径即使能够被良好定义，它的决定因素也和利率的合意演化路径关系不大，这就使得将最优政策刻画为利率操作目标的形式显得更为简单。

基础货币最优路径的决定因素之一是它取决于交易技术的变化——例如不同的支付方式中可行的替代选择。因为基础货币和其他无风险资产之间存在利息差，因此这种变化对货币需求会产生显著效应，但是它对利率和决定利率的合意演化路径的支出跨期替代动机之间的关系所产生的影响却很小。（当经济中的金融体系已然高度有效时，人们会期待进一步的创新，从一个高效率的体系迈向另一个更高效率的体系，这时利率和资源的实际配置之间的关系都接近于无金融摩擦模型中所预测的结论；但是货币需求在百分比的意义上会受到很大的影响，因为在无摩擦的极限情况货币需求不再被定义。）另一个决定因素是，基础货币最优演化路径取决于货币政策执行的细节。货币市场利率的合意路径很大程度上是独立于支付在基础货币上的利率的，而是取决于跨期边际替代率、由资源合意配置所隐含的实际投资的边际产出以及通货膨胀的合意路径。但是基础货币的合意路径却极大地依赖于是否出于制度原因而将基础货币的利息定为零，或者货币的利息是否随着其他短期利率的变动而变动；因为基础货币的需求不是取决于名义利率的绝对水平，而是取决于基础货币利率和其他资产利率之间的差额。

因此即使基础货币的合意演化路径能够被良好定义，它更多地也是取决于特殊的“技术”因素，而非短期名义利率的合意演化路径。这就使得以状态依存的货币量增长率来描述最优货币政策显得不够方便。而且，如果按一部分人的预测，在新的世纪里由于电子支付媒介的发展，货币摩擦将在很大程度上被消除，以货币总量的合意演化路径来描述最优政策，即使不是完全不可能，也会十分麻烦。而在此时，以规定如何调整利率操作目标的管理原则的方式来描述最优政策仍然是可能的。实际上，金融体系效率的提高只会使最优政策的这种描述方式显得更为简单，因为将中央银行直接标定的隔夜利率与其他利率和资产价格联系在一起的套利关系在此时会变得更为简单和可靠。因此这里提出的新威克塞尔分析框架正是将注意力转向了那些在金融市场和制度越来越有效的世界里仍然对有效的货币政策设计至关重要的货币传导机制的基本要素。

1.5 本书的计划

第一篇发展了一个理论框架，它充分考虑了具有前瞻性的私人部门行为的意义，能够被用于分析不同货币政策规则的后果。第2章开始我先考察了在一个价格完全伸缩性、产品供给为外生禀赋的模型中以利率规则形式给出的货币政策之下价格水平的确定问题。本章证明，即使完全不存在货币摩擦（这是下文反复考察的特殊情形，以便将注意力引导到对于刻画最优政策而言更为重要的方面），关于确定价格水平的一致性理论也是可能的。本章也考察了在标准的货币主义最优化框架中，利率规则下的价格水平确定问题，使得我们可以比较货币量标定和利率规则承诺的不同后果，并且还分析了当货币摩擦存在时，这一规则的效果会如何发生改变。

第3章引入了内生的产品供给和名义价格和工资黏性，于是货币政策在影响通货膨胀率的同时也能够影响实际活动水平。大量的注意力被放在总供给关系的微观经济基础上——它源自于价格或工资调整的滞后——以（从那些看起来和计量证据保持一致的备选项中）选择合适的模型特征，使之具有清晰的行为含义，从而满足“卢卡斯批判”的要求。同时，本章还关注了刻画实际活动与通货膨胀的动态关系的需要，以使之与可识别的货币扰动效果的计量证据保持一致。本章对基本的黏性价格模型进行了一系列修正，并估计了不同维度的脉冲响应，以改善模型的拟合程度。

第 4 章整合了第 2 章和第 3 章的政策分析，考察了利率规则的效果，在这一框架中，货币政策能够影响实际活动，并且实际活动指标对央行利率操作目标的反馈对于规则的预期效应而言是重要的。在本章所发展的新威克塞尔框架中，通货膨胀动态来源于实际扰动与央行利率规则之间的互动。威克塞尔的自然利息率在此处发挥了中心作用，它概括了在一类可以被看作广义泰勒规则的政策规则情形中与通货膨胀和产出缺口的确定相关的一系列实际扰动的效应。本章还首次分析了运用这一分析框架来设计合适的政策规则所得到的结果，即考察了在何种条件下泰勒型规则能够稳定通货膨胀和产出缺口。

第 5 章对基本的新威克塞尔模型进行了进一步的细化，主要讨论了总需求的决定，使得模型能够更好地拟合关于货币政策效果的计量证据。关于利率变动对总需求的滞后效应而非即时效应，本章探讨了各种原因，并提供了一些简单的例子，说明美国货币传导机制的小型最优化模型能够拟合美国的时间序列数据。对实证模型的这一讨论意在说明本书接下来的内容对各种模型细节的考察是有必要的。

第二篇根据前面各章介绍的理论框架考察了最优的货币政策操作。第 6 章考察了货币政策合适的稳定目标。第一篇从明确的微观经济基础上推导模型结构关系的一个优点在于，使得我们可以分析给定经济当事人（正是他们的决策导致了货币政策可观察的效果）的目标和约束，何种货币政策能够带来最大的经济福利。第 6 章在代表性家庭预期效用模型中考察了各种显而易见的经济福利衡量方式与诸如通货膨胀和产出缺口等宏观经济总量稳定之间的关系。

可以证明，预期效用的二次近似——（在一定条件下）这是推导最优政策规则的线性近似的充分条件——可以通过某些总量变量对其目标值的离差平方的期望值来表示。这些相关变量以及二次损失函数细节的合理性可以通过货币传导机制的微观经济基础的福利分析加以说明。特别地，我们可以证明，关于价格和/或工资黏性的不同假设意味着价格和/或工资通货膨胀应该以不同的方式进入中央银行的损失函数。不过，在货币政策规则的选择中，适当定义的价格稳定性——例如有可能是以指数的形式，既包含了工资也包含了最终产品和服务的价格——应该成为着重考虑的因素，尽管可能不是唯一的因素。将稳定产出缺口和利率稳定的目标也包含在损失函数之内的理由也得到了考察；但是在实践中，这些额外的考虑并不能支持平均通货膨胀率远高于零或通货膨胀率根据冲击持续变动的行为。

第 7 章从第 6 章所论证的损失函数出发，在第一篇所发展的货币传导机制的前瞻性模型中考察了通货膨胀、产出和利率对各种实际扰动做出反应的最优的状态依存演化路径。本章所探讨的一个重要的一般性问题是，最优控制技术在前瞻性系统控制情形中如何进行改造。本章对以下两者进行了区分：一个是最优承诺下对冲击的反应，另一个是央行相机抉择最优化下的均衡反应；对以下事实给予了特别关注：一般而言，最优反应是历史依存的，它与任何纯粹前瞻性的货币政策决策程序不相一致。本章综述了在政策操作中引入合适的历史依存性的不同方法。本项研究所强调的承诺方法是承诺一项政策规则的可能性，使其以某种合意的方式与历史相依存。承诺一项标定规则，例如可变的通货膨胀目标，被证明是制定这样一种政策承诺的特别合适的方式。

最后，第 8 章考察了政策规则的选择问题，以实现第 7 章所推导的通货膨胀、产出和利率的合意的状态依存演化路径。以本书的观点看来，合意均衡的这一实施（implementation）问题是刻画最优政策的一个重要组成部分。在每个时点上将外生扰动的历史与合意的隔夜利率一一对应并不是描述最优政策规则的一种合适方式，理由在本章将会交代。相反，一个更合适的政策方案应该将政策工具的设置与诸如通货膨胀和产出缺口等内生变量的演化路径（观察的或预测的）联系起来，正如之前提及的那些政策建议所说的那样。本章描述了在一大类对数线性结构模型和二次损失函数下构造这种最优政策规则的一个一般性方法，然后该方法被应用于前几章所开发的货币传导机制的简单最优化模型。

可以证明，最优规则很容易取得广义泰勒规则的形式，或者英格兰银行所采用的预测标定程序的目标准则形式。然而，即使在相当简单的货币传导机制模型中，最优规则也和前人的建议所描述的有所不同。尽管让规则对（或许仅对）通货膨胀和产出缺口的变动做出反应这一逻辑是很清晰的，但是从理论上而言衡量通货膨胀和产出缺口的合适方式可能并不是前文提及的那些对当前中央银行行为的刻画中所使用的方式。而且，我所得到的最优规则往往也和他们给出的动态形式有所不同。最优规则与历史相依存的方式不同于经典的泰勒规则，或者其他各种为人熟知的通货膨胀预测目标制的描述方式；它们比经典的泰勒规则更具前瞻性，但在所有校准的例子中，其前瞻性又都远不如目前实施通货膨胀目标制的中央银行所采用的程序。

关于最优政策规则的精确结论显然要取决于传导机制模型的细节，在这个意义上我并不试图给出任何最终结论。在任何情形下不同的国家应该有略为不同的答案。更重要的目的乃在于提供一种方法，使得每个中央银行，基于它们对各自经济中传导机制特征的研究，都能用来选择相当系统性的政策。我希望本书对于这一问题的探讨能够提供有益的指南。

【注释】

[1] 关于这一进展的全面讨论参见 Bernanke et al.(1999)。

[2] 当然，威克塞尔及其追随者对瓦尔拉斯（Walras）一般均衡理论应该相当熟悉，并将其作为自己思想的出发点。但是在当时，一般均衡理论仅意味着资源配置的静态模型，并非显而易见地能应用于这些学者所主要关心的跨期资源配置问题。参见 Myrdal (1931，ch. 2，sec. 4；ch. 3，sec. 5)。

[3] 关于这方面最新进展的有价值的综述包括 Goodfriend and King (1997) 以及 Gali (2001)。

[4] 当然这正是自然率这一术语的来源——弗里德曼（1968）的“自然失业率”概念是对威克塞尔的“自然利息率”概念所作的类比，因为他认为他的读者应该对后者比较熟悉。然而今天的许多读者更熟悉弗里德曼的概念，并且发现把自然利息率看作弗里德曼的自然率概念的类比将更加有助于理解。实际上，威克塞尔很早就提出了与弗里德曼在演讲中阐述的“自然率假说”相类似的观点：“那些宁愿价格不断上升而不愿其稳定

不动的人让我们联想起另一些人，他们为了更有把握地赶上火车而故意把自己的手表拨快。但是要达到这一目的，他们必须对自己的手表走得快这一事实……并不自觉；否则他们就会习惯于将这额外的几分钟时间考虑在内，这样不管他们设计得多么巧妙，最后仍不免迟到”（Knut Wicksell，1898，pp. 3～4）。

[5] 对这类传统文献的回顾，参见 Woodford（1990）以及 Chari and Kehoe（1999）。

[6] 学界对这一问题的关注，参见 Goodhart（1999）以及 Bryan et al.（2002）。

[7] 这一基本观点对于斯德哥尔摩学派的学者们而言早已是显而易见的：“如果人们希望最大限度地缓和经济周期……那么就必须尽量稳定一项由具有黏性的价格所构成的价格指数……黏性价格水平的稳定性不排斥所有其他价格水平自由浮动，包括资本价值……很明显，在资本主义社会中，[资本品的价格] 是人们最不愿意去稳定的价格……对所有其他弹性的商品价格指数而言也是如此”（Myrdal，1931，pp. 192～193）。西蒙斯（Simons，1948）和米德（Meade，1951）主张以某种国内商品价格指数作为目标而不是类似的消费者价格指数（CPI）；因为 CPI 还包括进口商品的价格，而这些价格能够通过汇率浮动而自由变动——克拉里达等（2001）在一个详细的开放经济黏性价格模型中也得到了后面这一结论。

[8] 在第 4 章的“新威克塞尔主义”基本模型中能够得到这种效应，只要决定短期实际利率的不是私人部门合意支出的绝对水平，而是当前支出水平相对于未来预期支出水平的比率，这就是支出时机最优选择的欧拉方程的一个结果。类似地，未来预期支出相对于更远未来的预期支出的比率，也取决于预期的未来短期利率，且对于更远未来的预期也是如此。

[9] 有证据表明这是正在发生的事实，作为金融市场更高的复杂性和中央银行更高的透明度共同作用的结果，而且这两个因素形成了某种共生关系。布林德（Blinder et al.，2001，p. 8）发现从 1996 年初到 1999 年中旬这一段时间，可以观察到美国债券市场对于宏观经济形势所做出的反应正是朝着稳定经济的方向在波动，只有联邦基金利率波动相对较小。他们认为这反映了债券市场在美联储采取行动之前对其进行预测的能力有所改善。关于美联储政策的市场可预测性增强的统计证据由郎（Lang et al.，2001）提供，他们发现国库券收益提前几个月预测联邦基金利率变动的能力自 20 世纪 80 年代末以来有所增加。

[10] 我在第 8 章中将会说明如何设计政策规则，以避免对任何具体的经济扰动做出刻画，当然这仅适用于对某种特定类型的可加性（additive）扰动的最优均衡反应。斯文森（1999，2003b）所主张的政策规则就属于这一类。

[11] 请注意我在此处使用“时间一致性”一词的含义并非意味着政策制定者在任一时刻都不相信偏离他先前制定的规则有可能获得更高的目标预期值。时间一致性并不要求如此，因为在包括初始时刻 t_0 在内的任一时刻，这都不是判断中央银行的行为是否最优的标准。

[12] 这两个角度之间的区别类似于伦理学中“规则功利主义”和“行动功利主义”的区别（Brandt，1959；Harsanyi，1982）。行动功利主义的观点认为，在任何情形下，正当的行动就是能够最大化行动者在该时刻所处环境中的社会效用的行动。而规则功利主义认为，正当的行动应该遵循适用于这一类情形的正确规则，其中正确规则是指如果在所有这一类情形中都被遵循，则将最大化社会效用的规则。

[13] 利率目标修正的最优频率问题自然是实践中很受关注的问题之一。但在本项研究中我将不讨论这一问题，因为我是在货币传导机制的离散时间模型中讨论最优政策问题，模型中的“时期”就对应于央行决策周期的长度。

[14] 每日公开市场操作的决策相对更为简单的原因，主要不是因为美联储头寸的每日需求高度可预测，而是因为美联储能很快知道当天错估了多少市场需求，因此在次日对前一日的实际资金利率和目标利率之间的缺口做出反应。因为在美国的政策制度下对储备金的需求存在跨期替代，美联储将在次日做出反应的承诺是可置信的，从而在大部分时间内避免资金利率偏离目标利率过多。参见泰勒（2001）对交易部门反应函数的深入讨论。

[15] 由于存款业务十分便利，且不存在信用风险，实际的下限似乎会略高于存款利率；类似地，因为借贷业务的担保要求和可能的信誉损失（stigma），实际的上限会略高于借贷利率。尽管如此，我观察到的市场利率确实处于由这些利率水平所决定的波段内(唯一的例外是该体制在加拿大实施的最初几个月里，上限偶尔有小幅的突破——见图 1.1)，并且往往接近中点。

[16] 澳大利亚自 1998 年 6 月开始实施类似的系统，而新西兰自 1999 年 3 月开始实施。

[17] 关于其他两个国家的类似图表，以及对这四个国家在不失去对短期利率操控的情况下应对千年虫（Y2K）恐慌的不同能力的讨论，参见 Woodford（2001c）。

[18] 这里我说的是央行结算余额供给的调整，而非基础货币的调整，因为在讨论所涉及的所有国家中，公众对货币需求的变化是通过公开市场操作自动加以适应，后者在改变基础货币量的同时试图保持央行结算余额的供给不受其影响。因此尽管学术文献强调基础货币规则，但在实践中，意在直接规定央行每日公开市场操作的数量目标规则，必须设定的是央行结算余额供给的目标值，而非基础货币的目标值。

[19] 例如弗里德曼（2000）就认为中央银行提供最终结算的特殊作用不太可能被取代，因为政府可以任意创造货币，所以这些机构的偿付能力是无可怀疑的。古德哈特(2000）等人也同样怀疑电子媒介可以完全替代货币的使用。

[20] 格林木斯（Grimes，1992）提出了一个相关的论点，当央行储备对于完成交易而言不比其他流动性的政府证券更有用时，即公开市场上对这些证券的买卖完全不产生效果时，央行余额的利率变动就会产生效果。霍尔（Hall，1983，2002）也以此作为货币摩擦完全不存在条件下控制价格水平的方法。霍尔讨论了对某种政府“证券”的利息回报的控制不再需要中央银行。但是因为这种工具需要具备私人发行证券所不具备的特殊性质——它不但是对未来获得更多单位这种工具的一种要求权，而且整个社会的记账单位也是用这种工具来定义的——所以最好还是认为它仍然具有当前正被采用的制度形态，即在央行开设的账户中的余额。

[21] 这里假定没有支付是需要通过央行余额来结算。当然，继续提供这一业务并没有坏处，只要央行的结算体系至少仍然用于某些支付。

[22] 这并不意味着威克塞尔的由实际因素决定的自然利息率概念对于思考央行的政策选择问题是没有意义的。其意义在第 4 章中将会讨论到。但是自然利息率是价格稳定的均衡所需要的利率；央行仍然可以（在一定限度内）任意选择利率水平，因为它能够选择价格上升或下降的程度。

[23] 这正是他的论点（见本章开头的引语，引自其著作的导论部分）的基础——控制相对价格时，需要设计某种市场机制进行干预，但控制一般价格水平则不需要如此。

[24] 当然这并不是说这些变量的所有路径都能通过货币政策来实现；被选择的路径必须和理性预期均衡条件所隐含的某些约束相容，这点可见第 4 章。这一点在央行选择价格水平路径的情形中也成立。例如，甚至在工资和价格完全伸缩性的世界中，也不可能通过引致过快的通货紧缩率来得到负的名义利率。

[25] 参见霍尔（2002）和瓦特（White，2001）对类似观点的阐述。霍尔强调的是法定货币条例对定义国家货币单位的作用。但是这一条例并不代表它对某一给定地理区域内可以使用的支付工具种类进行了限制，或者说在任何程度上，都不需要有这样的限制来界定私人协议的有效性。这里重要的是，以某种特定的记账单位形式缔结的契约其含义到底为何，法律对于稳定这种含义所起的作用和它在例如商标问题中所起的作用没有本质的差别。

[26] 相反，科斯塔和德格洛瓦（Costa and De Grauwe，2001）认为"在无现金社会中……中央银行无法'强迫其他银行吸收'它创造的储备"（p. 11），并且央行被强迫"清算……资产"来赎回商业银行"不愿意"在它们的投资组合中持有的央行负债。这一观点忽视了如下事实：美元的定义使得美联储能够轻易地向账户持有人兑现在下一日支付一定数量美元的承诺，它只需向他们提供一个规模相当的美联储账户——要求以其他一些在市场上估价更高的资产来进行支付是不可能的。类似地，科斯塔和德格洛瓦认为"中央银行在无现金社会中遇到的问题就相当于它在钉住固定汇率时遇到的问题一样"（注释 [15]）。但是央行试图钉住某一汇率的问题在于，它承诺支付一种外币以换取其负债，而不是支付它自己的负债——这是它能够自由创造的。科斯塔和德格洛瓦说他们想象这样一个世界，"账户单位仅为国内问题……并由国家提供"（第 1 页），但他们似乎没有意识到这意味着由央行负债来定义这一账户单位。

[27] 对于当时瑞典实验的肯定性评论，可参见 Fisher（1934，pp. 399～410）。

[28] 在此处引用的段落中，威克塞尔建议世界各国的中央银行通过政策协调来建立一种稳定的世界账户单位。他在别处类似地建议稳定一国单一账户单位的价值。

[29] 当然，威克塞尔并没有特别建议这种对数线性关系；他只不过描述了一种单调关系。对数线性形式对于下一节中的简单计算是有用的。在第 2 章中，我讨论了这种对数线性形式可以对并非全局对数线性的规则进行近似。（4.1）式不能对所有的价格水平都适用，因为名义利率不能为负数。

[30] 请注意，从某一时点 t_0 开始根据（4.2）式设定利率的承诺与根据规则（4.1）式进行设定的承诺是等价的，后者的截距 $\bar{i}=i_{t_0-1}-\phi p_{t_0-1}$。菲雷尔和摩尔（Fuhrer and Moore，1995c）将威克塞尔的建议表述为一个更复杂的形式，利率变动成为价格水平的函数。尽管他们的规则分析起来较为复杂，但其结论关于遵循威克塞尔规则所得到的结果并没有实质性的不同。

[31] 与此同时，享德森和麦克滨（Henderson and McKibbin，1993）也基于模拟研究而提出了另一种形式相近的政策规则。

[32] 在尼尔森（2001）对英国情况的估计中这一点也成立。这正是我在前一段中使用尼尔森的术语"长期通货膨胀的反应系数"而不是泰勒（1999c）所估计的当期反应系数的原因。

[33] 本节所报告的所有回归结果中，时期长度为季度，即估计中使用的是季度数据。

[34] 在他们更满意的估计中，γ 的值不是估计的而是被限定的。但在两个时期内所假定的极值则是通过未限定 γ 值的初步回归而得到的。

[35] 贾德和鲁迪布什还估计了亚瑟·伯恩斯（Arthur Burns）主席任期（1970—1978 年）的反应函数。和泰勒一样，对于这一时期他们估计得到的通货膨胀反应系数 ϕ_π 小于 1，尽管显著性不如泰勒。

[36] 克拉里达等人还估计了当预测区间多于一个季度时该规则的变化形式。在中央

银行的通货膨胀目标制政策实际所采用的规则中，利率操作目标往往根据未来八个季度的通货膨胀预测值做出变动。可参见 Black et al.（1997b），Batini and Haldane（1999）。

[37] 和泰勒一样，他们也认为这一变化导致了后来的宏观经济稳定。他们对其中的原因给出了理论分析——如果一项政策规则具有他们所估计的 1960—1979 年期间的形式，将导致自我实现的预期，从而使得经济更易趋于不稳定。第 4 章对这一观点进行了讨论。

[38] 如果我们的目标是——正如我所主张的——稳定产出相对于其自然率的水平，而不是产出本身的话，这一观点仍然成立。因为纯粹由于自我实现的预期而导致的产出波动也意味着产出缺口的波动。

[39] 克拉里达等人（2000）在此基础上指出，20 世纪 70 年代美国的宏观经济不稳定可能是因为自我实现的预期而加剧，因为他们的估计值（见表 1.1）显示泰勒原则在后 1979 的政策中得到了满足但在之前的政策中却并非如此。

[40] 这是对弗里德曼观点的概括，而非威克塞尔最初的讨论。威克塞尔没有讨论内生的通货膨胀预期，所以他的结论是价格水平而非通货膨胀率会无休止上升。林达尔（Lindahl，1939）首次在分析中引入了内生的通货膨胀预期，从而得出通货膨胀率无限上升的结论。

[41] 关于这一角度，例见弗里德曼和施瓦兹（Friedman and Schwartz，1963）的《货币史》。

[42] 如前所述，威克塞尔对其理论的基本阐述是对“纯粹信用经济”而言的。关于威克塞尔对价格水平决定之解释的非数量论性质，参见 Haavelmo（1978），Leijonhufvud（1981），及 Niehans（1990）。其他作者强调了威克塞尔的分析与数量论框架的可比性，例如 Humphrey（2002）。我不否认新威克塞尔的利率规则下的价格水平决定论与标准的数量论模型之间的一致性，例如 4.3 节。但是我会指出定义良好的货币需求的存在性对于这一分析逻辑而言不是关键的，因此这一分析同样适用于货币需求无法定义或不稳定的世界。

[43] 在第 2 章，我罗列了一些假设条件，在这些假设条件下，这一点在带有弹性价格的外生跨期均衡模型中得到了证明。

[44] 在第 4 章中的新威克塞尔基本模型中，δ 是 π_t、$E_t\pi_{t+1}$ 和 $E_t\pi_{t+2}$ 的函数。

第一篇

分析框架

第 2 章　利率规则下的价格水平决定

虽然现实中所有中央银行都使用短期名义利率（典型地，隔夜利率，例如美国的联邦基金利率）作为经济调控的工具，并且根据大量的实证文献所估计的央行设定利率的“反应函数”来刻画实际货币政策，但是货币经济学中的理论文献几乎都在关注由货币供给的其他（可能是状态依存的）路径所描述的政策的分析。本章的目的是，给出常用于刻画实际的央行政策的某种利率规则下的价格水平决定理论，以此来弥补这个疏忽。

我认为，为了理解这种规则的影响，首先确定它们对货币供给变化的影响，然后分析等价的货币供给规则是没有必要的。相反，根据一个货币供给变化和货币需求决定在其中都不重要的解释性框架，分析这种规则下的价格水平决定是可能的。在这个新威克塞尔框架中，均衡价格水平的基本决定因素是实际因素，这些因素一方面决定均衡实际利率，另一方面决定由中央银行的政策规则所建立的利率和价格之间的系统关系。

我首先在完全无现金经济中详细说明上述方法。假定经济中不存在通过使用货币余额可以减少的交易摩擦，从而为人们持有这种余额提供了理由，即使把这些货币用于持有其他资产可获得收益。在类似的金融经济学和经济波动的纯实际模型中，这种设定方式是普遍假设，这种假设可允许我们以最简单的形式展示新威克塞尔理论中的核心关系。

同时，此处所提出的方法的有用性和有效性都不依赖于当前的实际经济不存在货币摩擦的论断。在详细说明无现金经济的理论之后，我将说明怎样简单地把这个框架推广到考虑货币摩擦的情形，使用通货膨胀决定的货币主义模型中的普遍方法对货币摩擦建模（效用函数中包含实际余额，或者假定现金优先约束）。在这种情形下，我将说明，如果使用在实证上可信的方法参数化货币摩擦，我们将继续得到均衡关系，它们是无现金经济中均衡关系的直接推广，甚至不需要导出定量问题上多大不同的结果。因此，即使在货币余额的确在一定程度上便利交易的经济中，无现金分析仍然可以被视为一个有用的近似。

在具有交易摩擦的经济中，我们也可以沿着传统货币主义的轨迹分析价格水平决定：我们可以将均衡价格水平视为由货币供给的预期路径决定，尽管在利率规则（如泰勒规则）情形下，货币供给的数量是内生的，由此货币价格利率必须被同时确定。在这里所考虑的模型中，这个方法不会得到与新威克塞尔分析不同的最终结论，因为它们将要求解的均衡条件系统其实是一样的，尽管方法的方向有所不同。但是，我认为这些均衡条件的新威克塞尔解释是非常富有成果的，尤其是这种解释在无现金经济的极限情形中仍然是可能的。

在本章，在具有伸缩性价格和外生产品供给的模型背景下，我将详细说明新威克塞尔理论的基本框架。这里允许我在特别简单的背景下提出许多基本的问题，也允许我将新威克塞尔理论与标准数量理论方法直接比较，因为由最优化模型导出时，标准数量理论方法也经常在伸缩性价格模型中得到详细说明。标准数理理论在下一章引入名义价格刚性之后才可能被更加完整地阐述。

2.1 无现金经济中的价格水平决定

我首先考虑在产品市场和金融市场都是完全无摩擦的经济中价格水平的决定问题：市场是完全竞争的，价格持续调整至市场出清，并且存在可能交易的任何种类的状态—依存债券。在无摩擦金融市场的情形下，我们自然可以假设不需要用“货币”资产便利交易活动。

然而，我假定存在一种货币计量单位，产品和金融资产的价格都用这个货币计量单位来计价。该货币计量单位是根据对中央银行一定数量的负债的权益来定义的，[1]可能有也可能没有任何物质存在。其中，这种负债不是对任何未来支付的权益，而是对未来的中央银行负债单位的权益。正如 1.3.2 节中所讨论的，作为承诺仅仅支付自己负债的额外单位的债务发行人，中央银行的这种特殊情况允许其既可以决定它负债的名义利息收益，也可以决定现有的负债量。

同时我假设，私人部门需要持有这种特殊资产，或通过这样做获益，而持有任何其他相似的根据相同货币计量单位命名的无风险金融权益都不会获益是没有理由的。同时，也假定私人部门可选择持有政府的金融权益和私人发行的金融权益。在某种条件下，私人部门愿意持有中央银行的负债以及其他的政府负债，这种条件可以由金融经济学中常见的套利关系描述。那么在满足这些关系的均衡中，就存在一个货币与实际产品和服务之间的定义良好的交换率。

在这种无摩擦的条件下，基础货币——中央银行的货币负债是对其他类似的短期到期的无风险资产的完全替代，而不论是私人债务还是其他的（非货币）政府债务。因此，基础货币的名义大小的变化（例如，由于中央银行对其他类型的政府债务的公开市场购买而引起的变化）对代表着市场均衡的价格和利率没有影响。然而这并不意味着在这样一种条件下，中央银行对货币表示的产品均衡价格没有控制力。正如我们将看到的，即使在无现金经济中，中央银行的政策规则仍然是均衡价格水平的关键决定因素之一；并且对于中央银行而言，原则上可以通过有技巧地使用其可支配的工具把价格水平稳定在一个满意的水平（或确定的趋势路径）周围。但是在这样一种条件下，中央银行可用的至关紧要的工具并不是公开市场操作，而是调整支付中央银行余额的利率的可能性。

2.1.1 具有名义资产的资产定价模型

考虑一个由大量同样的家庭组成的经济。代表性的家庭试图最大化如下形式的各期效用贴现之和的期望值：

$$E_0\left\{\sum_{t=0}^{\infty}\beta^t u(C_t;\xi_t)\right\} \tag{1.1}$$

这里 $0<\beta<1$ 是贴现因子，各期效用 u 取决于对经济中单一产品的消费水平 C_t。此外，这里还考虑了对各期效用函数的外生随机扰动 ξ_t，我们可以认为它表示家庭对消费不耐心程度的变动。对中央银行面对问题的一般概念而言，ξ_t 项的存在是代表其重要性的第一个简单例子，即预期改变均衡实际回报率并因此改变价格稳定所要求的名义利率水平的实际扰动的存在。对于任何给定的 ξ_t 的实现值，我假定效用函数 $u(C;\xi_t)$是凹的，并且关于消费水平 C 严格递增。

正如引言所述，我假定金融市场是完全的，即可用的金融资产完全贯穿于家庭所面临的对将来的收入、价格、偏好冲击等的相对不确定性中，因此每一个家庭面临一个单一的跨期预算约束。在完全市场假设下，家庭在每期的预算约束流可以表示成如下形式：

$$M_t+B_t\leqslant W_t+P_tY_t-T_t-P_tC_t \tag{1.2}$$

这里 M_t 表示家庭的特殊金融资产（基础货币，代表经济的计量单位）的名义期末余额，B_t 表示家庭所有的其他金融资产（不论是私人发行的还是对政府的权益）的期末投资组合的名义价值（根据以上计量单位），W_t 表示期初的金融财富（此处包括基础货币与其他资产），Y_t 是这种单一产品的外生（可能是随机的）禀赋，P_t 是由货币单位表示的产品价格，T_t 表示政府的净（名义）税收。上述约束表明总的期末金融资产（货币加债券）价值不会超过带入本期的金融资产价值与本期内的非金融收入除税和消费支出价值的净额之和。利息收入没有直接写入（1.2）式，因为假设在做出决策的离散时刻之间利息自然增加，即 W_t 已经包括了在 $t-1$ 期期末持有债券得到的利息。[2]

应该注意的是，在（1.2）式中，B_t 没有涉及持有某种单一类型债券的数量。由于我假定市场是完全的，所以家庭必须能够——至少在原则上来讲——持有任何一种具有不同状态依存回报的金融工具。然而，我并不需要为用于交换的特定种类的金融工具引入任何记号（这是完全市场假设的便利之一）。由于能够安排家庭可能意愿的任何未来状态依存支付模式（为合适的价格），所以我可以得出家庭的消费计划和财富积累问题，而不用涉及任何家庭持有的特定资产的数量；并且如果有多余的资产，那么对单个资产实际上没有确定的需求（基础货币情形的假定）。但是，为了明确讨论中央银行对这种资产的供给以及支付该资产的利息，我把家庭对基础货币的持有和剩下的期末投资组合相区分。

在上述的记号中，我们可以仅仅把家庭的投资组合选择为在下一期的期初，家庭对它的非货币投资组合的状态依存值为 A_{t+1}。在下一期，总的期初财富为：

$$W_{t+1}=(1+i_t^m)M_t+A_{t+1} \tag{1.3}$$

其中，i_t^m 是用于支付 t 期期末持有的货币余额的名义利率。应注意，这意味着作为在 $t+1$ 期所实现的状态世界的函数，W_{t+1} 是由第 t 期的决策所决定的，因此在（1.2）式中 W_t 是一个事先确定的状态变量。

在进行投资组合决策时，A_{t+1} 是一个随机变量，它的值将依赖于 $t+1$ 期的世界状态。但是家庭选择这个随机变量的完全设定：它在所有可能状态下的值。那么排除套利机会（均衡的一个必要条件），要求存在一个（唯一的）随机贴现因子（或资产定价核）$Q_{t,t+1}$，并且它具备如下特征：在下一期，具有随机值 A_{t+1} 的任何债券投资组合在 t 期的价格由如下式子给出：

$$B_t=E_t[Q_{t,t+1}A_{t+1}] \tag{1.4}$$

（在 t 时刻，$Q_{t,t+1}$ 仍是一个随机变量；E_t 表示基于 t 期的世界状态的条件期望）根据这个贴现因子，无风险短期（一期）名义利率 i_t 对应如下式子的解：

$$\frac{1}{1+i_t}=E_t[Q_{t,t+1}] \tag{1.5}$$

注意，如果代表性家庭选择持有纯粹无风险的投资组合（以名义形式），那么 A_{t+1} 在 t 期是完全可以预测的，（1.4）式表明 $A_{t+1}=(1+i_t)B_t$，将其代入（1.3）式中得出 W_{t+1}，再将 W_t 的表达式代入（1.2）式中，并且在均衡时（1.2）式取等号，就得到熟悉的关于 B_t 的差分方程，即

$$M_t+B_t=(1+i_{t-1}^m)M_{t-1}+(1+i_{t-1})B_{t-1}+P_tY_t-T_t-P_tC_t \tag{1.6}$$

如果政府只发行无风险一期债务，那么（1.6）式实际上就是一个均衡条件；但是即使是在这种情形下，单个家庭的预算约束允许家庭以其他方式在不同世界状态之间转移财富，认识到这一点仍是很重要的。[3]

一般而言，（2.2）式，（1.3）式和（1.4）式给出了家庭的预算约束流的完整描述。利用（1.3）式和（1.4）式从（1.2）式中消去 B_t，可以将约束另外写成如下形式：

$$(1-E_tQ_{t,t+1}(1+i_t^m))M_t+E_t[Q_{t,t+1}W_{t+1}]\leqslant W_t+[P_tY_t-T_t-P_tC_t]$$

利用（1.5）式，可得出：

$$P_tC_t+\Delta_tM_t+E_t[Q_{t,t+1}W_{t+1}]\leqslant W_t+[P_tY_t-T_t] \tag{1.7}$$

其中：

$$\Delta_t \equiv \frac{i_i - i_t^m}{1+i_t} \tag{1.8}$$

很显然，从上式可以看出，货币和非货币资产之间的利率差分 Δ_t 表示持有货币形式财富的机会成本。给定在下一期期初的计划状态依存财富 W_{t+1}，家庭可以选择满足（1.7）式的 C_t，$M_t \geqslant 0$ 的任何值。[4]

家庭预算约束的完整描述要求明确地限定借贷以防止"蓬齐计划"（Ponzi schemes）的出现，否则这种"蓬齐计划"将会符合一个无限期界模型中预算约束流的无限序列。在完全无摩擦的金融市场假定下，可自然地假设依靠在任何未来时期可能预见（即使仅在一些世界状态中）的税后禀赋借贷收入是没有障碍的。那么，隐含的约束是，家庭必须在 t 期期末持有净的投资组合（可能包括一些债券的发行，这是为了依靠将来的借贷收入），使得转移到下一期的财富 W_{t+1} 必须满足如下限制条件：

$$W_{t+1} \geqslant -\sum_{T=t+1}^{\infty} E_{t+1}[Q_{t+1,T},(P_T Y_T - T_T)] \tag{1.9}$$

即，在 $t+1$ 期可能达到的每一个世界状态。在这里，将 T 期的（名义）收入贴现到更早的 t 期的一般随机贴现因子定义为：

$$Q_{t,T} \equiv \prod_{s=t+1}^{T} Q_{s-1,s}$$

（我也用记号 $Q_{t,t} \equiv 1$。）那么（1.9）式的条件就意味着家庭不能够计划它在任何状态下的负债量大于它随后的所有税后非金融收入的现值。

预算约束流（1.7）式完整的无穷序列和借贷约束（1.9）式等价于家庭的单一跨期（或终身）预算约束。我首先要指出，除非良好地定义（1.9）式右边的现值（也就是说，这个无限和是收敛的），否则家庭没有预算约束，蓬齐计划将是可能的，因此可负担得起无限制的消费。此外，如果现值在任何世界状态都是无限前瞻的，在任何时期，无限制的消费不仅在该时期是可能的，而且在所有其他状态也是可能的（包括正被讨论的状态从未发生过的历史）。因为在完全市场中，依靠该状态借贷为任何其他状态下无限制的消费融资是可能的。

因此，我们可以把注意力集中到蓬齐计划不可能存在的情形，因为

$$\sum_{T=t}^{\infty} E_t[Q_{t,T}(P_T Y_T - T_T)] < \infty \tag{1.10}$$

每期都成立。[5]此外，预算约束同样是不明确的，除非利率在每期都满足下界：

$$i_t \geqslant i_t^m \tag{1.11}$$

否则就存在套利机会；通过卖空无风险一期债券（也就是说，以短期无风险率借入，假定为负），收益中一部分作为持有足够的现金在下一期回购债券（偿还债务），一部分用来为额外的消费融资，家庭能够为无限制的消费融资。由于假定效用是关于消费严格递增的，不管从事多少次这种操作，该操作都会持续增加效

用。因此，我们也可以把注意力集中到（1.11）式恒成立的情形。

这样，我们就能够确立预算约束流的无限序列（1.7）式等价于单一的跨期预算约束。

命题 2.1 考虑在每期都满足（1.10）式和（1.11）式值为正的随机过程$\{P_t, Q_{t,T}\}$，并且令$\{C_t, M_t\}$为非负值的随机过程，表示家庭可能的消费和货币积累计划。当且仅当计划$\{C_t, M_t\}$满足约束条件

$$\sum_{t=0}^{\infty} E_0 Q_{0,t}[P_t C_t + \Delta_t M_t] \leqslant W_0 + \sum_{t=0}^{\infty} E_0 Q_{0,t}[P_t Y_t - T_t] \tag{1.12}$$

那么存在每一期既满足预算约束流（1.7）式，又满足借贷约束（1.9）式的家庭投资组合计划的设定。

附录A给出了证明过程。应注意的是，跨期预算约束仅仅表明：整个无限将来的家庭计划消费的现值与家庭计划持有货币的现值的成本之和，不能够超过家庭的初始金融财富与来源于非金融资产的期望税后收入的现值之和。我们也能够证明（参见附录A）家庭的持续计划——从t期开始的一个前向计划（即在给定t期的世界状态，它的所有可能的状态下的$T \geqslant t$期的计划）必须满足相应的跨期预算约束

$$\sum_{s=t}^{\infty} E_t Q_{t,s}[P_s C_s + \Delta_s M_s] \leqslant W_t + \sum_{s=t}^{\infty} E_t Q_{t,s}[P_s Y_s - T_s] \tag{1.13}$$

那么，家庭的最优化问题就是，给定家庭的初始财富W_0和预期面对的产品价格与资产价格（由随机贴现因子$Q_{t,t+1}$给出），选择在所有$t \geqslant 0$时期都满足（1.12）式的过程C_t，$M_t \geqslant 0$，以最大化（1.1）式。正如在命题2.1的证明中那样，给定这些过程的最优选择，就可以构建W_t的最优路径。给定W_{t+1}的一个随机过程，A_{t+1}和B_t的隐含过程就由（1.3）式和（1.4）式给出。

因为这本质上是一个满足单一预算约束的标准凹的最优化问题，所以容易给出家庭最优化的充要条件。首先，（1.10）式和（1.11）式必须恒成立，否则最优计划不存在（因为更多的消费总是可能的）。其次，因为在无现金经济中，持有货币余额没有非金钱收益，所以家庭最优化要求在每期和每一个可能的状态下，

$$M_t = 0 \tag{1.14}$$

或

$$i_t = i_t^m \tag{1.15}$$

成立（尽管在不同时期和不同状态下得到哪一个条件会有所不同）。

再次，通过使得边际替代率等于相对价格，可得到如下一阶条件：

$$\frac{u_c(C_t;\xi_t)}{u_c(C_{t+1};\xi_{t+1})} = \frac{\beta}{Q_{t,t+1}} \frac{P_t}{P_{t+1}} \tag{1.16}$$

这里 u_c 是 u 关于消费水平的偏导数。对 $t\geqslant 0$ 的每期的每个可能状态，以及在给定 t 期已经出现的状态的条件下，对于 $t+1$ 期可能会出现的状态而言，条件（1.16）都必须成立（$Q_{t,t+1}$ 是 $t+1$ 期的特定状态下的贴现因子的值）。利用（1.5）式，条件（1.16）式意味着短期名义利率必须在每期都满足如下条件：

$$1+i_t=\beta^{-1}\left\{E_t\left[\frac{u_c(C_{t+1};\xi_{t+1})}{u_c(C_t,\xi_t)}\frac{P_t}{P_{t+1}}\right]\right\}^{-1} \tag{1.17}$$

最后，最优化要求家庭完全遵守其跨期预算约束，即（1.13）式在每期必须作为等式成立。同样，预算约束流（1.2）式在每期必须作为等式成立，除此以外，家庭的财富积累必须满足横截性条件，即：

$$\lim_{T\to\infty}E_t[Q_{t,T}W_T]=0 \tag{1.18}$$

（表述为一个严格的等式，条件（1.13）式意味着在 $T\geqslant t$ 的每期（1.2）式必须作为一个严格的等式成立，同时（1.18）式必须成立。反过来，后一组条件意味着（1.13）式是一个严格等式，从 t 期开始的一个前向计划）给定（1.13）式是一个严格等式，条件（1.10）式可以等价地表示为：

$$E_t\left\{\sum_{T=t}^{\infty}Q_{t,T}[P_TC_T+\Delta_TM_T]\right\}<\infty \tag{1.19}$$

因此我们得到一组条件：（1.2）式是一个严格等式，要求（1.14）式或者（1.15）式为等式；以及不等式（1.11）和 $M_t\geqslant 0$，（1.16）式，（1.18）式和（1.19）式——为了使代表性家庭的行为最优，这些条件必须每期都成立。同时，我们也可以证明这些条件对最优化而言是充分的。

现在，我可以说明这个模型中的理性预期（或跨期）均衡的完备条件了。除了上述这些家庭最优化的条件，市场必须在每期出清。这意味着，家庭每期的需求必须满足如下条件：

$$C_t=Y_t,\quad M_t=M_t^s,\quad A_{t+1}=A_{t+1}^s$$

这里 M_t^s 是指中央银行的基础货币供给，我假定它在每期都是正的。A_{t+1}^s 是指在 t 期期末公众手中持有的政府债券在 $t+1$ 期期初的总值（总的来说，对债券市场出清而言，充分条件不是 $B_t=B_t^s$，其中 B_t^s 表示在 t 期期末政府未偿付债券的市场价值，因为，这允许家庭要求一个具有不同状态依存回报的投资组合，而不是政府债券的总供给）。如果以一种较原始的方式通过设定变量 $\{B_{t,t+j}^s\}$ 来设定政府债券的供给，其中，对每期 t 和 $j\geqslant 1$，$B_{t,t+j}^s$ 表示政府承诺在 $t+j$ 期支付的 t 期期末未偿付债券的总（名义）息票，那么在 $t+1$ 期可能达到的每一可能状态中，

$$A_{t+1}^s\equiv\sum_{j=1}^{\infty}E_{t+1}[Q_{t+1,t+j}B_{t,t+j}^s]$$

应注意的是在这里我抽象掉了政府对实际产品和服务的购买（尽管随后扩展的模型会考虑到它们）。

给定 $M_t^s>0$，市场出清意味着（1.14）式不成立，并且（1.15）式必须在每期成立。将市场出清条件代入家庭最优化的条件（1.16）式和（1.17）式中，得

到每期的均衡条件为：

$$\frac{u_c(Y_t;\xi_t)}{u_c(Y_{t+1};\xi_{t+1})}=\frac{\beta}{Q_{t,t+1}}\frac{P_t}{P_{t+1}} \tag{1.20}$$

$$1+i_t=\beta^{-1}\left\{E_t\left[\frac{u_c(Y_{t+1};\xi_{t+1})}{u_c(Y_t;\xi_t)}\frac{P_t}{P_{t+1}}\right]\right\}^{-1} \tag{1.21}$$

应注意，后一个关系对名义利率采用了“费雪方程”的形式，其中，代表性家庭的跨期边际替代率扮演了实际利率因子的角色。

最后，解出（1.20）式中的随机贴现因子，代入（1.18）式和（1.19）式中，那么（1.18）式和（1.19）式变形为如下的形式：

$$\lim_{T\to\infty}\beta^T E_t[u_c(Y_T;\xi_T)W_T^s/P_T]=0 \tag{1.22}$$

$$\sum_{T=t}^{\infty}\beta^T E_t[u_c(Y_T;\xi_T)Y_T]<\infty \tag{1.23}$$

（这里我也使用了市场出清条件等于 W_T 且满足 $W_T^s\equiv(1+i_{T-1}^m)M_{T-1}^s+A_T^s$，它是 T 期期初政府名义权益的总供给，并用条件（1.15）式取代（1.19）式中的因子 Δ_T。）因此，理性预期均衡就是在所有 $t\geqslant 0$ 期满足（1.15）式和（1.21）～（1.23）式的过程的集合。

根据总的政府负债 $D_t\equiv M_t^s+B_t^s$ 的期末价值，横截性条件（1.22）可以等价地表示成一种更熟悉的形式。

命题 2.2 让资产由一个满足（1.20）式的随机贴现因子系统来定价，并给定外生过程$\{Y_t,\xi_t\}$，考虑在每期满足（1.15）式、（1.21）式和（1.23）式的过程$\{P_t,i_t,i_t^m,M_t^s,W_t^s\}$。那么，当且仅当这些过程满足

$$\lim_{T\to\infty}\beta^T E_t[u_c(Y_T;\xi_T)D_T/P_T]=0 \tag{1.24}$$

它们也满足(1.22)式。

附录 A 给出了证明。这样我们就可以如下地等价定义均衡了。

定义 给定外生过程$\{Y_t,\xi_t\}$以及符合货币财政政策制度的变量$\{i_t^m,M_t^s,D_t\}$的演化，无现金经济的理性预期均衡是在 $t\geqslant 0$ 的每期都满足（1.15）式和（1.21）～（1.24）式的一对过程$\{P_t,i_t\}$。

其中，后一个公式尤其有用，因为它允许我们通过限制政府总负债的变化来设定财政政策，或者通过限制传统的政府预算赤字路径。

注意，如果我们仅对均衡价格和利息率的决定感兴趣，那么在理性预期价格均衡定义中额外的均衡条件（1.20）式就没必要包括在内（如果我们对其他的均衡资产价格感兴趣，这个额外条件必须纳入系统中），也不存在任何额外的均衡条件要求（1.2）式必须取等号。只要政府负债的供给是按照如下的政府预算约

束流演化：

$$E_t[Q_{t,t-1}W_{t+1}^s]=W_t^s-T_t-\Delta_t M_t^s \tag{1.25}$$

这个条件必然得到满足（当我们代入市场出清条件时）。我假定货币财政政策制度在各期都满足这个约束，然后我使用包含两个方程——（1.15）式和（1.21）式的系统以及解必须满足的约束（1.23）式和（1.24）式来决定两个内生变量 P_t 和 i_t。

到目前为止，我仅仅考虑了由税收或转移支付构成的财政政策。但是，如果只将前面的框架扩展到考虑政府对产品和服务的购买并不困难，并且均衡条件也不会有实质的变化。令 t 期单一产品的政府购买记为 G_t，并假定 $\{G_t\}$ 是一个外生过程，使得每期 $G_t<Y_t$。[6]那么市场出清要求每期都有 $C_t+G_t=Y_t$，将这个关系代入代表性家庭的最优化条件中，得到如下的均衡条件：

$$1+i_t=\beta^{-1}\left\{E_t\left[\frac{u_c(Y_{t+1}-G_{t+1};\xi_{t+1})}{u_c(Y_t-G_t;\xi_t)}\frac{P_t}{P_{t+1}}\right]\right\}^{-1} \tag{1.26}$$

该式为（1.21）式的一般形式。

我注意到，通过每期用 $u_c(Y_t-C_t;\xi_t)$ 替代 $u_c(Y_t;\xi_t)$ 就可以从（1.21）式中得到均衡条件（1.26）式，对于其他均衡条件（1.20）式，（1.23）式和（1.24）式也可以作相应的替换。另外，通过在整个计算过程中用“间接”效用函数替换“直接”效用函数 $u(C_t,\xi_t)$，即：

$$\tilde{u}(Y_t;\tilde{\xi})\equiv u(Y_t-G_t;\xi_t) \tag{1.27}$$

可得到一般情形的均衡条件。作为家庭对资源 Y_t 的“总需求”函数，这个间接效用函数 $\tilde{u}(Y_t;\tilde{\xi})$ 表示代表性家庭的效用流，其中，总需求把由政府代替家庭消费的资源（政府购买的家庭人均份额）增加到家庭私人消费中。[7]在这个间接效用函数中，$\tilde{\xi}_t$ 表示包括了 G_t 和偏好冲击 ξ_t 的扰动向量。

如果在跨期预算约束（1.12）式中用 C_t 表示总需求，并且用 T_t 表示初始的政府预算盈余（税收超过政府支出），[8]那么家庭的最优化问题可以表示为，选择总需求的状态依存演化来最大化它的间接效用的期望折现流，同时满足形式为（1.12）式的跨期预算约束。在这种情况下，我可以精确地推出和先前所得到的一样的均衡条件，只是函数 u 被 $\tilde{u}$ 所取代而已。因此，政府购买水平 G_t 的变化与偏好冲击 ξ_t 具有完全一样的影响，它们仅仅是代表性家庭的边际收入效用和总产出的关系 $\tilde{u}_c(Y_t,\tilde{\xi}_t)$ 的外生变化的另一个源泉，因此也是均衡实际利率变化的源泉。

2.1.2 威克塞尔政策制度

现在我给出无现金经济中货币和财政规则完整设定的一个简单例子，并且考虑在这样一种制度下，产品货币价格的均衡路径决定因素。注意，作为家庭资产积累问题的前瞻性特点的一个影响，任何一点均衡的确定都要求我们详细说明预期政策怎样在无限的未来以及所有可能的未来状态中执行。这是政府的当前设定为什么是根据决定中央银行的行动和政府预算的系统规则的一个原因。

设定的货币政策符合威克塞尔（1898，1907）所提出规则的思想。正如前一章所讨论的，这个规则可以根据中央银行利率操作目标的公式来表达。我也明确地设定了这种方法，中央银行作为调整其支配的两种工具——基础货币 M_t^s 的名义价值和支付基础货币的利率 i_t^m——以达到它的操作目标。在有货币摩擦的经济条件中（2.3 节将讨论），使用上述任何一种工具影响短期名义利率水平都是可能的，正如在第 1 章所讨论的，实际上中央银行利用这两种方式来实施政策的程度是不同的（虽然几乎所有的中央银行根据利率操作目标来制定政策）。然而，在前文描述的无现金经济中，基础货币数量的变化（例如，通过政府债券的公开市场购买）对利率或其他变量的均衡决定没有影响（注意，M_t^s 没有出现在前一节末尾所得到的任何均衡条件中）。因此，中央银行只能通过调整支付基础货币的利息来实现政策目标。

具体地讲，我假定一个制度，在这个制度下，每期支付给基础货币的利息都等于中央银行为适应其当前总量条件的评估而确定的当前利率目标。这样一个系统与第 1 章描述的渠道控制系统相似，在渠道系统下支付中央银行余额的利息等于目标率减去一个固定的价差。在此处该价差被假定为 0，这是因为在均衡中，市场利率 i_t 实际上等于 i_t^m，而不是 i_t^m 与任何为正的价差之和。的确，现在的渠道系统只对中央银行的结算余额支付利息，而不对现金支付利息。但是，我们也可以认为这里所分析的制度也具有该特征。在无现金的经济条件中，这将仅仅意味着均衡时将不会持有货币（任何最初存在的现金都将被迅速地存入中央银行的生息账户中），因此基础货币 M_t^s 将与结算余额的供给相一致。

在利率目标的威克塞尔规则下，支付中央银行余额的利率公式为：

$$i_t^m=\phi(P_t/P_t^*;\nu_t) \tag{1.28}$$

其中，$P_t^*>0$ 定义了价格水平的目标路径，ν_t 是政策规则（或其实施）额外可能的外生随机扰动，对于扰动 v 的任何可能值而言，$\phi(\cdot;\nu)$都是一个非负值的、非递减的函数。[9]

在这里，函数 ϕ 给出了中央银行用来设定其操作目标的规则，而（1.28）式给出了实施这个规则的方法。时变价格水平目标 P_t^* 的引入设定了我们处理如下情形的规则：该规则试图将价格水平稳定在一个适度增长的趋势路径周围——也就是说，每一年提供 1%或 2%的通货膨胀的规则，可能是为了弥补目标价格指数的偏差，而不是像威克塞尔那样必须要假定一个不变的价格水平目标。随机干扰 ν_t 的引入允许我们考虑政策或者在政策实施过程中随机变化的影响，我不希望如同目标价格水平自身变化那样将其模型化。这包括中央银行回应产出变化和价格路径的可能性，就像泰勒规则（Taylor，1993）要求的那样，或者中央银行会回应觉察到的均衡实际回报率变化的可能性（在目前的模型中，产出和均衡实际利率都是纯粹外生的，因此，可以通过在政策规则中引入一个外生扰动项将这些变量的系统反应模型化）。

同时，我也需要详细说明决定基础货币变化的规则。这里假定$\{M_t^s\}$仅仅是外生的、正的序列。威克塞尔制度的逻辑根本不要求基础货币的供应随时间变化，但是，为了分析这种政策行为的均衡影响，我考虑基础货币随着时间而产生的可能变化。

财政政策是由政府债券$\{D_t\}$总供给的演化规则和每一时期政府债券组成（债务管理政策）的详细描述指定的。为了简单起见，令$\{D_t\}$为外生过程。可说明这种财政规则的一个简单例子是施密特-葛罗布和乌利贝（Schmitt-Grohé and Uribe，2000）分析的平衡预算规则，其中在每期$\Delta D_t=0$；另一个例子是不发行政府债券的政策，所以每期都有$D_t=M_t^s$。为使问题简化，我也假定所有的政府债务完全由无风险一期名义债券构成。变量B_t^s表示在t期期末这种债券的供给，根据它们发行时（而不是到期时）的名义价值来确定。那么，净税收T_t的规则由下式给出：

$$T_t=(1+i_{t-1})(D_{t-1}-\Delta_{t-1}M_{t-1}^s)-D_t \tag{1.29}$$

这里利用了$A_t^s=(1+i_{t-1})B_{t-1}^s=(1+i_{t-1})(D_{t-1}-M_{t-1}^s)$的关系。

给定外生过程$\{Y_t,\xi_t,M_t^s,D_t\}$，那么理性预期均衡就是在$t\geqslant0$的每期都满足（1.15）式、（1.21）式、（1.23）式和（1.28）式的过程集合$\{P_t,i_t,i_t^m\}$[10]。用（1.15）式消去（1.28）式中的i_t^m得到：

$$i_t=\phi(P_t/P_t^*;\nu_t) \tag{1.30}$$

（1.30）式为连接利率路径和价格路径的均衡条件（注意，这个等式直接表示了中央银行通过调整支付基础货币的利率而实施的利率规则）。另外要注意，条件（1.23）式没有包括任何内生变量，因此在均衡的决定中没有发挥作用。我假定满足该条件并已经满足过程$\{Y_t,\xi_t\}$，可以把（1.23）式从均衡要求的清单中剔除，这样我可以用每期满足（1.21）式、（1.24）式和（1.30）式的过程集合$\{P_t,i_t\}$来定义理性预期均衡。

我不仅对是否存在这个均衡条件的系统的解感兴趣，而且也对这些条件是否足以唯一地确定利率和价格的均衡路径感兴趣。在希望说明什么因素影响均衡价格水平以及它们怎样影响的问题之前，我们首先讨论均衡的确定性问题，它是一个预备性的且更加基础性的问题。而且，在刚才所描述的这种机制下，有充分的理由关注均衡的确定性。在萨金特和华莱士（1975）的著名分析中，这种利率规则被忽略了，因为它们导致了均衡价格水平的不确定（因此，在他们的模型中，也导致了实际变量的均衡路径不确定）。通常还有一种担心：在无现金经济条件下，在这种环境中没有给定对基础货币的确定需求，可能就没有什么可以压制均衡价格水平的了。有时候，这被认为是阻止通向这类经济世界的金融创新的一个重要原因（例如，Friedman，1999）。

对相机的货币和财政政策规则而言，方程系统的解的存在性和唯一性的一般性分析超越了该研究的范畴。然而，在这里以及在大部分研究中，我提出一个更狭义的问题：均衡的局部确定性，即在随着时间的变化货币政策规则只包含小的波动的政策情况下，同时假定其他外生扰动同样的小。关于均衡的局部确定性，我指的是在外生变量某一路径的一个足够小的邻域内是否存在唯一的均衡这个问题。如果存在，这个均衡至少是局部唯一的，并且这个局部唯一性使得对小的扰动或参数变动的影响定义良好的“比较静态”分析是可能的。[11]事实上，我的确是通过这样一种考虑，基于价格水平目标的稳定增长趋势以及零扰动相关的稳态均衡图和被外生变量小的随机变化干扰，以分析价格水平目标小的波动和其他小的扰动的影响。

我把注意力集中到上述问题上的优点是可以通过使用纯粹线性的方法来说明该问题。我分析了先前得到的结构方程的对数线性近似，并且刻画这些方程的（有界）对数线性解。这种刻画了当前模型所得出的重要结构关系和不同政策下所预测的经济时间序列的均衡演化的方法是有用的，不仅仅因为它易于处理，也因为实证研究中线性时间序列模型的普遍存在。因此，我的方法允许经济行为最优化模型以及结构模型的预测，可与已经在数量货币政策分析中使用的数据刻画之间进行直接比较。这将便于对最优化模型经验充分性的评价，也方便了政策评价的最优化方法和更为传统的方法之间富有成效的对话。

此外，这样一种分析非常类似于萨金特和华莱士（1975）所考虑的理性预期均衡的确定性的方法。他们假定了一个对数线性模型，并讨论了对数线性结构方程的非爆炸性解的唯一性。本质上来讲，我们的分析方法是一样的，只是作为一个明确的跨期一般均衡模型导出的精确关系的对数线性近似，对数线性结构方程是合理的，并且我将更加明确考虑的解的种类。因此，这里的分析充分说明了关于萨金特和华莱士提出的利率规则下的均衡的确定性这个特殊问题。[12]

我首先从稳态刻画开始，在稳态附近寻找其他解。考虑这样的一个环境，其中每期有 $Y_t=\bar{Y}>0$ 和 $\xi_t=0$；并假定一个政策制度，在该制度下每期价格水平目标按如下不变比率增长：

$$P_{t+1}^*/P_t^* = \bar{\Pi} > \beta$$

（对大于 0 的某个初始值 P_t^*）在每期 $\nu_t=0$，假定函数 ϕ 满足以下条件：

$$1+\phi(1;0)=\bar{\pi}/\beta$$

因此政策规则与假定的价格目标路径相一致。再假定一个财政规则，在该规则下每期（给定初始政府债务 $D_0>0$）都有：

$$D_{t+1}/D_t=\gamma_D<\bar{\pi}/\beta$$

同时假定一个公开市场政策，在该政策下，$\{M_t^s\}$ 是一个随机序列，每期满足以下条件：

$$0<M_t^s<D_t \tag{1.31}$$

在这样一种政策制度下，我们容易观察到，对所有的 t，路径

$$P_t=P_t^*,\quad i_t=\hat{i}\equiv(\bar{\pi}-\beta)/\beta>0$$

代表一个理性预期均衡。

然后，考虑一个环境，其中外生变量 Y_t，P_{t+1}^*/P_t^*，ν_t 和 D_{t+1}/D_t 围绕前一段设定的不变值只有小的波动（具体地讲，假定这些变量中的每一个都恒保持在

包括稳态值某个邻域的一个有界区间内)。我同时假定过程$\{M_t^s\}$满足限制条件(1.31)式。我希望找到理性预期均衡，在该均衡中内生变量i_t和P_t/P_t^*同样恒保持在它们的稳态值的某一邻域内。在这种情形中，条件(1.24)式必须成立(对上面列出的变量的可容许变动的任何足够紧的限制而言)；因此，我只需要考虑由(1.21)式和(1.30)式组成的方程系统的解的(局部)存在性和唯一性。

如果所考虑的这些变量的变化的限制足够紧的话，那么仅仅考虑由条件(1.21)式和(1.30)式的对数线性近似组成的系统的有界解就足够了。[13] 为了简单起见(并且继续在随后两章中更为复杂的例子中所做的假设)，我设定在对数线性化周围的稳态是一个$\bar{\Pi}=1$的稳态，所以存在零通胀(这不要求分析只考虑价格水平目标没有趋势增长的政策：它只要求目标通胀率从不非常大)。

那么条件(1.21)式的对数线性近似由下式给出：[14]

$$\hat{i}_t=\hat{r}_t+E_t\pi_{t+1} \tag{1.32}$$

其中：

$$\hat{i}\equiv\log\left(\frac{1+i_t}{1+\bar{i}}\right),\ \pi_t\equiv\log\left(\frac{P_t}{P_{t-1}}\right)$$

在这里(百分比偏差)事前估计的短期均衡实际回报率$\hat{r}_t$是一个外生过程，它由下式给出：

$$\hat{r}_t=\sigma^{-1}[E_t(\hat{Y}_{t+1}-g_{t+1})-(\hat{Y}_t-g_t)] \tag{1.33}$$

其中：常数系数为：

$$\sigma\equiv-\frac{u_c}{u_{cc}\bar{Y}}>0$$

度量总支出的跨期替代弹性，扰动项为：

$$g_t\equiv-\frac{u_{c\xi}}{\bar{Y}u_{cc}}\xi_t$$

表示保持收入的边际效用不变所要求的产出的百分比增加，且在给定消费的不耐烦程度已经发生变化的前提下。

在考虑政府购买的扩展模型的情形中，在$\sigma\equiv s_C\sigma_C$不同的定义下，(1.32)式和(1.33)式仍然适用，其中$s_C\equiv\bar{C}/\bar{Y}$是总需求中私人支出的稳态份额，

$$\sigma_C\equiv-\frac{\tilde{u}_c}{\tilde{u}_{cc}\bar{C}}>0$$

是私人支出的跨期替代弹性；并且$g_t=\hat{G}_t+s_C\bar{c}_t$，其中$\hat{G}_t\equiv(G_t-\hat{G})/\bar{Y}$表示政府购买的波动，以稳态产出的单位度量，并且

$$\bar{c}_t\equiv-\frac{\tilde{u}_c\xi}{\bar{C}\tilde{u}_{cc}}\xi_t$$

表示保持边际效用不变所要求的私人支出的百分比变化。事实上，记号 g_t 在（1.33）式中被看作扰动，这是因为政府购买的变化是存在这种因素的变化的最明显的原因之一。

威克塞尔政策规则（1.30）式的相应的对数线性近似由下式给出：

$$\hat{i} = \phi_p \hat{P}_t + \nu_t \tag{1.34}$$

其中，$\hat{P}_t \equiv \log(P_t/P_t^*)$，$\phi_p \geqslant 0$ 表示 ϕ 在它的自变量的稳态值处被估计的关于 P/P^* 的弹性。[15] 对于对数线性方程（1.32）和方程（1.34）的系统，我还必须联立如下恒等式：

$$\pi_t = \hat{P} - \hat{P}_{t-1} + \pi_t^* \tag{1.35}$$

其中，$\pi_t^* \equiv \log(P_t^*/P_{t-1}^*)$ 表示目标通货膨胀率的外生波动。下面我希望检验对数线性方程（1.32）、方程（1.34）和方程（1.35）所组成的系统的有界解。

用方程（1.34）和方程（1.35）代入费雪方程（1.32）中的 $\hat{i}_t$ 和 π_{t+1}，得到变量 $\hat{P}_t$ 的预期差分方程：

$$(1+\phi_p)\hat{P}_t = E_t \hat{P}_{t+1} + (\hat{r}_t + E_t\pi_{t+1}^* - \nu_t) \tag{1.36}$$

给定一个 $\phi_p > 0$ 的政策规则，正如威克塞尔所声称的那样，$0 < (1+\phi_p)^{-1} < 1$，在任何有界外生过程 $\{\hat{r}_t, \pi_t^*, \nu_t\}$ 的情形下，这个方程可以前向求解（附录 A 有进一步的讨论）并可得到一个唯一的有界解：

$$\hat{P}_t = \sum_{j=0}^{\infty} (1+\phi_p)^{-(j+1)} E_t[\hat{r}_{t+j} + \pi_{t+j+1}^* - \nu_{t+j}] \tag{1.37}$$

将这个解代入方程（1.34），那么也得到了相关的名义利率动态的唯一有界解，即：

$$\hat{i}_t = \sum_{j=0}^{\infty} \phi_p (1+\phi_p)^{-(j+1)} E_t[\hat{r}_{t+j} + \pi_{t+j+1}^* - \nu_{t+j}] + \nu_t \tag{1.38}$$

将这个解代入方程（1.35）就得到相应的均衡通货膨胀率的解。

这样，我得到了本节的主要结论。[16]

命题 2.3 在 $\phi_p > 0$ 的威克塞尔政策规则（1.30）式下，价格和利率的理性预期均衡路径是（局部）确定的；即存在开集 $\mathcal{P}$ 和 $\mathcal{I}$，使得在外生过程 $\{\hat{r}_t, \pi_t^*, \nu_t\}$ 波动的界限足够紧的情况下，存在唯一的理性预期均衡，其中每期 $P_t/P_t^* \in \mathcal{P}$，$i_t \in \mathcal{I}$。此外，方程（1.37）和方程（1.38）给出了解的对数线性（一阶泰勒序列）近似，残差精确到 $\mathcal{O}\|\xi\|^2$，其中 $\|\xi\|^2$ 指数化扰动过程的界。

参见附录 A 中的进一步讨论。

因此对价格水平而言，可能有一个良好定义的理性预期均衡路径，甚至在完全无现金经济中，即使政策规则是根据利率规则来制定的，即用来设定独立于货币总量变化的短期名义利率的规则。事实上，上述制度假定了一个外生给定的基

础货币 M_t^s 的路径。但是不应该因此把"货币增长目标"的存在导致确定的价格水平的存在视为理所当然，因为均衡价格水平（1.37）式独立于假定的基础货币的路径。

的确，在无现金经济中，货币增长目标不能决定均衡价格水平——至少，如果该政策被理解为包括恒定的（典型地，零）基础货币的利率的话。如果没有利息支付给货币，那么如下结论意味着均衡价格水平根本不可能存在。

命题 2.4 考虑一个货币政策，其中基础货币在每一时期都具有正的下界：$M_t^s \geqslant \underline{M} > 0$（例如，从初始水平 $M_0^s > 0$ 开始，基础货币可能随时间变化非减）。进一步假定，政府债务在每期都是非负的，所以 $D_t \geqslant M_t^s$。最后，假定每期 $i_t^m = 0$。那么，在先前描述的无现金经济中，不存在价格水平 $\{P_t\}$ 的理性预期均衡路径。

证明过程详见附录 A。这类结论经常用来说明（例如，Sargent，1987，sec. 4.1）：尽管回报率低，但是如果不引入产生货币需求的某些摩擦的话，就不可能模型化货币交易价值的决定因素。因此，货币摩擦被认为是任何货币政策影响理论的一个基本因素。但是我们却看到，相对于货币供给的增长率而言，只要支付货币的利率足够高，即使在无现金经济中，用货币交换产品的均衡也是可能的。

当然，在像美国那样的实际经济中，基础货币不支付利息，因此如果经济是无现金的，适合的政策机制似乎是命题 2.4 所适用的。那么，我们可以得出结论：在这样一种经济中货币摩擦对理解通货膨胀的决定性因素是很重要的。但是实际上，货币摩擦仅仅对理解当前美国政策的某些方面是很重要的。事实上，联邦政府实施联邦基金率的操作目标而不向联邦政府余额支付利息是可能的。正如我们将会看到的，对决定价格水平的利率政策的影响而言，联邦政府如何实施其利率目标的细节并不重要；并且无现金模型可以对决定价格水平的利率政策的影响给出一个很好的说明。

尤其是，当支付基础货币的利息在足够允许货币均衡存在的利率水平上时，如果货币的利率不变，那么均衡价格水平是不确定的，正如 2.2 节命题 2.5 的结论一样，无论基础货币是否保持在一个精确的确定的增长路径上。均衡的确定性要求这样一种制度，其中利率有计划地——当然，以正确的方式——响应价格水平的变化。在货币摩擦的标准模型中，盯住货币增长量（具有不变的货币利率）就是具有这个特征的政策的一个例子：价格水平的上升会自动导致短期名义利率的上升。但是，在无现金经济中，盯住货币增长量对利率没有这种影响，因此不能决定均衡价格水平。实际上，对均衡确定性而言，基本上是价格和利率间的系统关系的存在（威克塞尔所声称的那种），而不是对货币供给的控制。

命题 2.3 不仅仅建立了货币均衡是可能的条件，它还给出了在这个制度下决定均衡价格水平的因素的一个精确的计算。（1.37）式可以等价地表示成：

$$\log P_t = \sum_{j=0}^{\infty} \varphi_j E_t [\log P_{t+j}^* + \phi_p^{-1}(\hat{r}_{t+j} - \nu_{t+j})] \tag{1.39}$$

其中，权数 $\varphi_j \equiv \phi_p(1+\phi_p)^{-(j+1)}$ 都为正，并且和为 1。因此，均衡对数价格水平

等于（至多相差与$\mathcal{O}(\|\xi\|^2)$同阶的项）当前和期望将来的对数价格水平目标的加权平均再加上一个偏差项，这个偏差项本身是均衡实际利率和货币政策规则当前和期望将来的扰动的加权平均，而不是目标价格水平变化所代表的扰动。[17]均衡实际利率变化的决定因素由（1.33）式给出，它们仅依赖于外生实际因子，独立于货币政策。注意，基础货币$\{M_t^s\}$的相关演化不在相应因素之中。

在这样一种制度下，得到的价格水平决定理论实际上有明显的威克塞尔风格。（1.39）式表明均衡价格水平的上升，不是由于中央银行操作目标的调整不足以补偿的均衡实际回报率（威克塞尔的自然利率）[18]的外生增加，而是由于没有被任何实际扰动证明是合理的货币政策的放松（相当于P_t^*的上升或ν_t的下降）。对均衡实际率的变动与货币政策立场之间的相互作用（尤其应强调，当前自然利率水平与中央银行所控制的利率之间的缺口）的强调，作为通货膨胀和通货紧缩压力的源头，使我们想起了威克塞尔（1898，1915）的理论。

当然，目前威克塞尔的理性预期均衡理论在许多重要方面都不同于最初的。例如，均衡价格水平的解（1.39）式是前瞻性的，几乎和2.3.3节中将要呈现的理性预期货币主义分析一样。不仅仅当前的均衡实际回报率重要，当前和将来的期望回报率的加权平均也重要，并且不仅仅货币政策的当前立场重要，中央银行反馈规则的当前和预期将来的变化的加权平均也重要。也许更关键的是，这个理论并不作为中央银行的利率工具的路径（甚至包括对将来路径的预期）的函数以决定均衡价格水平。相反，价格水平取决于作为价格水平变化的函数的决定利率的当前和期望将来的反馈规则。（因为，如前所述，特定的外生的利率过程使得价格水平不确定。）

但是，对着眼于价格稳定性的货币政策行为而言，这个理论的含义是对威克塞尔政策的回顾。首先，假定目标价格水平P_t^*是不变的，令$\phi_p \geqslant 0$是固定的[19]，当且仅当每期$v_t = \hat{r}_t$时，货币政策达到不变价格水平$P_t = P^*$。在威克塞尔看来，政策不能追踪具有相当精确性的自然率的这种变化，是对价格水平不稳定的初步解释。[20]

当前的研究表明，给定任何位移因子ν_t（shift factor）都不能追踪$\hat{r}_t$的外生变化的程度，由此产生的价格水平的不稳定性，可以通过中央银行的操作目标对价格水平上升的更加急剧地自动积极的反应降低。缺口$\hat{r}_t - \nu_t$的变化对$\log P_t$的影响随ϕ_p呈反向变化。事实上，通过选择一个足够大的ϕ_p，对$\log P_t$的影响在原则上可以任意地小。[21]因此，对价格水平偏离目标的自动积极的反应是合意的（这可能被一个很小的$\phi_p \geqslant 0$所实现），不仅仅因为对（价格水平的）确定性而言是必要的（甚至通过一个很小的$\phi_p > 0$，这也将实现），还因为它使得对当前均衡实际率的准确直接的观察（为了使价格水平的变化保持在一个给定的水平上）不那么必要。在威克塞尔的合意政策的讨论中这也是一个主题。

2.2 其他利率规则

虽然大多数中央银行围绕着短期名义利率的操作目标的选择来考虑其货币政

策，并且其中对通货膨胀的度量关注最多，但是很难说明威克塞尔规则（1.30）式给出了对任何中央银行当前行为的甚至是粗略的刻画。（特别地，中央银行无疑会接受价格水平的“基础漂移”，而不是试图将价格指数稳定在一个外生给定的目标路径周围。）我也无法说明这实际上是一个最优规则，尽管相对于其他同样的简化规则（Giannoni，2000）而言，可以说明这个规则具有合意的特性。因此，将当前模型扩展到其他类型的利率规则是有用的。虽然完整处理这个论题超越了本书研究的范围，但在这里我将继续研究由第1章中实证的中央银行反应函数的讨论所得出的另外一些情形。

2.2.1 外生利率目标

最简单的利率规则当然不包含来自任何内生变量的反馈的规则，人们可以假设中央银行的利率操作目标是由某一外生的随机过程$\{i\}$给定的。这并不意味着政策的唯一目标是稳定利率（或维持低息贷款）。一个关心价格稳定并相信2.1节中的理论模型的中央银行可能推出，只有当

$$1+i_t=1+r_t\equiv\beta^{-1}\left\{E_t\left[\frac{u_c(Y_{t+1};\xi_{t+1})}{u_c(Y_t;\xi_t)}\right]\right\}^{-1} \tag{2.1}$$

作为均衡条件（1.21）式的一个结论时，具有不变价格的理性预期均衡是可能的。如果假定中央银行及时测量该等式右边的外生变化并在政策过程中使用这个信息是可能的，那么通过致力于始终采用r_t的现值作为它的操作目标的政策，中央银行会实现自己的目标吗？（这个主张似乎是由威克塞尔的通货膨胀因素分析提出的，虽然，正如在第1章和2.1节中提到的一样，这实际上不是威克塞尔所提出的那类规则）

尽管这样一种政策和合意的理性预期均衡相一致，但是它也同样和大量不同的理性预期均衡相一致，其中大部分价格是随机变化的。即使同以前一样，注意力被集中到永远保持在参照均衡（即零通货膨胀的稳态）附近的不同均衡上，上述结论也是成立的。实际上，这是任何使得利率操作目标完全是经济的外生状态（也就是说，仅仅是扰动的历史）函数的政策的结果，而不管如何合理地选择利率目标的外生序列。

命题2.5 让货币政策由利率目标的外生序列来设定，并假定它永远保持在零通货膨胀稳态的利率$\bar{i}>0$的一个邻域内，并且通过使i_t^m等于每期的利率目标来实施上述假定。另外，令$\{M_t^s, D_t\}$为命题2.3中所假定的那类外生过程。最后，令$\mathcal{P}$是实数0的任意一个邻域。然后，对任何有关外生过程$\{Y_t, \xi_t D_t/D_{t-1}\}$和利率目标过程的足够紧的界而言，存在价格水平的理性预期均衡路径的一个不可数的无限集，其中对所有的t，通货膨胀率都满足$\pi_t\in\mathcal{P}$。这些均衡包括通货膨胀率被“基本”扰动（未预期到的变化），纯粹“太阳黑子”状态（与“基本”变量无关的外生随机性），或者两者任意影响的均衡。

在这种情形下，给定外生过程$\{Y_t,\xi_t,i_t^m,M_t^s,D_t\}$并且用外生目标$i_t^m$代替（1.21）式的$i_t$，那么任何满足（1.21）式和（1.24）式的过程$\{P_t\}$代表一个理性预期均衡。对任何外生过程和邻域$\mathcal{P}$上足够紧的界而言，（1.24）式必然成立，因此，给定利率过程，问题就退化对（1.21）式解的局部唯一性的分析。正如在2.1节中，通过考虑对数线性均衡条件（1.32）式的有界解的唯一性，可以说明这个问题。现在均衡条件采用如下形式：

$$\bar{i}=\hat{r}_t+E_t\pi_{t+1} \tag{2.2}$$

其中，$\bar{i}$表示利率目标的外生波动，$\hat{r}_t$表示r_t的外生波动，这些波动来源于随机的基本面，并且$\hat{r}_t$由（1.33）式给出。很显然，（2.2）式有$E_t\pi_{t+1}$的唯一解，并且如果这些外生项是有界的，期望通货膨胀率的隐含波动也是有界的。但是这个方程没有随机过程$\{\pi_t\}$的唯一有界解，因为任何模式的通货膨胀率未预料到部分的有界波动都是与随机过程$\{\pi_t\}$完全一致的。

明确表达出来，我们可以发现

$$\pi_t=\bar{i}_{t-1}-\hat{r}_{t-1}+\nu_t \tag{2.3}$$

是（2.2）式的一个有界解，其中$\{\nu_t\}$表示任何均值为零的有界过程，它是提前一期完全不可预测的，即在每期都满足

$$E_t\nu_{t+1}=0$$

那么可以类似地得出，我们有关于精确均衡条件（1.21）式有界解的不可数的无限集。[22]

这里所得到的结论取决于有关财政政策特性的特殊假设，注意到这一点很重要。如果财政政策没有被假定为“局部李嘉图”，那么在利率操作目标是外生路径的情况下，可能有局部的，甚至是全局的唯一均衡。例如，在伍德福德（2001b）的债券价格支持机制下分析价格水平的决定时，这种情况就发生了。进一步讨论参见4.4节。

在这里，随机变量ν_t可以任意地与诸如$\bar{i}_t$，$\hat{Y}_t$，ξ_t这些“基本”变量不可预测的变化相联系，但是它也可能完全与经济的基本面无关。因此，即使当注意力集中到近似解上时，在该制度下理性预期均衡价格水平也是非常不确定的。进一步注意到，即使我们只考虑通货膨胀始终在零的某一邻域内的不同解，这个解集也包括价格水平的不同路径，只要时间充足，这些路径任意游走的差别很大。这是萨金特和华莱士（1975）的结论——作为货币政策的一般方法利率规则是有缺陷的，这是政策应该改为根据货币目标来制定的基础。[23]

我们可能会问，这种价格水平的不确定性真的是一个问题吗？在这里的讨论中，可以发现：实际数量不受价格水平的不确定性的影响，即使在2.3节考虑的具有货币摩擦的模型情况下，以及在一个得到更详细阐述的模型中——其中产出是外生的并且可能取决于实际货币余额的水平——同样的结论也是成立的。因此，实际影响家庭效用的变量并没有受到影响。但是，正如萨金特和华莱士在他们的最优货币政策分析中所假定的那样，如果价格稳定性是大家所关注的，那么价格水平的不确定性显然是不合意的。的确，因为有界解包含其中通货膨胀的非

预期波动任意大的解，至少，一些利率目标制的政策下的均衡（假定一个损失函数来惩罚偏离目标的通货膨胀的平方偏差）与任何使得均衡是确定的政策下的均衡相比更差。此外，随后将说明同样的结论在（第4章）名义价格刚性模型中也是成立的，在该模型中，自我实现的预期也会影响实际变量，而这些变量对家庭效用而言是重要的。因此，如果我们根据政策规则可能允许的最坏产出程度来评价政策规则，那么把绝对优先权放在选择能够确保均衡确定性的规则上就是适当的。

这个观点也许看起来和我先前使用的确定性的纯局部分析不一致。对这个问题的回应是，给出对均衡条件解的精确分析，并证明的确有解包含对数价格水平的任意大的未预料到的变化，这一点在这个简单情形中是可能的。但是事实上当局部分析被正确理解时，它也允许我们说明这个问题。我确定 π_t, i_t 等的稳态值的邻域足够小，从而对数线性化关系（1.32）式的近似误差的大小对所有保持在这些邻域内的路径来讲是可接受的，并且把注意力集中到这类解上。对数线性化方程的分析表明，在外生利率目标情形下，存在这样的解，其中不管外生扰动波动有多小，通货膨胀率在整个可接受的邻域内变动。现在将这样一种政策与导致确定均衡的政策相比较（因此存在这样一个解，其中 π_t 和其他内生变量是外生扰动的线性函数，而且系数独立于假定的冲击变化），我们可以观察到，通过使外生扰动足够小，我们得到如下情形：至少利率目标制下的某一均衡中通货膨胀的可变性，比其他政策下的局部唯一均衡中大得多。因此，至少在外生扰动足够小的情况下，从对数线性化方程分析中得到的结论是正确的。

如果某一特殊的政策也允许非常合意的均衡——它比那些任何其他政策下的均衡好，那么我们是否应该仅仅关注可能的最坏均衡值得怀疑。但是事实上，一旦所考虑的政策的种类足够的宽泛，这就不可能是个严重的问题，因为通过一个使均衡确定的政策规则来实现任何合意的均衡常常是可能的，除非该均衡和使得均衡不确定的规则相一致。有许多典型的与合意均衡相一致的政策规则，这些政策规则和其关于在合意均衡中应该发生什么的规定相符，但是在政策如何被设定在“偏离均衡路径”上有所不同，因此可能在它们是否排除其他的邻近均衡上也有所不同。在这样一种情况下，把我们应该选择一个规则使得合意均衡至少是局部确定的（如果不是全局唯一的话），作为一种政策设计原则来接受是合理的。我把这个观点引入了当前研究中，参见第8章。

幸运地，正如麦考伦（1981）在萨金特和华莱士模型背景下首先指出的那样，这种利率规则并不意味着均衡的不确定性。一个包含从内生状态变量（例如，价格水平）到名义价格水平的反馈承诺的规则可以导致确定的均衡，就同2.1节中威克塞尔规则的分析指出的那样。现在我转向能更好地描述现行政策的其他例子的阐述。

2.2.2 泰勒规则和确定性

正如第1章所讨论的，著名的泰勒规则（Taylor，1993）不同于威克塞尔的经典主张，因为它指导了中央银行对偏离目标水平的通货膨胀率应当如何反应，而不用参考价格可能达到的绝对水平。这种对通货膨胀率而不是价格水平的关心看起来刻画了所有发达国家的政策，至少是20世纪70年代早期布雷顿森林体系崩溃之后的政策。因此对讨论当前的政策而言，中央银行考虑如下形式的泰勒规则更为合适：

$$i_t = \phi(\Pi_t/\Pi_t^*;\nu_t) \tag{2.4}$$

其中，$\Pi_t \equiv P_t/P_{t-1}$是总通货膨胀率，Π_t^*是（可能时变的）目标通货膨胀率，ν_t仍表示该关系的外生扰动，对每个ν值而言，$\phi(\cdot;\nu)$是增函数。同样地，我假定在无现金经济中，中央银行的利率操作目标通过设定每期i_t^m等于（2.4）式的右边来实现，因此作为（1.15）式的推论，（2.4）式在均衡中成立。另外，我允许$\{M_t^s\}$是一个随机过程，并且财政政策通过外生过程$\{D_t\}$来设定。

同样地，我考虑在零通货膨胀的稳态附近的均衡。通过假定$\phi(1;0)=\beta^{-1}-1$，如果每期都有$\Pi_t^*=1$，$Y_t=\bar{Y}>0$和$\nu_t=\xi_t=0$，该稳态就是一个均衡。如果假设外生变量$\{Y_t,\xi_t,\Pi_t^*,\nu_t\}$都恒保持在其稳态值的邻域里，我们寻找$\pi_t$和$i_t$在它们稳态值的邻域里波动的均衡。

（2.4）式的对数线性近似由如下形式给出：

$$\hat{i} = \phi_\pi(\pi_t - \pi_t^*) + \nu_t$$

或由下式给出：

$$\hat{i}_t = \bar{i} + \phi_\pi \pi_t \tag{2.5}$$

其中，$\pi_t^* \equiv \log \Pi_t^*$，$\phi_\pi > 0$是$\phi$关于它的第一个自变量的弹性，在稳态时取值，$\bar{i}_t \equiv \nu_t - \phi_\pi \pi_t^*$度量中央银行反应函数的总的外生扰动。将（2.5）式代入（1.32）式得到通货膨胀的预期差分方程：

$$\phi_\pi \pi_t = E_t \pi_{t+1} + (\hat{r}_t - \bar{i}_t) \tag{2.6}$$

在符合泰勒原理的规则情形下，央行提高利率的幅度应该超过通胀率上升幅度，[24]因此，$\phi_\pi > 1$，再次向前求解（2.6）式，得到唯一有界解，其形式为：

$$\pi_t = \sum_{j=0}^{\infty} \phi_\pi^{-(j+1)} E_t[\hat{r}_{t+j} - \bar{i}_{t+j}] \tag{2.7}$$

它引出如下结论。

命题 2.6 如果货币政策由形如（2.4）式的利率反馈规则来刻画，其中$\phi_\pi > 1$，那么通货膨胀和名义利率的理性预期均衡路径是（局部）确定的，即存在一个开集$\mathcal{P}$和$\mathcal{I}$，使得外生过程$\{\hat{r}_t,\pi_t^*,\nu_t\}$的波动的界足够的紧的情况下，存在唯一的理性预期均衡，其中每期都有$\pi_t \in \mathcal{P}$，$i_t \in \mathcal{I}$。此外，（2.7）式给出了在该均衡下的通货膨胀变化的对数线性（一阶泰勒级数）近似。相反，如果$0<\phi_\pi<1$，理性预期均衡是不确定的，同命题2.5一样。

这里的证明与命题 2.3 和命题 2.5 的证明的思路是完全一样的。

当泰勒原理被满足时，我们同样会发现利率反馈规则与确定的均衡价格水平是一致的。[25] 我们还观察到，均衡通货膨胀再次由均衡实际回报利率的实际决定因素和中央银行设定名义利率的反馈规则的性质之间的相互作用来决定，而独立于货币总量是相关变化的。此外，当前的通货膨胀决定理论再次具有威克塞尔风格：不能被货币政策的充分紧缩所补偿的均衡率的上升导致通货膨胀，就像政策放松（$\bar{i}_t$ 的下降）不一定会带来均衡实际率的外生下降一样。此外，同样地，对通货膨胀和通货紧缩脉冲的产生而言，只有"缺口"变量 $\hat{r}_t-\bar{i}_t$ 的当前和预期值才是重要的。最后，给定缺口变量是任意随机过程，因而发生的均衡通货膨胀的可变性随反应弹性 ϕ_π 呈反向变化。

这组规则与之前考虑的威克塞尔机制性质上的主要不同点是，现在缺口变量 $\hat{r}_t-\bar{i}_t$ 的暂时性波动会引起通货膨胀的暂时性波动，从而永久性地改变绝对价格水平。因此该制度几乎不可避免地导致价格水平漂移（对数价格水平的一个单位根），事实上，最近几十年在所有发达国家都已经观察到了这种价格水平的漂移现象。这与威克塞尔机制下 $\hat{P}_t$ 的波动的平稳性相反，那里，P_t^* 的确定性趋势足以得出均衡价格水平的趋势平稳性。

注意，甚至当 ϕ_p 取很小的正值时——对应于把名义利率稳定在任意大的程度上的相关政策，这最后一个结论也成立。因此价格水平漂移并不是实现大量名义利率平滑的政策的必然结果。事实上根据古德弗兰德（1987）的结论——试图降低利率变动性而不是其他目标的政策导致了价格水平漂移——取决于中央银行的目标设定，而不是利率平滑。因为我们假定中央银行只关心短期的通货膨胀的变动性，而不关心价格水平累计变化的大小，所以，当中央银行为了实现一个更小变动的通货膨胀时，几乎任何实现通货膨胀稳定性的障碍（不管是否由于完全控制的不可实施性，或者由于相互矛盾的目标的存在，例如古德弗兰德所假定的对利率变动性的考虑）都会导致它选择牺牲价格水平的稳定性来换取比较小的通货膨胀可变性的路径。[26]

这组规则同威克塞尔机制的另一个重要不同是，在这里，利率操作目标对通货膨胀偏离其目标水平的积极反应对确定性而言是不够的。相反，如果我们假定 $\phi_\pi<1$，则（2.6）式有无限个有界解，因此这种情形的均衡通货膨胀是不确定的，正如完全利率控制的情形一样。[27]

有趣的是，泰勒（1999c）发现，在 20 世纪 60 年代和 70 年代之间，美国的货币政策并不符合泰勒原理，正如在第 1 章所述。至少在本章考虑的这种伸缩性价格模型情形下，泰勒为 1960—1979 年这段时期所估计的这种系统性政策意味着均衡价格水平的不确定性。在估计的前瞻性规则基础上，克拉里达等人（2000）得到了同样的结论，并且提出均衡的不确定性解释了 20 世纪 70 年代美国的通货膨胀和实际经济活动的不稳定性。[28]

当然，这样一种理解依赖于这些作者所做的利率回归正确地识别了这个时期系统性货币政策的特性的假设。实际上，这类的估计反应函数很容易被错误地设定。例如，在威克塞尔机制情形下考虑由（1.39）式刻画的均衡，并假定 P_t^* 以恒定的比率确定性地增长。由于在均衡时 $\hat{i}_t$ 等于 ϕ_p 乘以 $\hat{p}_t$，$\hat{p}_t$ 是一个平稳序列，

π_t 等于$\hat{p}_t$的一阶差分（等于某一常数），我们可以发现$\hat{i}_t$关于π_t（而不是关于恰当的变量$\hat{p}_t$）的（渐近的）回归系数等于 $\phi_p/2$。这个系数可以很容易远小于 1，这意味着违反了泰勒原理，价格水平应该是不确定的，即使事实上当 $\phi_p>0$ 时，价格水平是确定的。那么在传统的金本位时期所估计的泰勒规则中，泰勒对他发现的通货膨胀的正的系数远小于 1（例如，在 1879—1891 年期间该系数仅有 0.02）的理解——认为比 20 世纪 60 年代和 70 年代看到的那种过度被动的利率反应更为极端——可能是完全不正确的。

同样问题的一个不那么生动的情形是，也许降低了泰勒所估计的 1960—1979 年期间的通货膨胀反应系数，正如欧菲尼德斯（2003）认为的那样。[29] 然而，有人认为这个时期的政策失误与不能理解价格水平确定性要求的货币政策的限制相关，这样的建议是引人入胜的，它意味着改进对这个问题的理论理解在实践上是非常重要的。[30]

2.2.3 对通货膨胀变化的惯性反应

由于诸多原因，简单的泰勒规则（2.4）式只是对现实的中央银行政策的比较粗糙的近似，其中明显的一点是，它只考虑对当期的通货膨胀率的反馈。实际上，货币政策决不会包括对瞬时通货膨胀率的反馈（有时是作为连续时间问题处理的），因为可用的通货膨胀测度总是在至少一个月内的时间平均。事实上，为了说明近来美国的政策，泰勒（1993）假定基金利率的操作目标是前一年通货膨胀的函数。所以，考虑包含长于一期时间内的平均通货膨胀率反馈的规则是合意的。分析一种仍然很简单的情形（虽然作为中央银行程序的文字陈述，它是不现实的）是，其中对某一衰减因子 $0<\delta<1$ 而言，中央银行对如下形式的过去通货膨胀率的指数移动的平均

$$\bar{\pi}_t \equiv (1-\delta)\sum_{j=0}^{\infty}\delta^j\pi_{t-j} \tag{2.8}$$

做出反应。这种情形容易分析，是因为相关通货膨胀的测度根据如下简单的局部调整公式变化：

$$\bar{\pi}_t=(1-\delta)\pi_t+\delta\bar{\pi}_{t-1}$$

令中央银行的对数线性反馈规则由如下式子给出：

$$\hat{i}_t=\bar{i}_t+\Phi_\pi\bar{\pi}_t \tag{2.9}$$

而不是由（2.5）式给出，其中$\bar{\pi}_t$由（2.8）式定义，那么，我们得到如下结论。

命题 2.7 货币政策由反馈规则（2.9）式刻画，至少在零通货膨胀稳态附近，并且有 $\Phi_\pi\geqslant 0$。那么当且仅当 $\Phi_\pi>1$ 时，均衡是确定的。当满足这个条件时，对平滑的通货膨胀过程的均衡变化的对数线性近似由如下式子给出：

$$\bar{\pi}_t = (1-\delta)\sum_{j=0}^{\infty}(\delta+(1-\delta)\Phi_\pi)^{-(j+1)}E_t[\hat{i}_{t+j}-\bar{i}_{t+j}] \quad (2.10)$$

把（2.10）式代入下式：

$$\pi_t = \frac{\bar{\pi}_t - \delta\,\bar{\pi}_{t-1}}{1-\delta} \quad (2.11)$$

可得到对单期通货膨胀率 π_t 均衡演化的相应的近似。

附录 A 给出了证明。当且仅当 $\Phi_\pi > 1$ 时，正如泰勒原理要求的那样，再次得到均衡确定性。此外，在确定的情形下，平滑的通货膨胀率 $\bar{\pi}_t$ 具有和上面一样的关于均衡实际率和未来的货币政策变化的预期的定性关系：当自然率在没有紧缩政策补偿的情况下上升时，它也上升，不管是当前的还是预期在将来发生的。

所估计的中央银行反应函数也明显不同于简单规则（1.30）式，因为对利率自身而言它们包含了某种程度的局部调整动态，即除了对当前经济的测度，比如对通货膨胀的某个测度，当前的利率操作目标的设定不可避免地正向取决于它自己的一个或多个滞后。作为一个简单的例子，我们可以考虑如下形式的规则：

$$\hat{i}_t = \bar{i}_t + \rho(\hat{i}_{t-1} - \bar{i}_{t-1}) + \phi_\pi \pi_t \quad (2.12)$$

其中 $\phi_\pi \geqslant 0$，系数 $\rho \geqslant 0$ 测度中央银行调整其操作目标的内在惯性的水平。注意，当 $\rho < 1$ 时，这个规则可以表示为局部调整规则，正如第 1 章所述。然而，考虑 $\rho = 1$ 时的规则（也就是说，在这种规则中，操作目标的变化是当前通货膨胀的函数，正如在一些估计的中央银行反应函数中所假设的那样，例如 Fuhrer and Moore，1995b），甚至 $\rho > 1$ 的“超惯性”规则，正如罗特伯格和伍德福德（1999a）所考虑的，也是有趣的。

在 $\rho < 1$ 的情形中，通过简单的后向求解消除对滞后利率的依赖，实际上反馈规则（2.12）式可以等价地表示成规则（2.9）式的形式。在这个不同的表达中，（2.9）式中的反应系数 Φ_π 对应于新记号中的 $\phi_\pi/(1-\rho)$，（2.8）式中的衰减因子 δ 对应于新记号中的 ρ。因此命题 2.7 是适用的，并且再一次根据泰勒原理，当且仅当 $\Phi_\pi > 1$ 时，均衡是确定的（在这类情形下，泰勒原理必须被理解为要求通货膨胀率的持续增长导致的名义利率的最终增长必须大于通货膨胀率的增长幅度）。此外，适当的通货膨胀的移动平均和自然利率与政策立场测度 $\bar{i}_t$ 之间缺口的当前和预期值的移动平均是正相关的。

但是，表现良好的理性预期均衡同样可以存在于 $\rho \geqslant 1$ 时的规则的情况下。实际上，我们可以得到如下结论。

命题 2.8 让货币政策由形如（2.12）式的反馈规则来刻画，至少在零通货膨胀稳态附近，并且有 ϕ_π，$\rho \geqslant 0$，那么，当且仅当 $\phi_\pi > 0$ 和

$$\phi_\pi + \rho > 1 \quad (2.13)$$

时，均衡是确定的。当这些条件都得到满足时，通货膨胀的均衡演化的对数线性

近似由如下方程给出：

$$\pi_t = -\frac{\rho}{\phi_\pi}(\hat{i}_{t-1} - \bar{i}_{t-1}) + \sum_{j=0}^{\infty}(\phi_\pi + \rho)^{-(j+1)} E_t[\hat{i}_{t+j} - \bar{i}_{t+j}] \quad (2.14)$$

其中，利率根据如下方程变化：

$$\hat{i}_t = \bar{i}_t + \sum_{j=0}^{\infty} \phi_\pi (\phi_\pi + \rho)^{-(j+1)} E_t[\hat{r}_{t+j} - \bar{i}_{t+j}] \quad (2.15)$$

附录A也给出了证明。当$\rho<1$时，条件（2.13）式等价于刚才讨论的$\Phi_\pi>1$的要求，但是（2.13）式的应用更一般化。实际上，（2.13）式表明，如果$\rho\geqslant1$，ϕ_π的任何正值对确定性而言是足够的。的确，若$\rho\geqslant1$，甚至在ϕ_π等于适度的负值的情形下均衡通货膨胀都是确定的，附录给出了进一步的讨论。然而均衡的确定性要求$\phi_\pi\neq0$，因为缺少对通货膨胀的任何反馈，命题2.5就是适用的。

（2.14）式提供了先前的通货膨胀率的均衡路径解（2.7）式的直接一般形式。再一次看到，给定的滞后利率（以和货币政策当前立场的外生变化一样的方式影响当前的通货膨胀），当前和预期将来的缺口项的加权平均决定当前的通货膨胀率。给定初始滞后利率和外生扰动的路径，（2.14）式和（2.15）式可以迭代地解出通货膨胀和名义利率的完整路径。

例如，假定均衡实际率服从回归系数$0<\rho_r<1$的AR(1)过程，并考虑形如（2.12）式的政策，每期$\bar{i}_t=0$（中央银行只对通货膨胀做出反应，没有目标变化和控制失误），那么在（2.15）式所刻画的解中，名义利率与实际率波动是完全（正）相关的。但是通货膨胀波动没有实际率波动持久，因为在t期实际率的冲击对$E_t\pi_{t+1}$的影响等于$(\rho_r-\rho)$乘以它对π_t的影响，然而对$E_t\hat{r}_{t+1}$的影响等于ρ_r乘以它对$\hat{r}_t$的影响。如果$\rho=\rho_r$，通货膨胀波动就变得纯粹短暂，对更大的ρ值而言，波动实际上也是不持久的，即实际上冲击发生后一期，影响与初始影响的迹象是相反的。假定$\phi_\pi=0.7$，$\rho_r=0.8$，并假定多个满足（2.13）式的ρ值，图2.1则刻画出了对均衡实际率1%的增长所带来的脉冲反应，其中，图（a）刻画了每一个ρ值的名义利率的脉冲反应，图（b）刻画了通货膨胀的脉冲反应。

相对于（2.4）式纯粹同时期的设定而言，这个简单的例子阐明了对通货膨胀变化更有惯性的反应的两个合意的特点。首先，惯性允许在更低的利率可变性下给定水平降低通货膨胀的变化。这是如下结论的含义。

命题2.9 假定均衡实际回报率$\{\hat{r}_t\}$服从外生给定的平稳的AR(1)过程，使货币政策规则形如（2.12）式，其中，$\rho\geqslant0$，$\phi_\pi>0$，以及和零通货膨胀稳态相一致的不变截距（即$\bar{i}_t=0$）。考虑上述类型的政策规则选择(ρ,ϕ_π)，从而得到一个在平均通货膨胀率为零周围的合意的通货膨胀的无条件方差$\mathrm{var}(\pi)>0$。对任何足够大的ρ值而言，存在满足（2.13）式的ϕ_π，使得和该规则相一致的稳态理性预期均衡的通货膨胀无条件方差的大小是合意的。此外，ρ越大，均衡中的利率波动无条件方差$\mathrm{var}(\hat{i})$越小。

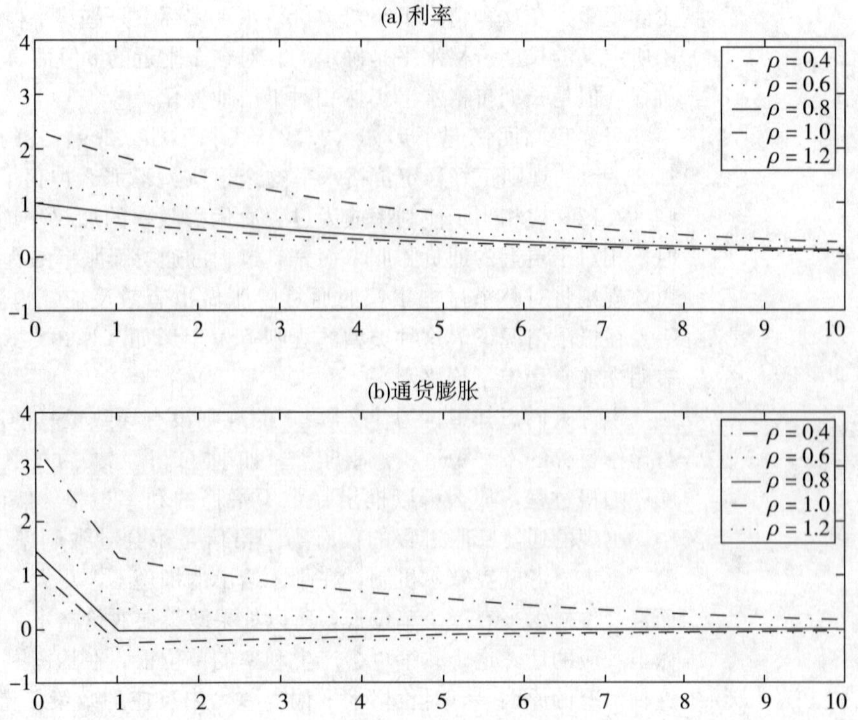

图 2.1　对自然利息率增长的脉冲反应

附录 A 给出了证明。在第 6 章中我将证明降低利率可变性和通货膨胀可变性是货币政策的适当目标。我们可以得出，惯性规则，甚至是超惯性规则（$\rho>1$），比类似（2.12）式的其他规则具有优势。

通过使通货膨胀波动不那么持久（甚至是不持久的，从而随后补偿的价格水平将上升），可使惯性规则允许长期价格水平更高程度的稳定性。在第 6 章，我将指出，比起长期价格水平的不稳定性，通货膨胀率的短期可变性与货币政策寻求最小化的福利损失更直接相关。但是，有些人认为长期价格水平的稳定性也是一个合适的政策目标，例如，为了使货币政策的长期收缩更容易（例如，参见 Hall and Mankiw，1994）。

长期价格水平不稳定性的一个可能的度量方法（在罗特伯格和伍德福德（1999a）的研究中提出）是尼尔森（1981）的价格水平趋势的扰动方差。将长期价格水平定义为：

$$\log P_t^{\infty} \equiv \lim_{j\to\infty} E_t[\log P_{t+j} - jE(\pi)] \tag{2.16}$$

其中，$E(\pi)$是通货膨胀率的无条件期望，[31]该变量在 t 期的扰动被定义为：

$$\log P_t^{\infty} - E_{t-1}[\log P_t^{\infty}] = \sum_{j=0}^{\infty} [E_t\pi_{t+j} - E_{t-1}\pi_{t+j}]$$

在刚才描述的均衡中，这个扰动等于$(1-\rho)(1-\rho_r)^{-1}(\phi_\pi+\rho-\rho_r)^{-1}$乘以均衡实际回报率的扰动。因此，这个扰动的可变性被最小化了，当 $\rho=1$ 时，事实上减少到了零。在这种情形下，对数价格水平实际上是趋势平稳的，从而（2.16）式中所定义的长期价格水平是确定的。对在1附近的ρ值而言，价格水平仍然有单位根，但是长期价格水平仍然相对平滑地变化。

只要我们回忆起了形如（2.12）式和形如（2.9）式的规则之间的等价性，那么$\rho=1$的规则正好稳定价格水平这个事实就不那么神秘了。对于$0<\rho<1$，规则（2.12）式相当于使利率成为过去通货膨胀率的加权平均的函数。当ρ接近1时，相对于更近的通货膨胀率而言，过去的通货膨胀率的有效权重停止贴现，所以该规则将对整个过去累积的通货膨胀做出有效反应，也就是说，稳定价格水平。在极限情况下，这种类型的规则等价于形如（1.30）式的威克塞尔规则[32]，表明先前它稳定了价格水平。

也许人们想知道，为什么$\rho\geqslant 1$的规则没有导致工具的不稳定性，即中央银行操作目标的不平稳过程。事实上，如果（2.12）式插入一个任意的平稳的通货膨胀随机过程，那么可以推出一个不平稳的利率过程。然而，在理性预期均衡中，出现的通货膨胀过程的仅有类型恰恰是不会导致利率不平稳的通货膨胀类型。再来思考威克塞尔机制，在刚才给出的推理下，对大多数平稳通货膨胀过程而言，价格水平有一个单位根，所以如果政策要对价格水平偏离它的确定性路径做出反应的话，这个政策也会产生利率的单位根。在均衡中，之所以还没有发生这种情况的原因是，对价格水平偏离差做出反应的政策使得价格水平是平稳的，而不仅仅是通货膨胀率。这解释了为什么$\rho=1$时不会产生这个问题，其逻辑与$\rho>1$的情形是完全一样的。

当$\rho>1$时，这种规则可能看起来是难以置信的，因为对该规则的承诺意味着：如果通货膨胀曾经甚至暂时高于其目标水平，只要它随后不下降到目标水平以下，那么利率会以一个爆炸性的比率不断地攀升到越来越高的水平。当然，在均衡中，决不需要采取这种极端行为，因为任何通货膨胀的暂时性上升随后都会出现对目标率的偏离，正如图2.1（b）所示。但是我们可能会怀疑，因为这样的预期，上述极端行为是一个难以置信的"威胁"，[33]所以这些极端行为没有被激发。注意，在前面所计算的均衡中，同名义利率的波动一样，均衡通货膨胀在一个有界的区间内波动。因此，对（2.14）式刻画了局部唯一均衡这个结论而言，只有政策规则（2.12）式对通货膨胀率的定义和那些在区间内的滞后利率才是重要的。在内生变量取更极端值的情况下，我可以改变规则的设定——特别地，设定利率不会提高到某一有限水平之上，从而使得规则看起来更可信——仍然可以得到和以前完全一样的结论。这样一种改变，最多影响到有关其他理性预期均衡存在性的结论，这些均衡不会永远保持在稳态附近，这是一个还未涉及的话题。

承诺无限期地服从超惯性的工具规则意味着对通货膨胀预期变化的某一约束，该约束必须在任何有界的理性预期均衡中成立。在形如（2.12）式的规则情形下，约束采取如下的形式。

命题 2.10 考虑形如（2.12）式的政策规则，其中$\rho>1$，$\{\bar{i}_t\}$是一个有界过程，从某一时期t_0开始被采用。那么，对所有$t\geqslant t_0$满足规则（2.12）式的任何

有界过程必须使得通货膨胀的预测路径，从任何 $t \geqslant t_0$ 期向前，满足如下条件：

$$\sum_{j=0}^{\infty} \rho^{-(j+1)} \phi_\pi E_t \pi_{t+j} = -(\hat{i}_{t-1} - \bar{i}_{t-1}) \tag{2.17}$$

反过来，对所有 $t \geqslant t_0$ 满足（2.17）式的任何有界过程也对所有 $t \geqslant t_0$ 满足规则（2.12）式。

附录A给出了证明。给定规则（2.12）式的承诺，条件（2.17）式是必须满足（在任何非爆炸性的理性预期均衡下）的通货膨胀预期将来路径的约束，而规则（2.12）式是独立于其他任何关于均衡所需条件的假定。

实际上，为了确保预计的将来的通货膨胀路径总是满足目标准则（2.17）式，可以另外将政策陈述为必要时调整利率的承诺。这种陈述规则的方法是斯文森（1997a，1999a，2003b）讨论过的那类通货膨胀预测目标规则的一个例子，尽管它不同于斯文森所提到过的更为简单的例子，是因为将来通货膨胀预测的加权平均目标是时变的，一方面它要响应名义利率滞后水平的变化，另一方面受由 $E_t \bar{i}_{t+j}$ 项表示的外生政策变动的影响。我已经说明了，对工具规则（2.12）式的承诺意味着我们必须预期目标准则（2.17）式在每期都得到满足；反过来，确保目标准则在每期都得到满足的政策必须包含在每期都满足规则（2.12）式的利率路径。

至少就与两种政策承诺中的任何一个相联系的有界理性预期均衡集合而言，这两个表面上不同的政策承诺形式实际上是等价的，并且这个等价独立于货币传导机制的结构模型（用于预测随后的任一规则的结果）的细节。选择哪一种刻画政策承诺的方法依赖于哪一种作为向公众传播政策承诺的方法被认为更有效。在第8章，我将说明，至少在一些合理的货币传导机制模型的背景下，可以将最优政策规则表现得更为复杂。在那里，我将从超惯性工具规则和预测目标规则两个角度呈现最优政策。

2.3 具有货币摩擦的价格水平决定

我现在讨论如下问题：由于与前两节的简化假设相反，在中央银行的货币负债的确使交易便利的经济中，产品的均衡货币价格是如何被确定的？在所有实际存在的经济中，我们发现：尽管货币的回报要低于其他短期无风险资产的回报，私人部门还是持有正数量的基础货币。这说明持有货币必然有某种在先前的模型中没有考虑到的优点。我先前的分析只对理解实际经济有用，那么，如果我能说明当考虑货币的这种交易服务时，价格水平的决定理论与从该含义中抽象出来时所得到的结论也是极其相似的。引入交易摩擦也允许决定通货膨胀的新威克塞尔理论与传统的数量理论分析的相关含义之间进行比较。

2.3.1 具有交易摩擦的模型

我现在将上面的分析扩展到考虑通过使用中央银行的货币债务能够改善的交易摩擦的情形。为了简单起见，我使用在理性预期货币主义分析中广泛使用的一个模型：西德罗斯基（Sidrauski，1967）和布洛克（Brock，1974，1975）的代表性家庭模型。[34]在该方法中，没有明确地模型化交易摩擦，相反，该模型把实际货币余额提供的交易服务直接表示为家庭效用函数的一个自变量。[35]

我再次假设一个代表性家庭的经济，但现在采用如下形式的家庭目标：

$$E_0\left\{\sum_{t=0}^{\infty}\beta^t u(C_t,M_t/P_t;\xi_t)\right\} \tag{3.1}$$

其中，M_t 仍然表示测度家庭的期末货币余额，P_t 是 t 期的单一产品的货币价格，函数 u 在这里是间接效用函数，加入了给定货币余额水平下的交易成本，因此外生干扰向量 ξ_t 可能包括交易技术的随机变化和实际偏好冲击的随机变化。[36]对任何给定的 ξ_t 的实现值，我假定各期的效用函数 $u(c,m;\xi_t)$ 满足标准的新古典假设：它是凹的，并对每一个自变量 (c,m) 是严格递增的。[37]我也假定，u 意味着消费和实际余额都是（严格的）正常品，即在两种产品的相对价格是正的并且有限的情况下，我假定收入的扩展路径是向上倾斜的。

家庭的预算约束仍然采用 2.1 节所假定的形式。注意，我考虑了货币和其他无风险名义资产索取权之间可能的回报差分，即使最终表明在均衡中（在无现金经济中）并不存在这样的差分。因此，家庭的问题是，给定初始财富 W_0，选择满足（1.12）式的过程 $\{C_t,M_t\}$，使（3.1）式最大化。这个问题的充分必要条件可以按照和以前一样的思路推导得出。

同样地，（1.10）式和（1.11）式必须在每期都满足，否则最优计划将不存在。现在家庭货币余额的最优选择的一阶条件要求每期 $M_t\geqslant 0$，以及

$$\frac{u_m(C_t,M_t/P_t;\xi_t)}{u_c(C_t,M_t/P_t;\xi_t)}\leqslant\Delta_t$$

并且其中至少一个条件每期要取等号，因此任一期若 $M_t>0$ 时，我们必须有

$$\frac{u_m(C_t,M_t/P_t;\xi_t)}{u_c(C_t,M_t/P_t;\xi_t)}=\Delta_t \tag{3.2}$$

（注意这个条件将（1.15）式推广到了效用关于实际余额是递增的情形）条件（1.16）式和（1.17）式以及穷尽跨期预算约束，同以前一样也是必要的，只有一个变化，即消费的边际效用现在必须写成 $u_c(C_t,m_t,\xi_t)$。此外，对家庭计划的最优化而言，我们可以证明这一组条件仍然是充分必要的。

将由市场出清推出的关系代入家庭最优化条件中，并假定一个政策制度，在该制度下每期都有 $M_t^s>0$，我再次得到了每期的均衡条件（1.20）式，（1.21）式和（1.22）式，以及条件

$$\frac{u_m(Y_t, M_t^s/P_t; \xi_t)}{u_c(Y_t, M_t^s/P_t; \xi_t)} = \Delta_t \tag{3.3}$$

和

$$\sum_{T=t}^{\infty} \beta^T E_t[u_c(Y_T, M_T^s/P_T; \xi_T)Y_T + u_m(Y_T, M_T^s/P_T; \xi_T)M_T^s/P_T] < \infty \tag{3.4}$$

这样便分别一般化了（1.15）式和（1.23）式。这些关系以及该政策制度的设定，给出了理性预期均衡的完全描述。

注意，在给定假设消费和实际余额都是正常品的情况下，u_m/u_c 关于消费是递增的，实际余额是递减的。那么，我可以从（3.3）式中求解均衡实际余额[38]，得到如下形式的关系：

$$M_t^s/P_t = L(Y_t, \Delta_t; \xi_t) \tag{3.5}$$

对于扰动向量 ξ_t 的任何值而言，这里流动性偏好函数 L 关于 Y_t 是递增的，Δ_t 是递减的。注意，（3.5）式符合凯恩斯体系中的 LM 方程，或货币主义模型的货币市场均衡条件（当 $i_t^m=0$ 时，正如标准的处理方法，我们可以根据 Y_t 和 i_t 另外写出流动性偏好函数）。从数量理论观点来看，给定某一时期的货币供给 M_t^s，认为决定每个时点的价格水平的是这个均衡条件。

最后，我可以再次证明，条件（1.22）式可以等价地写成（1.24）式的形式[39]，因此得到我先前的定义的如下一般形式。

定义 给定外生过程 $\{Y_t, \xi_t\}$ 和与货币财政政策制度相一致的变量 $\{i_t^m, M_t^s, D_t\}$ 的演变，那么西德罗斯基-布洛克模型的理性预期均衡是在 $t \geq 0$ 的所有时期满足条件（1.21）式、（1.24）式[40]、（3.4）式和（3.5）式的一对过程 $\{P_t, i_t\}$。

2.3.2 重新考虑利率规则

我现在转向研究货币财政政策制度的设定。在具有货币摩擦的经济中，对均衡而言就不再要求 $i_t = i_t^m$ 或 $M_t^s = 0$ 了，这增加了设定货币政策的可能方法的范围。中央银行可以自由地选择（在一定的界限内）i_t，i_t^m 和 M_t^s 中的任意两个变量，并让 LM 关系（3.5）式内生地决定第三个变量。特别地，当 i_t^m 保持固定的比率（0）时，中央银行可能选择目标基础货币 M_t^s，并且如许多教科书所分析的那样，让市场名义利率内生地决定。但是当 i_t^m 保持固定的比率（0）时，中央银行也可能选择 i_t 作为短期操作目标，并且让基础货币内生地决定，正如当前的联邦程序那样。中央银行对支付中央银行余额的利率的选择不再意味着一个特殊的短期市场利率操作目标，区别货币政策制度的这两方面很重要。

但是，在某一种情形下，中央银行选择实施其利率操作目标的方法细节与价格水平的决定是无关的。这就是为了教学目的经常假设的情形，其中对每个可能

的扰动向量 ξ[41]，$u(C,m;\xi)$在自变量C和m之间是加性可分离的。在这种常见的情形中，正如无现金经济中那样，消费的边际效用是独立于实际货币余额的，即使现在当实际余额水平足够低，即 $u_m>0$。

让货币政策由利率规则（例如威克塞尔规则（1.30））以及一个额外的设定基础货币 M_t^s 的供给或者支付基础货币的利率 i_t^m 的等式来设定，如果这个额外的等式设定基础货币的供给，那么在给定货币供给的前提下，为了使目标利率 i_t满足（3.5）式，必须由 i_t^m 的调整来实现利率目标。这就一般化了无现金经济中所假设的政策实施方法，其中（1.15）式起到了均衡条件（3.5）式的作用。如果额外的等式设定的是支付货币的利率（也许所有时期满足 $i_t^m=0$），那么就是通过调整 M_t^s 使其满足均衡条件（3.5）式来实现利率目标（在美国这样的国家，这是当前的政策实施方法的一个固定的表示）。我再次假定财政政策由外生过程$\{D_t\}$设定。

前面已经说明了在无现金经济中，只要 $\phi_p>0$，仅有条件（1.21）式和（1.30）式就足以决定变量$\{P_t,i_t\}$的局部唯一的理性预期均衡路径。如果给定在（1.21）式中消费的边际效用再次只是外生状态(Y_t,ξ_t)的函数，则同样的论点在这里也适用。符合这些路径的是$\{M_t^s,i_t^m\}$的局部唯一路径，该路径可以通过求解（3.5）式以及每期设定这些变量的额外方程得到。这样，利率规则意味着确定的理性预期均衡的条件，与无现金经济中的条件是完全一样的，并且当外生扰动足够小时，等式（1.37）和等式（1.38）继续为利率和价格的均衡演变提供了对数线性近似。

如果利率规则是诸如规则条件（2.4）式、（2.9）式或（2.12）式而不是（1.30）式的形式，上述结论同样成立。上面所讨论的决定价格水平的新威克塞尔理论继续适用，即使在存在考虑均衡中不可忽视的利率差分 Δ_t 的交易摩擦的情形下该理论也是成立的。在目前具有交易摩擦的模型中，货币需求或 LM 关系（3.5）式是均衡所要求的，然而当给定利率规则时，它对决定价格的均衡演变不起作用。这个关系只与如下问题有关，即中央银行应该如何调整它所直接控制的工具（M_t^s 和 i_t^m）来实现其利率操作目标。

2.3.3 与以货币增长为目标的比较

在货币增长规则情形中，毫无疑问，货币需求关系在价格水平决定理论中是一个至关重要的因素。货币规则情形是指根据基础货币$\{M_t^s\}$和支付货币的利率$\{i_t^m\}$的外生过程来设定货币规则，而利率$\{i_t\}$由市场决定。考虑这样一种情形，其中M_t^s/M_{t-1}^s和 i_t^m 分别永久保持在包括稳态值 1 的有界区间内，并且 $0\leqslant\bar{i}^m<\beta^{-1}-1$，寻找 $m_t\equiv M_t^s/P_t$ 和 i_t 永久保持在如下常数值附近的理性预期均衡：

$$\bar{m}\equiv L(\bar{Y},\bar{\Delta};0)$$
$$\bar{i}=\beta^{-1}-1>0$$

它们与零通货膨胀稳态相联系（在这里，$\bar{\Delta}\equiv 1-\beta(1+\bar{i}^m)>0$ 是稳态利息差分）。

在这个稳态附近对数线性化（3.5）式可得到如下形式的关系：

$$\hat{m}_t=\eta_y\hat{Y}_t-\eta_i(\hat{i}_t-\hat{i}_t^m)+\epsilon_t^m \tag{3.6}$$

其中，

$$\hat{m}\equiv\log\left(\frac{m_t}{\bar{m}}\right),\quad \hat{i}_t^m\equiv\log\left(\frac{1+i_t^m}{1+\bar{i}^m}\right)$$

这里的常数系数为：

$$\eta_y\equiv\frac{\bar{Y}}{\bar{m}}\frac{\partial L}{\partial y}>0,\quad \eta_i\equiv-\frac{1-\bar{\Delta}}{\bar{m}}\frac{\partial L}{\partial\Delta}>0$$

并且这些偏导数是在自变量 L 的稳态值处估值的，外生扰动项为：

$$\epsilon_t^m\equiv\frac{1}{\bar{m}}\frac{\partial L}{\partial\xi}\xi_t$$

（上面这些系数的符号源于先前所陈述的有关偏好的假设）注意，η_y 和 η_i 各自度量的是货币需求的收入弹性和利率半弹性，因此这些系数的数值和扰动项的统计特性的数值可以从货币需求的标准计量经济学研究中得到。

那么，通过考虑每期都满足对数线性均衡关系（1.32）式和（3.6）式的有界过程 $\{\hat{m}_t,\ \hat{i}_t\}$，我们可以研究在这种政策下均衡的局部确定性。我得到如下结论。

命题 2.11　在具有加性可分偏好的西德罗斯基-布洛克模型中，考虑根据外生路径 $\{M_t^s,i_t^m\}$ 设定货币政策，并且根据外生路径 $\{D_t\}$ 设定财政政策的结果。在该制度下，价格和利率的理性预期均衡路径是（局部）确定的，即存在开集 $\mathcal{P}$ 和 $\mathcal{I}$ 使得如果对外生过程 $\{Y_t,\xi_t,M_t^s/M_{t-1}^s,i_t^m,D_t/D_{t-1}\}$ 的波动的界是任意紧的，存在唯一的理性预期均衡，其中每期都有 $P_t/M_t^s\in\mathcal{P}$ 和 $i_t\in\mathcal{I}$。此外，价格水平的均衡路径的对数线性近似，残差精确到 $\mathcal{O}(\|\xi\|^2)$，采用如下形式：

$$\log P_t=\sum_{j=0}^{\infty}\varphi_j E_t[\log M_{t+j}^s-\eta_i\log(1+i_t^m)-u_{t+j}]-\log\bar{m} \tag{3.7}$$

其中，权数

$$\varphi_j\equiv\frac{\eta_i^j}{(1+\eta_i)^{j+1}}>0$$

和为 1，并且 u_t 是一个合成的外生扰动，即：

$$u_t\equiv\eta_y\hat{Y}_t-\eta_i\hat{r}_t+\epsilon_t^m-\eta_i\log(1+\bar{i}^m)$$

附录 A 给出了证明。

因此在货币增长率任意有界波动的政策下，我得到一个定义良好的理性预期均衡价格水平。这是一个确定性结论，萨金特和华莱士（1975）在他们关于货币供给的争论中把它强调为“货币政策的最优工具”。但是，我们已经看到，政策规则并不需要为了得到价格水平的确定均衡路径采用这种形式，利率规则（例如由威克塞尔和泰勒提出的那些）也有这种特性。

等式（3.7）也给出了决定价格水平的一个简单理论。在我们抽象掉扰动而不是货币增长率的波动的情形下，这个理论说明在任何时点的对数价格水平（最大等于某一常数）只是当前和期望将来的货币供给对数的加权平均。[42]这个有吸引力的简单的结论表明，在其他类型的可能的政策制度的分析中，对任何制度而言，重要的是该制度意味着的货币供给的路径。[43]那么，政策的不同策略应该根据我们希望货币供给如何演变来考虑以使其看起来是自然的。但是正如我们所看到的，如果不考虑货币供给演变或货币需求的决定条件，直接分析不同政策规则的通货膨胀的影响同样是可能的。

事实上，先前关于不同利率规则的影响的结论可以被视为更加基本，因为命题2.11实际上是我先前对威克塞尔规则分析的一个推论。[44]为了从需求关系（3.5）式中解出均衡名义利率，我们得到如下形式的等式：

$$i_t = \iota(P_t/M_t^s; i_t^m, Y_t, \xi_t) \tag{3.8}$$

其中，对任何给定的 i_t^m, Y_t, ξ_t 值，ι 是关于它第一个自变量的增函数。（3.8）式正是凯恩斯（1936）的利率“流动性偏好理论”。如果把 i_t 刻画为 Y_t 的函数，其他自变量不变，它就是希克斯 LM 曲线。当 Y_t 是外生的，价格是伸缩性的，就如这里一样，把这个函数作为 i_t 与 P_t 之间的均衡关系是更加有用的，正如一些“伸缩性价格的 IS-LM”模型的表述一样。

利率和价格之间的这种通过中央银行对工具 M_t^s 和 i_t^m 的控制建立起来的均衡关系正是利率反馈规则（1.30）式的一个特例，其中，$P_t^* = M_t^s/\bar{m}$，$\nu_t = (i_t^m, Y_t, \xi_t)$，[45]并且

$$\phi(p;\nu) = \iota(p/\bar{m};\nu)$$

那么我们可以得到，在线性近似（1.34）式中，$\phi_p = \eta_i^{-1} > 0$，并且

$$\nu_t = \hat{i}_t^m + \eta_i^{-1}(\eta_y \hat{Y}_t + \epsilon_t^m)$$

因为这是一个 $\phi_p > 0$ 的政策规则，所以命题2.3适用，并且对 ϕ_p，P_t^* 和 ν_t 做上述替代，人们会发现（3.7）式恰好是先前的结论（1.39）式所预测的威克塞尔类型的一般规则的价格水平路径。

先前的公式更为一般，因为它适用于威克塞尔规则，其中利率对价格水平偏离的弹性不必精确地等于 η_i^{-1}。此外，甚至从（3.7）式来看——源于传统的数量理论分析，正如附录A所给出的那样——明显地，这种货币供给路径对价格水平决定而言是不重要的，重要的是中央银行用什么方法来选择调整合成变量 $\log M_t^s - \eta_i \log(1 + i_t^m)$。通过改变货币供给而不是支付基础货币的利率（当然，除了如果这个变量存在趋势增长，它必须通过货币供给的趋势增长来实现，原因是不可能将 i_t^m 降低到零以下），在何种程度上能达到目标并不重要。其理由很简

单：中央银行的行动所改变的利率和价格间的均衡关系（3.8）式的程度是由上述合成变量的变动所表示的。

当然，我们也可以发展在货币供给反馈规则下，基础货币的路径不是外生设定的，而是设定为价格水平的一个函数的价格水平决定理论。那么，威克塞尔规则（1.30）式可以等价地描述为如下形式的规则：

$$M_t^s = M^s(P_t; P_t^*, i_t^m, Y_t, \xi_t, \nu_t) \tag{3.9}$$

其中，用（1.30）式替代（3.5）式中的 i_t，并将 M_t^s 作为其他变量的函数来求解，可以得到函数 M^s。但是，将当前的利率规则下的价格水平决定理论包含到内生货币规则理论中并不是那么的合意。首先，在上述的利率规则下的价格水平决定理论同样适用于无现金经济（我最先详细说明的经济形式），然而形如（3.9）式的内生货币规则理论在该情形下是不适用的。

甚至在定义良好的货币需求关系（3.5）式存在时，为了达到（1.39）式刻画的均衡，（1.30）式和（3.9）式不见得是同样有用的设定货币政策的方法。因为（1.30）式足以设定政策对中央银行的稳定目标（这里假设控制价格水平）的重要方面，然而（3.9）式却不能，为了决定价格水平，该规则必须要由控制 i_t^m 的政策规则来补充。（当然，在传统的说明中，认为 $i_t^m=0$ 是当然的。）此外，即使承认一个关于支付货币利率的具体的已知的政策，（1.30）式也可能是更有用的政策规定。这是因为（3.9）式的实施要求中央银行设定其货币供给工具时把扰动 ϵ_t^m 的现值考虑到货币需求方程中去，然而这种状态与实施利率规则（1.30）式的目标是无关的。

实际上，由于中央银行不能完全精确地估计随机扰动，采用基础货币目标必然导致利率的变化以应对货币需求的扰动（通过使用利率工具是可以避免的）。从稳定价格水平的角度来看，应对这些冲击所做的利率变化是不合意的，除非它们与均衡实际利率的外生变化是正相关的。当货币需求变化可能主要来源于支付系统的发展（支付系统对货币需求有重要影响，并对均衡实际回报率无特别影响）时，这种论证思路似乎是不合理的。

在普尔（Poole，1970）的著名分析中，货币需求扰动使得利率操作目标比货币供给目标更合意的观点是一个中心论点。普尔也认为，相反地，如果比起LM冲击而言IS冲击是一个更重要的不稳定源的话，那么控制货币比控制利率效果更好。这可能使得实际上哪个应该占支配地位看起来不确定，但是我们回忆一下在IS冲击的情形下货币工具争论的本质，以稳定为理由，应对需求刺激利率会上升（根据威克塞尔的观点，是因为这些扰动提高了自然利率）是合意的，但是，假定有利率控制的话，利率将不会上升。相反地，如果有货币供给控制的话，这种扰动将提高产出（或在当前的伸缩性价格模型中，提高价格水平），因此增加货币需求，导致利率自动上升，这有助于提高货币稳定性。但是，这个论点不仅要求中央银行不能直接对扰动做出反应，而且要求利率工具不能以产出和价格水平为条件，除了间接地让货币需求的增加来影响利率以外。如果我们反过来假定中央银行能够使得它的利率工具直接是当前价格和产出的函数，即使它不直接是外生扰动的函数，利率工具也明显更优。

2.3.4 不可分离效用的后果

根据 2.3.2 节所得到的强不相关结论，诸如（1.30）式或（2.4）式的利率规则足以决定价格的均衡路径，而不依赖于中央银行是如何通过基础货币和（或）支付货币的利率的调整来实施其利率操作目标的——当然这取决于（间接的）效用函数 $u(c,m;\xi)$加性可分离的特定假设。这个假设并不十分现实，尽管它频繁出现在教科书里。如果由于实际余额在交易中的有用性，它能提供非金钱收益，那么额外实际余额的边际收益应该取决于家庭购买力的大小是有意义的。[46]（最可信的假设可能是 $u_{cm}>0$，所以消费支出和实际余额是互补的。）

然而我们可以证明，如果既不假设加性可分离性也不假设真正的无现金经济（存在不合事实的推断，即货币必须与其他无风险资产获得相同的回报率），那么在（1.21）式这样的等式中，忽略实际余额对收入的边际效用的影响就是合理的。在伍德福德（1998）所谓的"无现金极限经济"中，当家庭实际余额降到零（假定实际购买的大小接近 $\bar{Y}$）时，额外实际余额的边际效用变得非常大，所以在均衡中存在一个重要的利率差分 Δ_t 是可能的。然而，与此同时，用货币进行的交易没有重要到使得实际余额水平的变化足以要求利率差分有一个较大变化，而对实际收入（或消费）的边际效用的影响可以忽略。

在这种经济中，虽然对交易来说货币是必需的，但是货币只用于很少类型的交易。因此，需要有正的实际余额存在，甚至在利率差分很大时（因此，持有货币的机会成本就会很大）。但是相对于国民收入而言，均衡实际余额非常小。（3.3）式要求在这样的均衡中，实际余额的增加（在价值上，相当于较大的总支出的份额）将必然使效用增加的百分比相当于较大消费增加的百分比，但是，如果相对于国民收入而言，均衡实际余额在价值上是微不足道的，那么即使实际余额有一个较大的百分比的增加，也许仍然可以忽略对效用的影响。由于对消费的不同水平而言，这种影响仍然可能被忽略，那么实际余额的一个大的百分比变化对消费的边际效用的影响也是可以忽略的。这就证明了忽略诸如等式（1.21）中的实际余额影响是合理的。

形式上，额外的实际货币余额的边际效用 u_m 关于实际支出水平变化的弹性等于

$$\nu \equiv \bar{Y}u_{cm}/u_m$$

我认为这个数量理应是较大的正值。就实际余额水平的变化影响费雪关系（1.21）式的程度而言，额外支出的边际效用 u_c 对实际余额水平变化的弹性

$$\chi \equiv \bar{m}u_{cm}/u_c \tag{3.10}$$

才是重要的。注意 $\chi = s_m\nu$，其中

$$s_m \equiv \bar{m}u_m/\bar{Y}u_c = \bar{\Delta}(\bar{m}/\bar{Y})$$

是家庭对流动性服务（由过去对家庭所持有的货币余额的利息来测度）的有效支出的流动率，由国民收入的百分比表示。因而我们可以得出 χ 和 ν 必须同号。但是在无现金极限经济中，s_m 是无穷小的（即使 $\overline{\Delta}$ 不是），所以 χ 也是无穷小的（即使 ν 不是）。[47] 因为 χ 可以忽略，（1.21）式的对数线性近似再一次采取简单形式（1.32）式，然而这并不等于假定加性可分离性，因为我们不需假定 ν 可以忽略（对于我们关于货币供给的百分比波动的分析的预测而言，后一个数 ν 很重要，并且这里的货币供给的百分比波动必须发生在一个特定的利率规则实施方法下的均衡中）。[48]

这样无现金极限经济的情形就变成了另外一种情形，即在利率规则下，我们可以合理地抽象掉实际余额的变化对决定价格演变的均衡条件的影响。对数量分析而言，这种极限情形能够多大程度上精确地近似化中央银行货币仍然提供一些有价值的服务的实际经济情形，当然还是一个问题。然后，我转向如果考虑在（3.10）式中被定义的弹性 χ 的较大的值，先前的结论必须做多大程度的改进这个问题。

在西德罗斯基-布洛克模型的一般情形中，（1.21）式的对数线性近似采用如下形式：

$$\hat{i}_t = \hat{r}_t + E_t\pi_{t+1} - \chi E_t(\hat{m}_{t+1} - \hat{m}_t) \tag{3.11}$$

其中，$\hat{r}_t$ 仍通过（1.33）式来定义（但是注意，$\hat{r}_t$ 不再被解释为均衡实际回报率，并且均衡实际回报率也不再是完全外生的）。用（3.6）式代替（3.11）式中的实际余额的均衡水平，我们便得到如下形式的关系式：

$$(1+\eta_i\chi)\hat{i}_t = \tilde{r}_t + E_t\pi_{t+1} + \eta_i\chi E_t\hat{i}_{t+1} - \eta_i\chi E_t(\hat{i}^m_{t+1} - \hat{i}^m_t) \tag{3.12}$$

其中，在这个关系式中的合成外生扰动由下式给出：

$$\tilde{r}_t \equiv \hat{r}_t - \eta_y\chi E_t(\hat{Y}_{t+1} - \hat{Y}_t) - \chi E_t(\epsilon^m_{t+1} - \epsilon^m_t)$$

如果我们通过允许 i_t 和 i^m_t 作为价格路径的函数来设定政策规则，那么仅仅由（3.12）式和这个政策规则就足以决定利率和价格的均衡路径，正如在 2.1 节和 2.2 节中分析的那样。

例如，考虑这样一种政策制度，在该制度下，中央银行试图在隔夜市场利率和支付基础货币的利息之间保持一个不变的利率差分 $\overline{\Delta}$（这一点就像在第 1 章刻画的渠道系统中那样，至少在用于支付中央银行余额的利息情形中是成立的），货币政策可以由利率规则（例如威克塞尔规则（1.30）式）和等式

$$\Delta_t = \overline{\Delta} > 0 \tag{3.13}$$

来设定，表示支付货币的利息随着威克塞尔规则所要求的利率目标的变化而变化的方式。我假设 $\overline{\Delta}>0$，是因为所观察到的具有渠道系统（用以保持小的正区间）的中央银行的偏好。财政政策可以再次由外生序列 $\{D_t\}$ 来设定。

为了分析在这种制度下的局部均衡的确定，我们考虑对数线性关系（1.34）式和（3.12）式，以及表示（3.13）式的对数线性化方程

$$\hat{i}_t = \hat{i}^m_t \tag{3.14}$$

就足够了。用（3.14）式代入（3.12）式中消去$\hat{i}_t^m$，我们得到如下形式的关系式：

$$\hat{i} = \tilde{r}_t + E_t\pi_{t+1} \tag{3.15}$$

除了$\hat{r}_t$项被$\tilde{r}_t$所代替外，它与（1.32）式的形式完全一样，是一个不同的外生扰动函数。我们从（3.15）式中发现，可以将$\tilde{r}_t$理解为保持不变利率差分时的均衡实际回报率（在不可分的效用情形下，只有在这种约定下才可以定义纯粹外生的均衡实际回报率）。

我现在寻找（1.34）式和（3.15）式所构成的方程系统的有界解$\{\hat{p}_t,\ \hat{i}_t\}$。因为除了$\hat{r}_t$由$\tilde{r}_t$所取代外，（3.15）式与（1.32）式的形式是一样的，所以前面的结论可以直接应用。命题2.3表明，在$\phi_p>0$的任何规则情形中，均衡都是确定的，并且均衡价格过程的对数线性近似由（1.39）式给出，其中每一项的$\hat{r}_{t+j}$由$\tilde{r}_{t+j}$替换。[49]因此，和上面得到的一样的价格水平决定理论仍然适用，只是对外生干扰项的含义有一个小的修正。对其他的利率规则，例如（2.4）式或（2.12）式，这也是成立。

相反，我们可以假设财政政策是通过包含基础货币的固定利率的方法来实施的（正如现在美国的零利率）。在这种情形下，（3.13）式由条件$i_t^m=\bar{i}$代替，我可以再次消除（3.12）式中的$\hat{i}_t^m$，并得到有两个等式的系统来求解价格和利率的均衡演变。使用与上面一样的方法我们可以得到上述结论的一般形式。

命题 2.12 在西德罗斯基-布洛克模型中，效用不必可分，让货币政策由中央银行利率操作目标的威克塞尔规则（1.30）式来设定。假定对$0<\bar{i}<\beta^{-1}-1$，$i_t^m=\bar{i}$恒成立，并让财政政策再次由外生过程$\{D_t\}$刻画。最后，假定

$$\chi > -1/2\eta_i \tag{3.16}$$

那么，在$\varphi_p>0$的任何政策规则情形下，均衡都是确定的。局部唯一均衡价格过程的对数线性近似如下：

$$\log P_t = \phi_p^{-1}\sum_{j=0}^{\infty}\varphi_j E_t\,\tilde{r}_{t+j} + \sum_{j=0}^{\infty}\tilde{\varphi}_j E_t[\log P_{t+j}^* - \phi_p^{-1}\nu_{t+j}] \tag{3.17}$$

其中，权重为：

$$\varphi_j \equiv \frac{(1+\eta_i\chi\phi_p)^j\phi_p}{[1+(1+\eta_i\chi)\phi_p]^{j+1}} \tag{3.18}$$

$$\tilde{\varphi}_0 \equiv \frac{(1+\eta_i\chi)\phi_p}{1+(1+\eta_i\chi)\phi_p},\quad \tilde{\varphi}_j \equiv \frac{(1+\eta_i\chi\phi_p)^{j-1}\phi_p}{[1+(1+\eta_i\chi)\phi_p]^{j+1}}\qquad j\geq 1 \tag{3.19}$$

附录A给出了证明。在这里，解（3.17）式可以一般化先前的结论（1.39）式，当$\chi=0$时，（3.17）式就转化成了（1.39）式。只要χ也满足$\chi>-(\phi_p\eta_i)^{-1}$，那么权重$\{\varphi_j,\tilde{\varphi}_j\}$就都是正的，并且两个权重序列的和为1，尽管对$\chi\neq 0$而言，

权重$\tilde{\varphi}_j$不再完全等于φ_j了。

因此，只要$\chi \geqslant 0$（最具实证可信性的情形），甚至对绝对值足够小的χ的负值，同以前一样的条件就足以满足均衡确定性了。我们也可以得到一个性质上相似的价格水平决定理论：对数价格水平等于当前和将来价格水平目标的加权平均与一个差额之和，该差额包括（适度限定的）均衡实际回报率$\bar{r}_t$的当前和期望将来的波动以及反映函数的转变因子ν_t的当前和期望将来的波动，并且其方式类似于先前的（1.39）式。我们还可以观察到（3.17）式的解关于χ是连续的，所以对任何χ足够小的经济而言，无现金经济所推导的方程为价格的均衡演变提供了很好的近似。

在一般化的泰勒规则（2.12）式的情形下，我同样可以扩展先前所得到的结论。

命题 2.13 让货币政策转向由形如（2.12）式的利率规则来设定，其中系数ϕ_π，$\rho \geqslant 0$，并再次假定任何时候都有$i_t^m = \bar{i}_t^m$。另外，假定χ满足（3.16）式。当且仅当$\phi_\pi > 0$和（2.13）式成立时，均衡是确定的。当这些条件都满足时，通货膨胀的均衡演变的对数线性近似为：

$$\pi_t = -\frac{\rho}{\phi_\pi}(\hat{i}_{t-1} - \bar{i}_{t-1}) + \sum_{j=0}^{\infty} \varphi_j E_t \tilde{r}_{t+j} - \sum_{j=0}^{\infty} \tilde{\varphi}_j E_t \bar{i}_{t+j} \tag{3.20}$$

其中，权重为：

$$\varphi_j \equiv \frac{(1+\eta_i \chi \phi_\pi)^j}{[(1+\eta_i \chi)\phi_\pi + \rho]^{j+1}} \tag{3.21}$$

$$\tilde{\varphi}_0 \equiv \frac{(1+\eta_i \chi)}{(1+\eta_i \chi)\phi_\pi + \rho},$$

$$\tilde{\varphi}_j \equiv \frac{[1+(1-\rho)\eta_i \chi](1+\eta_i \chi \phi_\pi)^{j-1}}{[(1+\eta_i \chi)\phi_\pi + \rho]^{j+1}} \qquad j \geqslant 1 \tag{3.22}$$

附录A给出了证明。因此，只要χ不取大的负值，泰勒原理对均衡确定性来说是充分必要的。解（3.20）式可以一般化（2.14）式，当$\chi = 0$时，（3.20）式就退化成了（2.14）式。再次地，当$\chi \neq 0$时，权重$\tilde{\varphi}_j$不再正好等于权重φ_j了。不过，如果$\rho \leqslant 1$并且χ不取较大的负值，权重将继续为正。

我已经发现，考虑实际余额对均衡实际利率的影响在很大程度上不会影响定性的结果。这种影响为多大时在数量上有意义呢？我们可以根据货币需求的估计从数字上校准需要修正的大小。当前的简单模型表明货币需求弹性在高频和低频上应该是相同的，并且如果我们期望在低频扰动ϵ_t^m是不重要的，那么，在变量m_t，Y_t和i_t之间的低频关系将是最能显示货币需求弹性的。作为一个典型的例子，卢卡斯（2000）发现20世纪美国的实际M1的低频变化可以由$\log Y_t - 0.5\log i_t$的变化很好地拟合。[50]通过对（3.3）式关于Y_t，m_t和i_t的对数进行线性化可以得出，根据当前模型，$\hat{m}_t$应该与

$$[\sigma^{-1}+\nu]\hat{Y}_t-\beta\log(i_t/\bar{i})$$

是成比例的（这里，应当回忆起我们是在具有零通货膨胀的稳态附近对数线性化的，并且假设基础货币的利率为零，对美国而言这是成立的）。因此 $\beta^{-1}(\sigma^{-1}+\nu)$应该是收入弹性与货币需求的利率弹性的比率。根据卢卡斯的估算，这比率约等于 2。[51]由此，我们可以推出：

$$\chi=s_m\nu=s_m(2\beta-\sigma^{-1}) \tag{3.23}$$

正如我所假设的，如果 $\sigma>0.5$，[52]可以得到 $\chi>0$，正如先前判断的那样。同时，不管假设 σ 有多大，(3.23) 式中括号里的因子都不能超过 2，因此实际上不能赋予 χ 一个比 s_m 大两倍的值。对于美国而言，基础货币的价值大约是一个季度 GDP 的 25%，因此 s_m 大约为 0.002 5（季度模型使用 $\beta=0.99$），这意味着 χ 的值不会大于 0.005。另外，如果我们对货币需求是半对数的设定使用卢卡斯所估算的系数，即 $\eta_y=1$，$\eta_i=7$ 年（或 28 个季度），那么推出的弹性比率 $\eta_y/(1-\beta)\eta_i=1/0.28=3.6$。这将允许 χ 是 s_m 的一个更大的倍数，但是不能超过它的 2 倍，所以 χ 应该不大于 0.01。因为对大多数工业国家而言，基础货币都是很小的，在许多经济体中都可以得到关于实际余额效应的可信大小的类似结论。

为了阐述 $\chi>0$ 在多大程度上影响了计算结果，我们需要考虑惯性下的泰勒规则的解 (3.20) 式。采用 $\rho=0.8$ 的政策规则，在使用季度数据估算的美联储的产出反应函数中，这是一个相对典型的利率惯性水平（参见第 1 章表 1.1），并且令 $\phi_\pi=0.3$，则意味着长期通货膨胀反应系数 $\Phi_\pi=1.5$，这是泰勒（1993）对格林斯潘时期的估算值。那么对于不同的未来区域 j，在解 (3.20) 式中出现的权数 φ_j 和 $\tilde{\varphi}_j$ 可通过图 2.2 来反映。图 2.2 刻画了假设 $\chi=0$（如这里的第一种方法）和 $\chi=0.02$ 时的权重，而后者可能过高估计了实际余额对边际收入效用影响的实际大小，但是它可以说明，即使在最宽泛的假设下，实际余额效应仍然不那么重要。（在两种情况下，都假定 $\eta_i=28$ 个季度。）

虽然实际余额效应对上述计算的影响很重要，但是忽略它也不会导致极其误导性的结论。也许最重要的定性区别是，设定 $\chi=0.02$ 导致了一个稍微大一点的关于当期的截距 $\bar{i}_t$（而不是期望将来的截距）的相对权重。特别地，在均衡实际率 $\tilde{r}_t$ 和货币政策扰动 $\bar{i}_t$ 均表现出很强的正序列相关性使得在实践中只有系数 φ_j 和 $\tilde{\varphi}_j$ 的平滑形式才重要的（实际）情形下，这两个假设下的通货膨胀预期是非常相似的。例如，假定 $\tilde{r}_t$ 服从平稳的 AR(1) 过程，其序列相关系数 $0<\rho_r<1$，那么，为应对自然利率的一个单位正冲击，预期的价格水平的初始跳跃为：[53]

$$\Delta\sum_{j=0}^{\infty}\varphi_j\rho_r^j$$

这个数值作为冲击的持续性水平的函数被刻画在图 2.3 中的季度模型图上。图 2.3 中，横轴的持续性测度是每单位日历时间扰动的衰退率 $\lambda\equiv-(\log\rho_r)/\Delta$，其中 Δ 是以年作单位的时间长度。[54]假设 $\chi=0$ 以及 $\chi=0.02$，这两种情形的结果都被刻画了出来。我们可以发现，忽略实际余额效应所带来的误差其实非常小。

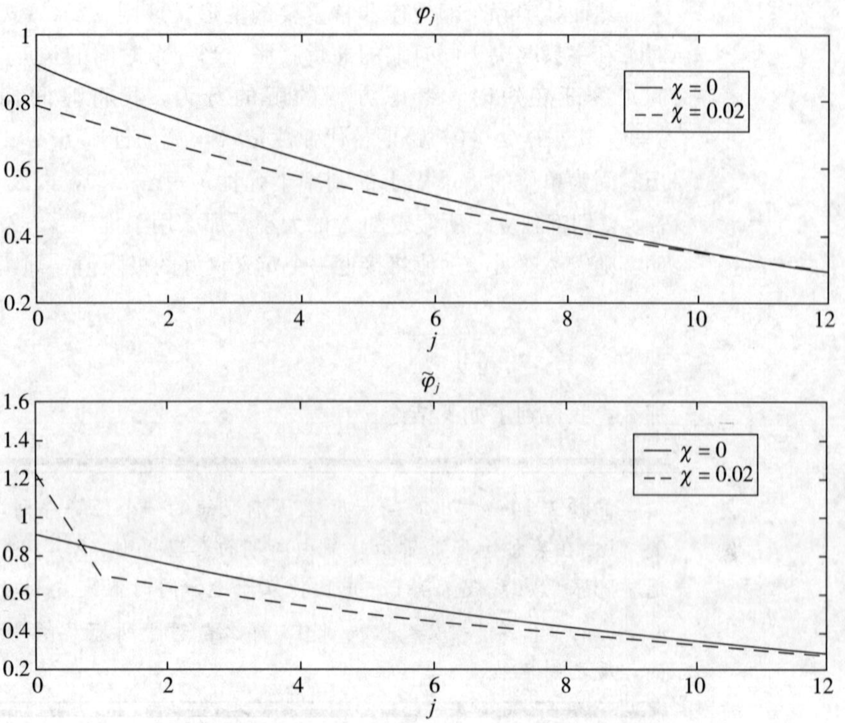

图 2.2　有实际余额效应和没有实际余额效应的权重 ϕ_j

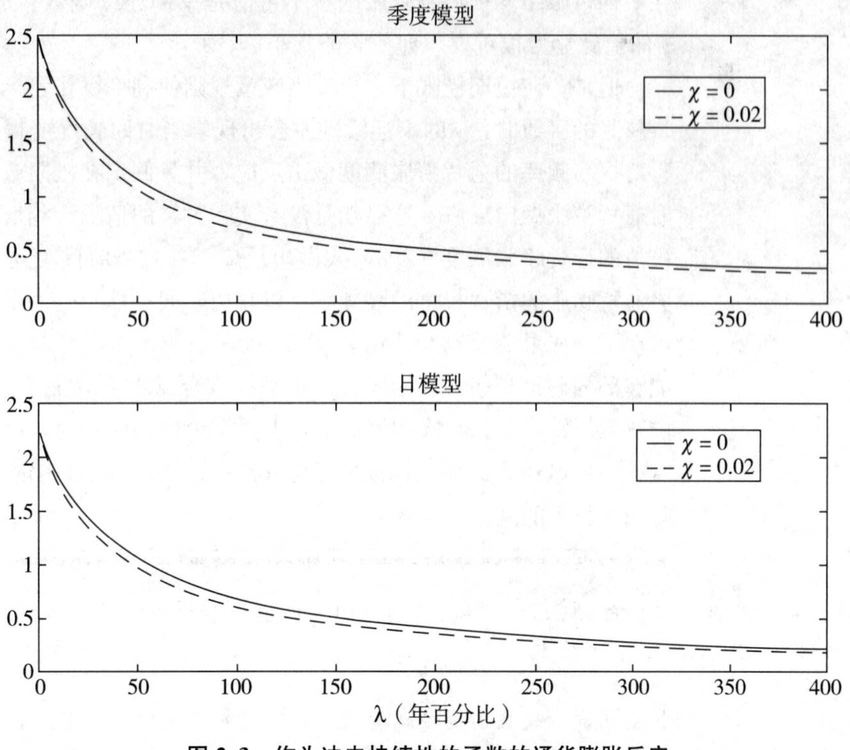

图 2.3　作为冲击持续性的函数的通货膨胀反应

然而，实际余额效应非常重要的情形是规则（2.4）式的情形，当时间很短时，利率只取决于同时期的通货膨胀。当一个时间的长度（$\Delta>0$ 单位的日历时间）逐渐变短时，考虑方程的解的行为。我将时间偏好率的数值固定为 $\delta\equiv(-\log\beta)/\Delta>0$，跨期替代弹性 $\sigma>0$，流动性服务支出的稳态份额 s_m，以日历时间为单位的货币需求的利率半弹性 $\tilde{\eta}\equiv\Delta\eta_i>0$，以及货币需求的收入弹性 η_y，它们都独立于所假定的 Δ 的大小。那么用于推导（3.23）式的同样的推理表明：随着 Δ 变小，χ 值将接近一个定义良好的极限值，即：

$$\bar{\chi}=s_m\left(\frac{\eta_y}{\delta\,\tilde{\eta}_i}-\sigma^{-1}\right) \tag{3.24}$$

那么，我得到了如下结论。

命题 2.14 考虑时间长度 Δ 逐渐变短的一个经济序列，经过校准从而有 $\bar{\chi}\neq0$。假定在某种情形下货币政策由同期的泰勒规则（2.4）式来设定，它具有正的通货膨胀反应系数 $\phi_\pi\neq1$，并且独立于 Δ，同时假定支付货币的利率为 0。如果 $\phi_\pi>1$，$\bar{\chi}>0$ 或 $0<\phi_\pi<1$，$\bar{\chi}<0$，那么，对于所有足够小的 Δ 值，均衡是确定的，反之则不然。

附录 A 给出了证明。[55]很明显，这个结论意味着，对接近于零的 χ 值而言，在短期极限中均衡通货膨胀的解不可能是 χ 的连续函数。那么，在这种情形下，χ 的值就显得很重要，即使它非常小。

但是，在短期极限下，只有当政策规则使利率操作目标是纯粹同期的当期通货膨胀的函数时，χ 的不连续性才会出现。当时间长度变得更短时，假定中央银行对更高频率的通货膨胀测度做出反应，并且假定在极限政策情形下政策仅对即时通货膨胀做出反应，这显然是没有实际意义的情形。相反，如果我假定政策对平滑的通货膨胀测度（2.8）式做出反应，并且当时间变得更短时，使得关于过去通货膨胀的指数权重的衰减率（以日历时间计算）是固定的，这种问题就不会出现了。如果 Δ 变得更小时，调整率 $\psi\equiv-\log\rho/\Delta>0$ 是固定的，那么在等价的能够部分调整利率使其趋向合意水平（该合意水平取决于当前即时通货膨胀率）的政策规则（2.12）式的情形下，上述结论也是成立的。（我们还必须假设 ϕ_π 随着 Δ 一起减小，以使长期反应系数 $\Phi_\pi\equiv(1-\rho)^{-1}\phi_\pi$ 是固定的）。在这种情形下我得到了如下的结论。

命题 2.15 再次考虑时间长度 Δ 逐渐变小的经济序列，并假定

$$\bar{\chi}>-1/\psi\Phi_\pi\,\tilde{\eta}_i \tag{3.25}$$

相反让货币政策由惯性泰勒规则（2.12）式来设定，其中，长期通货膨胀反应系数 $\Phi_\pi\equiv\phi_\pi/(1-\rho)$，调整率 $\psi\equiv-\log\rho/\Delta>0$ 并独立于 Δ，再次假定支付货币的利

率为零，那么，当且仅当 $\Phi_\pi>1$，即当且仅当满足泰勒规则时，理性预期均衡是确定的。

在确定情形下的名义利率路径的唯一有界解形式如下所示：

$$\hat{i}_t = \Lambda \bar{i}_t + \Gamma(1-\gamma)\sum_{j=0}^{\infty}\gamma^j E_t \tilde{r}_{t+j} - \tilde{\Gamma}(1-\gamma)\sum_{j=0}^{\infty}\gamma^j E_t \bar{i}_{t+j} \tag{3.26}$$

并且通过转化（2.12）式可以得到 $\{\pi_t\}$ 的解。在这个解中，当 Δ 取值任意小时，系数 Λ，Γ，$\tilde{\Gamma}$ 接近定义良好的极限值，同时将来的期望扰动的权重的衰减率

$$\xi \equiv -\log\gamma/\Delta>0$$

也接近定义良好的极限值。此外，对于满足（3.25）式的 $\bar{\chi}$ 值范围（包括接近零的值）而言，这些极限值都是 $\bar{\chi}$ 的连续函数。

附录 A 给出了证明。命题 2.15 意味着，即使是在任意短期的极限情形下，χ 的小的非零值（正或负）并没有对有关价格水平决定的结论产生什么重要的差异。[56] 例如，当时间长度短于一个季度时，前面关于 χ 取符合现实的正值仅有微小影响的结论仍然成立。图 2.3 的两个图展示了相同的计算，只是下图中模型的时间长度仅为一天。这样，只要我们假设一个中央银行响应通货膨胀测度的平均时间的适度水平，或者假设一个中央银行响应通货膨胀变化调整利率操作目标的惯性的适度水平——它们都是中央银行实际政策的特征，我们可以继续得到，当 χ 取符合现实的非零值时，无现金的分析给出了在该条件下所得到结论的一个良好的近似，这与我们所假定的时间长度无关。

2.4 自我实现的通货膨胀和通货紧缩

到现在为止，我只考虑了均衡的局部确定性问题。考虑（至少简要地）在某一政策条件下理性预期均衡是否为全局唯一的问题也是合适的。当然，如果一个合意的产出不仅仅代表局部唯一均衡，而且还代表唯一的理性预期均衡，那么我们可能更有信心认为这个特定的政策制度是合意的。而且，即使它们与相同的合意均衡同样一致且同样使该均衡局部确定，政策制度在全局唯一性问题上也会有所不同，所以考虑政策制度的全局唯一性为我们优化政策规定提供了合理的深层准则。

全局唯一性问题要求我回到考虑精确的非线性均衡条件上去，因为只有当均衡时变量保持在进行对数线性化的值的足够小的邻域内，才可以信赖对数线性近似是精确的。这使得该问题的完整处理更加复杂，超出了当前研究的范围。但是，一个简单例子可以阐明，尽管有局部确定性，均衡的全局多样性是如何成为可能的。我也给出了可以解决这个问题的政策制度的例子。

2.4.1 局部确定下的全局多样性

我的例子将阐明在施密特-葛罗布和乌利贝（2000）以及贝哈鲍比等人(Benhabib et al.，2001b）所讨论的在泰勒规则下均衡多样性的潜在问题。考虑如下形式的确定性利率反馈规则：

$$i_t = \phi(\Pi_t) \tag{4.1}$$

其中，$\Pi_t \equiv P_t / P_{t-1}$ 是总的通货膨胀率，ϕ 是对所有的 $\Pi > 0$ 满足 $\phi(\Pi) \geqslant 0$ 的连续增函数。我再次假定这个规则包含隐含目标通货膨胀率 $\Pi^* > \beta$，并满足 $\phi(\Pi^*) = \beta^{-1}\Pi^* - 1$。下限约束——对当前的讨论是重要的——是必要的，因为不管增加多少基础货币，中央银行都不可能强迫名义利率为负。

根据贝哈鲍比等人（2001b）的理论，我现在让财政政策由如下形式的规则来设定：

$$T_t = \alpha W_t - \frac{i_t}{1+i_t} M_t \tag{4.2}$$

并用于确定每期的净税收，其中常数 α 为 $0 < \alpha \leqslant 1$。利用政府预算流约束（1.7）式，我们发现：

$$E_t[Q_{t,t+1} W_{t+1}] = (1-\alpha) W_t$$

因此这个财政政策具有“李嘉图（Ricardian）”特性，即不管内生变量如何演变，横截性条件（1.18）式必须成立。[57]这意味着我们可以从均衡所需的条件列表中省略横截性条件。也要注意，在这个财政政策下，负债管理政策与均衡的决定无关。

在上述制度下，理性预期均衡是一对任何时候都满足（4.1）式和

$$1 + i_t = \beta^{-1} E_t \left[\frac{\lambda(y_{t+1}, i_{t+1}; \xi_{t+1})}{\lambda(y_t, i_t; \xi_t)} \frac{P_t}{P_{t+1}} \right]^{-1} \tag{4.3}$$

以及限制

$$\sum_{T=t}^{\infty} \beta^T E_t \lambda(y_T, i_T; \xi_T) \left[y_T + \frac{i_T}{1+i_T} L(y_T, i_T; \xi_T) \right] < \infty \tag{4.4}$$

的过程 $\{P_t, i_t\}$。这里，通过使用给出 U_c 值的函数 $\lambda(y, i; \xi)$，（4.3）式替换了（1.21）式（用均衡实际余额去替换 U_c 的第二个自变量）。通过利用（3.2）式去替换 U_m，相似地，（4.4）式重新诠释了（1.23）式。

通过考虑无冲击下（对所有的 $t, y_t = \bar{y}, \xi_t = 0$）的完全预见均衡的集合（即确定性解），可以证明多重解的一般存在性。然后，将（4.1）式代入（4.3）式，可得到通货膨胀率的非线性差分方程：

$$\Pi_{t+1} \lambda(\phi(\Pi_{t+1}))^{-1} = \beta(1+\phi(\Pi_t))\lambda(\phi(\Pi_t))^{-1} \tag{4.5}$$

其中，我将 $\lambda(\bar{y},i;0)$ 简写成 $\lambda(i)$。在无现金极限情形下（或加性可分离情形），上式可简化成：

$$\Pi_{t+1}=\beta(1+\phi(\Pi_t)) \tag{4.6}$$

明显地，在上述情形中，当任何给定的 $\Pi_t>0$ 时，都存在一个 $\Pi_{t+1}>0$ 的解。因此，从任意选择的一个初始通货膨胀率 $\Pi_0>0$ 开始，我能构建一个在任何时候都满足（4.6）式的序列 $\{\Pi_t\}$。与此相联系的是一个非负的利率序列，由（4.1）式给出。只要这些序列满足约束（4.4）式，那么它们就刻画了一个完全预见的均衡。在 i 趋近于零，合意的实际货币余额 $L(\bar{y},i;0)$ 有上界的情形下，[58] 由于实际货币余额的一个有限水平存在饱和状态，任何序列 $\{i_t\}$ 都可满足。在这样一种情形下，明显存在一个完全预见均衡的连续系统，它对应着每一个可能的初始通货膨胀率 Π_0。

即使规则（4.1）式在目标通货膨胀率 Π^* 附近满足 $\phi_\pi>1$，因至少局部地满足了泰勒原理，也可以得到上述结论。在这种情形下，尽管有局部确定性，我们有大量的全局均衡。这在图 2.4 中得到了说明，其中的实线表示满足（4.6）式的 (Π_t,Π_{t+1}) 的轨迹。注意，这个轨迹在目标通货膨胀率 Π^* 处与对角线相交，说明 $\Pi_t=\Pi^*$ 永远是一个解。泰勒原理表明这条曲线在该点从下方与对角线相交。在这种情形下，对所有的 Π 都有 $\phi(\Pi)\geqslant 0$ 的事实表明在某一较低的通货膨胀率处必定还有一个稳态（满足（4.6）式的常数通货膨胀）。在这个较低的稳态处，这条曲线必须从上方与对角线相交。因此，正如贝哈鲍比等人所强调的，泰勒原理不可能全局有效。在图 2.4 中所展示的情形中，泰勒原理被尽可能地遵循，这意味着较低的稳态对应着零名义利率。在这种情形下，较低的稳态通货膨胀率是 $\Pi^{**}=\beta$，对应于弗里德曼率——代表性家庭的时间偏好率——通货紧缩。

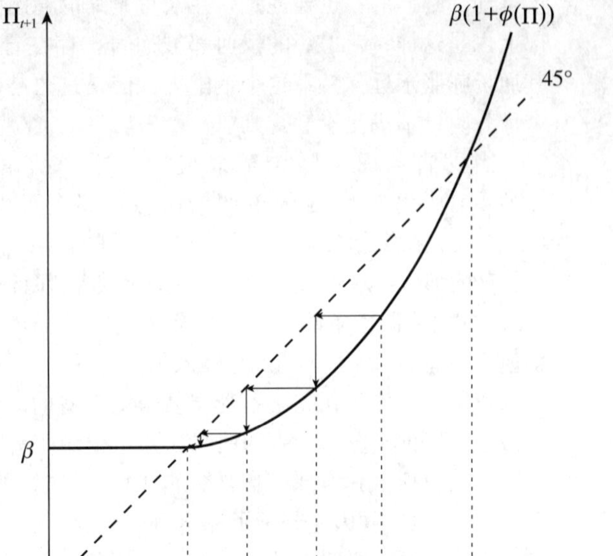

图 2.4　泰勒规则下自我实现的通货紧缩

对应于任何给定的初始通货膨胀率 Π_0 的通货膨胀序列都可以像图 2.4 那样用几何图形构建出来。对每个 Π_t 值，我们可以通过曲线找到相联系的 Π_{t+1} 值，然后用对角线将这个值反映到水平轴上，并重复这个构建。在图 2.4 中，考虑了 $\Pi_0<\Pi^*$ 的值的情况。只有当 $\Pi_1<\Pi_0$，然后依次要求 $\Pi_2<\Pi_1$ 等时，这才与完全预见均衡相一致。我们可以一直继续这个构建过程，在图 2.4 所示的情形中（其中对所有 $\Pi>\beta$，$\phi(\Pi)<\beta^{-1}\Pi-1$，而对所有的 $\Pi>\beta$，$\phi(\Pi)=0$），我们发现通货膨胀率必须随着时间单调递减，并且渐进地趋近 $\Pi^{**}=\beta$。这指出了在这种制度下——恒小于目标率的通货膨胀，最终，实际的通货紧缩，其代表均衡仅仅因为期望将来有更低的通货膨胀——自我实现的通货紧缩的可能性。沿着这条路径，为响应通货膨胀的下降，利率持续降低，但是因为期望的将来通货膨胀也在下降，所以实际利率并没有下降，并且继续保持足够高的水平来约束需求，尽管价格正在下降。

在区间 $\beta<\Pi_0<\Pi^*$ 内，对每一个可能的 Π_0 而言，上述均衡都是存在的。同时，对任何高于目标率的通货膨胀率而言，存在这样的均衡，其中通货膨胀率随着时间上升并最终变得无穷大。所以，在这种制度下，自我实现的通货膨胀也是可能的。此外，因为通货膨胀过程中构成一个理性预期均衡只需要（4.3）式预期成立，所以也存在一个更大的均衡集合，其中通货膨胀或通货紧缩率依赖于太阳黑子变量。[59]

注意，上述解的全局多样性与先前的关于局部确定性的结论并不矛盾。我们可以从图 2.4 发现：除了 $\Pi_t=\Pi^*$ 的均衡外，随着时间的推移，任何确定性的均衡都包括偏离目标通货膨胀率越来越远的通货膨胀率。这样每隔一个均衡最终都会离开 Π^* 的某一邻域，即使初始通货膨胀率非常靠近 Π^*。我们可以证明，对所有的随机均衡这也是成立的[60]，所以合意的均衡的确在我们上面所讨论的意义上是局部唯一的。也要注意，在通货紧缩的稳态附近，均衡是不确定的，甚至局部上也是这样；对 Π^{**} 的任何邻域而言，存在着一个截然不同的均衡连续系统，其通货膨胀永远保持在这个范围内。但是这也与前面的结论是一致的，因为在这个稳态附近不满足泰勒规则。

当我们考虑实际余额效应时，这些结论很大程度上没有变化。只要 $\Pi/\lambda(\phi(\Pi))$ 仍然是 Π 的单调增函数，那么可以用求解（4.6）式的方法求解（4.5）式。在实际余额与私人支出是互补的（$u_{cm}>0$）的情形下，就像先前被表明是合理的那样，$\lambda(i)$ 是一个单调递减函数，并且这个条件必然被满足。此外，即使 $u_{cm}<0$，单调性条件可能仍然成立——λ 关于 i 没有猛烈地递增就足够了。[61]特别地，只有 $i=0$ 时，$\lambda(i)$ 有极限值——这一点是合理的，因为应该有一个支出值的限制，即使是在完全不受交易摩擦阻碍的时候——那么先前关于 $\varphi(\Pi)$ 形式的假定足以推出图 2.4 中的曲线在弗里德曼通货紧缩率从上方与对角线相交。这足以说明包括自我实现通货紧缩的（4.5）式解的连续系统的存在。这些解也满足（4.4）式，并因此刻画了完全预见均衡，只要合意的实际余额是有界的，或实际上，只要对零附近的 i 而言，$iL(\bar{y},i;0)$ 有界。

从这些结论中我们可以看到，除了利率变得很低的时候（这种情况不满足泰勒原则）之外，泰勒规则都被遵守，这些结论也使得它看起来毕竟不是一个确保确定性均衡价格水平的非常可靠的方法。对这个评论有几个回应。其中之一是提出将通货膨胀稳定在目标水平的均衡仍然是局部唯一的，这可能足以允许期望根据这个均衡而不是其他均衡来协调。在这里，可以看出其他均衡其初始通货膨胀率任意地接近目标率的存在使得经济容易“滑入”其他均衡中去。的确，常常有人说，在图 2.4 中所展示的完全预见动态的情形下，具有通货膨胀率 Π^* 的稳态是不稳定的，这意味着在这种制度下经济应该被预期，几乎不可避免地经历一个自我实现的通货膨胀或者自我实现的通货紧缩。

上述推理包含了一个对差分方程（4.5）因果逻辑的严重误解。这个方程并不是表明 $t+1$ 期的均衡通货膨胀率是如何恰好由在前一期发生的通货膨胀决定的。如果是这样的话，那么称 Π^* 是不稳定的动态不动点就是正确的——即使偶尔达到该点，任何小的扰动都将导致均衡对该点的偏离。但是相反，这个方程表明的是，t 期的均衡通货膨胀率是如何由下一期的通货膨胀的期望所决定的。这些期望决定实际利率，从而决定支出的激励，它与中央银行响应任何给定的当前通货膨胀率所设定的名义利率相关。具有接近（但不等于）Π^* 的初始通货膨胀率的均衡，只能因为更偏离目标通货膨胀率的未来通货膨胀率的预期（至少在一些状态中）而出现。因此，如果关于将来的预期发生重大变化（一些我们可能认为不会轻易发生的），经济只能移动到某个替代路径中去。

的确，由于适应性学习动态，从许多有关理性预期均衡收敛的分析发现，均衡在学习动态下和在“后向完全预见动态下稳定的”（这正是图 2.4 中稳态 Π^* 的情形）情形下同样是稳定的。[62]这个结论的关键是，任何期望将来的通货膨胀对目标率的偏离都会导致实际通货膨胀率更加接近目标率，而不是期望率。如果预期相对缓慢地演变（作为一段时期内的经验平均），那么我们将持续观察到通货膨胀比我们所预期的更加接近目标率，从而预期自身最终向一个更接近目标率的值调整。但是这使得实际通货膨胀更接近目标率，不断这样，直到这个过程最终收敛于均衡，在均衡中期望的和实际的通货膨胀率都恒等于目标率。

但是，其他类型的学习过程——它们允许对偏离目标稳态的路径的推断——可以导致向其他某一均衡收敛。[63]此外，即使我们认为目标稳态是局部稳定的，我们也必须考虑到大的冲击仍然足以干扰经济使得预期处于另外一个均衡上，因此自我实现的通货膨胀和通货紧缩问题不可能立即消除。但是，这个问题对根据利率反馈规则来制定货币政策而言绝不特殊，注意到这点也很重要。特别地，在货币目标情形下，同样的问题也可能出现。

让我们回忆一下在货币目标制度下定义均衡实际余额的方程，并再次将注意力集中到没有外生冲击（对所有的 $\mu_t=\bar{\mu}>\beta$，$y_t=\bar{y}$，$\xi_t=0$）的情形上。从（3.3）式中解出 i_t 并将其代入费雪等式（1.21）中，可得到如下形式的实际余额的随机差分方程：

$$F(m_t)=\beta/\bar{\mu}\, E_t G(m_{t+1}) \tag{4.7}$$

其中：

$$F(m)\equiv[U_c(\bar{y},m;0)-U_m(\bar{y},m;0)]m,\quad G(m)\equiv U_c(\bar{y},m;0)m$$

（A.29）式正是这个方程的对数线性近似表示，除了这里我排除了对外生扰动的依赖之外。

如果再次考虑完全预见的解，那么我们需要寻找满足

$$G(m_{t+1})=\bar{\mu}/\beta F(m_t) \tag{4.8}$$

的序列$\{m_t\}$。在加性可分的情形下，$G(m)$函数是关于m线性递增的，所以存在反函数，然而函数$F(m)$等于m乘以一个关于m的增函数U_c-U_m。如果对所有m均有$m>0$，那么函数(U_c-U_m)都是正的——也就是说，如果可以通过使利率足够的高以使得合意的实际余额任意的小——那么函数$F(m)$就是正的、递增的、凸的，并且取极限值$F(0)=0$。在这种情形下，给定任何$m_t>0$的值，都可以从（4.8）式唯一地解出$m_{t+1}>0$，并且解的曲线形式如图2.5所示。同样，实际货币余额的稳态水平$m^*\equiv L[\bar{y},(\bar{y}-\beta)/\beta;0]$在这条曲线与对角线的交点处。注意，在该交点，曲线必须从下方与对角线相交，并且仍然存在第二个稳态，这次它在零实际余额处。

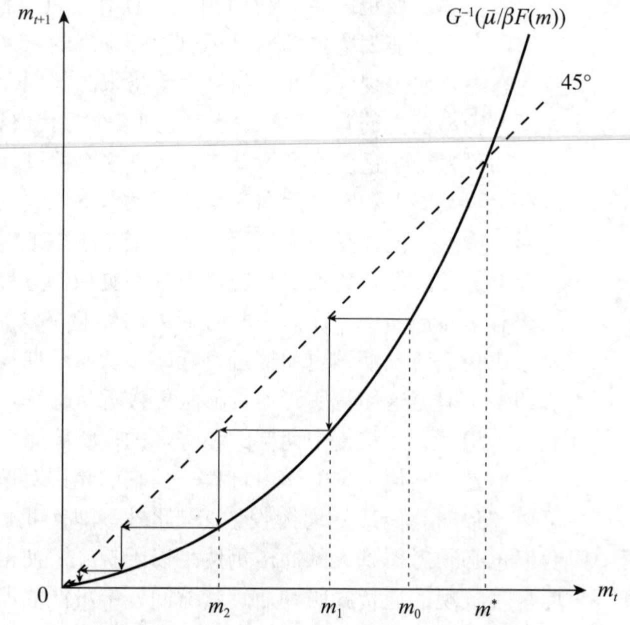

图 2.5　货币目标下自我实现的通货膨胀

正如在泰勒规则下一样，我们可以发现对应于每一个可能的m_0值而言存在截然不同的完全预见均衡。如果$m_0<m^*$，那么实际余额必须预期随时间递减（正如图2.4所刻画的均衡情形），并逐渐地收敛于零点，这对应于自我实现的通货膨胀。因为实际余额水平逐渐下降与名义利率逐渐上升相联系，这要求通货膨胀率逐渐上升。逐渐地，通货膨胀接近使经济完全废除货币的程度（也许是有限的，也许不是）。相反，如果$m_0>m^*$，实际余额必定随时间上升，最终无限制地增长。如果在所有正的利率处合意实际余额都是有限的，那么该均衡的利率将会下降为零，至少是逐渐地，并且最终包含靠近弗里德曼率的通货紧缩。因此，它们对应于在泰勒规则情形下可能的自我实现的通货紧缩。这样，作为一个普遍

规则，这种货币目标政策并不能回避这些潜在问题中的任何一个。

事实上，正如我们将看见的，选择一个均衡是全局唯一的政策制度是可能的。但是在这里，货币政策是采用利率反馈规则的形式，例如泰勒规则，还是采用货币目标的形式，这两种可能性的程度没有什么区别。

2.4.2 预防通货紧缩陷阱的政策

在货币目标情形下，自我实现的通货紧缩是可能的，这个结论看起来令人惊讶，因为在很多不变货币供给情形下考虑均衡的论文中发现这种均衡是不可能的。[64]但是之所以出现上述问题是因为，和我前面所做的分析一样，标准分析没有设定李嘉图财政政策。正如2.1.2节所述，货币目标的分析典型地假设一个在所有时候零政府债务的财政政策。在这种假设下，横截性条件（1.24）式不再是多余的；只有当实际余额路径满足

$$\lim_{T\to\infty}\beta^T E_t[u_c(Y_T,m_T;\xi_T)m_T]=0 \tag{4.9}$$

它才成立。

因此，如果货币增长率满足$\bar{\mu}\geqslant 1$，即货币供给是非递减的，那么自我实现的通货紧缩在理性预期均衡中不会发生。当实际余额在某一有限水平饱和时，这是最容易说明的。那么对所有在该水平之上的 m 值，都有 $F(m)=G(m)$，并且在实际余额超过饱和水平后，（4.8）式在要求每期

$$m_{t+1}=\bar{\mu}/\beta m_t$$

的同时，$U_c(\bar{y},m_t;0)$保持不变，即使偏好不是加性可分的。我们可以得到，在（4.8）式的任何通货紧缩解的情形下，在所有 $T\geqslant t$ 的时期都有：

$$\beta^T U_c(\bar{y},m_T;0)m_T=\beta^t\bar{\mu}^{T-1}U_c(\bar{y},m_t;0)m_t\geqslant\beta^t U_c(\bar{y},m_t;0)m_t>0$$

其中，t 表示实际余额已经达到了饱和水平的某一时期。那么，任何此种路径的情形都违背了横截性条件，并且它不代表一个完全预期均衡。这个观点的一般情形可以用于排除随机均衡，在这种均衡中实际余额最终也会超过饱和水平。因此，我们可以证明在任意理性预期均衡中，我们必须在所有时期都满足 $m_t\leqslant m^*$。[65]

然而，这个结论与货币政策是根据货币供给的目标路径来设定的事实无关。相反，结论依赖于在上述制度下的财政政策没有被假设为李嘉图形式的事实。政府政策意味着不仅货币供给而且政府债务 D_t 的名义价值都以$\bar{\mu}$ 的比率增长，并且是后一个事实排除了自我实现通货紧缩。但是根据 D_t 目标路径来设定财政政策，我们同样可以很好地将这种类型的财政政策与利率规则联合起来，正如2.2.1节那样。那么，我们将得到完全相同的结论。

设定总的名义政府债务 D_t 从初始值 $D_0>0$ 开始以不变比率$\bar{\mu}>1$ 增长，而货币政策由泰勒规则（4.1）式来刻画。（注意，施密特-葛罗布和乌利贝（2000）意义上的平衡预算政策是这种财政政策的一个例子。）为简化分析，我们也假设存在通货膨胀率$\underline{\Pi}>\beta$ 使得对所有 $\Pi\leqslant\underline{\Pi}$，都有 $\phi(\Pi)=0$。[66]

那么，（4.5）式的任何通货紧缩解包含在某一有限时期 t 后的每期名义利率都为零，这意味着对所有 $T \geqslant t+1$，都有 $\Pi_T = \beta$。我们可以得到在 $T > t$ 的所有时期，有

$$\beta^T \lambda(i_T) D_T / P_T = \beta^t \bar{u}^{T-t} \lambda(0) D_t / P_t \geqslant \beta^t \lambda(0) D_t / P_t > 0$$

所以，任何的这种路径的情形，都违背了横截性条件（1.24）式。[67]从本质上讲，在通货紧缩路径情形下，所设定的财政政策太具有激励性以至于不符合市场出清的要求。如果私人部门仅仅消费经济所生产的那么多，它会发现它的实际财富出现爆炸性地增长，因此它希望消费得更多。[68]

刚才所提到的结论依赖于当通货膨胀下降时，利率会足够快的趋向零。然而，即使当所有的 $\Pi > \beta$ 时，$\phi(\Pi) > 0$，只要对所有的 $\beta < \Pi < \Pi^*$，$\phi(\Pi) < (\Pi - \beta)/\beta$,则在任何确保政府债务的增长率为 $\bar{\mu} > 1$ 的财政政策下，我们仍然可以排除自我实现的通货紧缩。因为这确保了每一个通货紧缩解都收敛于 $\Pi^{**} = \beta$ 的通货膨胀率，如图 2.4 所示，所以，必须存在一个时期 t 使得所有 $\Pi \geqslant t$，都有 $1 + \phi(\Pi_T) \geqslant \bar{\mu}$ 。我们可以得到：

$$\beta^T \lambda(i_T) D_T / P_T = \beta^t \lambda(i_t) \prod_{s=t}^{T-1} (1 + i_s)^{-1} \bar{u}^{T-t} D_t / P_t \geqslant \beta^t \lambda(i_t) D_t / P_t > 0$$

这再次违背了横截性条件。最后，即使利率水平下降得更快，以致存在一个更低的稳态通货膨胀率 $\Pi^{**} > \beta$，只要 $\bar{\mu} > \beta^{-1} \Pi^{**}$，同样的观点仍然成立。

那么，在适当的财政规则情形下，通货紧缩陷阱就不是一个可能的理性预期均衡，即使在利率规则情形下也是如此。此外，在利率规则下，要求排除上述可能性的财政承诺的类型在本质上与货币目标情形下是一样的，即使在持续的通货紧缩情形下，财政政策必须确保总政府债务 D_t 的名义价值不会下降。[69]

的确，利率规则至少在有些方面是优于货币目标制度的经典公式的。在利率规则下，自我实现的通货紧缩可能被排除，甚至当与泰勒规则（或具有并非常数的价格水平目标路径的威克塞尔制度）相联系的目标通货膨胀率 Π^* 意味着通货紧缩率小于时间偏好率时（$\beta < \Pi^* < 1$）。但是在货币目标制度下（任何时候财政政策都保持零政府债务），当 $\bar{\mu} < 1$ 时，先前的排除自我实现通货紧缩的论证就失效了。在这种情形下，包括最终降到 $\Pi_t = \beta$ 水平的通货膨胀率的（4.8）式的所有解都满足横截性条件，因此，存在一个完全预见均衡连续统（大量太阳黑子均衡也是如此）。[70]当然，如果我们假定一个不同的财政政策，那么就可以避免出现这个结论，即使在货币供给紧缩时，总债务的名义价值非递减也是必要的。因此，德普尔（Dupor，1999）指出，如果货币供给通过公开市场操作（用相应的政府债务增加来代替货币）而不是通过弗里德曼（1969）所设想的一次性税收收缩，那么就可以避免自我实现的通货紧缩。但是这点强调了这种货币目标不是排除通货紧缩陷阱可能性的关键。

有时人们认为，在通货紧缩陷阱情形下，通过利率控制实施货币政策会使货币政策无效，因为名义利率工具不可能降到零以下，然而通过增加货币供给刺激总需求在事实上仍然是可能的。但是，货币控制没有这种优点。一旦短期名义利率下降到零，即使增加公众持有的额外实际货币余额的数量（即余额超过了饱和

水平）仍然是可能的，也不会影响实际余额，记住这一点是重要的。这是因为仅仅从它们能够增加和给定实际支出水平相联系的额外支出的边际效用这一点来说，对任何给定的实际利率期望路径而言，更高的实际余额会增加支出的欲望。一旦实际余额达到饱和水平，额外的货币余额将不再导致任何对交易伸缩性约束的进一步放松，因此它们就不会刺激总需求。

回忆 2.3.3 节，我能够用函数 $\lambda(y_t, i_t; \xi_t)$ 取代刻画额外支出边际效用的函数 $U_c(y_t, m_t; \xi_t)$。因此，仅仅从它们能降低短期名义利率 i_t（指出了交易约束进一步放松的价值）来说，额外实际余额会影响支出的边际效用。一旦不能进一步降低名义利率，不管是通过实际利率效应还是直接实际余额效应，这种实际货币余额的增加将不能影响总需求。因此，在这种情况下，货币政策是无效的，但是这并不是对利率工具使用的限制。

一方面，有时人们认为，即使由于经济处于"流动陷阱"中（即货币余额已经超过饱和水平），当前的货币供给增加无效，但是承诺将来货币供给的增加仍然能够刺激总需求。有一种观点是，即使在名义利率不能进一步下降时，提高预期的将来价格水平也可以降低实际利率（Krugman，1998）。这是正确的，但是在这方面货币目标承诺并没有特殊功效。当配以李嘉图财政政策时，承诺货币以高比率增长对排除通货紧缩陷阱并不起作用，在那种情形下，通货紧缩均衡仅仅包括一个较高的超额货币余额水平。只有反通货紧缩的财政政策可以解决这个问题，而不管是否存在货币目标。[71]

另一方面，像日本这样的国家，现在的问题可能不完全是陷入自我实现的通货紧缩陷阱，尽管只要期望根据调整稳定价格均衡就存在。问题可能在于，正如克鲁格曼（Krugman）指出的，均衡实际回报率的暂时下降使得稳定价格与零名义利率限制不相容。在这种情况下，当扰动发生时，避免一段时期的剧烈通货紧缩的唯一方法可能就是制造随后发生通货膨胀的预期的制度。我们假定可以把自我实现的通货紧缩问题放在一边（可能是因为一个适当的财政承诺），并假定经济预期在实际扰动减弱后收敛于靠近稳态的一个均衡（并且均衡实际率回到正的名义水平）。那么，这类被追随的路径是否包括剧烈的初始通货紧缩取决于在冲击减弱后期望的货币政策，尽管对一些关于将来政策的预期而言，当前的货币政策在阻止通货紧缩方面无能为力。在这种情形下，正如克鲁格曼所认为的，将来的货币政策承诺和它的可信性是至关重要的。但是，意味着适度高的未来价格水平期望的这类政策承诺，可能也是威克塞尔制度或者泰勒规则，它们将用 2.2 节所解释的方法来决定预期价格水平。[72]

2.4.3 阻止通货膨胀恐慌的政策

下面，我考虑由于自我实现的期望引起的相反类型：不稳定性，以及自发地减少持有一国货币的可能性，而后者是由于近期内价值进一步以更快速度下降的预期，每期的货币价值都有损失。在货币目标制度的文献中，大家普遍认为这种自我实现的通货膨胀可能比自我实现的通货紧缩更麻烦。但是，货币以不变速率增长时，我们确定了这些均衡不存在的条件。

特别地，奥伯斯法尔德和罗格夫（Obstfeld and Rogoff，1983）指出，在这里所考虑的模型中，如果偏好是在 2.3.3 节中考虑的加性可分的形式并且

$$\lim_{m\to 0} m u_m(m;0) > 0 \tag{4.10}$$

那么在货币目标情形下不存在这种完全预见的均衡。因为在这种情形下，对某一临界水平$\underline{m}>0$之下的所有实际余额水平而言，函数 $F(m)$是负的，从而（4.8）式所表示的曲线在点 $m_t=\underline{m}>0$ 处与水平线相交，而不是像图 2.5 所示的那样穿过原点，那么没有均衡可以使得 $m_t\leqslant\underline{m}$。但是从（4.8）式可以得到完全预见均衡不可能有

$$m_t\leqslant\underline{m}_1\equiv F^{-1}(\beta/\bar{\mu}\,G(\underline{m}))$$

从而没有完全预见均衡不可能有

$$m_t\leqslant\underline{m}_2\equiv F^{-1}(\beta/\bar{\mu}\,G(\underline{m}_1))$$

等等。我们通过这种方法可以说明在任何时候均衡不可能有 $m_t<m^*$。

在我先前的分析中，通过假设充分提高利率可以使期望实际余额任意的小，条件（4.10）式则被排除，因为该式意味着对所有的 i 而言，$L(\bar{y},i;0)$ 有下界 $\underline{m}$。（这个限制的存在是先前构建的关键，而对加性可分离性来说，实际上并不重要。）奥伯斯法尔德和罗格夫指出，这里上述结论成立所需的条件在某种程度上而言是令人难以置信的，尽管理论上它是可能的。在一些国家所观察到的超级通货膨胀也表明，当通货膨胀足够严重时，实际货币余额的确降到了名义水平的很小一部分，并且当期望的通货膨胀足够高时，由这些数据估算的货币需求函数（如卡甘（Cagan，1956）的经典研究）表明实际余额接近于零。因此在实际经济中，我们能否依靠这种机制来阻止自我实现的通货膨胀还不明确。

相反地，如果货币政策由形如（4.1）式的泰勒规则来刻画又会怎么样呢？只要在某一有限的通货膨胀率 $\bar{\pi}$ 处（4.5）式表示的曲线变成垂直的，从而在 $\Pi_t>\bar{\pi}$ 的情形下，（4.5）式没有 Π_{t+1}的解，排除自我实现的通货膨胀的论证就是可能的。在加性可分离的情形下，这似乎是不可能的，因为只要 $\phi(\Pi_t)$自身没有定义，在（4.6）式中就可以没有 Π_{t+1}的解。但是，在某一有限的通货膨胀率$\bar{\pi}$处无限大的函数 ϕ 作为一个可能政策是否必须被排除，这并不明确。毕竟，在（4.10）式成立时的货币目标情形下，排除自我实现通货膨胀的政策是承诺无论需要把利率推动到多高，决不供应超过一定数量的货币。这等价于威克塞尔规则（1.30）式，其中函数 ϕ 在有限水平 P_t/P_t^* 处无穷大。如果这样的政策被认定是可行的，尽管它使中央银行承担了价格水平过高，但这也是根本不可能做到的事情，那么为什么使 ϕ 在$\Pi_t>\bar{\pi}$ 时不明确的泰勒规则不是一个同样可行的政策就不明确了。但是，如果我们认为这种类型的泰勒规则代表一个可信的承诺，那么这种排除自我实现通货膨胀的策略实际上应该是优于货币目标的，因为其适应性并不取决于限定期望的实际余额远离零这个令人难以置信的假定。

此外，在有些情况下，通过在高通货膨胀率时承诺足够剧烈地提高利率来排

除自我实现的通货膨胀是可能的，甚至在 $\phi(\Pi)$ 对于任何有限的通货膨胀率而言都定义良好时。如果实际余额处于低水平，$u_{cm}<0$，那么在 i 的高水平处，函数 $\lambda(i)$ 关于 i 递增。[73]我们假定 $\lambda(i)$ 实际上关于 $1+i$ 的弹性是正的，但对所有足够高的 i，它都是被假定小于 1 的。那么，对高通货膨胀率而言，(4.5) 式的右边随着 Π_t 的增长而增长，并且最终无限增长。然而，对高的 Π 值而言，如果 $\phi(\Pi)$增长足够地迅速，那么函数 $\Pi/\lambda[\phi(\Pi)]$可能有上界。在这种情形下，当 Π_t 的值在某一有限界限$\underline{\Pi}$之上时，(4.5) 式没有 Π_{t+1}的解。[74]

但是，通过使用和先前实际余额有下界时类似的迭代论证方式，我们可以在大量完全预期均衡中排除自我实现的通货膨胀。那么，假定一个先前讨论过的那类排除自我实现通货紧缩的财政政策，我们可以证明通货膨胀一直在目标通货膨胀率 Π^* 处的均衡是唯一的完全预见的均衡。事实上，使用相同的论证，我们可以证明即使考虑了任意形式的随机均衡，均衡也是一个唯一的理性预期均衡。此外，至少当外生变量$\{y_t,\xi_t,\nu_t,\Pi_t^*\}$的随机变化足够小时，在 2.2.3 节中被近似刻画的局部唯一均衡同样可以证明是全局唯一的。

即使这些解是不可用的，但通过增加只适用于过度通货膨胀情形的政策附文，自我实现的通货膨胀也可以被排除。例如，奥伯斯法尔德和罗格夫 (1986) 提出，通过在总货币供给的实际价值收缩到某个非常低的水平时随时进行商品和货币的交换，中央银行承担了根据某个实际商品固定货币单位的价值的职责。如果假定除了在自我实现的通货膨胀情形中这个实际余额水平永远不会达到，那么该承诺除了把这些路径作为可能的均衡排除外没有作用。奥伯斯法尔德和罗格夫把其作为在以货币供给量为目标的制度下自我实现的通货膨胀问题的解，但是它与货币目标没有内在联系，并且，可以把该承诺作为过度通货膨胀附带条款同样好地加到遵循泰勒规则的制度里。

【注释】

[1] 在美国目前非常典型的制度安排下，美联储票据（美国货币）和美联储余额（在美联储账户的存款，可以用于结算和满足储备要求）可以自由地相互兑换，并且，"一美元"的支付承诺可以通过向债权人（或其银行）转移这些类型的金融索取权的任何一种来清偿。在某些人设想的未来的无现金经济中，货币没有必要再存在了。在这样一个世界中，"美元"将会被定义为对美联储一美元余额的索取权，将会没有物质的美元（即，美元钞票）的事实不能阻止在支付中使用美元账户。毕竟，即使现在，美元不是对其他任何东西的索取权，它在支付中被接受仅仅是因为它在随后的交易中可以转移到其他人手中的预期。

[2] 参见 (1.6) 式。虽然我经常提到时间的连续性，这在宏观经济学文献中很常见，但是当前的模型是标准模型，其中，交易发生在一个离散点的序列上。提及"期初"和"期末"资产组合仅仅是为了让我们注意追踪交易的影响，而提及利息可能自然增加的不同时点则不能。

[3] 如果我们假设这样的根本不完全市场：除非通过假设由政府发行的单一工具，否则家庭既不能借入也不能借出，那么条件 (1.6) 式实际上代表了正确的预算约束流。有关消费理论的文献经常考虑单一可交换资产的情形（例如，参见 Obstfeld and Rogoff，1996，sec. 2.3）。在当前背景下，由于家庭是同样的，我们如何假设开放的金融市场的数

量不会有实际上的差异。然而，在完全市场情况下刻画最优家庭计划是最简单的，并且，在第 3 章中将证明引入对任意的随机收入流的市场估价是有用的，此时我需要考虑厂商的最优定价决策。

[4] 我假定货币余额必须是非负的，因为这种资产被定义为中央银行的一种债务，因此不能由任何其他当事人发行，即使（在完全市场假设下）发行的私人债券依存状态支出与之等价。在给出家庭的预算约束时，这个非负约束是人们将这种资产从其他资产中挑选出来的另一个原因，因为在具有无摩擦金融市场的模型中，我假定任何其他的债券没有卖空约束。

[5] 在整个分析过程中，它都应该被理解为，当我说这样一种关系“在每期”成立时，这也意味着每期的所有可能的世界状态。

[6] 当然，我们可能也会考虑 G_t 是内生决定的财政政策，例如，将 G_t 作为政府的某一福利最大化问题的解。然而，在当前的研究中，我假设政府购买是外生给定的。我考虑净税收水平的内生性，例如，就像 2.2 节中那样，并且这对当前的价格水平决定理论而言是重要的。进一步讨论参见 4.4 节。

[7] 我用同样的记号 Y_t 作为家庭的选择变量，此前它被用作产品的外生供给。实际上，在第 4 章出现的具有内生产出的模型中，均衡条件，例如（1.27）式，继续适用，但是 Y_t 代表总需求，而不是任何外生给定的产品供给。

[8] 从家庭问题的这个公式得到的均衡定义等价于标准定义，如果满足限制条件，即过程 $\{G_t, Y_t, \xi_t\}$ 使得政府购买的现值是确定的。技术上，我们可以设想一个均衡，其中人均产出的现值不是确定的，虽然留给私人部门消费的资源的现值是确定的。但是这个特殊情形没有吸引力，所以这里忽略掉。

[9] 假定函数为非负，原因是中央银行不可能把名义利率推向负的水平。我假定，像在当前典型的制度安排下一样，在任何时候中央银行余额的持有者有权要求将其余额兑换为货币。因此，试图对中央银行余额支付负的利息会导致这种余额的需求为零，市场隔夜利率（货币可用的利率）为零，而不是负的隔夜利率。假定函数的非负性要求 $\phi(P/P^*;\nu)$ 不是 $\log(P/P^*)$ 的精确的线性函数，下面我利用了函数的局部对数线性近似。

[10] 在我们考虑政府购买的情形下，在每个方程中，我们需要用 $\tilde{u}$ 替换 u，用 $\tilde{\xi}_t$ 替换 ξ_t。

[11] 进一步的讨论参见附录 A 的 A. 3 节。

[12] 在第 4 章中，我将考虑本章模型的一个扩展，这个模型本质上是一个理性预期的 IS—LM 模型，虽然在结构上和萨金特和华莱士（1975）分析的模型不完全相同。在第 4 章中，不同政策规则下均衡的决定因素会再一次地被提起。

[13] 正如在附录 A 的 A. 3 节中的进一步解释一样，这等于使用反函数定理来阐述均衡条件系统的解的局部唯一性，以及使用了隐函数定理来给出这个解的对数线性局部近似。

[14] 注意，在（1.32）式中通货膨胀率而不是相对于稳态通货膨胀的通货膨胀率的出现取决于稳态通货膨胀率等于零的假设。

[15] 简单地将扰动项写为 ν_t，当在自变量的稳态值处被估计时，我们采用标准化，$\partial\phi/\partial\nu = 1+\bar{i} = \beta^{-1}$。

[16] 在上述这类规则下，在对数线性框架中（类似于这里所推出的框架，它是精确的均衡条件的一个近似），克尔和金（Kerr and King，1996）提供了早期的均衡确定性的讨论。伍德福德（1998）在完全跨期均衡模型的背景下用类似于此处的思路阐述了威克

塞尔机制下的均衡的确定性问题，尽管这里所假定的中央银行执行利率操作目标的方法有所不同。

[17] 注意，在目标价格水平被认为是中央银行的反应函数中一个隐含的，而不是一个直接的目标的范围内，目标价格水平的变化和 ν_t 的变化之间的差别是任意的。并正如应该被期望的那样，(1.39) 式表明：对均衡价格水平的确定性而言，在对数线性近似中实际上只有差分 $\log P_t^* - (\phi_p^{-1}+1)\nu_t$ 重要。但是对某些目的来讲，我们应区别这两个变量，例如，允许 $\log P_t^*$ 具有某一变化趋势，但是假设 ν_t 是固定的。

[18] 在这里的简单分析中，实际的和"自然"的"实际"回报率没有区别。这个区别将在第 4 章中引入，人们将发现沿着类似的途径来理解价格水平的决定仍然是可能的。

[19] 当目标价格水平以一个不变率增长时，我们可以得到类似的结论，人们必须给每期要求的 ν_t 的值加上一个常数来达到目标。

[20] 例如，参见 Wicksell (1915, sec. IV. 9)。威克塞尔为此找到了证据，即在金本位时期，名义利率水平和经常所观察到的价格水平趋势是正向协同变化的（所谓的"吉布森 (Gibson) 悖论"）。注意，如果 $\nu_t=0$，(1.39) 式则意味着 $\log P_t$ 应该随着实际率的外生变化而变化，而 (1.34) 式则意味着短期名义率的内生变化应该完全地和价格水平波动相一致。如果 ν_t 和 r_t 正向协同变化，但是小于一对一的变化，同时 r_t 出现变化，从而通货膨胀和通货紧缩脉冲没有完全地被消除，我们便可以得到类似的结论。

[21] 通过选择一个具有极大弹性 ϕ_p 的规则，试图在不需要对均衡实际率变化直接反应的情况下完全消除价格水平的变化不可能是合意的。针对这种情形，中央银行在价格水平度量上的误差对政策会有很大的影响，由此，对经济也产生影响，正如伯南克和伍德福德 (1997) 所讨论的。

[22] 实际上，在当前情形下，我们可以直接说明这一点而不需要模型的线性化，正如附录 A 的 A.6 节所展示的那样。但是，更一般地讲，当扰动过程的任何波动足够小时，线性化方程的有界解的无限多样性的存在意味着精确均衡条件的无穷多个解的存在，这些解任意地接近稳态，正如伍德福德 (1986) 所证明的。

[23] 在具有理性预期的 IS－LM 模型的背景下，它们的分析说明请参见沃尔什 (Walsh, 1998, sec. 10.2.1)，该模型与原始论文中所使用的模型结构更加接近。

[24] 很明显，泰勒 (1993) 所描述的规则是符合这个原理的，因为它设定 $\phi_\pi=1.5$。对这个原理的一般合意性的讨论参见泰勒 (1995, 1999c)。

[25] 我们可以发现，在由 (2.7) 式给出的解中，不仅仅是通货膨胀率，价格水平也被决定了。这是因为，前一期的价格水平 P_{t-1} 作为一个先定的状态变量在任何 t 期是给定的，从而意味着一个唯一的均衡价格水平。"名义锚 (nominal anchor)"使得绝对价格水平是确定的，由于它是独立于 Π_t 的，因此 (2.4) 式也是独立于 P_{t-1} 的。

[26] 例如，参见 Van Hoose (1989)。

[27] 这个结论最早由利珀 (Leeper, 1991) 得到，他使用了和这里所使用的类似的线性化方法。利珀区别了"积极的"货币政策（形如 (2.5) 式规则，其中 $\phi_\pi>1$）和"消极的"政策（规则 (2.5) 式，其中 $\phi_\pi<1$）。当前的这个结论相当于利珀的"消极的"财政政策的情形，虽然在这里根据外生路径 $\{D_t\}$ 来设定财政政策并不完全地与他的财政规则的参数簇中的任何一种相一致。进一步讨论参见 4.4 节。克尔和金 (1996) 也涉及了泰勒原理和均衡确定性之间联系的早期讨论。

[28] 在第 4 章所讨论的具有黏性价格的模型中，均衡通货膨胀率的不确定性也意味着均衡实际经济活动的不确定性。鲁比克和塑夫海德 (Lubik and Schorfheide, 2002) 估计了美国前沃尔克时期的一个均衡过程，其中，太阳黑子变量可以解释美国通货膨胀的

部分不稳定，这与克拉里达等人的假设是一致的。克拉里达等人（1998）也认为，20 世纪 70 年代的不稳定性可以归因于自我实现期望。但是在他们的分析中，均衡的多样性来源于联邦政府方面承诺的缺失，而不是对不合宜的系统政策的承诺。

[29] 在欧菲尼德斯的分析中，对 20 世纪 70 年代潜在产出的系统高估使政策具有通货膨胀偏差，即使美联储遵守了刻画了其以后行为的类似于泰勒规则的规则。回归中使用的是产出缺口的校准估计值，而不是作为政策基础的实际时间估计值，从而导致了通货膨胀反应系数的低估，因为变量遗漏而政策变得更松的时期通货膨胀率高于平均水平。

[30] 例如，凯利（Kiley，2003）说明，在一个特定的交错定价模型下，即使反应系数具有欧菲尼德斯在前瞻性的泰勒规则情形中估计的大小，均衡也是不确定的。关于这种特定类型规则的均衡的确定性的影响，参见 4.2.2 节。

[31] 这个定义假设通货膨胀是一个平稳变量，也就是说，$\log P_t$ 是差分平稳的。注意，这里讨论的所有均衡都具有这一性质。

[32] 注意，当 $\rho=1$ 时，(2.12) 式恰好是 (1.34) 式的一阶差分。

[33] 在一次讨论会上，霍尔将 $\rho>1$ 的政策与《奇爱博士》“世界末日机器”相比较。

[34] 关于该模型近来的其他说明，可参见 Obstfeld and Rogoff（1996，sec. 8.3）和 Walsh（1998，sec. 2.3）。

[35] 在附录 A 的 A.16 节中，我给出了不同的分析，交易摩擦由现金优先约束来刻画。关于具有那种交易摩擦的模型和货币进入效用函数的模型的相似之处，也可参见 Feenstr（1986），Lucas and Stokey（1987）和 Woodford（1994b，1998）。

[36] 我没有假设 ξ_t 是一个标量过程，注意到这一点很重要。例如，ξ_t 可能包括两个组成部分，其中一个表示不耐烦程度的变化，另一个表示由货币余额提供的流动性服务的变化。使用单一记号 ξ_t 来表示这两种冲击并不意味着假设两者有某种相互关系，比如，向量的两个部分是相互独立分布的。

[37] 货币余额有限水平（此处货币达到饱和，并且该水平关于消费水平是递增的）的存在仅仅引起了微小的技术性复杂程度。的确，许多明确的交易摩擦模型，诸如现金优先模型，认为这种饱和水平应该存在。但是，就现在的目标而言，是否存在饱和并不重要，除了是否可能从一开始就把名义利率降低到零这个问题。我认为，一般来讲，没有理由这么做，之所以会出现这样的原因（和通货紧缩相联系的扭曲），只有在我把模型扩展到包含名义刚性之后才能被引入。

[38] 从技术上来讲，u_m/u_c 的单调性不是非常充分：这意味着对某一时间间隔 Δ_t（可能依赖于 Y_t 和 ξ_t）而言，存在定义良好的均衡实际货币余额的水平，但是它并不排除不存在太高或者太低的利率解的可能性。当需要的时候，我可以假设偏好的边际条件，从而对任何 $\Delta_t>0$ 而言都意味着一个解，这样我就简化了分析。特别地，我认为，当实际余额变小时 u_m 会变得无穷大，当实际余额的变化足够大时 u_m 会变得任意的小，这样在实际余额的极限水平上就可能有也可能没有饱和点。注意，这里所关注的是在均衡稳态附近波动是平稳的，并且对于这些目标而言，这些边界条件是不相关的。

[39] 如果存在货币摩擦，命题 2.2 必须重新陈述为命题 2.2′，在附录 A 的 A.2 节中已经陈述和证明过。

[40] 在给出这个模型的 (1.21) 式和 (1.24) 式时，我们必须将消费的边际效用表示成 $u_c(Y_t;M_t^s/P_t;\xi_t)$。

[41] 例如，参见由奥伯斯法尔德和罗格夫（1996，sec. 8.3）或者由沃尔什（1998，sec. 2.3）给出的模型的相关陈述。

[42] 这个结论最常作为卡甘（Cagan）的通货膨胀决定模型的理性预期形式的推论

而出现（参见麦考伦（1989，ch. 8），或者奥伯斯法尔德和罗格夫（1996，sec. 8. 2. 1）的标准说明）。在卡甘（1956）的模型中，合意的对数实际货币余额是对数价格水平的期望增长率的递减线性函数。将（1.32）式代入（3.6）式中，可以得到完全这种类型的（离散时间）关系，除了在当前的情形下这个关系存在一个等于 $\log\overline{m}+u_t+\eta_i\log(1+i_t^m)$ 的时变截距以外。

[43] 命题 2.11 中的确定性结论仅仅可以应用于货币供给是一个外生设定的过程的政策，而不能应用于决定货币供给的一般反馈规则。如果假定（3.7）式右边的极限和是定义良好的，那么作为理性预期均衡要求的一个含义，该等式的推导也更一般化了。但是，如果存在从内生变量（比如价格水平）到货币供给的反馈的情况下，方程（比如（3.7）式）右端的表达式就不需要唯一定义了。也就是说，也许存在大量的均衡，在每个均衡中（3.7）式都是有效的，但是在每个均衡中等式右边的表达式取不同的值，因为货币供给的内生决定因素的演变是不同的。

[44] 参见 Taylor（1999c），他用类似的这些方式对泰勒规则激励进行了分析。但是，泰勒的讨论忽略了诸如（1.30）式的规则（应对价格水平对目标路径的偏离）和诸如（2.4）式的规则（应对通货膨胀率对其目标的偏离）之间的差别。

[45] 在这里，通过允许外生变量的向量 ν_t 影响函数 ϕ，我扩展了先前（1.30）式中的符号。

[46] 正如附录 A 的 A. 16 节所讨论的，当使用另一个经常在文献中出现的计时习惯时，即使偏好是加性可分的，我们也有 $\chi\neq0$。然而，可以证明，即使在这个计时习惯下，先前所分析的“可分的”情形在理论上仍然是可能的，只是为了使 $\chi=0$ 所要求的可分性的类型有所不同。

[47] 伍德福德（1998）给出了交易技术的参数簇，其中当使得某一参数 α（度量用现金购买的商品的份额）任意小的时候，就达到这种极限情形。这篇论文指出，价格的状态依存演变的均衡解是关于参数 α 连续的，所以当假设 $\chi=0$ 时，正如在无现金模型中那样，所得到的结论给任何 α 值足够小的经济提供了均衡动态的一个精确近似。同时，当 α 较小时，利率的差分仍然是有界的。因此，在这方面无现金极限经济的均衡不同于 2.1 节呈现的那种真正的无现金经济的均衡。

[48] 无现金极限经济的假设使得我们可以根据实证估计值自由地假定货币需求关系（3.6）式中的弹性 η_y 和 η_i，然而加性可分离性的假设意味着对这些弹性的约束，它与典型的估计值不一致，随后我将讨论这一点。

[49] 实际上，前面的无现金经济中的威克塞尔机制的相关结论可以视为这里得到的更一般结论的一个特殊形式。因为，在那个机制中，（3.13）式在每期都成立，并且 $\overline{\Delta}=0$；合成扰动 $\hat{r}_t$ 正是无现金经济中 $\bar{r}_t$ 的值，因为在那种情形中 $\chi=0$。

[50] 当前的模型应该被理解为基础货币需求的模型，但是实证研究常常把一个更广的总量需求模型化，例如 M1。在我们这里所考虑的低频情形下，M1 和基础货币大体上是相互成比例移动的，所以我使用卢卡斯所估算的弹性作为相应的基础货币需求弹性的估计值。

[51] 在这里，我们可以发现，通过某种方式，假定效用函数可加可分（意味着 $\nu=0$），将会以不合意的方式限制模型关于货币需求的含义。我们可以得到私人支出的利息敏感度与收入弹性和货币需求的利息弹性之间的必要关系。相反，只要我们假定 s_m 值足够得小，χ 的可以忽略不计的值就与其他这些弹性的任意值是一致的。

[52] 参见第 4 章中关于这个参数校准的进一步讨论。

[53] 我把这理解为自然利息率每年一个百分点的跳跃，$\bar{r}_t$ 表示跳跃了 Δ，其中 Δ 是

以年为单位的时期长度。

[54] 使用这个测度而不使用 ρ_r 本身，是为了允许具有不同的时期长度的模型的可比性。在第一个图中，$\Delta=0.25$ 年。

[55] 我的结论与贝哈鲍比等人（2001a）的连续时间分析一致，他们发现导致均衡确定性的 ϕ_π 值的范围取决于 u_{cm} 的符号，注意这个结论与命题 2.13 并不矛盾。命题 2.13 认为，即使在 $\rho=0$ 的规则情形下，对（3.16）式所有大于负的下界的 χ 值而言，当 $\phi_\pi>1$ 时，我们仍然有均衡的确定性。但是，在命题 2.14 中所考虑的时期长度逐渐变短的经济序列中，η_i 值随着 Δ^{-1} 的增大而增大。因此，对于命题 2.14 中 $\bar{\chi}<0$ 的任何经济序列而言，对所有足够小的 Δ 值来讲，我们的结论都违反了（3.16）式，并且命题 2.13 不再适用。

[56] 在连续时间极限情形下，我可以证明形如（1.30）式的威克塞尔政策规则同样会有良好的表现。

[57] 这里沿用了贝哈鲍比等人（2001b）的术语。进一步讨论参见伍德福德（2001b）和本书 4.4 节。

[58] 实际上，$iL(\bar{y},i;0)$ 有界就足够了。因此，甚至在卢卡斯（2000）所青睐的双对数（log-log）货币需求函数情形中（其中合意实际余额随着 $i^{-1/2}$ 递减），所有的利率序列都满足条件（4.4）式。

[59] 这种可能性的分析可以沿着伍德福德（1994b）的货币增长规则下的多重均衡分析的逻辑进行。

[60] 同上，参见伍德福德（1994b）的相关分析。

[61] 正如在附录 A 中的 A.16 节和 A.17 节所讨论的，对现金优先模型而言，推出 λ 是关于 i 的增函数是常见的，正如西德罗斯基-布洛克模型 $u_{cm}<0$ 的情形一样。虽然如此，在名义利率适度水平的情况下，这种效应在数量上很大就可能不那么令人信服。

[62] 这类结论的相关例子，参见 Grandmont（1985），Grandmont and Laroque（1986），Marcet and Sargent（1989），以及 Lettau and Van Zandt（2000）。卢卡斯（1986）使用了这类结论来说明不应该预期自我实现的通货膨胀在货币目标机制下发生。最小二乘法学习动态的讨论还可以参见 4.2.3 节的黏性价格模型，那里我们发现在和局部确定均衡同样的情形中学习动态下的理性预期均衡是稳定的，这意味着在后向理性预期递归中均衡也是稳定的。

[63] 参见 Grandmont and Laroque（1986）和 Lettau and Vandt（2000）。

[64] 例如，参见 Brock（1975），Obstfeld and Rogoff（1986），以及 Woodford（1994b）。

[65] 有关细节参见 Woodford（1994b）。

[66] 对该假设的一个理解是，除了当零利率界限阻止名义利率进一步下降外，该规则遵守泰勒原理。

[67] 这就是，在相关的模型背景下，施密特-葛罗布和乌利贝（2000）的泰勒规则下自我实现的通货紧缩是如何被排除的，附录 A 的 A.17 节进行了进一步的讨论。

[68] 第 5 章进一步讨论了非李嘉图机制下财政政策对总需求的影响。

[69] 进一步的讨论，参见 Benhabib et al.（2002）。

[70] 参见伍德福德（1994b）的一个极其相关的模型对此的阐述。

[71] 但是，对正的基础货币数量的承诺和确保政府负债的现值在将来必然为零的财政承诺——也就是，被归类为“债务”的政府负债最终将被偿付——而不是对贝哈鲍比等人（2001b）的研究中的李嘉图政策的承诺（其确保包含基础货币的政府负债现值在遥

远的将来必然为零）是相关的。进一步的讨论参见 Eggertsson and Woodford (2003)。

[72] 在第4章介绍的黏性价格模型下价格水平最终路径的最优承诺的刻画，参见 Eggersson and Woodford (2003)，它允许一个基于效用的适当稳定性目标的分析。

[73] 附录A中的A.16节所讨论的交易技术的现金/信用产品模型给 $\lambda(i)$ 关于 i 是递增的提供了一个不同的和尤为自然的理由。在这些模型中，$\lambda(i)$ 相当于额外现金产品购买的边际效用，并且可以相信更高的利率（因此，实际货币余额更低）必定对应着更低的现金产品购买和这种额外购买的更高的边际效用。虽然当利率围绕着较低值波动时，对收入的边际效用的这种影响可能不会太大，但是在超级通货膨胀的环境下（对这里的观点来讲，这是非常重要的），这种影响可能变得非常大。

[74] 利用这种方法，在施密特-葛罗布和乌利贝（2000）的分析中，在泰勒规则下，这种自我实现的通货膨胀被排除掉了。关于他们的例子的函数形式请参见附录A的A.17节。

第 3 章　具有名义刚性的最优化模型

我现在转向模型的分析，这些模型中的货币政策不但影响商品和服务的货币价格水平，而且影响实际经济活动水平。我们需要超越禀赋经济的分析，就像第 2 章一样，同时应考虑内生的供给决策。正如大家所知，即使考虑内生供给，在完全伸缩性工资和价格条件下（并且所有的决策者的信息是对称的），货币政策对均衡资源配置的影响是很小的。因此，我对分析的框架进行了扩展，从而可以考虑改变总条件的价格和/或工资调整的延迟，这样就可以考虑货币政策不可忽视的实际影响了。

针对更为贴近现实的中央银行利率政策的讨论而言，对分析框架进行的这种扩展也是非常重要的。在第 2 章的基本模型中，均衡实际回报率是完全独立于货币政策的，这意味着中央银行除了可以在一定程度上改变通货膨胀预期外，并不能影响名义利率。在更早的分析中，我假设中央银行是可以改变通货膨胀预期的，只要预期的变化没有违背私人部门的理性预期假设，但是该分析需要假设中央银行能够精确地控制现实中银行基本不能直接控制的变量，而引入价格黏性之后就使得中央银行可以设定短期名义利率的假定不至于那么荒谬。如果当中央银行试图调整名义利率时，私人部门的通货膨胀预期并没有改变，那么它将不能阻止中央银行实现其操作目标。这仅仅意味着私人部门觉察到实际利率已经改变了，因此影响了合意支出，进而影响现有生产能力的利用水平（在第 4 章的名义刚性模型中，我将重新考察在利率规则下通货膨胀是如何决定的）。

我首先将精力集中于黏性价格模型上，尽管我也会讨论工资黏性的相关后果。此处我参考了过去 20 多年的主要文献，但是具体的选择却需要简要的说明。

我之所以强调价格黏性，原因是——至少是出于教学目的——如果我们要考虑通货膨胀是如何决定的相关性质的基本问题，只有黏性价格的模型可以为我们提供一个更加简单的分析框架。一方面，如果我需要讨论通货膨胀的决定问题（在当前所讨论的政策背景下，这几乎总是意味着产品价格的上升而不是工资的上升），我必须对产品市场建模。而且，如果需要考虑其他的一些重要问题，诸如利率和支出决策之间的关系，我还不得不用预期价格通货膨胀率来调整名义利率。另一方面，明确地考虑工资的决定并不是那么有必要。即使一点也不考虑劳动市场，在模型中考虑内生供给的决定也是可能的，就像我们所熟悉的“自耕农”模型一样。因此此处提出的最简单模型就是上述形式，或者与刻画了劳动市场（完全无摩擦）的模型在意义上也是相差无几的。

也有人认为，我们有更充分的理由相信对资源的配置来讲价格黏性是非常重要的。对 20 世纪 70 年代流行的名义刚性模型的一个著名评论是：仅仅个别名义工资本身不经常的变化是不能够证明具有配置后果的名义刚性是存在的（Barro，1997；Hall，1980）。因为就业是一个正在进行中的劳资关系而不是现货市场交易（spot-market transaction），所以在某一时点厂商增加劳动投入的有效成本并不一定等于这个时点支付给每单位劳动的工资。并且在有效的隐性合同中，工资可能比劳动投入的有效成本更为平滑，原因是工人偏好于更加平滑的收入流。同时，如果在消费品的供给者和消费者之间没有类似的这种正在进行的关系的话，那么所观察到消费品的价格刚性就不会有配置后果，这似乎并不是那么让人信服的（Rotemberg，1987）。但是，也没有令人信服的证据证明：名义工资的黏性不会导致劳动投入的有效名义成本的黏性。此外，后面将要给出的证据——表明美国单位劳动成本的演化可以解释通货膨胀的演化——还会说明如果供给成本模型将报告的工资处理为额外的劳动小时的真实边际成本，那么该模型并不是不准确。因此，实证上更加贴近现实的模型应该既包括工资黏性也包括价格黏性。在 3.4 节我将讨论这类模型。

我特别注意黏性价格和/或黏性工资模型的推导，在这种模型中，当价格和工资被调整时它们仍然能被最优地设定。基于如下几个原因，考虑最优价格定价和工资的设定显得非常重要。第一个原因，我们可以特别强调工资和价格动态预期的重要性。正如我们在第 4 章将要看到的，前瞻性的私人部门的行为对货币政策执行有着重要的影响。而仅仅假设一个机械的工资和价格调整方程（也许来源于计量经济学研究），并且为了分析最优货币政策而把这些方程视为结构性的，这可能是一个非常严重的错误，卢卡斯（1976）有力地论证了这个问题。

第二个原因是我对不同货币政策的福利评价感兴趣。这种评价的一个特别吸引人的问题是：私人部门目标所强调的是分析不同政策影响所假定的行为，以及如何比较不同的可能的均衡。但是从某种程度上来讲，这仅仅对由最优化原理得到的当前的货币传导机制的结构方程而言才是可能的。在第 6 章中我们将会看到，对价格和工资黏性特性的不同的假定可以得到货币政策的不同的稳定目标都是适当的。

我虽然完全将注意力集中在所假定的价格和/或工资调整的延迟的影响上，然而此处我却没有试图对产生这些延迟的原因做出任何根本性的解释说明。我所假设的频率（厂商利用频率来调整产品的价格，或者用来调整价格决策和该价格生效之间的时间差）用来作为环境的结构特征，在该环境中，当厂商出售它们的产品时，和生产函数具有相同的地位。而依赖于模型所要解决的问题究竟有多合理？“内生增长”文献强调：当思考经济的长期增长前景的决定性要素时，忽视生产函数的内生性可能是错误的，原因是经济条件的改变可以改变私人部门将资源投入研究和开发、引入新产品等活动的积极性。但是，为了对不同的货币政策规则进行比较，假定一个给定的生产函数可能不是一个坏的近似。不同货币政策的实际影响是相对短暂的，并且在这个短的时间水平之上，可能已经发生了的创新积极性的暂时性变动对生产潜力的影响不会太大。

同样地，如果需要分析高通货膨胀政策的影响，我们肯定不会将价格调整频率、工资合同指数化程度、甚至用来报价的货币作为给定的。众所周知，倘若经济遇到了持续性的高通货膨胀，在实践中它们都会被调整（基于容易理解的原因）。但是在本研究中我所感兴趣的是：从一组通货膨胀不是很大的货币政策中鉴别出较好的货币政策。事实上，我大量地运用了近似方法，而这些近似方法仅对那类较好的货币政策分析才是正确的（根据我的分析，在这点上也许无需赘述，最优政策的通货膨胀都是较低的而且是稳定的）。基于这个目的，把价格和工资调整的延迟处理为结构性的可能不是一个坏的近似。为了应对所感知到的市场条件的变化，工资和价格增长率的大小每年都在变化，经验证据表明，重新考虑价格和工资的时间，或所宣布的数量单位，并不是那么的频繁，并且它们只对经济环境中的较大的变化产生反应。

最后，我得坦率地承认：这里所给出的简单模型只能被视为对现实经济的货币传导机制的粗糙近似。一个现实的数量模型必须包括大量的复杂的情况，但是为了阐明基本概念，此处我把它们都抽象掉了。人们想要通过一系列改进来获得一个最终的真正精确的模型，并且还可能希望这些改进中加入了对价格和工资调整时间的内生化。但是，当把它们按照对货币政策分析的可能重要性排列时，内生化应该在这一系列改进中占多大分量我们还不清楚。

我们也不清楚，除了使问题变得更加复杂外，任何一个现存的具有内生的价格变化时机的模型是否比这里要呈现的模型更加贴近现实。有些人觉得“状态依存定价”模型，例如卡普林和李若瑟（Caplin and Leahy，1991）或多塞（Dotsey et al.，1999）的模型，比这里所给出的假定一个给定的价格和工资变动时机的模型有更好的微观基础，其实这个优势并不是那么明显。这些模型假定：如果厂商计划改变它们的价格，并从变化中获得期望收益，那么它们会不断地重新估计它们将要采用的新价格，然后将收益与当前的价格变动的“菜单”成本进行权衡，进而决定是否实际上需要改变价格。然而，事实上，不经常改变价格的主要收益不是来自于较低的菜单成本，而是降低了信息收集和决策的相关成本（Zbaracki et al.，1999）。得到这种收益必然意味着重新考虑价格的时机在很大程度上与当前市场条件是无关的，例如，在一年中厂商将在特定时期重新考虑定价政策。

在3.1节中，我将从一个垄断竞争的基本模型开始讨论，其中某些产品的价格必须是提前确定的。为了引入更多基本概念，这个非常简单的价格黏性的例子将是非常有用的，它也给出了大家所熟悉的总供给的具体形式——即新古典菲利普斯曲线，它被用于许多著名的最优货币政策分析中，例如 Kydland and Prescott（1977）以及 Barro and Gordon（1983）——提供了最优化基础。通过使用这种具体形式，产生了很多具有普遍重要性的见解，但是作为实际和名义变量协同运动的一个贴近现实的说明，这个关系是非常不够的。例如，它不允许货币政策对实际经济活动有任何持续的影响或者任何预期政策的影响。这些强有力的结论并不是最优定价的具有普遍性的结果，在 3.2 节中，我将通过卡尔沃（Calvo，1983）的交错定价模型的分析阐述这个问题。虽然这个模型仍然非常简单，但是卡尔沃模型可以得到有时被称之为“新凯恩斯菲利普斯曲线”总供给关系，并且已经被证明可以用来解释美国和其他国家的通货膨胀动态的一些总特征。3.3 节将讨论更复杂的总供给关系的设定方式，这些设定方式更加符合经验现实，该节将引入货币政策变化对通货膨胀的影响的延迟。最后，3.4 节将讨论名义工资和价格都是黏性的模型。

3.1 基本的黏性价格模型

我将首先给出一个非常基础的模型结构，在这个模型中，由于一些产品价格是提前确定的，所以货币政策具有实际效应。在这个简单的背景下，很容易分析许多问题，它们与后面小节中拓展的更为现实的模型密切相关。

3.1.1 定价和内生产出

为了可以对定价建模，我们必须首先在某些方面扩展第 2 章所引入的代表性家庭的模型，这些扩展不同于价格是否被假定为黏性的问题。特别地，我们必须考虑到内生产品供给，而不是简单地假定一个给定的产品禀赋。这就需要引入一种生产技术以及至少引入一种可变生产要素（在这个基本模型中它就是劳动）。我所关注的是如何理解供给产品的成本的决定要素，这是因为供给成本是最优定价的主要决定要素。在模型中，我还引入了差别化的产品和产品供给者之间的垄断竞争，正如罗特伯格（1982）、曼昆（1985）、斯文森（1986）、布兰查德和清泷信宏（Blanchard and Kiyotaki，1987）最初提出的新凯恩斯主义文献中所处理的那样，而不是假设仅有一种产品的竞争性供给。这个技巧的运用现在已经很寻常了，它给予单个供给者一定的市场力量和决定它们的产品价格的决策权。这意味着：一个没能及时调整其价格来应对需求条件变化的供给者不会遭受销售的无限大的（百分比）变化，因此价格不应当持续不断地调整就变得更加可信了。[1]

那么我现在假定代表性的家庭最大化为如下形式的效用贴现之和：

$$E_0\left\{\sum_{t=0}^{\infty}\beta^t\left[u(C_t,M_t/P_t;\xi_t)-\int_0^1 v(h_t(i);\xi_t)\mathrm{d}i\right]\right\} \tag{1.1}$$

其中，C_t 是家庭消费所供给各种产品的指数，P_t是这些产品的相应的价格指数，而 $h_t(i)$ 是类型 i 的劳动的供给量。我假定差别化的产品（指标 i 取值于单位区间）在生产中使用一种特定的劳动投入（在本章，这将是仅有的投入变量），i 型的劳动可用于生产不同的产品 i。

对分析垄断竞争产品的供给而言，引入不同的劳动投入其实是没有必要的，但是我们将会看到，这样做是很方便的。原因是，在这种情形下，我能够得到具有相当于经常所使用的自耕农模型的要素市场的模型，该模型假定家庭直接供给产品。另一个更加重要的原因是，我们发现，当假定供给者不从同质的（竞争的）劳动市场雇佣劳动时，在不同供给者的定价决策间的战略互补性会更大。因为我把在不同劳动投入情形下所得到的结论视为更加贴近现实的结论，所以我选择了这种方式来设定基本模型。（3.1.4 节将讨论单一同质劳动市场情形。）

（1.1）式中 $v(h_t(i);\xi_t)$ 项代表类型 i 供给劳动的负效用。我假定对每个可能的 ξ，$v(\cdot;\xi)$都是一个递增的凸函数，[2] 并且用（1.1）式表示代表性的家庭同时供给所有类型的劳动。然而，我也可以假定每个家庭只供给某一种类型的劳动，但是这样的话每个家庭将供给相同数量的每种类型的劳动。在这种情形下，供给类型 i 的劳动的家庭试图最大化，即：

$$E_0\left\{\sum_{t=0}^{\infty}\beta^t\left[u(C_t,M_t/P_t;\xi_t)-v(h_t(i);\xi_t)\right]\right\}$$

当不是在同一时间设定所有的产品价格时，家庭的工资收入将会有所不同，这依赖于它们所提供的劳动类型。但是我们可以假设存在一个竞争性的金融市场，这样就可以有效地分担这些风险。

在上述情形下，如果所有的家庭都以某一初始金融资产开始，这些资产给它们提供了相同的初始跨期预算约束，[3] 由于家庭对消费流（和货币余额）的估价是无差异的，并面对相同的价格，所有家庭将在所有状态选择相同的消费和实际余额（注意，虽然我在（1.1）式中考虑了偏好冲击 ξ_t，而我假定对所有家庭而言它们是一样的——此处我只考虑总冲击）。同时，所有家庭也会选择能够确保它们在随后各期继续拥有相同的跨期预算约束的金融资产的投资组合。[4] 在每一种状态下的共同跨期预算约束就是家庭供给所有类型的劳动，并且集中所有的工资收入。

因为每个家庭选择同样的状态依存消费计划，每种类型劳动的最优供给的一阶条件与当单个家庭供给所有类型的劳动来最大化（1.1）式时所得到的一阶条件是一样的。因此，决定均衡价格和数量的条件在这两个模型中是一样的。此外，如果在特殊劳动模型中福利准则是所有家庭的平均效用水平，那么给定均衡的社会福利水平就是由（1.1）式的值来度量的，这与我所假定的模型得到的结论是没有区别的。每个家庭直接供给所有类型的劳动，并按比例分享整个经济的总工资账单，这个假定使得分析说明更加简单，因为它允许我们不需要明确讨论刚才所提及的风险分担的安排问题。

遵循迪克西特和斯蒂格利茨（Dixit and Stiglitz，1997）的规则，我假定指数 C_t 是一个常系数替代弹性总量，即：

$$C_t \equiv \left[\int_0^1 c_t(i)^{(\theta-1)/\theta} \mathrm{d}i\right]^{\theta/\theta-1} \tag{1.2}$$

其中 $\theta>1$，并且 P_t 是相应的价格指数：

$$P_t \equiv \left[\int_0^1 p_t(i)^{1-\theta} \mathrm{d}i\right]^{1/1-\theta} \tag{1.3}$$

注意，给定单个产品价格 $\{p_t(i)\}$ 的情况下，(1.3) 式定义了 (1.2) 式所定义的一组总消费品的最小成本。由于家庭只关心货币所能够购买的总消费品的数量，所以折算指数 P_t 是名义货币余额 M_t 的购买力的合适度量。

除了用 $\int_0^1 p_t(i)c_t(i)\mathrm{d}i$ 取代名义消费支出项 $p_t c_t$，以及

$$\int_0^1 w_t(i)h_t(i)\mathrm{d}i + \int_0^1 \Pi_t(i)\mathrm{d}i \tag{1.4}$$

取代销售的收入项 $p_t y_t$ 之外，家庭的预算约束与第 2 章一样。其中，(1.4) 式中 $w_t(i)$ 表示第 t 期类型 i 的劳动的名义工资，$\Pi_t(i)$ 表示销售产品 i 的名义利润。在第二个表达式中，我假定每个家庭所持有生产不同种类产品的所有厂商的股份是相同的，并假定金融市场是完全的，做出这样的假定与分散的所有权假设是不相关的。在不改变理性预期均衡的任何条件的情况下，我也能引入厂商股票的买卖，只是需要确定均衡的股票价格。因为，分析框架的上述扩展对产品价格和供给数量的均衡演化没有影响，所以我将忽略对它们的进一步讨论。

同第 2 章一样，每个家庭面对一个单一的跨期预算约束。最优的（价格接受的）家庭行为由如下三组条件共同来刻画。首先，在每一时点上家庭的消费支出——将其作为给定的总支出水平——必须最优地配置到不同产品上。那么在给定总支出水平的条件下，不同产品的相对支出必须最大化指数 (1.2) 式。正如 Dixit-Stigliz 模型的其他一些应用，要求对产品 i 的购买满足

$$c_t(i) = C_t\left(\frac{p_t(i)}{P_t}\right)^{-\theta} \tag{1.5}$$

由这个分配支出的规则可以很容易得到总支出为 $P_t C_t$。利用这个替代关系，我就能根据 P_t 和 C_t 得到家庭效用和它的预算约束，而不用去考虑购买某一产品的数量和价格。

其次，给定在每期消费支出的最优配置（刚才描述过）和劳动供给的数量（下面将考虑），家庭必须在每期选择总消费支出的最优水平，每期持有的货币余额的最优水平，用于积累的金融财富的最优数量，以及在可获得的不同类型的状态依存债券之间的最优投资组合配置。在这方面，最优化的充分必要条件同第 2 章条件——即第 2 章的条件 (1.2) 式、(1.12) 式、(1.13) 式、(1.15) 式和 (1.16) 式必须在任何时候都得到满足，只是这里的 P_t 指的是价格指数 (1.3) 式；c_t 由 (1.2) 式定义的 C_t 取代；以及 y_t 被 Y_t 取代，Y_t 是定义的不同产品的供给数量的总和。[5] 这是因为，基于其他消费总量的偏好和根据可负担的消费总量的路径所得到的预算约束与第 2 章的完全一样。[6]

最后，给定家庭所面对的工资水平和额外收入的工资价值（由上面描述过的

消费配置问题决定)，家庭必须选择每种劳动的最优供给数量。在 t 期，类型 i 的劳动的最优供给的一阶条件为：

$$\frac{v_h(h_t(i);\xi_t)}{u_c(C_t,m_t;\xi_t)}=\frac{w_t(i)}{P_t} \tag{1.6}$$

上述三组条件和先前所列出的一起组成了家庭最优化的完整的充分必要条件。

下面我转向生产可能性的讨论。我假定每种产品 i 都有一个生产函数：

$$y_t(i)=A_t f(h_t(i)) \tag{1.7}$$

其中，$A_t>0$ 表示一个时变外生技术要素，f 是一个递增的凹函数。这里的劳动是唯一的生产要素（一种特殊类型的劳动用于生产一种产品）。我们可以把资本看作是以固定数量分配到每个厂商的，资本品既不会贬值，也不被制造，并且不在厂商之间进行再分配（因为对使用它们的厂商来讲，资本品是专有的）。在这种情形下，就不应该再在生产函数中附加其他的自变量（第 4 章将给出考虑内生资本积累的模型的扩展）。

我们可以得出供给数量为 $y_i(i)$ 的产品 i 的可变成本为：

$$w_t(i)f^{-1}(y_i(i)/A_t)$$

对其求导，我们可以发现供给产品 i 的（名义）边际成本为

$$S_t(i)=\frac{w_t(i)}{A_t}\Psi(y_t(i)/A_t) \tag{1.8}$$

其中

$$\Psi(y)\equiv\frac{1}{f'(f^{-1}(y))} \tag{1.9}$$

是一个递增的正函数。

此处，我假定生产者是工资接受者，尽管我已经假设不同产品的生产者使用拥有自己市场的不同类型的劳动。但是不同的劳动投入的假设，并不意味着每个生产者在其劳动市场上是一个垄断者。对后面的结论唯一重要的假设是，在不同时间改变价格的生产者是从不同的市场雇佣劳动投入的。例如，我可以假定差别化产品是双连续统的（double continuum），指标记为（I，j），和先前一样，任何两种产品之间都有一个替代弹性 θ。然后，我们可以假定具有相同指数 I 的所有产品（同一行业的产品）同时改变它们的价格（所以要价经常是相同的），并且所有的这些产品用同样类型的劳动（类型 I 的劳动）生产。[7] 每个生产者在各自的产品市场的市场力量大小如同此处所假设的那样，但是连续统的所有生产者都使用类型 I 劳动的事实将会减少他们在劳动市场中的市场力量。在这个模型中，每个厂商 $i=(I,j)$的边际成本将等于 $w_t(I)f^{-1}(y_t(i)/A_t)$，并且行业工资将满足（1.6）式，其中 $h_t(I)\equiv\int_j h_t(I,j)dj$，即行业 I 的劳动总需求，代替 $h_t(i)$。然而，在均衡中，给定行业的厂商每期将生产相同数量的产品，因此，对每个 $i=(I,j)$都有 $h_t(i)=h_t(I)$，并且这里所给出的工资和边际成本的表达式是正确的。

用劳动供给函数（1.6）式替代（1.8）式的工资，我们得到实际边际供给成本和供给量之间的关系：

$$s_t(i) \equiv S_t(i)/P_t = s(y_t(i), Y_t; \tilde{\xi}_t)$$

其中，实际边际成本函数的定义式是：

$$s(y, Y; \tilde{\xi}) = \frac{v_h(f^{-1}(y/A); \xi)}{u_c(Y; \xi)A} \Psi(y/A) \tag{1.10}$$

在（1.10）式中，$\tilde{\xi}$ 表示外生扰动的完整向量，其中偏好冲击 ξ_t 已经附加了技术要素 A_t。我们已经将部门劳动需求作为一个部门产出函数替换进了劳动供给函数，并且我们还利用了这样的事实：在均衡中，总消费指数 C_t 必须在任何时候与产出指数 Y_t 相等。[8]

注意，我没有将实际余额作为分母中 u_c 的自变量（所以也就不是实际边际成本函数的自变量）。沿着第 2 章讨论过的几个基础情形中的任何一个，抽象掉实际余额效应都是合理的。假设本章所考虑的经济是无现金经济，这是最为简单的情况，货币政策采用 2.1 节所使用方法来实施。[9]同第 2 章一样，此处我把无现金经济模型作为基本模型，而实际余额效应的结果将在 4.3.2 节考虑。

上述生产成本模型也可以从自耕农模型中得到，在该模型中，家庭直接供给产品，并最大化

$$E_0\left\{\sum_{t=0}^{\infty} \beta^t \left[u(C_t, M_t/P_t; \xi_t) - \int_0^1 \tilde{v}(y_t(i); \tilde{\xi}) \mathrm{d}i\right]\right\} \tag{1.11}$$

如果我把产品 i 的供给者的边际负效用转变成与消费总和相同的数量单位，我将得到产品 i 的实际边际成本，即

$$\frac{\tilde{v}_y(y_t(i); \tilde{\xi}_t)}{u_c(Y_t; \xi_t)}$$

实际上，如果产出供给的负效用由如下式子给出：

$$\tilde{v}(y; \tilde{\xi}) \equiv v(f^{-1}(y/A); \xi)$$

那么实际边际成本就与（1.10）式是完全相同的。实际边际成本的概念在模型中扮演了与自耕农模型中的最优定价相同的角色，在购买投入的厂商供给的情况下，更常规的概念也是如此，并且这里得到的结论与从自耕农模型中得到的结论是完全相同的。正如前面所提到的，这就是我之所以对这里所假定的具有不同劳动投入的模型感兴趣的原因。然而，如果明确地对劳动市场建模，我们可以得到模型的额外的相关推论，这是这种处理方式的一大优势，也使得随后的黏性工资和黏性价格模型的扩展变得更加简单。

有了边际供给成本理论，我现在转向最优定价问题。首先考察完全伸缩性价格的情形，即我假定每种产品的供给者在每一期都为自己的产品选择一个价格，而不受产品过去价格的任何约束，并且供给者具有关于当前需求和成本条件的完全信息。就同在通常的垄断竞争模型中一样，假定根据需求函数

$$y_t(i)=Y_t\left(\frac{p_t(i)}{P_t}\right)^{-\theta} \tag{1.12}$$

每个供给者都知道其销售额取决于他对产品的要价（这里所假定的需求曲线的形式来源于（1.5）式。当所有购买都用于私人消费时，总需求指数 Y_t 就对应于代表性家庭所选择的 C_t）。因为产品 i 只占家庭预算的极小一部分，所以一个单一产品的供给者不相信他的定价决策能够影响总需求指数 Y_t 或价格指数 P_t 的演化，那么在选择价格 $p(i)$ 时供给者就把这两个指数作为给定的。最优化要求产品 i 的供给者将价格设定为 $p_t(i)=\mu S_t(i)$，其中 $\mu\equiv\theta/(\theta-1)>1$ 是销售者期望的价格加成，由勒纳（Lerner）公式决定。

因此我们可以得到每个供给者提出一个相对价格，它要满足

$$\frac{p_t(i)}{P_t}=\mu s(y_t(i),Y_t;\tilde{\xi}) \tag{1.13}$$

由（1.12）式可知，产品 i 的相对价格必须满足

$$\left(\frac{y_t(i)}{Y_t}\right)^{-1/\theta}=\mu s(y_t(i),Y_t;\tilde{\xi}_t)$$

因为实际边际成本函数 s 关于第一个自变量是递增的，所以给定 Y_t，这个方程一定存在 $y_t(i)$ 的唯一解。因此在均衡中，每种产品的供给数量将是相同的，并且必须等于 Y_t。均衡产出由 $Y_t=Y^n(\tilde{\xi}_t)$ 给出，其中后者是方程

$$s(Y_t^n,Y_t^n;\tilde{\xi}_t)=\mu^{-1} \tag{1.14}$$

的解。因为 s 关于第二个自变量也是递增的，所以对所设定的外生冲击 $\tilde{\xi}$ 而言，上述方程有唯一的解。

于是，我们发现在完全伸缩性价格情形下，均衡产出完全独立于货币政策。给定这个作为外生冲击的函数的总产出的解，价格水平决定模型就恰恰变成了第2章所分析的模型（其中，简单地假设产品供给是外生的）。因此，不管是引入了产品的内生供给，还是假设垄断竞争，对货币政策效应都是没有任何影响的，但是现在，它们却使得考虑其他的定价行为假设成为了可能，并且我们将会看到在黏性价格情形中相关结论是不一样的。

方程（1.14）的解——弗里德曼（1968）称其为自然产出率——即使在黏性价格情形中也是一个有用的构造（虽然此解不再需要在任何时候都等于均衡产出水平）。[10]这是因为对实际边际成本函数（1.10）式的对数线性近似由如下形式给出：

$$\hat{s}_t(i)=\omega\hat{y}_t(i)+\sigma^{-1}\hat{Y}_t-(\omega+\sigma^{-1})\hat{Y}_t^n \tag{1.15}$$

其中，$\omega>0$ 表示实际边际成本函数 s 对它的第一个自变量的弹性，同第2章一样，$\sigma>0$ 是消费支出的跨期替代弹性。当价格是伸缩性的，并且任何时候 $\tilde{\xi}=0$ 时，我可以在稳定均衡附近进行对数线性化。[11] $\bar{Y}$ 表示该稳态下的常数产出水平，同第2章那样定义 $\hat{Y}_t$，并相应地定义 $\hat{y}_t(i)\equiv\log(y_t(i)/\bar{Y})$，$\hat{Y}_t^n\equiv\log(Y_t^n/\bar{Y})$，以及 $\hat{s}_t(i)\equiv\log(\mu s_t(i))$。那么无论价格是否经常出现调整，自然产出率为扰动改

变实际边际成本函数的方式提供了一个有用的概括。

基于后一个目的，在（1.15）式中，弹性 ω 可以分解为：

$$\omega=\omega_w+\omega_p \tag{1.16}$$

注意到这一点是有用的。其中，$\omega_w>0$ 表示工作的边际负效用关于产出增加的弹性，$\omega_p>0$ 是由（1.9）式所定义的函数 Ψ 的弹性。因此，当保持固定的收入的边际效用时，ω_w 表示实际工资需求关于产出水平的弹性，而 ω_p 表示劳动的边际产出关于产出水平的弹性的负值。[12]

值得注意的是，与先前所做的刻画相比，刚才所得到的中性结果和自然产出率概念的有用性可以适用于更大范围的成本和需求结构设定。在任何一个模型内（更多的例子将在 3.1.4 节中讨论），t 期产品 i 的供给者的名义利润由如下形式的函数给出：

$$\Pi_t(i)=\Pi(p_t(i),p_t^I,P_t;Y_t,\tilde{\xi}_t) \tag{1.17}$$

其中，$p_t(i)$ 是产品 i 的价格，p_t^I 表示行业 I 的价格指数（产品 i 属于这个行业），P_t 表示整个经济的价格指数。假定行业是供给者的集合，这些供给者通常同时改变他们的产品价格（只有在引入价格黏性时这才重要），并且从一般要素市场雇佣投入品（参见前面的注释［7］）。例如，在前面的基本模型中，利润函数由如下形式给出：

$$\begin{aligned}\Pi(p,p^I,P;Y,\tilde{\xi})\equiv & pY(p/P)^{-\theta}\\ & -\frac{v_h(f^{-1}(Y(p^I/p)^{-\theta}/A);\xi)}{u_c(Y-G;\xi)}Pf^{-1}(Y(Yp/P)^{-\theta}/A)\end{aligned} \tag{1.18}$$

其中，我们假定供给者所面对的工资取决于他所在行业的总劳动需求。[13]但是，我们可以从几个方面修改上述设定，并且仍然可以得到一般形式的利润函数（1.17）式。

下面我将对利润函数做出如下一般性假设。

假设 3.1 利润函数 Π 关于它的前三个自变量 p、p^I 和 p 是一次齐次的，并且是自变量 p 的单峰函数，对其他自变量的任何值，它在某一正价格处有一个极大值。

很容易看出，假设 3.1 的要素在前面例子中已经得到了满足。单峰源于收入是产品 i 的销售数量的凹（递增）函数，而劳动需求 $f^{-1}(y_t(i)/A_t)$也是产品 i 的销售数量的凸（递增）函数。因此，利润是生产函数 $y_t(i)$ 的一个凹函数；因为随着销售数量接近零，边际收入变得无穷大，当销售数量足够大时，边际收入接近零，那么利润函数必定有一个内部最大值。然后，因为产品 i 的销售数量是价格 $p_t(i)$ 的一个单调递增函数，因此可以得到关于 $p_t(i)$ 的利润函数也是单峰的。

在上述一般描述中，产品 i 的供给者的最优定价的一阶条件是：

$$\Pi_1(p_t(i), p_t^I, P_t; Y_t, \tilde{\xi}_t) = 0 \tag{1.19}$$

并且在假设 3.1 下，这个方程必定有一个对应于内点利润最大值的唯一解。在伸缩性价格均衡中，所有供给者所选择的共同价格必须满足：

$$\Pi_1(P_t, P_t, P_t; Y_t, \tilde{\xi}_t) = 0 \tag{1.20}$$

但是在假设 3.1 下，函数 Π 的齐次性表明 Π_1 必须是关于它的前三个自变量是零次齐次函数。因此（1.20）式的等号左边独立于 P_t 值，并且这个均衡条件可以解出 Y_t，它独立于货币政策。那么我就得到了前面结论的如下一般情形。

命题 3.1 令单一产品的供给者的利润函数采用（1.17）式的形式，并满足假设 3.1，同时假设所有的价格是伸缩性的。那么每种产品的均衡产出水平是独立于货币政策的，并由 $y_t(i) = Y_t^n$ 给出，其中自然产出率由方程

$$\Pi_1(1, 1, 1; Y_t^n, \tilde{\xi}_t) = 0 \tag{1.21}$$

隐含定义。

当然，此处货币政策与实际经济活动的决定完全无关的结论是非常特殊的。例如，如果允许实际余额效应，我们发现甚至在伸缩性价格下的货币政策也可以影响均衡产出，这归因于预期通货膨胀对均衡实际余额的影响。此外，如果允许内生资本积累，我们可以发现自然产出率取决于资本存量，并且就实际余额效应能够影响均衡资本积累而言，通过这个渠道，在伸缩性价格情形下，它们也会对均衡产出产生更深的影响。然而，正如寇迪和汉森（Cooley and Hansen，1989）等人研究说明的，这些效应在定量上不大可能非常大。因此，从当前的简单模型所得出的结论在本质上仍然是正确的。

3.1.2 提前固定价格的后果

现在我将前面所得到的结论与简单的价格黏性模型中得到的相应结论做一个比较。假定所有价格 $p_t(i)$ 必须提前固定，即当选定价格 $p_t(i)$ 时，在 $t-1$ 期或更早时期实现的外生扰动（包括可能的货币政策的随机变化）是已知的，但是在 t 期将实现的扰动是未知的（价格之所以具有黏性，是因为在第 t 期被采用的价格已经在一个更早的时间被宣布，或者是因为价格制定者是基于陈旧的信息做出的决定，对我的结论来讲，这个区别并不重要）。我假设产品 i 的供给者承诺，以事前决定的价格 $p_t(i)$ 供给购买者希望购买的任何数量的产品，并因此承诺购买完成订单所需要的必需的任何数量的投入。

当价格 $p_t(i)$ 在 $t-1$ 期被选择时，厂商并不能确切地知道 t 期的销售额和利润。因此我假定产商试图最大化的是在 t 期的利润的现值，即：

$$E_{t-1}[Q_{t-1,t}\Pi(p_t(i), p_t^I, P_t; Y_t, \tilde{\xi}_t)] \tag{1.22}$$

其中，$Q_{t-1,t}$是在第 2 章引入的随机贴现因子，利润函数 Π 是在 3.1.1 节所引入的。给定随机变量 $Q_{t-1,t}, Y_t, p_t^I, P_t$ 的期望状态依存值和外生扰动$\tilde{\xi}$，产品 i 的供给者基于 $t-1$ 期可得信息选择 $p_t(i)$ 来最大化这个表达式。

这个问题的一阶条件是：

$$E_{t-1}[Q_{t-1,t}\Pi(p_t(i), p_t^I, P_t; Y_t, \tilde{\xi}_t)]=0 \tag{1.23}$$

当所有价格都由解决同样定价问题的厂商在 $t-1$ 期决定，并因此全部采用同一个值的均衡时，则有：

$$E_{t-1}[Q_{t-1,t}\Pi_1(P_t, P_t, P_t; Y_t, \tilde{\xi}_t)]=0$$

同样地，因为 Π_1 是关于它的前三个自变量是零次齐次的，所以这个条件是独立于 P_t 的取值的，因此上式可以等价地表示成：

$$E_{t-1}[Q_{t-1,t}\Pi_1(1,1,1; Y_t, \tilde{\xi}_t)]=0 \tag{1.24}$$

在与 3.1.1 节所引入的模型相联系的利润函数（1.18）式的情形下，上述条件可以采用如下形式：

$$E_{t-1}\{u_c(Y_t;\xi_t)Y_t[\mu^{-1}-s(Y_t, Y_t; \tilde{\xi}_t)]\}=0 \tag{1.25}$$

在这个模型所假定的偏好情形下，我用上述形式取代在第 2 章中得到的随机贴现因子。

在基本模型中，这里的（1.24）式或（1.25）式代表了一个约束，它必须满足基于 $t-1$ 期信息的联合分布 Y_t 和外生扰动$\tilde{\xi}_t$。注意，它不包含名义变量。这是伸缩性价格情形下的结论的一个弱形式，并且在任何时候都有 $Y_t=Y_t^n$。产出等于自然产出率相当于要求在任何时候都有 $s(Y_t,\ Y_t,\ \tilde{\xi}_t)=\mu^{-1}$；相反，（1.24）式仅仅要求它在平均意义上成立即可（其中，这个平均值不要求权数精确地等于每个状态所出现的概率）。

给定 P_t 是预先决定的约定，（1.24）式表示这个模型的总供给关系。如果我们假定货币政策用于实现名义 GDP 的一个外生目标路径（$y_t=P_tY_t$），那么我们就可以在不需要设定该模型的其他部分的情况下研究这里的总供给的含义。在黏性价格模型的文献中，假定这样的总需求设定方式是很普遍的，即通常规定名义 GDP 与货币供给是成比例的，那么货币政策就可以通过货币供给的外生目标路径来设定。就当前的目的而言，假定不变的货币周转率或盯住货币量都不是那么吸引人。但是，通过假定货币政策是根据名义 GDP 的目标路径来设定的（在必要的时候，它通过调整利率工具来实现），我也许可以考察一个等价的总需求设定方式。除了可以与所熟悉的文献做比较外，上述假设允许我考察不同的总供给设定所带来的后果，而不需要去设定货币政策影响总支出的方式。因此，总需求根据外生过程$\{y_t\}$（它贯穿本章）来设定（为了控制总支出所需要的利率调整将在第 4 章继续讨论）。

将 $Y_t=y_t/P_t$ 代入（1.25）式中，我们可以发现均衡价格水平由方程

$$E_{t-1}\{u_c(\mathcal{Y}_t/P_t;\xi_t)\mathcal{Y}_t[\mu^{-1}-s(\mathcal{Y}_t/P_t, \mathcal{Y}_t/P_t; \tilde{\xi}_t)]\}=0 \tag{1.26}$$

的解给出。这意味着 P_t是联合分布$\{y_t, \tilde{\xi}\}$（基于 $t-1$ 期的信息）函数，并且该函数关于 y_t 的预测值的分布是一次齐次的。如果给定由这个事前估计的分布所决定的 P_t的值，那么产出水平 Y_t 就由 y_t（错误的公式，暂时无法修正）的事后实现值决定。刚才所提及的齐次性特征意味着 Y_t 只取决于 y_t 的水平，而 y_t 与 $t-1$期可能的名义支出的分布有关。

如果我们利用总供给关系（1.24）式的对数线性近似，上述结果的表述可以进一步简化。我在稳态均衡（对任何时候都有 $\tilde{\xi}_t=0$ 和 $y_t/y_{t-1}=1$）附近进行对数线性近似，得到一个近似精确解的表达式，只要 $\tilde{\xi}_t$ 和 y_t/y_{t-1}始终足够接近稳态时的值，便可得到一个近似精确解的表达式。如果$\bar{Y}>0$ 仍然是表示由 $\tilde{\xi}_t=0$ 时的（1.21）式隐含定义的自然产出率，对数线性化（1.21）式意味着，对任意的 P_t 和足够接近$\bar{Y}$的任何值以及足够小的$\tilde{\xi}$而言，在一阶近似上，可以得到：

$$\Pi_1(P_t, P_t, P_t; Y_t, \tilde{\xi}_t)=\psi_y(\hat{Y}_t-\hat{Y}_t^n) \tag{1.27}$$

其中 ψ_y 是正的系数。那么由（1.24）式的对数线性化和（1.27）式可以得到：

$$E_{t-1}[\hat{Y}_t-\hat{Y}_t^n]=0$$

因此，在前面的阐述中凭直觉所刻画的结论事实上可以证明是对数线性近似的，并独立于（1.25）式中的特定的假设。使用替代关系 $Y_t=y_t/P_t$，我们可以推出均衡价格水平近似地由下式给出：

$$\log P_t=E_{t-1}\log \mathcal{Y}_t-E_{t-1}\log Y_t^n$$

由此可以得到：

$$\log Y_t=E_{t-1}\log Y_t^n+[\log \mathcal{Y}_t-E_{t-1}\log \mathcal{Y}_t]$$

那么我们将发现产出中可以提前一个时期预测的部分总是等于自然率的预测，即：

$$E_{t-1}\log Y_t=E_{t-1}\log Y_t^n$$

因此，它独立于货币政策。相反，不可预测的产出波动部分等于 GDP（或名义 GDP 增长）的不可预测的部分：

$$\log Y_t-E_{t-1}\log Y_t=\log \mathcal{Y}_t-E_{t-1}\log \mathcal{Y}_t$$

那么在这个模型中，货币政策影响实际经济活动仅限于它所引起的名义支出的未预料到的变化，并且由此导致产出的变化本身也必须完全是不可预料的。

3.1.3 新古典菲利普斯曲线

通过允许一部分价格是伸缩性的，尽管剩下的是事先确定的，我们就可以推广先前的模型。这样就使得即使在短期（正如实际上所观察到的），先前所得到的结论的稳健性的考虑可以允许一部分价格是伸缩性的。这也允许我们推导出，从 20 世纪 70 年代的新古典文献中得到所熟悉的价格运动和产出运动之间的菲利普斯关系。

现在假定产品价格的 $0<\iota<1$ 部分是完全伸缩性的——也就是说，每期基于当前需求和成本条件的完全信息来设定价格——而剩下的 $1-\iota$ 部分则是提前一期设定的，正如 3.1.2 节中那样。那么，伸缩性价格的产品的供给者每期根据 (1.19) 式设定产品价格，黏性价格产品的供给者根据 (1.23) 式提前设定其价格。假设在一个行业中的所有产品要么是伸缩性价格产品，要么是固定价格产品，那么所有的伸缩性价格产品都有一个共同的价格 p_{1t}，并且所有黏性价格产品也同样有一个相同的价格 p_{2t}，这两个价格满足：

$$\Pi_1(p_{1t},p_{1t},P_t;Y_t,\tilde{\xi}_t)=0 \tag{1.28}$$

$$E_{t-1}[Q_{t-1,t}\Pi_1(p_{2t},p_{2t},P_t;Y_t,\tilde{\xi}_t)]=0 \tag{1.29}$$

其中，P_t是这两个价格之和，并且附加规定：p_{2t}必须只能依赖于 $t-1$ 期的可用信息。

为了刻画出总名义支出变化的实际效应，同样地，计算这些定价关系的对数线性近似也很有用。注意，假设 3.1 表明对自变量的任何取值，$\Pi_1(p,p,P;Y,\tilde{\xi})$ 仅仅依赖于 p/P，Y 和$\tilde{\xi}$的取值。通过后三个自变量取 Π_1 的对数线性近似，在值 $(1,\bar{Y},0)$附近，代入 (1.27) 式，得到：

$$\Pi_1(p_t,p_t,P_t;Y_t,\tilde{\xi}_t)=\psi_p\log(p_t/P_t)+\psi_y(\hat{Y}_t-\hat{Y}_t^n)$$

其中，$\psi_p<0$ 是作为假设 3.1 的结论。上式还可以表示成：

$$\Pi_1(p_t,p_t,P_t;Y_t,\tilde{\xi}_t)=\psi_p[\log(p_t/P_t)-\zeta(\hat{Y}_t-\hat{Y}_t^n)] \tag{1.30}$$

其中，$\zeta\equiv-\psi_y/\psi_p>0$。($\zeta$ 数值的意义和它的决定要素将在下一节讨论)。

对两个定价方程 (1.28) 式和 (1.29) 式进行对数线性近似得到

$$\begin{aligned}\log p_{1t}&=\log P_t+\zeta(\hat{Y}_t-\hat{Y}_t^n)\\ \log p_{2t}&=E_{t-1}[\log P_t+\zeta(\hat{Y}_t-\hat{Y}_t^n)]\end{aligned} \tag{1.31}$$

只要 p_{it}/P_t，Y_t 和 Y_t^n 在所对数线性化的值附近的波动足够的小，这些近似就是适用的。这些关系意味着在对数线性近似意义上，

$$\log p_{2t}=E_{t-1}\log p_{1t}$$

相应的，总价格指数 (1.3) 式的对数线性近似为：

$$\log P_t=\iota\log p_{1t}+(1-\iota)\log p_{2t}$$

从而可以得到：

$$\pi_t-E_{t-1}\Pi_t=\log P_t-E_{t-1}\log P_t=\frac{\iota}{1-\iota}(\log p_{1t}-\log p_t)$$

然后利用 (1.31) 式得到如下的新古典总供给关系。

命题 3.2 让单个产品的供给者的利润函数采用 (1.17) 式的形式，并满足假设 3.1，但现在假定产品价格的 $0<\iota<1$ 部分是伸缩性的，而 $1-\iota$ 部分是提前一期

固定的。那么在任意 t 期的总通货膨胀率和总产出必须满足下列形式的总供给关系：

$$\pi_t=\kappa(\hat{Y}_t-\hat{Y}_t^n)+E_{t-1}\pi_t \tag{1.32}$$

其中：

$$\kappa\equiv\frac{\iota}{1-\iota}\zeta>0$$

注意，这个关系具有费尔普斯（1967）和弗里德曼（1968）所假定的附加预期的菲利普斯曲线的形式，其中，相关的特定通货膨胀预期具有这样的特征：过去直到现在的通货膨胀所对应的当前先决价格水平是固定的。20 世纪 70 年代的新古典文献都强调这个依赖于通货膨胀预期的总供给的特殊形式（例如，Sargent and Wallace，1975）。

上述总供给关系再次表明：

$$E_{t-1}\log Y_t=E_{t-1}\log Y_t^n$$

所以，产出中可以提前一期预测的那部分仍然是独立于货币政策的。但是，总需求中未预料到的变化仍然会引起通货膨胀变化，而不是仅仅影响产出。再次把总名义支出 y_t 的随机过程看作给定的，(1.32) 式表明总产出为：

$$\log Y_t=\log Y_t^n+(1+k)^{-1}(\log y_t-E_{t-1}\log y_t) \tag{1.33}$$

所以总价格水平为：

$$\log P_t=(E_{t-1}\log y_t-\log Y_t^n)+\frac{k}{1+k}(\log y_t-E_{t-1}\log y_t)$$

价格伸缩性的程度是如何影响名义支出波动对实际经济活动的影响的呢？显然，更多的伸缩性价格（更大的 ι）意味着 k 的更大值（更陡峭的短期菲利普斯曲线），因此，在（1.33）式中，产出中关于名义支出的未预期到变化的弹性值就更小。随着 ι 接近 1（所有价格都是伸缩性的），k 在极限处就变得无穷大，正如前面所发现的，名义支出变化的产出影响就接近于零了。更有趣的问题是，若 ι 取中间值，价格的伸缩性所导致的影响是更加像完全伸缩性的极限情形呢，还是更加像完全黏性的极限情形呢？这取决于 ζ 的大小。

对于 ζ 的几个不同取值，图 3.1 描述了作为 ι 的函数出现在（1.33）式中的弹性 $\frac{1}{1+k}$。正如我们所预期的那样，在每个情形中，函数是单调递减的，并且在 $\iota=1$ 和 $\iota=0$ 两个极限情形下，$\frac{1}{1+k}$ 取相同的值。但是，当 $\zeta>1$ 时，函数是凸的（ζ 越大，则越凸），而 $\zeta<1$ 时，函数是凹的（ζ 越小，则越凹）。因此，如果 ζ 较大，那么一些产品具有的伸缩性价格足以阻止名义支出变化对总产出产生太大的影响。在这种情形下，伸缩性价格模型就给出了总价格和总量变化的合理近似。但是如果 ζ 较小，那么一些黏性的价格足以导致名义支出变化对产出产生实质性的影响。的确，在这种情形中，总价格指数对未预料到的名义支出变动的反应是

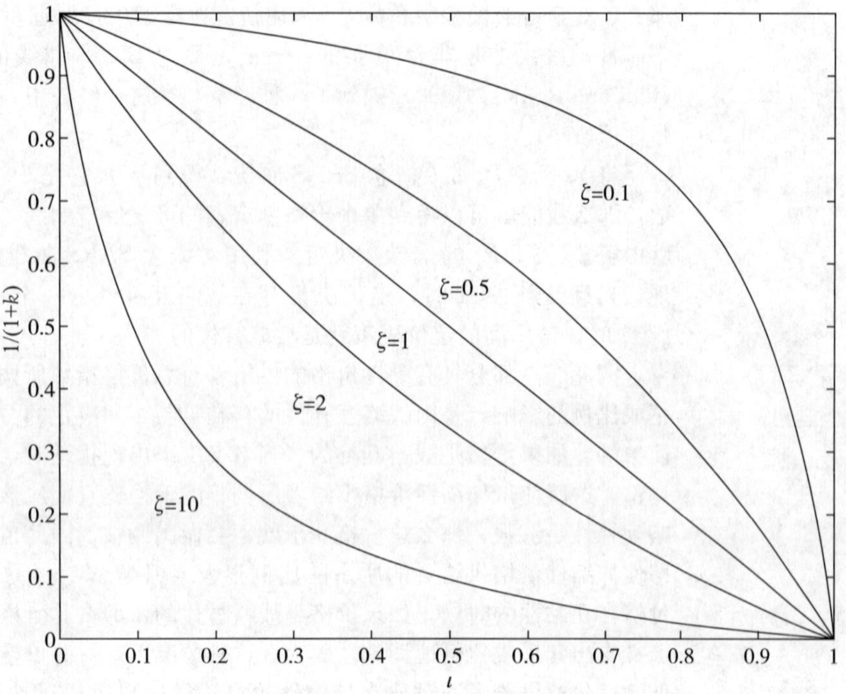

图 3.1　定价中不同水平的战略互补性所对应的名义支出变化的实际效应

非常小的，假定所有价格是预先决定的，这样的简单模型则是对总产出的一个合理的好的指南。

对参数 ζ 的意义的简单直觉是，它刻画的是同种产品供给者之间的定价决策的战略互补性程度。在价格制定者之间考虑如下简单的博弈：名义总支出 y_t 是给定的，单一产品 i 的供给者同时为它们的产品选择价格 $p_t(i)$。给定供给者的最优价格是如何依赖于其他供给者所选择的价格水平呢？我们认为，如果其他产品的要价上升提高了对自己产品的最优要价，那么定价决策就是战略互补的。相应地，如果其他产品价格的上升使得降低自己产品的价格是最优的，那么定价就是战略替代的。[14]

为了明确这个问题的答案，我们必须首先考虑什么才可以被称为概念短期总供给（notional SRAS）曲线，即如果某个行业能够根据 t 期的需求和成本条件自由设定价格，并且是独立于任何过去的价格的，同时对以后的要价也没有影响，那么 SRAS 曲线就意味着某个行业的相对价格如何随着总的经济活动水平变化。这是一个纯粹概念供给曲线，所以不需要说明在价格黏性的经济中每种产品的价格实际上是如何确定的。然而，我们应该看到这个概念是有用的，即使在没有价格是完全伸缩性的时候。这个概念 SRAS 曲线由如下的关系隐含地定义：

$$\Pi_1(p_t^I, p_t^I, P_t; Y_t, \tilde{\xi}_t) = 0$$

使用（1.30）式近似，我们可以看出对这个关系的对数线性近似的是如下形式：

$$\log(p_t^I / P_t) = \zeta(\hat{Y}_t - \hat{Y}_t^n) \tag{1.34}$$

那么，在新古典模型中系数 ζ——在新古典模型中，对通货膨胀—产出权衡的斜率而言，系数 ζ 是非常重要的——正是概念 SRAS 曲线的弹性。鲍尔和罗默（Ball and Romer，1990）提到了一种经济，在这个经济中，被刻画为实际刚性的弹性值较小。[15]

将 $Y_t = y_t / P_t$ 带入概念 SRAS 曲线，得到 p_t^I，它是 P_t，y_t 和外生扰动的函数，那么我们就可以得到单个价格制定者的最优反应曲线。因而，战略互补程度就由解 p_t^I 关于 P_t 的偏导数决定。利用对概念 SARS 曲线的近似，我们可以发现，当且仅当 $\zeta<1$ 时，定价决策存在战略互补性（一个正的偏导数），[16] 而当 $\zeta>1$ 时，各厂商的定价决策就是战略替代的。

因此，一部分具有黏性价格的供给者对总价格指数所调整的程度是否施加了不成比例的影响，是由战略互补性的存在（与否）决定的。从直觉上讲，这是很简单的：如果价格是战略互补的，当名义支出出现扰动时，一部分价格并不做出调整，这就使得伸缩性价格供给者所调整的价格比它们应该调整的要少。如果战略互补性足够强，那么总价格几乎就不会做出调整（因此也没有大的产出影响），即使伸缩性价格供给者的所占的比例很大（但小于 1）。另一方面，即使当很多价格存在黏性的时候，如果价格是战略替代的，那么总价格水平会与未预料到的名义支出几乎成比例地调整。因为在这种情况下，一些价格没有调整的事实促使伸缩性价格供给者通过比在伸缩性价格均衡中更大幅度地调整产品的价格来补偿。当战略替代程度较高（大的 ζ）时，这可以导致总价格指数几乎与名义支出变动成比例地调整，但是，它不会完全调整到那个程度，此外，没有实际总需求的变化，因此就不需要伸缩性价格供给者改变产品的相对价格。

战略替代的可能性解释了为什么一些作者，例如奥海宁（Ohanian et al.，1995）和克瑞斯汀娜（Christiano et al.，1997），他们发现在只有部分产品具有黏性的模型中，部分的价格黏性对货币冲击的总效应几乎没有影响。这些论文所假定的参数值意味着大于 1 的弹性值，即战略替代的情形。而与此同时，20 世纪 80 年代的新凯恩斯主义文献通常假定弹性 ζ 小于 1，因此发现价格策略应该是战略互补的。这个结果支持这样的结论：就冲击的短期反应特征而言，名义刚性很重要，这似乎是合理的。因此，我们值得更加详细地去考虑定价中的战略互补程度的可能决定要素和弹性 ζ 的合理大小。

3.1.4 战略互补的来源

我首先考虑 3.1.1 节中所刻画的基本模型中的弹性 ζ 的决定要素。从那个模型中的（1.18）式可以得到：

$$\Pi_1(p,p,P;Y,\tilde{\xi}) = -(\theta-1)Y(p/P)^{-\theta-1}[p/P - \mu s(Y(p/P)^{-\theta},Y;\tilde{\xi})]$$

所以，概念 SRAS 曲线通过下式隐含地定义：

$$p^I/P = \mu s(Y(p^I/P)^{-\theta},Y;\tilde{\xi})$$

其中，实际边际成本函数由（1.10）式来定义。利用边际成本函数（1.10）式的对数线性近似（1.15）式得到形如（1.34）式的对数线性概念 SRAS 关系，其中：

$$\zeta=\frac{\omega+\sigma^{-1}}{1+\omega\theta}>0 \tag{1.35}$$

绝大多数早期的新凯恩斯主义文献[17]都假定消费的效用函数是线性的，在我的记号中这对应于 $\sigma^{-1}=0$ 的极限情形，（1.35）式简化为下式：

$$\zeta=\frac{\omega}{1+\omega\theta}$$

假定必须使 $\theta>1$，那么上述表达式意味着 $\zeta<1$，因此不同供给者的定价决策必定是战略互补的——新凯恩斯主义文献所依赖的结论。但是，如果为跨期替代弹性 σ 假定一个有限值（更加贴近实际），那么这个结论就不那么真实了。[18]

的确，20 世纪 90 年代早期，许多作者试图将黏性价格引入标准的 RBC 模型中，该模型使用数字校准方法（来源于 RBC 研究），并推出了定价决策的战略替代结论。之所以得出这个结论，其中一个原因是一般要素市场的普遍假设（这与我上面的假设是不一样的），所以在任何时间点对所有产品 i 来说，供给的边际成本都是相等的。[19]任何供给产品的边际成本由下式给出：

$$S_t=\frac{w_t}{A_t f'(h_t)}$$

其中，w_t 表示生产者支付给同质劳动的工资，h_t 表示所有生产者所选择的劳动－资本比。资本可以在厂商之间进行再分配，使得所有厂商所使用的有效劳动－资本比是相同的，即使它们各自生产的产品数量是不同的。这个相同的劳动－资本比由 $h_t=f^{-1}(X_t/A_t)$ 给定，其中的产出－资本比 X_t 满足：

$$X_t=\int_0^1 y_t(i)\,\mathrm{d}i \tag{1.36}$$

同时，经济整体的工资满足（1.6）式，其中，代表性家庭的劳动供给必须等于 h_t。边际供给成本由下式给出：

$$S_t(i)=P_t s(X_t,Y_t;\tilde{\xi}_t)$$

并且该成本须独立于单个产品 i 的产出量，其中 s 为（1.10）式所定义的函数。

在上述情形下，利润函数由下式给出：

$$\Pi(p,P;X,Y,\tilde{\xi})\equiv pY(p/P)^{-\theta}-\frac{v_h(f^{-1}(X/A);\xi)}{u_c(Y-G;\xi)}P\psi(X/A)Y(p/P)^{-\theta}$$

而不是（1.17）式。此处，比率 X/Y 依赖于行业的价格结构。但是，假设单个行业对整个经济要素需求的影响很小，在推导概念 SRAS 曲线时，这个比率被视为是独立于行业相对价格的。那么，概念 SRAS 曲线可以由下式给出：

$$p/P=\mu s(X,Y;\tilde{\xi})$$

在所有相对价格都等于 1 的均衡附近进行对数线性化，利用（1.15）式，并注意到在一阶意义上$\hat{X}_t=\hat{Y}_t$，我们可以再次得到对数线性的 SRAS 关系（1.34）式，但现在

$$\zeta\equiv\omega+\sigma^{-1}>0$$

在 RBC 文献中，$\sigma=1$ 是标准的假设。（例如，参见 Cooley and Prescott，1995。）在该假设下，$\zeta>1$，定价决策是战略替代的，不管 ω 取什么值（必定为正）。

例如，查利等人（2000）基本校准后得出当 $\sigma=1$ 时，$\omega=1.25$。由于他们假定了一般要素市场，通过参数化得出 $\zeta=2.25$，这是一个相当高的战略替代水平。此外，即使假定消费效用函数是线性的（$\sigma^{-1}=0$），虽然这个极端值是不合理的，但是通过所假定的生产函数中劳动回报降低的程度和所假定的工作边际负效用的增加程度（它们一起推出 ω 值），得到 $\zeta=1.25$，所以仍然是战略替代的。即使使用他们所假定的 ω 和 σ 假定值，如果这些作者假定特殊的要素市场（正如上述分析中一样），然后（假定他们取$\theta=10$）利用（1.35）式他们将会发现 $\zeta=0.17$。这是一个很高的战略互补水平。因而，对上述作者和其他作者发现定价决策是战略替代而言，是一般要素市场这个假设导致了重要不同。

我们可以看出一般要素市场假设并不是没有缺点的。首先，它偏离了现实。当然，这个假设具有意义的是：经济体中的部分高工资最终提高了剩余部分的工资水平，导致工人从低工资的劳动市场向高工资的劳动市场迁移。同样，经济体中一部分资本的高回报最终提高了整个经济资本服务的租金率，这也是很有意义的，从而资本向更高回报的用途流动（如果仅通过新投资的配置）。作为一个对某个部门价格调整的持久失灵所导致的部门边际成本有长期影响的模型，由于没有考虑这些要素价格的均衡机制，也使得当前的专有性要素市场模型不是那么贴近现实。

但是，与之相对的极端假设——所有的要素价格在不同产品的供给者之间立即相等——也是不现实的。在短期内，对工人来讲，迁移地区、改变专长、改变厂商都是不容易的，甚至厂商偶然有更高的劳动需求也不例外，资本品一旦安装，把资本品重新配置到一个临时具有高的资本存量利用率的厂商也不是那么容易的。要素投入的“准固定”特征，使得在冲击不对称地影响供给者之后的一定时期内，均衡要素价格在供给者之间会有所不同。对于决定应对冲击的价格调整的短期动态而言，这些要素价格的短期动态才是最重要的（和原文结构不一致）。对于比较不同货币政策下的资源配置来讲，这些动态很重要。[20]

要素专有性并不一定是一个孤注一掷的假设。例如，我们假定（正如 Sbordone，1998）在整个经济体中只有一个劳动市场，所有供给者雇佣同类型的劳动投入，但每个厂商的生产函数的形式为 $y_t(i)=A_tf(h_t(i))$，其中，f 是严格凹的。这相当于假定每个厂商的资本配置保持不变，而不是让资本重新配置从而使其获得相等的租金率。在这种情形下，实际边际成本由下式给出：

$$\hat{s}_t(i)=\omega_p\hat{y}_t(i)+(\omega_w+\sigma^{-1})\hat{Y}_t-(\omega+\sigma^{-1})\hat{Y}_t^n$$

其中，$\omega_p,\omega_w>0$ 是（1.16）式中所引入的 ω 的两个组成部分。那么，我们可以得到：

$$\zeta=\frac{\omega+\sigma^{-1}}{1+\omega_p\theta}>0 \tag{1.37}$$

此处 ζ 值比由（1.35）式得出的值要大，所以战略互补水平与特殊劳动市场的相应水平相比要低（给定劳动供给一个有限的弗里希弹性，从而 $\omega_w>0$）。但是它比一般要素市场下——即资本服务的租金价格会即时实现均等——所得到的值要低。例如，查利等人（2000）假定了一个劳动份额为 0.67 的科布-道格拉斯（Cobb-Douglas）生产函数，得到 $\omega_p=0.5$。那么在他们的基本校准下，如果假定一般要素市场和特定资本投入，他们将会得到 $\zeta=0.38$，这在定价中是很高的战略互补水平。

也有其他原因使我们相信，上述简单的一般要素市场模型低估了定价中的战略互补的可能水平。在文献中受到一定重视的一个可能的问题是，不同产品间的偏好没有必要是常数弹性（迪克西特-斯蒂格利茨）形式（1.2）式。那么需求弹性和在边际成本上的期望价格加成就没有必要独立于不同产品的相对产量。特别地，金柏（Kimball，1995）证明了如果需求弹性对销售较多的产品供给者来讲更低（因为它们有相对低的价格），这将会增加战略互补性，并因此增加名义支出变动的实际影响。如果名义支出下降，伸缩性价格供给者的减价会导致他们的相对销售额的增加（尽管绝对销售量在下降），原因是黏性价格供给者不能削减他们的价格。如果相对销售额的增加导致了对产品更低的需求弹性，他们的合意加成就会上升，从而减轻了销售量的减少对合意相对价格的影响（并因此降低了他们的边际供给成本）。结果促使他们较少地降低产品价格，以致产出会有更大的下降。

跟随金柏，通过假定消费总量 C_t 由如下关系隐含地定义：

$$\int_0^1 \psi(c_t(i)/C_t)\,\mathrm{d}i=1 \tag{1.38}$$

我们可以一般化（1.2）式，其中 $\varphi(x)$ 为严格凹的递增函数，并且满足 $\psi(1)=1$（注意，如果 $\psi(x)=x^{\theta-1/\theta}$，那么（1.38）式就退化成（1.2）式）。正如在附录 B 中的 B.1 节所给出的，伸缩性价格供给者的合意相对价格在上述情形下由下式给出：

$$p_t(i)/P_t=\mu(y_t(i)/Y_t)s(y_t(i),Y_t;\tilde{\xi}_t) \tag{1.39}$$

该式一般化了（1.13）式。此处，基础模型中的不变（合意）加成由依赖于产品 i 的相对销售额的内生可变的加成所取代。

对数线性化（1.39）式得到：

$$\log p_t(i)=\log P_t+\epsilon_u(\hat{y}_t(i)-\hat{Y}_t)+s_y(\hat{y}_t(i)-\hat{Y}_t^n)+s_Y(\hat{Y}_t-\hat{Y}_t^n) \tag{1.40}$$

其中，ϵ_y 为 $x=1$ 时 $\mu(x)$ 的弹性，并且 s_y 和 s_Y 分别表示实际边际成本函数关于它的前两个自变量的弹性。（我现在为这些弹性引入一般记号是为了既能够处理基本模型中的那种专有性要素市场情形，也能处理以前章节中讨论的同质要素市场情形。）虽然需求函数在非常数替代弹性偏好（non-CES preference）情形中不能进行精确地对数线性化，但是我们仍然能够获得需求函数的对数线性近似，即：

$$\hat{y}_t(i) = \hat{Y}_t - \theta(\log p_t(i) - \log P_t)$$

其中，这里的θ表示当对所有相对价格等于1（也就是，$\theta(1)$，附录B定义了函数$\theta(\cdot)$）的状态有一个小的偏离时的需求的弹性。利用上述关系消去（1.40）式中的$\hat{y}_t(i)$，然后解出$\log p_t(i)$，得到对数线性的概念SRAS曲线，并且可以发现：

$$\zeta = \frac{Sy + S_Y}{1 + \theta(\epsilon_\mu + s_y)} \tag{1.41}$$

当给定其他参数值时，可以观察到正的ϵ_μ值——这意味着$\theta(x)$关于x递增，正如上面所讨论的——会降低ζ值，从而提高了战略互补性的程度。

从原则上来讲，正如金柏所证明的，ϵ_μ应该是一个任意大的数，因此这个因子将会导致ζ任意的小，而不管系数s_y，s_Y和θ的大小是多少（注意，当$\epsilon_\mu \to \infty$时，$\zeta \to 0$）。但是，博金和芬斯特（Bergin and Feestra，2000）认为一个可信的校准将近似地取$\theta\epsilon_\mu = 1$，所以ϵ_μ为正但是并不会非常大。如果合意加成像以前那样依赖于不同产品的相对需求，那么我们可以证明供给者i的合意价格应该满足：

$$\log p_t(i) = \frac{1}{1+\theta\epsilon_\mu} \log S_t(i) + \frac{\theta\epsilon_\mu}{1+\theta\epsilon_\mu} \log P_t$$

而与名义边际成本的决定要素无关。博金和芬斯特还注意到，有关汇率传递（exchange-rate pass-through）的文献一般都发现，货币贬值只把进口商品的国内通货价格提高了贬值量的大约0.5个百分点。如果将其理解为度量$p_t(i)$关于$S_t(i)$变化的弹性（假设货币贬值不会影响供给进口产品的外国通货的边际成本或不会影响在国内价格指数下的大多数产品的国内通货价格），那么我们可以得到$\theta\epsilon_\mu$大约等于1。[21]

在由博金和芬斯特所假定的同质性要素市场下（$s_y = 0, s_Y = \omega + \sigma^{-1}$），(1.41)式转化成下式：

$$\zeta = \frac{\omega + \sigma^{-1}}{1 + \theta\epsilon_\mu}$$

在这种情形下，相对于我们在迪克西特-斯蒂格利茨偏好的假设下所得到的ζ而言，博金和芬斯特所得到的ϵ_μ值降低了ζ的值的一半。虽然这不足以从根本上改变我们对货币政策实际效应的观点（正如博金和芬斯特得出的），但是这仍然是一个很重要的修正。然而，在专有性要素市场情形下（$s_y = \omega$，$s_Y = \sigma^{-1}$），这个修正就不那么重要。在这种情形下，(1.41)式转化成下式：

$$\zeta = \frac{\omega + \sigma^{-1}}{1 + \theta(\epsilon_\mu + \omega)}$$

此处，假设$\theta\epsilon_\mu = 1$，而不是假设$\theta\epsilon_\mu = 0$，这并不会造成太大的差异，原因是分母中的$\theta\omega$可能是远大于1的。例如，上面所讨论的查利等人对ω、σ和θ的取值的情况，考虑了合意加成的变化，仅仅将所预测的ζ从0.17降到0.16。

战略互补性比前面的基本分析所得到的更大的另一个原因是，经济的投入—产出结构的不同，欧巴苏（Obasu，1995）特别强调了这一点。我先前的关于边际供给成本的分析假定劳动是函数的唯一变量，并且忽略了中间投入的作用。虽然在均衡经济周期模型中这是一个很常见的假设（例如，在 RBC 文献中这种假设就是一个常规），但它却不是正确的。作为在这样的模型中常遇到的典型的资本和劳动投入的函数，产出的生产函数必须被理解为是增值产出（GDP）与初始要素投入之间的函数关系，而不是总产出与所有生产要素（包括那些自己所生产的）之间的函数关系。在一定条件下，为了某种目的，该生产函数足以描述现实经济，好像这个增值生产函数就是单个生产者的实际生产函数——例如，正如 RBC 理论那样，在伸缩性价格和完全竞争模型中，其目的在于预测实际 GDP 的演化。但是，正如罗特伯格和伍德福德（1995）所指出的那样，在不完全竞争和价格不完全协同边际成本变动模型中，不合并总产出和增值生产函数是重要的。

罗特伯格和伍德福德（1995）提出一个简单的总生产函数，[22]形式如下：

$$y_t(i)=\min\left[\frac{A_t f(h_t(i))}{1-s_m},\frac{m_t(i)}{s_m}\right] \tag{1.42}$$

其中，$A_t f(h_t(i))$为增值生产函数（和以前的一样），$m_t(i)$ 表示厂商 i 所使用的材料投入量，$0\leqslant s_m\leqslant 1$ 为生产技术的参数（为了校准，可以用在总产出价值中材料成本所占的份额来定义）。自变量 $m_t(i)$ 表示在（1.2）式中——或更一般地在（1.38）式中——所定义的购买来用于生产产品 i 的消费品数量。因此，$m_t(i)$ 是经济体中所生产的所有产品的一个组合，并且假定这些产品既是最终产品又是中间投入。在上述情形下，我得到（1.41）式的一般情形。

命题 3.3 假定对不同产品的偏好由（1.38）式来定义，生产技术由（1.42）式定义。那么同样可以得到对形如（1.34）式的概念 SRAS 曲线的对数线性近似，并且弹性为：

$$\zeta=\frac{(1-\mu s_m)(s_y+s_Y)}{1+\theta[\epsilon_u+(1-\mu s_m)s_y]} \tag{1.43}$$

此处，s_y 表示由厂商 i 所增加的供给价值的真实边际成本对该厂商增加的价值的弹性，s_Y 为对总增值的弹性。同样地，在专有性要素市场情形下（正如 3.1.1 节中那样），这个表达式在 $s_y=\omega$，$s_Y=\sigma^{-1}$ 时也成立；而在同质性要素市场情形下，$s_y=0$，$s_Y=\omega+\sigma^{-1}$。

附录 B 给出了推导命题 3.3 的细节。

我们可以发现，给定其他参数值，考虑某一正的材料份额（materials share）会降低 ζ 的值，并且，从原则上讲，该影响可以导致一个任意小的 ζ，而不管其他参数值是多少（注意，当 $s_m\to\mu^{-1}<1$ 时，$\zeta\to 0$）。但是，对美国的制造部门来讲，材料成本在总成本里的份额处于 50%或 60%左右，这意味着一个合理的校准应该在 $\mu s_m=0.6$ 左右。[23]在同质性要素市场（$s_y=0$）的情形下，这意味着 ζ 值减小了 2.5 倍（即乘了 0.4）。很明显，ξ 值下降了许多，并且如果这个影响与上述的合意加成变化程度结合在一起，ζ 的值只有由查利等人计算得出的值的 1/5 那么大——0.45 而不是 2.25，也就是说，是远远小于 1 的（意味着战略互补

性）而不是远远大于1的（得出战略替代性）。而在专有性要素市场情形下，上述校准就不那么重要，除非假定 s_m 更加接近 μ^{-1} 而不是看起来很现实的值。利用上面所讨论的校准，假定 $\mu s_m=0.6$ 而不是零，使 ζ 从 0.17 下降到 0.15（在不变加成情形下），或从 0.16 降到 0.13（在可变加成情形下）。上述的 ξ 值的减小，其实对战略互补结论而言并没有什么影响。

在上述所讨论的校准情形下，我们把这些修正的效应的相关结论总结在了表 3.1 中。当假定 $\omega=1.25$，$\sigma=1$ 以及 $\theta=10$ 时，和查利等人的假定一样，表 3.1 的左边给出了 ζ 的值，在 8 种不同情形下，给出了 3 个二元选择。它们是同质劳动市场（$s_y=0$，$s_Y=\omega+\sigma^{-1}$）假设与特殊劳动市场（$s_y=\omega$，$s_Y=\sigma^{-1}$）假设的对比，是不变合意加成假设（$\epsilon_\mu=0$）与加成变化的现实水平的假设（$\theta\epsilon_m u=1$）的对比，是没有中间投入的假设（$s_m=0$）与在成本中有现实中间投入份额的假设（$\theta s_m=0.6$）的对比。在每种情形下，查利等人的基本模型情形中所作的简单假设是最不适合于战略互补性的一个情形。相对于他们的基本情形而言，对这些假设的任何改变都会大大地降低 ζ 值的大小。但是，考虑要素市场特殊性是最重要的，如果我们接受这是一个更加现实的假设的话。尽管在同质性要素市场的情况下，其余的两个修正中每一个都产生了重大的差异，它们共同产生了更重大的变化（像博金和芬斯特强调的那样），而在专有性要素市场的情况下，即使是它们的共同影响也并不剧烈。而且，如果用看似合理的方法校准了后两者的重要性，仅对要素专有性单独而言，对 ζ 值的降低比其他两个要素联合起来还多得多。

表 3.1　　不同假设下的 ζ 值

$\theta\epsilon_\mu$	μS_m	$\sigma^{-1}=1$，$w=1.25$		$\sigma^{-1}=0.16$，$w=0.47$	
		Homogeneous factor	Specific factor	Homogeneous factor	Specific factor
0	0	2.25	0.17	0.63	0.11
1	0	1.13	0.16	0.32	0.09
0	0.6	0.90	0.15	0.25	0.09
1	0.6	0.45	0.13	0.13	0.06

若假定 σ^{-1} 和 ω 取更小的值，表 3.1 的右边给出了一个类似的比较。这里所给出的值是由罗特伯格和伍德福德（1997）得出的，他们所使用这种稍微复杂的定价模型的形式与美国时间序列一致，第 4 章将进一步讨论这个问题。为了解释所能观察到的定义货币政策冲击对实际总需求影响的大小，σ 必须取较大的值（意味着私人支出的利息敏感性更大）。为了解释伴随着产出如此之大的下降，实际工资所能观察到的下降是中度的，ω 也必须取更小的值（意味着更富弹性的劳动供给）。在这些关于偏好的不同假设下，$\zeta<1$ 意味着一个中等水平战略互补，即使在同质性要素市场、迪克西特-斯蒂格利茨偏好和无中间投入的情形下也是如此。但是，通过调整以上三个假设中的任意一个，ζ 的实际刚性水平都会上升。在这种情况下，有趣的是，即使在同质性要素市场假设下，如果对其他两个

实际刚性来源做现实的假设的话，我们可以得到 $\zeta=0.13$。所以如果要得到在 0.10 与 0.15 之间的 ζ 值，我们并不需要做出不可信的假设。这个值意味着较大的战略互补性，正如我们将要看到的，如果给定像美国经济的价格调整的可观察的频率，那么它足以粗略地解释为了应对名义支出变化，所观察到的总价格水平调整的迟缓性。

3.2 具有交错定价的通货膨胀动态

前面所得到的新古典总供给关系的一个令人不满意的地方是：它得出只有未预期到的名义支出的波动才对实际经济活动有影响，并且产出缺口的均衡波动是完全不可预测的。这些强烈的预言引起了 20 世纪 70 年代和 80 年代早期大量的讨论和批评（例如，参见 Sheffrin，1996，ch. 2）。这些预言意味着只有货币政策冲击对名义支出的即时影响才会对实际经济活动产生影响，滞后的影响（冲击发生后的各期对名义支出的影响）根本不应该影响总产出，而是仅仅影响价格水平。此外，这种货币政策冲击的实际影响必须是纯粹短时间的，即货币政策冲击的持续时间必须不能超过黏性价格被提前确定的时期长度。

上述预言与结构 VAR 文献中所定义的影响明显不一致。例如，根据克瑞斯汀娜等人（2001）的结构 VAR 模型，图 3.2 描述了名义 GDP 对所定义的货币政

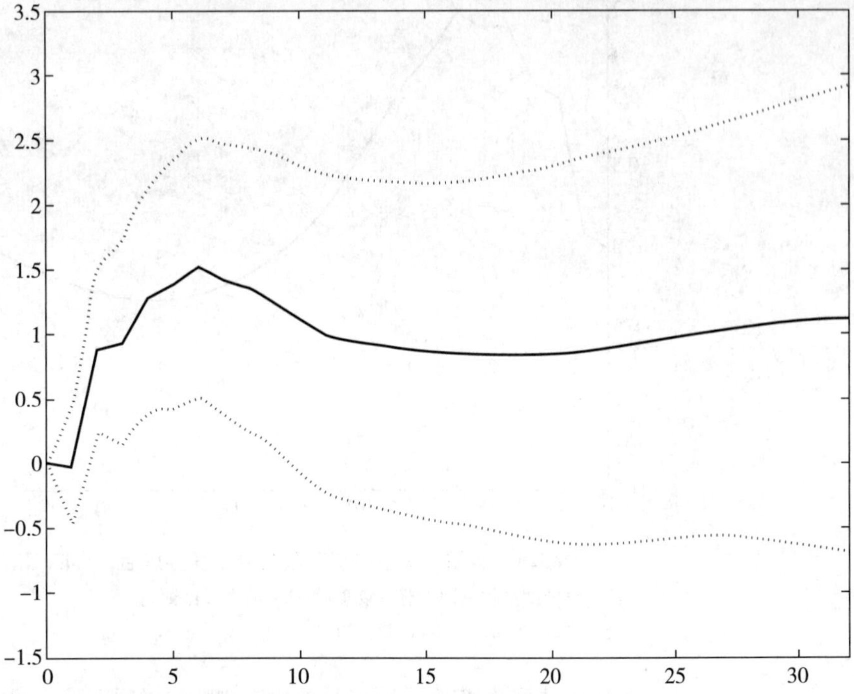

图 3.2　名义 GDP 对 0 季度的未预期到利率下降的脉冲反应

注：横轴所表示的时期是以季度作为单位的，纵轴度量的是冲击对对数名义 GDP 的百分比影响。

资料来源：Christiano et al.（2001）。

策冲击的脉冲反应。[24]直到货币政策冲击后的第 2 个季度，在 0 季度未预期到的利率下降对名义 GDP 才有实际可测的影响，此时名义 GDP 会有一个较强的增长。[25]但是，这种结果意味着：根据新古典供给关系，货币政策冲击根本不会影响实际经济活动，除非黏性价格提前被确定的时间不超过 6 个月。

图 3.3 给出了在 0 季度所估计的实际 GDP 对相同货币政策冲击的脉冲反应。与上述提到的情况相反，这里的冲击存在着很大的实际影响（注意，在图 3.2 和图 3.3 中，货币政策冲击是标准化了的，所以对名义 GDP 的长期影响是一个百分点的增长）。此外，影响的发生具有很大的滞后性，在政策冲击发生后的第 2 个季度才对产出产生影响，[26]产出影响的峰值发生在货币政策冲击后的第 6 个季度。在货币政策冲击发生的 2 年后，所估计的影响仍然大于 2 倍正的标准差，并且（至少根据点估计）在冲击发生后的 10 个季度，其影响仍然在大于最大值的 1/3 的水平。这种长期持续的影响与新古典总供给关系是不一致的，除非价格被提前固定的时期长于 2 年。但是关于价格变化的调查证据（例如，Blinder et al.，1998）发现大多数厂商一年至少改变一次价格，所以在冲击后的前 2 个季度，全部价格的一半以上至少已经调整了一次。

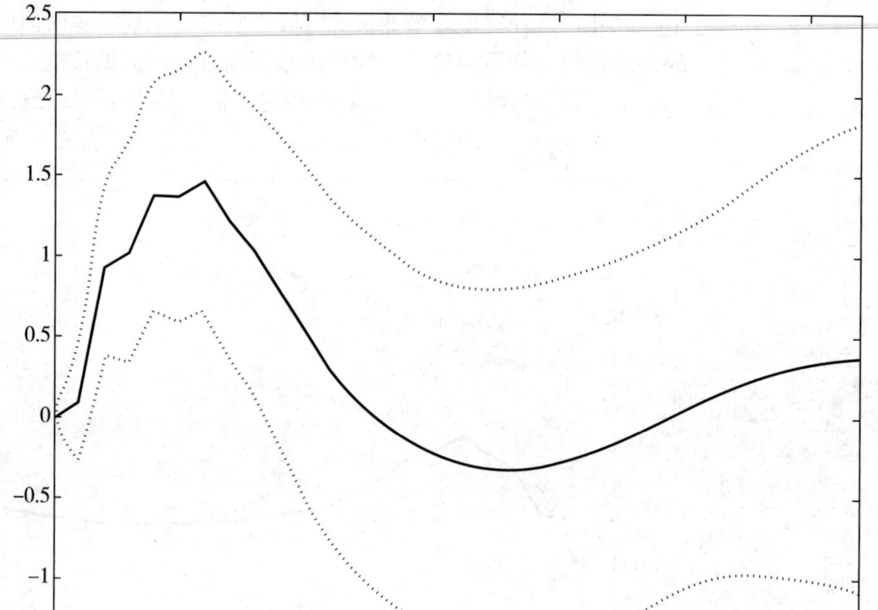

图 3.3　当图 3.2 中的货币政策冲击发生以后，实际 GDP 的脉冲反应

注：纵轴度量的是冲击对对数实际 GDP 的百分比影响。

资料来源：Christiano et al.（2001）。

然而，如果假定在不同产品的价格调整的时间间隔之间保持固定的重叠，而不是完全同步的，那么模型的上述不合意的特征就可以避免——当价格被调整时，我们并不需要抛弃价格被最优设定的假设，也不必给价格调整的时间间隔假定一个违反客观事实的长度。正如费尔普斯（1978）和泰勒（1979a，1980）首先指出的那样，[27]即使当个体价格被相对频繁地调整时，这种价格变化的交错性将会导致总体价格水平的调整是一个缓慢的过程。

这是因为，如果单个供给者的定价决策是战略互补的，那么如果一些供给者没有调整其价格，这就会限制其他的将要调整价格的供给者调整其价格水平的程度。反过来，如果上一期的价格调整没有多少变化，先前是黏性价格在后一期的调整就会受到限制。由于上述过程的存在，即使是自从货币政策冲击发生以来，大多数价格已经被调整过至少一次以后，在货币政策冲击发生之前的价格水平还会继续对一般价格水平起到重要的影响。如果定价决策的战略互补性足够大，即使单个价格调整非常频繁，一般价格水平的调整也会相当的缓慢。结果就是名义支出水平的持久变化对实际经济活动产生长久影响。

正如我们将要看到的，上述定价理论还可以证明采用形如附加预期的菲利普斯曲线关系的总供给关系是合理的。但是，在这种情形中，决定短期菲利普斯曲线位置的通货膨胀预期类型是关于将来通货膨胀的当前期望，而不是关于当前通货膨胀的过去期望。这似乎只是一个小小的区别（给定通货膨胀预期的序列相关性水平，至少最近几十年的），但是实际上它却是一个至关重要的区别，因为总供给关系和理性预期不会再把产出缺口的可预测的变化的可能性排除在外了。利用这个修正，该模型就可以与货币政策冲击发生后——粗略地，至少是 VAR 文献所估计的类型——实际经济活动出现的长时间的波动相符合了。

3.2.1 卡尔沃定价模型

此处，我将给出交错定价模型的一个特殊例子，即由卡尔沃（1983）提出的模型的离散时间形式。[28]在这个模型中，产品价格的 $0<\alpha<1$ 部分在每期保持不变，而剩余的 $1-\alpha$ 部分的产品价格会被赋予新的价格。为了简单起见，假定在任何给定的时期任何给定的价格出现调整的概率为 $1-\alpha$，这个概率独立于价格设定后的时间长短以及特定产品当前价格的时间长短。

这些假设显然是不现实的，但是对简化均衡通货膨胀动态分析来讲，它们是非常方便的，因为它们大大减少了用于刻画这些动态的状态空间的大小。[29]

供给者在 t 期为其产品选择一个新价格，他们将面临同样的决策问题，最优价格 p_t^* 对他们来讲都是一样的，所以在均衡中，所有在 t 期被选择的价格有共同的值 p_t^*。在 t 期剩余的 α 部分的要价是 $t-1$ 期要价的一个子集，在子集中，出现在 t 期的不变价格的价格分布与 $t-1$ 期的价格分布具有相同的相对频率。（对于第二个观点而言，所有的价格都以相同的概率在某一给定时期进行调整，这一点是很重要的。）那么在 t 期的迪克西特-斯蒂格利茨价格指数（1.3）式就满足：

$$P_t^{1-\theta} \equiv \int_0^1 p_t(i)^{1-\theta}\mathrm{d}i = (1-\alpha)p_t^{*\,1-\theta} + \alpha\int_0^1 p_{t-1}(i)^{1-\theta}\mathrm{d}i$$

所以：

$$P_t = [(1-\alpha)p_t^{*\,1-\theta} + \alpha P_{t-1}^{1-\theta}]^{1/(1-\theta)} \tag{2.1}$$

可以得到，为了决定上述价格指数的变化，我们只需要知道它的初始值和在每期所选择的新价格 p_t^*。新价格 p_t^* 的决定又依赖于该产品的当前和预期将来的需求条件，而（1.12）式意味着其他价格只能通过价格指数 P_t 来影响产品 i 的需求曲线。那么，我们可以确定价格指数 P_t 的均衡值，价格指数 P_t 是该指数以前的值、预期未来路径、总实际变量的当前和预期未来的值的函数，而没有必要参考过去价格的额外的信息。[30]

在 t 期改变价格的供给者选择新价格 $p_t(i)$ 来最大化，即：

$$E_t\left\{\sum_{T=t}^{\infty}\alpha^{T-t}Q_{t,T}\Pi(p_t(i),p_T^I,P_T;Y_T,\tilde{\xi}_T)\right\} \tag{2.2}$$

其中，利润函数由 3.1 节讨论的（任何一个）模型所使用的方法来定义。此处与随机贴现因子相乘的 α^{T-t} 因子表示价格 $p_t(i)$ 在 T 期将仍然被采用的概率。[31] 给定了随机变量 $Q_{t,T,}$，Y_T，P_T 和 p_T^I 的期望的状态依存值和外生扰动，基于 t 期可得信息的条件下选择价格 $p_t(i)$ 去最大化（2.2）式。

对应于（1.23）式，我们可以得到该情形下的一阶条件：

$$E_t\left\{\sum_{T=t}^{\infty}\alpha^{T-t}Q_{t,T}\Pi_1(p_t(i),p_T^I,P_T;Y_T,\tilde{\xi}_T)\right\}=0 \tag{2.3}$$

当假定所给定的行业中所有厂商同时改变他们的产品价格时（所以卡尔沃彩票实际上是针对这个行业而不是单个供给者），所有在 t 期修正他们产品价格的厂商所选择的相同的新价格将由如下关系式隐含地定义：

$$E_t\left\{\sum_{T=t}^{\infty}\alpha^{T-t}Q_{t,T}\Pi_1(p_t^*,p_t^*,P_T;Y_T,\tilde{\xi}_T)\right\}=0 \tag{2.4}$$

如果给定总产出和实际扰动的演化，那么上述条件和（2.1）式一起就可以决定总价格指数的演化，这些方程一起构成了交错定价模型中的总供给模块。

通过考虑上述方程的对数线性近似，当扰动足够小时，我们就可以有效地逼近通货膨胀的均衡动态。如果在所有时期都有 $\tilde{\xi}=0$ 和 $Y_T=\bar{Y}$，方程（2.1）式和（2.4）式存在零通货膨胀的解，这时每期都有 $P_t=p_t^*=P_{t-1}$ 成立。在这些值附近，如果 $\tilde{\xi}$ 和 Y_t 的波动足够小，我们就可以据此寻找一个 P_t/P_{t-1} 和 p_t^*/P_t 总是接近 1 的解，但是（对数）价格水平可能包括一个单位根。[32] 作为（2.1）式和（2.4）式各自的对数线性近似，我得到

$$\log P_t=\alpha\log P_{t-1}+(1-\alpha)\log p_t^* \tag{2.5}$$

和

$$\sum_{T=t}^{\infty}(\alpha\beta)^{T-t}E_t[\log p_t^* - \log P_T - \zeta(\hat{Y}_T - \hat{Y}_t^n)] = 0 \tag{2.6}$$

相对于伸缩性价格模型中的影响合意价格的要素的高频变化程度而言，上述

定价行为的模型是吸引人的，因为它意味着总价格指数必须是平滑的。当然，为了分析（2.5）式和（2.6）式的实证拟合性，我们需要找到产出缺口$\hat{Y}_t-\hat{Y}_t$在实证上的代理变量。简单地利用任一类型的消除趋势的产出测度不是特别的合理。因为根据自然产出率的理论定义，$\hat{Y}_t^n$应该响应任一类型的实际扰动（生产冲击、不同类型的偏好冲击和已经讨论过的政府购买的变化）而变化，并且没有一个先验的理由来假定：这些扰动要么很小，要么能够被平滑的时间序列所恰当描述。

事实上，斯波唐恩（Sbordone，1998，2002）以及加利和格特勒（Gali and Gertler，1999）已经指出与（2.6）式相关产出缺口的时间变动的最直接的测度根本不是基于产出数据的，而是基于生产成本的变化的。[33]我们可以回忆，在3.1.1节的基本模型中，我说明了实际边际成本函数是可以由（1.15）式近似给出。对产品i的这个关系求平均得到：

$$\hat{s}_t=(\omega+\sigma^{-1})(\hat{Y}_t-\hat{Y}_t^n) \tag{2.7}$$

其中，$\hat{s}_t$在这里表示实际边际成本的全经济范围内平均水平的对数对其稳态值（$\log\bar{s}=-\log\mu$）的偏差。因此，作为通货膨胀压力的一个测度，相关的产出应该和实际边际成本水平的变化单调相关。

对3.1.1节所假定的生产成本和需求的特殊结构来讲，上述结论并没有什么很特别之处。在3.1.4节所讨论过的任何一个模型中，伸缩性价格供给者所选择的价格可以用如下表达式表达：

$$\begin{aligned}\log p_t(i)-\log P_t&=\log\mu_t(i)+\log s_t\\&=\epsilon_\mu(\hat{y}_t(i)-\hat{Y}_t)+s_y(\hat{y}_t(i)-\hat{Y}_t)+\hat{s}_t\\&=-\theta(\epsilon_\mu+s_y)(\log p_t(i)-\log P_t)+\hat{s}_t\end{aligned}$$

其中，s_y表示相对实际边际成本关于产品i的相对产出的弹性。[34]该式意味着：

$$\log p_t(i)-\log P_t=[1+\theta(\epsilon_\mu+s_y)]^{-1}\hat{s}_t$$

与（1.30）式相比较得出，我们必须要使[35]

$$\hat{s}_t=[1+\theta(\epsilon_\mu+s_y)]\zeta(\hat{Y}_t-\hat{Y}_t^n)$$

在一阶条件（2.6）式中，期望对数实际边际成本（也就是，对数边际成本和对数价格指数之间的期望缺口）的出现，就这个缺口而不是实际经济活动的水平而言是有意义的，它与供给者调整它们价格的激励是直接相关的。

如果用$(1+\tilde{\omega}\theta)^{-1}\hat{s}_T$取代$\zeta(\hat{Y}_T-\hat{Y}_t^n)$项，其中$\tilde{\omega}\equiv\epsilon_m\mu+s_y$，[36]那么（2.6）式可以改写成：

$$\log p_t^*=\frac{1-\alpha\beta}{1+\tilde{\omega}\theta}\sum_{T=t}^{\infty}(\alpha\beta)^{T-t}E_t[\log\mu+\log S_T+\tilde{\omega}\theta\log P_T] \tag{2.8}$$

其中，$\log S_t$在此处表示跨部门的平均对数名义成本。但是，上式仍然把p_t^*（因此P_t也是如此）表示为总价格指数的期望演化的一个函数。斯波唐恩（1998，2000）指出：假设将来各期的总价格指数都根据这一关系演化，那么我们可以解出如下的价格指数的理性预期均衡路径。

命题 3.4 假定$\{\log S_t\}$是差分平稳（difference-stationary）过程。那么（2.5）式和（2.8）式有价格指数过程的唯一解，使得$\{\log P_t\}$也是差分平稳过程（也就是说，通货膨胀是平稳过程），且$\{\log P_t\}$由下式给出：

$$\log P_t = \lambda_1 \log P_{t-1} + (1-\lambda_1)(1-\lambda_2^{-1})\sum_{j=0}^{\infty} \lambda_2^{-j}[\log \mu + E_t \log S_{t+j}] \tag{2.9}$$

其中，$0<\lambda_1<1<\beta^{-1}<\lambda_2$ 是特征多项式

$$\beta\lambda^2-(1+\beta+\xi)\lambda+1=0 \tag{2.10}$$

的两个根，其中：

$$\xi \equiv \frac{1-\alpha}{\alpha}\frac{1-\alpha\beta}{1+\tilde{\omega}\theta}>0 \tag{2.11}$$

附录 B 给出了证明。注意（2.9）式意味着通过部分调整动态（partial-adjustment dynamics）（在部分调整动态中，滞后价格指数的权重为 λ_1），价格指数朝向一个时变目标价格变动，其中的时变目标价格是 $\log\mu+\log S_{t+j}$ 的当前和期望将来值的加权平均（将来边际成本的权重以 λ_2^{-j} 速度下降）。那么，相对于平均边际成本的波动而言，我们可以预测价格指数是平滑的。

卡尔沃定价模型的上述预测实际上独立于任何平均边际成本决定的设定方式。因此，这个定价理论的经验适当性检验集中于上述预测更为恰当，而不是集中于随后将会得到的新凯恩斯总供给关系的准确性（这也依赖于供给成本理论的细节）。斯波唐恩（1998，2002）采用了这个方法，她使用美国的单位劳动成本平均水平数据作为名义边际成本的一个测度，估计了一个较小的非理论的 VAR 模型，利用美国 1960—1997 年的季度数据预测单位劳动成本的将来路径。[37] 对于 β 和 ξ 的任意假定值（然后可以得到 λ_1，λ_2 的值），该模型允许我们为（2.9）式左边的前瞻项构建一个隐含的序列。从价格水平的初始条件（由它在初始季度的历史值给出）开始，给定单位劳动成本的所观察到的路径（和预测的将来劳动成本路径），我们可以模仿（2.9）式得到预测价格水平的时间路径。然后，我们可以将这个预测与同期的总价格水平的实际路径相比较。

注意，在伸缩性价格情形下（上述模型的 $\xi\to\infty$ 的极限情形），预测的价格序列将仅仅由 $\log P_t=\log\mu+\log S_t$ 给出，所以预测的通货膨胀将由从一个季度到下一个季度的名义单位劳动成本增长的百分比给出。正如图 3.4 所示，它很难对美国实际通货膨胀做出较好的解释。特别地，我们发现单位劳动成本的增长率比通货膨胀率更加不稳定。另外，如图 3.5 所示，价格与单位劳动成本的比率 P/ULC 每年都有较大的变化，而模型则得出这应该是保持不变的。在黏性价格情形下（ξ 是有限的），模型推出了相对稳定的通货膨胀，事实上，对 ξ 的某一特定值而言，该模型将预测出一个与实际路径非常相似的价格水平路径。图 3.5 比较了（去均值，对数）P/ULC 的实际路径与 $\xi=0.055$ 时的模型所预测路径。[38] 从图中可以看出，二者拟合的效果很好，所预测的 P/ULC 序列的均方差只有实际

的 P/ULC 序列的方差的 12%左右。此外，即使这个统计量没有重点概述模型成功解释比率季度变化时机的程度，但是预测序列和实际序列之间的差异主要还是处在一个很低的频率上的。图 3.6 同样对美国通货膨胀的实际路径（由 GDP 平减指数的增长来测度）和模型所预测的路径做了比较，拟合效果仍然很好（这是另外一种观察图 3.5 中的差异几乎完全在低频上的方法）。[39]

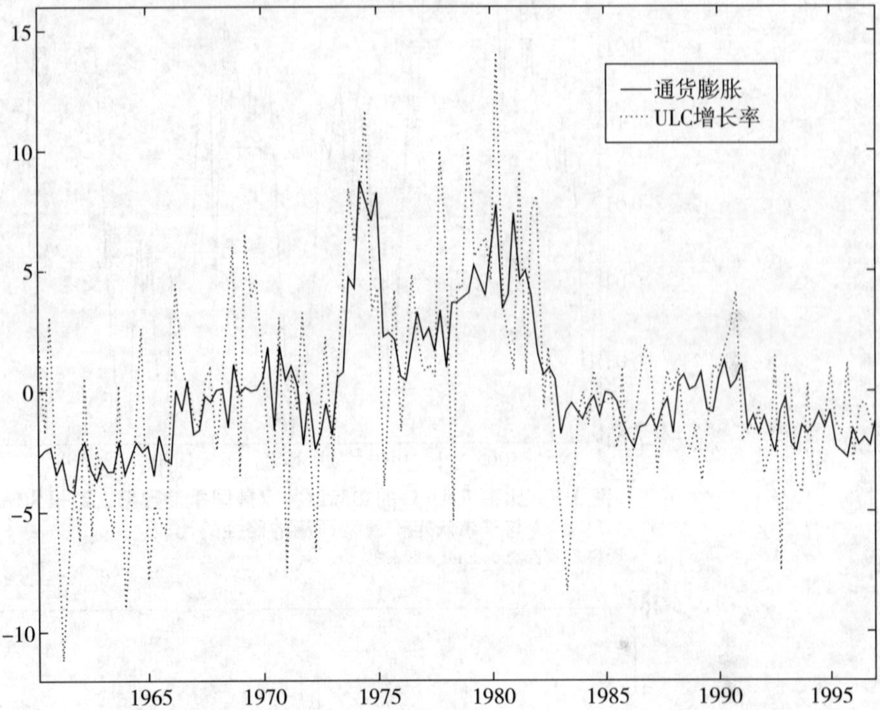

图 3.4　美国通货膨胀（GDP 平减指数的季度变化，用相应的年率的百分点表示）与单位劳动成本增长率的比较

资料来源：Sbordone（2002）。

这些结果为价格黏性——至少是卡尔沃模型推出的那种粗略黏性——提供了有说服力的证据。之所以假定所有的供给者以固定的概率改变价格，只是为了分析的方便，而不是有意去偏离假设应该贴近现实的信念，在此基础上，模型拟合美国通货膨胀动态的程度是令人吃惊的。或许这反映了这样一个事实：给定一个由 Sbordone 的估计所得到的 ξ 的较小值（因此，价格动态中，边际成本平滑程度较高），价格变化间的时间间隔的分布细节对总价格指数变化并不那么重要，而仅仅对价格修正的平均率显得很重要。但是很明显，该模型的拟合度依赖于卡尔沃所假设的那种交错价格变化的存在。例如，上面所考虑的新古典定价模型，就意味着价格与边际成本的比率的波动是不可预测的，所以预测的 P/ULC 序列将必然显示出序列不相关。而在图 3.5 中所表现出的 P/ULC 序列却存在明显的序列相关性，以及由卡尔沃模型所预测相关的序列与实际的序列如此吻合，都足以说明在新古典定价模型中所允许的价格黏性类型是不能类似地解释美国的数据的。[40]或许更让人吃惊的是，Sbordone 指出美国的价格指数也几乎不能通过单位

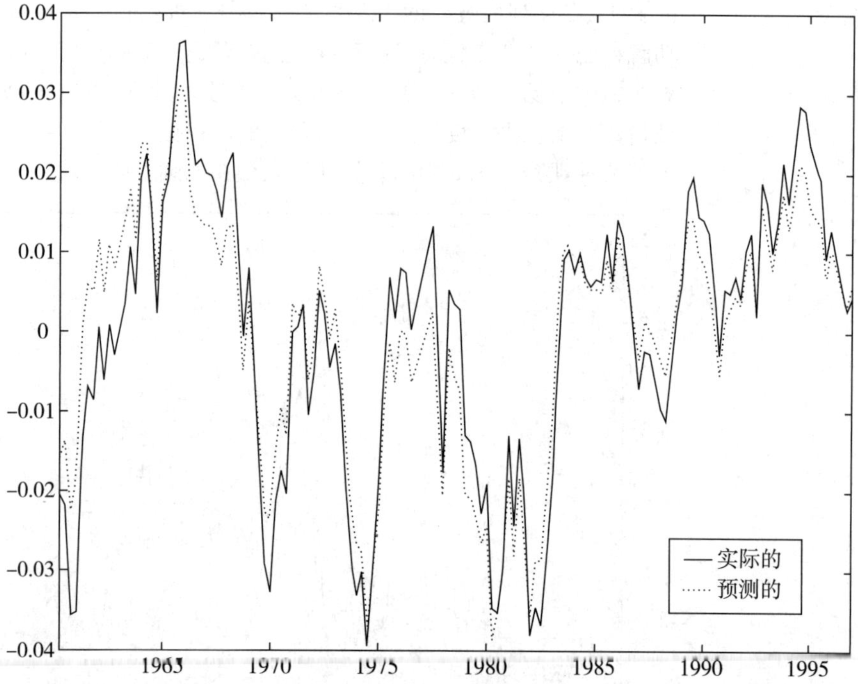

图 3.5　比率 P/ULC 的实际路径（美国季度数据，汇报为偏差均值的对数）与卡尔沃定价模型预测的路径的比较

资料来源：Sbordone（2002）。

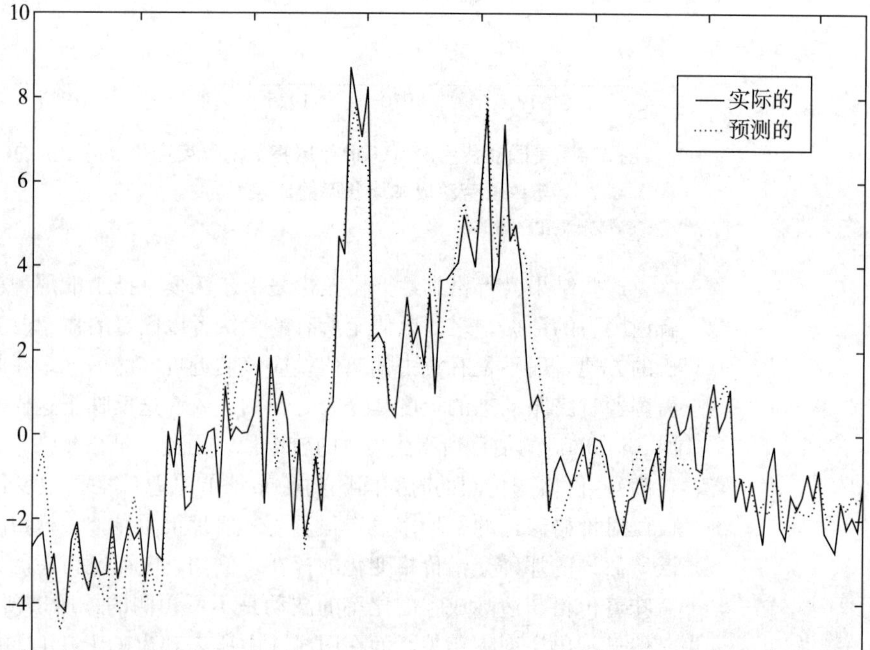

图 3.6　通货膨胀实际路径（美国季度数据）与卡尔沃定价模型所预测的路径的比较

资料来源：Sbordone（2002）。

劳动成本的任何完全后向移动平均来很好地拟合。图 3.5 中反映的平滑类型非常依赖于（2.9）式右边的前瞻项的存在，而不是简单地依赖于局部调整项。[41]

当然，对于罗特伯格和伍德福德（1999b）所综述的各种理由而言，我们也许会怀疑简单地用单位劳动成本测度边际成本是否精确。但是，如果单位劳动成本事实上不能以适中的频率相当精确地测度边际成本变动，一个如此简单的定价模型则可以很好地解释实际通货膨胀动态似乎是幸运的。[42] 事实上，Sbrdone 对她的边际成本测度做了许多可能的修正，并进行了相应的试验，发现并不能改进该定价模型的拟合度。我们也许想知道，如果预测是基于一个具有常数系数的 VAR 模型，它很好地拟合了整个 1960—1997 年这个时期，那么它能否相应地与人们的预期非常接近呢？即使假定人们的预期是理性的，那么在这个时期的单位劳动成本就没有必要是常数。（例如，我们也许会想自从 20 世纪 80 年代早期通货紧缩以来，通货膨胀动态已经发生了本质上的变化，而这意味着单位劳动成本动态也应该和以往有所不同。）但是，再一次地，模型较好的拟合度和该模型在 1979—1982 年这个时期之前和之后的拟合同样好（至少基本上是无偏差的），则说明在整个时期使用共同的预测规则的假设并不是非常不精确。

3.2.2 新凯恩斯主义菲利普斯曲线

通过再一次地考虑一阶条件（2.4）式的含义，我可以利用刚才所得到的最优定价模型得到一个总供给关系——即通货膨胀动态和实际经济活动水平间的结构关系，并可用产出缺口来表示。

命题 3.5 单个产品的供给者再一次采用（1.17）式形式的利润函数，并满足假设 3.1，但是假定产品的价格有 $0<\alpha<1$ 部分在每期都保持不变，并在给定时期每个价格被修正的概率是相等的，正如卡尔沃（1993）的模型那样。同时假定利润由一个均值等于 β 的随机贴现因子来贴现，其中 $0<\beta<1$。[43] 那么任意时期 t 的总通货膨胀率和总产出必须满足如下形式的总供给关系：

$$\pi_t=\kappa(\hat{Y}_t-\hat{Y}_t^n)+\beta E_t\pi_{t+1} \tag{2.12}$$

其中：

$$\kappa=\frac{(1-\alpha)(1-\alpha\beta)}{\alpha}\zeta>0 \tag{2.13}$$

附录 B 给出了推导过程。（2.13）式中的（1.35）式的决定因子就是那些在 3.1.4 节中所讨论的。例如，在基本模型中，

$$\kappa\equiv(\omega+\sigma^{-1})\xi=\frac{(1-\alpha)(1-\alpha\beta)}{\alpha}\frac{\omega+\sigma^{-1}}{1+\omega\theta}$$

利用命题 3.3 可以得到一个更一般的表达。

(2.12）式被罗伯茨（Roberts，1995）称为新凯恩斯主义菲利普斯曲线，因为这种模型设定或与之相似的模型设定，是由许多简单的最优定价模型得到的。[44]再一次地，从（2.13）式可以看出短期菲利普斯曲线越平坦（对任何给定的通货膨胀预期而言），ζ的值越小，因此定价中的战略互补程度越高。随着α的增大，曲线会更平坦，也就是说，价格变动间的平均时间间隔将会更长。

总供给关系再次具有了附加预期的菲利普斯曲线的形式，但是现在使曲线发生变动的通货膨胀预期是当前对将来通货膨胀的预期，而不像（1.32）式中那样是当前通货膨胀率的过去预期。这个差异对模型预测产出缺口波动的能力是至关重要的。现在，在较早的$t-j$时预测$\hat{Y}_t-\hat{Y}_t^n$的非零值是可能的，这仅仅要求$E_{t-j}\pi_t \neq \beta E_{t-j}\pi_{t+1}$。

值得注意的是，（2.12）式可以另外表达为如下形式：

$$\pi_t = \xi\,\hat{s}_t + \beta E_t \pi_{t+1} \tag{2.14}$$

其中，通过再次用$(1+\tilde{\omega}\theta)^{-1}\hat{s}_t$替换$\zeta(\hat{Y}_t-\hat{Y}_t^n)$项，像（2.11）式一样，$\xi>0$。事实上，这种关系式在许多方面比我们更加熟悉的（2.12）式更为有用。特别地，它在较弱的假设下成立。例如，它不依赖于用于推导（2.12）式的工资设定的特殊理论。正如加利和格特勒所强调的那样，当试图确定卡尔沃定价模型的精确程度时，这使得上述总供给关系式尤其适合于检验（2.14）式的经验有效性。也正是这种形式的总供给关系可以更直接地推广到诸如3.2.5节将要考虑的多部门模型。

3.2.3 名义扰动的持续实际影响

现在，我回到名义支出扰动的实际效应的持续性问题。我仍然假定总名义支出y_t是一个给定的随机过程，并考虑总供给关系（2.12）式如何推出P_t和Y_t的随机过程。举一个简单的例子，假定在0时刻一个未预料到的扰动使$\log y$永久性地增加了一个单位，然后预期它保持这个较高值。我们可以假定总的名义支出按如下形式的随机过程变化：

$$\log \mathcal{Y}_t = \log \mathcal{Y}_{t-1} + \epsilon_t + q_t \tag{2.15}$$

其中，$\{\epsilon_t\}$是一个独立同分布的均值为0的随机变量，$\{q_t\}$表示独立于过程$\{\epsilon_t\}$的一个随机过程。由于这个假设的独立性，（2.15）式表明，不管过程$\{q_t\}$的统计特性是什么，对所有的$j\geqslant 0$而言，$\{\epsilon_t\}$的实现值增加一个单位，$E_t \log \mathcal{Y}_{t+k}$也将增加一个单位。我假定$\{\epsilon_t\}$表示$t$时期的纯粹的货币扰动，即扰动源于货币政策的变化（可能是中央银行方面的失误，但是假定它是独立于经济实际扰动的），因此，外生过程$\{\hat{Y}_t^n\}$独立于$\{\epsilon_t\}$。注意，我们没有必要假定另一个（独立的）总支出决定要素——由过程$\{q_t\}$表示——与货币政策无关。我仅仅假定一种类型的货币扰动，即冲击$\{\epsilon_t\}$，并且当它发生时，希望能够确定这种扰动的后果。

上述类型的扰动的后果可以用如下方式计算。它来源于（2.12）式，对任何 $k\geqslant 0$ 都有：

$$E_t\pi_{t+k}=\kappa E_t[\hat{Y}_{t+k}-\hat{Y}^n_{t+k}]+\beta E_t\pi_{t+k+1}$$

利用定义 $\pi_t\equiv\log P_t-\log P_{t-1}$ 和 $\hat{Y}_t-\hat{Y}^n_t=\log\mathcal{Y}_t-\log P_t-\log Y^n_t$，上式可以另外表示为：

$$E_t(\log P_{t+k}-\log P_{t+k-1})=\kappa E_t(\log\mathcal{Y}_{t+k}-\log P_{t+k}-\log Y^n_{t+k})$$
$$+\beta E_t(\log P_{t+k+1}-\log P_{t+k})$$

然后通过对关于 ϵ_t 的实现值求导得到：

$$\tilde{p}_k-\tilde{p}_{k-1}=\kappa(1-\tilde{p}_k)+\beta(\tilde{p}_{k+1}-\tilde{p}_k) \tag{2.16}$$

其中：

$$\tilde{p}_k\equiv\frac{\partial}{\partial\epsilon_t}E_t\log P_{t+k}$$

（这里使用了前面段落所讨论的 $E_t\log\mathcal{Y}_{t+k}$ 和 $\log Y^n_{t+k}$ 的推导。）（2.16）式为求解序列 $\{\tilde{p}_k\}$ 的差分方程，它描述了应对这类冲击的对数价格水平的脉冲—反应函数。

同样地，引入记号：

$$\tilde{y}_k\equiv\frac{\partial}{\partial\epsilon_t}E_t\log Y_{t+k}$$

我注意到，如果理性预期均衡中产出对趋势的偏差是平稳的，那么我就必须使

$$\lim_{k\to\infty}\tilde{y}_k=0$$

给定我关于货币政策冲击对 $E_t\log y_{t+k}$ 影响的结论，这就要求

$$\lim_{k\to\infty}\tilde{p}_k=1 \tag{2.17}$$

另外还有一个初始条件，即：

$$\tilde{p}_{-1}=0 \tag{2.18}$$

因为，很明显，在 t 期的一个未预期到的货币政策冲击不能影响前面各期的价格水平。

因此，我试图找到一个序列 $\{\tilde{p}_k\}$，对任何 $k\geqslant 0$ 都满足（2.16）式，并且符合终结条件（2.17）式和初始条件（2.18）式。下列命题给出了解决方案。

命题 3.6 假定总名义支出根据（2.15）式变化，其中 ϵ_t 是 t 期不可预测的货币政策冲击，过程 $\{q_t\}$ 独立于过程 $\{\epsilon_t\}$。那么在具有形如（2.12）式的新凯恩斯主义总供给关系的经济中，对于 ϵ_t 一个单位正的冲击（比如，对数总名义支出意外地永久性增加一个单位），对数价格指数和对数实际 GDP 的脉冲—反应函数由下列式子给出：

$$\tilde{p}_k=1-\lambda^{k+1}$$

$$\tilde{y}_k = \lambda^{k+1}$$

$k \geqslant 0$，其中 $0 < \lambda < 1$ 是特征多项式

$$\beta\lambda^2 - (1+\beta+\kappa)\lambda + 1 = 0 \tag{2.19}$$

的两个实根中较小的一个。

附录B给出了证明的更多细节。我们可以观察到，对数价格水平会单调、渐进地达到与名义支出增加成比例的水平。在扰动期间产出会增加——增加量小于（虽然很接近）名义支出增加的比例——然后单调地衰减到其最初水平。图3.7描述了这些价格水平和产出的脉冲反应，所取的参数为 $\beta = 0.99$，$\kappa = 0.024$[45]。

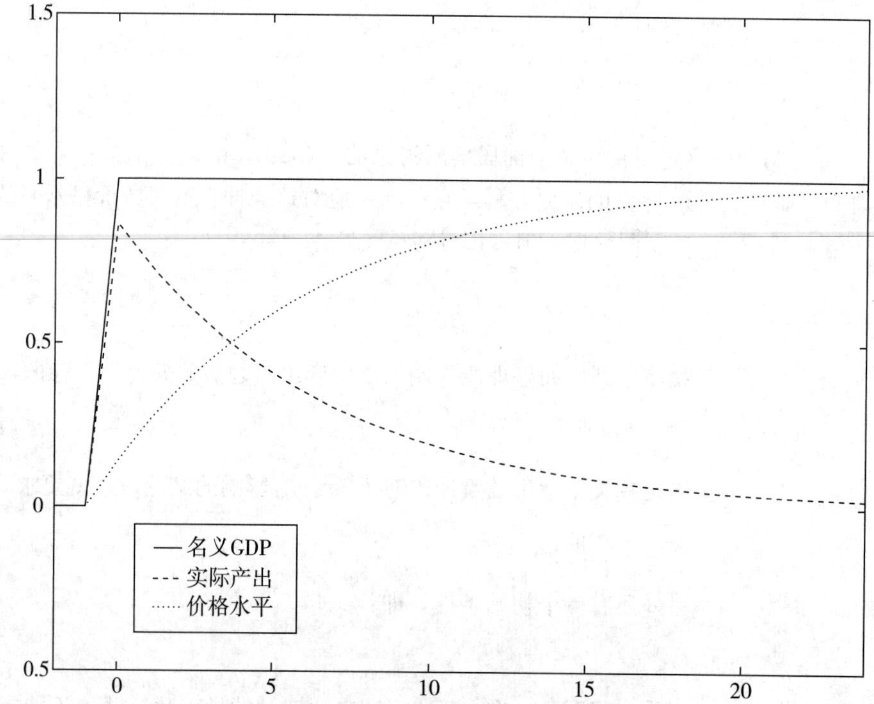

图3.7　对名义GDP的即时持久增加的脉冲反应

对实际经济活动影响的持久程度取决于特征根 λ 的大小。λ 值越接近1（它的理论上限），在名义扰动发生之后，实际经济活动回到它的“潜在”水平所花的时间就会越长（注意，λ 也可以决定对0时期的实际经济活动的初始影响的大小。通过使总价格调整更加缓慢，扩大对实际经济活动影响的振幅的同样因素也可以使其影响变得更加持久）。容易发现，$P(\lambda)$ 较小的根随着 κ 的大小反方向变化，当 κ 很大的时候，λ 接近零；当 κ 很小的时候（接近零），λ 接近1。因此，明显的对实际经济活动影响持久性要求一个较小的 κ（一条平坦的短期菲利普斯曲线）。出现这种情况也可能是由于 α 接近于1（价格变化不频繁），或者由于 ζ 很小（战略互补性很高）。

也许最有趣的是，我们可以发现当价格变化保持固定频率时，战略互补的水平对持续性水平有相当大的影响。注意，对任意的α值，通过赋予ζ一个合适的值，κ的值可以任意的小，或任意的大。图 3.8 从数量上展示了α和ζ对持续水平的影响，其中所估计的λ是假设$\beta=0.99$时这两个参数的函数。

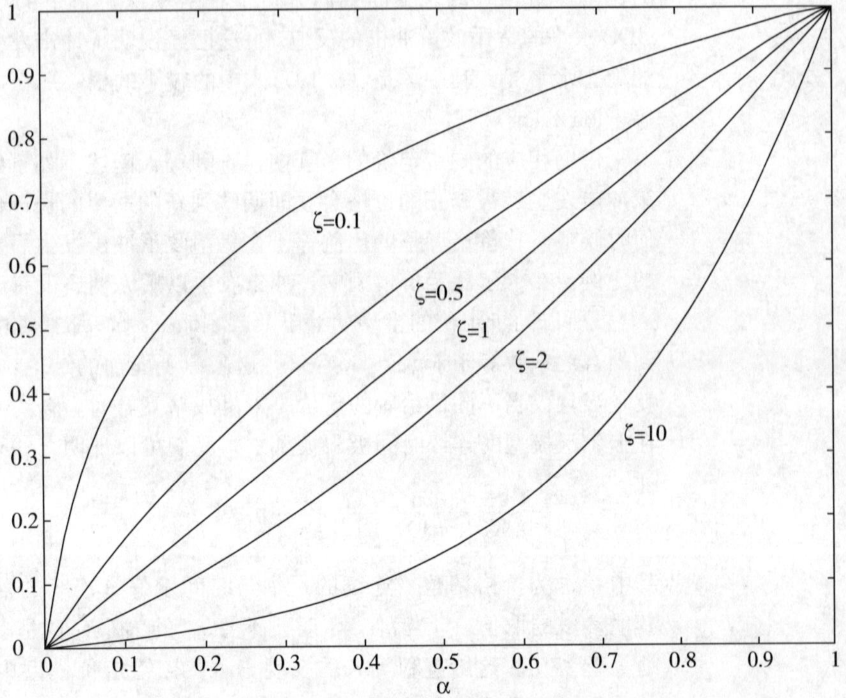

图 3.8　增加名义支出所带来的实际效应的持久性，针对定价中的不同战略互补水平，它是价格调整频率的函数

我们发现，当且仅当$\zeta<1$时，即当且仅当定价决策是前面所讨论的战略互补时，$\lambda>\alpha$。观察如下方程即可分析得出这个结论，

$$\mathcal{P}(\alpha)=(1-\alpha)(1-\alpha\beta)(1-\zeta)$$

其中，$\mathcal{P}(\lambda)$是关于附录 B 中（B.20）式左边的特征多项式，并且我用（2.13）式取代κ。那么$\mathcal{P}(\alpha)>0$，所以当且仅当$\zeta<1$时，$\alpha<\lambda<1$。在这种情形中，总价格指数的调整率比机械期望的要慢，因为货币政策冲击出现以后并不是所有的价格都已经获得了更新的机会（在冲击出现以后，在t期还有α^t部分的价格甚至一次都没调整过）。在这种情形下，泰勒（1980）谈及由于交错的价格调整而存在的"合约乘数"。[46]而该乘数依赖于不同供给者定价决策之间的战略互补性，所以，如果其他供给者的价格没有得到充分的调整，那么单个供给者就会较少地调整自己的价格。在战略替代（$\zeta>1$）情形下，持久性实际上比我们基于纯粹机械的原因（$\lambda<\alpha$）所期望的要短，这是因为其他价格没有和名义支出的增加成比例地调整，使得先前调整的价格实际上被过度调整了。

为价格变化假定一个符合经验现实的平均时间间隔，那么价格变化交错进行能否导致一个符合经验现实的持续性水平呢？查利等人（2000）认为这是不可能的。但是，他们的结论依赖如下两点：第一，夸大所需要的合约乘数的大小，第二，低估经验可信的战略互补水平。他们将合约乘数定义为“在交错定价情形下，当货币政策冲击出现后，产出偏差的半衰期与同步定价情形下相应的半衰期的比率”（p.1152）。上面我们分析了在卡尔沃定价下的产出对永久地增加名义GDP水平的货币政策冲击的反应，[47]这已经说明了冲击发生后，产出水平回到它的稳态水平 λ^t，其中 λ 是（2.19）式中的较小的根。那么，交错定价的半衰期将等于 $\log 2/\log\lambda^{-1}$。

借助相应的同步定价的半衰期，查利等人阐述了如下的情形，任何在货币政策冲击发生后被修正的价格会立即调整到新的期望的长期价格水平上，所以在任何时候最终总价格调整的比例等于在货币政策冲击发生后至少修正过一次的价格的比例。在卡尔沃定价模型中，冲击发生以后 k 期还没有调整过的价格的比例是 α^{k+1}，所以同步定价的半衰期等于 $\log 2/\log\alpha^{-1}$。[48]那么，由卡尔沃定价模型所得到的合约乘数等于 $\log\alpha^{-1}/\log\lambda^{-1}$。这来源于先前的结论：当且仅当 $\zeta<1$ 时，也就是当且仅当不同供给者的定价决策是战略互补时，合约乘数大于1。[49]事实上，在卡尔沃模型的连续时间极限模型中，我们可以证明合约乘数等于

$$\frac{2a^*}{[4a^*(a^*+1)\zeta+1]^{1/2}-1} \tag{2.20}$$

其中，a^* 为价格调整（连续的）率与时间偏好（连续的）率的比率，它独立于其他参数的取值。[50]当 $a^*\gg 1$ 时，不管 a^* 的大小究竟是多少，合约乘数都近似地等于 $\zeta^{-1/2}$。这给查利等人的发现——在交错定价模型中，所预测的合约乘数几乎不依赖于所假定的价格调整之间的时间长度——提供一个恰当的分析解释。

查利等人认为，为了让交错定价能够解释所观察到的持续性现象，一个较大的合约乘数是必须的。他们用单变量的ARMA模型拟合战后美国的消除趋势的实际GDP，并且得出围绕趋势的产出波动的半衰期大约是10个季度。同时，他们认为假设价格固定不变的时间长度为1个季度才是合理的，这意味着同步定价半衰期只有半个季度。因而，他们认为合约乘数应该等于20，只有当 ζ 很小时，这才是可能的（在连续时间极限情形下，$\xi=0.004$）。[51]然而，他们发现他们的基本参数值意味着 $\zeta>1$，因此合约乘数是小于1的。虽然不同的参数值可以在一定程度上提高合约乘数值的大小，但是他们认为其不可能大于2。他们得出结论，为了解释所观察到的持续性我们必须相信价格在许多年内都保持不变。

然而，这种定义货币政策冲击的产出效应持续性的途径是假定在确定性趋势路径周围的所有产出波动都是源于货币政策冲击，我们没有理由做出这样的假定。的确，本研究的中心论点在于，货币政策的任务是对经济所遭受的大量不同类型的实际扰动做出恰当地反应。我们也许会赋予货币政策很高的重要性，却不认为产出变化总量的任何大比例的部分是由（在根本因果关系的意义上）货币政策的随机成分造成的，因为系统性的货币政策可以很大程度上改变实际扰动的影响。例如，第5章将讨论的罗特伯格和伍德福德（1997）所估计的模型，即只把样本期的实际GDP在趋势周围的变化总量的百分之几归因于货币政策冲击，然

而那篇论文所报告的模拟是违反事实的，该报告表明不同的系统性货币政策可以得到大相径庭的实际与名义变量的路径。

为了确定相应的半衰期，我们需要单独定义货币政策冲击的实际影响。这里的半衰期也许会比查利等人所估计的要短，但是这并不意味着货币政策对商业波动不重要。例如，图 3.3 所显示的脉冲反应表明，仅仅在产出反应到达最高点后的 3 个季度，（对数）产出水平就已经回到了冲击前所期望的水平的一半。再经过 2 个季度，产出反应降到了它的顶峰水平的 20%。这表明半衰期只有 2.5 到 3 个季度。在第 5 章将要讨论的罗特伯格和伍德福德（1997）的结构 VAR 模型得出，在产出最先受到实质影响的那个季度之后，产出反应包含更近似的指数衰退，该反应将在随后的图 5.2 中给出，其半衰期大约只有 3 个季度。[52]

此外，调查证据表明，平均而言，许多价格保持不变的时间长度是多于 1 个季度的。例如，布林德等人（1998）的调查指出，价格变动的平均时间（对美国的代表性厂商而言）是 9 个月。[53]这表明价格的连续变动率应该用参数近似地表示为 0.33/季度，意味着半衰期是 2.08 个季度，因此要求的合约乘数仅仅是 1.44，该值在查利等人认为合理的范围内。在前面所得到的连续时间极限的卡尔沃定价模型中，[54]这仅仅要求 $\zeta=0.49$，并且，一旦我考虑非常数替代弹性偏好和中间投入，或至少考虑一定程度的要素专有性（正如表 3.1 所示），如此低或者比这更低的值很容易与查利等人所做出的关于偏好和技术的假设相一致。[55]如果 σ 所取的值更大，那么这将更加容易，并且，正如我将在第 4 章证明的，用远大于 1 的 σ 值校准这个模型是最合理的。

事实上，当前的讨论已经表明许多可信的假设可以证明在 0.10～0.15 范围中的 ζ 值是合理的。这意味着合约乘数的范围是 2.6～3.3（在我们模型的连续时间极限情形下），或产出反应的半衰期（假定价格调整率是由调查证据得出的）是 5.5～6.8 个季度。这个名义支出增加对实际经济活动的影响的持续性水平，要比罗特伯格和伍德福德引用的 VAR 证据所得出的水平高得多，但是它和一些关于确定的货币冲击的影响的其他研究所得出的持续性水平是具有可比性的。[56]

3.2.4 名义支出增长率中持续性的后果

因此，到现在为止，我只考虑了实际经济活动对名义支出未预期到的持久增加的反应。虽然我已经考虑了持续性水平的清晰定义，但名义支出的预期路径的这种扰动与 VAR 文献中所确定的货币政策冲击条件下的名义支出的估计反应并没有多少相似之处，因而针对这种情形的模型预测不能与任何实证估计直接做比较。在开始的几个月中，确定的货币政策冲击对名义支出只有轻微（如果有的话）的影响，但该影响在几个季度间累积地增加，最终会把期望的将来名义支出提高到一个新的持久水平。

作为考虑这种类型的冲击一个简单例子，我假定名义支出的增长率服从如下形式：

$$\Delta\log\mathcal{Y}_t=\rho\log\mathcal{Y}_{t-1}+\epsilon_t+q_t \tag{2.21}$$

其中，$0<\rho<1$，ϵ_t 是独立同分布的均值为零的随机变量，$\{q_t\}$表示一个独立于$\{\epsilon_t\}$的过程。这种设定方式，意味着冲击ϵ_t 会使条件期望 $E_t\log\mathcal{Y}_{t+k}$ 增加$(1-\rho)^{-1}(1-\rho^{k+1})\epsilon_t$，其中，$(1-\rho)^{-1}(1-\rho^{k+1})\epsilon_t$ 关于 k 单调递增，并逐渐地靠近一个持久效应，它是初始效应的$(1-\rho)^{-1}>1$ 倍。[57] 考虑对正的冲击$\epsilon_0=1-\rho$ 的脉冲反应，它导致了名义支出的期望长期水平增加一个单位，对这些反应采用如下的记号：

$$\tilde{p}_k\equiv(1-\rho)\frac{\partial}{\partial\epsilon_t}E_t\log P_{t+k}$$

$$\tilde{y}_k\equiv(1-\rho)\frac{\partial}{\partial\epsilon_t}E_t\log Y_{t+k}$$

在这种情形下，我得到命题 3.6 的如下推广。

命题 3.7 假定总名义支出根据（2.21）式变化，其中$0<\rho<1$，$\rho\neq\lambda$，与命题 3.6 中一样，$0<\lambda<1$，ϵ_t 是在 t 期的不可预测的货币冲击，过程$\{q_t\}$独立于过程$\{\epsilon_t\}$。那么在具有新凯恩斯主义形式（2.12）式的总供给关系的经济中，对数实际 GDP 关于大小为 $1-\rho$ 的正的冲击ϵ_t（意味着对数形式的总名义支出最终永久增加了一个单位）的脉冲反应函数由下式给出：

$$\tilde{y}_k=\frac{(1-\rho)(1-\beta\rho)}{(\lambda-\rho)(\lambda^{-1}-\beta\rho)}(\lambda^{k+1}-\rho^{k+1})$$

且对任何 $k\geqslant0$ 均成立。对数价格水平的相应的脉冲反应函数由下式给出：

$$\tilde{p}_k=1-\rho^{k+1}-\tilde{y}_k$$

（注意，$\rho=0$ 的极限情形下，这些解决方案转化成了命题 3.6 所给出的形式）

附录 B 给出了证明。注意，序列$\{\tilde{y}_k\}$是两个指数衰减序列之差，其中，以正号进入的序列是较慢衰减的序列并且对所有的 k 有较大的值，所以对所有的 k 有$\tilde{y}_k>0$。这两个这类指数的差分，要么在冲击时，从最高点单调衰减回到零；要么先攀升到最高点，然后再单调地衰减回到零（驼峰形的反应）。由于$\tilde{y}_2=(\lambda+\rho)\tilde{y}_1$，当且仅当$\lambda+\rho>1$，即当且仅当$\rho>1-\lambda$ 时，产出的反应函数是驼峰形的。作为这类反应的可能的一个例子，图 3.9 描述了对数产出和对数价格水平的脉冲反应，所取的参数$\beta=0.99$，$k=0.024$，$\rho=0.4$，该图还给出了名义支出本身的脉冲反应。[58]

出现这种均衡反应的原因其实很简单。即使货币政策冲击发生后价格水平不能非常迅速地变化，产出也不会一开始就增加很多，因为名义支出并没有增加多少。当名义支出进一步增加时，实际产出也会增加。最终，价格调整，实际经济活动回落到它的初始水平（或者，在趋势产出模型中，回到它的初始趋势）。

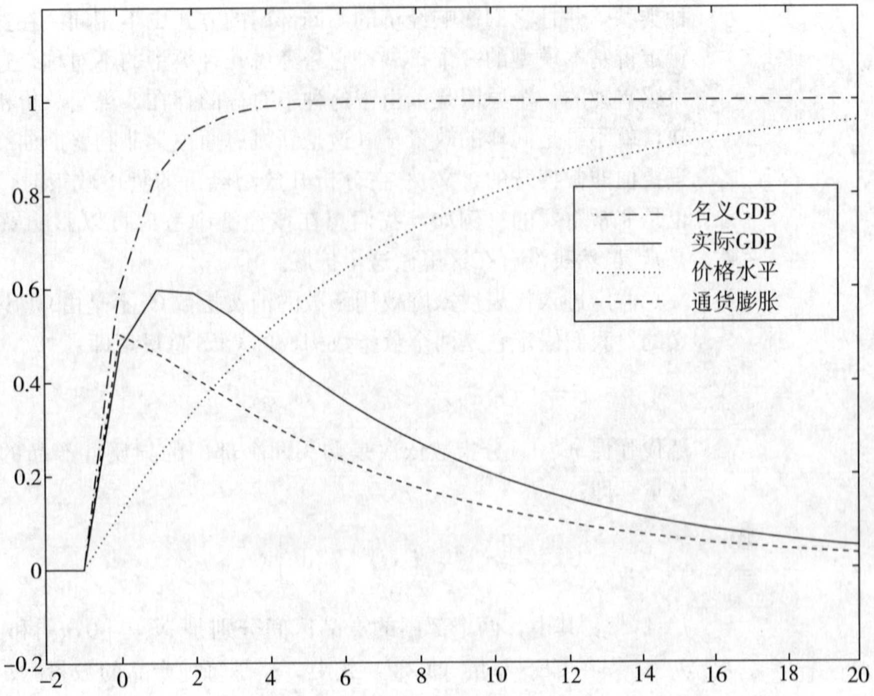

图 3.9　当名义 GDP 持续增长时，对名义 GDP 冲击的脉冲反应

图 3.9 所展示的驼峰形产出反应至少是典型地用结构 VAR 方法所估计出来的较为粗糙的脉冲反应类型（例如，参见图 3.3）。的确，科克瑞恩（Cochrance，1998）发现与他所考虑过的任何其他的简单的总供给关系相比，轻微修改过的新凯恩斯主义总供给关系（2.12）式更能与产出对货币政策冲击的脉冲反应相匹配。[59] 这种具体形式的一个特殊的优点是：即使对名义支出几乎没有即时影响，它允许名义扰动有明显的产出效应。当 ρ 接近 1 时，考虑先前所做的计算，我们可以看出这一点。在这种情形下，在 0 期名义支出几乎没有增加（$\log \mathcal{Y}_0$ 仅仅增加了 $1-\rho$），然而产出效应的最高点也许是 1 的一个任意大的比例。（对足够小的 k 而言，λ 的值可以任意地接近 1，所以与期望名义支出接近它的长期值的速率相比，价格调整是缓慢的。）这与新古典供给关系（1.32）式的预测形成了鲜明的对比，这意味着，不管短期菲利普斯曲线有多么平坦，产出效应的最高点（必须发生在 0 期）的上界是 $1-\rho$。

3.2.5　部门不对称的后果

到目前为止，我只考虑了完全对称的模型，在这种情形下，如果不同产品的商标是可以相互交换的，那么所有的偏好和生产关系将保持不变。特别地，我已假设所有实际扰动通过同样的方式来影响所有产品的产出和需求条件，即技术进步使每种产品的生产成本以同样的比例下降，等等。事实上，扰动当然会有很多种类型，并且它们影响经济的不同部门的方式也不相同。在这里，我暂时考虑交错定价基本模型的一个扩展，它将考虑几种类型的不对称。这个扩展之所以让大家感兴趣的一个原因是，由于这种不对称的存在，稳定总价格指数和稳定总产出缺口就不再是同样的政策了（这是新凯恩斯主义菲利普斯曲线（2.12）式的一个重要但非常特殊的含义）。在分析开放型经济的货币政策时，考虑部门的不对称也是非常重要的（例如，我们想在该经济中考虑可以影响贸易条件的冲击的后果），虽然我没有在这里做这个扩展。[60]

假定进入代表性家庭效用函数的消费指数 C_t 不是由 CES 指数（1.2）式来定义的，我们假定它是两个分指数构成的 CES 总量，即：

$$C_t \equiv [(n_1\varphi_{1t})^{1/\eta}C_{1t}^{(\eta-1)/\eta}+(n_2\varphi_{2t})^{1/\eta}C_{2t}^{(\eta-1)/\eta}]^{\eta/\eta-1} \tag{2.22}$$

替代弹性 $\eta>0$。分指数依次是购买两个部门的异质性产品的连续统数量的 CES 总量，即：

$$C_{jt} \equiv \left[n_j^{-1/\theta}\int_{N_j} c_t(i)^{(\theta-1)/\theta}\mathrm{d}i\right]^{\theta/\theta-1}$$

$j=1$，2，其中，两个部门的产品区间分别是 $N_1\equiv[0,n_1]$和 $N_2\equiv(n_1,1]$，并且 $\theta>1$。[61]在 CES 总量（2.22）式中，n_j 是每种产品的数量（$n_2\equiv1-n_1$），随机系数 φ_{jt} 为正，并且满足定义 $n_1\varphi_{1t}+n_2\varphi_{2t}=1$。(那么 φ_{jt} 的变化代表每期的单个扰动，是对两个部门产品相对需求的变化)。

根据上述的偏好设定方式，获得一个单位的部门复合产品 C_{jt} 的最低成本由如下部门价格指数给出：

$$P_{jt} = \left[n_j^{-1}\int_{N_j} p_t(i)^{1-\theta}\mathrm{d}i\right]^{1/(1-\theta)} \tag{2.23}$$

$j=1$，2，并且得到一个单位 C_t的最低成本相应地由如下总价格指数给出：

$$P_t \equiv [n_1\varphi_{1t}p_{1t}^{1-\eta}+n_2\varphi_{2t}p_{2t}^{1-\eta}]^{1/1-\eta}$$

对部门 j 的产品 i 而言，价格接受消费者对不同的异质性产品的需求的最优配置满足：

$$c_t(i)=\frac{1}{n_j}C_{jt}(p_t(i)/P_{jt})^{-\theta}$$

并且不管给定时期的总的消费支出是多少，每个部门的部门需求指数要求满足：

$$C_{jt}=n_j\varphi_{jt}C_t(P_{jt}/P_t)^{-\eta}$$

注意，随机因子 φ_{jt}是作为部门需求函数中的乘积型扰动出现的。总量已经被标准化，所以如果所有的产品拥有一个共同价格 p，那么价格指数就等于这个共同价格，并且对部门 j 的产品 i 的需求 $c_t(i)=\varphi_{jt}C_t$。

对部门 j 中的产品 i，我也假定供给类型 i 的劳动的负效用等于 $v(h_t(i);\xi_{jt})$，那么，我就可以考虑特定部门（不是特定产品）对劳动供给的偏好的扰动。假定这种产品的生产函数为下列形式：

$$y_t(i)=A_{jt}f(h_t(i))$$

其中，函数 $f(\cdot)$ 像以前一样对所有产品都成立，但是现在我也考虑特定部门的技术扰动。像 3.1.1 节中那样，假定每个厂商在特定厂商的劳动市场中是价格接受者，部门 j 的厂商 i 的名义利润由下式给出：

$$\Pi_t^{ij} = Y_{jt}P_{jt}^{\theta}p_t(i)^{1-\theta}-\omega_t(i)f^{-1}(Y_{jt}P_{jt}^{\theta}p_t(i)^{-\theta}/A_{jt})$$

该式为（1.18）式的一般形式。

进一步假定两个部门都采用卡尔沃类型的交错定价，部门 j 中每一期产品价格保持不变的比例是 α_j。在 t 期，部门 j 的供给者改变其价格并选择新的价格 $p_t(i)$ 来最大化

$$E_t\left\{\sum_{T=t}^{\infty}\alpha_j^{T-t}Q_{t,T}[\Pi_T^{ij}]\right\} \tag{2.24}$$

上式为（2.2）式的一般形式。这可以得到一阶条件，如果像以前那样进行对数线性化，那么它具有以下形式：

$$\log p_{jt}^{*}=\frac{1-\alpha\beta}{1+\omega\theta}\sum_{T=t}^{\infty}(\alpha_j\beta)^{T-t}E_t[\log\mu+\log S_{jT}+\omega\theta\log P_{jT}] \tag{2.25}$$

该式为（2.8）式的一般形式，其中 $\log S_{jt}$ 是 t 期的对数名义边际成本，在部门 j 的厂商间取平均值。[62] 对（2.23）式进行对数线性化可得到：

$$\log P_{jt}=\alpha_j\log P_{j,t-1}+(1-\alpha_j)\log p_{jt}^{*} \tag{2.26}$$

该式为（2.5）式的一般形式。

（2.25）式和（2.26）式可以决定部门价格水平的变化，它是所在部门期望的未来通货膨胀，和对未来所有时期 T 的部门名义边际成本的预期的函数。现在将给定部门 j 的价格和边际成本间的缺口仅仅表达为该部门的经济活动和外生扰动的函数就不再可能了，而在单部门模型中这是可能的。在两部门模型中，部门通货膨胀和部门经济活动间的总供给关系依赖于另一个部门的经济活动，或依赖于总产出缺口和部门缺口。现在我们不能根据总产出缺口和相对产出缺口来给出部门总供给关系，但可以根据总产出缺口和相对价格缺口 $\hat{p}_{Rt}-\hat{p}_{Rt}^{n}$ 写出部门总供给关系，其中 $\hat{p}_{Rt}\equiv\log(p_{2t}/p_{1t})$，$\hat{p}_{Rt}^{n}$ 表示在伸缩性价格均衡中的相对价格值（仅仅是外生实际扰动——比如，自然产出率——的函数）。

命题 3.8 考虑上文所述的两部门模型，每个部门都采用卡尔沃定价模式（并且部门 j 中每一期价格保持不变的比例等于 $0<\alpha_j<1$），并且偏好和技术的扰动是针对特定部门的。对部门 $j=1$，2，令 $\pi_{jt}\equiv\log(P_{jt}/P_{j,t-1})$ 表示部门 j 的通货膨胀率。那么对每个部门而言，通过（2.27）式，部门通货膨胀率和总产出缺口通过以下形式的关系联系起来：

$$\pi_{jt}=\kappa_j(\hat{Y}_t-\hat{Y}_t^{n})+\gamma_j(\hat{p}_{Rt}-\hat{p}_{Rt}^{n})+\beta E_t\pi_{j,t+1} \tag{2.27}$$

该式为（2.12）式的一般形式，其中：

$$\kappa_j \equiv \frac{(1-\alpha_j)(1-\alpha_j\beta)}{\alpha_j}\frac{\omega+\sigma^{-1}}{1+\omega\theta}>0$$

$j=1$，2，并且：

$$\gamma_1 \equiv n_2\ \frac{(1-\alpha_1)(1-\alpha_1\beta)}{\alpha_1}\frac{1+\omega\eta}{1+\omega\theta}>0$$

$$\gamma_2 \equiv -n_1\ \frac{(1-\alpha_2)(1-\alpha_2\beta)}{\alpha_2}\frac{1+\omega\eta}{1+\omega\theta}<0$$

其中，$0<n_j<1$ 为部门 j 的产品数量。

附录B给出了详细的推导过程。

那么，每个部门的通货膨胀压力可以表示为实际经济活动的总水平（相对于其自然水平）和部门相对价格指数（相对于这个相对价格的自然值）的函数。高的总产出会增加两个部门的通货膨胀压力，而高的部门相对价格却会降低另一个部门的通货膨胀压力。结合（2.27）式（$j=1$，2）和如下定义：

$$\hat{p}_{Rt}=\hat{p}_{R,t-1}+\pi_{2t}-\pi_{1t} \tag{2.28}$$

给定总的实际经济活动的变化和两个复合的实际扰动$\hat{Y}_t^n$ 和$\hat{p}_t^R$，我们就得到了这两个部门的价格指数变化的完整方程系统。$\hat{p}_t^R$ 表示实际扰动影响两个部门的不同方式，并且由下式给出：

$$\hat{p}_{Rt}^n \equiv (1/\eta)[(\hat{\varphi}_{2t}-\hat{\varphi}_{1t})-(\hat{Y}_{2t}^n-\hat{Y}_{1t}^n)]$$

一般而言，这个模型意味着两个部门的通货膨胀以及总的通货膨胀取决于滞后内生变量$\hat{p}_{R,t-1}$，那么在这个理论中通货膨胀就不像完全对称（一个部门）情形那样是完全前瞻性的。但是，当两个部门中的价格黏性相等时（$\alpha_1=\alpha_2$），$\xi_1=\xi_2$，并且：

$$n_1\xi_1+n_2\xi_2=0$$

如果在两个部门间平均（2.27）式，权重是相应部门的大小，我们仍然可以得到总通货膨胀的变化（2.12）式。因此我们发现，存在形如（2.12）式的均衡关系——意味着稳定总价格指数和稳定产出缺口$\hat{Y}_t-\hat{Y}_t^n$ 是相容的——并不要求所有的实际扰动同等地影响每种产品的需求和生产成本，这样的假设在前面的模型中出现过。然而，在不对称模型中（所有产品具有相同的价格黏性水平，除了相乘的技术因素外所有产品的生产函数具有相同的形式，等等），我们可以得到这种类型的关系，即使存在以下几种类型的不对称扰动：不同类型的劳动供给的相对负效用的扰动，不同部门的劳动相对生产力的扰动，不同产品的家庭相对偏好的变动。

如果不同类型的产品价格的黏性是不相等的，那么同一个政策就不可能既稳定总产出缺口又稳定总通货膨胀率。在第6章我将考虑对最优稳定政策导致的权衡的后果。

3.3 名义扰动对通货膨胀的滞后效应

我们已经看到，由交错定价假设（特别地，像卡尔沃那样去理解）所得到的总供给关系，比简单的新古典菲利普斯曲线能更好地拟合货币扰动效应的基本事实。基于这个原因，最近的许多试图考虑前瞻性私人部门行为的货币政策讨论大都采用新凯恩斯主义菲利普斯曲线。但是，这个模型还是遭到了许多批评，因为它没有很好地拟合有关实际和名义变量协同变动的计量经济学证据。

一个重要的批评是，该模型意味着通货膨胀应该比事实上看起来更是一个完全前瞻性的过程。注意，对（2.12）式进行前向求解可以得到：

$$\pi_t = \kappa \sum_{j=0}^{\infty} \beta^j E_t[\hat{Y}_{t+j} + \hat{Y}^n_{t+j}] \tag{3.1}$$

那么在任何时期预测的通货膨胀率应该仅仅依赖于该时期及其以后的预测产出缺口，它完全地独立于过去的产出缺口或通货膨胀。这与许多经济学家对通货膨胀过程的直觉观点，或大多数中央银行目前使用的模型所得出的通货膨胀动态不太一致。[63]与之相反，因为这些模型在通货膨胀过程中假定了一个较高的惯性水平，所以近期发生的以往的通货膨胀视为当前通货膨胀的重要的决定要素。

新凯恩斯主义菲利普斯曲线不能解释所观察到的实际经济活动与通货膨胀之间的协同变动，或者不能解释通货膨胀动态自身的持续性，说明这些问题的证据并不是像通常看起来所假定的那样容易获得。认为所列方程与事实很不一致的看法通常建立在用某一传统的产出缺口序列来表示$\hat{Y}_t - \hat{Y}^n_t$。例如，（2.12）式意味着序列 $\pi_{t+1} - \beta_{-1}\pi_t$——从本质上讲，它是通货膨胀的加速率——应该是与$\hat{Y}_t - \hat{Y}^n_t$是负相关的。然而，美国产出缺口的传统序列（对数实际 GDP 序列减去一个相对平滑的趋势）一般都会与随后的通货膨胀加速度呈正相关关系。但是，当前的模型给出了一个很好的理由来假定$\hat{Y}^n_t$ 不是一个平滑趋势，因为它应该立即被政府购买变动或其他“独立”的支出成分，家庭的消费不耐心程度或工作态度变动，以及譬如资本积累、技术进步和劳动力增长等这些较慢运动的要素所影响。如果$\hat{Y}^n_t$ 存在相对高频变化，传统的缺口测度与$\hat{Y}_t - \hat{Y}^n_t$ 很容易负相关，因为政策趋向于将产出稳定在平滑趋势周围，而不是时变自然率周围（Gali，2002）。实际平均单位劳动成本——在扰动的性质的一般性假设下，正如上面所讨论的，它应该对应于$\hat{Y}_t - \hat{Y}^n_t$ 的变化——与剔出了趋势的实际 GDP 负相关的事实可能就是指的这种情况。事实上，根据美国的数据，实际单位劳动成本与通货膨胀加速度是负相关的，并且当真实单位劳动成本用$\hat{Y}_t - \hat{Y}^n_t$ 来测度时，正如上面所讨论的，新凯恩斯主义菲利普斯曲线则可以很好地解释美国的通货膨胀动态。

但是，通过考虑响应所定义的货币政策冲击的产出和通货膨胀动态，我们可以找到证据说明简单的新凯恩斯主义菲利普斯曲线可能的确太具前瞻性了。如果在先前所提到的 VAR 研究中的货币政策冲击的定义是正确的，那么估计的实际

GDP 的脉冲反应也应该对应于缺口测度$\hat{Y}_t - \hat{Y}_t^n$（从理论上而言，该测度是正确）的脉冲反应，因为$\hat{Y}_t^n$ 的路径是不受影响的。[64] 因此所估计的实际 GDP 和通货膨胀的脉冲反应应当满足（2.12）式，或等价地满足（3.1）式。

一般来说，它们并不满足。特别地，我们一般可以观察到，货币政策冲击对通货膨胀的主要影响是出现在产出反应最强的那些季度之后的季度中。（例如，图 3.10 给出的是先前讨论过的在克瑞斯汀娜等人（2001）的研究中所得到的脉冲反应。）但是不管所假定的参数值是多少，这都与（3.1）式不一致，因为这个方程意味着每个季度的通货膨胀反应是该季度和以后季度所期望的产出反应的增函数。因此从某种程度上而言，对通货膨胀的影响应当出现在产出影响之前，后一个影响是提前可测的（就像产出的脉冲反应指出的那样），并且它应当先于产出影响抵达高峰，因为产出影响一旦达到高峰，从这时起就可以被预测的产出缺口与那些稍早就可以被预测出的相比要小，然而这并不是 VAR 研究所要揭示的。相反，货币扰动对通货膨胀的影响被推迟了，并且比由简单交错定价模型所预测的持久性更长。

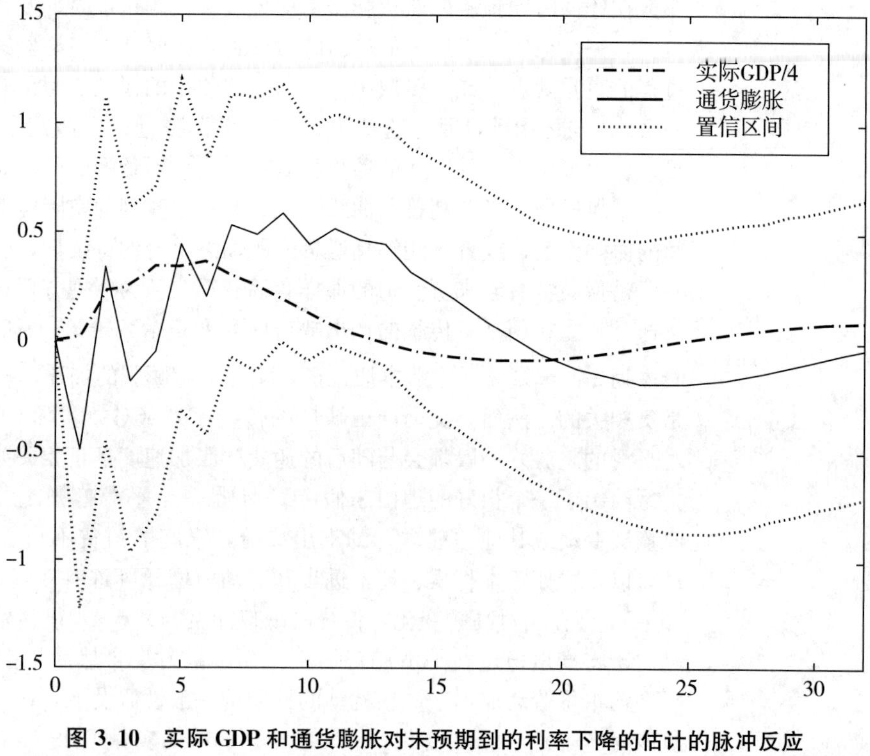

图 3.10　实际 GDP 和通货膨胀对未预期到的利率下降的估计的脉冲反应

资料来源：Christiano et al.（2001）

但是，我们可以用许多方式来扩展当前的交错定价模型，并使它在这个方面更加贴近现实，而该模型在满足一定的假设条件的前提下，仍然可以从最优定价决策来推导通货膨胀动态。在这里，我特别地注意到其中的两种方法，它们在协调最优化模型和 VAR 证据的一致性方面是很有用的。

3.3.1 具有滞后价格变动的交错定价

因为卡尔沃模型的通货膨胀是前瞻性的，所以会出现违反事实的预测，即通货膨胀率应当对最终影响名义支出的货币扰动做出及时反应。为了避免出现这种情况，一个简单的方法就是修正最新选择的价格立即生效的假设。我已经在先前的推导过程中假定，给定新价格生效期间的总量条件，在给定期间要改变价格的比例 $1-\alpha$ 是最优选择的。之所以这样假定的一个原因是，它允许我把完全伸缩性价格的情况构建入我的设定里（正如 $\alpha=0$ 的极限情形）。但是，关于交错工资和价格设定的文献通常假定新的工资合同和/或价格承诺是在它们最初生效前的一个时期选定的——所以它们仅仅对那个早一些时期的可用的信息而言是最优的。如果允许新选定的价格在生效前有一个时滞，结果明显会造成货币政策冲击将在这个时滞之后才会影响价格，然后它也会比影响通货膨胀更快地影响产出。

我可以简单修改我先前所陈述的离散时间卡尔沃模型，在新价格的引入中考虑这种时滞。假设在 t 期所选择的新价格只有在 $t+d$ 期才能生效，d 为大于等于零的整数。就 t 期为某一给定产品所选择的新价格而言，在 $t+d$ 期之前各期生效的概率为零，在 $t+d$ 期生效的概率为 1，在 $t+d+1$ 期概率为 α，更一般地，在 $t+d+k$ 期，$k\geqslant 0$，概率为 α^k。在 t 期选择价格的供给者将选择新价格 $p_{t+d}(i)$ 来最大化，即：

$$E_t\left\{\sum_{T=t+d}^{\infty}\alpha^{T-t-d}Q_{t,T}\Pi(p_{t+d}(i),p_T^I,P_T;Y_T,\tilde{\xi}_T)\right\}$$

该式为（2.2）式的一般形式，其中各期的名义利润再次由（1.18）式给出。得到这种情形的一阶条件为：

$$E_t\left\{\sum_{T=t+d}^{\infty}(\alpha\beta)^{T-t-d}u_c(Y_T;\xi_T)Y_TP_T^{\theta}\left[p_{t+d}^*-\mu P_T s(Y_TP_T^{\theta}p_{t+d}^{*-\theta},Y_T;\tilde{\xi}_T)\right]\right\}=0$$

它隐含地定义了最优价格 p_{t+d}^*，对所有将在 t 期选择新价格的供给者而言是一样的。和前面一样，p_t^* 的值通过（2.1）式决定价格指数 P_t 的变化。

使用命题 3.5 的证明中使用过的类似的处理方法，将上述一阶条件进行对数线性化，我们可以得到如下形式的对数线性总供给关系：

$$\pi_t=\kappa E_{t-d}(\hat{Y}_t-\hat{Y}_t^n)+\beta E_{t-d}\pi_{t+1} \tag{3.2}$$

该式为（2.12）式的一般形式（这个方程中的所有变量和系数的定义同以前一样）。当$d=1$时，（3.2）式就是科克瑞恩（1998）以及罗特伯格和伍德福德（1997）所采用的总供给关系式。注意，（3.2）式的右边的所有项都是 $t-d$ 期的信息的函数。因此，该模型意味着通货膨胀 π_t 是一个预先确定的变量，它只依赖于 $t-d$ 期或者这之前的扰动。在这种情形下，对通货膨胀和产出决定而言，只有自然产出率的可预见部分 $E_{t-d}\hat{Y}_t^n$ 的波动才是重要的。

对上述模型的另一种解释是，实际上不是价格变动必须被预先确定（因为预期到消费者会被提前告知），而是当改变价格的机会在 t 期出现时，新价格（在 t 期开始生效）是基于陈旧的信息（即 $t-d$ 期的世界状态）选择的。这种假设会导致和上面完全相同的新价格的最优化标准，因此它们具有完全相同的最优化供给关系（3.2）式。那么我们可以把该假设另外刻画成包括信息滞后的一个假设，例如，曼昆和赖斯（Mankiw and Reis，2001a，b）所做的工作就是这种情形。[65]

不管是哪种解释，该模型都意味着在 t 期的货币政策冲击对 $t+d$ 期之前的通货膨胀没有影响。这消除了基本的新凯恩斯主义设定令人困惑的特征。当我们认识到，根据 VAR 研究，货币扰动影响总名义支出存在滞后（如图 3.2 所示），这些特征就格外明显。假定名义 GDP 根据如下形式的随机过程变化：

$$\Delta \log y_t = \rho \Delta \log \mathcal{Y}_{t-1} + \epsilon_{t-s} + q_t \tag{3.3}$$

其中，整数 $s \geqslant 0$ 表示发生货币政策冲击到它开始影响名义 GDP 时的延迟。（如前，假设 ϵ_t 是 t 期所实现的均值为零的一个扰动，在此前它是完全不可预测的，并且假定过程 $\{q_t\}$ 独立于过程 $\{\epsilon_t\}$。）给定总供给关系（3.2）式，我们可以再次解出通货膨胀和产出的均衡路径。现在我希望考虑，在总供给关系（3.2）式中假定不同的滞后 d 的影响。

图 3.11 展示了当扰动对名义 GDP 的影响存在滞后时，根据标准的新凯恩斯主义菲利普斯曲线，推测的通货膨胀和产出对在 0 期发生的货币扰动的脉冲反应。冲击还是一个未预期到的政策放松——它意味着名义 GDP 最终增加一个百分点，并且和图 3.9 所假定的一样，假定 $\rho=0.4$，但是，我现在假定 $s=2$，从而

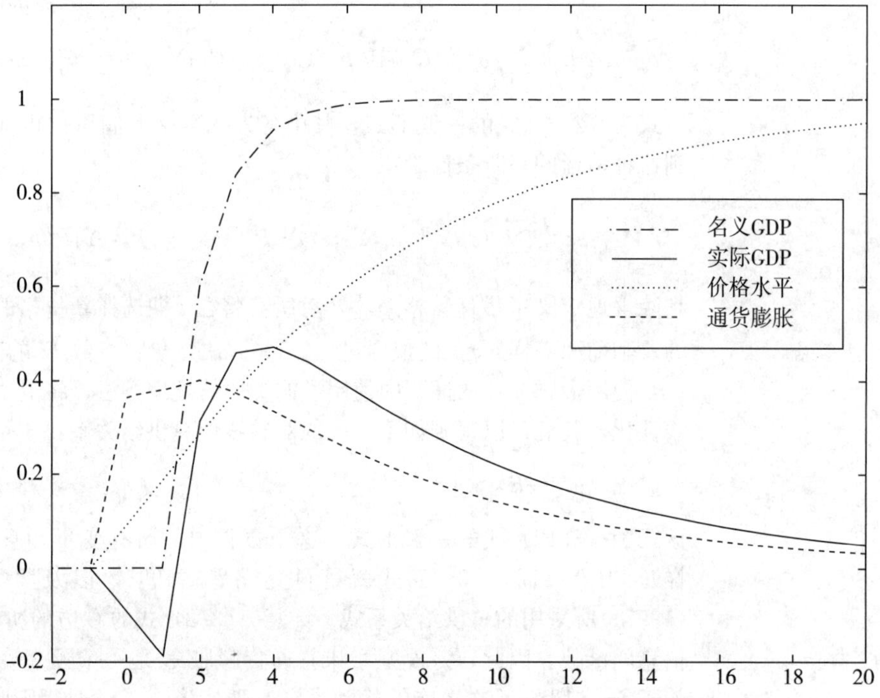

图 3.11　根据基本的卡尔沃模型，当名义支出存在滞后的影响时（$s=2$），货币扰动的脉冲反应

与图 3.2 所展示的利率下降对名义 GDP 影响的滞后现象相吻合。（所假定的 β 和 κ 的值与图 3.9 一样。）

在基本的新凯恩斯主义设定下，我得到了令人困惑的预测：在货币扰动发生后的最初的两期后，货币扰动应该会增加名义支出，如果这样的话，在短期内实际经济活动就会出现紧缩。这是因为，从现在起的两个时期内预期到会出现更高水平的实际经济活动和/或通货膨胀，意味着更快改变价格的那些供给者（但是是在得知冲击之后）应该已经把价格提升到高于自然率的水平，因为他们预期到将来的需求会增加，竞争者的价格也会提高。因此，为了应对不久的将来的更高的名义支出的预期，通货膨胀会立即上升。但是因为名义支出不会立即增加（由假设得知），实际经济活动就会出现暂时性的收缩。很显然，这根本不是我所估计的那种产出反应（回忆图 3.3）。

假定在新选择的价格生效前存在一个 $d=2$ 的 2 个季度的滞后（用（3.2）式代替（2.12）式），上述问题就可以解决。图 3.12 给出了这种情形的相应的脉冲反应，所有变量的预测的反应都与图 3.9 完全一样，只是所有的脉冲反应函数向右移动了 2 个季度而已。注意，给定冲击对名义 GDP 的影响存在滞后的假设，假定价格变化存在滞后也意味着直到 2 个季度后货币政策冲击才会对产出造成影响。[66] 这种情形下推测出来的产出反应在性质上与 VAR 研究所估计的非常相似——即影响滞后 2 个季度，其后是驼峰形的，持久的，并且从不明显为负。

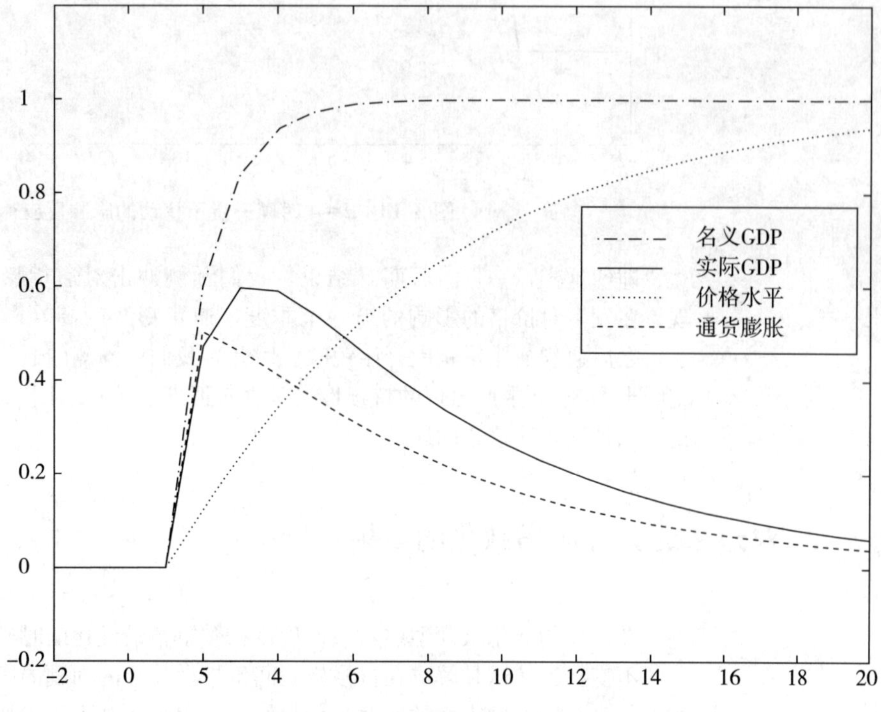

图 3.12　$d=2$ 时总供给模型中同一货币扰动的脉冲反应

图 3.12 不同于图 3.10 所给出的脉冲反应，尽管在图 3.10 中通货膨胀的影响达到高峰要早于产出影响。但是如果假定在价格变动生效前所存在的滞后 d 更

长的话，这个问题就可以得到改善。（注意，图 3.10 所给出的脉冲反应意味着，直到冲击发生的 6 个季度后，价格水平才比没有冲击时的价格水平更高，所以这些估计的反应与 $d=6$ 时是一致的。）图 3.13 给出当 $d=4$ 时相应的脉冲反应。现在可以发现，在冲击对通货膨胀产生任何影响之前，它对实际产出的影响就达到了最高点（也就是说，冲击发生后的第 3 个季度）。

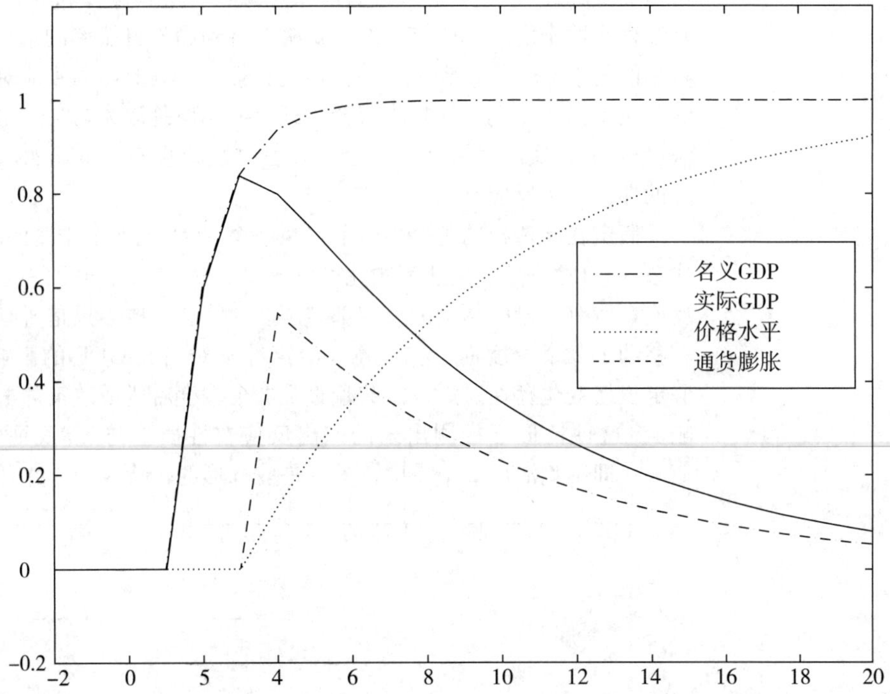

图 3.13　$d=4$ 时同一货币扰动的脉冲反应

即使这样，一旦滞后期 d 结束，我们预测冲击对通货膨胀的影响会突然出现。在发生对价格的影响的第一个季度，通货膨胀的高峰影响非常明显地出现了，之后通货膨胀影响就开始锐减。因此，我们所预测的通货膨胀反应仍然没有刻画出图 3.10 中所出现的持续性（至少根据点估计）。对卡尔沃模型做进一步修正可以帮助解决这个问题。

3.3.2　对过去通货膨胀指数化的后果

在经典的卡尔沃模型中，假设价格在被重新最优化的时机之间保持货币意义上的不变。虽然这是解决在价格修正间价格做什么的问题的简单方法，并且这个假设与许多厂商的表面的实践活动相符合，但是我并不能确切地证明在这个方面卡尔沃定价模型是最优的。相反，我所分析的最优定价政策将它的这个特征作为一个约束。也许人们会假设价格会根据一些机械的规则在它们被重新考虑的时机之间自动地上升，如果这个规则足够简单，那么厂商放弃一定月数的时间间隔对最优的价格进行重新考虑，这也会极大节约管理成本，所以使用这种临时大拇指规则就是合理的。

比简单地在货币意义上保持价格不变的一种明显更复杂的临时大拇指规则是试图至少用一种简单的方法来修正一般价格指数的增加。例如，郓（Yun，1996）假定在重新考虑价格期间价格以$\bar{\pi}$的速率自动地增长，$\bar{\pi}$是经济中实际的长期通货膨胀率。这样就得到如下形式的总供给关系：

$$\pi_t=(1-\beta)\bar{\pi}+\kappa(\hat{Y}_t-\hat{Y}_t^n)+\beta E_t\pi_{t+1}$$

该式一般化了（2.12）式。不同的货币政策可能会得出不同的长期平均通货膨胀率，在对这些货币政策规则的期望影响的比较中，郓假定厂商的定价政策参数$\bar{\pi}$应该是根据实际情况而变化的，这样就得到了不同于经典的卡尔沃模型的垂直的长期菲利普斯曲线关系。

在实践中，对长期货币承诺的指数化而言，通货膨胀已经足以成为一个必须解决的问题，那么在这样的经济中，指数化机制通常建立在最近的相对短的时间间隔的通货膨胀测度的基础上，因为并没有假定通货膨胀可以一直保持在某一个非零的稳态值附近（当然，这与如下事实是相关的，即在过去的十年之前，几乎没有国家对固定的通货膨胀目标做出承诺!）。这意味着，如果是不久前的针对总价格指数的变动做出的价格承诺（或工资，下一节将会讨论），那么对其进行自动指数化可能会更加令人信服。然而应注意的是，对现行的价格指数而言，假定将单个价格指数化是不现实的。除了这将带来的同期问题，假设，为了维持一个不变的最优价格对现在条件进行持续监督成本太高，不值得去做，而这又不符合我的假设。对某些过去的时间间隔的总价格指数的变动而言，想象一种某个价格的自动指数化政策（着手对价格最优性全局回顾的时机之间）是远非合理的。

克瑞斯汀娜等人（2001），斯麦茨和沃特斯（Smets and Wouters，2002），以及詹诺尼和伍德福德（2003b）假定工资和价格部分或全部采用这种类型的指数化，并且认为卡尔沃定价模型的上述扩展改进了他们的模型的经验拟合度。在这里，我研究通货膨胀动态的后向指数化的后果，同时继续假定有效劳动市场合同。让我们再次假定在每期重新考虑所有价格中随机选择的$1-\alpha$部分，并且最优地设定它们，但是没有重新考虑的产品 i 的价格根据如下指数化规则进行调整：

$$\log p_t(i)=\log p_{t-1}(i)+\gamma\pi_{t-1} \tag{3.4}$$

其中，$0\leqslant\gamma\leqslant 1$ 度量最近可得的通货膨胀测度的指数化水平。（注意，正如克瑞斯汀娜等人所假定的，当$\gamma=1$时，对总扰动的影响而言名义刚性仍然是重要的，原因是在指数化中存在一个季度的滞后）。

当重新考虑价格时，这个关于在两个重新最优化之间的价格是如何调整的假设会影响价格设定的方式。如果我们像基本的卡尔沃模型那样假定，最近的最优化的价格立即生效，那么在 t 期所选择的新价格 $p_t(i)$ 应该最大化

$$E_t\left\{\sum_{T=t}^{\infty}\alpha^{T-t}Q_{t,T}\left[\Pi_T^i\left(p_t(i)\left(P_{T-1}/P_{t-1}\right)^{\gamma}\right)\right]\right\}$$

从而得到一阶条件为：

$$E_t\left\{\sum_{T=t}^{\infty}(\alpha\beta)^{T-t}u_c(Y_T;\xi_T)Y_TP_T^{\theta}\left(\frac{P_{T-1}}{P_{t-1}}\right)^{\gamma(1-\theta)}\right.$$
$$\left.\times\left[p_t^*-\mu P_Ts(Y_T(p_t^*/P_T)^{-\theta}(P_{T-1}/P_{t-1})^{-\gamma\theta},Y_T;\tilde{\xi}_T)\right]\right\}=0$$

它隐含地定义最优价格 p_t^*，同样，在 t 期所有供给者选择相同的新价格。给定每期选择的是 p_t^*，那么总价格指数根据

$$P_t=\left[(1-\alpha)p_t^{*(1-\theta)}+\alpha\left(P_{t-1}\left(\frac{P_{t-1}}{P_{t-2}}\right)^{\gamma}\right)^{1-\theta}\right]^{1/(1-\theta)} \tag{3.5}$$

变化。该式是（2.1）式的一般形式。

对一阶条件和迪克西特-斯蒂格利茨价格指数的运动法则（3.5）式进行对数线性化，并且实施一系列与命题 3.5 的证明中所使用的类似操作方法，那么我们就可以得到如下形式的对数线性的总供给关系：

$$\pi_t-\gamma\pi_{t-1}=\kappa(\hat{Y}_t-\hat{Y}_t^n)+\beta E_t(\pi_{t+1}-\gamma\pi_t) \tag{3.6}$$

其中，参量 β，κ 和 $\hat{Y}_t^n$ 与（2.12）式中的定义一样。考虑后向性指数化通过一个相当简单的方法一般化了新凯恩斯主义菲利普斯曲线，通过上述关系式所给出的方式，现在与产出缺口相联系的是准差分通货膨胀率 $\pi_t-\gamma\pi_{t-1}$，而不是通货膨胀率本身。

特别地，前向求解（3.6）式得到

$$\pi_t=\gamma\pi_{t-1}+\kappa\sum_{j=0}^{\infty}\beta^jE_t[\hat{Y}_{t+j}-\hat{Y}_{t+j}^n]$$

是可能的，且该式是（3.1）式的一般形式。准差分通货膨胀率仍然是产出缺口预期路径的纯粹前瞻性的函数。但是，现在对 t 期以及其后的各期通货膨胀率的预测不仅依赖于这些时期的产出缺口的预测路径，还依赖于初始通货膨胀率 π_{t-1}。那么这里的扩展理论意味着通货膨胀惯性，随着指数化参数 γ 的增大，通货膨胀惯性会变得更大。

通过再次考虑通货膨胀和产出对货币政策冲击——导致名义 GDP 增长率的持久增长——预测的脉冲反应，由较大的指数化水平所产生的差异就可以得到解释。当冲击对名义支出的影响没有延迟（如图 3.9 所示）时，在总供给关系（3.6）式和 $\gamma=1$ 的情况下，图 3.14 给出了所预测的脉冲反应。我们现在可以看出，即使没有新价格生效前存在时滞的假设，解释货币扰动对通货膨胀的影响（相对于它对产出的影响）中所观察到的时滞也是可能的。我们还可以发现，在这个模型中，通货膨胀反应是驼峰形的，而不是在扰动发生之后的季度立即就出现剧烈地下降，这和基本卡尔沃模型所预测的基本一样（见图 3.9）。

许多作者认为，对基本卡尔沃模型的上述修正产生了一个更加贴近现实的模型设定方式。克瑞斯汀娜等人（2001）认为 $\gamma=1$ 的模型比 $\gamma=0$ 的标准模型能更好地拟合他们所估计的脉冲反应。斯麦茨和沃特斯（2002）将 γ 作为一个自由参数（另外使用一种不同的估计策略），并得到 γ 的最优拟合值是一个居中的值，大约为 0.64。詹诺尼和伍德福德（2003b）也将 γ 作为一个自由参数，但是（利用类似于克瑞斯汀娜等人的估计策略，第 5 章将讨论）他们发现 $\gamma=1$ 才是最合

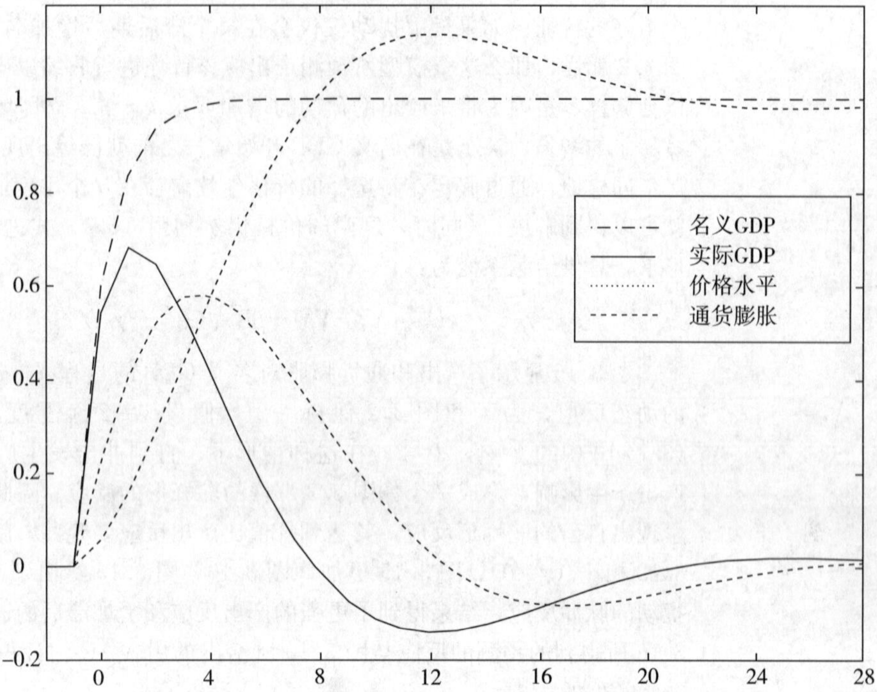

图 3.14　在后向价格指数背景下($\gamma=1$)，和图 3.9 一样的货币扰动($s=0$) 的脉冲反应

适的值。

应该注意，从本质上讲，当 $\gamma=1$ 时，关系（3.6）式等同于菲雷尔和摩尔（1995a，b）的总供给关系，这个总供给关系在计量经济学研究工作中是很流行的。[67] 从本质上讲，关系（3.6）式与加利和格特勒（1999）所提出的卡尔沃模型的推广在形式上是一样的。正如卡尔沃模型所假定的，这些作者也假定价格在随机时间间隔的货币项中保持不变，但是当价格被调整时，一些价格被最优地选择（正如卡尔沃模型一样），然而其他的价格根据后向大拇指规则（它引入对滞后的通货膨胀的依赖）进行调整。将后向性的供给者所占的那部分的比例作为一个自由参数，并且这个参数的变化在本质上具有和指数化模型中 γ 的变化一样的影响。在 $\beta=1$ 的极限情形中，两个模型具有相同的含义。对任何给定的 γ 值，通过选择后向定价者所占的适当比例，关系（3.6）式可以从加利-格特勒模型中得到。而加利和格特勒发现，基本的卡尔沃模型非常符合美国的通货膨胀动态(用实际单位劳动成本作为产出缺口的替代，而不是传统的基于产出的测度)，他们的工具变量的估计值表明，可以拒绝没有后向价格设定的假设。他们就美国 1980 年以来的数据所做的点估计得到后向定价者所占的比例（用我的记号表示），这意味着 γ 的值大约是 0.6 左右。加利等人（2001）利用欧洲的数据得到了类似的结果。在这个问题上存在许多一致的意见——利用许多产出缺口的经验替代和许多估计策略——当指数化参数在 0.5 到 1 之间时，关系（3.6）式能更好地刻画美国的通货膨胀动态。

但是，甚至当γ很大时，后向指数化模型仍然保留了基本的卡尔沃模型的一个不好的特征：如果货币扰动仅仅会在某个滞后期后增加名义 GDP 的水平，如图 3.2 那样，那么这个模型所预测产出应该首先进行收缩以应对货币冲击。之所以会这样，是因为将来产出的预期的增加要求 $\pi_t-\pi_{t-1}$ 立即增加，所以会出现通货膨胀的增长，甚至是在名义 GDP 开始增长之前就已经出现了。

同样地，通过假定在新选择的价格生效前存在 d 个季度的滞后期，上述问题就可以得到解决。（同时，厂商的价格仍然利用（3.4）式进行调整。）在这种情形下，总供给关系变为：

$$\pi_t-\gamma\pi_{t-1}=\kappa E_{t-d}(\hat{Y}_t-\hat{Y}_t^n)+\beta E_{t-d}(\pi_{t+1}-\gamma\pi_t) \tag{3.7}$$

图 3.15 显示了产出和通货膨胀对名义 GDP 的过程（3.3）式中的货币冲击的动态反应，为了和图 3.2 保持一致，假设 $s=2$ 个季度，并且总供给关系（3.7）式中的 $\gamma=1$，$d=2$。在这种情形下，直到冲击发生后的 2 个季度才会对产出产生影响，形成一个像图 3.3 那样的驼峰形的反应。除此之外，通货膨胀也呈现出自己的驼峰形反应，其达到峰值比产出反应要晚些。就这一点来讲，和图 3.12 相比（$\gamma=0$），图 3.15 更加像图 3.10。图 3.16 给出了当 $d=4$ 时对同样的扰动的脉冲反应，结果得到了更强的产出反应和更加滞后的通货膨胀反应。由图 3.16 所得到的预测的反应与图 3.10 所给出的由 VAR 估计得到的预测的反应是非常类似的。[68]

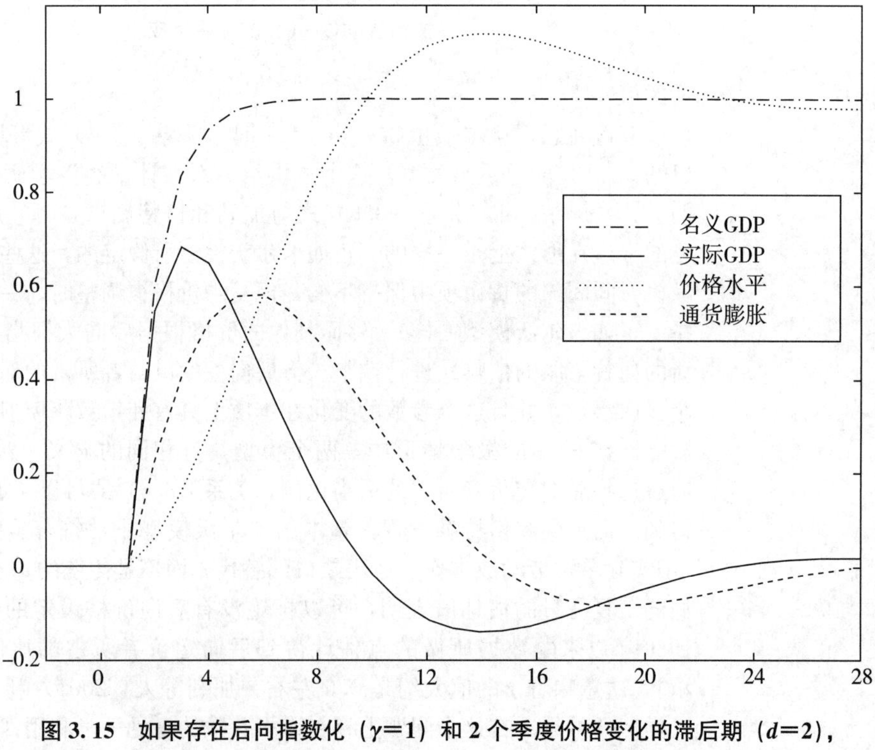

图 3.15　如果存在后向指数化（$\gamma=1$）和 2 个季度价格变化的滞后期（$d=2$），当与图 3.11～图 3.13 一样的货币扰动发生后的脉冲反应

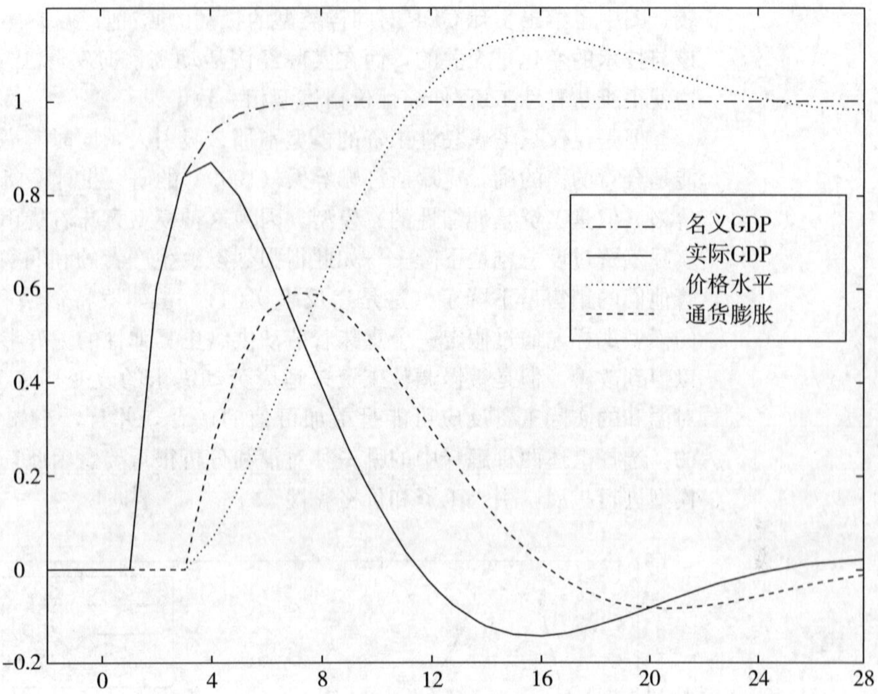

图 3.16　当 $\gamma=1$，$d=4$ 时，与图 3.15 一样的货币扰动发生时的脉冲反应

3.4　名义工资黏性的后果

到目前为止，我们所考虑的名义刚性的唯一形式是所出售的产品的货币价格调整的一个滞后期。特别地，我并没有假定任何相应的名义工资黏性，尽管这是另一种对货币政策实际影响常见的解释，例如，凯恩斯（1936）就这样强调过。相反，我假定工资是完全伸缩性的，或等价地假定（就总供给关系的推导而言）在厂商和工人间存在有效的合同。[69]

对价格黏性的特别关注使得当前的模型可以采取一个尤为简单的形式。特别地，出于多种目的，在不考虑劳动市场的情况下分析通货膨胀和产出动态也是可能的。此外，就两种简单的假设（只有黏性价格或只有黏性工资）相比较而言，黏性价格假设通常被认为在理论和实践上更加引人注意。在本章的导言中我提到这样的问题：甚至当厂商的边际劳动小时成本改变时，名义工资也可能保持不变，因为在厂商和工人之间存在隐性合同。但是完全工资黏性假设也经常受到批评，因为它暗含实际工资是逆经济周期变动的（邓洛普（Dunlop，1938）和塔西斯（Tarshis，1939）最先提出对凯恩斯模型的批评）。在如克瑞斯汀娜等人（1999，2001）的 VAR 研究中，比总体经济周期相关性更重要的是关于实际工资应对识别的货币政策扰动的温和、顺周期变动的发现。（例如，见图 3.17，它给出了克瑞斯汀娜等人的研究所得到的平均实际工资的估计脉冲反应，为了方便比较，图中也给出实际GDP对同样类型的扰动的脉冲反应。）因为这些脉冲反应应该与技术的变化是无关的，而在实际经济活动高涨时实际工资并没有急剧下降，这就很难与黏性工资/伸缩性价格模型相一致。

但是仅仅只考虑黏性工资的模型不那么吸引人，同时考虑工资和价格黏性可能是合意的。的确，克瑞斯汀娜等人（1999）的研究批评了货币传导机制的黏性价格（但是工资是伸缩性的）模型，因为这种模型意味着货币政策的紧缩会导致实际工资过度急剧地下降——如此得强烈以致生产者的利润实际上应该增加，尽管他们的销售量下降了（这是违反事实的）。正如罗特伯格和伍德福德（1997）的模型那样，通过假定一个意味着劳动供给更具弹性的偏好参数，上述问题则可以得到改善。但是缓慢调整工资来适应劳动需求的改变，对于图3.17所示的相对温和的实际工资反应可能是更加可信的解释，并且，正如我将在第6章讨论的，选择上述两种解释中的哪一种对福利分析很重要。因此，在这里我将对基本模型进行扩展，引入工资和价格黏性。

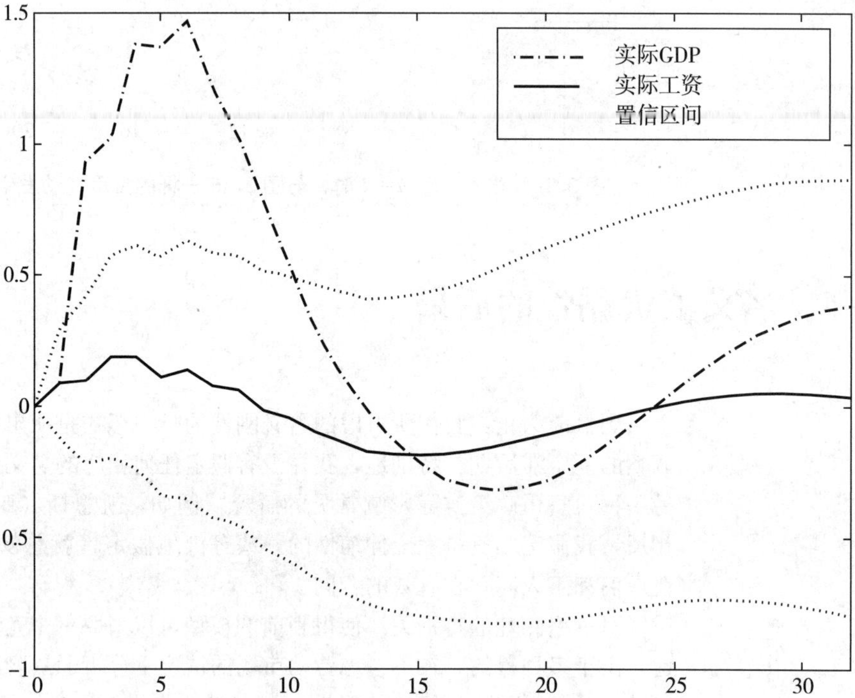

图3.17　实际工资对未预期到的利率下降的估计的脉冲反应

资料来源：Christiano et al.（2001）。

3.4.1　交错工资设定模型

在这里，我参照安斯格（Erceg et al.，2000）的理论，并且使用类似于卡尔沃（1983）所介绍的交错定价模型方法对工资设定建模。假定不同类型的劳动供给者之间是垄断竞争的，这类似于前面的产品市场处理方法，我引入工资设定理性经济人。[70]如果我参照安斯格的做法，假定经济体中只有一个劳动市场，所有产品生产者雇佣同样类型的劳动，并面临同样的工资水平，那么说明相关问题是最简单的。[71]但是，我假定用于生产每种产品的劳动是由代表性家庭供给的单个劳动类型的 CES 连续统总量，定义如下：

$$H_t \equiv \left[\int_0^1 h_t(j)^{(\theta_\omega - 1)/\theta_\omega} \mathrm{d}i\right]^{\theta_\omega/(\theta_\omega - 1)} \tag{4.1}$$

替代弹性 $\theta_\omega > 1$。这里 $h_t(j)$ 表示所雇佣的类型 j 的劳动。注意，不同类型劳动的连续统不再使用通过 i 编号的不同产品的连续统识别，原因是制造每种产品使用了所有类型的劳动。那么作为工资接受者的厂商对类型 j 的劳动的需求由下式给出：

$$h_t(j) = H_t \left(\frac{w_t(j)}{W_t}\right)^{-\theta_\omega} \tag{4.2}$$

其中，$w_t(j)$ 表示类型 j 的劳动的（名义）工资，W_t 为工资指数，类似（1.3）式的定义。

我假定每种类型劳动的工资由该类型的垄断供给者决定，它随时准备供给在此工资水平所需求的劳动小时数。同在产品市场中的垄断竞争的模型中一样，我假定对类型 j 的劳动的工资设定决策是独立的，该假设基于：假设单个工资的选择对工资指数 W_t 或劳动总量的需求 H_t 没有太大的影响。[72]类似于卡尔沃交错定价模型，我进一步假定每一期工资被调整的概率是 $1-\alpha_\omega$，$0<\alpha_\omega<1$，由于给定工资或给定工资的当前水平是最后调整的，该概率独立于时间。

那么，在 t 期进行调整的工资 $w_t(j)$ 应该最大化：

$$E_t\left\{\sum_{T=t}^{\infty} (\alpha_w\beta)^{T-t}\left[\Lambda_T w_t(j) h_T(w_t(j)) - v(h_T(w_t(j));\xi_T)\right]\right\} \tag{4.3}$$

其中，Λ_T 表示代表性家庭在 T 期的名义收入的边际效用，并且劳动需求 $h_T(j)$ 如何取决于工资水平由（4.2）式给出。[73]（在上面的函数中我省略了记号中的 j，因为函数 $h_T(w)$ 对所有的 j 而言都是相同的。）这个问题的解满足如下一阶条件：

$$E_t\left\{\sum_{T=t}^{\infty} \alpha_w^{T-t} Q_{t,T} H_T W_T^{\theta_w}\left[w_t(j) - \mu_w \mathcal{V}(h_T(w_t(j)), C_T;\xi_T) P_T\right]\right\} = 0 \tag{4.4}$$

且与前面的最优价格设定的一阶条件在形式上是类似的。这里

$$\mathcal{V}(h, C;\xi) \equiv \frac{v_h(h;\xi)}{u_c(C;\xi)} \tag{4.5}$$

表示给定类型的劳动的供给者在劳动和消费之间的边际替代率，$\mu_w \equiv \theta_w/(\theta_w - 1) > 1$ 为家庭的实际工资需求超出边际替代率的合意加成，这归因于拥有垄断力量。如果我用（4.2）式代替（4.4）式中的 $h_T(j)$，则可以得到一个隐含地定义最优工资选择 w_t^* 的关系，对所有在 t 时将被调整的工资 j 而言，它都是一样的。通过

类似于（2.1）式的运动法则，w_t^* 的选择将决定工资指数 W_t 的变化。

当扰动较小时，可以利用对数线性近似均衡工资动态，并且在 W_t/P_t，P_t/P_{t-1} 以及 w_t^*/W_t 都保持在它们稳态值附近（分别是 $\bar{w}$，1 和 1）时进行计算。就工资指数的运动法则而言，我得到：

$$\log W_t = \alpha_w \log W_{t-1} + (1-\alpha_w)\log w_t^* \tag{4.6}$$

它与早先的卡尔沃模型中的价格指数运动法则（2.5）式相似。

在 t 期，一个给定类型劳动 j 的供给者的对数边际替代率（MRS）可以表示成如下形式：

$$\log v_t + \nu \log(h_t(j)/H_t)$$

其中，v_t 为不同类型劳动之间的 MRS 的几何平均，并且：

$$\nu \equiv \frac{v_h h(\bar{h};0)}{\bar{h} v_h(\bar{h};0)} > 0$$

平均合意名义工资（在伸缩性工资下）可以用 $\log\mu_w + \log V_t$ 来近似表示，其中 $\mu_w \equiv \theta_w/(\theta_w - 1) > 1$ 表示期望的工资加成，$V_t \equiv v_t P_t$ 为用货币单位表示的平均 MRS。用这个记号，对（4.4）式进行对数线性近似可以得到：

$$\log w_t^* = \frac{1-\alpha_w\beta}{1+\nu\theta_w}\sum_{T=t}^{\infty}(\alpha_m\beta)^{T-t}E_t[\log\mu_w + \log V_T + \nu\theta_w \log W_T] \tag{4.7}$$

这个表达式类似于卡尔沃定价模型中的（2.8）式。给定期望的名义 MRS 的变动，它所扮演的角色类似于当前的价格设定模型中的边际成本，那么（4.6）式和（4.7）式就可以刻画工资指数的均衡动态。

使用推导（2.14）式的过程中所使用过的类似的处理方法，我可以得到如下形式的工资指数动态关系：

$$\Delta\log W_t = \xi_w[\hat{v}^t + \log\bar{w} + \log P_t - \log W_t] + \beta E_t[\Delta\log W_{t+1}] \tag{4.8}$$

其中：

$$\xi_w \equiv \frac{(1-\alpha_w)(1-\alpha_w\beta)}{\alpha_w(1+\nu\theta_w)} > 0$$

如果我继续为产品假定形式为（1.7）式的生产函数（也就是说，厂商间的资本配置是固定的，即使整个经济只有一个劳动市场），价格动态的相应方程为：

$$\Delta\log P_t = \xi_p[\hat{\varphi}_t - \log\bar{w} + \log W_t - \log P_t] + \beta E_t[\Delta\log P_{t+1}] \tag{4.9}$$

其中，$\hat{\varphi}_t$ 表示负的劳动的对数边际产出对其稳态值的偏差。这里

$$\xi_p \equiv \frac{(1-\alpha_p)(1-\alpha_p\beta)}{\alpha_p(1+\omega_p\theta_p)} > 0$$

其中的参数在前文是 α 和 θ，此处记为 α_p 和 θ_p，ω_p 同（1.16）式中的定义。注意给定：

$$\hat{s}_t = \log W_t - \log P_t + \hat{\varphi}_t$$

(4.9) 式只是表示 (2.14) 式的一个不同方法(唯一不同的是，由于假设整个经济只有一个劳动市场，表达式 ξ_p 有所不同)。

最后，对数线性化 (4.5) 式，我得到如下表达式:

$$\hat{v}_t=\nu[\phi(\hat{Y}_t-a_t)-\bar{H}_t]+\sigma^{-1}(\hat{Y}_t-g_t) \tag{4.10}$$

其中，MRS 对其稳态值偏差的对数是总产出波动的函数，此处

$$\phi_h\equiv\frac{f(\bar{h})}{\bar{h}f'(\bar{h})}>1$$

是厂商的劳动需求关于它的产品需求的弹性，$\bar{H}_t$ 为当工作边际负效用是常数时劳动供给水平的对数偏差，$a_t\equiv\log A_t$ 为技术要素的对数偏差(假定稳态时等于 1)。(4.10) 式可以等价地表示成:

$$\hat{v}_t=(\omega_w+\sigma^{-1})\hat{Y}_t-(\omega+\sigma^{-1})\hat{Y}_t^n+(1+\omega_p)a_t$$

其中，$\omega_w\equiv\nu\phi_h>0$，类似于 (1.16) 式的定义。所假定的生产函数形式意味着:

$$\hat{\varphi}_t=\omega_p\hat{Y}_t-(1+\omega_p)a_t$$

其中，$\omega_p>0$ 也像 (1.16) 式的定义。注意，这些表达式表明在伸缩性工资模型中平均实际边际成本的对数偏差将为:

$$\hat{v}_t+\hat{\varphi}_t=(\omega+\sigma^{-1})(\hat{Y}_t-\hat{Y}_t^n)$$

并与 (1.15) 式一致。

把关于 $\hat{v}_t$ 和 $\hat{\varphi}_t$ 的方程和工资通货膨胀 (4.8) 式与价格通货膨胀 (4.9) 式结合在一起，并给定实际经济活动的变动，我最终得到工资和价格变化的两个方程。

命题 3.9 如果工资和价格都是交错的，正如安斯格等人 (2001) 的模型，那么工资指数、价格指数和总产出的联合变化必须在每期都满足如下关系:

$$\Delta\log W_t=\kappa_w(\hat{Y}_t-\hat{Y}_t^n)+\xi_w(\log w_t^n+\log P_t-\log W_t)+\beta E_t[\Delta\log W_{t+1}] \tag{4.11}$$

$$\Delta\log P_t=\kappa_p(\hat{Y}_t-\hat{Y}_t^n)+\xi_p(\log W_t-\log P_t-\log w_t^n)+\beta E_t[\Delta\log P_{t+1}] \tag{4.12}$$

其中:

$$\kappa_w\equiv\xi_w(\omega_w+\sigma^{-1})>0,\kappa_p\equiv\xi_p\omega_p>0$$

并且:

$$\log w_t^n\equiv\log\bar{w}+(1+\omega_p)a_t-\omega_p\hat{Y}_t^n$$

表示自然实际工资，即当工资和价格都完全伸缩性时的均衡实际工资。

很显然，这些方程一般化了先前伸缩性工资模型所得到的总供给关系（2.12）式。注意，如果定义一个工资和价格通货膨胀的特殊的加权平均，即：

$$\bar{\pi}_t=\frac{\xi_p^{-1}\pi_t+\xi_w^{-1}\pi_{wt}}{\xi_p^{-1}+\xi_w^{-1}} \tag{4.13}$$

那么相应的（4.11）式和（4.12）式的加权平均就变为：

$$\bar{\pi}_t=\kappa(\hat{Y}_t-\hat{Y}_t^n)+\beta E_t\bar{\pi}_{t+1} \tag{4.14}$$

其中：

$$\kappa\equiv\frac{\sigma^{-1}+\omega}{\xi_p^{-1}+\xi_w^{-1}}>0 \tag{4.15}$$

工资或价格刚性越强，该系数就越小。$\alpha_w\rightarrow 0$，$\xi_w\rightarrow\infty$，$\bar{\pi}_t$ 测度的是价格通货膨胀，并且（4.14）式就是先前所得到的总供给关系（2.12）式，其中（4.15）式相当于（2.13）式，并利用了（1.37）式的 ζ 值。更一般地，我们发现另外通货膨胀指数与产出缺口的完全前瞻性函数是同类型的，只是该指数包括了工资通货膨胀，它有一个权重，相对工资黏性越大，这个权重也就越大。在只有工资黏性的极限情形下，（4.14）式就变成了工资的菲利普斯曲线。

3.4.2 黏性工资和名义扰动的实际效应

我现在转向说明工资黏性对来源于纯粹货币扰动的名义支出波动的实际效应的含义。众所周知，名义工资黏性意味着，在工资调整所花的时间内，即使产品价格是完全伸缩性的，纯粹的货币扰动应当对实际经济活动产生暂时性的影响。一个更微妙的问题是，这个机制是否会产生这样的实际影响，即来自于工资黏性的实际影响是否会比来自于价格黏性的影响有更长或更短的持续性。一些学者（例如，Andersen，1998；Huang and Liu，1998）认为黏性价格假设（正如本章前面部分的处理方式）可能低估了货币政策的实际影响的重要性。

为了比较由工资黏性所带来的持续性水平和由价格黏性所带来的持续性水平，再次考虑名义 GDP 的未预期到的永久性增长的影响显得很有用，它与任何实际扰动（可以影响 $\hat{Y}_t^n$ 或 w_t^n）无关。我再次假定一个使得对于 $t\geqslant 0$ 时（2.15）式成立的冲击，并考虑与（4.11）式和（4.12）式一致的预期路径 $E_0\log P_t$，$E_0\log W_t$ 和 $E_0\log Y_t$，并给定初始条件 $\log W_{-1}=\log P_{-1}=0$。

当工资是黏性的，而价格具有完全伸缩性的时候，（4.12）式就转化为实际工资与产出缺口之间的均衡关系，它可以表示成如下形式：

$$\log W_t-\log P_t=\log w_t^n-\frac{\omega_p}{1+\omega_p}(\log\mathcal{Y}_t-\log W_t+\log w_t^n-\log Y_t^n) \tag{4.16}$$

将其代入(4.11)式可得到名义工资动态：

$$\Delta\log W_t=\hat{\kappa}\left[\log\mathcal{Y}_t-\log W_t+\log w_t^n-\log Y_t^n\right]+\beta E_t\left[\Delta\log W_{t+1}\right]$$

名义 GDP 的变动和实际扰动是给定的，其中：

$$\hat{\kappa} \equiv \frac{\kappa}{1+\omega_p} > 0$$

这个方程与伸缩性工资和黏性价格模型中价格动态方程的形式是相同的，所以我在命题 3.6 的证明中的推理可以直接应用。因此，如果我让 $\tilde{w}_k$ 表示由一个单位 ϵ_t 增长所引起的 $E_t \log W_{t+k}$ 的变化，由命题 3.6 中 $\tilde{p}_k$ 的解类推，那么唯一有界解的形式为：

$$\tilde{w}_k = 1 - \lambda^{k+1}$$

当 $\hat{\kappa}$ 用于替代 κ 时，这里 $0<\lambda<1$ 是（2.19）式的较小的根。注意，（4.16）式也意味着：

$$\log Y_t = \log Y_t^n - \frac{1}{1+\omega_p}(\log \mathcal{Y}_t - \log W_t + \log w_t^n - \log Y_t^n)$$

我们还可以看到（4.2）式具有如下形式的产出反应：

$$E_0 \log Y_t = -(1+\omega_p)^{-1} \tilde{w}_t = (1+\omega_p)^{-1} \lambda^{t+1}$$

因此，产出反应的持续性水平依赖于根 λ，也就是依赖于 $\hat{\kappa}$ 的大小，这与黏性价格模型的方式一样。就可能的持续性水平而言，两个模型唯一可能的不同是：黏性工资模型中 $\hat{\kappa}$ 应该较小，黏性价格模型中 κ 也应该较小，两者相比前者更加可信。当然，一个可能的原因是我们发现事实上工资调整不如价格调整那么频繁。但是这也并不是放之四海而皆准的，像美国的经济，如果调整不是那么经常的话，大多数工资也像价格一样每年调整一次（在任何情况下这都不是假设两期承诺的安德森（Andersen）论断的基础）。

相反，我考虑先前所讨论的合约乘数存在的可能性。我们已经看到，在黏性价格模型下，$\lambda > \alpha_p$，所以，当且仅当 $\zeta<1$（定价决策是战略互补的）时，产出影响的衰退比冲击发生之后价格修正的速率更慢，其中 ζ 再次由（1.37）式给出（对当前的设置而言）。对黏性工资模型而言，我们同样可以证明，当且仅当 $\tilde{\zeta}<1$ 时，$\lambda > \alpha_w$，其中：

$$\tilde{\zeta} = \frac{\omega + \sigma^{-1}}{(1+\nu\theta_w)(1+\omega_p)} \tag{4.17}$$

（同样，我们可以将 $\tilde{\xi}$ 的大小理解为它测度的是不同类型劳动的供给者的工资设定决策的战略互补水平。）那么问题就转化成，在黏性工资模型中 $\tilde{\zeta}<1$，是否比在黏性价格模型中 $\zeta<1$ 更加可信。

在安德森（1998）的分析中这是正确的，但是他的简单模型忽略了许多需要考虑的重要事项。他所分析的黏性工资模型假定（用当前记号表示的）$\nu = \sigma^{-1} = 0$（这也意味着 $\omega_w = 0$），并因此得出：

$$\tilde{\zeta} = \frac{\omega_p}{1+\omega_p} < 1$$

该式表明不管 $\omega_p > 0$ 的大小是多少，都存在合约乘数。但是，这个结论不像它看起来的那么具有普遍性。从理论上讲，在黏性工资模型中小于 1 的合约乘数仍然是可能的（例如，如果假定 $\nu=0$ 但 $\sigma<1$）。

安德森所分析的黏性价格模型同样有效地假定 $\omega_p=\sigma^{-1}=0$（这也意味着 $\omega_w=\nu$），并因此得到 $\zeta=\nu$，可能小于 1 也可能不。[74]但是这两个模型的比较会误导大家。事实上，正如我们已经看到的，ζ 和 $\tilde{\zeta}$ 的表达式中的分子是相同的，都等于 $\omega+\sigma^{-1}$，安德森得到黏性工资模型的 ω_p 的值（ω_p 应该较小，即使 ν 较大）仅仅是因为他在模型中假定 $\nu=0$。两种情形最重要的不同是（4.17）式的分母中存在因子 $1+\nu\theta_w$，而在（1.37）式的分母中相应的因子是 $(1+\omega_p\theta_p)$——两个因子都没有出现在安德森的分析中。如果我们认为 ν 比 ω_p 大许多[75]，并假定在不同类型的劳动之间的替代性与不同产品之间的替代性至少一样大（所以 $\omega_w\geqslant\omega_p$），那么的确会得到 $\tilde{\zeta}$ 应当明显小于 ζ 的结论，并且工资黏性将导致比价格黏性更长的产出持久性。

实际上，这是黄和刘（Huang and Liu，1998）的结论的基础，他们也比较了价格和工资黏性的影响，但是所假定的工资设定和价格定价方程有明确的微观基础（因此在这两种情况下，关于偏好和技术假设是一致的）。他们的基本模型（抽象掉了资本积累和内生的货币周转率）是刚才所介绍的模型的一个特殊情形，并假定生产函数 $f(\cdot)$ 是线性的，则有 $\omega_p=0$，$\omega_w=\nu$，并且 $u(C)=\log C$，从而得到 $\sigma=1$。因此他们发现：

$$\tilde{\zeta}=\frac{1+\nu}{1+\nu\theta_w}<1,\quad \zeta=1+\nu>1$$

所以在黏性工资模型中必定存在战略互补，而在黏性价格模型中必定不存在。

然而上述结论依赖于对我们先前所讨论的许多原因——为什么在只有黏性价格模型中，ζ 的较小的值是可信的忽略。特别地，我已经证明了，如果我们假定不同产品的生产者从不同的劳动市场雇佣劳动，那么 ζ 的值将由（1.35）式给出。在这种情形下，分母中的因子是 $(1+\omega\theta_p)$。这比在（1.37）式中所出现的因子更大，并且尤其值得注意的是较大的 ν 值增加了因子 $(1+\omega\theta_p)$ 的大小，这与（4.17）式的情况很相似。的确，在黄和刘的特殊参数假设下，我们将发现：

$$\zeta=\frac{1+\nu}{1+\nu\theta_p}$$

只要 $\theta_p\geqslant\theta_w$，即只要价格设定者没有工资设定者那么大的市场力量，ζ 与他们所得到的 $\tilde{\zeta}$ 值一样小。那么，一旦考虑了前面的具体劳动市场，我们就没有理由期望黏性工资模型中的持续性应当比黏性价格模型中的更大。[76]

但是，保持固定的价格黏性水平，工资黏性通常会增加名义扰动的实际影响的持续性水平以及大小。注意，用（4.11）式减去（4.12）式可得到：

$$\begin{aligned}\Delta\log w_t=&-(\xi_w+\xi_p)(\log w_t-\log w_t^n)\\&+(\kappa_w-\kappa_p)(\log Y_t-\log Y_t^n)+\beta E_t[\Delta\log w_{t+1}]\end{aligned}\tag{4.18}$$

其中，$w_t\equiv W_t/P_t$ 表示实际总工资。在 $\kappa_w=\kappa_p$ 的特殊情形下（所以工资和价格具有大体相同的黏性水平），产出项就被化简掉了，并且（4.19）式（似乎应该为（4.18）式。——译者注）中唯一的内生变量就只有实际工资了。通过简单的证明我们可以得到，给定外生扰动 w_t^n 的有界过程，（4.18）式存在实际工资路径的唯一有界解。那么在这种情形下，均衡实际工资就由这个方程单独决定，而独立于货币政策或其他的仅影响模型需求方面的任何因素。将 w_t 的解记为 $\bar{w}_t$，那么把这个结论代入（4.12）式就得到如下的价格通货膨胀方程：

$$\pi_t=\kappa(\hat{Y}_t-\hat{Y}_t^n)+E_t\pi_{t+1}+u_t \tag{4.19}$$

其中，κ 是 κ_w 和 κ_p 的共同值，u_t 是外生项，并定义为：

$$u_t\equiv\xi_p(\log\bar{w}_t-\log w_t^n) \tag{4.20}$$

同样地，这也是一个总供给关系，除了外生的截距不再等于 $\hat{Y}_t^n$ 之外，它与（2.12）式具有相同的形式。我们可以得到，货币扰动对产出的影响与我先前所分析的是相同的，并且采用与前面讨论相同的方式，也是依赖于 κ 值的大小的。（对这个问题而言，外生的截距项的特性并不重要，因为在任何情形下，它不受纯货币扰动的影响。）注意在当前的情形下（工资和价格都是黏性的），斜率 $\kappa=\xi_p\omega_p$，而在前面所分析的伸缩性工资情形下，$\kappa=\xi_p(\omega+\sigma^{-1})$。在当前情形下 κ 是一个更小的正数（除决定工资黏性水平的参数 α_w 之外，假定所有参数取相同的值），这意味着货币扰动对产出的影响更具有持久性。

工资黏性在提高模型解释所观察到的工资和价格行为的能力方面是很重要的。完全伸缩性工资模型意味着，货币收缩能够使工资水平比价格水平下降得更多，在这种极限情形下，（4.11）式转化为均衡关系：

$$\log W_t-\log P_t=\log w_t^n+(\omega_w+\sigma^{-1})(\hat{Y}_t-\hat{Y}_t^n) \tag{4.21}$$

因此，除非 ω 和 $\sigma-1$（似乎应该为 σ^{-1}。——译者注）都非常小，否则所预测的实际工资的下降必定与产出的下降存在极大的相关性。特别地，这就要求 ν 很小（因为 $\omega>\nu$ 是必需的）。但是，如果价格和工资一样也是黏性的，那么实际工资的下降有可能较小，甚至不存在，即使 ν 的值很大。的确，刚才我们已经看到，如果 $\kappa_w=\kappa_p$，根本就不存在货币扰动对实际工资的影响，并且这个条件始终成立，不管 ν 的值是多少。（对其他参数值而言，通过赋予 α_w 一个近似值，让 $\kappa_w=\kappa_p$ 也是可能的。）[77]

通过选择参数 w 和 σ，与伸缩性工资模型所得到的工资动态相比，同时具有工资和价格黏性的模型也可以考虑更为复杂的工资动态，原因是货币政策对实际工资的影响是对实际 GDP 影响的具体多少的不变倍数并不重要。对任意的参数 ξ_w，$\xi_p>0$ 和有界过程 $\{Y_t, Y_t^n, w_t^n\}$，（4.19）式有实际工资的唯一有界解。它由下式给出：

$$\log w_t=\lambda_1\log w_{t-1}+\beta^{-1}\sum_{j=0}^{\infty}\lambda_2^{-j-1}E_t z_{t+j} \tag{4.22}$$

其中，$0<\lambda_1<1<\lambda_2$ 是特征多项式

$$P(\lambda)\equiv\beta\lambda^2-(1+\beta+\xi_w+\xi_p)\lambda+1=0$$

的两个根，并且过程 $\{z_t\}$ 被限定为：

$$z_t \equiv (\xi_w + \xi_p)\log w_t^n + (\kappa_w - \kappa_p)(\log Y_t - \log Y_t^n)$$

因为其他项都是外生的，货币扰动影响 z_t 的路径只能通过它对 Y_t 的影响来实现。当工资或价格是完全伸缩性时（所以 ξ_w 或 ξ_p 无穷大），$\lambda_1 = \lambda_2^{-1} = 0$，并且（4.22）式意味着 $\log w_t$ 是 z_t 的一个倍数。但是当两者都具有黏性时，$\xi_w + \xi_p$ 就是有限的，这时 $\log w_t$ 与限定过程的平滑形式是成比例的。

图 3.18 描述了工资黏性的影响。就产出响应某一货币扰动而言，这里假定了一个给定的脉冲反应函数，并且根据（4.22）式推测出实际工资对同一扰动的隐含反应。对所假定的不同的名义工资黏性水平而言（对应着不同的 ξ_w 值），推测的实际工资反应连同产出反应一起被反映在图 3.18 中。这里所假定的产出反应与图 3.9 中的是相同的，并且所假定的 ξ_p，ω_w，ω_p 和 σ 值采用的是罗特伯格和伍德福德所假设的（参见 Rotemberg and Woodford，1997，Table 4.1），极限情形 $\xi_w = \infty$（工资是完全伸缩性的）对应着罗特伯格和伍德福德的假设，所给出的其他情形都包含着某一水平的工资黏性。

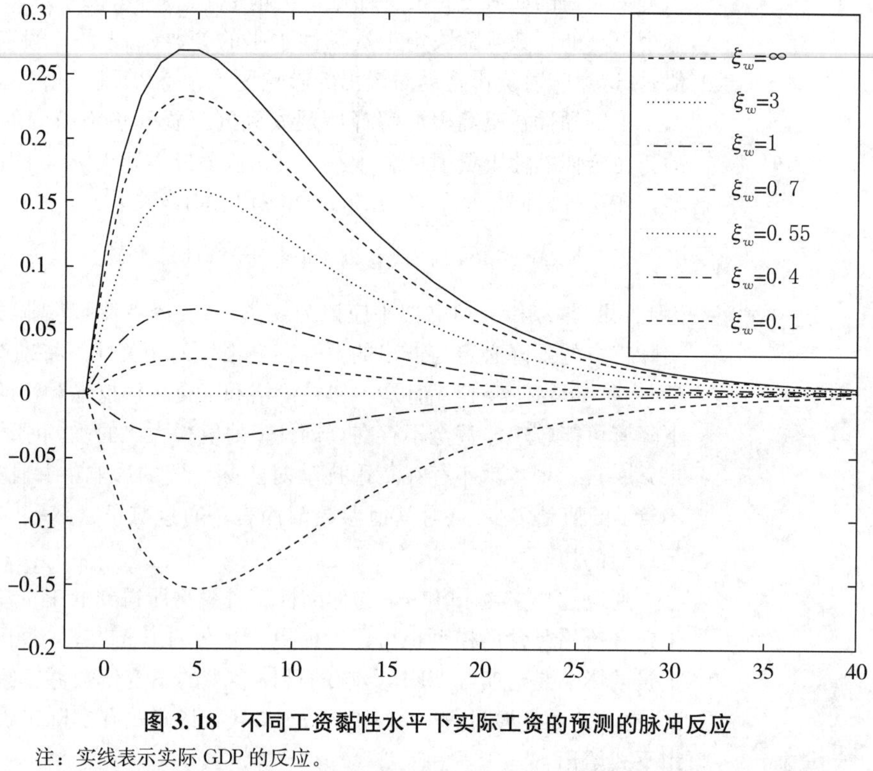

图 3.18　不同工资黏性水平下实际工资的预测的脉冲反应

注：实线表示实际 GDP 的反应。

随着工资黏性水平的增长，实际工资所增长的幅度与给定的对产出下降的影响程度相关。当 $\xi_w = 0.55$ 时，κ_w 会下降到 κ_p 值，这样工资和价格黏性就相等了。在这种情形下，实际工资就不再对增加产出的货币扰动有任何反应了。对 ξ_w 的更小值而言，工资就比价格更具黏性，实际工资逆周期运动。

图 3.17 所给出的估计的实际工资反应表明，与实证相关的是 κ_w 比 κ_p 略大的情形。正如 5.2.2 节将会讨论的，阿马托和劳巴克（Amato and Laubach, 2003a）估计了一个考虑工资和价格黏性的模型，他们得到了相似的结论。克瑞斯汀娜等人（2001），阿提格等人（Altig et al.，2002）以及斯麦茨和沃特斯（2002）也类似地发现，同时加入了工资和价格黏性的模型对所定义的货币政策冲击的拟合是最好的。

此外，考虑工资和价格黏性可以得到实际扰动移动总供给曲线——即在给定通货膨胀预期的条件下，通货膨胀与产出之间的短期关系的额外方法。在黏性价格伸缩性工资假定下所得到的总供给关系（2.12）式中，任何种类的实际冲击——技术进步率的变化，政府购买、不同类型的偏好变化——都可以引起移动总供给曲线的位移，但在每种情形中，总供给关系所移动的程度就是所考虑的扰动所改变的自然产出率（也就是，伸缩性工资和伸缩性价格的均衡产出水平）。但是，在（4.19）式中，这是不正确的，除非 $u_t=0$。

一般而言，即使当工资黏性水平 $\kappa_w=\kappa_p$ 时，u_t 并不是完全等于零（也就是说，$\bar{w}_t \neq w_t^n$）。注意，$w_t=w_t^n$ 是仅当 $\Delta\log w_t^n=\beta E_t \Delta\log w_{t+1}^n$ 成立时 $\kappa_w=\kappa_p$ 条件下（4.19）式的一个解。反过来，当 w_t^n 是一个平稳过程，仅当 w_t^n 是一个常数时，$\Delta\log w_t^n=\beta E_t \Delta\log w_{t+1}^n$ 也可能成立（即模型中当前的实际扰动不影响伸缩性工资和价格情形下的均衡实际工资）。这仅在有极端特殊的参数值和/或关于实际扰动类型的假设才是正确的。在其他假设下，求解（4.19）式使得我们可以通过一个不同于扰动对自然产出率影响的方式来决定不同类型的实际扰动是如何移动总供给关系的。[78]除了注意到非零项 u_t 意味着在稳定通货膨胀的目标和稳定产出缺口 $\hat{Y}_t-\hat{Y}_t^n$ 的目标之间存在张力外（这在基本的黏性价格模型中没有出现），我不再进一步讨论这个问题，它对最优稳定政策的影响将在 6.4.4 节继续讨论。

最后，我注意到工资需求并不是经常进行重新最优化，但是这并不意味着在工资进行最优化期间它们在货币项中是保持固定不变的，相反，在过渡时期，工资也许被纳入了总价格指数中，正如 3.3.2 节中所讨论的产品价格指数化一样。的确，工资的指数化计划有时是多年联合合同的一部分，所以与价格指数化相比，工资指数化有更多的直接证据。假如令 $0<\gamma_w<1$ 是不可进行再优化的工资的指数化率，即如果类型 j 的劳动需求的工资在 t 期不进行再优化，它根据如下指数化规则调整：

$$\log w_t(j)=\log w_{t-1}(j)+\gamma_w \pi_{t-1}$$

这样通过类似于在 3.3.2 节中所讨论的后向指数化最优定价的方法修正最优工资设定关系。

结果是系统（4.11）式和（4.12）式变为

$$\pi_t^w-\gamma_w \pi_{t-1}=\kappa_w(\hat{Y}_t-\hat{Y}_t^n)+\xi_w(\log w_t^n-\log w_t)+\beta E_t[\pi_{t+1}^w-\gamma_w \pi_t] \tag{4.23}$$

$$\pi_t-\gamma_p \pi_{t-1}=\kappa_p(\hat{Y}_t-\hat{Y}_t^n)+\xi_p(\log w_t-\log w_t^n)+\beta E_t[\pi_{t+1}-\gamma_p \pi_t] \tag{4.24}$$

其中，$\pi_t^w \equiv \Delta\log W_t$ 为通货膨胀率，$w_t \equiv W_t/P_t$ 表示总实际工资，γ_p 表示价格承诺的指数化率（在 3.3.2 节中简单地称为 γ），系数 κ_w，κ_p，ξ_w，ξ_p 同样按

(4.11) 式和 (4.22) 式进行定义。(4.23) 式和 (4.24) 式给出了总工资指数和价格指数的变化。注意，当 $\gamma_w=\gamma_p=1$ 时，这就是克瑞斯汀娜等人 (2001) 的模型的总供给方程的简化版本，其中我抽象掉了诸如内生资本积累这样的复杂情况。斯麦茨和沃特斯 (2002) 也估计了一个具有这种总供给方程的模型，但是 γ_w 和 γ_p 是作为被估计的自由参数处理的（它们的最合适值是 $\gamma_p=0.64$，$\gamma_w=0.42$）。这两组作者都将这种类型的模型把交错工资设定和交错（价格）定价以及工资和价格的自动指数化加入到新近的过去的通货膨胀中，以便可以很好地解释工资、价格和实际经济活动的联合动态。

由于指数化而存在的附加项，导致了 3.3.2 节中伸缩性工资模型背景下所讨论的通货膨胀惯性。例如，对应于菲雷尔-摩尔的总供给关系 (3.6) 式的通货膨胀动态的出现，是因为工资的指数化而不是价格的指数化。当价格是完全伸缩性的（因而非指数化）以及生产函数是线性（所以 $\omega_p=0$）时，(4.16) 式就转化成了 $w_t=w_t^n$，这时 (4.11) 式意味着：

$$\pi_t-\gamma\pi_{t-1}=\kappa(\hat{Y}_t-\hat{Y}_t^n)+\beta E_t[\pi_{t+1}-\gamma\pi_t]+u_t \tag{4.25}$$

其中，$\gamma=\gamma_w$，$\kappa=\kappa_w$，并且：

$$u_t\equiv\beta E_t\Delta\log w_{t+1}^n-\Delta\log w_t^n$$

另外，相似的通货膨胀动态可能来源于类似的工资和价格指数化程度。例如，当 $\gamma_w=\gamma_p=\gamma$，$\kappa_w=\kappa_p=\kappa$ 时，从 (4.23) 式中减去 (4.24) 式可以得到一个方程，它可以解出独立于货币政策的实际工资动态。将这个解的结果 $w_t=\bar{w}_t$ 代入 (4.24) 式同样可以得到形如 (4.25) 式的总供给关系，只是这里的 u_t 要按 (4.20) 式中进行定义。

因此，我发现如果研究的目标仅仅是构建通货膨胀和产出协同变动，以及货币政策影响两者的方式的实证模型 (positive model)，那么考虑工资黏性其实并不是那么的重要（工资的黏性减小了短期非利普斯曲线的斜率，但是通过在伸缩性工资模型中选择其他参数的不同值，我们同样可以得到类似的平坦水平的曲线，并且产出和通货膨胀的动态也不会出现违反事实的结果。工资的黏性创造了一个新方法，通过这个方法实际扰动可以移动短期菲利普斯曲线，但仅仅通过像许多作者那样假设的一个外生的“成本推动冲击”，我们同样可以得到通货膨胀和产出缺口变动的类似结果）。到此为止我们可以认为，早期的关于名义刚性的最优化模型的相关文献忽略了工资设定的合理性。

我们应当看到了一个重要方面，工资、价格是否具有黏性或两者同时具有黏性是很重要的。从福利理论观点来讲，它和货币稳定政策的适当目标有很大的关系。如果我们选取一个给定的特别稳定化目标（该目标是根据某一价格指数和某一产出缺口的测度的稳定性来定义的），那么构建一个模型来决定政策将如何最佳地实现这个目标，就不需要一定在工资黏性问题上采取立场。但如果有人问，从经济福利角度来看，通过这个方式所定义的政策目标是否真正合适呢？这说明是否相信工资黏性是很重要的。甚至在上面所讨论过的货币政策不能影响实际工资的变动（所以纯货币扰动对工资和价格通货膨胀的影响必须是相同的）的情形下，不能得出工资和价格的通货膨胀是不能区分的：因为实际扰动对它们的影响是不一样的。所以，稳定工资通货膨胀的政策不同于稳定价格通货膨胀的政策。哪个是更合适的目标？正如我将在第 6 章要证明的，答案依赖于工资而不是价格黏性的水平。

【注释】

[1] 菜单成本是用于说明供给者没有立即调整它们价格的一个合理的解释，它的大小已经成为越来越多的文献所关注的一个主题。此处我将不讨论这个问题，虽然我注意到定价中的战略互补——当价格调整不同步时，它将增加一般价格水平的黏性水平（下面将讨论这一点）——也趋向于降低单个供给者价格变化的成本大小。这个成本可以说明响应总需求扰动而没有调整价格是合理的。关于最后这一点，参见 Ball and Romer (1990)。

[2] 这里 ξ_t 仍然是一个向量，因此对函数 u 和 v 中的外生扰动使用同样的记号，无需假定这两个函数变动之间是统计依赖的。

[3] 这意味着，如果家庭面临期望工资收入在零时刻的不同现值，那么他们不得不持有不同的初始金融权益 W_0 来弥补他们期望工资的差异。注意，如果这个条件曾经成立，那么在当前的完全金融市场条件下的最优化意味着这个条件将恒成立，不管外生扰动的实现值是多少。

[4] 此处，我的观点依赖于（1.1）式中的假设，即劳动供给的负效用和其他项是相分离的。这意味着即使家庭期望在不同的状态生产不同量的产品，但是通过持有资产他们就可以支付相同量的消费以及持有相同的货币余额，这样就可以使他们在每一个状态下的收入边际效用相等。

[5] 不同产品的相对供给数量的分配必须遵循与（1.5）式所推出的相对需求一样的方式。（当我在后面考虑政府购买时，我假定政府试图最大化一个类似的它所购买的总量，并因此采用同样的方式分配其购买。）因此我可以得到总的非金融收入（1.4）式——等于所有厂商的总销售收入——可以表示成 P_tY_t。

[6] 此处，(1.1) 式中的劳动负效用项的加性可分也是很重要的，它使得我可以得到与先前的没有劳动供给决策模型相同的基于消费总量和实际余额路径的偏好。

[7] 也许有人想知道，为什么我们必须假设恰好共享要素市场的供给者必须也要在同一时间改变它们的价格呢？劳斯（Lause，2001）在其价格改变时机内生决定的战略模型中的相关分析中发现当生产者的定价决策是“战略替代”时，厂商同步改变价格其实是一个均衡现象，当生产者的定价决策是“战略互补”时，价格改变则是交错进行的——使得这个假设是合理的。在后面我将证明，共享相同要素市场的厂商的定价决策更倾向于战略替代。

[8] 当我考虑政府购买的外生变化时，我仍然可以使用这个方程，如果我把 $u(Y_t;\tilde{\xi})$ 理解为 2.1.1 节引入的函数 $\tilde{u}(Y_t;\tilde{\xi}_t)$，它作为总需求的函数而不是消费支出的函数，可度量家庭效用流。基于这种理解，政府购买的水平恰好就是移动这个关系的外生扰动向量的一个元素。当考虑投资支出的内生变化时，情况会变得更加复杂。在这种情况下，记住属于（1.10）式分母的是 $u_c(C;\xi)$ 而不是 $u_c(Y;\xi)$，这是很重要的。

[9] 另外，我可以把这个结论应用到西德罗斯基-布洛克模型中（效用是可分的），正如我们在 2.3.2 节所讨论的那样，应用到在附录 A 的 A.16 节所讨论的非常典型的现金优先模型中，或者应用到 2.3.4 节所讨论的无现金极限经济中。它们也可以应用到具有

交易摩擦的更多的模型中，当货币政策是通过一定的程序实施时（这时利率的微分 Δ_t 保持不变），对参数 σ 和扰动 g_t 做合适的重新解释，从而当利率微分是一个常数（而不是实际余额水平的一个常数）时，$-\sigma^{-1}(\hat{Y}_t-g_t)$ 是实际收入的对数边际效用对实际状态水平的偏离。有关这种情形的相关讨论，参见 4.3.2 节，尤其是其中的注释 [59]。

[10] 虽然有些作者可能会认为，这是均衡产出水平，但是事实上观察到的黏性价格所导致的产出水平反而是非均衡产出水平。在本研究中，我避免使用这个术语。此处，均衡总是指模型的预测值，不管其是否涉及完全灵活价格。

[11] ξ_t 中度量总技术的元素在此处取为 $a_t=\log A_t$，而不是 A_t 自身。因此，技术要素 A_t 的稳态值被单位化为 1。

[12] 在工资和价格定价模型中，ω_w 表示若给定价格则更高水平的经济活动所增加的工人的合意工资的程度，而 ω_p 表示若给定工资更高水平的经济活动所增加的生产者的合意价格的水平。

[13] 因为在均衡中，同一行业的每一个供给者选择同样的价格，如果假定所有在行业 I 的所有供给者而不是某一厂商 i 选择共同的价格 p^I，这样供给者完全可以估计其利润函数，虽然厂商 i 偏离共同价格的后果也是必须考虑的。在（1.18）式中，也假定厂商 i 自己的劳动需求对行业劳动需求的影响是非常小的，这样单个供给者是工资接受者，这在前面已经讨论过了。

[14] 参见布洛等人（Bulow et al.，1985）关于战略互补性的一般概念和霍提文格和瓦尔德曼（Haltiwanger and Waldman，1989）在对总冲击做出调整的背景下对这个问题更加一般性的讨论。

[15] 用“名义刚性”来类推，一个给定的供给者索取一个名义价格（不是相对价格），而这个名义价格对必须供给的数量并不敏感。因为正如这里所定义的名义 SRAS 曲线，它独立于所设定的价格调整的速度，由“实际刚性”所刻画的经济的水平仅仅取决于实际要素：生产成本结构和需求结构。这个术语虽然被广泛地使用，但是它却存在不足，因为它意味着调整实际数量是有成本的，然而实际上它却意味着理论供给是非常具有弹性的。所以此处我将主要谈及“弹性供给”和“价格设定中的战略互补性”。

[16] 注意，相对于一个特殊的定价博弈（总的名义支出是给定的，它独立于任何厂商所选择的价格）而言，不同厂商的定价决策是否是战略互补的是很清晰的。但是，正如本章再三要做的那样，如果为名义支出任意设定一个随机过程，此时再分析价格和产出动态，那么这就是一个需要考虑的有用的问题。

[17] 例如，参见 Branchard and Fischer（1989，sec. 8.1）。

[18] 拉辛和袁（Razin and Yuen，2002）指出 σ 的有效值在资本流动的开放经济中应该更高，从一定程度上来讲，开放经济的国内产出的变化是要小于国内消费的变化的，因此国内经济的收入的边际效用也相对较小。（在表达式（3.15）中，σ^{-1} 反映了国内经济活动的提升与收入的边际效用的下降（因此增加了工资需求）有多大的关联度。）拉辛和袁认为这也许可以解释：在对资本流动限制更严的国家里，实证得到的菲利普斯曲线更加陡峭（Loungani et al.，2001）。

[19] 根据定价中的战略互补的程度，金柏（1995）给出了上述问题的结果。

[20] 在第 4 章，我将说明如何将跨部门的内生资本再分配引入模型中，所以从长期来看，各部门间的资本的租金价格将会相等。但是，我发现当存在投资的调整成本时，边际供给成本的短期动态与简单的模型（厂商的资本配置是固定的）所预测的动态并没有太大的差异。

[21] 博金和芬斯特也注意到了，这个加成弹性的大小可以由半对数的偏好设定推出，这种设定方式在需求的经济学研究中非常流行。

[22] 相反，巴苏（Basu，1995）、博金和芬斯特（Bergin and Feentra，2000）假设总产出是劳动和资本投入的科布-道格拉斯函数。然而，这里的简单分析在将前面的设定作为极限情形上具有优势，它使得我通过一个非常明晰的方法，在定价中的某一战略互补性水平上，可以得到有关投入—产出结构结果的类似的结论。看起来，除了这些论文中所使用的科布-道格拉斯设定方式易于处理外，没有其他理由要求我们必须使用这种设定方式。

[23] 如果我们像查利等人（2000）那样假设 $\theta=10$，那么这就对应于 54%的物质份额。注意，巴苏（1995）认为份额参数 S_m 高达 0.9 才是合理的，因为边际成本的中间投入份额应该远高于平均成本份额。在该假设下，与这里所给出的校准相比，这个修正是更加重要的，例如，假设 $S_m=0.9$，$\theta=10$，这意味着 $\zeta=0$。但是该校准是不容易理解的。例如，如果我们把一个较大份额的初始投入的购买作为固定成本或间接成本（overhead cost），那么这将意味着回报的急剧增加（平均成本远高于边际成本），这与存在可信市场力量时所得到的均衡并不一致。

[24] 虽然这里的点估计是通过他们的论文所报告的通货膨胀和实际 GDP 反应做出的，但是在他们的论文中并没有报告这个特殊的脉冲反应。我要感谢埃文斯（Evans）为这里和随后所做的图形提供了数据。这个特殊的 VAR 研究所得到的脉冲反应，是在许多其他研究中所得到的脉冲反应的典型代表，参见克瑞斯汀娜（1999）的综述。

[25] 在第 0 季度，对名义 GDP 的影响为零是作者的识别机制的人为结果，它假设，在利率冲击和实际 GDP 或通货膨胀冲击之间的任何同期相关性都归因于从后一个变量到当前利率操作目标的反馈，正如泰勒规则中那样。然而，在第 1 个季度所估计的影响绝对是不受这个框架限制的。在第 1 个季度，产出和通货膨胀都没有受到显著的影响，这个事实给这个框架所依赖的假设提供了一定的支持。

[26] 也许人们想知道，给定在第 2 个季度才对名义支出产生影响，为什么我要声称冲击实际上是在第 0 季度发生的呢？因为，由第 0 季度联邦基金利率的大幅下调可以推出发生了政策冲击，参见克瑞斯汀娜等人（2001）对这个反应的作图的说明。

[27] 这个观点的最初应用是假设工资，而不是价格，在一定时期内是固定不变的（由于工资契约），因此涉及的是交错工资谈判的影响而不是交错定价的影响。但是正如布兰查德（Blanchard，1983）所指出的，同样的原则也可以应用于价格设定。

[28] 也可参见罗特伯格（1987）关于这个模型以及对具有凸的价格调整成本的模型总的动态的含义的相似性的讨论。在完全跨期均衡的总波动模型的背景下，郓（1996）首先在其研究中使用离散时间的卡尔文定价模型。较早的应用同样方法的其他文献包括 Woodford（1996）、King and Waton（1996）和 Goodfriend and King（1997）。在早期另一个比较重要具有黏性价格的跨期均衡模型研究中，金柏（1995）也假设卡尔文式的定价，虽然是连续时间模型。

[29] 为了处理价格调整之间的间隔的其他类型的分布（可能会更加贴近现实），这里所给出理论的一般情形是今后研究的一个重要课题。由卡尔文模型或其他变形所推出的动态之间很显然存在一些性质上的相似性，例如，对于货币扰动的实际影响的持续水平来讲，实际刚性 ζ 的测度通常是一个非常重要的决定要素。然而，不同的设定方式可能会使得我们所得到的结论在数量上存在着巨大的差异。例如，凯利（2002）发现，如果承诺价格在一定时期内保持不变，这样的模型意味着货币不稳定的福利成本将会更小。安斯格和莱文（Levin）（2002）发现这类模型意味着，在由名义刚性推出的福利稳定目标

中，产出缺口的稳定的相对权重会更大。同时，马什（Mash，2002）发展这种模型或者卡尔文模型的其他一般情形，能够更加容易地解释通货膨胀的均衡波动的持续性。到目前为止，几乎没有实证工作去评价不同的设定方式的相对合适性，但是很明显这是我们非常需要的（参见 Jadresic，2000，其中有对这个问题的较早贡献）。

[30] 只有在特殊要素市场的基本模型中，这才是正确的，因为在这种情形下，供给某一给定产品的实际边际成本仅仅取决于所供给的这种产品 $y_t(i)$ 的数量、总产出 Y_t 和总冲击向量 $\tilde{\xi}_t$。相反，如果像恽（Yun，1996）那样假设一般要素市场，那么实际边际成本就取决于（1.36）式所定义的不同的产出总量，而不是仅仅取决于迪克西特-斯蒂格利茨的总量 Y_t。正如恽所证明的那样，这意味着 P_t 演变的均衡条件将包括第二个价格指数。但是，即使在那种情形下，在对数线性近似意义上可以仅仅根据指数 P_t 给出均衡条件，因为精确动态所需要的两个价格总量在对数线性近似意义上彼此相等。

[31] 注意，如果当因子 α^{T-t} 在 $T=t+1$ 时等于 1，而对其他时期 T 它等于零，用这去取代（2.2）式中的因子 α^{T-t}，那么（2.2）式就蜕变成了（1.22）式。

[32] 通过在零通货膨胀率（而不是其他常数通货膨胀率）稳态附近进行对数线性化，在该点的代数得到了简化。那么，由此而得到的对数线性结构方程，仅仅可以适用于当政策规则实际上在所有时期所产生的通货膨胀约等于零时的均衡的决定。然而，这并不意味着我们仅仅只能考虑使得平均通货膨胀率等于零或者包含一个零的目标通货膨胀的政策规则。如果我希望我所刻画的通货膨胀演化和其他变量的误差精确到 $\mathcal{O}(\|\varphi, \tilde{\xi}\|^2)$，其中 $\|\tilde{\xi}\|$ 是扰动大小的界，那么只要平均通货膨胀率足够小（精确到 φ，φ 是刻画货币政策的一个扩展参数，当平均通货膨胀率等于 0 时，$\varphi=0$）就可以。正如我所指出（参见第 6、7 章）的，合意的政策确实意味着较低的平均通货膨胀率，从我刻画最优政策的目的的观点来看，这并不是一个不方便的约束。对于高通货膨胀经济中的政策影响的刻画来讲，它可能需要更加精确的近似。但是作为在这种情况下的定价模型，卡尔文定价模型本身是没有可信性的，因为许多单个价格边界价格指数（或汇率）被指数化。就这个目的而言，在 3.3.2 节所讨论的后向价格指数化模型可能更加地贴近现实。

[33] 关于产出缺口以理论为基础的代理变量的其他主张包括：麦考伦和尼尔森（1999b）所使用的基于工作小时的度量，以及尼尔森和尼科洛夫（Nelson and Nikolov，2001）所使用的实际利率缺口序列。

[34] 这对应于（1.43）式中 $(1-\mu s_m)s_y$ 所表示的数值，其中，s_y 表示供给增值的实际边际成本的弹性，而不是总产出的弹性。

[35] 注意这个结果给出了（1.43）式的另一个推导过程，给定在命题 3.3 中所讨论的模型下，$\hat{s}_t=(1-\mu s_m)(s_y+s_Y)(\hat{Y}_t-\hat{Y}_t^n)$，使用在那里所使用的符号。

[36] 注意，这个数对应于 3.1.1 节所引入的基本模型的 ω。

[37] 注意，根据 3.1.1 节所发展的模型，假设一种生产技术，它的产出关于劳动投入的弹性是一个常数（例如，大家熟悉的 Cobb-Douglas 设定方式），那么平均边际供给成本应该与平均单位劳动成本成比例。关于边际成本的这个常见测度和其他测度方式的进一步讨论，参见 Rotemberg and Woodford（1999b）。

[38] 斯波唐恩选择这个值作为她的估计值，是因为当赋予 β 的值是 1 时，它最小化了模型所预测的 $\log P_t$ 路径的均方差。注意，事实上她所报告的 ζ^{-1} 值是 18.3。

[39] 加利和格特勒（1999）得到了有关美国通货膨胀的同样的结论，并且为了估计随后将得到的通货膨胀（2.14）式使用工具变量策略。加利和格特勒发现他们可以从统计上拒绝基本定价模型，而支持价格设定者使用后向拇指规则的一般情形，从而导致了

一个与后面的（3.6）式很接近的模型设置。然而，正如图 3.6 所示，他们也发现基本模型已经很好地解释了历史上的通货膨胀动态，用于决定拒绝基本模型在统计上是显著的标准差的有效性会引起质疑。巴替尼等人（Batini et al.，2000）也同样地发现卡尔沃定价模型可以解释英国的通货膨胀动态，而对其他几个欧洲国家而言，加利等人（2001）也到了类似的结论。有关支持这个定价理论的实证证据的相关讨论，参见 Gali et al.（2003），Guerrieri（2001），Jondeau and LeBihan（2001），Kurmann（2002），Linde（2002）和 Sbordone（2003）。

[40] 斯波唐恩（1998，2002）给出了上述两个序列的自相关函数，以及数据序列的标准差。

[41] 通过分别估计（2.9）式中的权数 λ_1 和 λ_2^{-1}，并且没有要求它们对应方程（2.10）的两个根，斯波唐恩对此做了正式的说明。正如卡尔文模型一样，她发现不仅两个系数都显著为正，而且所得到的最佳拟合在大小上几乎是相等的（注意（2.10）式的两个根 λ_1 和 λ_2 必定要满足 $\lambda_1\lambda_1=\beta^{-1}$）。

[42] 由于（2.9）式的光滑程度，测度边际成本时高频率的误差对价格的预测路径相对地几乎没有影响。图 3.5 本身至少得到了一个小的低频率价格设定误差，它可能是由于边际成本测度的低频率误差引起的。

[43] 对这个结果而言，因子 β 没有必要和代表性的家庭的效用贴现因子一致。

[44] 明显地，正如罗特伯格（1987）所给出的那样，同样形式的总供给关系在对数线性近似意义上是由价格调整的凸成本模型所得到的。注意，在罗伯茨所给出的新凯恩斯主义菲利普斯曲线中，贴现因子 β 被设定为 1。这种简化方式看起来是吸引人的，因为这意味着垂直的“长期”通货膨胀—产出权衡。但是，正如第 6 章和第 7 章所指出的那样，正确地解释（2.12）式中的贴现因子对最优政策分析有重要的影响。

[45] 这些值来自于罗特伯格和伍德福德（1997）的估计，我们将在第 5 章作进一步的讨论。

[46] 在泰勒的原始公式中，实际上是工资合同谈判的交错进行导致了乘数。

[47] 这里货币冲击的形式和查利等人所考虑的并不完全一样，相反，查利等人假定货币供给是一个外生过程，并且在货币传导机制的完全一般均衡模型中考虑它的含义。然而，在基本模型的精简版本的分析中，由于名义 GDP 在任何时候都是和货币供给成比例的，他们假定了一个静态的货币需求函数，并且假定（对数）货币供给是一个随机游走，这就是我在这里所考虑的类型。

[48] 相反，查利等人假设固定长度的价格承诺，从而这里的半衰期等于 $N/2$，其中，N 是价格保持不变的时期数。

[49] 正如前两个脚注所说，查利等人考虑了一个不同的交错定价模型，但是却得到了相同的结论。基于我上面所讨论的原因，他们发现在其简化版本模型中，因为 ζ 必定大于 1，所以乘数必定是小于 1 的（他们称参数为 γ，他们的方程（34）证明它一定是大于 1 的）。和这里的分析一样，在他们的分析中，合约乘数是否大于 1 在很大程度依赖于 ζ 是否小于 1。

[50] 在这里，我固定 ζ，并且令 α 和 β 随着 Δ（时期长度）下降，所以当 $\Delta\to0$，$\log\beta^{-1}/\Delta$ 和 $\log\alpha^{-1}/\Delta$ 将分别接近正的常数 ρ 和 a。然后，按照 Δ 的幂展开特征多项式（2.19），我们可以证明 $\log\lambda^{-1}/\Delta$ 也会接近一个正常数 n，它依赖于 ζ 和比率 $a^*\equiv a/\rho$。于是，乘数（2.20）式就等于 a/n。

[51] 这个值来源于乘数（2.20）式，假设 $a^*=33$，它是根据美国经济的价格变动频率的调查证据所得到的，后面将讨论这个问题。但是注意，当 a^* 的值较大时，一个较小

的 ζ 值都是必须的。

[52] 如图 5.2 所示，高峰（并且是第一次明显的）产出收缩出现在紧缩货币政策冲击发生后的两个季度，在冲击发生后的第 5 个季度，对数产出已经回落到其趋势水平的一半。虽然如此，与图 5.3 所给出的预测和估计的自相关函数相比，罗特伯格和伍德福德的模型与所观察到的产出偏离其趋势的持久性水平是相当一致的。

[53] 对经济中更小部门的其他调查证据的讨论，参见 Rotemberg and Woodford (1997)。

[54] 在这里，我使用了乘数（2.20）式，假设 $a=0.33$/季度，$\rho=0.01$/季度，所以 $a^*=33$。

[55] 实际上，如果 ζ 不是非常的小，大约是 0.13，那么罗特伯格和伍德福德的模型是不能得到他们所估计的实际 GDP 对货币政策冲击的脉冲反应函数的。之所以会出现这种情况，是因为他们的模型是一个离散时间模型，时期长度是 3 个月（这将导致所得到的持续水平不同于连续时间模型），因为他们设 $a=2/3$（所以每个季度只有 1/3 的价格改变了，而不是连续时间模型所得到的 $1-e^{-a}0.28$），此外还由于他们所定义的货币政策冲击并不能导致上面所假设的及时的持久的名义 GDP 增长。

[56] 在罗特伯格和伍德福德（1997）的研究中得到的所定义的货币政策冲击的实际效应基本都使用较长的样本时期，没有那些由其他 VAR 研究得到的持久。例如，在克瑞斯汀娜等人（1993）的基本结论中——使用的是季度数据并且用联邦基金利率（他们的图 2 中的第一列）的冲击来定义货币冲击，在未预期的货币紧缩发生后，实际 GDP 的峰值收缩发生在冲击发生后的 5 或 6 个季度，而在冲击后的 11 个季度产出才回归到初始趋势路径的一半，这意味着半衰期是 5～6 个季度。但是克瑞斯汀娜等人（2001）的第二个结论所得出的半衰期不到 3 个季度，在前面我已经提到过了。

[57] 在罗特伯格（1996）的理论中，这种形式的随机过程被用于粗略地近似表示美国的实际的时间序列。

[58] 该图还给出了通货膨胀率的脉冲反应——这里是以年百分比度量的，所以图中所刻画的通货膨胀率被定义为 $4\Delta\log P_t$。我在 3.3 节将讨论通货膨胀率的动态。

[59] 科克瑞恩所使用的形式实际上是（3.2）式，只有一个季度的滞后，$d=1$。

[60] 事实上，这里所给出的两部门模型与贝尼尼奥（Benigno，2003）的研究中的两个国家货币联盟的处理方式非常类似。

[61] 在垄断竞争的两部门模型中，为了得到一个表现良好的均衡，我就不能假设 $\eta>1$。实际上，在 $\eta\to 1$ 的极限情形中，总量表达式（2.22）就变成了科布-道格拉斯形式，这是我们经常所假设的，参见 Benigno (2003)。

[62] 可以直接推广到多部门情形的是上述最优定价条件的这种形式，而不是（2.6）式。因为先前所使用的利润函数的偏导数和边际成本与价格之间的缺口之间的关系式仍然成立，即使这个缺口只是在经济中某个特定部门取平均值。但是价格和边际成本的平均部门缺口不能使部门产出缺口是递减函数，这是因为在灵活价格下的实际部门产出和均衡部门产出缺口不是独立于经济中其他部门的产出缺口（或部门平均加成）的。更多的细节参见附录 B 的 B.7 节。

[63] 为了精确些，（2.12）式意味着这个准加速统计量应该等于 $-\beta^{-1}\kappa(\hat{Y}_t-\hat{Y}_t^n)$ 加上一个预测误差，这个误差是独立于所有 t 期的信息，其中包括 $\hat{Y}_t-\hat{Y}_t^n$。

[64] 一旦我们考虑内生的资本积累，上述结论就不再成立了，我将在第 4 章讨论这个问题。即使是这样，资本存量的内生变化所导致的对 $\hat{Y}_t^n$ 的影响在刚开始的几个季度是

不会太大的。此外，考虑这种影响只会使这里所研究的问题更加复杂：真正的产出缺口回到其最初所期望的水平确实比实际 GDP 要快，因为在利率下降后的开始的几个季度中，增加的投资必定会提高自然产出率水平。这仅仅会使得，在产出缺口的主要影响发生后，通货膨胀以比图 3.10 所给出的更加剧烈的趋势到达峰值。

[65] 假设存在信息滞后的一个好处是，无论什么类型的消息我们都不需要再假设存在同样的滞后。为了得到货币政策冲击在第一年内不会影响通货膨胀的结论，假设存在信息的滞后是必须的，例如，假设接收到利率变化信息存在着一年的滞后期，但是我们也许会同时假设供给者可以非常迅速地观察到其他类型的扰动，所以我们不能就此认为所有的价格变动都是完全根据预先的条件确定的。在这里，我将不做这方面的扩展。

[66] 当然，仍然存在这样的问题：为什么利息率的下降直到两个季度之后才会对名义 GDP 产生影响呢？这个问题涉及了模型的总供给模块，在下一章我们将讨论这个问题。

[67] 在 $\beta=1$ 的极限情形中，上述关系就等同于菲雷尔和摩尔所给出的关系，但是他们所给出的对他们的总供给关系的证明过程是不同于这里所给出的证明过程的。

[68] 如果我将 κ 作为自由参数，从定量上来讲，我可以更好地匹配图 3.10 所给出的反应。在这里给出的情形中，我将 κ 固定在罗特伯格和伍德福德（1997）所估计的值上面。然而，他们的估计值是建立在 VAR 模型之上的，并且他们所取的样本期也不同于克瑞斯汀娜等人的样本期，除此之外，他们是在不存在后向指数化的模型中得到这个估计值的。

[69] 就价格变动和产出之间的关系而言，产品的供给者在每个时点上所面临的边际劳动投入成本都等于用货币计算单位所表达的劳动供给的边际负效用，这就已经足够了。这一点是否会成立其实并不重要，因为这里的工资是出清竞争性的现货劳动市场的工资（正如先前讨论的单位劳动成本和价格之间的关系中所明确假定的那样），或是因为有效的劳动合同使得厂商将它们工人的额外工作时间的成本内在化。

[70] 关于黏性名义工资的最优化模型的详细讨论，参见 Benassy（2002）。

[71] 这里所给出的模型不同于安斯格等人的模型。因为我并没有假定资本可以在厂商之间即时地再配置，从而使得厂商间的资本服务（厂商在不同的时期改变它们的价格）的回报相等。相反，正如在前面小节的基本模型中那样，假定资本是完全稳定的。此外，与安斯格等人的论文相比，我所采用偏好和技术的参数设定更少。

[72] 每种类型劳动的垄断供给者假定，以及单个类型的劳动供给者对工资指数 W_t 没有影响力，意味着我不能再假设连续统的相同家庭，每个家庭提供相同类型连续统的不同劳动。相反，我必须假设家庭专门供给特定类型的劳动，和以前一样，供给劳动的负效用与消费的效用是加性可分的。风险在供给各种类型劳动的家庭（在不同时期设定他们的工资）之间分担，这使得每个家庭将面临相同的预算约束，好像每个家庭仍然像以前一样接收经济总工资中各自比例的份额。

[73] 注意，虽然从技术上来讲，当前的模型中不存在代表性家庭（代表性家庭的交易额等于经济中的人均交易（归因于劳动专业化）），但是，所有的家庭拥有相同的消费约束，并选择同样的消费仍然是成立的。因此，在任何时候他们的边际收入效用是相同的，等于 $u_c(C_t;\ \xi_t)/P_t$。

[74] 安德森认为关于偏好的最可信假设是 $\nu>1$；在校准的数量经济周期模型中，为了解释实际工资的顺周期性，更小的数值是普遍的。但是，安德森认为这只是反映了工资黏性，而并没有反映劳动供给偏好的性质。

[75] 上述观点的正确性并不是很明显。例如，汉森（Hansen，1985）提出 $\nu=0$ 的

偏好，因为劳动是不可分割的。在他的模型中，与工作小时的变动完全相关的是轮班工作时间为固定的工人数量的变动，而不是劳动大军中每个工人的工作小时数的变动，正如此处所使用的代表性家庭模型中所假定的。

[76] 在具有内生资本积累的货币传导机制的完全一般均衡模型中，艾吉（Edge，2002）证明了这一点。关于这一点的进一步讨论，参见 Ascari（2001）。

[77] 如果工资的黏性水平特别高，那么模型将得到这样的预测：在货币收缩发生后，实际工资将会增加（经典的凯恩斯主义模型的预测结果），虽然证据表明实际上并没有出现这种情况，例如克瑞斯汀娜等人（1997）所给出的证据。

[78] 当然就一般的参数值而言，我们并不能解出独立于实际经济活动演化的均衡实际工资，正如（4.22）式所示。在一般的情形下，并不存在使得简单形式的总供给关系（4.19）式成立的外生项 u_t。但是，如下更一般的观点仍然是成立的，即当价格和工资不再是黏性的时候，通货膨胀的稳定和产出缺口稳定是可以相互推导的。

第 4 章　分析货币政策的新威克塞尔框架

本章中，我将开始讨论货币政策的其他利率规则的效果。由于前面章节中提到的名义刚性的存在，这些政策将具有实际效果。正如第 2 章中所提到的那样，选择利率反馈规则最重要的是要找一个能够导致确定性均衡的规则。经过对这一问题（先前是在完全伸缩性价格的假设前提下）的重新思考，我发现泰勒原则——为了应对持续的通货膨胀，当通货膨胀率增加 1 时，利率应该增加不止 1——对于确定性依然是至关重要的。

接下来我将考虑确定性均衡存在时，通货膨胀的性质和产出的决定。我再次重申，我们可以充分理解这些变量的均衡演变，而不需要提及货币供给的潜在路径，或者货币需求的决定因素。当通过一个利率反馈规则将货币政策确定下来——这一规范与现实中中央银行讨论货币政策的条件更为匹配——我们就可以直接就利率对消费和定价决定的影响建立模型，来理解这些政策的效果，而不用过多考虑那些诸如各种货币流通量将可能怎样发生变化等问题。事实上，这一方法已经被很多央行或者国际组织制定用于政策模拟的计量模型时所采纳。[1] 这部分讲解的最主要目的就是要说明这一基础框架模型——简单来说，由 IS 曲线、总供给曲线和利率反馈规则组成的模型——可以由明确的最优化基础得出。在这种意义上，对这一对货币政策效果的非货币主义分析，既没有任何理论的不一致性，也没有背离新古典主义正统。

更确切而言，我认为，威克塞尔模型可以很好地解释通货膨胀和产出的决定——这取决于实际要素决定的自然利率和中央银行的作用标的，即短期名义利率之间的关系。产出缺口的扩大和通货膨胀的增加来源于，自然利率的增加没有被相应的紧缩性货币政策所抵补（利率反馈规则中截矩的正向移动），或是宽松的货币政策没有被自然利率的下降所支撑。[2]

尽管在第 2 章我们已经讨论过这一通货膨胀决定的基本理论，但是只有在黏性价格环境下，我们才能引入实际和自然利率之间至关重要的威克塞尔区别，因为这一区别仅仅是价格不能迅速有效调节的产物。同时，我还将讨论导致自然利率波动的内在实际决定因素，以及中央银行应该怎样应对这些波动以维持稳定价格和稳定的通货膨胀率。

首先将新的威克塞尔分析扩展到一个非常简单的跨期均衡模型中，其中抽象掉了经济体中资本存量的内生变动。然后，在第 5 章将这一模型进行了进一步扩展，考虑资本积累内生变动下货币传递机制的结果，以及其他一些能使模型更符合实际的扩展。此外，我还第一次将模型引申至完全无现金经济体中，然后在 4.3 节建立了一个模型，允许货币在总需求决定中发挥作用。

4.1　一个货币政策效果的基准模型

首先，我将给大家展示一个关于货币传递机制的完整的一般均衡模型，这个模型将在本书中反复应用（以后提及此模型都会将其称为“基准模型”）。这一模型将 2.1 节中所说的中央银行目标利率和跨期资源分配之间的关系，与 3.2 节描述的实际行为和通货膨胀之间的关系联系在了一起。需要注意的是，推导出这些均衡联系的一个个假设，实际上是相互一致的，所以结合这些相互分开、片面的结果就可以产生一个完整、可能过于程式化的模型。合成模型描述了，在一个抽象掉资本存量的内生变动，假设工资完全伸缩性（或者有效劳动力合同的其他机制），商品市场垄断竞争和以随机间隔形式调整的黏性价格（Calvo，1983）的前提下，货币政策是怎样共同决定利率、通货膨胀和实际产出的。[3]

4.1.1　非线性均衡条件

基准模型中代表总需求曲线的理性预期均衡的条件与第 2 章中伸缩性价格（无现金）模型是一样的。在 2.1.1 节中，实际总支出 Y_t 和价格指数 P_t 必须满足欧拉方程：

$$1+i_t=\beta^{-1}\left\{E_t\left[\frac{\mu_c(Y_{t+1}-G_{t+1};\xi_{t+1})}{\mu_c(Y_t-G_t;\xi_t)}\frac{P_t}{P_{t+1}}\right]\right\}^{-1} \tag{1.1}$$

作为家庭选择最佳支出时机的结果，i_t 表示任意时刻中央银行控制的无风险一期名义利率。[4]家庭最优化也需要总支出和价格指数的路径满足：

$$\sum_{T=t}^{\infty}\beta^T E_t[u_c(Y_T-G_T;\xi_T)(Y_T-G_T)]<\infty \tag{1.2}$$

$$\lim_{T\to\infty}\beta^T E_t[u_c(Y_T - G_T;\xi_T)D_T/P_T]=0 \tag{1.3}$$

其中，货币财政政策框架下的实际政府购买G_t和名义政府债务D_t给定。

在第 2 章的伸缩性价格模型中，Y_t为外生变量。(1.1) 式～ (1.3) 式，结合联系i_t和P_t的利率规则，以及确定D_t路径的财政规则，就足以推导出P_t和i_t的均衡路径。在第 3 章商品供给内生化模型中，我们无法推导出均衡路径，但是 (1.1) 式～ (1.3) 式依然是均衡的必要条件。这是因为在这个模型中，家庭属于价格接受者，不管价格是否存在弹性，最优消费的一阶条件都是相同的。同时，家庭消费需求C_t与政府支出G_t的和必须与总产出Y_t相同，无论后一个变量是否给定外生。

现在，我假设一种如第 3 章所假定的生产技术和定价行为，取代外生的禀赋过程$\{Y_t\}$。具体来说，我假设基准模型与 3.2 节一样，存在卡尔沃式的定价，且劳动力是生产的唯一可变要素。[5]在这一模型中，总价格指数P_t的演进满足运动定律：

$$P_t = \mathcal{P}(p_t^*, P_{t-1}) \tag{1.4}$$

其中，p_t^*表示在t期调整了定价的厂商给出的新价格，而$\mathcal{P}(p,P)$为一次齐次函数。[6]

每一期的最优价格p_t^*需满足如下一阶条件：

$$E_t\left\{\sum_{T=t}^{\infty}(\alpha\beta)^{T-t}u_c(Y_T - G_T;\xi_T)P_T^{-1}\Pi_1(p_t^*, p_t^*, P_T; Y_T, \tilde{\xi}_T)\right\} = 0 \tag{1.5}$$

其中，$0<\alpha<1$为在每期中保持不变的那部分商品价格，而$\Pi(p^i, p^I, P; Y; \tilde{\xi})$则表示每件商品的供给者在任何时期通过索要价格$p^i$获得的名义利润。同一时期每个行业的价格指数用$p^I$表示，而整个经济体的价格指数用$P$表示，$Y$代表实际总需求指数，而$\tilde{\xi}_T$则是影响偏好、技术和政府购买水平的一系列外生向量的现值。[7] (1.5) 式表示，在其他商品价格（包括同行业中其他厂商供给的产品）给定的情况下，商品i的供给者（在t期调整价格的任意供给者）选择一个新的价格使自己的期望利润的现值最大化。但是，同行业中的所有其他厂商都会同时选择新的价格，解同样一个最优化问题。在给定总需求Y_t和实际扰动$\tilde{\xi}_T$的演化的情况下，(1.4) 式和 (1.5) 式可共同给出p_t^*和价格指数P_t的演化，这一对方程构成了基准模型的总供给曲线。

除了那些货币和财政政策的规则以外，同时假定后者并不依赖于P_t、Y_t和i_t以外的内生变量，[8] (1.1) 式～ (1.5) 式给出了理性预期均衡所需要的整个体系。例如，货币政策具体表示为泰勒规则的形式：

$$i_t = \phi(\Pi_t/\Pi_t^*; Y_t, \nu_t) \tag{1.6}$$

其中，$\Pi_t \equiv P_t/P_{t-1}$表示总的通货膨胀率，Π_t^*为外生、不断变化的目标利率，而ν_t则是额外的外生扰动项（例如，中央银行的调控错误）。财政政策可以由以下形式确定：$\{D_t\}$表示的政府债券的外生目标路径，$\{d_t\}$表示的实际政府债务的外生路径 ($d_t \equiv D_t/P_t$)，或者实际政府债务占 GDP 比例的外生路径。一个完整的均衡系统就形成了。

定义 在给定外生扰动和与财政规则相一致的$\{D_t\}$的演化路径情况下，新威克塞尔基准模型的理性预期均衡是在任意时点$t\geqslant 0$，满足（1.1）式～(1.6)式的一个$\{P_t, Y_t, i_t\}$三重演化过程。

注意，虽然均衡条件（1.1）式与第2章中伸缩性价格模型完全一致，但此处对它的理解却有些不同。在第2章（1.21）式中，在给定经济体商品供给外生的情况下，给出了均衡的实际回报率。而在本章的跨期均衡模型中，它更应该被看作与希克斯（Hicks）IS曲线的一个类似物。[9]这意味着，给定实际利率可得出实际总需求，而由于在当前模型中，产出是由需求决定的，它也就决定了均衡的产出水平。

当然，这一模型与希克斯模型的最大区别在于，当前的模型没有涉及投资(IS曲线中的I)。但我们也不能因此认为本模型中投资需求为零（这一点在我们需要用此模型做计量分析时尤为重要）。从更一般的意义上来讲，基准模型抽象掉了私人消费的变动（包括在国民收入核算体系中被定义为投资的那部分）对经济生产力的影响。最优定价行为模型的边际供给成本理论假定，经济体各个部门的资本存量的变化是外生的，这样任何变化都可以归结为外生技术因素A_t的变动。此外，它还假定在任何时候，实际私人支出的边际效用是一个仅以总支出为内生变量的方程，其他因素以外生变量表示——就像所有形式的私人支出（包括投资支出）都是不可持续的消费购买。这一假定并不荒谬，因为在新古典投资理论中凸性转换成本的存在，就确实意味着任何时期追加投资的边际效用都是逐渐递减的。然而，一般而言，新古典投资理论确实也说明了追加投资的边际效用依然依赖于其他内生因素，例如预期资本回报率的变动等。但现在的模型必须抽象掉这些因素的变动（第5章会有一个更完善的新古典投资需求模型的应用，并会与现在的模型进行比较）。

很显然，这一关于实际利率对总需求影响的简单模型是非常模式化的，甚至会有人怀疑，如果我要从这个现实的均衡模型中抽象掉这么多要素，那我还费尽力气将其从最优化基础中推导出来做什么？实际上，正是模型的简单性使我们能够更有效地关注最基本的问题，而对于跨期最优的考虑也带来了一些微妙的差别，即便被如此简化，我相信依然有着最一般的影响。(1.1)式超越其他许多简单IS曲线（包括那些线性理性预期模型下的IS－LM曲线）的最大好处在于，它揭示出期望未来实际利率，而不仅仅是现在的短期实际利率，是决定总需求的重要因素。这一点可以通过均衡模型的对数线性化形式被更好地解释。

4.1.2 一个对数线性化的近似模型

我做此项研究的主要目的，在于描述在确定性稳态周围存在轻微扰动下的均衡状态。像第2章和第3章一样，使用均衡条件的对数线性化近似形式就足够了。正如在第2章中一样，(1.1) 式的对数线性化近似形式为：

$$\hat{Y}_t = g_t + E_t(\hat{Y}_{t+1} - g_{t+1}) - \sigma(\hat{i}_t - E_t\pi_{t+1}) \tag{1.7}$$

其中，参数 $\sigma>0$ 代表总支出的跨期替代弹性，[10] 同时 g_t 是一个复合外生扰动，代表了实际收入 Y_t 和其边际效用之间关系的变动，这些扰动或者来源于偏好的变化，或者来源于政府购买的变动。[11] 进一步而言，当 Y_t 和 g_t 为平稳变量的解时，通过 (1.7) 式可得：

$$\hat{Y}_t = \hat{Y}_\infty + g_t - \sigma\sum_{j=0}^{\infty} E_t(\hat{i}_{t+j} - \pi_{t+j+1}) \tag{1.8}$$

该式利用了如下条件：

$$\lim_{T\to\infty} E_t(\hat{Y}_T - g_T) = \hat{Y}_\infty \tag{1.9}$$

其中，在正被讨论的政策框架下，$\hat{Y}_\infty$ 是 $\hat{Y}_T$ 的长期平均值。[12]

因此，这一模型中的总需求取决于所有的期望未来短期实际利率，而不是简单地依赖于现期已设定好的短期利率。除非短期利率的波动非常难以预测，并且瞬息万变，否则未来短期利率的期望值将远远比现期短期利率重要。[13] (1.8) 式中未来短期利率的期望的作用方式无疑是非常独特的，并且很难符合现实（随后，我将在引入投资动态机制建立一个更加成熟的模型后，重新考虑这个问题）。但是，期望未来短期利率依然是非常重要的，同时这一一般的视角对于思考整个货币政策理论也至关重要，它显示出，中央银行对于经济体的影响并不是通过当期的隔夜利率，而是通过影响微观主体对隔夜利率的未来路径的预期来达到的。这反过来又证明，我们必须高度关注政策承诺的可置信度，不加审慎的最优化肯定会导向次优的结果，此外在其他结果中，平滑利率也是必要的，正如我在第7章和第8章中将要提到的。

将 (1.4) 式和 (1.5) 式对数线性化，并消去变量 p_t^*，就会得到一个线性的总供给方程。这就是所谓的新凯恩斯菲利普斯曲线：

$$\pi_t = \kappa(\hat{Y}_t - \hat{Y}_t^n) + \beta E_t\pi_{t+1} \tag{1.10}$$

上式由3.2节导出，其中系数 $\kappa>0$ 既取决于价格调整的频繁度，也依赖于实际边际成本对实际行为水平的弹性，$\hat{Y}_t^n$ 代表了由于任何外生扰动的影响，自然产出率的外生变化。最后，对泰勒规则 (1.6) 式的对数线性化可得到：

$$\hat{i}_t = \bar{i}_t + \phi_\pi(\pi_t - \bar{\pi}) + \phi_y \hat{Y}_t/4 \tag{1.11}$$

其中，$\bar{i}_t$ 为外生截距（有可能随时间变动），反映了 Π_t^* 和 ν_t 的可能变动，而 ϕ_π、ϕ_y 和（暗含的、长期的）通胀目标 $\bar{\pi}$ 为固定的政策系数。[14] 然后，在给定外生扰动 $\{g_t, \hat{Y}_t^n, \bar{i}_t\}$ 的变化路径下，我们可以得到一个关于三个内生变量 $\{\hat{i}_t, \pi_t, \hat{Y}_t\}$ 的完整的系统方程。如果中央银行的反应函数只需要对通货膨胀和产出这两个内生变量反应（如 (1.11) 式所示），依据这三个方程就足以推出这一政策规则下的均衡[15]（后面考虑的一些利率工具、通胀和产出的附加延迟，并不会改变这一结论，也不会依赖于外生状态变量）。

将均衡条件表示成产出缺口 $x_t \equiv \hat{Y}_t - \hat{Y}_t^n$ 的形式是非常有用的，它可以使我（至少在基础假设下）得出 AS 关系式，而不会有任何剩余项。同时，在第 6 章中我们将看到（在相同的假设下），x_t 的变动，而不是$\hat{Y}_t$ 的变动，将与福利更加相关。泰勒规则也经常以对产出缺口变动的反应形式表示，虽然这时就必然面临一个问题：实际操作中产出缺口的衡量是否与理论设定的一致（在任何时候，我都可以将利率规则以产出缺口的形式写出，单纯从符号的角度，使得截距为自然产出率的一个函数）。这样基准模型就由以下方程构成：

$$x_t = E_t x_{t+1} - \sigma(\hat{i}_t - E_t \pi_{t+1} - \hat{r}_t^n) \tag{1.12}$$

$$\pi_t = \kappa x_t + \beta E_t \pi_{t+1} \tag{1.13}$$

以及利率规则：

$$\hat{i}_t = \bar{i}_t + \phi_\pi(\pi_t - \bar{\pi}) + \phi_x(x_t - \bar{x})/4 \tag{1.14}$$

注意，（1.14）式与（1.1）式描述了同样的政策规则，但是外生变量$\bar{i}_t$ 表示的意义却有所不同。此处，我给出了规则的缺口形式 $x_t - \bar{x}$，其中$\bar{x} \equiv (1-\beta)\bar{\pi}/\kappa$ 为与通胀目标$\bar{\pi}$ 相一致的产出缺口的稳态值，所以在一个通胀目标达到平均值的均衡中，名义利率$\hat{i}_t$ 的均值也会等于$\bar{i}_t$。

跨期的 IS 关系式（1.12）式包含复合的外生扰动项[16]：

$$\hat{r}_t^n = \sigma^{-1}[(g_t - \hat{Y}_t^n) - E_t(g_{t+1} - \hat{Y}_{t+1}^n)] \tag{1.15}$$

这代表了威克塞尔主义的自然利率与零通胀稳态之间的偏离，[17]本章下一节会对这一点做进一步详细地论述。这里，注意到（1.12）式～（1.15）式这个系统中仅有的外生扰动因素包含 $\hat{r}_t^n$ 和$\bar{i}_t$就足够了。所以迄今为止，我的政策规则给出了一个确定的理性预期均衡，通货膨胀和产出缺口的波动仅仅是由于两个要素的变动——自然扰动导致的自然利率的变动和货币政策的变动（无论是深思熟虑的还是偶然的变动）。这些要素影响通货膨胀和产出缺口的确切方式将会在下一节讨论。

4.2 利率规则和价格的稳定性

下面我将考虑将基准模型应用于经济波动的解释和货币政策规则的选择上。正如在第 2 章中那样，首先需要注意就是，像（1.15）式那样的利率规则的条件给出了一个确定的理性预期均衡。其次，当均衡确定的时候，我将进一步探讨均衡的通货膨胀和实际行为是怎样被实际扰动和货币政策的变化影响的。最后，我将试图利用这一分析设计能够维持稳定价格的货币政策规则。关于价格的稳定性应该在多大程度上成为货币政策目标的问题将在第 6 章讨论。

4.2.1 自然利率

首先来关注一个相对简单的问题：应该怎样调整利率，以使得货币政策能保持价格稳定。为了回答这个问题，我在任何时候通货膨胀都是零的假设前提下，解出关于产出和利率的均衡路径的 AS 和 IS 关系式。首先，对于 AS 关系式来说，如果任何时候 $\pi_t=0$，则必然要求 $x_t=0$，即任何时候的产出都等于自然率的产出。从第 3 章推导 AS 关系式中，我们看到这个结论是精确解，而不仅仅是一个对数线性化的近似解。此时，每个部门的实际边际供给成本就会等于 μ^{-1}，即期望总涨幅的倒数。后者等于企业的边际收益，如果所有的企业都索要一样的价格的话。因此，$Y_t=Y_t^n$，表示任何公司都不愿意索要与其他公司不同的价格，反过来，也就是说，所有的公司在调整价格时都会与其他公司保持一致，所以也就意味着没有通货膨胀。

将这些通货膨胀和产出的路径，代入到跨期的 IS 关系式中，我们可以得到所需的名义利率路径。将 $\Pi_t=1$ 和 $Y_t=Y_t^n$ 代入（1.1）式，可以看到在任何时候，利率都必须满足 $i_t=r_t^n$，其中：

$$1+r_t^n\equiv\beta^{-1}\left\{E_t\left[\frac{\mu_c(Y_{t+1}^n;\xi_{t+1})}{\mu_c(Y_t^n;\xi_t)}\right]\right\}^{-1} \tag{2.1}$$

即任何时候的利率必须与威克塞尔自然利率相等，而后者在完全伸缩性价格的条件下可被定义为均衡实际回报率。这一定义与之前介绍的自然产出率的概念相对应。[18]事实上，自然利率就是在任何时候都使得总需求等于自然产出率的实际利率值。[19]把（2.1）式对数线性化，我们可以看到，（1.15）式中的 $\hat{r}_t^n$ 就表示自然利率偏离稳态的程度：

$$\hat{r}_t^n\equiv\log\left(\frac{1+r_t^n}{1+\bar{r}^n}\right)=\log(1+r_t^n)+\log\beta$$

迄今为止，我仅仅论及了为了获得完全的价格稳定，即不变价格水平（零通胀）的条件。正如我们应该看到的一样，此时存在一个特定的标准化利率，至少在基准模型的假设前提下，它会消除由于价格黏性所带来的扭曲。但是大多数的通货膨胀目标制国家寻求将通货膨胀维持到一个低的正数水平上，所以能将通货膨胀维持到一个固定的水平 $\bar{\pi}$ 的政策也是非常有意义的。事实上，在对数线性化的近似形式中，我的结论基本与此处一致，即等于某些常数项。产出的所需路径仍然是一个常数（尽管并不为零，除非 $\bar{\pi}=0$），而名义利率的所需路径为：

$$\hat{i}_t=\hat{r}_t^n+\bar{\pi}$$

产出和名义利率的平均值虽然依赖于目标通货膨胀率，但它们对于冲击的反应路径并不一定与对数线性化的近似结果一致。

（2.1）式（或者大多数条件下同样有用的，对数线性化形式的（1.15）式）提供了一个理论，它告诉我们实际扰动如何影响自然利率，以及在一个以价格的稳定性为标志的均衡中中央银行应该如何通过控制利率来应对这些扰动。当我们分析单个扰动的影响时，首先应该回想一下各种各样的实际扰动是怎样影响自然产出率的。将第3章中的（1.13）式线性化后可得：

$$\hat{Y}_t^n \equiv \frac{\sigma^{-1} g_t + \omega q_t}{\sigma^{-1} + \omega} \tag{2.2}$$

其中，g_t 如（1.7）式所示，表示为了维持实际收入的边际效用为常数，产出的对数的变动；q_t 则如第3章所示，相应地表示为了维持产出供给的边际负效用（disutility），为常数，产出的对数的变动。与（1.7）式中一样，$\sigma>0$ 表示私人消费的跨期替代弹性，$\omega>0$ 为企业实际边际成本相对于自身产出的弹性，如第3章所示。

进一步而言，这些复合扰动项可表示为更基本的扰动形式，如：

$$\begin{aligned} g_t &= \hat{G}_t + s_C \bar{c}_t \\ q_t &= (1+\omega^{-1}) a_t + \omega^{-1} \nu \bar{h}_t \end{aligned} \tag{2.3}$$

这里，和第2章一样，$\hat{G}_t$ 表示政府购买偏离稳态的程度，由占稳态总产出$\bar{Y}$的百分比表示；而当总需求$\hat{Y}_t$给定时，$\hat{G}_t$会影响相应的私人支出的水平。$\bar{c}_t$表示由于消费效用函数的改变而导致弗里希（收入的边际效用不变）消费需求变化的百分比。而 a_t 则如第3章所示，通用于任何部门的复合技术要素的对数的变化。$\bar{h}_t$为由于劳动负效用函数 ν 的变化而导致的弗里希劳动供给的变化的百分比（弗里希需求计划的外生变动可以通过对他们稳态值的讨论加以衡量）。$\nu>0$ 表示劳动供给的弗里希（或跨期）弹性的倒数。

从（2.2）式可以解出：

$$\hat{Y}_t^n = \frac{\sigma^{-1}}{\sigma^{-1}+\omega}(\hat{G}_t + s_C \bar{c}_t) + \frac{1}{\sigma^{-1}+\omega}((1+\omega)a_t + \nu \bar{h}_t)$$

我们注意到，每一个外生扰动$\hat{G}_t$，$\bar{c}_t$，a_t和$\bar{h}_t$都会增加产出的自然率。这就意味着，在一个意图维持价格稳定性的政策下，它们中的任何一个都会破坏经济活动就$\hat{Y}_t$的均衡水平。

将这个结果代入到（1.15）式，我们可以确定这些实际扰动对于自然利率变化的影响。下面就可能的结果提供了一个简单的范例。

命题 4.1 假定每一个外生扰动$\{\hat{G}_t, \bar{c}_t, a_t, \bar{h}_t\}$都服从独立的一阶自回归，同时令 ρ_G，ρ_c，ρ_a，ρ_h 分别为相应的自相关系数。这样在一个有稳定价格的理性预期均衡中，（实际和名义）利率必然会跟踪外生变动的自然利率的轨迹，由以下方程给出：

$$\begin{aligned} \hat{r}_t^n = (\sigma+\omega^{-1})^{-1}[&(1-\rho_G)\hat{G}_t + s_C(1-\rho_c)\bar{c}_t - (1+\omega^{-1})(1-\rho_a)a_t \\ &-\omega^{-1}\nu(1-\rho_h)\bar{h}_t] \end{aligned} \tag{2.4}$$

因为价格稳态要求每种情况下 $\rho_i<1$，在此假设条件下我们可以看到，当政府购买的短期增加或者家庭消费失去耐心时，利率必须增加；反之，当生产力暂时增加或者家庭提供劳动力的意愿上升时，利率必须下降。在每种情况下，扰动越是临时性的，对于自然利率的影响就越大（例如不太显著的序列相关）。

这一应对策略与克拉里达等人（1990）给出的结论极为不同。克拉里达等人（在结论 4 中）认为，最优的政策应该“调整利率以最完美地抵消需求冲击”，同时“通过维持名义利率不变，调节冲击对潜在产出的影响”。事实上，这里提及的需求冲击的变量（即他们所说的 g_t）相当于我所提及的自然利率 r_t^n。[20] 这些作者所说的对这一变量的“完全抵消”，是指中央银行通过调控政策工具，一步一步地调整自然利率（因此，对这一冲击进行“完美抵消”并不是让产出不受其影响，而是让产出缺口不受其影响）。并且，他们所说的“调节冲击对潜在产出的影响”是指，给定自然利率的值，利率应该与产出自然率无关。也就是说，对产出自然率的扰动，如果不能影响自然利率的话，就都不能影响名义利率。这样说来，他们的论调和我的就没有任何差别了。[21] 当然，一般说来，这并不正确，最优化政策并不涉及利率对影响产出自然率的冲击的反应，因为正如（2.4）式表示的那样，这些冲击往往会在某种程度上影响自然利率。

值得注意的是，从更一般的角度来看，当通过一个简单的泰勒规则，认为自然利率完全依赖于通货膨胀和产出的偏离时，（2.4）式所求的由于各种冲击导致的利率变动是得不到的。在一个完全稳定价格的均衡中，通货膨胀根本不会随这些冲击而变化，所以也就不会传递任何关于它们的信息。产出水平确实会随冲击而变化，但是在各式各样的冲击下，合意的利率反应与合意的产出反应不成比例。当然，我们还是希望利率水平会对政府购买和消费需求的冲击顺周期变动，对技术和劳动供给冲击逆周期变动。所以，如果目标是完全的价格稳定，那么中央银行就需要额外的信息来实施货币政策了。

关于自然利率波动来源的分析，对决定完全的价格稳定是否必然可行非常重要。之前的分析显示，在零通货膨胀下无论何时，都可满足 IS 和 AS 的关系式。但是，即使假定中央银行如分析所言，拥有所需要的信息来调整利率工具，却还存在另外一个问题：自然利率在某些条件下可能是负的。[22] 如果这种情况发生，由于名义利率比零还小，让名义利率去完美地追踪自然率就是不可能的了。关于自然利率为负有多大的可能性曾经也是争论的话题之一。尽管萨默斯（Summers，1991）曾指出，为了维持一个正的通货膨胀目标以更好地维持稳定，美国的自然利率的波动幅度应该足够大，并且克鲁格曼（1998）也曾指出日本近期的自然利率长期为负。这里我仅仅表示，当前的理论允许自然利率由于某些原因波动，而且没有任何理由说明它为什么不能是负的（这里的模型暗示存在一个正的平均水平的自然利率，恰是由代表性家庭的时间偏好率所决定）。关于自然利率可以短时间为负的讨论可参见 Eggertsson and Woodford（2003），他们使用了不同于此处的框架。

4.2.2 均衡的确定性条件

到目前为止，我仅仅考虑为了维持一个稳定价格的均衡，利率应该如何变化。但是我对这个问题的解释本身，并没有说明应该利用什么样的利率规则来达到这样一种均衡。具体而言，从以前的讨论中并不能推断出，一个适宜的政策规则可以简单地通过设定中央银行的利率工具来达到它估计的当期自然利率。$\hat{i}_t=\hat{r}_t^n$ 形式的政策规则可能与期望的均衡相符，但是也可能会与许多其他并不是那么合意的均衡一致。这样的一个规则使得名义利率仅仅是单纯的外生变量的函数，就像在第 2 章伸缩性价格条件下分析的那样，所有类似这样的规则并不能一定得到一个理性预期均衡。所以，我必须在另一个利率规则下重新考虑均衡的决定性问题，但是现在是在黏性价格和内生产出波动的模型框架下来讨论。

首先，我正式考虑利率规则，正如刚刚所提到的，在这个框架下，$\{\hat{i}_t\}$是一个外生过程。并且，我希望在给定外生平稳过程$\{\hat{r}_t^n, \hat{i}_t\}$的情况下，从(1.12) 式和 (1.13) 式组成的系统中解出内生变量$\{\pi_t, x_t\}$。这一系统可用下式表示：

$$E_t z_{t+1}=Az_t+a(\hat{r}_t^n-\hat{i}_t) \tag{2.5}$$

其中，内生变量的向量形式为：

$$z_t\equiv\begin{bmatrix}\pi_t\\x_t\end{bmatrix} \tag{2.6}$$

系数矩阵为：

$$A\equiv\begin{pmatrix}\beta^{-1} & -\beta^{-1}\kappa\\-\beta^{-1}\sigma & 1+\beta^{-1}\kappa\sigma\end{pmatrix},\quad a\equiv\begin{pmatrix}0\\-\sigma\end{pmatrix}$$

矩阵 A 的特征方程为：

$$\mathcal{P}(\mu)=\mu^2-[1+\beta^{-1}(1+\kappa\sigma)]\mu+\beta^{-1}=0$$

由于参数满足 κ，$\sigma>0$，$0<\beta<1$，对于足够大的 $\mu>1$，可见 $\mathcal{P}(0)>0$，$\mathcal{P}(1)<0$，$\mathcal{P}(\mu)>0$。因此矩阵 A 有两个不等的特征值 μ_1 和 μ_2 且满足：

$$0<\mu_1<1<\mu_2$$

因为没有哪一个内生状态变量是提前决定的，所以特征值$|\mu_1|<1$ 就意味着，理性预期均衡是不确定的，就像第 2 章中的伸缩性价格模型一样（还有萨金特和华莱士（1975）的理性预期 IS—LM—AS 模型）。因此，我们可以得到如下结论。

命题 4.2 在 4.1 节设定的新威克塞尔基准模型的框架下，假定实施货币政策以确保短期名义利率遵循一个外生的具体（有界）的目标过程$\{\bar{i}_t\}$，那么无论

目标过程的性质如何（例如目标变动和其他外生扰动之间存在联系与否不确定），理性预期均衡都是不确定性的。

与第 2 章中所说的一样，这就意味着对于实际扰动，内生变量可能会存在无数个不同的可能均衡，其中可能包括相对于“基本面”的变动来说，波动过大的通货膨胀和产出变动，也可能会存在没有任何基本面影响的随机事件。此处不同于第 2 章的地方在于，其他的平稳解可能包括大量关于产出的随机过程（对于预期通货膨胀也是如此），而不是仅仅没有被唯一决定的通货膨胀的非预期因素。在此处的框架下，更清楚的一点是，由于滞后定价的存在，通货膨胀的自我实现机制使预期带来了真正的扭曲，并导致波动，就更难以实现均衡的确定性了（详细论述可见第 6 章）。

这一结果显示，如果仅仅需要确保均衡的确定性的话，即使中央银行对影响自然利率的外在波动有完全信息，一个适宜的利率规则仍然需要考虑内生变量，诸如通货膨胀，和/或实际行为的反馈。事实上，如果寻求一个利率规则，能够维持完全稳定价格的均衡（或者在更一般意义上的，完全稳定的通货膨胀率），那么变量 π_t 和 x_t 就不能作为对经济的实际扰动的信息来源，因为在所需的均衡中，没有任何变量是对这些实际波动做出反应的。[23]但是，为了均衡的确定性考虑，中央银行还是应该在对其他实际扰动的信息来源做反应的同时，承诺会对这些变量做出反应。

我将通过考虑形如（1.14）式的泰勒规则下均衡的决定，来详细说明这一可能性（注意，由于此处产出是内生变量，清楚地说明利率操作目标对产出缺口的依赖就非常必要）。在这种情况下，我将命题 4.2 总结成如下更一般的形式。

命题 4.3 如果假定货币政策使名义利率满足（1.14）式的规则形式，其中 ϕ_π，$\phi_x \geqslant 0$，那么均衡就是确定的，当且仅当[24]反应系数满足：

$$\phi_\pi+\frac{1-\beta}{4\kappa}\phi_x>1 \tag{2.7}$$

证明见附录 C。

我们可以对（2.7）式给出一个简单的解释。我们注意到，这一新凯恩斯菲利普斯曲线意味着通货膨胀每永久高一个百分点（例如，季度通货膨胀率 π_t 永久性地高出 1/4 个百分点），产出缺口永久高出 $1-\beta/4\kappa$ 个百分点。[25]因此（2.7）式的左半边表示，（1.4）式给出的通货膨胀率每永久增加一个单位，名义利率的长期增加值。这一条件又一次符合了泰勒规则：至少在长期中，名义利率的增加应该大于通货膨胀率的增加。

与第 2 章的结果不同，均衡的确定性还取决于产出的反应系数 ϕ_x，而不是仅仅取决于通货膨胀的反应系数 ϕ_π。而且事实上，它们任何一个足够大（正值），都足以保证均衡的确定性。这一点让我们对泰勒（1999）关于前沃克和后沃克时代美国货币政策的比较的理解变得略微有些复杂。泰勒预期（讨论见 2.2.3 节）在前沃克样本中，有 $\phi_\pi<1$，但是同时 $\phi_x>0$，所以这一点本身并不足以证明在前期的政策中均衡是不确定的。关于 NKPC 的参数的那些看似正确的数字也表明了这一点，至少如果泰勒关于政策规则系数的点估计被认为是正确的话。例如，如果使用第 5 章表 5.1（基于罗特伯格和伍德福德的估计）给出的参数值，确定性则要求通货膨胀系数加上 0.1 乘以产出系数大于 1 的部分。泰勒对于 1960—1979 年的估计显示，长期通货膨胀率每增加一个百分点，利率仅仅增加 $0.81+0.1\times0.25=0.84$ 个百分点。所以，正如我在第 2 章中概括的那样，这些估计显示出在前沃克框架下，均衡应该是不确定的，但是在后沃尔克条件下却很明显，均衡是确定的。

正如在第 1 章中讨论的那样，大多数关于泰勒规则的实证分析都包含了短期利率工具朝向某个潜在目标的部分调整，这一隐含目标依赖于当期的通货膨胀率和产出缺口（我在第 8 章还会讨论到，在规范基础上这种形式的规则是很好的），所以考虑利率在决定性问题上惯性的效果是很有意义的。出于简单化考虑，我将当前的分析仅仅限制到一个一般化的泰勒规则体系中，即：

$$\hat{i}_t=\bar{i}_t+\rho(\hat{i}_{t-1}-\bar{i}_{t-1})+\phi_\pi(\pi_t-\bar{\pi})+\phi_x(x_t-\bar{x})/4 \tag{2.8}$$

其中，假定 ρ，ϕ_π，$\phi_x\geqslant0$。现在，我们可以把命题 4.3 进一步一般化。

命题 4.4 假设所实行的货币政策都是为了确保名义利率满足（2.8）式，其中 ρ，ϕ_π，$\phi_x\geqslant0$。那么均衡是确定的，当且仅当反应系数满足：

$$\phi_\pi+\frac{1-\beta}{4\kappa}\phi_x>1-\rho \tag{2.9}$$

证明见附录 C。

（2.9）式可看作是（2.7）式的一般化形式，也就是需要遵守泰勒原则。在 $\rho<1$ 的情况下，规则（2.8）式意味着，通货膨胀持续地以某一规模增加会导致名义利率累计增加，增加量为 $\Phi_x\equiv(1-\rho)^{-1}\phi$ 乘以通货膨胀的增加值。类似地，产出缺口的持续增加也会导致利率的累计增加，增加值为 $\Phi_x\equiv(1-\rho)^{-1}\varphi_x$ 的 $\frac{1}{4}$ 乘以产出缺口的增加值。[26]

在这种情况下，（2.9）式就可等价地表示成：

$$\Phi_\pi+\frac{1-\beta}{4\kappa}\Phi_x>1$$

本式与（2.7）式在非惯性条件下有相同的解释。此外，当 $\rho\geqslant1$ 时，如果 ϕ_π 或 ϕ_x 中的一个至少为正数，那么名义利率的最终累计增加量就是无限的，这样泰勒规则就必然满足了。但是这一条件也满足（2.9）式，所以（2.9）式与泰勒原则一致。[27] 这一结果——即使在非惯性利率规则的条件下，涉及对永久通胀增加的累积反应，泰勒规则仍然是判断均衡确定性的一个主要条件——与第 2 章中伸缩性价格模型是一致的。一个确定性的理性预期均衡确实存在满足 $\rho\geqslant1$ 的规则（超惯性规则），这一点也与以前的结论类似。

一些实证性的论文（例如：Clarida et al.，2000；Bernanke and Boivin，2000）对泰勒规则的变量做了前瞻性估计。在这些论文中中，利率是对预期通货膨胀对预期目标水平的偏离反应，而不是已经增加的价格量。作为一个简单的例子，考虑如下规则：

$$\hat{i}_t=\bar{i}_t+\phi_\pi(E_t\pi_{t+1}-\bar{\pi})+\phi_x(x_t-\bar{x})/4 \tag{2.10}$$

这里，我再次假设 ϕ_π，$\phi_x>0$。这样，命题 4.3 的结果就要进行少许修订。

命题 4.5 假定货币政策的实施，使名义利率满足（2.10）的形式，ϕ_π，$\phi_x\geqslant0$，那么此时的均衡就是确定性的，当且仅当反应系数满足（2.7）式和如下关系式：

$$\phi_\pi<1+\frac{1+\beta}{4\kappa}(\phi_x+8\sigma^{-1}) \tag{2.11}$$

证明见附录 C。

由于条件（2.7）式对应泰勒规则，那么满足这一原则是得到均衡确定性的一个必要条件。但是在现在的情况下，这是不够的。具体而言，即使满足泰勒规则，（2.11）式也不能保证 ϕ_π 的值足够大。正如伯南克和伍德福德（1997）在一个相关模型中所提到的，针对预期通货膨胀目标的偏离进行利率调整，可以仅仅是由于通货膨胀的自我实现效应增加均衡的波动性。不管 ϕ_π 有多大，这个问题在对已经发生的通货膨胀进行强烈反应时都不会发生。如果使用表 5.1 中的 β，σ，κ 值，那么存在均衡确定性的区域可见图 4.1。而克拉里达等人（2000）还总结说，对任何中央银行来说，只有当 ϕ_π 相对于实证估计太大的时候，才会存在不确定性。但是，如果中央银行急于显示对通货膨胀目标的忠诚，一旦有所偏离就反应激烈的话，那么不确定性就可能成为一个问题。[28]

克拉里达等人（2000）为联储估计的利率规则比（2.10）式要复杂得多，最为著名的是它允许存在利率惯性。为了更好地解释这一结果，我会在一个更为一般的范围内考虑前瞻性规则[29]：

$$\hat{i}_t=\bar{i}_t+\rho(\hat{i}_{t-1}-\bar{i}_{t-1})+\phi_\pi(E_t\pi_{t+1}-\bar{\pi})+\phi_x(x_t-\bar{x})/4 \tag{2.12}$$

命题 4.6 假定货币政策的实施，使名义利率满足（2.12）式的形式，其中 ρ，ϕ_π，$\phi_x\geqslant0$。那么，均衡是确定的必要条件就是反应系数满足（2.7）式的扩展形式（2.9）式，以及（2.11）式的如下扩展形式：

$$\phi_\pi<1+\rho+\frac{1+\beta}{4\kappa}(\phi_x+8\sigma^{-1}(1+\rho)) \tag{2.13}$$

证明见附录 C。

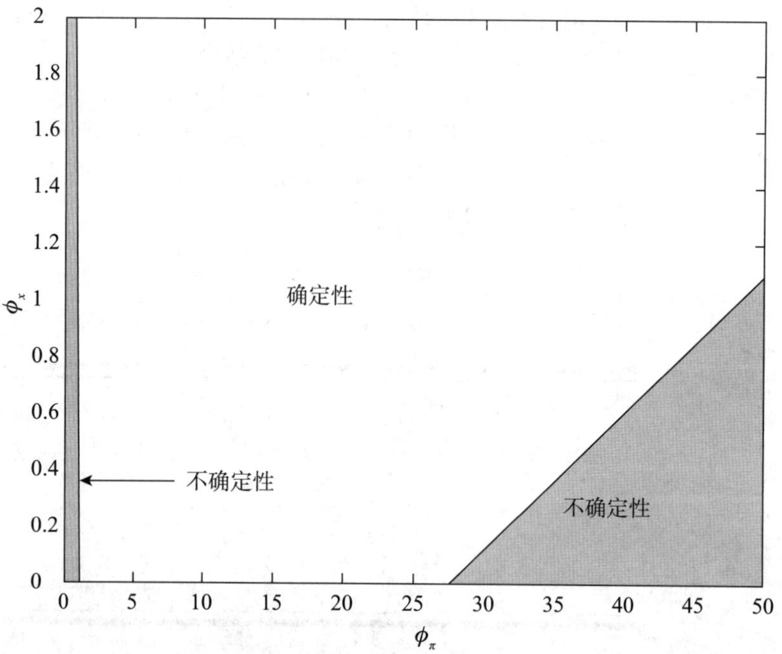

图 4.1 前瞻性泰勒规则存在确定均衡的区域和不确定均衡的区域

注意，此时我并没有说在对变量缺乏进一步约束的条件下，条件（2.9）式和（2.11）式能够推导出均衡的确定性。但是，关于 $\rho=0$，我是就命题 4.5（在这一命题中这些条件也是充分的）的必要条件进行了直接推广。所以，对于现在这一组规则，对应泰勒规则的（2.9）式，虽然不是充分条件，但依然是均衡的必要条件。

因为 $\rho=0$ 已经在命题 4.4 中有所涉及，我们可以发现除了要求 ϕ_π 必须足够大以满足泰勒规则外，ϕ_π 也必须小于一个上限，见（2.13）式。ρ 越大，对这一要求的限制就越不严格，但是并不会完全消除这一限制，所以若利率对于通货膨胀预期的敏感性太大，还是会导致均衡的不确定性。这一点可见图 4.2，它采用了与图 4.1 一样的模型变量，在利率规则采用（2.12）式中 $\phi_x=0$ 的情况下，满足确定性均衡的 ϕ_π 和 ρ 值。[30]

将规则变量设置在一定范围之内是出于实际需要的考虑，但是对于确定性的其他要求看上去并不存在这个问题，所以出于实际考虑，对确定性的要求仍然是泰勒原则。[31]和泰勒一样，克拉里达等人发现 1960—1979 年间估计的货币政策规则对通货膨胀的反应是不足的，不能满足确定性，但是 1982—1996 年间则是满足泰勒规则的，存在确定性均衡。例如，他们对早期的基准估计为 $\rho=0.68$，$\phi_\pi=0.27$，$\phi_x=0.09$。在产出缺口不再增加的情况下，通货膨胀持续增加 1%，名义利率仅仅增加 83 个基点。这样泰勒规则就不成立了，除非相应的产出缺口的增加非常大。当且仅当 $\kappa<0.4(1-\beta)$ 时，（2.9）式才成立，这就是说，比如 $\kappa<0.04$，这是一个非常小的值，无论从价格调整的微观基础还是估计的非利普斯曲线来说都是如此。[32]而他们对后一阶段的基准估计是 $\rho=0.79$，$\phi_\pi=0.45$，

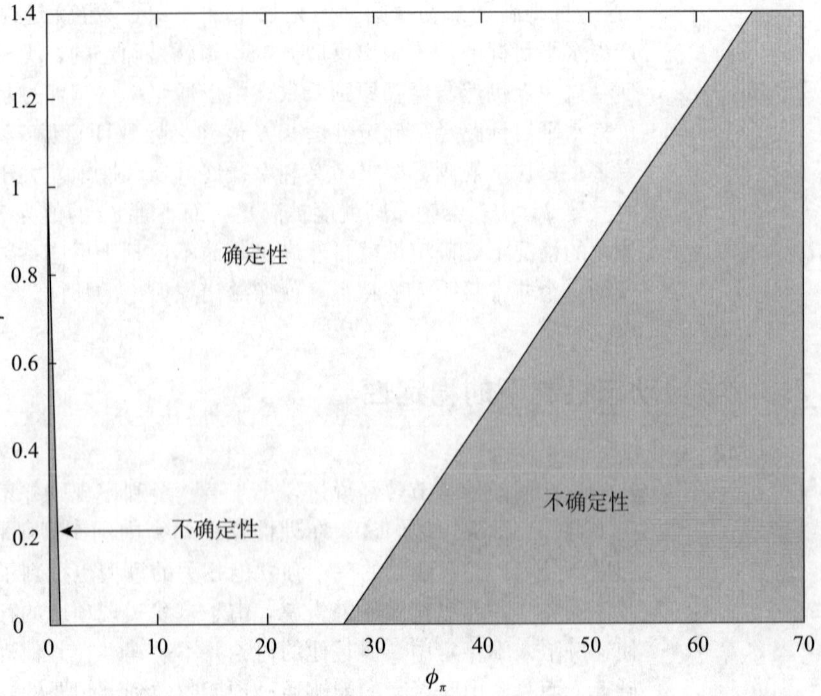

图 4.2　在存在利率惯性情况下，前瞻性利率规则存在确定均衡和不确定均衡的区域

$\phi_x=0.20$。因为此时 $\phi_\pi>1-\rho$，那么无论假设的长期菲利普斯曲线的斜率如何，泰勒规则都是被满足的。此外，由于 $\phi_\pi<1$，条件（2.13）式也就自然被满足了，这样的政策规则便可以得到确定性均衡。

另一个至少在理论意义上可能的政策规则是引入价格水平目标——即第 2 章所考虑的威克塞尔规则。在产出内生化的模型中，我们必须考虑产出水平的可能反馈导致的后果，所以第 2 章中考虑的所有规则可以归纳为如下形式：

$$\hat{i}_t=\bar{i}_t+\phi_p(p_t-\bar{p}_t)+\phi_x(x_t-\bar{x}) \tag{2.14}$$

其中，p_t 此时为价格水平的对数化形式，$\{\bar{p}_t\}$ 是 p_t 的目标路径，随着 $\bar{\pi}$ 值（$\bar{x}$ 也随之变化）的变化而增长。詹诺尼（2000）得到如下结果。

命题 4.7　假定实施的货币政策能保证名义利率满足形如（2.14）式的规则，其中 $\phi_p>0$，$\phi_x\geqslant0$，那么均衡就必然是确定的。

证明见附录 C。

注意此处 $\phi_p=0$，这样的一个规则与（1.14）式存在 $\phi_\pi=0$ 形式的规则相符，所以，我们就可从命题 4.3 推出，在这种情况下存在确定性，当且仅当

$$\phi_x>\frac{\kappa}{1-\beta} \tag{2.15}$$

（这一规则满足泰勒原则）但是如果 $\phi_p>0$——也就是说，规则会对任何相对于产出水平目标的偏离做出反应——均衡就是确定的，无论产出反应系数的大小如何。这一点仍然与泰勒原则一致。由于通胀率持续超过目标水平（在目标水平下价格水平目标路径呈确定性增长）最终会导致任意偏离 $p_t-\bar{p}_t$，所以无论$\phi_p>0$有多小，这一规则都要求名义利率最终（永久性地）大于通货膨胀的增加量。此时只要 $\phi_p>0$，泰勒原则就能被满足，而不管 ϕ_x 的值为多少。此处，在满足泰勒原则的情况下，确定性就自然满足，而不依赖于反应系数的大小，这正是这一类规则一个非常吸引人的特征，就像詹诺尼讨论的那样。

4.2.3 学习动态机制下的稳定性

我在前面的章节曾经说过，忠于某一个利率规则并不一定要被萨金特和华莱士（1975）批评，他们认为在理性预期均衡中利率规则将导致不确定性。但是，弗里德曼（1968）建立的一个独立但相关的模型也批判了利率目标这一实施货币政策的方法。弗里德曼还警告说，由于自我实现预期的存在，利率目标制可能会使经济陷入不稳定中。但是他的讨论并不是建立在其他理性预期均衡的多样性基础上，而是考虑是否真的能够通过预期收敛到（想要的）理性预期均衡上。

弗里德曼认为，盯住名义利率的货币政策并不怎么高明，即使所选择的名义利率水平比较合理——与威克塞尔自然利率水平一致，因此符合稳定价格下的理性预期均衡——因为这一均衡是很难实现的。[33]因为即使名义利率与自然利率水平一致，公众的通货膨胀预期和实现理性预期均衡所需的通胀率之间的任何差异都会激发一个自动过程，使大家的预期进一步远离理性预期均衡要求的通胀水平。既使公众仅仅预期了一个很小的通货膨胀率，他们也会接受实际收益率低于自然利率，同时需求相对于产出的自然率水平来说更多的是当期产品。这就会引起通货膨胀，看到这一点会使私人部门进一步对通货膨胀有更大的预期。更大的通货膨胀预期会使人们接受更低的回报率，刺激更多的需求，进一步产生更多的通货膨胀，从而进一步强化了通货膨胀预期，如此以往，循环不已，如果利率盯住不被丢弃的话，就会处于一个爆炸性的螺旋中，直到最后以灾难终结。

弗里德曼的论述与威克塞尔（1898）关于通货膨胀的“累积过程”的著名论述类似，或者更确切来说，是更详细地重新演绎了威克塞尔的解释。威克塞尔认为，自然利率和中央银行维持的利率之间的不一致会引发动态的通货膨胀，但是他并不是要强调利率增长规则的重要性，而是为了讨论某一特定形式的利率规则。就像在第1章中提到的，威克塞尔认为为了阻止这一类的不稳定，提高中央银行控制的名义利率来应对任何物价水平的上涨是至关重要的。就像我们会看到的，关于适应性学习动态的详细解释将进一步证明它可以作为解决弗里德曼警告的问题的一个可能途径。这些分析揭示出，即便通货膨胀目标是基于对当前自然利率的成熟分析基础上得到的，单纯盯住名义利率而不管价格水平发生了什么变化也会由于自我实现预期的存在而有可能变得不稳定。但是，他们还表示，在预期是基于经验外推基础上时，一个合适的关于利率反馈规则的承诺可以确保向理性预期均衡的收敛。此外，一个能够推出学习动态下理性预期均衡稳定性的反馈规则，至少像此处讨论的简单框架，正是泰勒（1993）给出的那种。

布拉德和米特拉（2002）给出了在泰勒式利率规则下关于学习动态机制的一个详细解释。[34] 他们假定了一个传导机制的对数线性化模型，其中，通货膨胀和产出缺口由以下方程构成的系统决定：

$$\pi_t = \kappa x_t + \beta \hat{E}_t \pi_{t+1} \tag{2.16}$$

$$x_t = \hat{E}_t x_{t+1} - \sigma(\hat{i}_t - \hat{E}_t \pi_{t+1} - \hat{r}_t^n) \tag{2.17}$$

$\hat{E}_t x_{t+1}$ 表示私人代表在 t 时期对变量 z 在 $t+1$ 时期的值的主观估计（注意在理性预期的假设条件下——本模型的概率分布决定了主观预期会与实际的附条件预期相等，即 $\hat{E}_t x_{t+1} = E_t x_{t+1}$——这一模型的估计将与由（1.12）式和（1.13）式表示的新威克塞尔基准模型相同）。如果再结合（1.14）形式的利率反馈规则，我们就得到了一个由三个方程组成的系统，其中每一期的 π_t，x_t 和 $\hat{i}_t$ 都是外生扰动 $\hat{r}_t^n$，$\hat{i}_t$ 和当期主观预期的线性函数。通货膨胀和产出的解可表示为：

$$z_t = \bar{z} + B[\hat{E}_t z_{t+1} - \bar{z}] + b(\hat{r}_t^n - \bar{i}_t) \tag{2.18}$$

其中，z_t 是与（2.6）式相同的向量，$\bar{z}$ 是这一向量的平均理性预期均衡值，而 B 和 b 是系数矩阵（矩阵 B 为（2.5）式中的矩阵 A 的逆矩阵）。

完成学习动态模型需要知道主观预期 $\hat{E}_t z_{t+1}$ 具体是怎样演变的。布拉德和米特拉使用了最小二乘法的学习动态机制，通过对某些变量过去的观测值做线性回归来得到期望值。他们所说的稳定性是指埃文斯和杭卡坡佳（Honkapohja）提倡的“期望的稳定性”（expectational stability，或者 E-stability），这一标准就是将一个相信最初模型的私人参与者构架的预测模型中的元素对其自身映射，将一个给定的主观模型向能够最佳解释这些数值的模型映射。

我们可以用一个简单的例子来解释这一概念。假如参与者相信，对于通货膨胀和产出缺口来说，最佳的预测是一个未知的稳定值，也就是说，他们不相信提前一个时期观察到的变量能够提高他们的预测（这对应一个很小的情形，即对常数进行回归，而不是针对其他回归量）。所以 t 时期的预测模型就可以简单地用两个数来表示，z_t^e 项以及当期对正确值的估计 $\hat{E}_t z_{t+1}$。对一个给定的预测模型，我们可以给出一个关于 z^e 的数据产生过程：

$$z_t = \bar{z} + B[z^e - \bar{z}] + b(\hat{r}_t^n - \bar{i}_t)$$

该式是（2.18）式的延伸。如果预测模型使用这个数据产生过程进行预测——也就是说，如果向量 z_t 的平均值由这种形式产生的数据所估计的话——那么正确的模型（对于此模型来说，给定足够数据的情况下，重复的估计应该收敛于同一个结果）可以由以下形式给出：

$$E[z] = \bar{z} + B[z^e - \bar{z}] \equiv T(z^e) \tag{2.19}$$

（2.19）式定义的映射 $T(\cdot)$ 表示从主观到上面提到的正确信念的映射。此映射的不动点为一个“首尾一致均衡”（self-consistent equilibrium，s. c. e）：信念产生了能够证明这些信念的数据（抛却样本误差）。在给定一个类型的主观信念产生的数据过程的情况下，如果预测模型足够有弹性能够使得最优预测规则满足这一类型的话，一个“首尾一致均衡”将相当于一个理性预期均衡。在本例中，在 B 没有等于 1 的特征值的情况下，唯一的首尾一致均衡就是 $z^e=\bar{z}$。[35] 当 $\hat{r}_t^n$ 和 $\bar{i}_t$ 为独立同分布随机变量（所以也就不可预测）时，它也会是一个理性预期均衡。

如果它是下面一般形式的微分方程动态中的局部稳定点，那么首尾一致均衡就被认为是预期稳定的：

$$\dot{z}^e=T(z^e)-z^e \tag{2.20}$$

意思是随着时间的变化，参与者关于预测模型是对的信念，应该向他们当前的信念（z^e）和模型产生的他们的当前信念（$T(z^e)$）之间的偏差方向变化。很明显，在样本模型中，这一变化方向应该是平均值的方向。如果相信利用当期以前观察到的数据得到的样本的平均值能够提供正确的预测的话，则：

$$z_t^e=t^{-1}\sum_{k=0}^{t-1}z_k$$

那么，从一个时期到另一个时期的信念的预期变化就为：

$$z_{t+1}^e-z_t^e=(t+1)^{-1}(z_t-z_t^e) \tag{2.21}$$

所以平均数动态（mean dynamics）可以表示成：

$$E_{t-1}[z_{t+1}^e-z_t^e]=(t+1)^{-1}(T(z_t^e)-z_t^e)$$

利用（2.19）式，该式可以表示成：

$$E_{t-1}\left[\frac{\Delta z_{t+1}^e}{\Delta \tau_{t+1}}\right]=T(z_t^e)-z_t^e \tag{2.22}$$

其中，τ_t 表示经过调整的时间变量，且定义为：

$$\tau_t\equiv\sum_{k=1}^{t}\frac{1}{k}$$

在将来足够远的 t 时期，变量 τ_t 的离散增量会变得任意小，同时，（2.22）式描述的平均数动态也会与（2.20）式代表的连续时间动态无限接近。[36]

我们还会发现（正如埃文斯和杭卡坡佳所讨论的），信念的实际动态和平均动态之间产生较大偏离的可能性会变得越来越小。从直观上而言，由于预测和实际发生之间的差异导致的每一期的信念变化，如（2.21）式所示，会变得越来越小。这就意味着，只有大量独立的外生扰动影响到了偏离的平均值才会影响信念的改变，在此期间平均偏离值 $T(z^e)-z^e$ 基本保持不变。大数定律说明，信念改变的方向将最终与平均动态得到的值相等。所以，（2.20）式机制下的首尾一致均衡的局部稳定性就意味着，存在一个紧集，包含首尾一致均衡的邻点，存在性质：如果信念永远不离开这一区域（也许是由于对预测模型的提前限制），那么它们必然会 100%地向首尾一致均衡点收敛。在某些特定的情况下，在最小二乘法的学习机制下，即使没有将信念限制到某个紧集中，（2.20）式的首尾一致均衡的全局稳定性也足以使得信念100%地向均衡点回归。

在动态机制（2.20）式下，首尾一致均衡的局部稳定性取决于雅克比矩阵$DT(\bar{z})-I$的特征值，首尾一致均衡是预期稳定的，当且仅当所有的特征值都有负的实数部分。[37]在当前的应用中，映射T是线性的，所以它的导数DT就是矩阵B。此外，由于$B=A^{-1}$，而A是（2.5）式中的矩阵，矩阵B的特征值就是矩阵A的特征值的倒数，所以它们可以有相同的特征多项式决定，如命题4.3的证明一样。所以，我得到以下结果。

命题4.8 假设关于产出的信念的映射符合布拉德和米特拉提出的样子（(2.16)式和（2.17）式）：实施的政策满足（1.14）式的利率规则，其中系数ϕ_π，$\phi_x \geqslant 0$，而参与者用过去对这些变量观测的样本平均值来预测通胀和产出，不考虑其他任何信息。此时希望通货膨胀和产出缺口分别等于$\bar{\pi}$和$\bar{x}$的首尾一致均衡是预期稳定的，当且仅当政策规则的反应系数满足（2.7）式，也就是说当且仅当政策满足泰勒原则的时候。

我们发现，这一类的学习动态机制并不一定必然收敛到与理性预期相一致的信念上去，或者可能根本就不收敛。当反应系数太弱，不能满足（2.7）式的时候，矩阵B就有一个特征值有正的实值部分，而（2.20）式所描述的期望的动态机制就是爆炸性的，从首尾一致均衡的邻点发散，甚至从几乎任何相邻的点开始（(2.20）式揭示的动态机制由图4.3所示的$x^e-\pi^e$平面所示[38]）。这一情况可能会发生在当利率目标对通货膨胀或实际行为没有反应时，如同弗里德曼的假设一样（$\phi_\pi=\phi_x=0$）。在这种情况下，超出π的通胀预期和超出$\bar{x}$的产出缺口预期将会如同弗里德曼所描述的那样，呈现出一个自我加强的通货膨胀螺旋状态。

但是，在利率规则满足泰勒原则时，这一点并不会发生(见图4.4.[39])。超过$\bar{\pi}$的通货膨胀预期会刺激需求，并进而产生通货膨胀，但是同时，也会导致中央银行利率目标的增加，抵消掉更高消费的动机。当产生的通货膨胀小于人们的预期时，就足以将需求限制住，将人们的预期拉回至首尾一致均衡点。

从图4.3和图4.4可以看出，首尾一致均衡的预期均衡取决于$\dot{\pi}^e=0$和$\dot{\pi}^e=0$轨迹的相对斜率。增加泰勒规则的任何一个反应系数都会使得$\dot{\pi}^e=0$沿顺时针转动，同时使$\dot{x}^e=0$沿逆时针转动。(2.7）式得到的点就是两条轨迹相交的点，从图4.3所示的形式变化成图4.4所示的形式（在这一非代表性案例中，存在一个通货膨胀的稳态均衡水平的连续统，与结构方程和政策规则都一致，所以，在$x_e-\pi_e$平面上存在一条直线，上面的任何点都代表期望是自我确定的）。

这看上去也许有一点奇怪，同样一个不等式（2.7）既能够决定理性预期均衡是否局部唯一，又能够决定在学习动态机制下这一均衡是否稳定。但这并不是凑巧，这一模型的一个理性预期均衡就是如下对数线性方程的解：

$$z_t=\bar{z}+B[E_t z_{t+1}-\bar{z}]+b(\hat{r}_t^n-\bar{i}_t)$$

一个理性预期均衡是确定性的，当且仅当矩阵B的两个特征值都在单位圆内，

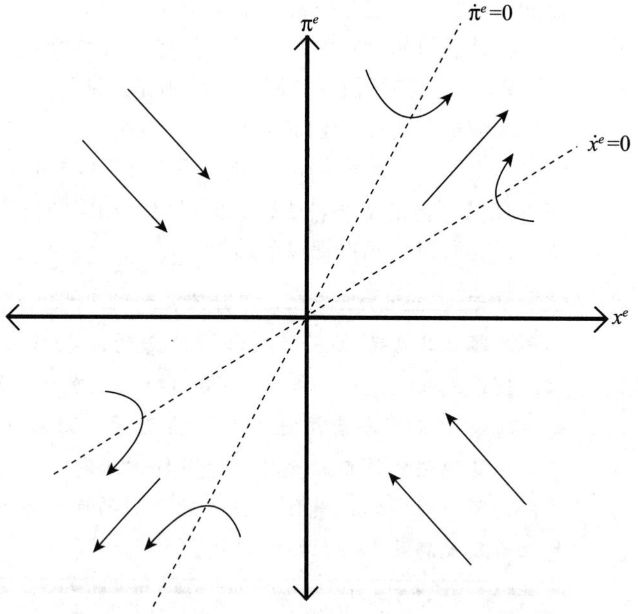

图 4.3　没有满足泰勒原则时的学习动态机制

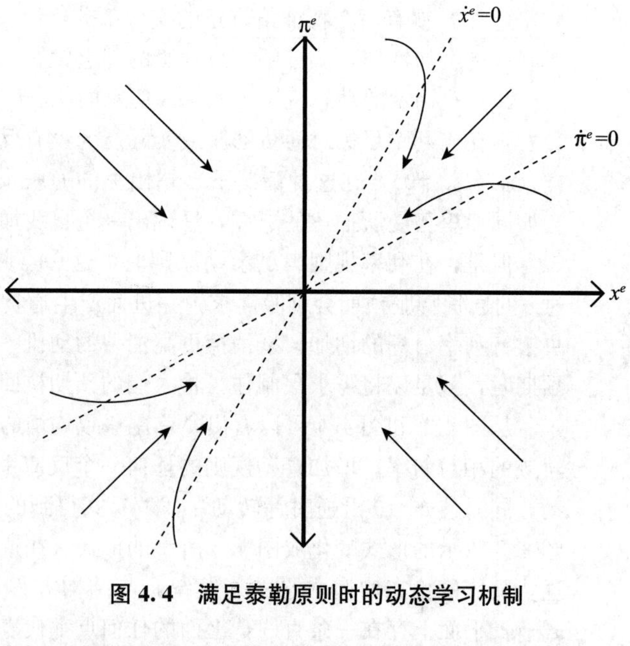

图 4.4　满足泰勒原则时的动态学习机制

这样随着 j 增大，$B^j\to 0$。此时，微分方程有解，且得到一个唯一的有界解。但是矩阵 B 的这一性质与预期稳定的必要条件紧密相连。

这一联系在埃文斯和杭卡坡佳提到的“迭代的预期稳定”中更为紧密。首尾一致均衡是迭代预期稳定的，如果初始的信念是在首位一致均衡的邻点，那么对于较大的 τ 值，离散时间动态

$$z^e_{t+1}=T(z^e_\tau)\equiv\bar{z}+B[z^e_\tau-\bar{z}] \tag{2.23}$$

就会收敛到首尾一致均衡点。这一点可由下述的学习过程解释。假设对于一些“时期”τ（一段时间，期间对通货膨胀和产出进行连续观察），信念固定在 z^e_τ 值，数据由与这些信念相对应的“数据产生过程”得出。在该“时期”的最后，仅仅使用 τ 期的数据对预测模型进行重新估计，便得到一个新的信念 $z^e_{\tau+1}$，参与者会利用它在以后的各期做决定。平均动态化由（2.23）式给出，同时如果“时期”足够长的话，那么实际的学习动态机制（除去样本错误）应该会有很大的可能性演变成（2.23）式。

达到首尾一致均衡$\bar{z}$的迭代的预期稳定性的条件，与理性预期均衡的确定性的条件一样。实际上，这两个结果是同一个线性运算，尽管一种是从$E[z_{\tau+1}]$映射到 $E[z_\tau]$，而另一种则是从 z^e_τ 映射到 $z^e_{\tau+1}$。在连续动态机制（2.20）式下的预期稳定性条件，与不断利用新数据对预期进行调整有少许的不同，但是它们仍然是紧密联系的。能够获得确定性（与迭代的预期稳定性一样），当且仅当矩阵 B 的两个特征值的模都小于1；能够获得连续的预期稳定性，当且仅当矩阵 B 的两个特征值都有小于 1 的实值部分（这样矩阵 $B-I$ 的特征值就存在负的实数部分）。当不能满足泰勒原则时，一个特征值是实数，并且大于1，意味着一个模大于1，另一个实值部分大于1；但是，当能满足泰勒规则时，两个特征值的模都小于1，并且相应地，实值部分也小于1。

本质上，自我实现均衡的两个弱点——理性预期均衡的非确定性和学习动态效应从理性预期均衡点（或首尾均衡点）偏离的可能性——都要求导致实际通货膨胀和产出变化的期望变化必须足够大，这样预期的变化才能够被实际动态所证明或强化。遵守泰勒原则会使得实际的通货膨胀或产出对当前的期望不那么敏感（例如，使得（2.18）式中的矩阵 B 的范数更小）。结果，它会降低以上两个潜在威胁对经济产生影响的可能性。

命题 4.8 表明，如果从过去观测到的样本平均数推断，参与者有可能学会正确地对通货膨胀和产出缺口的无条件均值进行预测，这一点足以帮助我们了解独立同分布扰动下的理性预期均衡。但是，类似地，当满足泰勒原则时，即使外生扰动是随机的线性过程，参与者也可以通过最小二乘法估计来求得理性预期均衡的信念。在此，我们将扰动的动态机制用状态空间的形式表示出来：

$$\begin{aligned} s_t&=Cs_{t-1}+e_t\\ u_t&=f's_t \end{aligned} \tag{2.24}$$

此处，s_t 是一个外生向量，包括了 t 时期对结构方程的所有关于当前和未来扰动的信息，C 为一个矩阵，其所有的特征值均在一个单位圆内（所以向量过程 $\{s_t\}$ 是平稳的），e_t 为独立同分布的冲击向量，$u_t\equiv[\hat{r}^n_t\ \bar{i}_t]'$ 为 t 时期对短期均衡关系式（2.18）的扰动向量，而 f 为将当期的扰动与完整的状态向量 s_t 区别开来的向量系数。假设参与者利用如下线性模型来预测通胀和产出缺口：

$$z_{t+1}=\Gamma\bar{s}_t+\epsilon_{t+1} \tag{2.25}$$

其中，预测变量 $\bar{s}_t$ 的向量由一个常数加上 s_t 的元素构成（假设 s_t 完全可以通过观察得出），假定残差向量ϵ_{t+1}在t时期是不可预测的。所以我们可以给出t时期的主观期望：

$$\hat{E}_t z_{t+1}=\Gamma_t\bar{s}_t\equiv\Gamma_{0t}+\Gamma_{st}s_t$$

其中，Γ_t表示在过去的观察$\{z_{\tau+1},\bar{s}_\tau\}$的基础上，对线性模型的系数的当前估计的矩阵。

在这种情况下，任何以（2.25）式形式给出的通胀模型中的信念，可以用系数$\hat{\Gamma}$表示，由（2.18）式，可将导致实际的通货膨胀和产出缺口以以下形式表示：

$$z_t=\bar{z}+B[\hat{\Gamma}\bar{s}_t-\bar{z}]+b[1-1]f's_t$$

该式（与（2.24）式外生状态向量的运动法则一起）表示，通货膨胀和产出的波动可以被形如（2.25）式的线性模型正确描述，但是系数Γ可由以下形式给出：

$$\Gamma_0=\bar{z}+B[\hat{\Gamma}_0-\bar{z}] \tag{2.26}$$

$$\Gamma_s=(B\hat{\Gamma}_s+b[1-1]f')C \tag{2.27}$$

且残差为：

$$\epsilon_{t+1}=(B\hat{\Gamma}_s+b[1-1]f')e_{t+1}$$

所以，如果信念在这一系列预测模型中都是不变的话，那么用这一系列模型来预测就是正确的（尽管可能并不是人们常用的那种）。这样，自我确认均衡就是一个理性预期均衡。

（2.26）式和（2.27）式定义了一个映射$\Gamma=T(\hat{\Gamma})$，将正确的信念定义为人们日常持有的信念函数。[40]这一映射的不动点$\bar{\Gamma}$又是总体唯一的，同时在此处它还对应一个理性预期均衡。如果能够满足（2.7）式的条件，那么这个理性预期均衡就是确定性的，不动点$T(\cdot)$也就是唯一有界理性预期均衡。

我们可再一次定义期望的稳定性为不动点在以下动态机制下的局部稳定性：

$$\dot{\Gamma}=T(\Gamma)-\Gamma$$

所以我将命题4.8进一步一般化为如下命题。[41]

命题4.9 我们再次假设从信念到产出的映射满足布拉德和米特拉提出的形式（（2.16）式和（2.17）式），实施的政策满足（1.14）式所示的利率规则，其中ϕ_π，$\phi_x\geqslant0$，但是假设参与者通过z_τ对$\bar{s}_{\tau-1}$做线性回归，以及基于$\tau<t$期的通货膨胀和产出数据来估计t期的系数$\hat{\Gamma}_t$，来预测通货膨胀和产出缺口。那么理性预期均衡$\bar{\Gamma}$就是预期稳定的，当且仅当政策反应系数满足（2.7）式，也就是说，当且仅当政策满足泰勒原则。

证明见附录C。事实上，在预测模型中，对常数项Γ_0的估计可能会产生不稳定性。如命题4.8中所述，这一点发生与否主要取决于是否遵从泰勒原则。如

果遵守泰勒原则，此处的理性预期均衡就是确定性的，这一均衡也是最小二乘学习动态效应的收敛点。反之，如果不能满足泰勒原则的话，我们会发现这一政策面临双重问题：一方面理性预期均衡就是不确定的，这样即使人们认为经济应该固定在某些非发散的理性预期均衡点上，但是由于自我实现预期的存在，也会使人们惧怕不稳定性的发生；另一方面，似是而非的学习动态效应可能根本不能使经济收敛到任何理性预期均衡点，反而会引发一个爆炸性的通货膨胀（或通货紧缩）螺旋。

尽管布拉德和米特拉给出的学习动态机制与 4.1 节的威克塞尔基准模型得到的理性预期均衡一样，但两者的微观基础却不同，前者是另一个预期形成的模型。如普雷斯顿（2002a）所称，在布拉德和米特拉的模型中，通货膨胀和产出仅仅依赖于微观部门对未来一个时期通货膨胀和产出的预测，但是在 4.1 节的模型中，定价和消费决策则取决于对于未来不确定期限的收入和价格的预测。

普雷斯顿表示，在威克塞尔基准模型（对于未来实际收入、储蓄的实际回报率，以及偏好冲击的随机预期的函数）中，一个代表性家庭的消费规则可表示为如下对数线性化的形式：

$$\hat{C}_t^i = \bar{C}_t + (1-\beta) s_C^{-1} \hat{W}_t^i + \hat{E}_t^i \sum_{T=t}^{\infty} \beta^{T-t} [(1-\beta) s_C^{-1} (\hat{Y}_T - G_T) - (1-\beta) \bar{C}_T - \beta\tilde{\sigma} (\hat{i}_T - \pi_{T+1})] \tag{2.28}$$

其中，$\hat{W}_t^i$ 表示家庭在 t 期开始的时候，相对于稳态收入水平$\bar{Y}$来说的净实际财富，而$\hat{E}_t^i[\hat{Y}_T - \hat{G}_T]$表示在 T 期的期望税后实际收入，假设政府购买通过直接征税来完成，这样就可以在任何时候都维持政府债务为零[42]（注意，这与我们熟悉的永久收入假说的对数线性形式相符，但在永久收入假说中，并设有假定储蓄的期望实际回报率在任何时候都等于时间偏好率，而且可以存在偏好冲击）。

使用等式

$$\hat{Y}_t = s_C \int_i \hat{C}_t^i \mathrm{d}i + \hat{G}_t$$

来定义总需求。由于假定政府债务为零，所以在任何时候$\int_i \hat{W}_t^i \mathrm{d}i = 0$。这样，普雷斯顿就由（2.28）式得到了总需求的关系式：

$$\hat{Y}_t = g_t + \hat{E}_t \sum_{T=t}^{\infty} \beta^{T-t} [(1-\beta)(\hat{Y}_T - g_T) - \beta\sigma(\hat{i}_T - \pi_{T+1})]$$

其中，$\hat{E}_t[\cdot] \equiv \int_i \hat{E}_t^i[\cdot]$表示微观部门对问题中变量的平均预测。这可以表示成产出缺口预测的形式：

$$x_t = \hat{E}_t \sum_{T=t}^{\infty} \beta^{T-t} [(1-\beta) x_{T+1} - \sigma(\hat{i}_T - \pi_{T+1} - \hat{r}_T^n)] \tag{2.29}$$

注意，在理性预期假设（$\hat{E}_t[\cdot] = E_t[\cdot]$）下，从 t 期以后持有的如（2.29）式的期望表示从 t 期往后也应该遵循（2.17）式，反之亦然。但是，在更一般的预测规则下——具体而言，当微观主体的预测规则并不一定要与包含这些结构关系的经济模型相一致时，二者并不能互相推导出。

在涉及长期预测的随机预期的情况下，普雷斯顿还就通货膨胀的决定性给出了一个短期的均衡关系。在随机预期的情况下将（1.5）式对数线性化，得到一个对数线性决定规则：

$$\hat{p}_t^j = \hat{E}_t^j \sum_{T=t}^{\infty} (\alpha\beta)^{T-t} [(1-\alpha\beta)\zeta x_T + \alpha\beta\pi_{T+1}]$$

如果供给者在 t 期修正自己的价格，上式就表示产品 j 的供给者选择的对数相对价格。然后，给定总价格指数的对数线性化近似有：

$$\pi_t = \frac{1-\alpha}{\alpha}\int \hat{p}_t^j \mathrm{d}j$$

则得到一个通货膨胀方程为：

$$\pi_t = \hat{E}_t \sum_{T=t}^{\infty} (\alpha\beta)^{T-t} [\kappa x_T + (1-\alpha)\beta\pi_{T+1}] \tag{2.30}$$

此方程在随机主观预期下有效。类似的，在理性预期假设下，（2.30）式和（2.16）式也可以互相得出。这样，普雷斯顿就得到了（2.29）式和（2.30）式，通过当期利率、当期自然利率和当期微观主体的期望的函数，得到通货膨胀率和产出缺口。

在这一框架下，确定一个关于微观主体的预测模型，允许对未来任意远时期的通货膨胀、产出缺口、名义利率和自然利率进行预测是非常必要的。我们可以再次假设参与者使用形如（2.25）式的线性模型性进行估计，其中向量 z_{t+1} 包含 $\hat{i}_{t+1}$ 与通胀率和产出的和，但是现在还必须加上一个关于外生状态估计的运动法则，假定用（2.24）式表示。这样，对于所有的 $T>t$，估计出的系数矩阵 $\hat{\Gamma}$ 和 $\hat{C}$，主观预测 $\hat{E}_t z_T$ 都能表示为当前的状态变量 $\bar{s}_t$ 的线性函数。

给定任何这种形式的信念和（1.14）式的货币政策规则，z_t 中的元素就由 $\bar{s}_t$ 的线性函数决定，也就是由 $\bar{s}_{t-1}$ 与 $t-1$ 期不能预测的余数决定。根据短期的均衡关系（2.29）式和（2.30）式，再结合货币政策规则，我们就可以得到一个映射：

$$(\Gamma, C) = T(\hat{\Gamma}, \hat{C})$$

使用由私人代表使用的既定预测模型而来的数据产生过程，这个映射定义了一个正确的预测模型（此处，由于外生状态变量的真实运动定律独立于微观主体的信念，所以 C 由一个常数函数给出）。此映射（全局唯一）的不动点$(\bar{\Gamma}, C)$是一个理性预期均衡，而且是预期稳定的，当且仅当 $DT(\bar{\Gamma}, C)-I$ 所有的特征值都有负的实数部分，普雷斯顿得到如下命题。

命题 4.10 如果让外生状态的变化遵循（2.24）式的运动法则，其中矩阵 C 的所有特征值都是实数，且从信念到产出的映射满足普雷斯顿（2.29）式和（2.30）式。假定实施的政策满足（1.14）式利率规则中的一种，系数 ϕ_π，$\phi_x \geq$

0，人们通过 z_τ 和 $\bar{s}_\tau$ 对 $\bar{s}_{\tau-1}$ 做线性回归来预测通胀和产出缺口，其中 t 期的系数 $\hat{\Gamma}_t$ 和 $\hat{C}_t$ 都是通过 $\tau<t$ 期以前的通胀和产出数据而来。那么，理性预期均衡 $(\bar{\Gamma}, C)$ 就是预期稳定的，当且仅当政策规则的反应系数满足（2.7）式，也就是说当且仅当满足泰勒原则。

详细证明可见 Preston（2002a）。

有些出人意料的是，最小二乘学习机制下理性预期均衡稳定性的条件与布拉德和米特拉的发现竟然是一样的。直观上我们可以做如下解释：因为决定 C 的 T 映射那部分是一个常函数，DT 的特征值就包括一系列零（所以其实值也就小于1）加上 $DT_\Gamma(\hat{\Gamma})$ 的特征值，其中 T_Γ 为映射：

$$\Gamma=T_\Gamma(\hat{\Gamma})$$

当 $\hat{C}=C$ 时，上述等式就表示正确预测模型 Γ 是 $\hat{\Gamma}$ 的函数。这样，预期稳定性就仅仅取决于 $DT_\Gamma-I$ 的特征值了。在命题 4.9 的证明中，$DT_\Gamma-I$ 的特征值的一个子集是 $DT_0(\bar{\Gamma}_0)-I$ 的特征值集，其中 T_0 是映射 T_Γ 的一部分，决定了 Γ_0（预测方程中的正确截距）是信念 $\hat{\Gamma}_0$ 的函数。此外，正如命题 4.9 的证明所示，如果 DT_0-I 的所有特征值都有负的实数部分的话，那么 $DT_\Gamma-I$ 的所有特征值也就都有负的实数部分。所以，从对内生变量平均值的信念到它们实际值的映射对于理性预期均衡的预期稳定来说，又是至关重要的。

最后，DT_0 的三个特征值中的两个是 $D\hat{T}_0$ 的特征值，其中 $\hat{T}_0$ 是对 T_0 向符合泰勒原则（1.14）式的平均信念的二维子空间的映射的限制（注意，如果微观主体对这一子空间有平均信念，实际的平均值 $E[z]$ 也将在这个子空间中）。普雷斯顿表示，只有这个子空间的动态机制才有可能是不稳定的。所以，能否降低预期稳定性这个问题，正如命题 4.8 和命题 4.9 的证明中所示，仍然取决于对通货膨胀和产出缺口平均值的信念 z^e 到这两个变量的实际均值 $E[z]$ 之间的映射。而且，有问题的映射又是以（2.19）式的形式出现的，除了在普雷斯顿关于学习动态机制的模型中，B 必须被替换为矩阵 $\tilde{B}\neq A^{-1}$。

预期稳定性取决于矩阵 $\tilde{B}$ 的性质，作用方式与命题 4.8 完全一致，而且相应的导致不稳定和稳定的动态机制也可分别参见图 4.3 和图 4.4。预期稳定和不稳定之间的边界仍然是 $\dot{\pi}^e=0$ 和 $\dot{x}^e=0$ 的交界处，但是这也与存在一个稳态均衡通货膨胀率的连续统的情形对应。此外，如果两个模型的理性预期均衡恰好相同，存在稳态的连续统的条件对普雷斯顿以及布拉德和米特拉的模型是一样的。所以在这两种情况下，最重要的恰恰是（2.7）式给出的相同的那些变量。

这个在简单政策规则（1.14）式下的结论并不意味着，预期稳定的条件和决定理性预期均衡的稳定性的条件总是一致的，在很多情况下，它们并不相同。布拉德和米特拉（2002），埃文斯和杭卡坡佳（2002b）都强调过这一点（同样，普雷斯顿（2002b）也指出，布拉德和米特拉给出的预期稳定的条件也并不总是与普雷斯顿的分析一样的）。所以，一个特定的政策规则是否能在学习动态机制下导致稳定的均衡，这个问题仍然有待研究。[43]这一节的重要结论是，有可能设计一些利率反馈规则，它们意味着可能的学习动态机制应该收敛到与伴随着规则的理性预期均衡上去。在这种规则下，如果理性预期均衡是确定性的，那么学习动态机制收敛到的均衡就是唯一的稳态均衡。

4.2.4 通货膨胀的决定因素

我们已经认识到，利率规则可以导致一个确定性均衡，甚至似是而非的学习动态机制也可能会收敛到此均衡需要的信念上去。现在，我需要对这一均衡中内生变量的动态机制进行进一步的刻画。其中，我最感兴趣的是，在这些政策下均衡的通货膨胀的决定因素，以及在什么情况下，产出水平的波动可以最小化。

我曾经在用 $\pi_t-\bar{\pi}$，$x_t-\bar{x}$，$\hat{i}_t-\bar{i}_t$，以及 $r_t^n-\bar{i}_t+\pi$ 的形式表示均衡条件时，讨论过一些简单的利率规则。讨论的结果意味着，当均衡是确定时，我们有可能通过对初始条件、外生变量的当前和期望后期值（上述四个变量中的最后一个）建立函数，解出上述四个中的前三个，即内生变量。在政策规则满足（1.14）式和（2.10）式的情况下，方程不涉及任何前定的内生变量，所以不存在任何相关的初始条件（而不是那些与外生变量路径相关的）。进而我们得到了如下解：

$$\pi_t=\bar{\pi}+\sum_{j=0}^{\infty}\psi_j^{\pi}E_t(\hat{r}_{t+j}^n-\bar{i}_{t+j}+\bar{\pi}) \tag{2.31}$$

$$x_t=\bar{x}+\sum_{j=0}^{\infty}\psi_j^{x}E_t(\hat{r}_{t+j}^n-\bar{i}_{t+j}+\bar{\pi}) \tag{2.32}$$

$$\hat{i}_t=\bar{i}_t+\sum_{j=0}^{\infty}\psi_j^{i}E_t(\hat{r}_{t+j}^n-\bar{i}_{t+j}+\bar{\pi}) \tag{2.33}$$

特别地，如果矩阵 A 的两个特征值都在单位圆（确定性的条件）以外，那么 A^{-1} 就是一个稳定的矩阵，而我们就可对附录（C.19）式解出一个唯一有界解，即：

$$z_t=\sum_{j=0}^{\infty}A^{-j-1}aE_t(\hat{r}_{t+j}^n-\bar{i}_{t+j}+\bar{\pi}) \tag{2.34}$$

此结果可帮助我们确定（2.31）式和（2.32）式中的系数。将这些变量的解代入到政策规则中，也能使我们解出（2.33）式的系数。

但是，在（2.8）式或者（2.12）式的规则下，滞后的名义利率是一个事先决定的内生变量，所以由于它以这种形式进入政策规则，与均衡的确定性还是有关的。在这一情况下，我们可以得到如下形式的替代解：

$$\pi_t=\bar{\pi}+\omega^{\pi}(\hat{i}_{t-1}-\bar{i}_{t-1})+\sum_{j=0}^{\infty}\psi_j^{\pi}E_t(\hat{r}_{t+j}^n-\bar{i}_{t+j}+\bar{\pi})$$

其他内生变量类似。

所以，此模型表示，对于这些形式的政策规则，均衡的通货膨胀仅仅取决于自然利率 $\hat{r}_t^n$ 和表示中央银行政策松紧程度的截距 $\bar{i}_t$ 之间缺口的路径。在惯性利率规则的情况下，均衡的通货膨胀也取决于一个滞后的利率（具体而言，取决于$\hat{i}_{t-1}-\bar{i}_{t-1}$)，但是在均衡中，这个变量本身也是缺口$\hat{r}^n_{t-j}-\bar{i}_{t-j}$的一个历史函数。正如在第2章中已经提到的，此处的通货膨胀决定理论带有明显的威克塞尔味道：通货膨胀率的变动取决于决定自然利率的实际因素和中央银行调整短期名义利率的方法之间的交互作用。在货币政策变动与由于实际扰动导致的自然利率的外生变动相适应的范围内，通货膨胀是稳定的。而在二者不能完美地交互运动时，通货膨胀率就会变动。这里的分析比第2章中的更具有威克塞尔特色，因为我现在将自然利率（在不存在名义刚性，仅仅依赖于实际要素的情况下，可能为均衡实际回报率）和实际回报率（与自然率相区别，是短期不均衡的结果，受货币政策的影响）区分开来。所以，我们现在可以通过名义和实际回报率之间的缺口来解释经济波动，并讨论货币政策在降低这些缺口中的作用。

在泰勒规则（1.14）式下，对于系数$\{\psi_j^\pi\}$和$\{\psi_j^x\}$的数值解可见图4.5和4.6。结构变量β，σ，κ的值仍是来自于下一章表5.1，并假定基准政策规则的系数为$\phi_\pi=2$，$\phi_x=1$。此时，图4.5表示ϕ_π围绕基准值波动的结果，图4.6则表示ϕ_x的变动结果。一系列代表与实际中央银行政策类似的反应函数的系数值中，对于任意小的j，系数ψ_j^π和ψ_j^x都是正的，其中j是决定对冲击的均衡反应的最重要系数。[44]因此我们发现，高的产出缺口和通货膨胀来源于当期或期望未来自然利率的增加，不能被足够紧缩的货币政策所抵消；或是来源于当期或者期望未来货币政策的放宽，也并不能被自然利率的下降所确认。这实质上是对传统威克

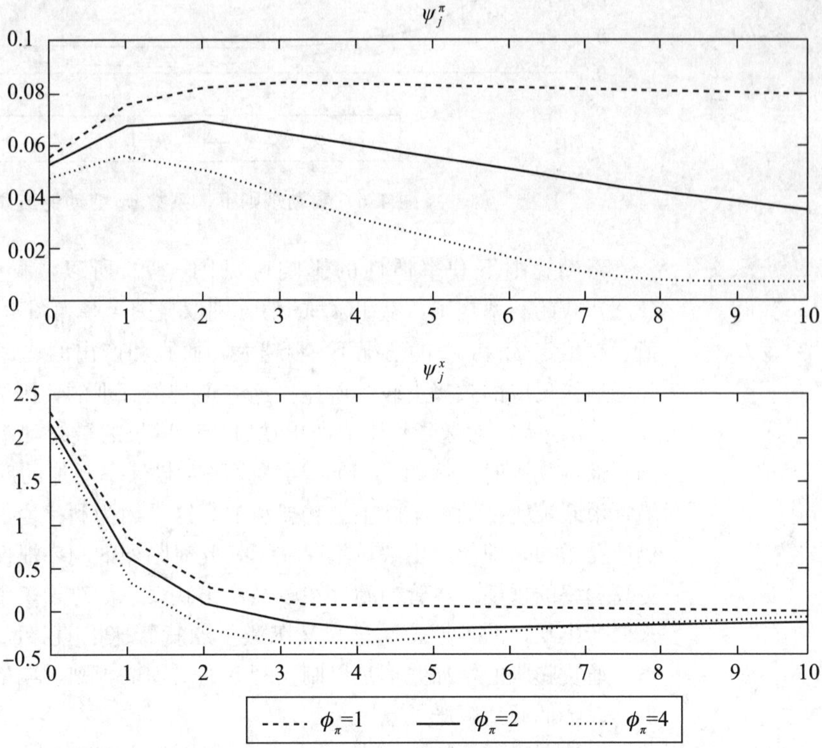

图4.5 泰勒规则下，系数ϕ_π变动的结果

塞尔分析的一个前瞻性变化。我们还可以观察到的是，泰勒规则下对通货膨胀较高的反应系数，会导致通货膨胀对外生扰动的均衡反应较弱，尤其是对未来数期可预见到的扰动；产出的变动也会相应缩小，虽然没有那么显著。泰勒规则下对产出缺口的反应系数较高，会显著地降低产出缺口对当期或未来数期有关自然率或货币政策的新闻的反应，同样也会降低通货膨胀的均衡反应。

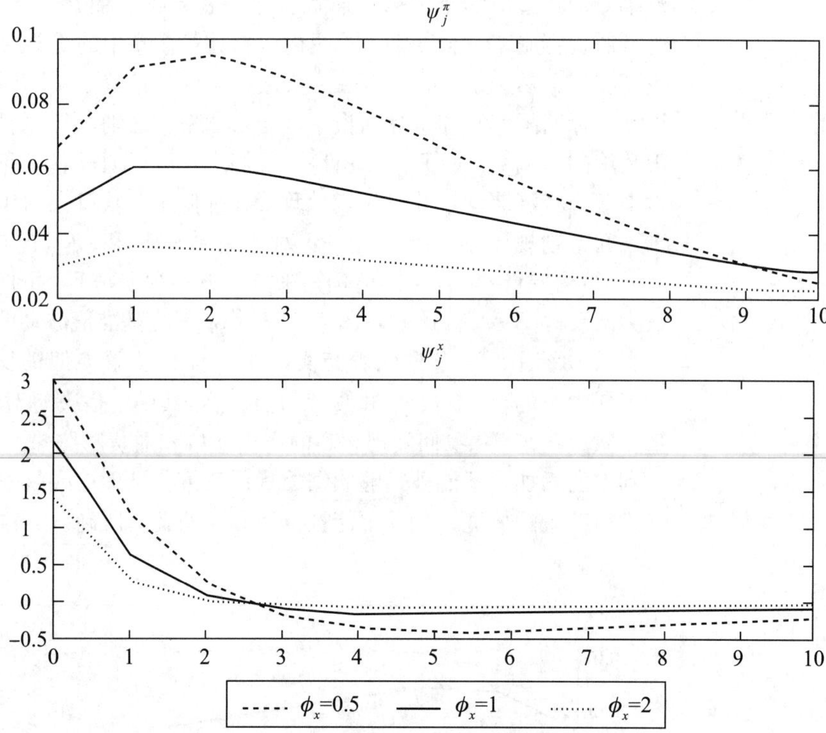

图 4.6　泰勒规则下，系数 ϕ_x 变动的结果

泰勒规则下利率惯性的影响可见图 4.7。所以，我们假定存在一个形如(2.8)式的利率规则，ϕ_π 和 ϕ_x 的值分别取自图 4.5 和图 4.6，但是 ρ 取多个正数值。在给定 ϕ_π 和 ϕ_x 的情况下，ρ 越大，通胀和产出的均衡反应就越大，其中在降低通胀反应的效果上较为明显。这一点是很直观的，因为在给定 ϕ_π 和 ϕ_x 的情况下，ρ 越大，对通货膨胀或产出缺口持续增长的最终利率反应就越大。当考虑到超惯性规则时（例如 $\rho>1$），通货膨胀对自然率增加的反应（不能被相应的紧缩货币政策所抵消）实际上会变成负的。这是因为利率增加的结果导致产出缺口仍然在增加，即使产出缺口不存在了，此时强烈的利率惯性就意味着一个对未来更高利率的预期。尽管初始存在较高产出缺口，但对未来紧缩的期望导致了对未来低产出缺口的预期，反过来又刺激了通货膨胀的直接减少（在这一政策规则下，通货膨胀的增加并不足以制止利率的增加，否则，期望的未来利率就不会增加，以降低通货膨胀了）。

上述图揭示了对于改变 $\hat{r}_t^n$ 或 $\bar{i}_t$ 当期或期望未来值的扰动，通货膨胀和产出的直接反应。但是，这些图却不能揭示出它们对这些扰动的动态反应。在 $\rho=0$

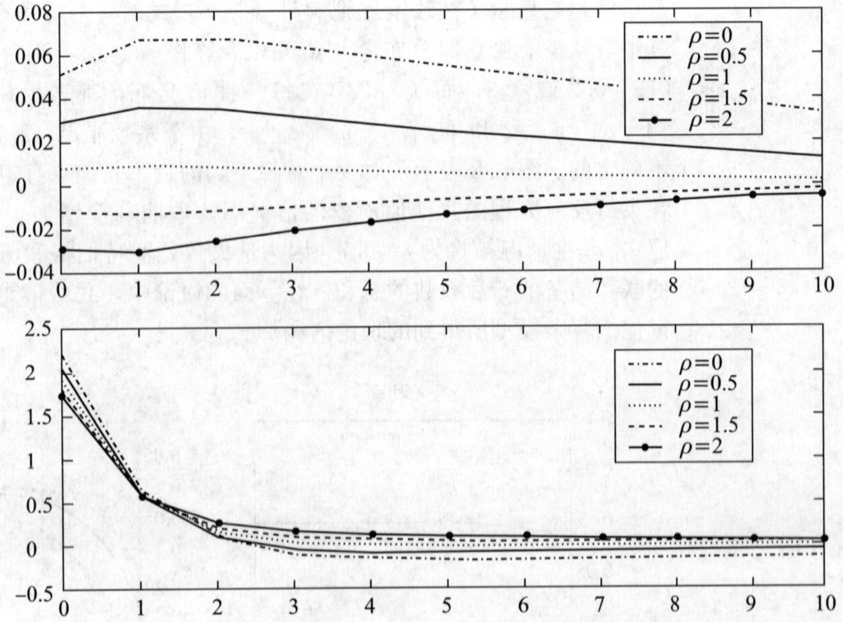

图 4.7　在存在利率惯性条件下，变更泰勒规则的系数的结果

的情况下，如（2.31）式和（2.32）式所示，通货膨胀和产出缺口都是当期和期望未来扰动的单纯的前瞻性函数。在这一情况下，通货膨胀和产出对冲击的动态反应就是扰动变化的直接结果（短期的扰动效果必然也较短暂，一个持续时间更长的扰动，其效果持续时间也必然较长，尽管会由于对未来较长时间存在扰动的预期，其效果也会相应更加强烈）。但是，当政策规则包含滞后内生变量的反馈时，即使是一个纯短暂的冲击也会对通货膨胀和产出产生持续的影响。因为一般来说，估计央行的反应方程都包含某些形式的滞后内生变量，诸如滞后利率、滞后的通胀和产出缺口（见第 1 章的讨论）等，在利用历史数据确定货币政策时，将这些滞后当作产出和通货膨胀持续反应的一个理由就不足为奇了。当然，另一方面，我们可以简单地假设货币政策扰动$\{\bar{i}_t\}$是序列相关的，这样就足以利用模型来预测对货币政策冲击的持续反应了。而且事实上，这两个解释甚至在概念上都是很难分得清楚的。例如，假设一个形如（1.14）式的政策规则：

$$\bar{i}_t - \bar{\pi} = \rho(\bar{i}_{t-1} - \bar{\pi}) + \epsilon_t$$

其中$\{\epsilon_t\}$是一个独立同分布零均值冲击，相当于如下形式的政策规则：

$$(\tilde{i} = \rho\tilde{i}_{t-1}) + \phi_\pi(\tilde{\pi}_t - \rho\tilde{\pi}_{t-1}) + (\phi_x/4)(\tilde{x}_t - \rho\tilde{x}_{t-1}) + \epsilon_t \qquad (2.35)$$

其中，

$$\tilde{i} \equiv i_t - \bar{r} - \bar{\pi}, \quad \tilde{\pi}_t \equiv \pi_t - \bar{\pi}, \quad \tilde{x}_t \equiv x_t - \bar{x}$$

现在，这种形式的政策规则具有序列非相关的扰动形式，但是存在从滞后内生变量的反馈。

图 4.8 为关于短暂性冲击导致滞后内生变量产生反馈进而产生持续后果的一

个示例，它显示了在政策规则满足（2.35）式时，对货币政策冲击的脉冲反应，其中$\{\epsilon_t\}$表示独立同分布零均值冲击。在图 4.8 中，滞后的变量被设定为$\rho=0.6$，0.7 或 0.8，而ϕ_π和ϕ_x在每一种情况下，都表示相同的长期反应$\Phi_\pi\equiv(1-\rho)^{-1}\phi_\pi=2$和$\Phi_x\equiv(1-\rho)^{-1}\phi_x=1$。由于系数满足（2.7）式，所以均衡都是不确定的。图 4.8 表示了对一个意想不到的货币紧缩（意想不到的ξ_t增加，导致在央行反应方程的其他值不变的情况下，短期利率增加一个百分点）的动态反应。[45]基准情况被选为$\rho=0.7$，因为这大致是罗特伯格和伍德福德（1997）估计的联邦储备的滞后系数的总和。在下面的讨论中，我希望能提供一个视角，来解读他们复杂模型所得到的理论内涵。

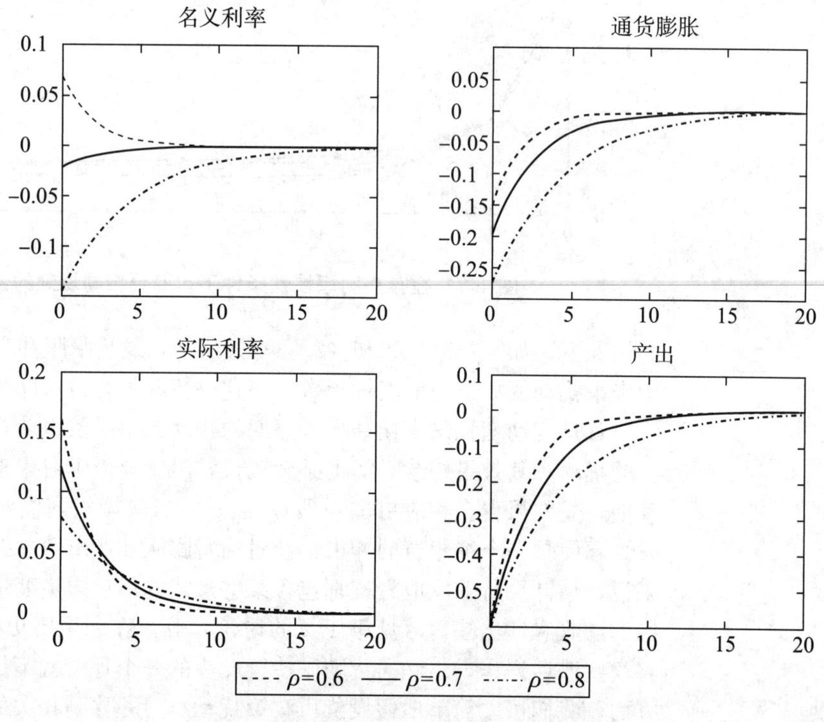

图 4.8　在不同的政策惯性下，对紧缩性货币政策的脉冲反应

我们注意到，通货膨胀和产出对冲击的反应会持续很多个季度。在现在这个通货膨胀和产出的决定服从完全前瞻性的模型中，四个变量的反应程度都直接由ρ的假定值决定。产出的初始效果与ρ的大小无关，但是ρ越大，效果持续的时间就越长；而产出紧缩的持续时间越长，通货膨胀就会降低得越多（并且更为持久）。进而，通货膨胀降低得越多，对另两个变量的影响也就越为持久。

在ρ取足够温和值的时候，一个紧缩性的货币政策冲击会导致名义利率的短期增加，但是对于$\rho=0.7$或更大的值，预期的通货膨胀降低程度会如此之大，以至于名义利率在短期内实际上是会"下跌"的。所以，在后一种情况下，预测是没有"流动性效果"的，这一特性经常被认为是关于货币传导机制的校准最优化模型的困窘（见 Kimball，1995，或 Edge，2000）。由图 4.8 中可见，对于某些变量来说，有可能存在流动性效果。但是，对这一问题的更佳解决方案需要货币政策的额外延迟，这一点会在第 5 章中说明。那时，我将说明图 4.8 中 $\rho=0.7$ 时的反应与对冲击以后第二个季度和以后的估计反应并没有什么不同（在第 5 章中，预计名义利率会回归没有冲击情况下的水平，见第 5 章图 5.2）。之前两个季度的反应是无法用这个简单的模型估计的，而此处真正的困惑并不是名义利率的短期增加，而是产出和通货膨胀并不会立即降低，如图 4.8 所示。一旦这一问题得以解决，获得流动性效果这个问题也就很容易解决了。

我们还可以用当前模型来预测各种货币政策规则下，经济体对各种扰动的反应。由于实际行为的周期波动大部分是由于实际扰动而不是随机的货币政策，这一点对于解释商业周期波动是非常重要的。[46] 但是，对于选择货币政策规则，这一点也是很重要的，因为如果选择货币政策使得经济直接作用于扰动的根源，而不涉及货币政策的话，货币政策理论的最关键问题就是要选择货币政策的系统组成要素（而不是大家想要在一定程度上消除的外生随机要素）。

这里，我并不想更多地关注这一问题，但是需要指出基准模型告诉我们的两个结论。第一个是，迄今为止，我仅仅考虑通货膨胀、产出缺口和名义利率对实际扰动的反应（在第 6 章，我会解释为什么在现在这个模型的假设下，这些变量对于社会福利是最重要的），而且仅仅关注现在的一般情况下的政策规则（在第 8 章，我将说明最佳的货币政策可以使用这种方式），而实际扰动唯一重要的特征就是它们对于自然利率路径的影响。第二个是，通货膨胀和产出缺口对影响自然利率的冲击的反应，与它们对具有相同的序列相关性和相反信号的货币政策冲击的反应完全一致（在政策规则下，是对 $\bar{i}_t$ 的扰动）。在上述考虑的政策规则的两个结论中，均衡通胀和产出缺口仅仅是缺口 $\hat{r}_t^n-\bar{i}_t$ 的路径函数。因此来说，如果自然率满足一阶自回归过程，并且系数 ρ 和货币政策规则满足（1.14）式的形式的话，图 4.8 也能表示通货膨胀和产出缺口对意料之外的自然利率降低的反应。

迄今为止，我仅仅在单纯的通货膨胀前瞻性模型中，即第 3 章的卡尔沃定价基准模型中，考虑通货膨胀和产出缺口的决定。但是正如 3.3.2 节中所讨论的，有大量的数据证明，允许存在些许通货膨胀惯性的模型以便能够更好地解释观察到的通货膨胀动态。那么通货膨胀惯性为多大时，才需要对新威克塞尔模型做一定修正呢？

事实上，克瑞斯汀娜等人（Christiano et al.，2001）假设的通货膨胀惯性仅仅会使当前的数量结果有少许变化，当然，精确对于定量分析还是很重要的。将总供给关系式（1.13）转换为如下形式：

$$\pi_t-\gamma\pi_{t-1}=\kappa x_t+\beta E_t[\pi_{t+1}-\gamma\pi_t] \tag{2.36}$$

其中，$0\leqslant\gamma\leqslant1$ 表示单个价格指数化到滞后价格指数中的程度，与 3.3.2 节中含义相同。出于简便，我们继续考虑（1.14）式所代表的货币政策。一个决定通货膨胀、产出和名义利率的均衡路径的完整系统就应该包括（1.12）式、（1.14）式和（2.36）式。我们容易看到，在可获得确定性均衡的政策规则下，均衡可由以下运动法则表示：

$$\pi_t = \bar{\pi} + \omega_\pi(\pi_{t-1} - \bar{\pi}) + \sum_{j=0}^{\infty}\psi_j^\pi E_t(\hat{r}_{t+j}^n + \bar{\pi} - \bar{i}_{t+j}) \tag{2.37}$$

$$x_t = \bar{x} + \omega_x(\pi_{t-1} - \bar{\pi}) + \sum_{j=0}^{\infty}\psi_j^x E_t(\hat{r}_{t+j}^n + \bar{\pi} - \bar{i}_{t+j}) \tag{2.38}$$

$$\hat{i}_t = \bar{i}_t + \omega_i(\pi_{t-1} - \bar{\pi}) + \sum_{j=0}^{\infty}\psi_j^i E_t(\hat{r}_{t+j}^n + \bar{\pi} - \bar{i}_{t+j}) \tag{2.39}$$

图 4.9 给出了 j 为横轴，对应不同的 γ 值系数 ψ_j^π 和 ψ_j^x 的值。图中，β，σ 和 κ 的取值仍来源于第 5 章表 5.1，而政策规则的系数为 $\phi_\pi=2$，$\phi_x=1$（所以，图 4.9 中，$\gamma=0$ 与图 4.5 和图 4.6 的基准模型相对应，而 $\rho=0$ 与图 4.7 的模型相对应)。同时又可以看到，在 t 期，有关对于通货膨胀和产出缺口的数量影响的新闻报道与之前讨论的相同：预期的自然利率增加（或者是在不久的将来）会使通货膨胀和产出缺口都增加，而紧缩性的货币政策会使通货膨胀和产出缺口都降低。γ 为正值导致的最大不同是，考虑到未来数期的自然率和政策规则截距，通货膨胀对预期会更加敏感。

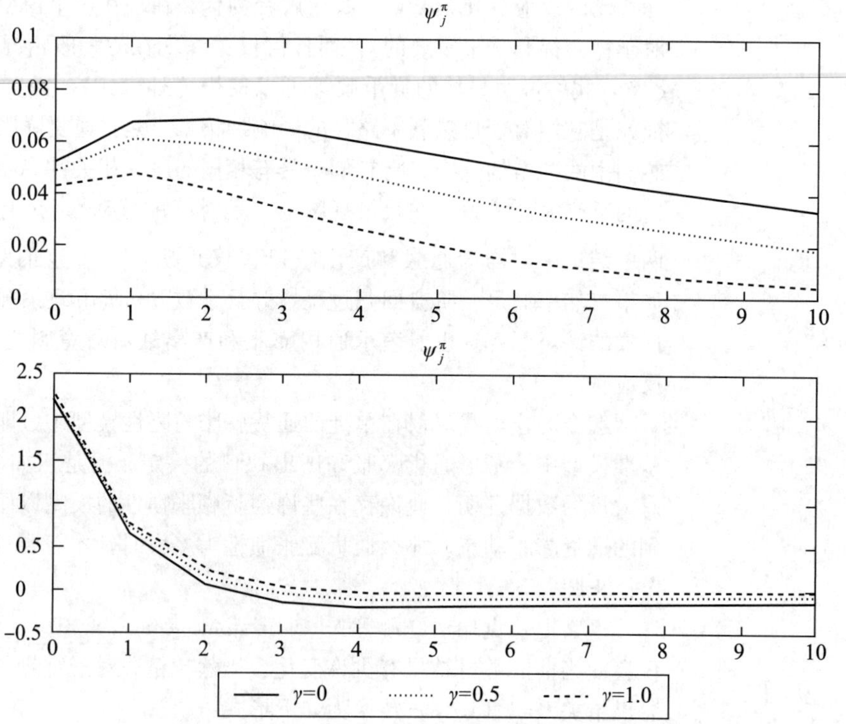

图 4.9　在同一时期的泰勒规则下，对于不同程度的通货膨胀惯性，通货膨胀和产出缺口的不同反应

通货膨胀和产出对上述两种形式扰动的反应的另一个不同，来源于（2.37）式和（2.38）式中的 $\pi_{t-1}-\bar{\pi}$ 。当 $\gamma=0$ 时，这些项为零，但是随着 γ 的增加，ω_π 会取越来越大的正数，而 ω_x 取越来越小的负数。[47] 在这个模型中，对于任何当前和未来自然利率和货币政策的期望而言，过去较高的通货膨胀扮演了一个反向的“供给冲击”，增加当期通货膨胀的同时降低了当期的产出缺口，这又为自然利率和/或央行货币政策规则波动的影响增加了一个额外的传播机制。然而，对于衡量所有实际扰动对通货膨胀和产出缺口的作用而言，自然利率这个统计量仍然是足够的，也就是说，只有每个时期自然率和泰勒规则截距之间的缺口才是最重要的，至少，扰动的直接效果与前面的分析相同。

4.2.5 通过承诺泰勒规则来保证通货膨胀的稳定性

现在，我将简单考虑将之前的通货膨胀决定模型用于货币政策设计，以成功地保持价格水平的稳定，或者更一般来说，让通货膨胀稳定在一个目标值附近。[48]（2.31）式等解决方案为通货膨胀理论提供了一个简单的政策对策，能够让通货膨胀永远不从目标量$\bar{\pi}$偏离（如果私人部门认为中央银行的政策承诺完全可信的话）。中央银行可以承诺遵从以前章节中讨论的政策规则中的某一个（或者它们的综合化），同时进一步约定：第一，随时间变化的截距$\bar{i}_t$应该随自然利率的外生扰动而变化，从而在任何时候都有$\bar{i}_t=\hat{r}_t^n+\bar{\pi}$；第二，应该选择合适的反应系数$\phi_\pi$，$\phi_x$和$\rho$，使其可得到一个确定的理性预期均衡。后一个约定条件表示，选择的政策规则应该尊重泰勒原则（至少上面讨论的简单规则如此），但是它可能会对反应变量施加进一步的限制。

如前面的内容所述，只要该政策规则仅仅涉及变量$\pi_t-\bar{\pi}$、$x_t-\bar{x}$和$\hat{i}_t-\bar{i}_t$的当期、滞后和期望的未来值的反馈，那么如果均衡是确定的，上述变量的解就仅仅是缺口$\hat{r}_t^n-\bar{i}_t+\bar{\pi}$的当期和期望未来值，以及进入中央银行反馈规则和/或者总供给公式的内生变量的滞后值的函数。[49]这就意味着，如果任何时候都有$\bar{i}_t=\hat{r}_t^n+\bar{\pi}$，内生变量就不会出现任何均衡波动，除非这些变量的初始值不为零。在假设对政策的长期坚持可信的情况下，后一种波动是可确定的，并随着时间变化逐渐向零接近。所以，这一政策有助于维持通货膨胀和产出缺口（如此处定义）的完全稳定。[50]注意，这个结论在我们假设总供给满足加入通胀惯性的（2.36）式时同样有效。

这一政策方法有可能使自然利率在货币政策制定中成为一个关键概念。而且，不同于某些关于“中性利率”的讨论（例如货币政策委员会，1999），在这些讨论中他们认为中性利率不应随时间而变，现在的理论分析强调，自然利率应该发生变化以应对任何形式的实际冲击，对自然利率的值保持追踪会成为中央银行的一个重要任务。当然，在政策规则包含产出缺口反馈的情况下，如前面的讨论所述，实施这种规则也还要求中央银行随时追踪自然产出率的变化（一个被众多中央银行讨论过的话题）。但是，前面的分析却告诉我们，这一点对中央银行来说是相对次要的。因为如果能够精确调整$\bar{i}_t$以应对自然利率的变化的话，只要反应系数足够大以保证均衡确定性，那么对内生变量的反应就不那么重要了。正如我们所看到的，后一种考虑不要求任何对产出缺口的非零反应。所以原则上，完全遵从（1.14）式，有$\bar{i}_t=r_t^n+\bar{\pi}$，$\phi_\pi>1$和$\phi_x=0$，并获得完全稳定的通货膨胀和产出缺口是有可能的。但实施这样一个规则，并不要求中央银行一定要盯住当前的自然产出率。

另一方面，简单地估计当期自然利率值，并相应地调整中央银行对隔夜利率的操作目标并不足以获得通货膨胀的稳定。承诺对内生变量（例如通货膨胀）的变动做出正确反应对保证均衡的确定性是很重要的。如果中央银行能够精确地调整$\bar{i}_t$以追踪自然利率的变动，而且内生状态变量能够处于保证均衡的确定性的区域中，那么对这些内生变量的确切反应就是不相关的。这是因为，在均衡中，这些变量的变动永远不会发生，承诺对它们做出反应并不是为了改变希望达到的均衡的性质，而仅仅是想要排除其他可能的均衡。但是，我们必须认识到在实践中，对当期自然利率的进行完美跟踪是不可能的，因为不可避免地，关于自然利率的实时信息并不是很精确。[51]在这种情况下，由于中央银行不能精确跟踪自然利率的变动，产出缺口过程$\hat{r}_t^n-\bar{i}_t$会有一定程度的不可回复的变化，这样通货膨胀的均衡波动，如（2.31）式的解所示，就依然取决于政策规则的反应系数。

如果我们的目标仅仅是尽可能地稳定通货膨胀（和产出缺口，在当前的模型中，这些目标是等价的），那么我们就要选择反应系数，使$\{\psi_j^\pi\}$和$\{\psi_j^x\}$越小越好。在后向型的泰勒规则下，如（1.14）式和（2.8）式，我们可以通过简单地令ϕ_π和ϕ_x足够大，使得这些变量自动接近于零。（事实上，让其中一个变量足够大就够了，对于一个均衡来说，如果产出缺口的波动较小，那么通货膨胀的波动也必然较小，反之亦然。）原则上，通过这一方法我们可以使通货膨胀的均衡波动任意小，甚至根本不用考虑去跟踪自然利率的变化，这就是后向型泰勒规则优于前瞻型的一个地方。在后一种情况下，如果对通胀预测的反应系数太大的话，那么会导致均衡的不确定性（见图4.1），伯南克和伍德福德（1997）在相关的模型中也发现了这一点。因此，如果我们仅仅关注能导致确定性均衡的规则的话，那么通过一个前瞻性规则降低通货膨胀对实际扰动的反应就会受到一定程度的限制。[52]

但是，完全依赖于对通货膨胀和产出缺口的变动做出极端反应的威胁，甚至将其作为阻止这些变动发生的手段，很明显并不是最佳的方法。因为在这一框架下，中央银行对某些随机噪声的反应可能会导致利率的剧烈调整，反过来又会增加经济体的混乱。如果我们假定中央银行对其反应的通货膨胀是通过最优化供给者得到的平均价格水平，再结合一个外生的错误变量，那么有一个非常大的ϕ_x的规则就不会带来什么麻烦，只要价格制定者们在制定t时刻的新价格是能够观察到t时刻的测量误差波动。在这种情况下，实际通货膨胀的均衡水平就能够（接近完美地）抵消掉测量误差，利率的波动也会最小化。但是，在一个更实际的情形下，t时刻的价格是在微观主体能认识到政府统计中的测量误差之前就设定好的，因此微观主体的定价决策就不能抵消测量误差，均衡中就可能会发生较大的利率变动，这可能会导致我们非常不愿意看到的一种情况。所以，如果我们希望尽可能地稳定通货膨胀，针对自然利率的波动来变动政策无疑是对政策的一种改进。

正如我在第6章和第7章中会提到的，存在很好的理由解释为什么中央银行不期望完全稳定的通货膨胀——例如，由于所需要的利率波动并不招人喜欢。在这种情况下，一个受限制的最优均衡仍然会涉及由于实际扰动带来的通货膨胀和产出缺口的大规模变动，因而，这些内生变量的反馈会代替那些对实际扰动更直接的反应。这样就有可能，如第8章所示，找到一个最优的利率反馈规则，根本就不包含时间变量$\bar{i}_t$。

4.2.6 通货膨胀目标制

在另一个确保价格稳定的货币政策机制中，中央银行的承诺根本不需要明确涉及自然利率：中央银行遵循某一目标规则，依照这一规则，它可以对它的利率工具做任何必要的调整，确保目标标准能够持续得以满足。[53] 在这样一个具体的政策规则下，中央银行的明确承诺仅仅是要达到目标标准，而并不需要明确涉及名义利率的路径，甚至名义利率是否是中央银行的政策工具都是不确定的。

例如，中央银行可能承诺会确保目标标准：

$$\pi_t=\bar{\pi} \tag{2.40}$$

其中，$\bar{\pi}$是一个合意的通货膨胀率。（我们有时候将这种称为“严格通货膨胀目标”，区别于另一种会将目标通胀率和其他诸如产出缺口一类的变量都考虑在内的目标标准。）为了让（2.40）式代表一种连续的政策承诺，必须存在一个均衡，使得某些名义利率演化的可能情况仍然能持续地满足目标标准。而且，这一均衡必须是确定性的，这样对于达到目标标准的承诺就足以确定合意的利率变化路径。（这是目标规则下必须考虑均衡确定性的另外一个原因，有别于另一个在4.2.2节中所提到的，导致均衡不确定性的政策可能会导致不希望的波动发生。）

这样我们就需要去解一系列方程，包括结构方程和一个目标标准，例如（2.40）式，来确定货币政策的承诺。这一问题可以用与解决利率反馈规则的政策承诺类似的方法研究。在新威克塞尔基准模型中，（2.40）式的承诺就意味着一个确定性均衡。利用（1.13）式，我们可以看到如果对于任何时期$t\geqslant 0$，（2.40）式都成立，则必须在任何时候都有$x_t=\bar{x}$成立，其中$\bar{x}$仍然是与通胀目标$\bar{\pi}$相对应的稳态的产出缺口。将这些通货膨胀和产出的解代入到（1.12）式，我们可以发现必然有$\hat{i}_t=\hat{r}_t^n+\bar{\pi}$。如果这一暗含的利率路径与小于零的界一致（这个问题取决于两点，第一，有些时候自然利率会为负，这个负值会有多大；第二，设定的通货膨胀目标$\bar{\pi}$会有多高），那么这样一个均衡就是存在的，而且被唯一确定。

但是，确定性的问题并不像这个例子所示的那样微不足道。假设采用另一种形式的目标标准：

$$E_t\pi_{t+k}=\bar{\pi} \tag{2.41}$$

式中时间长度$k\geqslant 1$。这意味着，中央银行在t期的工具选择会考虑到所实施的利率对未来$t+k$期的通货膨胀的预测的影响。这是在通货膨胀目标中经常讨论的一个目标标准，而它与英格兰银行实施政策的基础，即确保RPIX（核心零售物价指数）通货膨胀在未来八个季度内都等于2.5%相一致（Vickers，1998）。

一个能确保（2.41）式在任何 $t\geqslant 0$ 期都能被满足的政策也意味着，在任何理性预期均衡下，对所有的 $t\geqslant 0$，都有 $E_t x_{t+k}=\bar{x}$ 和 $E_t\,\hat{i}_{t+k}=E_t\,\hat{r}^n_{t+k}+\bar{\pi}$。但是，不能提前 k 期预测的变量部分就不能够确定，这一点很容易看出。考虑如下形式通货膨胀的随机过程：

$$\pi_t=\bar{\pi}_t+u_t \tag{2.42}$$

其中，u_t 是一个随机变量，有 $E_t u_{t+k}=0$。现在，我们假定对于某些特定（外生确定）的过程$\{u_t\}$，仅（2.42）式就可以代表一个政策承诺。与之前的逻辑相同，只要存在一个始终非负的名义利率过程，那么在此通货膨胀过程中就存在一个均衡。（在更一般的情况下，如果选择足够高的$\bar{\pi}$ 使得在所有时期都有与（2.41）式一致的均衡，那么我们就可以选择无限次的$\{u_t\}$，使得波动适中，以满足此性质。）所以，任何使名义利率非负的过程$\{u_t\}$，都与和（2.41）式相一致的均衡过程对应，这就是通货膨胀目标导致不确定性的一个例子。

这一结论并不依赖于通货膨胀确定为纯前瞻型模型这一假设。如果用（2.36）式代替总供给方程（1.13）式，结论依然成立。从（2.42）式的通货膨胀过程开始，只要$\{u_t\}$满足特定的边界使得名义利率非负，我们就可以通过解AS的关系式得出产出缺口的变化过程，解IS关系式得到名义利率。

对于例如（2.41）式的通胀标准，在未来几年的时间段 k 里，不让通货膨胀波动以应对实际扰动并不很合适，但是中央银行必须要明确保证通货膨胀最终会回归到它的长期目标水平。尽管这种对特定形式扰动的一般反应可能是合意的，详见第 7 章，但是这并不意味着单纯地承诺要保持中期通货膨胀的期望固定就足以定义一个合适的目标规则。将（2.41）式作为目标标准，以确定中央银行在 t 期选择的工具（而不仅仅是最优均衡需要满足的几个标准），这是远远不够的，因为它不能给出为了达到目标标准所需要的行动，也不能确定通货膨胀应该怎样短期变动来应对实际扰动。

但是，目标标准足以决定一个均衡，（2.40）式就是个简单的例子。而且，我在第 7 章将会讨论到，目标规则在确定货币政策承诺方面有着重要的优势。我在第 7 章和第 8 章讨论的最优目标规则的一个显著特征就是它们完全以“目标变量”（诸如通货膨胀和产出缺口）的计划路径的形式给出，这样就能够衡量宏观经济不完全稳定的无谓损失。

这样，自然利率对最优目标标准的表达就没有任何用处了，因为无论是自然利率还是市场利率和自然利率之间的缺口，都不是在福利-理论稳定目标的当前特征的目标变量（参见第 6 章）。然而，在中央银行寻求实施目标规则的过程中，自然利率可以担任重要的信息来源。为了实施目标规则，中央银行必须决定设定什么样的利率与目标变量的预计路径相符。根据本章给出的模型，自然利率是一个重要的汇总统计量，能用来描述各种各样的实际扰动改变目标设置，进而影响通货膨胀和产出缺口路径的过程，而通货膨胀和产出缺口这两个变量就是货币稳定最经常考虑的合适目标（我们可看到有大量的理由支持这一点）。

我们可以考虑实施严格通货膨胀目标（2.40）式。由于中央银行是在观察到 t 期的通胀率 π_t 之前（实际上，在现在的模型中，π_t 中部分是由中央银行决定的）就设定 t 期的利率操作目标，利率的决定必须基于这样一个预期，即必须将当期的通货膨胀引入中央银行利率决定的函数中。下面给出了一个可能的操作方法。假定在每个时期 t，t 期的外生扰动首先发生，进而被微观主体观察到，这样 t 期的微观预期就形成了；中央银行观察到当期扰动和微观主体预期的情况，决定目标水平 i_t；最后，受当期扰动、微观预期和利率水平影响的 t 期的私人消费和价格就决定了。

最后一步决定的产出缺口由（1.12）式给出，而通胀率由（1.13）式给出，用（1.12）式来代替 x_t。我们可得关于通货膨胀的解为：

$$\pi_t=(\beta+\kappa\sigma)E_t\pi_{t+1}+\kappa E_t x_{t+1}-\kappa\sigma(\hat{i}_t-\hat{r}_t^n) \tag{2.43}$$

假定中央银行使用这一（正确的）模型[54]将 t 期的通货膨胀引入其利率决定的函数。然后，可以通过令（2.43）式的右半部分等于$\bar{\pi}$，解出与（2.40）式一致，包含通胀率的目标利率 $\hat{i}_t$：

$$\hat{i}_t=\hat{r}_t^n+\bar{\pi}+(1+\beta/\kappa\sigma)[E_t\pi_{t+1}-\bar{\pi}]+\sigma^{-1}[E_t x_{t+1}-\bar{x}] \tag{2.44}$$

其中$\bar{x}\equiv((1-\beta)/\kappa)\bar{\pi}$。

（2.44）式给出了中央银行实施目标规则（2.40）式时的反应函数。给定中央银行在实施目标规则时使用的具体的结构模型，（2.40）式和（2.44）式给出的政策规则是等价的，模型的结构方程结合上述任何一个方程都会产生一个等价的方程系统（有唯一的稳态解，理性预期均衡中通胀在任何时候都等于$\bar{\pi}$）。其中一种政策描述（以目标标准的形式）在与公众沟通并告诉他们中央银行的政策承诺时更加有效，而另一种（以反应方程的形式）则对中央银行实施承诺来说更具有现实意义。[55]

在这一层次的反应函数中，通货膨胀目标规则等同于某种形式的泰勒规则。我们再次发现，一个能够完全稳定通货膨胀的政策对应于截距项随着自然利率一对一变化的泰勒规则。而且，由于此规则的系数满足 $\phi_\pi>1$，$\phi_x>0$，与通货膨胀目标相对应的泰勒规则也就满足泰勒原则。

然而，通货膨胀目标制对应于一个相对具体的利率规则，而不是众多具有一般特征的可能的泰勒规则。有趣的是，这也是一个前瞻性的泰勒规则，与第 1 章中克拉里达等人（2000）的估计类似。但是，这个规则是前瞻性的，并不是因为目标标准涉及远期通货膨胀而不是近期通货膨胀——正如我们所看到的，盯住近期通货膨胀可能会导致错误设定的规则和均衡的不稳定性——而是因为中央银行有必要对微观部门的预期做出反应，以阻止通货膨胀偏离既定的目标，同样它也必须对自然利率的外生波动做出反应。像前面的部分所提到的，对于期望波动做出反应的承诺必须足够强以满足泰勒原则，这一点对于使合意均衡成为唯一的与中央银行反应函数对应的稳态均衡是非常必要的，即使在这一均衡中它可能永远不会做出以上实际行动。而且，这一个从预测得来的反馈并不会像 4.2.2 节中讨论的其他形式的预测反馈规则一样导致可能的均衡不确定性。在这种情况下，反馈被详细计算，以抵消微观主体对目标变量变化的预期的影响，进而降低总产出对当期期望的敏感性，而不是通过让货币政策根据期望而定，来增加经济体对期望波动的敏感性。

4.3 货币和总需求

迄今为止，我对货币政策效果的分析都没有涉及货币供给的变化路径，这看上去像是一个很大的遗漏。这里，我会将货币供给引入另外的政策规则，当存在货币摩擦充分到能保证得到良好形态的货币需求函数时，这一点还是很有必要的。此外，这一扩充使得我们可以在各种候选提案中考虑货币目标制，或者其他对货币增长变动做反应的变量。我还考虑了实际余额影响的存在会在多大程度上修正之前我们在利率规则下得到的通货膨胀决定理论。

4.3.1 一个最优化的 IS－LM 模型

再次假定存在如第 2 章中所提到的交易摩擦，即将实际货币余额的流动性利息纳入到家庭效用函数中。我们可以得到如下代表性家庭对货币余额最优需求量的一阶条件：

$$\frac{U_m(C_t, m_t; \xi_t)}{U_c(C_t, m_t; \xi_t)} = \frac{i_t - i_t^m}{1+i_t} \tag{3.1}$$

其中，m_t 表示家庭期末实际货币余额，而 i_t^m 是对这些余额支付的利息（如果有的话）。在之前对跨期的 IS 关系式的讨论中我曾提到，在本章的黏性价格模型中，描述价格接受者家庭的最优行为的一阶条件与第 2 章中伸缩性价格模型是一样的（唯一的区别就是此处 C_t 指的是大量不同商品的消费指数，而不是第 2 章中的单一消费品）。结合要求代表性家庭的需求必须等于包括产品和金融资产的总供给，我们可以得到均衡条件：

$$M_t^s / P_t = L(Y_t, \Delta_t; \xi_t) \tag{3.2}$$

其中，$\Delta_t \equiv (i_t - i_t^m)/(1+i_t)$是非货币和货币资产之间的利率差异，而货币需求函数 $L(y, \Delta; \xi)$与第 2 章的有相同的特征。当（3.2）式是围绕零通胀稳态均衡的对数线性过程时，又得到如下关系式：

$$\hat{m}_t = \eta_y \hat{Y}_t - \eta_i (\hat{i}_t - \hat{i}_t^m) + \epsilon_t^m \tag{3.3}$$

其中 η_y，$\eta_i > 0$，而ϵ_t^m 表示一个外生的扰动过程。

迄今为止，其他均衡条件在存在货币摩擦的时候依然适用。同我们在第 2 章中讨论的那样，无现金经济和有中央银行调节货币供给之间的唯一区别就是在后一种情况下，代表性家庭的额外实际支出的边际效用可由 $u_c(C_t, M_t/P_t; \xi_t)$给出，一般来说，它的值取决于实际货币余额水平和实际支出水平。但是，无论是消费和实际余额之间的偏好可分离，还是如 2.3.4 节讨论的无现金这一约束，我们都可以忽略实际货币余额的变动对 u_c 的影响，且跨期的 IS 和总供给曲线也就可以取上面假定的形式。[56] 这样，IS 和 AS 关系式并联合（3.2）式和（3.3）式就可以共同确定名义利率、价格水平和产出（在货币增长规则下），或者价格水平、产出和货币供给（在利率规则下）的均衡条件的完整系统。这一方程系统在本质上与我们教科书上的 IS—LM—AS 系统类似，尽管这里 IS 和 AS 关系式不再是静态的。注意 LM 关系（3.2）式，i_t 和 Y_t 间的均衡关系除了会受到外生扰动 ξ_t 的影响外，还会由于 M_t^s 或者 i_t^m 的变化而波动，而 M_t^s 和 i_t^m 都可以作为货币政策实施的工具。

在上述讨论的任何一个利率规则下，通货膨胀和产出的均衡路径都可以由上述 IS 和 AS 关系式得出，但是 LM 关系式在既定货币利率路径的情况下（例如惯常选择 $\hat{i}_t^m=0$），我们可以解出货币供给的隐含路径。[57] 在一个无现金经济体中——可能是迄今为止我的分析中为什么忽略实际余额效应的最有吸引力的理由——均衡货币实际余额的绝对大小可忽略不计。但这并不意味着，相对于它们（极其小）的稳态水平（由（3.2）式中的变量 $\hat{m}_t$ 表示）来说，均衡实际余额并不会存在任何不可忽视（明确）的波动。类似地，名义货币供给的增长过程中也可能会存在不可忽视的、明确的波动，即使并没有明确给出均衡的货币供给水平。

例如，我们可能会考虑在一个能成功稳定通货膨胀和产出缺口的政策下，货币增长如何对各式各样的真实扰动做出反应。为了回答这个问题，我简单地将 4.2.1 节中的合意的利率波动代入到（3.3）式中，以确定货币供给的暗含路径。可以发现，总的而言，应该允许货币供给变动，应对 4.2.1 节中提到的所有四种形式的外生冲击，不变的货币供给增长率并不是稳定通货膨胀的最佳方法。

维持价格稳定性的货币供给路径并不一定需要“逆向而行”。例如，爱尔兰（Ireland，1996）认为，货币供给应该顺周期变动，以应对生产力的短期波动；[58] a_t 的增加会让 $\hat{Y}_t^n$ 增加的同时降低 $\hat{r}_t^n$，进而使 $\log M_t^s$ 增加的同时增加 $\hat{Y}_t$。在短期劳动供给冲击的情况下也是如此，而且，虽然最终结果取决于参数值，政府购买冲击和消费—需求冲击时这也是成立的，至少在这些冲击足够持久的时候。而且，在面临技术或者劳动供给冲击时，货币供给相对于利率不变的情况更应该顺周期而动，因为实际上我们希望通过名义利率下降来应对正面的冲击。而在另外两种冲击情况下则并非如此，但是固定名义利率比固定货币供给更接近最优反应仍是有可能的。具体来说，如果冲击持续时间够长，那么这一点必然正确，因为自然利率受的影响会很小。

所以一般说来，货币增长率的变动不应该成为判断利率是否应该调整以应对扰动的精确指标。货币目标制相当于一个自动机制，带来顺周期的利率变动（通过利率增加来应对价格水平的增加），但是，为了维持稳定，利率水平的合意变动——取决于自然利率的变化——甚至可能不带有相同的信号。货币目标制还会使利率变化以应对货币需求扰动，即使这对于自然利率的影响微乎其微，因此让利率对其做出反应并不是很合适。所以现在我们希望，采用一个利率规则可能会做得更好一些，这个利率规则为：(i) 如泰勒规则所示，通过对这些变量的明确反馈做出合适的利率变化，来应对价格水平和产出缺口的增加；(ii) 直接对中央银行对当期自然利率估计的变化做出反应。

前面关于货币目标制有效性的结论与普尔（1970）的经典分析相反。按照普尔的理论，只要货币需求扰动没有总需求的实际扰动（IS 冲击）的影响大，货币目标制就是合适的。我所提到的政府购买或消费需求冲击大致相当于普尔所说的 IS 冲击，但是即使在这种情况下，适度的调节（允许货币供给变动以降低利率反应）也是需要的。此外，如果这些冲击的持续时间足够长，IS 曲线的最佳调节程度应该接近百分之百。当然它们的区别在于，普尔假定产出稳定应该是政策目标，但是我则假定目标是要稳定产出缺口，[59] 即相对于自然率的产出水平，而自然率会受到 IS 冲击的影响。如果考虑被普尔忽略掉的技术或劳动力供给冲击，结果就更不相同了，其结果会更加支持进行利率调节。

普尔的分析最主要的特征是假设货币目标是完全的利率盯住的唯一替代品。然而此处推荐的政策（或者威克塞尔或者泰勒推荐的）在面对变化的宏观经济条件时，并不是要固定名义利率。一旦人们认识到利率规则必须明确给出利率调整，以应对产出水平和/或产出的波动时，普尔的 IS－LM 分析就不能提供任何依据支持对货币供给总量变化反应。

当然，如果这些统计量能够提供更多的关于价格和/或产出的信息，我们就可以对货币总量的增长率变化做一个案例。这看上去是不可能的。基于这些基础，我们最多在关注其他指标的同时，也关注一下货币总量。[60] 但是即使如此，我们仍然需要明白，中央银行承诺对预期通货膨胀和产出缺口做出反应才是最重要的，而不是——不管稳定性——具体地盯住哪个指标。

4.3.2 实际余额效应

迄今，我所涉及的模型仅仅考虑了货币政策通过影响实际利率来影响私人支出的合适时机，进而影响总需求。虽然这确实是货币政策作用的一个最重要的渠道，但是有时这并不是货币政策作用的唯一渠道，至少在某些情况下，忽略其他作用机制可能会导致南辕北辙的结论。其中一个历史久远的争论就是私人部门持有的实际货币余额也会直接影响总需求，并不是均衡利率降低导致较高的货币供给使得微观部门选择持有较高的货币余额。庇古（Pigou，1943）曾表示，即使在凯恩斯（1936）的流动性陷阱的情况下，实际余额效应的存在是保证货币政策有效性的重要方面。

首先需要注意的是，我并没有遗漏由于任何简单（希克斯）财富效应导致的实际余额效应对总需求的影响（如庇古所言）。从最重要的均衡条件（1.1）式导出的关于微观支出最佳时机的欧拉（Euler）方程，并不会与有跨期预算约束的代表性家庭的财富分配状况（见第 2 章的讨论）相抵触。而且，解欧拉方程的对数线性化形式可进一步得到（1.8）式，描述了特定时点的总支出水平和超长期实际利率（或者等价地，期望未来短期实际利率的领先分布之间的关系），不会忽略任何财富效应。诚然，对单个家庭而言，最优消费需求是家庭当期财富和未来收入预期（税后），以及储蓄的期望回报的函数（可见（2.28）式给出的关于这个决定规则的对数线性化近似)。但是，相对于未来预期支出的当期最优支出仍然仅仅依赖于现在和未来之间资产的期望回报率，更多的财富会在使当期消费增加的同时，让未来支出以一个相同的比例增加。此外，对于所有家庭总和而言，长期未来期望支出会受到自然产出率的外生演化（按此处讨论的模型）的约束。给定这一代表性家庭长期支出期望水平的锚，未来期望实际利率的序列就足以决定当前的最优支出了。

但是，存在一种形式的实际余额效应，可由其得到上述分析。迄今为止，我假定代表性家庭实际收入的边际效用仅仅取决于生产和消费的实际资源的数量(以及其他外生扰动，包括政府购买水平等)，而不依赖于家庭的货币余额。这一点可在西德罗斯基-布洛克模型中，在消费和实际货币余额之间的偏好是加性可分的假设前提下得到证明，见 2.3.1 节。[61] 这一熟悉的假设使得很多地方的计算更加简单，但是很难说是符合现实的。如果持有货币能够获得效用，那必然是因为货币余额能够使交易便利，所以持有余额的好处很难与家庭的实际交易额分开。但是如果 C_t 中的 u_m 增加，那么家庭实际余额 m_t 中的 μ_c 也必然增加。

相应地，我现在会考虑上述结果如何扩展到更为一般的偏好设定中去。之前的简单案例仍然可以提供很好的向导，而且事实上，它确实可以作为一个近似，而不需要去诉诸看似有理的附加可分离性。但是如果想要更精确一点的话，我们可以看看实际余额效应会怎样修正以前的计算。

第 2 章中一般情况下，从关于微观支出最优时间的欧拉方程中得到的均衡条件采取以下形式：

$$1+i_t=\beta^{-1}\left\{E_t\left[\frac{U_c(Y_{t+1},M_{t+1}^s/P_{t+1};\xi_{t+1})}{U_c(Y_t,M_t^s/P_t;\xi_t)}\Pi_{t+1}^{-1}\right]\right\}^{-1} \tag{3.4}$$

在偏好可附加分离（或者可忽略交易摩擦）的假设下，该式可以简化成为（1.1）式。但是在更一般的情况下，这个关系式的对数线性化形式为：

$$\hat{i}_t=\sigma^{-1}[E_t(\hat{Y}_{t+1}-g_{t+1})-(\hat{Y}_t-g_t)]-\chi(E_t\hat{m}_{t+1}-\hat{m}_t)+E_t\pi_{t+1} \tag{3.5}$$

该式是（1.7）式的一般形式，其中

$$\chi\equiv\bar{m}U_{cm}/U_c$$

是稳态下的偏导数。g_t 仍然是（2.3）式中定义的外生因素，而消费 $\bar{C}_t$ 的边际效用现在由 C_t 和 m_t 两个稳态值来衡量。注意，（3.5）式与第 2 章中的（3.11）式相同，除了现在对实际产出的依赖明显化，产出也不再是外生的了。

解（3.5）式得到如下 IS 关系式：

$$\hat{Y}_t=\hat{Y}_\infty+g_t+x\sigma\hat{m}_t-\sigma\sum_{j=0}^{\infty}E_t[\hat{i}_{t+j}-\pi_{t+j+1}] \tag{3.6}$$

如果 $\chi>0$，那么就确实存在一个影响总需求的实际余额效应。这一结果并不是由于财富效应，而是因为控制实际利率的路径，由于货币余额对交易的促进，实际余额较高的时段仍然是比较适合消费的时段。我们还可以看到，与庇古的建议相反，这一效果并不意味着即使在流动性陷阱的情况下，货币供给的增加都会导致需求增加，见 Eggertsson and Woodford（2003）。

首先我将考虑围绕零通胀稳态仅仅有少许波动的利率规则下（这样名义利率就永远不会为负），实际余额效应对通货膨胀决定的影响。如 2.3.4 节所示，使用（3.3）式从跨期 IS 方程（3.5）式中消去实际余额，得到：

$$(1+\eta_i\chi)\hat{i}_t=(\sigma^{-1}-\eta_y\chi)(E_t\hat{Y}_{t+1}-Y_t)+E_t\pi_{t+1}$$
$$+\eta_i\chi E_t\hat{i}_{t+1}-\eta_i\chi(E_i\hat{i}^m_{t+1}-\hat{i}^m_t)+v_t \tag{3.7}$$

其中

$$v_t\equiv-\sigma^{-1}(E_tg_{t+1}-g_t)-\chi(E_t\epsilon^m_{t+1}-\epsilon^m_t) \tag{3.8}$$

包含了所有与政策无关的外生扰动量。这样如同（1.7）式一样，（3.7）式给出了一个仅仅包括利率、通货膨胀和产出的变化量的均衡关系式。[62]

我将产出自然率 Y^n_t 定义为，在伸缩性价格、货币政策维持非货币和货币无风险短期资产之间利率的差 Δ_t 不变的前提下，每个时点均衡的产出水平。关于利率差不变的约定是非常必要的，因为当效用不可分时，伸缩性价格下的均衡产出就不再与货币政策无关了。[63]类似地，我将自然利率 r^n_t 定义为相同条件下的均衡实际利率。因为（3.7）式无论在伸缩性价格还是黏性价格的情况下都成立，我们有：

$$\hat{r}^n_t=(\sigma^{-1}-\eta_y\chi)(E_t\hat{Y}^n_{t+1}-Y^n_t)-\sigma^{-1}(E_tg_{t+1}-g_t)-\chi(E_t\epsilon_{m,t+1}-\epsilon_{mt}) \tag{3.9}$$

注意，当 $\chi=0$ 时，该式可简化成为（1.15）式。将这一等式代入到（3.7）式的右半部分，得到

$$(1-\sigma\eta_y\chi)x_t=(1-\sigma\eta_y\chi)E_tx_{t+1}-\sigma(\hat{i}_t-E_t\pi_{t+1}-\hat{r}^n_t)$$
$$+\sigma\eta_i\chi[E_t(\hat{i}_{t+1}-\hat{i}^m_{t+1})-(\hat{i}_t-\hat{i}^m_t)] \tag{3.10}$$

该式是（1.12）式的一般化，其中 $x_t\equiv\hat{Y}_t-\hat{Y}^n_t$。这样，我就得到了一个以产出缺口形式表示的跨期 IS 关系式，其中唯一的外生扰动就是自然利率 $\hat{r}^n_t$ 的变动。[64]

如果允许存在交易摩擦，以及消费与实际余额之间的效用不可分，那么就需要对总供给方程（1.10）式进行修正（在整个第 3 章，我都假设交易摩擦可以忽略，并且效用可分）。在效用不可分的情况下，收入的边际效用既取决于实际货币余额，也取决于实际支出，这样家庭劳动力供给方程就转化为：

$$w_t(i)=\frac{v_h(h_t(i);\xi_t)}{u_c(C_t,m_t;\xi_t)}$$

这样产品 i 的实际边际成本的对数线性化形式就可以表示为：

$$\hat{s}_t(i)=\omega(\hat{y}_t(i)-q_t)+\sigma^{-1}(\hat{Y}_t-g_t)-\chi\hat{m}_t$$

其中，外生扰动 q_t 和 g_t 的定义仍然与以前相同。用（3.3）式代替实际货币余额 $\hat{m}_t$，再结合刚刚定义的自然产出率的概念，我们就可以写出如下形式的平均实际边际成本：

$$\hat{s}_t = \epsilon_{mc}(\hat{Y}_t - \hat{Y}_t^n) + \eta_i \chi(\hat{i}_t - \hat{i}_t^m) \tag{3.11}$$

其中，相对于总产出的平均边际成本的弹性为：

$$\epsilon_{mc} = \omega + \sigma^{-1} - \eta_i \chi \tag{3.12}$$

产出的自然率为：

$$\hat{Y}_t^n = \frac{\omega q_t + \sigma^{-1} g_t + \chi \epsilon_t^m}{\epsilon_{mc}} \tag{3.13}$$

且此式是对（2.2）式的一般形式。

（3.13）式还可以用以下形式表示：

$$\hat{s}_t = \epsilon_{mc}[x_t + \varphi(\hat{i}_t - i_t^m)]$$

其中，

$$\varphi \equiv \eta_i \chi / \epsilon_{mc}$$

经验上最有可能的是令 χ 满足如下边界条件：

$$0 \leqslant \chi < \eta_y^{-1}(\omega + \sigma^{-1})$$

其中，系数 ϵ_{mc} 和 φ 都是正值。[65] 一个与第 3 章很相似的计算允许我们得到如下形式的总供给公式：

$$\pi_t = \kappa[x_t + \varphi(\hat{i}_t - \hat{i}_t^m)] + \beta E_t \pi_{t+1} \tag{3.14}$$

该式是（1.10）式的一般形式。这里仍然有：

$$\kappa \equiv \frac{(1-\alpha)(1-\alpha\beta)}{\alpha} \frac{\epsilon_{mc}}{1+\omega\theta}$$

但是 ϵ_{mc} 由（3.12）式给出。在不可分离的情况下，通货膨胀压力不仅取决于产出缺口，还取决于非货币资产和货币资产之间的利率差异。回报率之间的差异越大，持有货币余额的成本越大，进而供给一定水平的产出的边际成本越大，最终将抬高价格。

但（3.10）式和（3.14）式包含额外项后会有多大的区别呢？如果假定采用 4.2 节的利率规则中的一种，同时假设货币资产的利率 i_t^m 随中央银行利率调控目标的变化而变化，以保持一个不变的利率差 Δ_t，那么如果选择合适的变量值，之前的结论仍然完全成立。原因是如果在任何时候都有 $\hat{i}_t^m = \hat{i}_t$，给定新的关于自然利率的定义（3.9）式、（3.10）式和（3.14）式就会分别简化成之前的（1.12）式和（1.10）式。只会有一个例外，在 IS 关系式（3.4）中，表示实际支出的利率敏感性的系数不再是（1.12）式中的 σ，而是 $(\sigma^{-1} - \eta_y \chi)^{-1}$。[66] 只要 $\chi < (\eta_y \sigma)^{-1}$——按照下面所说的标准更为现实的情况[67]——那么之前的结论就不会有什么定性的变化。在对 σ 值的不同量度标准下，我会得到与之前相同的数值结果。

所以，一旦考虑到实际扰动对自然利率的影响，通货膨胀和产出缺口（后者，而不是除趋势（detrended）产出，与福利相关，见我在第 6 章的讨论）会按照之前得到的公式演变。(计算除趋势产出的可能路径还需要考虑实际扰动对产出的自然率的影响。)所以之前的结果不仅适用于无现金经济，以及消费和实际余额之间的偏好附加可分，还适用于中央银行通过调整货币基础的利率来实施利率目标，而不是通过调整基础货币供给量的经济体。[68]

但是，如果通过变更基础货币供给量来调节利率，以保持支付给基础货币的利率不变——例如美国当前的货币安排——那么在假设存在货币摩擦和不可分偏好下，IS 和 AS 关系式中的额外项就是有用的。然而，出于很多原因，额外项并不会对数量结论产生多大的影响。我可以通过下面基于美国数据的模型说明这一点。

如 2.3.4 节所示，关于美国货币需求的长期证据显示货币需求弹性大致为 $\eta_y=1$，$\eta_i=28$ 季度，而考虑到额外实际货币余额，支出的边际效用的弹性最多为 $\chi=0.02$。假定结构方程的其他系数采用罗特伯格和伍德福德(1997)给出的值，见第 5 章表 5.1。由于罗特伯格和伍德福德是通过对ϵ_{mc}的估计值推断出 ω 的值，而不是通过 ω 推出ϵ_{mc} 值，允许 $\chi\neq 0$ 并不会改变ϵ_{mc}的标准值。所以 φ 的值为 (0.02)(28)/(0.63)=0.89 季度。[69]参数 β，σ 和 κ 取表 5.1 中的值。

使用类似的方法，我们可以看到在确定性均衡存在的情况下，[70]满足 (1.14) 式的利率规则[71]并结合 $\hat{i}_t^m=0$，我们就可以得到内生变量的均衡路径，且满足以下形式：

$$\pi_t=\bar{\pi}+\sum_{j=0}^{\infty}\psi_j^{\pi}(E_t\hat{r}_{t+j}^n+\bar{\pi})-\sum_{j=0}^{\infty}\tilde{\psi}_j^{\pi}E_t\bar{i}_{t+j} \tag{3.15}$$

$$x_t=\bar{x}+\sum_{j=0}^{\infty}\psi_j^{x}(E_t\hat{r}_{t+j}^n+\bar{\pi})-\sum_{j=0}^{\infty}\tilde{\psi}_j^{x}E_t\bar{i}_{t+j} \tag{3.16}$$

$$\hat{i}_t=\bar{i}_t+\sum_{j=0}^{\infty}\psi_j^{i}(E_t\hat{r}_{t+j}^n+\bar{\pi})-\sum_{j=0}^{\infty}\tilde{\psi}_j^{i}E_t\bar{i}_{t+j} \tag{3.17}$$

在 $\chi\neq 0$ 时，系数$\tilde{\psi}_j^{\pi}$ 等就不再严格等于系数 ψ_j^{π} 等。实际余额效应对这些系数的影响可见图 4.10 和图 4.11，且使用之前的标准参数值。

图 4.10 和图 4.11 显示了在 $\phi_\pi=2$，$\phi_x=1$ 的规则下的结果，与图 4.5 和图 4.6 的基准模型相对应。图 4.10 显示的是系数 ψ_j^{π} 和 ψ_j^{x} 在未来不同时刻 j 的值，而图 4.11 则是关于系数$\tilde{\psi}_j^{\pi}$ 和$\tilde{\psi}_j^{x}$ 的。图 4.10 和图 4.11 中每一个平面上，都有两条线，一条是按之前给定的参数值计算的系数(虚线)，另一条则是假设同样的 β，σ 和 k 值，但是假定 x 和 φ 等于零(与之前的图一样)。注意，两种对通货膨胀和产出缺口的不同扰动的预期效果都不会受实际余额效应的太大影响，主要的区别就是由于利率差异的增加导致供给的边际成本的变化，使得未来可预见的几个季度的自然利率的增加对通货膨胀产生了更大的影响。但是即使这种影响预期通货膨胀的机制，也仅仅在能够提前几个季度预测自然利率的波动的情况下才能发生。

在 (2.8) 式的利率规则下，结合 $\hat{i}_t^m=0$，我们可以得到相应的解：

$$\pi_t=\bar{\pi}+\omega^{\pi}(\hat{i}_{t-1}-\bar{i}_{t-1})+\sum_{j=0}^{\infty}\psi_j^{\pi}E_t(\hat{r}_{t+j}^n+\bar{\pi})-\sum_{j=0}^{\infty}\tilde{\psi}_j^{\pi}E_t\bar{i}_{t+j}$$

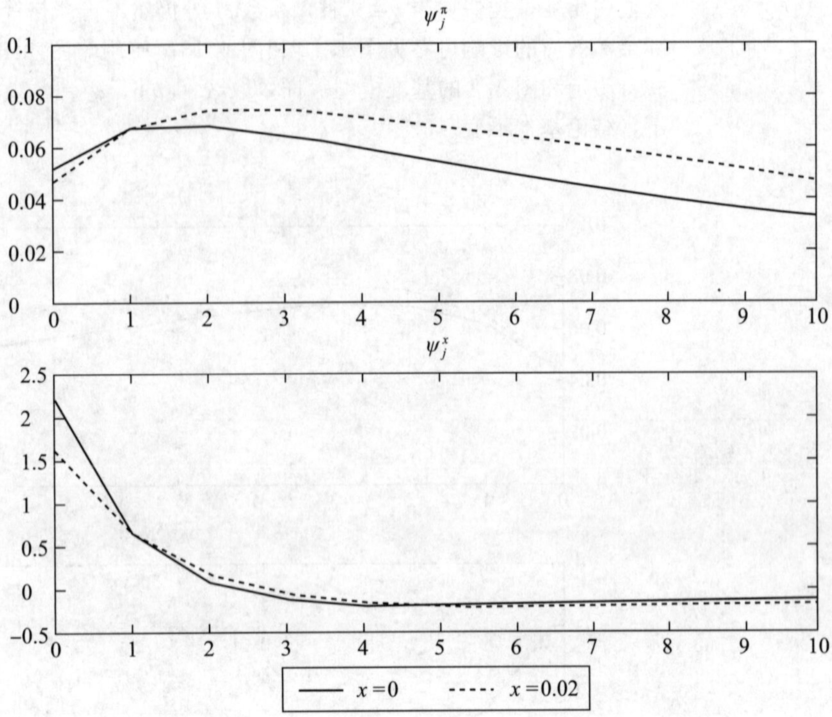

图 4.10　存在实际余额效应的简单泰勒规则下，期望自然利率波动的效果

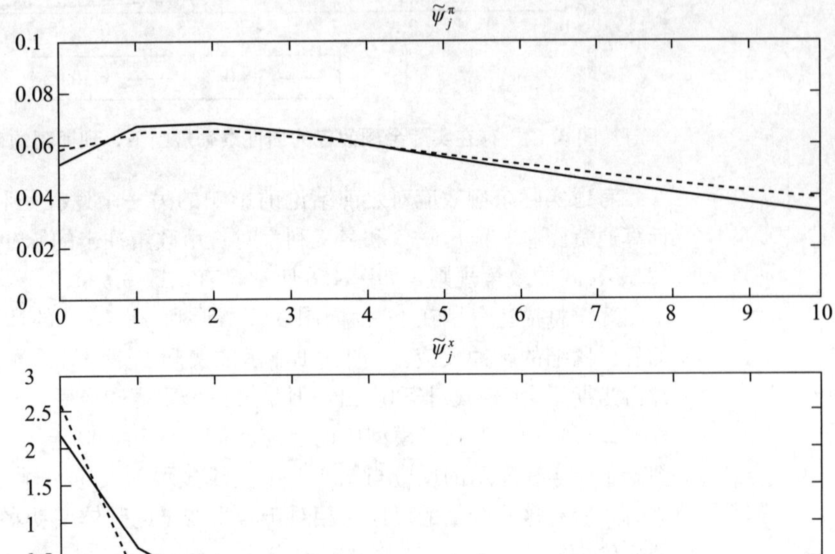

图 4.11　存在实际余额效应的简单泰勒规则下，预期到的政策的变动效果

其他内生变量类似。当$\chi\neq0$时，系数$\tilde{\psi}_j^\pi$等仍然不再严格等于系数ψ_j^π等。引入实际余额效应的影响可参见图 4.12 和图 4.13，使用与图 4.10 和图 4.11 一样的形式。假定和图 4.8 的基准模型一样，取$\phi_\pi=0.6$，$\phi_x=0.3$，$\rho=0.7$。在这种情况下，结论基本不变。

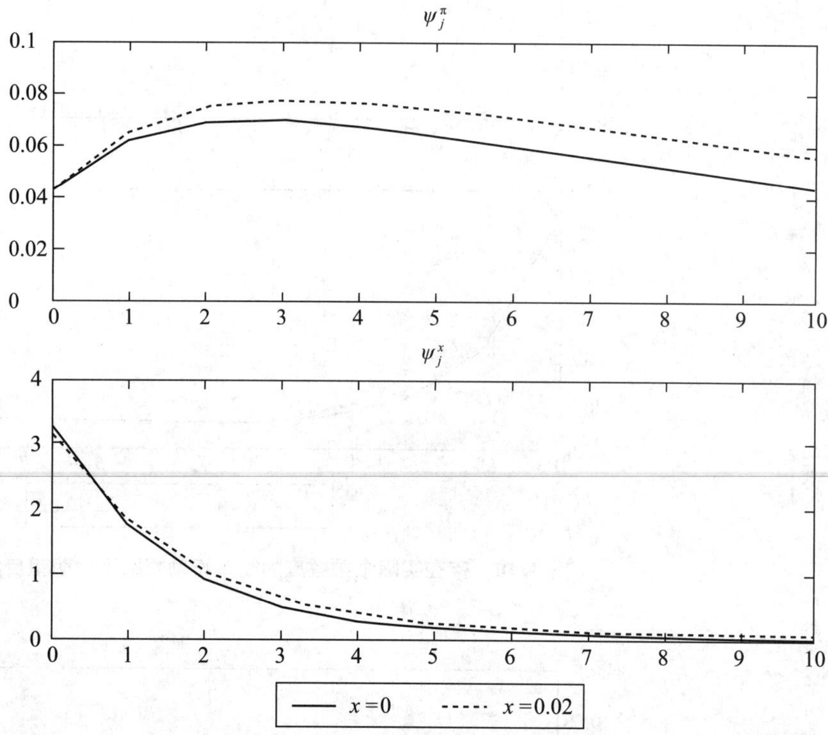

图 4.12　存在实际余额效应的惯性泰勒规则下，预期到的自然利率的波动效果

考虑实际余额效应对之前结论的影响的另一个途径是利用修正的结构方程，计算通货膨胀、产出缺口和名义利率对货币政策冲击的脉冲反应。我们再次考虑（2.35）式的政策规则，如图 4.8 所示，有系数$\phi_\pi=0.6$，$\phi_x=0.3$，$\rho=0.7$。第 5 章图 5.1 将描述分别在$\chi=0$同图 4.8 情形和$\chi=0.02$的情况下，对没有预期到的货币紧缩的脉冲反应。（图 5.1 显示的实际上是另一个模型，其中假设在政策冲击当期不会影响通胀和产出，但是第一个季度和最后一个季度的反应与结构方程（3.10）和（3.14）模型中的反应相同。注意，对于第一期和最后一期而言，图 5.1 中实线显示的反应与图 4.8 中实线显示的反应一样。）在考虑实际余额效应时，所有这些变量的反应，相对于考察变量的整体变动水平来说，都没有太大的变化。[72]

迄今为止，我仅仅按照当前的理论，基于观察到的美国货币需求的数据得到的校准参数，衡量了实际余额效应到底有多大。有人可能还想知道在对 IS 和 AS 关系式的估计中是否还存在更多的关于实际余额效应的证据。为了回答这一问题，爱尔兰（2001）用美国关于通胀、产出、名义利率和货币增长的季度数据，估计出美国的货币政策规则，结合包括（3.3）式、（3.10）式和（3.14）式的结

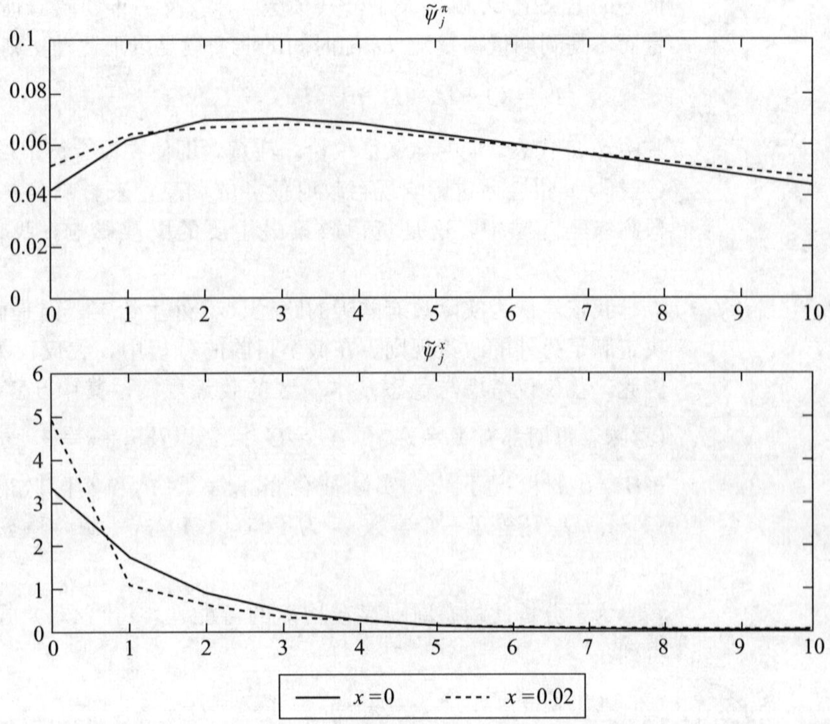

图 4.13　存在实际余额效应的惯性泰勒规则下，期望政策的变动效果

构方程进行了最大似然估计。他对 $\chi\sigma$（表示实际货币余额变动对总需求的影响大小）的估计值为－0.02（没有显著不为零），标准差将近 0.04。这并不仅仅是因为所做的计量不精确，爱尔兰的结果取 95%的置信度，可以允许系数最大为 0.05，最小为－0.09，但是还是不能得到图 4.10～图 4.13 中的 0.13。所以爱尔兰的估计也许可以说明实际余额效应可能比这些图中所显示的更加温和。

4.4　价格稳定的财政要求

至今为止，我关于总需求决定的讨论很少涉及财政政策。能够避免讨论这一点多亏了我在第 2 章和本章中对财政政策的（机智）假设，具体来说就是假定名义政府债务的外生目标路径与价格稳定一致。在这一节，我将进一步就为了得到前面的结果所必需的财政政策假设进行讨论，并看看其他情况会怎样改变前面的结论。

我将开始关注这个始终被忽略的话题，在其他货币—财政框架下考虑政府债务的演变。一个完整的政策必须要具体说明政府债务在每个时点的组合情况，在此处，将其简单设定为所有的政府债务都是由无风险、一期的名义债务组成。为简单起见，仍然像 4.1 节和 4.2 节一样假定是无现金经济。那么在 t 期末的政府债务的名义值D_t就代表了公共债务，[73]以及一年期政府债券的余额（由其发行量而不是到期量衡量）。D_t随时间的演变满足以下运动法则：

$$D_t=(1+i_{t-1})D_{t-1}+(P_tG_t-T_t) \tag{4.1}$$

其中，T_t代表t期的名义征税量。注意，即使在没有铸币税的情况下，货币政策（选择i_t）也会通过影响现存政府债务的利息，来影响公共债务的演化。在大多数高级经济体中，这是货币政策最主要的财政影响，我将在这里专门关注这一点。

我依然认为实际政府购买的路径$\{G_t\}$外生给定，但是假定名义征税量T_t的决定满足另外的政策规则。在截至目前的分析中，我仅仅关注局部均衡的决定。因此，我仅仅考虑与稳态基本一致的政策规则，其中在零通胀、没有实际波动（意味着每期都有$Y_t=\bar{Y}>0$，$G_t=\hat{G}\geqslant 0$，以及$i_t=\bar{i}\equiv\beta^{-1}-1>0$）时，任何时候$\bar{\tau},\bar{B}>0$的情况下[74]，实际征税量$\tau_t\equiv T_t/P_t$和实际政府债务的到期值$b_t\equiv(1+i_t)D_t/P_t$等于一个常数$\bar{\tau}$。为了与（4.1）式一致，稳态的财政指标必须满足$\bar{\tau}=\hat{G}+(1-\beta)\bar{B}$。

为了分析此稳态周围存在均衡的可能性，将（4.1）式围绕稳态值线性化，得到：

$$\hat{b}_t=\beta^{-1}[\hat{b}_{t-1}-\bar{b}\pi_t+\hat{G}_t-\hat{\tau}_t]+\bar{b}\,\hat{i}_t \tag{4.2}$$

其中，$\hat{b}_t\equiv(b_t-\bar{B})/\bar{Y}$和$\hat{\tau}_t\equiv(\tau_t-\bar{\tau})/\bar{Y}$与之前对$\hat{G}_t$和$\bar{b}\equiv\bar{B}/\bar{Y}$的定义类似。假设存在局部李嘉图式财政规则，如果将其应用于流量预算限制（4.1）式（或者（4.2）式的局部形式），则该财政规则意味着对于内生变量$\{\pi_t, Y_t, i_t\}$的所有路径（当然仍然在稳态值$(0, \bar{Y}, \bar{i})$周围尽可能小的区域内），以及所有足够小的外生扰动（包括$\{\hat{G}_t\}$）情况下，$\{b_t\}$都始终在$\bar{B}$的一定邻域内。[75]

如果财政政策是局部李嘉图式的，$\{b_t\}$肯定是永远有界的，所以对任何足够接近稳态值的$\{\pi_t, Y_t, i_t\}$过程，横截性条件（1.3）式总成立。这样就像我们前面所做的一样，在分析稳态周围的理性预期均衡时就可以忽略掉（1.3）式。如果再结合货币政策并不依赖于任何单纯的财政变量$\{D_t, \tau_t\}$的话（这一点在本章考虑的例子中成立），那么具体的财政政策规则（除了假设它是局部李嘉图式）就与均衡通货膨胀、产出和利率的决定无关。

但是，在局部李嘉图政策下，之前的结果并不必然成立。假设税收规则满足如下形式：

$$\tau_t=\tau(b_{t-1},G_t,\pi_t,Y_t,i_t;v_t) \tag{4.3}$$

其中，τ是不随时间变化的函数，v_t是一个外生扰动量（财政政策冲击），出于简单起见，假定（在没有扰动的情况下）这个规则与稳态一致。围绕稳态将（4.2）式线性化后可得到：

$$\tau(\bar{b},\bar{G},0,\bar{Y},\bar{i};0)=\bar{\tau}$$

为了均衡决定的局部分析，我将（4.3）式对数线性化后近似得到：

$$\hat{\tau}_t=\tau_b\hat{b}_{t-1}+\tau_g\hat{G}_t+\tau_\pi\pi_t+\tau_y\hat{Y}_t+\tau_i\hat{i}_t+v_t \tag{4.4}$$

将上式代入（4.2）式得到：

$$\begin{aligned}\hat{b}_t=&\beta^{-1}[(1-\tau_b)\hat{b}_{t-1}-(\bar{b}+\tau_\pi)\pi_t+(1-\tau_g)\hat{G}_t-\tau_y\hat{Y}_t]\\&+(\bar{b}-\beta^{-1}\tau_i)\hat{i}_t-\beta^{-1}v_t\end{aligned} \tag{4.5}$$

并作为实际政府债务的运动法则。由（4.5）式可知，这一形式的政策规则满足局部李嘉图，当且仅当

$$|\beta^{-1}(1-\tau_b)|<1$$

所以，当将其他内生变量和外生扰动的随机有界过程代入到（4.5）式时，实际政府债务的动态机制就是有界的。如果我们将规则局限于 $\tau_b\leqslant1$，使得期末的公共债务至少是期初债务的弱递增函数，那么财政政策就是局部李嘉图式的，当且仅当 $\tau_b>1-\beta$。

按照利珀（1991）和伍德福德（1996）的定义，[76]均衡是（局部）确定性的，当且仅当对于任何足够紧凑有界的外生扰动过程，所有的内生变量 $\{b_t,\pi_t,Y_t,i_t\}$ 都有唯一有界均衡过程。所以就泰勒规则下均衡的决定性问题，我得到如下结果。

命题 4.11 再次考虑一个无现金经济体的新威克塞尔基准模型，假设货币政策满足（1.14）式的规则，其中 ϕ_π，$\phi_x\geqslant0$，而财政政策满足（4.3）式，其中 $\tau_b\leqslant1$。如果财政政策是局部李嘉图式的（例如，如果 $\tau_b>1-\beta>0$），那么命题 4.3 的结果依然成立：均衡是确定性的，当且仅当货币政策规则满足泰勒原则，也就是说，反应系数满足（2.7）式。如果（2.7）式中的不等式逆号，那么均衡就是不确定的，见 4.2 节的讨论。

如果财政政策是局部非李嘉图式的话（例如，如果 $\tau_b<1-\beta$），均衡是确定性的，当且仅当货币政策规则不满足泰勒原则，即（2.7）式中的不等式逆号。如果货币政策满足泰勒原则，那么即使内生变量 $\{b_t,\pi_t,Y_t,i_t\}$ 仍然始终在稳态值周围一个很小的区间内变动，（对于几乎所有的可能初始条件和外生扰动）都不会存在任何均衡，无论初始条件和外生扰动的值来自于一个多么小的开集。

证明见附录 C。这个结果最初是由伍德福德（1996）在研究一个引入货币摩擦的新威克塞尔基准模型时得到的，与利珀（1991）在伸缩性价格模型下得到的结果类似。[77]

我已经指出为什么命题 4.3 适用于局部李嘉图财政政策。在存在局部李嘉图财政政策时，均衡通胀、产出和名义利率都由 4.2.4 节讨论的方式决定，并且完全独立于财政状况变化。如果财政政策是局部非李嘉图式的，那么 $\{b_t\}$ 就不再是相对于其他内生变量的所有可能有界路径都是有界的了。由（4.5）式给出的动态机制对 $\{b_t\}$ 始终有界的要求，对通货膨胀、产出和利率的可能演化施加了一个线性限制。一般来说，在其他对数线性结构公式不能唯一确定一个均衡的时候，

这一额外的线性限制足以确定这些变量的均衡演化。在这种情况下，均衡是确定性的，通货膨胀的演化取决于财政变量（既包括本期存在的实际公共债务水平，也包括关于当期和未来财政冲击的消息），与有时候所说的“价格水平的财政理论”一致。

之前的公式确实已经足以唯一决定$\{\pi_t, Y_t, i_t\}$的均衡路径，而不需要考虑财政政策，但是在施加了要求政府债务有界演化的限制后，这些路径就不一定成立了。在后一种情况下，均衡是过度决定的。利珀（1991）的结论是：对货币政策和财政政策的限定会相互抵触，所以其中一个必须改变。另一种可能性是存在一个理性预期均衡，但是其中几个或所有变量会存在爆炸性路径。在罗尤（Loyo，1999）考虑的伸缩性价格模型中，存在一个唯一的理性预期均衡，但是即使货币政策遵循泰勒原则，模型中仍然存在爆炸性通货膨胀动态机制。在某些假设政府债务为极端值来观察财政政策反应的情形下，可能会存在一个通货膨胀有界的均衡，但是实际公共债务会爆炸性增长，直到引发一场危机继而导致财政改革。从所有这些在局部过度决定假设下的结论我们可看出，泰勒原则与局部非李嘉图财政政策组合（如果可行的话）会导致不良后果。

所以，其他形式利率规则的影响会由于财政政策是否是局部李嘉图式的而大不相同。一个可能的对策是从根本上否定财政政策是非李嘉图式的，也就忽略了命题4.11中的第二种情况。有人给出了一个模型，其中没有给出明确的财政政策，使得模型不一定必须满足横截性条件（1.3）式，因为不再要求政府一定要服从“跨期的预算约束”。[78]

这看上去并不一定是正确的，例如，巴赛特（Bassetto，2000）对一个债券价格—支持（price-support）体系模型进行了详细的策略分析，其中财政政策为非李嘉图式的，而且给出了所有参与者（包括政府）的具体的非均衡策略。此外，政府不会像其他借款人一样受到跨期预算约束的原因是非常简单直接的，至少在一个债券价格—支持体系下。不同于私人借债，政府债务仅仅是承诺将到期的债务重新转为负债（deliver additional financial liabilities of its own at maturity）。[79]

对这一问题的完整讨论与我们现在的研究无关，这里只需要指出不论财政政策是全局非李嘉图式的（即使是渐进的，债务动态机制可能都不能满足（1.3）式）可能性有多大，财政政策都有可能是局部非李嘉图式的。例如，正如麦考伦（2001）所说的，我们可能会假设实际公共债务的爆炸性机制可能最终会激发危机，使得财政政策最终不得不变化，以便最终满足横截性条件，这样不论通货膨胀、产出和利率的期望路径如何，（1.3）式都可以得到满足。即使如此，除了在某些特殊的极端区域，财政政策也有可能满足非李嘉图规则（比如，税收量不受已有公共债务大小的影响，有$\tau_b=0$）。在这种情况下，财政政策可能会是局部非李嘉图式的（按照上面的定义）。

伍德福德（1995，2001b）在一个债券价格—支持体系对通货膨胀决定的分析中指出，不满足泰勒原则的货币规则仍然有可能获得一个确定性均衡，即在假定财政政策是全局非李嘉图式的情况下（例如无论实际公共债务的大小如何，实际征税额都会持续外生变化）。这些文献中讨论的均衡也是全局唯一的，但是即便将财政政策限制到极为极端的情况，以便渐进满足横截性条件，也最多可能会导致另一个理性预期均衡（包括最后的财政危机），完全不同于财政主义，那个依然是局部均衡的。而且，埃文斯和杭卡坡佳（2002b）发现在最大似然估计下，财政主义均衡是（至少是局部）预期稳定的。这表明，假设经济体会在这样一个均衡处稳定下来，而不管是否存在其他原则是非常荒谬的。

类似地，之前有结论认为：当货币政策满足泰勒原则，小的扰动会导致所有的内生变量都相应波动时，不存在均衡。即使我们假定局部非李嘉图财政政策应该是全局李嘉图式的，这一结果依然成立。即使我们假定这种情况下达到的均衡使通胀、产出和利率都有界（而不是罗尤（1999）提到的有爆炸性通货膨胀的均衡）[80]，债务危机导致财政政策必须变化这个事实并不能代表这个政策可以促进宏观经济的稳定性。

所以，不能简单地认为局部非李嘉图财政政策不可行，或者对货币政策没有任何影响。但是，我在此关心的是如何选择一个合适的利率规则，与局部李嘉图财政政策的承诺（例如承诺平衡预算）相一致，并在此财政承诺的假设前提下，与前面一样，研究另外的货币规则的影响。所以，尽管不论财政政策的性质如何，符合泰勒规则或通货膨胀目标值的货币政策都会导致稳定的宏观经济环境（如罗尤对20世纪80年代巴西的分析）可能是不对的，我仍然会讨论遵守这一类政策规则的合意性。我仅仅强调除了合适的货币政策承诺，合适的财政政策承诺对于获得宏观经济稳定性也是至关重要的。

很明显，这就意味着我们必须选择能保持一定程度的价格稳定性的财政政策。但是，我们可以更深入地对这一问题进行探讨。仅仅选择一个财政政策，让其与价格水平（不涉及极端通货膨胀）的具体路径相一致，甚至保持总价格指数的完全不变，这些是远远不够的，它还要与大多数通货膨胀周围的路径一致。因为在前一种情况下（可能会包括很多局部非李嘉图式财政规则），碰巧与财政政策相一致的非爆炸性路径很可能会与货币政策规则相悖。所以，承诺实施局部李嘉图式财政政策——如欧洲货币联盟（EMU）《稳定和增长公约》对赤字或者公共债务占GDP的比例的限制——可以保证在选择正确的货币政策前提下，能够获得价格稳定性。[81]

当然，有人可能会问，为什么我们不能承诺遵守命题4.11所说的其他可能性，得到一个确定性均衡并将通货膨胀、产出和利率的波动限制在一定范围内呢？这一可能的情况为：承诺不对征税量进行过多调整以应对公共债务支出的波动，同时不因为通货膨胀和产出的波动对利率进行过多调整。原则上，这一体系可以得到一个相对稳定的宏观经济环境，而且伍德福德（2001b）确实曾经提出，美国20世纪40年代后期的稳定价格说明了这一可能性。但是，这样一个体系，虽然会得到一个确定性均衡（就是说除非基本面剧烈变化，宏观经济不会产生大的波动），但是却会让宏观经济容易陷入不稳定中。因为此时财政期望成了可能导致通胀和产出剧烈变化的基本面因素，但是在局部李嘉图财政承诺和满足泰勒原则的货币政策规则框架下，却不会有任何影响。由于长期的财政期望是非常不确定的（单单在过去五年中围绕美国预算目标的争论就可以让我们明白这一点），这就会成为非李嘉图/消极货币体系的一个很大不足。事实上，美国舍弃了20世纪40年代实行的债券—价格支持体系就是由于预计到朝鲜战争爆发对财政的影响，会使原来产生温和通货膨胀的体系变成了“通货膨胀的发动机”。

为什么不深入探讨非李嘉图/消极货币体系存在的可能性还有另外一个原因。我将在第 8 章介绍如何设计一个最优的货币政策规则。我并不会直接最优化某个具体政策体系下的均衡，而是不管政策性质如何，从与理性预期均衡一致的通货膨胀和产出状态中找出最优的状态依存解，继而找出一个政策来实施这一合意均衡。这意味着我并不是简单地从与局部李嘉图财政政策一致的状态中解出最优均衡，而去不理会非李嘉图财政政策下的可能性。相反，我是从所有政策中挑选出能对实际扰动做出最优反应的均衡，一个包括局部李嘉图财政承诺和在这一政策下能获得均衡确定性的货币政策承诺，是获得最优均衡的可能途径。所以，这种政策的结果与其他政策可能得到的结果一样好。

实际上，我在第 8 章得到的结论更能说明这一点。我并不是简单地寻找与合意的均衡一致的政策承诺，而是寻找一个强最优（robustly optimal）的政策，使得即使影响经济的随机扰动的性质改变，这个规则依然是最优的。这一额外的要求会使对最优货币政策规则的性质的要求变得更为严格。但是，我发现，在更广泛的候选模型范围内，我可以找到一个最优的货币规则满足以上性质。此外，从第 8 章的案例中我们最终发现，最优货币政策规则满足以下性质：在局部李嘉图财政政策下存在确定性均衡，同时在局部非李嘉图式财政政策下不存在非爆炸性均衡。所以，为了获得这样一个政策规则——不仅对于已知的扰动，而且对于额外（意想不到）的扰动，依然能够获得最优均衡对其做出反应，必须要承诺有积极的货币政策，以及局部李嘉图式财政政策。

【注释】

[1] 示例可见 Black et al. (1997a)，Brayton et al. (1997) 和 Coletti et al. (1996)，这些文献中有对美联储、加拿大银行、新西兰储备银行所使用模型的讨论，或者参见 Laxton and Pesenti (2002)，其中有对 IMF 的全球经济模型的描述。此外，在理论文献中，一个相似的方法已经被非常普遍地应用于政策评价的小型宏观计量模型中（例如 Fuhrer and Moore，1995b)，但是这些模型大多没有明确的最优化基础。

[2] 见第 1 章对威克塞尔观点的介绍。最新的讨论包括 Humphrey (1992，2002)，Fuhrer and Moore (1995c) 和 Woodford (1998)。

[3] 这里解释的模型首先是在伍德福德（1994a，1996）中被作为用最优化框架分析其他货币政策的简单应用。相似的模型还被广泛地应用于一些最近的文献中，例如 Kerr and King (1996)，Bernanke and Woodford (1997)，Rotemberg and Woodford (1997，1999a)，McCallum and Nelson (1999a) 以及 Clarida et al. (1999)

[4] 正如在第 2 章中讨论的那样，在无现金经济体中，中央银行通过调节基础货币的 i_t^m 来控制 i_t；给定任何时期基础货币的正供给，在任意均衡中都必然要求有 $i_t = i_t^m$。这里，我简单地假定中央银行可以直接控制短期市场利率 i_t，并直接用 i_t 而不是 i_m^t 的反馈方程给出了货币政策。这是对 4.3 节中带有货币摩擦的经济体转化结果的简化。在 4.3 节，i_t 和 i_t^m 不再相等，但是货币政策依然被一个决定中央银行作用标的 i_t 的规则所确定。

[5] 正如在第 3 章中讨论的那样，我们可能会假定资本与劳动力共同使用，但是资本存量固定（无论是单个公司还是在总量意义上）。我们也可以假定所生产出来的商品作为中间品用于其他商品的生产，只要假定每种商品所需要的中间投入品皆是相同的复合

产品，即家庭和政府都需要。这些另外的假设条件简单对应于（1.5）式中利润方程 $\Pi_1(p_t^*, p_t^*, P_T; Y_T, \xi_T)$ 的不同形式。

[6] 第3章的基准模型假设为迪克西特-斯蒂格利茨偏好，其集合方程为 $\mathcal{P}(p,P)=[(1-\alpha)p^{1-\theta}+\alpha P^{1-\theta}]^{1/(1-\theta)}$，其中 $\theta>1$ 是其他商品的替代弹性。但是正如3.1.4节中所述，我们也可以假设非CES偏好，这个可被证明更符合现实。

[7] 这一形式的利润方程可见于第3章中关于其他商品的任意模型中。在任意情况下，Π 对于 (p^i, p^I, P) 是一次齐次的。

[8] 例如，如果货币政策规则须涉及名义工资或长期债券的价格上涨，我们就需要在上述体系中加入一个额外的均衡，描述工资或者长期债券的价格。这些方程可见第2章和第3章。

[9] 这一均衡联系与IS曲线之间的相似性可参见Woodford（1994a，1996），Bernanke and Woodford（1997）以及McCallum and Nelson（1999a）。最早利用跨期最优化思想对IS曲线进行扩展的为科尼希（Koenig，1987，1993）。

[10] 确切地说，$\sigma\equiv S_C\tilde{\sigma}$，其中，$S_C\equiv\bar{C}/\bar{Y}$ 是总需求中私人支出所占的份额，同时 $\tilde{\sigma}\equiv-\mu_C/\bar{C}\mu_{CC}$ 是私人消费的通常形式下跨期替代弹性。

[11] 见第2章中的（1.32）式和（1.33）式。此处的均衡关系有少许不同，我不再将实际收益率均衡中所有的波动来源归结为一个变量 $\hat{r}_t$，因为产出已经不是外生因素。同时我还将 $\hat{Y}_t$ 放到了等式左边，以强调现在可用此方程来决定总需求。

[12] g_t 的长期平均值被定义为零。而 $\log Y_t$ 的长期平均值并不必然等于 $\log\bar{Y}$ 这个对数线性化得到的零通货膨胀稳态。在新凯恩斯总供给（1.10）式中，导致通货膨胀率的长期平均值 π_∞ 非零的政策，也可以得到一个非零的 $\hat{Y}_\infty$，即 $(1-\beta)/\kappa$ 乘以 π_∞。同时，尽管近似形式假定通胀率总是接近于零，但这也并不意味着它的长期平均值必须严格为零。如果我假定第3章中讨论的新古典AS曲线或者完全的价格指数化为滞后价格指数（AS方程（2.36），$\gamma=1$），那么任何可以使通货膨胀率为一个平稳变量的政策都可以得到 $\hat{Y}_\infty=0$。

[13] 我们可以这样来看待（1.8）式，即是长期的实际利率，而不是短期利率，决定了总需求。事实上，对于（1.8）式来说，一个非常重要的项就是无限期债券的收益率，例如卡泽米（Kazemi，1992），以及费雪和吉尔斯（Fisher and Gilles，2000）讨论的“超长期债券”（VLD）。他们都说明了，在类似的假设前提下，超长期债券的收益定义出了一种随机贴现因子，可用于任何金融产品的定价，并且，在给定偏好冲击 g_t 的情况下，它足以决定私人支出的最优水平。原因是跨时偏好的加性可分使得我们可以定义关于消费的“Frisch需求函数”，在其中任何时间的期望消费都是当时收入的边际效用的函数。此函数中收入的边际效用恰恰是与超长期债券收益相等的随机贴现因子。

[14] 我将产出系数表示成 $\phi_y/4$，这样 ϕ_y 就会与表示成年化利率和通胀率的标准形式的泰勒规则中的产出系数相一致。按照这里的符号表示，年化的利率和通胀率分别为 $4\hat{i}_t$ 和 $4\pi_t$。

[15] 之前在第2章中列出的另一个均衡条件对 $\{\hat{i}_t, \pi_t, \hat{Y}_t\}$ 的可能路径没有任何限制，不要求它们始终接近均衡值。这一点取决于对于财政政策的具体假设，进一步讨论见4.4节。

[16] 注意，克拉里达等人（1999）所用的框架中使用了与本系统完全相同的IS关系式，但是还包含一个扰动变量 g_t，代表需求变动。这种解释有一点误导，因为从（1.15）式中可明显看出，任何导致自然产出率变化的因素也必然会影响自然利率。所以，我们

应该谨慎对待，克拉里达等人关于针对供给冲击的最优政策应正好针对需求冲击的相反的结论。在克拉里达等人的理解上，对于自然产出率的扰动并不是供给冲击，它们并不会导致（1.10）式中任何扰动变量的变化，之所以是需求冲击，是因为它们会影响（1.12）式中的扰动变量。

[17] 自然率的稳态值与零通胀稳态下的名义利率值相同，所以如果我们把 $\hat{i}_t$ 当成名义利率（连续复利），$\hat{r}_t^n$ 当作自然利率（连续复利）的话，（1.15）式的形式不变。

[18] 当然，弗里德曼（1968）一开始是从威克塞尔自然利率的概念中类推出了自然产出率（或称为自然失业率），自然利率的概念在当时还是很流行的。

[19] 这个概念非常接近于布林德（1998，sec. 2.3）提出的中性利率的概念。

[20] 直观上，这一变量很容易就被看作是需求冲击，因为它是欧拉方程（1.12）中的扰动项。但是因为这一条件是以产出缺口 x_t 的形式，而不是产出水平 $\hat{Y}_t$ 来表示，所以如果发生对产出的自然率的短暂冲击，这一复合扰动 $\hat{r}_t^n$，不像我设定的变量 g_t，并不能被看作是一个纯粹的需求冲击。

[21] 事实上，如果将能够达到既定目标看为最优政策（见第 7 章）的话，克拉里达等人关于中央银行在斟酌下政策最优化的结果并不是一般意义上的最优化。但是，当完全稳定的通货膨胀和产出缺口是可行的时候，正如我们所见，这样做就既符合斟酌下的最优政策，也符合完全意义下的最优政策了。

[22] 另一个可能的问题是存在一个非李嘉图财政政策，即存在一个固定的价格水平，即使当家庭到达跨期预算的约束极限时依然无法达到。这一问题和其解决方法可见 4.4 节的讨论。

[23] 在当局采取稳定性政策，承诺会完全盯住目标变量从其（固定的）目标规则的偏离时，这是一个普遍的问题，可参见伯南克和伍德福德（1997）的讨论。但是值得注意的是，并不使得通货膨胀或产出缺口完全不动——比如说，由于想要降低利率的波动性——那么完全盯住通货膨胀和产出缺口的规则就可以达到均衡最优化，这一点可见第 8 章。

[24] 此处以及随后的一些关于均衡的确定性条件的结果中，我所说的“充分必要”仅仅是一般意义上的，忽略了某些中间状态，此时有一个特征值正好处于单位圆上。在这种情况下，简单地将均衡条件对数线性化并不能得到确定性的结论。

[25] 所以在这个模型中，长期菲利普斯曲线并不是完全垂直的。但是，我将在第 6 章和第 7 章阐述，这并不意味着，长期的最优通胀率是正的，即使最优产出水平超过了自然率。

[26] 第 1 章给出的估计的联邦反应方程都是适用的长期反应系数 Φ_π 和 Φ_x，而不是即时反应系数 ϕ_π 和 ϕ_x。

[27] 事实上，我们可以从大量的简单利率规则中发现，即使就其本身并不构成充分条件，泰勒规则仍然是确定性的一个必要条件。这一点并不值得惊讶。更一般而言——对于所有的仅仅涉及通货膨胀和产出反馈，而不管这些反馈有多滞后的政策规则——满足泰勒规则和不满足泰勒规则的系数矩阵的边界将由这样一些系数构成，它们的特征值严格为 1。特征值为 1 就意味着，名义利率的增加值与通货膨胀的增加值严格相等，相联系的右特征向量中，一项为 $1-\beta/4\kappa$，对应通货膨胀和利率的每个当期或滞后值；一项为对应产出缺口的每个当期或滞后值。这是因为在政策规则的假设条件下，IS、AS 和政策规则都具有如下性质：如果通货膨胀、产出和利率在任何时候都以所提到的稳定要素增长，方程就能被满足。

[28] 也可见第 7 章的命题 7.13，那里就利率规则对通货膨胀预测过度反应导致可能

的自我实现预期这一现象进行了进一步的解释。凯利（2003）则给出了另外一个模型，其中，无论对通货膨胀的反应程度如何，（2.10）式的前瞻性泰勒规则都会导致均衡的不确定。

[29] 注意，即使这样的模型相对于克拉里达等人的估计，也是过于苛刻的，因为他们依然用预期的产出缺口代替产出缺口。但是关于规则（2.12）式家族的分析确实有助于了解这些作者估计的三个主要变量是怎样影响均衡的确定性。而且他们对于确定均衡的数理检验确实也是用的这些规则，而不是其他更一般的规则。此外，就像注释[27]中解释的那样，如果用预期的产出缺口来代替当期的产出缺口，泰勒规则对于均衡系统仍然是非常重要的。所以什么是决定均衡确定性的最重要条件依然有待挖掘。

[30] 在给出满足均衡确定性的区域的同时，我们也对附录C中C.5节中提出的充分条件进行了讨论。当命题4.6中的必要条件可以满足时，至少在这个例子中，结果使这些条件可以被满足。因此，图中的两条边界正好对应于命题中的两个限制。

[31] 但是凯利（2003）发现，在另外一个存在滞后定价的模型中（价格总是会持续两个时期），如果所确定的通货膨胀目标足够大，那么无论反应系数的大小如何，前瞻性泰勒规则确定的均衡都是不确定的。在凯利所考虑的案例中，满足泰勒规则根本不是决定性的一个充分条件。有趣的是，即使按照欧菲尼德斯对美国货币政策描述，凯利的结果也意味着，有可能将20世纪70年代美国宏观经济的不稳定性归咎于导致均衡不确定的货币政策。但是欧菲尼德斯认为，正如第1章中所述，美国在70年代实施的货币政策满足前瞻性泰勒规则，其中的变量也满足泰勒原理。但是70年代向一个相对较高的通胀率水平的转变——由于对潜在产出的系统性高估，而不是有意提高通货膨胀目标——使得其自身就能导致凯利模型中的均衡的不确定。

[32] 见第5章关于变量估计值的示例。

[33] 由于弗里德曼是在20世纪70年代理性预期革命发展之前给出的这些结论，所以他并没有对这些结论给予太多的重视。但是他关于期望不稳定性的解释可以很简单地被应用到这些项上。哈威特（Howitt，1992）又重新详细地演绎了弗里德曼的批评，指出了将学习动态引入理性预期均衡的失败。

[34] 见埃文斯和杭卡坡佳（2002c）所做的关于在其他货币政策规则下学习动态机制的最近的文献综述。

[35] 在（2.7）式不是等式的情况下都成立，即使在特殊情况下，$z^e=z$ 是一个不动点，也就是一个首尾一致均衡（s.c.e）时，但是首尾一致均衡（s.c.e）在这一特殊例子下并不是唯一的。这会导致一系列学习动态效应，见下面的讨论。

[36] 正如埃文斯和杭卡坡佳（2001）所述，在通常的微分方程（2.20）和由最小二乘法学习机制得到的平均数动态之间的相似联系始终存在于通过就几个因素进行回归的预测中。

[37] 在前面对于均衡决定性的讨论中，我忽略了一些特征值含有恰等于零的实数部分的特殊形式。

[38] 在图4.3中，原点相当于点（$\bar{x}$，$\bar{\pi}$）。图4.3描述了这样一种情况：（2.7）式的不等号左边大于 $1-(1-\beta)/\kappa\sigma$ 且小于1。当反应系数比这小的时候，$\dot{\pi}^e=0$ 的轨迹就围绕竖轴转动，因此通货膨胀预期在正象限的任何位置都是单调增加，但是相位图依然与图4.3的类似。

[39] 本图描述的是 ϕ_π 小于 β^{-1} 的情形。当通货膨胀的反应系数比 β^{-1} 大时，$\dot{x}^e=0$ 的轨迹将围绕竖轴转动，所以产出缺口会在正象限的任何位置单调递减，但是相位图仍然与这个图类似。

[40] 埃文斯和杭卡坡佳（2001）将这一映射称为从“感知的运动法则”到“实际的运动法则”之间的映射。其中，将预测规则具体化并不一定需要将相应的数据产生过程具体化。

[41] 布拉德和米特拉（2002）在某种特殊的情况下得到了这一个结果。在这种情况下，$\{\hat{r}_t^n\}$是一个平稳的一阶自回归 AR(1) 过程，$\{\bar{i}_t\}$是一个常数，唯一的预测变量 s_t 是 $\hat{r}_t^n$ 的现值，注意在命题 4.9 中，状态变量 s_t 可能包括冗余变量，比如太阳黑子变量等。

[42] 最后这个假设是人们可以将第 4 章中提到的李嘉图财政政策具体化的方式之一。参与者相信政策是李嘉图式的，那么他们就会期望，政府负债的现值和政府购买的现值相等（包括还本付息额）。只有关于李嘉图财政期望的假设才是真正影响普雷斯顿给出的学习分析。

[43] 我将在 7.5 节中寻求实施最优政策的规则框架下重新讨论这个问题。

[44] 当新闻能够影响到关于未来数期以后条件期望时，较大的系数 j 在计算新闻对自然率和货币政策的影响中起决定作用。

[45] 分别对于名义利率、实际利率和通货膨胀的反应都可以用相应的年化利率来表示，因此“通货膨胀”实际上就意味着变量 $4\pi_t$ 等等。冲击使 $4\bar{i}_0$ 增加一个百分点。

[46] 这是，比如，典型的 VAR 方法揭示的变量分解，可参见 Christiano et al.（1999）等。

[47] 对于图 4.9 中使用的系数，当 $\gamma=0.5$ 时可得 $\omega_\pi=0.42$，$\omega_x=-1.95$，而当 $\gamma=1$ 时，有 $\omega_\pi=0.73$，$\omega_\pi=-3.17$。

[48] 此处，我假定存在一个李嘉图局部财政政策，而不做更多讨论，4.4 节将进一步讨论财政政策在设计稳定价格区域中的角色。我还不加证明地假设，价格稳定是货币政策的目标。对这一目标的福利一理论证明可见于第 6 章。

[49] 我在 5.1.2 节将进一步讨论一个允许 IS 关系式中存在滞后内生变量的情形，结论与此处类似。

[50] 当然，有可能使通货膨胀和产出缺口完全稳定，取决于没有在基准模型中加入无效的供给扰动。而加入这一形式扰动的模型将在 6.4.5 节中有所讨论。在这些扰动存在下，通货膨胀稳定和产出缺口稳定目标之间的权衡将在第 6 章到第 8 章中进行详细讨论。

[51] 我会在第 8 章正式讨论对经济体当前状态的不完美观察影响最优货币政策的方式。

[52] 在（2.10）式的规则下，通过使产出缺口系数 ϕ_x 变大，在不损失确定性的条件下，使产出的波动降低到任意小仍然是有可能的。但是规则中的这一条款仍然类似于后向型（标准）的泰勒规则，而对这一项有所侧重的规则在实质上也相当于一个后向型的泰勒规则。

[53] 这就是斯文森（1999a），以及斯文森和伍德福德（2003）提到的“具体的目标规则”，以区别于另一种通货膨胀目标，其中，中央银行盯住某一个损失方程来评价其他可能的结果，但并不会带来任何特定性质的结果，例如一个具体的通胀率。在我们的研究中，“目标规则”大多指具体的目标规则。

[54] 这样的解法要求中央银行假定存在一个理性预期均衡，能满足（1.12）式和（1.13）式，但是并不需要假定它希望实施的特定的均衡过程。在微观主体期望可能非理性的情况下，长期的微观主体期望也会影响对通货膨胀的正确投影，见本书 4.2.3 节和 7.5.2 节。

[55] 见斯文森和伍德福德（2003）对一个货币政策规则的不同水平的具体比较。

[56] 在现金先行（cash-in-advance）模型中也是如此。其中，不使用现金进行购买的无效用也是可以从购买商品获得的直接效用中分离的（无论购买时使用货币与否），可见附录A的A.16节。

[57] 但是值得注意的是，在对 i_t^m 的发展没有约束的情况下，货币供给的合意路径并不是唯一确定的。对于一个给定的利率水平，可以通过调节货币供给量或利率，或者双管齐下来实施政策。

[58] 参见 Aiyagari and Braun (1998)，其中在黏性价格水平下得到了相同的结论，尽管他们沿袭罗特伯格 (1996)，假设价格变化的凸性成本，而不是这里考虑的提前决定的价格。在他们的数值校准中，他们在考虑政府购买冲击时也得到了类似的结论。

[59] 在第6章中我将从社会福利的角度对这个目标进行证明。

[60] 第8章我将讨论在给定通货膨胀和产出缺口并不能完美地实时观测时，对指标变量的最优运用。

[61] 另外一个证明方法可见附录A的A.16节，但是它也依赖某一个特殊的方程形式。

[62] 当在任何时期都存在一个固定的利率差异 Δ_t，使得任何时候都有 $\hat{i}_t=\hat{i}_t^m$（对数线性化近似）时，如果重新解释（1.1）式中的系数 σ 和扰动量 g_t（具体而言，必须将 σ^{-1} 换成 $\sigma^{-1}-\eta_y\chi$，将 g_t 换为 $g_t+\sigma\chi\epsilon_t^m$），那么（3.7）式就在形式上与（1.1）式是等价的。有人可能会将这些其他表示形式看作是在不可分效用模型下对 σ 和 g_t 的近似表示，就是说，人们可以这样定义这些数量，使得 $-\sigma^{-1}(\hat{Y}_t-g_t)$ 是在利率差异不变（而不是实际余额不变）的情况下，为实际收入的对数边际效用从其稳态的偏离值。在这种情况下，不管是否存在附加可分性，（1.1）式都可用于固定利率差异的政策。但是，在文章中，我仍然将 σ 和 g_t 定义为效用函数的偏导数，保持实际余额不变，以免引起混淆。

[63] 当然，人们可以选择自然率的其他定义，例如在维持稳定价格水平的货币政策下产出的弹性价格水平。但是此处的假设会使第6章的福利分析更加简单。

[64] 注意，在存在弹性价格和外生产品供给，以至于在任何时候 $x_t=0$ 的情况下，(3.10) 式能简化为第2章的（3.12）式，其中 $\hat{r}_t^n$ 相当于那个模型中的复合外生扰动 $\hat{r}_t$。

[65] 像5.2.1节将要讨论到的，罗特伯格和伍德福德认为美国经济的 ϵ_{mc} 的最合理值是0.63。而我在第2章认为对美国来说，$\chi\eta_y$ 的较合理值应该是0.01，所以 $\sigma^{-1}+\omega$ 应该是0.64。即使并不精确，$\sigma^{-1}+\omega$ 也应该比 $\chi\eta_y$ 大很多。

[66] 在第2章关于这一类政策的价格水平决定的分析中，我假设价格存在弹性时，这一差异并没有什么影响，因为在这个均衡中产出缺口 x_t 不会发生任何波动。在价格黏性的情况下，需要额外的限定。

[67] 在对当前模型的一个更现实的扩展中，其中我将私人支出按照对利率的敏感性不同分成若干类，我可以更清楚地看到这一点。因为我们赋予与实际货币余额（$\chi>0$）互补的支出更低的利率弹性（更大的 σ^{-1}）。

[68] 前面的结果还可以应用于一种情形，即两种情况的混合。假设每一期的效用由 $u(C_t, m_t^{cb};\xi_t)+v(m_t^{cu};\xi_t)$ 给出，其中 m_t^{cb} 表示中央银行为了便利支付持有的结算余额的实际价值，m_t^{cu} 表示流通中货币的实际价值（假定结算余额提供的流动性依赖于经济体总交易量的规模，而货币的有效性由实际总需求的变动决定）。这样就足以保证之前得到的结果（关于调节清算余额的利率 i_t^{cb} 以维持清算余额和中央银行利率操控目标之前的固定差）的有效性了。这一点在第1章的渠道系统中也是正确的，现金有没有利息并不重要。

[69] 采用的是季度利率，如果需要使用年化利率的话，φ 应该再乘上0.22年。

[70] 也可以通过上面的方法得到均衡的确定性条件。利率规则的系数仍然需要满足

一系列的不等式，这些表达式仍然是 χ 的连续函数，所以如果我们假定 χ 为一个小的正值的话，能得到确定性均衡的利率规则仍然基本不变。

[71] 我再次设定了一个与通货膨胀目标 $\bar{\pi}$ 一致的产出缺口 $\bar{x}$。这就要求当 $\chi \neq 0$ 时，$\bar{x}=(1-\beta)\bar{\pi}/\kappa+\varphi\bar{\pi}$。

[72] 如果引入实际余额效应，相对于基准模型，名义利率会有一个较大幅度的降低。

[73] 实际上应该包含基础货币，因为如第 2 章所示，即使一个无现金的经济体仍然存在一个正的基础货币，只是私人部门持有这些资产并不会有任何的机会成本，政府也不会得到任何的铸币税。但是由于在现在的模型中，支付给基础货币和政府债务的利率 i_t 是一样的，也就没有必要区别基础货币和其他政府债务了。

[74] 假定 $\bar{\tau}$、$\bar{B}>0$，使政府债务至少包含用来定义账户单位的基础货币，以及必须征税来支付利息，即使不存在其他的政府支出。

[75] 这个定义适用于货币政策规则不涉及绝对价格水平的情况，其中均衡的确定性可以看成存在通货膨胀率的唯一有界均衡过程，而不需要伴随着价格水平的稳态过程。但是，在类似（2.14）式的威克塞尔政策规则下，在所有 $\{P_t/P_t^*\}$ 的波动有界且足够窄的情况下，恰当的定义仅仅要求 $\{b_t\}$ 始终在一个有界邻域。其中，$\{P_t^*\}$ 是价格水平的目标路径，而不是通货膨胀的所有有界波动。在这种情况下，一个局部李嘉图财政政策可以像第 2 章一样，确定一个 $\{D_t\}$ 的目标路径，使 D_t/P_t^* 永远处于一个有界区间中。见 2.4 节，这种性质的财政承诺除了是一个局部李嘉图财政政策外，还可以排除自我实现的通货紧缩情形。

[76] 如果不要求满足横断面条件的话，可能有人会倾向是用一个较弱的条件，而不要求实际公共债务一定有界。此处给出的定义有其好处，可以仅仅使用线性近似对税收规则和政府债务的运动法则进行分析。埃文斯和杭卡坡佳（2002b）发现在利珀（1991）的模型中为局部确定的理性预期均衡的预期稳定性，为思考这一关于均衡确定性的概念是否相关提供了进一步的基础。

[77] 利珀将局部李嘉图式的财政政策定义为消极的财政政策，否则就为积极的；而将符合泰勒原理（适合他的弹性价格模型）的货币政策定义为积极的，否则为消极。他的核心结论为：均衡是确定的，当且仅当货币政策或财政政策其中一个是积极的，而另一个是消极的。

[78] 可参见 Buiter（2002）。

[79] 对这一点的进一步讨论可参见 Cochrane（2000）、Sims（1999）和 Woodford（2001b）。

[80] 但是，即使政策是全局李嘉图式的，这也并不是人们想要的结果。伍德福德（2001b）分析到，只有 Loyo 均衡，而不是其他存在爆炸性债务动态机制的均衡，才是在学习动态机制下稳定的。埃利斯和杭卡坡佳（2002b）也发现，符合泰勒原理的利率规则加上局部非李嘉图财政政策，唯一的预期稳定均衡（对于某些参数值来说）就是一个财政主义均衡，其特点就是爆炸性的通货膨胀动态机制。

[81] 我们此处假定经济体并不需要忍受如此严重的财政困难，以至于从其他角度看这一财政承诺，过于昂贵。所以此处给出的政策分析框架并不适合于任何时候的所有国家，例如就不适合于某些发展中经济体和转型国家，原因见 Jonas and Mishkin（2003）和 Sims（2003）。而承受严重的财政不稳定性的国家的货币政策分析已经不是我们的研究范围之内了。

第 5 章 对货币政策的动态反应

前一章主要分析了在一个简单但完整、存在名义刚性的跨期一般均衡框架下，不同类型的政策规则的影响。现在我将考虑如何将这一简单的框架进行各种扩展，这些扩展对于建立一个货币传导机制模型，进行某些量化的评价是非常必要的。具体而言，我将讨论如何精心设计模型的总需求曲线，来表达通货膨胀和产出对货币政策变动反应的更复杂的动态过程。

我会从两个主要方向对模型进行扩展。一方面，我将讨论如何修正对总需求的限定，引入延迟效应在货币政策冲击中对工资、价格以及各种经济活动的影响中的作用。通过 VAR 方法对反应的实证估计可以发现这一作用。在第 3 章，我对当前模型的供给方面进行修正，加入了延迟效应，但只是假定名义总支出对货币政策冲击的反应会有延迟，并没有试图解释名义总支出为什么不应该对利率的变化立即做出反应。5.1 节将回答这个问题。

另一方面，我将讨论将消费支出和投资支出区别并研究所产生的后果，而不再是在建模时把所有的对于利率敏感的私人支出都当作非耐用品消费支出。除了能够更好地研究观察到的对货币政策的反应以外，考虑内生私人投资支出对生产力（在第 4 章被视为外生）的发展的影响也提供了另外一条渠道，通过这条渠道，货币政策扰动的影响将更持久。我将在 5.3 节考虑外生资本积累的作用，并且对这些效应的定量显著性做一个初步的评价。

这里，我并不准备提供一个完全接近现实的关于货币传导机制的量化模型。目前，建立用于量化政策评估，有最优化基础的现实模型是一个非常活跃的研究领域，在未来几年肯定能够得到更大的发展。因此，任何量化的界定都有可能在这本书出版之日变得过时。但是，我将通过一些有最优化基础的模型的例子，来回顾一些建模方法，目的在于更深入地了解这些模型中的政策的影响。这些模型往往比这里简单的设定复杂得多，这些讨论也会给第二篇的讨论提供一个平台，届时我们将在这些更复杂的总需求定义下讨论最优政策的特征。

5.1 货币政策的滞后效应

前面提到的，关于利率变动对总需求影响的简单最优化模型可以在许多方面不同于原来的具体形式，这个具体形式被普遍用于中央银行的宏观计量模型中，其中之一就是模型的前瞻性程度。在第 4 章的新威克塞尔基准模型中对总需求的定义说明，预期未来利率的变动对当前总支出的影响，应该与当前（短期的）利率变动对总支出的影响相等，即：

$$\hat{Y}_t = \hat{Y}_\infty + g_t - \sigma \sum_{j=0}^{\infty} E_t(\hat{i}_{t+j} - \pi_{t+j+1}) \tag{1.1}$$

但是，在实际操作中，预期未来利率（至少在这些期望是基于非理论时间序列模型的范围内）的变化轨迹与短期利率非常相似，可参见 Fuhrer and Moore (1995b)。因此在计量模型的支出函数中，当前短期利率的系数是未来短期利率预期值分布领先变量的替代变量。然而这两种界定都可能比较贴近历史数据，前瞻性模型可能在分析最优化行为时更加合理（出于任何一个曾在第 1 章提到的原因）。而且，考虑总需求的前瞻性特征对第二篇关于最优政策的分析很有帮助。

另外，最优化模型与一般计量的另一个不同之处在于，最优化模型还提供了一个对理论模型的现实意义进行怀疑的依据。也就是说，此模型意味着，总支出的调整应参照当前而不是滞后的利率水平。因此，该模型认为，货币政策扰动会立即影响到实际支出，如第 4 章图 4.8 所示（事实上，对实际经济行为的最大影响发生在冲击发生后的几个季度以后）。而中央银行的传统观念是，货币政策对通货膨胀和利率的即时作用是微乎其微的，VAR 理论也证明了这一点。例如，如第 3 章图 3.3 中所示，在货币政策冲击发生后的两个季度以内，实际 GDP 没有产生什么重大的影响。[1] 这与只涉及之前两个或更多个季度的利率水平在内的总支出公式一致，却与我从最优支出时点的考虑中得出的理论不一样。

在这一节，我将简单地讨论如何对基准模型进行扩展，在预测货币政策变化效果的时候考虑延迟，这会更加符合现实情况。正如我们将看到的，以最优化为基础的理论包含了延迟以后仍然揭示出，利率预期与实际利率同样重要。而且，稳定通货膨胀的关键在于实施一种政策，在此政策下中央银行调控的利率应当尽可能精确地追踪自然利率的变化。因此，前面的研究得出的中心思想仍能运用于更为实际的条件下。

5.1.1 前定支出的后果

有一个简单的方法可以解释，我们观察到的货币政策的变动对总支出的影响的延迟，即假设支出水平的决策在很大程度上是提前决定的，与第 3 章介绍的定价模型中所有或某些价格被提前决定一样。或者我们假设，许多支出决策都是建立在过去信息的基础上。首先，我会使用一个提前决定支出水平（Predetermined expenditure）的模型，在这个模型中，t 期的实际总支出必须取决于 $t-d$ 期的情形。然后我将讨论另一个紧密相关的模型，其中支出决策并不完全基于金融市场中的实时信息。无论在哪一个模型中，t 期支出水平都仅仅是 $t-d$ 期利率的函数，进而取决于 $t-d$ 期甚至更早期的货币政策变动，而不是任何更近期的冲击。

以上假设在多大程度上合理呢？严格地说，这两个假设都太苛刻以至于难以完全反映现实。但是，这两个假设却包含了许多现实中支出决策的特点。许多对利率敏感的支出，比如投资支出，实际上在很大程度上都是提前决定的，主要因为以下两点：一个是制定计划需要时间；另一个则是每个项目也需要支出持续一段时间（“构建时间”，出自基德兰德和普雷斯科特 1982 的专业术语），即在大多数情况下，一旦项目开始，支出就必须持续下去。（例如，可见 Edge，2000，关于两种不同形式的延迟的讨论以及它们可能的大小。）尽管在这里我将所有利率敏感性支出都视为家庭消费（忽略这一消费对于生产力的任何影响），但是还是应该从更广泛的私人支出选择的角度来理解这个模型，而其中对延迟的设定也适用于大多数利率敏感性支出。进一步讲，即使就个人消费而言，加贝克斯和莱布森（Gabaix and Laibson，2002）认为家庭只是间歇性地调整消费水平的观念也是合理的。他们还指出，这个假设有利于协调总消费行为和资产定价行为之间的关系。这里提出的关于前定支出的简单模型也秉承了上述模型的思想，只是假设更加苛刻罢了。[2]

举一个简单的例子，我们假设从 t 期开始选择状态依存的消费计划来最大化：

$$E_{t-d}\left\{\sum_{s=t}^{\infty}\beta^{s-t}u(C_s;\xi_s)\right\}$$

同时需要满足下面的跨期预算约束：

$$\sum_{s=t}^{\infty}E_{t-d}Q_{t-d,s}P_sC_s\leqslant E_{t-d}Q_{t-d,t}W_t+\sum_{s=t}^{\infty}E_{t-d}Q_{t-d,s}[P_sY_s-T_s] \tag{1.2}$$

其中，$\{Q_{t,s}\}$ 与第 2 章提到的随机折现因子属于相同的体系，d 表示延迟的长度（以期为单位），即支出决策的时间与实施时间的间隔（或者表示接收关于总体情况的新信息上的延迟）。跨期预算约束（1.2）式只有在现值被折算到 $t-d$ 期的经济水平上时才能成立，因为同以前一样，我假设存在一个（连续）完整的金融市场，使家庭可以在 $t-d$ 期对即将在 t 期发生的每种状态做出安排，使得他的连续税后收入的现值保持在一定水平上。给定 t 期初始财富的现值为 $E_{t-d}Q_{t-d,t}W_t$，它的确定主要取决于以下几方面：$t-d$ 期的财富水平，已选的从 $t-d$ 期到 $t-1$ 期的消费路径，对同期的税后总收入的预期以及金融市场的价格。

我可以得出这个最优问题的内解的一个必要条件为：

$$\beta^d E_{t-d} u_c(C_t;\xi_t) = \Lambda_{t-d} E_{t-d}[Q_{t-d,t} P_t] \tag{1.3}$$

上式存在于 $t-d \geqslant 0$ 各期以及存在于同期中的可能状态，其中，$\Lambda_{t-d} > 0$ 为家庭预算约束（1.2）式 $t-d$ 期以后的拉格朗日乘数，表示在 $t-d$ 期额外的名义收入的影子价值（以 $t-d$ 期效用的形式）。另外一个重要条件是在假设存在完全金融市场的前提下，对任何两期 $0 \leqslant t < s$，以及在 s 期时的任何可能情形，都有：

$$\Lambda_t Q_{t,s} = \beta^{s-t} \Lambda_s \tag{1.4}$$

根据（1.4）式，我们可以将（1.3）式表示成：

$$E_{t-d} u_c(C_t;\xi_t) = E_{t-d}[\Lambda_t P_t] \tag{1.5}$$

一个由拉格朗日乘数 $\{\Lambda_t\}$ 和消费计划 $\{C_t\}$ 组成的选择计划就形成了，其中：(i) 在每一期，C_t 只取决于 $t-d$ 期时的状态；(ii)（1.4）式和（1.5）式在任何时期的任何状态下都适用；(iii) 从起始期往后，跨期预算约束（1.2）式都同样有效。[3] 和在 5.1 节中一样，存在一个确定性稳态消费计划，在没有实际扰动、货币政策满足零通货膨胀、名义利率等于时间偏好率时是最优的。在存在微小扰动的情况下，我们通过将这些均衡条件在其周围进行对数线性化，来近似描绘私人支出的最优支出时机的特征非常有用。将（1.5）式中的 C_t 替换为 $Y_t - G_t$，并进行对数线性化，可得：

$$\hat{Y}_t = g_t - \sigma E_{t-d}\hat{\lambda}_t \tag{1.6}$$

其中，$\hat{\lambda}_t \equiv \log(\Lambda_t P_t / u_c(\bar{C};\ 0))$。这里复合扰动项被定义为：

$$g_t = \hat{G}_t + s_C E_{t-d} \bar{c}_t$$

该式是第 4 章的（2.3）式的一般化形式。值得注意的是，如果政府购买并不像对利率敏感的私人支出那样是提前决定的话，那么这个扰动项也不需要提前决定。[4] 扰动项 $\hat{G}_t$，$\bar{C}_t$，以及 $\sigma > 0$ 的定义都与之前相同。

（1.4）式说明：

$$1 + i_t = \beta^{-1} \Lambda_t [E_t \Lambda_{t+1}]^{-1}$$

对数线性化上式可得：

$$i_t = \hat{\lambda}_t + E_t[\pi_{t+1} - \hat{\lambda}_{t+1}]$$

进一步可解得：

$$\hat{\lambda}_t = \hat{\lambda}_\infty + \sum_{j=0}^{\infty} E_t(i_{t+j} - \pi_{t+j+1})$$

将其代入（1.6）式，可得（1.1）式的一般化形式：

$$\hat{Y}_t = \hat{Y}_\infty + g_t - \sigma \sum_{j=0}^{\infty} E_{t-d}(\hat{i}_{t+j} - \pi_{t+j+1}) \tag{1.7}$$

另外，跨期的“IS关系式”可表示写成另一种形式：

$$\hat{Y}_t = g_t + E_{t-d}(\hat{Y}_{t+1} - g_{t+1}) - \sigma E_{t-d}(i_t - \pi_{t+1}) \tag{1.8}$$

这在本质上与基准模型里的IS关系式相同，唯一不同的是，现在有用的是过去对现在和将来实际利率的预期，而不是当期利率或当前对未来的期望。这种限定意味着，货币政策在t期的一个意料之外的变动，在$t+d$期以前并不会对实际总支出有任何影响。但是，货币政策冲击的延迟效应也不会发生，因为影响当前支出的是实际往期利率水平，而非当前或预期利率。在分配当期与未来支出的比例时，只有以前关于从今往后的回报率的预期是有用的，即使决策本身是在之前做的。

这一界定与另一种IS关系式（其中，当期实际支出取决于滞后而不是当期利率）之间的区别，对于货币政策的实施具有非常重要的意义。如果支出取决于实际滞后利率，那么我们有理由认为，应该现在就调整利率，以抵消可能在将来影响产出缺口的扰动，即使这些扰动对当前没有任何影响。因为一旦扰动产生影响，再调整利率以影响支出就太晚了。因此，政策需要具有前瞻性，并且能够及时对在几个季度后对经济产生影响的新闻做出反应。但是相反，在这个最优化模型中，如果支出决策取决于过去对当期和未来利率水平的期望，那么只有那些事前被预测的利率政策才对支出产生影响。因此，（出于稳定产出缺口的考虑）对新闻立即做出反应是没有任何好处的，除非这些消息已经在d个时期以前就被公众知晓了。所以，我们有必要将过去的情况作为制定当期利率的基础（往期对未来的预测也可能包括其中），以此得到可预测的利率变动，用来抵消可预测扰动的影响。

在采取这种不同的方式来限定我们关于实际支出的决定的前瞻性模型后，我们发现（预期未来）货币扰动的影响与早前的分析相似，只是在时间上有延迟。例如，假设在新价格决策产生影响之前会有相同时间的延迟，那么总需求曲线就变成下列形式：

$$\pi_t = \kappa E_{t-d} x_t + \beta E_{t-d} \pi_{t+1} \tag{1.9}$$

其中，$x_t \equiv \hat{Y}_t - \hat{Y}_t^n$，$\hat{Y}_t^n$与第3章定义相同。另外，产出缺口能在提前$d$期就被预测到的部分是：

$$E_{t-d} x_t = E_{t-d} x_{t+1} - \sigma E_{t-d}(\hat{i}_t - \pi_{t+1} - \hat{r}_t^n) \tag{1.10}$$

且可由（1.8）式推得。（1.10）式与下式相结合，实际上就是（1.8）式：

$$x_t = E_{t-d} x_t + (g_t - \hat{Y}_t^n) - E_{t-d}(g_t - \hat{Y}_t^n) \tag{1.11}$$

结果，货币政策由下列形式的规则给出：

$$\bar{i}_t = \rho \bar{i}_{t-1} + \phi_\pi(\tilde{\pi}_t - \rho \tilde{\pi}_{t-1}) + (\phi_x/4)(\tilde{x}_t - \rho \tilde{x}_{t-1}) + \epsilon_t \tag{1.12}$$

如第4章图4.8所示，此处“～”用来表示每个变量从其目标值偏离的程度。这样，利用基准模型中的参数值（$\rho=0.7$），但是每个季度有一个延迟$d=1$，图5.1中的实线就表示对紧缩性货币政策冲击的预期脉冲反应。需要说明的是，冲击发生后的第一个季度及其以后，各种反应将与第 4 章图 4.8 所示的一样。唯一的不同在于，冲击发生的当前季度，产出和通货膨胀并不会受到影响。所以，名义利率的初始增长幅度会较大，因为产出和通货膨胀不会立即下降来抵消 $\bar{i}_t$ 的增长（与图 4.8 中的情况相同）。这样对模型进行修改，大大提高了模型的现实性，不仅仅因为对产出和通货膨胀的影响是延迟的，更因为预料到货币紧缩的短暂的"流动性效应"。注意，在图 4.8 中，名义利率的预测初始增长相对较弱（在 $\rho=0.7$ 或 0.8 时，甚至不存在）。图 5.1 体现的反应状态与实证估计更加相符，这一点会在下一节进一步讨论。[5]

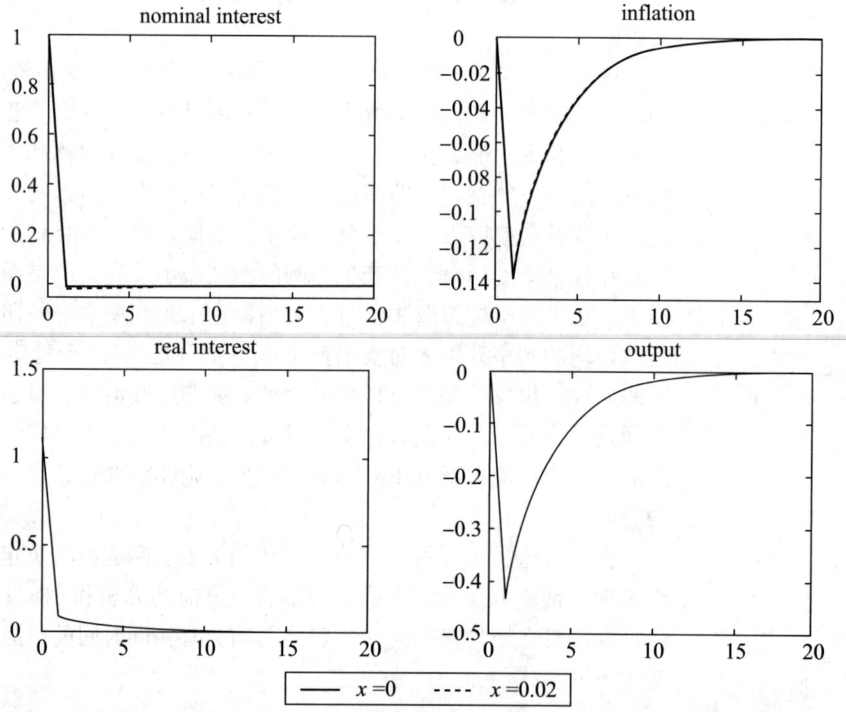

图 5.1　在支出和价格被提前一个季度制定的情况下，对紧缩性货币冲击的脉冲反应

在对基础模型的扩展下，稳定通货膨胀和产出缺口的关键仍然是调整利率，追踪因外生实际扰动引起的自然利率的变动轨迹。例如，假设货币政策为如下形式泰勒规则：

$$\hat{i}_t=\bar{i}_t+E_{t-d}[\phi_\pi(\pi_t-\bar{\pi})+\phi_x(x_t-\bar{x})] \tag{1.13}$$

其中，如之前假设的那样，$\bar{x}$ 与 $\bar{\pi}$ 保持一致，$\bar{i}_t$ 仍是外生的截距。[6] 通货膨胀、产出缺口和名义利率中可被预测的部分的变化可以由（1.9）式和（1.10）式，以及在 $t-d$ 期对（1.13）式两边取条件期望得到的方程组决定。这一方程组与第 4 章新威克塞尔基准模型中由（1.12）式～（1.14）式组成的方程组具有非常相似的结构。这就意味着，我们可以得到一个与之前体系完全相同的确定性理性预期均衡，当且仅当系数满足泰勒原则：

$$\phi_\pi+\frac{1-\beta}{4\kappa}\phi_x>1 \tag{1.14}$$

据此，我们得出如下唯一有界解：

$$\pi_t=\bar{\pi}+\sum_{j=0}^{\infty}\psi_j^\pi E_{t-d}(\hat{r}_{t+j}^n-\bar{i}_{t+j}+\bar{\pi}) \tag{1.15}$$

$$x_t=\bar{x}+\sum_{j=0}^{\infty}\psi_j^x E_{t-d}(\hat{r}_{t+j}^n-\bar{i}_{t+j}+\bar{\pi})+(g_t-\hat{Y}_t^n)-E_{t-d}(g_t-\hat{Y}_t^n) \tag{1.16}$$

$$\hat{i}_t=\bar{i}_t+\sum_{j=0}^{\infty}\psi_j^i E_{t-d}(\hat{r}_{t+j}^n-\bar{i}_{t+j}+\bar{\pi}) \tag{1.17}$$

其中，系数 $\{\psi_j^y\}$（$y=\pi$，x，i）与之前完全一样。这里对这三个变量的可预测部分的解都来源于 d 期以前的预测，这点最初可见于第 4 章的（2.31）式～（2.33）式。变量 π_t 和 $\hat{i}_t-\bar{i}_t$ 没有不可预测的部分，而 x_t 中不可预测的部分由（1.11）式给出。

这个解再次说明，通过满足泰勒规则，使截距项能够追踪自然利率的变动，我们可以在最大程度上稳定通货膨胀和产出缺口。唯一的区别在于，现在只需要追踪那些可在 d 期前被预测的自然利率的变动情况。（1.13）式的规则如果有 $\bar{i}_t=E_{t-d}\hat{r}_t^n$，且系数 ϕ_π，ϕ_x 满足（1.14）式，我们就可以得到一个确定性均衡，使得任何时候都有：

$$\pi_t=\bar{\pi},\ E_{t-d}x_t=\bar{x}$$

很明显，这在最大程度上稳定了通货膨胀。由于决定产出缺口的可预测部分和不可预测部分是不相关的，由（1.11）式可得：

$$\begin{aligned}\operatorname{var}\{x_t\}&=\operatorname{var}\{E_{t-d}x_t\}+\operatorname{var}\{x_t-E_{t-d}x_t\}\\&=\operatorname{var}\{E_{t-d}x_t\}+\operatorname{var}\{(g_t-\hat{Y}_t^n)-E_{t-d}(g_t-\hat{Y}_t^n)\}\end{aligned}$$

注意，由于上式右边第二项与货币政策无关，为了稳定产出缺口，最多就是将可被预测部分的变动降到零，我们提出的政策可以做到这一点。

当人们试图将此处关于利率对总需求的影响的模型与第 3 章给出的总供给关系结合起来的时候，情况就变得复杂了。第 3 章中的推导曾假设，t 期的支出决策是以 t 期信息为基础的最优选择，所以当 $d=0$ 时，（1.6）式成立。这个假设在第 3 章中是在最优化劳动供给（进而供给商品的边际成本）时，用一个当期消费的函数代替收入的边际效用的地方出现的。更一般而言，伸缩性工资条件下模型的（对数线性化）实际边际成本为：

$$\hat{s}_t(i)=\omega(\hat{y}_t(i)-\hat{Y}_t^n)+\sigma^{-1}(\hat{Y}_t-\hat{Y}_t^n)-\mu_t \tag{1.18}$$

其中：

$$\mu_t\equiv\hat{\lambda}_t-\sigma^{-1}(g_t-\hat{Y}_t) \tag{1.19}$$

（1.19）式是（对数化）实际收入的边际效用与（对数化）消费的边际效用之间的差。当在 t 期最优化当期支出时，$\mu_t=0$ 和由第 3 章导出的总供给公式就是正确的。但是，如果必须提前决定利率敏感型私人支出，（1.6）式就只说明

$E_{t-d}\mu_t=0$，而 μ_t 不一定等于零。

现在假设即使总需求指数（比如对复合商品的需求）被提前 d 期决定，对于不同商品的需求也不能被提前分配好。这就表示，厂商在计算最优定价时，除了要考虑在 d 期内起作用的价格变化，还要从价格改变的第一期开始考虑定价对其自身商品需求的影响。那么，如果按照卡尔沃（1983）假设的价格变动之间的间隔随机，一个最新的价格会在 s 期以后产生影响，那么总需求关系式应为以下形式：

$$\pi_t=\kappa E_{t-s}x_t-(\kappa/\epsilon_{mc})E_{t-s}\mu_t+\beta E_{t-s}\pi_{t+1} \tag{1.20}$$

其中，$\epsilon_{mc}>0$ 表示平均实际边际成本相对于总产出水平的弹性。

只有当 $s\geqslant d$ 时，$E_{t-s}\mu_t$ 项才可忽略不计（与（1.9）式的情况相同）。如果 $s<d$,则需要利用（1.20）式，以及下面将 μ_t 和（1.6）式中的观测量联系在一起的关系式：[7]

$$\mu_t=\sum_{j=0}^{d-1}E_t[\hat{i}_{t+j}-\pi_{t+j+1}]+\sigma^{-1}[(\hat{Y}_t-g_t)-E_t(\hat{Y}_{t+d}-g_{t+d})] \tag{1.21}$$

$E_{t-s}\mu_t$ 项意味着存在一个对 t 期预期供给成本，进而对通货膨胀压力的较为温和的影响，因为人们预期在 $t-s$ 期对 t 期和 $t+d-s$ 期之间的实际回报率要高于在 $t+d-s-1$ 期对 t 期的支出水平的预测值。预料之外的高回报率会增加 t 期收入的价值，降低平均工资需求，即使它们来源于并不影响总需求的冲击（因为是未被预期到的）。

但是，在这里几乎看不出利率对由（1.20）式中的 $E_{t-s}\mu_t$ 项所表示的供给成本有明显的影响。如果有的话，巴思和雷米（Barth and Ramey，2000），以及克瑞斯汀娜等（2001）发现，未预期到的利率的增加很可能也仅仅是在短期内增加供给成本。于是有必要注意，只有当利率对支出的延迟效应出自计划性延迟而非为了获得最新金融状况的信息而出现的延迟时，（1.20）式出现的效应才会产生，即使假设 $s<d$。

作为对（1.7）式的另一种解释是，家庭会在 t 期做出 t 期的支出决策，然而却是依据 $t-d$ 期的可用信息而不是基于 t 期所有金融市场参与者都可获得的完全信息，对家庭实际收入所做的边际效用的估计之上。假设每个家庭都有一个顾问以最优的方式管理它的投资。这个顾问，掌握金融市场状态的完全信息（以及家庭的品位以及劳动力收入前景），能估计出额外财富的边际效用。进入产品市场的单个家庭成员购买产品，使花在此产品上的额外 1 美元所产生的边际效用与当前对财富的边际效用的估计值相等。但是，假设理财顾问将预测结果告诉家庭成员会有一定的时间上的延误，所以 t 期的家庭支出决策取决于理财顾问在 $t-d$ 期对 t 期的家庭实际财富的边际效用的预测。

进一步假设家庭成员只是直接使用这些估计和预测，而不根据观察到的价格，推断金融条件产生的不可预测变化，并对这些预测进行更新。[8]这样，t 期的支出水平 C_t 就满足下面的一阶条件：

$$u_c(C_t;\xi_t)=E_{t-d}[\Lambda_t P_t] \tag{1.22}$$

等式右边是理财顾问在 $t-d$ 期传达的信号。(1.22) 式与 (1.5) 式有相同的含义，除了此处假设在 $t-d$ 期不能被预测的品味冲击 ξ_t 仍可以影响私人支出。[9] 让 $C_t=Y_t-G_t$，然后对数线性化，我们又得到了 (1.6) 式，只是定义这里的 g_t 为第 4 章的

$$g_t=\hat{G}_t+s_C\bar{c}_t$$

这样，我们就得到了形如 (1.7) 式的 IS 关系式。

然而，根据这个解释，每个家庭的劳动供给决策也应该受对当前金融市场状态的掌握的信息不完全的影响。因此，实际工资，进而实际边际成本，应该依赖于 $E_{t-d}\hat{\lambda}_t$，而非 $\hat{\lambda}_t$ 的真实值，因为 $\hat{\lambda}_t$ 的值是由理财顾问估计出来的。但是 (1.6) 式表明，$\hat{\lambda}_t$ 不可以但 $E_{t-d}\hat{\lambda}_t$ 可以表示为 $-\sigma^{-1}(\hat{Y}_t-g_t)$。这样我们就可以得出没有 μ_t 项的 (1.18) 式，以及相应的没有 $E_{t-s}\mu_t$ 项的 (1.20) 式。也就是说，我们可以得出第 3 章里 $d=0$ 情况下的 AS 曲线。

5.1.2 私人支出的习惯性持续

关于利率变化对总支出的影响的滞后性的另一个原因——或者对于相对持续的利率改变，初始效应总是小于最终效应的原因——是我们假设当前的实际总支出水平正向依赖于过去最近几期的支出水平，所以即使利率的路径突然变化，总需求也只会逐渐改变。这通常是特殊的宏观计量经济学里"IS 关系式"的特征 (比如，Fuhrer and Moore，1995b)。对这种最优化行为的界定的简单理论理解是，如菲雷尔 (2000)、埃德基 (2000)、克瑞斯汀娜等 (2001)、阿提格等 (2002) 以及斯麦茨和沃特斯 (2002) 对消费支出的假定，私人支出呈现出一种"习惯的持续性"。

这里，和第 4 章及以前的内容一样，我将所有利率敏感型私人支出都设定为非耐用消费，即抽象掉了私人支出的变动对生产力发展的影响。于是，我是在总的私人支出水平上假设存在习惯的持续性，而不仅仅在消费中，这一观点可见于阿马托和劳巴克 (2000)，以及布瓦万和詹诺尼 (Boivin and Giannoni，2003) 的模型。这看起来可能比较奇怪，在我的模型里"C_t"并不是主要指消费支出。但是，对消费和投资的分开处理的定量模型通常显示，对调整成本即表示投资支出速度的惯性的界定，也能够很好地捕捉投资支出的动态过程 (如：Edge，2000；Christiano et al.，2001；Altig et al.，2002；Basu and Kimball，2002)。这里假设的"习惯的持续性"也代表了投资支出的调整成本，而不仅仅 (甚至主要) 是用来描述私人消费的家庭偏好。

根据布瓦万和詹诺尼 (Boivin and Giannoni，2003) 的观点，我们假设任何家庭 h 在 t 期的效用流 (utility flow) 不仅取决于它在当期的实际支出 C_t^h，还取决于前一期的支出水平。[10] 特别是，我假设支出效用流为一个如下形式的函数：

$$u(C_t^h-\eta C_{t-1}^h;\xi_t)$$

其中 ξ_t 是表示外生品味冲击的向量，$u(\cdot;\xi)$ 是关于每个外生扰动值的递增的凹函数，$0\leqslant\eta\leqslant 1$ 为衡量习惯的持续性程度[11]（第 4 章里的模型即是这里 $\eta=0$ 的特殊情况），家庭的预算约束不变。

在这个对当前模型的扩展里，代表性家庭 t 期额外实际收入的边际效用不再等于当期消费的边际效用，而是：

$$\lambda_t=u_c(C_t-\eta C_{t-1};\xi_t)-\beta\eta E_t[u_c(C_{t+1}-\eta C_t;\xi_{t+1})] \tag{1.23}$$

不同时期收入的边际效用仍然同往常一样，与金融资产的预期回报有关，所以为了取得均衡，需要：

$$\lambda_t=\beta E_t[\lambda_{t+1}(1+i_t)P_t/P_{t+1}] \tag{1.24}$$

用（1.23）式替换掉（1.24）式中所有的 λ，可以得到先前给定预期回报率的情况下关于总支出的跨期分配的欧拉方程的一般形式。

对欧拉方程进行对数线性化可以得到之前 IS 曲线的一般化形式：

$$\tilde{x}_t=E_t\tilde{x}_{t+1}-\varphi^{-1}[\hat{i}_t-E_t\pi_{t+1}-\hat{r}_t^n] \tag{1.25}$$

其中：

$$\tilde{x}_t\equiv(x_t-\eta x_{t-1})-\beta\eta E_t(x_{t+1}-\eta x_t)$$
$$\varphi^{-1}\equiv(1-\beta\eta)\sigma>0$$

与以前一样，$\sigma\equiv -u_c/(\bar{Y}u_{cc})$，$x_t$ 仍是实际产出与伸缩性价格均衡水平产出之间的对数化缺口，r_t^n 仍是伸缩性价格均衡下的实际利率，即在任何时间 $x_t=0$ 的均衡里的实际利率。注意，当 $\eta=0$ 时，φ 简化为 σ^{-1}，$\tilde{x}_t$ 简化为 x_t，（1.25）式简化为新威克塞尔基准模型里的 IS 关系式。通常情况下，实际收入的边际效用的对数化形式与 $\tilde{x}_t$ 而不是与 x_t 负相关，这就是为什么 $\tilde{x}_t$ 出现在一般化的 IS 关系式（1.25）中的原因。

我们可进一步解得：

$$\begin{aligned}x_t-\eta x_{t-1}&=\sum_{j=0}^{\infty}(\beta\eta)^jE_t\tilde{x}_{t+j}\\&=(1-\eta)x_\infty-\sum_{k=0}^{\infty}\xi_kE_t[\hat{i}_{t+k}-\pi_{t+k+1}-\hat{r}_{t+k}^n]\end{aligned}$$

其中：

$$\xi_k=\varphi^{-1}\frac{1-(\beta\eta)^{k+1}}{1-\beta\eta}>0,\quad k\geqslant 0$$

因此在这个基准模型的扩展形式里，特定时点的产出缺口既是过去所讨论的期望实际利率缺口的减函数，也是关于前一期产出缺口的增函数。这样，产出缺口的变动存在内在的持续性。实际利率缺口的纯瞬间波动会导致产出缺口遵循一个一阶自回归过程，其中自相关系数为 η。而具有一定持续性的利率缺口的一阶自回归波动会导致产出缺口遵循二阶自回归过程，对利率缺口的冲击会导致产出缺口出现一个波峰式动态过程。因此，这种模型对货币政策变动对总支出的滞后影响给出了进一步的解释——至少，解释了为什么对支出的最大影响往往比对实际利率的最大影响晚到来几个季度。

对偏好的修正也改变了适合当前模型的总供给曲线的形式。为了简化起见，在这里我只考虑伸缩性工资和卡尔沃定价模式的模型，就像第 4 章的新威克塞尔基准模型。在前面关于总供给关系的推导中（见第 3 章），我假设实际收入的对数化边际效用（通过影响实际工资需求来影响实际供给成本）可被替换成一个 x_t 的线性函数。但是，正如在 IS 关系式中一样，现在必须表示成 $\tilde{x}_t$ 的线性函数。然后，我们就能得到以下形式的总供给曲线：

$$\pi_t=\xi_p[\omega x_t+\varphi\tilde{x}_t]+\beta E_t\pi_{t+1} \tag{1.26}$$

其中，$\xi_p>0$ 是与第 3 章（4.9）式一样的系数（当 $\eta=0$ 时，该式可简化为第 4 章中的总供给关系式，当时设定 $\kappa\equiv\xi_p(\omega+\sigma^{-1})$）。

总供给关系式还可表示为以下形式：

$$\pi_t=\kappa[(x_t-\delta x_{t-1})-\beta\delta E_t(x_{t+1}-\delta x_t)]+\beta E_t\pi_{t+1} \tag{1.27}$$

其中，$0\leqslant\delta\leqslant\eta$ 是下列二次方程的较小根：

$$\eta\varphi(1+\beta\delta^2)=[\omega+\varphi(1+\beta\eta^2)]\delta \tag{1.28}$$

同时：

$$\kappa\equiv\xi_p\eta\varphi/\delta>0 \tag{1.29}$$

注意，当 $\eta=0$，$\delta=0$ 时，δ/η 趋近于定义好的极限 $\varphi/(\omega+\varphi)$，所以有 $\kappa=\xi_p(\omega+\varphi)=\xi_p(\omega+\sigma^{-1})$。因此，在这个限制条件下，（1.29）式给出的 κ 的定义和第 3 章给出的一样。在我第二篇研究最优稳定政策时，这一形式会格外有用。

假设现在货币政策符合如下形式的泰勒规则：

$$\hat{i}_t=\bar{i}_t+\phi_\pi(\pi_t-\bar{\pi})+\phi_x(x_t-\bar{x}) \tag{1.30}$$

其中，$\bar{x}$ 仍与 $\bar{\pi}$ 相一致，$\bar{i}_t$ 仍表示外生的截距项。通货膨胀、产出缺口、名义利率的均衡演化将由（1.25）式、（1.26）式或（1.27）式，以及（1.30）式联合决定。再一次，我可以用（1.30）式替换（1.25）式里的 $\hat{i}_t$，然后得到一个包含两个方程的方程组，求出 π_t 和 x_t 的路径，其中唯一的外生扰动就是复合项 $\hat{r}_t^n-\bar{i}_t$。

当货币政策的反应系数是在能得到确定性均衡的范围内时，对于特定参数 ω_y 和 $\{\psi_j^y\}$，这些方程的唯一有界解就是以下形式：

$$\pi_t=\bar{\pi}+\omega_\pi(x_{t-1}-\bar{x})+\sum_{j=0}^{\infty}\psi_j^\pi E_t(\hat{r}_{t+j}^n-\bar{i}_{t+j}+\bar{\pi}) \tag{1.31}$$

$$x_t=\bar{x}+\omega_x(x_{t-1}-\bar{x})+\sum_{j=0}^{\infty}\psi_j^x E_t(\hat{r}_{t+j}^n-\bar{i}_{t+j}+\bar{\pi}) \tag{1.32}$$

$$\hat{i}_t=\bar{i}_t+\omega_i(x_{t-1}-\bar{x})+\sum_{j=0}^{\infty}\psi_j^i E_t(\hat{r}_{t+j}^n-\bar{i}_{t+j}+\bar{\pi}) \tag{1.33}$$

然后，我可以得到与第 4 章相同的一般性结果：忠于一种泰勒规则，让截距项追踪自然利率的变动，可以在最大程度上稳定通货膨胀和产出缺口。

5.2 一些小的定量模型

现在我将回顾一些建立在完全最优化基础上的，关于美国货币传导机制的小模型。就符合现实的角度而言，这些模型仍然比较简单，但是加入了一些用于目前货币政策量化分析的最成熟的优化模型中的一些关键因素，[12]而它们的结构又相对简化。从这些模型中得到的关于数量化参数值的陈述可以帮助我合理地界定第二篇中讨论的最优政策模型的重要参数。

5.2.1 罗特伯格-伍德福德模型

只比 5.1.1 节中的模型复杂一点的模型是罗特伯格和伍德福德（1997，1999a）用来分析美国经济的其他利率规则的模型。罗特伯格和伍德福德假设形如（1.8）式的跨期 IS 曲线延迟两个季度（$d=2$），且这个延迟是由于利率敏感性私人支出的预先决定性而引起的。但是他们提出的 AS 方程却比（1.9）式复杂，其中并不是对于所有商品来说，重新修订后的价格生效的延迟都是相同的。相反，这里假设对于特定的 φ 种产品，在 t 期选择的新价格（可以是任何水平，基于 t 期的公共信息）将会在 $t+1$ 期被实行，而对于其他产品，t 期产生的新价格只有到 $t+2$ 期才会有效。对于这两种产品来说，我们都假设（如在卡尔沃模型里那样）在每一期都有比例为 $1-\alpha$ 的商品价格被修正，而且在给定的时期里，每种产品的价格都有同样的概率被修正。

这样，（1.20）式的总供给曲线就可被一般化为：

$$\pi_t=\frac{1}{1+\psi}\left\{\kappa E_{t-1}x_t-\frac{\kappa}{\epsilon_{mc}}E_{t-1}\mu_t+\beta E_{t-1}\pi_{t+1}\right\}+\frac{\psi}{1+\psi}\{\kappa E_{t-2}x_t+\beta E_{t-2}\pi_{t+1}\} \tag{2.1}$$

其中，$\psi\equiv(1-\varphi)/\varphi\alpha>0$，而将（1.21）式变形后可得：

$$E_{t-1}\mu_t=E_{t-1}[\hat{i}_t-\pi_{t+1}]+\sigma^{-1}[(\hat{Y}_t-g_t)-(\hat{Y}_{t+1}-g_{t+1})] \tag{2.2}$$

（注意，当 $d=2$ 时，（1.8）式就意味着，（2.2）式右边方括号中的第二项在 $t-1$ 期就已知了，所以我们可以把这项的条件期望运算符号去掉。）这样，罗特伯格-伍德福德模型的对数线性化结构方程就包括：有 $d=2$ 的跨期 IS 关系式（1.8）式；将（2.2）式代入（2.1）式得到的总供给关系式；对外生扰动过程 $\{g_t, \hat{Y}_t^n\}$的界定；一个货币政策规则（将 $\hat{i}_t$ 表示为它自身的历史数据、通货膨胀和产出的当期和滞后值，以及序列不相关外生货币政策冲击的函数）。[13]一旦给定$\{g_t, \hat{Y}_t^n\}$，那么（1.8）式中的自然利率 r_t^n 的演变就为：

$$\hat{r}_t^n \equiv \sigma^{-1}[(g_t-\hat{Y}_t^n)-E_t(g_{t+1}-\hat{Y}_{t+1}^n)] \tag{2.3}$$

罗特伯格和伍德福德还对货币政策规则、外生扰动的运动法则以及结构方程中的特定参数进行了设定，以使模型尽可能符合美国经济中短期名义利率、通货膨胀以及产出的联合演化情况。罗特伯格和伍德福德利用样本期为1980年一季度至1995年二季度的季度数据，建立了一个无约束VAR模型，对联邦基金率、GDP平减指数的增长率、实际GDP的线性除趋势性对数进行估计，得出上述三个变量的共同变化规律。这种对利率、通货膨胀以及产出的衡量方法来自于泰勒(1993)，即一个VAR模型的方程应该代表对联邦反应函数的一个估计。样本期从1980年开始是出于一个众所周知的原因，即在这段时期美国货币政策发生了重要变化（回忆第1章中关于在不同样本期中采取其他利率规则的讨论，出于同样的原因，可能会选择一个更短的时期——比如泰勒（1993，1999c）使用的1987年以后的样本——但是这会影响对货币政策变动产生的脉冲反应的估计的精确性）。

在VAR模型里，$\hat{i}_t$、π_{t+1}和$\hat{Y}_{t+1}$分别对上述每个变量的三个滞后值作回归，系数在其他方面无约束（不考虑更多的滞后，因为发现它们并不显著）。之所以如此选择每个变量的滞后值，是因为这个模型表明，$\hat{i}_t$、π_{t+1}和$\hat{Y}_{t+1}$全部属于如下相同的信息集：这些变量在t期以前就已经知道了（具体来说，在$t+1$期的利率决定之前），因为通货膨胀和产出缺口都是提前决定型的，[14]但这些变量在$t-1$期时却是未知的（例如在做出关于t期的利率决策之前）。由于模型表明，t期的利率决策并不能影响t期产出和通货膨胀的决定，$\hat{i}_t$对所有三个变量的滞后（包括π_t和$\hat{Y}_t$）的普通最小二乘回归能确定货币政策规则的系数，方程的误差项应该能确定货币政策冲击的顺序。[15]与其正交的两个VAR误差项则被视为扰动项的联合外生扰动过程$\{g_t, \hat{Y}_t^n\}$中的两个冲击。

结合对历史货币政策扰动的认识，刚刚识别的VAR模型可被用于估计利率、通货膨胀及产出这三个变量对货币政策冲击的脉冲反应。图5.2展示的是，在对联邦基金利率产生一个标准差的冲击的情况下，即一个意料之外的货币紧缩，在适当的置信区间（如±2标准差）内，估计可能的反应。可见，尽管联邦利率增加，但是在冲击发生的那个季度，却不会对通货膨胀和产出有任何影响。但是，这个结果还说明（如第3章的图3.3），尽管在发生冲击的下一个季度里，产出会剧烈下降，但在接下来的几个季度里，产出基本上不会受到什么影响。这就是为什么在罗特伯格-伍德福德模型里，决定私人支出需要加入$d=2$个季度的延迟的原因。尽管他们发现在发生货币政策冲击的第二个季度，对产出的影响会达到峰值，但与长期趋势比较，产出的紧缩会相对持续几个季度。与大多数使用较长时间跨度的样本的研究相比，这一模型预测的对产出的影响来得较快。[16]（与图3.3进行比较）货币政策冲击对通货膨胀产生的影响的估计并没有这么好，但是点估计表明，在政策紧缩以后的很多个季度内都会有较低的通货膨胀率。

VAR模型中的其中一个方程还可被认为是用来表示当期联储的反应函数。联邦利率本身的三个滞后量的估计系数都为正，且总和等于0.69，这表示美联储的利率政策存在显著的惯性，正如在第1章对规则的估计一样。通货膨胀的当

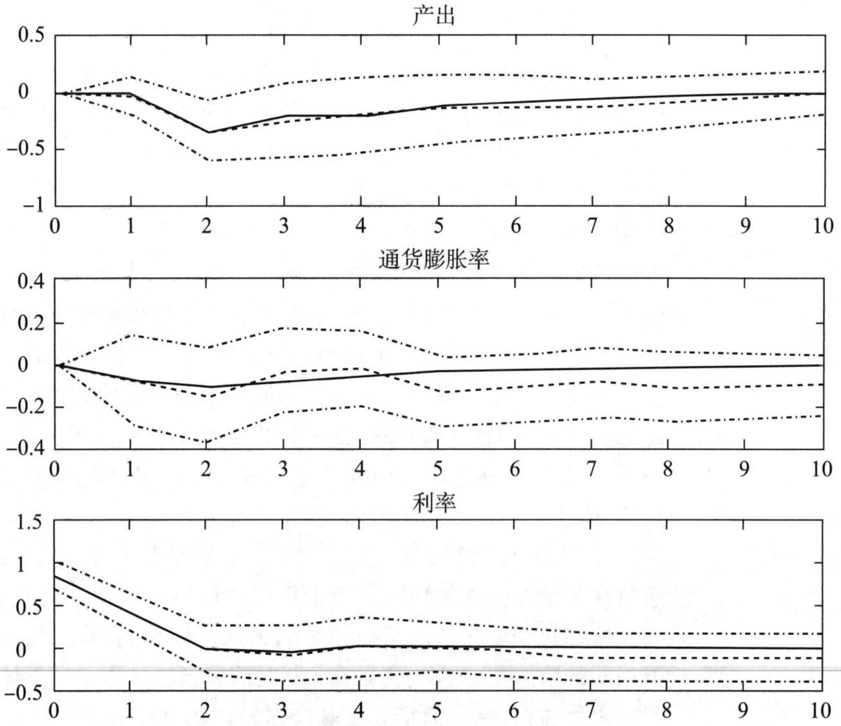

图 5.2　对货币政策冲击的预测［实线］和估计［虚线］的脉冲反应，点横相间的虚线表示估计反应的置信区间

资料来源：Rotemberg and Woodford（1997）。

期和滞后值的系数总和，以及除趋势产出的当期和滞后值的系数的总和都是正的，这样长期利率对这两个变量持续增加的反应分别为 $\Phi_\pi=2.13$ 和 $\Phi_y=0.47$。因此，除了引入该三个变量的滞后以后的动态外，这个估计出的反应函数与泰勒（1993）对格林斯潘领导下的美联储政策的描绘一致。

之后，罗特伯格和伍德福德又对模型里的特定参数进行了估计，在给定货币政策由一种估计的利率规则描述下，希望参数值尽可能接近对货币政策冲击的反应的估计值。我们可以看出，除了货币政策规则的系数，模型预测的反应就只依赖于参数 β，σ，κ，以及 ω 和 ψ 的一个特定函数。[17] 因此，这里最多有四个参数可自由选择（在一定的先验范围（priori bound）内）以提高模型的拟合度。进而，由于模型显示 $\beta^{-1}-1$ 应该等于长期平均实际利率，罗特伯格和伍德福德就直接将折现因子设定为 $\beta=0.99$，而不是利用对冲击的反应的信息来进行估计。然后，他们又通过最小化预测的脉冲反应和无约束 VAR 估计得出的值之间的缺口，对另外三个参数值进行估计。这三个参数的预测脉冲反应由图 5.2 中的实线表示。

注意，通过这个模型可以很好地分析实际 GDP 的预期反应的大小以及持久性。实际上，对产出的预期影响如第 4 章图 4.7 所示，有 $\rho=0.7$，政策冲击被适当调整，且在两个季度的延迟[18] 的情况下的惰性政策规则大致相同。如果根据两个季度前的信息进行预期，那么罗特伯格和伍德福德模型里的 IS 和 AS 关系式就与新威克塞尔基准模型是一样的。可见，如果能够适当调整适用于两个季度后的初始条件，对所有变量在冲击后两个或两个以上季度的反应的预测就与第 4 章相同了。出于同一原因，结果也与图 5.1 所示的有一个季度延迟的情况相同。所以，只要政策规则是这些图形中设定的较简单形式，那么这里对产出反应的预测就和图 4.7 或图 5.1 一样，只不过多了两个季度的延迟。

该模型还考虑了联邦利率本身对货币政策冲击的预期反应：正如 VAR 显示的那样，理论模型认为，联邦利率会在冲击发生后的两个季度以内，回到没有冲击时的预测水平。（出于同样的原因，在图 4.7 中，名义利率对政策冲击不会有太大的反应。同时在图 5.1 里，利率会在一个季度后回到正常水平。）注意，这并不意味着“利率途径”不会影响货币政策扰动实际效果产生的时间，使得这种影响仅仅在冲击发生后两个季度开始。因为影响总需求的主要是实际利率，而不是名义利率。此外，如果希望货币紧缩能在未来几个季度里降低通货膨胀（正如理论模型和 VAR 估计的那样），即使名义利率已经回落到正常水平，实际利率也会在几个季度里保持较高水平。预期和估计的通货膨胀反应不如另两个变量那般吻合，但应该注意的是，对反应的估计是很不精确的。

这种拟合度所要求的参数的值与模型的微观经济基础决定的提前约束很一致。表 5.1 给出了罗特伯格和伍德福德估计出的值，其中还包括了一些他们给出的对不能从脉冲反应中识别出来的模型参数的“校准”值。这些“校准”值，一方面是为了更深入了解这些参数的更为显著的经济意义，另一方面是因为一些额外变量对衡量其他政策的福利演化非常重要。

表 5.1　罗特伯格和伍德福德（1997）季度模型里各参数的值

α	0.66	ν	0.11	ϵ_{mc}	0.63
β	0.99	ϕ_h^{-1}	0.75	$(\theta-1)^{-1}$	0.15
φ	0.63	ω_w	0.14	ζ	0.14
ψ	0.88	ω_p	0.33	κ	0.024
σ^{-1}	0.16	ω	0.47		

在大多数关于均衡商业周期的文献中，罗特伯格和伍德福德假设存在一个柯布-道格拉斯总生产函数 $f(h)=h^{\lambda}$，并在对劳动占国民收入的份额的观察基础上，将弹性 λ 设定为 0.75。[19]这表明，来源于逐渐缩小的劳动边际产品的实际边际成本相对于产出的那部分弹性应该为 $\omega_p=0.33$。他们进一步指出，在其他预测实际工资反应的结构性 VAR 研究的基础上，实际工资相对于与生产可能性变化无关的产出变化的弹性大约在 0.3 左右。这样，平均实际边际成本相对于总产出的所有弹性 $\epsilon_{mc}=0.63$。

因为在罗特伯格和伍德福德的无现金模型中，$\epsilon_{mc}=\omega+\sigma^{-1}$，$\sigma^{-1}$ 的估计值表明 $\omega=\omega_w+\omega_p=0.47$，进而有 $\omega_w=0.14$。因为 $\omega_w=\nu\phi_h$，其中 ν 表示衡量劳动函数的负效用的曲率，ϕ_h 表示劳动力弹性的倒数，因而 ν 的值是 $0.75\times0.14=0.11$。

这个弧度很低，但仍是正的，所以这里代表家庭的偏好仍然满足标准的凹性约束。尽管自动的劳动供给对实际工资变动的反应弹性很高，看上去不怎么合理，但这一问题在包含工资接受型家庭的劳动供给的均衡商业周期模型中，也是经常出现的。[20]

给定 ω 的值，就能估计出 ψ 的值，即0.88，这个值也是正的，正如模型需要的那样。变量 α 和 φ 应该与 ψ 保持一致。罗特伯格和伍德福德通过对美国经济中的价格变化的典型频率进行调查，比如像布兰德等人（Blinder et al.，1998，table 4.1）所做的一样，设定 $\alpha=0.66$。（α 的值代表在三个季度里价格变化的平均时间。）通过对 ψ 的估计得到 $\varphi=0.63$，该值在0和1之间，符合理论要求。

结果，给定 α 和 β 的值，κ 的估计值应该与理论预期相符：[21]

$$\kappa\equiv\frac{(1-\alpha)(1-\alpha\beta)}{\alpha}\zeta$$

其中，ζ（用于衡量各种来源的“实际刚性”，见第3章的讨论）应该等于0.14。根据罗特伯格和伍德福德对生产成本和需求的结构的假设，实际刚性的程度应为：

$$\zeta=\frac{\epsilon_{mc}}{1+\omega\theta}$$

如第3章所示。所以当不同商品间的替代弹性 $\theta=7.88$ 时，ζ 的合意大小就与 ϵ_{mc} 和 ω 的值相符。如理论模型要求的那样，θ 值大于1，而且也在比较可信的范围内。该值不可能太小，以至于说明美国经济中代表性厂商的市场影响力微乎其微（意味着价格高于边际成本的那部分的比例低于15%），也不能太大，因为厂商平均9个月都保持价格不变是不可能的。

然后，如果假设参数的值不仅符合理论，而且也符合对美国经济的其他各种观测的话，我们就可以比较准确地估计对一个可识别的货币政策冲击产生的脉冲反应了。一旦这些结构方程中的参数以这种方式被赋值，我们就可以确定两个复合实际扰动项 $\{g_t, \hat{Y}_t^n\}$ 的联合随机过程，以契合罗特伯格和伍德福德 VAR 里三个时间序列的联合分布估计的其他特点了。图5.3显示的是可能性范围，它给出了三个变量的自协方差和互协方差的估计方程（出自 VAR 模型），以及按照罗特伯格和伍德福德对外生扰动的界定，对理论模型的预测。这些拟合度很高。比如，这个模型能够很容易地说明观察到的样本期间内通货膨胀波动以及产出偏离的持续性的程度；同时，它也能很容易解释这些常见的数据特点，比如产出与滞后利率间的负相关关系，以及产出和利率领先值之间的正相关关系。

当然，这些理论模型的最终成功主要是由于赋予实际扰动以合适的统计特征。除了坚持要求它们应该是独立于货币政策冲击之外的平稳过程之外，罗特伯格和伍德福德并没有对这两个复合扰动的联合运动规则预先施加任何限制。正如 VAR 结构模型表明的那样，这三个变量的所有变化里，只有少量是最终由可识别的货币政策冲击引起的。对于实际扰动独立于可识别的货币政策冲击的假设，他们只是稍微限制了他们选择扰动过程的能力，得到数据序列的二阶矩。相反，如果我们一开始就严格设定扰动过程的运动规则，像结构宏观计量模型里的最大似然估计和校准的均衡商业周期模型假设的那样，那么我们会发现，这个模型与时间序

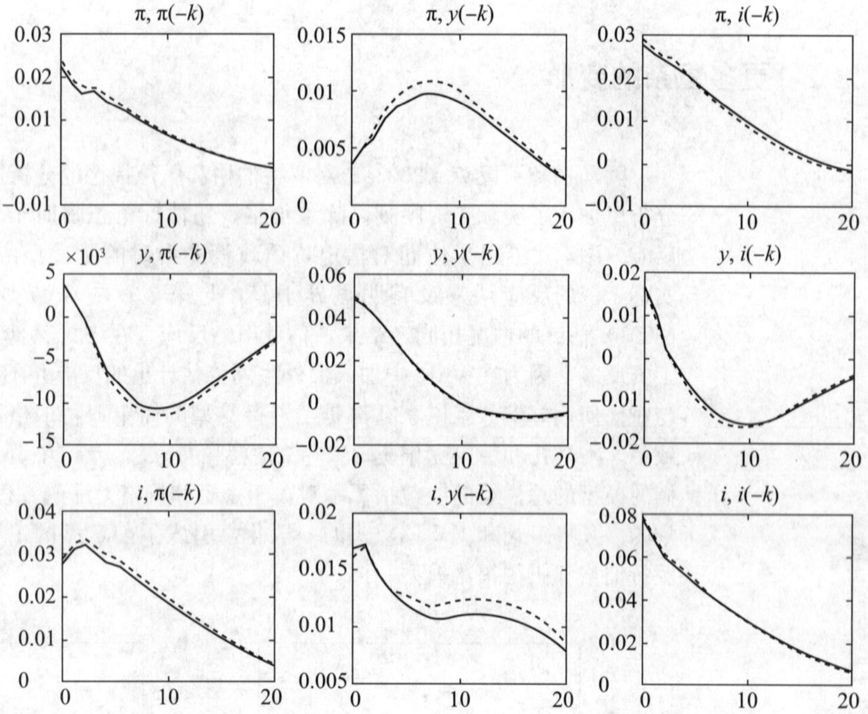

图 5.3 美国的季度数据的二截距的预测［实线］和估计［虚线］值，1980 年一季度—1995 年四季度

资料来源：Rotemberg and Woodford (1997)。

列的性质的拟合度会变差。[22]这里的模型并没有给出任何理由，说明将实际扰动设定成符合如此“简单”的运动规则的原因。实际上，它说明每个实际扰动都是由各种不同类型的实际扰动组成的，而且许多类型的实际扰动都会影响 g_t 和 $\hat{Y}_t^n$，尽管它们的变动轨迹不同。所以，我们没理由希望这两个过程具有简单的序列相关特性，或者彼此之间无关。

由于在本书的第 8 章，我们设计最优货币政策规则的方法，是让最优货币规则的形式独立于实际扰动的统计性质，这里我就不再对罗特伯格和伍德福德估计的扰动过程做更深入的探讨了。但是，我们有必要意识到他们对自然利率的可变性的估计的意义。在 IS 关系式（1.8）式中，由于已经假设利率敏感性私人支出会提前两期决定，所以只有可被预测的 $E_t\hat{r}_{t+2}^n$ 部分是有用的。因此，我们应该考虑一下估计的 IS 关系式里的误差项表示的外生项的可变性。正如伍德福德（1999a）指出的，这个（年度）序列有一个 3.72%的标准差。因为对长期平均联邦利率和通货膨胀率的估计显示出平均自然利率仅为 2.99 个百分点，这表明仅仅是一个标准差的偏离也会使自然利率降到零以下。[23]

因此这些估计值表明，自然利率在大多数情况下应该是负的。这意味着，采取使联邦利率总是等于 $E_{t-2}\hat{r}_t^n+\bar{\pi}$ 的政策——按照罗特伯格和伍德福德模型，这是必须的，以完全稳定住 $E_{t-2}\pi_t$ 和 $E_{t-2}x_t$——只要通货膨胀目标 $\bar{\pi}$ 大于零，就会与联邦利率小于零的界限一致。因此，零底限使得稳定通货膨胀和追求低平均通货膨胀率之间产生了一定的矛盾，这一点将在 6.4.2 节进一步讨论。[24]

5.2.2 更多复杂的变形

阿马托和劳巴克（2003a）对罗特伯格和伍德福德的分析进行了拓展，在 VAR 分析里加入了实际工资序列，除了价格，还估计了工资对于货币政策冲击的脉冲反应。图 5.4 给出了他们对指定货币政策冲击时的脉冲反应的估计。他们发现，实际工资的反应从来没有明显异于零，与第 3 章图 3.17 所示的克瑞斯汀娜等（2001）估计的情况相同。结果，估计出的反应（在考虑其他反应的同时加入实际工资反应，因为在 VAR 中加入额外序列，估计出的反应并不会改变多少）就不再与对任何偏好参数来说家庭都是工资接受型的简单罗特伯格和伍德福德模型相一致了。阿马托和劳巴克根据 3.4 节的模型的拓展，允许工资和价格具有黏性。他们的模型的总供给曲线包括了一对关于工资和价格上涨的方程，这对方程是对第 3 章的（4.11）式和（4.12）式的一般化，引入了前定型的工资和价格改变，就同罗特伯格和伍德福德模型一样。

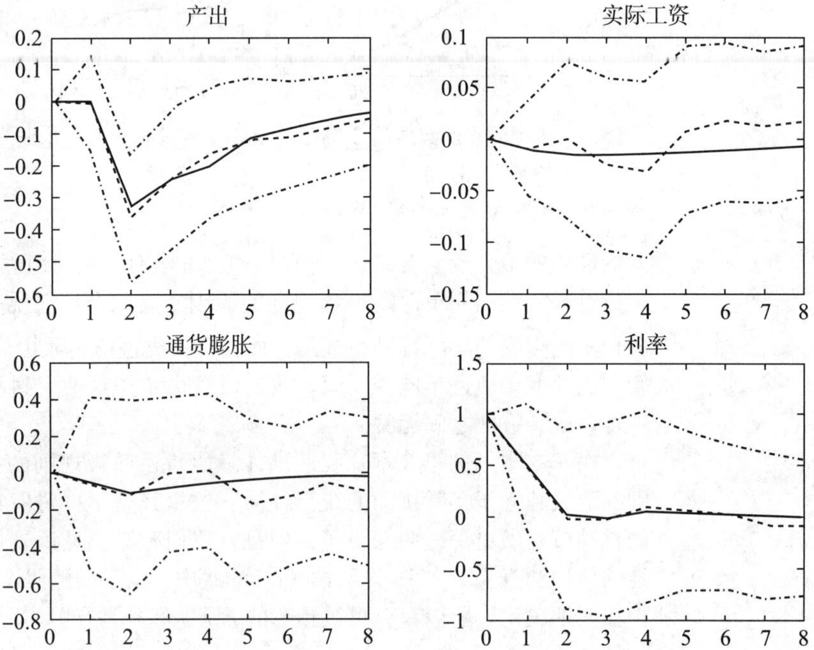

图 5.4　针对货币政策冲击所产生的预期的［实线］和估计的［虚线］脉冲反应

资料来源：Amato and Laubach（2003a）。

表 5.2 给出了阿马托和劳巴克模型的参数值，以供比较。这里，参数的意义与第 3 章讨论的安斯格等（2000）的模型相同，只是这里加入了参数 φ_ω 和 φ_p（出于简化考虑，它们取相同值），它们分别表示工资和价格新修订的部分，且只在一个季度后起作用。α_p，β，ω_p 的值参照罗特伯格和伍德福德模型的设定，同时假设 $\alpha_\omega=\alpha_p$，$\gamma_\omega=\gamma_p$ 来减少自由参数的量。给定 ω_p 的值，那么比值 κ_p/ξ_p 也就固定了。通过估计两个通货膨胀方程里的自由参数 σ，ξ_ω，κ_ω，κ_p 以及 ψ 在两个方程中相同

的取值，来最小化理论和估计的脉冲反应的差距。然后，通过这些估计值可以得到表 5.2 中的其他参数。

表 5.2　　阿马托和劳巴克（2003a）的季度模型中的参数值

α_w，α_p	0.66	ω_w	0.27	ξ_w	0.066
β	0.99	ω_p	0.33	ξ_p	0.058
φ_w，φ_p	0.56	$(\theta_w-1)^{-1}$	0.13	κ_w	0.035
σ^{-1}	0.26	$(\theta_p-1)^{-1}$	0.19	κ_p	0.019

阿马托和劳巴克的参数值揭示的产出、通货膨胀和名义利率的反应，与罗特伯格和伍德福德模型里显示的非常相似，但是这些值还给出了较小的实际工资反应，而且跟产出反应相比，它更加渐进和持久。(给定参数的估计值，图 5.4 显示的是他们的模型得出的预期反应。) 模型预测了实际工资和价格黏性，且由 κ_ω 的较小估计值表示。然而根据估计，$\kappa_\omega>\kappa_p$，所以可以期望实际工资会轻微地顺周期变动（见第 3 章的图 3.18），κ_ω 和 κ_p 的取值范围相同，而且预期的实际工资反应相当小。注意，尽管估计的工资相对比较有黏性，但估计出的模型仍然显示出劳动供给的负效用的曲率很低。即使 ω_w 的值不能直接从产出和实际工资的相对反应程度上推断出，却可以通过 κ_w 和 ξ_w 的相对范围推测。阿马托和劳巴克的估计结果认为，ξ_w 要比 κ_w 大。但只有在工作产生的边际负效用不会随着就业增加而提高太多时，这一看法才符合模型的微观经济基础。

简单的罗特伯格-伍德福德模型的另一个缺点在于，它并不能预测出像 VAR 显示的那般持久的通货膨胀反应。他们做的 VAR 中对反应的预测是很不精确的，但是，如在第 3 章讨论的那样，大量其他研究也得出这样的结论：通货膨胀的反应会比模型的预测更加滞后，持续时间更长。提高罗特伯格-伍德福德模型的现实性的一个简单方法是假设，正如在 3.3.2 节讨论的那样，根据两次优化期间的滞后价格指数对价格进行指数化。布瓦万和詹诺尼（2003）以另一种方式对罗特伯格-伍德福德模型进行估计，允许这种价格指数，以及在 5.1.2 节讨论过的习惯的持续性的存在。詹诺尼和伍德福德（2003b）对模型进行了扩展，同克瑞斯汀娜等（2001）的模型一样，允许工资和价格黏性，同时包括根据滞后价格指数对工资和价格进行的指数化。

如在罗特伯格-伍德福德模型那样，詹诺尼和伍德福德假设总私人支出提前两个季度决定，但是同时还假设这些支出存在习惯持续性。提前决定私人支出的一个结果是，IS 关系式（1.25）式现在变成：

$$E_{t-2}\tilde{x}_t=E_{t-2}\tilde{x}_{t+1}-\varphi^{-1}E_{t-2}[\hat{i}_t-\pi_{t+1}-\hat{r}_t^n] \tag{2.4}$$

上式可用来决定产出缺口中的可预测部分，其中，系数 φ 和变量 $\tilde{x}_t$ 的定义已在 5.1.2 节给出。这样，实际产出缺口就由可被预测部分加上一个纯外生变量组成，即：

$$\begin{aligned}\tilde{x}_t=&E_{t-2}\tilde{x}_t+(\breve{g}_t-\tilde{Y}_t^n)-E_{t-2}(\breve{g}_t-\tilde{Y}_t^n)\\&-\beta\eta[E_t(x_{t+1}+\hat{Y}_{t+1}^n)-E_{t-2}(x_{t+1}+\hat{Y}_{t+1}^n)]\end{aligned} \tag{2.5}$$

由于编制指数引入了通货膨胀惯性，詹诺尼和伍德福德需要假设所有的价格只能提前一个季度修订（这方面可参考 Boivin and Giannoni，2003）。这样，模型的总供给曲线包括了一对关于价格和工资上涨的方程：

$$\pi_t-\gamma_p\pi_{t-1}=\xi_p\omega_pE_{t-1}x_t+\xi_pE_{t-1}(w_t-w_t^n)+\beta E_{t-1}(\pi_{t+1}-\gamma_p\pi_t) \tag{2.6}$$

$$\begin{aligned}\pi_t^w-\gamma_w\pi_{t-1}=&\xi_wE_{t-1}(\omega_wx_t+\varphi\tilde{x}_t)-\xi_wE_{t-1}\mu_t+\xi_wE_{t-1}(w_t^n-w_t)\\&+\beta E_{t-1}(\pi_{t+1}^w-\gamma_w\pi_t)\end{aligned} \tag{2.7}$$

这两个方程将对数实际工资 w_t 的变化和工资、价格的上涨联系起来。这里的系数 γ_p 和 γ_w 分别表示价格和工资相对于滞后价格指数的指数化水平。其他系数的意义与阿马托-劳巴克模型里的一样，同时当（1.19）式能够被恰当地一般化以表示习惯的持续性时，μ_t 的定义就与（1.19）式相同了。

为了与阿马托-劳巴克模型里对同样四个变量的脉冲反应的估计一致，詹诺尼和伍德福德对他们的模型的系数进行估计，但是他们是使用 VAR 模型，在样本期 1980 年一季度至 2002 年二季度对美国的季度数据进行的估计（因此，他们的估计结果会和阿马托和劳巴克的有一些不同，具体来说，他们发现在紧缩性货币政策冲击下，实际工资会有较大幅度的下降）。图 5.5 显示的是在具有最合适参数值的情况下，利用 VAR 和理论模型的预测得到的对反应的估计值。

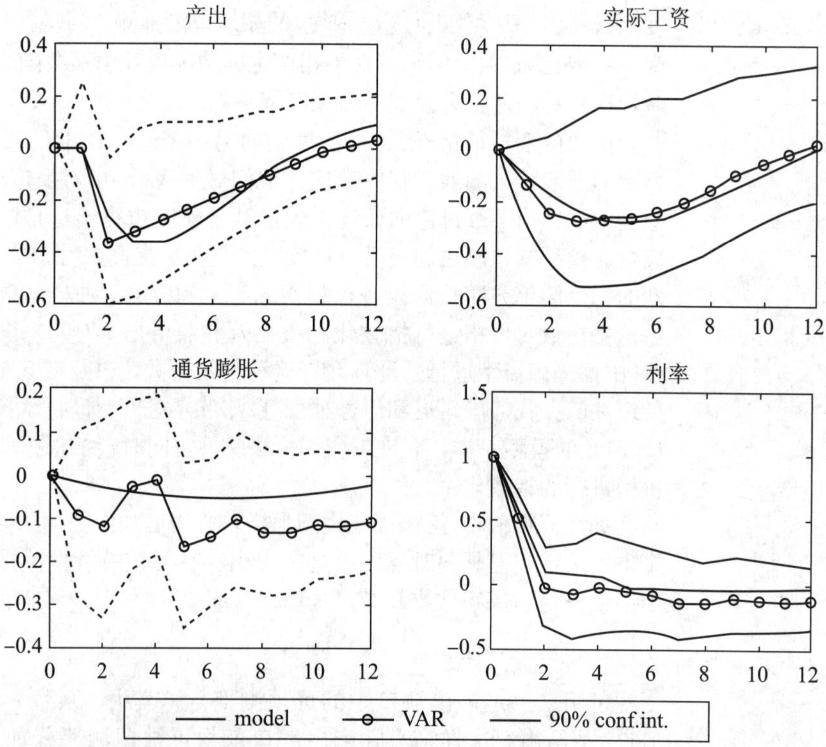

图 5.5 对货币政策冲击的预测的［实线］α_p，α_w，β，ω_p 和估计的［虚线］的脉冲反应

资料来源：Giannoni and Woodford（2003b）.

在做上述研究的同时，詹诺尼和伍德福德还确定了特定的参数值，然后对其他参数进行估计，来最小化预测的和估计的脉冲反应之间的缺口。在他们的理论里，这些标准参数为α_p，α_w，β，ω_p和ϕ_h，表 5.1 给出了它们的值。参数的估计值分别为：IS 关系式（2.4）式里的φ和η，通货膨胀方程（2.6）里的ξ_P和γ_p，以及工资—通货膨胀（2.7）式里的ξ_w，ω_w和γ_w。这些估计值都必须为正，而且在理论上，η，γ_w和γ_p的上限为 1。（后三个界限已被给定，但是没有给出非零的约束。）表 5.3 给出了参数的估计值（包括标准参数以及由其推出的其他参数）。[25]

表 5.3　　詹诺尼和伍德福德（2003b）季度模型里的参数值

α_w，α_p	0.66	γ_w	1.00	$(\theta_w-1)^{-1}$	0.54
β	0.99	γ_p	1.00	$(\theta_p-1)^{-1}$	0.004
φ	0.75	ν	14.7	ξ_w	0.0042
η	1.00	ω_w	19.6	ξ_p	0.0020
ϕ_h^{-1}	0.75	ω_p	0.33	κ_p	0.0007

尽管模型里的一些参数的估计值并不精确，但是只要φ，ξ_p，ξ_w，ω_w的估计值为正，预测的结果就与理论相符。总的来说，这个模型能够比较好地复制出 VAR 法得出的脉冲反应的估计结果，而且预期的反应也保持在 90%的置信区间内。特别是，这个模型复制出了估计的产出和实际工资的峰状反应。虽然没有很好地符合通货膨胀动态变化的估计值（其在任何模型里都没有被精确的估计出），这个模型却得出紧缩货币后通货膨胀下降的时间会维持得更长一些，这是比前两个模型好的一点。

詹诺尼和伍德福德还检验了模型三个方面的限定：一个是关于零习惯持续性，如在罗特伯格和伍德福德模型（1997）与阿马托和劳巴克（2003a）模型里那样；另一个是不存在工资或价格对滞后价格指数的指数化，如在刚刚提到的两个模型中那样；还有一个是伸缩性工资，同罗特伯格和伍德福德模型（1997）与布瓦万和詹诺尼模型（2003）一样。[26]表 5.4 给出了最符合每个模型的目标函数的值（预测和估计脉冲反应之间的平方距离为一定比重，另一部分是估计反应的平方标准差的倒数）。表 5.4 还给出了在零假设是限制方程为正确的情况下，沃尔德（Wald）检验的P值。詹诺尼和伍德福德还发现，和在前面的研究中的假

表 5.4　　詹诺尼和伍德福德（2003b）对不同限制情形的检验

	基准	无习惯 $\eta=0$	无指数化 $\gamma_p=\gamma_w=0$	伸缩性工资 $\xi_w^{-1}=0$
目标函数值	13.110	15.886	16.580	18.837
沃尔德检验（p值）	——	0.000	0.000	0.000

设一样，每个限制都可以被单独拒绝，尽管放弃对伸缩性工资的假设会降低模型在最大程度上契合脉冲反应估计值的能力。

值得注意的是，当通货膨胀指数化程度（γ_p）和工资相对通货膨胀的指数化程度（γ_w）的取值接近上限 1 时，这个模型估计的脉冲反应最贴近现实。这与克瑞斯汀娜等人（2001）关于工资和价格指数的假设相对应。$\gamma_p=1$ 也基本上接近加利和格特勒（1999）估计的“混合”总供给曲线中滞后通胀的权重，因而得出的总供给曲线与菲雷尔和摩尔（1995a，b）的非常相似。

ξ_p，ξ_w 的取值相对较小说明，产出缺口和实际工资缺口的变化对价格和工资上涨的影响相对较小（但是需要注意，ξ_p 的估计值仍显著为正）。但是，ω_w 的估计值表明对于给定价格，经济活动每增加 1 个百分点，工人们想要的工资会增加近 20 个百分点。因此，劳动力供给被认为在非常缺乏弹性的（在考虑家庭偏好的范围内：劳动供给的弗里希（Frisch）弹性 ν^{-1} 只有 0.07），尽管假设的紧缩机制要求在当前工资条件下，家庭可以有弹性地提供任何数量的劳动力。对 φ 的估计需要考虑跨期替代（根据习惯的程度调整）$\varphi^{-1}=1.3$ 的弹性。菲雷尔（2000）和克瑞斯汀娜等人（2001）还对习惯的程度进行了估计，但是估计值为上限 1。

值得注意的是，参数的估计值，可以与前面提到的校准值一起，再次被用来得出不同商品 θ_p 以及不同劳动力类型 θ_w 之间的替代弹性。这些弹性的估计值显示在产品市场中，边际成本以上的总价格加价为 $\mu_p=\theta_p/(\theta_p-1)=1.004$，而劳动力市场的加价却较高，达 $\mu_w=\theta_w/(\theta_w-1)=1.54$。这些加价的值大于 1（而且替代弹性也大于 1）再一次与我们的理论模型的估计结果相吻合（产品市场的替代弹性与劳动力市场的替代弹性的不同对福利分析非常有用，因此将在第 8 章中对给出这个模型的最优政策的结论也非常重要）。

这里讨论的，用来增加这个简单模型贴合度的因素——预先设定的工资、价格、实际支出；黏性（并滞后）的工资和价格；工资和价格都根据滞后价格进行指数化；习惯的持续性——都出现在更为复杂的、利用更大范围美国经济时间序列进行估计的克瑞斯汀娜等人（2001）和阿提格等人（2002）以及斯麦茨和沃特斯（2002）的模型里。为了契合其他序列，这些模型还引入了很多其他因素，包括对消费和投资的动态变化分别建模（下一节讨论），引入投资的调整成本，资本的可变利用率，以及金融摩擦等。对这些方面的讨论超出了本书的范围，但是，越先进的实证研究越强调这些因素的重要性说明，在货币传送机制模型里加入对这些要素的考虑，有利于得出最优的货币政策。我将在第二篇中对于最优政策的研究里，关注这些因素。

5.3 货币政策和投资动态

第 4 章威克塞尔基准模型的一个很明显的遗漏是没有考虑私人支出的变化对经济生产力的影响，进而对以后时期供给成本的影响。也就是说，将所有的私人支出都看成是非耐用消费支出。尽管这使得分析利率对总需求的影响变得非常简单，但是理论的精确性可能会受到质疑。因为很明显，无论对于总的商业波动，还是具体到货币政策的传导机制来说，投资支出都是非常重要的。我曾经说过，不能将新威克塞尔基准模型中的消费支出看作简单的常数。具体而言，模型中的参数 σ 不应该是消费支出的跨期替代，而应衡量的是全体私人支出的跨期替代程度，其中很大一部分是投资支出的跨期替代。在本节我将对以前的模型进行扩展，明确引入投资支出，来看看会与以前的模型在性质上有什么区别。其中，基准模型反映的是所有支出的跨期替代弹性，是非耐用消费品的跨期替代弹性的好几倍。

5.3.1 黏性价格下的投资需求

我们首要的任务是要就厂商的最优投资需求建立一个模型，其中包含价格黏性，这样所有供给者都为需求约束型。首先，我对生产函数进行修改，明确地将资本存量变动的效果纳入其中。假设商品 i 的生产函数满足如下形式：

$$y_t(i)=k_t(i)f(A_t h_t(i)/k_t(i)) \tag{3.1}$$

与以前一样，f 是一个递增的凹函数，且有 $f(0)=0$。当 $k_t(i)$ 为常数时，(3.1) 式可以简化成为第 3 章的生产函数，除了这里技术因素 A_t 是使劳动产出增长，而不是影响整个生产函数（“劳动附加型”技术进步）。这样在考虑资本存量的最终增加的前提下，长期来看，A_t 每增加一个百分点，均衡产出也会增加一个百分点。（在同质资本积累模型中，用于每单位劳动的资本将最终与 A_t 成比例增加，以维持资本的边际产出和家庭时间偏好之间的长期联系不变。）

假定每一个垄断厂商在每一期的投资决策都是独立的。这样，对每一种商品 i 都有一个独有的资本存量 $k_t(i)$，仅仅只能用于本商品的生产，而不是有一个统一的资本存量可被“租赁”用于任何部门，获得整个经济体统一的资本利息。统一的资本利息的假设在价格黏性的跨期一般均衡模型中是非常常见的，这一类比较重要的早期模型有 Hairault and Portier (1993)、Kimball (1995)、Yun (1996)、King and Watson (1996)，King and Wolman (1996)，以及 Chari et al. (2000) 等。这一点可以说是出于简单考虑（还有一些早期跨期一般均衡模型的不成功的案例，比如 Rotemberg and Woodford (1992))。但是，假设存在一个全经济范围内的资本租赁市场是非常不现实的，它会对当前的分析产生重大的影响：由于商品在不同时点定价，对商品需求的差异性就会导致经济体中的资本存量迅速从低需求部门转向高需求部门，反过来又会对特定商品供给的边际成本随需求变化的程度产生巨大的影响。在第 3 章中我曾指出，全经济范围要素市场的假设会大大降低不同厂商定价决定的策略互补性水平，进而加快总体价格水平对需求条件变化的调整速度。因此在这里我假设，尽管所有部门都从同一供给者那里购买投资品（例如不同部门使用的投资品对它们的“生产者”来说都是完全的替代品），但是一旦投资品被购买过来用于某一特定部门的生产中后，就不再是可替代的了。资本可以从低需求部门流向高需求部门，但是需要时间，流动是通过降低低需求部门的新投资，增加高需求部门的新投资完成的，而调整的速度会受到调整成本的限制。这样，模型会变得更加实际，这是对第3章不变资本模型的一个更直接扩展（第3章的模型隐含着这样的假设：每个商品都有一个不变的资本存量 $k_t(i)$，而不是保持在每一时期都可以有效地分配给各个部门的总的资本存量不变。稍后我会说明，不变资本模型是我们现在所讨论模型的一个特殊情形，是附加了资本调整成本非常高的限制）。

假设调整成本凸性，如新古典投资理论对每个企业投资的假设一样。将 $t+1$ 期的资本存量增加到 $k_{t+1}(i)$，需要 t 期的投资增加 $I_t(i)=I(k_{t+1}(i)/k_t(i))k_t(i)$。这里 $I_t(i)$ 代表了企业 i 对复合商品的购买，由对商品的连续统中每个商品的购买的迪克西特-斯蒂格利茨加总来定义（与消费支出有相同的不变替代弹性 $\theta>1$）。这样，在不同商品间投资支出的分配，与消费支出的比例完全相同，导致每个厂商的需求曲线都有与之前相同的形式：

$$y_t(i)=Y_t\left(\frac{p_t(i)}{P_t}\right)^{-\theta} \tag{3.2}$$

但是，此处的总需求现在为 $Y_t=C_t+I_t+G_t$，其中，I_t 表示对各个企业 i 的 $I_t(i)$ 的积分。如往常一样，我假设函数 $I(\cdot)$ 为递增、凸性，其中凸性意味着调整成本的存在，并进一步假设资本存量的增长率近似为零，这样方程就满足 $I(1)=\delta$，$I'(1)=1$，以及 $I''(1)=\epsilon_\psi$，其中参数 $0<\delta<1$，$\epsilon_\psi>0$。这表示在没有冲击的情况下，经济会收敛到稳态（资本存量不变，如我们从趋势增长中得出），为了维持资本存量，投资增长的稳态增长率应该等于 δ 与稳态的资本存量的乘积（所以 δ 可被理解为折旧率）。这还意味着，在接近稳态时，投资支出每增加一个单位会使资本存量增加相同的量（所以在局部是没有调整成本的）。在我们对均衡动态的对数线性化近似中，ϵ_ψ 是表示调整成本的参数。

将企业 i 的利润最大化后得到，t 期选择的 $t+1$ 期的资本存量满足如下一阶条件：

$$\begin{aligned}I'(k_{t+1}(i)/k_t(i)) = E_tQ_{t,t+1}\prod\nolimits_{t+1}\{&\rho_{t+1}(i)\\&+(k_{t+2}(i)/k_{t+1}(i))I'(k_{t+2}(i)/k_{t+1}(i))\\&-I(k_{t+2}(i)/k_{t+1}(i))\}\end{aligned}$$

其中，$\rho_{t+1}(i)$ 是企业 i 用于 $t+1$ 期生产的资本边际增量的（实际）影子价值，$Q_{t,t+1}\prod_{t+1}$ 是用于衡量 $t+1$ 期实际收入的随机折现因子。将实际随机折现因子表示为 $\beta\lambda_{t+1}/\lambda_t$（其中，$\lambda_t$ 是代表家庭在 t 期实际收入的边际效用），并围绕所有状态变量的稳态值，则上述一阶条件对数线性化后有：

$$\begin{aligned}\hat{\lambda}_t+\epsilon_\psi(\hat{k}_{t+1}(i)-\hat{k}_t(i))=E_t\,\hat{\lambda}_{t+1}+[1-\beta(1-\delta)]E_t\,\hat{\rho}_{t+1}(i)\\+\beta\epsilon_\psi E_t(\hat{k}_{t+2}(i)-\hat{k}_{t+1}(i))\end{aligned} \tag{3.3}$$

其中：

$$\hat{\lambda}_t\equiv\log(\lambda_t/\bar{\lambda}),\hat{k}_t(i)\equiv\log(k_t(i)/\bar{K})$$
$$\hat{\rho}_t(i)\equiv\log(\rho_t(i)/\bar{\rho})$$

带横线的变量表示稳态值。

注意，$\rho_{t+1}(i)$ 对应资本服务的实际“租赁价格”，如果市场上确实存在这种服务的话，即使我们并没有假设它的存在。在现在这个模型中，让这个租赁价格等于边际产品，甚至等于资本的边际报酬产品（利用需求曲线（3.2）式来计算边际报酬）都是不可能的。因为在给定面临价格的基础上，厂商都具有需求约束性，所以不能通过向下移动需求曲线来增加销售。这样，尽管仍然会对需求追加相应的资本，但是附加资本的影子价值就必须用来描述劳动成本的降低，通过资本投入对劳动的替代达成。这样我就得到：

$$\rho_t(i)=\omega_t(i)\left(\frac{f(\tilde{h}_t(i))-\tilde{h}_t(i)f'(\tilde{h}_t(i))}{A_t f'(\tilde{h}_t(i))}\right)$$

其中，$\omega_t(i)$ 表示企业 i 的雇佣劳动的实际工资，而 $\tilde{h}_t(i)\equiv A_t h_t(i)/k_t(i)$是企业 i 的有效劳动—资本投入比。[27] 此外，我还可以通过代入（3.1）式，将其表示成企业 i 的产出—资本比（为了推出一个关于投资需求的“加速”模型）：

$$\rho_t(i)=\frac{\omega_t(i)}{A_t}f^{-1}(y_t(i)/k_t(i))[\phi(y_t(i)/k_t(i))-1] \tag{3.4}$$

其中，$\phi(y/k)$是函数 f 的弹性的倒数，可根据 $f^{-1}(y/k)$计算得到。

回想第 3 章中劳动供给最优化的一阶条件，它可以表示成以下形式：

$$\omega_t(i)=\frac{v_h(f^{-1}(y_t(i)/k_t(i))k_t(i)/A_t;\xi_t)}{\lambda_t} \tag{3.5}$$

该式再一次将劳动需求用对产品 i 的需求表示出来。将（3.5）式代入（3.4）式，并且对数线性化后可得：

$$\hat{\rho}_t(i)=\left(\nu\phi_h+\frac{\phi}{\phi-1}\omega_p\right)(\hat{y}_t(i)-\hat{k}_t(i))+\nu\hat{k}_t(i)-\hat{\lambda}_t-\omega q_t \tag{3.6}$$

其中，$\phi_h>1$ 是 $\phi(y/k)$的稳态值，即为产出函数对劳动投入的弹性的倒数，$\omega_p>0$ 为 $f'(f^{-1}(y/k))$对y/k的弹性的相反数，而 $\nu>0$ 表示劳动的边际负效用对劳动供给的弹性。可将复合的外生扰动 q_t 定义为：

$$q_t\equiv(1+\omega^{-1})a_t+\omega^{-1}\nu\bar{h}_t$$

将（3.4）式代入到（3.3）式，我们可以得到一个等式，能够在给定对企业 i 的需求$\hat{y}_t(i)$ 的演化、收入的边际效用 $\hat{\lambda}_t$ 和外生扰动q_t 的情况下，解出企业 i 的资本存量。

由于这些等式的系数对于每个企业来说都是一样的，总资本存量的动态公式与此有一样的形式，所以，资本存量的动态过程的均衡条件有：

$$\hat{\lambda}_t+\epsilon_\psi(\hat{K}_{t+1}-\hat{K}_t)=\beta(1-\delta)E_t\hat{\lambda}_{t+1}+[1-\beta(1-\delta)][\rho_y E_t\hat{Y}_{t+1}-\rho_k\hat{K}_{t+1}-\omega q_t]$$
$$+\beta\epsilon_\psi E_t(\hat{K}_{t+2}-\hat{K}_{t+1}) \tag{3.7}$$

其中，资本的边际价值的弹性满足：

$$\rho_y\equiv\nu\phi_h+\frac{\phi_h}{\phi_h-1}\omega_p>\rho_k\equiv\rho_y-\nu>0$$

这样资本支出的隐含动态过程就由下面公式给出：

$$\hat{I}_t = k[\hat{K}_{t+1} - (1-\delta)\hat{K}_t] \tag{3.8}$$

其中，$\hat{I}_t$ 被定义为投资从其稳态偏离程度占稳态产出的百分比，而 $k \equiv \bar{K}/\bar{Y}$是稳态时的资本产出比。

在上述中，我将投资动态表示成代表性家庭实际收入的边际效用的一个函数。反过来，这又可通过关系式 $\lambda_t = u_c(Y_t - I_t - G_t;\ \xi_t)$ 与总支出联系起来，并将此式对数线性化得到：

$$\hat{\lambda}_t = -\sigma^{-1}(\hat{Y}_t - \hat{I}_t - g_t) \tag{3.9}$$

其中，复合扰动 g_t 再次既反映了政府购买，又反映了微观主体对消费的不耐心的影响。[28]最后，如果我们回顾一下收入的边际效用和定价债券的随机折现因子之间的关系，名义利率就必须满足：

$$1 + i_t = \left\{\beta E_t\left[\lambda_{t+1}/\left(\lambda_t \prod_{t+1}\right)\right]\right\}^{-1}$$

并对数线性化为：

$$\hat{i}_t = E_t\pi_{t+1} + \hat{\lambda}_t - E_t\ \hat{\lambda}_{t+1} \tag{3.10}$$

(3.7) 式～(3.10) 式就构成了扩展模型的 IS 曲线。在给定初始资本存量和短期实际利率$\{\hat{i}_t - E_t\pi_{t+1}\}$的前提下，联立这些方程就足以决定变量 $\{\hat{Y}_t,\ \hat{I}_t,\ \hat{K}_t,\ \lambda_t\}$。实际利率期望对这些变量的影响将在 5.3.3 节中详细讨论。

5.3.2 存在内生资本的最优价格设定

下面我将讨论内生资本存量对企业定价的影响。当然，资本存量会影响企业的边际成本，但是更精确而言，企业在考虑它现在的定价会如何影响未来利润的同时，还需要考虑在价格固定的情况下，资本存量如何随时间演化。

首先，从推导边际成本和产出之间的关系开始。实际边际成本可以表示成实际工资对边际劳动产出的比。然后将要素投入比表示成资本/产出比的函数，由 (3.5) 式得到实际工资，这样我们就可以得到供给商品 i 的实际边际成本：

$$s_t(i) = \frac{v_h(f^{-1}(y_t(i)/k_t(i))k_t(i)/A_t;\xi_t)}{\lambda_t A_t f'(f^{-1}(y_t(i)/k_t(i)))}$$

对数线性化后为：

$$\hat{s}_t(i) = \omega(\hat{y}_t(i) - \hat{k}_t(i)) + \nu\hat{k}_t(i) - \hat{\lambda}_t - [\nu\bar{h}_t + (1+\nu)a_t] \tag{3.11}$$

其中，$\omega \equiv \omega_w + \omega_p \equiv \nu\phi_h + \omega_p > 0$ 为边际成本相对于企业自身产出的弹性，并且

$$q_t \equiv \omega^{-1}[\nu\bar{h}_t + (1+\nu)a_t]$$

表示当企业资本在稳态水平时，为了维持产出供给的边际负效用不变，产出需要变化的百分比。[29]

令没有序号 i 的 $\hat{s}_t$ 表示整个经济体实际边际成本的平均水平，这样（3.11）式就意味着：

$$\hat{s}_t(i)=\hat{s}_t+\omega(\hat{y}_t(i)-\hat{Y}_t)-(\omega-\nu)(\hat{k}_t(i)-\hat{K}_t)$$

利用（3.2）式代替企业 i 的相对产出，则有：

$$\hat{s}_t(i)=\hat{s}_t-(\omega-\nu)\tilde{k}_t(i)-\omega\theta\hat{p}_t(i) \tag{3.12}$$

其中，$\hat{p}_t(i)\equiv\log(p_t(i)/P_t)$ 是企业的相对价格，而 $\tilde{k}_t(i)\equiv\hat{k}_t(i)-\hat{K}_t$ 为其相对资本存量。

同第 3 章中一样，卡尔沃定价体系意味着，如果企业 i 在 t 期重新设定它的价格，那么定价时就需满足（对数线性化近似的）一阶条件：

$$\sum_{k=0}^{\infty}(\alpha\beta)^k E_t[\hat{p}_{t+k}(i)-\hat{s}_{t+k}(i)]=0$$

用（3.12）式替换 $s_{t+k}(i)$，可得：

$$\sum_{k=0}^{\infty}(\alpha\beta)^k E_t[(1+\omega\theta)\hat{p}_{t+k}(i)-\hat{s}_{t+k}+(\omega-\nu)\tilde{k}_{t+k}(i)]=0 \tag{3.13}$$

与以前一样，我们可以将 $\{\hat{p}_{t+k}(i)\}$ 的整个序列表示成 t 期选择的相对价格 $\hat{p}_t^*$ 和总变量（即在未来不同时间区域内总的通货膨胀率）的线性函数。但是，由此并不能解出 $\hat{p}_t^*$ 的最优解，原因是（3.13）式还涉及企业 i 在未来时间点序列上相对资本存量，而这还取决于企业的投资策略。

所以，我必须使用前面章节介绍的投资理论来对企业 i 的相对资本存量的演化建模，并由此得到如下形式的结果。

命题 5.1 在存在内生资本积累的模型中，在 t 期会修正自己价格的企业的最优相对价格为：

$$(a-b)\hat{p}_t^*=\sum_{k=0}^{\infty}(\alpha\beta)^k E_t\hat{s}_{t+k}+a\sum_{k=1}^{\infty}(\alpha\beta)^k E_t\pi_{t+k}-b\sum_{k=1}^{\infty}\mu_2^{-k}E_t\pi_{t+k} \tag{3.14}$$

其中：

$$a\equiv\frac{1+\omega\theta}{1-\alpha\beta}+(\omega-\nu)\frac{\alpha}{1-\alpha\beta}\frac{\Xi}{(1-\alpha\beta\mu_1)(1-\alpha\beta\mu_2)}>0$$

$$b\equiv(\omega-\nu)\frac{\alpha}{1-\mu_2^{-1}}\frac{\Xi}{(1-\alpha\beta\mu_1)(1-\alpha\beta\mu_2)}>0$$

$$\Xi\equiv(1-\beta(1-\delta))\rho_y\theta\,\epsilon_\psi^{-1}>0$$

而且 μ_2 是方程

$$\mathcal{P}(\mu)\equiv\beta\mu^2-[1+\beta+(1-\beta(1-\delta))\rho_k\,\epsilon_\psi^{-1}]\mu+1=0 \tag{3.15}$$

大于 β^{-1} 的根。

关于这一结果的推导见附录 D。命题 5.1 使我们可以通过对未来平均实际边际成本的演化和通货膨胀总额的函数进行最优化，解出 t 期的平均相对价格。

如在第 3 章中一样，将这一定价关系式进行逆差分变换，便得到一个总供给公式。(3.14) 式表明：

$$\begin{aligned}&(a-b)E_t[(1-\alpha\beta L^{-1})(1-\mu_2^{-1}L^{-1})\hat{p}_t^*]\\&=E_t[(1-\mu_2^{-1}L^{-1})\hat{s}_t]+a\alpha\beta E_t[(1-\mu_2^{-1}L^{-1})\pi_{t+1}]\\&\quad-b\mu_2^{-1}E_t[(1-\alpha\beta L^{-1})\pi_{t+1}]\end{aligned}\tag{3.16}$$

在卡尔沃定价模型中，物价通胀总额满足：

$$\pi_t=\frac{1-\alpha}{\alpha}\hat{p}_t^*$$

将其代替 (3.16) 式中的 $\hat{p}_t^*$，我们便得到如下形式的通货膨胀方程：

$$\pi_t=\xi_0\hat{s}_t-\xi_1E_t\hat{s}_{t+1}+\psi_1E_t\pi_{t+1}-\psi_2E_t\pi_{t+2}\tag{3.17}$$

其中：

$$\xi_0\equiv\frac{1-\alpha}{\alpha}\frac{1}{a-b},\xi_1\equiv\mu_2^{-1}\xi_0$$

并且：

$$\psi_1\equiv\frac{a(\beta+\mu_2^{-1})-b(\alpha\beta+\alpha^{-1}\mu_2^{-1})}{a-b},\psi_2\equiv\beta\mu_2^{-1}$$

这样我们就可以通过解不同部门实际边际成本的当期和预期未来平均水平的函数，来得到均衡的通货膨胀。(随后将给出这一关系式的数量形式，并予以解释。)

反过来，我们也可以将实际边际成本的预期演化同对实际活动的期望联系起来。对 (3.11) 式关于公司求平均，并且将 (3.9) 式代入并消去 $\hat{\lambda}_t$ 得到：

$$\hat{s}_t=(\omega+\sigma^{-1})\hat{Y}_t-\sigma^{-1}\hat{I}_t-(\omega-\nu)\hat{K}_t-[\sigma^{-1}g_t+\omega q_t]\tag{3.18}$$

实际边际成本仍然是随着实际活动的当期水平而增加。但是，现在这一关系不仅受对偏好和技术的外生扰动影响，还取决于总资本存量的波动，以及当期总需求中投资需求相对于消费需求所占的份额。(3.17) 式和 (3.18) 式构成了扩展模型的“总供给曲线”，它们可以联合起来代替基准模型的总供给公式，并且能够决定均衡通货膨胀动态机制，是总实际支出的期望演化、总的资本存量和总的投资支出的函数。

5.3.3 与新威克塞尔基准模型的比较

这样，完整的扩展模型就包括 (3.7) 式、(3.10) 式和 (3.17) 式～(3.18) 式，以及表示货币政策的利率反馈规则。在每一期，这个系统由七个期望差分方程组成，在三个外生复合扰动 $\{g_t, q_t, \bar{i}_t\}$ 给定的情况下，能给出七个内生变量

$\{\pi_t, \hat{i}_t, \hat{Y}_t, \hat{K}_t, \hat{I}_t, \hat{s}_t, \hat{\lambda}_t\}$的均衡路径。扩展模型（资本可变）的结构在多大程度上与基准模型（资本不变）相似，尽管不是完全相同呢？对这一点进行解释是非常有用的。

扩展模型方程包括一条 IS 曲线（给定实际利率的期望路径和初始资本存量，能够解出实际产出和资本存量的路径）、一条 AS 曲线（给定实际产出和资本存量的路径，能够解出通货膨胀的路径）和一种货币政策规则（在给定通货膨胀和产出的路径下，确定名义利率的路径）。所有这些结构都与新威克塞尔基准模型类似，除了现在的模型涉及一个额外的内生变量——资本存量，它由 IS 曲线决定，与实际活动的水平一起，被作为投入纳入到 AS 曲线中。[30] 实际扰动对通货膨胀和产出的决定的影响仍然是通过对两个复合扰动 g_t 和 q_t 的影响达成。之前，我用的是外生扰动 g_t 和 $\hat{Y}_t^n$，但是 g_t 和 q_t 传递的是同样的信息。（会在下一个小节给出扩展模型下产出自然率的近似定义。）单纯就通货膨胀的决定（以及产出缺口的决定）而言，我之前可以将其浓缩为一个复合扰动 $\hat{r}_t^n$。但是在扩展模型中，就不能这样做了，尽管我在下一个小节中会提到，人们仍旧可以用现实的实际利率和“自然”实际利率之间缺口的形式来表示通货膨胀决定。问题是存在资本存量的外生变动时，自然利率就不再是一个单纯的外生状态变量了。

而且，扩展模型的 AS 曲线仍然与基准模型一样，基本上是前瞻性的。通货膨胀（3.17）式可以得到如下形式的解：[31]

$$\pi_t = \sum_{j=0}^{\infty} \Psi_j E_t\ \hat{s}_{t+j} \tag{3.19}$$

其中，$\{\Psi_j\}$是恒定系数。基准模型时，这一解的系数必须全部为正，并且按指数化递减：对于某些 $\xi>0$，有 $\Psi_j=\xi\beta^j$[32]。在扩展模型中，上述系数就不一定全部为正了。但是，数量分析显示，对于所有从经验上看来符合现实的参数值来说，对所有任意小的 j，都有 $\Psi_j>0$。

当依照下面方法选择参数值时，上述系数 Ψ_j 的情况在图 5.6 中有所体现。参数 α，β，ϕ_h，ν，ω_p，ω 和 θ 的值都来源于表 5.1，出自罗特伯格和伍德福德（1997），而此处的 σ 与该文献研究中的取值不再相同。像我们之前讨论过的，新威克塞尔基准模型（与罗特伯格-伍德福德模型类似）的参数 σ，不应被理解为非耐用消费支出的跨期替代弹性，而是总的私人支出的替代弹性。在扩展模型中，σ 仅仅表示消费的替代弹性，这样这个参数在此处就等于 1，大致等于实际经济周期（RBC）文献中假设的替代程度（示例可见 Kydland and Prescott，1982，或者 King et al.，1988）。[33]

我们还必须对两个与资本存量的动态过程相关的新的参数 δ 和 ϵ_ψ 赋值。当前的模型意味着稳态时的资本一产出比率 $k\equiv\bar{K}/\bar{Y}$必须满足：

$$\beta^{-1}=\frac{\theta-1}{\theta}\frac{\phi_h-1}{\phi_h}\frac{1}{k}+(1-\delta)$$

给定季度模型中刚刚赋值的 β，θ 和 ϕ_h，我们可以预测出 10 个季度的平均资本一产出比（对于美国基本正确），当且仅当设定季度的折旧率为$\delta=0.012$（大约相当于每年 5%）。结果，图 5.6 比较了ϵ_ψ 取一系列不同的正值的情形，其中，$\epsilon_\psi=$

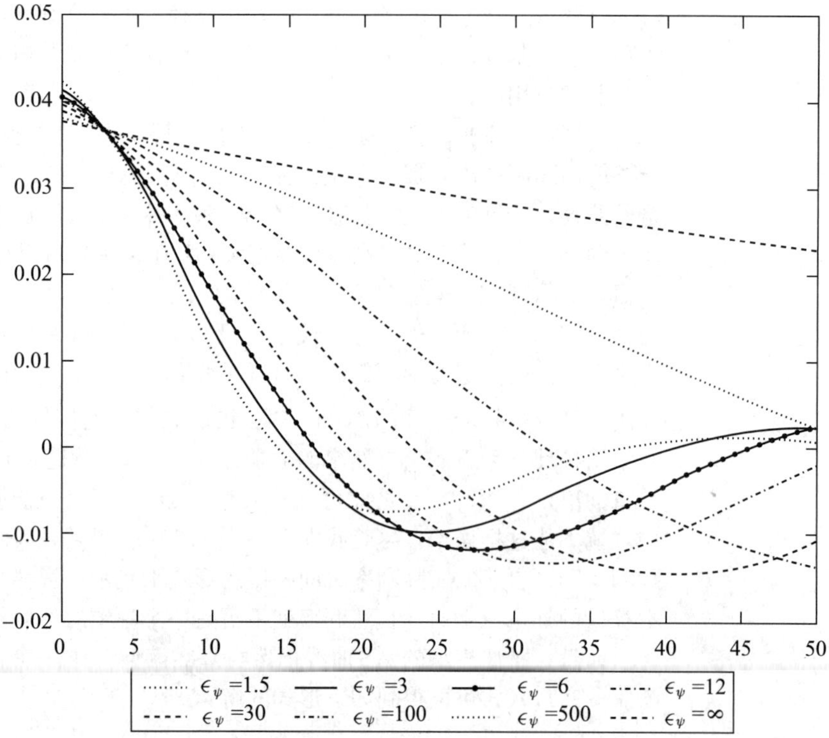

图 5.6　对于不同大小的投资调整成本，通货膨胀方程（3.19）中的系数 Ψ_j

3（图中的实线）是我认为在经验上最为可信的。我们会看到，这时总的私人支出对货币政策冲击的反应程度将与罗特伯格和伍德福德的估计类似。但是，我仍然赋予了这一关键变量ϵ_ψ 其他更大或更小的值，以观察会有什么后果。

对于一个极大的ϵ_ψ 值，系数会简化成为不变资本模型的那些值。这样从附录中（D.3）式给出的多项式 $Q(L)$可以看出，ϵ_ψ 越大，两个根越接近极限值 $\mu_1\rightarrow 1$，$\mu_2\rightarrow\beta^{-1}$，从而（3.14）式中的系数也就接近其极限值 $a\rightarrow(1+\omega\theta)/(1-\alpha\beta)$，$b\rightarrow 0$，而（3.17）式中的系数接近以下极限：

$$\xi_0\rightarrow\xi\equiv\frac{1-\alpha}{\alpha}\frac{1-\alpha\beta}{1+\omega\theta}>0,\qquad \xi_1\rightarrow\beta\xi>0$$

$$\psi_1\rightarrow 2\beta,\qquad \psi_2\rightarrow\beta^2$$

这样，在取极限值的情况下，（3.17）式转化为下列形式：

$$E_t[(1-\beta L^{-1})\pi_t]=\xi E_t[(1-\beta L^{-1})\hat{s}_t]+\beta E_t[(1-\beta L^{-1})\pi_{t+1}]$$

这个关系式与第 3 章基准模型推导出的较为简单的形式

$$\pi_t=\xi\hat{s}_t+\beta E_t\pi_{t+1}$$

有相同的有界解。而且，它还意味着当系数 $\Psi_j=\xi\beta^j$ 时，（3.19）式成立。（对应为图 5.6 中最上面的虚线。）

如果ϵ_ψ 是有界但是非常大，系数$\{\Psi_j\}$就仍然随着 j 的增大，相对渐进地降低，尽管会远远快于新威克塞尔基准模型中的情形。但是如果ϵ_ψ取一个相对中等的值（在符合经验值的范围内），$\{\Psi_j\}$就会随着j的增大急剧降低，而且实际上如果考虑到未来5～6年，该系数会变成负值。直观上，如果企业可以在期间增大资本存量的话，对未来几年实际边际成本的平均水平较高的期望，就不再是推动价格上涨的动力了。但是，如果是在3年以内，那么对于未来较高实际边际成本的预期仍然会增加通货膨胀。而且如果将其限制到第2年（例如，在未来四个季度），那么系数就不仅为正，而且基本上与基准模型相同。如果冲击对平均实际边际成本的影响相对短暂的话，这些系数主要是对较小的时间j起作用。（如果价格具有伸缩性，平均实际边际成本就永远不会变动；即使存在程度较为合理的价格黏性，价格调整也会足够快，实际边际成本的均值回归相对来说也会很快。）

扩展模型的AS曲线还剩下一个关于实际边际成本的（3.18）式，如果忽略掉$\hat{I}_t$和$\hat{K}_t$项，该式就会简化成与基准模型相同的形式。由于这些附加变量的存在，扩展模型中实际边际成本和产出之间的关系就不再那么简单了。但是，如果投资的周期性变动与产出的周期性变动高度相关，并且资本存量的周期变动不是很大的话，扩展模型揭示的实际边际成本的周期变动并不会有太大的不同。（在这种情况下，尽管振幅会较小一些，$\hat{Y}_t-\hat{I}_t$的周期性变动将与$\hat{Y}_t$本身的变动高度相关，在资本不变模型中，我们可以通过赋予σ^{-1}一个显著较大的值来修正振幅上的差别。）在图5.8揭示实际边际成本对货币政策冲击的脉冲反应时，我会进一步说明这一点。当然，在ϵ_ψ值较大的限制下，$\hat{I}_t$和$\hat{K}_t$的均衡波动都是可忽略的，这样整个AS曲线就会简化成基准模型中的曲线形式。

扩展模型的IS曲线也在很多地方与基准模型非常相似。首先，在特定货币政策下，资本、产出和投资的长期平均值是通货膨胀的长期平均值π_∞的函数。（3.8）式和（3.9）式表示，各种状态变量的长期平均值必须满足：

$$\hat{\lambda}_\infty=\rho_y\hat{Y}_\infty-\rho_k\hat{K}_\infty$$

$$\hat{I}_\infty=\delta k\hat{K}_\infty$$

$$\hat{\lambda}_\infty=-\sigma^{-1}(\hat{Y}_\infty-\hat{I}_\infty)$$

解这些关系式，可以将$\hat{Y}_\infty$，$\hat{I}_\infty$和$\hat{K}_\infty$表示成$\hat{\lambda}_\infty$的倍数，这是对基准模型$\hat{Y}_\infty$和$\hat{\lambda}_\infty$的关系的一般化。类似地，（3.11）式意味着实际边际成本的长期平均水平必须满足：

$$\hat{s}_\infty=\omega\hat{Y}_\infty-(\omega-\nu)\hat{K}_\infty-\hat{\lambda}_\infty$$

将上面的解代入该式可得，$\hat{s}_\infty$也是$\hat{\lambda}_\infty$的一个倍数。最后，（3.17）式表明：

$$\pi_\infty=\frac{\xi_0-\xi_1}{1-\psi_1+\psi_2}\hat{s}_\infty$$

我们利用该结果与前面的解一起，就可以将$\hat{\lambda}_\infty$，$\hat{Y}_\infty$，$\hat{I}_\infty$和$\hat{K}_\infty$表示成π_∞的倍数。

下面我将讨论围绕这些长期平均值的短期波动的性质。利用（3.8）式和

(3.9) 式，从 (3.7) 式中消去 $\hat{Y}_{t+1}$ 得到如下形式的关系式：

$$E_t[A(L)\hat{K}_{t+2}]=E_t[B(L)\hat{\lambda}_{t+1}]+z_t \tag{3.20}$$

其中，$A(L)$是一个二次滞后多项式，$B(L)$是一个线性多项式，而 z_t 是扰动 g_t 和 q_t 的线性组合。如果参数取经验值，$A(L)$可通过因式化为 $(1-\tilde{\mu}_1 L)(1-\tilde{\mu}_2 L)$，其中两个实根满足 $0<\tilde{\mu}_1<1<\tilde{\mu}_2$。解 (3.10) 式得：

$$\hat{\lambda}_t = \hat{\lambda}_\infty + \sum_{j=0}^{\infty} E_t(\hat{i}_{t+j} - \pi_{t+j+1}) \tag{3.21}$$

使用该式消去期望值 $E_t\hat{\lambda}_{t+j}$，我们可最终得到如下形式的解：

$$\hat{K}_{t+1} = (1-\tilde{\mu}_1)\hat{K}_\infty + \tilde{\mu}_1 \hat{K}_t - \sum_{j=0}^{\infty} \tilde{\chi}_j E_t(\hat{i}_{t+j} - \pi_{t+j+1}) + e_t^k \tag{3.22}$$

其中，$\{\tilde{\chi}_j\}$为常系数，e_t^k 为外生扰动项（$\{E_t z_{t+j}\}$的线性复合）。从一个初始资本存量开始，在给定外生扰动项和实际利率期望的演化的前提下，可被迭代求得资本存量的动态过程。

将 (3.21) 式代入到 (3.9) 式中得：

$$\hat{Y}_t = (\hat{Y}_\infty - \hat{I}_\infty) + \hat{I}_t + g_t - \sigma\sum_{j=0}^{\infty} E_t(\hat{i}_{t+j} - \pi_{t+j+1})$$

这是对 (1.1) 式的一个直接推广，但是此处加入了资本支出。利用 (3.8) 式和 (3.22) 式代替 $\hat{I}_t$，得到如下表达式：

$$\hat{Y}_t = (\hat{Y}_\infty - \Sigma\hat{K}_\infty) + \Sigma\hat{K}_t - \sum_{j=0}^{\infty} \chi_j E_t(\hat{i}_{t+j} - \pi_{t+j+1}) + e_t^y \tag{3.23}$$

其中，$\Sigma \equiv k[\tilde{\mu}_1-(1-\delta)]$，而$\{\chi_j\}$是另一个常系数集，$e_t^y$ 是另一个外生扰动项（g_t 和$\{E_t z_{t+j}\}$的线性组合）。从一个初始的资本存量开始，给定外生扰动项和实际利率期望的演化下，可以由 (3.22) 式和 (3.23) 式得到产出和资本存量的共同演化。

除了需要联合求出产出和资本存量的演化之外，这一方程系统与新威克塞尔基准模型给出的 IS 关系式 (1.1) 式非常类似。具体而言，对于典型的参数值，(3.23) 式中的系数$\{\chi_j\}$都是整数，甚至对于所有的 j 来说都有基本相同的量。例如，图 5.7 中的参数与图 5.6 相同，也是让ϵ_ψ 取不同的值。当ϵ_ψ 非常大的时候，所有的系数均接近常量 σ（此处假定为 1），与 (1.1) 式相同。对于大多数较小的ϵ_ψ，这些系数并不是完全相等，并且随着与投资支出有关的调整成本缩小，每个系数都会变大。但是，所有的系数仍然为正，并且非常相似，尤其在ϵ_ψ 接近基准模型的值 3 时。

如果 (3.20) 式中的 $B(L)$刚好取$-h(1-\mu_2 L)$式，其中 $h>0$，μ_2 是对 $A(L)$因式分解得到的大于 1 的根，那么对于所有的 j 值，χ_j 都应该取相同的值（尽管比 σ 大）。在这种情况下，(3.20) 式为：

$$(1-\mu_1 L)\hat{K}_{t+1}=-h\,\hat{\lambda}_t$$

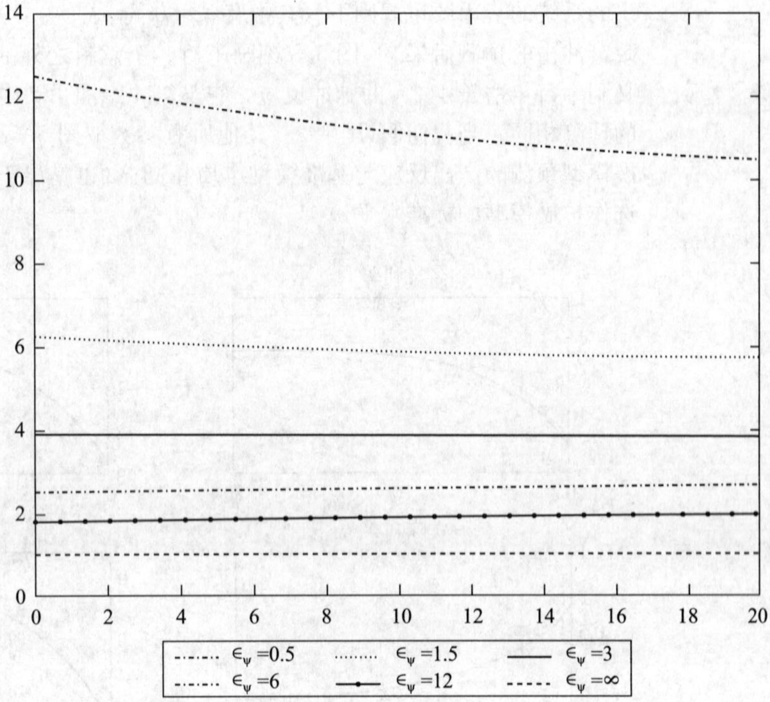

图 5.7　对于不同的调整成本，总需求关系式（3.23）的系数 χ_j

将此式代入到（3.21）式，可得到一个对（3.23）式的总需求的解，其中，(3.23) 式中对于所有 $j\geqslant 0$，都有 $\chi_j=\sigma+h$。对于设定的参数值，当且仅当ϵ_ψ 恰好等于一个特定的值时，$B(L)$的根与$A(L)$的根相等，大约等于 3.23。实际上，这并不是一个很现实的值。但是，可能更有意义的是，系数$\{\chi_j\}$的数值都基本相近，即便当ϵ_ψ 远远大于或者小于临界值时。

所以有一点与基准模型一样，在此处还是成立的，即期望利率的变化（例如是由于货币政策变动引起）是通过影响超长期实际利率，进而影响总需求的。引入投资支出的内生变动仅仅会加大总需求随超长期实际利率变化的敏感度。例如，我们可以从图 5.7 中看到，当$\epsilon_\psi=3$ 时，总需求的利率敏感度大约是ϵ_ψ 非常大时的四倍；所以，当 σ 接近 4 时，对利率变动的反应基本与不变资本模型相近。这一点会支持我在校准基准模型时采用远大于 1 的 σ 值。

但是，即使按这样的方式调整 σ，不变资本模型与可变资本的模型对实际利率变动影响的预测也是不完全一样的。这是因为高的长期实际利率会导致较低的投资支出，进而导致较低的资本存量，而一旦这种情况发生，总需求就会由于 (3.23) 式中 $\Sigma\hat{K}_t$ 项大小的变化受到影响。在足够温和的调整成本的情况下（较符合现实），Σ 值为负数。给定实际利率期望，较高的现存资本存量会压缩投资需求（因为现存资本的回报率较低）。[34] 所以，长期实际利率的持续增加一开始对总需求的压缩程度在资本可变的模型中要大得多，但是一旦资本存量下降，尽管实际利率依然很高，投资需求也会复苏。

资本存量的内生变动在实践中到底有多重要呢？我们可以在（1.12）式中给

出的系统的货币政策规则下（其中有 $\phi_\pi=0.6$，$\phi_x=0.3$，以及 $\rho=0.7$）考虑货币政策冲击的预测后果。[35]图 5.8 刻画了对一个意料之外的货币紧缩（仍是考虑名义利率每年增长 1%）的脉冲反应，它与第 4 章图 4.7 中 $\rho=0.7$ 情况下基准模型的预测相同。当我们假设 $\epsilon_\psi=3$（其他所有参数取图 5.6 和图 5.7 中的值时），扩展模型预测的产出反应与基准模型本质相同。（也是出于这个原因，我才把 $\epsilon_\psi=3$ 选作扩展模型的标准水平。）

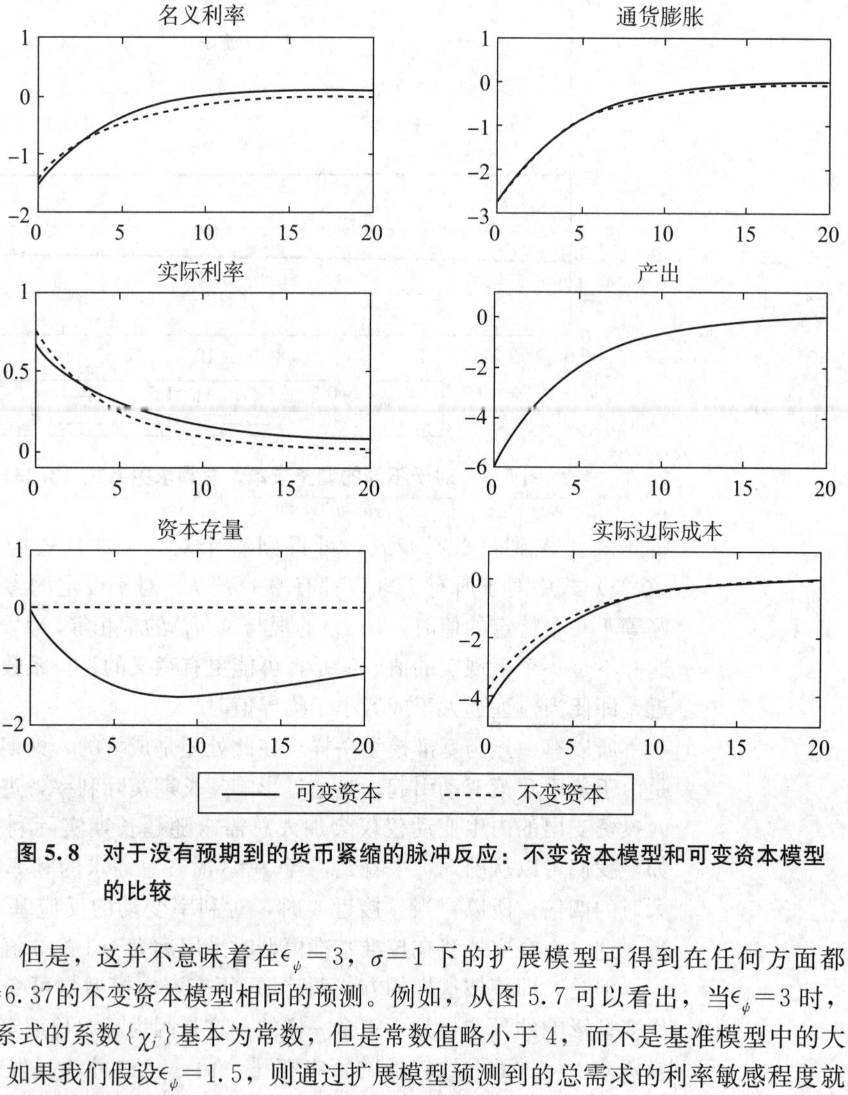

图 5.8　对于没有预期到的货币紧缩的脉冲反应：不变资本模型和可变资本模型的比较

但是，这并不意味着在 $\epsilon_\psi=3$，$\sigma=1$ 下的扩展模型可得到在任何方面都与 $\sigma=6.37$ 的不变资本模型相同的预测。例如，从图 5.7 可以看出，当 $\epsilon_\psi=3$ 时，IS 关系式的系数 $\{\chi_j\}$ 基本为常数，但是常数值略小于 4，而不是基准模型中的大于 6。如果我们假设 $\epsilon_\psi=1.5$，则通过扩展模型预测到的总需求的利率敏感程度就与基准模型相同。但是，这会导致对由货币政策紧缩而来的产出紧缩的过度预测（overprediction），原因与资本存量的内生变动的影响有关，而这一点在基准模型中是没有的。(3.23) 式中的 $\Sigma\hat{K}_t$ 项会在冲击发生后的几个季度内，对产出产生一个正的刺激（例如，减少产出降低的大小），因为在给定高于平均值的实际利率的情况下，较低的资本存量会引发较高的投资支出。[36]这就意味着在可变资本模型中，如果希望产出反应以与不变资本模型（以及罗特伯格和伍德福德

(1997)）具有相同的速率衰退，那么实际利率的增加必须更加持久。（图 5.8 的模拟确实具有这一特性。）另外，由于模型非常具有前瞻性——未来几年实际利率的期望对总需求的影响程度与当前短期实际利率的影响相同——除非系数 $\{\chi_j\}$ 变小，短期实际利率更持久的增加会导致总需求更大的立即紧缩。这也可以从图 5.8 的模拟结果中看到，它假定存在一个足够大的 ϵ_ψ 值，用来降低总需求的利率敏感性，结果相对于基准模型来说总需求的利率敏感性大约降低了 40%。

不管资本是否内生积累，如果我们引入 5.1.1 节所讨论的延迟，脉冲反应都会与 VAR 研究的结果更加接近。如果我们假设消费和投资支出都是提前一期决定，那么内生资本模型的 IS 曲线就是以下形式：

$$\hat{K}_{t+1} = (1-\tilde{\mu}_1)\hat{K}_\infty + \tilde{\mu}_1 \hat{K}_t - \sum_{j=0}^{\infty} \tilde{\chi}_j E_{t-1}(\hat{i}_{t+j} - \pi_{t+j+1}) + e_{t-1}^k \qquad (3.24)$$

$$\hat{Y}_t = (\hat{Y}_\infty - \Sigma \hat{K}_\infty) + \Sigma \hat{K}_t - \sum_{j=0}^{\infty} \chi_j E_{t-1}(\hat{i}_{t+j} - \pi_{t+j+1}) + e_{t-1}^y \qquad (3.25)$$

其中，所有的系数仍然是（3.22）式和（3.23）式中潜在参数的相同函数。类似地，如果所有的价格都必须提前一期确定，以下形式与（3.18）式一起构成 AS 曲线：

$$\pi_t = \xi_0 E_{t-1} \hat{s}_t - \xi_1 E_{t-1} \hat{s}_{t+1} + \psi_1 E_{t-1} \pi_{t+1} - \psi_2 E_{t-1} \pi_{t+2} \qquad (3.26)$$

其中，（3.26）式中的系数与（3.17）式中相同。

图 5.9 中的实线表示在有一期延迟的可变资本模型以及与图 5.8 相同的货币政策规则下，由货币冲击引起的脉冲反应。（除了延迟的长度以外，所有的参数都与图 5.8 相同。）该图虚线表示对于同样的货币政策扰动下，图 5.1 的不变资本模型的脉冲反应（此处的反应对应于图 5.1 中没有实际余额效应的情形）。我们可以再次发现，当 $\sigma=1$，$\epsilon_\psi=3$ 时，可变资本模型对产出和通货膨胀的反应的预测与 $\sigma>6$ 的不变资本模型类似。在这种情况下，两个模型的预测都与图 5.2 显示的 VAR 反应类似。尽管此处我并没有考虑建立一个更复杂的可变资本模型，来看看它契合估计的脉冲反应函数的能力，但是看上去可变资本模型有可能会与不变资本的罗特伯格-伍德福德模型一样，与估计的反应相符，但并不要求有足够大的 σ 值。

针对同一个货币政策冲击，不变资本和可变资本模型可以被巧妙设定，并对产出和通货膨胀动态给出非常近似的预测，这也说明了两个模型的预测并没有什么特别不同。事实上，对于某种特定的扰动，它们与实证相符的能力是非常近似的。然而，由于扩展模型中内生资本积累的显著作用，不变资本和可变资本模型产生同样预测的作用机制却是不尽相同的。这就意味着即使两个模型能够被巧妙设定，对某一特定政策得到相似的反应（例如图 5.8 和图 5.9），我们也不能由此推出它们会对其他所有政策得到类似的反应。因此，尽管从基准模型推出的某些一般性结论（例如总需求会在多大程度上依赖于对未来数年实际利率的期望值）在内生资本累计的情况下依然非常有力，但是关于最优货币政策性质的量化讨论依然需要明确考虑资本存量的动态过程。

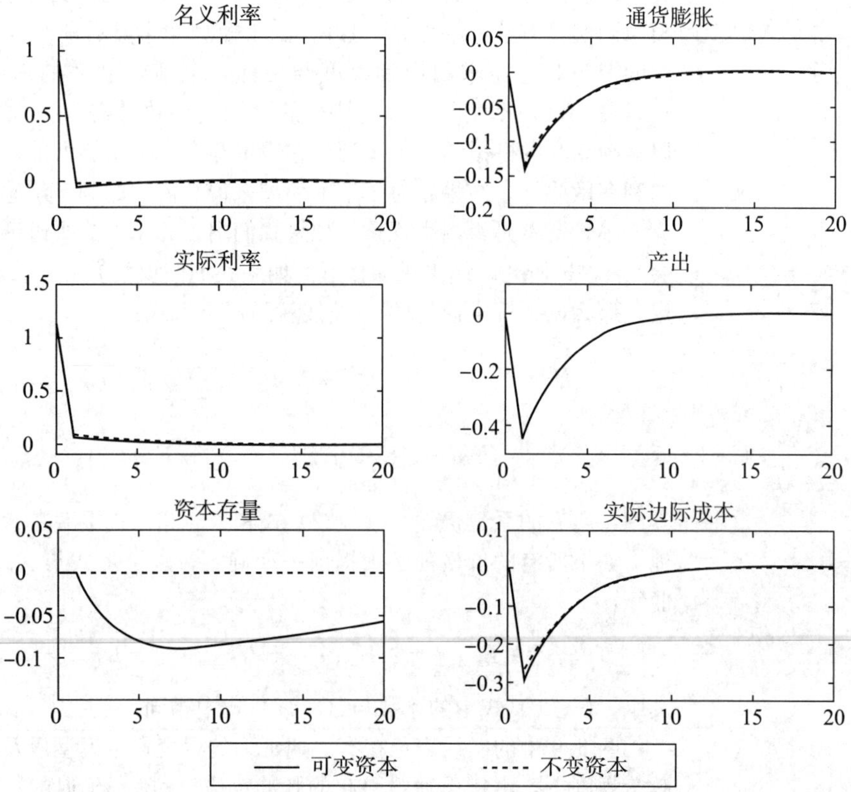

图 5.9 在支出和价格决策为前定变量时（$d=1$），不变资本模型和可变资本模型脉冲反应的比较

5.3.4 资本和自然利率

现在我们来讨论 4.2 节给出的，与新威克塞尔基准模型相关联的“自然利率”的概念能在多大程度上可以扩展到允许资本存量内生变动的模型中。扩展模型中最大的不同是，伸缩性价格下的均衡实际回报率不再仅仅是当期和期望未来外生扰动的函数，而且还取决于资本存量这个内生的状态变量（价格存在黏性时，除了这些之外它还是以往货币政策的函数）。所以，如果我不改变自然利率的概念的话，它就不再是指一个外生过程了。

另一种可能的方法（Neiss and Nelson，2003）是将“自然利率”定义为均衡的实际回报率，但此时价格不仅是当期伸缩性和预计未来伸缩性，而且在过去也一直是伸缩性的。这样，重要的就不再是实际存在的资本存量，而是在给定外生实际扰动的实际历史情况下，如果价格是伸缩性的，那么应该有的资本存量。这种定义下的自然利率是外生的，但是代价是它与实际（黏性价格）经济体的均衡决定联系变少。这看起来是很奇怪的，我们来定义经济活动的“自然”水平，进而定义利率的“自然”水平，却让它与经济体中的实际资本存量及其对经济体的生产力的影响无关。此外，这一定义方式的一个明显不足就是降低了“自然”产出率和产出的有效水平之间的联系，而后者明显取决于实际资本存量。出于以上原因，我将继续使用之前的产出和利率的“自然率”的概念，即在给定所有外生和提前决定的状态变量，包括在资本存量的情况下，由价格在当期和未来伸缩性条件下得到的“自然率”水平。

由于在任何时刻 t 伸缩性价格条件下的均衡仅仅依赖于该时刻的资本存量，以及当期和期望未来外生实际扰动，[37] 我可以写出如下的对数线性化近似形式：

$$\hat{Y}_t^n=\hat{Y}_t^{ncc}+\eta_y\hat{K}_t$$

$$\hat{r}_t^n=\hat{r}_t^{ncc}+\eta_r\hat{K}_t$$

等等，其中 $\hat{Y}_t^{ncc}$ 和 $\hat{r}_t^{ncc}$ 项是指外生过程（仅仅是外生实际扰动的函数）。这些“截矩”项表示如果价格是伸缩性的，并且资本存量不会偏离稳态水平，那么在给定当期和期望未来实际扰动的情况下，实际产出（或者实际利率等等）会是多大，我将其称为产出（或利率等）的不变资本自然率。同理，也可以用类似的方式定义投资和收入的边际效用的“自然率”水平，为 $\hat{I}_t^n$ 和 $\hat{\lambda}_t^n$。我们还可以定义资本存量的“自然率”水平 $\hat{K}_{t+1}^n$，表示如果 t 期是伸缩性价格均衡，那么 $t+1$ 期应有的资本存量是 t 期实际存在的资本存量 $\hat{K}_t$ 和外生扰动的函数。所以我们可以类似地写出：

$$\hat{K}_{t+1}^n=\hat{K}_{t+1}^{ncc}+\eta_k\hat{K}_t$$

最后，我使用符号“～”来表示这些变量实际和“自然”之间的“缺口”：$\tilde{Y}_t\equiv\hat{Y}_t-\hat{Y}_t^n$，$\tilde{r}_t\equiv\hat{r}_t-\hat{r}_t^n$ 等。

在伸缩性价格均衡下，任何时候的实际边际成本都必须等于常数 $(\theta-1)/\theta$。这样由（3.18）式可得产出的自然率的波动满足：

$$\hat{Y}_t^n=\frac{\omega-\nu}{\omega+\sigma^{-1}}\hat{K}_t+\frac{\sigma^{-1}}{\omega+\sigma^{-1}}\hat{I}_t+\frac{\sigma^{-1}}{\omega+\sigma^{-1}}g_t+\frac{\omega}{\omega+\sigma^{-1}}q_t$$

这一关系式是对第 4 章中新威克塞尔基准模型的（2.2）式的推广。注意，通过资本存量和实际扰动的函数解出自然产出率的同时，我们也必须同时解出投资的自然率。但是，与（3.18）式作比较，我们可以从中导出一个以缺口的形式给出的实际边际成本，即：

$$\hat{s}_t=(\omega+\sigma^{-1})\tilde{Y}_t-\sigma^{-1}\tilde{I}_t \tag{3.27}$$

这是对第 3 章（2.7）式的一般化推广。

我们也可以以缺口变量的形式表达条件（3.7）式，得到如下命题。

命题 5.2 使 $\tilde{Y}_t\equiv\hat{Y}_t-\hat{Y}_t^n$，其中产出的自然率 $\hat{Y}_t^n$ 表示在给定 $\hat{K}_t$ 的情况下，产出的伸缩性价格均衡水平；类似地，令 $\tilde{K}_{t+1}\equiv\hat{K}_{t+1}-\hat{K}_{t+1}^n$，其中 $\hat{K}_{t+1}$ 代表给定 $\hat{K}_t$ 时资本存量的伸缩性价格均衡水平（$\hat{K}_t$ 是 t 期的实际资本存量，而不是如果之前价格是伸缩性的话应该有的资本存量）。依据最优化投资需求，便得到产出

和资本缺口$\{\widetilde{Y}_t, \widetilde{K}_{t+1}\}$满足：

$$[1-\beta(1-\delta)][\rho_y(E_t\widetilde{Y}_{t+1}+\eta_y\widetilde{K}_{t+1})-\rho_k\widetilde{K}_{t+1}] \\ +\beta\epsilon_{\psi}[(E_t\widetilde{K}_{t+2}+\eta_k\widetilde{K}_{t+1})-\widetilde{K}_{t+1}] \quad (3.28)$$

其中，系数ρ_y，ρ_k，η_y，η_k依然服从（3.7）式的定义。

命题5.2的证明见附录。（3.28）式在形式上与（3.7）式非常相似，唯一不同的是，前者是纯粹的前瞻型，它可以决定缺口$\widetilde{K}_{t+1}$的均衡大小，而不需要涉及任何提前决定的状态变量，例如$\widetilde{K}_t$。

（3.8）式～（3.10）式在伸缩性价格均衡下也类似成立，这就意味着这些缺口满足如下关系：

$$\tilde{I}_t = k\widetilde{K}_{t+1} \quad (3.29)$$

$$\tilde{\lambda}_t = -\sigma^{-1}(\tilde{Y}_t - \tilde{I}_t) \quad (3.30)$$

$$\tilde{r}_t = \tilde{\lambda}_t - (E_t\tilde{\lambda}_{t+1} + \eta_\lambda\widetilde{K}_{t+1}) \quad (3.31)$$

使用（3.29）式和（3.30）式，消去（3.28）式和（3.31）式中的$\tilde{\lambda}_t$和$\widetilde{K}_{t+1}$，就剩下了一个只有两个方程的系统，可以写成如下形式：

$$E_t z_{t+1} = Az_t + a\tilde{r}_t \quad (3.32)$$

对于系数的特定的矩阵A和向量a，现在有：

$$z_t \equiv \begin{bmatrix} \tilde{Y}_t \\ \tilde{I}_t \end{bmatrix}$$

这一对耦合差分方程是对新威克塞尔基准模型中的IS关系式的“缺口”（第4章的（1.12）式）版本的一般化。

现在我们可以以利率反馈规则的形式给出一个具体的货币政策来完成这个系统的构建了：

$$\hat{i}_t = \bar{i}_t + \phi_\pi(\pi_t - \bar{\pi}) + \phi_x(x_t - \bar{x})/4 \quad (3.33)$$

其中，我再次引入$x_t \equiv \tilde{Y}_t$来定义产出缺口（$\bar{x}$还是对应稳态通货膨胀率$\bar{\pi}$的稳态产出缺口）。在这种“泰勒规则”形式定义的政策中，利率缺口为：

$$\tilde{r}_t = (\bar{i}_t - \hat{r}_t^n - \bar{\pi}) - E_t(\pi_{t+1} - \bar{\pi}) + \phi_\pi(\pi_t - \bar{\pi}) + \phi_x(x_t - \bar{x})/4 \quad (3.34)$$

注意，在这个关系式中，如果我们做出如下更进一步的假设，那么唯一的内生变量就是缺口变量了：

$$\bar{i}_t = \bar{i}_t^{cc} + \eta_r\hat{K}_t \quad (3.35)$$

其中，$\{\bar{i}_t^{cc}\}$是一个内生过程。这表示，除了对通货膨胀和产出缺口的内生变动做出系统反应外，货币政策规则（3.33）式还涉及对资本存量的内生变动做出系统反应：中央银行的利率调控目标完全按照资本存量变化导致的自然利率的变动幅度调整。这很明显是一个特殊的案例，但是如果我们希望稳定通胀，进而让利率跟随自然利率一对一变动，这并不是完全不现实的。在所有能够影响自然利率的根源中，来自总资本的变动导致的波动应该是中央银行最容易准确跟踪的（由于资本存量运动较为迟缓）。

这样，一个关于变量$\{\tilde{Y}_t, \tilde{I}_t, \tilde{r}_t, \hat{s}_t, \pi_t\}$决定的均衡条件的完整系统，就可以由（3.17）式、（3.27）式、（3.32）式和（3.34）式给出了。方程系统可以表示成如下形式：

$$E_t \hat{z}_{t+1}=\hat{A}\hat{z}_t+\hat{a}(\hat{r}_t^n-\bar{i}_t+\bar{\pi}) \tag{3.36}$$

其中，此处的

$$\hat{z}_t\equiv\begin{bmatrix}\tilde{Y}_t-\bar{x}\\ \tilde{I}_t-\bar{I}\\ E_t\pi_{t+1}-\bar{\pi}\\ \pi_t-\bar{\pi}\end{bmatrix}$$

$\bar{I}$为对应稳态通胀率$\bar{\pi}$的$\tilde{I}_t$的稳态值，而$\hat{A}$和$\hat{a}$仍然是系数矩阵和向量。我们是这样得到这个系统的：最上面两行是将（3.34）式代替（3.32）式中$\tilde{r}_t$得到的[38]；第三行是从（3.17）式中解出$E_t\pi_{t+2}$，然后用（3.27）式代替$\hat{s}_t$和$E_t\hat{s}_{t+1}$，最后用刚刚得到的（3.36）式的前两行代替$E_t\tilde{Y}_{t+1}$和$E_t\tilde{I}_{t+1}$；第四行就是一个简单的恒等式。

由于系统（3.36）式是纯粹的前瞻型（例如，没有任何提前设定好的状态变量），通过（3.33）式和（3.35）式定义的政策规则可以得到通货膨胀和产出缺口（还有其他变量）的确定性均衡动态过程，当且仅当矩阵$\hat{A}$的四个特征向量都在单位圆外。当这一点成立时，我们就可以用通常的方式求解，得到一个唯一有界解。通货膨胀和产出缺口的解，以及名义利率的解为如下形式：

$$\pi_t=\bar{\pi}+\sum_{j=0}^{\infty}\psi_j^{\pi}E_t(\hat{r}_{t+j}^n-\bar{i}_{t+j}+\bar{\pi}) \tag{3.37}$$

$$x_t=\bar{x}+\sum_{j=0}^{\infty}\psi_j^{x}E_t(\hat{r}_{t+j}^n-\bar{i}_{t+j}+\bar{\pi}), \tag{3.38}$$

$$\hat{i}_t=\bar{i}_t+\sum_{j=0}^{\infty}\psi_j^{i}E_t(\hat{r}_{t+j}^n-\bar{i}_{t+j}+\bar{\pi}) \tag{3.39}$$

上述形式与新威克塞尔基准模型相同（详见 4.2.4 节）。但是，这里的系数$\{\psi_j^{\pi}, \psi_j^{x}, \psi_j^{i}\}$的值却是不同的。在模型参数选择以前的数值，按照（3.33）式和（3.35）式定义的政策规则，且反馈系数$\phi_\pi=2$，$\phi_x=1$时，我们用图 5.10 刻画了系数$\{\psi_j^{\pi}, \psi_j^{x}\}$在$j$从 0 到 10 时的轨迹。图 5.10 中，实线表示可变资本模型中的系数，虚线表示基准模型中的系数。（虚线对应于第 4 章的图 4.4 和图 4.5 中的实线。）

我们可再次发现，至少对于未来很少几个季度的预期缺口$E_t(\hat{r}_{t+j}^n-\bar{i}_{t+j})$的变化来说，预期缺口的增加会导致通货膨胀和产出缺口都增加。而且，虽然未来数个季度以后的期望缺口$E_t(\hat{r}_{t+j}^n-\bar{i}_{t+j})$的变化对产出缺口不会有太大影响，但是对通货膨胀却会有很大影响。所以，我们仍然可以用与不变资本模型同样的方法来解释通货膨胀和产出缺口的波动。通货膨胀和正的产出缺口仍然是来源于自

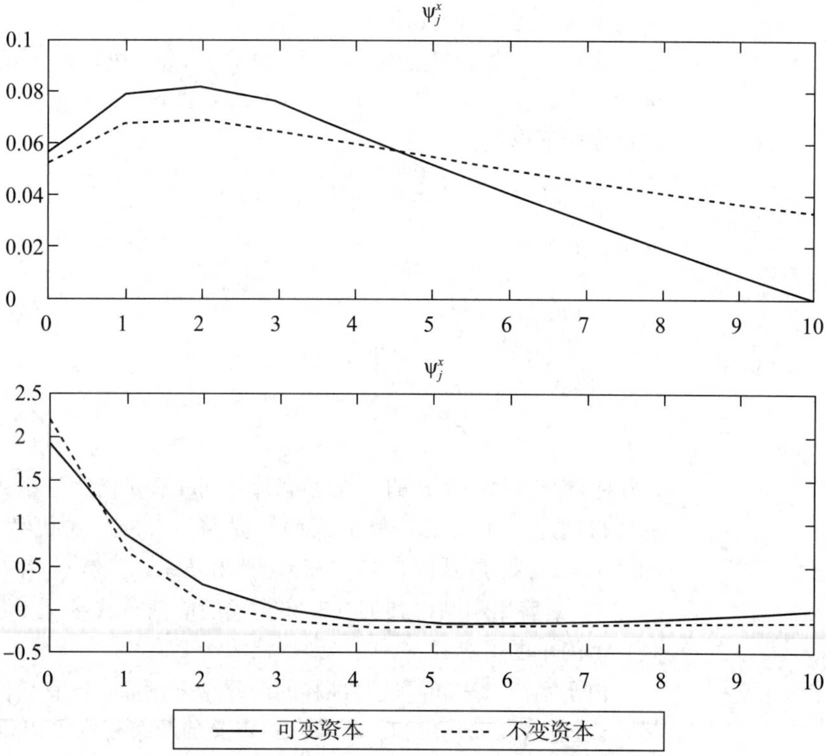

图 5.10　通货膨胀和产出缺口前瞻性解的系数

然产出率的增加没有被相应的紧缩性货币政策所抵补，或是宽松的货币政策没有被自然利率的下降进一步证实。

一个直接的后果就是，得到通货膨胀稳定目标的一个可能方法仍然是遵守形如（3.33）式的政策规则，这样：(i) 选择系数 ϕ_π，ϕ_x 来得到一个确定性均衡；(ii) 截距调整尽量追踪自然利率的变化，也就是说，中央银行试图在任何时候都维持 $\bar{i}_t = \hat{r}_t^n + \pi$。（注意这是形如（3.35）式的规则的一个范例，其中 $\bar{i}_t^{cc} = \hat{r}_t^{ncc}$。）如果能足够精确地满足这一条件，那么在原则上，我们就可以通过有限的反应系数，完全稳定通货膨胀。所以，在追求价格稳定的过程中，与我们之前在新威克塞尔基准模型中的分析一样，跟踪自然利率的变动仍然是至关重要的。

【注释】

[1] 相同情况还可见于图 5.2、图 5.4 和图 5.5，这些图均反映了从其他相似的 VAR 研究中得出的脉冲反应模式。

[2] 加贝克斯和莱布森（Gabaix and Laibson）提出的消费的间歇性调整会得到与 5.1.2 节讨论的习惯的持续性假设类似的支出动态。

[3] 这里我们假设家庭面临的价格使不等式（1.2）的右边的定义更加合理，并且有限。否则，如以前一样，就不会有任何最优的计划。因此，与第 2 章一样，这个条件也是产生均衡所必需的。类似地，如果假设只要家庭愿意，就可以选择持有一定非负数量

的无利息通货，那么名义利率在任何时候都非负也是存在最优计划的必要条件。

［4］g_t在$t-d$期并不是公共信息这一假设并不要求政府掌握比私人部门更全面的宏观信息，或者更短的计划制定期限。它主要说明政府购买行为中那些不能根据公共信息提前d期预测的外生随机变动。

［5］图5.1还给出了在存在实际余额效应下的预期脉冲反应，像4.3.2节一样，实际余额效应由货币摩擦的参数表示，这与无现金情况下的预测并没有什么本质不同。因此，在本章后面的部分我们仍将继续忽略实际余额效应。

［6］将外生项定义成只包括在$t-d$期可被预测的通货膨胀和产出缺口的这种假设仅仅是符号的。这是因为，在（1.9）式中π_t完全可以在$t-d$期被预测，同时（1.11）式中不可被预测的x_t是个纯外生变量。

［7］请参考罗特伯格和伍德福德（1997）的实证研究模型。

［8］毫无疑问，这个假设包含有限理性的因素。但是如果我们假设家庭需要提前恪守对特定水平的实际支出的承诺的话，这就不一定了。

［9］这一推导最吸引人的是明确地揭示出，为什么t期对单个商品的支出仍然依赖于单个商品的价格，正如我所假设的那样，而不仅仅依赖于在$t-d$期对它们的价格的预测。

［10］注意，这里假设消费“习惯”只取决于个人自己过去的支出水平，并不依赖于他人的支出水平。

［11］这里，C_t^h完全表示投资支出，我们可以通过假设对投资调整的成本的界定出自Basu and Kimball（2002）。见附录D的D.1节。

［12］目前，这一方面最先进的观点可见于：Christiano et al.（2001）、Altig et al.（2002）、Smets and Wouters（2002），以及IMF研发的新全球经济模型（请参见Laxton and Pesenti，2002）。

［13］注意，如果包括足够多的内生变量的滞后，这一界定就相当于将货币政策扰动视为一个任意的自回归过程。

［14］注意，假设复合外生扰动项g_t在$t-1$期已知，并在确定t期利率之前。因为政府购买是典型的需要预算型的，这一设定并没有不合理之处。

［15］这里被用于认定货币政策变动的假设条件，在VAR结构理论里是很普遍的，参见Christiano et al.（1999）。

［16］布瓦万和詹诺尼（2003）使用1980年以前的样本，用相同的方法来分析对货币政策冲击的反应，并对其结果进行比较。他们认为，尽管由包含了利率变化对私人部门支出的影响的模型得出的反应更接近1980年前的水平，大多数差异还是来自于他们所估计到的，1980年前和1980年后的样本里货币政策的变化。关于利率变化对私人部门支出的影响将在下面讨论。

［17］参数识别，以及关于估计策略的其他方面的详细讨论，可参见Rotemberg and Woodford（1998）。

［18］将预期反应包含到具有两个时间间隔的利率和通货膨胀项里，我可以得到发生波动的第2个季度里的政策变动的截距项的移动幅度。

［19］因为θ的设定值表示价格与边际成本之间的比率为1.15，0.75的劳动力弹性说明，劳动所占的份额应该是为0.75/1.15＝0.65，这差不多就是观察到的美国的平均水平。

［20］罗特伯格和伍德福德指出，在使κ的低估计值与模型的理论规定保持一致的问

题上，劳动供给完全弹性的假设并不是必需的，但是为了让模型与观察到的实际工资对货币政策冲击的温和顺周期反应一致，这却是必需的。

[21] 见第 3 章的（2.12）式。

[22] 对于这些模型的批评，可见于菲雷尔（1997），他假设实际扰动应该是序列无关的。麦格雷登（McGrattan，1999）也发现了当假设实际扰动过程仅仅包括生产方程的误差项和实际政府购买的变动时，表现也是相当差的。但是，这个理论模型也引入了偏好扰动，这将对解释历史时间序列起到重要作用。

[23] 通过使用另一种不同的方法，劳巴克和威廉姆斯（Laubach and Williams，2001）估计出美国的自然率序列显示出显著的变化性，尽管没有这里这么大。当他们假定自然率中来自于经济长期增长率的变动之外的部分是一个平稳二阶自回归过程（AR(2)）时，他们估计自然率的标准差应该是 1.98 个百分点。他们对低频率变动的估计说明在 1994 年末的时候，自然率仅仅是 10 个基点。因为他们的方法仅仅是要隔离掉自然率变动中的低频率部分，但是理论认为高频率的变动也是有可能的，所以即使假定他们正确地估计了低频率的变动，自然率总体的波动性也很有可能大于他们的估计值。

[24] 参见 Rotemberg and Woodford（1997，fig. 5），其中有对这两个目标之间的权衡的说明。

[25] 注意，这里的 φ 的含义与表 5.1 不同。

[26] 布瓦万和詹诺尼模型就是包含工资弹性的模型，尽管他们是用一个不同的方法对参数进行估计。

[27] 在灵活价格模型中，比例 $\omega_t(i)$ 除上分母总等于边际报酬，所以这种表达会等于资本的边际报酬产品，尽管这一方式可能比较麻烦。

[28] 这个方程中的参数 σ 不再是消费替代的跨期弹性，现在这一弹性由 $\bar{C}/\bar{Y}$ 衡量。在包含投资的模型中，这些数量与之前不再完全相同，甚至在不存在政府购买的情况下也是如此。

[29] 这就是说，q_t 是衡量在给定可能的偏好和技术波动，但是不考虑企业资本存量可能变动的影响的情况下，为了维持供给的边际负效用不变的产出变化，所以 q_t 也是一个外生扰动项。这里以潜在扰动的形式给出的 q_t 与 5.2.1 节给出的不同，因为两处关于技术因素 A_t 如何影响产出函数的具体设定是不同的。但是，q_t 与之前的不变资本模型是完全对应的，实际上就是那边我所使用的 a_t，当然与这边的 a_t 不同。

[30] 所以这个模型的结构与理性预期 IS - LM 模型类似，比如萨金特和华莱士（1975）给出的，它允许存在内生资本存量。

[31] 与平常一样，存在这种形式的唯一有界解依然取决于特征方程的根是否满足某些特定条件，这里我就不再详细说明了。但是，在我给出的数值例子中，在依照经验给出的较符合现实的参数值下，这些相关条件是可以得到满足的。

[32] 这一点由解第 3 章中相应的通货膨胀方程（2.13）而来。

[33] 严格说来，我这里的参数校准与标准的 RBC 模型还不一样。就上面而言，我的 σ 实际上是消费占产出的份额与消费的跨期替代弹性的乘积，而不是弹性本身，所以 0.7 可能更接近标准的实际经济周期（RBC）假设。但是我没有必要选择特别精确的数值，所以四舍五入取了 1。

[34] 对于文中讨论的具体参数值，基准值 $\epsilon_\psi=3$ 意味着季度模型中 $\Sigma=-1.246$。注意模型并不要求 Σ 一定为负。我们可以发现 $\Sigma>0$（由于 $\mu_1>1-\delta$）当且仅当 ϵ_ψ 大于临界

值 $\rho_k(1-\delta)/\delta>0$时。对于校准的参数值，这一临界值大约等于 114.5，所以相应的投资的调整成本可能与观察到的投资支出的发散程度不符。

[35] 这意味着 $\Phi_\pi=2$，$\Phi_x=1$，与图 4.7 和图 5.1 考虑的基准情况相对应。

[36] 这个效果是非常显著的。例如，图 5.8 中所示的模拟，在冲击发生后的第 8 个季度，$\sum\hat{K}_t$ 的正向效果是所有实际利率项的累积负影响的 65%，所以总需求的萎缩仅仅是本应该有的大小的三分之一多一点。

[37] 这一点对于我在此处用来定义均衡的对数线性化近似形式是正确的。更确切来说，它取决于生产不同商品的各个厂商的资本存量。

[38] 注意，如果我们用这些变量从其稳态值偏离的差分来代替它们本身的话，这些方程依然成立。我之所以选择用这种形式来表示（3.36）式，是因为政策规则（3.33）式就是用的这种形式。

经济科学译丛 · 利息与价格 经济科学译丛 · 利息与价格 经济科学译丛 · 利息与价格 经济科学译丛 · 利息与价格

第二篇
最优政策

第 6 章　通货膨胀稳定化与福利

现在我使用前几章发展出来的分析框架，转而考察不同货币政策规则的评价问题。当然，一个首要的问题是，货币政策的目标应该是什么？就应加以评估的不同的货币政策而论，除了个别例外，大多数讨论都把主要的注意力集中于两个目标。首先，在最近讨论中被特别关注的一个目标是维持较低和稳定的通货膨胀率。人们有时认为，这应该是货币政策的唯一目标，而且最近出现的一些新情况——在 20 世纪 90 年代，作为《马斯特里赫特条约》中规定的欧洲中央银行的目标，一些国家的中央银行已明确表态负责完成通货膨胀目标或者只关心价格稳定——也表明，这种观点在政策制定者中间已经具有很大的影响力。[1] 与此同时，大多数对实际货币政策的讨论，包括现在以及对采取通货膨胀目标制的中央银行的讨论，也假设了至少在一定程度上关心经济活动的稳定性。在早期的文献中(例如，Poole，1970)，这经常被看作是货币稳定化政策的主要目标。

就什么是合意的货币政策，学术界存在相当多的一致看法，即认为应该使得损失函数贴现值的期望值达到一个较低的水平，其中每一期的损失由通货膨胀相对于目标通货膨胀率偏差的平方与产出的某种衡量指标相对于潜在水平偏差的平方二者之间的加权平均构成。不过，即使对目标函数的一般形式存在一致的看法，在涉及大量最优政策设计问题时仍有相当多的不同观点。首先最为明显的问题是，对通货膨胀稳定性和产出稳定性应该赋予多大的相对权重？但对此进行的方便的描述几乎只能是含混不清。例如，应该以哪种指标作为产出稳定性的标准？特别地，应该寻求相对于引起短期总供给曲线移动的实际扰动做出反应的

"潜在产出"概念的产出稳定，还是寻求相对于平滑趋势的产出稳定？[2]

类似地，在某种意义上，是否应该关注价格稳定呢？我们是否应该寻求价格水平与确定的目标路径之间偏差的稳定化（例如，霍尔和曼昆（1994）建议的那样），从而对一个未预期到的、超出目标通货膨胀率的通货膨胀有意采取逆转政策，以便使得价格水平返回到其目标路径上呢？还是应该寻求通货膨胀率与其目标水平之间偏差的稳定化（例如，斯文森（1997a）假设的那样），从而在假设通货膨胀无法预测的那部分的方差不能为政策所减少的条件下不去寻求与过去通货膨胀波动相反的手段，以便使得通货膨胀可预测部分的变动达到最小化？正是无法预测的通货膨胀导致了对先前已经存在的名义合同所产生实际结果的未预期的修正，而预测到的通货膨胀的变动则可以简单地纳入到何种之中，是应该基于此而优先考虑减少无法预测的通货膨胀的变动吗？或者基于预期到的通货膨胀对激励产生扭曲（例如对税收的估计）、而无法预测的通货膨胀对激励不产生影响（例如，为估计到的财富课税），而优先考虑可预测的通货膨胀呢？

本章的目的是要说明经济分析如何处理这些问题。使用一个基于私人部门最优化的模型分析不同政策规则的结果所拥有的一大优势是，这一模型中决定不同政策效果的结构方程中显示出来的私人经济当事人的偏好可以作为自然的福利判别标准，长期以来，在公共财政理论中，这一基于效用的福利分析方法已经成为一种标准模型。但在货币政策的分析中还不经常使用该模型，这或许是因为主要关注货币稳定化政策的分析被假定为不需要具有明确微观基础的模型。但是我们已经看到，多亏有了名义黏性，基于个体最优化行为的模型可以被构建成允许货币政策对实际变量产生现实的影响。在这里，我们将会看到，那些相同的名义黏性为中央银行对价格稳定所表现出来的传统关注提供了福利经济评价。

当然，我并不是要假设个体经济当事人直接关心价格，他们的经济福利直接取决于他们所消费的商品数量以及他们为生产而付出努力的数量。但是，正如税收可以通过对资源的均衡配置产生影响而导致福利损失一样，通货膨胀也能如此。在一个具有名义黏性的模型中——更确切地说，是在经济当事人相互之间完全同步的条件下价格并不进行相应调整（这要求但无需强烈要求他们并不总是连续地调整）的模型——一般价格水平的不稳定性导致那些在不同时期调整价格的商品相对价格发生不必要和不情愿的变动。如同扭曲价格的税收一样，这些相对价格的扭曲也会导致福利的损失。我们将会看到，这种效应不仅证明损失函数中应该加入通货膨胀变动因素，而且如果假设有人要对实际经济中名义黏性的明显程度附加参数值，的确应该在许多货币政策评估文献中所使用的损失函数中给予通货膨胀变动比产出变动更多的权重。

以此方式导出基于福利评判的效用不仅允许我们对价格稳定给予一般性的关注，而且可以进一步对以前有关适当的损失函数的确切形式所涉及的问题提供明确的答案。当然，这些答案取决于人们对经济结构所做出的假设。例如，它们极大地依赖于现有名义黏性的特征。由于对现有经济模型是否为正确的结构关系存有争议，人们评价政策时所使用的福利评价标准是否适当也存有争议。在这里，我的目的旨在更多地说明方法而不是得出最终的结果。但在我使用的被经验判断为符合历史数据的结构方程中所需要的特定参数值，也包含了有关适当福利标准的重要信息。

6.1 损失函数的近似与最优政策

在下面的分析中，我利用所使用的方法得到一个二次的损失函数，用于表示与特定政策相联系的理性预期均衡中代表性家庭预期效用水平的二次近似（二阶泰勒展开）。之所以采用这种近似出于几方面的原因。原因之一是出于数学计算上的方便，利用对目标函数的二次近似和对结构方程的线性近似，我可以在已经获得扩展的线性二次最优控制框架中集中考察最优政策的特征，而在这一框架中，最优政策的特征相对简单。当在部分信息条件下考虑指标变量最优使用问题时，这种便利显得尤为突出。[3]

不过，这种做法还有其他一些好处。好处之一是这些结果与考察货币政策评价问题的传统文献具有可比性，因为传统的文献中几乎总是假设损失函数具有某种形式的二次形式。把我的结果限于这种类似的形式有利于讨论我基于效用的福利标准与其他研究中那些假设形式之间存在的类似性和差异性，而不必因为表面函数形式上的差异使得可比较的结果变得相对较少，最终使问题变得模糊不清。

最后，如果我不打算通过计算高阶逼近项来精细地刻画不同政策的效应，那么我也就没有必要关心福利标准的高阶近似。在本章研究的第一部分，我将通过对模型的结构方程进行对数线性近似，说明如何推导出不同政策下通货膨胀和产出均衡波动的对数线性近似。使用这一模型，我对这些变量均衡波动的计算直到残差项$\mathcal{O}(\|\xi\|^2)$，其中，$\|\xi\|$表示外生扰动项的振幅。由于在刻画均衡波动时我不打算计算$\|\xi\|$的二阶项，所以在评价代表性家庭预期效用时也就不去计算$\|\xi\|$的三阶或更高阶项。[4]当然，我们也希望可能对不同制度下可预测的内生变量的评价标准进行更为精确的近似。但是，这类研究需要引入大量的额外参数，而为了计算就不得不给这些参数赋值。在宏观经济时间序列经验研究所使用的线性模型意义范围内，对这些参数的赋值通常缺乏经验基础。[5]

然而，只基于对模型结构方程的线性近似而对效用函数的二阶近似也只能在一定条件下才可以计算。在这里我假设这些条件在计算时成立，但重要的是，应该明确结果有效性的范围。用x表示内生变量的向量，并假设我们希望评价不同政策选择下的$E[U(x;\ \xi)]$，其中ξ是随机的外生扰动的向量，对应于ξ可能的实现值，$U(\cdot\ ;\ \xi)$是一个凹函数并且至少二次可微。现在我们假设能够计算相应于任意政策规则内生变量所做出的均衡反应的线性（或对数线性）近似：

$$x=x^0+A\xi+\mathcal{O}(\|\varphi,\xi\|^2) \tag{1.1}$$

其中，系数x^0和A取决于政策，而φ表示随后将要讨论的政策的某一个方面。对任意给定的政策规则而言，上式代表了对确切的均衡反应$x(\xi)$的一阶泰勒近似，其中$x(\xi)$被假定为非线性但可微，并且在均值$\xi=0$附近取值。通过将原结构方程在状态变量的某些值$\bar{x}$以及扰动项在$\xi=0$附近线性化，可求解近似的结构方程系统（包括近似的政策规则），我得到这一近似解。[6]线性化过程中所使用

的 $\bar{x}$ 值不必一定对应着无扰动条件下的均衡值 x^0，因为我希望用一个简单的近似模型来考虑不同的政策规则（这并不总意味着相同的 x^0）。虽然如此，在给定 $\bar{x}$ 并在此周围展开模型方程的条件下，我的近似方法只有当政策使得 x^0 的值充分接近于 $\bar{x}$ 时才是准确的。精确起见，为了使得（1.1）式中的误差项无论在何种政策规则下都只有 $\mathcal{O}(\|\varphi, \xi\|^2)$ 阶，在通过求解结构方程在 $\bar{x}$ 附近的线性系统获得线性近似解时，我必须假设 $\tilde{x}^0 \equiv x^0 - \bar{x} = \mathcal{O}(\|\varphi\|)$。因此，参数向量 φ 表示在没有扰动条件下影响均衡结果的政策规则的一些情况，其中 $\varphi=0$ 意味着 $x^0 = \bar{x}$，并且结果可以应用于那些 $\|\varphi\|$ 很小的政策。

我可以对效用函数采用类似的泰勒展开，得到：

$$U(x,\xi)=\overline{U}+U_x\tilde{x}+U_\xi\xi+\frac{1}{2}\tilde{x}'U_{xx}\tilde{x}+\tilde{x}'U_{x\xi}\xi$$
$$+\frac{1}{2}\xi'U_{\xi\xi}\xi+\mathcal{O}(\|\varphi,\xi\|^3) \tag{1.2}$$

其中，$\overline{U}\equiv U(\bar{x};0)$，$\tilde{x}\equiv x-\bar{x}$，$U$ 的所有偏导数在（$\bar{x}$；0）处取值。在残差有限的范围内，我使用（1.1）式意味着 $\tilde{x}=\mathcal{O}(\|\varphi, \xi\|)$ 这一事实。取（1.2）式的期望值，并运用标准化的 ξ 满足 $E(\xi)=0$ 这一事实，我可以得到福利标准的近似值：

$$E[U]=\overline{U}+U_xE[\tilde{x}]+\frac{1}{2}\mathrm{tr}\{U_{xx}\mathrm{var}[x]\}+\mathrm{tr}\{U_{x\xi}\mathrm{cov}(\xi,\tilde{x})\}$$
$$+\frac{1}{2}\mathrm{tr}\{U_{\xi\xi}\mathrm{var}[\xi]\}+\mathcal{O}(\|\varphi,\xi\|^3) \tag{1.3}$$

这里，我使用 $E[z]$ 表示随机向量 z 的期望值，$\mathrm{var}[z]$ 表示这一向量的方差－协方差矩阵，$\mathrm{cov}(z_1, z_2)$ 为两个随机向量 z_1 和 z_2 之间的协方差矩阵。

现在，我希望考虑下面对既定政策规则下 x 的均衡波动的线性近似是否可以被有效地用于计算期望效用的二阶近似值：

$$x^{(1)}\equiv x^0+A'\xi \tag{1.4}$$

利用 $\tilde{x}^{(1)}\equiv x^{(1)}-\bar{x}$ 替代（1.3）式中的 $\tilde{x}$，可以得到下面的估计值：

$$U^{(1)}\equiv\overline{U}+U_x\tilde{x}^0+\frac{1}{2}\mathrm{tr}\{U_{xx}A\Omega A'\}+\mathrm{tr}\{U_{x\xi}\Omega A'\}+\frac{1}{2}\mathrm{tr}\{U_{\xi\xi}\Omega\}$$

其中，$\Omega\equiv\mathrm{var}[\xi]$。但是注意：

$$E[U]=U^{(1)}+U_xE[\tilde{x}-\tilde{x}^0]+\mathcal{O}(\|\varphi,\xi\|^3)$$

这意味着，不能基于福利标准 $U^{(1)}$ 而对具有相同平均结果 x^0 的不同政策进行正确的排序，[7] 即使在扰动的幅度被限定在任意小的范围内也是如此，除非下面的结果成立：

$$U_xE[\tilde{x}-\tilde{x}^0]=\mathcal{O}(\|\varphi,\xi\|^3) \tag{1.5}$$

仅就使用泰勒展开进行近似所需要的条件而言，条件（1.5）式并不是标准性正则假设的一个结果而一定成立。因为在对 $E[x]$ 的正确近似式中可能有二阶项作为（1.1）式残差的一部分而被保留下来，但它们对（1.5）式的左边产生非零的二阶贡献。[8] 此外，因为需要使用模型结构方程的二阶近似，所以如果在模型均衡的近似解中不考虑二阶项，那么这些项是否为零的问题也不能普遍得到回答。

尽管如此，在扰动足够小的条件下，通过合理使用线性结构方程的解，我们仍有可能得出有关不同政策规则福利大小的有效顺序。这要求：

$$U_x(\bar{x};0)=0 \tag{1.6}$$

从而（1.5）式成立。在这种情况下，$U^{(1)}$ 提供了对 $E[U]$ 的有效二阶近似，而且在扰动充分小并且相关政策均意味着 x^0 充分接近于 $\bar{x}$ 的条件下，对 $U^{(1)}$ 的数值进行比较可得到这些政策的一个准确福利顺序。正如下一节将看到的那样，定义使得这一条件能够成立并且展开式（1.2）式中不包含线性项的模型是可能的。

（1.6）式可以被认为是在没有扰动的情况下 $\bar{x}$ 实现最优的条件，它可以看成是在模型中的方程被对数线性化那一点——在没有扰动的情况下使得福利为最大的状态变量的取值周围泰勒展开——发出的指令所应满足的条件。不过，$\bar{x}$ 也必须是我们评价所感兴趣的政策下的 x^0 邻近的点，而且这可能与其他的要求相矛盾。例如，在第 3 章所提供的一类垄断竞争定价模型中，伸缩性价格条件下或者更一般的是在导致一个稳定价格的政策下的均衡产出数量（没有产出补贴的情况下）是低于有效水平的。我们可以设想，每一期在每种产出数量 $y_t(i)=Y^*$ 的一个资源配置周围进行泰勒展开，其中 Y^* 是没有扰动的情况下福利最大化的产出水平。但另一方面，能产生稳定或几乎稳定价格的政策不一定是一个能产生对模型均衡条件线性化所围绕的那一点附近无扰动条件下均衡结果的政策。结果，在这种政策下，由于用于分析这类政策的对数线性化方程是不准确的，所以近似的度量标准 $U^{(0)}$ 也可能是不准确的。可是，这些是我感兴趣并且的确（在这里以及第 7 章中）要确立其为应满足条件的那些最优政策。所以，我们必须在与无扰动条件下具有稳定价格的均衡相对应的资源配置周围进行泰勒展开。（1.6）式可能是也可能不是应满足的条件，这取决于在没有随机扰动的环境以及稳定价格中是否保留着扭曲。

（1.6）式并不仅仅是我们用于分析不同政策规则的经济所具备的特征。在给定经济模型的情况下，它是否得到满足取决于在表示二次福利函数时所用变量的选取。例如像 6.2 节中将要考虑的那样，我假设在一个垄断竞争模型中存在对生产的补贴，其规模恰好使得价格具有伸缩性条件下的均衡产出水平是有效的。即使这样，如果我们把效用表示为代表性家庭的消费和劳动供给量的函数，并且围绕着不存在扰动的条件下消费量和劳动时数在具有伸缩性价格下的均衡数值周围，把效用函数展开为消费量和劳动时数的二次函数，那么，尽管这一配置是最优的，但（1.6）式得不到满足。这是因为，在展开式所围绕的那一配置周围，消费的边际效用和工作时间的边际负效用都不等于零（甚至没必要很小）。配置 $\bar{x}$ 是最优的，但只有当我们把作为生产函数约束下可行结果特征的消费与工作时间之间的关系说明清楚时，这才是正确的。此外，为了得到对不同政策按福利标准给出的排序，正如我 6.2 节中做的那样，我们需要把生产函数代入到效用函数之中，并且把效用表示为产出水平这一效用梯度为零的意义下状态变量的函数。这种变量的改变对预期效用二阶近似产生重要影响，因为我们在计算二阶近似值之前就把生产函数代入到了效用函数之中。为了做到这一点，我们需要使用生产函数的二阶近似，连同选择的其他变量，消费与工作时间之间的关系将成为模型结构关系之一，只不过被对数线性化而已。因此，对变量的选择需要特别细心。[9]

我们可以将（1.6）式稍微加以弱化，只要求：

$$U_x(\bar{x};0)=\mathcal{O}(\|\Phi\|) \tag{1.7}$$

其中，Φ 是决定进行泰勒展开时所围绕的配置 $\bar{x}$ 低效率程度的那些结构模型的参数向量。在这一假设条件下，我们得到：

$$U_x E[\tilde{x}-\tilde{x}^0]=\mathcal{O}(\|\Phi,\varphi,\xi\|^3) \tag{1.8}$$

结果可以得到：

$$E[U]=U^{(1)}+\mathcal{O}(\|\Phi,\varphi,\xi\|^3)$$

因此，当对使用线性近似的结果关系的解进行评价时，只要下面的条件成立，对效用函数（1.3）式的二次近似提供了对预期效用函数的一个有效的二阶近似：(i) 扰动足够小；(ii) 待分析的政策隐含着在没有扰动的情况下所生产的结果距离泰勒展开所围绕的配置非常近；(iii) 扭曲足够小。下一节将要考虑的具有垄断竞争基础的黏性价格模型中，在政策意味着长期平均通货膨胀率足够小的情形中，条件（ii）得到满足。在具有伸缩性价格下的均衡产出水平缺乏效率的程度足够小的情形中，由于微弱的市场支配力和/或足以抵消来自于有差别产品垄断供给者的市场支配力的政府补贴的存在，条件（iii）得到满足。

分析带有其他参数的等式关于 Φ 的泰勒展开式时，我们可以考虑在缺少随机扰动的条件下没有被价格稳定性政策所消除的那些扰动的结果，不过只是在有限的条件下。在针对各种政策下均衡结果给出的线性近似（1.1）式中，我们所提议的近似值说明了对不变项 x^0 微小扭曲 $\Phi\neq 0$ 所产生的效应，但没有考虑到这类扭曲对由矩阵 A 给出的扰动做出反应的效应，因为若扭曲只是一阶的，那么这类效应可能是二阶的。类似地，在对预期效用给出的二阶近似式（1.3）中，这种方法说明了扭曲与内生变量的平均值之间的相互作用，但没有说明扭曲对内生变量受到扰动所产生的福利结果的效应。因此，就这一级近似而言，相应于扰动最优反应的线性特征是独立于 Φ 的，因而与 $\Phi=0$ 的经济所对应的结果相同。[10]然而，即使在有限的意义下说明 $\Phi\neq 0$ 的结果也是相当重要的。特别地，这使得我们能够决定在最优产出水平平均高于与稳定价格相一致情形中最优长期平均通货膨胀率的结果，而其中与稳定价格相一致的情形（与存在短期菲利普斯曲线交替关系相关联）经常被认为是为膨胀性政策提供了动机。

处理不能被价格稳定所消除的扭曲较大从而不适宜使用较小的 Φ 进行展开的情形需要附加信息。一种方法是，简单地计算任意既定政策下均衡条件的精确到二阶的近似解，并把它代入（1.3）式之中。为达到这一目的而使用的微扰方法（和数值运算）参见 Collard and Juillard(2001)、Anderson and Levin(2002)、

Jin and Judd(2002)、Kim et al.(2003) 以及 Schmitt-Grohé Uribe(2002)，其中均有讨论。正如萨瑟兰德（Sutherland，2002）证明的那样，在某些情形中，所需要的计算可以简单地归结为：为了进行福利分析，我们只需计算状态变量的均值 $E[x]$ 的二阶近似值。

贝尼尼奥和伍德福德（Benigno and Woodford，2003）证明，即使（1.6）式不成立，并且用较小的 Φ 进行近似得不到满足，那么找到一个不含有非线性项的预期效用的二次近似也是可能的。也就是说，我们可以找到一个二次型 V，无论所要考虑的政策规则是什么，即使（1.6）式不成立并且 $V \neq U_{zz}$，它都满足：

$$E[U] = \bar{U} + E[\tilde{z}' V \tilde{z}] + \mathcal{O}(\| \varphi, \xi \|^3) \tag{1.9}$$

其中，$z \equiv [\tilde{x}' \ \xi']'$。如果满足（1.9）式的表达式存在，那么

$$E[U] = V^{(1)} + \mathcal{O}(\| \varphi, \xi \|^3)$$

其中，

$$V^{(1)} \equiv \bar{U} + \text{tr}\{V_{xx} A \Omega A'\} + 2\text{tr}\{V_{x\xi} \Omega A'\} + \text{tr}\{V_{\xi\xi} \Omega\}$$

是通过把 x 的一阶近似解（1.4）式替代（1.9）式右边的项而得到的估计值。这意味着，只使用对不同政策下均衡结果的线性近似，就可以得到一个对福利的有效的二阶近似。因此，使用线性化的均衡条件对不同政策的结果就足够了。

贝尼尼奥和伍德福德的方法等价于用结构关系（不包括对货币政策规则的任意设定）的一个二阶近似，以获得（1.3）式中涉及的如下形式中的内生变量均值项的一个表达式：

$$U_x E[\tilde{x}] = E[\tilde{z}' W \tilde{z}] + \mathcal{O}(\| \varphi, \xi \|^3) \tag{1.10}$$

其中，上式在任何政策规则下都成立。于是，借助于下面的定义，（1.3）式隐含着（1.9）式成立：

$$V = \frac{1}{2} U_{zz} + W$$

一般而言，表达式（1.10）成立的可能性取决于展开点 $\bar{x}$，即使不是函数 U 的无约束最优，也应是有约束的最优解。在政策有可能移动到 x^0 的特定方向上，梯度必须等于零。但是通过适当选择 $\bar{x}$ 做到这一点也是很有可能的，于是，$\bar{x}$ 的这一有约束的最优选择代表了，在对 $\bar{x}$ 做出适当的选择以便在这一点附近进行展开时，在意愿的政策下保持 $\bar{x}$ 附近那类 x 对应的结果。例如，在 6.5 节中我将会证明，这一方法可以应用于现期基准的交错定价模型，即使在市场支配力和/或税收引起的不容忽略的扭曲存在的情形中也是如此。

使用这一方法要求计算结构关系或者至少是其中的某些关系的二阶近似，以便获得（1.10）式。然而，正如早些时候提及的二阶求解法的情形一样，这种计算不止需要做一次，而且对我们希望分析的每一类型的政策而言是不可分的。因此，我们可以使用这种方法来刻画完全的最优政策，而不是只找到所有的均衡条件的二阶展开得到计算的那些简单政策规则中具有某些参数类的最优规则（例如，萨瑟兰德（2002）给出的分析）。而且，由于最优政策问题可以归结为类似的线性二次形式，所以这类问题的各种强有力的结果可以加以运用。这些结果包

括第 7 章中用于刻画相应于外生扰动做出最优状态一致反应的方法和第 8 章中得出最优线性政策规则的方法。

6.2 基于效用的福利准则

为了得到基准模型，我现在转向计算上一节讨论的一类以效用为基础的福利标准的近似值。在本节中，我把注意力限定在上一节讨论的按微小的 Φ 展开的简单情形之中。[11]模型中自然的福利准则是预期效用水平：

$$E\left\{ \sum_{t=0}^{\infty} \beta^t U_t \right\} \tag{2.1}$$

这一预期效用水平与一个特定的均衡相联系，其中，定义每期的效用贡献值 U_t 为：

$$U_t = u(C_t ; \xi_t) - \int_0^1 v(h_t(i) ; \xi_t) \mathrm{d}i \tag{2.2}$$

其中，C_t 表示迪克西特-斯蒂格利茨消费总量，$h_t(i)$ 为部门 i 所使用的劳动类型的供给。[12]在本节中，我将从货币摩擦的福利结果中抽象出一般结论。[13]

于是，使用均衡条件 $C_t + G_t = Y_t$ 和生产函数 $y_t(i) = A_t f(h_t(i))$ 替代消费和劳动时间，我可以把代表性家庭的当期效用表示为单独由 t 期每种商品产出水平所决定的函数：

$$U_t = \tilde{u}(Y_t ; \tilde{\xi}_t) - \int_0^1 \tilde{v}(y_t(i) ; \tilde{\xi}_t) \mathrm{d}i \tag{2.3}$$

与第 2 章和第 3 章一样，这里，间接效用函数定义为：[14]

$$\tilde{u}(Y ; \tilde{\xi}) \equiv u(Y - G ; \xi) \tag{2.4}$$

$$\tilde{v}(y ; \tilde{\xi}) \equiv v(f^{-1}(y/A) ; \xi) \tag{2.5}$$

其中，$\tilde{\xi}_t$ 表示外生的扰动（ξ_t、G_t 和 A_t）的完整向量。如同 C_t 和 G_t 一样，指标 Y_t 是 Dixit-Stiglitz 加总量：

$$Y_t \equiv \left[\int_0^1 y_t(i)^{(\theta-1)/\theta} \mathrm{d}i \right]^{\theta/(\theta-1)} \tag{2.6}$$

这里，$y_t(i)$ 度量了有差异的产品 i 在 t 期的产出（和消费）水平。[15]

6.2.1 产出缺口的稳定性与福利

在我前文的假设条件下，对 $\tilde{\xi}$ 每个可能的数值而言，$\tilde{u}$ 是关于 Y 递增的凹函数，而 $\tilde{v}$ 是关于 y 递增的凸函数。因此，(2.3) 式意味着 U_t 是关于各种商品产出水平向量的凹函数。也需注意，以这种符号来表示，第 3 章中引入的实际边际成本函数由下式给出：

$$s(y,Y;\tilde{\xi})=\tilde{v}_y(y;\tilde{\xi})/u_c(Y;\xi) \tag{2.7}$$

$\tilde{v}_y$ 关于 y 的弹性，即第 3 章引入的实际边际成本关于自身产出的弹性由 $\omega>0$ 给出。我们也可以观察到，实际边际成本关于产出总量的弹性值由 σ^{-1} 给出，其中 σ 定义为：

$$\sigma\equiv-u_c/\bar{Y}u_{cc}>0$$

它度量了总支出的跨期替代弹性。

在没有实际扰动（即当 $\tilde{\xi}_t=0$ 对所有时期都成立时[16]）的条件下，与零通货膨胀相关联的稳态的产出水平为满足下列条件的数量 $\bar{Y}$：

$$s(\bar{Y},\bar{Y};0)=(1-\tau)/\mu\equiv1-\Phi_y \tag{2.8}$$

其中，τ 是销售过程中征收的不变比例的销售税税率；作为供给者市场支配力的一个结果，$\mu\equiv\theta/(\theta-1)$ 是意愿的加成值；参数 Φ_y 则概括了税收和市场支配力所导致的对稳态产出水平总的扭曲。由于在没有扰动的情况下所有商品的有效产出水平 Y^* 满足条件 $s(Y^*,Y^*;0)=1$，所以 $\bar{Y}/Y^*$ 是关于 Φ_y 的减函数，并且在 $\Phi_y=0$ 时等于 1。当 Φ_y 很小时，我们可以使用对数线性近似：

$$\log(\bar{Y}/Y^*)=-(\omega+\sigma^{-1})^{-1}\Phi_y+\mathcal{O}(\|\Phi_y\|^2) \tag{2.9}$$

经验上来看，真实的情况很显然，即 $\Phi_y>0$。但是，在本节中我假设 Φ_y 很小，并且如上一节讨论的那样，把它看成是泰勒展开近似中的扩展参数之一。[17] 请注意，扭曲性的税率 τ 的引入允许我们专注于一系列 Φ_y 逐渐变小的经济，除非我们不得不涉及 θ 规模的变动，从而考虑决定不同政策结果的那些结构关系的对数线性化方程中的系数的含义。[18]

现在我开始处理（2.3）式的二次泰勒展开近似式的计算问题。

命题 6.1 *在每种商品的产出水平 $\hat{y}_t(i)$ 围绕着 $\bar{Y}$ 的波动足够小、扰动足够小而且 Φ_y 足够小的情形中，代表性家庭在每期的效用可以近似地表示为：*

$$U_t=-\frac{\bar{Y}u_c}{2}\{(\sigma^{-1}+\omega)(x_t-x^*)^2+(\theta^{-1}+\omega)\mathrm{var}_i\,\hat{y}_t(i)\}$$
$$+\mathrm{t.i.p.}+\mathcal{O}(\|\Phi_y,\hat{y},\xi\|^3) \tag{2.10}$$

其中，$\hat{y}_t(i)\equiv\log(y_t(i)/\bar{Y})$，$x_t\equiv\hat{Y}_t-\hat{Y}_t^n$，且 $\hat{Y}_t\equiv\log(Y_t/\bar{Y})$，$\hat{Y}_t^n$ 表示产出自然率（的对数），（正如第 3 章说明的那样）它被定义为价格具有完全伸缩性的条件下产出的均衡水平，而 $x^*\equiv\log(Y^*/\bar{Y})$ 为产出缺口的有效水平，由（2.9）式给出。"t. i. p." 收集了独立于货币政策的那些项，即常数或者纯粹是外生扰动因素的函数并与按福利大小对不同均衡的排序无关的那些项。

这一计算的详细内容在附录 E 中给出。

我们可以借助于在没有扰动的情况下决定内生状态变量长期均衡值的政策规

则的某些参数 φ 的范围选择性地对残差加以限定。我对这些参数进行标准化以使得，$\varphi=0$ 意味着 $Y^{\infty}=\bar{Y}$，并且对任意足够小的 φ，$\log(Y^{\infty}/\bar{Y})=\mathcal{O}(\|\varphi\|)$。而且，我将把注意力限定在 $y_t(i)$ 等内生变量在 $\|\tilde{\xi}\|$ 给出的限度内围绕着其长期均衡值波动的均衡。[19]因此，我可以得到 $\|\hat{y}\|=\mathcal{O}(\|\varphi, \tilde{\xi}\|)$，从而（2.10）式可以以另外的方式表示为：

$$U_t=-\frac{\bar{Y}u_c}{2}\{(\sigma^{-1}+\omega)(x_t-x^*)^2+(\theta^{-1}+\omega)\mathrm{var}_i\ \hat{y}_t(i)\}$$
$$+\mathrm{t.i.p.}+\mathcal{O}(\|\Phi_y,\varphi,\xi\|^3) \tag{2.11}$$

用系数 φ 表示近似误差范围提醒我们，只有在那些与 $\bar{Y}$ 的长期平均产出水平充分接近于一致的政策情形中，近似福利度量才是有效的。

请注意，在这一近似中，对偏好、技术和政府购买的外生冲击 $\tilde{\xi}_t$ 只是通过它们对单个（或复合）外生状态变量的效应而对产出的自然率水平 $\hat{Y}_t^n$ 有意义。而且，产出的变动性对以效用为基础的福利准则而言同样不是那么重要；相反，重要的是产出缺口的变动性，而且出于福利准则中需要产出缺口度量的考虑，潜在产出的度量（正如第 3 章说明那样）决定了产出与通货膨胀短期之间关系的同一产出自然率。因此，我已经为本章引言中提出的一个问题给出了答案。我们应该寻求的是产出缺口 x_t 而不是相对于趋势的产出，并且——如果经济中的扭曲只是与垄断竞争、不变的扭曲税水平、黏性价格相联系的因素，而且前两种扭曲的累积效应很小——福利相关的产出缺口与短期总供给曲线上呈现出来的相同。

然而，（2.10）式意味着，产出缺口的稳定化并不是政策唯一关心的问题，因为不同部门的产出水平的偏差也很重要。[20]事实上，在基本框架中，我们没有理由认为不同商品的均衡产出是不同的，除非是作为由总体价格水平不稳定的环境中黏性价格所导致的相对价格扭曲的结果。正是通过这一渠道，以超出仅限于通货膨胀与总产出缺口水平之间关系的方式，价格稳定才转化为与福利相关。

特别地，假设对有差别商品的 CES(迪克西特-斯蒂格利茨）偏好意味着，每个供给者面对如下形式的不变弹性的需求曲线：

$$\log y_t(i)=\log Y_t-\theta(\log p_t(i)-\log P_t) \tag{2.12}$$

随即可以知道：

$$\mathrm{var}_i\log y_t(i)=\theta^2\,\mathrm{var}_i\log p_t(i)$$

从而，（2.11）式可以等价地表示为：

$$U_t=-\frac{\bar{Y}u_c}{2}\{(\sigma^{-1}+\omega)(x_t-x^*)^2+\theta(1+\omega\theta)\mathrm{var}_i\log p_t(i)\}$$
$$+\mathrm{t.i.p.}+\mathcal{O}(\|\Phi_y,\varphi,\tilde{\xi}\|^3) \tag{2.13}$$

因此我们可以发现，除了产出缺口的稳定化之外，它也适用于旨在减少价格偏差的政策。在目前的框架中，这一点是通过稳定一般价格总水平来实现的。但是，一般价格总水平的波动影响价格偏差从而影响福利的确切方式，取决于价格决定的详细情况。

6.2.2 通货膨胀与相对价格扭曲

代表性家庭效用近似的（2.13）式可用于那些垄断竞争和黏性价格引起摩擦的任意模型，但除此之外，模型中无论价格决定过程中涉及的延迟特征都没有其他任何摩擦。价格偏差项与一般价格水平稳定性之间的关系转化为取决于价格决定过程的详细情况。这里我不打算进行一般处理，但要说明包括第3章中给出的具有延迟价格决定的标准模型在内的三个简单例子中这一关系的形式。

作为第一个例子，我们再次考虑3.1.3节讨论的情形，其中在模型所涉及的经济中，$0<\iota<1$ 条件下的商品价格是完全自由伸缩的，而另外的 $1-\iota$ 保持前一期的价格不变。正如上面说明的那样，在这一经济中，总供给关系采用常见的新古典形式：

$$\pi_t=\kappa x_t+E_{t-1}\pi_t \tag{2.14}$$

其斜率系数由下式给出：

$$\kappa\equiv\frac{\iota}{1-\iota}\frac{\sigma^{-1}+\omega}{1+\omega\theta}>0$$

（同下面回忆中的其他对数线性化结构关系一样，等式（2.14）只有在残差到 $\mathcal{O}(\|\varphi,\tilde{\xi}\|^2)$ 阶时才是准确的。）

在这一模型中，在任何时期所有具有伸缩性价格的商品具有相同的价格 p_t^1，所有具有黏性价格的商品具有相同的价格 p_t^2，并且：

$$\log p_t^2=E_{t-1}\log p_t^1+\mathcal{O}(\|\tilde{\xi}\|^2) \tag{2.15}$$

此外，（由第3章（1.3）式定义的）总体价格指数满足：

$$\log P_t=\iota\log p_t^1+(1-\iota)\log p_t^2+\mathcal{O}(\|\tilde{\xi}\|^2)$$

所以，使用（2.15）式有：

$$\begin{aligned}\pi_t-E_{t-1}\pi_t&=\iota[\log p_t^1-E_{t-1}\log p_t^1]+\mathcal{O}(\|\tilde{\xi}\|^2)\\&=\iota[\log p_t^1-\log p_t^2]+\mathcal{O}(\|\tilde{\xi}\|^2)\end{aligned}$$

在关于定价决策这一假定条件下，随即可以得到：

$$\begin{aligned}\mathrm{var}_i\log p_t(i)&=\iota(1-\iota)(\log p_t^1-\log p_t^2)^2\\&=\frac{1-\iota}{\iota}(\pi_t-E_{t-1}\pi_t)^2+\mathcal{O}(\|\tilde{\xi}\|^3)\end{aligned}$$

正如早些时候宣称的那样，均衡价格偏差与一般价格总水平的稳定性具有密切的联系。但是在这种特殊情形中，只有通货膨胀未预期部分的变动性是重要的。

把这一表达式代入到（2.13）式之中，我得到下面的货币政策的福利理论目标。[21]

命题 6.2 在第 3 章给出的新古典模型的情形中，代表性家庭在每一期的效用流量可以被近似地表示为：

$$U_t = -\Omega L_t + \text{t. i. p.} + \mathcal{O}(\| \Phi_y, \tilde{\xi} \|^3)$$

其中，Ω 是一个正常数，L_t是一个具有下列形式的二次损失函数：

$$L_t = (\pi_t - E_{t-1}\pi_t)^2 + \lambda(x_t - x^*)^2 \tag{2.16}$$

其对产出缺口变动性赋予的相对权重为 $\lambda = \kappa/\theta$，最优的产出缺口为：

$$x^* = (\omega + \sigma^{-1})^{-1}\Phi_y \tag{2.17}$$

这样，我在总产出和通货膨胀变动对福利重要的意义下（即明显的产出缺口和通货膨胀未预期的部分）以及应该置于两种考虑相对权重（对产出缺口变动的相对权重是与短期菲利普斯曲线的斜率成比例的）这两个方面得到精确的结论。

事实上，在该模型的意义下，由（2.16）式等式右边的两项表示的两个目标之间没有什么平衡关系。因为（2.14）式意味着，产出缺口本身是与通货膨胀中令人惊异的部分成比例的。因此，我们可以进一步对（2.16）式进行简化，并认为政策的唯一目标应该是使得未预期的通货膨胀变动性最小，或者说，唯一目标应该是使得产出缺口稳定化（当用适当的方式度量时）。[22]

虽然在这种情形中我得到了一个简单结果，但是该模型并不是非常切合实际的，因为，正如早些时候讨论的那样，它不能说明观察到的货币扰动对产出效应的持续性。于是，我另外考虑基本模型中假设的延迟定价类型的结果——具有离散时间的卡尔沃（Calvo，1983）定价模型。在这一模型中，每一期所有价格中有 $0<\alpha<1$ 的部分保持不变，而商品价格变动的概率被假定为独立于距离最后一次变动的时间长度以及该商品的价格与其他商品价格不协调的程度。正如第 3 章说明的那样，在这种情形中，总供给关系采取新凯恩斯主义形式：

$$\pi_t = \kappa x_t + \beta E_t \pi_{t+1} \tag{2.18}$$

现在，斜率系数由下式给出：

$$\kappa \equiv \frac{(1-\alpha)(1-\alpha\beta)}{\alpha} \frac{(\sigma^{-1}+\omega)}{1+\omega\theta} > 0 \tag{2.19}$$

在有关价格调整时限的假设条件下，我们可以建立有关某一时点上的价格偏差与总的通货膨胀率之间的下列联系。

命题 6.3 假设如第 3 章中详细解释的离散时间的卡尔沃模型中那样，价格变动出现延迟，每一期有保持占 α 比例的价格保持不变，且在任意时点上的价格偏差由

$$\Delta_t \equiv \text{var}_i \log p_t(i)$$

所度量。则在初始价格偏差和扰动足够小并且有一个能保证长期平均通货膨胀率

接近于零的政策规则（相应于很小的 φ 值）的情形中，以上度量的偏差按照下面的方式随时间演进：

$$\Delta_t = \alpha\Delta_{t-1} + \frac{\alpha}{1-\alpha}\pi_t^2 + \mathcal{O}(\| \Delta_{t-1}^{1/2}, \varphi, \tilde{\xi} \|^3) \tag{2.20}$$

证明在附录 E 中给出。请注意，价格离差的度量（在二阶意义上）再次只取决于总的价格指数行为，但此处二者之间的关系是动态的。同时注意，在这一计算过程中，我假设有一个只精确到二阶的价格偏差 Δ_{t-1} 的初始值，于是随之可以知道，在通货膨胀相对于零点的偏差为一阶时，这一价格离差的度量也就只有二阶。

以新政策开始执行的前一期中任意（小的）初始价格偏差 Δ_{-1} 作为开始，对（2.20）式进行前向叠加，我们可以得到，在新政策下，任意时期 $t \geqslant 0$ 的价格偏差的大小由下式给出：

$$\Delta_t = \alpha^{t+1}\Delta_{-1} + \sum_{s=0}^{t}\alpha^{t-s}\left(\frac{\alpha}{1-\alpha}\right)\pi_s^2 + \mathcal{O}(\| \Delta_{-1}^{1/2}, \varphi, \tilde{\xi} \|^3)$$

请注意，式中第一项独立于要选择的在第 $t \geqslant 0$ 期采用的政策。因此，如果我们采用所有时期 $t \geqslant 0$ 中这些项的贴现值，则可以得到：

$$\sum_{t=0}^{\infty}\beta^t\Delta_t = \frac{\alpha}{(1-\alpha)(1-\alpha\beta)}\sum_{t=0}^{\infty}\beta^t\pi_t^2 + \text{t.i.p.} + \mathcal{O}(\| \Delta_{-1}^{1/2}, \varphi, \tilde{\xi} \|^3)$$

把它代入到（2.13）式之中，我得到下面的结论。

命题 6.4 在第 3 章给出的新凯恩斯主义的模型（即具有卡尔沃定价的基本模型）的情形中，代表性家庭的效用贴现加总可以近似地表示为：

$$\sum_{t=0}^{\infty}\beta^t U_t = -\Omega\sum_{t=0}^{\infty}\beta^t L_t + \text{t.i.p.} + \mathcal{O}(\| \Phi_y, \Delta_{-1}^{1/2}, \varphi, \tilde{\xi} \|^3) \tag{2.21}$$

其中，$\Omega > 0$，而标准化的二次损失函数由下式给出：

$$L_t = \pi_t^2 + \lambda(x_t - x^*)^2 \tag{2.22}$$

这里，赋予产出缺口变动量的相对权重由 $\lambda = \kappa/\theta$ 给出，不过现在 κ 的数值由（2.19）式给出。[23]最初的产出缺口 x^* 由（2.17）式给出。

损失函数（2.22）式事实上是有关货币政策评价（和中央银行实证模型）文献中宽泛假设的一种形式。[24]然而，这里借助于具有延迟价格决定的卡尔沃模型中由于价格水平的不稳定而导致的相对价格扭曲，我能够为关注通货膨胀变动（而不是价格水平的变动）以及通货膨胀变动无论是否可预测都是等成本的这一普遍假设提供一个理论证据。我也能够就被度量到的偏差导出一个最优的通货膨胀率（也即为零，因为在这种情况下不存在由不完全同步的价格变动而引起的相对价格扭曲）。最后，我也能够再次导出产出缺口变动与通货膨胀变动的最优的

相对权重。这取决于模型参数，但在某种程度上这使得短期总供给曲线斜率的估计值直接提供了这一权重适当大小的信息。[25]

正如6.4.2节所要进一步讨论的，罗特伯格和伍德福德（1997a）给出的美国短期总供给曲线斜率估计值表明，如果产出缺口按百分点加以衡量，而通货膨胀按年度百分比衡量，那么λ_x的值在次序0.05上。[26]这一数值比有关货币政策规则评价文献中基于稳定化目标“应赋予通货膨胀和产出相同的权重”而经常假设的$\lambda_x=1$要低得多。[27]然而，基于效用的分析隐含着，如果我们给定了说明货币政策冲击实际效应的持续性所需要的价格黏性的程度，那么，与通货膨胀相联系的扭曲比与总产出缺口的变动相联系的扭曲更为重要。

作为另外一种可能，正如在3.3.2节说明的通货膨胀惯性的模型中一样，假设将价格指数化为被再次最优化的延迟价格指数。在这种情形中，总供给关系采用下面的形式：

$$\pi_t-\gamma\pi_{t-1}=\kappa x_t+\beta E_t[\pi_{t+1}-\gamma\pi_t] \tag{2.23}$$

该式是（2.18）式的一般形式，其中，γ测度了对延迟价格指数进行指数化的大小，而κ再次由（2.19）式定义。请回忆一下，在一个价格没有被最优化的时期中，由于延迟价格指数的变化，它自动增加一定数量：

$$\log p_t(i)=\log p_{t-1}(i)+\gamma\pi_{t-1}$$

接着，可以从（2.20）式导出下面的结果：

$$\Delta_t=\alpha\Delta_{t-1}+\frac{\alpha}{1-\alpha}(\pi_t-\gamma\pi_{t-1})^2+\mathcal{O}(\|\Delta_{t-1}^{1/2},\varphi,\tilde{\xi}\|^3) \tag{2.24}$$

（证明遵从与附录E中给出的命题6.3的证明完全相同的线索。）只有当被重新最优化的价格增加量不同于没有被重新最优化的价格增加量$\gamma\pi_{t-1}$时，价格偏差才会增加。当且仅当总的通货膨胀率π_t与$\gamma\pi_{t-1}$不同时，这才会发生。于是，我们直接得到下面有关命题6.4的一般性结论，即命题6.5。

命题6.5 在由于后向指数化引起的通货膨胀惯性模型（见3.3.2节）中，代表性家庭的贴现效用加总可以由（2.21）式给出的一个表达式加以近似，其中标准化的二次损失函数现在定义为：

$$L_t=(\pi_t-\gamma\pi_{t-1})^2+\lambda(x_t-x^*)^2 \tag{2.25}$$

这里，$0\leqslant\gamma\leqslant 1$度量了指数的大小。赋予产出缺口变动的相对权重再次由$\lambda=\kappa/\theta$给出，其中，κ由（2.19）式定义，x^*由（2.17）式给出。

在单个价格相应于延迟价格指数完全指数化（$\gamma=1$）的情形中，[28]命题6.5意味着，为了减少与价格偏差相联系的扭曲，应该是通货膨胀加速率$\Delta\pi_t$而不是通货膨胀本身被稳定在零附近。[29]由于存在着对过去通货膨胀的完全指数化，所以没有来自于不变通货膨胀的扭曲，只有来自通货膨胀率变动的扭曲。在任意通货膨胀率下的稳态通货膨胀不会导致损害的意义下，该模型与新古典模型（使用垂直的长期菲利普斯曲线预测的结果）是相同的。但是在具有完全指数化的模型中，通货膨胀变动对资源配置产生扭曲，无论这种变动是否事先被预料到。

正如第 5 章讨论的那样，基本的新威克塞尔模型经常被争议是过分前向的另一种方式是它对总需求决定的设定。假设如 5.1.2 节模型化那样，私人支出存在习惯持续性，代表性家庭在每期从支出中获得的效用流为：

$$u((Y_t-G_t)-\eta(Y_{t-1}-G_{t-1});\xi_t) \tag{2.26}$$

即（2.4）式的一般化形式。于是，我得到下面有关命题 6.1 的一般化结论（遵从 Amato and Laubach(2001) 和 Giannoni and Woodford(2003b) 的分析）。

命题 6.6 假设代表性家庭的偏好按（2.26）式给出的方式呈现习惯持续性，其中 $0\leqslant\eta\leqslant1$。那么在（其他方面）与命题 6.1 相同的假设条件下，代表性家庭每期获得的效用流可以近似为：

$$U_t=-\frac{\overline{Y}u_c}{2}\{\mu_x(x_t-\delta x_{t-1}-\hat{x}^*)^2+(\theta^{-1}+\omega)\mathrm{var}_i\,\hat{y}_t(i)\}$$
$$+\mathrm{t.i.p.}+\mathcal{O}(\|\Phi_y,\hat{y},\tilde{\xi}\|^3) \tag{2.27}$$

其中，系数 $0\leqslant\delta\leqslant\eta$ 再次是第 5 章中方程（1.28）的较小的根。

$$\mu_x\equiv\frac{1-\beta\eta}{1+\beta\delta^2}[\omega+\varphi(1+\beta\eta^2)]>0$$

和

$$\hat{x}^*\equiv\frac{1+\beta\delta^2}{1-\beta\delta}\frac{\Phi_y}{\omega+\varphi(1+\beta\eta^2)}\geqslant0$$

其中，表达式 $\varphi>0$ 如第 5 章中的等式（1.25）所定义。

这一计算过程的详细情况在附录 E 中给出。

t 期的效用流取决于相对于前一期支出的支出，而不仅仅是当期的实际支出。这一事实导致相对于前一期而不只是相对于当期产出缺口而言的产出缺口稳定化目标。正如第 5 章讨论的那样，置于滞后产出缺口上的权重 δ 取决于 η 的大小（并且是 η 的一个增函数），不过，它一般小于 η，而且正如詹诺尼和伍德福德(2003b) 估计的情况那样，它可能非常小。产出供给的边际负效用随着额外的当期产出增加而增加的比率充分地大于支出的边际效用随着额外的当期支出增加而减少的比率，那么即使 η 很大，δ 也很小（扭曲主要取决于当期产出偏离当期自然率的程度，而不取决于当期产出与前期产出之间的关系）。

请注意，我使用符号 $\hat{x}^*$ 表示目标值，因为它现在是拟差分的产出缺口的目标，而不是缺口大小的目标。只要 $\delta<1$，（2.27）式中的缺口项又可以表示为：

$$\mu_x[(x_t-x^*)-\delta(x_{t-1}-x^*)]^2$$

其中，x^* 是产出缺口的目标水平。然而，（2.27）式在 $\delta=1$ 这一极限情形（这样的偏好可能是难以想象的）中也是正确的，并且在这种情况下$\hat{x}^*$不必等于零这一点也是值得注意的。

与这样或那样的有关价格变动时限的假设相联系，命题6.6可以用于导出以通货膨胀和产出缺口表示的福利理论的损失函数。例如，在卡尔沃定价情形中我们可以证明，对适当定义的Ω和标准化的二次损失函数

$$L_t = \pi_t^2 + \lambda(x_t - \delta x_{t-1} - \hat{x}^*)^2 \tag{2.28}$$

而言，(2.21) 式是成立的，其中仍有$\lambda = \kappa/\theta > 0$，并且$\kappa$由第5章中的 (1.29) 式定义。在价格相应于延迟价格指数进行指数化的情形中，(2.28) 式的一般形式为：

$$L_t = (\pi_t - \gamma\pi_{t-1})^2 + \lambda(x_t - \delta x_{t-1} - \hat{x}^*)^2 \tag{2.29}$$

其中，λ的定义保持不变。

从5.1.2节可知，在习惯持续和Calvo定价情形中，总供给关系具有下面的形式：

$$\pi_t = \kappa[(x_t - \delta x_{t-1}) - \beta\delta E_t(x_{t+1} - \delta x_t)] + \beta E_t \pi_{t+1} \tag{2.30}$$

其中，κ和δ是与 (2.28) 式相同的系数。类似地，我们可以证明，如果另外对价格按延迟价格指数加以指数化，那么总供给关系采用下面的形式：

$$\pi_t - \gamma\pi_{t-1} = \kappa[(x_t - \delta x_{t-1}) - \beta\delta E_t(x_{t+1} - \delta x_t)] + \beta E_t(\pi_{t+1} - \gamma\pi_t) \tag{2.31}$$

因此，我们可以再次得到，假设中的价格变动影响总供给关系的方式与福利理论的损失函数变动的方式之间存在密切的关系。

6.3 价格稳定性

尽管前面在有关价格决策时限的各种假设条件下导出的各种损失度量标准在某些方面是有差异的，但它们都有一个重要的共同特征：由于相对价格扭曲而造成的总损失在每种情况下可以被完全消除，尤其是通过稳定总的价格水平。这一结论在直觉上是简单的，通过造就一个使得任意时点上选择新价格的供给者不再愿意决定不同于现有平均价格的环境来实现总体价格水平的稳定。但是，如果情况的确如此，现有价格的平均值就不会改变，因而所有时期选择的新价格也总是相同的，最终所有商品的价格都相等，都等于常数值。因此，在现在简单的框架中，总体价格稳定是不存在价格偏差的充分条件。

与此同时，在大多数情形中，总体价格稳定也是一个必要条件。在纯粹的新古典情形中，这一点不成立，因为在这种情形中，对于不存在价格偏差而言，不存在总体价格水平未预期变动只是必要条件，但这显然是一个极其特殊的情况。即使某些价格是完全自由伸缩的，如果黏性商品价格如卡尔沃模型那样确定，那么完全的价格稳定将再次成为消除扭曲的必要条件。类似地，即使在曼昆和赖斯

(2001a) 模型中——同新古典模型一样，该模型假设在任意时点上每种商品的价格以该时期以前获得的信息为条件按最优方式确定，完全的价格稳定也是消除扭曲的必要条件。这是因为，在曼昆-赖斯模型中，对任意时间水平量 k，都有一个正比例数量的商品价格是在 k 期以前（或者说是基于 k 期以外的信息）被确定下来的。这意味着，相对价格扭曲在任意影响价格水平的扰动情形中被制造出来，即使这种扰动对直到 k 期后的假设水平没有任何影响。由于这一结论对任意的 k 期都成立，所以只有外生的扰动决不导致价格水平变动，扭曲才会完全消除。

类似地，在交错定价并且相应于延迟价格指数完全指数化的模型中，价格稳定对于没有价格偏差而言也不是必要的，它只是通货膨胀率随时间保持不变所必需的。不过，这再次是一种极端的特殊情况。如果指数化的参数 γ 取任意 1 以外的数值，那么只有零通货膨胀与没有价格偏差的情形相一致。[30] 相同的结论在只有某些价格按延迟价格指数进行指数化的情形中得到。

就消除价格偏差而言，有关一般价格指数稳定性的必要性的讨论也与卡尔沃 (1983) 模型中的价格变动时限的特定细节无关。我们无需假设，任意给定价格在特定时期进行修正的概率对所有的价格都相同，我们可以像泰勒（1980）、布兰查德和费舍尔（1989，sec. 8.2）、金和沃尔曼（1999）、查利等人（2000）以及其他作者那样，假设价格在一个固定时间区间内被修正，或者像多塞等人 (1999) 给出的模型中那样，将价格修正的时间内生化。在这些情形中，价格偏差只有通过完全稳定一般价格指数的政策才能被消除。

此外，价格稳定是令人满意的，不仅仅是因为与缺乏效率的产出成分相联系的扭曲可以被消除。正如我们将要看到的那样，它也是使得与缺乏效率的产出水平相联系的扭曲最小化的一条路径。因此，在到目前为止所考虑的简单模型的意义下，价格的稳定化是货币政策一个意愿明确的目标。对此给出的论证在具有伸缩性价格条件下均衡产出水平是最优的情形中是最简单的，所以我首先开始考虑这种情形。但是，正如我们将要看到的那样，即使当我允许自然产出率低于有效水平的可能性存在时，只要扭曲不是太大，所得到的结论只需进行微小的修改。

6.3.1 有效自然产出率的情形

这里，我不仅假设由（2.8）式定义的缺乏效率的楔子 Φ_y 很小（从而通过较小的 Φ_y 进行的泰勒展开是适用的），而且假定它不等于零，那么有 $\bar{Y}=\bar{Y}^*$，从而在伸缩性价格下稳态的产出水平是有效的。因为我已经证实，自然率的百分比波动等于（在二阶意义下）有效产出的百分比波动，所以这实际上意味着（在二阶意义下）产出的自然率在所有的时期与有效的产出水平相一致。

在这一情形中，我很容易就可以得到有关最优货币政策特征的非常简单的结论。因为我可以证明，如果通货膨胀在所有时期都为零，那么二次损失函数中的每一个单项就会达到其最小的可能值零。我已讨论的事实是，对于度量由于产出低效率的部分而造成的无谓损失而言，这是正确的。但是在现在的情形中，

$x^*=0$，从而在损失函数中涉及总产出缺口的项也达到最小（并等于零）的充分必要条件是，在所有的时期 $x_t=0$。总供给关系（2.14）式、（2.18）式和（2.23）式中每一个都意味着，在所有时期均为零通货膨胀的情形中，这一点成立。[31]

在刚刚给出的非正式论述中，我忽略了可能与在所有的时期具有零通货膨胀以及零产出缺口的均衡不相一致的初始条件的作用。然而，如果我们希望考虑某些初始时期开始的最优政策，那么碰巧存在的最初条件——并不是因为对从现在开始将在随后出现的政策的估计所导致的必要条件——可能对从此之后将要出现的结果形成约束。因此，在最初时期之后的每一时期实现通货膨胀和产出缺口都为零的完全的稳定是不可能的。

在新凯恩斯主义总供给关系（2.18）式的情形中，这一点没有问题，因为这种 AS 关系是纯粹的前向预期的，所以从 0 期之后开始可行的所有通货膨胀和产出缺口路径的集合与之前发生的任何事情无关。在这一情形中，无论初始条件如何，对所有的 $t\geqslant 0$，$\pi_t=0$ 并且 $x_t=0$ 是可能的均衡结果，所以对于既定的损失函数（2.22）式而言，这是一个明显的最优结果。[32]另一方面，在新古典 AS 关系式（2.14）的情形中，只有在满足 $E_{-1}\pi_0=0$ 的初始条件下，这一结果才表示一个可能的均衡。在其他初始条件下，很显然，最优政策涉及 $\pi_0=E_{-1}\pi_0\neq 0$，并且 $x_0=0$，它使得某段时期的零损失（2.16）式减少到其最优可能的值零。通过对完全可预测的通货膨胀的任一路径预先做出一期或更长时期的承诺，在所有随后的时期出现零损失也是可能的。特别地，承诺在所有 $t>0$ 的时期 $\pi_t=0$ 是实现贴现的损失流可能最小的一种方式。

因此，可能除了主要的转型时期之外，对价格稳定性的承诺将再次表明了一个最优政策。此外，在第 7 章和第 8 章我将要讨论，[33]我们应该选择一个不随时间变动的政策规则，以达到承诺最终遵守这一规则为最优的行为模式。就目前涉及的内容而论，对价格稳定性做出承诺应该是这类政策的一个范例。为什么说即使在 $E_{-1}\pi_0\neq 0$ 时从一开始就承诺遵守这一规则是一个明智的选择，其中一个原因是，如果它曾经导致 $E_{t-1}\pi_t$ 不为零的结果，那么传达无论你所估计到的通货膨胀率是多少都“只此一次”这样一个意愿，可能使得私人部门预期相同的原则在未来也将会被采用。但是在这种情况下，不存在私人部门预期的确定的通货膨胀水平。

在相应于延迟价格指数进行指数化的情形中，由于产生隐含着通货膨胀惯性的 AS 关系式（2.23），所以问题仍较为复杂。结果，所有的 $t\geqslant 0$，$\pi_t=0$ 和 $x_t=0$ 的均衡只有在满足 $\pi_{-1}=0$ 的初始条件下才有可能成立。然而，从 AS 关系式的形式中得到的明显的事实是，从 0 期之后变量 $\pi_t^d\equiv\pi_t-\gamma\pi_{t-1}$ 和 x_t 可能路径的集合独立于初始条件，而且我们也注意到，效用为基础的损失函数（2.25）式只取决于这两个变量的路径。因此，一个明显的结论是，从既定经济的最初状态下 0 期之后所有损失贴现之和为最小的角度来看，最优的政策满足对所有的 $t\geqslant 0$，$\pi_t=\gamma\pi_{t-1}$ 和 $x_t=0$。这样，通货膨胀最终的路径取决于采用最优政策以前经济的初始通货膨胀率，特别地，它满足 $\pi_t=\gamma^{t+1}\pi_{-1}$。

只要 $\gamma<1$，这种情形中的最优政策再次是满足通货膨胀渐近于零的那一政策——不仅仅是在平均意义上，而且是在现实中所有可能的状态下。因此，最优

政策涉及对价格水平最终稳定化的一个承诺。而且，即使在转型时期，通货膨胀的最优路径也是确定的，即表明它不受 0 期之后可能出现的任意随机扰动的影响。因此，最优政策下一个直接的结果是，价格水平将不再受任意可能出现的对技术、偏好或对政府购买等任何的随机扰动的影响。通货膨胀惯性的存在只影响中央银行承诺降低通货膨胀率（假设最初是正的）达到其长期零通货膨胀目标所采取的最优递减率。

只有在 $\gamma=1$（相应于延迟价格指数的完全指数化）的特殊情形中，不能得到上述结果。在这种情形中，既定初始条件下的最优承诺是对所有的 $t\geqslant 0$ 维持不变的通货膨胀 $\pi_t=\pi_{-1}$；一旦最初容许通货膨胀，那么永不降低通货膨胀将是最优的。不过，在这种简单的模型中，这一结果成立明显是因为没有任何与稳态通货膨胀相联系的扭曲。即使一些新产品的价格没有相应于延迟价格指数进行完全的指数化，那么零通货膨胀也是消除相对价格扭曲所必需的。类似地，如果作为指数化结果的价格调整是不连续的，相反只是偶尔出现（尽管比价格政策的重新最优化更经常出现），那么相对价格扭曲再次只有在零通货膨胀的情形中才会被完全消除。在两种情况的每一情形中，最优政策将会随着时间的推移稳定地降低通货膨胀以达到长期零通货膨胀率水平，因为（只要当前通货膨胀率为正）总有降低一些通货膨胀率的动机而没有提高它的动机（作为反对将其维持在近期水平的动机）。因此我们发现一个相当一般性的结论，即最优政策涉及对价格稳定性的承诺，至少最终会是如此，并且这意味着，最终的通货膨胀不仅在平均意义上等于零，而且无论可能影响经济的实际扰动如何它都等于零。

在（从我到目前为止的注解中概括出来的）私人支出存在惯性持续的情形中，问题只是略微复杂一些而已。在这种情形中，作为（2.29）式的一个结果，福利理论下的稳定化目标由形如 $(\pi_t-\gamma\pi_{t-1})^2$ 和 $(x_t-\delta x_{t-1})^2$ 项贴现加总构成。但是，在（2.31）式的总供给关系给定的条件下，通过遵从每一期都满足 $\pi_t=\gamma\pi_{t-1}$ 同时也意味着 $x_t=\delta x_{t-1}$ 的货币政策，这些项同时都达到零值是可能的。因此，在最优政策下，通货膨胀的路径决不会受到任何实际扰动的影响，并且只要 $\gamma<1$，通货膨胀最终将会下降到零。

正如 6.3.3 节将要进一步讨论的，这一涉及完全价格稳定最优性的强有力的结论取决于现有模型的详细情况。然而，值得注意的是，对于我所考虑的几种不同类型的随机扰动而言，结论是成立的。特别地，这一框架允许对技术、政府购买、家庭急于消费的情绪、供给劳动的意愿或者对决定货币需求余额的交易技术等所产生的外生扰动。面对每一类这样的扰动，在这里假设的环境下，对维持不变的一般价格总水平而言，它继续是最优的。

对一个简单直观结论的一般化被古德弗兰德和金（1997）所强调。在这里假设的环境下，价格不能连续调整是阻碍理性预期均衡难以达到资源配置状态的唯一扭曲。因此，如果有这种可能，那么最优的货币政策与价格具有伸缩性的条件下实现的资源配置相同。具有伸缩性价格的总量波动均衡模型（即 RBC 模型[34]）具有实践意义，不是因为该模型描述了无论何种货币政策制度下的总体波动，而是因为它描述了最优货币政策制度下的总体波动。最后，这些最优定价模型隐含着，在货币政策维持一般价格总水平完全不随时间变动的情形中，价格黏性对均衡结果没有任何效应，原因是在这一情形中，商品的供给者并不愿意经常改变商品的价格，即使他们能够无成本地做到这一点。因此，完全的价格稳定能够实现最优的资源配置。

原则上，要证明通过适当的货币政策实现这一最佳配置事实上是可能的，这要求我证明能够在所有时期都满足 $\pi_t=0$ 的条件下求解用于所有变量（包括中央银行的利率手段）评估的现有模型给出的方程。正如在第 4 章中讨论的那样，只要利息率的自然水平 r_t^n 总是非负的，而这是可能的。在这种情形中我们所需要的是，在所有的时期，产出等于其自然率且名义利率等于利息的自然率。因此，这一均衡是可能的（在给出限定条件的情况下），而且这一均衡是最优政策试图达到的结果。

有关产出和利息率相应于实际扰动而发生变动类型的确切含义的进一步讨论可以在 4.2.1 节中找到。这里我简单地回忆，就使用货币政策抵消实际扰动对总产出所有影响而论，在那里所讨论的实际扰动没有任何一种是令人满意的。一般地，我不能支持爱尔兰（1996）得出的如此简单的结论——他认为，我们应该使用货币政策“隔绝总产出”免受“需求冲击”的影响，同时适应“供给冲击”。许多读者可能会假设，对需求曲线冲击将包括政府购买或消费需求冲击之类的扰动，但这里（连同第 4 章中对产出自然率变动的讨论）推导出来的结果意味着，相应于这些冲击对稳定产出不是最优的。事实上，在爱尔兰的理论分析中，对需求的冲击项只涉及货币需求冲击，因为这是他所考虑的技术冲击以外唯一的一类外生扰动。

6.3.2 自然产出率轻微低效率的后果

我现在考虑，在（相当真实地）假设 $\Phi_y>0$ 从而伸缩性价格下达到的均衡产出率低于有效水平的情形中，所得结论必须被加以修正的程度。不过，我继续假设 Φ_y 很小，以便对 Φ_y 的泰勒展开是适用的。（这意味着，Φ_y 必须充分小，以便使得最优政策的特征达到一定程度的精确。）允许 Φ_y 较大（并且不把它看成是一个扩展参数）的情形在 6.5 节中涉及。

由系数 Φ_y 所表示的扭曲，即由垄断竞争所导致的市场支配力和不变的扭曲性税率 τ，在产出的年改变率与有效的产出水平之间镶嵌了一个楔子。然而，这个楔子被假定为不随时间而改变，从而自然率的百分比变动仍然恰好（在对数线性近似的意义下）对应于产出有效水平的百分比变动。[35] 因此，正如上面说明的那样，与次优的总量经济活动水平相联系的扭曲仍然由产出缺口的二次函数 $\lambda(x_t-x^*)^2$ 加以度量，只是此处常数 x^* 被假定为正数值。

尽管这一差别对通货膨胀和产出的最优平均水平很重要，即对于早些时候所描述的最优政策承诺中的确定部分而言很重要，但它对于相应于冲击的最优反应没有任何效应（在对最优政策的对数线性近似中）。[36] 我首先在新古典定价模型中的简单情况下证明这一点。在这种情形中，标准化的二次损失函数（2.16）式可以表示为：

$$L_t=(\pi_t-E_{t-1}\pi_t)^2-2\lambda x^* x_t+\lambda x_t^2 \tag{3.1}$$

其中，该式舍弃了与政策无关的 λx^{*2} 项。等式右边第二项表示从预期的产出缺口在任意时期内的增加中所获得的收益。不过，由于 x^* 的阶为 $\mathcal{O}(\|\Phi_y\|)$，所以对 x_t 解的一阶近似足以给出这一项的二阶近似；总供给关系（2.14）式（一阶近似）隐含着，在一阶近似意义下，无论什么政策都有：对所有的 $t>0$，$E_0x_t=0$。因此，除了 x_0 项之外，x_t 的所有线性项都可以在损失贴现预期值评价标准（2.21）式中被消去。

因此，如果我采用（3.1）式的预期贴现值，并使用（2.14）式替代 x_0 项（舍弃与政策无关的 $E_{-1}\pi_0$ 项），则可以得到基于效用的福利标准：

$$E_0\left\{\sum_{t=0}^{\infty}\beta^t L_t\right\}=-2\theta^{-1}x^*\pi_0+E_0\left\{\sum_{t=0}^{\infty}\beta^t\left[(\pi_t-E_{t-1}\pi_t)^2+\lambda x_t^2\right]\right\} \tag{3.2}$$

请注意，除了表示在新的政策承诺被采用时的 0 期从意外的通货膨胀中获得的福利之外，式中仍然没有与 x^* 成比例的项。由于对任意的随后时期出现预料之外的通货膨胀做出预先承诺是不可能的，所以与 $t\geqslant 1$ 期相对应的项无关紧要。但这意味着，允许 $x^*>0$ 这一点对最优政策承诺的性质没有任何影响，除了在初始（转型）时期之外：在政策被采用之前，利用私人部门 0 期通货膨胀的预期已经给定这一优势才是可能的。[37]（正如在下一章讨论的那样）可论证的是，如果我们试图使得承诺是可信的，那么在初期采取不同于承诺采取的行为是没有意义的。但是，无论我们如何操控向最优制度的转移过程，承诺最终实现零通货膨胀率并且沿着一条不受任意随机扰动影响的通货膨胀路径变动都是最优的。[38]

人们可能会想，这一结果依赖于每一期所有的价格都不变（尽管有一些是提前一期承诺的）并且只适用于未预期的通货膨胀对产出有影响的特殊情况。但是，在具有卡尔沃定价的基本模型中，类似的结果也是可能得到的。在这种情形中，每一期的损失函数可以表示为：

$$L_t=\pi_t^2-2\lambda x^* x_t+\lambda x_t^2 \tag{3.3}$$

该式再次表明，在 $x^*>0$ 时，存在 x_t 的线性项。无论什么政策，新凯恩斯主义 AS 关系（2.18）式不再意味着 $E_{t-1}x_t=0$。然而，我们可以对（2.18）式前向叠加，以产生：

$$\pi_0=\kappa E_0\left\{\sum_{t=0}^{\infty}\beta^t x_t\right\} \tag{3.4}$$

无论何种政策，（3.4）式一定成立（在一阶近似意义下）。我们可以使用这一关系式将 E_0x_t 的贴现加总项从（3.3）式给出的预期贴现值评估式中消去，从而得到：

$$E_0\left\{\sum_{t=0}^{\infty}\beta^t L_t\right\}=-2\theta^{-1}x^*\pi_0+E_0\left\{\sum_{t=0}^{\infty}\beta^t\left[\pi_t^2+\lambda x_t^2\right]\right\} \tag{3.5}$$

再一次，除了表示 0 期未预料到的通货膨胀所产生收益的项之外，所有 x^* 的比例项都被消除。预先承诺在任意随后的时期实现零通货膨胀不产生这样的效应。因为，任意 $t \geqslant 1$ 期因 t 期较高的通货膨胀而导致的产出增加的价值，一定被作为 t 期高通货膨胀的预期结果的 $t-1$ 期产出减少的成本所抵消。从损失贴现标准（3.2）式的角度来看，由于出现较早，因对通货膨胀的估计而产生的成本获得很强的权重（由因子 $\beta^{-1}>1$ 给出）。另一方面，伴随着以下两种效应恰好抵消到一阶（也就是说，抵消到用 x^* 相乘之后的第二阶）这一结果，由短期总供给曲线移动所表示的估计到的通货膨胀的产出效应，也小于贴现因子恰好为 $\beta<1$ 的当期通货膨胀的效应。因此，直到近似阶为止，再一次不存在从可以预先被估计到的通货膨胀承诺中获得的福利。特别地，我们再次发现，除了初始期对应的（3.5）式中的个别项给出的转型效应以外，承诺与对经济的冲击无关的零通货膨胀仍然是最优的。

然而，此时（3.5）式中 π_0 的比例项比 π_0 更加影响随后时期的最优承诺。这是因为总供给关系（2.18）式中隐含着跨期之间的联系。如果伴随着第 1 期预期通货膨胀的增加，那么在 0 期从通货膨胀中获得的福利可以通过 0 期产出缺口的较少增加（因此 λx_0^2 项也是较少增加）而得到；而且，由于从这一通货膨胀中获得的福利损失只是二次的，所以承诺出现一定数量的这一通货膨胀将是最优的。因此，在这种情形中，与向最优制度转移相联系的通货膨胀会持续不止一期。

最优的转移路径将在 7.1 节中得以刻画，这里我满足于对这一问题解的形式的几种观察结果。首先，由于在第 1 期计划执行一个非零通货膨胀的唯一原因是寻求第 1 期通货膨胀预期对 0 期产出一通货膨胀交替关系位置的影响，所以计划执行第 1 期非确定性的通货膨胀率是不能获得利益的。在所有的随后时期执行通货膨胀也是如此。因此，从 0 期开始及随后的最优承诺涉及通货膨胀的一个确定路径，通货膨胀率相应于到目前为止考虑到的各类实际扰动做出任何反应都仍然不是最优的。此外，正如下一章证明的那样，计划通货膨胀的确定性路径应该渐近地收敛于零——一个最优的并有机会从初始期未预期的通货膨胀中获得产出收益的通货膨胀率。

因此，在安排一个初始通货膨胀的决策对 0 期以前的预期不产生影响的前提条件下（如果人们不受非时间一致性这样一个行动原则影响的话），做出这一安排（在 0 期之后贴现损失值为最小的意义下）是最优的。最优政策涉及随后各期（在子序列时期的）正的通货膨胀，但应该存在一个通货膨胀逐渐减少到其最优的长期 0 值的承诺。此外，承诺要降低到零的通货膨胀率应该完全不受同期出现的对经济的随机扰动的影响。[39] 因此，对前一节中讨论的相应于冲击做出最优响应的结论而言，允许 $\Phi_y>0$ 没有任何差异。进而，如果我们接受这样的观点（正如我在下一章将要讨论的那样），即人们应该实际执行那些远在过去试图利用私人部门未能估计到新政策的冲动之前就已经按最优承诺去做的政策，那么正如前一节中讨论的那样，简单地选择所有的时间都有 $\pi_t=0$——即完全稳定价格水平——就是最优的。

值得注意的是，这一结果——即最优承诺涉及长期零通货膨胀率，即使在产出的自然率低于有效水平时也如此——并不取决于垂直长期菲利普斯曲线交替关系的存在性。因为基本模型中的总供给关系（2.18）式隐含着稳态通货膨胀 π^{ss} 与稳态产出缺口 x^{ss} 二者之间的向右上方倾斜的关系，即：

$$x^{ss}=(1-\beta)\kappa^{-1}\pi^{ss}$$

（这是因为，不同于新古典关系（2.14）式，预期通货膨胀项的系数 $\beta<1$。）有时假设长期菲利普斯曲线交替关系的存在性与缺乏效率的自然率一起将意味着，菲利普斯曲线应该在某种程度上被加以使用，即使在最优承诺下也导致一个永久的正的通货膨胀。但是，这一结果在此处并不成立，因为相对于当期通货膨胀而言，较小的预期通货膨胀项上的系数——导致长期交替关系——恰好等于最优承诺下正好消除非零通货膨胀的任意长期动机所必需的短期总供给关系移动项。如果我们使用"简化的"新凯恩斯主义总供给关系，在预期通货膨胀项前取系数 1（正如某些文献中引入的那样，[40]这大致是符合长期菲利普斯曲线含义的一个便捷的假设），那么我们就不能得到这一简单的结果。最优的长期通货膨胀率事实上被发现是负的，因为可以断定的是，降低预期通货膨胀的激励效应比降低当期通货膨胀的产出成本更值得——即使作为政策的一个结果，事实上可能不再有长期的产出增加！

此外，在由于按延迟价格指数部分指数化而造成的通货膨胀惯性存在的条件下的最优政策的特征，可以再次直接在没有指数化的卡尔沃定价模型的结果中直接得以确定。在没有指数化的模型中，π_t 的最优时间路径在具有指数化情形中变为 $\pi_t^d \equiv \pi_t - \gamma\pi_{t-1}$ 的最优时间路径。随之我们再次知道，通货膨胀的最优路径是完全确定性的。而且，尽管在中央银行允许自己通过选择 $\pi_0^d>0$ 而利用最初的预期时将会存在初始的通货膨胀甚至起始于 $\pi_{-1}=0$ 的初始条件，但最优政策涉及降低 π_t^d 至渐近于 0 的一个承诺。在任意 $\gamma<1$ 的情形中，这再次意味着对最终价格稳定性的承诺。最优政策具有这一特征，尽管与稳定价格相联系的产出水平低于有效水平，而且正如通常定义的那样，正斜率的长期菲利普斯曲线交替关系存在。

6.3.3 特别提示

我们已经看到，在这里已经讨论的一类黏性价格模型中，旨在价格完全稳定的货币政策的最优性惊人地有力。这一结论不仅不依赖于有多少价格在一个特定时期被预先确定下来或在一个特定长度的时期内保持不变等详细信息，而且在相当范围内的各类随机扰动以及缺乏效率的产出自然率情形中，这一结论仍然成立。然而，在实践中很可能出现的情况是，保证对完全价格稳定一定程度的偏离。对于这一点，我们下面将简要说明一些较为明显的原因。

首先，完全的价格稳定可能是不可行的。我在 6.3.2 节中已经说明，在基本模型中完全的价格稳定是可行的，因为我们可以求解中央银行名义利息率政策工具所需要的路径。只要随机扰动的变动幅度足够小，这一政策就是正确的。但是，如果随机扰动的变动幅度较大，那么这一政策可能是不可能的，因为这要求名义利息率在某些时期是负的，但正如第 2 章解释的那样，这在任意政策下都是不可能的。特别地，这在任何时候利息自然率都为负的情形中才出现。平均说来，负的利息率应该是不可能的，并且零通货膨胀似乎应该是可行的。不过，作为特定扰动的结果，利息率可以暂时为负数，但这足以使得完全的价格稳定成为不可行。结果，不得不推行的政策将是相应于冲击短期名义利息率波动较小的政策，并且因此不得不牺牲一定程度的价格稳定性。[41]最优货币政策与考虑这种情况下政策差异的方式是第7章中的重要论题。

若考虑货币余额经济化所涉及的“鞋底成本”的结果时，使得名义利息率变动与自然利息率的变动差不多相同数量也可能是令人满意的。正如弗里德曼（1969）所讨论的那样，这些扭曲的大小可以由名义利息率水平加以衡量，而且只有当名义利率在所有时期都等于零时它们才会被消除。[42]对这些扭曲的说明——到现在为止从我的福利分析中概括出来的结果——提供了完全价格稳定即使可行也并非完全有效的另外一个原因。因为正如弗里德曼讨论的那样，零名义利率典型地要求预期每年至少按一定百分比紧缩。

我们可能认为，这将使得最优政策分析与由于市场支配力而导致的缺乏效率的产出自然率的存在性之间没有太多的差异，其中，在没有理由要求通货膨胀相应于随机冲击做出反应的条件下，市场支配力可能类似地影响到通货膨胀最优路径的确定部分。但是，除了对最优的平均名义利息率水平之外，货币摩擦并没有意义。由于具有扭曲税，看似合理的是，最大的损失是相对价格扭曲的凸函数，从而名义利息率暂时性提高比令人满意的同等数量的暂时性降低更为昂贵。在短期，货币摩擦为减少名义利息率的变动性是合乎人们意愿的这一点提供了进一步的缘由，即使我们不能降低其平均水平。（与此同时，由于零是基准水平，所以降低其平均水平需要较小的变动率。）在这些成本的重要性的意义下，就存在任意一类导致自然利息率波动的实际扰动的情形而论，为了使得名义利息率更加稳定，它们也证明了对完全价格稳定的偏离具有合理性。这一交替关系将在6.4.1节中得到更加明确的处理。

即使抛开考虑利息率变动这一基础，我们也应该认识到，以前分析的黏性价格类的模型在一定意义下仍然是相当特殊的。最明显的例子是，模型中假设在一个有效均衡中不存在由任意一种具有黏性价格商品的相对价格随时间变动而导致的冲击（即分散资源最优配置的影子价格不改变价格黏性商品的相对价格）。这是因为我已经假设，只有商品价格是黏性的，所有商品以完全对称的方式进入模型，并且所有的随机扰动对经济体中所有的部门具有完全对称的效应。这些假设是方便的，但明显是理想化的。可是应该明确的是，在一般价格水平的稳定性足以消除由价格黏性而产生的扭曲这一结论中，这些假设是不可或缺的。

如果由于不同的黏性价格商品以不对称的方式受到冲击的影响而使得有效的资源配置需要相对价格变动，那么这一结果不再成立。然而，我将在6.4.3节中证明，即使存在不对称的冲击，定义一个完全稳定一般价格水平的规则仍然是最优的对称情形也是可能的，即使这不能消除由价格黏性所造成的所有扭曲。但是，这只在除了别的方面不同商品在其价格黏性的程度上具有类似性这一特殊的情形中严格成立。如果经济体中的各部门在价格黏性的程度方面存在差异（就像现实中确实存在的那样），那么总体价格指数的完全稳定化不是最优的。正如青木昌彦（Masahiko Aoki，2001）和贝尼尼奥（Benigno，2003）讨论的那样，一个适当定义的不对称的价格指数（给予具有黏性的价格更多的权重）的稳定化即便不是完全最优的，也是一个较好的政策。

需要对具有黏性价格的黏性商品之间相对价格变动进行扰动的一个尤其重要

的理由是，工资也可能同价格一样是黏性的。实际扰动几乎不可避免地要求实际工资做出调整，以实现资源在分散决策下的有效配置，而且如果工资和价格都是黏性的，那么只是通过稳定价格总水平达到与有效配置相联系的所有相对价格是不可能的——特别地，实际工资经常是有偏差的，因为如果不同种类劳动的工资不是在完全同步下确定的，那么其相对工资是有偏差的。在这种情况下，正如安斯格等人（2000）证明的那样，完全的价格稳定性可能根本就不是最优政策的一个很好的近似。正如我将在 6.4.4 节中证明的那样，对价格和工资进行适当加权平均的价格指数的稳定化可能仍是对最优政策一个好的近似，而且在某些条件下完全是最优的。因此，对这类政策的关注与其说不是出于寻求价格稳定的原因，倒不如说它是为什么关注人们寻求的试图使其达到稳定的那一价格（包括工资）指数的选择问题可能很重要这一点的原因。

不过，得到本节结果的另外一个条件是，我假设存在使得伸缩性价格下的均衡产出率为有效或者至多与有效产出水平只相差常数项的框架。正如我们已经看到的那样，这一假设是与存在各类经济扰动的情形相兼容的，其中包括技术冲击、偏好冲击和政府购买的变动等扰动。但在可以导致伸缩性价格均衡的低效率的程度具有时变性的其他类型的扰动情况下，这一假设将不成立。这些扰动包括扭曲性税收水平的变动、厂商或工人市场支配程度的变动以及基于效率工资而必须加以支付的工资溢价量的变动等。

上述类型中任意一类扰动在经验上的重要性都是一个存有相当争议的问题。但是，在（存在税收或市场支配力所引起的巨大扭曲导致）伸缩性价格下的均衡产出水平与产出的有效水平之间的差额平均很大的情形中，一般来说不会出现扰动使得有效的产出水平和伸缩性价格均衡的产出水平移动相同程度（甚至是在一阶近似的意义下）的情形。正如 6.5 节将要讨论的那样，即使扰动是本章迄今为止所假设的那些类型，如偏好冲击、技术冲击或政府购买的变动，这一点也是正确的。这也是为什么甚至清晰的经验关系都允许有效的产出水平与伸缩性价格均衡的产出水平之间存在时变性缺口（有时被称为“成本推动型冲击”）的一个原因。

在伸缩性价格均衡的产出水平与有效产出水平之间的差额具有时变性的情形中，通货膨胀的完全稳定化不再是福利相关产出缺口稳定化的充分条件。因为正如我们前面讨论的那样，尽管通货膨胀稳定化可能意味着产出水平在所有的时间都等于伸缩性价格均衡水平，但这不再能够使得实际产出与有效产出水平之间缺口的变动性达到最小。结果，通货膨胀的完全稳定化一般不是最优的。作为该情形中问题的一个解决方案，任意其他价格指数的稳定化变得有意义这一事实不再明显，而对（适当度量的）产出缺口稳定化某种程度的关心则显然是适当的，即使这不完全取代对通货膨胀稳定化的关注。这对于价格稳定应该是货币政策唯一目标的观点提出了尤为严重的挑战，我将在第 7 章和第 8 章刻画该情形中最优货币政策的特征时给予相当程度的关注。然而，正如我在 6.4.5 节将要证明的那样，即使伸缩性价格的均衡产出水平与有效水平之间缺口的波动相当大，对价格稳定化这一基于福利理论被证明为合理规则的偏离程度很可能小于通常假设的情形。

6.4 基本分析的扩展

这里我概述对效用为基础的福利准则的一些扩展，以使其包括我在 6.2 节进行基本分析时所概括的一些复杂情况。我尤其要集中考察那些能够说明刚刚描述的价格水平完全稳定化不是最优这一结论的某些原因的复杂情况。

6.4.1 交易摩擦

在 6.2 节中，我概述了可以说明基础货币需求的交易摩擦所导致的福利后果，因此，结果可以应用于第 2 章所讨论的一类无现金的经济。这里我考虑为了包含交易摩擦具有不可忽略的福利效应的情况而必须加以修正的方式。

正如第 2 章讨论的，我们可以通过把货币余额作为代表性家庭福利函数中的一个附加变量来表示这些摩擦扭曲交易的程度的变动所产生的福利后果。在间接效用函数 $u(c, m)$ 不是加性可分离的情形中，这一扩展使得实际边际成本，并因此使得伸缩性价格下的均衡产出水平，成为（内生）实际余额水平以及外生偏好和技术状态的一个函数。把下面的实际余额均衡水平

$$\hat{m}_t = \eta_y \hat{Y}_t - \eta_i(\hat{i}_t - \hat{i}_t^m) + \epsilon_t^m \tag{4.1}$$

代入到家庭劳动供给关系之中，我在第 4 章中已经证明，平均实际边际成本由下式给出：

$$\hat{s}_t = \epsilon_{mc}[x_t + \varphi(\hat{i}_t - \hat{i}_t^m)] \tag{4.2}$$

其中：

$$\epsilon_{mc} \equiv \sigma^{-1} + \omega - \chi\eta_y \tag{4.3}$$

$$\varphi \equiv \eta_i\chi/\epsilon_{mc} \tag{4.4}$$

这里，$x_t \equiv \hat{Y}_t - \hat{Y}_t^n$，并且此处

$$\hat{Y}_t^n \equiv \frac{\sigma^{-1} g_t + \omega q_t + \chi \epsilon_t^m}{\epsilon_{mc}} \tag{4.5}$$

在这些表示式中，我再次使用系数 $\chi \equiv \bar{m} u_{cm}/u_c$ 来度量私人支出与实际余额之间相互补偿的程度。

这里，产出的自然率 $\hat{Y}_t^n$ 被定义为在利息率的微分 Δ_t 被固定在其稳态水平 $\bar{\Delta}$ 上时的伸缩性价格下产出的均衡水平，从而 $\hat{Y}_t^n$ 再次是一个外生过程。这一定义也有一定的好处，即在对数线性近似意义下，当稳态低效率的楔子 Φ 和稳态利息率微分 $\bar{\Delta} \equiv (\bar{i} - \bar{i}^m)/(1+i)$ 都很小（并且被处理成展开参数）时，按一阶近似，产出有效水平（对数）超出自然率水平（对数）的数额是一个常数。[43] 这一

不变的差额（直到 $O(\| \Phi, \tilde{\xi} \|^2)$ 阶残差，其中 Φ 在这里为稳态扭曲构成的向量，其分量为 Φ_y 和 $\bar{\Delta}$）由下式给出：

$$x^* \equiv \frac{\Phi_y + s_m \eta_y}{\epsilon_{mc}} \tag{4.6}$$

其中，$s_m \equiv \bar{m} u_{cm} / \bar{c} u_c \geqslant 0$ 度量了作为私人支出的一部分的实际余额的利息成本。同在第 4 章中那样，我假设 $\epsilon_{mc} > 0$，从而如果 $\Phi_y \geqslant 0$，则 $x^* > 0$。于是我们可以看到，6.3.2 节讨论的各种扰动对产出自然率的效应保持相同符号。不过现在（如果 $\chi \neq 0$），对货币需求函数的扰动，比如可能源于交易技术的变动，也影响到产出的自然率。

从（4.2）式可以得到，在更一般的情形中，新古典总供给关系具有如下形式：

$$\pi_t = \kappa[x_t + \varphi(\hat{i}_t - \hat{i}_t^m)] + E_{t-1}\pi_t \tag{4.7}$$

而不是（2.14）式，其中 $x_t \equiv \hat{Y}_t - \hat{Y}_t^n$，而

$$\kappa \equiv \frac{\iota}{1-\iota} \frac{\epsilon_{mc}}{1+\omega\theta} > 0$$

另一方面，在卡尔沃定价情形中，总供给关系在此处采用如下形式：

$$\pi_t = \kappa[x_t + \varphi(\hat{i}_t - \hat{i}_t^m)] + \beta E_t \pi_{t+1} \tag{4.8}$$

其中：

$$\kappa \equiv \frac{(1-\alpha)(1-\alpha\beta)}{\alpha} \frac{\epsilon_{mc}}{1+\omega\theta} > 0$$

请注意，在其中任何一种情形中，利息率微分因其对供给的实际边际成本（很小）的影响而显示为总供给关系移动的因素。

在计算预期效用的二次近似时，我采用下面有关偏好的价格。

假设 6.1 交易技术隐含着，实际货币余额在有限水平上存在充分满足点；在与其中利息率微分 $\bar{\Delta}=0$ 的伸缩性价格均衡稳态相联系的产出水平 $\bar{Y}>0$ 的情形中，达到充分满足的实际货币余额水平是一个有限的量 $\bar{m}>0$。而且，效用关于 c 和 m 的所有一阶和二阶偏导数具有良好的性质，在（c，m）趋向于（$\bar{Y}$，$\bar{m}$）时有有限的数值，其中 m 从下方趋向于 $\bar{m}$，并且 u_{mm} 从下方取得的极限值为负值。

假设随着 m 从下方趋向于 $\bar{m}$ 时 u_{mm} 并不趋于零则意味着，u_{mm} 在充分满足点一定是不连续的，因为对所有大于等于充分满足水平的 m，$u_m=0$。然而，这一假设对应着，随着趋近于充分满足点，存在一个性质良好的（有限）货币需求的利息率半弹性，其数值由下式给出：

$$\eta_i = -\frac{u_c}{\bar{m} u_{mm}} > 0$$

(在达到充分满足点时，u_{mm}的不连续性对应着货币需求利率弹性的不连续性，而且货币需求必然为无限弹性。）虽然这并非无可争议，但这是许多对货币需求函数进行计量估计所得到的一个特征，它也是许多有关交易技术理论模型，例如附录A的A.16节中的现金一信用商品模型的一个特征。

于是，我可以再次使用二阶泰勒展开来近似表示私人支出中获得的效用，从而得到下面有关命题6.1的一般性结论。

命题6.7 假设交易技术满足假设6.1。那么，在每种商品的生产$\hat{y}_t(i)$围绕着$\bar{Y}$周围的波动足够小，利息率微分Δ_t围绕着$\bar{\Delta}$波动足够小，扰动足够小，并且稳态扭曲Φ的值足够小的条件下，代表性家庭在每期的效用流可以近似地表示为：

$$U_t=-\frac{\bar{Y}u_c}{2}\{\epsilon_{mc}(x_t-x^*)^2+\bar{v}^{-1}\eta_i(\hat{i}_t-\hat{i}_t^m+\bar{\Delta})^2+(\theta^{-1}+\omega)\mathrm{var}_i\ \hat{y}_t(i)\}$$
$$+\mathrm{t.i.p.}+\mathcal{O}(\|\Phi,\hat{y},\hat{\Delta},\tilde{\xi}\|^3) \tag{4.9}$$

这里，ϵ_{mc}由（4.3）式定义，x_t是由（4.5）式定义的相对于产出自然率的产出缺口，x^*由（4.6）式所定义，$\bar{v}\equiv\bar{Y}/\bar{m}>0$是稳态的“货币流通速度”，而$\eta_i>0$是货币需求的利率半弹性的极限值。

有关计算的细节在附录E中给出。请注意，由（4.6）式可知，$x^*=\mathcal{O}(\|\Phi\|)$，而且类似地由关系式$s_m=\bar{\Delta}/(s_C\bar{v})$得到，$s_m=\mathcal{O}(\|\Phi\|)$。因此，（4.9）式涉及阶为$\mathcal{O}(\|\Phi\|)$的线性项的系数，这正是通过对模型的结构方程只使用对数线性近似而刻画最优政策的对数线性特征所需要的。同时注意，（4.9）式意味着利息率微分的最优水平为零，因为条件$i_t=i_t^m$——实际货币余额达到充分满足的弗里德曼（1969）条件——对应着$\hat{i}_t=\hat{i}_t^m-\bar{\Delta}+\mathcal{O}(\bar{\Delta}^2)$。

给定（4.9）式，我可以再次像以前一样把产出偏差表示为通货膨胀的函数，以便得到一个用产出和通货膨胀路径表示出来的二次损失函数。在基本的卡尔沃定价模型中，我得到下面的结论。

命题6.8 在4.3节设定的具有卡尔沃定价且交易技术满足假设6.1的模型中，代表性家庭效用贴现和可以再次由形如（2.21）的表达式加以近似，其残差的阶为$\mathcal{O}(\|\Phi,\Delta_{-1}^{1/2},\varphi,\tilde{\xi}\|^3)$。在这一表达式中，再次有$\Omega>0$，但标准化的二次损失函数现在由下式给出：

$$L_t=\pi_t^2+\lambda_x(x_t-x^*)^2+\lambda_i(\hat{i}_t-\hat{i}_t^m+\bar{\Delta})^2 \tag{4.10}$$

其权重为：

$$\lambda_x=\frac{\kappa}{\theta}>0,\qquad \lambda_i=\frac{\eta_i}{\bar{v}\,\epsilon_{mc}}\lambda_x>0 \tag{4.11}$$

最优值x^*由（4.6）式给出。

在给定命题 6.7 成立的条件下，上述结论的证明遵循与命题 6.4 证明相同的线索。注意下面的结果也是值得的：对利息率项施加其他权重的另外一个表达式为：

$$\lambda_i=\frac{\eta_i}{\eta_y}\varphi\lambda_x \tag{4.12}$$

在小 $\bar{\Delta}$ 近似的意义下是等价的，尽管这只在 $\chi\neq0$ 的条件下可应用[44]。

因此，考虑交易摩擦则在损失函数中添加了额外一项，即具有正权重的利息率微分与其最优值零之间差额的平方项。请注意，在第 2 章讨论的无现金的极端情形中，$\bar{v}^{-1}\to0$，所以 $\lambda_i\to0$，而且我复原了前述无现金模型的结果。然而，值得注意的是，在消费和实际余额之间加性可分离从而 $u_{cm}=0$ 的假设条件下，利息率变动项并没有消除。尽管这最后一个假设（意味着 $\chi=0$）导致实际余额效应并不出现在传递机制模型的总供给和 IS 两个关系式中，而且类似地隐含着货币需求扰动对产出或利息自然率没有影响，但这并不意味着 $\lambda_i=0$。因此，是假设因为近似加性可分离而认为 χ 的大小可忽略不计，还是因为均衡的实际余额很小（流通速度很大），这会造成差异。

以前的结论会受到很大影响的一种情况是，中央银行的利息率操作目标是通过调整支付给基础货币的利息而实施的，从而无论 i_t 如何变动，Δ_t 在所有时期都等于一个固定的分散值。[45] 在这种情形中，(4.10) 式中的 $(\hat{i}_t-\hat{i}_t^m+\bar{\Delta})^2$ 为常数，它不取决于通货膨胀、产出和利息率是如何变动的。于是，最优政策再次是使得形如 (2.22) 式的损失函数为最小的政策，由货币摩擦所造成的唯一差异是 ϵ_{mc}（因此包含 κ 和 λ_x）和 $\hat{Y}_t^n$ 的定义。特别地，我们可以再次发现，正像早些时候无现金模型分析的那样，最优政策涉及价格水平的完全稳定化。

相反，如果向基础货币支付的利息在所有时期都等于常数 $\bar{i}^m$（就像美国现在的情况一样，它也许为 0），那么 (4.10) 式中的最后一项并不是不相关的。在这种情况下，福利理论的损失函数简化为：

$$L_t=\pi_t^2+\lambda_x(x_t-x^*)^2+\lambda_i(\hat{i}_t-i^*)^2 \tag{4.13}$$

这里，最优名义利息率由下式给出：

$$i^*\equiv\log\frac{1+\bar{i}^m}{1+\bar{i}}=-\bar{\Delta}+\mathcal{O}(\bar{\Delta}^2)$$

即，它等于支付给基础货币的不变的利息率。请注意，(4.13) 式最后一项导致了威廉姆斯 (1999) 所假设的一类损失函数，尽管威廉姆斯是受到"规避利息率的变动"的激发而设立了另外一项。

这另外一项意味着，出于两个原因，价格水平的完全稳定化不再是最优的。一个原因是，正如弗里德曼 (1969) 论证的那样，只要 $i^m<\bar{i}\equiv\beta^{-1}-1$，使得 (4.10) 式中最后一项为最小的稳态名义利息率要求预期通货紧缩。在稳态的通货膨胀率需要使得第一项为最小的同时也需要使得第三项为最小之间现在就存在冲突。事实上，正如第 7 章表明的，在没有随机扰动的条件下，最优政策承诺下的长期通货膨胀率一般是二者之间的一个中间值——高于弗里德曼率（即减去时

间偏好率），但仍为负数值。

另一个原因是，使得第一项为最小的相应于冲击做出反应的方式（即根本没有通货膨胀变动）与使得第三项为最小所要求的方式（没有利息率变动）之间存在冲突。在冲击影响自然利息率的范围内（而且我已经证明，许多不同类型的实际扰动都是如此），名义利息率变动需要维持通货膨胀稳定，反之亦然。此外，完全的通货膨胀稳定化政策使得第二项为最小甚至也不再成立——因为，如果$\kappa_i>0$，使得通货膨胀稳定化所要求的利息率变动至少要使得产出缺口的变动数量也要小。

不会出现这类冲突的一种特殊情况是可能的。假设我们采用新古典定价模型，该模型中尽管某些新价格提前一期被选定，但所有的价格在每一期都做出调整。再次假设在所有的时间 $i_t^m=\bar{i}^m$，在这种情形下，由命题 6.7 可以得到，相应的标准化的损失函数由下式给出：

$$L_t=(\pi_t-E_{t-1}\pi_t)^2+\lambda_x(x_t-x^*)^2+\lambda_i(\hat{i}_t-i^*)^2 \tag{4.14}$$

其中，权重再次由（4.11）式给出，但 κ 按（4.7）式定义。如果我们也假设 $\Phi_y=0$，则（4.6）式意味着，直到$\mathcal{O}(\bar{\Delta}^2)$阶残差，有 $x^*=-\varphi i^*>0$。这意味着，总供给关系（4.7）式也可以表示为：

$$\pi_t=\kappa[(x_t-x^*)+\varphi(\hat{i}_t-i^*)]+E_{t-1}\pi_t \tag{4.15}$$

于是，这里没有使得（4.14）式右边所有三项同时最小的问题。只简单地要求每一期设定 $\hat{i}_t=i^*$，并使得通货膨胀等于前一期预测的数值——在这种情形中，（4.7）式也意味着 $x_t=x^*$。利息率变动项最小化只对预期的通货膨胀有意义，而代表价格偏差成本项的最小化只对未预期的通货膨胀有意义。因此，在这种特殊的情形中，在所有时期同时完成两个目标之间不存在冲突。

即使 $\Phi_y>0$，（4.6）式意味着：

$$x^*+\varphi i^*=\Phi_y/\epsilon_{mc}>0 \tag{4.16}$$

使用这一等式替代 x^*，我们可以把贴现的损失度量值表示为：

$$\begin{aligned}E_0\Big\{\sum_{t=0}^{\infty}\beta^t L_t\Big\}=&-2\frac{\Phi_y}{\theta\epsilon_{mc}}[\pi_0-\kappa_i\hat{i}_0]\\&+E_0\Big\{\sum_{t=0}^{\infty}\beta^t[(\pi_t-E_{t-1}\pi_t)^2+\lambda_x(x_t+\varphi i^*)^2\\&+2\frac{\lambda_x\varphi\Phi_y}{\epsilon_{mc}}(\hat{i}_t-i^*)+\lambda_i(\hat{i}_t-i^*)^2]\Big\},\end{aligned} \tag{4.17}$$

该式可看成是（3.2）式的一般化。除了第一项之外，等式右边的所有项再次可以通过在每一期设定 $\hat{i}_t=i^*$ 和 $\pi_t=E_{t-1}\pi_t$ 而得以最小化。（大方括号内第三项在每一期都需要是非负的，因为均衡要求 $i_t\geqslant i^m$ 或 $\hat{i}_t\geqslant i^*$。）等式右边第一项表示存在从第 0 期未预期的通货膨胀中获得的额外福利，因为这一时期做出的决定不能影响前期的通货膨胀预期；而且，如果我们允许自己拥有这种机会的优势，那么在 0 期选择的通货膨胀率应该稍微比预期的水平略高。但其后，我们使得未预期的通货膨胀在每一期都等于零，因为这并非与在每一期设定$\hat{i}_t = i^*$不一致。进一步来说，在一项政策从长期来看为最优的意义下，我们只需简单地安排通货膨胀零预期，并且在每一期都有$\hat{i}_t = i^*$。

但是价格黏性导致的扭曲可以在无需对预期通货膨胀可能遵循的过程施加任何限制的条件下被完全消除的情形，显然是一种极其特殊的例子。一般而论，作为自然利息率波动的一个结果，预期通货膨胀的变动（因为这是为了维持在所有的时期都有$\hat{i}_t = i^*$所要求的）导致相对价格的扭曲。因此使得与交易摩擦所联系的扭曲最小化的目标与使得由价格黏性所导致的扭曲最小化的目标相冲突。在对不同的稳定化目标之间存在的冲突关系的特征进行进一步讨论之前我将论证，对名义利息率稳定化给予类似的关注可以在不同的基础上做出判断。

6.4.2 零利息率下界

即使是在无现金经济的情形中，为了减少名义利息率相应于冲击的变动，不完全的通货膨胀稳定化也可能是最优的，原因是均衡要求在所有的时期都有$i_t \geqslant 0$。[46]如果冲击足够小，实现完全的通货膨胀稳定化不会存在障碍，但是如果自然利息率不为负（而且借此我要表述的是与相联系的较长期的自然率相比更具有易变性的短期自然率），通货膨胀的完全稳定化是不可行的。

在这种情形中，看来相当可能的情况是，考虑最优政策的特征所涉及的某些利息率面临的约束遵从零下界。相当明确的一点是，这一政策涉及的名义利息率的变动要比自然利息率所发生的变动要小。特别地，在自然利息率变为负数的状态下，市场利息率不会下降那么多。刻画市场利息率最优行为的特征是超出这里使用的线性二次最优方法范围的一个问题。然而，我可以考虑一个对这一限制条件应该影响最优政策的方式给出某些洞察力的相关问题：将名义利息率在每一期必须非负这一限制条件替换成对其变动性的约束。[47]

明确地说，通过要求平均联邦基金利率在理论上的下界之上有k阶标准差，罗特伯格和伍德福德（1997，1999a）给出了一个逼近下界所产生效应的方案，这里，系数k足够大以便下界的变动不会经常出现。从另外一个限制条件来说，尽管不是很明确，但其具有检查它只需要计算不同政策机制下的一阶和二阶矩这样的优越性，而检查基金利息率在任一状态下是否被预计为负数将取决于冲击的分布方面的详尽信息。此外，在假设线性结构方程和二次损失函数的条件下，这一形式的限制条件具有一定的优越性，即正如无约束最优政策一样，有约束的最优政策是线性规则。因此，我的线性方法仍可以被用于刻画最优政策。

请注意，所提出的限制条件可以等价地表示为，要求i_t^2的平均值不大于i_t的平均值的平方的$K \equiv 1 + k^{-2}$倍，[48]其中，后一个平均值也必须是非负的。如果我们为了与其他的福利度量项相一致而使用贴现平均值，则可以得到下面的约束条件：

$$E_0\left\{(1-\beta)\sum_{t=0}^{\infty}\beta^t i_t\right\} \geqslant 0 \tag{4.18}$$

$$E_0\left\{(1-\beta)\sum_{t=0}^{\infty}\beta^t i_t^2\right\}\leqslant K\left[E_0\left\{(1-\beta)\sum_{t=0}^{\infty}\beta^t i_t\right\}\right]^2 \tag{4.19}$$

在满足这些附加约束条件下的最优政策依次被描述为使得经过修正的目标函数为最小的政策。

命题 6.9 考虑在满足（4.18）式和（4.19）式给出的约束条件下，如下二次损失的预期贴现加总为最小的问题：

$$E_0\left\{(1-\beta)\sum_{t=0}^{\infty}\beta^t L_t\right\} \tag{4.20}$$

并用 m_1 和 m_2 表示与最优政策相联系的 i_t 和 i_t^2 的贴现平均值。则在结构方程以外没有其他约束的条件下，最优政策也使得形如（4.20）式的修正的贴现标准为最小，不过其中 L_t 被替换为：

$$\tilde{L}_t\equiv L_t+\tilde{\lambda}_i(\hat{i}_t-i^{**})^2 \tag{4.21}$$

这里 $\tilde{\lambda}_i\geqslant 0$，它为严格正数值的充分必要条件是限制条件（4.19）式具有约束力。此外，如果约束有效，则 $i^{**}>0$，即目标利息率高于与零通货膨胀稳态相联系的名义利息率 $\bar{i}$。

因此，在模型的结构方程给出的约束条件下，最优政策使得二次损失函数（4.21）式的预期贴现值为最小。如果结构方程是线性的，那么最优政策本身也是线性的。请注意，即使“直接的”社会损失函数 L_t 与利息率的路径无关，但有效的损失函数（4.21）式包含对利息率变动的二次惩罚项（在约束（4.19）式成立的条件下）。例如，再次考虑基本的卡尔沃定价模型无现金的极端情形。直接的损失函数由（2.22）式给出，它只涉及通货膨胀和产出缺口。但是，恰如我在前面就说明交易摩擦所进行的概括，如果自然利息率的波动大到足以使得（4.19）式成立——即，如果（4.19）式被解 $\hat{i}_t=\hat{r}_t^n$ 所违反——那么，最优政策实际上可使得（4.10）式给出的损失函数为最小。出于表示利息率下界需要的动机而对价格稳定偏离的特定类型恰好与说明交易摩擦所需要的类型相同。

出于两种方式考虑的损失函数之间存在的主要的本质上的差异在于，交易摩擦导致具有目标利息率 $i^*<0$（即低于与零通货膨胀相一致的稳态利息率 $\bar{i}$ 的利息率）的损失函数（4.10）式，而利息率下界只是给出了目标利率 $i^{**}>0$。因为我已经证明，在（4.19）式不成立时，无现金的极端情况下最优政策涉及确定的非负的通货膨胀分量（并且渐近收敛于零）。因此，平均通货膨胀是非零的。如果（4.19）式不成立，选择不同的通货膨胀确定性分量的唯一原因是在于试图放宽使得平均通货膨胀更高（从而平均基金利率会更高）的限制条件。

如果交易摩擦不能忽略不计而且利息率下界约束也成立，那么将（4.21）式中二次利息率项添加到（4.10）式中已经存在的二次利息率项之中。结果，损失函数再次具有相同的形式：

$$\hat{L}_t = \pi_t^2 + \lambda_x (x_t - x^*)^2 + \hat{\lambda}_i (\hat{i}_t - i)^2 \tag{4.22}$$

这里，$\hat{\lambda}_i = \lambda_i + \mu_2$ 是一个平滑的较大的正系数，而 $\hat{i}$ 是 i^* 与 i^{**} 的中间值（因此可能有任意的符号）。事实上，同 x^* 一样，$\hat{i}$ 值只对最优政策的确定部分重要，对冲击的最优响应只取决于损失函数中的权重 λ_x 和 $\hat{\lambda}_i$。因此，关于这两个方面的考虑都指向相同的方向，即在损失函数中包含二次利息率项可能很重要。因此，我在第 7 章中将给予包含这一项的最优政策的结果相当大的关注。[49]

这些考虑要多大才可能是重要的呢？在一个校准的例子中我从数量上考察了这一问题。基于第 5 章所讨论的罗特伯格和伍德福德（1997）的估计，表 6.1 中的参数 α、β、σ、κ 和 ϵ_{mc} 由表 5.1 给出[50]，表中给出的 η_y、η_i 和 χ 的值是如第 2 章讨论的那样由美国长期货币需求估计值推断出来的。[51]

为了当前的目的，外生扰动唯一重要的方面是所隐含的自然利息率 $\hat{r}_t^n$ 的演变。为了简单起见，我假设这一变量遵从稳定的一阶自回归过程，其均值为零，而标准差和序列相关系数由表 5.1 中的数据设定。正如我在第 7 章进一步解释的那样，这些数值的设定受到罗特伯格和伍德福德（1997）的估计模型的引导，尽管那一模型涉及更为复杂的有关冲击过程的设定。

最后，表 5.1 给出的结构参数意味着 θ 的值等于 7.88。利用这一结果，我能够得到以效用为基础的损失函数（2.22）式中参数 λ_x 的理论值，它的数值也在表 6.1 中列出。[52] 我通过假设 $\Phi_y = 0$ 从而 $x^* = 0$ 使得我的计算得以简化。

表 6.1　　供图 6.1 所使用的季度模型中的校准参数

结构参数		冲击过程		损失函数		利息率边界	
α	0.66	ρ_r	0.35	x^*	0	k	2.26
β	0.99	$sd(\hat{r}^n)$	3.72	λ_x	0.048	$\bar{r}$	2.99
σ^{-1}	0.16			λ_i	0.077		
κ	0.024						
ϵ_{mc}	0.63						
η_y	1						
η_i	28						
χ	0.02						

使用这些参数值，我可以探究由（2.22）式衡量的总损失最小化与短期名义利息率稳定化之间的交替关系。以 L_t^0 表示损失函数（即从利息率变动所造成的成本中抽象出来的损失函数），则在通货膨胀和产出缺口服从任意随机过程的条件下，我们可以计算它的预期贴现值：

$$\hat{E}[L^0] \equiv (1-\beta)\sum_{t=0}^{\infty}\beta^t E[L_t^0] \tag{4.23}$$

这里，我用 $\hat{E}$ 表示预期贴现值而不仅仅是随机变量 L_t^0 的无条件期望值（或长期平均值)。等式右面的 E 应该被理解为，给定在所考虑的与零通货膨胀稳态相一致的政策规则下可能重要的任意内生变量的初始滞后值，在外生扰动可能的初始状态 $\hat{r}_0^n$ 上求无条件均值。[53]我依照下面的统计量来衡量与任意可能的均衡相联系的利息率变动的程度：

$$V[i] \equiv (1-\beta)\sum_{t=0}^{\infty}\beta^t \operatorname{var}(\hat{i}_t)$$

其中，无条件方差 var（$\hat{i}_t$）再次涉及在可能的初始值 $\hat{r}_0^n$ 上的积分。然后，我考虑在 $V[i]$ 不超过某些有限值的约束条件下使得 $\hat{E}[L^0]$ 为最小化的政策。

这两个统计量的有效前沿面在图 6.1 中显示出来。(约束有效政策的性质将在下一章进行讨论。)观察该图可以发现，正如 6.3 节讨论的，只要我们愿意容忍相应于联邦基金利率 3.72%的（贴现）标准差，利息率变动 $V[i]=13.83$，那么通过对通货膨胀和产出缺口完全稳定化，实现 $\hat{E}[L^0]$ 理论上的下界零是可能的。(当然，这恰好是所假定的自然利息率波动的标准差。)较低的利息率的变动要求我们接受较少的对通货膨胀和产出缺口的完全稳定化，其程度由 $\hat{E}[L^0]$ 的正数值加以表示。完全的利息率稳定化要求 $\hat{E}[L^0]$ 取 2.10 值——比每年按 1%的稳态通货膨胀下的总损失多出两倍多的损失值。[54]在这两个极端情形中，联系通货膨胀变动、产出缺口和联邦基金利率的统计量由表 6.2 中的第一行和最后一行给出，所使用的度量类似于其他两个变量情形中的 $V[i]$。请注意，假定在表 6.1 中所考虑的所有政策下的通货膨胀和产出缺口都具有零均值，则按这些标准衡量，有

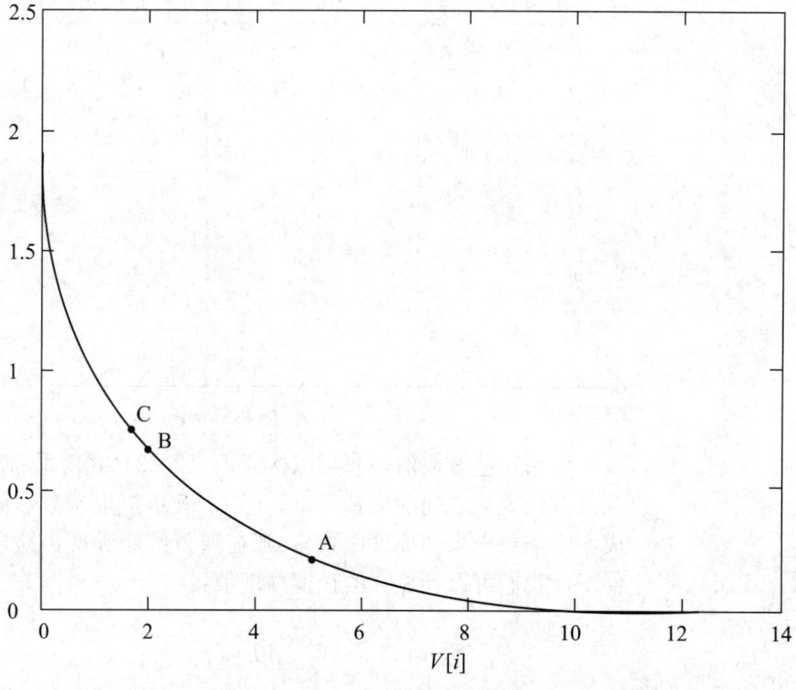

图 6.1　通货膨胀/产出缺口稳定化与利息率稳定化之间的交替关系

$$\hat{E}[L^0]=V[\pi]+\lambda_x V[x]$$

表 6.2　　位于有效前沿面上一些政策的例子

$\hat{\lambda}_i$	$V[\pi]$	$V[x]$	$V[i]$	$\hat{E}[L^0]$
0	0	0	13.83	0
0.077	0.037	4.015	4.961	0.231
0.236	0.130	10.60	1.921	0.643
0.277	0.151	11.75	1.623	0.719
∞	0.677	29.35	0	2.096

这一前沿面表示出，出于某种原因而对利息率变动的关心将如何影响稳定通货膨胀和产出缺口为最优的程度。不过，我特别感兴趣的是，前面出于两方面考虑之一而证明是合理的这一目标受关注的程度。为了说明交易摩擦，我希望$\hat{E}[L]$最小化，其中L_t表示包含利息率变动项的损失函数（4.10）式。与6.3节中讨论的$x^*\neq 0$情形中得出的结论一样，在（4.10）式中$i^*\neq 0$这一事实只影响内生变量最优路径的确定性部分，而对相应于冲击的最优反应没有任何影响。因此，对冲击的最优反应可以由i^*被设定为零的条件下最小化$\hat{E}[L]$而确定，这一最小值等于$\hat{E}[L^0]+\lambda_i V[i]$。这一政策对应着图6.1中的前沿面上的一点，也即斜率等于$-\lambda_i$的那一点，其中λ_i由（4.12）式给出。

假设结构参数由表6.1给出，我们看到（4.4）式意味着，对美国而言，φ应该近似地等于0.22年。则（4.12）式意味着$\lambda_i=0.077$，也在表6.1中给出。[55]这对应着图6.1上前沿面上的点A。[56]表6.2中的第二行给出了这一均衡中每一个内生变量的变动情况。

现在我舍弃交易摩擦中抽象出来的假设，转而考虑名义利息率的下界，或者更精确地说，我假设施加（4.18）式和（4.19）式给出的约束。遵从罗特伯格和伍德福德（1997）的分析，让k等于他们使用美国数据估计的VAR模型所隐含的长期稳定分布下基金利率的标准差对其均值的比率，并假设稳态的实际基金利率的值$\bar{i}$等于这一长期稳定分布下隐含的平均实际基金利率。这些数值在表6.1中表示出来。

正如以前证明的那样，这些约束条件下的最优政策使得$\hat{E}[\tilde{L}]$为最小，其中$\tilde{L}_t$由（4.21）式并令L_t等于L_t^0所定义。再一次，$i^{**}\neq 0$这一事实并不影响对冲击的最优反应，并且因此这些也表示为图6.1中的前沿面上的均衡之一。在这些假定参数值的条件下，由约束（4.19）式上的拉格朗日乘数所给出的（4.21）式中$\tilde{\lambda}_i$的隐含值等于0.236。相应的对冲击的最优反应是与前沿面上的B点相联系的那些点，即前沿面上具有这一倾斜程度的点。表6.2中第三行反映了这一均衡中每个内生变量的变动性。（在表6.2所表明的计算结果中，每个变量的确定性部分在所有时期都等于零，从而这些统计量只涉及由于自然利息率的波动而导致的变量的变动。）以通货膨胀和产出缺口更多的变动为代价，对利息率变动较高的有效惩处导致名义利率较少的均衡波动。

最后，假设在进行福利分析时我们同时说明交易摩擦和名义利息率的下界。于是，我们可以找到 L_t 由（4.10）式给出而不是由 L_t^0 给出时使得 $\hat{E}[\tilde{L}]$ 为最小的政策。正如前面注意到的那样，这一政策使得 $\hat{E}[\tilde{L}]$ 形式的准则最小化，其中 $\hat{L}_t$ 由（4.22）式给出。在假定参数值的情况下，$\hat{\lambda}_i$ 等于 0.277，大于单独考虑其中一个方面所获得的数值。再一次，对冲击的最优反应对应着图 6.1 所示的前沿面上的点 C。在这一均衡中，内生变量的变动性在表 6.2 第四行中列出。

值得注意的是，值 $\hat{\lambda}_i$ 并不大于 $\tilde{\lambda}_i$，因而在有效前沿面上的点 C 并不比点 B 高很多。这说明，对福利分析而言，一旦考虑到了利息率下界问题，再考虑交易摩擦并不是特别重要，尽管反之不一定成立。对这一结果有一个简单的理解。无论我们是否允许交易摩擦，施加（4.19）式的约束使得选择一个使利息率可变性达到的程度大体保证（4.19）式与平均通货膨胀率为零相一致的政策为最优。[57] 利息率可变性的水平——这将会涉及相应于它的前沿面上的点以及有效损失函数中相联系的利息率变动前的权重（由有效前沿面在这一点斜率的负数值给出）——完全与损失函数是否直接对（由于交易摩擦引起的）利息率变动进行惩罚无关。

出于这一原因，增加直接损失函数 L_t 中利息率变动项上的权重 λ_i 对有效损失函数中的权重 $\hat{\lambda}_i$ 的影响相对很小。增加 λ_i 导致约束（4.19）式对应的拉格朗日乘数变小，因为即使在没有约束的条件下也很少有变动利息率的意愿。从而，两个权重加总的增加远小于 λ_i 的增加。因此，如果利息率的下界已经被加以考虑（例如，Rotemberg and Woodford（1997，1999a）或者 Woodford（1999a）），那么忽略交易摩擦的福利后果在准确性方面并不损失太大，而且，所得到的那些分析的结果与考虑到交易摩擦但对利息率下界给予较少的约束时——例如，我们假设自然利息率的平均值有略微小一些的变动或者有略微高的数值——所得到的结论相同。

6.4.3 不对称扰动

不同于 6.2 节的考虑，接下来我要考虑那些对所有商品的需求和供给条件并不产生相同影响的实际扰动的后果。另外，我希望考虑即使在所有价格都具有完全伸缩性的情形中也会影响均衡相对价格的那些类型的扰动。在存在这类扰动的条件下，一般不可能只是简单地通过选择一项可以稳定总体价格指数的货币政策来安排一个具有黏性价格的经济的均衡，就可以再生出具有伸缩性价格的经济的一个状态相依的资源配置。我也考虑在我不再假设对所有商品而言价格调整的频率必须是相同的前提下部门之间出现的不对称性。（这引入了考虑经济中受到冲击程度有差异的不同部门的原因。）在这种情形中，适当的稳定化目标是什么呢？

这里的分析是青木昌彦（2001）工作的一般形式，而且本质上也是贝尼尼奥（2003）的分析在封闭经济中的一个解释。[58] 我再次回到 3.2.5 节所描述的不对称扰动的模型中。福利度量再次由代表性家庭的效用给出，除了现在的 Y_t 是一个有关总需求 Y_{1t} 和 Y_{2t} 的部门指标的（时变的）CES 型加总之外，它仍具有（2.3）

式的形式，而影响产出供给负效用的扰动现在也被看成是与不同部门中的商品 i 有所不同。

在这种情形中，我得到了对命题 6.1 的如下推广。

命题 6.10 考虑一个具有 3.2.5 节所描述的不对称扰动的两部门模型。令 n_1 和 n_2 表示（稳态时）国民收入中两部门所占的份额，$\eta>0$ 是家庭偏好中对两部门消费总量之间的替代弹性。于是，在总产出水平 Y_t 围绕着 $\bar{Y}$ 的波动足够小、相对价格 $\hat{p}_t(i)\equiv\log(p_t(i)/P_t)$ 的波动足够小（因此不同商品生产的与消费的相对数量的变动很小）、扰动足够小而且 Φ_y 足够小的情形中，代表性家庭在每期的效用流可以近似地表示为：

$$U_t=-\frac{\bar{Y}u_c}{2}\Big\{(\sigma^{-1}+\omega)(x_t-x^*)^2+n_1n_2\eta(1+\omega\eta)(\hat{p}_{Rt}-\hat{p}_{Rt}^n)^2+\theta(1+\omega\theta)\sum_{j=1}^{2}n_j\,\mathrm{var}_i^j\log p_t(i)\Big\}+\mathrm{t.i.p.}+\mathcal{O}(\|\Phi_y,\hat{Y},\hat{p},\tilde{\xi}\|^3) \tag{4.24}$$

命题 6.10 中 x_t 仍表示产出缺口 $\hat{Y}_t-\hat{Y}_t^n$，其中，$\hat{Y}_t^n$ 是（第 3 章中定义的）完全伸缩性价格下总产出均衡水平（的对数），而产出缺口的有效水平 x^* 再次由 (2.17) 式给出。我也使用 $\hat{p}_{Rt}\equiv\log(P_{2t}/P_{1t})$ 表示部门间相对价格（的对数），用 $\hat{p}_{Rt}^n$ 表示它的自然价值，即完全伸缩性价格下均衡的相对价格（只是不对称外生扰动的一个函数）。

不管我对定价方式的假设如何，这一对每一期效用流的二次近似都是有效的。如果我假设在每一部门中采用卡尔沃式的延迟定价，那么我可以得到下面的由总产出和部门价格指数稳定化目标表示出来的福利理论的损失函数。

命题 6.11 考虑一个两部门模型，其中每一部门按（卡尔沃）延迟定价方式定价，但两个部门中的价格调整频率可能不同。则代表性家庭的效用贴现加总再次可以由（2.21）式近似表示，其中每期的损失函数具有如下形式：

$$L_t=\sum_{j=1}^{2}w_j\pi_{jt}^2+\lambda_x(x_t-x^*)^2+\lambda_R(\hat{p}_{Rt}-\hat{p}_{Rt}^n)^2 \tag{4.25}$$

它可以看成是（2.22）式的一般形式。这里 π_{jt} 是 j 部门中的价格膨胀率，而权重（被标准化，从而有 $w_1+w_2=1$）由下面的式子给出：

$$\omega_j\equiv\frac{n_j\kappa}{\kappa_j}>0,\quad \lambda_x\equiv\frac{\kappa}{\theta}>0,\quad \lambda_R\equiv\frac{n_1n_2\eta(1+\omega\eta)}{\sigma^{-1}+\omega}\lambda_x>0$$

其中，系数 κ_j 按第 3 章命题 3.8 中的方式定义，而

$$\kappa\equiv(n_1\kappa_1^{-1}+n_2\kappa_2^{-1})^{-1}>0$$

为两个系数的几何平均值。

命题 6.11 的证明在附录 E 中给出。现在我们可以发现，总的损失并不只取决于整个经济范围内的平均通货膨胀率，而是取决于每个部门单独的通货膨胀率；置于部门 j 通货膨胀变动上的相对权重，它在该部门的相对规模较大时较大，在 κ_j 的相对数值较小时也较大，其中 κ_j 度量了部门 j 中价格黏性的程度。（κ_j 的数值较小表明部门 j 中的价格调整较慢；在部门 j 具有完全伸缩性价格的极端情况下，κ_j 的数值为无穷大。）总产出缺口变动上的相对权重像前面一样取决于经济中价格黏性总体程度的度量指标 κ。最后，两个部门之间的相对价格的不匹配（相对于完全伸缩性价格下达到比率而言）也使资源配置产生扭曲。[59] 这一稳定化目标上的相对权重在两部门产品的替代弹性 η 较大时较大。

一般而言，不太可能同时满足所有这些稳定化目标。特别地，如果自然的相对价格 $\hat{p}_{Rt}^n$ 随时间而变动，那么不可能在同一时间使得两个部门的通货膨胀稳定化并消除相对价格与其自然值之间的缺口。因此，在这种情况下，我们必须考虑次优的最优政策。一般地，完全实现下面总的通货膨胀的稳定化不是可供选择的最佳政策：

$$\pi_t \equiv n_1\pi_{1t} + n_2\pi_{2t}$$

在青木昌彦（2001）所考虑的一个部门价格完全伸缩而另外一个部门价格黏性的情形中，这一点是最容易看到的。如果在部门 j 中价格具有完全的伸缩性，那么 $\kappa_j^{-1}=0$，从而 $w_j=0$。在这种极端的情形中，我们也可以证明，无论何种政策，相对价格缺口 $\hat{p}_{Rt}-\hat{p}_{Rt}^n$ 是产出缺口 x_t 的常数倍，因而相同的政策完全实现两个缺口变量的稳定化，而且两个缺口的完全稳定化意味着黏性价格部门的零通货膨胀。

因此，(4.25) 式中所有具有非零权重的三项可以通过使得黏性价格部门的价格指数实现完全稳定的同一政策而达到最小化，而且这一政策显然是该情形中的最优政策。（青木昌彦把这一政策解释为核心通货膨胀指数的稳定化。）直觉再一次是简单的：这一政策实现了与完全伸缩性价格下相同的资源配置，因为黏性价格部门中没有哪一个供给者愿意比他们已采取的措施那样更经常地变动价格。尽管存在能够做到这一点的其他政策，但一般而言，这一政策不能使得更宽泛的价格指数实现完全的稳定化。因为，如果 $\hat{p}_{Rt}$ 遵循 $\hat{p}_{Rt}^n$ 的轨迹，而黏性价格指数保持不变，那么在伸缩性价格部门中必须有一个变动的通货膨胀率。

即使存在相对价格的扰动，也有一种情况，使得实现更宽泛的通货膨胀度量指标 π_t 完全稳定化的政策继续是最优的：其中，价格在两个部门具有同等的黏性（此外，两个部门以第 3 章假设的方式具有非对称性）。当 $\alpha_1=\alpha_2$ 时，$\kappa_1=\kappa_2$，$w_1=w_2=0.5$，损失函数可以改写为：

$$L_t=\pi_t^2+\frac{1}{4}(\hat{p}_{Rt}-\hat{p}_{R,t-1})^2+\lambda_x(x_t-x^*)^2+\lambda_R(\hat{p}_{Rt}-\hat{p}_{Rt}^n)^2$$

正如第 3 章中证明的那样，在这种非对称情形中，总的通货膨胀率 π_t 的稳定化等价于总产出缺口 x_t 的稳定化，而相对价格 $\hat{p}_{Rt}$ 无论在何种货币政策下都以相同的方式演化。因此，尽管不可能在任意政策下使得 L_t 中的所有项每一期都减少到零（因为一般而言 $\hat{p}_{Rt}\neq\hat{p}_{Rt}^n$），但完全稳定化 π_t 的一项政策却使得 L_t 中每一项的值得到最大可能的减少，从而这一政策是最优的。

更一般地，贝尼尼奥发现，如果对权重 $0\leqslant\phi\leqslant1$ 进行适当的选择，一项可以实现各部门通货膨胀率适当加权平均

$$\pi_t^{targ}\equiv\phi\pi_{1t}+(1-\phi)\pi_{2t} \tag{4.26}$$

完全稳定化的政策，典型地提供了对最优政策的一个相当好的近似。（在我所描述的情形中，ϕ 取 0，1/2 或 1 是最优的，这引起对一般政策规则类型的关注。）这可以用一个校准的例子加以说明。

假设 $n_1=n_2=1/2$，$\eta=1$，并令 β、σ、κ、ω 和 θ 取表 5.1 中根据罗特伯格和伍德福德（1997）的研究所报告的数值。[60] α_1 和 α_2 隐含的数值则在任意选择的相对权重 $0\leqslant w_2\leqslant1$ 的条件下由这些系数值推导出来。（在选择 $w_2=0.5$ 的情形中，$\alpha_1=\alpha_2$，而公值 α 为表 5.1 所述。）这允许我们在假设总体价格黏性程度（由 κ 所度量）相同的条件下，在部门 2 具有完全伸缩性（$w_2=0$）和部门 1（$w_2=1$）具有完全伸缩性两个极端情况之间变更我们所假设的两个部门间价格相对黏性程度。请注意，损失函数（4.25）式假定的系数 λ_x 和 λ_R 在 w_2 变化时保持不变。上述校准所隐含的数值在表 6.3 中列出。[61] 刚刚讨论的不同稳定化目标之间的权衡只在自然的相对价格 $\hat{p}_{Rt}^n$ 不是常数的范围内存在，为了说明的方便起见，我假设它遵从一个自回归系数为 0.8 的 AR(1) 过程。假设的这一过程中创新（扰动）的方差对结果无关紧要（所有的预期损失与这一假设的方差成比例），因而令其等于 1 将不失一般性。[62]

表 6.3　　图 6.2 所使用的季度模型的校准参数值

附加的结构参数		冲击过程		损失函数	
n_1，n_2	0.5	$\rho(\hat{p}_R^n)$	0.8	x^*	0
η	1	$sd(\hat{p}_R^n)$	1.67	λ_x	0.048
				λ_R	0.028

对于度量两部门价格相对黏性的系数 w_2 的每一个可能的选择，图 6.2 中的实线描绘出了再次由（4.23）式定义的预期贴现的各期损失 $\hat{E}[L]$ 可以达到的最小值。[63] 只有在 w_2 取极端值（即价格在一个或另外一个部门中完全具有伸缩性）的情形中，所达到的最小值才是零，因为只有在这种情形中，货币政策实现与完全伸缩性价格相联系的资源配置才是可能的。图 6.2 中，在一项严格以总体通货膨胀（完全稳定化）为目标的政策下的预期损失用虚线加以表示。在图 6.2 中可见，两条线只有在 $w_2=0.5$ 时才重合——总体通货膨胀目标制为最优的唯一情况。无论什么时候两部门的价格黏性程度出现不同，总体通货膨胀目标制都会导致更大的损失，而且不对称程度越大，不可避免的损失越小，但不对称的程度越大，与这一政策相联系的损失却越大。严格以权重指数（4.26）式为目标导致的预期损失以点划线图 6.2 中表示出来，其中权重 ϕ 是在每一个 w_2 下的最优选择。

在图 6.2 中可见，这一曲线在 $w_2=0$、0.5 或 1（三个已经讨论过的特殊情况）时与实线重合，而不包括其他情况。因此，这些是最优政策下可以由这类简单的目标规则所明确表述的仅有的三种情况。但是，即使在其他情形中，点划线也只是略微高于实线。因此，如果适当地选取 ϕ，这类规则是最优政策一个相当好的近似。

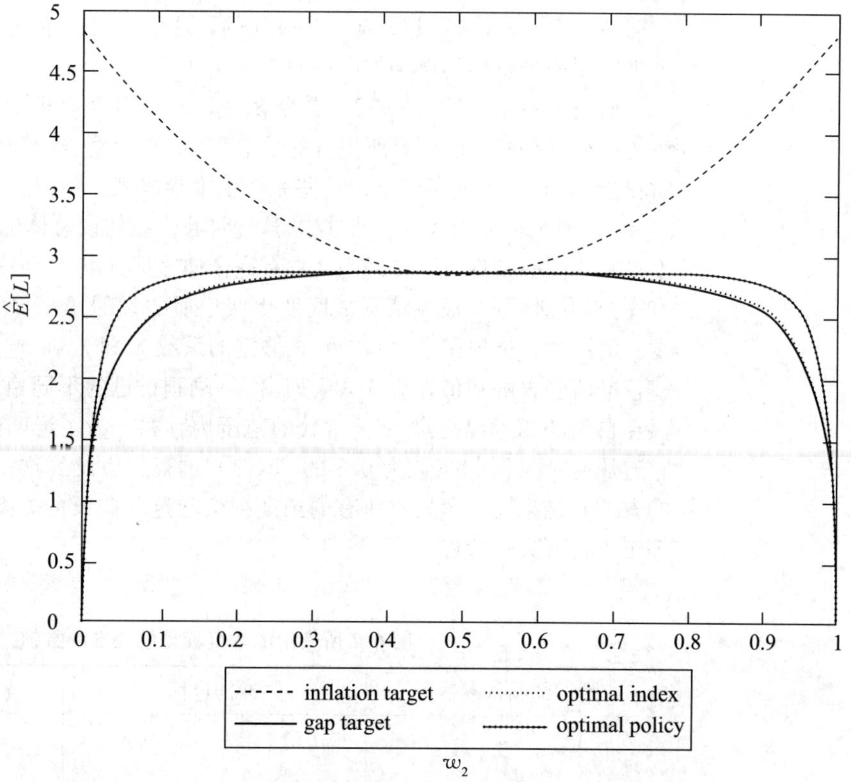

图 6.2　具有不对称扰动时不同政策条件下的福利损失

对应于 w_2 的每一个数值，ϕ 的最优值在图 6.3 中表示出来。基于已经讨论的原因，当 $w_2=0$ 时，最优值 $\phi=1$，当 $w_2=0.5$ 时，$\phi=0.5$，当 $w_2=1$ 时，$\phi=0$。更一般地，正如在一个特殊的情形中早已表明的那样，最优的 ϕ 值是 w_2 的一个递减函数：近似最优的政策使得对具有黏性程度较高的部门的价格给予较多权重的价格指数稳定化。正如青木昌彦指出的那样，这为旨在核心通货膨胀而不是宽泛的价格指数增长的政策提供了理论判断，也为这一指数的构造提供了一个理论准则。它也解释了为什么说如有时人们建议的那样，将随着商品价格增加而增加的“资产价格通货膨胀”包含在内的通货膨胀度量指标作为目标是不适当的。即使资产价格也是价格，而且也受到货币政策的影响，但它们属于那些相应于新的市场条件最经常进行调整的一类价格，因而这些价格的运动并不能表示我们试图最小化的那些扭曲的类型。

然而，(4.26) 式正确规则的选择取决于两部门相对价格黏性的准确估计。无论 w_2 的值是什么，运行得都相对较好的一个简单规则是严格的产出缺口目标制，即使用货币政策以保证在所有的时期 $x_t=0$。由这一规则导致的预期损失在图 6.3 中以点划的实线表示出来。在三种情形（$w_2=0$、0.5 或 1）中，这一政策是唯一完全最优的，而在其他情况下，这一政策有时比最佳加权通货膨胀目标规则要差。但在 w_2 可能的取值范围内，它是一个相对较好的政策（例如，不同于均等权重通货膨胀目标规则），尽管这涉及没有指定随着 w_2 的变动而变动的系数值。

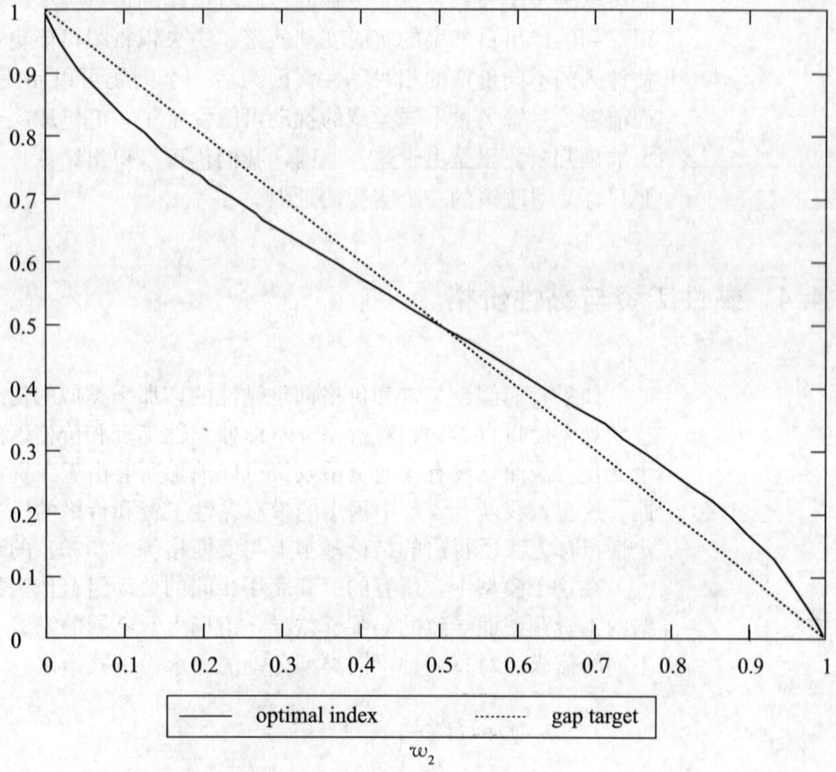

图 6.3　作为两部门相对价格黏性一个函数的最优稳定化价格指数，其中点划线表示了与产出缺口目标制等价的价格指数

事实上，无论 w_2 如何取值，产出缺口目标规则都是相当成功的，因为它体现出了在最大范围内稳定化那些最具黏性价格的原则。如果我们把部门 j 的通货膨胀方程（第 3 章中的（2.27）式）乘以 w_j 并关于 j 加总，则可以得到：

$$\bar{\pi}_t=\kappa x_t+\beta E_t\bar{\pi}_{t+1}$$

其中：

$$\bar{\pi}_t\equiv w_1\pi_{1t}+w_2\pi_{2t}$$

由此可以得到，产出缺口稳定化等价于 $\bar{\pi}_t$ 的稳定化，因此这是（4.26）式在 $\phi=w_1$ 时的一个政策。因此，权重自动被调整到对更具伸缩性部门的价格赋予较少权重的位置。这并不是恰好以最优方式完成的（参见图 6.3 中 w_2 的这一函数与最优路径之间的比较），但对 w_2 的任意值而言，这一简单规则与（4.26）式类型的最优规则没有太大的差异。

因此我得出结论，即使在不对称扰动的情形中，只要正确地选择价格指数，那么价格指数的稳定化为货币政策开列了一个相当好的处方。但是这并不意味着，寻求产出缺口的稳定化不是一个很好的方法，只要产出缺口适当地加以度量。事实上，在有关哪一部门的价格更具黏性的信息缺乏的条件下，以产出缺口为目标是一个更加令人满意的简单政策规则。因此，在两种方法之间进行的选择必然取决于中央银行建立更强的信念所依赖的信息类型。实践中，较之它们精确跟踪到的产出自然率的实时变动轨迹，中央银行很可能更加相信它们以某种信念估计到的不同价格的相对黏性，因为后一个问题可以使用过去的数据进行研究，而前者，尽管大量不同类型的扰动可能发生了，但仍取决于对经济当前状态的一个准确判断。正是由于这一原因，我们仍可以得出结论，一个适当选择的通货膨胀目标是对政策的一个明智的近似。

6.4.4 黏性工资与黏性价格

如果我们假设工资和价格都是黏性的，那么类似的情况也会出现。某些实际扰动类型使得自然的相对价格——即伸缩性工资和价格下的均衡实际工资——发生变化，因而，没有任何货币政策可以消除所有由于工资和价格黏性而导致的扭曲。这里，我就 3.4 节中提出的带有黏性工资和价格的模型来分析福利理论的稳定性目标，我所得出的结论基本上与安斯格等（2000）的结论相同。

在这个模型中，所有的厂商雇用相同的劳动组合作为投入，但是由于（因交错的工资调整而导致的）工资差异，市场上对不同的家庭 j 所供给的劳动存在着不同的需求。对每一种不同类型劳动的需求由下式给出：

$$h_t(j)=H_t\left(\frac{w_t(j)}{W_t}\right)^{-\theta_w} \tag{4.27}$$

其中，$\theta_w>1$ 代表厂商部门中不同类型的劳动之间的替代弹性。我允许不同类型劳动之间的替代弹性 θ_w 与不同商品之间的替代弹性有所不同，因而后者在这里用 θ_p 加以表示。

当工资和价格都具有黏性时，将伸缩性工资下平均的实际边际成本关于总产出的弹性值 ω（假定收入的边际效用不变）分解成如下两部分是有益的：

$$\omega=\omega_w+\omega_p$$

其中，$\omega_w\geqslant 0$ 表示伸缩性工资的劳动供给者所要求的实际工资（同样假定收入的边际效用不变）关于总产出的弹性，$\omega_p\geqslant 0$ 表示劳动的边际产出关于总产出弹性值的相反数。把弹性 ω_w 表示为下面的因式也是有好处的：

$$\omega_w=\nu\phi_h$$

这里，$\nu\geqslant 0$ 是实际工资关于劳动需求量的弹性（弗里希劳动供给弹性值的相反数），而 $\phi_h>0$ 是产出关于生产技术中增加的劳动投入的弹性值的相反数。

于是我可以得到下面有关命题 6.1 的一般化结论。

命题 6.12 考虑 3.4 节中所描述的一个既有黏性工资又有黏性价格的模型。如果总产出 Y_t 围绕着 $\bar{Y}$ 的波动足够小，相对价格 $\hat{p}_t(i)\equiv\log(p_t(i)/P_t)$ 和相对工资 $\hat{w}_t(j)\equiv\log(w_t(j)/W_t)$ 的波动足够小，扰动足够小，而且 Φ_y 的值足够小，那么代表性家庭每期的效用流可以由下式加以近似：

$$U_t=-\frac{\bar{Y}u_c}{2}\Big\{(\sigma^{-1}+\omega)(x_t-x^*)^2+\theta_p(1+\omega_p\theta_p)\mathrm{var}_i\log p_t(i)$$
$$+\theta_w\phi_h^{-1}(1+\nu\theta_w)\mathrm{var}_j\log w_t(j)\Big\}+\mathrm{t.i.p.}$$
$$+\mathcal{O}(\|\Phi_y,\hat{Y},\hat{p},\hat{w},\tilde{\xi}\|^3) \tag{4.28}$$

其中，产出缺口 x_t 与伸缩性工资模型中的定义相同，最优产出缺口 x^* 仍由 (2.17) 式给出。

命题的证明见附录 E。当工资和价格都具有黏性时，与价格黏性条件下价格离散产生无谓损失的原因本质一样，不同类型劳动的工资离散也将导致无谓损失。

无论我对工资和价格设定的本质做出何种假设，关于每期效用流的二次近似都是有效的。遵从安斯格等人的做法，如果我假设工资和价格采用卡尔沃式的交错调整模式，则我可以得到命题 6.4 的如下推广。

命题 6.13 考虑 3.4 节所描述的工资和价格都具有卡尔沃式交错调整模式但允许工资相应于价格按不同频率进行调整的一个模型。那么，代表性家庭总的效用贴现值再次可以由形如 (2.21) 式加以近似，其中每期的损失函数具有如下形式：

$$L_t=\lambda_p\pi_t^2+\lambda_w\pi_{wt}^2+\lambda_x(x_t-x^*)^2 \tag{4.29}$$

这里，权重（被标准化，从而有 $\lambda_p+\lambda_w=1$）由下面的式子给出：

$$\lambda_p=\frac{\theta_p\xi_p^{-1}}{\theta_p\xi_p^{-1}+\theta_w\phi_h^{-1}\xi_w^{-1}}>0$$

$$\lambda_w=\frac{\theta_w\phi^{-1}\xi_w^{-1}}{\theta_p\xi_p^{-1}+\theta_w\phi_h^{-1}\xi_w^{-1}}>0$$

$$\lambda_x=\frac{\sigma^{-1}+\omega}{\theta_p\xi_p^{-1}+\theta_w\phi_h^{-1}\xi_w^{-1}}>0$$

其中，ξ_w，$\xi_p>0$ 仍是第 3 章的 (4.8) 式和 (4.9) 式中出现的弹性值，它们分别度量了实际工资缺口对工资通货膨胀和价格通货膨胀产生的影响。

证明过程的思路完全遵从命题 6.3 和命题 6.4 证明的线索，我省略了推导细节。

我们应该注意到，产出缺口稳定性的相对权重再次与总供给曲线的斜率相关联，这和（具有伸缩性工资的）基本模型相同。特别地，在 $\theta_w\phi_h^{-1}=\theta_p$ 的情形中，λ_x的表达式简化为κ/θ，这里 $\kappa>0$ 表示价格和工资通货膨胀加权平均值与产出缺口之间关系（第 3 章的（4.14）式）的短期菲利普斯曲线的斜率，$\theta>1$ 代表 θ_p 和$\theta_w\phi_h^{-1}$ 的共同值。然而，置于通货膨胀稳定化的权重现在被分置于价格通货膨胀稳定化目标和工资通货膨胀稳定化目标上，二者相对权重取决于工资和价格的相对黏性（由 ξ_w^{-1} 和ξ_p^{-1} 的相对大小度量）。如果只有价格是黏性的($\xi_w\rightarrow+\infty$)，那么就只有价格通货膨胀才是重要的（$\lambda_w=0$），这时最优政策只涉及价格的完全稳定化（这也使得产出缺口完全稳定）。如果只有工资是黏性的（$\xi_p\rightarrow+\infty$），那么就只有工资通货膨胀才是重要的（$\lambda_p=0$），这时最优政策只涉及工资的完全稳定化（这也使得产出缺口完全稳定）。处于中间情形时，两个目标都重要，而且在自然实际工资 w_t^n 存在波动的条件下，价格和工资的完全稳定化是不可能的。

最优政策仍很容易刻画的一种中间情形是 $\theta_w\phi_h^{-1}=\theta_p$ 且$\kappa_w=\kappa_p$ 的特殊情形，这里 κ_w 和κ_p 分别表示产出缺口变动对于工资和价格通货膨胀效应的系数（见第 3 章中的（4.11）式和（4.12）式）。请注意，可以将（4.29）式改写为：

$$L_t=\bar{\pi}_t^2+\lambda_p\lambda_w(\log w_t-\log w_{t-1})^2+\lambda_x(x_t-x^*)^2 \tag{4.30}$$

其中：

$$\bar{\pi}_t\equiv\lambda_p\pi_t+\lambda_w\pi_{wt}$$

而 w_t 表示实际工资。正如第 3 章说明的那样，在 $\kappa_w=\kappa_p$ 的情况下，实际工资的演进过程与货币政策无关，所以（4.30）式等号右边的中间项是无关紧要的。在 $\theta_w\phi_h^{-1}=\theta_p$ 的情况下，权重 λ_p 和 λ_w 刻画了一个当且仅当产出缺口实现稳定化时才能被稳定化的价格和工资通货膨胀加权平均值（这来自于第 3 章的（4.14）式）。因此，（4.30）式等式右边会受到货币政策影响的两项被实现 $\bar{\pi}_t$ 稳定化的同一政策最小化。[64]

最后一个结果显示，即使工资和价格都具有黏性，而且任何政策都不能把 L_t 减小到零，但对如下形式给出的带权重的通货膨胀度量指标所采取的稳定化的政策仍是可取的：

$$\pi_t^{targ}\equiv\phi\pi_{1t}+(1-\phi)\pi_{2t} \tag{4.31}$$

事实上，除了刚刚提到的几个特殊情况以外，完全的最优政策不能由这么简单的规则加以表示，但是数字实验的证据显示，如果权重对 ϕ 选择合适，那么这类目标规则仍可以近似达到最优。

这一点可以由一个校准的例子加以说明。再次采用罗特伯格和伍德福德（1997）估计出来的β、σ、ω_w、ω_p、θ_p 和在表 5.1 中列示出来的参数值，[65]而且在没有任何直接证据的条件下，我假定 θ_p 和$\theta_w\phi^{-1}$数值相等。我希望使得工资相对于价格的黏性程度在完全伸缩性工资和完全伸缩性价格这两个极端情形之间变动，不过我通过固定第 3 章（4.14）式所描述的广义菲利普斯曲线的斜率 κ 而假定有一个既定的总体名义程度。对 κ 假定的数值也在表 5.1 中给出。（请注意，在罗特伯格和伍德福德所假定的工资具有伸缩性的情形中，系数 κ 的估计值对应着模型中的κ，而不是 κ_p。）这意味着，$\xi_w^{-1}+\xi_p^{-1}$ 为固定值，见表 6.4，[66]尽管我希望变动这两项对加总值的相对贡献（在工资和价格分别具有完全伸缩性时所对应的 $\xi_w^{-1}=0$ 和 $\xi_p^{-1}=0$ 之间变动）。通过允许 $\lambda_w=\xi_w^{-1}/(\xi_w^{-1}+\xi_p^{-1})$ 的值在 0 到 1 的区间内变动，我将有关工资和价格相对黏性程度的假设参数化。通过对 $\xi_w^{-1}+\xi_p^{-1}$ 数值的假设可以得到一个与 λ_w 无关的 λ_x 的值，这再次与表 6.1 给出的数值相同。

表 6.4　　供图 6.4 中季度模型所使用的校准参数

另外的结构参数		冲击过程		损失函数	
θ_p	7.88	$\rho(\hat{w}^n)$	0.8	x^*	0
$\theta_w\phi_h^{-1}$	7.88	$sd(\hat{w}^n)$	1.67	λ_x	0.048
$\xi_w^{-1}+\xi_p^{-1}$	26.7				
κ	0.024				

唯一对于工资和价格的最优状态依存演化过程有影响的外生扰动是自然的实际工资过程 $\hat{w}_t^n$。为了说明方便，我假设一个一阶自回归过程，其特征在表 6.4 中列示出来。（注意，这里又一次假定，扰动的方差对结果没有影响，而不是按规定的比例均等地影响到损失函数中的每一项预期值。）

图 6.4 中的实线显示出对应于每一个可能的 λ_w 值，$\hat{E}[L]$ 在这些参数下可以达到的最小值。与图 6.3 情况相同，只有在两个极端的情形中（这里分别对应着 $\lambda_w=0$ 时的完全伸缩性工资和 $\lambda_w=1$ 时的完全伸缩性价格两种情形），福利扭

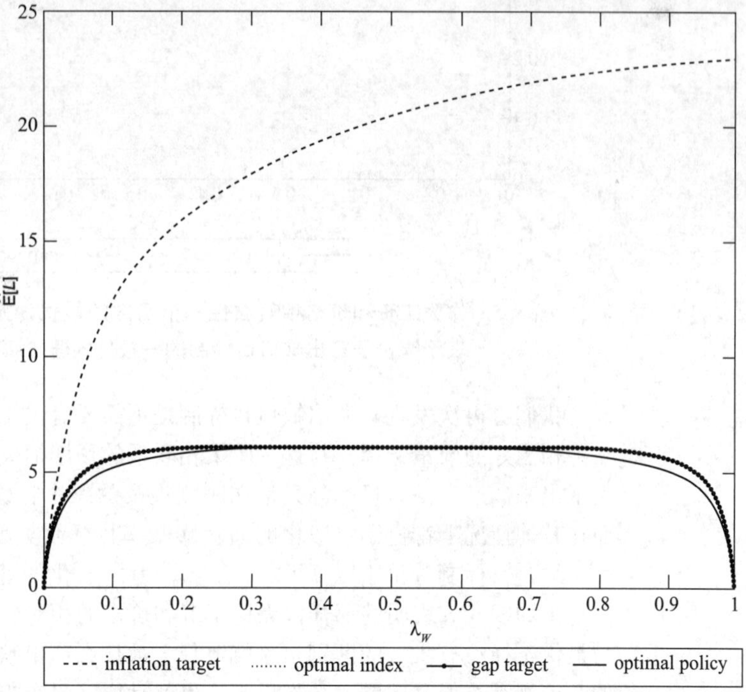

图 6.4　具有黏性工资和黏性价格的条件下不同政策的福利损失

曲才能减小到零。图 6.4 的虚线表示了与对价格通货膨胀率 π_t 完全稳定化政策相联系的预期贴现损失，只有当 $\lambda_w=0$（具有完全伸缩性的工资）时，这种政策才是最优的，而且工资的相对黏性越大，这一政策越糟糕。在权重 ϕ 以最优方式加以选取时，以工资和价格通货膨胀的加权平均值为目标的政策所达到的预期损失在图 6.4 中由点划线标识出来。这一点划线只在 $\lambda_w=0$、0.48 和 1 三个点上与实线（表明最优政策属于这类简单规则）完全重合（中间的特殊情形满足 $\lambda_w=(\sigma^{-1}+\omega_w)/(\sigma^{-1}+\omega)$，从而 $\kappa_w=\kappa_p$）。然而，在整个区间，点划线与实线差别很小。因此，在所有的情形中，经过适当选择的这类政策可以作为最优政策的一个很好的近似。作为 λ_w 的函数，权重 ϕ 的最优选择在图 6.5 中刻画出来。请注意，函数 ϕ 是单调下降的：工资的相对黏性越高，价格相对于工资通货膨胀的权重就越小。

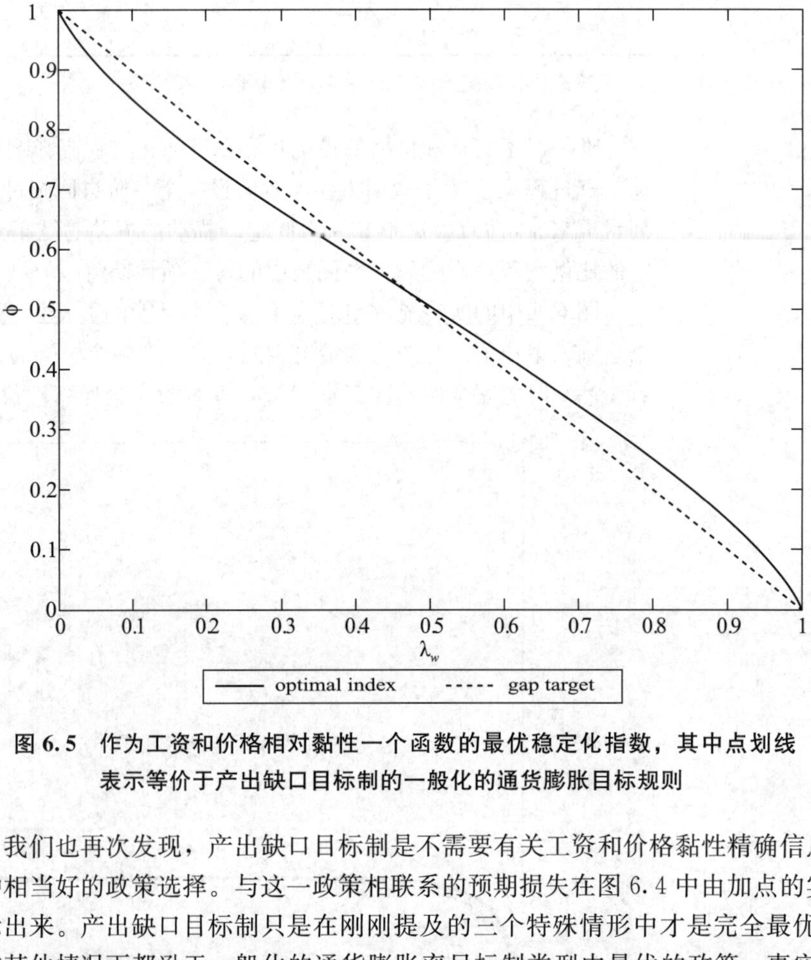

图 6.5　作为工资和价格相对黏性一个函数的最优稳定化指数，其中点划线表示等价于产出缺口目标制的一般化的通货膨胀目标规则

我们也再次发现，产出缺口目标制是不需要有关工资和价格黏性精确信息的一种相当好的政策选择。与这一政策相联系的预期损失在图 6.4 中由加点的实线表示出来。产出缺口目标制只是在刚刚提及的三个特殊情形中才是完全最优的，而在其他情况下都逊于一般化的通货膨胀率目标制类型中最优的政策。事实上，产出缺口目标制等价于以 $\phi=\lambda_p=1-\lambda_w$ 为一般化的通货膨胀目标指数的政策。但是正如图 6.5 表明的那样，无论工资和价格的相对黏性如何，这种对 ϕ 的选择与最优选择没有太大的区别，这就解释了为什么产出缺口目标制是一种相对有效的政策规则。但是问题又一次出现，也就是说，只有当对产出缺口的度量十分精确时以上结论才有实际意义。在实际中，稳定产出缺口的最佳方式恰恰是寻求对工资和价格通货膨胀的适当加权平均值的稳定化。

6.4.5 时变的税收楔子或费用加成

正如上面的讨论，如果伸缩性工资和价格下的均衡产出量与有效产出水平之间的缺口不再是常数，那么通货膨胀的完全稳定化就不再是最优的，即使这意味着总产出完全遵从伸缩性工资和价格下的均衡产出水平的轨迹也是如此。不同于前面两小节中所考虑的那些情况，在这种情形中存在着并非来自某种价格调整滞后的时变性扭曲，因而，就没有办法定义试图稳定化的价格指数，也就不能把价格稳定化作为福利最大化政策的有效代理变量。因此，在这一情形中对价格稳定化的挑战最为强烈。

为了简化分析，同在 6.2 节所考虑的模型一样，假设工资具有伸缩性，所有的价格具有相同程度的黏性，所有的实际扰动以对称的方式影响所有产品的需求和生产成本。不过也同时假定，当有差别商品 i 的供给者愿意在相对价格 $p_t(i)/P_t$ 下供给完全伸缩性价格下对应的数量 $y_t(i)$ 时，这一相对价格由下式给出：

$$\tilde{p}(y_t(i), Y_t; \tilde{\xi}_t, \mu_t) \equiv \mu_t \frac{\tilde{v}_y(y_t(i); \tilde{\xi}_t)}{\tilde{u}_c(Y_t; \tilde{\xi}_t)} \tag{4.32}$$

其中，$\mu_t > 1$ 表示外生给定的带有时变特征的费用加成因子。μ_t 项包含了两个来源的扭曲，一种来源于每种有差异商品供给者的市场支配力，另一种来自于对产出、消费、就业或工资收入征收的扭曲性税收。在之前的分析中，我允许这些扭曲存在，但假设它们是不随时间变化的常数（并且用一个不变的因子 $1/(1-\Phi_y)$ 来表示它们的复合效应）；现在我允许它们随时间发生变化，但假定它们的变化是外生决定的。复合扭曲效应 μ_t 也可以包括镶嵌在代表性家庭有关闲暇（生产商品 i 所使用的劳动供给减少）和消费之间的边际替代率与劳动供给方面的市场支配力（可能是时变的）所导致的商品 i 的生产者所要求的实际工资之间楔子效应。

在每一期每种商品在完全伸缩性价格下的均衡产出水平（或称为自然产出）Y_t^n 由下面的隐函数给出：

$$\tilde{p}(Y_t^n, Y_t^n; \tilde{\xi}_t, \mu_t) = 1 \tag{4.33}$$

而时变的有效产出水平 Y_t^e 则由以下隐函数给出：

$$\frac{\tilde{v}_y(Y_t^e; \tilde{\xi}_t)}{\tilde{u}_c(Y_t^e; \tilde{\xi}_t)} = 1 \tag{4.34}$$

我们可以看到，Y_t^e 只是 t 期对偏好、技术和政府购买的外生扰动因素的一个函数，而这些因素在向量 $\tilde{\xi}_t$ 中反映出来。同样，自然产出水平 Y_t^n 也只是 t 期外生扰动的一个函数，但影响它的那些外生扰动包括所有影响 μ_t 值的各种扰动。后面这些扰动导致伸缩性价格下均衡水平缺乏效率的变动。特别地，对（4.33）式和（4.34）式进行对数线性化并比较各项，则在通常 Φ_y 微小量近似的意义上我们可以得到：

$$\log Y_t^n = \log Y_t^e - (\omega + \sigma^{-1})^{-1} \log \mu_t + \mathcal{O}(\| \Phi_y, \tilde{\xi} \|^2)$$

重复第 3 章中对新凯恩斯总供给函数关系的推导，我们可以发现，即使假设的定价行为按上面的方式改变，总供给关系的对数线性近似依然具有下面的形式：

$$\pi_t = \kappa(\hat{Y}_t - \hat{Y}_t^n) + \beta E_t \pi_{t+1} \qquad (4.35)$$

其中，$\hat{Y}_t^n$ 是对（4.33）式定义的自然率概念下产出趋势的偏差。重复命题 6.4 证明中所给出的推导我们可以发现，贴现效用仍可以由（2.21）式加以近似，而标准化的二次损失函数由下式给出：

$$L_t = \pi_t^2 + \lambda(\log Y_t - \log Y_t^e)^2 \qquad (4.36)$$

其中，Y_t^e 是由（4.34）式定义的有效产出水平。值得注意的是，除了根据基本扰动给出 $\hat{Y}_t^n$ 的定义已经改变之外，命题 6.4 证明中给出的推导可以不加改变地应用于带有时变税收楔子或费用加成的模型之中。（作为通货膨胀、产出和外生扰动的一个函数，精确的福利度量是不变的。）因此，（2.22）式中的数量 x_t 不再对应着 $\log Y_t - \log Y_t^n$，而是对应着 $\log Y_t - (\log Y_t^n + (\omega + \sigma^{-1})^{-1} \hat{\mu}_t)$，或者等价地说（在一阶近似意义下），对应着：[67]

$$\log Y_t - \log Y_t^e + x^* \qquad (4.37)$$

因此，（4.36）式恰好是用新符号表示出来的（2.22）式。

我发现，除了它们现在涉及不同的产出缺口概念以外，总供给关系和福利理论的损失函数都与以前一样采用相同的形式：在 AS 函数中，正是 $\log Y_t - \log Y_t^n$ 对应于通货膨胀压力的度量指标，而 $\log Y_t - \log Y_t^e$ 则对应着不同均衡的福利评价。这里我借鉴了货币政策评价文献中的一般做法，通过在总供给函数中加入随机残差项，而不是在损失函数中加入随机目标项，以表示这两个概念之间存在一个时变性缺口。（例如，参见 Clarida et al.，1999。）这样，在存在对自然产出率缺乏效率移动的条件下，我定义产出缺口 x_t，用它来表示与福利相关的产出缺口，即（4.37）式，其目标值为常数。于是可以得出，（2.22）式仍然为合理的福利理论的稳定化目标。

按照这种新的产出缺口的定义，总供给函数（4.35）式可以改写为：

$$\pi_t = \kappa x_t + \beta E_t \pi_{t+1} + u_t \qquad (4.38)$$

其中，残差项：

$$u_t \equiv \frac{\kappa}{\omega + \sigma^{-1}} \hat{\mu}_t \qquad (4.39)$$

是一个被克拉里达等人（1999）称为成本推动型冲击的复合外生扰动。[68]（4.38）式中随机项 u_t 的出现意味着，同时实现通货膨胀和与福利相关的产出缺口这两个目标将不再可能。

借助于由泰勒（1979b）所普及的一个图形并应用数字校准的例子，我可以阐释在存在无效率供给冲击的条件下这两个稳定化目标之间存在的交替关系。AS函数关系中的系数 β 和 κ 校准的结果仍由表 6.1 给出，外生扰动 u_t 被假定为遵从一个序列相关的系数 $\rho_u=0.8$、扰动方差为 1 的 AR（1）过程。[69]（再次说明，假定的单个扰动的方差尽管决定了图 6.6 中数轴的计量单位，但它与我的结论无关。）于是，对应于损失函数（2.22）式中任意给定的 $\lambda>0$，我通过计算使得 $\hat{E}[L]$ 为最小的政策承诺计算在 $V[\pi]$ —$V[x]$ 空间上的有效性前沿面。与 λ 的每一可能取值相联系的 $V[\pi]$ 和 $V[x]$ 的数值描绘在图 6.6 中形成的两条凹曲线中较低的那条曲线（即更靠近原点的那一条）。[70] 点 A(当 $\lambda=0$ 时的最优政策）表示为了完全稳定通货膨胀而必须接受的产出缺口的变动程度，而点 E(当 λ 为无穷大时的最优政策）表示为了完全稳定产出缺口而必须接受的通货膨胀的变动程度，点 B、C 和 D 表示当 λ 为某些正的有限数值时的最优政策。

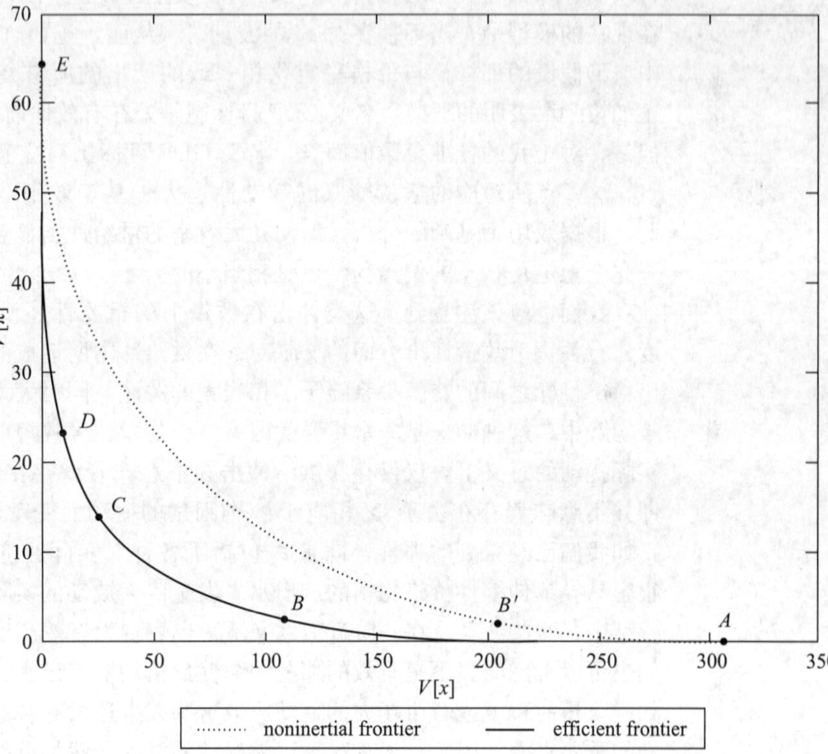

图 6.6　具有低效率供给冲击模型中通货膨胀与产出缺口稳定化之间的交替关系，其中实线表示有效前沿面，而点划线对应着纯粹前向预期政策中有效的那些规则类型（参见第 7 章）

由于在以效用为基础的损失函数中 $\lambda>0$，因而完全的通货膨胀看来并不是最优的。但这并不意味着通货膨胀最优的变动程度需要非常大。首先，我们从图 6.6 中可以看出，在右半区域内有效性前沿面非常扁平，这样就可以在不需要大量变动通货膨胀条件下大幅度减少产出缺口的变动程度。另一方面，前沿面左上部分十分陡峭，在这一区域内，有效的政策涉及相当程度的通货膨胀的变动。因此，只有当产出缺口稳定化目标上的相对权重 λ 相当大时，在前沿面这个区域内的政策才是最优的。其次，以福利理论为标准证明 λ 为合理的数值很可能非常小。正如第 4 章的表 4.1 所示，我的校准参数值隐含着，λ 值等于 0.05。在图 6.6 中，有效性前沿面上使得两个标准的加权平均值为最小（因而是最优政策）的点是 B 点。这一政策涉及的通货膨胀变动程度相当适度，例如相对于实现产出缺口完全稳定化所需要的通货膨胀变动程度。

在以效用为基础的损失函数中的 λ 值远远小于经常在有关货币政策评价文献中被作为特定政策目标的产出缺口稳定上的相对权重。通常假设的数值是 $\lambda=1$，它对应着图 6.6 中的 D 点。我们可以看出，最优政策下的通货膨胀平稳性要远远大于那类特定标准下所选政策达到的结果。作为类似政策建议的另外一个例子，常见的提议是，如果存在供给冲击并因此需要在产出稳定和通货膨胀稳定之间进行权衡，那么名义 GDP 目标制在相当程度上是对这两个目标之间的一种平衡。在现在的模型中，当不存在对 Y_t^e 的波动时（从而，正如对名义 GDP 目标制论证中典型假设的那样，与价格稳定化相一致的产出的所有变动都是缺乏效率的），正如第 7 章表明的那样，名义 GDP 目标制是处在有效性前沿面上的一项政策。[71] 但是，对于我的校准参数值而言，名义 GDP 目标制对应着有效性前沿面上的 C 点，这一点所对应的通货膨胀的变动性远大于基于效用准则下的最优政策。因此，根据效用为基础的分析，即使在无效率的供给冲击显著的情形中，对通货膨胀完全稳定化状态的偏离程度也是相当小的。

我们也应该注意到，这类冲击在数量上的重要性还没有达到比较清楚的程度。有关货币政策评价方面的文献对存在供给冲击所造成的通货膨胀稳定化和产出稳定目标之间的交替关系给予了相当大的关注。同时大家也意识到，在货币政策实践中，这种冲击是非常重要的因素。但是，在导致短期菲利普斯曲线移动的实际扰动的意义下，仅仅存在供给冲击并不意味着就存在缺乏效率的供给冲击，即并不意味着存在由于 Φ_t 相应于 $\tilde{\xi}_t$ 中因素的变动而变动从而导致的那类移动。正如我们已经看到的那样，向量 $\tilde{\xi}_t$ 包括了各种对实际经济重要性显而易见并且很容易导致伸缩性价格均衡的产出水平发生巨大波动的实际扰动。但是在我们的模型中，这些波动（在一阶近似意义下）也表现为有效产出水平的变动。尽管我们也可以考虑明显不是有效的那些伸缩性价格均衡产出水平变动可能的来源，例如税收扭曲程度或者市场力的变动，但这些因素还没有被看成是经济活动短期波动的重要来源。因此，尽管这类巨大扰动的发生必然是可能的，但其重要性还远没有得到说明。

在之后的两章中，我还将在缺乏效率的供给冲击发生的情形中给予最优政策的设计以相当大的关注。正如第 8 章中将要解释那样，这样做的一个理由是，我希望选择对有关比如特定冲击发生频繁之类的对经济实际扰动性质的不同信念而言是稳健的那些政策规则。因此，我希望考虑非有效型供给冲击的可能性并选择那些无论扰动是否是既定经济中宏观经济波动的根源都将是最优的政策工具。为了解决以上问题，我必须考虑在这种冲击发生的情况下应该采取什么样的最优政策。

6.5 较大扭曲的情形

现在我转向简要讨论，如果我们不愿意假设在没有冲击的条件下伸缩性工资和物价的均衡缺乏效率的程度是很微小的，并因此对微小 Φ_y 下的近似不满意，则之前的分析需要修正。贝尼尼奥和伍德福德（2003）指出，即使在这种情形中，推导出预期效用的二阶近似也是可能的：通过对模型的结构方程对数线性近似所得到的约束条件下使得二次损失函数为最小并可以得出最优政策的一个正确的对数线性近似。不过，这种情形中的二次损失函数的推导需要增加一步。

再次考虑 6.2 节中给出的工资具有伸缩性而定价采用卡尔沃方式的基本的单部门无现金的经济模型。与前面的分析一样，在零通货膨胀的稳态所对应配置即对每一种商品 i 都有 $y_t=\bar{Y}$ 的配置周围，对给定时期的效用流 U_t 进行泰勒级数展开。尽管这一产出水平不再被假定为在有效水平附近，但在这一均衡附近计算结构方程和福利度量函数的局部近似也是令人满意的，因为人们发现最优政策附近需要一个均衡。

采用与命题 6.1 证明相同的步骤便可以得到：

$$U_t=-\frac{\bar{Y}u_c}{2}\{[\sigma^{-1}+\omega-\Phi_y(1+\omega)]\hat{Y}_t^2+2[\Phi_y+\sigma^{-1}g_t+(1-\Phi_y)\omega q_t]\hat{Y}_t \\ +(1-\Phi_y)(\theta^{-1}+\omega)\mathrm{var}_i\ \hat{y}_t(i)\}+\mathrm{t.i.p.}+\mathcal{O}(\|\hat{y},\tilde{\xi}\|^3) \tag{5.1}$$

其中，Φ_y 不再是一个扩展参数。在 Φ_y 充分小的情形中，我可以得到下面的替代式：

$$[\sigma^{-1}+\omega-\Phi_y(1+\omega)]=(\sigma^{-1}+\omega)+\mathcal{O}(\Phi_y)$$

$$[\Phi_y+\sigma^{-1}g_t+(1-\Phi_y)\omega q_t]=(\sigma^{-1}+\omega)(x^*+\hat{Y}_t^n)+\mathcal{O}(\|\Phi_y,\tilde{\xi}\|^2)$$

并将（5.1）式简化为（2.10）式。为了考虑 $\Phi_y>0$ 为较大数值时的结果，我现在希望避免这种简化。（不过请注意，无论市场支配力和税收扭曲有多大，$\Phi_y<1$ 仍然是必要的。）命题 6.3 和（5 .1）式一起可以得到命题 6.4 的如下一般化结论。

命题 6.14 在第 3 章的新凯恩斯模型中（我不再假设 Φ_y 足够小），代表性家庭的效用贴现加总可由下式近似：

$$\sum_{t=0}^{\infty}\beta^t U_t=-\Omega\sum_{t=0}^{\infty}\beta^t L_t+\mathrm{t.i.p.}+\mathcal{O}(\|\Delta_{-1}^{1/2},\varphi,\tilde{\xi}\|^3) \tag{5.2}$$

这里再次有 $\Omega>0$，而标准化的二次损失函数为：

$$L_t=\pi_t^2+\lambda_{yy}\hat{Y}_t^2-2\gamma_t\hat{Y}_t \tag{5.3}$$

其中：

$$\lambda_{yy}=\frac{\kappa}{\theta}\frac{\omega+\sigma^{-1}-\Phi_y(1+\omega)}{(1-\Phi_y)(\omega+\sigma^{-1})}$$

$$\gamma_t=\frac{\kappa}{\theta}\frac{\Phi_y+\sigma^{-1}g_t+(1-\Phi_y)\omega q_t}{(1-\Phi_y)(\omega+\sigma^{-1})}$$

除了 Φ_y 值非常大的情况之外，我再次发现，$\lambda_{yy}>0$，而且在这一情形中，（忽略与政策无关的一项）损失函数同样可以表示为下面的形式：

$$L_t=\pi_t^2+\lambda_{yy}(\hat{Y}_t-\tilde{Y}_t-g^*)^2$$

其中，$\tilde{Y}_t$ 是具有零均值的外生项，g^* 为正的常数（关于 Φ_y 递增）。这样，我再次得到一个由通货膨胀率和产出缺口 $\hat{Y}_t-\tilde{Y}_t$ 表示的二次稳定化目标函数。但是，这一近似的福利度量函数并不能使我沿用 6.1 节讨论的线索只使用对模型的结构化方程进行对数线性近似就可以精确计算出最优政策的对数线性特征。因为，$g^*>0$ 的事实意味着，在给定政策下，$\hat{Y}_t$ 解中的二阶项对这一损失函数的评价具有二阶贡献。

但是，我们还是有可能通过对结构方程进行二次近似，将（5.3）式中关于 $\hat{Y}_t$ 的线性项替换成不含线性项的二次表达式，从而得到合意的二次损失函数。尽管这至少需要计算某些结构方程的二次（而不仅仅是对数线性）近似，但二次近似只有在推导稳定化政策的福利理论目标阶段才是必要的。如果我们希望精确到二阶的比较以获得各种政策的福利排序，那么我们不需要使用结构方程的二次近似来计算在每种政策下均衡点的二阶近似。在 6.3.2 节中为了得到（3.4）式，我对（对数线性化的）AS 函数求向前的叠加，并使用这一结果从贴现损失准则表达式中消去了产出的一次项，这说明了有可能消去这些线性项的原因。在那一小节中，因为我满足于对 Φ_y 无穷小的近似以及 $g^*=\mathcal{O}(\Phi_y)$ 的结果，所以对 AS 函数的对数线性近似足以替代产出中的线性项。但是，当不再假定 Φ_y 的数值很小时，我们就必须要考虑到 AS 函数中的二次项。不过，新添加的项只增加到了近似福利度量中的二次项而没有一次项。因此，正如前面说明的那样，除了初始通货膨胀率的一次项之外，我们可以消去所有其他的一次项，但从长期来看，初始通货膨胀率对最优政策的特征没有任何影响（或者是从第 7 章所讨论的从长期角度来看的最优政策）。

为了简化对总供给关系式中二阶项的讨论，这里我把注意力限定在下面给出的偏好和技术具有“等弹性”的特殊形式之中。

假设 6.2　给定某些常数 λ、$\tilde{\sigma}$、$\upsilon>0$ 和 $\phi_h>1$，以及平稳的外生扰动过程 $\{\tilde{C}_t, \bar{h}_t\}$，偏好和技术由下式给出：

$$u(C_t;\xi_t)=(1-\tilde{\sigma})^{-1}\bar{C}_t^{\tilde{\sigma}}C_t^{1-\tilde{\sigma}}$$

$$\upsilon(h_t(j);\xi_t)=\lambda\bar{h}_t^{-\nu}h_t(j)^{1+\nu},f(h_t(j))=h_t(j)^{1/\phi_h}$$

贝尼尼奥和伍德福德（2003）的研究表明，在这一情形中，[72] 对基本新凯恩斯模型的总供给函数的二次近似进行前向叠加，便可以得到：

$$\pi_0 + Q_0 = \kappa E_0\left\{\sum_{t=0}^{\infty}\beta^t(\hat{Y}_t - \hat{Y}_t^n)\right\} + \frac{\mu_y}{2}E_0\left\{\sum_{t=0}^{\infty}\beta^t\,\hat{Y}_t^2\right\} - E_0\left\{\sum_{t=0}^{\infty}\beta^t\delta_t\,\hat{Y}_t\right\}$$
$$+\frac{\mu_\pi}{2}E_0\left\{\sum_{t=0}^{\infty}\beta^t\pi_t^2\right\} + \text{t. i. p.} + \mathcal{O}(\|\Delta_1^{1/2},\varphi,\tilde{\xi}\|^3) \qquad (5.4)$$

这是（3.4）式的一般形式。这里，Q_0 是关于 0 时期状态变量以及这一时期对未来状态变量路径的条件期望的二次函数（在一阶近似意义下等于零）；δ_t 是均值为零的外生复合扰动项。系数 μ_y 和 μ_π 是模型参数确定的函数。请注意，只有方程左边和右边的第一项分别是一阶的，t. i. p 只包含二阶项，从而我们可以很容易地证明，在一阶近似意义下，（5.4）式可简化为（3.4）式。

使用（5.4）式将（5.2）式的估值中消去 $E_0\,\hat{Y}_t$ 的折现加总项，我们可以得到预期效用的另外一个二次近似。

命题 6.15 假设在第 3 章给出的新凯恩斯模型中，偏好和技术满足假设 6.2。那么，无论 Φ_y 的值为多少，我们都可以把代表性家庭期望效用的折现值之和近似地表示为：

$$\sum_{t=0}^{\infty}\beta^t U_t = W_0 - \tilde{\Omega}\sum_{t=0}^{\infty}\beta^t\tilde{L}_t + \text{t. i. p.} + \mathcal{O}(\|\Delta_1^{1/2},\varphi,\tilde{\xi}\|^3) \qquad (5.5)$$

这里，W_o 项只取决于政策中短期的、确定性的部分，系数 $\tilde{\Omega}>0$，而标准化的二次损失函数为：

$$L_t = \pi_t^2 + \tilde{\lambda}(\hat{Y}_t - \hat{Y}_t^*)^2 \qquad (5.6)$$

其中：

$$\tilde{\lambda} = \frac{\kappa}{\theta}\left(1 - \frac{\Phi_y(s_C^{-1}-1)}{\omega+\sigma^{-1}+\Phi_y(1-\sigma^{-1})}\frac{\sigma^{-1}}{\omega+\sigma^{-1}}\right) \qquad (5.7)$$

并且：

$$\hat{Y}_t^* = \omega_1\,\hat{Y}_t^n - \omega_2\,\hat{G}_t + \omega_3\,\hat{\mu}_t \qquad (5.8)$$

而：

$$\omega_1 = \frac{\kappa}{\tilde{\lambda}\theta}$$

$$\omega_2 = \frac{\Phi_y s_C^{-1}\sigma^{-1}}{(\omega+\sigma^{-1})^2 + \Phi_y[(1-\sigma^{-1})(\omega+\sigma^{-1}) - (s_C^{-1}-1)\sigma^{-1}]}$$

$$\omega_3 = \frac{1-\Phi_y}{(\omega+\sigma^{-1}) + \Phi_y[(1-\sigma^{-1}) - (s_C^{-1}-1)\sigma^{-1}(\omega+\sigma^{-1})^{-1}]}$$

这里，$\hat{Y}_t^n$ 表示伸缩性价格下均衡产出水平的变动，$\hat{\mu}_t$ 表示费用加成因子的变动，其中的费用加成既可能源于工资制定者拥有市场支配力所造成的时变性工资加成，也可能源于对工资收入的时变性税收或时变性销售税。[73]

命题推导细节在贝尼尼奥和伍德福德（2003）的文章中给出。

由于存在 W_0 项，对预期效用的另外一种二次近似要更为复杂。这里，W_0 项为 π_0 的一个二次函数加上 $\pi_0 Z_0$ 的一个比例项和一个 $\pi_0 e_0$ 的比例项，而变量 Z_0 被定义为：

$$Z_0 = E_0\left\{\sum_{t=0}^{\infty}(\alpha\beta)^t\,\hat{Y}_t + \psi\pi_{t+1}\right\}$$

其中，ψ 为特定的系数，e_0 代表复合的外生扰动项。W_0 项与政策并不独立，因为它取决于由内生因素决定的 π_0 和 Z_0 的值。不过，π_0 和 Z_0 只取决于政策中的确定性部分，即只取决于 0 时期通货膨胀和产出的条件期望值，而与对意外冲击的计划反应无关。进一步来说，只以递减速度快于 β^t 权重的 W_0 值取决于在未来 t 期的通货膨胀和产出的条件期望。因此，当政策所涉及的未来足够远，那么即使判断其中确定性部分的最优性，W_0 项对损失函数的贡献也可以忽略不计。这就是 W_0 “只取决于政策中短期的、确定性部分”的含义。

在第 7 章中，我给出了判定一项政策规则的最优性应遵循的两条标准：(i) 它隐含着通货膨胀和产出长期平均值的最优性；(ii) 它隐含着对冲击的均衡反应是最优的。（我提及的判断政策最优性的标准是从“从长期的角度”来看的。）以此来评判政策，目标函数中是否包含 W_0 等短期的、确定性的项都将是不重要的。因此，如果把与福利相关的产出缺口定义为 $x_t \equiv \hat{Y}_t - \hat{Y}_t^*$，其中 $\hat{Y}_t^*$ 由 (5.8) 式给出，那么，运用如下形式的贴现二次准则对不同的政策做出判断：

$$E_0\left\{\sum_{t=0}^{\infty}\beta^t[\pi_t^2 + \tilde{\lambda}x_t^2]\right\} \tag{5.9}$$

则仍可证明命题 6.15 是正确的。产出缺口也仍然是实际 GDP 的对数值与取决于外生扰动的理想值的对数之间的差额，但理想值一般不再对应伸缩性价格下的均衡产出水平 $\hat{Y}_t^n$。

以上结论早已被注意到的一个重要含义（我在下一章还将重点论述）是：即使由 Φ_y 度量的扭曲程度非常大，最优的长期通货膨胀率仍然为零。因为即使不再假定 Φ_y 的数值很小，我也可以以 (5.9) 式的形式表示二次福利度量（直到暂时项为止）。此外，由这一损失函数所表示的两个目标（保持通货膨胀率接近于零或保持产出缺口接近于零）都与平均说来等于零的通货膨胀率相一致，原因是平均看来 $\hat{Y}_t^*$ 与价格稳定性政策下的均衡产出水平 $\hat{Y}_t^n$ 没有什么差别。因此，无论 Φ_y 的取值是多少，早些时候在 $\Phi_y = 0$ 条件下的结论，从而也是在假设 Φ_y 小到足以被看成是一个展开参数的条件下得到的结论，事实上都是适用的。

不过，允许存在非平凡的稳态扭曲并不会使得我先前对外生扰动条件下对完全稳定化最优性的结论变得复杂化。为了说明这一问题，我必须考虑由 (5.6) 式中两项表示的通货膨胀稳定化与产出缺口稳定化两个目标之间的权衡关系。关于产出缺口稳定化目标的权重 $\tilde{\lambda}$ 为正数值，只要下式成立：

$$\frac{\Phi_y(s_C^{-1}-1)\sigma^{-1}}{\omega+\sigma^{-1}} < \omega + (1-\Phi_y)\sigma^{-1} + \Phi_y \tag{5.10}$$

需要注意，对所有足够小的 Φ_y 以及所有足够接近于 1 的 s_C 值（即所有足够小的 $\bar{G}/\bar{Y}$ 值），这一条件必须成立。我把注意力限定在考察这种情况。给定（5.10）式，我们可以得到，对任意的 $0<\Phi_y<1$，$\omega_1\geqslant 1$ 以及在 $j=2$、3 时，$\omega_j>0$。

把总供给函数（4.35）式改写成福利相关的产出缺口的关系式是可能的。在这种情形中，我可以再次得到形如（4.38）式的一个关系式，其中残差项（成本推动型冲击）由下式给出：

$$u_t=\kappa(\omega_1-1)\hat{Y}_t^n-\kappa\omega_2\hat{G}_t+\kappa\omega_3\hat{\mu}_t \tag{5.11}$$

当 $\Phi_y=0$，$\omega_1=1$、$\omega_2=0$，而 $\omega_3=(\omega+\sigma^{-1})^{-1}$ 时，成本推动项再次由（4.39）式给出。但是，当 $\Phi_y>0$ 时，即使没有税收楔子或费用加成项的变动，成本推动项也是非零。

我们可以得到相对简单结论的另一种情况是，其中 $\bar{G}=0$，从而在稳态时没有政府购买（尽管我们也可以考虑政府购买在零值附近的短期波动）。在这种情形中，$\omega_1=1$，因而（5.11）式简化为：

$$u_t=-\kappa\omega_2\hat{G}_t+\kappa\omega_3\hat{\mu}_t$$

在这种情况下，除了政府购买的变动以外，所有之前分析过的实际扰动都不会使得成本推动项（而不是税收楔子或费用加成项）提高。政府购买的增加产生负的成本推动型冲击，也就是说，如果福利相关的产出缺口没有增加，那么通货膨胀必然会下降。[74]

这正是肯恩等人（Khan et al.，2002）讨论的情形。在文章中，他们（使用与这里不同的方法针对稍微有所不同的模型[75]）计算了最优政策的对数线性近似。通过计算他们发现，对技术冲击的最优反应是保持价格水平的完全稳定，而产出反应则应与伸缩性价格的均衡（即根据 RBC 模型预测的结果）完全相同。这也是一个可以作为命题 6.15 的结果而得出结论。这一扰动不产生成本推动项，所以通过完全稳定通货膨胀和福利相关的产出缺口，则有可能实现二次目标函数（5.9）式中所有项的完全稳定化。他们同时指出，对政府购买增加的最优反应涉及暂时降低通货膨胀到稳态水平之下，同时伴随着比伸缩性价格均衡下出现的或者是由完全稳定化通货膨胀所导致的私人消费更大的紧缩（同时产出也有少量增加）。这也符合我这里分析的结果。负的成本推动冲击意味着，如果没有通货紧缩就不可能将 $\hat{Y}_t$ 维持在 $\hat{Y}_t^*$ 的水平上（因为 $\hat{Y}_t^*$ 的增加低于自然率 $\hat{Y}_t^n$ 的增加）。对目标权衡的最优考虑涉及接受适当的通货紧缩，尽管达不到维持 $\hat{Y}_t=\hat{Y}_t^*$ 所需要的那么大；同时这也涉及产出暂时低于自然水平，尽管要高于 $\hat{Y}_t^*$。[76]这样，我们也就得到了完全的价格稳定性不再是最优政策的另外一种情况。

此外在 $\bar{G}>0$ 的情形中，$\omega_1>1$，并且 u_t 的表达式将变得复杂。影响自然产出率的任何实际扰动——包括消费者耐心程度的变动、影响劳动供给偏好的变动、技术冲击或政府购买的变动——一般对 u_t 项都产生非零影响，因为这些扰动并不导致 $\hat{Y}_t^*$ 和 $\hat{Y}_t^n$ 移动相同的数量。正如贝尼尼奥和伍德福德证明的那样，一旦我们放弃假设 6.2 所定义的不变弹性的特殊情形，那么同样的结论通常也是对的。[77]因此，极有可能的是，现实模型中应该包含有成本推动型扰动项的不可忽视的变动。所以，在本书余下的部分中，我将主要集中考察面对（4.38）式给出的约束下使得（5.9）式的贴现损失准则为最小的货币政策的执行问题。

这里需要提及一个上述分析中的重要结论：无论对稳态的扭曲程度有多大，这一模型中的最优长期通货膨胀目标都为零。在 6.3.2 节中我曾经指出，在 Φ_y 的值不是很大（从而可以就 Φ_y 进行微小展开得到一个可接受的近似）的情形中，尽管向上倾斜的菲利普斯曲线中存在着通货膨胀与失业率之间的权衡，但是当 $\Phi_y>0$ 时最优长期通货膨胀目标仍为零。以上论述揭示出了这样一个事实，即有可能用总供给关系式代替贴现损失函数中的线性产出缺口项，从而使得对福利的二次近似式中除了暂时项（关于 π_0 的一次项）之外没有一次项。这依赖于对总供给关系的近似，因为这一近似只能精确到一阶，从而足以仅就微小的 Φ_y 进行二阶近似的福利做出评价。但是我们现在已经看到，即使当 Φ_y 较大时，关于总供给关系的二阶近似也可以被用来推导没有一次项而只有暂时项的二次福利近似。因此，无论 Φ_y 的值是多少，我们仍然可以得出最优长期通货膨胀目标是零的结论。[78]

【注释】

［1］不过，可能产生的疑问是，采用通货膨胀目标的中央银行是否应该被理解为只关心通货膨胀的稳定性。例如，参见 Sevensson（1999a）。

［2］对这一问题的不同答案直接导致比恩（Bean，1983）和瓦斯特（West，1986）讨论名义 GDP 目标应优于货币供给目标的情形时直接得出相反的结论。

［3］参见 8.3.4 节。

［4］因此，有时采用基于效用的福利分析去评价一个确切的效用函数，但为了计算均衡而对模型的结构方程进行对数线性近似这种方法，例如 Ireland（1997）或 Collard et al.（1998），并没有明显的优势。

［5］当然，数量均衡经济周期文献中通常采用的方法是假设偏好和技术具有特殊的函数形式，以允许这些函数的高阶导数可以从与确定低阶导数相同的那些较少数量的参数中推断出来，其中低阶导数从时间序列的一阶和二阶矩中就可以推断出来。这一方法经常掩盖了时间序列的特性与由它们来加以识别的模型参数之间的关系，并允许那些事实上对任意的函数形式对相当敏感的假设得以“识别”。我更喜欢假设尽可能一般化的函数形式，并强调这些函数中只有有限个导数对计算是至关重要的。

［6］线性化的结构方程的解是对原有结构方程解的有效近似所需要的条件将在附录 A 中予以讨论。

［7］当然，在不同的政策意味着不同的 $U_x\tilde{x}^0$ 值的情况下，当扰动足够小而使用零阶近似 $U^{(0)}\equiv\bar{U}+U_x\tilde{x}^0$ 时，从福利标准进行排序是可能的，因为（1.3）式意味着 $E[U]=U^{(0)}+\mathcal{O}(\|\varphi,\xi\|^3)$。但是，由于 x^0 与政策相应于扰动做出反应的方式相独立，所以除了长期平均通货膨胀的最优目标值之类的问题以外，这一福利标准并没有告诉我们有关最优稳定化政策的任何信息。

［8］例如，参见 Kim and Kim（2003），其中给出了在福利分析中因忽略这一问题而产生错误的例子。

［9］参见 Kim and Kim（2003），其中给出的例子可以理解这一点。两位作者考虑了两个具有初始禀赋的国家采用封闭和国际风险共担两种政策时的福利比较问题。当向量 x

表示为两个国家消费水平的对数值（而且线性化的结构方程是作为两个随机禀赋拥有量函数的每个国家消费的对数线性解）时，我们所得到的一个无效结果是，风险共担政策可能降低平均预期效用。条件（1.6）式因两个国家中消费的边际效用为正而不能成立。然而，如果我们令状态变量 x 表示一国对另一国的转移支付的数值，并且把平均效用表示为两个国家禀赋和转移支付规模的函数，那么对于适当选择的 x 而言，条件（1.6）式将得到满足。在这一情形中，对结构关系的线性近似——即表示两种不同政策下转移支付作为两个随机禀赋函数的线性方程——代入到二次预期平均效用函数之中，对所有模型参数产生正确的福利排序。

[10] 这里我们并不打算断言，相应于扰动的最优反应并不受到 Φ 数值的影响。正如我们将在 6.5 节中讨论的那样，这并不总是对的。关键点只在于，$\Phi\neq0$ 对 x 相应于扰动的最优反应所产生的任何效应表现为，对 x 的影响至少是$\mathcal{O}(\|\Phi,\varphi,\xi\|^2)$ 阶，并且相应地，在这里提出的最优政策的一阶特征中可以被忽略掉。

[11] 该分析本质上遵从于罗特伯格和伍德福德（1997，1999a）有关附加决策滞后的单变量模型内容所提供的线索。

[12] 在这里，我们在第 3 章所讨论的专有要素市场的假设条件下推导福利准则。不过，这里详加解释的一般方法可以等价地应用于有关要素市场结构的不同假设之中。

[13] 因此，本节中得到的福利准则可以应用于第 2 章介绍的无现金经济或无现金极限经济。不能忽略的货币摩擦情形中必须附加的额外项目将在 6.4.1 节中考虑。

[14] 请注意，正如罗特伯格和伍德福德（1997，1999a）给出的那样，我们可以选择性假定一个自有农场模型，其中，$\tilde{v}(y_t(i);\tilde{\xi}_t)$ 可以被解释为直接设定的家庭供给商品 i 的负效用。

[15] 如果生产率和产出存在趋势增长，那么变量 Y_t、$y_t(i)$ 和 A_t 应该均被解释为已经经过了一个使得它们趋于稳态的共同的指数趋势因子的折算。

[16] 在这里，为了表示的方便，我假设 ξ_t 中度量政府购买和技术变量的分量是$\widehat{G}_t$ 和 a_t，它们是 G_t 和 A_t 的单调变换，而不是 G_t 和 A_t 本身。

[17] 对于本节结果在 Φ 较大时的扩展，参见 6.5 节。

[18] 罗特伯格和伍德福德（1997，1999a）采用的替代假设是，τ 恰好在（负的）数量上抵消掉由市场支配力所产生的扭曲，从而 $\Phi_y=0$。他们提议考虑作为宽泛的最优政策一部分的最优货币稳定化政策，其中从总体来看，任意其他的政策工具（税收政策）用于实现最优的平均经济活动水平，而货币政策则用于改善经济相应于冲击的反应。但是很显然，在实践中，货币政策是在这种产出补贴不存在的环境中进行选择的。而且，自然产出率相对于有效水平较低这一事实在讨论某些特定问题时特别重要，尤其是在考虑第 7 章处理的与随意的政策制定相联系的膨胀性偏差问题。因此，这里我们允许 $\Phi_y>0$，但仍假设 Φ_y 很小。

[19] 我现在把初始条件确定的参数概括到 $\tilde{\xi}$ 之中，以使 $\tilde{\xi}=0$ 意味着，初始条件与下面的均衡相一致，即在具有 $\varphi=0$ 的政策情形中，均衡中对所有的 t 有 $y_t(i)=\bar{Y}$，而且在这一政策的不同初始条件下，即使在最初，产出一定不等于 $\bar{Y}$ 的范围也以 $\|\tilde{\xi}\|$ 为界。我也在 $\tilde{\xi}$ 中包括了货币政策规则本身中的任意随机扰动项，只有在非货币扰动和货币政策冲击两种因素都足够小的情形中才采用近似。

[20] 更一般地说，连同总产出缺口一起，部门间产出缺口的偏差是个重要问题。这里，我只考虑以相同的方式影响所有部门产出自然率的扰动 $\tilde{\xi}_t$，从而相对于产出水平的偏差而言不同部门间产出缺口的偏差也是相同的。在 6.4.3 节中，我将考虑允许冲击在不同部门产生有偏差的影响所产生的后果。

[21] 这里，我可以省略对残差限制中政策参数 φ 的任意限制，因为在这一特定的定价模型中，无论政策规则的性质如何，均衡产出水平都围绕着 $\bar{Y}$ 波动。

[22] 然而，不同于第 3 章中考虑的偏好、技术或政府购买的冲击，如果我们允许对短期总供给关系（2.14）式的扰动并不使得有效产出水平移动相同的程度，那么损失函数（2.16）仍然是正确的，而出现在这一公式中的产出缺口将不再与未预期的通货膨胀完全一致。在模型的扩展形式中，知道赋予产出缺口变差上的正确的相对权重 λ，将是相当重要的。参见 6.4.5 节。此外，即使对到目前为止考虑的这类扰动而言，尽管形如（2.16）式的二次损失函数继续表示了对预期效用的一个正确近似，但当 Φ_y 不容忽视时，与福利相关的产出缺口不再与未预期的通货膨胀完全协同变动。参见贝尼尼奥和伍德福德（2003）。

[23] 请注意，这里得到的 Ω 和 λ 的值与按照罗特伯格和伍德福德（1999a）推导结果得到的值之间略微有些不同。理由是，这里我对效用贴现加总的预期值的近似感兴趣，计算是以先前存在的价格偏差在 -1 时期的数值为条件的，而他们计算了一个无条件的预期值。注意，这里计算的既定政策下的损失度量并不取决于初始的价格偏差 Δ_{-1}。但是，在计算预期效用时是否对 Δ_{-1} 的值施加条件却是至关重要的。计算无条件预期而不是以 Δ_{-1} 的值为条件，那么，如果我们在与一个给定的稳态均衡相联系的 Δ_t 值的无条件分布上积分，则这也会对相应于 Δ_{-1} 的较高的平均值而导致较高平均价格偏差的政策产生不利影响。

[24] 例如，参见 Walsh（1998，Ch. 8）、Clarida et al.（1999）或 Svensson（1999a）。

[25] 这一权重的大小在该模型的情形中是非常令人感兴趣的，因为总供给关系（2.18）并不意味着在大多数情况下通货膨胀与产出缺口应该完全协同变动。正如我在下一节将要进一步讨论的那样，正确的结论是，其中一个的完全稳定化意味着另外一个的完全稳定化，并且在这一意义下，如果（2.18）式成立，那么两个目标之间没有权衡关系。但是，要实现完全的稳定化是不可能的，例如，因为名义利息率不能降到零、对可行性政策的信息约束或者 6.4.5 节讨论的那类"成本推动型的冲击"等。在这种情形中，最优政策一般取决于置于两个目标之上的相对权重。

[26] 这事实上是数值 $16\kappa/\theta$，一个相对于 $(4\pi_t)^2$ 而置于 $(x_t-x^*)^2$ 上的适当权重，因为 $4\pi_t$ 是罗特伯格和伍德福德（1997）季度模型中的年化通货膨胀率。

[27] 例如，参见 Rudebusch and Svensson（1999）和 Williams（1999）。

[28] 请注意，在这种情形中，总供给关系本质上与由菲雷尔和摩尔（1995a，1995b）所提出的人们普遍接受的经验设定相同。

[29] 斯泰恩斯森（Steinsson，2002）、阿马托和劳巴克（2003b）类似地发现，在 AS 关系具有因加利和格特勒（1999）提出来的一类后向拇指规则定价者的存在而导致通货膨胀惯性的情形中，以效用为基础的损失函数将会使 $\Delta\pi_t$ 的变动和 π_t 的变动处于不利的地位。然而，结果（2.25）式比这些作者得到的更简单，并且得到一个关于存在通货膨胀惯性条件下最优政策特征的简单结论。这是我强调相应于本研究中作为通货膨胀惯性来源的延迟价格指数进行指数化的一个理由。

[30] 以精确的方式来看，不存在价格偏差要求价格以共同的比率 π_t 变动，其中对既定的某些任意的初始通货膨胀率而言，π_t 满足差分方程 $\pi_t=\gamma\pi_{t-1}$。但是当 $\gamma<1$ 时，这意味着每一期的零通货膨胀，至少在渐近意义下如此。完全消除由价格偏差造成扭曲的一个稳定的政策制度必须是所有的时间保证零通货膨胀制度。

[31] 这里我假设了不存在习惯持续的基本偏好设定。然而，如果我用 $x_t-\delta x_{t-1}$ 代替

x_t，并用$\hat{x}^*$代替x^*，则同样的结论在存在习惯持续的情形中也成立。

[32] 正如对对数线性近似的反对意见一样，只有在开始时所有商品价格都相同，即在零价格偏差的初始条件的模型中，这一结论才精确成立。更一般地说，最优政策将涉及一个取决于现有价格偏差程度的通货膨胀率和产出缺口。但是在（早些时候做出的）最初偏差Δ_{-1}只有二阶的假设条件下，相对于零通货膨胀稳态的最优偏离只有二阶，而且作为通货膨胀和产出缺口的一阶近似，正文中叙述的结果是正确的。

[33] 参见这些章节中有关"从没有时间角度考虑的"政策制定方面的内容。

[34] 标准的RBC模型（King and Rebelo，1999）不同于这里假设模型的伸缩性价格极限情形，这是因为产品市场是完全竞争的，而不是垄断竞争的；是因为所有的产出使用在相同要素市场上购买的投入进行生产，从而所有的厂商在任意时期具有共同的边际成本水平；是因为资本存量相应于冲击的内生动态被模型化，并（作为简单RBC模型中唯一的内生传播机制）真正得到强调。然而，在基本模型的伸缩性价格极限形式中，所有商品价格一起变动，而且类似地，每种商品的产出水平也如此，从而所有厂商的边际成本事实上是相同的。如果我们像本节中这样假设，一种产出或就业补贴抵消了由于厂商市场支配力所产生的扭曲，那么伸缩性价格均衡等价于具有单一商品的竞争性模型的均衡。最后，如果我们将基本模型扩展到说明资本积累动态学（正如我在第4章中讨论的那样，就我所关心的内容而言，这并不是那么重要），那么，现在这一模型的伸缩性价格动态学完全等价于标准的RBC模型。请注意，像无现金的模型一样，这些模型是从对消费需求、劳动供给等所产生的实际余额效应中提炼出来的。

[35] 这一楔子的大小随着时间变动的结果在6.4.5节中考虑。

[36] 当然，这一断言的内容只不过是说，对描述经济最优的状态一致的演进过程的反应系数的值起限制作用的表现良好的小Φ_y存在。当Φ_y是一个展开参数时，允许反应系数取决于Φ_y，这要求对最优政策的二阶近似。在6.5节中，我将说明反应系数如何取决于Φ_y的方式是如何决定的，在那里我不再把Φ_y处理为展开参数。

[37] 当然，在初始时期这种不同的规则表明，在这种情形中，最优政策不是时间一致的。这一问题在下一章中讨论。

[38] 当然，在这一模型中，与使得通货膨胀提前一期是完全可预测的任意其他政策相比，完全的价格稳定政策并无优势。但是，为了强调在各种总供给设定下得到的结果之间的类似性，注意到该情形中与相应于冲击通货膨胀的任意变动相比并没有优势这一点是值得的。

[39] 这些结果与金和沃尔曼（1999）在具有泰勒（1980）形式的两期交叠价格承诺模型中给出的那些结果相一致。

[40] 例如，参见 Roberts（1995）。

[41] 一般地，正如萨默斯（1991）建议的那样，为了给以零为下界的利息率波动留有更多的空间，从完全价格稳定的政策中退下来，以允许通货膨胀相应于扰动做出些许变动并选择一个略微大于零的一个平均通货膨胀率，将是最优的。但是，下面要进行的数量分析却发现，利息率的下界对通货膨胀相应于冲击的反应所产生的影响比它对最优平均通货膨胀率的影响更显著。

[42] 参见伍德福德（1990）对多种不同的货币需求模型中这一关系的论证。

[43] 在现在的情形中，任意时点上的有效水平是实际边际成本等于1和实际货币余额中存在充分满足点这两个方程的解。由于二阶条件意味着，无论实际扰动如何，利息率微分为零，所以产出自然率和有效水平都可以被定义为，相应于在利息率微分不变条件下维持实际边际成本为常数的实际扰动，产出的变动。

[44] 正如附录E中对命题6.8的证明过程所表明的那样，在$\chi=0$的情形中，当$\bar{\Delta}\to 0$时η_y的极限值为零。

[45] 正如第1章讨论的那样，许多中央银行已经开始通过交换系统执行其政策，在这一交换系统中，支付给中央银行余额的利息率总是等于当前隔夜现金利率的操作目标减去一个不变的差额。然而，即使在这些国家，也不会向通货支付利息，而且通货余额仍然主要由基础货币构成。因此，这些国家并不是这里考虑的理想制度的代表性例子。

[46] 更一般地说，这要求$i_t \geqslant i^m$，但这里我假设按零利率向基础货币支付利息，以便使得这一限制条件尽可能地弱化。正如盖塞尔和凯恩斯（1936）分别论证的那样，我假设向基础货币支付负利息在技术上是不可行的。

[47] 埃格特森和伍德福德（2003）考虑了在施加了严格的、非线性零下界限制而不是这里讨论的近似状况时最优的非线性政策。最优非线性政策在某些方面类似于求解这里讨论的近似问题的线性政策：特别地，完全稳定化通货膨胀和产出缺口不再是最优的，而最优政策涉及一个比没有施加零下界时为最优的政策要高的平均通货膨胀率。正如7.2.2节中所表明的那样，像求解这里所讨论的近似问题的线性政策一样，在最优非线性政策中，利息率对自然利息率变动的响应也是历史依存性的。

[48] 使用i_t，我实际上用来表示log（$1+i_t$）或者$\hat{i}_t+\bar{i}$。

[49] 不过请注意，这两方面的考虑证实了对减少利息率水平的变动性的关注，并不是对利息率变化的变动性的关注。这后一类"利息率平滑"目标经常被假设为刻画现实的中央银行的行为。正如我将在第7章中说明的那样，即使不是这里关心的社会损失函数的一部分，但作为最优授权问题的一部分，有理由向中央银行指派这一目标是可能的。

[50] 请注意，表5.1中报告的ω的值并不像这里给出的值所隐含的那样恰好等于1，因为在罗特伯格和伍德福德（1997）中，ω的值是在假设$\chi=0$的条件下由ϵ_{mc}推断而来的。

[51] 这里所使用的χ的值实际上略微高于第2章推导出来的数值，因为长期货币需求所隐含的χ的值取决于σ的假设值。然而，这两章所使用的值前三位小数一致。

[52] 请注意，这里给出的值等于$16\kappa/\theta$，而不是κ/θ。这是因为，尽管模型是季度的，但我报告的损失函数的权重λ_x和λ_i是在通货膨胀和利息率按年度百分比度量时的近似值。因此，按早些时候理论推导过程中所使用的术语来表示，年度通货膨胀百分比序列不是π_t^2而是$16\pi_t^2$。

[53] 这一点之所以重要的原因是，我希望按照从政策采用时的0期向前计算的贴现损失来比较各种不同的政策；对两政策之间的比较而言，我希望假定，无论不同政策下可能发生的内生变量的变动程度如何，初始条件都具有相同的分布。例如，在一个造成实质的持续的通货膨胀（零均值的）均衡波动的政策下，π_t^2的无条件均值（或长期平均值）大于$\hat{E}[\pi^2]$，因为在计算后一个统计量时，假设了$\pi_{-1}=0$，这意味着π_t在较早的时期$t\geqslant 0$以高的概率接近于零，尽管通货膨胀最终会在一个较宽的范围内波动。如果我们盯住π_t^2的长期平均值，而实际上关心可以在采用政策时的0期预期到的总损失的贴现加总，那么这一政策就会出现过度惩处了。

[54] 在罗特伯格和伍德福德（1997）所估计的更复杂模型的情形中，类似的有效前沿面在该文献的图5中表示出来。

[55] 处于第2章所讨论的原因，在$\chi=0.02$的假设下得出的这一数值用作两项或多项的因子或许太大。例如，威廉姆斯（1999）假设的数值（如果通货膨胀平方项前的权重被标准化为1）等于0.02。

[56] 为了在一张图上表示不同假设下的最优均衡，我在每种情形中使用相同的结构方程——即从实际余额效应中抽象出来的基准模型，它也是第 7 章的数值分析中所使用的模型——只是在每种情形中改变有关福利标准的假设。这意味着，在点 A 的情形中，我实际上假设了结构方程中的参数（$\chi=0.02$）与推导损失函数时所使用的不完全相同的数值（$\chi=0$）。然而，这只使得在刻画考虑到交易摩擦时的最优政策特征方面存在很小的差异；最重要的影响产生在损失函数方面，而不是结构方程。如果我假设加性可分离的偏好$u(c, m)$，则对结构方程不会产生任何影响，但损失函数却要像（4.10）式表示的那样加以修正。

[57] 当我们只考虑利息率下界时，减少利息率的变动性到与长期平均通货膨胀率每年只有 14 个基准点相一致的程度已经是最优的了。当我们也考虑交易摩擦的福利后果时，结果变为，减少利息率的变动性到与长期平均通货膨胀率每年－11 个基准点相一致的程度是最优的。这并不要求大幅度进一步地降低短期利息率的变动性。

[58] 在贝尼尼奥的模型中，有两个国家分别专业化生产不同的商品集合，而实际扰动对既定国家中所生产的商品的市场产生不同的影响。这里，两类商品的集合只被简单地解释为一国经济中的两个部门。不过，我有关适当稳定化目标的结论直接遵从他对两个国家所构成货币联盟的稳定化目标的分析。

[59] 在贝尼尼奥的开放经济应用中，这对应着实际汇率，而且我们可以得到一个有关实际汇率稳定化目标的福利理论的评价。然而，应该注意的是，应该被稳定化的是实际汇率与其自然水平之间的缺口而不是实际汇率本身。

[60] 请注意，罗特伯格和伍德福德的模型可以被解释为在 $\alpha_1=\alpha_2$ 条件下的两部门模型。由于没有相对价格的数据可以利用，因而他们的研究没有提供 η 的估计值。

[61] 正如表 6.1 列出的那样，所报告的权重 λ_x 和 λ_R 是上面给出的公式中所隐含数值的 16 倍之大，从而在通货膨胀率以年度而不是季度数据时它们对应着损失函数中这些项的相对权重。

[62] 请注意，扰动的刷新方差等于 1 隐含着扰动过程的方差为 $1/(1-0.8^2)$，或标准差为 1.67。

[63] 在这种情形以及我刻画最优政策特征时所使用的拉格朗日方法中所假设的有约束条件下的最优政策的确切定义将在第 7 章中加以解释。

[64] 即使在 $x^*>0$ 时，我们也可以证明，从“恒久角度”来看这仍是最优政策。这一点将在第 7 章中进一步解释。

[65] 请注意，这里的参数 θ_p 被简单地看成是表 5.1 中的 θ。

[66] 请注意，在表 5.2 中报告的阿马托和劳巴克（2002）给出的估计值意味着名义黏性的总体程度是 32.4，比这里假设的数值要略微大一些。

[67] 这里，我定义$\hat{\mu}_t \equiv \log \mu_t - \log \bar{\mu}$，其中 $\log \bar{\mu}=\Phi_y+\mathcal{O}(\|\Phi_y\|^2)$。

[68] 然而，这一术语并不完全令人满意，原因是在通过增加生产成本影响通货膨胀的冲击与自然产出率缺乏效率的程度具有时变性，二者之间并没有必然的联系。技术冲击、能源价格冲击或者劳动供给的变化都有可能在产出相对于趋势的意义上使得总供给曲线移动，而无需（在一阶近似意义下）改变我已经定义的通货膨胀与产出缺口之间的关系。

[69] 更准确地说，这里假设在成本推动型冲击中标准差为 1 的扰动导致年通货膨胀率 $4\pi_t$ 提高 1 个百分点。在图 6.6 中，$V[\pi]$ 是年通货膨胀率的变动，而两个数轴的单位为百分点的平方。

[70] 另一条曲线表示出了当使用第 7 章所定义的纯粹前瞻性政策时可以达到的$V[\pi]$

和 $V[x]$ 的最优组合。内部前沿面上的点所对应的均衡代表了对通货膨胀和产出缺口稳定化给出其他权重假设下的“最优非惯性计划”，这一点也将在第 7 章讨论。

[71] 对于不同的 $\phi>0$，位于有效性前沿面上的政策对应着 $\log P_t+\phi x_t$ 的完全稳定化。使得这些政策为最优所要求的 λ 值等于 16κ。在 Y_t^e 是常数（因此 Y_t^n 也是常数）从而在 $x_t=\hat{Y}_t$ 的情形中，名义 GDP 目标制代表了一个对应于权重 $\lambda=16\kappa\phi$ 的有效政策。在我给出的校准例子中，这对应着 $\lambda=0.38$。

[72] 贝尼尼奥和伍德福德得到一个更为一般的结论，可应用于只满足标准新古典约束的一般的二次微分方程。

[73] 类似于美国销售税，这里涉及的销售税是指对商品（黏性的）流转价格附加征收的税款。这与欧洲式的增值税略微有不同，欧洲把税包括在商品的流转价格之内，包括税款的价格是黏性的。参见贝尼尼奥和伍德福德（2003）对其他情况的处理。

[74] 需要注意，政府购买变动所产生的效应并不等价于偏好参数 $\bar{C}_t$ 变动所产生的效应。原因是，在假设 6.2 所描述的不变弹性偏好的情形中，一个单位的扰动表示总需求 Y_t 与收入的边际效用之间关系的曲线发生一个单位的移动，而其他数量的扰动产生倍数移动。但这两种效应之间的差异对上述对应关系的对数线性近似而言并不是一个严重问题，因为我们需要推导总供给关系的对数线性近似。但是当 Φ_y 的值不能忽略时，对福利评价的二次近似而言，这一差异就显现出来了。

[75] 他们的模型假定交错价格调整，但价格变动区间服从一个与卡尔沃模型中指数分布不同的随机分布。在这里，我引用他们的结论取自他们从货币摩擦中抽象出来的模型版本。

[76] 相应于这种扰动的最优动态反应的代数特征将在 7.2.1 节中给出。

[77] 事实上，在这里所讨论的情形中是否出现 $\bar{G}>0$ 之所以重要，原因是，当 $\bar{G}>0$ 时，总需求与收入的边际效用的关系不再是不变弹性 $\lambda_t=(Y_t/\bar{C}_t)^{1-\tilde{\sigma}}$ 的形式。如果由于某些其他原因使得这一关系式不再具有不变弹性，那么关于比如说技术冲击对成本推动项的影响，类似的结论也可以得到。

[78] 在 7.1 节中，我将详细分析当对非零通货膨胀存在短期动机时通货膨胀的最优路径，同时证明在这里非正式讨论的模型中，最优路径渐近收敛到零。我也将论证，在相当程度上可以断定，零平均通货膨胀率将是这类情形中评判一个政策是否最优的标准。

第 7 章　对政策规则承诺的获益

这一章转而研究现实条件下的最优政策特征。在现实情形中，前一章讨论的所有稳定化目标并非都可以同时实现，从而不可能完全消除货币政策导致的所有扭曲。正是在这种情形中，最优货币政策的问题变得重要起来，因为最优均衡的特征不能直接从前文推导出来的损失函数中看出来。在这一章，我讨论了在这种情形下如何刻画对扰动反应的受约束最优均衡模式，并且考虑了一般条件下试图达到合意均衡的政策规则选择问题。

必须在几个稳定化目标——每一个单独看都是合意的但相互之间不能在绝对的意义上同时达到——中妥协的想法，可能对于大多数实际的政策制定者是很直观的。就规则对于政策的系统化行为而言，试图刻画这些目标之间的最优妥协的价值看起来可能不是很明显。有人可能会认为，一方面，必须澄清政策的适当目标，另一方面，发展出一个可信赖的、有着不同政策行动效应的数量模型，然后简单地要求中央银行在追求适当的政策目标条件下使用适当的模型来规范（inform）其决策。经济学家通常假定家庭和企业在没有外部指导的条件下能够很好地追求自身的目标，即便是在他们所面临的最优化问题非常复杂的时候。为什么不能同样相信一旦中央银行的目标和约束界定清楚以后，中央银行就可以可信地采取某种近似最优化模式的行动呢？

但是，规则在货币政策中重要的原因，不在于中央银行不能可信地追求公众利益，或者中央银行受过高度专业化训练的员工不能如人们指望的那样把最新的专业知识应用于不同政策的可能效应分析之中。相反，原因在于只有在某种程度上中央银行不仅采取了适当的行动，而且让私人部门理解了中央银行预期将以某种形式行动，中央银行的稳定化目标才能最大程度地有效实现。成功地驾驭私人部门预期的能力——一种基于某种规则的决策程序，因为在这种条件下中央银行行动的系统性特征可以很容易地向大众说清楚。

当然，有人可能会想象市场参与者可以成为中央银行行为的准确预测者，而不需要中央银行对其行为规则作任何详细表述，就像他们预测那些并没承诺遵守某种行为规则的企业行为一样。然而，尽管可能存在这方面的专家，但是仅仅通过从过去行为的推算来有把握地预测中央银行行为的程度是有限的。货币政策委员会的成员变更得相当频繁（并且诱发对未来决策结果的推测），而且新的情况层出不穷，这些情况并不能与中央银行在最近所面临的其他情形做最密切的类比。中央银行对一项指导其决策过程的规则的清晰表述（以及中央银行对实际执行规则的承诺）可以极大地提高私人部门对政策的可预见性，即使当政策规则没达到一种机制化公式那么清晰，而这种机制化公式能够基于公开获得的数据而得出毫不含混的结论。

而且，中央银行的最优行为模式一般并不与源于相机抉择最优化的结果相一致，这种相机抉择的最优化最早由普雷斯科特（1977）以及基德兰德和普雷斯科特（1977，1980）做了强调。就相机抉择最优化而言，我这里指的是一种程序，在这种程序下中央银行每次采取行动的时候都会评估经济的当前状态，从而有现在开始未来可能的路径，并据此分析选择最优的当前行动，而没有对未来活动的任何事先承诺，除非这种承诺同时也是未来可能达到的任何状态下的最优行动。相机抉择最优化看似是一种非常敏感的程序。它使得中央银行能利用有关当前状态的所有详尽知识，而不用把当前状态当做在先前时候所考虑的对未来状态的粗制滥造的描述，它也避免了做出有关除了政策行动以外的任何情况清晰决策的必要性（尽管有关未来可能政策的观点隐含在各种可能的当前行动的评价之中）。而且，相机抉择的最优化相对于一劳永逸的最优计划而言看似没有损失效率，到目前为止，有关动态规划和最优控制的大量文献都强调了递归方法对于求解动态最优化问题的有用之处。在这些方法中，一个动态问题被分解为一系列的单个决策问题，其中在给定每个时刻的状态下，把仍没有达到的阶段的最优行为的性质看作给定，以选择每个阶段的最优行动。

但是正如基德兰德和普雷斯科特所指出的，只有对于如下的一个最优控制系统，这些方法才是适宜的：这个系统机械化地作为它的过去状态、外生扰动以及操控者的当前行动的函数而不断演化。这些方法并不适用于一个前瞻性系统的最优控制，在这样一个系统中，人们对未来政策的预期也是当前结果的一个决定因素。这是因为在系统当前状态给定时，动态规划方法考虑给定时点的最优化行动时只考虑与不同可行连续路径相联系的折现与未来损失。因此，它忽视了在相机抉择最优化者认为最优的行动之前不同于当前行动的早期预期的任何作用。通过预先差异化行动的可信承诺，中央银行能够以深化其稳定化目标的方式来调控预期。

再一次得出结论：对预期的成功管理是不可能的，除非通过中央银行对一种相当清晰的任何时点上的适宜行动的决定因素的规则的承诺，这种规则决定了任何时点上的适宜行动的决定。规则的明确导向不仅帮助私人部门理解政策，它还使得中央银行自身更有可能正确地行动。而且，必须拒绝以相机抉择形式行动的诱惑。最优政策要求在过去和未来政策给定以及过去、当前以及未来私人部门政策预期[1]给定的条件下，中央银行大部分时期不会制定出从稳定化目标的视角来看的最优利息率水平。这就意味着好的愿望、对不同政策行动的效应以及与经济的不同可能路径相联系的经济福利的理解是不够的，中央银行必须有对行动准则的有意承诺，这对于一个相机抉择的政策制定者来说是违反直觉的，但是如果以一种可预测的方式来追求自身目标的话，它确实有助于中央银行的目标实现。

创造有关未来政策的正确预期种类的重要性，在某种细微的特点上对政策应该采取的形式有另一个重要的含义：一种最优决策程序通常不仅是前瞻性的，即允许给定当前状态下不仅仅从一系列可能的未来经济路径的分析方式来决定适宜的当前行动。这一点似乎与许多承认为了避免相机抉择政策危险的规则承诺的重要性的人的直觉相反。当前许多流行的针对政策规则的建议在性质上纯粹是前瞻性的。例如，英格兰银行当前实行的通货膨胀预期目标制（例如，见威克斯（Vickers，1998）的描述，或者正如在早期的分析文献中所描述的，例如，Svensson，1997a，1999a；Leitemo，2000），在有着纯粹前瞻性的标准政策选择条件下，对经济未来演化的目标一致性基础之上选择一种当前利息率目标（例如，预测 RPIX 通货膨胀在未来的两年期界内为每年 2.5%）。类似地，泰勒政策规则的经典公式（Taylor，1993）给出了对当前通货膨胀以及产出缺口的估计的反应，这个估计既独立于过去的总体条件也独立于过去的货币政策。[2]而且，在其他的讨论中（如，Taylor，1999b），泰勒强调了即时调整联邦基金率目标以适应不断演化的总体条件的合意性，而不是典型地由所估计的联邦反应函数揭示的任何部分调整动态，例如在 1.4.1 节所描述的那些函数。

纯粹前瞻性方法提倡者的直觉很可能是，政策依赖于完全不相关的状态变量是不合意的，也就是说，依赖于那些既不影响中央银行目标变量的一系列可能未来的路径也不影响不同路径的适当排序。然而正如刚才所讨论的，由于动态规划并不能产生一个真正最优的政策，因此这种观点可能是不正确的。最优政策必须考虑在较早的时期预测政策的优点，并且由于这个原因最优政策通常必须是历史依赖的（history dependent），而不是完全前瞻性的。在选择当前政策环境时，应该把过去的条件考虑其中，因为人们能够在较早的时期预期中央银行随后会怎么做是合意的。

本章讨论了政策承诺的优点，7.1 节回顾了相机抉择政策众所周知的缺点，即由基德兰德和普雷斯科特（1977）以及巴罗和戈登（1983）所强调的“通货膨胀偏误”。这是一个完全可以在确定性分析中处理的问题，并且我首先在这样一个环境中考虑了这个问题。一旦我在 7.2 节中考虑了随机扰动，长期平均通货膨胀偏误就会持续存在，但是相机抉择政策也存在一个更深层次的问题：次优均衡会对未预期到的冲击产生反应。与通货膨胀偏误不同，冲击反应的扭曲一般不能由完全前瞻性的政策来矫正。在许多有关相机抉择政策缺点的讨论中正是对通货膨胀偏误的强调可能解释了一个广为流传的假定：承诺的优点可以在一个仍然完全前瞻性的决策框架中获得。

然后，我考虑了通过中央银行对适宜政策规则的承诺而对扰动产生反应的合意均衡的执行问题。由于7.3节中概述的原因，经济的合意状态依存演化的简单刻画并不足以作为一种政策规定。其中最简单的一种情形是，为了表示一个合意的政策而考虑了足够多的可能性，有关政策未来演化（例如，具体而言，隔夜利率未来路径的设定）的设定太复杂从而事先写不出来。

相反，对中央银行而言，可以有许多设定决策程序的方式，这种决策程序足以（在对经济的当前条件和未来可能路径的评估的前提下）决定每一时刻的政策行动，并且对中央银行将遵循这种决策程序的理解决定了一种理性预期均衡，其中经济的状态依存路径属于合意的种类。在7.4节、7.5节中，我们比较了几种不同的政策选择，并在7.5节中讨论了以规则为基础的政策制定概念的特定合意性，在这种合意性下，中央银行寻求在每一个决策周期来决定当前的利率操作目标，这个目标是与经济随后满足的“目标准则”的路径目标相一致的。这种类型的决策程序与目前正在英格兰银行以及一系列其他银行所实行的通货膨胀预期目标是相类似的，但是目标准则的内容很可能在目前英国的实践中与在最优规则下不尽相同。特别是，一种最优准则是历史依赖的，正如我们在这一部分通过一个简单的例子所说明的。

7.1 从长期看最优的通货膨胀目标

通过在一个完全确定性的环境中考虑最优通货膨胀率，我首先讨论了可以用于刻画经济最优演化的方法。由于6.3.3节讨论的原因之一，当不能同时消除由货币政策引起的所有扭曲时，这个问题就很有意义，并且这个问题提供了一个简单的框架，这个框架可以用来分析由于相机抉择导致的各种扭曲。我们下面将主要研究的线性二次政策问题背景中，随机扰动条件下的最优长期平均通货膨胀率与这里所给出的确定性分析总是一样的，这是我们所熟知的此类问题确定性等价原理的一个结果。因此，这里的最优通货膨胀率的特征也适用于7.2节中考虑的随机情形。

7.1.1 相机抉择政策的通货膨胀偏误

重新考虑第4章的威克塞尔基本模型——一个有着外生资本、伸缩性工资（并且/或者效率劳动契约）的纯粹无现金经济，并且产品市场采取卡尔沃形式的交错定价——假定并存在任何真实扰动（对所有的t，$\tilde{\xi}_t=0$）。通货膨胀与产出的各种可能的完美预期均衡路径必须在所有$t\geqslant 0$的时期都满足“新凯恩斯主义的”总量供给关系：

$$\pi_t=\kappa x_t+\beta\pi_{t+1} \tag{1.1}$$

其中，π_t 是通货膨胀率，x_t 为产出缺口（这里简单地等同于去趋势的产出），并且系数满足 $\kappa>0$，$0<\beta<1$。当然，这个方程只是对 3.2 节中推导出来的变量之间精确关系的一个对数线性近似，对于通货膨胀率通常在零附近的可能的均衡路径，这种刻画是有效的。但是，正如我们将要看到的，在目前通货膨胀恰好等于零的情形中，它是最优的，因此这种特定稳态附近的不同路径的比较对于最优通货膨胀率的有效刻画已经足够了。

均衡路径也必须满足另外一个约束，即连接利率与支出时机的跨期欧拉方程（或 IS 关系）。但是，在目前的情形中，不需要考虑这个约束就可以决定通货膨胀与产出的最优路径，这个约束仅仅决定了与任何给定的通货膨胀与产出均衡路径相联系的利率路径。我们不需要证明名义利率的隐含路径通常是非负的，但是我们将会看到在目前的情形中，对于最优承诺以及源自相机抉择最优化的均衡这一点都是成立的。

我在第 6 章已经指出，此模型中的代表性家庭效用的二次近似是一个递减函数：

$$\sum_{t=0}^{\infty}\beta^t[\pi_t^2+\lambda(x_t-x^*)^2] \tag{1.2}$$

其中，$\lambda>0$，$x^*\geqslant0$ 是第 6 章中讨论的模型参数的函数。[3] 正如在 6.1 节中讨论的，只有在 x^* 足够小的情况下，模型结构化方程的对数线性近似才是对最优政策的一个正确的线性近似。具体而言，由于在目前的情形中不存在随机扰动，在满足（1.1）式每一期都成立的约束下，通过最小化（1.2）式，我们可以获得通货膨胀与产出的最优路径解，误差精确到$\mathcal{O}(\|x^*\|^2)$。然而这种近似对于考虑 $x^*>0$ 的一阶效应的刻画已经足够。反过来，这一点足以使得我们理解源自相机抉择政策的通货膨胀偏误的基本特征，即使我们不能期待这种分析可以得到通货膨胀偏误的准确估计，除非 x^* 很小。[4]

因此，我考虑了在满足（1.1）式的系列约束下最小化（1.20）式的货币政策选择。我首先考虑中央银行相机抉择最优化条件下的均衡结果，这种情形相当容易刻画，而不用完全设定中央银行与私人部门之间的战略互动。在刚才回顾的模型中，从任何时期 T 开始的通货膨胀与产出的可能均衡路径独立于 T 期以前任何时期的通货膨胀、产出或利率；中央银行对从 T 期开始的持续路径的评估也不依赖于之前的历史。因此，在一个马尔可夫（Markov）均衡中[5]，从 T 期开始，私人部门的均衡行为不会，中央银行的均衡行为也不会依赖于前面发生的行为。这就意味着在这样一种均衡中，中央银行可以（正确地）假定它在 t 期所选择的行动对任何 $T\geqslant t+1$ 期没有作用，（由于私人部门有着理性预期）它也不会对私人部门在 t 期有关 π_{t+1} 的预期有任何作用。

假设这些均衡预期可以表示为 π^e。（在一个马尔可夫均衡中，由于持续博弈的时间不变性，通货膨胀预期在任何时刻都相同。）因此，中央银行意识到自己在 t 期可以选择通货膨胀－产出对以满足约束，即：

$$\pi_t=\kappa x_t+\beta\pi^e \tag{1.3}$$

由于不再影响 t 期以前的项并预期其当前决策对 t 期以后的项也没有影响力，

相机抉择者在 t 期选择一种行动以在上述约束下带来最小化 $\pi_t^2+\lambda(x_t-x^*)^2$ 的通货膨胀一产出对。这个静态最优化问题的一阶条件由下式给定：

$$\pi_t+\frac{\lambda}{\kappa}(x_t-x^*)=0 \tag{1.4}$$

把此式代入（1.3）式，意味着在任何给定预期 π^e 的情况下中央银行创造的通货膨胀都满足：

$$\pi_t=\left(1+\frac{\kappa^2}{\lambda}\right)^{-1}[\kappa x^*+\beta\pi^e] \tag{1.5}$$

当然，私人部门方面的理性预期要求 π^e 与所创造的通货膨胀率相同。因此相机抉择条件下的通货膨胀率预期为：

$$\pi^e=\frac{\kappa\lambda}{(1-\beta)\lambda+\kappa^2}x^*>0 \tag{1.6}$$

并且给定（准确地）观察到通货膨胀一产出权衡（1.3）式，这也是中央银行每期选择产生的通货膨胀率。因此，我得到如下命题。

命题 7.1 考虑一个伸缩性工资、卡尔沃定价以及无真实扰动的非现金经济。假定初始的价格差异 $\Delta_{-1}\equiv\text{var}\{\log p_{-1}(i)\}$ 很小[6]，并进一步假定真实扭曲（由 ϕ_y 度量）也很小，因此对代表性家庭的形如（1.2）式的福利近似就是可能的，只要 $x^*>0$ 也是一个很小的参数（$x^*=\mathcal{O}(\Phi_y)$）。那么，至少在通货膨胀永远保持足够接近于零的通货膨胀路径中，存在一个唯一的中央银行相机抉择最优化马尔可夫均衡，通货膨胀是恒定的，其大小由（1.6）式等号的右项给出，误差精确到 $\mathcal{O}(\|\Delta_{-1}^{1/2},\Phi_y,\tilde{\xi}\|^2)$。

但是，这个结果事实上并不是最有可能的理性预期均衡。反过来考虑在满足（1.1）式每一期都成立的约束条件下选择通货膨胀与产出的有界确定性路径以最小化（1.2）式的问题。我们可以写出这个问题的拉格朗日函数形式：

$$\mathcal{L}=\sum_{t=0}^{\infty}\beta^t\left\{\frac{1}{2}[\pi_t^2+\lambda(x_t-x^*)^2]+\varphi_t[\pi_t-\kappa x_t-\beta\pi_{t+1}]\right\}$$

其中，φ_t 是与 t 期的总量供给关系相联系的拉格朗日乘子。通过拉格朗日函数对其变量求偏导数可以得到在任意 $t\geqslant0$ 时的一对一阶条件：

$$\pi_t+\varphi_t-\varphi_{t-1}=0 \tag{1.7}$$

$$\lambda(x_t-x^*)-\kappa\varphi_t=0 \tag{1.8}$$

其中，在（1.7）式中对 $t=0$ 我们用

$$\varphi_{-1}=0 \tag{1.9}$$

替换，因为事实上不存在与 $t=-1$ 期总供给关系相联系的约束。

利用（1.7）式和（1.8）式分别替换（1.1）式中的 π_t、x_t，便得到一个拉格朗日乘子演化的差分方程：

$$\beta\varphi_{t+1}-\left(1+\beta+\frac{\kappa^2}{\lambda}\right)\varphi_t+\varphi_{t-1}=\kappa x^* \tag{1.10}$$

与初始条件（1.9）式一起，这个方程对所有 $t\geqslant 0$ 都成立。其特征方程

$$\beta\mu^2-\left(1+\beta+\frac{\kappa^2}{\lambda}\right)\mu+1=0 \tag{1.11}$$

有两个实根，且：

$$0<\mu_1<1<\mu_2$$

从而方程（1.10）式有一个与初始条件（1.9）式相一致的、唯一的非爆炸性解，由下式给定：

$$\varphi_t=-\frac{\lambda}{\kappa}x^*(1-\mu_1^{t+1}) \tag{1.12}$$

且该式对所有 $t\geqslant 0$ 都成立。它是唯一满足相关的横截性条件的解，代表了从 0 期角度看最优完美预期路径。把这个拉格朗日乘子的解代入（1.7）式，我们可以找到在所有 $t\geqslant 0$ 时最优承诺条件下的通货膨胀路径由下式给定：

$$\pi_t=(1-\mu_1)\frac{\lambda}{\kappa}x^*\mu_1^t \tag{1.13}$$

这个结果表明相机抉择最优化导致了过度的通货膨胀。确实，在最优承诺条件下，虽然有 $x^*>0$ 的假定，通货膨胀也应该逐渐接近于零。正如在第 6 章中所指出的，由于（1.1）式中的总量供给关系，这个结果表明在任何完美预期均衡中，目标（1.2）式必须等于

$$-2\frac{x^*}{\theta}\pi_0+\sum_{t=0}^{\infty}\beta^t[\pi_t^2+\lambda x_t^2]$$

加上一个正常数。不用考虑 π^* 的值，通过选择每一期 $\pi_t=0$ 可以使得前述表达式中除第一项外所有项都达到最小。第一项的出现意味着初始正的通货膨胀率带来的好处，但是由于附加项仅适用于初期的通货膨胀，因而对最终零通货膨胀率的承诺仍然是最优的。

确实，甚至在开始时，选择一个正确的通货膨胀率并不是明显合意的。选择（1.13）式的通货膨胀路径，而不是从初始时期开始就选择零通货膨胀，就可以真正最小化（1.2）式。然而，这种福利获益是通过作为这样一种事实的结果而获取的：最初选取的通货膨胀率对 0 期以前的预期没有影响（在政策微调的时候被看作是给定的）。然而，对最初存在的预期不需要实现这一事实的探讨是没有吸引力的。这就意味着在以前的基础上确定的最优政策（从 0 期的角度看是最优的）并不是时间一致性的：如果同样的推理用于后面任意 $t>0$ 期来决定从那一时刻开始的最优政策承诺，那么所选择的政策不会是 0 期所选政策的持续。（这一点可以从（1.13）式中的 π_t 随时期 t 的演化而演化看出来，即使规定从任意一期开始的可能通货膨胀路径约束以及从任一时期开始的不同前瞻性通货膨胀路径的社会评价在所有时期都是相同的。）这种时间一致性的失败意味着对政策的坚

持必然仅仅归结为在早期进入时遵循承诺的意愿。在实践中，很难想象仅仅因为在早期看起来是合意的，中央银行就永远把自己固守于早期选择的一系列行动[7]，然而很容易想象，中央银行根据它通常被证明是正确的当前行动而遵守一种系统性的决策程序。而且，这种分析假定中央银行遵循一种任意的通货膨胀时间路径并让这一点为私人部门所预期是可能的。假定选择“仅仅这一次”通货膨胀，同时承诺未来永远不会创造通货膨胀是可能的。但是，我们有理由担心：公众会观察到中央银行的推理方法，而不是它所宣布的未来行动，并得出相反结论：在目前的条件下，中央银行都希望“仅仅这一次”创造通货膨胀。

在财政政策中也存在类似的时间一致性问题，其中通常得出结论：如果希望大众能可置信地预期资本在未来不会被征用没收，那么就必须采取拒绝征用现存资本的规则，即使这种行动没有与投资激励一样的效果（由于目前考虑的投资决策业已发生）。类似地，如果希望公众相信最终将追求一种无通货膨胀的政策并且在当前状态与预期的未来状态之间没有任何差异（除非目前有机会创造通货膨胀而不会被预期到），那么中央银行情愿选择无通货膨胀的政策才是有意义的。不是现在做一件事情而是承诺未来会采取不同的行动，中央银行应该遵循一种时间不变的政策，这种政策也是预期将要遵循的。伍德福德（1999b）称之为“从长期看最优的”政策。[8]

更为特殊地，如果均衡演化在满足经济的与所考虑的政策相联系初始演化的约束下从任何时期 t_0 开始（在这一时点可以考虑政策的正当性）是最优的，那么我们就说时间不变政策从长期看是最优的。（在初始结果上的这样一种可能被预期到的限制的存在，是一种致力于坚决放弃利用与那些初始结果相关并已经给定的预期的方法。）在目前的背景中，一种时间不变的政策意味着一个恒定不变的通货膨胀率 $\bar{\pi}$。如果有界序列 $\{\pi_t, x_t\}$ 在满足（1.1）式（$t \geqslant 0$）约束下，以及 $\pi_0 = \bar{\pi}$ 的额外约束下，最大化（1.2）式的问题对所有 t，$\pi_t = \bar{\pi}$ 有解，则从长期看，恒定不变的通货膨胀率 $\bar{\pi}$ 就是最优的。[9] 对每一 $t \geqslant 0$，这个问题的一阶条件再一次由（1.7）式和（1.8）式给出，但是现在初始条件（1.9）式被 $\pi_0 = \bar{\pi}$ 的要求所取代。我们可以很容易地看出这个方程系统在 $\pi_t = \bar{\pi}$ 时，当且仅当 $\bar{\pi} = 0$ 时才有解。因此，从长期看这是唯一最优的通货膨胀目标。

命题 7.2 考虑一个伸缩性工资、卡尔沃定价、无扰动的无现金经济，并再一次假定初始的价格差异很小。那么，对所有 t 期通货膨胀为零的货币政策（精确到误差项 $\mathcal{O}(\| \Delta_{-1}^{1/2} \|^2)$）从长期看是最优的，并且在通货膨胀通常保持在零附近的某个区域时是所有政策中具有这一特征的唯一政策。

注意，对这个命题而言，它与命题 7.1 不同，x^* 不变且很小，因为我们发现最优路径处于零通货膨胀稳态附近，而不用考虑 x^* 的值。

在对一种最优政策特征的这种分析中，存在一种与相机抉择政策相联系的恒定通货膨胀偏误，很显然在 $x^* = 0$ 时它是正的。这一点可见图 7.1，该图描绘出了在相机抉择政策条件下，0 期最优承诺条件下，以及从长期看最优政策条件下的通货膨胀时间路径。[10]通货膨胀在这其中的最后一个政策中最低，因为只有在后一种情形下中央银行不论在长期还是短期都会拒绝产生不能影响先前预期的通货膨胀。

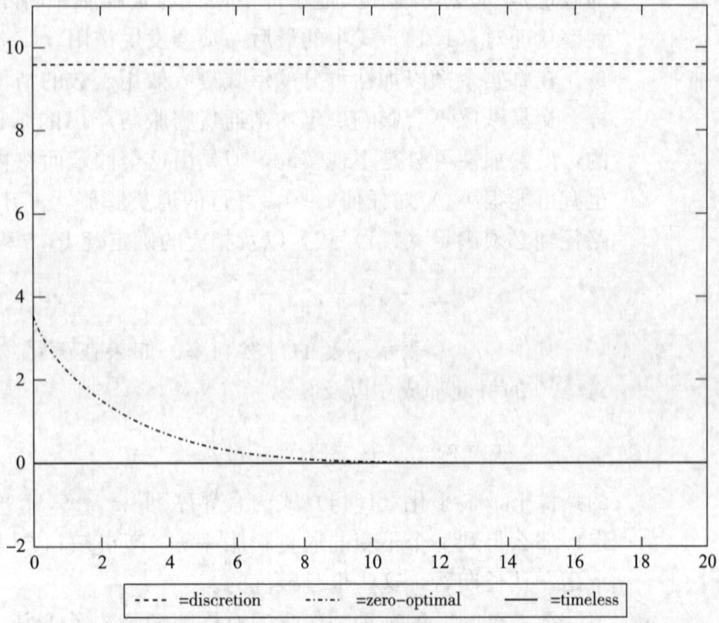

图 7.1　从长期看最优的政策与相机抉择最优化结果以及从长期看的最优政策承诺的比较

7.1.2　基本分析的拓展

前一节的一个令人惊奇的结论是在基准的卡尔沃定价模型中，最优通货膨胀率恰好为零，而不用考虑参数值，包括那些决定最优产出以及零通货膨胀相一致的产出缺口 x^* 大小的参数。然而，这种分析忽视了各种可能依赖于长期平均通货膨胀目标选择的其他因素。其中所忽略的因素包含货币摩擦，这类货币摩擦导致弗里德曼（1969）提出以通货紧缩率等于时间偏好率的最优性。

正如在前一章所提出的，在不可忽视的交易摩擦条件下，理论福利损失函数采取如下形式：

$$\sum_{t=0}^{\infty}\beta^t[\pi_t^2+\lambda_x(x_t-x^*)^2+\lambda_i(i_t-i_t^m)^2] \tag{1.14}$$

其中，$\lambda_x>0$ 是方程（1.2）中称之为 λ 的系数，且 $\lambda_i>0$，i_t 为非货币资产的短期利率，i_t^m 是基础货币的利率。[11]不论合意的名义利率水平如何，为了保持不变的利率差异，通过变动 i_t^m 来实现货币政策——并且这种利率差异被认为是一种制度数据而不是货币政策的一个方面——那么相对于（1.2）式、（1.14）式中的额外项没有差异，因为它只是为通货膨胀选择的一个不变的独立的目标路径。在这种情形下，前一节的结论仍然适用：从长期看，最优的政策就是在所有时期都实行零通货膨胀率。相反，如果基础货币的利率是一个制度性的数据，且 $\bar{i}^m$ 低于与零通货膨胀率相一致的利率（例如，如果货币利率为零，正如弗里德曼所做的假定），那么可能在其他条件下最优通货膨胀率将不再最优，因为它对于名义利率从而对（1.14）式中的最后一项会发生作用。

在真实余额以加性可分的形式进入效用函数的情形中，与第 4 章中讨论的一样，交易摩擦不会影响决定均衡通货膨胀与产出的结构方程。（正如前面所讨论的，虽然加性可分是不现实的，但是由这个假定而忽视的真实余额效应数量大小也有可能很小。）对任何 $t\geqslant 0$，可行的通货膨胀、产出和名义利率完美预期均衡路径则必须满足（1.1）式，以及相应的确定性 IS 方程：

$$x_t = x_{t+1} - \sigma(i_t - \pi_{t+1} - \bar{r}) \tag{1.15}$$

其中，$\bar{r}>0$ 表示不变的自然利率。如果在满足约束（1.1）式和（1.5）式对 $t\geqslant 0$ 的每期都成立以及

$$\pi_0 = \bar{\pi}, \qquad x_0 = \bar{x}$$

的条件下，最小化（1.14）式的有界序列 $\{\pi_t, x_t, i_t\}$ 由 $\pi_t=\bar{\pi}$，$x_t=\bar{x}$，$i_t=\bar{i}$ 给定，那么得到一个不变的通货膨胀率 $\bar{\pi}$，产出缺口 $\bar{x}$ 以及名义利率 $\bar{i}$ 的静态政策承诺，从长期看，这些也是最优的。

前一个问题的这种一般化的拉格朗日函数形式为：

$$\begin{aligned}\mathscr{L} = \sum_{t=0}^{\infty}\beta^t\Big\{&\frac{1}{2}[\pi_t^2 + \lambda_x(x_t - x^*)^2 + \lambda_i(i_t - i^m)^2] \\ &+ \varphi_{1t}[x_t - x_{t+1} + \sigma(i_t - \pi_{t+1} - \bar{r})] \\ &+ \varphi_{2t}[\pi_t - \kappa x_t - \beta\pi_{t+1}]\Big\} - \beta^{-1}\varphi_{1,-1}[x_0 + \sigma\pi_0] - \varphi_{2,-1}\pi_0\end{aligned}$$

其中，两个拉格朗日乘子 φ_{1t}、φ_{2t} 分别对应于约束（1.15）式和（1.1）式，乘子 $\beta^{-1}\varphi_{1,-1}$、$\varphi_{2,-1}$ 则分别对应于 x_0、π_0 值的约束。（后面两个乘子之所以选择这种记号是为了给出如下一阶条件的时间不变形式。）

对每一期 $t\geqslant 0$，一阶条件形式为：

$$\pi_t - \beta^{-1}\sigma\varphi_{1,t-1} + \varphi_{2t} - \varphi_{2,t-1} = 0 \tag{1.16}$$

$$\lambda_x(x_t - x^*) + \varphi_{1t} - \beta^{-1}\varphi_{1,t-1} - \kappa\varphi_{2t} = 0 \tag{1.17}$$

$$\lambda_i(i_t - i^m) + \sigma\varphi_{1t} = 0 \tag{1.18}$$

只有当两个拉格朗日乘子也随时间恒定不变时，条件（1.17）式和（1.18）式才会有产出缺口与利率随时间不变的解。但是将不变值代替（1.16）式和（1.18）式中的拉格朗日乘子，就会发现这些关系只有在如下表达式成立时才会同时满足：

$$\lambda_i(\bar{i} - i^m) = -\beta\bar{\pi}$$

同时，当且仅当 $\bar{i}=\bar{r}+\bar{\pi}$ 时，（1.15）式才会由常值满足。这两种关系当且仅当通货膨胀目标等于

$$\bar{\pi}=-\frac{\lambda_i}{\lambda_i+\beta}(\bar{r}-i^m) \tag{1.19}$$

时才会同时成立。因此我们得出了如下结论。

命题 7.3 考虑一个伸缩性工资、卡尔沃定价、有交易摩擦的经济，其中福利的二次近似由（1.14）式给定，而对数线性近似结构关系采取（1.1）式、（1.15）式的形式。假定唯一可行的货币政策是一种基于基础货币的常利率 i^m，其中 i^m 稍小于 $\bar{r}$。那么从长期看，最优的政策就是一个等于（1.19）式右侧的常通货膨胀率，误差精确到$\mathcal{O}(\|\Delta_{-1}^{1/2},\ \bar{r}-i_m\|^2)$。

注意在 $\lambda_i>0$，$i_m<\bar{r}$ 的情形中，最优通货膨胀率目标是负的。在伸缩性价格的极限情形中，κ 和 λ_i 变得无穷大，最优通货紧缩率等于$-(\bar{r}-i^m)$，这也是弗里德曼（1969）所论证的使得货币真实回报高达 $\bar{r}$ 要求的通货紧缩率。当价格为黏性且 κ 有界时，最优通货紧缩率更为适中，且 $\bar{i}>i^m$ 条件下的政策才是最优政策，但是为了减少源自交易摩擦的扭曲，些许的通货紧缩仍然是最优的。在无现金的极限情形中，m 可以忽略，λ_i 相对于 β 非常小，并且正如前一章所发现的那样，最优通货膨胀率本质上为零。

真实余额效应在总量供给与 IS 方程中不可忽略的情形中，我可以和以前一样使用同样的方法，但是（1.19）式采取了更为一般的形式：[12]

$$\bar{\pi}=-\frac{\lambda_i(\bar{r}-i^m)+\varphi\lambda_x x^*}{\lambda_i+\varphi^2\lambda_x+\beta-(1-\beta)\varphi(\theta^{-1}+\omega)} \tag{1.20}$$

其中，系数 φ 与第 4 章中一样，表示真实余额效应的大小。如果我们使用表 6.1 中的校准参数值，在与前一节的相同假设 $\Phi/\epsilon_{mc}=0.2$ 下，然后从第 6 章中的方程（4.6）来计算 x^* 值，并假定 $i^m=0$，那么这个方程意味着最优通货膨胀率为每年-0.4%[13]。这里涉及轻度的通货紧缩，但是与弗里德曼（1969）或卢卡斯（2000）所建议的通货紧缩要轻微许多，根据他们的建议，最优通货膨胀率（在我们的参数值以及卢卡斯的参数值条件下）为每年-3%。而且，我们应该记得这些参数值的选取夸大了真实余额效应，在更为可信的假定 $\chi=0.01$ 的条件下，我们得到最优通货紧缩率仅仅为每年 0.2%。

观察到如下事实将会令人很惊奇：如果 $\varphi>0$（经验上比较现实的情形，正如第 2 章所讨论的），并且如果（1.20）式中分母为正（如果真实余额效应不是很强，这一点必然成立），那么较高的 x^* 值实际上降低了最优通货膨胀目标。我们通常会假定，在一个融入了通货膨胀与产出向上倾斜的长期菲利普斯曲线关系的模型中，较高的 x^* 值将证实较高通货膨胀的正当性。然而事实并非如此。正如在第 6 章所指出的，在这个模型中，在任意 $t>t_0$ 的时期（也就是任意必须考虑预期效应的时期），对一个较高通货膨胀率的承诺不会改变由总供给关系所隐含的产出缺口项的折现和，t 期的产出增加恰好由 $t-1$ 期的产出减少所抵消。当这些效应存在时，唯一不会以这种方式被抵消的政策效应为对总供给的真实余额效应。如果 $\varphi>0$，较低的名义利率使得产出缺口折现和较高，从而引起每一期的总供给关系的一个合意平移。当 $x^* > 0$ 时，这个渠道创造了偏好较低名义利率甚于与零通货膨胀率相一致的利率的原因，因此由于独立于弗里德曼所指的原因而偏好通货紧缩。

到目前为止，我仅仅讨论了为什么最优通货膨胀目标甚至可能低于零的原因。相反，其他的考虑可能证明一个正的长期平均通货膨胀率是合理的。这些考虑包括防止为了稳定化目的名义利率的零下限对真实利率周期性演化的约束太紧的愿望（Summers，1991），或者当对资源有效配置而言必须的时候，制定社会标准来阻止名义工资下降低于实际工资能下降的程度的愿望（Akerlof et al.，1996）。后面一种考虑只有在随机扰动的情形下才重要，并且不能不考虑对这些扰动的最优反应。然而，值得注意的是，它们使故意争取通货紧缩的愿望蒙上怀疑，相对地，目前以中央银行为目标的通货膨胀主要瞄准的是零通货膨胀或者甚至是一个非常适度的正通货膨胀率。

到目前为止，我的分析也论证了在没有随机扰动的情形下一项最优政策将带来恒定的通货膨胀率。然而，在过去的 10 年中，许多事实上采取了通货膨胀目标制的国家认为在许多年间逐渐地从（不合意地高）初始通货膨胀率降低到目标通货膨胀率才是合意的，而不是宣布打算立即跳至从长期来看最优的通货膨胀率。支持这种渐进主义合意性的论证通常涉及这样一种想法，即在通货膨胀的过程中存在一种巨大的惯性，尽管前面所使用的模型没有考虑到这一点。我们仍然可以在一个完全确定性的框架中，通过考虑单个价格对滞后价格指数的指数化来考察通货膨胀惯性对通货膨胀最优时间路径的影响，正如我们在 3.7.2 节所考虑的。在这种情形下，如果我再次不考虑真实余额效应，总供给关系（1.1）式一般化形式为：

$$\pi_t - \gamma\pi_{t-1} = \kappa x_t + \beta(\pi_{t+1} - \gamma\pi_t) \tag{1.21}$$

其中，$0 \leqslant \gamma \leqslant 1$ 表示指数化程度。因此，从任何 t_0 期开始的通货膨胀与产出的可能完美预期路径依赖于 $t_0 - 1$ 期已存在的通货膨胀率。

正如在第 6 章所指出的，在存在通货膨胀惯性的条件下，无现金经济的理论福利损失函数一般化为：

$$\sum_{t=0}^{\infty} \beta^t [(\pi_t - \gamma\pi_{t-1})^2 + \lambda(x_t - x^*)^2] \tag{1.22}$$

由于约束（1.21）式以及损失函数（1.22）式都有着与以前相同的形式，只是用 $\pi_t - \gamma\pi_{t-1}$ 取代了先前方程中的 π_t，前面的计算同样可以直接用来刻画最优政策（以及相机抉择最优化的结果），除了 π_t 的先前路径解现在却等同于 $\pi_t - \gamma\pi_{t-1}$ 的路径。

图 7.2 给出了在相机抉择条件下、从 0 期角度不受约束的最优承诺条件下、从长期看的最优政策条件下通货膨胀的隐含均衡路径，除了假定 $\gamma = 0.5$ 以及（因为现在初始通货膨胀变得重要）0 期以前的通货膨胀率为每年 10%，所有的参数均与图 7.1 中假定的相同。在这三种情形中，经济从一种相当高的通货膨胀率开始的事实使得早期的通货膨胀率远高于其他时期，事实上，我们可以表明在这三种的每一种情形中，π_t 的均值都可以表示为 $\pi_{-1}\gamma^{t+1}$ 再加上一个独立于初始

条件的项。然而，尽管存在着惯性通货膨胀效应，这三种路径之间的比较仍然在之前已经做了很好的讨论：相机抉择导致一种永久性远高于发生在最优政策条件下的通货膨胀率，而 0 期不受约束的（时间不一致的）最优化导致早期的高通货膨胀率选择，反映了试图利用初始给定的通货膨胀预期，虽然它导致了与从长期看最优的政策一样的通货膨胀率。

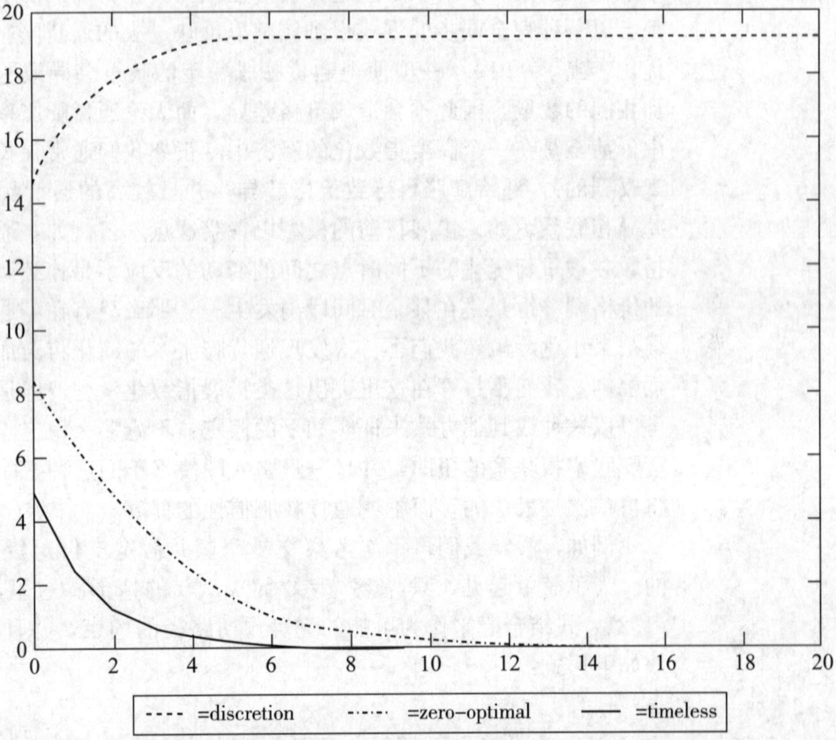

图 7.2　在通货膨胀惯性情形中，从长期看最优的政策，0 时期的最优政策，相机抉择政策［$\gamma=0.5$］

命题 7.2 的证明可以直接适用于为这种情形下的最优政策提供如下的刻画。

命题 7.4　考察命题 7.2 所假设的经济，除了价格（部分地）对滞后总价格指数进行了指数化，指数化的程度由 $0\leqslant\gamma\leqslant1$ 度量，并假定初始通货膨胀率 π_{-1} 在零附近，那么在每个 $t\geqslant0$ 的时期从长期看最优的政策就涉及通货膨胀沿着

$$\pi_t=\gamma\pi_{t-1} \tag{1.23}$$

的路径，误差项精确到 $\mathcal{O}(\|\Delta_{-1}^{1/2},\pi_{-1}\|^2)$。

给定直到 t_0-1 期的通货膨胀历史并且在 t_0 期成立的（1.23）式的约束下，这个路径在所有 $t\geqslant t_0$ 的时期（1.23）式都成立的条件下都具有最小化从 t_0 期开始的折现损失的政策特征。注意对所有 $t\geqslant t_0$ 从（1.23）式可以很容易解得

$\pi_t=\pi_{-1}\gamma^{t+1}$。我们再一次发现（在 $\gamma<1$ 的情形下），从长期看最优的通货膨胀率为零。但是如果经济（不论是出于什么原因）从通货膨胀率一直很高的位置开始，那么只有在一段时间接近零通货膨胀率才是最优的。

在完全指数化的情形（$\gamma=1$）下，这个结果意味着任何时候把通货膨胀削减至初始水平恰好所在位置以下都不是最优的。由于有太多的实际相关性，这个结果不应被接受。之所以发生这种情形是因为，在目前的简单模型中，所有的价格都会以一种完全同步的方式得到调整以反映过去的通货膨胀，除了当它们重新最优化。当 $\gamma=1$ 时，一项使得通货膨胀稳定的政策会导致所有的价格每一期都增加相同的数量，因此不会造成价格差异，而无论通货膨胀率为多少。但是在实践中，甚至是在一个高度指数化的经济中（正如我们通常在长期高通胀的经济中所观察到的），通货膨胀可导致价格差异，并且较高的通货膨胀通常与较大的价格差异相联系。如果扩展目前的模型以考察这点——例如，通过假定价格对总价格指数在被重新优化的不同时点之间的变动的反应不是连续调整的，并且这些机制的价格调整也只是在某个时间段内发生——那么只有在零通货膨胀时价格差异才会被最小化，虽然我们再一次发现通货膨胀率的演化将会加大价格差异并因此降低福利。我们不打算在这里提出这类扩展指数化模型，但是相当清楚的是，我们可以以这种或其他方式来证实如下的假定：不论多么稳定，至少存在一些与高通货膨胀率相联系的扭曲，并且一旦引入即使很小的这种扭曲，最终采取通货紧缩将再一次是最优的，而不论通货膨胀惯性的程度。

例如，假定我们再一次考察交易摩擦并假定支付给货币基础的利息是不变的。为了简单起见，只考察 $\chi=0$ 而 $\lambda_i>0$ 的情形。这里，（1.15）式必须与（1.21）式结合起来作为可能的完美预期路径的约束，并且理论福利损失函数采取如下形式：

$$\sum_{t=0}^{\infty}\beta^t[(\pi_t-\gamma\pi_{t-1})^2+\lambda(x_t-x^*)^2+\lambda_i(i_t-i^m)^2]$$

一阶条件（1.16）式一般化为：

$$(\pi_t-\gamma\pi_{t-1})-\beta\gamma(\pi_{t+1}-\gamma\pi_t)-\beta^{-1}\sigma\varphi_{1,t-1}+\varphi_{2t}-\varphi_{2,t-1}=0$$

而（1.17）式、（1.18）式与前面指明的一样仍然适用。与前面类似的分析可以再一次用来推导与这些一阶条件相一致的通货膨胀率的唯一长期稳态，由下式给定：

$$\bar{\pi}=-\frac{\lambda_i}{\lambda_i+\beta(1-\gamma)(1-\beta\gamma)}(\bar{r}-i^m)<0$$

该式一般化了（1.19）式。

而在 $\lambda_i=0$ 的情形（刚刚考察的非现金情形）中，这个方程只有当 $\gamma\neq1$ 时才能得到的一个确定性的结果，在 $\lambda_i>0$ 的情形，甚至当 $\gamma=1$ 时也存在一个唯一的从长期看最优的通货膨胀率，即：

$$\bar{\pi}=-(\bar{r}-i^m)$$

该式为弗里德曼（1969）所称的通货紧缩率。值得指出的是，最终合意的紧缩程

度独立于 λ_i 可能性的大小——只需要考虑随着预期通货膨胀而增加的一类摩擦。事实上，如果我们假定价格相对滞后价格指数的完全指数化，这种指数化实际上提高了最终降低通货膨胀率的最优程度。因为，在完全同步时期稳定的通货紧缩会带来承认价格失灵的相对价格扭曲从而被重新最优化这种说法已经不再正确了。然而，后一种结果再一次是一个源于过于简单的指数模型的极端结论的例子。在现实中，甚至稳态紧缩也可能创造扭曲，原因与稳态通货膨胀情形指出的相同。结果，从长期看最优的通货膨胀率可能不与弗里德曼率一样低。

7.2 对扰动的最优反应

关于源于相机抉择政策的通货膨胀偏误已经有了很多的讨论。然而，对通货膨胀偏误问题的强调通常导致一个假定：源于相机抉择的问题可能通过对目标以及/或者对赋予中央银行不同稳定化目标的相对权重的一种简单调整来解决，同时允许中央银行的决策框架成为一种不受约束的相机抉择。例如 7.1.1 节中的基准分析意味着，当中央银行寻求最小化真实社会损失函数时，通货膨胀偏误等于

$$\frac{\kappa\lambda}{(1-\beta)\lambda+\kappa^2}x^*$$

其中，我们已经论证了 $\lambda>0$，$x^*>0$。但是相反，如果中央银行寻求最小化有着其他系数的（1.2）式的损失函数时，前面的分析仍然适用。特别地，只要 $\lambda=0$，或者 $x^*=0$，或者两者都成立时，每一期的均衡通货膨胀率等于零。因此，有人可能会猜想，通过任命有着适宜偏好的中央银行行长或赋予中央银行最小化不同于真实社会福利的特定损失函数的任务，问题可以解决。选择一个 $\lambda=0$ 的损失函数相应于罗格夫（1985）选择一个“保守的中央银行行长”的建议，而金（1987）以及布林德（1998）建议中央银行应该有一个在 $x^*=0$ 条件下的目标，也就是与其通货膨胀目标相一致的产出目标。

虽然通过这些途径中的任何一种来消除源于相机抉择政策的平均通货膨胀率偏误是相当简单的，但是这一点不足以得到一个最优的政策框架，因为一般而言，对冲击的均衡反应是次优的，即使不同状态变量的长期平均值是最优的。罗格夫把这一点作为他的建议的一个重要内容来讨论（因此，最优的“保守”程度被认为低于存在某类扰动条件下的绝对值）。但是，在我们这里所使用的线性二次框架下近似中央银行的问题，一个或多个变量目标值的调整会影响源于中央银行最优化的内生变量的平均均衡值，而不会对冲击的均衡反应有任何影响。因此，有人可能会认为金和布林德的建议不会导致稳定政策的任何扭曲。[14] 但是，总体上，由于在引言中讨论的原因，源于相机抉择最优化的均衡，不仅诸如通货膨胀的变量的长期平均值，而且这些变量对随机冲击的均衡反应都是次优的，并且赋予中央银行的目标值的调整对于解决这个问题毫无助益。

在这一节中，我们在两个简单的例子中对比了对冲击的最优反应和源于相机抉择最优化的最优反应，然后更一般地讨论了问题的结构。我们不仅指出前者一般不同于后者，而且它们通常要求均衡是历史依赖的，这种历史依赖在某种方式上不能源于货币政策的任何纯粹前瞻性政策程序。这意味着，执行随意政策，中央银行要承担在相机抉择下损失函数最小化的成本，这个损失函数包含像真实社会损失函数一样的目标变量——只有在二次方程中有不同的目标值和一个不同于基于对那些目标值偏差的权重矩阵——一般将是不充分的，因为这样一个决策过程是纯粹前瞻性的。

7.2.1 成本推动冲击

可能这种一般问题的最简单例子出现于成本冲击的例子中，当用福利相关通货膨胀与产出缺口的度量表示时，成本冲击会使总供给关系发生移动。[15] 在这种扰动的情形中，通货膨胀与产出缺口两者都完全稳定化是不可能的。因此为了得出货币政策的稳定化目标之间存在本质张力的结论，我们不必假定对利率的任何稳定化或其他稳定化目标的关注。在这种情形中，相机抉择政策一般不会带来对冲击的最优反应。[16]

如果每一期的总供给关系由下式给定：

$$\pi_t = \kappa x_t + \beta E_t \pi_{t+1} + u_t \tag{2.1}$$

这一点可以通过由（1.2）式的预期值所给定的社会福利函数最小化看出来，其中（2.1）式中的 u_t 是外生的成本推动冲击。首先考虑中央银行相机抉择的情形。设 s_t 为 t 期的外生状态，它包含了在该时期可获得的当前和未来成本推动扰动项的所有信息。我们可以观察到从时期 t 开始的通货膨胀与产出缺口的可能均衡演化的集合只依赖于 s_t，尤其是独立于所有内生变量的过去值。可以得出，在一个马尔可夫均衡中，π_t 与 x_t 将只是 s_t 的函数。因此，中央银行在 t 期相信其在该时期的政策行动对损失函数中时期 $T \geqslant t+1$ 的项不会产生影响，并且它的行动对私人部门的预期 $E_t \pi_{t+1}$ 也不会产生影响。

然后，对于一个给定的 $E_t \pi_{t+1}$ 值（只依赖于 s_t），中央银行发现自己在 t 期能够在满足约束（2.1）式的通货膨胀—产出对中进行选择，并且中央银行在 t 期选择一种政策行动，这种政策行动将在满足这个约束条件下带来最小化 $\pi_t^2 + \lambda(x_t - x^*)^2$ 的通货膨胀—产出对。这个静态最优化问题的一阶条件再一次由（1.4）式给出。把这个一阶条件代入（2.1）式，意味着中央银行创造的通货膨胀满足：

$$\pi_t = \left(1 + \frac{\kappa^2}{\lambda}\right)^{-1} [\kappa x^* + u_t + \beta E_t \pi_{t+1}] \tag{2.2}$$

该式一般化了（1.5）式。则这个方程的马尔可夫解是一个通货膨胀过程：

$$\pi_t = \frac{\kappa\lambda}{(1-\beta)\lambda+\kappa^2}x^* + \sum_{j=0}^{\infty}\beta^j\left(\frac{\lambda}{\lambda+\kappa^2}\right)^{j+1}E_t u_{t+j} \tag{2.3}$$

命题 7.5 考虑一个与命题 7.1 类似的经济，只是（2.1）式中的总供给关系受到了外生扰动过程$\{u_t\}$的干扰，这个外生扰动满足一致有界$\|\tilde{\xi}\|$。那么，对于扩展参数$\|(\Delta_{-1}^{1/2},\ \Phi_y,\ \tilde{\xi})\|$的任何足够小的界限，在中央银行相机抉择最优化条件下，在零附近存在唯一的马尔可夫均衡通货膨胀过程。在这个均衡中，通货膨胀根据（2.3）式演化，误差精确到$\mathcal{O}(\|(\Delta_{-1}^{1/2},\ \Phi_y,\ \tilde{\xi})\|^2)$。

产出的相应马尔可夫解可以通过把通货膨胀的解代入（2.1）式得到。注意，这个均衡中的长期平均通货膨胀率由（2.3）式中的常数项给定，这一点与确定性分析中一样。通货膨胀与产出的均衡反应纯粹是前瞻性的。如果 u_t 是马尔可夫过程，且 u_t 的值仅在 t 期才被揭示，那么均衡的 π_t、x_t 仅仅依赖于当前的扰动 u_t，并且扰动对通货膨胀与产出路径的影响仅仅与扰动本身一样持久。

相反，现在考虑政策承诺的性质。[17] 我首先考虑了从某一时期 t_0 开始的状态依存路径演化，在给定 t_0 期的状态空间中的状态并满足这个演化代表了一个可能的理性预期均衡，即对所有 $t \geqslant t_0$ 的时期均满足（2.1）式，这个演化最小化了从该时期开始的损失函数预期折现和。与这个问题相联系的拉格朗日函数形式为[18]：

$$\mathcal{L}_{t_0} = E_{t_0}\sum_{t=t_0}^{\infty}\beta^{t-t_0}\left\{\frac{1}{2}[\pi_t^2+\lambda_x(x_t-x^*)^2]+\varphi_t[\pi_t-\kappa x_t-\beta\pi_{t+1}]\right\} \tag{2.4}$$

如果不存在源于名义利率演化的福利损失，那么我们就可以忽略相应于 IS 关系的约束项，因为这些约束不再有效。而且，在给出与 AS 相联系的约束项时，不必用 $E_t\pi_{t+1}$ 代替 π_{t+1}，因为（2.4）式中只有时期 t_0 项的条件预期才重要，且迭代期望法则意味着对任意 $t \geqslant t_0$ 有：

$$E_{t_0}[\varphi_t E_t\pi_{t+1}] = E_{t_0}[E_t(\varphi_t\pi_{t+1})] = E_{t_0}[\varphi_t\pi_{t+1}]$$

用（2.4）式对每一期的通货膨胀、产出水平求偏导数，可以得到对 $t \geqslant t_0$ 期的形如（1.7）式、（1.8）式的一对一阶条件（并对该时刻的每一个可能的世界状态），以及初始条件：

$$\varphi_{t_0-1} = 0 \tag{2.5}$$

使用（1.7）式、（1.8）式分别替换（2.1）式中的 π_t、x_t，可以得到拉格朗日乘子演化的差分方程：

$$\beta E_t\varphi_{t+1} - \left(1+\beta+\frac{\kappa^2}{\lambda}\right)\varphi_t + \varphi_{t-1} = \kappa x^* + u_t \tag{2.6}$$

该式是（1.10）式的一个随机形式一般化。再次，特征方程（1.11）有两个实根且 $0<\mu_1<1<\mu_2$，从而在任何有界扰动过程$\{u_t\}$的情形下，（2.6）式有$\{\varphi_t\}$的唯一有界解，由下式给定：

$$\varphi_t = \mu_1 \varphi_{t-1} - (1-\mu_1)\frac{\lambda}{\kappa}x^* - \beta^{-1}\sum_{j=0}^{\infty}\mu_2^{-j-1}E_t u_{t+j} \tag{2.7}$$

注意这个方程可以从任何初始条件 φ_{-1} 来递归求解 $\{\varphi_t\}$ 的演化。把这个拉格朗日乘子的路径解代入（1.7）式、（1.8）式之中，我们可以得到通货膨胀与产出缺口路径的唯一有界解。

这些有界解必须满足相关的横截性条件。因此从初始条件（2.5）式得到的解代表了在 t_0 期最优承诺条件下通货膨胀与产出的状态依存演化。（注意因此而得到的通货膨胀解是（1.13）式的一个随机推广。）然而，由于计划是在 t_0 期选择的，这个解包含了确定性的成分，这个确定性成分依赖于业已消逝的时间，因此它不是时间一致的。再次，存在着对从长期看最优的时间不变政策的偏好，意味着从任何 t_0 期开始的政策持续导致了从该时期开始的均衡，这个均衡在如下约束下

$$\pi_{t_0} = \bar{\pi}_{t_0} \tag{2.8}$$

最小化了损失的预期折现和，其中 $\bar{\pi}_{t_0}$ 值可能依赖于 t_0 期的世界状态。

在满足（2.8）式的约束下，预期折现损失的最小化可得到形如（2.4）式的拉格朗日函数，只是多加的一项代表了额外约束。反过来，这又会得到类似的一阶条件系统，除了（2.8）式的初始条件代替了（2.5）式。因此，对任何给定的初始条件设定，从 t_0 期开始的通货膨胀与产出状态依存演化存在一个唯一的有界解。对于初始值 ϕ_{t_0-1} 的某个选择，这个解再次采取（2.7）式的形式，这个初始乘子的适当选择依赖于约束值 $\bar{\pi}_{t_0}$。

为了使得这种政策是时间一致的，我们需要选择约束值 $\bar{\pi}_{t_0}$ 作为 t_0 期的外生变量和前定变量的一个函数，根据在任何时期 $t>t_0$ 时，满足限制性最优状态依存通货膨胀路径的某个时间不变规则（例如，在任何时期有限制条件（2.8）式的最优问题的解决方法）。这种设定的一个例子是：

$$\bar{\pi}_{t_0} = \beta^{-1}\sum_{j=0}^{\infty}\mu_2^{-j-1}E_{t_0}u_{t_0+j} - \beta^{-1}(1-\mu_1)\sum_{k=1}^{\infty}\sum_{j=0}^{\infty}\mu_1^{k-1}\mu_2^{-j-1}E_{t_0-k}u_{t_0+j-k} \tag{2.9}$$

该式可作为下列命题的一个结果。

命题 7.6 给定 t_0 期以前的经济演化，并且满足（2.8）式的约束，其中 $\bar{\pi}_{t_0}$ 由（2.9）式给定，对所有 $t \geqslant t_0$，最小化（1.2）式预期值的通货膨胀 $\{\pi_t\}$ 的状态依存演化由下式给出：

$$\pi_t = \beta^{-1}\sum_{j=0}^{\infty}\mu_2^{-j-1}E_t u_{t+j} - \beta^{-1}(1-\mu_1)\sum_{k=1}^{\infty}\sum_{j=0}^{\infty}\mu_1^{k-1}\mu_2^{-j-1}E_{t-k}u_{t+j-k} \tag{2.10}$$

附录 F 给出了此命题的证明。注意，在受约束的最优演化中，选择 t_0 后每个时期的通货膨胀形成相同的过去扰动的时间不变函数，与被限制在 t_0 期一样。这使得约束在合意的意义上自我一致。

我们可以很容易地说明，（2.9）式作为在这个意义上首尾一致的外生扰动历

史函数是唯一对$\bar{\pi}_{t_0}$的详细描述。因为无论对$\bar{\pi}_{t_0}$的详细描述是什么，从 t_0 开始向前的限制性最优的演变必须满足（2.7）式对 φ_{t_0-1}的选择。求取关于 φ_{t_0-1}和在 t_0 期及 t 期之间扰动的历史函数中 π_t 的解，然后取在某个固定时期 t 时 $t_0 \to -\infty$的极限，我们得到与假定值 φ_{t_0-1}无关的（2.10）式。[19] 因此，不论$\bar{\pi}_{t_0}$的设定如何，通货膨胀对过去扰动的依赖最终必须采取（2.10）式的形式。作为过去扰动的唯一一致性设定，$\bar{\pi}_{t_0}$必须采取类似的形式。

然而，这并不意味着为了使得一项政策从长期看是最优的，就必然导致（2.10）式所揭示的通货膨胀状态依存演化。因为我们也能找到首尾一致的包含预定外生变量的对初始通货膨胀约束的详细描述。作为一个简单的例子，假设

$$\bar{\pi}_{t_0} = (1-\mu_1)\frac{\lambda}{\kappa}x_{t_0-1} + \beta^{-1}\sum_{j=0}^{\infty}\mu_2^{-j-1}E_{t_0}u_{t_0+j} \tag{2.11}$$

也会导致一个自我一致的约束。

命题 7.7 考虑与命题 7.6 类似的最优化问题，只是这里$\bar{\pi}_{t_0}$由（2.11）式给定。那么在通货膨胀与产出受约束的最优状态依存演化中，对每一期 $t \geqslant t_0$，通货膨胀满足：

$$\pi_t = (1-\mu_1)\frac{\lambda}{\kappa}x_{t-1} + \beta^{-1}\sum_{j=0}^{\infty}\mu_2^{-j-1}E_t u_{t+j} \tag{2.12}$$

命题的证明遵循与命题 7.6 类似的思路。因此，所导致的一个确定性均衡的时间不变政策规则从长期来看是最优的，其中通货膨胀率通常满足（2.12）式。

然而，另外一种自我一致的约束为：

$$\bar{\pi}_{t_0} = -(1-\mu_1)(p_{t_0-1} - \bar{p}) + \beta^{-1}\sum_{j=0}^{\infty}\mu_2^{-j-1}E_{t_0}u_{t_0+j} \tag{2.13}$$

其中，$p_t \equiv \log P_t$，目标价格水平$\bar{p}$为任意常数。（正如后面所讨论的，均衡时长期平均对数价格水平在这个约束下是最优的。）在这种情形中，初始约束可以直觉地表示为对初始价格水平的约束$p_{t_0} = \bar{p}_{t_0}$，其中对$\bar{p}$的任何选择都有：

$$\bar{p}_{t_0} = (1-\mu_1)\bar{p} + \mu_1 p_{t_0-1} + \beta^{-1}\sum_{j=0}^{\infty}\mu_2^{-j-1}E_{t_0}u_{t_0+j} \tag{2.14}$$

由于如下的命题，这是一个自我一致的约束。

命题 7.8 考虑一个与命题 7.6 类似的最优化问题，只是$\bar{\pi}_{t_0}$由（2.13）式给定，或者等价地有一个由（2.14）式给定的对初始价格水平的约束。那么在通货膨胀与产出的受约束最优化状态依存演化中，每一期的均衡价格水平满足：

$$\bar{p}_t = (1-\mu_1)\bar{p} + \mu_1 p_{t-1} + \beta^{-1}\sum_{j=0}^{\infty}\mu_2^{-j-1}E_t u_{t+j} \tag{2.15}$$

命题 7.8 的证明与命题 7.6 类似。注意，(2.15) 式定义了一个单的完全自我一致约束的参数族。对于$\bar{p}$的一个特定选择，即：

$$\bar{p}=p_{t_0-1}+\frac{\lambda}{\kappa}x_{t_0-1}$$

这个约束与 (2.11) 式等同，并且所揭示的状态依存演化是一致的。但其他的$\bar{p}$值也会导致一个自我一致的约束。

我们可以看出，在从长期看最优政策的条件下，通货膨胀的状态依存演化并非是唯一地被决定。然而，这些在通货膨胀和产出间可以二者选一的程序只在关于通货膨胀和产出缺口的解决之道中暂时的决定性的组成上有所不同。它们在通货膨胀和产出缺口的长期平均值上达成一致，从 t_0 向前的任何时期两者变量对意外冲击的反应也是相同的。

命题 7.9 再次考虑命题 7.5 所假定的一类经济。在任何足够小范围 $\|\Delta_{-1}^{1/2}, \Phi_y, \tilde{\xi}\|$ 内的情况下，任何预定外生变量（作为政策规则的结果可能和均衡决定有关）的任何初始值，其与零通货膨胀稳定状态相关值密切相关。在任何 t_0 期都将被选择的 t_0 最优政策下，通货膨胀与产出缺口的长期平均值满足：

$$\lim_{T\to\infty}E_t\pi_T=0$$

$$\lim_{T\to\infty}E_t x_T=0$$

而且，从长期看最优的任何政策执行均衡都是如此。

而且，任何变量 y_{t+m} 在 t 期的预测中未预期到的演化可以表示为：

$$I_t[y_{t+m}]\equiv E_t y_{t+m}-E_{t-1}y_{t+m}$$

那么，对任何 $t_0\leqslant t$ 时期都将被选择的 t_0 最优政策的每个 $m\geqslant 0$ 来说，任何 t 期未预期到的冲击对通货膨胀与产出路径的影响由下式给出：

$$I_t[\pi_{t+m}]=\beta^{-1}\sum_{j=0}^{\infty}\mu_2^{-j-1}I_t[u_{t+j}] \\ -\beta^{-1}(1-\mu_1)\sum_{k=1}^{m}\sum_{j=0}^{\infty}\mu_1^{k-1}\mu_2^{-j-1}I_t[u_{t+m-k+j}] \tag{2.16}$$

$$I_t[x_{t+m}]=-\beta^{-1}\sum_{k=0}^{m}\sum_{j=0}^{\infty}\mu_1^{k}\mu_2^{-j-1}I_t[u_{t+m-k+j}] \tag{2.17}$$

从长期看来，最优的任何政策执行均衡都是如此。(在对通货膨胀和产出缺口路径的每一个描述中，给定的结果是精确的，至多相差阶为$\mathcal{O}(\|\Delta_{-1}^{1/2}, \Phi_y, \tilde{\xi}\|^2)$的误差项。)

证明见附录 F。本质上看，这个结果来自于如下事实：在所考虑的任意一种情形中，经济的状态依存演化必须满足 (2.7) 式。

比较命题 7.9 与命题 7.5，我们再次发现，与 7.1 节中的确定性分析类似，在 $x^*>0$ 的假定下，相机抉择政策存在一个通货膨胀偏误。(平均通货膨胀偏误大小恰好与确定性分析条件下一样决定，作为相机抉择条件下均衡以及这里所考虑的线性二次政策问题情形中承诺条件下最优计划的著名的确定性等价特征的一个结果。[20]）然而，对来源于最优政策承诺的冲击的反应不同于对来源于相机抉择最优的冲击的反应。而且，这种“稳定化偏误”甚至在 $x^*=0$ 时也存在，因此不存在与相机抉择政策相联系的平均通货膨胀偏误。[21]

相机抉择政策条件下和最优承诺条件下对成本推动冲击的均衡反应的区别在图 7.3 中通过一种简单情形得到对比：成本推动冲击在其发生的时期前纯粹是暂时的和不可预测的（因此对所有 $j\geqslant 1$ 都有 $E_t u_{t+j}=0$）。图 7.3 所假定的 β，κ 以及 λ 值再次与图 7.1 中的值相同，并且在 0 期的冲击大小为 $u_0=1$，即意味着，假定价格随后被稳定在新的较高水平，为了阻止产出相对于自然利率（或更一般地，其目标水平）的下降，一般价格水平要上升 1%。再次，时间间隔为季度，而通货膨胀率被描绘为年度通货膨胀率，意味着图中所绘的实际上是 $4\pi_t$。

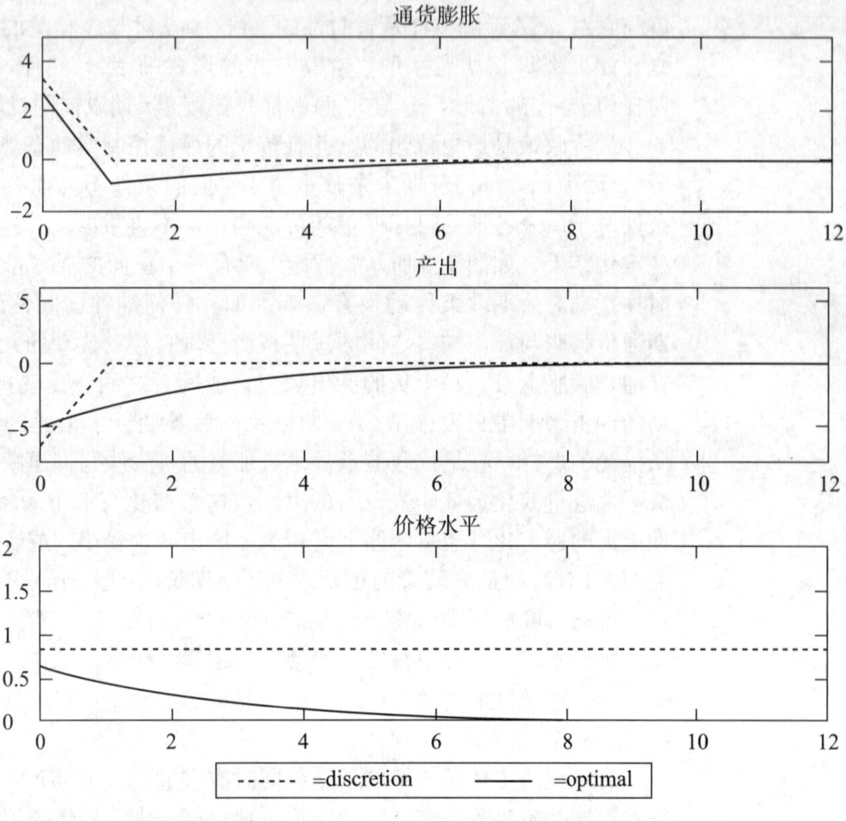

图 7.3　对暂时性成本推动冲击的最优反应与相机抉择政策下均衡反应的比较

在命题 7.5 所刻画的相机抉择政策条件下，扰动对均衡通货膨胀以及均衡产出缺口的影响只会与扰动本身持续的时间一样持久。因此，两个变量预期在接下来的季度都会回到它们的正常水平。然而，在最优承诺条件下，甚至在扰动消失之后，货币政策仍然偏紧，因此产出缺口只会相当缓慢地回到零。结果，当冲击发生时通货膨胀超过了它的长期目标值，冲击发生后会一度在它的长期目标值之下，所以随后价格的意外上升也没有发生。事实上，正如图 7.3 下方所显示的，在最优承诺条件下，价格水平最终会恰好回到如果冲击没有发生时预期应该遵循的同样路径。

一旦我们考虑前瞻性的私人部门行为，这个简单的例子就说明了最优政策一个非常一般的特征：最优政策几乎总是历史依赖的，而相机抉择政策却并非如此。给定经济在该时期的状态（前定或外生变量在 t 期的值），任意 t 期的行动选择只依赖于从 t 期开始的目标变量（这里是通货膨胀与产出缺口）的可能状态依存路径集，在这个意义上，相机抉择政策（在一个马尔可夫均衡中）纯粹是前瞻性的。在目前的例子中，前瞻性总供给关系（2.1）式意味着从 t 期开始的通货膨胀与产出的可能均衡路径集独立于所有的滞后内生变量，并且扰动 u_t 完全不可预测的假定也意味着 t 期的经济状态影响从该时期开始的通货膨胀与产出可能路径集的唯一方面是当前的扰动 u_t。因此，在任何货币政策的纯粹前瞻性决策程序条件下，π_t 与 x_t 只依赖于当前扰动 u_t，并且一项冲击对这些变量路径的影响就与它对 u_t 的影响一样是暂时性的。（这一点对与之相关的名义利率路径同样成立，如果跨期 IS 方程采取（2.23）式的形式的话。）然而，在最优政策条件下，对任何 $t>t_0$ 的情形，π_t 与 x_t 两者都只依赖于 t 期以前的扰动 u_t。

最优政策是历史依赖的（并且传统的最优控制或动态规划方法导致次优的政策），因为私人部门预期未来政策由于 t 期的条件不同而有所不同——即使这些条件对于后来各期的目标变量的可能路径集不再重要——这种预期能改进 t 期的稳定化结果。如图 7.3 所示，假定 t 期有一个正向的成本推动冲击。如果预期暂时性扰动对后期政策行动没有影响（如在任何纯粹前瞻性政策条件下），那么 t 期通货膨胀与产出缺口之间的短期权衡会垂直移动扰动的大小，这要求中央银行在通货膨胀上升，一个负的产出缺口，或两者之间做出选择。相反，如果由于 t 期的冲击预期中央银行在 $t+1$ 期以及以后各期寻求偏紧的政策，正如图 7.3 中所描绘的那样，在最优政策条件下，那么通货膨胀与产出缺口之间的短期权衡只会平移总量演化为 $u_t+\beta E_t\pi_{t+1}$ 的大小，这个演化与 u_t 的增额相比较小。因此，t 期更大的稳定化（通货膨胀上升较少，产出减少较小，或者两者同时发生）是可能的。（对后期偏紧政策的预期限制了 t 期价格的上升，因此为了取得给定的合意程度通货膨胀压力，要求该期较少的产出紧缩。）当然，为了赢得 t 期这种有益的预期平移，中央银行有必要遵守后期紧缩政策的承诺。这意味着，在随后的时期中，稳定性成功的可能大大减少。虽然如此，可以通过这种工具的使用来削减预期稳定化的损失折现和。

对一项历史依赖政策的承诺能同时改进通货膨胀与产出缺口的稳定从图 7.3 来看可能并不是很清楚，因为在这个数值例子中，最优政策条件下的产出缺口总体波动比相机抉择条件下要大。（这一点并不一定是正确的，但是对于这里所使用的校准参数值而言恰好成立，由于第 6 章讨论的原因，这里对产出缺口稳定有一个很低的相对权重。）作为与纯粹前瞻性政策的对比，我们可以通过计算与历史依赖相关的通货膨胀一产出方差前沿来对这一点进行数值说明。在 β、κ 与图 7.3 一样校准的情形下，且假定 u_t 服从 AR(1) 过程：

$$u_t=\rho_u u_{t-1}+\epsilon_t^u \tag{2.18}$$

其中，$\rho_u=0.8$（这里ϵ_t^u是一个独立同分布的零均值的随机变量），图 6.6 展示了这两个方差前沿。

通过计算对扰动的最优反应可以得到一般线性政策情形下方差前沿（考虑任意的历史依赖），命题 7.9 中刻画了允许在整个为正的半条曲线上变动的所有$\lambda>0$的值。为了得到在单个参数家庭中的每个均衡，我计算了统计量$V[\pi]$及$V[x]$,其中我再次使用了关于任意随机变量$\{y_t\}$的变动性的折现度量，即：

$$V[y]\equiv(1-\beta)\sum_{t=0}^{\infty}\beta^t\operatorname{var}(y_t)$$

注意对每一个 λ 值，0 期最优政策最小化：

$$E\left\{\sum_{t=0}^{\infty}\beta^t[\pi_t^2+\lambda(x_t-x^*)^2]\right\}=\sum_{t=0}^{\infty}\beta^t\{E[\pi_t]^2+\lambda(E[x_t]-x^*)^2\}$$
$$+(1-\beta)^{-1}V[\pi]+(1+\beta)^{-1}\lambda V[x]$$

而且，等式右边第一项仅依赖于政策的确定性部分，而剩余的两项仅依赖于所描述的冲击反应。由于政策的这两个方面都可以被独立地设定，对冲击的最优均衡反应最小化$V[\pi]+\lambda V[x]$。就此可以得出，对于不同的 λ 值，对命题 7.9 中刻画的冲击的反应描述出了对有效前沿$V[\pi]-V[x]$的政策。

对于更受限制的纯粹前瞻性（线性）政策系列的方差前沿，同样可以通过对每一个可能的$\lambda>0$估计可以最小化$V[\pi]+\lambda V[x]$的政策来获得。在目前的背景下，这意味着对状态依存演化的受限考虑，其中π_t、x_t是当前u_t值的线性函数：

$$\pi_t=\bar{\pi}+f_\pi u_t,\qquad x_t=\bar{x}+f_x u_t \tag{2.19}$$

当且仅当系数满足：

$$(1-\beta)\bar{\pi}=\kappa\bar{x} \tag{2.20}$$
$$(1-\beta\rho_u)f_\pi=\kappa f_x+1 \tag{2.21}$$

作为（2.1）式的一个结果，这一族中的路径状态依存演化代表了可能的理性预期均衡。最后，在形如（2.19）式的情形中：

$$V[\pi]+\lambda V[x]=[f_\pi^2+\lambda f_x^2]\operatorname{var}(u)$$

因此，在满足（2.1）式的约束下，我选择反应系数 f_π、f_x 以最小化 $f_\pi^2+\lambda f_x^2$。我们可以很容易看出，最优反应函数为：

$$f_\pi=\frac{1-\beta\rho_u}{\kappa^2\lambda^{-1}+(1-\beta\rho_u)^2}>0,\quad f_x=\frac{\kappa\lambda^{-1}}{\kappa^2\lambda^{-1}+(1-\beta\rho_u)^2}<0 \tag{2.22}$$

对于单参数族中的每一个均衡而言，所暗含的$V[\pi]$和$V[x]$值得到了图6.6 中虚线前沿上的一个点。（前沿上的点B'表示与理论福利损失函数相一致的$\lambda=0.5$情形下的有效计划。）注意到这个前沿完全处于当允许政策为历史依赖时所计算的前沿内部，因此对历史依赖政策的承诺可以同时改进通货膨胀与产出缺口的稳定。

在图 7.3 所展示的最优政策条件下，冲击反应的一个显著特征如下所述：紧随一个成本推动冲击之后，由冲击引起的未预期到的通货膨胀完全“消除”，因此价格水平完全回复到它先前预期的路径上。这个结果并非是序列不相关、图中假定的完全未预期到的扰动情形下的特例。

命题 7.10 在与命题 7.9 同样的假定下，在 t_0 期最优计划下，存在一个定义良好的长期预期价格水平：

$$\lim_{T\to\infty} E_t p_T = p_\infty$$

无论时期 t_0 与 t 之间的扰动历史，这一点对 $t \geqslant t_0$ 时期都如此；同样地，任何从 t_0 期向前的长期观点看来最优的政策条件下也是正确的。在后面从属于初始约束（2.13）式或（2.14）式来说最优的特殊情况，长期的期望价格水平与约束中不变价格 $\bar{p}$ 一致。

在附录 F 中证明了这个命题。注意，长期价格水平 p_∞ 一般依赖于采取最优政策时的初始条件（包括事先存在的价格水平 p_{t_0-1}）。在命题应用环境不同的政策条件下，它会进一步地不同（对于任何给定的初始条件）。（在形如（2.13）式或（2.14）式的约束条件下，p_∞ 独立于采纳最优政策时的初始条件，因为事实上它只由初始约束中的常数 $\bar{p}$ 决定；但是在一个给定的 $\bar{p}$ 选择下任何长期价格水平是可能的。）然而，在命题所设定的任何政策种类下，初始条件与采纳的最优政策形式决定了长期价格水平，随后它不再受任何随机扰动实现的影响。因此，价格水平的均衡波动是稳定的。

最优政策的这个特征看起来可能是违背直觉的。确实，经常会有争论，如果希望稳定通货膨胀且不关心绝对价格水平，那么对长期平均通货膨胀率的巨大偏离并不会对随后政策所追求的通货膨胀率有任何影响：我们应该“让过去的就过去吧”，即使这意味着允许价格水平漂移到一个永久不同的水平。这个主张就是取消造成过去通货膨胀中附加的不必要的可变性的对目标通货膨胀率的偏离。如果以后取消目标失误的承诺对目标通货膨胀的意外偏离的概率分布有影响，这就是正确的。然而，如果价格设定者是前瞻性的，一般价格水平当前上升未完成的预期会给供给者现在不像原来打算的那样多地去提高他们自己的价格的一个理由，所以这首先带来均衡时较小的对目标通货膨胀的偏离。因此，这样一种政策能减少均衡时通货膨胀可变性，不仅仅是绝对价格水平演化的范围。

然而，最优政策涉及一个稳定化的（或者甚至是趋势稳定的）价格水平的结果相当依赖于特殊的假定。例如，在相对滞后价格指数的价格部分指数化条件下，完全恢复价格水平到被预期沿着无冲击的路径不再是最优的，即使对其后的短时期内，通货膨胀率暂时位于长期平均值之下的正通货膨胀意外来说，它仍然是最优的。这在图 7.4 和图 7.5 中有所阐述，像图 7.3 那样，两图都说明对同种冲击做出反应的推动力，不同的是它们针对含有指数参量 γ 值的经济。（$\gamma=0$ 的情形对应于基本的卡尔沃定价模型，这种情形已经显示在图 7.3 中。）图 7.4 显示了中央银行在相机抉择条件下最优化，寻求最小化损失函数（1.22）式的预期值的反应。图 7.5 显示了最优政策承诺的相应反应。

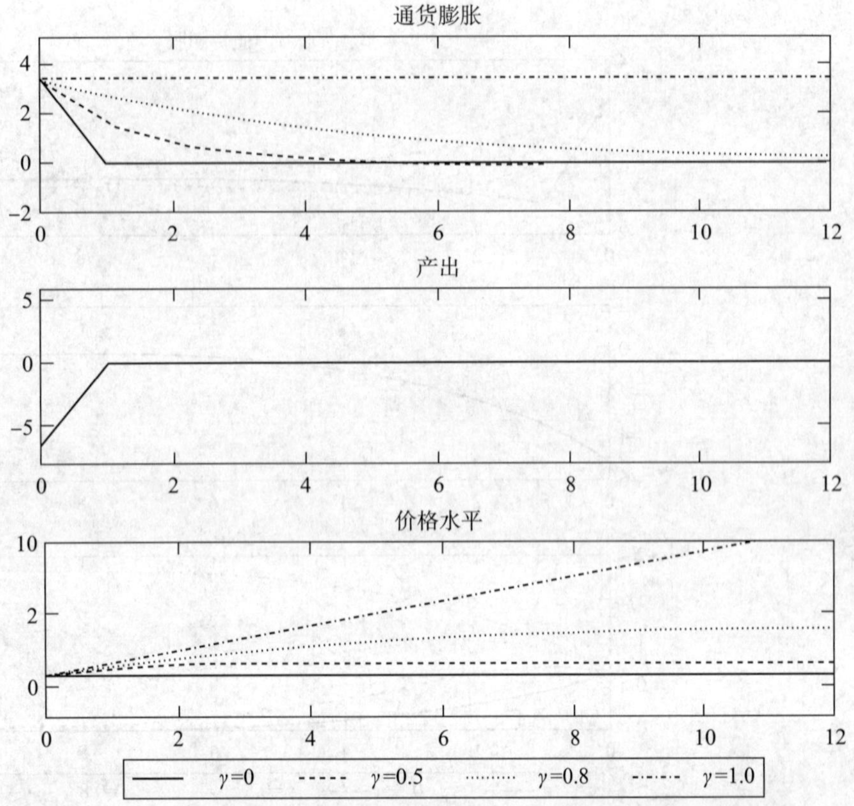

图 7.4　对于不同程度的通货膨胀惯性，在相机抉择政策条件下，暂时性成本推动冲击的均衡反应

在相机抉择政策情形下，我们看到，一个正向的成本推动冲击不仅会在扰动期间导致突然的通货膨胀，而且会导致余下期间的额外的高于名义值的价格上升，因为通货膨胀率只会逐步地回到名义水平。与前面一样，目标变量的波动 $\pi_t-\gamma\pi_{t-1}$ 与扰动 u_t 一样是暂时性的，但是源自自动指数化的通货膨胀惯性会为数个季度带来额外的通货膨胀。在完全指数化的限制情形（$\gamma=1$）下，暂时性的成本冲击的结果是，通货膨胀保持永久性较高的水平。

在最优政策条件下，只要 $\gamma<1$，价格初始未预期到的上升最终会解除，并且这再次意味着通货膨胀最终会在一段时间内低于其长期水平。然而，对于任何足够大的 γ 值而言，甚至在扰动中止之后，通货膨胀仍然会高于其长期水平一段时间，并且只会在后期才会低于其长期值，γ 的值越大，高于平均通货膨胀的持续时间越长。在 $\gamma=1$ 的限制情形，低冲（undershoots）从来不会发生，通货膨胀只会逐渐地回到其长期目标水平。[22] 在最后一种情形中，甚至在最优政策条件下，一个暂时的扰动也会引起价格水平的永久性演化。（在最优政策条件下，价格是一阶积分过程，而在相机抉择条件下，价格是二阶积分过程，因为通货膨胀存在单位根过程。）

即使不存在对滞后价格指数的完全指数化，在给定福利完全不依赖于绝对价格水平的波动范围条件下，最优政策条件下的价格水平是稳定的这一结论也是相

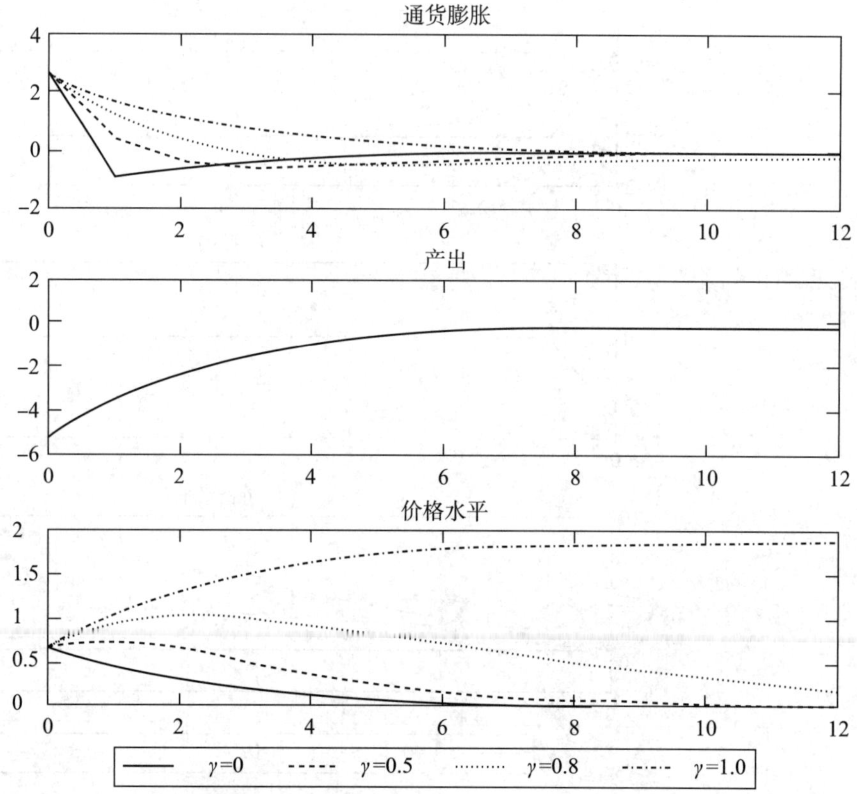

图 7.5　对于不同程度的通货膨胀惯性，在最优政策条件下，暂时性成本推动冲击的均衡反应

对脆弱的。在这里所考虑的精致模型中的许多微小扰动条件下，最优政策涉及单位根价格水平过程。这一点是正确的，例如，如果损失函数利率稳定化存在一个甚至很小的权重，正如在下一节要讨论的，或者如果名义利率的零下限约束从未有效。有关货币政策更为稳健的结论，不是说价格水平事实上稳定（或趋势稳定）是重要的，而是说通货膨胀扰动之后，一段时期的紧缩政策是值得的，紧缩政策使得产出在一段时间低于自然率，对这项政策的预期有助于抑制扰动带来的价格上涨。

7.2.2　自然利息率的波动

我现在转而讨论对真实扰动的最优反应，其中真实扰动导致了自然利率 r_t^n 的暂时性波动。在通货膨胀与产出缺口稳定为货币政策唯一目标（如损失函数 (1.2) 式中的情形）以及零利率约束从未有效（到目前为止所假定的）的情形下，自然利率的波动不会阻止中央银行彻底地既稳定通货膨胀也稳定产出缺口，它们只会影响为了实现这个目标所要求的名义利率变动类型。在这种情形下，正如在 7.1.1 节中的确定性分析一样，最优政策仍然涉及所有时期的零通货膨胀以及零产出缺口。在这个特殊的例子中，就这类扰动的均衡反应来看，相机抉择与最优政策承诺之间不存在差异：在两种情形中，通货膨胀与产出缺口完全不会对扰动产生反应，然而名义利率操作目标完全紧随自然利率的当前值。[23]

然而，如果由于 6.4 节所讨论的任意一种原因，或者可能由于其他原因，中央银行也关注最小化名义利率的变动程度，那么结论会有所不同。在这种情形下，正如前一章所讨论的，以通货膨胀与产出缺口递增的波动为代价，降低利率的演化程度是可能的，并且最优政策在某种程度上会削弱这一波动。而且，一旦同时满足所有的稳定化目标不再可能，如下情形几乎就是不可避免的了：最优政策不再与相机抉择政策相一致，并且最优政策不再是完全前瞻性的。

特别地，相对于一个完全前瞻性政策条件下的情形，利率的更加惯性地调整有重要的优点。[24]正如在第 4 章所讨论的，在一个最优化模型中，总需求依赖于真实利率一直到未来的预期路径（短期），而不仅仅是它们的当前水平。因此，一项在较长时期使得真实利率保持在一个适当高度水平上的承诺，在阻止由于真实扰动而产生的总需求膨胀上，与真实利率的急剧上升一样是一种有效的方式，而人们预期真实利率的演化只会是短暂的，但是前一项政策拥有要求较小的利率演化的优势。当然，与前一节一样，根据过去的扰动而不是当前的条件来调整政策会引起扭曲，但是从对这种行为的预期中获取的收益会使得从事这种行为在某种程度上是有意义的。因此，对中央银行而言，作为对自然利率上升的反应，它宁愿只是逐步地提高利率，一旦扰动消失以后，再逐步地把利率降下来——即使 6.4 节中所给出的损失函数类型惩罚了名义利率对最优利率的偏离，而不是利率的大幅演化。这是最优政策历史依赖的另外一个例子。

伍德福德（1999a）指出惯性利率调整在第 4 章中给出的新威克塞尔基本模型中是最优的。如果利率的变动对福利来说很重要，那么（2.1）式的总供给关系必须用一个跨期的 IS 关系来进行扩展：

$$x_t = E_t x_{t+1} - \sigma[i_t - E_t \pi_{t+1} - r_t^n] \tag{2.23}$$

该式是（1.15）式的一般化形式，其中$\{r_t^n\}$是一个外生的扰动过程。我希望选择一种最小化如下形式社会损失函数的政策：

$$E_{t_0} \sum_{t=t_0}^{\infty} \beta^{t-t_0} [\pi_t^2 + \lambda_x (x_t - x^*)^2 + \lambda_i (i_t - i^*)^2] \tag{2.24}$$

如果利率稳定化目标只是作为交易摩擦的结果而出现的话，那么与（1.14）式一样，$i^* = i^m$。但是为了反应避免负利率的需要，我们可能希望赋予 i^*（以及 λ_i）的一个较高的值。

再次，模型中从 t 期开始的通货膨胀、产出缺口以及名义利率的可能理性预期均衡路径仅仅依赖于 t 期的真实扰动（r_t^n，u_t）以及关于这些扰动随后演化的信息。因此，如果这些扰动满足马尔可夫过程，从而它们的当前值就包含了它们可能的未来演化的所有可获得信息，那么任何前瞻性的政策会使得这三个目标变量只随当前扰动而演化，且任何扰动对这些变量的影响只与扰动本身一样持久。

对这些扰动的最优反应也可以使用前一节的拉格朗日函数方法来刻画。对每

个 $t \geqslant t_0$ 时期，我们再次得到一阶条件（1.16）式～（1.18）式。[25] 为了计算 t_0 期最优承诺，在初始条件

$$\varphi_{1,t_0-1}=\varphi_{2,t_0-1}=0 \tag{2.25}$$

下可求解这些条件。相反，从长期来看的最优政策只要求在如下条件下

$$\pi_{t_0}=\bar{\pi}_{t_0}, \qquad x_{t_0}=\bar{x}_{t_0} \tag{2.26}$$

最小化（2.24）式。与这种政策相联系的均衡满足了同样的一阶条件系统，但是 $\varphi_{1,t_0-1}=\varphi_{2,t_0-1}$ 与（2.25）式所给定的拉格朗日乘子值相比有着不同的初始值。因此，在最优政策条件下，对扰动的反应与 t_0 期最优承诺条件下相似。

作为拉格朗日乘子在一阶条件中出现的结果，由这些方程刻画的对自然利率扰动的最优反应是历史依赖的。（例如，甚至在 $\{r_t^n\}$ 为马尔可夫过程的情形，t 期的内生变量并不独立于 t 期以前的自然率扰动历史。）这些最优反应由图 7.6 中的实线说明，对于自然利率的 AR(1) 过程的情形：

$$r_t^n=(1-\rho_r)\bar{r}+\rho_r r_{t-1}^n+\epsilon_t^r \tag{2.27}$$

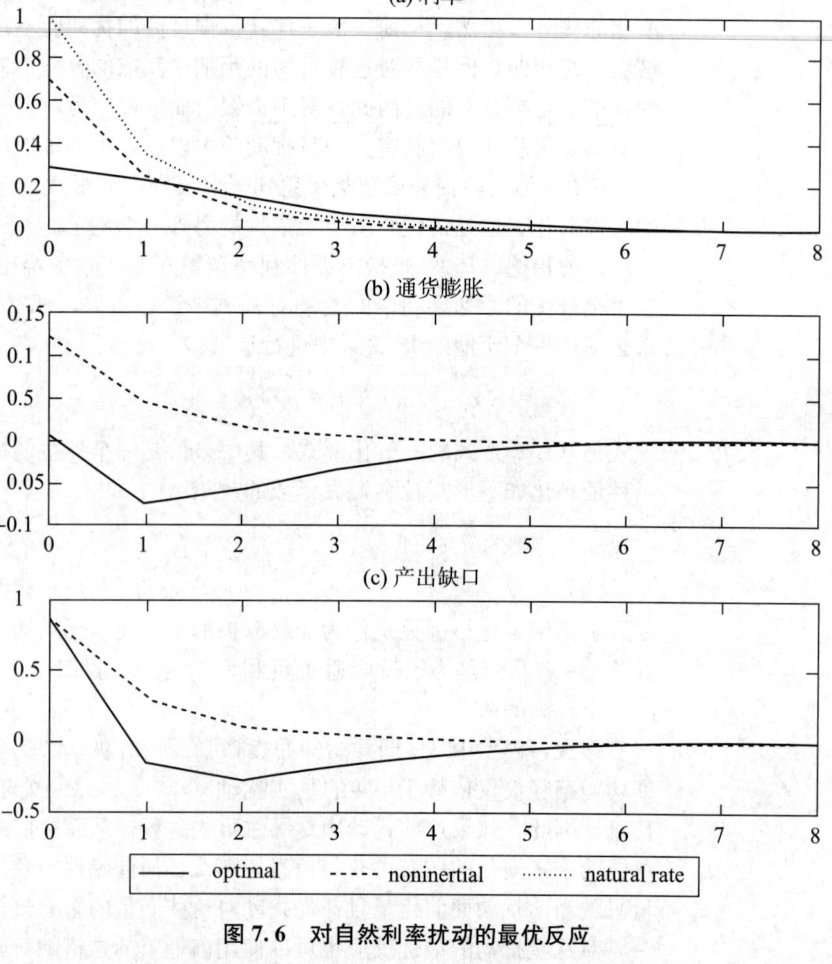

图 7.6 对自然利率扰动的最优反应

其中，自回归系数 $\rho_r=0.35$。（这个例子中使用的 β、σ、κ、λ_x 和 λ_i 等参数的数值取自表 6.1。）自然利率本身的冲击反应由图 7.6（a）中的虚线表示。为了便于比较，图中也给出了最有可能的纯粹前瞻性政策（“最优非惯性计划”，将在下一节进行刻画）条件下的通货膨胀、产出以及名义利率的均衡反应。

在最优政策条件下，这些变量的反应并不是自然利率对其长期平均值的当前偏离的简单倍数。与最优纯粹的前瞻性政策条件下相比，作为对自然率的反应，名义利率提高得相当缓慢，但是较高的利率比扰动本身持续的时间要长久得多。这种利率水平更加持续的演化阻止了产出缺口与前瞻性政策条件下相同程度的初始增加，并且使得缺口迅速地回复到零（甚至低于零），因为人们开始预见到真实利率在不久的将来甚至将高于自然率。由于产出缺口的增加相当短暂（并且甚至很快会逆转），最优政策条件下通货膨胀的立即上升的概率相当小。然而，通货膨胀和产出的这种改进的稳定化也要求名义利率较小的波动。

名义利率在最优均衡中的演化方式大致可以描述为朝一种“合意”水平的部分调整，而合意水平是当前和预期的未来自然率水平的函数。因此，由第 1 章讨论所估计得到的联邦储备委员会反应函数所揭示的利率惯性事实上是最优政策的一个特征，而不是没有对演化的环境有足够快速反应的一个象征。部分调整动态的性质可以在这个模型的限制情形（其中 $\kappa=0$）中看得特别清楚，因此通货膨胀率从不变动（或者以任何外生速率演化），而不论产出缺口如何变动。

在这种情形下，问题简化为选择 $\{x_t, i_t\}$ 的状态依存路径以最小化损失的折现和，这种损失的折现和来源于产出缺口与利率的波动，满足（2.23）式在每一期都成立的约束（给定通货膨胀的外生路径）。那么刻画最优政策的一阶条件就简单地由（1.17）式、（1.18）式给出，其中忽略了包含 φ_{2t} 的项。使用（1.18）式消去掉（1.17）式中的 φ_{1t} 得到[26]：

$$\sigma\lambda_x(x_t-x^*)-\lambda_i[(i_t-i^*)-\beta^{-1}(i_{t-1}-i^*)]=0$$

反过来，当这个条件用来消去（2.23）式中的 x_t 时，（2.23）式变为[27]：

$$i_t-\beta^{-1}i_{t-1}=E_t[i_{t+1}-\beta^{-1}i_t]-\lambda_i^{-1}\lambda_x\sigma^2(i_t-r_t^n) \tag{2.28}$$

在扰动 $\{r_t^n\}$ 的任何有界过程中，这个方程存在唯一的有界解：

$$i_t=\mu_1 i_{t-1}+(1-\mu_1)\bar{i}_t \tag{2.29}$$

其中：

$$\bar{i}_t=(1-\mu_2)\sum_{j=0}^{\infty}\mu_2^{-j}E_t r_{t+j}^n \tag{2.30}$$

且 $0<\mu_1<1<\mu_2$ 是如下特征方程的两个根：

$$\mu^2-\left(1+\beta^{-1}+\frac{\lambda_x\sigma^2}{\lambda_i}\right)\mu+\beta^{-1}=0$$

（2.29）式采取了朝向随时间变化的合意短期利率水平 $\bar{i}_t$ 的部分调整动态形式，其中 μ_1 决定了调整的速度。合意水平 $\bar{i}_t$ 是当前与预期的未来自然利率的加权平均值，其中 μ_2 决定了自然率预期值在未来的平均程度。在自然率演变过程遵循（2.27）式马尔可夫形式演变过程的情形中，$\bar{i}_t$ 是 r_t^n 与长期平均自然率 $\bar{r}$ 的平均值的一个线性递增函数，其中斜率小于 1（虽然随着自然率的波动变得更加持久，斜率会越来越接近于 1)。这些部分调整动态中的最优惯性系数 μ_1 是 $\frac{\lambda_i}{(\lambda_x \sigma^2)}$ 的一个递增函数。如果利率稳定化相对于产出稳定化足够重要，作为对当前自然率变动的反应，中央银行操作目标的最优调整率可能相当缓慢。

虽然，最优利率动态的这种简单刻画恰好只在 $\kappa=0$ 的限制情形成立，但图 7.6 中显示的动态与（2.29）式中所描述的情形相当类似，伍德福德（1999a）对此做了进一步的讨论。对 $\kappa>0$ 的现实模型，通过计量方法估计的总供给关系的斜率通常相当小，因此刚刚讨论的限制情形为最优利率动态的特征提供了很好的洞见。

7.3 最优的简单政策规则

到目前为止，我已经讨论了希望理想化处理的（最优）状态依存演化的特征，并且我们已经看到，这要求对一类不会为一个相机抉择最优化者所选择的系统化行为的承诺。我现在转向讨论政策规则类型的问题，为了获得我讨论过的对政策承诺的收益，中央银行必须遵循此类政策规则。

通过探讨在相对简单的规则参数族中哪一种规则是最优的，许多最新的文献研究了这个问题——例如，当代泰勒规则族

$$i_t=\bar{i}+\phi_\pi(\pi_t-\bar{\pi})+\phi_x(x_t-\bar{x})/4 \tag{3.1}$$

通过假定对这类相对简单的规则的承诺代表了唯一可行的承诺形式，也许是由于在更为复杂的情形向公众解释中央银行承诺的困难之处。这里，我考虑了从前面给出的有着政策承诺效应的一类前瞻性模型的角度在这类受限制的政策规则中选择一种最优的政策规则选择。我这里首先讨论适用于这个问题的最优性准则。

我们可以看出，从诸如（3.1）式的规则族中选择一种最优规则的明显方式，是计算与规则族中任何给定的规则相关联的理性预期均衡并且在给定均衡中目标变量的状态依存演化下评估诸如（1.4）式的损失函数。那么这个规则族中的最优规则将是导致最低预期损失的规则。这是“最优简单规则”的定义，例如 Levine（1991)。

然而，这种准则在政策效应的前瞻性模型背景中有着不合意的特征。正如在前面两节的 t_0 期最优承诺的讨论中，在有利于探究政策选定时初始预期业已决定的事实的一种准则下来评估不同的政策，一般而言，这将会导致一种时间不一致的政策选择，甚至当不同政策被局限于一个简单的参数族时也将如此。这种准则有利于在紧随政策选择之后的初始时期创造通货膨胀的政策，而在更远的未来所导致的通胀可以忽略不计。如果在预期到短期的负的产出缺口之时从（3.1）式的规则族中选取一种规则（然而预期长期的产出缺口为零），那么将偏好如下

一种规则：在这种规则下，负的产出缺口证明了扩张政策的正当性，正是由于预期它将创造合意的初始通货膨胀而不会带来长期的通货膨胀。但是，如果在后期重新考虑最优简单规则的问题，此时预期到短期正的产出缺口，那么所偏好的政策规则就是在这种规则下证明扩张性的政策是正的产出缺口。由于本质上与前面对不受约束政策问题的讨论有相同的原因，基于这些考虑的最优简单政策规则选择是时间不一致的（正如柯里和莱文（Currie and Levine，1993）所指出的）。因此，我希望提出一个得到时间一致性选择的准则。

这个准则的缺点是，即使当把这个准则应用于一类足够伸缩性的政策以包括从长期来看是最优的一种政策，在受限制的政策类别中这种政策也不能证明是最优的。[28]这一点可以从 7.1.1 节中处理过的确定性问题的重新考虑中看出来。从长期来看，最优的政策是导致每一期零通货膨胀的政策。我们也可以在使得通货膨胀在所有时刻保持在 π 的受限制的政策类别中考虑最优政策的问题。如果我们简单地把（1.2）式作为与任何这类政策相关联的通货膨胀与产出路径，那么在 $x^*>0$ 的情形我们得到一个值：

$$(1-\beta)^{-1}\left[\pi^2+\lambda\left(\frac{1-\beta}{\kappa}\pi-x^*\right)^2\right]$$

此式在 $\pi=0$ 时并没有实现最小化。为了获得来自 t_0 期未预期到的通货膨胀的收益，在这个准则下，我们相反会偏好一个有些为正的通货膨胀率，即使这种选择的程度受到了在以后所有的时期也都必须选择同样的通货膨胀率的局限。为了获得一种从长期来看最优政策选择的准则，当简单政策类别具备足够伸缩性以包括这种准则时，我有必要从在政策选择的时刻利用预先存在的预期来惩罚规则的角度来评估不同规则的结果。

因此，我建议根据如下准则来评估政策规则。一种二次损失准则如（1.2）式，基于对 t_0 期经济状态的评估，可以表示为两个部分之和 $L^{det}+L^{stab}$，其中，L^{det} 只依赖于目标变量均衡路径的确定性成分，而 L^{stab} 仅仅依赖于 t_0 期以后的未预期到的冲击的均衡反应。例如，在（1.2）式的情形中，确定性成分由下式给出：

$$L^{det}=\sum_{t=t_0}^{\infty}\beta^{t-t_0}\left[(E_{t_0}\pi_t)^2+\lambda(E_{t_0}x_t-x^*)^2\right]$$

而稳定化部分由下式给出：

$$L^{stab}=\sum_{t=t_0}^{\infty}\beta^{t-t_0}\left[\mathrm{var}_{t_0}(\pi_t)+\lambda\mathrm{var}_{t_0}(x_t)\right]$$

对任何从长期来看都是最优的政策规则来说（或者，就此而言，在一种任何 $t\leqslant t_0$ 时期选择的 t 期最优政策承诺下），在对与（线性）结构方程相一致的可能冲击动态反应集中，t_0 期以后对冲击的均衡反应恰好最小化了 L^{stab}。因此，我希望根据同样的准则在更受限制的线性规则族中来评估规则：决定对冲击均衡反应的系数——例如，（3.1）式规则族中的系数 ϕ_π、ϕ_x——应该被选择以最小化 L^{stab}，在所考虑的简单规则类别中，这在某种程度上是可能的。这是一种考虑了这些系数选择的准则，这些系数独立于 t_0 期的经济状态。这个状态可能会影响预期的由给定的反应系数所暗含的目标变量路径的确定性成分，但是给定一个扰动演化的线性模型，它对进入 L^{stab} 中的预期演化没有任何影响。因此，我所建议的准则导致了时间一致性的选择。而且，这个准则意味着，如果所考虑的规则族具备足够伸缩性以包括从长期来看最优的一种规则，那么这种规则中的反应系数可以证明是最优的。

给定反应系数的这种选择，决定与规则相一致的目标变量的长期平均值（(3.1) 式中的 $\bar{i}$、$\bar{\pi}$、$\bar{x}$ 值）不是选择来最小化 L^{det} 的。相反，根据 7.1 节对确定性政策问题的讨论，所选择的规则与 t_0 期最优承诺条件下发生的长期平均值相一致。（这与在任何其他时刻选择的最优承诺条件下或从长期来看最优的政策条件下的值相同。）与最小化 L^{det} 的准则不同，这个准则导致了一种独立于 t_0 期状态的选择，因此是时间一致性的。而且，它与任何从长期来看最优的同样长期平均值相一致。因此如果目前考虑的规则体系中包含了这一种规则，那么在受限制的规则族中它是最优的。我现在转而讨论几个简单的政策例子，我将证明它们在受限制的不同简单规则族中是最优的，尽管它们并非是完全最优的。

7.3.1 最优的非惯性计划

特定利率的限制政策族是一种纯粹的前瞻性政策，在这种条件下每一期的政策（从而均衡结果）只依赖于从该时期开始的可能的目标变量演化集。仅仅把政策建立在对经济当前和未来可能的状态预测的基础上有某种直觉上的吸引力，并且中央银行的目标预测程序通常看似有这个特征。因此，了解这类最有可能的规则与完全最优的政策之间的差别有多大是很有意义的。

为了解决这个问题，我们首先考察在所有与任意前瞻性政策相一致的演化中，哪一种是我们希望发生的，然后讨论哪一种政策（或多项政策）可以用于实现合意的均衡。我们把注意力集中于如下条件下的可能状态依存演化集上：当前内生非前定状态变量 z_t 只依赖于：(i) 外生状态向量 s_t，它包含了 t 期可获得的有关结构方程在 t 期及以后各期的扰动的所有信息；(ii) 外生扰动向量 Z_t 对于变量 z_t 的决定非常重要。从 t 期开始，经济的可能演化路径集仅仅依赖于 s_t 和 Z_t 的值。我们可以得出，如果政策仅仅依赖于这个演化路径集，那么它必然依赖于这些变量，并且如果规则导致了一个确定性的均衡，那么 z_t 的均衡值也将只依赖于 (s_t, Z_t)。

遵循伍德福德（1999a）的观点，我们把这个限制族中的最优状态依存演化称之为最优的非惯性计划。准确地讲，这是如下两个条件下的计划：(i) 变量 z_t 的长期平均值是与从长期来看最优政策相联系的；(ii) 对冲击反应的波动在满足 z_t 仅仅依赖于 (s_t, Z_t) 约束条件下最小化稳定化损失 L^{stab}。

作为一个例子，再次考察由总供给关系 (2.1) 式构成的模型，并假设社会福利由 (1.2) 式的预期值度量。为了简单起见，我假设对某个 $0 \leqslant \rho_u < 1$ 而言，扰动 u_t 按照 (2.18) 式演化。正如前文所讨论的，在这种情形下，变量集 (s_t, Z_t) 简化为 u_t 的当前值，并且能够由一个纯粹前瞻性（线性）规则实现唯一可

能状态依存路径满足：与（2.19）式中一样，π_t 和 x_t 是 u_t 当前值的线性函数。这种形式的计划与均衡关系（2.1）式是一致的，当且仅当：

$$(1-\beta)\bar{\pi}=\kappa\bar{x} \tag{3.2}$$

$$(1-\beta\rho_u)f_\pi=\kappa f_x+1 \tag{3.3}$$

而且，在这种形式的任何一种计划情形中，稳定化损失都由下式给定：

$$L^{stab}=\frac{\beta}{1-\beta}\frac{1-\rho_u^2}{1-\beta\rho_u^2}[f_\pi^2+\lambda f_x^2]\sigma_u^2 \tag{3.4}$$

其中，σ_u^2 是扰动过程 $\{u_t\}$ 的无条件方差。

根据命题 7.2，与从长期来看最优政策相联系的通货膨胀和产出缺口的长期平均值为 $\bar{\pi}=\bar{x}=0$。最优系数值（f_π，f_x）最小化了（3.4）式，或者等价地，在满足约束（3.3）式的条件下最小化 $f_\pi^2+\lambda f_x^2$ 的值。后一个问题的解由下式给出：

$$f_\pi^{oni}=\frac{1-\beta\rho_u}{\kappa^2\lambda^{-1}+(1-\beta\rho_u)^2},\quad f_x^{oni}=\frac{\kappa\lambda^{-1}}{\kappa^2\lambda^{-1}+(1-\beta\rho_u)^2} \tag{3.5}$$

因此，我们得到如下命题。

命题 7.11　考察基本（卡尔沃定价）模型，其中总供给关系为（2.1）式的形式，并且不考虑关注利率稳定化的原因，因此时期损失函数就采取（1.2）式的形式。假设成本推动扰动 $\{u_t\}$ 对某个 $0\leqslant\rho_u<1$ 而言按照（2.18）式演化。那么，最优的非惯性计划就是一种形如（2.19）式的状态依存演化，其中 $\bar{\pi}=\bar{x}=0$，并且预示着对成本推动冲击的反应系数 f_π 和 f_x 由（3.5）式给定。

把（2.3）式应用至（2.18）式的 AR(1) 扰动过程的情形，我们发现相机抉择条件下的均衡反应也是（2.19）式的形式，只是：

$$\bar{\pi}^{disc}=\frac{\kappa\lambda}{(1-\beta)\lambda+\kappa^2}x^*>0$$

并且：

$$f_\pi^{disc}=\frac{\lambda}{\kappa^2+(1-\beta\rho_u)\lambda}\geqslant f_\pi^{oni}$$

其中，如果 $\rho_u>0$，则最后一个不等号严格成立。因此，除了在 $x^*=0$ 并且成本推动冲击是序列不相关的特殊情形下以外，相机抉择政策是次优的，甚至在纯粹前瞻性政策中也是这样。总体上，相机抉择政策不仅会导致过高的平均通货膨胀率（如果 $x^*>0$），而且会导致通货膨胀对成本推动冲击的过度反应（如果 $\rho_u>0$）。根据（3.3）式可知，正向的通货膨胀反应系数 f_π 越大，负向的产出缺口反应系数就越小。

由于在 6.4 节中所讨论的那些原因，在名义利率水平演化会削减福利的情形中，也可以做类似的分析。如果时期损失函数采取（2.24）式的形式，那么

(2.1) 式和 (2.23) 式都将是对目标变量$\{\pi_t, x_t, i_t\}$可能均衡路径的约束。如果我们假定对两个结构方程的扰动都是马尔可夫的——特别地，对某个$0 \leqslant \rho_u < 1$而言，$\{u_t\}$按照 (2.18) 式演化，并且对于某个$0 \leqslant \rho_r < 1$而言，$\{r_t^n\}$类似地按照 (2.27) 式的运动法则演化——那么在任何导致一个确定性均衡的纯粹前瞻性政策下，每一个目标变量必然按照下式演化：[29]

$$y_t = \bar{y} + f_y u_t + g_y r_t^n \tag{3.6}$$

其中，对于每一个变量$y = \pi, x, i$而言，$(\bar{y}, f_y, g_y)$为常系数。均衡关系式 (2.1) 式和 (2.23) 式暗含了对系数f_y的两个线性限制以及对系数g_y的另外两个线性限制集。

在两个扰动过程相互独立的条件下，稳定化损失可以分解为两个部分，对应于源于对两种类型的非预期冲击反应的损失，即：

$$L^{stab} = L^{stab,r} + L^{stab,u}$$

在形如 (3.6) 式计划的情形中，这两项为：

$$L^{stab,r} = \frac{\beta}{1-\beta}\frac{1-\rho_r^2}{1-\beta\rho_r^2}[g_\pi^2 + \lambda_x g_x^2 + \lambda_i g_i^2]\sigma_r^2 \tag{3.7}$$

$$L^{stab,u} = \frac{\beta}{1-\beta}\frac{1-\rho_u^2}{1-\beta\rho_u^2}[f_\pi^2 + \lambda_x f_x^2 + \lambda_i f_i^2]\sigma_u^2 \tag{3.8}$$

其中，σ_r^2，σ_u^2分别是扰动过程$\{r_t^n, u_t\}$的无条件方差。注意，$L^{stab,r}$只涉及系数g_y，而$L^{stab,u}$则只涉及系数f_y。

从而，最优非惯性计划就是形如 (3.6) 式的状态依存演化：(i) 系数$\bar{y}$是从长期来看最优政策条件下的长期平均值（命题 7.3 所刻画）；(ii) 在满足由 (2.1) 式和 (2.23) 式所暗含的约束条件下系数f_y最小化$L^{stab,u}$；(iii) 在满足这些系数的两个相应约束下，系数g_y最小化$L^{stab,r}$。詹诺尼和伍德福德 (2002b) 推导了这个问题的解，我们在附录 F 的 F.3 节中给出。[30]这里我们只是简单地指出，对任意一种实际扰动的最优反应系数（如在自然率扰动情形中的系数g_y）都独立于其他扰动的特征。事实上，不论其他（独立地）扰动是否被假定为存在与否，它们都是一样的。对一个给定的扰动的最优反应系数也独立于这种扰动的波动程度，虽然它们确实依赖于（如命题 7.11）它的序列相关程度。

7.3.2 最优泰勒规则

我们现在来考察从 (3.1) 式的简单泰勒规则族中政策规则的最优选择。假定在这种规则下的通货膨胀和产出决定遵循在第 4 章引入的基本新威克塞尔模型的均衡关系 (2.1) 式和 (2.23) 式。正如在该章指出的，[31]这种规则$(\phi_\pi, \phi_x \geqslant 0)$意味着一个确定性的理性预期均衡，当且仅当它符合泰勒规则，也就是，它的系数满足：

$$\phi_\pi + \frac{1-\beta}{4\kappa}\phi_x > 1 \tag{3.9}$$

在扰动过程为（2.18）和（2.27）形式的情形中，这个均衡中的 π_t，x_t 和 i_t 的均衡值都仅仅依赖于当前扰动 r_t^n 和 u_t。对于在附录 F 中给定的某个系数 $\bar{y}$，f_y，g_y，目标变量的状态依存演化采取（3.6）式的形式。

因而我们感兴趣的是从满足（3.9）式的规则族中选择政策规则（3.1）式的系数，进而获得一个使得 L^{stab} 尽可能小的形如（3.6）式的状态依存演化，同时得到与从长期来看最优政策相关联的长期平均值 $\bar{y}$。至少对于某个范围的参数值而言，从限制族（3.6）式中选择泰勒规则的系数以实现最有可能的状态依存演化是可能的。（注意，为了与均衡条件（2.1）式和（2.23）式相一致，$\bar{y}$，f_y，g_y 等 9 个系数必须满足 6 个等式。因此，原则上一个 3 参数的政策规则族足以支持这个族中的任何计划。因而，对于普通范围的参数值而言，找到实现最优非惯性计划的泰勒规则并非偶然。）满足这种情形的一个例子由詹诺尼和伍德福德（2002b）的如下结论给出。

命题 7.12 假设在基本的新威克塞尔模型中扰动过程采取（2.18）式和（2.27）式的形式，其中有共同的序列相关度 $\rho_r=\rho_u=\rho$。那么，如果 ρ 在如下范围中，则最优非惯性计划与（3.1）式的泰勒规则是一致的，即该范围为：

$$0<\left[\frac{(1-\beta\rho)(1-\rho)}{\kappa\sigma}-\rho\right]\lambda_i<\frac{(1-\beta)(1-\beta\rho)}{\kappa^2}\lambda_x+1 \tag{3.10}$$

其中，系数 ϕ_π，$\phi_x>0$ 也满足（3.9）式。因此，对这种规则的承诺意味着一个确定性的均衡，并且这个规则实现了最优的非惯性计划。可以得出这就是最优泰勒规则。

这个最优规则的系数由以下各式给定：

$$\bar{\pi}=\frac{\lambda_i}{\lambda_i+\beta}(i^*-\bar{r}),\quad \bar{x}=\frac{1-\beta}{\kappa}\bar{\pi},\quad \bar{i}=\bar{r}+\bar{\pi} \tag{3.11}$$

$$\phi_\pi=\left[\frac{(1-\beta\rho)(1-\rho)}{\kappa\sigma}-\rho\right]^{-1}\lambda_i^{-1},\quad \frac{\phi_x}{4}=(1-\beta\rho)\frac{\lambda_x}{\kappa}\phi_\pi \tag{3.12}$$

系数（3.11）式和（3.12）式是通过把最优非惯性计划的解代入（3.1）式得到的，我们在附录 F 中的 F.3 节中给出此解过程。一旦得到（3.12）式的解作为反应系数，只要 λ_i 满足（3.10）式规定的上限，我们很容易看出 $\phi_x>0$ 且 $\phi_\pi>1$。我们也可以看出，对某个非空区间 $\underline{\rho}<\rho<\bar{\rho}$ 的 ρ 而言，（3.10）式中的不等号必然得到满足，其中 $0<\bar{\rho}<1$，因此这个区间也包含了 ρ 的某个正值（但不是 ρ 接近 1 的值）。[32] 因此，至少在某些情形中，存在一种代表最优政策的泰勒规则（其中正反馈系数满足泰勒规则），尤其在纯粹前瞻性政策中是这样。

这个结果也不依赖于 $\rho_r=\rho_u$ 的假定，在命题 7.12 中为了代数运算简化的原因我们才做了这个假定。我们从方程的形式——这些方程必须求解使得最优非惯性计划与形如（3.1）式的规则相一致——观察得出对几乎所有可能的参数值而言存在一对满足这些方程的反馈系数（ϕ_π，ϕ_x），甚至当 $\rho_r\neq\rho_u$ 时也是这样。（为了使线性方程系统有解，模型参数的某个函数必须是非零的，但是，这只是排除了某些极端特殊的参数值。）然后，我们必须检查所需要的反馈系数是否满足不等式（3.9）式，从而规则意味着一个确定性的均衡。[33]命题7.12表明存在一些参数值对于所暗含的反馈系数（3.12）式满足这个不等式。那么，由于所要求的反馈系数是模型参数的连续函数（除了在某些退化参数点的解不存在），对于所有能够接近这些值的模型参数（包括ρ_r，ρ_u的值）不等式也成立。对于任何其他参数值而言，由于命题7.12中所阐明的结论，因而（ρ_r，ρ_u）存在一个非负的开集，尽管最优反馈系数的代数表达式在一般情形中更为复杂。[34]

特别地，纯粹前瞻性政策族中的泰勒规则的最优性意味着采纳一种更为前瞻性的利率反馈规则没有任何收益，至少在这个简单的模型的情形是这样。例如，我们假设考虑下列形式的规则：

$$i_t=\bar{i}+\phi_\pi(E_t\pi_{t+k}-\bar{\pi})+\phi_x(E_tx_{t+k}-\bar{x})/4 \tag{3.13}$$

其中，对于某个预测水平$k>0$。这种规则再一次是纯粹前瞻性的，因此可以更好地实现最优非惯性计划。然而，诸如命题7.12中的处理没有提供任何可能的改进。事实上，甚至对于最优非惯性计划的实施而言，前瞻性的规则也可能是一种次优的方法。找到一种与状态依存演化相一致的形如（3.13）式的规则同样是可能的。例如，在命题7.12中所处理的情形中，对任意$k\geqslant0$都存在着一种与最优非惯性计划相一致的这种形式的规则，这种规则的系数$\bar{y}$可与（3.11）式一样，而对于$y=\pi$，x，系数ϕ_y则由下式给定：

$$\phi_y=\rho^{-k}\bar{\phi}_y \tag{3.14}$$

其中，$\bar{\phi}_y$指的是在（3.12）式中给定的系数。然而，这种可选择的政策规则虽然当$k>0$时同样与最优非惯性计划相一致，但也有可能意味着均衡的确定性。[35]确实，正如詹诺尼和伍德福德（2002b）所证明的，对于足够大的k而言，必然不会如此。

命题7.13　考察一个满足命题7.12所做假设的经济。对于所有大于某个临界值的预测水平k，与最优非惯性计划相一致的形如（3.13）式的规则意味着理性预期均衡的不确定性。

参见詹诺尼和伍德福德（2002b）的命题5。[36]因而，如果预测水平k足够长，使用形如（3.13）式的规则来实现最优非惯性计划是不可能的。[37]我们可以得出，至少当模型参数满足（或足够接近满足）命题7.12的条件时，在这个前瞻性规则族中的最优规则并不与最优的纯粹即时的泰勒规则一样合意。

然而甚至在这种情形中，虽然在纯粹前瞻性政策族中泰勒规则是最优的，但是并不能说我们不能做得更好。原因是最优政策是历史依赖的，正如在7.2.2节中所指出的。我们将在第8章中表明，包含了适当种类滞后变量的一般化泰勒规则（特别地，名义利率的滞后）相反可以实现一个完全最优的均衡（也就是从长期来看是最优的）。而且，甚至在纯粹前瞻性政策中的简单泰勒规则的最优性也依赖于相当强的限制，例如，如果扰动不是马尔可夫过程（如果不是独立地至少是联合地），这一点将不再成立。另外，甚至当我们假定了马尔可夫扰动，最优泰勒规则的系数也非常依赖于扰动的序列相关程度，正如（3.12）式所显示的。在第 8 章我们将指明，选择一种具有如下特征的一般化的泰勒规则是可能的：不论扰动的序列相关特征如何，同样的反馈系数都是最优的。因此，更为复杂的规则不仅就扰动过程特殊设定情形中的预期损失而言更好，它也更为稳健。

7.4 最优状态依存工具路径作为一种政策规则

我现在转向选择一种最优政策承诺的问题，这种政策承诺不仅会导致在 7.1 节刻画的目标变量的从长期来看最优的平均值，而且会带来在 7.2 节中刻画的对扰动的最优反应。有人可能会认为，7.2 节中对经济最优状态依存演化的刻画已经对最优政策给出了如我们所期待的一样完整的描述。我已经指出了如何计算不同内生变量的最优状态依存路径，包括中央银行的名义利率工具的最优状态依存路径。而且，我很可能假定最优状态依存工具路径—— 一个公式，这个公式作为到目前为止的过去扰动的函数，可以给出每一期的名义利率操作目标是多少——本身是完全最优政策规则的例子（也许是经典例子）。也就是说，我们可以认为，对完全最优政策的承诺意味着一种中央银行在每个决策周期根据这个公式来选择自己的操作目标的承诺。

我认为，这并不是推导一种最优政策规则的合意方式，但是它首先有助于说明这种方法意味着什么。再一次考虑在 7.2.1 节中讨论过的有着成本推动冲击且对利率演化没有惩罚的模型。回忆命题 7.6 中的（2.10）式，它描述了从长期来看最优的一类政策条件下通货膨胀的状态依存演化。[38] 如果我们用一个特定的随机过程如（2.18）式来替换扰动$\{u_t\}$，并代入（2.10）式得到通货膨胀为到当前期为止的所有过去扰动的函数的解：

$$\pi_t = \frac{1}{\beta(\mu_2 - \rho_u)}\left\{u_t - (1-\mu_1)\sum_{k=1}^{\infty}\mu_1^{k-1}u_{t-k}\right\} \tag{4.1}$$

我可以反过来再把此式代入（2.1）式得到 x_t 的一个类似解，并把这些结果代入（2.23）式得到如下的名义利率路径解。

命题 7.14 再一次考虑命题 7.6 中讨论过的政策问题，并假定外生的成本推动扰动依据（2.8）式演化。那么在命题 7.6 中刻画的永久最优均衡中，名义利率的状态依存演化由下式给定：

$$i_t = r_t^n + \left(1 - \frac{\kappa}{\lambda\sigma}\right)\left\{\frac{\mu_1 + \rho_u - 1}{\beta(\mu_2 - \rho_u)}u_t - \frac{1-\mu_1}{\beta(\mu_2 - \rho_u)}\sum_{k=0}^{\infty}\mu_1^k u_{t-k}\right\} \tag{4.2}$$

有人可能随后用（4.2）式来设定一种用以制定中央银行利率操作目标的最优规则。确实，有些人可能会认为，最优政策的这类描述设定了在每一个可能的世界状态下（由过去的外生扰动来确定）的最优工具值，它应该代表了政策规则的经典设定。但是这种最优政策的设定方法有严重的缺点。其中之一是中央银行对规则的承诺，即使该承诺完全地可信并且为私人部门所正确地理解了，也并不能保证通货膨胀与产出的合意（最优）均衡演化一定会实现。

不论通货膨胀与产出怎样演化，根据（4.2）式来制定利率的承诺都是一个设定外生名义利率路径的例子。然后从命题4.1得到，至少在基本模型情形（这里所考虑的）下理性预期均衡在这种政策条件下是不确定的。最优通货膨胀路径（4.2）式是这种政策条件下通货膨胀的一种可能均衡路径，但是也存在通货膨胀的数不清的无限数量的其他非爆炸性路径，包括其中的通货膨胀（从而产出）以一种完全不同的方式对成本推动冲击做出反应的路径以及其中的通货膨胀与产出受纯粹的太阳黑子状态影响的路径。这种规则并不排除其他非常不合意的均衡的事实，使得这种方法对于最优政策的执行没有吸引力。

我们同样在第4章看到，对这类设定了名义利率外生路径规则的承诺意味着最小状态变量均衡（在目前的情形中对应于（4.1）式的最优通货膨胀演化）并非能通过最小二乘回归技术来研究。因此从这个角度看，形如（4.2）式的规则代表了最优政策执行的一种不合意方法。

这些问题的解决要求中央银行以一种不同的方式来设定其政策承诺，从而暗含的利率路径依赖于观察到的（或预测的）通货膨胀与产出路径，而不仅仅是中央银行对过去外生扰动的评估。泰勒规则是具有后一种特征的政策规则，并且我在第4章中已经看到这类规则既导致了一个确定性均衡又导致了一个最小二次学习动态下的稳态均衡。然而，在目前的背景下，我们已经看到一种简单的（当时的）泰勒规则不会导致最优的均衡，因为它不能带来对一个最优均衡所要求的历史依赖性。那么，我们仍然需要解决的问题是，能否找到一种规则，这种规则引入了从通货膨胀以及/或者产出到中央银行这类利率目标的反馈，这种反馈需要用来确保确定性与学习性，并且与此同时这种规则涉及历史依赖，这种历史依赖需要用来执行一种最优均衡。我会在下一节指出这种情形怎样成为可能。

作为一种政策规则，若不是一个非常独立的原因，（4.2）式也是没有吸引力的。（4.2）式的设定已经指出只有在有关成本推动冲击的一种单一的非常具体假定下才与通货膨胀、产出的最优状态依存演化相一致——这种冲击根据形如（2.18）式的过程演化，其中序列相关系数为 ρ_u，冲击项 ϵ_t^u 在 t 期以前完全不可预测。如果我为成本推动冲击假定了任何其他随机过程——可能是比AR(1) 更为复杂的过程，或者甚至是一个带有不同程度持续性的 AR(1) 过程，或者带有相同程度持续性但有着在若干期前预测到的创新项——那么最优利率作为过去冲击函数的解将由一个不同的方程给出。

然而，我几乎没有实际兴趣去刻画形如（4.2）式的最优政策，这种最优政策只有在真实扰动属于一种特殊形式且不论这种形式如何选择的条件下才有效。假定我已经估计出了（2.1）式总供给关系的系数，并且有通货膨胀和产出缺口的过去的准确序列，因此我可以为这个方程中的扰动项 u_t 构造出一个过去的序列。然后，我可能建议使用过去的扰动序列来估计 ρ_u，从而能够计算出形如（4.2）式规则的数值系数。但是，中央银行甚至在这种情形下也非常不情愿承诺遵循这项规则。

中央银行行长通常对业已发生的扰动类别拥有大量非常具体的信息，这与在其他时刻所面临的情况有所不同。因此，即使把“典型的”成本推动扰动理解为有序列相关系数 0.7，通常也有理由假定刚刚发生的冲击与一个典型的扰动相比可能要么更加持续，要么更加不持久。而且，中央银行行长情愿遵守承诺而固执地坚持一种规则是不可能的，这种规则只有在典型扰动情形，甚至在他们意识到经济反而在遭受非典型扰动下才会带来最优的结果。为了使得提出的政策规则满足于实际兴趣，相反必须确信规则与在不同时机可能面临的任意极大数量的可能扰动类型情形下的最优（或者至少相当不错）结果相兼容。

当然，推导（4.2）式的这类分析方法可以扩展到处理许多不同类型的可能使得总供给关系发生平移的实际扰动情形。也就是说，我可能假定（2.1）式中的随机项实际上采取下列形式：

$$u_t = \sum_j \psi_{jk} \epsilon_{t-k}^j \tag{4.3}$$

其中，$\{\epsilon_t^j\}$ 是不同类型冲击的集合，这些冲击可能发生在 t 期，并在不同程度上影响这一期或以后期的总供给关系，同时又具有不同程度的持续性且在一定程度上可以事先预测。给定已知类型的冲击ϵ_t^j 对 AS 关系的动态效应的设定，我们可以计算最优均衡中名义利率对这种特定类型冲击的反应。原则上，我们可以对每一种标有 j 类型的冲击做这种计算以得到名义利率的最优状态依存路径，其中 t 期的状态现在由每一个不同冲击的过去实现来设定。但是在这种情形中，对应于（4.2）式的公式包含了一个独立项，对每一种可能的冲击类型有不同的数值系数。因此，最优政策的这种描述在任何试图以甚至非常粗糙的方式来刻画中央银行在不同时期所面临的不同情形也是不合适的。

詹诺尼和伍德福德（2002a）指出，如果中央银行的政策承诺不是以其承诺会带来的内生变量之间的关系来描述——而是以从外生状态到工具值来描述，如（4.2）式中那样——那么就有可能在大量的政策问题中发现一种稳健的最优规则，所谓稳健是在如下意义上说的：不论所假定的（可加的）扰动项例如 u_t 的统计特征如何，同样的规则（给定数值系数）都是最优的。确实，即使模型的结构方程中的扰动项实际上包含极大数量（不必然是有限的）不同类型的真实扰动，如（4.3）式，政策也是最优的。我在下一节说明了这种情形如何成为可能，并在下一章非常详细地讨论了由这种方法所引出的各类政策规则。这种政策规则代表了中央银行可以理性地做出政策承诺，尽管中央银行意识到总是可以得到有关当前条件非常细致入微的信息。总之，政策规则代表了一种良好的准则，这种准则可以用来判断正在执行的政策是否需要中央银行相信所有的冲击都是类似的，或者甚至它可能必须对之做出反应的所有可能扰动类型都可以预先罗列出来。

7.5 对一种最优目标规则的承诺

我现在考虑另外一种政策规则的设定方法，这种政策规则设定能够执行一种最优均衡，并且指出这种方法可以避免刚才讨论的根据状态依存工具路径设定的最优政策设定所面临的问题。这种方法就是斯文森（1999a，2003b）所称的目标规则。在这样一种规则下，中央银行承诺只要有必要就会调整其政策工具，为了确保某一种目标准则在所有时刻都及时或者更为精确地（因为这是实践中可能的一切）得到满足，从而根据中央银行对经济演化的预测，预测准则会得到满足。目标准则设定了一个条件，如果政策被认为是“在正确的轨道上”，那么中央银行的目标变量——如通货膨胀、产出缺口以及可能的利率——其预测的演化必然预期会得到满足。一个简单的例子是在未来的两年内 RPIX 通货膨胀率预期等于每年 2.5%，这是用来解释当前政策程序下英格兰银行政策决定的准则（Vickers，1998）。

这类规则代表了对政策的一个“较高水平的”描述，而不是在每一个可能的世界状态条件下对工具值的一个明确设定，如（4.2）式。由这种规则来设定的任一时期的工具值只能通过使用货币政策对经济的数量效应模型来决定。在每一个决策周期中，中央银行必须使用模型（当然，还有决策者的判断）来决定什么样的利率操作目标会带来满足目标准则的预测。但是，在这个方面，目标规则并非不同于对规则的承诺，例如在 7.3.2 节讨论的泰勒规则。由于在目前的基本威克塞尔模型（对这个模型而言，泰勒规则构成了一个最优的纯粹前瞻性政策）中，t 期的通货膨胀和产出缺口都依赖于 t 期的利率。因此，如果不计算出一个利率水平或另一个利率水平条件下的 π_t、x_t 的预期值，政策规则（3.1）式并不能给出 t 期的利率水平，应该没有把 π_t 和 x_t 在任何利率水平的映射都相等计算在内。之前关于这个规则承诺结果的讨论，我们在第 4 章曾假设过，现在看来执行这类固有的规则是有可能的。[39]

虽然所描述的中央银行行为设定的不完备性有一些缺点——例如，它使得私人部门更难确定中央银行正严格遵循所宣布的政策规则——但是它有一个重要的优点：它使得对一项更为宽广范围环境下最优规则的承诺成为可能，正如斯文森和伍德福德（2003c）以及詹诺尼和伍德福德（2002a）所讨论的。通过对 7.2.1 节及 7.4 节中所处理过的最优政策的进一步考虑可以对此进行有益地说明。

7.5.1 稳健的最优目标准则

我们回忆在 7.2.1 节中给出的对永久最优政策的刻画。例如，在命题 7.7 适用的情形中，由（2.12）式所给定的通货膨胀状态依存演化可以通过求解在初始条件（2.11）式下由一阶条件（1.7）式、（1.8）式以及结构方程（2.1）式构成的方程体系来获得。进一步注意到，无论初始约束（2.8）式的形式如何，对所有 $t \geqslant t_0$ 期，在与永久性最优政策相联系的均衡中，条件（1.7）式与（1.8）式必须得到满足（对于初始拉格朗日乘子 φ_{t_0-1} 的一些值）。

如果用（1.8）式来替换（1.7）式中的拉格朗日乘子 φ_t，我们可以得到如下关系式：

$$\pi_t + \frac{\lambda}{\kappa}(x_t - x_{t-1}) = 0 \tag{5.1}$$

其中，在任何永久最优政策条件下这个方程对每 $t \geqslant t_0 + 1$ 期都成立。我们不能以同样的方式来证明这个关系在 $t = t_0$ 也成立，因为对于 $t < t_0$ 期（1.8）式不一定成立，因此不能用来消掉 φ_{t_0-1}。然而，任意永久性最优政策条件下（并且在 t_0 期最优承诺条件下也成立）对所有 $t \geqslant t_0 + 1$（5.1）式必须成立的事实使得为确保关系式（5.1）在所有时期成立的承诺对于一项从长期来看最优的政策规则而言成为一个合理的候选者。如下的结果显示这个猜想是正确的。

命题 7.15 再次考虑选择从 t_0 期开始的货币政策以最小化（1.2）式预期值的问题，其中对 $t \geqslant t_0$ 期通货膨胀与产出的联合演化必须满足（2.1）式。设 $\{u_t\}$ 是一个有界外生扰动过程，然而其统计特征却没有设定。这时，如果中央银行承诺遵循一项确保（5.1）式在每个 $t \geqslant t_0$ 期成立的政策，那么对 $t \geqslant t_0$ 期存在一个与这个政策规则相一致的唯一有界理性预期均衡过程 $\{\pi_t, x_t\}$。而且，由这个政策承诺所决定的均衡与命题 7.7 所刻画的相同。因此所建议的政策规则从长期来看是最优的。

这些结果在附录 F 中得到了证明。注意，对每个 $t \geqslant t_0$ 由（2.1）式与（5.1）式构成的方程系统有一个确定性的理性预期解，这个结果由于如下两个原因而很重要。第一，为了使所建议的目标规则可行，解的存在性很重要。命题 7.15 意味着，事实上存在在所有时期都满足目标准则的通货膨胀与产出均衡路径。（我将在下一节讨论执行这种规则所需要的工具值。）第二，解的唯一性意味着，与在 7.4 节讨论的建议规则不同，这项政策规则不仅与一种最优均衡相一致，而且与任何其他较不合意的均衡都不相一致。因此，对目标规则的承诺可以说在某种方式上执行了合意的均衡，而对与相联系的状态依存路径的承诺却不可能。

在附录 F 中，通过对由（2.1）式与（5.1）式构成的方程系统的考察，直接得到了命题 7.15 中所给出的确定性结果。然而，这个结果有一个简单的直觉，它是由（1.7）式与（1.8）式组成的方程系统存在唯一有界解的一个结果，其中方程系统刻画了 t_0 期最优计划。（5.1）式等价于条件（1.7）式、（1.8）式加上一个初始拉格朗日乘子设定[40]，即：

$$\varphi_{t_0-1} = \frac{\lambda}{\kappa}(x_{t_0-1} - x^*) \tag{5.2}$$

然而，初始条件（5.2）式与是否存在一个确定性解的问题无关。如果这样一个解在初始条件（2.5）式的情形下存在，那么它在初始条件（5.2）式的情形下也存在。因此，对实现目标准则（5.1）式的承诺暗含了一个确定性理性预期均衡。

因此我得到了一个导致确定性均衡的政策规则例子，这种确定性均衡从长期来看是最优的。而且，我所建议的规则在詹诺尼和伍德福德（2002a）的意义上也是稳健最优的。命题 7.15 不依赖于有关外生扰动过程 $\{u_t\}$ 性质的任何设定，除了要求它有界（为了使得任何货币政策条件下通货膨胀与产出缺口的有界均衡路径是可能的，这个条件通常是必须的，并且因此我对均衡条件与福利的近似刻画是有效的），并且它对总供给关系（2.1）式的效应是加性可分的（以对数线性近似的形式）。由目标准则（5.1）式所推导出来的一阶条件独立于有关扰动统计特征的任何设定，从而无论扰动的统计特征如何，以这种形式得到的最优政策规则都是最优的。因此，无论最近可能扰动经济的冲击的特定类型如何，中央银行对带来最优条件（5.1）式的承诺都同样有意义。

在斯文森（1999，2003b）所讨论的意义上，稳健最优规则是伸缩性通货膨胀目标规则的一个例子。[41] 中央银行承诺调整利率水平以使得所预期的通货膨胀率在所有时刻都与目标准则相一致。然而，可接受的通货膨胀率依赖于所预测的产出缺口路径。如果产出缺口预期会下降，那么高于长期目标率（这里为零）的通货膨胀率是可以接受的，并且只有通过大幅削减产出缺口从而得到（5.1）式左边为负，才能实现一个较低的通货膨胀率。类似地，如果这个通货膨胀率甚至要求一个递增的产出缺口，那么将寻求一个较低于长期目标率的通货膨胀率，从而只有当（5.1）式的左边为正值时任何较高的当前通货膨胀率才有可能。

然而，最优目标准则（5.1）式与一般的“伸缩性通货膨胀目标”概念不同，因为是产出缺口的预测演化率而不是产出缺口的绝对水平决定了对长期通货膨胀目标的可接受偏离。这可能看起来自相矛盾，因为我们希望稳定化的是产出缺口的绝对水平，而不是它的演化率。但是这只不过是再次对最优政策而不是前瞻性这一事实的简单反思罢了。在可接受的预测（π_t，x_t）依赖于滞后产出缺口 x_{t-1} 的意义上，目标准则是历史依赖的，即使这个产出缺口与当前和未来通货膨胀与产出缺口的决定以及这些变量从目前时刻开始的不同可能路径的福利评价无关。但是，这类历史依赖恰好是目标规则带来图 7.3 所显示的成本推动冲击动态反应所必要的。一旦逆向成本推动冲击引起负的产出缺口，历史依赖的目标准则就要求产出缺口只能逐渐地恢复到其长期水平并且在产出缺口正在追赶其长期水平期间通货膨胀须保持在其长期水平之下。对暂时性成本推动冲击的此类动态反应意味着源于成本推动冲击的价格水平的上升随后就消除了，并且正如前文所讨论的，对这一点成为事实的预期限制了冲击时刻的价格上涨，同时在某种程度上削弱了此时必然的通货膨胀或负的产出缺口值。

最优目标准则（5.1）式也不同于通常由通货膨胀目标制中央银行用来证明其政策制定适当的那类目标准则——例如前文提到的英格兰银行所使用的准则——因为它设定了一个可接受的近期通货膨胀率（在不同的状态条件下允许变动）而不是一个中期的通货膨胀目标（尽管短期的通货膨胀目标具有可变性，这个目标通常是相同的）。注意到这个目标没有融入一个长期的通货膨胀目标（即零）是非常重要的，因为产出缺口从一个季度到另一个季度的演化必须平均等于零，同时确保（5.1）式在每个季度都要求平均的零通货膨胀率。然而，这个规则要求中央银行根据能否预测导致一个可接受的近期通货膨胀率，而不仅仅根据政策持续与通货膨胀最终将接近长期目标值的预期是否相一致来证实在每一个决策周期里它的工具设定是正确的。

一个伸缩性的（但是特定的!）这类目标准则为短期的政策制定提供了一个较清晰的指导——也就是说，中央银行实际上需要做出的唯一一类决策——而不仅仅是长期通货膨胀目标的一个设定。毕竟，中央银行任何时刻所做的利率决策对预期的长期通货膨胀率几乎不重要，预期长期通货膨胀率完全依赖于预期未来会采取怎样的政策。通过一个设定的（并不太远的）界限而使通货膨胀恢复到长期目标值的承诺可能对当前政策有较少的细微含义，但是对于这种决定当前政策的足够短的界限可能导致这种承诺的准则太过刚性而并不合意。因此设定对长期目标的近期偏离条件的目标准则的合意性是正当的，而不仅仅只设定长期目标。

以实际通货膨胀为目标的中央银行可能避免清晰化一个伸缩性的这类准则，不用怀疑是否可能提前细化所有条件，在这些条件下，这类准则暂时偏离长期通货膨胀目标一个给定的幅度应该是有理由的。但是，我们已经看到，推导一个稳健的最优目标准则是可能的，这个最优目标准则正确地决定了预期的近期通货膨胀对长期目标率的一个给定幅度的偏离是否与最优状态依存通货膨胀路径相一致，而不论最近刚刚影响经济的扰动的大小及性质如何。如果接受了这个准则的好处，那么中央银行根据这类较近期的目标准则来遵守对政策行动的承诺是可能的。

虽然（5.1）式代表了一个稳健最优目标准则的例子，但它并不是具有这类特征的唯一可能准则，注意到（5.1）式在每一期都成立意味着 $p_t+\left(\frac{\lambda}{\kappa}\right)x_t$ 的大小永不变化（因为（5.1）式的左边只是这个式子的一阶差分）。因此，在任何从长期来看最优的均衡里，存在某个值$\bar{p}$在所有时刻均满足：

$$p_t=\frac{\lambda}{\kappa}x_t=\bar{p} \tag{5.3}$$

这意味着一种不同的政策规则，即中央银行承诺保证（5.3）式每一期都成立。我们可以证明这也是一个稳健的最优目标规则。

命题 7.16 在与命题 7.15 同样的假定条件下，假设承诺遵守确保（5.3）式在每个 $t\geqslant t_0$ 期都成立的政策，那么对 $t\geqslant t_0$ 期存在与这项政策规则相一致的唯一有界理性预期均衡过程 $\{\pi_t,\ x_t\}$。而且，由这项政策承诺所决定的均衡与命题 7.8 中刻画的一样。因此，所建议的政策规则从长期来看是最优的。

命题的证明见附录 F。这种类型的规则对应于霍尔（1984）提出的伸缩性价格水平目标。[42]注意，我的分析为在这种规则里选择产出缺口的一个特定系数提供了理论基础。正如在第 6 章中指出的，在理论福利损失函数中，$\lambda=\frac{\kappa}{\theta}$，其中

$\theta>1$ 为不同商品之间的替代弹性，也是每个垄断竞争供给者面临的需求弹性。然后得出，最优伸缩性价格水平目标规则稳定化了 $p_t+\theta^{-1}x_t$ 的值。因为 θ 的一个合理校准值必须比 1 大（为了使模型不致暗含一个不可置信的市场力量程度，通常假定与 10 同数量级的数值），这意味着产出缺口的权重只能是价格水平权重的一个较小比例。

目标规则（5.3）式与（5.1）式紧密相关。确实，从 t_0 期开始承诺遵循（5.1）式等价于遵守一项形如（5.3）式的具有特定价格水平目标选择的规则，即：

$$\bar{p}=p_{t_0-1}+\frac{\lambda}{\kappa}x_{t_0-1}$$

然而，如果我们只希望确保所选择的规则从长期来看是最优的，那么 $\bar{p}$ 的选择就是任意的。规则族中不同的规则导致同样的长期通货膨胀率（尽管具有不同的长期平均价格水平）、同样的长期平均产出缺口以及同样的冲击均衡反应。与之相关联的均衡只是在暂时性的、确定性部分有所不同，因为从长期来看我们对此不能做任何选择。

7.5.2 目标规则的实施

如果中央银行成功地确保目标准则在所有时刻都得到满足的话，前一小节的结果（命题 7.15 及命题 7.16）就描述了导致理性预期均衡的通货膨胀与产出状态的依存路径。但是中央银行真的能保证这一点，并从而带来这种均衡吗？进一步讨论这一点将会涉及哪些类型的利率工具调整是适当的。这就意味着，以与之相关联的作为政策工具的名义利率反应函数，根据这种规则来描述政策行为。按照在第 4 章讨论的简单利率规则条件下均衡确定性与学习性的分析，我们可以再考虑一下这种反应函数是否决定了一个唯一的（或者至少是一个唯一的非爆炸性的）理性预期均衡以及这种均衡是否是可学习的。

首先考虑目标规则（5.1）式的执行。政策规则规定了 i_t 在 t 期应该以如下的方式设定：中央银行预测 π_t 和 x_t 与（5.1）式相一致。这种方式所暗含的利率决策依赖于中央银行在不同利率决策条件下为当前通货膨胀及产出构造预期目标（预测）的方式。

我假定中央银行的不同政策效应模型是正确的，也就是说，它由（2.1）式、（2.23）式以及外生扰动过程运动规律的一个正确理解所构成。但是，这本身并没有回答在利率决策的基础上，中央银行的预测应该是什么的问题，原因是根据结构模型的方程，给定当前名义利率，当前的通货膨胀与产出依赖于有关经济未来演化的预期。对中央银行而言，设定这些预期的一种方式是假定私人部门预期经济在未来（即 $t+1$ 期及以后）会根据命题 7.15 中所描述的理性预期均衡来演化。也就是说，假定私人部门预期从 $t+1$ 期开始的所有时期中央银行会成功地执行目标准则，即使为了构建条件预测的目的，中央银行也在 t 期会考虑对与政策规则一致的利率偏离的结果。

这意味着中央银行相信私人部门会预期 $t+1$ 期的通货膨胀与产出缺口由下式给定：

$$\pi_{t+1}=(1-\mu_1)\frac{\lambda}{\kappa}x_t+\frac{1}{\beta}\sum_{j=0}^{\infty}\mu_2^{-j-1}E_{t+1}u_{t+j+1}$$

$$x_{t+1}=\mu_1 x_t+\frac{\kappa}{\beta\lambda}\sum_{j=0}^{\infty}\mu_2^{-j-1}E_{t+1}u_{t+j+1}$$

基于 t 期的信息对这两个表达式求预期，我们得到 $E_t\pi_{t+1}$ 与 E_tx_{t+1} 为 x_t 及形如 E_tu_{t+j} 项的线性函数。把这些解代入结构关系（2.1）式及（2.23）式，我们可以得到 π_t、x_t 为 i_t、r_t^n 以及形如 E_tu_{t+j} 项的线性函数。基于当前的工具选择 i_t 以及给定的有关外生扰动的信息，中央银行对其目标 $\pi_t+\left(\frac{\lambda}{\kappa}\right)x_t$ 当前值的预测将等于：

$$\frac{-\sigma}{\lambda^{-1}\kappa-\sigma}\frac{1}{\mu_1(1-\mu_1)}(i_t-r_t^n)+u_t-\frac{1}{\beta(1-\mu_1)}\frac{\kappa^2+\lambda}{\lambda}\sum_{j=1}^{\infty}\mu_2^{-j}E_tu_{t+j}$$

如果中央银行使得这个表达式与 $\left(\frac{\lambda}{\kappa}\right)x_{t-1}$ 相等，正如为使预测满足（5.1）式成立所要求的，我们就可以得到 i_t 的一个可求解的关系式：

$$i_t=r_t^n+\mu_1\left(1-\frac{\lambda\sigma}{\kappa}\right)\left\{\frac{(1-\mu_1)\kappa}{\lambda\sigma}u_t-\frac{\kappa}{\beta\lambda\sigma}\left(1+\frac{\kappa^2}{\lambda}\right)\sum_{j=1}^{\infty}\mu_2^{-j}E_tu_{t+j}\right.$$
$$\left.-\frac{1-\mu_1}{\sigma}x_{t-1}\right\} \tag{5.4}$$

这就是埃文斯和杭卡坡佳（2002a）所称的目标准则（5.1）式执行的基于基本因素的反应函数[43]，它给出了以纯粹外生与前定变量形式表示的中央银行操作目标公式。

然后，虽然这个关系式与利率以及其他变量的合意状态依存演化是一致的，对以这种方式制定利率的承诺并不一定意味着一个确定性均衡。埃文斯和杭卡坡佳指出，对许多参数值而言结果也是如此。[44]虽然（5.4）式的右侧并非只依赖于外生变量，所有对当前或预期的未来内生变量的依赖都可以通过替换这些变量在合意均衡中的预期值来消除掉。但是，好似这个合意均衡业已实现而不论这一点是否已观察为事实而承诺行动的中央银行并不能足够坚决地行动以确保这个均衡的实现，而不是另外的一个不合意的均衡。

另外一种由埃文斯和杭卡坡佳所推荐的方法是，给定经济的当前状态以及在合意均衡中获得的运动规律，对中央银行而言不去替换 $E_t\pi_{t+1}$ 及 E_tx_{t+1} 的预期值，而是把其政策决策建立在实际观察到的当前私人部门预期之上。在这种方法之下，中央银行通过求解结构方程（2.1）式、（2.23）式，把 π_t、x_t 表示为 i_t、t 期的预期以及外生扰动的函数从而得到它的预测。在这种情形中，建立在当前工具选择的条件之上，中央银行对 $\pi_t+\left(\frac{\lambda}{\kappa}\right)x_t$ 的预测由下式给定：

$$-\sigma\frac{\kappa^2+\lambda}{\kappa}(i_t-r_t^n)+u_t+\left[\beta+\sigma\left(\frac{\kappa^2+\lambda}{\kappa}\right)\right]E_t\pi_{t+1}+\frac{\kappa^2+\lambda}{\kappa}E_tx_{t+1}$$

令上式等于$\frac{\lambda}{\kappa}x_{t-1}$并求解 i_t，我们得到另一种反应函数：

$$i_t=r_t^n+\frac{\kappa}{\sigma(\kappa^2+\lambda)}u_t+\left[1+\frac{\beta\kappa}{\sigma(\kappa^2+\lambda)}\right]E_t\pi_{t+1}$$
$$+\frac{1}{\sigma}E_tx_{t+1}-\frac{\lambda}{\sigma(\kappa^2+\lambda)}x_{t-1} \tag{5.5}$$

埃文斯和杭卡坡佳称之为一种试图去实施（5.1）式的“以预期为基础的反应函数”。

如果中央银行能承诺在所有时刻都根据这种反应函数来制定利率，那么根据如下的结果理性预期均衡必然是确定性的。

命题 7.17 考察一个通货膨胀与产出由形如（2.1）式及（2.23）式的结构关系决定的经济，其中外生扰动$\{u_t, r_t^n\}$是有界过程但没有其他限制，并假定中央银行在每一 $t\geqslant t_0$ 期根据（5.5）式来制定名义利率工具。那么在 $t\geqslant t_0$ 期存在通货膨胀、产出与名义利率的一种确定性理性预期均衡演化，并且通货膨胀与产出的状态依存路径由命题 7.7 所刻画。因此从长期来看这种政策是最优的。

这个结果的证明是很简单的。方程（5.5）式以及（2.1）式、（2.23）式意味着（5.1）式在每一 $t\geqslant t_0$ 期必须成立。（这里仅仅颠倒了前面所勾勒的（5.5）式推导步骤。）但是，由命题 7.15 可知，由方程（2.1）式及（5.1）式组成的系统对通货膨胀与产出有唯一有界解。从而可以用方程（2.23）式来求解名义利率的相关有界解。而且，由命题 7.15 可知，以这种方式决定的均衡恰好是命题 7.7 刻画的结果。

我们因此看到一项实现伸缩性通货膨胀目标（5.1）式的承诺事实上是源于对形如（5.5）式的利率规则承诺的等价政策。正如在第 4 章讨论的严格通货膨胀目标情形，所暗含的反应函数采取前瞻性泰勒规则形式，尽管在目前的情形中，由于 t 期的利率对前期产出缺口的依赖性，规则不再是纯粹前瞻性的。我们再次看到最优利率规则满足泰勒原理是由于长期的反应函数等于：

$$\Phi_\pi=1+\frac{\beta\kappa}{\sigma(\kappa^2+\lambda)}>1,\qquad \Phi_x/4=\frac{\kappa^2}{\sigma(\kappa^2+\lambda)}>0$$

我们还注意到，与第 4 章中讨论的完全稳定化的通货膨胀规则一样，最优利率规则有一个不同于自然利率波动的截距。然而，自然利率的演化不再是有关真实扰动的唯一相关信息，一旦中央银行的政策准则也涉及产出缺口，如果福利相关的产出缺口不能通过通货膨胀的稳定而完全稳定，那么成本推动（即通货膨胀率与福利相关产出缺口之间的均衡关系的平移）也将进入中央银行的反应函数。

也许值得注意的是，一种不仅导致一个确定性均衡的规则，而且也代表了一种稳健的最优政策，包括涉及对预期未来通货膨胀与产出演化的反应。正如在第 4 章中所讨论的，作为阻止预期波动发生的一种形式，一种对预期演化做出强烈反应的政策，可能是反生产性的，原因是它事实上可能由于自我实现的预期而使得通货膨胀不稳定。（也见命题 7.13。）这里的差异在于，在反应函数（5.5）式的情形中，中央银行仅仅是为了抵消私人部门的预期而对其做出反应。目标准则（5.1）式描述了中央银行试图通过其政策而实现的事务状态，它并非是完全前瞻性的，并且特别地，它不受观察到的私人部门预期任何演化的影响。只有在通过设定一种水平而非另一种水平的利率影响中央银行所期望实现的目标，同时也考虑到当前实际扰动 r_t^n 或 u_t 的信息，这些预期才与政策决策相关。在这种特殊意义上对预期产生反应不会使得经济对自我实现的预期更脆弱，相反，通过抵消可能发生的预期演化的效应，通常倾向于防止经济受到这种潜在的不稳定源泉的影响。

到目前为止，我们仅仅考察了给定政策规则条件下理性预期均衡的不确定性问题。正如在第 4 章中所讨论的，我们有必要考察个人是否会预期私人部门信念通过从观察的数据统计模式中学习的过程会收敛至与一个理性预期均衡相关联的信念上。在目标准则通过反应函数（5.4）式或（5.5）式来实现的情形中，在每一种情形下用主观理性预期 $\hat{E}_t[\cdot]$ 来代替条件预期 $E_t[\cdot]$，埃文斯和杭卡坡佳考察了由目标准则（5.1）式所决定的理性预期均衡的 E－稳定性（在 4.2.3 节所讨论的意义上）。就第 4 章中所讨论的布拉德和米特拉（2002）E－稳定性分析而言，他们假定在任意私人部门预期情形下通货膨胀和产出由关系式（2.16）式和（2.17）式决定，并且假定私人预期采用一种最小二乘回归模型。埃文斯和杭卡坡佳发现，在以基本因素为基础的反应函数情形中，在学习动态条件下最优理性预期均衡通常是不稳定的，然而在以预期为基础的反应函数（5.5）式的情形中，必然是 E－稳定的。这些发现再一次证明了后一种实现目标准则的方法的合意性。

然而，埃文斯和杭卡坡佳的结论依赖于假设了一种从主观预期到通货膨胀和产出实际演化的路径，而这种路径只有在个人拥有第 4 章中所讨论的理性预期[45]时才有意义（就基本的新威克塞尔模型的潜在微观基础而言）。普雷斯顿（2002b）重新考察了按照通货膨胀和产出都由方程（2.29）式和（2.30）式决定的假设条件下的这些反应函数来执行货币政策的后果。他发现，在这种情形中甚至在学习动态条件下，反应函数（5.5）式也不一定总是带来理性预期均衡的稳定性。原因在于：当从私人部门预期到实际结果的路径并非是以预期为基础的反应函数的派生物所假定的，那么根据（5.5）式行动的中央银行事实上将不能成功引致目标准则得到满足，除非经济恰好收敛至一个理性预期均衡。

但是，普雷斯顿指出，同样的推理也可运用于计算中央银行为了实现目标（5.1）式而将遵循的反应函数，在这种情形中，私人部门预期是可以观察的，并且中央银行正确地理解了通货膨胀和产出由这些预期决定的方式。现在这个结果在一个以预期为基础的反应函数中需要中央银行对长期水平预期做出反应。这个反应函数不仅会导致理性预期均衡的决定（它必然和与较简单的反应函数（5.5）式类似的理性预期均衡集相一致），而且当个体使用最小二乘回归预期时会导致这些均衡的E一稳定性。因此，普雷斯顿也发现，对一个目标规则的承诺，如果由观察到私人部门预期并正确理解怎样根据这些观察到的预期并基于政策决策去预测通货膨胀和产出的中央银行来实现，将导致学习动态向一种理性预期均衡的收敛，而这种收敛从长期来看是最优的。

【注释】

[1] 在这里所给出的思想试验中，假定私人部门的当前和关于未来政策的未来预期是正确的，但是不必选择与这个决策的过去预期相一致的方式来选择当前行动。

[2] 在泰勒规则的经验运用中（Taylor，1993，1999c），泰勒使用了前四个季度的对数 GDP 折算指数的累积增加作为他所建议的当前通货膨胀度量。与随后的大多数理论文献所分析的完全同时期的泰勒规则不同，这可能看似暗示泰勒规则在某种程度上是历史依赖的。然而，从泰勒对其所使用的一年期通货膨胀度量建议的逻辑讨论来看，应该把这一点理解为估计仅仅为高频数据不完美地度量了的目标变量当前值的一种简单企图，而不是真正地提倡历史依赖政策。

[3] 我们是否假定损失函数中的参数正确反映了第6章所描述的经济福利，这对于最优政策的刻画并不重要。如果（1.2）式用来表示另外一种政策目标，这个结果同样适用。

[4] 正如在6.5节中所讨论的，只有在 ϕ_y 很小的情形下，表达式（1.2）作为家庭效用函数的一种近似才能精确到二阶项。在存在较大扭曲的情形中，（1.2）式必须包含某种“暂时的”二阶项。从长期的角度看，这些二阶项并不影响本章对最优政策（在承诺条件下）的刻画，但是它们会影响相机抉择条件下的最优政策刻画。这里并没有考虑这种理论的扩展。

[5] 当然，在一种政策博弈中可能存在额外的“声誉”均衡，这类博弈由 Chari 等人（1998）在一些价格预先固定一期的黏性价格模型中做了分析。但是就当前的目的而言，展示相机抉择条件下的一种可能均衡是糟糕的，它足以表明对一种合适规则的承诺存在潜在收益。

[6] 我们可以回忆一下，这个假定在第6章用于在忽略独立于政策以及三阶残值项时确立（1.2）式中的福利是递减的。在这个定理所描述的均衡中，如果条件对初始的价格分布成立，那么这些条件就会永远成立。

[7] 对政策承诺合意性的这种理解产生了由斯文森（1996）提出的问题：“时期0有什么特别之处?”

[8] 其他对从长期看最优的政策规则讨论见 McCallum and Nelson（2000），Giannoni and Woodford（2002a），Svensson and Woodford（2003），7.3节以及8.1.1节。

[9] 参见7.2.1节，以及8.1.1节中在一个更为一般的意义上对长期最优政策的定义。

[10] 在这个数值例子中，β、κ 的值再一次是表6.1中给出的值，λ 取表中 λ_x 的值，且 $x^*=0.2$。后一个值 κ 在不同可分物品之间替代弹性（因此每个企业所面临的需求弹性）的假设下等于7.88，该值由罗特伯格和伍德福德（1997）得出（见表4.1），且其不存在扭曲税。

[11] 在本章和下一章中，i_t 代表非货币资产的连续复合利率，$\log(1+i_t)$ 采用前一章的记法，方程（2.23）式中支付给货币基础的利率 i_t^m 以及自然利率 r_t^n 也与之类似。因此利息差额 $i_t-i_t^m$ 按照第6章的记法应该等于 $\hat{i}_t-\hat{i}_t^m+\bar{\Delta}$，误差精确到 $\mathcal{O}(\|\bar{\Delta}\|^2)$，它在

对理论福利函数的二次近似中可以忽略。记法的变化不会产生混乱，因为没有必要讨论准确的非线性方程，它们在本章和下一章中在推导非线性结构关系时被对数线性化了。

[12] 方程（1.20）式适用于这个通货膨胀率所暗含的名义利率不低于 i^m 的情形。在这个条件不满足的情形中，必须修正我们的分析，以考虑源自名义利率零利率下限的政策约束，这个约束在这里的推导中假定无效。

[13] 在这个计算中，λ_x，λ_i，$\bar{r}$ 以及 β 的值直接取自表 6.1。φ 的取值为 0.22 年，这个值隐含在表 6.1 的参数值之中，正如在那里所讨论的。类似地，作为表 6.1 中给定参数值的推导，我们假定 $\theta=7.88$。表 6.1 中给出的 ϵ_{mc}，σ^{-1}，x，η_y 值隐含了 $\omega=0.48$。在使用第 6 章中的方程（4.6）式来评估 x^* 的过程中，请读者回忆该章中的记号 $i^*=-(\bar{r}-i^m)$。最后，注意（1.20）式中的分母，如果我们使用 φ 的年度度量，则必须用 4 乘以 $1-\beta$ 以获得年度折现率。

[14] 的确，金（1997）指出，在第 3 章讨论的新古典形式总供给关系与一个假设的形如（1.2）式的稳定化目标相结合的简单模型框架中，以及在他所建议的对中央银行损失函数的修正下，源于相机抉择最优化的均衡是最优的。然而，这个结果依赖于他所考察的例子的极端特别的特征。

[15] 对这种扰动的几种解释都是可能的，正如 6.4.5 节、6.5 节所讨论的。

[16] 如果每一个目标变量的完全稳定化是同时可能的，那么在相机抉择与最优承诺条件下对冲击的反应就不存在差别。一个相机抉择最优化者发现，给定这些变量在未来会被稳定化的假定，在任何给定时期完全稳定化每一个目标变量是最优的。这一点在如下情形中是非常清楚的：不同状态变量的目标值在没有冲击的条件下与均衡相互一致，因此损失函数在所有时刻等于零是可能的。但即使不是这样——例如在平均上当 x^* 太高而与零通货膨胀不相一致时——同样的结果也是正确的，因为在相机抉择与最优承诺条件两种情形下对冲击的均衡反应都独立于假定的目标值，所假定的目标值仅对于均衡时变量的平均值重要。

[17] 在目前的成本推动冲击模型框架下对这个问题的早期讨论包括 Clarida et al.（1999），Woodford（1999b）以及 Vestin（2002）。斯文森和伍德福德（2003）讨论了一个类似的问题，但是政策对通货膨胀及产出的影响有一期的滞后。

[18] 这里用来刻画前瞻性模型中最优政策承诺的基本方法是由以下文献引入的：Kydland and Prescott（1980），Hansen et al.（1985）以及 Backus and Driffill（1986）。

[19] 初始条件 φ_{t_0-1} 的渐近独立性源于 $|\mu_1|<1$ 的事实。

[20] 与本章的讨论类似，在前瞻性模型框架下对确定性等价的讨论见 Backus and Driffill（1986）以及 Carrie and Levine（1993）。

[21] 金（1997）的结果是特别针对关于他假设的总供给的具体简单模型的，根据这个结果，只要在中央银行的损失函数中修改目标为 x 的产出缺口并使得与它的通货膨胀目标一致，相机抉择政策就达到了经济的最优状态依存变化。本文中其他的前瞻性模型关于稳定化偏差的简单讨论有 Fodér（1996），Jonsson（1997）和 Svensson（1997b）。

[22] 有关这一点的原因是显而易见的。在 $\gamma>0$ 情形中，最优政策与命题 7.9 所刻画的情形类似，只是每个表达式中的 π_t 必须由准差分通货膨胀率 $\pi_t-\gamma\pi_{t-1}$ 代替。在 $\gamma=1$ 的情形中，通货膨胀率 π_t 的最优变化与 $\gamma=0$ 情形下的最优变化相同。因此图 7.5 中图一的通货膨胀冲击反应（对 $\gamma=1$ 而言）与图 7.3 中图三的价格水平冲击反应（在最优政策条件下）相同。两图的刻度是不相同的，因为所描绘的通货膨胀率是年度值 $4\pi_t$，而不是 π_t。

[23] 从前一节相机抉择政策以及最优承诺的分析中我们很容易得到这些结论，因为

在这些分析中，有关自然利率波动的假定并不重要。

[24] 这个结果的基本直觉本质上是由古德弗兰德（1991）给出的。

[25] 在一般情况下，（1.18）式中的系数 i^m 须由 i^* 代替。

[26] 在使用同样的关系来消去滞后乘子的过程中，事实上我挑选了一种选择初始滞后乘子 φ_{1,t_0-1} 的特定时间不变的方式，利用这个乘子与 i_{t_0-1} 之间的关系，这种关系在任何先于 t_0 期选择的最优承诺情形都会成立。因此，这里得到的解至少代表了从 t_0 期开始对自然率扰动的均衡反应在所有的这类均衡中都是相同的，这里所使用的方法给出了对这种扰动的最优动态反应的唯一适当刻画。

[27] 这里，我假定在 $\kappa=0$ 的限制情形中价格是黏性的，因此通货膨胀在所有时期为零。如果相反，通货膨胀随着外生的成本推动冲击而变化，那么（2.28）式再一次成立，只是外生的强力过程 r_t^n 由 $r_t^n+E_t\pi_{t+1}$ 的外生变化所取代。

[28] 例如，詹森和麦考伦（Jensen and McCallum，2002）发现，目标规则（5.1）式会带来由命题 7.7 所刻画的均衡，因此从长期来看政策是最优的，在包含规则（5.1）式的简单线性规则族中政策不是最优的（在他们所考虑的意义上）。这是因为他们没有根据下面所建议的稳定化损失测度 L^{stab} 来对不同的政策排序。

[29] 事实上，没有必要为了使（3.6）式的形式正确而假定两个扰动按照独立的 AR(1) 过程变化。我们可以更为一般地假定 r_t^n 和 u_t 都是（r_{t-1}^n，u_{t-1}）的线性函数再加上一个不可预测的冲击项，其中这两个冲击项不必相互不相关。当然，没有任何经济方面的理由假定这些扰动过程必须是独立的。在 6.5 节中所讨论的稳态扭曲很大的情形中，许多类型的扰动，比如政府购买的变化，会同时影响 r_t^n 和 u_t。然而，两个独立的扰动过程情形更容易处理，并且允许我们进行诸如在图 7.3 中所考察的思想试验。

[30] 注意，图 7.6 中的实线表示的是在图中所假定的校准参数值情形下由系数 g_y 所带来的反应。

[31] 在第 4 章，我们考察了一个版本的新凯恩斯主义的菲利普斯曲线，其中没有扰动项 u_t 出现。但是那里的均衡确定性分析将不受这类新加项的影响。在第 4 章中给定的通货膨胀和产出缺口的均衡变化解必须修改为考虑了成本推动扰动的形式。然而，在第 4 章中的变量 x_t 对应于本章方程（2.1）式中所使用的 $x_t+\kappa^{-1}u_t$ 的解释下，第 4 章中给出的方程仍然适用。那么，按照第 4 章的表示方法，政策规则（3.1）式将是一个随时间变化的截距（等于 $\bar{i}-(\phi_x/4\kappa)u_t$）再加上对 $x_t+\kappa^{-1}u_t$ 的线性反应。

[32] 在表 6.1 中给出的 β，κ，σ，λ_x，λ_i 的校准参数值情形中，这个区间对应于 $0.17<\rho<0.68$。

[33] 正如在第 4 章中所指出的，只有在 ϕ_π，$\phi_x\geqslant 0$ 的限制条件下，这个条件对于均衡的确定性才是必要和充分的。因此，为了确保命题 7.12 的结论成立，我们必须证明这两个额外的不等式成立。或者，只要它们意味着一个确定性的均衡，我们可以考虑负反馈系数的规则。但是在这种情形中，再次必须检查额外的不等式。这些额外的不等式的存在不影响正文中结论的有效性，“不等式也成立”的表述可以简单地修正为“不等式”。

[34] 由于这一点的正确性，詹诺尼和伍德福德（2002b）的命题 4 给出了一对（ρ_r，ρ_u）值是一个开集的例子，尽管他们的结论成立的条件再一次只是充分条件，并且不一定必然存在一种最优的泰勒规则。

[35] 回忆一下在 4.2.2 节对前瞻性规则的这个缺点的讨论，莱文等人（2001）也指出，预测水平太长会导致均衡的不确定性。

[36] 对于一般的利率反馈规则族，其中的当前名义利率操控目标是通货膨胀和滞后名义利率的一个线性函数，巴替尼和珀尔曼（Batini and Pearlman，2002）得出了一个相

关的结论。

[37] 例如，在表 6.1 中给定的校准参数值情形中，对于所有 $k \geqslant 1$ 且满足（3.14）式系数的规则（3.13）式意味着均衡的不确定性。

[38] 然而这仅仅是初始通货膨胀约束 π_{t_0} 几种可能设定之一，这个约束在 7.2.1 节所讨论的意义下是自我一致的，我们也可以证明这种设定是得到不随时间变化的（4.2）式的唯一设定，而所谓不随时间变化是指独立于 t_0 期选择的政策规则。例如，另外一种设定（2.11）式相反就将导致 $t \geqslant t_0$ 期的名义利息率的一个状态依存路径，它依赖于 χ_{t_0-1} 的值以及自从选择承诺开始的时期数 $t-t_0$。因为为了阐述前文讨论的时间一致性问题我希望选择一种不随时间改变的政策，相应地，我假设为了当前的目的的利息设定是命题 7.6 中所讨论的那一种。

[39] 相反，麦考伦（1999）批评泰勒规则并不是一个"可操作的"政策建议，并提议我们反而只该考虑那些在必须选择该目标的数值时明确把利率操作目标设定为中央银行可获数据的一个函数的规则。由于我对稳健最优规则设计的兴趣，这里我并不接受这个责难。

[40] 注意，（5.2）式只是一阶条件（1.8）式在 $t=t_0-1$ 期也成立条件下的乘子值，正如在 t_0-1 期或更早的时候所选择的最优承诺的情形一样。

[41] 准确说来，我这里所考虑的规则类型对应于斯文森所称的"特定"目标规则。

[42] 永久最优的政策带来与这类规则相一致的均衡的观察解释了 6.4.5 节的评论：图 6.6 中的效率边界对应于有着不同的产出缺口权重的伸缩性价格水平目标。效率边界是通过计算从 0 到 $+\infty$ 范围内不同 λ 值情形下通货膨胀与产出缺口的最优状态依存变化来构造的。对每个 λ 值而言，最优政策是（5.3）式政策族中的一个，只是每种情形下产出缺口有着不同的权重而已。

[43] 他们只对特殊形式的扰动过程（2.18）式及（2.27）式情形定义了这个反应函数，如（5.5）式，但是他们推导的逻辑正是这里所给出的形式。注意，当中央银行承诺遵守这种形式的反应函数时，均衡决策并不依赖于外生扰动过程的统计特征，只有滞后内生变量 x_{t-1} 进入的系数对此重要。

[44] 在一个利率和产出两个内生变量都预先一期先定的模型中，在一个密切相关联的反应函数情形下，斯文森和伍德福德（2003c）得出了类似的结论。

[45] 请注意，如果中央银行关注多重理性预期均衡的可能性，那么它可能理性地希望监测私人的预期，甚至是在这种假定条件下。

第 8 章　最优货币政策规则

本章我开始研究最优货币政策规则的具体内容。在前一章中，我对各种冲击的最优状态依存响应进行了描述，这些响应是货币政策应该设法实现的，并证明了要使政策与最优均衡相一致，必须遵循货币政策规则的相关承诺。同时，我也赞同政策承诺需要一个特定形式的说法，即承诺应能使某些目标变量（如通胀的度量、产出缺口的度量以及隔夜利率水平等）满足（至少是预计要满足）一条特定目标准则路径。本章将考虑合理政策目标的选择问题，或（在目标准则包含当前政策工具设定情形下）央行利率操作目标应该一直满足的合理反馈规则问题。

我的目的并非要推导出最优货币政策规则的某种具体形式，而是要提出一种能够推导出符合要求的政策规则的方法。这种方法一方面以人们对正确货币传导模型的信心为基础，另一方面也以人们对稳定性货币政策合理目标的认知为基础。正如我在第 6 章中讨论的那样，稳定性货币政策的目标一般取决于经济系统模型的设定。但是，本章所提出的方法的使用并不取决于模型设定和稳定性目标之间的这种一致性，这使我们的研究结果变得更加有趣，就好像央行本身也经常不能决定（事实上可能是根本不能决定）货币政策的目标一样。

首先，我将在非常一般的线性二次政策问题基础上提出一种设计最优政策规则的一般性方法。（定义此类问题的二次平稳目标和对数线性结构关系可以从第 6 章所述此类问题的局部近似中得到）。然后，我将具体阐述最优政策规则的形式是如何依赖于经济系统模型的，这些模型是人们通过考虑一系列十分简单的例子（尽管都要比 7.5 节中的情形复杂）设想出来的。而之所以选择这些例子并不仅仅是因为它们容易求解，而是因为它们包含了目前货币传导机制的最优化数量模型的各种重要特征（虽然是在较简单的框架中）。最后，根据真实货币传导机制模型组成成分的暂定结论，我对时下流行的一些政策建议进行了评述，这个问题在第1章中就已经讨论过了，但这里我主要研究的是这些政策建议能够在多大程度上与本书所提出的最优政策规则相似。

8.1 一般线性二次框架

对货币政策的许多基本规定都有一个共同的特征（就像第1章所讨论过的），那就是设定一个精确的准则，央行每次进行利率决策时，都要在通胀率和产出缺口等变量（这些变量定义了央行稳定性目标而不是"中间"目标）的给定观察值或预测值的基础上，来验证中央银行的现行利率目标是否是可以接受的。在此我希望对上述方法中所用标准的最优选择问题进行研究。[1]近年来，理论界已经对这个问题进行了广泛的探讨。[2]然而，近期的文献大都首先假设低维的政策规则参数集，然后通过使用一个经济学模型来计算与均衡相关的每一组参数集，从而对规则参数集的系数进行最优化。但是在我看来，此类研究[3]的一个典型缺陷就是所得到的参数集最优值结论很可能受到研究过程中规则参数集选取的强烈影响，也就是被假设不可能发生反馈作用的各种参数集所影响。所以，在此我提出一种不同的方法：首先论述对冲击进行均衡反应的最优可能模式——通过解一个以经济体系模型结构方程为约束条件的最优化问题来实现，就像第7章那样——然后研究哪一类政策规则能导致我们所需要的均衡。

这种可供选择的方法在公共财政理论中是一种标准方法，并且在货币政策分析的最优化方法中也较为常用，如 Currie and Levine（1993）。然而，后一类研究通常假定只要解出了各种内生变量的最优状态依存路径，包括解出了作为外生冲击历史情况函数的政策工具设置，也就充分地刻画了最优政策。在此，我的研究兴趣并不在于深入探讨如何最好地选择政策规则以实现对冲击的最优反应。定义为一个从冲击历史到政策工具设置的映射的政策规则并不是唯一可能同最优反应相符的一类货币政策规则，而且在第7章中我也已经证明它并非是最好的。所以，我将研究包含诸如通胀和产出等内生变量的预测路径的政策规则。当然，如果不拘泥于政策所须满足标准的特定规范形式，我发现许多备选政策规则与最优均衡同样是一致的。这样，我就能找到一个最优政策规则的代表形式，它是最优的，同时还将具备我们所需要的其他特征。

譬如，我要求政策规则不仅要同符合要求的均衡相一致，而且对规则的遵守隐含着一个确定性均衡，以至于这一规则并不与那些不那么符合要求的均衡相一致。我也在寻求一些不随时间改变的政策规则，这些规则仅取决于某些状态变量的变化（我称它们为目标变量），而这些变量代表了中央银行的稳定目标。最后，我将推导出一些政策规则，不管对经济的外生冲击在统计上具有什么样的性质，这些规则将始终是最优的。

詹诺尼和伍德福德（2002a）为相当广泛的一类政策问题提供了一种求解具有上述性质的政策规则的方法，其中货币传导机制和稳定性目标分别由线性化理性预期模型和贴现二次损失函数表示。首先，我将对最优政策规则所需满足的一般准则进行准确说明，其次，为詹诺尼和伍德福德的问题提供一个解法。在这个一般性的讨论中，政策工具并不一定是利率，而稳定目标也无需同名义变量有什么联系，尽管正是这种应用导致了他们这个问题的产生。此方法在货币传导机制的显性最优化模型背景下的利率政策问题方面的应用将在 8.2 节和 8.3 节中进行讨论。

8.1.1 最优状态依存路径

首先我将对詹诺尼和伍德福德（2002a）的一般线性二次政策模型进行描述。线性（化）结构方程代表着对所有政策下的可能均衡结果的约束条件，假定其是一个具有如下形式的系统：

$$\hat{I}\begin{bmatrix} Z_{t+1} \\ E_t z_{t+1} \end{bmatrix} = A\begin{bmatrix} Z_t \\ z_t \end{bmatrix} + Bi_t + Cs_t \tag{1.1}$$

其中，z_t 是一个包含 n_z 个非先决的内生变量的向量，Z_t 是一个包含 n_Z 个先决的内生变量的向量，i_t 是政策工具（由 t 期的政策当局选择），s_t 是一个外生冲击向量。[4]此方程中的每个矩阵都有 $n = n_z + n_Z$ 行，所以每期都有足够的独立结构关系来求解出每个内生变量。我进一步假定向量 s_t 包含了所有外生状态，它们蕴含了关于变量 Z_T 和 z_T 在未来的可能演化过程的所有信息（即对于时间 $T \geqslant t$）。

我将这些矩阵进行进一步的分块：

$$\hat{I} = \begin{bmatrix} I & 0 \\ 0 & \hat{E} \end{bmatrix},\quad A = \begin{bmatrix} A_{11} & A_{12} \\ A_{21} & A_{22} \end{bmatrix},\quad B = \begin{bmatrix} 0 \\ B_2 \end{bmatrix},\quad C = \begin{bmatrix} 0 \\ C_2 \end{bmatrix}$$

其中，上面的分块都有 n_Z 行，下面的分块都有 n_z 行。而矩阵 $\hat{I}$ 和 A 的分块方式与（1.1）式中内生变量的划分相对应。这里对上面分块所假设的零约束反映了这么一个事实，那就是前面 n_Z 个方程将 Z_t 的各元素定义为 z_{t-j} 的各元素（对于 $j \geqslant 1$）。（由于向量 Z_{t+1} 的这一特点，$\hat{I}$ 左下分块为零矩阵的假设也就不失一般性了。）我假定 B_2 的元素不都为零，所以政策工具确实具有影响。另外，假定 A_{22} 是非奇异的，所以后 n_z 个方程可以将 z_t 解出并表示为 Z_t、s_t、i_t 和预期 $E_t z_{t+1}$ 的一个函数。

假定稳定性政策目标具有如下形式的贴现二次损失函数：

$$E_{t_0} \sum_{t=t_0}^{\infty} \beta^{t-t_0} L_t \tag{1.2}$$

其中，t_0 是政策规则采用的初始日期，$0 < \beta < 1$ 为贴现因子，而损失函数的形式为：

$$L_t = \frac{1}{2}(\tau_t - \tau^*)' W (\tau_t - \tau^*) \tag{1.3}$$

其中，τ_t 是目标变量向量，τ^* 是这些变量的目标值向量，W 是正定对称矩阵。我们进一步假定目标变量是前面提到的内生变量的某个子集的线性函数：

$$\tau_t = T y_t \tag{1.4}$$

其中：

$$y_t \equiv \begin{bmatrix} Z_t \\ z_t \\ i_t \end{bmatrix}$$

T 为系数矩阵。

正如在第 7 章中讨论过的那样，一般说来，我们不应该寄希望于设计出下面这样一种政策规则，那就是，如果在 t_0 期起采用它，这个规则会导致最小化（1.2）式的理性预期均衡，因为这是一个政策选择的时间不一致准则：人们在某个时期选择了某项政策，一段时间以后，即使采取几乎完全相同的准则重新考虑这些政策，人们也不会再选择之前的政策，哪怕经济系统模型和稳定性目标在这段时间内并没有发生任何改变。相反，我对上一章中所解释过的永久最优规则比较满意。在本章更为一般化的情形中，一项永久最优规则可以做如下定义。

定义 一项确定唯一非爆炸性（nonexplosive）理性预期均衡的政策规则是永久最优的，如果该规则所确定的均衡具有如下性质：

1. 非先决内生变量 z_t 可以表示成先决变量 $\bar{Z}_t$ 和外生变量 $\bar{s}_t$ 的时间不变函数。[5]即对于所有的 $t \geqslant t_0$，如下关系始终成立：

$$z_t = f_0 + f_Z \bar{Z}_t + f_s \bar{s}_t \tag{1.5}$$

2. 对于所有的 $t \geqslant t_0$，内生变量 $\{y_t\}$ 的均衡演化对于所有有界过程集合使（1.2）式[6]最小化。这一过程受到经济初始状态 Z_{t_0} 和理性预期均衡要求（即结构方程（1.1））的约束，同时受到如下形式的附加约束：

$$\tilde{E} z_{t_0} = \bar{e} \equiv \tilde{E}[f_0 + f_Z \bar{Z}_{t_0} + f_s \bar{s}_{t_0}] \tag{1.6}$$

这一约束集是关于非先决内生变量的初始行为的。

这里附加约束（1.6）式对非先决变量 z_{t_0} 的可能初始值进行了限制，这主要是考虑到这些变量在较早的时期可能已经影响了均衡的决定。我们也要注意到这些附加约束仅与 t_0 期有关（也就是对规则承诺的最优化加以考虑的时期）。同时必须遵守下面这样一项政策规则，那就是，这项规则使非先决变量在 $t > t_0$ 期沿着（1.5）式演化，并且这一事实不取决于对这一演化过程的任何假设约束，除此以外，预期的演化还必须代表着一个理性预期均衡。因此，通过在 t_0 期服从（1.6）式的约束，中央银行在假定不考虑该类约束对其 t_0 期行为影响的情况下，选择遵循了社会预测它将遵循的政策规则。

由于附加约束（1.6）式仅与 t_0 期的结果有关，所以遵守一项永久最优规则所导致的均衡动态包含对所有 $t>t_0$ 期未预见冲击的相同反应，就像在 t_0 期最优计划下所能发生的一样。也就是从 t_0 期开始的演化将在没有约束条件（1.1）式的情形下最小化（1.2）式。（由于假定均衡条件（1.1）式是线性的，所以对 t 期的未预见冲击的计划线性反应并不会影响早些时刻在可能结果上的约束。这也意味着对 $t>t_0$ 期冲击的最优反应是独立于在 t_0 期的约束值 $\bar{e}$ 的，而且事实上即使在最小化问题中剔除约束条件（1.6）式，其结果也是一样的。）此外，如果在解上述定义中第 2 部分的最优化问题过程中，内生变量的预期长期平均值独立于初始条件，则这些变量的长期平均值在遵循永久最优规则时与遵循 t_0 期最优计划时是一样的。

我们可以用第 7 章中讨论过的拉格朗日方法来解这一带约束条件的最小化问题。在这种更具一般性的情况下，拉格朗日函数形式如下：

$$\mathcal{L}_{t_0}=E_{t_0}\left\{\sum_{t=t_0}^{\infty}\beta^{t-t_0}\left[L(y_t)+\varphi_{t+1}'\tilde{A}y_t-\beta^{-1}\varphi_t'\tilde{I}y_t\right]\right\} \tag{1.7}$$

其中：

$$\tilde{A}=[A\quad B],\quad \tilde{I}=[\hat{I}\quad 0]$$

这里 $L(y_t)$是写成 y_t 二次函数形式后的损失函数 L_t，φ_{t+1}是约束条件（1.1）式的拉格朗日乘子向量。

根据迭代期望法则，约束条件中的 E_tz_{t+1}项中的条件期望已经被消去（因为整个表达式都是基于 t_0 期信息的条件期望）。然而，因为最后 n_z 个约束条件仅仅是以条件期望的形式存在，φ_{t+1}中的后 n_z 个元素对于 t 期信息来说必须是可测的（即不能够取决于 $t+1$ 期的冲击）。所以我引入如下记号：

$$\varphi_{t+1}\equiv\begin{bmatrix}\xi_{t+1}\\ \Xi_t\end{bmatrix}$$

该矩阵的分块与约束条件（1.1）式中各矩阵的分块在行上是完全对应的。Ξ_t 的下标（与斯文森和伍德福德（2003a，b）的一样）与该矩阵中其他项不同意味着该向量的元素取决于前一期。在拉格朗日方程中，我略去了外生冲击 s_t，因为这完全不影响后面将得到的一阶条件。最后，下面这一项

$$\varphi_{t_0}'\tilde{I}y_{t_0}=\xi_{t_0}'Z_{t_0}+\Xi_{t_0-1}'\tilde{E}z_{t_0}$$

进入到拉格朗日方程（1.7）中。该式等号右边第一项代表施加于先决变量初始值 Z_{t_0} 的约束，第二项则代表着约束条件（1.6）式。

同样的拉格朗日方程也可以用于刻画 t_0 期最优计划，亦即在相机抉择政策规则文献中经常讨论的时间不一致性“最优承诺”。这是在没有任何类似于（1.6）式形式的约束条件下，从 t_0 期开始的最小化相同准则的内生变量演化路径。该最小化问题的拉格朗日方程除了略去最后一项 $\Xi_{t_0-1}'\tilde{E}z_{t_0}$ 外，与（1.7）式的形式是完全一样的。当然，如果从对称的角度出发，我们也可以将这一问题的拉格朗日方程表示成（1.7）式的形式，但是要附加条件：

$$\Xi_{t_0-1}=0 \tag{1.8}$$

这样，t_0 期最优计划同样将形如（1.7）式的拉格朗日方程最小化了，但这时所施加的附加初始约束条件是（1.8）式而非（1.6）式。

将拉格朗日方程（1.7）式对内生变量向量 y_t 求导就得到了如下一阶条件：

$$\widetilde{A}'\mathrm{E}_t\varphi_{t+1}+T'W(\tau_t-\tau^*)-\beta^{-1}\widetilde{I}'\varphi_t=0 \tag{1.9}$$

其中 $t\geqslant t_0$。最优计划还必须满足横截条件，但这在结构方程具有有界解的情况下是必然满足的，并且我已经指出，我的研究主要针对有界解情况。这样，当 $t\geqslant t_0$ 时，内生变量 $\{y_t\}$ 和拉格朗日乘子 $\{\varphi_t\}$ 的任意有界过程描述了一个 t_0 期的最优承诺，如果这一过程满足 Z_{t_0} 的初始条件和（1.8）式、结构方程（1.1）式以及一阶条件（1.9）式的话。同样，对于所有的 $t\geqslant t_0$，与初始条件 Z_{t_0} 和（1.6）式是一致的，并且满足（1.1）式和（1.9）式的任意有界过程符合永久最优定义中的第 2 部分。

詹诺尼和伍德福德在他们的线性二次政策问题中持有下面的假设。

假设 8.1 在任意有界冲击过程和任意初始条件 Z_{t_0} 和 Ξ_{t_0-1} 的情况下，由（1.1）式和（1.9）式构成的方程组总有唯一的有界解。特别地，在任意此类冲击过程和初始条件 Z_{t_0} 的情况下，由（1.1）式、（1.8）式和（1.9）式构成的方程组必有唯一的有界解。因此，存在唯一的有界 t_0 期最优计划，并且存在一个有界过程 $\{\varphi_t\}$ 作为拉格朗日乘子与之相对应。[7]

事实上，在十分宽松的假设下，这类线性二次问题总有唯一最优解（受到内生变量渐近增长的边界的约束），且其中 $\beta^{t/2}y_t$ 和 $\beta^{t/2}\varphi_t$ 是有界的。[8]这样，假设 8.1 仅仅对前述假设进行了一个细微的加强，因此最优过程 $\{y_t\}$ 和 $\{\varphi_t\}$ 是不具比例改变边界的有界过程。我们也应该注意到，在前述假设下，如果存在一个有界最优计划——在大多数利率研究中，为了证明使用最优计划均衡条件的对数线性近似来进行研究是合理的，我们必须做出这样的假设——那么一阶条件必须有唯一的有界解，正如这里所假设的，因为其他的有界解都对应着与之相应的最优计划。

假设 8.1 也说明了，无论假设 Ξ_{t_0-1} 取值多少，有界解总是存在的，而不仅仅只有符合 t_0 期最优承诺的 Ξ_{t_0-1} 值的情况才有有界解。但是在一般的情况下，由（1.1）式和（1.9）式构成的系统中唯一有界解的存在性仅取决于与方程组系数矩阵相应的特征多项式的根的情况，而与初始条件 Z_{t_0} 和 Ξ_{t_0-1} 的假设取值无关。因此，如果对于任意 Z_{t_0} 存在唯一有界 t_0 期最优计划，那么对于任意 Z_{t_0} 和 Ξ_{t_0-1}，系统总是存在唯一的有界解。

根据前面关于与永久最优政策规则相应的最优状态的定义，不难得知对于所有的 $t\geqslant t_0$，当初始乘子 Ξ_{t_0-1} 取某些值时，内生变量从 t_0 期开始的变化必须满足（1.1）式和（1.9）式。在假设 8.1 下，对应于向量 Ξ_{t_0-1} 的任意给定取值都存在唯一的最优有界解，同时，下式也存在唯一的值与之相对应：

$$\widetilde{E}z_{t_0}=e_0+e_ZZ_{t_0}+e_ss_{t_0}+e_\Xi\Xi_{t_0-1} \tag{1.10}$$

因此，对于 Ξ_{t_0-1} 的任意取值，总存在一个与之相对应的 $\bar{e}$ 值，这由（1.10）式的等号右边给出，而与该 Ξ_{t_0-1} 取值相对应的唯一有界解代表着系统在附加约束（1.6）式下从 t_0 期开始的最优演化。

那么，我关于永久最优的定义也能等价地重述如下。一项确定唯一有界均衡的政策规则是永久最优的，如果：

（1）该均衡满足形如（1.5）式的时间不变关系。

（2）在该均衡中，当 $t \geqslant t_0$ 时，内生变量向量 y_t 沿着（1.1）式和（1.9）式的唯一有界解演化，并且与给定的初始条件 Z_{t_0} 和若干初始拉格朗日乘子 Ξ_{t_0-1} 保持一致。

（3）初始乘子由如下形式的线性规则给出：

$$\Xi_{t_0-1} = g_0 + g_Z \bar{Z}_{t_0} + g_s \bar{s}_{t_0} \tag{1.11}$$

其中，对于所有 $t \geqslant t_0$，在一切可能的外生冲击下，系数 g_0、g_Z、g_s 在均衡中满足如下方程：

$$\tilde{E} z_t = e_0 + e_Z Z_t + e_s s_t + e_\Xi [g_0 + g_Z \bar{Z}_t + g_s \bar{s}_t] \tag{1.12}$$

也就是说，$\tilde{E}$ 左乘（1.5）式的等号右边恰与（1.12）式的等号右边相等。

在此，第二个条件保证了内生变量从 t_0 期开始的演化在（1.6）式的约束下总是最优的，第三个条件则保证了约束值 $\bar{e}$ 确实可以利用时间不变规则（1.12）式从初始条件 $\bar{Z}_{t_0}$ 和 $\bar{s}_{t_0}$ 中得到，并且确保经济主体在模型中所有的时期内都是愿意遵守此规则的。

8.1.2 政策规则的各种备选形式

现在，我从一般化的角度出发讨论货币政策所应该具有的一些性质，这些性质使货币政策能根据上一节中我们刻画的方法对冲击做出最优反应。接下来，首要的问题就是确定在我们的研究中，一项货币政策规则的完整和详细内容到底应该包括哪些。如前所述，我并不要求政策规则能明确地说明每种可能的经济状态（由外部冲击的历史来定义）所对应的政策设定，而只对能带来满足如下形式标准的内生变量路径的规则进行研究：

$$\phi_i i_t + \phi_z' \bar{z}_t + \phi_Z' \bar{Z}_t + \phi_s' \bar{s}_t = \bar{\phi} \tag{1.13}$$

其中，$\bar{z}_t$ 是非先决的内生变量向量，$\bar{Z}_t$ 是先决的内生变量向量（$\bar{Z}_t$ 向量中包含着各变量的滞后值），$\bar{s}_t$ 是外生状态（冲击）变量向量，而系数 ϕ_i、ϕ_z 等是常向量。这里 $\bar{z}_t$、$\bar{Z}_t$ 和 $\bar{s}_t$ 都可能包含了（1.1）式中的相应向量所不包含的一些附加元素。因为在那里我希望从刻画可行均衡路径所需的最少的状态变量集合的角度来提出结构方程，但我并不希望我们的研究仅限于这个由最少状态变量组成的集合内变量之间单纯的当期关系。

尽管准则（1.13）式在形式上具有明显的当期性质，但是这种表达形式应该被理解为允许当前的政策可以决定于预期（比方说，预期通胀率 $E_t \pi_{t+k}$ 可以是向

量 $\bar{z}_t$ 的一个元素）和以往的政策（如 i_{t-j} 可能是向量 $\bar{Z}_t$ 的一个元素）。在此，常数项 $\bar{\phi}$ 不随时间改变的假设反映了政策规则必须具备的时间不变性质。但这并不意味着我们不能用随时间改变的通胀目标来研究最优规则，只是我们的研究仅需要目标随宏观经济条件的变化进行时间不变的变化。

我假设或者 $\phi_i \neq 0$，或者 $\phi_z \neq 0$，或者二者都不等于零，所以（1.13）式约束了 t 期可能出现的内生结果，而不会只与那些 t 期政策无法影响的变量相关。在 $\phi_i \neq 0$ 但是 $\phi_z = 0$ 的情况下，方程（1.13）式可以解出政策工具向量 i_t，且 i_t 可以由一个仅包含先决的外生状态变量的显性方程给出，这些变量都具有独立于政策决策的确定取值。这种情况下的政策规则就是斯文森和伍德福德（2003）所说的显性工具规则（explicit instrument rule）。但是，现实中并非所有的关于利率的建议都具有这样的形式，事实上，我们会发现，人们所需要的政策规则通常不能表达成这种形式。

在隐性的政策规则中，如果 ϕ_i 和 ϕ_z 都非零，那么它就是隐性工具规则（implicit instrument rules）。这种规则是将政策工具设定为其他变量的函数的一个公式，在这些变量中，有一些必须由央行来预测以执行这项规则，而这种预测本身又依赖于（或者被影响）工具设定。第 4 章中讨论过的泰勒规则就属于此类，而在那儿使用的新威克塞尔基本模型则暗示当期的通货膨胀和产出应该取决于当期的利息率。[9]将短期名义利率设定为预期通胀率的函数的规则可以看作是此类工具规则的另一个实例，这些规则有时候代表着通胀目标型中央银行的政策（如 Black et al.，1997b；Batini and Haldane，1999）。

当然，如果给定的这类政策规则只能隐含地给出政策工具设定，一个明显的问题就出现了，那就是这类规则是否代表着明确的政策内容。我的观点是，当且仅当我们讨论的这项规则在与其他结构方程联立时与理性预期均衡的存在性是一致的，并且可以解得政策工具的状态依存路径（在下一节将进一步描述的那种意义上）时，它们才代表着明确的政策内容。这就意味着一个给定的隐性规则是否可用于研究明确的政策描述问题是由模型来决定的。但是，这仅取决于（线性）结构方程中内生变量的系数，而不取决于外生冲击过程的假设性质。接下来我将论证对外生冲击性质认识的变化不会改变这种规则，且这应该是一种基本的认识，对于我们提出的政策规则而言，稳健性（robustness）有着重要意义。

当 $\phi_z \neq 0$ 而 $\phi_i = 0$ 时，关系（1.13）式也能描述一项明确的政策规则。在这种情况下，我们必须将模型理解为详细地描述了一种由斯文森（1999a，2003b）提出的纯目标规则（pure targeting rule）。[10] 7.5 节所讨论的最优目标规则已经指出了对政策进行这种详细说明和设定的好处。尽管目标准则不能为政策工具提供明确的参考，但是这种规则可能代表着对政策的一个可行而完整的说明，正如隐性规则为工具设定提供了一个公式一样。我再一次强调，只有当这种规则与其他结构方程联立时，它与理性预期均衡的存在性是一致的，并且当为工具路径提供了一个确定的解的时候，这种规则才代表着一项明确的政策。一旦我承认隐性规则代表着明确的政策，我们就没有理由不重视这种作为政策工具设置公式的规则了，并且事实上，工具规则和目标规则之间的区别并不像显性规则和隐性规则之间的区别那么重要。

由于政策规则（1.13）式中 $\bar{z}_t$ 或 $\bar{Z}_t$ 的系数不为零，而这两个向量中的元素可能并未包含在 z_t 和 Z_t 中，所以在该规则下分析均衡的决定时，需要我们用决定额外内生变量均衡演化的附加条件来扩展均衡条件（1.1）式。我假设扩展后的均衡条件系统具有如下形式：

$$\bar{I}\begin{bmatrix}\bar{Z}_{t+1}\\ \mathrm{E}_t\bar{z}_{t+1}\end{bmatrix}=\bar{A}\begin{bmatrix}\bar{Z}_t\\ \bar{z}_t\end{bmatrix}+\bar{B}i_t+\bar{C}\bar{s}_t \tag{1.14}$$

其中，较高维矩阵 $\bar{I}$ 和 $\bar{A}$ 分别包含 $\hat{I}$ 和 A，且 $\hat{I}$ 和 A 分别是它们对角线上的分块，向量 $\bar{B}$ 包含了 B 作为它的子向量，依此类推。

在此我仅关注这些方程的有界解，即在假设冲击是有界的条件下（$\bar{C}\bar{s}_t$ 的每一个元素对于所有时间 t 都满足某个界限），仅对当 $\bar{z}_t$ 或 $\bar{Z}_t$ 中的每一个元素在所有时间 t 上都满足某个界限时的解进行研究。在精确的线性二次模型的情况中，我们可能需要在某个横截条件或者其他具有特定经济含义的约束下考虑无界解。但是一般说来（如在我们现在的研究中），结构方程（1.14）式仅是一系列真实、非线性均衡条件的一个线性近似，并且我们有理由怀疑无界解是否确实对应着真实方程的任何解。因此，在这里我仅考虑与给定政策规则一致的有界解集，值得我们注意的是，当此类解唯一存在的时候，我们就找到了一个确定性均衡。

定义　政策规则（1.13）式隐含着一个确定性理性预期均衡，如果将这个方程与（1.14）式联立后得到的新系统，在给定的初始条件 $\bar{Z}_{t_0}$ 和所有时期 $t\geqslant t_0$ 上的有界冲击过程下，在时间 $t\geqslant t_0$ 上内生变量总有唯一的有界解。

这种情况的一个例子就是将工具变量描述为外生冲击历史的函数的政策规则。在这种情况下，完整的均衡条件系统只是对（1.1）式的一个简单修正，那就是，用 $\bar{s}_t$ 的一个具体函数来替代其中的政策工具 i_t。那么，该系统的标准结论包含了对均衡确定性的研究，此时，均衡的确定性在一般情况下取决于该系统特征方程的根的性质。该系统特征方程如下：

$$\det[A-\mu\hat{I}]=0 \tag{1.15}$$

如果该特征方程的根 μ_i 中 $|\mu_i|<1$ 的个数恰好等于先决的状态变量个数 n_Z，那么理性预期均衡就是（一般是）确定的。

在第 7 章以及 8.2 节和 8.3 节考虑的这种方法的各种应用中，结构方程在单位圆内有多于 n_Z 个根满足该多项式，因此这种政策规则会导致不确定性（indeterminacy）。[11] 这就是第 4 章中讨论过的萨金特－华莱士问题（1975），在该问题中，政策规则规定了名义利率的一条外生路径。因此我引入如下概念。

定义　我们称系统（1.1）式具有萨金特-华莱士性质（Sargent-Wallace property），如果方程（1.15）式的根 μ_i 中有多于 n_Z 个满足 $|\mu_i|<1$，那么矩阵 A 是奇异的，并且其特征方程具有 $n-\mathrm{r}(A)$ 重零根。

在这种情况下，同时对政策规则描述现实的和/或预测的内生变量路径的可能性进行考虑是重要的。

最后，我对那些只涉及状态变量的某个子集的政策规则给予特别的关注。下面我将仅涉及观察到的和/或预测的目标变量路径的政策规则称为直接规则（direct rule），直接规则与任何“中间目标变量”无关。当前流行的很多政策方案，包括泰勒规则和通货膨胀预测目标的标准公式等，都是这种意义上的直接规则。直接规则显然具有一定的实用吸引力，并有可能使政策当局可以更容易地与公众就政策的性质进行沟通。当政策规则涉及一些不明确的状态变量如“产出缺口”等的时候，显然会给政策当局带来一些困难，包括在政策规则的执行方面和向公众解释政策规则方面。但如果一定要使用这样的专业术语——如果要求规则是强健最优的，一般必须使用此类术语——最好的办法可能是使用与政策目标直接相关的术语，以便于人们在讨论所需要的政策目标时可以理解术语的实际经济含义，而不是使用那些只在特定经济模型中才有意义的变量。

我发现将最优的，事实上是强健最优的直接规则公式化是有可能的。我可以公式化一大簇可供选择的规则，在这些规则中，如果我们用现有经济学模型的一个或更多的结构方程来代替规则中的某个变量，规则仍然是强健最优的（在同样的意义上）。然而，这些可供选择的最优政策表达式都将涉及一些进入模型结构方程的额外变量，如外生冲击变量等。将注意力集中在最优直接规则上让我可以得到更多关于最优规则性质的确定性结论，而这些结论正是我所强调的。

8.1.3 各种冲击下的稳健性

最后，如果我所需要的不是简单地能在我们假设的若干种冲击下带来状态依存性最优响应的规则，而是在各种各样的可能冲击下都能达到最优，那么我将得到一些具体得多的关于最优政策规则形式的结论。这一点对于克服政策规则实践中可能存在的下面这种缺陷有着重要意义，那就是，人们有可能仅因为一项政策规则在随机模拟试验中有着良好的表现就遵守它——而事实上，那些在模拟过程中能使经济系统对某些假设的冲击做出最优反应的规则，当遇到现实经济中（未预料到的）真实的冲击时未必真能做出最优反应。

货币政策的现实执行通常涉及对当前经济情况（以及对未来一到两年的预测）的详细分析，并且要对一系列信息源进行考虑，包括定性的和定量的考虑。中央银行可能既不愿意将他们的考虑局限于一小部分统计数据，也不愿意用某些事先得到的概率分布结论来分析当前情况，即使这些结论可以较好地在那些分析各种政策规则的随机模拟试验中得到应用。现实经济中总是会不断出现一些这样或那样的特殊情况，所以很难想象中央银行总是愿意执行一项仅仅是在假设的环境下最优的政策，而且在这种假设的环境中，现实的特殊情况通常被假定是绝不会出现的。

然而，如果人们完全允许我方程中的冲击项在特征上具有极其多样的伸缩性，那么现实中中央银行关于经济前景的大部分研究都可以放在一个具体的数理模型中来考虑。我们应该明白，现实经济中可能出现的冲击种类过于繁多，即使将它们逐一列出也是不可想象的，所以不要对冲击的所有统计性质都进行参数估计和相关的可能性分析。同时我们还必须认识到，中央银行对于近期内发生的影响国内经济的各种冲击通常有着十分具体的认识，所以相应地，它需要的是能对这些特定冲击做出最优反应的政策规则的相关具体问题进行分析。[12]

有意思的是，有人在设计政策时可能考虑了某种冲击的可能性，碰巧这种冲击在最近发生了，而并没有对任意情况下的最优政策进行研究。这是因为人们可能选择了一种特殊的政策规则，当遵守这种规则时，无论模型方程中的附加冲击变量在统计上具有什么样的特征，都能恰好导致经济体的最优（前面介绍过的永久最优）均衡，尽管事实上要完全说明这个均衡可能需要一个由成千上万个参数构成的统计模型。特别地，詹诺尼和伍德福德指出，在冲击项的非条件均值为零的时候，有可能证明某个具有常系数的线性规则是最优的，并且不需要对冲击项的统计性质做任何其他的假设。

一个给定的结构性冲击 s_{jt} 可以假设具有如下形式：

$$s_{jt}=\sum_{k=0}^{\infty}\sum_{m}\alpha_{m,k}^{j}\,\epsilon_{m,t-k} \tag{1.16}$$

其中，m 涵盖了冲击的各种可能类型，随机变量 $\{\epsilon_{m,t}\}$ 中的每一个变量的时间序列都是独立同分布的，且每一个变量都有着自己的概率分布。对于每一种冲击，系数矩阵 $\{\alpha_{m,k}^{j}\}$ 代表着它可以事先预测的程度和它的影响延续的时间长度，这个无限长的参数列表对于每一个冲击可能都是不同的。对于绝大多数的冲击，我们都可以假设在$\epsilon_{m,t}$的各期取值中，有非常多的时刻是取零值，因此这类冲击（非零重要性的）只能偶尔被观察到。在这种情况下，同时做出以下两种假设在逻辑上是可行的：一是假设中央银行对于近期内对经济的所有冲击的性质都具有正确的理解，二是假设在某一个时间段里面对冲击出现的可能性进行估计并不需要使用包括所有未来冲击的一个完整列表和充分的数据。在（无数的）冲击具有零均值的假设下，央行既能准确地估计冲击项的历史值，即所有 $k\geqslant 0$ 上的 $s_{j,t-k}$ 值，也能准确地估计干扰项条件期望的未来路径，即所有 $T\geqslant t+1$ 上的 $E_t s_{j,T}$ 值。在我用来近似地考虑货币传导机制的对数线性（确定性等值）模型中，（对称信息）理性预期均衡要求我们假设经济中的每一个主体都拥有对这些条件期望的共同（正确）知识，尽管人们不需要拥有对未来冲击概率分布的其他特征的精确知识或者甚至是共识。正是出于这个原因，我假设人们拥有对冲击项平均值的准确知识，且同时不会失去假设平均值为零时所失去的一般性。

我寻求的是具有如下性质的政策规则。

定义　一项时间不变的政策规则（1.13）式是强健最优的，无论（1.16）式中系数矩阵 $\{\alpha_{m,k}^{j}\}$ 具体取值是多少，且无论冲击$\epsilon_{m,t}$具有何种分布特征（但它们必须是有界并且具有零均值），该规则都是永久最优的。

我在此考虑的这类线性二次最优政策问题中，强健最优政策规则存在的关键从上面的意义上讲是最优政策的确定性等值问题。这意味着中央银行的最优工具设置可能既取决于冲击在未来各时期的条件期望，也取决于冲击项过去和现在的取值，但它与未来冲击的概率分布的其他细节是没有关系的，所以在对最优工具设置进行说明时，完全不必对未来冲击的各种可能类型及其概率进行列举和赋值。事实上，正如我们将看到的一样，我们可以从工具规则或目标规则的角度来表达最优政策，在这两种情况下，最优政策的表达甚至与已经发生的冲击都没有关系，除了它们会对央行对其目标变量（如产出缺口等）的估计（以及对未来路径的预测）产生影响以外。

尽管我们对强健最优规则做了进一步的规定，仍然会有很多政策规则具有这些符合要求的性质。因此，我将进一步搜寻集中在直接规则的范围内——仅包括目标变量 τ_t 的规则，尽管它们可能同时包括了这些变量的前推值（leads）和滞后值（lags）——出于之前讨论过的原因。詹诺尼和伍德福德认为，找到一个强健最优的时间不变直接政策规则的可能性是非常大的。事实上，虽然有这么多的要求，一般来说也很难分离出唯一的最优的规则，尽管我们的注意力已经集中在一个较小的范围内了。

8.1.4 强健最优规则的存在性

我的目标是寻找一个可以导致确定性均衡的时间不变直接政策规则，该规则决定的均衡将是强健最优的（永久最优的）。下面我对詹诺尼和伍德福德（2002a）提出的在一般线性二次政策问题的背景下构建此类规则的方法进行简要的说明。

现在，我开始寻求预期能带来上一节中描述的那种均衡动态的政策规则。一个关键的发现就是我们可以设计出一个时间不变的目标准则（1.13）式，这一准则隐含地要求内生变量在特定的初始拉格朗日乘子选择规则（1.11）式下，与刻画最优承诺的一阶条件系统（1.9）式[13]保持一致。这一类规则必然隐含着一个确定性均衡，因为一阶条件系统（在假设 8.1 下）存在唯一的有界解。而且，通常当均衡在转移动态（transition dynamics）方面与 t_0 期最优承诺不一致时——因为初始的拉格朗日乘子通常不能设定为零，以保证所提出的政策具有时间一致性——经济的均衡演化就是上面所定义的永久最优了。此外，因为一阶条件仅包含目标变量（还包括拉格朗日乘子，但为了获得政策规则会将其消去），最优规则是直接规则。同时，由于一阶条件与冲击过程在统计性质方面的假设是独立的，最优规则对于模型具体形式在该方面的变化是稳健的。

在 8.1.1 节的结尾部分，我得到了对于永久最优的如下描述：该政策规则必须决定一个均衡，在这个均衡中，当 $t \geqslant t_0$ 时，内生变量 y_t 根据（1.1）式和（1.9）式的唯一有界解演化，且与给定的初始条件 Z_{t_0} 和初始拉格朗日乘子 Ξ_{t_0-1} 保持一致。而且，这些初始拉格朗日乘子必须以规则（1.11）式的形式给出，且当 $t \geqslant t_0$ 时，其中的系数与（1.12）式中的系数总是相同的。

我们可以确定地知道规则（1.11）式满足（1.12）式的一种情况，那就是相应的关系：

$$\Xi_{t-1}=g_0+g_Z\bar{Z}_t+g_s\bar{s}_t \tag{1.17}$$

在所有的 $t>t_0$ 上，对于由（1.1）式和（1.9）式所构成的系统的，且与初始拉格朗日乘子（1.11）式相一致的唯一有界解总是成立的。这就是詹诺尼和伍德福德用以构建永久最优政策规则的方法。值得注意的是，均衡中的拉格朗日乘子 Ξ_{t-1} 对于任意的 $t>t_0$ 都只取决于经济在 $t-1$ 期的状态（所以我选择了这个下标）。因此，（1.17）式要具有下面这种性质，那就是，系数 g_Z 和 g_s 必须仅对 $\bar{Z}_t$ 和 $\bar{s}_t$ 中那些在 $t-1$ 期就已经知道取值的元素赋予非零的权重。

现在，我们可以对詹诺尼和伍德福德的方法做如下简介。首先，结构方程（1.1）式和稳定性目标（1.2）式允许我根据初始拉格朗日乘子 Ξ_{t_0-1} 的任意具体形式来定义最优动态。其次，我寻求一个对初始拉格朗日乘子进行选择的规则（1.11）式，据此选择的拉格朗日乘子必须具有特定的性质，那就是它所隐含的均衡在以后的所有时期都满足相应的关系（1.17）式。这样决定的经济均衡演化就是我希望实现的。最后，我对一个仅与目标变量的预期路径相关的时间不变性目标准则进行说明，该准则具有这样的性质，在所有的 $t\geqslant t_0$ 上都承诺实现该准则将带来一个确定性理性预期均衡，且该均衡中内生变量按我们所要求的路径演化。

为了在这里应用詹诺尼-伍德福德方法，我们还必须对结构方程（1.1）式中的矩阵 $\hat{I}$ 和 A 做进一步的假设。

假设 8.2 特征多项式（1.15）至少有 n_Z 个满足 $|\mu_i|<\beta^{-1}$ 的根，也就是说，其中至少有 $\mathrm{r}(A)-n_z$ 个满足此条件的非零根，还有 $n-\mathrm{r}(A)$ 个重复的零根。而且，可以找到一个正好包含 n_Z 个根的解集，其中包含 $n-\mathrm{r}(A)$ 重零根，同时或者（i）该解集中的所有解全部由实根和复根对构成，共轭的两个复根同时属于该集合；或者（ii）解集中仅包括一个复根，与之共轭的虚数不在该解集中，且该复根满足 $|\mathrm{Re}\,\mu^{-1}|>\beta$。

一般情况下，该假设的第一部分具有如下含义：在政策工具设置保持不变的情况下，即对于所有的时间 t 都有 $i_t=\bar{i}$ 时，无论初始条件 Z_{t_0} 的具体取值，也无论冲击过程的具体形式，只要冲击过程本身是有界的，结构方程（1.1）式总有一个或多个解，且满足在所有的 t 上 $\beta^t y_t$ 总是有界的。这意味着政策不需要为了防止爆炸性（至少是防止过度爆炸性）动态而进行任何特殊调整，只要政策工具的剧烈变动不必导致爆炸性动态，内生变量总是存在一条非爆炸均衡路径。值得注意的是，假设 8.2 的这一部分已经隐含在萨金特－华莱士性质中了。

该假设中关于正好包含 n_Z 个根的解集的进一步规定是一个相对宽松的约束。事实上，必然可以找到一个满足性质（i）的解集，除非所有满足 $|\mu_i|<\beta^{-1}$ 的非零根都是复根，且 $\mathrm{r}(A)-n_z$ 是奇数。即使在这种情况中，也必然可以找到一个恰有 n_Z 个根的解集，其中仅包含一个复根，且与之共轭的虚数不在该解集中。

因此，唯一的真正约束就是该复根必须满足$|\mathrm{Re}\,\mu^{-1}|>\beta$，这一约束比对根的模的已有假设更加严格。

詹诺尼和伍德福德还假定这些矩阵满足两个额外的技术性假设，假设 8.3 和假设 8.4，这将在附录 G 中详细给出。在此我只指出，对于任意秩满足 $0\leqslant \mathrm{r}(\widetilde{E})\leqslant n_z$ 和 $n_z\leqslant \mathrm{r}(A)\leqslant n$ 的一般矩阵 A 和 $\widetilde{E}$，这些假设都是成立的。

现在我们再回忆一下条件（1.9）式可以分割为两组一阶条件：

$$A'E_t\varphi_{t+1}+\widetilde{T}'W(\tau_t-\tau^*)-\beta^{-1}\hat{I}'\varphi_t=0 \tag{1.18}$$

$$B'_2\Xi_t+T^{i\prime}W(\tau_t-\tau^*)=0 \tag{1.19}$$

其中，$T=[\widetilde{T}\quad T^i]$ 列分块与矩阵 $\widetilde{A}$ 的分块是一致的。给定目标变量的任意有界演化过程，就有可能为各乘子找到一条满足条件（1.18）式的相应路径。

命题 8.1 在假设 8.2～假设 8.4 下，总存在（实值）矩阵 Λ、Υ 和线性算子 $Q(L^{-1})$、$R(L^{-1})$，使得若有界过程 $\{\phi_t\}$ 和 $\{\tau_t\}$ 在 $t\geqslant t_0$ 上满足条件（1.18）式，当且仅当它们对于所有 $t\geqslant t_0$ 都满足如下条件：

$$\Xi_t=\Lambda\Xi_{t-1}+E_t[Q(L^{-1})\widetilde{T}'W(\tau_t-\tau^*)] \tag{1.20}$$

$$\xi_t=\Upsilon\Xi_{t-1}+E_t[R(L^{-1})\widetilde{T}'W(\tau_t-\tau^*)] \tag{1.21}$$

且这些线性算子满足下面这个条件，那就是，在任意有界过程 x_t 的情况下，$Q(L^{-1})x_t$ 和 $R(L^{-1})x_t$ 都是定义明确且有界的过程。

该命题的证明可参见詹诺尼和伍德福德（2002a）。在特征方程（1.15）式恰有 n_Z 个满足$|\mu_i|<\beta^{-1}$的根的情况下，矩阵 Λ、Υ、Q 和 R 都是唯一定义的，且对于一个给定的目标变量 $\{\tau_t\}$ 演化过程和初始条件 Ξ_{t_0-1}，方程（1.18）式对于乘子 $\{\varphi_t\}$ 总有唯一的解。相反，如果有多于 n_Z 个满足该条件的根，乘子将可能有多个解。而且，还可能找到这样一个解，其中 Ξ_t 和 ξ_t 都是滞后值 Ξ_{t-1} 和目标变量在 t 时刻的预期路径的时间不变函数，正如（1.20）式和（1.21）式所表示的那样。在这种情况下，矩阵 Λ、Υ、Q 和 R 的取值并非是唯一确定的，但是仅有少数几种可能情况是成立的，分别对应于选择（1.15）式的含 n_Z 个模$|\mu_i|<\beta^{-1}$的根的解集的不同方法。

接下来我注意到对于任意的 n_z 阶方阵 Λ，总存在一个 $n_z\times n_z$ 阶矩阵多项式 $B(L)$ 和一个标量多项式 $\alpha(L)$ 使下式成立：

$$B(L)(I-\Lambda L)=\alpha(L)I \tag{1.22}$$

其中，$\alpha(L)=\det(I-\Lambda L)$，且 $B(L)$ 是矩阵（$I-\Lambda L$）的伴随矩阵，亦即其代数余子式矩阵的转置。注意，$\alpha(L)$ 的阶数为 $\mathrm{r}(\Lambda)=\mathrm{r}(\widetilde{E})\equiv k$，而$B(L)$的阶数为 $d\equiv\min(k,\ n_z-1)$。用 $B(L)$ 左乘（1.20）式可得：

$$\alpha(L)\Xi_t=B(L)E_t[Q(L^{-1})\widetilde{T}'W(\tau_t-\tau^*)]$$

如果（1.20）式对于所有的 $t\geqslant t_0$ 成立，那么该方程对于所有的 $t\geqslant t_0+k$ 都成立。

反过来，如果（1.20）式对于所有 $t_0 \leqslant t < t_0 + k$ 成立，且上式对于所有的 $t \geqslant t_0 + k$ 都成立，那么（1.20）式对于所有的 $t \geqslant t_0 + k$ 也成立。

最后，用 B'_2 左乘该方程并用（1.19）式消掉 $B'_2 \Xi_t$ 项，可得如下条件：

$$\alpha(L) T^{i\prime} W(\tau_t - \tau^*) + B'_2 B(L) E_t[Q(L^{-1}) \tilde{T}' W(\tau_t - \tau^*)] = 0 \tag{1.23}$$

其中仅包含目标变量。在 t_0 期选择了最优的一劳永逸（once-and-for-all）承诺后，目标变量的变化对于所有的 $t \geqslant t_0 + k$ 将满足该准则。[14]因此，政策制定者在每一期都执行条件（1.23）式的承诺是合理政策的一个实例，这里所说的合理是指，在过去任意足够早的时刻选择的最优承诺条件下，坚持执行该政策将一直是最优的。

条件（1.23）式是具有时间不变的形如（1.13）式的直接政策的一个例子。如前所述，两者都具有政策规则需要具备的各项性质。为了将（1.23）式表达成（1.13）式的形式，可以将向量 $\bar{Z}_t$ 定义如下：

$$\bar{Z}_t \equiv (Z'_t q'_{t-1} \quad \cdots \quad q'_{t-d} v_{t-1} \quad \cdots \quad v_{t-k})' \tag{1.24}$$

其中：

$$q_t \equiv E_t[Q(L^{-1}) \tilde{T}' W(\tau_t - \tau^*)] \tag{1.25}$$

$$v_t \equiv T^{i\prime} W(\tau_t - \tau^*) \tag{1.26}$$

这里 $\bar{Z}_t$ 不仅包括影响当前目标变量 τ_t 的非先决内生变量，还包括对未来目标变量的条件期望，它们包含在 q_t 中。一般来说，（1.24）式要求向量 $\bar{Z}_t$ 不仅要包含描述目标变量从 t 时刻开始的可能变化的那些必需变量，还要包含一些额外的元素。[15]所以这个规则一般而言并非伍德福德（2000）意义上的具有纯粹前瞻性。

一般说来，我们可以很容易地说明这样的政策规则隐含着一个确定性均衡。下述结论依赖于附录 G 给出的额外假设 8.5，这一条件也是一个对于具有任意秩的一般矩阵都成立的条件。

命题 8.2 在假设 8.1～假设 8.5 下，一项保证条件（1.23）式在所有 $t \geqslant t_0$ 上都成立的承诺将导致一个确定性理性预期均衡。在该均衡中，各期的 z_t 均由形如（1.5）式的线性关系给出，其中 $\bar{s}_t = s_t$（定义目标变量从 t 时刻起可能的变化所必需的外生状态向量），$\bar{Z}_t$ 由（1.24）式给出。

而且，在所有的与条件（1.1）式、初始条件 $\bar{Z}_{t_0}$ 和下述附加约束相容的内生变量从 t_0 时刻起的有界演化过程中，与该均衡对应的有界过程 $\{y_t\}$ 使（1.2）式最小化。附加约束为：

$$\tilde{E} z_{t_0} = \bar{e} \tag{1.27}$$

其中，$\bar{e}$ 是由（1.6）式给出的 $\bar{Z}_{t_0}$ 和 s_{t_0} 的一个函数。

该命题的证明亦见于 Giannoni and Woodford(2002a)。该命题的核心思想是，根据给定的初始条件 $\bar{Z}_{t_0}$，我们可以唯一地确定其所隐含的拉格朗日乘子 Ξ_{t_0-1}，

且它具有下面这种性质，那就是，在所有的 $t \geqslant t_0$ 上，由（1.1）式和（1.23）式构成的系统的与初始条件 $\bar{Z}_{t_0}$ 和 s_{t_0} 相容的每一个有界解都必然对应着由（1.1）式和（1.9）式构成的系统的且与初始条件 Z_{t_0}、Ξ_{t_0-1} 和 s_{t_0} 相容的一个有界解。那么，后者解的存在性和唯一性（在假设 8.1 下）就隐含着遵守目标准则（1.23）式下的理性预期均衡的确定性。此外，这个确定性均衡在选择某个初始乘子 Ξ_{t_0-1} 时是满足由（1.1）式和（1.9）式构成的方程系统的，这说明它在形如（1.27）式的附加约束下也是最优的。而初始拉格朗日乘子是具有（1.17）式形式的初始条件的时间不变方程则保证了附加约束是以（1.6）式的形式给出的。

命题 8.2 的第二部分说明政策规则（1.23）式是永久最优的。我想进一步强调的是，该规则的系数仅取决于一阶条件（1.9）式的系数，而后者的系数与冲击过程在统计性质方面的任何假设都无关。因此这个政策规则也是强健最优的。

8.1.5 最优工具规则

在（1.23）式中，当前政策工具设定 i_t 的系数是：[16]

$$T^{i\prime} W T^i + B_2' Q(0) \tilde{T}' W T^i$$

如果它是非零的，那么该规则就可以理解为一个隐性工具规则。下面是一种特定利率的情况。

假设 8.3 目标变量可以做如下分块：

$$\tau_t = \begin{bmatrix} \hat{\tau}_t \\ i_t \end{bmatrix}$$

其中，$\hat{\tau}_t = \hat{T} \bar{y}_t$ 是一个仅包含内生变量向量 $\bar{y}_t$ 的函数，不包含政策工具向量。并且目标值 τ^* 可以简单地分块为目标值 $\hat{\tau}^*$ 和 i^*。（1.3）式中的矩阵 W 也是分块对角矩阵，所以：

$$L_t = \frac{1}{2}(\hat{\tau}_t - \hat{\tau}^*)' \hat{W} (\hat{\tau}_t - \hat{\tau}^*) + \frac{\lambda_i}{2}(i_t - i^*)^2$$

其中，$\hat{W}$ 是一个对称的正定矩阵，且 $\lambda_i \geqslant 0$。

这个假设在本章后面部分要分析的所有例子中都是满足的，在该假设下，（1.23）式中 i_t 的系数就是 λ_i。因此，如果 $\lambda_i > 0$（也就是说，如果政策制定者的目标包含了对政策工具稳定性的考虑），最优政策将是一个隐性的工具规则，它可以表达成如下形式：

$$i_t = (1-\gamma(1))i^* + \gamma(L) i_{t-1} - \lambda_i^{-1} B'_2 B(L) E_t[Q(L^{-1}) \hat{T}' \hat{W} (\hat{\tau}_t - \hat{\tau}^*)] \tag{1.28}$$

这里我将滞后多项式 $\alpha(L)$ 表示为 $1-\gamma(L)\ L$，其中 $\gamma(L)$ 是一个 $k-1$ 次多项式。

在下面的情况中，我可以对最优工具规则的形式做进一步的阐述。

假设 8.4 对于某个满足 $m\geqslant 1$ 的实数 m，如果特征多项式（1.15）有 n_Z+m 个满足 $|\mu|<\beta^{-1}$ 的根，同时若 A 是奇异矩阵，那么该特征多项式定存在 $n-\mathrm{r}(A)$ 重零根。

本书中所研究的各个模型都具有这种性质，值得注意的是，假设 8.4 已经隐含在萨金特—华莱士性质（在我的例子中是成立的）中了。在此情况下，我将得到如下关于最优政策的更严格的描述。

命题 8.3 在满足假设 8.1～假设 8.4，且 $\lambda_i>0$ 的线性二次政策问题中，最优工具规则（1.28）式必须赋予滞后利率以足够大的权重，以使滞后多项式 $\alpha(L)=1-\gamma(L)L$ 等于零时有 m 个根位于单位圆内。

值得注意的是，$\alpha(L)$ 有位于单位圆内的零根这一结果意味着，在其余目标变量 $\{\hat{\tau}_t\}$ 的任意有界路径下，（1.28）式所隐含的工具动态（instrument dynamics）几乎总是爆炸性的。因此，在罗特伯格和伍德福德（1999a）及伍德福德（1999a）的研究文献中，某些前瞻性模型的最优利率规则包含着超惯性利率动态并未出乎我们的意料之外，因为在一般与利率相关的前瞻性模型族中，每一个具有（1.28）式形式的最优工具规则都具有这一性质。当然，遵守这样的规则并不意味着均衡中的利率动态总是爆炸性的，相反，我已经指出存在一个理性预期均衡，在这个均衡中利率（以及所有的其他状态变量）是有界的。正因为在（1.1）式和（1.28）式构成的系统的所有解中利率动态都是爆炸性的，所以才存在确定性的均衡。事实上，若假设私人部门总是根据给定政策规则下的确定性理性预期均衡来调整自己的预期，那么根据超惯性规则来设定利率代表着一种促使其他目标变量的演化满足特定条件的方法，该条件是促使这些目标变量的变化满足利率动态不至于爆炸所必需的。

当然，并不总是存在一个强健最优政策规则，即便是那些能表示成隐性工具规则的也并不总是存在。如果 $\lambda_i=0$，最优规则可以化简为：

$$B'_2B(L)E_t[Q(L^{-1})\hat{T}'\hat{W}(\hat{\tau}_t-\hat{\tau}^*)]=0 \tag{1.29}$$

在这种情况下，该规则是一个纯目标规则。因为命题 8.2 表明，存在一个在所有时刻都满足此准则的确定性理性预期均衡，为了唯一地确定该准则在各期所隐含的政策工具设置，运用恰当政策工具保证这一准则得以实现是可行的，而且也是一个充分条件。

而且，尽管当 $\lambda_i>0$ 时，仍然可能存在纯目标规则形式的强健最优政策规则。值得注意的是，强健最优规则不一定必须具备（1.23）式的形式。具有如下形式的任意规则：

$$a(L)'E_t[\Psi(L^{-1})(\tau_t-\tau^*)]=0 \tag{1.30}$$

与下面这个规则是等价的：

$$E_t\{\phi(L^{-1})a(L)'E_t[\Psi(L^{-1})(\tau_t-\tau^*)]\}=0 \tag{1.31}$$

其中，$\phi(L^{-1})$ 是滞后算子倒数的一个任意可逆（标量）多项式函数，也就是满足 $\phi(\mu)=0$ 的所有解都在单位圆外这一条件的任意多项式。当且仅当一个有界过程 $\{\tau_t\}$ 满足（1.31）式时它满足（1.30）式，从这个意义上来说，这两个规则是等价的。我们也许会推断（1.31）式肯定是一种更加复杂的表述方法，因为它包含了对未来更远时期目标变量的预测，从而认为（1.30）式必然更受欢迎。但事实未必如此。如果一个或多个滞后多项式 $a_i(L)$ 可以进行如下因式分解：

$$a_i(L)=\gamma_1(L)\gamma_2(L)$$

其中，$\gamma_1(L)$ 是一个 $m(m\geqslant1)$ 次滞后多项式，且 $\gamma_1(\mu)=0$ 的所有根都在单位圆内。我们也可以选择 $\phi(L^{-1})=\tilde{\gamma}_1(L^{-1})^{-1}$，其中 $\tilde{\gamma}_1(L^{-1})\equiv\gamma_1(L)L^{-m}$ 是一个 m 次多项式，且其等于零时的所有根位于单位圆外。在这种情况下，

$$E_t\{\phi(L^{-1})a_i(L)x_t\}=\gamma_2(L)x_{t-m}$$

对于任意有界变量 x_t 都成立，且与 $a_i(L)x_t$ 相比，这是 x_t 的一个更为简化的函数（包含的滞后量减少了，但先行量并未增加）。

尤其当假设 8.4 得到满足的时候，这种可能性大大提高了。

命题 8.4 再一次考虑满足假设 8.1～假设 8.4 且 $\lambda_i>0$ 的线性二次政策问题。通过命题 8.3，我们知道，（1.28）式中的滞后多项式 $\alpha(L)=1-\gamma(L)L$ 等于零时有 m 个根位于单位圆内。将该多项式进行如下因式分解：

$$\alpha(L)=\alpha_1(L)\alpha_2(L)$$

其中，$\alpha_1(L)$ 是一个 m 次多项式，且其为零时所有根均在单位圆内；$\alpha_2(L)$ 是一个 $k-m$ 次多项式，且其为零时所有根均在单位圆外。

因此我们可得如下形式最优政策规则：

$$E_t\{\tilde{\alpha}_1(L^{-1})^{-1}B'_2B(L)E_t[Q(L^{-1})\hat{T}'\hat{W}(\hat{\tau}_t-\hat{\tau}^*)]\} \\ +\lambda_i\alpha_2(L)(i_{t-m}-i^*)=0 \tag{1.32}$$

其中，$\tilde{\alpha}_1(L^{-1})\equiv\alpha_1(L)L^{-m}$（注意这是一个纯目标规则）。当且仅当有界过程 $\{i_t\}$ 和 $\{\hat{\tau}_t\}$ 满足（1.32）式时它们满足（1.28）式，从这种意义上讲，规则（1.28）式和（1.32）式是等价的。因此（1.32）式是一个强健最优直接目标规则的例子，且不能将它理解为一项工具规则。

从纯目标规则角度来看（尽管政策工具的稳定性存在于政策当局的稳定性目标之中），最优政策表达式的存在性与最优工具规则是超惯性有着内在的联系。

我已经强调过，根据超惯性规则来设定利率代表着一种促使其他目标变量的演化满足特定条件的方法，该条件是促使这些目标变量的变化满足利率动态不至于爆炸所必需的。目标变量的演化必须满足该条件这一预期正是目标准则（1.32）式所要表达的内在含义。因此，下述的两个承诺并不是真正意义上的不同政策：一是根据（1.28）式来设定利率的承诺，二是调整利率以确保准则（1.32）式在所有时刻都成立的承诺，从隐性工具规则角度来看的政策表达式只不过是将利率调整的力度表达得更加直接而已。

从隐性工具规则或从目标规则角度来看的最优政策的等价表达式的可能性将在第 3 节将讨论的例子中进行阐述。值得注意的是，这两个表达式不能只是对于某个特定的冲击过程是等价的，而应该对于任意可能的冲击过程都是等价的。因此，它们中的任何一个都不能比另一个更强健最优，任何一个都不需要比另一个要求更多的信息来执行政策，也不允许任何一个比另一个有更多的自由判断的余地。因此，作为货币政策执行的两种一般方法，隐性工具规则和目标规则之间没有明显的区别。如果在命题 8.4 所描述的情况下，还存在着对某种政策承诺形式的特别偏好的话，那大概是由于缺乏就这两类承诺与公众进行沟通造成的，而与其中任何一种可信承诺会带来的结果没有关系。

8.2 最优通胀目标规则

下面我将提供一些最优政策规则决定方法的具体例子，在这些例子中，我们将看到最优政策规则是如何取决于研究者所用货币传导机制模型的细节的。[17]我将考虑一系列简单的例子，我选择这些例子是为了说明在货币传导机制的各最优化数量模型中，模型本身的常见特征所带来的相应结果。然后我将提供一个在较小的数量模型中计算最优政策规则的例子，这个数量模型是用美国的时间序列估计所得，也就是詹诺尼和伍德福德（2003b）中的模型，我们在本书的第 5 章中已经对其进行了讨论。

在本节所考虑的每一个例子中，我都同时从交易摩擦和零利率下界出发，因此，福利理论上的稳定目标不包括对利率稳定的考虑。从而，根据 8.1 节中的各原则所得到的强健最优政策规则必然是纯目标规则，也就是说，这些规则包含了一个不断调整利率以确保达到某个目标准则的承诺，而目标准则本身的决定与利率工具的路径是无关的。

事实上，在这里的每个例子中，最优目标准则都赋予了通胀预测一定的权重，尽管单个价格指数的预测变化并非是影响目标准则的唯一变量。因此这些政策规则可以合理地描述为“伸缩性通胀目标规则（flexible inflation target rules)”。本节分析的主要目的之一就在于阐明一项通胀目标规则以何种方式“伸缩性”才是最优的——也就是说，解释除了通胀预测以外我们还应该考虑哪些其他变量，以及在何种程度上考虑这些变量。当然，答案是它们取决于研究者所用货币传导机制模型的具体细节，但我想进一步阐明的是这个答案是如何被最优化数量模型中的各种常见元素所影响的，包括詹诺尼和伍德福德的模型。

上节描述的詹诺尼和伍德福德（2002a）的分析得出了一般性线性二次政策问题的一个强健最优目标准则，我们在这里考虑的所有例子都属于此类问题。但在这里我要阐明的是如何将它应用到我们的简单例子中，而不是简单地引用一般性公式（1.29）。

8.2.1 一个具有通胀惯性的模型

在7.5节中，我已经给出了最优通胀目标规则的一个简单例子。在那里，我分析了一个对稳定性政策具有约束条件的模型，其中的约束条件来自于具有如下形式的总供给关系：

$$\pi_t=\kappa x_t+\beta E_t\pi_{t+1}+u_t \tag{2.1}$$

该关系是从卡尔沃交错定价模型（Calvo model of staggered pricing）中得到的（详见第3章），其中，π_t 是总价格指数对数的变化量，x_t 是与福利相关的产出缺口（在第6章中已经讨论过），u_t 是一个外生的成本推动型冲击（也已经在第6章中已经讨论过），这个冲击使通货膨胀和产出缺口不可能是完全稳定的，系数满足 $\kappa>0$，$0<\beta<1$。货币政策的目标设定为使如下形式的损失函数期望值最小化：

$$W=E_0\left\{\sum_{t=0}^{\infty}\beta^t L_t\right\} \tag{2.2}$$

其中，折现因子 β 与（2.1）式中的 β 是一样的，各期的损失为：

$$L_t=\pi_t^2+\lambda(x_t-x^*)^2 \tag{2.3}$$

其中，λ 为一个特定的权重且 $\lambda>0$，产出缺口的最优水平 $x^*>0$。在第6章中我已经说明了，在与结构关系（2.1）式相同的微观基础上，代表型家庭期望效用函数的一个二次近似是（2.2）式的一个递减函数。且有：

$$\lambda=\kappa/\theta \tag{2.4}$$

（其中 $\theta>1$ 是两种不同商品之间的替代弹性），而 x^* 是市场力和税收扭曲大小的一个函数。第7章中给出的分析在任何具有（2.3）式形式的损失函数情况下都是适用的，无论权重和各目标值是否可以在福利理论的基础上加以论证。

在第7章中，我已经说明在这种情况下强健最优目标准则具有如下形式：

$$\pi_t+\phi(x_t-x_{t-1})=0 \tag{2.5}$$

且其系数 $\phi=\lambda/\kappa>0$。正如以前已经指出的一样，这是一种伸缩性通胀目标的形式。它说明我们应该接受预期通胀率 π_t 对长期通胀目标（此处为零）的偏离，长期通胀目标与一定时期内产出缺口的期望下降幅度是成比例的，且这个时期恰是期望价格会上升的时期。值得注意的是，最优准则是依赖于历史情况的，因为一个给定预期（π_t，x_t）的可接受性取决于产出缺口在最近过去一段时间内的水平。正是目标准则的这一特征使得产出缺口在经历短时间的成本推动型冲击之后，仅仅是逐渐地向其正常水平回归，正如图7.3所演示的那样。

在许多通胀动态的实证研究模型中，研究者们使用的都是通胀惯性，现在我想要考虑的是，在用总供给关系代替通胀惯性后，最优目标规则必须进行什么样的修正。像在第6章和第7章中一样，通过假设把各个单个价格编制成一个总价格指数，正如克瑞斯汀娜（2001）假设的那样，我将在一个最优定价行为模型中来考虑通胀惯性。当用这种方法来修正卡尔沃交错定价模型时，总供给关系（2.1）式具有更加一般的形式：

$$\pi_t-\gamma\pi_{t-1}=\kappa x_t+\beta E_t[\pi_{t+1}-\pi_t]+u_t \tag{2.6}$$

和在第3章中已经说过的一样，其中，系数$0\leqslant\gamma\leqslant 1$代表总价格指数的自动指数化程度（the degree of automatic indexation to the aggregate-price index）。在完全指数化的极端情况下（$\gamma=1$），即克瑞斯汀娜等所假设的情况以及詹诺尼和伍德福德（2003b）估计出来的与美国数据吻合得最好的情况中，这个关系与菲雷尔和摩尔（1995a）所提出的总供给关系在本质上是一致的，而后者已经在实证研究中广泛使用。

正如第6章中说明的那样，与这一可供选择的结构模型相对应的福利理论方面的稳定目标可以在（2.2）式的基础上得到，即用下面的损失函数替代原损失函数（2.3）式：

$$L_t=(\pi_t-\gamma\pi_{t-1})^2+\lambda(x_t-x^*)^2 \tag{2.7}$$

其中，$\lambda>0$仍由（2.4）式给出，$x^*>0$和前面一样仍然是内在的微观经济扭曲的一个函数。如果我们考虑具有（2.7）式形式损失函数的（2.2）式在条件（2.6）式约束下的最小化问题，我们会发现该问题与未进行指数化之前（即标准卡尔沃模型）有着相同的形式，除了用下面的拟差分通胀率（quasi-differenced inflation rate）来代替未进行指数化的模型中所有的π_t外：

$$\pi_t^{qd}\equiv\pi_t-\gamma\pi_{t-1} \tag{2.8}$$

同样，除了进行这一替代以外，这个模型的解与未进行指数化模型的解也是相同的（更多细节参见7.2.1节）。

第7章图7.5给出了在最优政策下，当遇到短期成本推动型冲击时，通货膨胀、产出缺口和价格水平在指数化参数γ的不同取值下的脉冲反应。从图中可以看出，在最优承诺下，只要$\gamma<1$，价格的未预期的初始增长将逐渐消失，这也意味着通货膨胀率将最终折回（undershoots）到其长期水平上。但是，对于所有足够大的γ值，通胀率即使在冲击停止后的一段时间内仍然高于长期水平，在后来才会逐渐折回其长期水平，并且γ的值越大，通胀率高于平均水平持续的时间就越长。在$\gamma=1$的极端情况下，折回现象就不再出现了，通货膨胀只是逐渐地恢复到其长期目标水平。[18]在最后这种情况下，即使是在最优政策下，一个暂时的冲击也将导致价格水平的永久改变。但是，通胀率将最终恢复到其在最优承诺下的预期长期水平，尽管通胀率（与通胀加速率相反）在模型中并不与福利相关。值得注意的是，图7.5所刻画的在$\gamma=1$时的最优反应与通胀盯住型中央银

行的传统理论吻合得非常好。但是，我的理论分析使我可以计算出一个最优通胀率，并且，我们应该预期通货膨胀在经历了一个冲击后会回到其长期目标水平。

就像在上一节中一样，我可以得出一个可以实现对冲击进行最优反应的目标准则，且不用考虑冲击在统计性质方面的假设。这一目标准则可以通过用替换（2.5）式中的 π_t 得到：

$$\pi_t - \gamma\pi_{t-1} + \phi(x_t - x_{t-1}) = 0 \tag{2.9}$$

其中，$\phi>0$ 仍然是模型参数的一个函数，且其形式与之前保持一致。该式说明，当期的预测通货膨胀率不仅取决于产出缺口的预测变化，而且（只要 $\gamma>0$）取决于过去的通货膨胀率：在产出缺口预测给定的条件下，现有的通货膨胀率越高，意味着近期的预期通货膨胀率越高。

在 $\gamma=1$ 的特殊情况下，最优目标准则根据现存通胀率的上升以 1∶1 的比例调整当期的通胀目标——目标准则实际上只与通货膨胀的加速率有关。但这并不意味着冲击可以将通货膨胀率永久地移到一个新的水平，正如图 7.5 所示。事实上，在完全指数化的情况下，还有另一个目标准则也能导致对成本推动型冲击的最优均衡反应，并且它来得更加简单：

$$\pi_t + \phi x_t = \bar{\pi} \tag{2.10}$$

其中，$\phi>0$ 仍然是和（2.9）式中一样的系数，且长期通胀目标值 $\bar{\pi}$ 是任意的（但不随时间改变）。值得注意的是，（2.5）式只是（2.10）式的一阶差分形式，任何一个保证（2.9）式在时间 $t\geqslant t_0$ 的每一期都成立的承诺等价于一个保证（2.10）式在选取特定的 $\bar{\pi}$ 时成立的承诺，具体地说，$\bar{\pi}=\pi_{t_0-1}+\phi x_{t_0-1}$。但是，$\bar{\pi}$ 的选择既不影响均衡的确定性，也不影响通货膨胀和产出缺口对实际冲击的均衡反应（仅影响长期平均通胀率），所以任何具有（2.10）式形式的目标准则都可以实现对冲击的最优反应。注意，这种最优目标准则在形式上与斯文森（1999）提出的能刻画现实中通胀盯住型央行行为的那种准则是相似的，除了（2.10）式中对未来通货膨胀率和产出缺口的预测不如在后者中那么长远（（2.10）式的预测仅涉及下一期）。

在 8.1 节所提出的定义下，任何具有（2.10）式形式的规则在对过去价格指数进行完全指数化的条件下都是永久最优的。值得注意的是，其他能导致仅在各目标变量均衡路径的暂时和确定性成分上与（2.10）式不同的规则也可以认为是这种意义上最优的。而且，如果最优政策的概念是时间一致性的，那么目标变量初始行为的不明确性是不可能被解决的。在目前这种情况下，对目标变量通胀加速率的初始行为要求是不明确的，这就意味着所需要的长期通胀率平均水平是不明确的，尽管在通货膨胀应该如何对冲击做出反应方面不存在不确定性。

因为我假设的是一个通胀率不会带来扭曲的经济学模型，所以与最优目标准则相关的长期通胀率目标总是不确定的。这在逻辑上是可能的，但在现实中不可能出现。（由名义利率水平决定的扭曲将在下一节中加以讨论，这种扭曲可能是打破此结论的一个现实例子，即使在完全指数化的情况下也是如此。）因为这里所考虑的模型在当 $\gamma=1$ 时并不能确定任何具体的最优长期通胀目标（比如说，它不一定要随着初始时期已存在的通胀率的变化而变化），所以即使是这些相关假设的一个细微变动也可能导致一个新的最优长期通胀率，且其一般都与初始时刻已存在的通胀率无关。7.1.2 节中讨论过的货币摩擦为这种情况提供了一个例子。大家应该仍然记得在那部分内容中，我们讨论过存在指数化时的最优长期通胀目标问题。在讨论中我们发现，只要存在货币摩擦，最优长期通胀目标就是确定的，即使在 $\gamma=1$ 的情况下也是如此。（该情况下的合理最优目标准则将在 8.3.2 节中加以讨论。）

传统的通胀盯住型中央银行通常要求通胀率在经历了成本推动型冲击后逐渐回到其长期目标水平，虽然图 7.5 中刻画的当 γ 值较大时的最优动态反应与该情况吻合得很好，但这并没有多少现实意义，因为该模型的最优目标准则只包含短期预测，而没有涉及中期通货膨胀率的预测。即使我们假设中央银行总能提前一年或者更早地获得冲击的相关信息，并且明确知道这种冲击将改变总供给关系，对最优政策的最佳描述仍然是那些能够阐明短期产出预测应该如何调整可接受的短期通胀预测的描述，而不是那些仅能验证对更远时期的通货膨胀率的预测是否准确的描述。当然，如果一项承诺能保证目标准则（2.9）式在任意时刻都成立，它必然意味着未来若干期内的预期通胀率不会太多的偏离其长期目标，但是，后面这个规则并不能有效地告诉我们在某个给定的时间点上，到底应该对利率进行何种实际操作。

8.2.2 一个同时具有工资黏性和价格黏性的模型

我们在第 5 章中已经讨论过，很多相关研究（Amato and Laubach，2003a；Christiano et al.，2001；Smets and Wouters，2002；Altig et al.，2002；Giannoni and Woodford，2003b）都发现工资和价格都具有黏性的模型能更好地解释真实变量和名义变量的联合动态。这个模型通常是用安斯格等人（2000）提出的方法来构建的，在这种方法中，各种不同类型劳动者之间是垄断竞争的，工资的交错定价则类似于卡尔沃（1983）交错定价模型。和 3.4 节中相似，该模型供给方面的结构方程具有如下形式：

$$\pi_t=\kappa_p(x_t+u_t)+\xi_p(w_t-w_t^n)+\beta E_t\pi_{t+1} \tag{2.11}$$

$$\pi_t^w=\kappa_W(x_t+u_t)+\xi_W(w_t^n-w_t)+\beta E_t\pi_{t+1}^w \tag{2.12}$$

上面的两个方程和如下恒等式一起，将可变工资模型的单一方程（2.1）式一般化了。

$$w_t=w_{t-1}+\pi_t^w-\pi_t \tag{2.13}$$

这里，π_t^w 代表名义工资上涨率，$\hat{\omega}_t$ 代表对数实际工资，$\hat{\omega}_t^n$ 表示自然实际工资的外生变化，且系数 κ_p、ξ_p、κ_w、ξ_w 都为正。系数 ξ_p 代表商品价格上涨幅度对于边际成本和现行价格之间平均差距变化的敏感程度，当价格越具有黏性时，该系数就越小。相似地，ξ_w 代表工资上涨幅度对于家庭“供给工资”（劳动供给和消费之间的边际替代率）和现行工资之间平均差距变化的敏感程度，而它衡量的则是工资的黏性。

并且注意，$\kappa_p \equiv \xi_p \omega_p$，$\kappa_w \equiv \xi_w(\omega_w + \sigma^{-1})$，其中 $\omega_p > 0$ 衡量的是在给定的工资水平上边际成本对于供给数量的弹性；$\omega_w > 0$ 衡量的是在保持家庭收入的边际效用不变的条件下，供给工资对于产量的弹性；而 $\sigma > 0$ 代表跨期替代弹性，它和跨期 IS 关系中的跨期替代弹性是一样的。在工资完全伸缩性的极端情况下，ξ_w 变得无穷大，(2.12) 式简化为同期关系 $w_t - w_t^n = (\omega_w + \sigma^{-1})(x_t + u_t)$。用该式中的 w_t 替换 (2.11) 式中的 w_t，(2.11) 式就化简成了 (2.1) 式，其中：

$$\kappa \equiv \xi_p(\omega_p + \omega_w + \sigma^{-1}) \tag{2.14}$$

并且对成本推动型冲击 u_t 进行了一定的调整。

在第 6 章中我已经说明了（沿着安斯格等人 (2000) 的路线），合理的以福利理论为基础的稳定性目标应该是具有 (2.2) 式形式的贴现准则，且各期损失函数为：

$$L_t = \lambda_p \pi_t^2 + \lambda_w \pi_{wt}^2 + \lambda_x (x_t - x^*)^2 \tag{2.15}$$

其中，λ_p、λ_w、λ_x 均大于零。（最优权重可以表示为第 6 章中基本模型参数的函数。）下面我将考虑能够在条件 (2.11)式～(2.13) 式的约束下，使由 (2.2) 式和 (2.15) 式定义的目标准则最小化的政策。

第 7 章和 8.1 节中使用过的拉格朗日方法在这里可以得到如下一阶条件系统：

$$\lambda_p \pi_t + \varphi_{pt} - \varphi_{p,t-1} + \upsilon_t = 0 \tag{2.16}$$

$$\lambda_w \pi_t^w + \varphi_{wt} - \varphi_{w,t-1} - \upsilon_t = 0 \tag{2.17}$$

$$\lambda_x (x_t - x^*) - \kappa_p \varphi_{pt} - \kappa_w \varphi_{wt} = 0 \tag{2.18}$$

$$\upsilon_t = \xi_p \varphi_{pt} - \xi_w \varphi_{wt} + \beta E_t \upsilon_{t+1} \tag{2.19}$$

其中，φ_{pt}、φ_{wt}、υ_t 分别是对应于约束条件 (2.11) 式、(2.12) 式和 (2.13) 式的拉格朗日乘子。类似地，我可以用其中的三个方程消去三个拉格朗日乘子，得到具有如下形式的目标准则：

$$(\kappa_w - \kappa_p)\pi_t^{asym} + (\xi_p + \xi_w) q_t + (\kappa_w - \kappa_p)\{E_t[\beta q_{t+1} - q_t] - E_{t-1}[\beta q_t - q_{t-1}]\} = 0 \tag{2.20}$$

其中：

$$\pi_t^{asym} \equiv \lambda_p \xi_p \pi_t - \lambda_w \xi_w \pi_t^w$$

是衡量价格通胀和工资通胀之间非对称性的变量，

$$\pi_t^{sym} \equiv \frac{\lambda_p \kappa_p \pi_t + \lambda_w \kappa_w \pi_t^w}{\lambda_p \kappa_p + \lambda_w \kappa_w}$$

是价格通胀率和工资通胀率的一个加权平均，同时：

$$q_t \equiv (\lambda_p \kappa_p + \lambda_w \kappa_w)\left[\pi_t^{sym} + \frac{\lambda_x}{\lambda_p \kappa_p + \lambda_w \kappa_w}(x_t - x_{t-1})\right] \tag{2.21}$$

在 $\kappa_w = \kappa_p = \kappa > 0$ 的特殊情况下，事实上，诸如阿马托和劳巴克 (2002) 等

的经验研究发现这种情况与现实相去不远，[19]最优目标准则（2.20）式就完全简化为 $q_t=0$，或者

$$\pi_t^{sym}+\phi(x_t-x_{t-1})=0 \tag{2.22}$$

其中，$\phi=\lambda_x/\kappa$，和仅包含价格黏性时一样。[20]更一般地，最优目标规则变得更加复杂并稍具前瞻性（当工资和价格同时具有黏性时，作为实际工资动态的惯性的结果[21]）。但它采取的仍然是产出调整型通胀目标的形式，且同时包含了价格上涨和工资上涨的预测路径。在一项确保 $q_t=0$ 在各期都成立的承诺下，（2.20）式中除第一项外其余各项都等于零，所以目标准则（2.22）式仍然提供了最优政策的一个很好的近似，即使当 κ_w 并不严格地等于 κ_p 时也是如此。

这与仅具有价格黏性时的最优目标准则（2.5）式有着相同的形式，但是在本模型中我们用同时考虑价格和工资的通胀指数 π_t^{sym} 来代替（2.5）式中仅考虑商品价格的通胀指数 π_t。当然，在通胀目标中应该赋予供给的权重取决于损失函数（2.15）式中赋予工资稳定目标的相对权重。如果我们假设一个具有（2.3）式形式的"传统"稳定目标，则有 $\lambda_w=0$，那么（2.22）式与（2.5）式又是一样的了。但是，我们可以说明的是，期望效用的最大化与贴现损失准则的最小化之间是相互对应的，且在后者中，赋予工资变化的相对权重取决于工资和价格的相对黏性，正如安斯格等人（2000）和本书第 6 章中论述的那样。

8.2.3 一个具有习惯持续的模型

在到目前为止的这些简单模型中，跨期 IS 关系意味着总需求是实际利息率和外生冲击的预期路径的一个纯前瞻性函数，就像我们在第 4 章中讨论过的那样。相反，很多关于货币传导机制的经验模型都说明现期的实际总收入水平应该取决于最近若干期的支出水平，因此，即使利率的路径发生剧烈的变动，总需求也应该只能逐渐地变化。将总需求的这一特征引入模型的一个简单办法是假设私人支出存在着习惯持续性（Habit Persistence），这种特征在很多学者的消费支出研究中已经出现过，如 Fuhrer（2000），Edge（2000），Christiano et al.（2001），Smets and Wouters（2002），以及 Altig et al.（2002）等。正如在 5.2.1 节中讨论过的那样，在此处考虑的模型中，我仍然假设所有的利率敏感型私人支出都是非耐用消费，因此假设在总的私人支出水平上存在着习惯持续性，就像在劳巴克（2001）与布瓦万和詹诺尼（2003）的模型中论述的那样。

具体说来，我假设利率敏感型私人支出 C_t 所带来的效用是 $C_t-\eta C_{t-1}$ 的一个递增、凹函数，其中 $0<\eta<1$ 就是习惯持续程度的衡量变量。正如第 5 章讨论过的那样，这种对偏好的修改改变了总供给关系（2.1）式的形式，也改变了其中私人支出和实际利率的关系。为简单起见，我再一次考虑伸缩性工资和卡尔沃定价的情形。当存在习惯持续性的时候，总供给关系的形式如下：

$$\pi_t=\kappa[(x_t-\delta x_{t-1})-\beta\delta E_t(x_{t+1}-\delta x_t)]+\beta E_t\pi_{t+1}+u_t \tag{2.23}$$

其中，$0<\delta\leqslant\eta$ 同时取决于 η（当与偏好和技术相关的其他参数保持不变时，它

是 η 的一个递增函数）和下面这种具有较强经济含义的相对重要性，也就是说，提供产出带来的递增边际负效用相对于收入的递减带来的边际效用之间的重要性，它反映的是当经济活动增加时，实际边际成本的上升。（提供产出带来的边际负效用的相对重要性越大，对于任意给定的 η 值，δ 就越小，这种相对重要性用参数 ω 来衡量。）

在第 6 章中我已经说明了，在这种情况下与期望效用最大化相对应的贴现损失标准仍然具有（2.2）式的形式，但是现在的各期损失函数为：

$$L_t=\pi_t^2+\lambda(x_t-\delta x_{t-1}-\hat{x}^*)^2 \tag{2.24}$$

它将（2.3）式一般化了。这里的 λ 和（2.4）式中的定义是一样的，参数 κ、δ 和总供给关系（2.23）式中是一样的，$\hat{x}^*>0$ 的大小同时取决于市场力的大小和税收扭曲的程度。因为总供给关系（2.23）式和损失函数（2.24）式都是准差分产出缺口（$x_t-\delta x_{t-1}$）的一个函数，所以当不存在成本推动型冲击 u_t 时，通胀稳定目标和与福利相关的准差分产出缺口稳定目标之间并不冲突，正如第 6 章中讨论的那样。但是在这里，我想得到的是一个即使存在这种冲击时也最优的政策规则，并且无论这些冲击在统计上具有什么样的性质。

一项最优政策应该在约束条件（2.23）式下使损失函数（2.24）式的贴现和最小化。同样，我们使用拉格朗日方法可以得到下列一阶条件：

$$\pi_t+\varphi_t-\varphi_{t-1}=0 \tag{2.25}$$

$$\lambda(x_t-\delta x_{t-1}-\hat{x}^*)-\kappa\varphi_t+\delta\kappa\varphi_{t-1}=0 \tag{2.26}$$

这两个一阶条件将第 7 章中得出的不存在习惯持续性时的相应条件一般化了。同理，我们通过消掉拉格朗日乘子就得到了最优目标规则。当 $\delta<1$ 时，事实上，给定 $\omega>0$ 时该条件必然成立（即使在 $\eta=1$ 的极端情况下也成立），（2.26）式是隐含着一种求解拉格朗日乘子的时间不变方法：

$$\varphi_t=(\lambda/\kappa)(x_t-x^*)$$

其中，$x^*\equiv\hat{x}^*/(1-\delta)$。将上式代入（2.25）式中可得：

$$\pi_t+(\lambda_x/\kappa)(x_t-x_{t-1})=0 \tag{2.27}$$

因此，最优目标准则和原基本模型的结果是完全相同的，且不受 η 的估计值的影响。习惯持续性的估计程度确实影响中央银行对于可行的通胀/产出路径的判断，也影响其对于为实现这两者所必需的利率路径的判断。但是，它并不影响用于判断某个给定的通胀/产出预期是否可接受的目标准则。

8.2.4 先决的支出和定价决策

正如第 5 章中所讨论的，许多关于货币传导机制的经验模型都假设支出和定价决策是提前一段时间决定的，所以货币政策必然存在一个时滞，在这期间，产出和通货膨胀都不会受未预期到的货币政策变化的影响。（这方面的例子包括罗特伯格和伍德福德（1997），阿马托和劳巴克（2003a），克瑞斯汀娜等人（2001），阿提格等人（2002），以及詹诺尼和伍德福德（2003b）等估计的模型。）这里我考虑一个在政策影响中存在这种时滞的最优政策问题，模型的建立主要是根据 5.2.1 节所描述的那种方法。

考虑一个工资伸缩性，但价格具有黏性且价格被编制成一个滞后价格指数的模型，就像在 8.2.1 节中那样，同时假设在该模型中，价格变化和总的私人需求都是提前 d 期决定的，且 $d\geqslant 0$。为简单起见，我们还假设产出的有效水平也是提前 d 期就已经知道了的，因此产出缺口也是一个先决的变量。[22] 在这种情况下，总供给关系具有如下形式：

$$\pi_t-\gamma\pi_{t-1}=\kappa E_{t-d}x_t+\beta E_{t-d}(\pi_{t+1}-\gamma\pi_t)+E_{t-d}u_t \tag{2.28}$$

以福利理论为基础的损失函数仍由（2.2）式和（2.7）式给出。那么与当前这一政策问题相对应的拉格朗日方程为：

$$\mathcal{L}=E_0\sum_{t=0}^{\infty}\beta^t\Big\{\frac{1}{2}(\pi_t^{qd})^2+\frac{\lambda_x}{2}(x_t-x^*)^2 + \varphi_{t-d}\big[\pi_t^{qd}-\kappa x_t-\beta E_{t-d}\pi_{t+1}^{qd}-E_{t-d}u_t\big]\Big\}$$

还是由（2.8）式定义的。这里，我把与约束（2.28）式对应的拉格朗日乘子记为 φ_{t-d}，以表明当 $t-d$ 期对经济的各种可能状况存在这样一个约束时，拉格朗日乘子是在 $t-d$ 期被决定的。

通过使用迭代条件期望法则，并略去与政策不相关的项，我们可以将拉格朗日方程等价地表示成：

$$\mathcal{L}=E_0\sum_{t=d}^{\infty}\beta^t\Big\{\frac{1}{2}(\pi_t^{qd})^2+\frac{\lambda_x}{2}(x_t-x^*)^2 + \varphi_{t-d}\big[\pi_t^{qd}-\kappa x_t-\beta\pi_{t+1}^{qd}\big]\Big\} \tag{2.29}$$

从而，刻画最优政策的一阶条件为：

$$\pi_t^{qd}+\varphi_{t-d}-\varphi_{t-d-1}=0 \tag{2.30}$$

$$\lambda_x(x_t-x^*)-\kappa\varphi_{t-d}=0 \tag{2.31}$$

以上条件对于所有 $t\geqslant t_0+d$ 都成立。值得注意的是，这两个一阶条件与第 7 章中在 $d=0$ 的模型中得到的条件有着相同的形式，只是在目前的模型中提前确定的乘子 φ_t 被称为 φ_{t-d}。（现在，这个乘子仅是经济在 $t-d$ 期各状态的一个函数，对于 π_t^{qd} 和 x_t 也是如此。）

与之前的过程类似，我们消去拉格朗日乘子就得到了该模型的目标准则，它与之前得到的目标准则（2.9）式有着完全相同的形式，其中 ϕ 仍等于 $\lambda/\kappa>0$。唯一的区别在于，现在的目标准则中所有项都是在 $t-d$ 时期被决定的。显然，我们不能在 t 期采取某项政策来确保这个准则得到满足。而且，即使私人部门在 $t-d$ 期时的决策恰巧满足了这一准则，一项保证该准则成立的承诺也不能帮助我们选择 t 时期合理的政策，因为在此时无论采取何种政策，这一准则都会得到满足。

如果将（2.9）式理解为在 $t-d$ 期决定合理政策的准则，我们仍然不能用它来定义一项连贯的政策规则。也就是说，在任意给定的 t 期上，中央银行的行为必须确保其对于经济变化的预期从 $t+d$ 期起满足[23]：

$$\pi_{t+d}-\gamma_{t+d-1}+\phi(x_{t+d}-x_{t+d-1})=0 \tag{2.32}$$

这个条件中仍然包含了能被央行 t 期的决策影响的目标变量。此外，我们还可以证明，当条件（2.32）式被预期在所有 $t\geqslant t_0$ 上都成立，再加上 π_t 和 x_t 在 $t<t_0+d$ 各期上先决的初始值，可以共同确定一条唯一的非爆炸性均衡路径 $\{\pi_t, x_t\}$。

但是当准则（2.32）式中含有在 t 期之前不能完全确定的变量时，它就不包含可以被 i_t 的选择影响的变量。这是因为，当支出决策是先决的时候，模型的IS关系具有如下形式：

$$x_t=E_{t-d}x_{t+1}-\sigma E_{t-d}(i_t-\pi_{t+1}-r_t^n) \tag{2.33}$$

这一关系式说明只有短期利率的可预测因素 $E_{t-d}i_t$ 才对支出决策产生影响，并因此而影响通货膨胀动态。进而我们知道，在确保目标准则（2.32）式预期被满足的条件下，中央银行在 t 期的决策必须以 $E_t i_{t+d}$ 的值为依据。

事实上，因为在这类模型中未预期到的利率变化不能对通胀和产出的稳定产生任何影响，这就要求中央银行必须确保利率是完全可预期的（提前 d 期）。在第6章中，我们已经给出了把降低名义利率变化的不确定性作为稳定性政策的一个合理目标的诸多理由。但在本节中，我已经假设这方面考虑的重要性足够的低，所以完全不需要为利率的稳定而牺牲通货膨胀和产出缺口的稳定。但是只要我们承认存在对利率稳定的偏好，即使是非常细微的偏好，最优政策就必须在不牺牲其他稳定性目标的范围内尽可能地减少利率的变动。在目前这种情况中，这意味着要完全消除不可预测的利率变化，因为任何此类因素都会增加利率的不稳定性，并且对达到其他稳定目标没有任何帮助。因此

$$i_t=E_{t-d}i_t \tag{2.34}$$

是对最优政策的一个附加要求。可以证明，如果在（2.32）式成立的同时保证（2.34）式在各期都成立，我们就得到了 $\{i_t\}$ 和另外两个目标变量的一条非爆炸性均衡路径。（条件（2.32）唯一决定了 $E_{t-d}i_t$ 的路径，因为一旦我们确定了通货膨胀和产出缺口的路径，这就可以直接从（2.33）式中得到。因此条件（2.34）式是确定名义利率中的不可预期因素的一个补充关系。）

有人可能会想象通过如下的目标设定过程来执行最优政策（像斯文森和伍德福德（2003）所提出的那样）：在每个时期 t，中央银行的行为都确保隔夜利率 i_t 等于操作目标 $i_{t,t-d}$，后者由央行在 $t-d$ 期的决策过程决定。同时，它的政策委员会对 $i_{t+d,t}$ 进行商讨以设定 $t+d$ 期的合理利率目标。后面这一决策的制定应该确保能够导致经济系统的一个特定的预期变化（给定央行在 t 期的信息），具体地说是一个满足目标准则（2.32）式的预期变化。并且在那个时期决定的目标应该在该时期予以合理地公布，因为只有私人部门的利率变化预期才能使央行实现其稳定目标。

8.2.5 小型数量模型下的最优政策

现在，我将这个方法应用到一个更加复杂的模型中，并对其结果进行说明，这个模型是詹诺尼和伍德福德（2003b）估计出来的，并且我们在 5.2.2 节中已经对其进行了讨论。这使得我们可以在一个参数与美国货币传导机制的某些关键特征相符的模型中来描述最优通胀目标规则的数量特征。这个模型具备我已在这部分中分开讨论的各种特征：黏性工资和价格（具有卡尔沃式的交错性）；工资和价格都被编制成滞后价格指数；私人总支出具有习惯持续性；工资、价格和实际支出都被提前一期决定。（实际支出中的利率敏感因素实际上是提前两期决定的，正如罗特伯格和伍德福德（1997）的模型一样。）

第 6 章中阐述过的方法在此可用来说明在这个模型的背景下，基于福利理论的合理损失函数，在抽象掉对于利率稳定的考虑后，由下式给出：

$$E_0\sum_{t=0}^{\infty}\beta^t[\lambda_p(\pi_t-\gamma_p\pi_{t-1})^2+\lambda_w(\pi_t^w-\gamma_w\pi_{t-1})^2+\lambda_x(x_t-\delta x_{t-1}-\hat{x}^*)^2] \tag{2.35}$$

在这个表达式中，权重 λ_p、λ_w、$\lambda_x>0$ 仍由如下表达式给出：

$$\lambda_p=\frac{\theta_p\xi_p^{-1}}{\theta_p\xi_p^{-1}+\theta_w\phi^{-1}\xi_w^{-1}}>0,\qquad \lambda_w=\frac{\theta_w\phi^{-1}\xi_w^{-1}}{\theta_p\xi_p^{-1}+\theta_w\phi^{-1}\xi_w^{-1}}>0 \tag{2.36}$$

$$\lambda_x=\lambda_p\frac{\kappa}{\theta_p}>0 \tag{2.37}$$

就像在较简单的损失函数（2.15）中一样，其中最后一个表达式中的 κ 由下式定义：

$$\kappa\equiv\xi_p\eta\varphi/\delta>0 \tag{2.38}$$

和在（2.23）中一样。系数 $0\leqslant\delta\leqslant\eta$ 是下面二次方程的较小的根：

$$\eta\varphi(1+\beta\delta^2)=[\omega+\varphi(1+\beta\eta^2)]\delta \tag{2.39}$$

正如在（2.24）式中一样，且 $\hat{x}^*>0$ 是影响均衡状态有效产出水平的各种微观扭曲的一个函数，该函数和在（2.24）式中是相同的。

第 5 章表 5.3 中给出的损失函数的各系数具体估计值分别是

$$\lambda_p=0.996\,0,\quad \lambda_w=0.004\,0,\quad \lambda_x=0.002\,6,\quad \delta=0.035$$

有意思的是，估计出来的詹诺尼-伍德福德模型说明，对于中央银行而言，最优的策略是使赋予商品价格浮动的权重比赋予工资浮动和产出缺口稳定性的权重大得多。而且，他们的估计得到了一个很高程度的习惯持续性，这意味着家庭效用是取决于实际支出的变化率而不是实际支出的水平，但是中央银行损失函数并不包含产出缺口的改变程度。相反地，它包含了产出缺口水平相对于其滞后值的一小部分的变化程度。

当然，这些结论都是以模型的参数估计值为基础的。奇怪的是，在各估计值并不意味着工资变动比价格伸缩性得多的前提下（比如说，ξ_w 比 ξ_p 大，但两者之间的差距不是特别大），赋予工资浮动稳定性的权重却如此之小。λ_w 比 λ_p 小得多这一结论主要反映了表 5.3 中列出的各估计值隐含了一个比 $\phi^{-1}\theta_w$ 大得多得 θ_p 值，而这又是因为 ω_w 的估计值比 ω_p 的修正值要大得多。[24] 因为我们不可能假设 ω_p 和 ω_w 的估计值大小相近，所以必有 θ_p 比 $\phi^{-1}\theta_w$ 大得多。进而由（2.36）式可知，λ_p 必然比 λ_w 大得多。

我们可以由（2.37）式得到 λ_x 的值较小这一结论，因为模型中参数估计的结果说明 κ_p 值较小，θ_p 值较大。由于 $\kappa_p \equiv \xi_p \omega_p$，而 θ_p 的值是用 3.4.1 节中的定义从 ξ_p 的值推断所得，所以这两个结论成立的关键是 ξ_p 必须具有较小的估计值。基本说来，观察中通货膨胀对产出波动的不敏感性要求他们得到的微观参数必须具备下面这种特征，即要求它们意味着产出缺口的变化只能引起相对较小的扭曲——在他们模型的其他假设条件基础上，这是解释通货膨胀不会受到更加强烈影响的唯一方法（也就是说，菲利普斯曲线不会太陡峭）。

最后，由（2.39）式我们得到 δ 值较小这一结论，因为他们的估计结果说明 ω 值相对于 φ 值而言要来得大。一方面，观察中工资对实际经济活动的波动比较敏感（说明 ω_w 值较大），另一方面，总支出对利率变化也比较敏感（说明 φ 值不可能太大），这本质上说明实际经济活动水平的变化产生的扭曲要比其增长率变化产生的扭曲大。甚至当系数估计值 $\eta=1$ 时，产出水平也对代表性家庭产生影响，因为产出水平和家庭需要贡献的劳动量之间有着直接的关系。如果供给产出的边际负效用随真实经济活动的水平急剧地上升（较大的 ω 值意味着这种情况），那么相对而言，稳定真实经济活动的水平比稳定其增长率更加重要。

现在，在下面这种特定约束条件下考虑最小化（2.35）式的问题，这里的特定约束条件是指在他们估计出来的模型中，结构方程所隐含的约束条件（在第 5 章中已经描述过），这样我们会再一次得到一个一阶条件系统，该系统可用来求得货币政策的一个最优目标准则。在此，我省略掉求解过程的具体细节，当然，有兴趣的读者可参见詹诺尼和伍德福德（2003b）的技术性附录。这里我仅简单地总结一下他们解得的最优政策的数量特征。

詹诺尼-伍德福德模型中关于最优政策的第一个观察结果是根据模型中工资、价格和产出都是提前一期或更多期这一事实得到的。根据上一小节的论述可知

$$i_t = E_{t-1} i_t \tag{2.40}$$

是对最优政策的一个附加要求。那么，中央银行在 t 期必须调整的政策工具就不是 t 期利率 i_t，而是其事先承诺的下一期短期名义利率 $i_{t+1,t}$。

在使用这种政策工具时，央行设法实现的目标准则可以完全用目标变量 π_t、π_t^w 和 $x_t - \delta x_{t-1}$ 的预测路径来说明，或者也可以用通胀率 π_t、实际工资 w_t 和产出缺口 x_t 来说明。与到目前为止我们讨论的简单情况不同的是，在当前的情况中，最优政策的必要条件最合适的表达式不是从一个单一的目标准则角度给出的，而是两个截然不同的准则。首先，最优化要求任意 t 期的预期满足如下条件：[25]

$$F_t(\pi) + \phi_w[F_t(w) - w_t] = \bar{\pi}_t \tag{2.41}$$

这里，对于每一个变量 $z=\pi$、w，函数 $F_t(z)$ 代表以 t 期的信息为基础的，未来不同时间范围内变量 z 预期值的一个加权平均数，即：

$$F_t(z) \equiv \sum_{k=1}^{\infty} \alpha_k^z E_t z_{t+k} \tag{2.42}$$

其中权重 α_k^z 之和等于 1。因此，系数 ϕ_w 实际上是不同时间范围 k 内赋予预期实际工资的权重之和。

不难看出，这个目标准则可以被视为一个根据工资调整的通胀目标。除了根据未来的预测实际工资增长来调整外，合意的未来预期通胀率也会随目标 $\bar{\pi}_t$ 的变化而变化。最优化进一步要求 $\bar{\pi}_t$ 仅是 $t-1$ 期可获信息的函数，因此：

$$\bar{\pi}_t = E_{t-1}[F_t(\pi) + \phi_W(F_t(w) - w_t)] \tag{2.43}$$

一般来说，这一最优目标在不同时间上并非都是相同的。

除了上述的要求（该要求相当于（2.41）式的等号左边可以提前一期预期到），最优化还要求 t 期的预期满足另一条件：

$$F_t^*(\pi) + \phi_w^*[F_t^*(w) - w_t] + \phi_x^*[F_t^*(x) - x_t] = \pi_t^* \tag{2.44}$$

其中，函数 $F_t^*(z)$ 仍是不同时间范围内相关预测的加权平均（但此时相对权重 $\alpha_k^{z^*}$ 可能与之前的取值不同了），而 π_t^* 是另一个时变目标值，在这里仍然是一个先决的变量。在此情况下，这个准则阐明的是一个根据工资和产出来调整的通胀预测目标。[26]

最优化要求目标值由如下形式的表达式给出：

$$\begin{aligned} \pi_t^* = {} & F_{t-1}^1(\pi) + \phi_w^*[F_{t-1}^1(w) - w_t] + \phi_x^*[F_{t-1}^1(x) - x_t] \\ & + \theta_\pi^*[F_{t-1}^1(\pi) - F_{t-2}^2(\pi)] + \theta_w^*[F_{t-1}^1(w) - F_{t-2}^2(w)] \\ & + \theta_x^*[F_{t-1}^1(x) - F_{t-2}^2(x)] \end{aligned} \tag{2.45}$$

其中，函数 $F_t^j(z)$，$j=1$、2，仍是不同时间范围内预测值的加权平均，且权重 α_k^{zj} 之和仍为 1。这里，和（2.43）式中一样，最优目标值取决于过去各期对经济体中连续演化的各相关状态的预测值。这是最优目标准则的历史决定性的一个更进一步的例子，这种性质我们在以前处理的一些简单情况中已经见过了。

对于这三个变量——通货膨胀率、实际工资和产出缺口——来说，影响最优目标准则的只是变量预测值与其当前值之间的差分，或者是当前预测值与其过去预测值之间的差分，这实际上并没有多大意义。[27]因为这意味着人们可以用另一种方法来表达这一目标准则，也就是完全用这三个变量的一阶差分的预测值来描述，而不涉及任何一个变量的绝对水平。[28]但是，在每种情况中，原因可能在某种程度上不同。通货膨胀预测仅包括对通胀率一阶差分的预测，因为在损失函数（2.35）式中，发生影响的仅是 $\pi_t - \pi_{t-1}$ 和 $\pi_t^w - \pi_{t-1}$ 的值，而不是物价通胀率或工资通胀率的绝对水平。对这两个目标变量的预期也可以用 $\pi_t - \pi_{t-1}$ 和 $w_t - w_{t-1}$ 的预测值来表述。[29]因为实际工资预测仅是由于这个原因才进入目标准则的（即作为工资通胀预测的一个替代），产生影响的同样仅是实际工资一阶差分的预测值。

最优目标准则只包含产出缺口的预测变化率，而不涉及其具体水平。这个结论不是损失函数形式的结果——因为 δ 可能比 1 小得多，就像参数估计结果所显示的那样，它也不是估计值 $\eta=1$ 的结果。刚才说明的最优化条件无论 η 取什么值都是成立的，并且我要再一次强调的是，在任何情况下，$\eta=1$ 并不意味着一定有 $\delta=1$。事实上，这一结论只不过是第 7 章中考虑的基准模型所得到的结论的一个一般化的推广，那就是最优目标准则只包括产出缺口的变化率而不包括其绝对水平，且无论习惯持续性的程度为多少都是如此。

有人可能要怀疑，当中央银行只有一个可用的政策工具的时候，我们怎么能用两个截然不同的目标准则来说明最优政策，而其中这两个目标准则分别包含着对变量预测的不同线性组合。理解这一点的关键在于，我们必须看到（2.41）式～(2.43）式所说明的目标准则约束的仅是 t 期预测中的未预见到的因素，也就是说，各变量 t 期预测不同于 $t-1$ 期所做的同一预测的方面。因此，只有央行利率决策中的未预见因素——t 期宣布的预测 $E_t i_{t+1}$ 和 $t-1$ 期宣布的 $E_{t-1} i_{t+1}$ 之间的差别——才能被最优政策的这一标准决定。我们可以同样选择政策的（提前两期的）先决因素 $E_{t-2} i_t$ 的变化，以确保（2.44)式～(2.45）式所说明的目标准则在每一期都得到满足。

有人可能会因此而设想下面这样一种最优目标规则的执行方式。[30] 第一步，在每一时期 t，中央银行通过干预货币市场（通过公开市场操作、赎回、为实现央行的收支平衡而在跨行市场中设立特定机制等手段）以实现 $t-1$ 期宣布的利率目标 $i_{t,t-1}$。第二步，作为 t 期决策过程的一个组成部分，中央银行必须为下一期宣布一个已选择的操作目标 $i_{t+1,t}$。选择这一目标是为了得到一条从 $t+1$ 期起满足准则（2.41）式的（工资和物价）通货膨胀的预期演化路径，在准则（2.41）式中，$\bar{\pi}_t$ 是一个在 $t-1$ 期就已经确定的目标值。第三步，作为 t 期决策过程的一个组成部分，中央银行也必须为下一期选择一个目标 $\bar{\pi}_{t+1}$。该目标的选择必须保证未来政策以下面这种特定的方式来执行，即这种方式要使中央银行可以（以其当前信息为基础）预期到目标准则（2.44)式～(2.45）式得以满足。在实际操作中，这意味着中央银行应该在确保（2.44）式和（2.45）式在未来各期都成立的假设前提下，利用其传导机制模型来确定未来经济的变化，然后这一预测将通过（2.43）式确定目标值 $\bar{\pi}_{t+1}$。

在詹诺尼和伍德福德（2003b）的技术性附录中，以模型中各相关参数的函数的形式，给出了最优目标准则的各个系数的代数表达式。在此，我仅就他们估计出来的参数值所隐含的系数值进行讨论。在短期准则（2.41）式中，ϕ_w 等于 0.565。[31] 因此，如果预计 t 期的一个意外增长将导致一个比之前预测水平要高的未来实际工资，最优政策必须确保预测的未来物价通货膨胀要相应地降低。这是稳定（名义）工资通货膨胀和物价通货膨胀的必然要求，并且在预计到实际工资将上涨的情况下，为了使名义工资的增长不至于过高，必须对通货膨胀进行抑制。

图 8.1 给出了这一目标准则赋予未来不同时期预测的相对权重。其中的两个子图分别描绘了作为时间范围 k 的函数的系数值 α_k^π 和 α_k^w。值得注意的是，在这种情况中，最高的权重被赋予了对未来第一季度的期望。但是，当产生影响的实际工资预测主要是下一季度和当前季度之间的增长预期时，较高的权重也会被赋

予未来更远时期的通胀预测。事实上，在通胀预测 $F_t(\pi)$ 中，$\sum_k \alpha_k^{\pi} k$ 计算的平均前推期数介于未来 10～11 个季度之间。因此，这个短期目标准则是一个对未来若干年的预测平均通胀率的（时变的）目标，其根据对未来工资增长，主要是下一季度工资增长的预测不断调整。大致说来，最优政策要求中央银行在第 t 期选择 $i_{t+1,t}$，以防止未来若干年内的预测平均通胀率发生任何改变，因为在第 $t-1$ 期可能已经出现了意料之外的增长（并因此而反映在当期目标 π_{t-1} 中）。这正是英格兰银行等央行正在使用的通胀预测盯住型标准，除了在实践中工资增长预测和物价通胀预测一样产生影响，并且目标会随时间不断变化外。

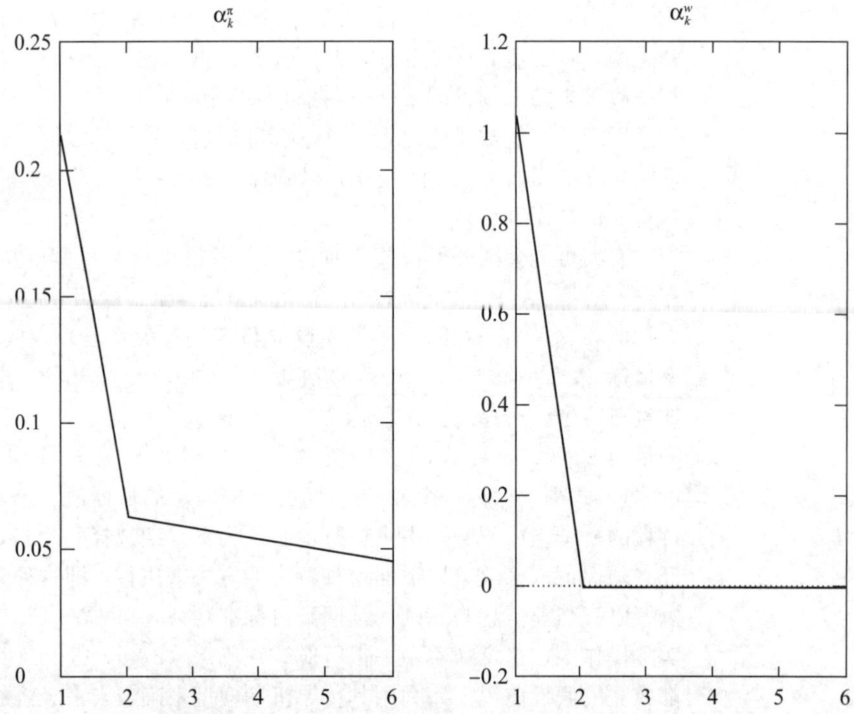

图 8.1　短期目标准则（2.41）中赋予对不同时期预测的相对权重，横轴表示以季度为单位的时间k

资料来源：Giannoni and Woodford（2003b）。

但是，在长期准则（2.44）式情况中，目标准则的系数值则为：

$$\phi_w^* = 0.258, \qquad \phi_x^* = 0.135$$

在这里，产出缺口预测也会产生影响。较高的未来产出缺口预测要求通胀率的预测有一个相应的下降，就像较高的未来实际工资预测所要求的那样。赋予产出缺口预测的权重从其数值上看起来可能比较适中，但詹诺尼和伍德福德（2003b）发现这仍然是对目标准则路径的一个显著修正，这归因于他们模型中所隐含的产出缺口伸缩性程度的大小。

图 8.2 中，第一行的三个子图给出了赋予对不同时期预测的相对权重。要提

醒读者注意的是，在这种长期标准的情况中，产生影响的主要是未来第二季度的预测，该标准几乎与未来第一季度的预测没有关系。因此，应该把这一标准当作是中央银行在未来第二或更多季度后将采取的政策的决定因素（并且它在 t 期对 π_{t+1} 的选择影响其在下一期对 $i_{t+2,t+1}$ 的选择），而不是央行在 $t+1$ 期将要采取的政策的主要决定因素。

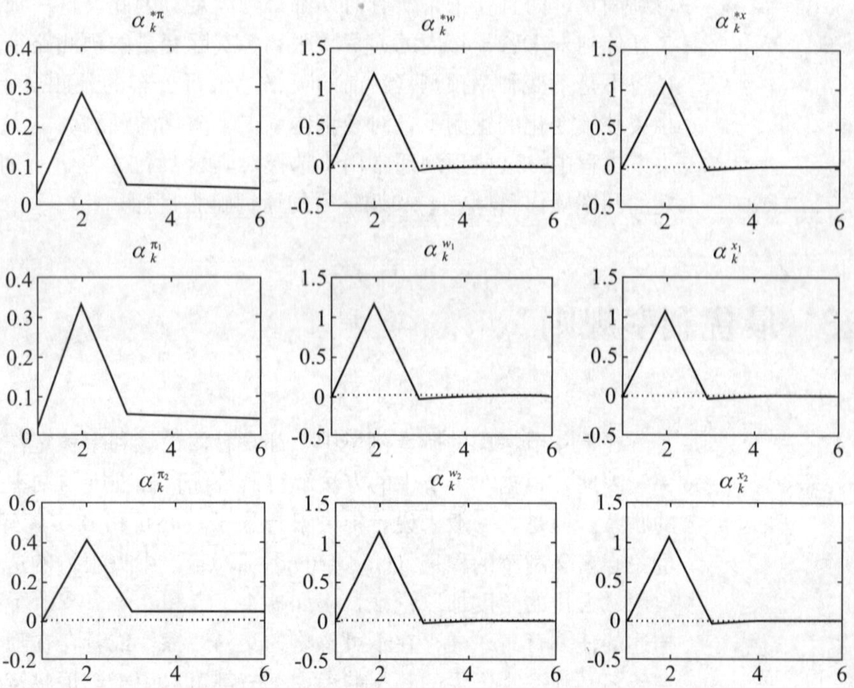

图 8.2　长期目标准则中赋予对不同时期预测的相对权重，第一行的子图代表的是（2.44）式中相应预测的权重，而另外两行的子图代表的是确定目标值 π_t^* 的那一期，也就是本期的前一期中的相应预测的权重

资料来源：Giannoni and Woodford (2003b)。

最后，决定长期标准目标值的规则（2.45）式中的各系数值分别为：

$$\theta_\pi^* = 0.580, \qquad \theta_w^* = 0.252, \qquad \theta_x^* = 0.125$$

图 8.2 中，第二行和第三行的子图画出了赋予对不同时期预测（以前两季度的信息为基础）的权重。在这里，每种情况中起主要作用的也是对未来第二季度的预测。因此大致说来，对未来第二季度的经过工资或产出调整的通胀预测的目标值会比较高，当然这一结论是有前提的，那就是，上一季度对经过类似调整的（同样是对其未来第二季度的）通胀预测较高，或者是上一季度对这种经过调整的通胀率预测相对较高，即此时的较高不是从绝对水平的角度来衡量的，而是相对于过去第二个季度的经过类似调整的通胀预测而言的。

因此，我们发现央行的预测行为在执行最优政策的自然方法中扮演着关键的角色，而在这些预测行为中，中央银行通常会在各种不同的假设性政策下对通货膨胀和其他实际变量在未来若干年内的演化进行预测。在每次（季度的）决策过程中，为了验证下一季度将采取的利率执行目标是否与准则（2.41）式相符，对未来若干年内的通货膨胀进行预测是必要的。此外，每一期还必须在其他预测实践的基础上，对时变的中期通货膨胀目标 $\bar{\pi}_t$ 进行选择。当长期目标准则（2.44）式涉及的主要是对未来第二季度的预测的时候，$\bar{\pi}_{t+1}$ 的选择要求中央银行可以解得经济系统的一个特定预测路径，在该预测路径中，（2.44）式不仅在当前时期得到满足，而且在未来所有时期都得到满足。因此，这一预测实践还需要构建一个延伸到未来若干年内的通货膨胀和各实际变量的预测路径。但是，这些相关路径将不是不变利率预测（目前的英格兰银行公布的预测属于此类），而是给定对相关政策变化的预测下，对经济体系未来演化的预测。事实上，在央行的进一步决策过程中，这些预测通常用于选择对其自身行为应进行何种约束（通过选择 t 期的利率操作目标 $i_{t+1,t}$ 和调整后的通货膨胀目标 $\bar{\pi}_{t+1}$）。

8.3 最优利率规则

在上一节考虑的所有例子中，都没有假设将利率稳定作为货币政策的目标之一，因此，根据 8.1 节中的方法解得的最优目标准则与利率的路径没有任何明确的联系。但是，一般来说，中央银行除了关心价格和实际经济活动的稳定以外，也关心名义利率的稳定（Goodfriend，1991）。中央银行的这种关心也可以从期望效用最大化的角度加以论证，正如 6.4.1 节和 6.4.2 节中所讨论的那样。在那里描述的任一背景——存在不可忽略的交易摩擦，或者存在降低线性政策规则要求突破名义利率零下界的频率的考虑——都可以用于论证政策规则的选择，这种政策规则的选择是通过选择合适的参数值 $\lambda_i>0$ 和 i^*，进而最小化损失函数来实现的，但此时的损失函数除了包含前面例子中损失函数包括的各项外，还包含了 $\lambda_i(i_t-i^*)^2$ 这一项。

如果我们假设一个这种类型的损失函数，那么 8.1 节中讨论过的方法可以为货币政策找到的一个目标准则，这一目标准则中包含了短期名义利率 i_t 的路径，同时也包含了其他目标变量的路径。一项确保实现这一标准的承诺可以理解为一项利率反馈规则，该规则隐含地定义了每一时间点上所需要的政策工具，正如 8.1.5 节中所讨论的那样。正如我们将看到的，这种类型的最优规则采取的都是一般化的泰勒规则形式，并且在形式上可能和第 1 章中讨论过的估计的利率规则相似。[32]

8.3.1 新威克塞尔基本模型中的最优规则

首先，我将在货币传导机制基本最优化模型的背景下说明强健最优利率规则存在的可能性，这种基本模型是我们在第 4 章中发展的，并且在第 7 章成为分析对实际冲击的最优均衡反应的基础。这个模型的结构方程由总供给关系（2.1）

式和如下跨期 IS 关系共同构成：

$$x_t = E_t x_{t+1} - \sigma E_t(i_t - \pi_{t+1} - r_t^n) \tag{3.1}$$

在中央银行控制的短期名义利率 i_t 和外生冲击 u_t 以及 r_t^n 都已知的条件下，这是一个含有两个方程的系统，这两个方程在每期都决定相应的通货膨胀率和产出缺口。（现在必须考虑将 IS 关系作为政策问题的约束之一，这是因为在此已经将利率稳定作为政策的稳定目标之一了。）货币政策的目标是最小化形如（2.2）式的损失标准的期望值，其中各期的损失函数现在是：

$$L_t = \pi_t^2 + \lambda_x(x_t - x^*)^2 + \lambda_i(i_t - i^*)^2 \tag{3.2}$$

该损失函数将（2.3）式一般化了，正如在 7.2.2 节中那样。

在第 7 章中，我已经讨论了这种情况下通货膨胀、产出和利率对实际冲击的最优动态反应。在这里，我想考虑的是政策规则的选择问题，也就是如何选择一项政策规则使之可以实现这些最优反应，并因此而得到一个确定性理性预期均衡，并且无论结构方程中出现的外生冲击过程 $\{u_t, r_t^n\}$ 具有什么样的统计性质，这点都能得到实现。和第 7 章中一样，这些最优反应在 $t \geqslant t_0$ 上的每一期都满足如下一阶条件系统：

$$\pi_t - \beta^{-1}\sigma\varphi_{1,t-1} + \varphi_{2t} - \varphi_{2,t-1} = 0 \tag{3.3}$$

$$\lambda_x(x_t - x^*) + \varphi_{1t} - \beta^{-1}\varphi_{1,t-1} - \kappa\varphi_{2t} = 0 \tag{3.4}$$

$$\lambda_i(i_t - i^*) + \sigma\varphi_{1t} = 0 \tag{3.5}$$

利用这些方程可解得时间 $t \geqslant t_0$ 上变量 $\{\pi_t, x_t, i_t\}$ 的唯一非爆炸路径，也可解得时间 $t \geqslant t_0 - 1$ 上与如下具体初始值相容的拉格朗日乘子 $\{\varphi_{1t}, \varphi_{2t}\}$：

$$\pi_{t_0} = \bar{\pi}_{t_0}, \quad x_{t_0} = \bar{x}_{t_0} \tag{3.6}$$

在方程组中，我们可以消去这两个拉格朗日乘子，先从（3.5）式中解出 φ_{1t}，然后将这一结果代入（3.4）式中消去 φ_{1t}，再借助后者解得 φ_{2t}。用前面解得的结论替代（3.3）式中的两个拉格朗日乘子，我们就得到了目标变量 π_t、x_t、x_{t-1}、i_t、i_{t-1} 以及 i_{t-2} 之间的一个关系，在永久最优均衡中该关系对于 $t \geqslant t_0 + 2$ 上的任一期都必然成立。要想使这一关系在时间 t_0 和 $t \geqslant t_0 + 1$ 也成立，相当于选取一致性的初始约束 $\bar{\pi}_{t_0}$ 和 $\bar{x}_{t_0}$，当然，这里的一致性是从第 7 章所讨论的那种意义上来讲的。

因为目前讨论的这个关系中 i_t 的系数是非零的，所以可以将其表示为一个具有如下形式的隐性工具规则：

$$i_t = (1-\rho_1)i^* + \rho_1 i_{t-1} + \rho_2 \Delta i_{t-1} + \phi_\pi \pi_t + \phi_x \Delta x_t / 4 \tag{3.7}$$

其中：

$$\rho_1 = 1 + \kappa\sigma/\beta > 1, \qquad \rho_2 = \beta^{-1} > 1 \tag{3.8}$$

$$\phi_\pi = \kappa\sigma/\lambda_i > 0, \qquad \phi_x = 4\sigma\lambda_x/\lambda_i > 0 \tag{3.9}$$

而且，詹诺尼和伍德福德（2002b）指出，遵守这一规则将隐含着一个确定性均衡。

命题 8.5 假设在时间 $t \geqslant t_0$ 上，对于任意有界冲击过程，都可以唯一地选择一个有界的状态依存性计划 $\{\pi_t, x_t, i_t\}$，且该计划同时满足（2.1）式、（3.1）式以及初始条件（3.6）式。那么一项遵守由（3.7）式～（3.9）式所刻画的最优规则的承诺将隐含着一个确定性理性预期均衡。

该命题的证明见本书附录 G。当这种政策所决定的均衡在 t_0-2 和 t_0-1 期已经存在的时候，我们可以根据变量历史值 x_{t_0-1}、i_{t_0-1} 和 i_{t_0-2} 求得 $t=t_0$ 期的初始拉格朗日乘子 φ_{1,t_0-1} 和 φ_{2,t_0-1}，在这种情况下，从 $t=t_0$ 期开始遵守上面这一规则所决定的均衡与方程（3.3）～方程(3.5）的唯一有界解是对应的。

从而，遵守隐性工具规则（3.7）式所确定的均衡从 8.1.1 节定义的角度来说是永久最优的。而且，从 8.1.3 节定义的角度来看，它还是强健最优的。要提醒读者注意的是，在目前的最优政策推导过程中，除了要求冲击过程 $\{r_t^n, u_t\}$ 是外生给定的并且有界以外，并不要求对它们进行其他假设。遵守这一规则的承诺隐含着上一章图 7.6 中所说明的那种最优脉冲反应，而且，该承诺不仅在图中表示的特定冲击过程下隐含着最优脉冲反应，在任何其他类型的对于自然利率和/或成本推动型冲击的情况下也同样隐含着最优脉冲反应。[33] 从运用该规则来指导货币政策实践这一角度来看，这种稳健性是它的一个优点。

最优利率规则（3.7）式与泰勒规则有着很多重要的相似性。它将合理的当期名义利率水平表述为通货膨胀和产出缺口的一个函数，并且与泰勒规则相似地提出，通货膨胀或产出缺口的上升对联邦基金利率操作目标的同期影响为正（ϕ_π、$\phi_x>0$）。在给定 $\phi_\pi>0$ 和 $\rho>1$ 的条件下，这个规则也是满足泰勒准则的。[34] 但是，目前的这个最优规则含有额外的历史依赖性，这是因为赋予滞后联邦基金利率、滞后的联邦基金利率增长率以及滞后产出缺口的权重是非零的。而且，历史依赖性的最优程度是比较高的：ρ_1 和 ρ_2 的最优值都必须大于 1，同时 x_{t-1} 的最优系数（绝对值）必须和 x_t 的系数一样大。尤其要引起注意的是，这个最优规则不仅隐含了联邦基金利率动态中的内在惯性——通胀率对于其平均水平的一个短期偏离不仅会在当期提高基金利率，而且在接下来的几期内也会如此——实际上是超惯性：如果长期平均通胀率的一个初始的突然上升没有被后来的下降所抵消（就像通常在均衡中出现的那样），那么该规则所隐含的基金利率动态是爆炸性的，[35] 在这方面，这一最优规则和罗特伯格和伍德福德（1999a）的数量分析中发现的最优规则是类似的，但后者是这种模型的一个更加复杂的经验研究版本。[36]

第 6 章中表 6.1 给出了一组修正的参数值，并在第 7 章的数量模型中对其进行了应用，在这组参数值下，最优工具规则的系数为 $\rho_1=1.15$、$\rho_2=1.01$、$\phi_\pi=0.64$ 和 $\phi_x=0.33$。这些参数值可以与第 1 章表 1.1 中贾德和鲁迪布什（1998）估计的格林斯潘时期美联储反应函数（Fed Reaction Function）的相应系数进行比较。后者的相应系数值分别是 $\rho_1=0.73$、$\rho_2=0.43$、$\phi_\pi=0.42$ 和 $\phi_x=0.30$，只不过在这个经验反应函数中，ϕ_x 代表的是对当前季度产出缺口水平的反应，而不是对其一阶差分的反应。[37]（有意思的是，贾德和鲁迪布什发现，具有对产出缺口一阶差分而不是其水平进行反馈的函数与 Paul Volcker 任美联储主席时的早期美联储政策吻合得最好。）这个最优规则的系数符号与那些刻画现实政策规则的系数符号是一致的，尤其是，估计的反应函数中包含了具有较大正值的系数 ρ_1 和 ρ_2，尽管还没有它们的最优值那么大。因此，根据这里提出的传导机制的简单模型，可以在很大程度上论证现实中美联储政策比坚持简单的泰勒规则要复杂得多是合理的，这是由最优规则发挥作用的方向所造成的。[38]

我们发现至少在这种简单模型的情况下，要使政策达到完全最优——不仅在冲击的某个假设随机过程中是最优的，而且是强健最优的——中央银行的隔夜利率操作目标没有必要对通胀率和产出缺口未来变化的预测做出反应。因此，仅知道中央银行有时可能掌握一些关于未来冲击的信息，且这些冲击尚未以任何方式影响需求或供给条件，并不足以说明目标变量的当前值和过去值不能作为最优政策的基础。这并不是说，即使在一项已经预测到的实际冲击真正发生影响之前，货币政策也不需要对支出和/或价格上涨进行抑制。但在私人部门行为的前瞻性模型的背景下，一项仅根据目标变量的当期值和未来值的波动进行反应的承诺并没有排除对此类约束的有效优先考虑。首先，这样一项政策可能足以说明中央银行确实是根据新的信息立即调整它的政策工具，因为前瞻性的私人部门行为可能导致新的信息迅速地对当前的通货膨胀和产出缺口产生影响。[39]而且更为重要的是，当存在私人部门的前瞻性行为时，中央银行主要通过改变经济主体对其政策工具未来路径的预期来影响经济，只要冲击能对通货膨胀和产出缺口产生显著的影响，一项可预测的利率调整将对抑制私人部门的支出和定价决策产生有效的影响，这种影响的效果不亚于隔夜利率的迅速优先上升所产生的效果。

同时值得引起注意的是，最优规则（3.7）式虽然不是通常意义上我们理解的“以预测为基础”的规则，但它确实取决于对操作目标设定期的通货膨胀和产出缺口的预测。因此，这个规则不是斯文森和伍德福德（2003）意义上的显性规则。而且，这种隐性特征对该规则的最优性有着重要的意义，至少如果我们希望找到的同时也是一个直接规则（仅说明来自于目标变量的反馈）的话。因为最优规则要求短期名义利率根据冲击做出即时的反应，就像第 7 章中所阐述的那样，[40]所以除非最优规则是从央行对特定冲击进行反应的角度进行阐述，否则它必须说明名义利率对目标变量波动所做的同期反应，而不能只说明滞后反应。因此，执行这样一项规则必须对当前经济的综合情况进行判断，而不能只在少数众所周知的统计数据基础上机械地运作。

此外，虽然前面我已经说明了强健最优规则不取决于对当期以后各期相关变量的预测，但这并不意味着一项以预测为基础的规则不能同样具备我们所需要的性质。事实上，从某种意义上来说，刚才所讨论的政策规则与以预测为基础的规则是等价的。最优政策的这种可供选择的表达方式也说明了，即使当 $\lambda_i>0$ 的时候，强健最优政策规则也有可能采取纯目标规则的形式，而不是一个为中央银行的利率操作目标求出，甚至是隐含地求出公式的表达方式。

我们可以将隐性工具规则（3.7）式表示成如下形式：

$$(1-\lambda_1 L)(1-\lambda_2 L)\hat{i}_t=\hat{q}_t \tag{3.10}$$

其中，$\hat{i}_t \equiv i_t - \bar{i}$，且这里 $\hat{q}_t$ 与前面一样代表下式与其长期水平 $\phi_\pi \pi$ 之间的离差：

$$q_t \equiv \phi_\pi \pi_t + (\phi_x/4)\Delta x_t \tag{3.11}$$

上式是中央银行的目标变量反应函数。因为最优系数（3.8）式满足 $\rho_1 > 1$，$\rho_2 > 0$，因式方程（3.10）的根必定满足 $0 < \lambda_1 < 1 < \lambda_2$。从而可得，在稍后将要论述的那种意义上来说，关系（3.7）式与如下关系是等价的：

$$(1-\lambda_1 L)\hat{i}_{t-1} = -\lambda_2^{-1} E_t[(1-\lambda_2^{-1}L^{-1})^{-1}\hat{q}_t] \tag{3.12}$$

命题 8.6 两个有界随机过程 $\{\hat{i}_t, \hat{q}_t\}$ 在所有时间 $t \geqslant 0$ 上满足（3.10）式，当且仅当它们对于所有的 $t \geqslant 0$ 满足（3.12）式。

该命题的证明详见附录 G。

因此，中央银行调整其利率工具以确保（3.7）式在所有时间上都成立与确保（3.12）式在所有时间上都成立是等价的，因为这两个条件是可以相互推导的。(这并不是说在某一期使（3.12）式成立等价于使（3.7）式成立，且无论预期政策在该期后如何执行都使这一点得到满足就够了，而是要从某个时期 t_0 永远执行一项满足这一结果的政策规则。）这种等价性不仅仅是在由结构方程（2.1）式和（3.1）式所构成的模型中的可能均衡过程的情况下才成立，所以这两项政策规则总是等价的，无论模型是否被准确地描述，也无论中央银行是否预期现实经济会根据这一模型的理性预期均衡来演化（比如说，无论是否相信私人部门正确地理解了央行的政策规则）。

从这种等价性我们得知，一项确保（3.12）式从某时刻起在任何时候都成立的承诺代表着对货币政策规则的一个一致性完整刻画，至少在由方程（2.1）式和（3.1）式构成的模型背景下如此。因此这代表着一项确定性目标规则，尽管仅靠这一目标准则甚至连 t 期政策工具设置的一个隐性表达式也解不出来：该目标准则等号左边仅包括利率的滞后值，等号右边仅包括通货膨胀和产出缺口的变化。一个货币传导机制的模型必须可以用于确定那种预期会满足此目标准则的政策工具设置。[41]

目标准则（3.12）式可以表示成如下形式：

$$F_t(\pi) + \frac{\phi_x}{4}F_t(x) = \frac{\theta_x}{4}x_{t-1} - \theta_i(i_{t-1} - i^*) - \theta_\Delta \Delta i_{t-1} \tag{3.13}$$

其中，对于 $z=\pi$ 或 x 中的每一个变量我再一次用符号 $F_t(z)$ 来表示如下条件预期：

$$F_t(z) \equiv \sum_{j=0}^{\infty} \alpha_{z,j} E_t z_{t+j}$$

其中，权重 $\{\alpha_{z,j}\}$ 之和为 1。因此这一标准描述的是通胀预测和产出缺口预测加权平均值的一个时变目标值，而其中这两种预测中的每一个事实上也是其在不同时间水平上的加权平均，而不是对未来某个具体日期上相应值的预测。最优目标规则再一次被描述为一个伸缩性通胀盯住规则。

在这一政策规则的表达式（3.13）中没有常数项，这说明，除了根据产出缺口和/或名义利率与它们的目标值之间的偏离（过去的或预测的）进行调整以外，它是一个零通胀预期目标。[42]代表通胀预期目标调整力度的最优系数由如下三式给出：

$$\phi_x=\theta_x=4(1-\lambda_2^{-1})\frac{\lambda_x}{\kappa}>0$$

$$\theta_i=\lambda_2(1-\lambda_1)(1-\lambda_2^{-1})\frac{\lambda_i}{\kappa\sigma}>0$$

$$\theta_\Delta=\lambda_1\lambda_2(1-\lambda_2^{-1})\frac{\lambda_i}{\kappa\sigma}>0$$

而条件预期中的最优权重是：

$$\alpha_{\pi,j}=\alpha_{x,j}=(1-\lambda_2^{-1})\lambda_2^{-j}$$

因此，最优条件预期对从当期开始的未来每一期的预期都赋予了正的权重，且随着时间的增长，权重呈指数形式下降。对于通胀预期和产出缺口预期而言，它们的未来预期与各自目标准则之间的平均差距都是：

$$\sum_{j=0}^{\infty}\alpha_{z,j}j=(\lambda_2-1)^{-1}$$

在表 6.1 列出的各修正参数值的情况中，这些权重每期以 $\lambda_2^{-1}=0.68$ 的比率衰减，所以最优目标准则中的平均预测时间是 2.1 期。因此，虽然我关于纯目标规则的最优化例子可以从通胀预测和产出缺口预测目标的角度来说明，但与当前文献中通常考虑的时间跨度相比，或者与现实经济中通胀预测盯住型中央银行的实际操作相比，这里所涉及的预测时间跨度是短期的。同样在这些参数值的情况下，赋予产出缺口预测的最优相对权重是 $\phi_x=0.15$，这说明这个目标准则本质上是一个通胀预测目标，虽然是一个经过修正的通胀预测目标。最后，其余的最优系数分别是 $\theta_x=0.15$、$\theta_i=0.24$、$\theta_\Delta=0.51$，这说明这个修正的最优通胀预测目标存在着较高的历史依赖性。$\theta_x=\phi_x$ 则再一次表明，应该用于修正通胀预测目标的确实是产出缺口相对于其上一期水平的相对增长，而不是该缺口的绝对水平，就像在 8.2 节所举的那个例子一样。而 θ_i 和 θ_Δ 的符号则告诉我们，当利率在过去的近期内持续较高和/或增长的时候，政策变得紧缩（从需要一个较低的修正通胀预测的角度来说），这是执行前面讨论过的那种利率惯性的另一种方式。

命题 8.6 所表达的这种等价性说明，从工具规则（3.7）式的角度上来看，一项确保这种历史依赖的修正通胀预测目标得以满足的承诺是一项强健最优政策规则。最优政策的这种可供选择的、前向积分的（forward-integrated）表达式可能具有如下优点（从成功地掌握私人部门预测的角度来说），它强调了在每一时点上（至少在中央银行想要关注的每一时点上），对通货膨胀和产出缺口的态度是如何随着近期内各目标变量的变化来调整的。虽然这已经隐含在一项从现在开始就执行工具规则（3.7）式的承诺之中了，但私人部门对这一情况可能并不清楚——比如说，中央银行在未来将继续执行这一工具规则的承诺可能并不为私人部门所知。因此，对于中央银行来说，及时地与公众就当前的政策决策进行交流，告诉他们这些政策将对通货膨胀和产出缺口产生什么样的影响，可能是公布央行针对今后发展所做承诺的一种较好方式。

这个纯目标规则角度的最优规则表达式还有另外一个优点，那就是即使在$\lambda_i=0$的极端情况下它也仍可能有意义，也就是说，即使在降低利率的伸缩性的时候，最优规则仍然不是一个不受利率影响的关系式。在这种极端的情况中，（3.7）式中的权重ϕ_π和ϕ_x变得无穷大，所以直接工具规则意义上的最优规则表达式已经成为不可能的了。相反，（3.13）式中的系数仍然是确定的：θ_i和θ_Δ值变成零了，而ϕ_x、θ_x和权重$\{\alpha_{z,j}\}$继续取确定的正值。因此在这种极端的情况下，最优规则中的通胀预测目标必须根据产出缺口的预期变化按一定的比例进行调整，但它也不再取决于滞后利息率了。事实上，在λ_i趋向于零的极端情况下，再一次得到了第7章中得到的最优目标准则（2.5）式。

8.3.2 通胀惯性的后果

新威克塞尔基本模型经常因为它的过度前瞻性而遭到批评，尤其招致批评的是它忽略了通货膨胀动态中内在惯性的所有来源。有人可能会猜想，该模型的这个特征是刚才得到的那个极具说服力的结论的原因，根据这一结论，一项强健最优政策规则不必取决于对当期以后各目标变量的预测。在斯文森（1997a）关于通胀预测盯住最优性的经典论述中，正是因为货币政策对通货膨胀的影响存在时滞，才使最优政策包含了一个对于预测的目标准则，并且最优的预测时间范围与政策的传导时滞长度恰好一样。因此有理由怀疑，在前面的分析中其实并不需要存在预测，因为在这个简单的模型中政策影响不存在时滞。

这里，我通过将分析扩展到3.3.2节的通胀惯性模型情况下来考虑这个问题，在8.2.1节中我们也考虑了这一模型。此处我仍然假设总供给关系具有（2.6）式的形式，但现在我将跨期IS关系（3.1）式附加进来作为一个额外的约束，并且假设稳定性政策具有如下形式的损失函数：

$$L_t=(\pi_t-\gamma\pi_{t-1})^2+\lambda_x(x_t-x^*)^2+\lambda_i(i_t-i^*)^2 \qquad (3.14)$$

其中，$\lambda_i>0$，这个函数将（2.7）式一般化了。

这里我想考虑的是这样一种政策，它对于指数化参数$0\leqslant\gamma\leqslant 1$的任意取值，都可以在结构方程（3.1）式和（2.6）式所附加的约束下，最小化由（2.2）式和（3.14）式定义的目标准则。

在这种将政策问题一般化的情况下，一阶条件（3.3）式由下式取代：

$$\pi_t^{qd}-\beta\gamma E_t\pi_{t+1}^{qd}-\beta^{-1}\sigma\Xi_{1t-1}-\beta\gamma E_t\Xi_{2,t+1}+(1+\beta\gamma)\Xi_{2t}-\Xi_{2t-1}=0 \qquad (3.15)$$

其中，π_t^{qd}仍和（2.8）式定义的一样。条件（3.4）式和（3.5）式仍然和之前一样成立，而这个由三个方程构成的系统，与π_{-1}的初始值以及初始约束（3.6）式一起，继续定义从 $t=0$ 期开始适用的一项一劳永逸的（once-and-for-all）最优承诺。

和前面一样，我们可以用条件（3.4）式和（3.5）式消去（3.15）式中的拉格朗日乘子，得到对于目标变量的最优演化的如下欧拉方程：

$$E_t[A(L)(i_{t+1}-i^*)]=-f_t \tag{3.16}$$

其中，$A(L)$ 是一个三次滞后多项式：

$$A(L)\equiv\beta\gamma-(1+\gamma+\beta\gamma)L+(1+\gamma+\beta^{-1}(1+\kappa\sigma))L^2-\beta^{-1}L^3 \tag{3.17}$$

而 f_t 项是目标变量的观测路径和未来预测路径，由下式定义：

$$f_t\equiv\tilde{q}_t-\beta\gamma E_t\tilde{q}_{t+1} \tag{3.18}$$

$$\tilde{q}_t\equiv\frac{\kappa\sigma}{\lambda_i}\left[\pi_t^{qd}+\frac{\lambda_x}{\kappa}\Delta x_t\right] \tag{3.19}$$

（注意，上面的定义将前面的（3.11）式一般化了，在 $\gamma=0$ 的极端情况下，f_t 等于 $\tilde{q}_t$，且后者又等于 q_t。）

通过一个与命题 8.5 的证明类似的论证过程，我们可以证明，如果存在一个有界最优状态依存计划，由联立（3.16）式与结构方程（2.6）式和（3.1）式所构成的系统隐含着一个确定性理性预期均衡，在该均衡中，经济系统对于外生冲击的反应与最优承诺下的反应是相同的。（这个均衡与刚才定义的一劳永逸承诺之间的唯一区别与它们的初始状态有关，正如我们之前讨论过的一样，并且这种区别仍然与永久最优的政策规则的设计是无关的。）因此，我们可以认为（3.16）式隐含地定义了一项政策规则，并且这项政策规则还是强健最优的。在 $\gamma=0$ 的极端情况下，（3.16）式不再包含对于 $E_t i_{t+1}$ 的任何依赖，而此时提出的政策规则将与上面讨论的最优工具规则（3.7）式提出的完全一样。

但是，作为中央银行利率政策的一种表达方式，（3.16）式甚至比前面考虑的隐性工具规则更不直接，因为（当 $\gamma>0$ 时）它将 i_t 仅定义为 $E_t i_{t+1}$ 的一个函数。这说明中央银行将其设定政策工具的方式仅定义为其预测自己未来采取行动的方式的函数。这种表达方式的缺陷在于该函数没能以"封闭形式"表示政策规则，从货币政策规则的最优预测时间范围这一问题的角度来看，这是一个非常不符合要求的性质。（3.16）式中不包含对变量未来一期之后的条件期望。但这并不是说 i_t 的设定真的与中央银行对于（未来第一期之后的）以后各期的预测没有关系。因为这一"规则"指导央行将 i_t 设定为其对 i_{t+1} 的预测的函数，并且（如果希望用同样的规则设定 i_{t+1} 的话）央行在 t 期对于 i_{t+1} 的预测应该包含了其在 t 期对于 $\tilde{q}_{t+2}$ 的预测。它应该也包含了央行对 i_{t+2} 的预测，并且（出于相似的原因）因此也包含了央行对 $\tilde{q}_{t+3}$ 的预测等等。因此，刻画前面提出的政策规则的一种更能反应事实的方式是，在规则中完全消除利率本身的未来路径，而仅用央行对通货膨胀和产出缺口的未来预测路径来刻画。[43]

为了得到一个在形式上满足我们要求的等价政策规则，我们需要部分地前向求解（solve forward）方程（3.16）式。这需要对该滞后多项式进行如下因式分解：

$$A(L)\equiv\beta\gamma(1-\lambda_1 L)(1-\lambda_2 L)(1-\lambda_3 L) \tag{3.20}$$

对于与之对应的特征方程的根，我提出下面的性质。

命题 8.7 假设 σ，$\kappa>0$，$0<\beta<1$，且 $0<\gamma\leqslant 1$。那么在多项式（3.17）的因式分解（3.20）式中，必然有一个实根 $0<\lambda_1<1$，且另外两个根在单位圆外。后面两个根或者是两实根 $\lambda_3\geqslant\lambda_2>1$，或者是一对实部大于 1 的共轭复根。并且当 $\gamma>0$ 的值足够小时，必然存在三个实根；而当 γ 足够接近 1 时，必然存在一对复根。

该命题的证明详见附录 G。在下面的论述中，我仍沿用这一命题中对不同根的表示方法。将（3.16）式重新表示为如下形式将有利于我们的进一步分析：

$$E_t[A(L)\hat{i}_{t+1}]=-\hat{f}_t \tag{3.21}$$

其中，变量上的帽仍然代表原变量对其长期平均值的离差，而此处变量的长期平均值隐含在政策规则（3.16）式中，或者等价地，隐含在最优承诺之中。

在存在三个实根的情况下，因为其中有两个大于 1 的不同实根，这使得我们可以用两种不同的方法来前向求解该问题，分别得到两个相应的关系式：

$$(1-\lambda_1 L)(1-\lambda_2 L)\hat{i}_t=(\beta\gamma\lambda_3)^{-1}E_t[(1-\lambda_3^{-1}L^{-1})^{-1}\hat{f}_t] \tag{3.22}$$

或者

$$(1-\lambda_1 L)(1-\lambda_3 L)\hat{i}_t=(\beta\gamma\lambda_2)^{-1}E_t[(1-\lambda_2^{-1}L^{-1})^{-1}\hat{f}_t] \tag{3.23}$$

我也可以通过将以上两关系式进行线性组合来得到其他相同形式的关系式。其中，我们最感兴趣的是下面这个关系式：

$$(1-\lambda_1 L)\left(1-\frac{\lambda_2+\lambda_3}{2}L\right)\hat{i}_t=\frac{1}{2}(\beta\gamma\lambda_3)^{-1}E_t[(1-\lambda_3^{-1}L^{-1})^{-1}\hat{f}_t] \\ +\frac{1}{2}(\beta\gamma\lambda_2)^{-1}E_t[(1-\lambda_2^{-1}L^{-1})^{-1}\hat{f}_t] \tag{3.24}$$

在此，（3.22）式和（3.23）式仅当存在三个实根的时候才能被定义（具有实值系数），而（3.24）式则仅当 λ_2 和 λ_3 是复根对的时候才能得到（所有的前向值和滞后值都有实系数）。因为 $|\lambda_2|$、$|\lambda_3|>1$，所以这几个表达式的等号右边都是明确定义的，并且在任何有界过程 $\{\hat{f}_t\}$ 的情况下都刻画了一个有界的随机过程。（在下面的论述中，我把由（3.22）式～（3.24）式给出的最优工具规则的三种可能表示形式分别记为规则Ⅰ、规则Ⅱ和规则Ⅲ。）

（3.22）式～（3.24）式中的每一个关系式都能解得相应的 $\hat{i}_t$，且解得的 $\hat{i}_t$ 是一个与 $\hat{f}$ 有关的，关于 $\hat{i}_t$ 自身的两期滞后值和期望值的函数。因此，这些解都可以理解为隐性工具规则，因为它们中的每一个都避免了与中央银行政策工具的计划未来路径产生直接联系（尽管关于未来货币政策的一些假设已经隐含在通货膨胀和产出缺口的预测之中了）。这些规则中的每一个与（3.16）式都是等价的，因此从下面这个命题的角度来看，它们彼此之间也是等价的。

命题 8.8 在命题 8.7 的前提下，如果因式分解（3.20）式含有三个实根，一组有界过程 $\{\hat{i}_t, \hat{f}_t\}$ 在 $t \geqslant t_0$ 的所有时间上都满足方程（3.22）、方程（3.23）和方程（3.24）中的每一个，当且仅当它们在同样的时间内满足方程（3.21）。当存在一个复根对的时候，方程（3.24）在同样的意义上与方程（3.21）也是等价的。

该命题的证明详见附录 G。从前面的论述可知，当这三个规则的系数都是实数时，它们中的每一个都代表着货币政策的一种可行表达方式，而在此时，它们中的每一个都隐含着对真实冲击的均衡反应，且这些均衡反应就是与最优承诺对应的均衡反应。相应地，它们中的每一个都代表着一项永久最优的政策规则。（值得注意的是，尽管它们的系数不同，但它们并非真的代表着不同的政策。命题 8.8 说明，如果无论中央银行使用何种经济模型来形成其条件预期，它都希望不确定地采用这三项规则中的某一项，那么这三项规则包含的是同样的政策行为。）

当存在三个实根时，我们可以选择用工具规则来表达最优政策，但在各表达式之间进行选择时，不能只从代数表达式是否简单的角度来考虑。詹诺尼和伍德福德（2002a）提出，在这种情况下，应该选择“惯性最小”的政策表达式，也就是选择下面这样一个表达式，它包含着使（1.28）式中乘以名义利率的那个滞后多项式的最大自回归根的最小模数，因为这个表达式是中央银行承诺遵守的在形式上最具当期性的表达式。在目前的讨论中，这意味着当 γ 足够小从而使这三个规则都有意义时，要选规则Ⅰ（而当 γ 值较大时要选规则Ⅲ，因为此时它是唯一的选择）。在 γ 趋近于零的极端情况下，规则Ⅰ仍有意义，从这一角度来说它也是唯一合适的选择。在这种极端情况下，规则Ⅰ简化为：

$$(1-\lambda_1 L)(1-\lambda_2 L)\hat{i}_t = \hat{f}_t$$

而它就是前一部分论述中得到的最优工具规则（3.10）式。[44] 相反，如果选其他的规则，当 γ 趋近于零时，滞后利率的系数将变得无穷大。因此当 γ 值较小时，规则Ⅰ显然是最受欢迎的政策描述形式。并且一般来说，要求政策规则随着 γ 的变化连续地变化，因为在这种情况下，即使不知道 γ 精确值到底是多少也不会使中央银行在执行政策时无所适从，这使得规则Ⅰ在 γ 的取值范围内成为一个有吸引力的选择，当然，此时 γ 的取值范围指的是使规则Ⅰ有定义的整个取值范围。

由前面的说明可知，当存在三个实根时采用规则Ⅰ，而当存在一对复根时采用规则Ⅲ，事实上，这使政策规则的所有系数在使政策规则由Ⅰ过渡到Ⅲ时的 γ 值处仍然是 γ 的一个连续函数。这是因为当 γ 通过这个关键值 $\bar{\gamma}$ 时，也就是使特征方程的实根出现不同情形的γ值时，特征方程的两个较大实根λ_2和λ_3恰好相等。而当γ从另一方向趋近于γ时，两复根λ_2和λ_3的虚部趋近于零；在出现不同情形的那个点上，它们的共同实部恰好等于γ从相反方向趋近于$\bar{\gamma}$时特征方程的重复实根，后者其实是该情况下的两个实根的共同极限。因此当$\gamma=\bar{\gamma}$时，规则Ⅰ、Ⅱ和Ⅲ是相同的。所以，在这种情况下到底要采用规则Ⅰ还是Ⅲ是明确的，当γ从不同方向趋近于$\bar{\gamma}$时所用规则的系数也不存在不连续性。同时，这一提法使我们得到一个即使γ趋近于零时也仍有意义的政策规则，而对于较小的$\gamma>0$值，得到的规则与之前在不存在通货膨胀惯性的经济中推荐采用的规则是非常近似的。

规则Ⅰ、Ⅱ和Ⅲ中的每一个都可以写成如下形式：

$$\begin{aligned} i_t = & (1-\rho_1)i^* + \rho_1 i_{t-1} + \rho_2 \Delta i_{t-1} + \phi_\pi F_t(\pi) \\ & + \frac{\phi_x}{4} F_t(x) - \theta_\pi \pi_{t-1} - \frac{\theta_x}{4} x_{t-1} \end{aligned} \tag{3.25}$$

这里我又将常数项加进来了，它代表所需要的利率水平（且并非刚好是相对于其长期平均水平的利率水平），而$F_t(z)$仍代表变量z在不同时间上的预测值的一个线性组合，且其中各权重之和为1。这种规则形式将（3.7）式一般化了，在$\gamma=0$的情况下，它从如下两方面来说是一种满足要求的形式：利率操作目标不仅取决于之前产生影响的滞后变量，还取决于滞后的通货膨胀率；利率操作目标取决于对未来通货膨胀和产出缺口的预测，但并非仅仅取决于这些变量在当期的预测值。

除了这两方面以外，该表达式的各系数与（3.7）式的相应系数是定性地相似的，这将在下面的命题中做进一步的说明。

命题8.9 在命题8.7的前提下，若损失函数中λ_x、$\lambda_i>0$，则规则Ⅰ、Ⅱ和Ⅲ对于所有的γ值都有一个（3.25）式形式的表达式，只要在该γ值上这些规则有定义，且在该表达式中满足：

$$\rho_1>1, \qquad \rho_2>0$$
$$0<\theta_\pi\leqslant\phi_\pi$$

并且：

$$0<\theta_x=\phi_x$$

此外，在其他参数给定的情况下，当$\gamma\to0$时（对于规则Ⅰ），系数$\theta_\pi\to0$，虽然此时ϕ_π趋近于一个正的极限；而当$\gamma\to1$时（对于规则Ⅲ），系数θ_π和ϕ_π趋近于相同正极限。

该命题的证明详见附录G。特别值得注意的是，这里的最优工具规则再一次是超惯性的（superinertial）。同时注意，这里产生影响的再一次是预期产出缺口相对于上一期产出缺口的变化，而不是预期产出缺口的绝对水平。并且再一次

地，如果预期产出缺口增加的话，利率应该上升。这里，一个较高的预测通胀率也意味着利率应该上升，但是现在，如果近期通胀率一直较高的话，上升的程度相对较低，而在 $\gamma=1$ 的极端情况下，只有预测通胀率相对于上一期通胀率的变化才产生显著影响。

对于 γ 从 0 到 1 的不同取值，我们将这些系数的相应数值绘制在图 8.3 的各子图中，且假设此时其他参数的取值仍和第 6 章中表 6.1 中的一样。对于所有的 $\gamma<\bar{\gamma}=0.35$，原特征方程有三个实根，图 8.3 中我将规则Ⅰ、Ⅱ和Ⅲ中系数与这三个根分别对应的取值都画出来了，而对于 $\gamma>\bar{\gamma}$，只有规则Ⅲ才有定义。这些图有一个有趣的特征，那就是如果当 $\gamma\leqslant\bar{\gamma}$ 时我们考虑与规则Ⅰ相对应的各系数，当 $\gamma\geqslant\bar{\gamma}$ 时考虑与规则Ⅲ相对应的各系数，我们会发现无论 γ 的取值是多少，系数大致上都保持不变。（唯一的例外是 θ_π，当 γ 很小时它趋近于零，而当 γ 较大时变成一个较大的正系数，正如命题 8.9 中所说明的那样。）

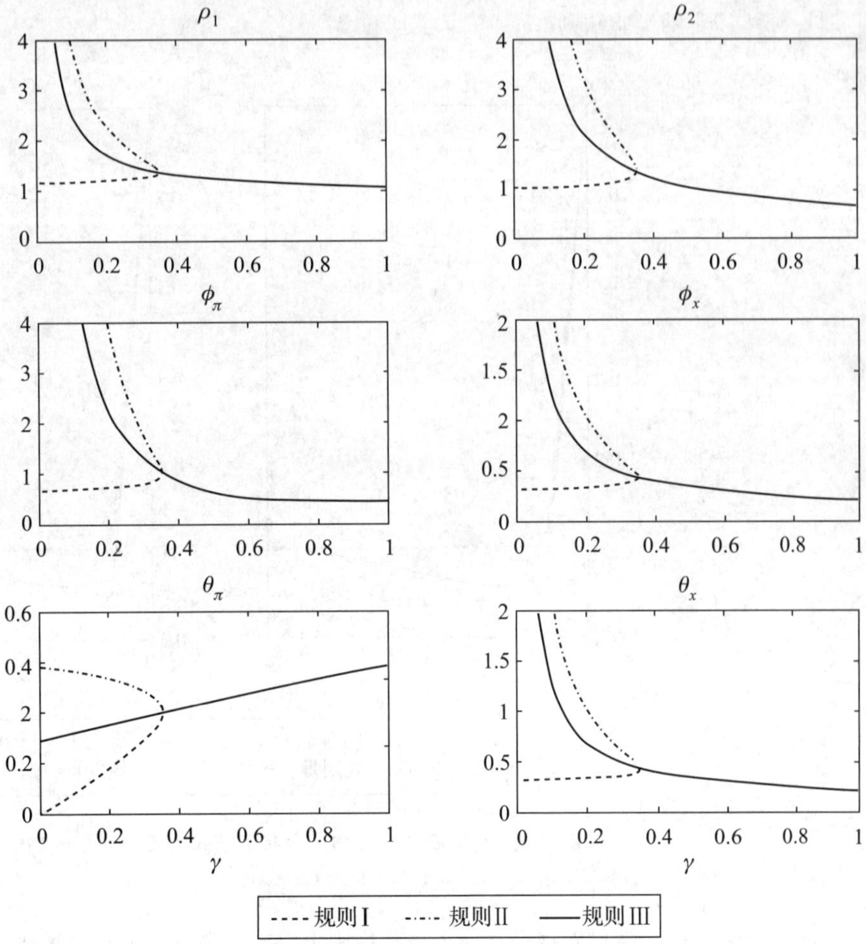

图 8.3　最优工具规则（3.25）中的各系数——作为 γ 的函数

资料来源：Giannoni and Woodford(2003a)。

图 8.4 中的两个子图画出了在 γ 取若干个不同可能值的情况下，最优工具规则中赋予通货膨胀和产出缺口在不同时期 j 上预测的相对权重 $\alpha_{z,j}/\alpha_{z,0}$。[45]（图中与规则Ⅰ对应的权重是在 $\gamma<\bar{\gamma}$ 的情况下绘制的，而与规则Ⅲ对应的权重是在 $\gamma>\bar{\gamma}$ 的情况下绘制的。）注意，在这种情况下，预测值 $F_t(z)$ 实际上并非不同时间上预测的加权平均和，因为各权重并非都是非负的。因此，当存在通货膨胀惯性时，最优工具规则在一定程度上是以预测为基础的，对未来通货膨胀和产出缺口预测的最优反应不是通常在泰勒规则的前瞻性变量中所假设的那种反应。在 γ 值较大的情况下，一个较高的预测通货膨胀率（或产出缺口）在未来的若干季度内都意味着，在过去经济条件和预测的当期经济条件给定的前提下，一个较低的当期利率通常是比较合理的。根据这个最优规则，如果预测到未来若干季度内的通货膨胀率会比较高，那么一个较高的当期通胀率应该是可以忍受的。这是因为（在一个 γ 接近 1 的经济中），正是通胀率的剧烈波动导致了经济中最严重的扭曲，因为在这种情况下，价格根据滞后通胀率进行自动调整已经变成了一项拙劣的经验法则。

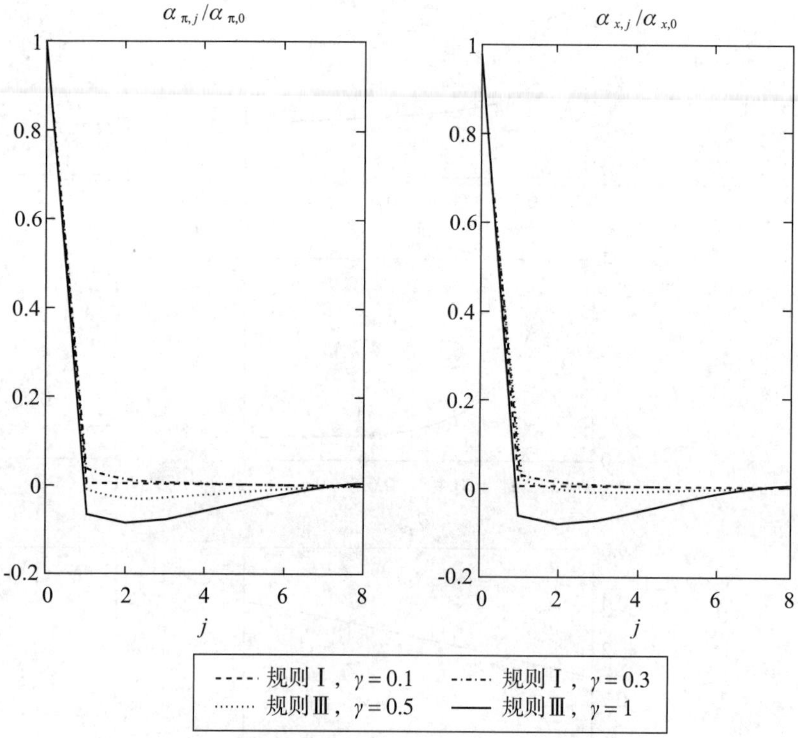

图 8.4　最优规则（3.25）中赋予不同时间上变量预测值的相对权重

资料来源：Giannoni and Woodford（2003a）。

我们发现，在这个最优规则中只有对最近的未来经济情况的预测才产生较大的影响。尽管这里我们只考虑了赋予对未来 $j\geq1$ 季度以后预测的权重，但由下式定义的这些相关预测的平均未来时限可知：

$$\sum_{j\geqslant 1}\alpha_{z,j}j\Big/\sum_{j\geqslant 1}\alpha_{z,j}$$

在 $\gamma=1$ 的修正例子下，这一平均时限仅为约 2.2 个季度。因此，在这一最优政策下，除了对本季度之后一年内的预测外，再往后的预测基本都不产生影响了。而且更加值得注意的是，甚至是对本季度之后的所有预测都不应该得到一个过高的权重，对未来所有季度的相对权重之和应等于：

$$\sum_{j>0}\mid \alpha_{z,j}\mid /\alpha_{z,0}$$

这个总和即使在 $\gamma=1$ 的极端情况下也仅为 0.39，而对于较小的 γ 值它就降为零了。因此，当存在通货膨胀惯性时，虽然强健最优直接工具规则确实必须是以预测为基础的，但在最优政策规则下预测产生影响的程度仍然是相对较低的。相反，对当期的通货膨胀和产出缺口预测做出明显反应，正如泰勒规则所要求的，仍然是最优政策的一个关键组成要素。

当然，最优利率规则是超惯性的这一事实说明，它应该有一个纯目标规则形式的等价表达式，并且这种可供选择的表达式更具前瞻性。因式分解（3.20）式存在两个位于单位圆外的根，这说明有可能同时对这两个根进行前向求解（solve forward），而不是只对其中一个进行前向求解。这可以消除对那个解进行前向求解这一问题上的不明确性，对这一问题的不同回答将要求我们为最优政策选择不同的表达式（3.22）或（3.23）。相反，当同时前向求解这两个解时，我们得到一个如下形式的关系：

$$(1-\lambda_1 L)\,\hat{i}_{t-1}=-(\beta\gamma\lambda_2\lambda_3)^{-1}E_t[(1-\lambda_2^{-1}L^{-1})^{-1}(1-\lambda_3^{-1}L^{-1})^{-1}\hat{f}_t]\tag{3.26}$$

再一次地，可以证明该关系式与欧拉方程（3.16）式是等价的。

命题 8.10　*在命题 8.7 的前提下，一组有界过程* $\{\hat{i}_t,\ \hat{f}_t\}$ *在所有时间* $t\geqslant t_0$ *上满足（3.26）式，当且仅当它在同样的时间上满足（3.21）式。*

该命题的证明详见附录 G。同时前向求解两个根的另一个好处是，这一关系，与（3.22）式和（3.23）式不同，对于所有的前推值和滞后值都有实系数，不管是否存在复根。

这个最优政策的表达式不同于（3.22）式～（3.24）式中的任何一个，因为它不包含 $\hat{i}_t$。因此它代表的是一项纯目标规则，而不能将其理解为工具规则。但是由命题 8.7 可知，如果存在某项调整名义利率的承诺，且该承诺确保经济系统能够实现下面这样一种状态，即在该状态下中央银行的预期总是满足（3.26）式的，那么该承诺代表着一项明确的政策规则，且这项政策规则与前面讨论的三种工具规则都是等价的（如果它们有定义的话）。因此，我们得到的是存在通胀惯性经济下的一个强健最优纯目标规则的例子。

最优目标准则（3.26）式也可以表示成如下形式：

$$F_t(\pi)+\frac{\phi_x}{4}F_t(x)=\theta_\pi\pi_{t-1}+\frac{\theta_x}{4}x_{t-1}-\theta_i(i_{t-1}-i^*)-\theta_\Delta\Delta i_{t-1} \tag{3.27}$$

该关系式将（3.13）式一般化了。值得注意的是，后者与该目标规则的一般形式之间的唯一区别在于一般形式中多出了一项，而这一项反映了修正后的通胀预测目标对滞后通胀率 π_{t-1} 的依赖。我们也可以证明各最优系数具有如下性质，以将前面的结论进一步一般化。

命题 8.11 在命题 8.9 的前提下，最优目标准则具有（3.27）式形式的表达式，其中：

$$\phi_x=\theta_x>0$$
$$0<\theta_\pi\leqslant 1$$

并且：

$$\theta_i,\theta_\Delta>0$$

此外，在其他参数取值不变的情况下，当 $\gamma\to 0$ 时，$\theta_\pi\to 0$，并且其他参数趋近于与目标准则（3.13）式相对应的各非零值。相反，当 $\gamma\to 1$ 时，$\theta_\pi\to 1$。

该命题的证明亦详见附录 G。

再一次地，最优通胀预测目标必须根据产出缺口预期的变化来调整。如果预期产出缺口相对于其最近过去的水平将下降，那么一个较高的通胀预测目标是比较合适的。再一次地，最优通胀目标一定是历史依赖性的，这不仅是因为刚才提到的产出缺口调整是由产出缺口的当期和未来各期预测值与其过去水平之间的差异决定的，而且因为，若名义利率在最近的过去一直较高和/或上涨，合理的通胀预测目标将比较低。

当 $\gamma>0$ 时，（3.27）式中存在一个额外的系数 $\theta_\pi>0$，这说明若近期内通胀率一直较高，那么修正后的通胀预测目标也应该比较高。在已知因为当前通胀率与根据滞后通胀率进行自动价格调整的通胀率之间偏离较大，从而导致与通货膨胀相关的经济扭曲较大时，这一点是比较明确的。在 $\gamma=1$ 的极端情况下，通胀预测目标根据近期通胀率的变化按一比一的比率进行调整，在这种情况下，实际上我们需要稳定的是通货膨胀的变化率。

（3.27）式中的每一个系数都作为 γ 的一个函数描绘在图 8.5 中了，图中假设其他参数具有和之前相同的修正值。（这一次图中不再出现单独的 θ_x 和 ϕ_x 轨迹，因为这两个系数此时必定是相同的。）这里各子图有着一个有趣的特征，那就是每个系数（θ_π、θ_x、θ_i 和 θ_Δ）的轨迹都说明历史依赖性随 γ 的上升而增加。因此，如果存在显著的通货膨胀惯性，那么通胀预测目标随近期经济条件的变化进行调整就显得更加重要。同样值得注意的是，通胀预测目标应该根据产出缺口预测进行调整的程度（由系数 ϕ_x 代表）也是随 γ 的上升而增加的。尽管基准模型（一项 $\phi_x=0.15$ 的最优目标规则）的结论已经说明对通胀预测目标进行这种修正并不太重要，但我们发现当 γ 较大时进行较大的修正是合理的（当 $\gamma=1$ 时最优 ϕ_x 值趋近于 0.51）。

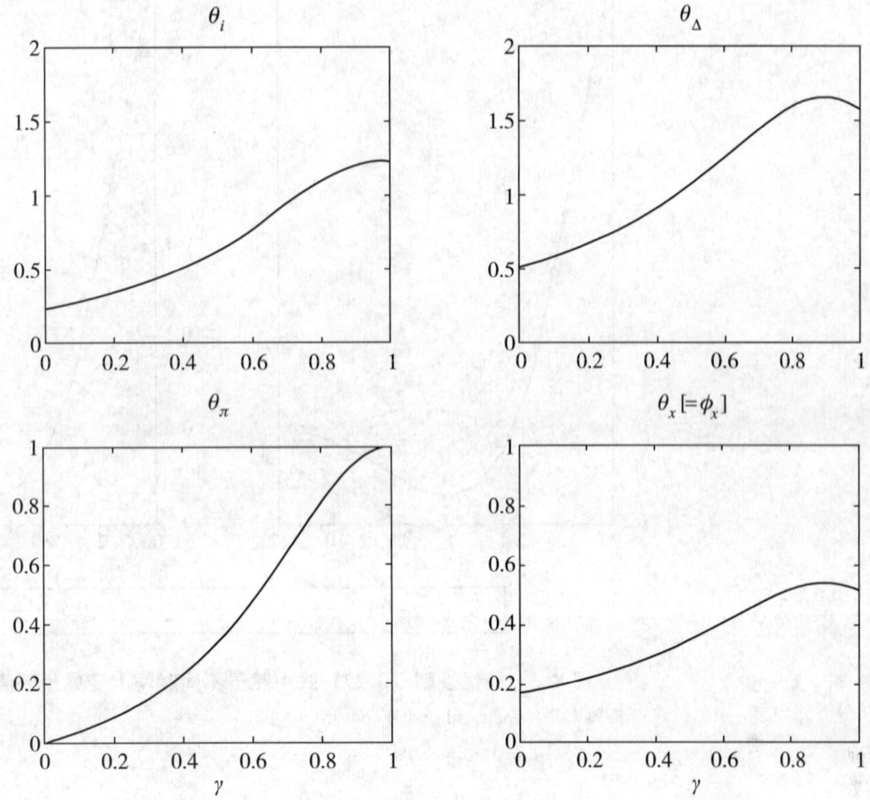

图 8.5　最优目标规则（3.27）式的各系数——作为 γ 的函数

资料来源：Giannoni and Woodford（2002b）。

相应地，图 8.6 的各子图给出了 γ 取若干不同值时，最优目标准则（3.27）式中赋予不同时期预测值的相对权重 $\alpha_{z,j}/\alpha_{z,0}$。和前面一样，最优政策的这种表达式比最优工具规则来得更具前瞻性。现在我们发现，至少当 γ 取值足够大时，最优目标准则赋予了对未来一年以后预测不可忽略的权重。但这并不说明，通货膨胀惯性程度越高必然意味着目标准则中预测时限就一定越长。γ 值的上升使赋予当期通货膨胀和产出缺口预测的权重（将权重标准化以使它们加总之和为 1）都相应上升，相反，使赋予未来两季度以后预测的权重在数值上变得更小。至少对于较小的 γ 值而言（在这种情况下，权重并非都非负），这使最优目标准则的前瞻性下降了。对于较大的 γ 值，γ 值的上升使赋予未来一到两年预测的权重的绝对值上升（使它们负得越多）。但是即使在这种情况下，通胀惯性的存在也不能用来论证通胀预测盯住型中央银行的典型政策行为，那就是它们对较长时间内的预测也会做出反应。如果中央银行在当期预测第二年通货膨胀率和/或产出缺口将上升，那么这意味着它应该放松当前所采用的政策，如果这项计划采取的政策是为了提高接下来几个季度的预测通货膨胀率和/或产出缺口的话。

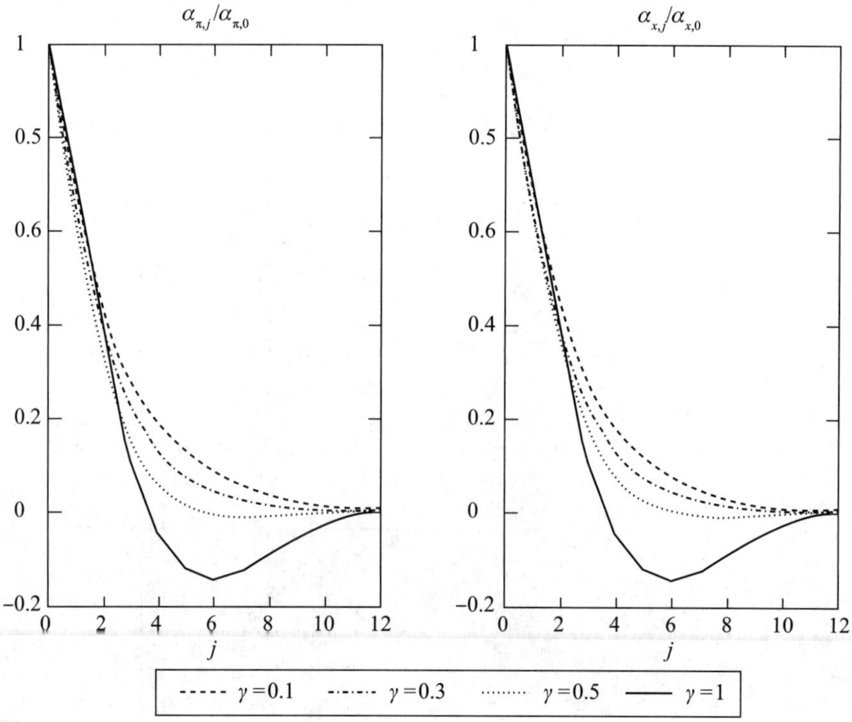

图 8.6　最优规则（3.27）式中赋予不同时间上变量预测值的相对权重

资料来源：Giannoni and Woodford（2002b）。

8.3.3　先决的支出和定价决策

正如在 8.2.4 节中讨论的那样，货币传导机制的计量模型通常假设支出和定价决策是提前若干期确定的，而这成为这些模型中通货膨胀和产出缺口确定的纯前瞻性程度比在新威克塞尔基本模型中要低的一个原因。这里，我们必须考虑货币政策的这种滞后性会在何种程度上影响最优政策规则的形式，而且这再一次成为一个重要的问题。

这里考虑和 8.2.4 节中一样的模型，在该模型中支出和定价决策都是提前 d 期决定的，但现在我们假设稳定性政策的目标由形如（3.14）式的损失函数刻画，而不是（2.7）式。因为现在我假设的是一个利率稳定目标，所以必须把 IS 关系作为各目标变量可行均衡路径的约束之一。在这种 d 期滞后的假设下，IS 关系具有（2.33）式的形式。

因为这两种决策都是提前确定的，所以 8.3.1 节中用来刻画最优政策的拉格朗日方程必须进行相应的修正，具体的修正方法在 8.2.4 节中已经详细说明了。进行这种修正以后，刻画最优政策的一阶条件由下式：

$$\pi_t^{qd}-\beta\gamma E_{t-d}\pi_{t+1}^{qd}-\beta^{-1}\sigma\varphi_{1,t-d-1}-\beta\gamma E_{t-d}\varphi_{2,t-d+1}$$
$$+(1+\beta\gamma)\varphi_{2,t-d}-\varphi_{2,t-d-1}=0 \tag{3.28}$$

和条件（3.4）式、（3.5）式共同构成，但是要将后面两方程中的 φ_{it}（对于 $i=1$，2）用 $\varphi_{i,t-d}$ 来代替。上面列出的各一阶条件在所有时间 $t\geqslant t_0+d$ 都成立。此外，最优政策还必须满足（2.34）式，就像在 8.2.4 节中一样。

和上一节中一样，我们可以使用代入法消去各一阶条件中的拉格朗日乘子，得到一个如下形式的欧拉方程：

$$A_1(L)(i_t-i^*)+\beta\gamma E_{t-d}(i_{t+1}-i^*)=-\mathrm{E}_{t-d}f_t \tag{3.29}$$

其中，$A_1(L)$ 是一个满足如下关系的二次滞后多项式：

$$A(L)=\beta\gamma+LA_1(L)$$

上式就是（3.17）式定义的那个多项式，而 f_t 仍由（3.18）式和（3.19）式定义。由上面的方程可知，在一项永久最优政策中，i_t 完全取决于 $t-d$ 期的公共信息。求（3.29）式对于 $t-d$ 期信息的条件期望，可得：

$$E_{t-d}[A(L)(i_{t+1}-i^*)]=-E_{t-d}f_t$$

除了条件信息的时点不同外，上式和（3.16）式是一样的。

接着，我们可以使用和 8.3.2 节中一样的运算过程来解得最优政策的相似表达式，只是要对条件期望的基准时间进行相应的修改。和 8.3.2 节中讨论的一样，这里的最优政策也有三种可能的形式，且每一种形式的存在性与 γ 取值之间的对应关系也与前面相同。这三项规则中的每一项都具有如下形式：

$$i_t=(1-\rho_1)i^*+\rho_1 i_{t-1}+\rho_2\Delta i_{t-1}+\phi_\pi E_{t-d}F_t(\pi)$$
$$+\frac{\phi_x}{4}E_{t-d}F_t(x)-\theta_\pi\pi_{t-1}-\frac{\theta_x}{4}x_{t-1}, \tag{3.30}$$

其中，各系数都是模型中相关参数的一个函数，且其函数形式与（3.25）式对应系数的函数形式是相同的。相似地，这里的最优政策同样可以用一项具有如下形式的目标准则的纯目标规则来表示：

$$E_{t-d}F_t(\pi)+\frac{\phi_x}{4}E_{t-d}F_t(x)=\theta_\pi\pi_{t-1}+\frac{\theta_x}{4}x_{t-1}-\theta_i(i_{t-1}-i^*)-\theta_\Delta\Delta i_{t-1} \tag{3.31}$$

其中，各系数都是模型中相关参数的一个函数，且其函数形式与（3.27）式对应系数的函数形式是完全一样的。因此，这些最优政策规则与和前面几乎有着完全相同的形式，唯一的区别在于现在 t 期的利率应该在 $t-d$ 期来选择，并且是以更早时期的通货膨胀和产出缺口预期为基础的。但是，形成预期的时间区间应该和前面是一样的。

在 $\gamma=0$ 的情况下（除了存在 d 期滞后以外，是一个具有标准新凯恩斯主义菲利普斯曲线的基本模型），（3.30）式中的预测仍然仅是对 t 期通货膨胀和产出缺口的预测。因为根据目前的模型，这两个变量都是在 $t-d$ 期提前知道的，所以最优工具规则再一次是形如（3.7）式的，且其中各系数同样由（3.8）式和（3.9）式给出。因此在这种情况下，最优政策规则完全没有改变。其中的滞后仍然说明，名义利率若能提前 d 期完全预测则是最优的。但是，这一原则并不意味着一项确定对当期通货膨胀和产出缺口变化进行反应的规则，就像在泰勒规则中一样，因此是次优的。因为在目前的前提下，通货膨胀和产出缺口本身是可以提前 d 期完全预测的。这个例子说明最优政策规则不一定要完全是前瞻性的，即使在货币政策的影响被完全滞后的情况下。

8.3.4 非完全信息下的最优政策

到目前为止，我都假设中央银行对经济的当前状态有着完全的信息，且央行因此可以为其政策工具设定一条最优状态依存路径，同时不必考虑这将要求其自身操作目标应如何随冲击进行调整。但在现实经济中，中央银行对于当前情况的信息往往是不完全的。在中央银行选择操作目标的时候，当期的通货膨胀率和实际 GDP 水平——两者都是执行诸如（3.7）式等规则所必需的——都还不知道，都必须根据一系列的相关指标来对它们进行预测。而“实时”可以获得的各种估计值通常与现实经济的最终结果大相径庭（Orphanides，2001）。而中央银行对当期的实时有效产出水平到底应该是多少则更是缺乏了解。有时候，因为得到了某些额外的数据，中央银行甚至可能在几年后对之前估计的“潜在产出水平”进行高达多个百分点的修正。由此可见，对最优政策进行严格的分析要求我们必须考虑中央银行在信息方面的这种局限性。

前面用来刻画最优状态依存计划的拉格朗日方法在中央银行拥有不完全信息的情况下仍是适用的，正如斯文森和伍德福德（2002b）已阐明的那样。在不完全信息的条件下运用该方法，我们会得到与前面类似的各个一阶条件，唯一的区别在于其中各种条件期望的信息基础发生了变化。举一个简单的例子，让我们再次考虑新威克塞尔基本模型，就像在 8.3.1 节中一样，但是现在假设中央银行在各期拥有的信息都比私人部门要少。在这里，最优状态依存计划的一阶条件（3.3）式和（3.4）式仍然适用，但现在（3.5）式必须用下式来代替：

$$\lambda_i(i_t-i^*)+\sigma\varphi_{1t|t}=0 \tag{3.32}$$

其中，我用符号 $z_{t|t}$ 来表示某变量 z_t 以中央银行设定 t 期政策工具时的各种相关信息为基础的条件期望。最后这个条件要用刚才所说的方法来修正，这是因为中央银行必须为 t 期的每一种可能状态选择一个与之对应的政策工具设置，而这些状态在央行当前拥有的信息的基础上是无法区分的，尽管 φ_{1t}（央行放松对应于 IS 方程的约束所产生的影子价格）可能随这些状态的不同而不同。

在这种情况下，不能再用（3.32）式去消掉其余两个一阶条件中的 φ_{1t} 了，因而也得不到一个仅与利率、通胀率和产出缺口等的变化相关的工具规则。但是，我们可以定义变量

$$\bar{i}_t\equiv i^*-\frac{\sigma}{\lambda_i}\Xi_{1t} \tag{3.33}$$

来代表一项虚拟的政策工具设置，这项政策工具设置是指假使如果中央银行拥有

执行该设置所需的所有信息的话，那么它会是最优的设置。于是，条件（3.33）式像之前一样可以与（3.3）式和（3.4）式联立来说明这一变量将根据如下运动方程来演化：

$$\bar{i}_t=(1-\rho_1)i^*+\rho_1\bar{i}_{t-1}+\rho_2\Delta\bar{i}_{t-1}+\phi_\pi\pi_t+\phi_x\Delta x_t/4 \tag{3.34}$$

其中，各系数仍然由（3.8）式和（3.9）式定义。（我们可以使用任意初始条件来计算这个递推方程，并且也会得到一项永久最优的政策规则。）此时一阶条件（3.32）可以简单地表示成：

$$i_t=\bar{i}_{t|t} \tag{3.35}$$

这说明，中央银行为每期选择的操作目标都等于在该虚拟工具规则下，以央行选择操作目标时的各种信息为基础的相应条件期望值。

从而，在非完全信息的情况下，最优政策可以用规则（3.35）式来描述，其中与之对应的虚拟工具规则由（3.34）式定义。实际上，在估计与该规则相关的条件期望时还必须用到卡尔曼滤波（Kalman filter），这里卡尔曼滤波的各系数取决于虚拟政策工具设置的运动方程（3.34）式。卡尔曼滤波的系数还取决于各内生代表变量与通货膨胀和产出缺口之间的联合运动，而后者反过来又取决于卡尔曼滤波的各系数（只要中央银行的政策是以它为基础的）。对这一不动点问题（fixed-point problem）斯文森和伍德福德（2002b）进行了深入的讨论。

斯文森和伍德福德指出，刻画最优工具设置的某些方程在不完全信息的情况下仍然是成立的，只是在不完全信息的情况下，那些央行无法观测到的变量值必须用它们基于央行已有信息的条件期望来代替。因此，这种线性二次政策问题有一个确定性等值的性质。[46]虽然如此，我们不能幼稚地对所有刻画不完全信息条件下最优政策（原文为完全信息下的最优政策，疑有误。——译者注）的规则都使用这个定理，认识到这一点有重要的意义。举个例子，在不确定性的条件下，中央银行如果使用（3.7）式来设定利率，并且简单地将该式等号右边的每一项都用中央银行在设定 i_t 时对该项的估计值来代替，这种做法很可能是不对的。确定性等值在这里的应用将得到一项如下形式的规则：

$$i_t=(1-\rho_1)i^*+\rho_1 i_{t-1}+\rho_2\Delta i_{t-1}+\phi_\pi\pi_{t|t}+\frac{\phi_x}{4}(x_{t|t}-x_{t-1|t})$$

而其中的 i_{t-1} 和 i_{t-2} 必然是中央银行信息集的一个部分。但这并不是一项非完全信息下的最优规则，最优规则是根据 $\bar{i}_{t-1|t}$ 和 $\bar{i}_{t-2|t}$ 来进行反应的，而不是根据 i_{t-1} 和 i_{t-2}。这两者是不同的，因为一般来说，到中央银行设定 i_t 的时刻为止，相对于央行早期进行利率决策时的估计，它会进一步获得关于 $\bar{i}_{t-1}$ 和 $\bar{i}_{t-2}$ 正确取值的一些额外信息。因此，确定性等值的方法必须慎用。[47]

尽管如此，非完全信息情况下的最优政策仍然在很多方面与完全信息下的最优政策相似。比如说，当从历史经验（正如欧菲尼德斯（2001，2003）所强调的）得知对产出缺口的实时估计通常被证明高度不准确时，人们往往会怀疑最优政策规则是否应该如此高度地取决于中央银行对产出缺口的估计。这里所讨论的例子说明，这不是认为产出缺口的变化不重要的一个充分理由，至少在它被证明

会出现的范围内。在由（3.34）式和（3.35）式定义的最优规则中，系数（$\phi_x/4$）——当前的利率操作目标正是通过它来取决于产出缺口的当前估计值 $x_{t|t}$——和完全信息下是一样大的，无论产出缺口的实时估计是多么的不准确。

当然，在这个方程中，$x_{t|t}$代表着给定中央银行信息集下对产出缺口的最优估计（均方差最小化），认识到这一点是很重要的。如果可以利用的信息很少，那么最优估计值 $x_{t|t}$的波动也会非常小（因为中央银行认识到，绝大部分时候都没有太多的依据来假设产出缺口与其长期平均值之间存在着很大的差异），而从这种意义上来讲，中央银行的利率政策与产出缺口估计值的波动之间又并无多大联系。但是，当中央银行确实有理由估计产出缺口会出现一个显著的变化时，这仍然会影响其政策。产出缺口的最优（以卡尔曼滤波为基础的）估计一般来说并不是仅仅由实际经济活动的数量来决定，而且也取决于其他与产出缺口的变化有着系统性联系的变量（如通胀率等）的观测值。当与自然产出率的变化有关的直接实时信息非常不准确时，产出缺口的最优实时估计可能在很大程度上要以通胀率的观测水平为基础。因此，规则（3.34）式和（3.35）式中产出缺口估计值存在一个较大的系数与下面这样一种利率政策是一致的，这种利率政策主要根据通胀率波动的观测水平进行调整，而根据实际经济活动或就业变化的观测水平进行调整的力度相对小得多。[48]

8.4 对当前流行的政策建议的一些思考

正如本章简介中所说的，我的主要目的是根据目前对货币传导机制性质的认识来阐述一种可用于设计最优政策规则的方法，而不是要提出一项具体的政策规则。这不仅是因为最优政策的各种细节可能在不同的国家各不相同，而且因为到目前为止我们对货币传导机制的理解仍是非常暂时性的，还不足以使我们在最优政策规则的形式上得到任何最终结论。[49]虽然如此，我们仍可以设法从本章讨论的一系列最优政策规则的例子中吸取一些暂时性的经验。尤其是，对于下面这一问题的考虑可能有着重要意义，那就是第1章讨论的各种政策规则——已经被作为某些主要中央银行当前行为的主要特征和标准政策建议提出来了——在何种程度上与在本章中提出的标准下最优的那些规则相似。

8.4.1 泰勒规则

从本书研究的结论我们应该可以清楚地看到，泰勒规则的形成在很多方面都代表着向正确的方向迈进了一步。泰勒规则的一个重要成就就是已经把更多的注意力集中到合理货币政策的系统性特征上来了，包括在美国和其他国家。正如我在本书研究过程中一直强调的，以规则为基础的政策制定和公众对货币政策系统性特征的更清楚的理解都有着重要的地位，而泰勒规则的使用，包括被中央银行和致力于预测中央银行行为的市场参与者使用，确实促进了这两方面的改进。

泰勒提出的具体规则同样具有很多我们需要的特征。这个规则是从联邦基金利率（美联储的政策工具）和通货膨胀以及产出缺口的大小（衡量稳定性政策是否成功时最关键的两个目标变量）之间的直接关系的角度出发来阐述的，而不涉及任何诸如货币总量等的中间目标变量，这确实提高了该规则对政策制定者的吸引力，而且提高了公众对该规则的理解。虽然如此，有些经济学家仍然怀疑这样一种规则是否可以作为政策承诺的一个合理基础，因为货币总量在许多关于通货膨胀和经济波动的理论研究中，以及在那些已有货币政策规则的最有名例子（至少在 20 世纪 90 年代之前）中都占据着重要地位。事实上，从利率规则的角度来阐述政策承诺似乎忽略了经济学家们对于利率规则的那些众所周知的批评，弗里德曼（1968）、萨金特和华莱士（1975）等经济学家认为利率规则是不稳定性的源泉，因为这种类型的系统政策使经济容易受到自我实现型预期（self-fulfilling expectations）的冲击。

目前的分析已经说明，某些利率规则在有些方面（如利率盯住，或者外生名义利率过程等，这些的确都是弗里德曼和萨金特和华莱士关注过的）遭到了合理的批判，但合理选择的利率规则并未遭到诸如此类的批判。而且，至少在我考虑过的某些简单的货币传导机制模型下，经典的泰勒规则是那种可以同时导致确定性理性预期均衡和向该均衡收敛的可行学习动态的利率规则的一个例子。

此外，我们还发现对于表达政策承诺而言，在各目标变量（非常有可能包括了隔夜利率水平）之间建立线性关系是一种高度符合要求的形式。我们有可能通过某种特定的方法来选择这种关系，以保证无论冲击的具体情况如何，这种关系在所有时间上都是成立。这本质上是因为这一规则代表着实现各目标变量最优演化的一个一阶条件。这种一阶条件——代表着描述将要实施的政策的一种非常严格的刻画方式——自然要用与人们希望最小化的那些扭曲有着尽可能直接的联系的变量来表达。从这一观点出发，名义利率水平可能确实是一个我们应该关注的变量（比方说，作为反映经济中与无效率的低流动性有关的扭曲的一个变量），相反，货币供给则不与任何这种扭曲有如此直接的联系。[50]

当然，有人可能会认为泰勒的政策建议并不是要设法衡量政策目标是否正被实现——目标准则，第 7 章和本章中都使用过的一个术语——而是要对央行应该用来确保这一目标完全实现的反应函数做一个大致的描述，就像第 7 章中的（5.5）式那样。如果这就是我们想要阐述的，那么这一规则被表达成一项对于联邦基金利率的规则仅能说明，联邦基金利率是当前美联储操作程序中的一个政策工具。如果我们希望以基础货币作为政策工具来执行伸缩性通胀盯住目标规则，我们得到的也可能是一个类似的表达方式，不过此时是将基础货币量表达成通货膨胀和产出缺口的各决定因素的一个方程。

但是，我们不仅可以说明将隔夜利率作为政策工具是一个同样一致性的选择，而且还可以说明它有着明显的优点。这些优点在假设支出和定价决策都至少提前一小段时间确定的情况下（第 5 章中讨论的那些实证模型正是这种情况）是最明显的。在这种情况下，最优政策要求隔夜利率可以提前同样长的时间完全预测，正如 8.2.4 节和 8.3.3 节中所讨论的那样。通过在某个更早时间的可获信息基础上为隔夜利率选择一个操作目标，这一点是很容易实现的。比如说，在这两种决策都提前 d 期确定的情况中，最优目标准则（2.32）式[51]可以通过如下反应函数来实现：

$$
\begin{aligned}
i_t = & E_{t-d}r_t^n + \frac{\kappa}{\sigma(\kappa^2+\lambda)}E_{t-d}u_t + \left[1+\frac{\beta\kappa}{\sigma(\kappa^2+\lambda)}\right]E_{t-d}\pi_{t+1} \\
& + \frac{1}{\sigma}E_{t-d}x_{t+1} - \frac{\lambda}{\sigma(\kappa^2+\lambda)}E_{t-d}x_{t-1},
\end{aligned} \tag{4.1}
$$

该函数等号右边刚好是第 7 章中的（5.5）式等号右边在 $t-d$ 期时的预期。在这种情况下，一般不能从基础货币量的角度来写出一个与之等价的反应函数，除了一个包含了对出现在 $t-d$ 期和 t 期之间出现的实际冲击进行反应的函数之外，因此，如果是以基础货币量作为政策工具的话，是不可能提前确定政策工具设置的。而且在那种情况下，反应函数也会更加复杂，因为它必须对某些没有进入函数（4.1）式的冲击（货币需求方面的冲击）进行反应。

泰勒选择的特定目标变量，也就是泰勒认为美联储应该对其做出反应，并致力于将其稳定的那些变量——亦即通货膨胀和产出缺口的大致水平——已经得到了来自于当前理论分析的大量支持。在第 6 章中我已经指出，有足够的理由把这两个变量（当它们都被合理地定义的时候）当作是衡量那些重要扭曲的变量，并因此利用它们来论述与个人福利相关的稳定性政策中的损失函数。

泰勒政策建议的一个特别有争议的特征就是，它规定政策不仅要对通货膨胀做出反应，而且还应该对产出缺口的变化做出反应。这里的分析不仅说明我们可以搞清产出缺口这一概念的具体含义，而且还能说明在模拟通货膨胀动态时它是一个有用的概念。这对于我在本书中已经研究过的各种具有名义黏性的模型来说都是正确的。我们也已经看到，除了价格稳定目标外，产出缺口稳定目标也可以被证明是福利最大化的，但在某些情况下，这两种目标之间可能会出现矛盾，因此，为了使产出缺口更具稳定性，必须让价格在某种程度上偏离完全稳定状态。

此外，我还发现，本章中得到的强健最优政策规则都规定，利率（或者对通胀目标的修正）要根据产出缺口（正确定义的）预期路径的变化进行相应调整。虽然有可能得到一些与这一变量不显性相关而又与最优均衡相一致的政策规则，但最优政策的这些可供选择的表达式要么就不像这里得到的规则那样具有强健最优性——这些最优政策的系数可能依赖于对冲击的统计特征所做的假设中的某些细节[52]——要么就不是直接规则——它们可能显性地包含了除目标变量之外的其他变量，如具体的外生冲击等。因此，只要我们需要的是一个强健最优直接规则，用一项包含中央银行对产出缺口路径的估计（或预测）的规则来表示央行的政策承诺就有着重要的优势。

在现实中要精确地衡量产出缺口当然存在较大的困难。但是这方面的很多困难都可以通过斯文森和伍德福德（2002a，b）的那种可叠加的（additive）测量误差来解决，所以此时可以利用确定性等值的方法，就像 8.3.4 节中所讨论的那样。在这种情况下，遵守一项央行产出缺口估计的系数与完全信息下的最优规则中相应系数相等的政策规则仍然是最优的，测量误差仅影响中央银行形成其现在和过去产出缺口估计的方法。比方说，对于产出缺口进行最优估计通常要利用关于工资和价格的各方面信息，而不单是那些可以获得的衡量数字。但这并不是说，中央银行从产出缺口与其他变量之间的关系的角度来描述其政策承诺是不实用的。因为，这种描述方式与下面这种显性描述相比来得更加强健，那就是对中央银行应以何种方式对具体指标变量做出反应的显性描述，这里的反应方式取决于中央银行当前对于各种冲击（包括那些引起测量误差的冲击）的统计性质的信念。

同样值得引起注意的是，在产出缺口的实时估计中已经观测到的误差（欧菲尼德斯（2003）提供了相关资料）在对产出缺口的绝对水平进行估计的情况中，要比对其在季度与季度之间的变化进行估计的情况中大得多。对潜在产出的趋势增长率的变化进行识别时产生的误差直到多年以后仍会导致对产出缺口绝对水平的严重的持续错误估计，但这种测量误差对产出缺口估计中出现频率较高的因素基本没有影响。但是，本章所得到的各种最优规则都仅包含了产出缺口季度与季度之间变化的预期路径，而与产出缺口的绝对水平无关，尽管我们希望稳定的是产出缺口的绝对规模。正因为如此，虽然产出缺口误测问题在本章所得到的最优规则中要比在那些将政策依赖于产出缺口的当前或未来预期绝对水平的一般提议中更严重，但是问题显得没有那么突出了。

最后，泰勒规则要求的那种对通货膨胀和产出缺口的变化进行的反应——利率随产出缺口的上升而上升，且这个反应的系数比其随通货膨胀变化时的系数要大——至少在广义上与许多简单模型分析中的最优政策是相似的。我们也已经看到，强健最优工具规则，在利率稳定性目标的情况下（8.3 节），可以表示成满足泰勒法则的利率规则，并且其中利率随（当前的或预期未来的）通货膨胀或产出缺口的上升而上升。我们也已经看到，与执行一项通货膨胀目标（第 4 章中的（2.44）式或第 7 章中的（5.5)式）相对应的反应函数，在没有此类目标的情况下，也可以表示成同样具有这些性质的利率规则。

同时，目前的分析也说明，泰勒规则的初始表达式还存在若干可以改进的方面。我们关心那些中央银行应对其做出反应的目标变量的合理定义。泰勒（1993）在比较自己的政策方案与美美联储的实际行为时，认为衡量通货膨胀的合理变量应该是 GDP 缩减指数的变化。但是我们也已经看到（在第 6 章中），衡量与价格的不稳定性相关的扭曲的最佳变量不是一个全经济范围内的价格指数，这种指数赋予各种商品价格的权重与它们在国内生产总值中所占的比重成正比；相反，将更高的权重赋予某些部门的价格稳定可能更合理，具体赋予哪些部门则取决于各部门价格在调整频率方面的特征。因此，一项符合要求的政策规则应该对核心通货膨胀的某个（合理定义的）衡量变量做出反应，而不是对所有价格平均上涨率的衡量变量做出反应。我们也已经看到，名义工资通货膨胀的不稳定也可能造成某种经济扭曲，这种扭曲和商品价格通货膨胀所造成的扭曲是类似的。由此可知（正如第 6 章和 8.2.2 节中所讨论的），最优政策规则必须对物价通胀和工资通胀都做出反应。[53]

类似地，泰勒（1993）在将其自己的政策建议与历史上的政策进行比较时，把产出缺口等同于线性地消除趋势后的实际 GDP。在大多数的中央银行政策研讨中，当提到衡量产出缺口的变量的时候，通常使用的也是衡量实际 GDP 与某种非常平滑的趋势之间的差异的变量。但是，根据理论分析所得到的与福利相关的产出缺口——因此往往合理地成为本章所描述的那种最优政策规则的一个论据——是实际 GDP 与它的某个目标水平之间的差距，它的这个目标水平应该根据各种实际冲击（包括对偏好、技术、财政政策等的冲击）来进行调整，而我们不能预期这些冲击都是显然地按照平稳趋势变化的。

此外，我们已经看到至少存在某些证据可以说明，传统的产出缺口衡量（基本上是消除趋势后的产出）完全不与理论分析中的产出缺口变量相关。正如 3.2.1 节中所论述的，在非常一般性的假设前提下，实际边际成本应该与理论上的产出缺口单调相关，而如果我们假设的是一个产出对于劳动投入具有常弹性的生产函数，这个量与实际单位劳动成本（或者劳动所占的份额）就是成比例的。但是，正如加利和格特勒（1999）以及斯波唐恩（2002）所指出的，实际单位劳动成本的周期性变化完全不与消除趋势后的产出的衡量变量对应——这两个序列之间居然存在显著的负相关关系！而且，当把实际单位劳动成本作为产出缺口的代表变量时，关于定价动态的简单最优化模型与总的美国通胀率序列吻合得非常好，而当使用消除趋势后的产出作为代表变量时则完全不吻合，这说明事实上实际单位劳动成本序列才是衡量与通胀决定有关的产出缺口概念的更好变量。[54]奈斯和尼尔森（2002）通过构建一个以理论为基础的产出缺口衡量变量也得到了一个类似的结论，他们的研究是用对（影响偏好和技术的）实际冲击的历史序列的估计来代表自然产出率的变化；同样，他们的产出缺口序列也是与消除趋势后的产出衡量变量负相关的，但可以较好地用于解释通货膨胀的历史波动。由此可知，对于当传统的产出缺口衡量变量值（消除趋势后的产出）较大时会相应提高利率的那种中央银行而言，它们的反应方式可能与我的各种最优规则所规定的方式大相径庭。

而且，虽然泰勒规则所规定的对通货膨胀和产出缺口变化的反应在很多重要方面都与最优规则的共同性质是一致的，但在很多方面也存在分歧。泰勒规则规定的是一个完全同期的反应，而最优规则还包括了其他的动态。即使是在一个简单的通货膨胀和产出缺口的决定模型中，且其中各滞后内生变量不具有因果方面的显著性，最优政策规则也是历史依赖性的，具体原因我们在第 7 章中已经解释过了。比如说，本章得到的所有最优规则都包括了对观测到的和/或预测到的产出缺口变化进行反应，而不是对其绝对水平进行反应，尽管衡量政策旨在稳定的扭曲的变量是产出缺口的绝对水平。此外，当利率稳定也是政策目标之一时，代表最优性特征的一阶条件的目标准则也可以表示成一项利率反馈规则，这一规则中名义利率的当期合理水平显著地依赖于滞后利率。在 8.3 节的各例子中，我们已经看到最优利率规则实际上都是超惯性的，而命题 8.3 也说明这并不是那些例子的一个偶然特征，而是所有具有萨金特—华莱士性质的货币传导机制模型所共有的一个特征。

最后，有时人们也会怀疑泰勒对这一规则的经典描述是否过于后向化 (backward looking) 了，因为其中它规定的是仅对已出现的通货膨胀做出反应。在 3.1 节中我们已经看到，一项强健最优政策规则有可能包含仅来自于当期和滞后变量的反馈。另一方面，即使在这种情况下，注意到下面这一点也有着重要意义，那就是，这个最优规则仅是一项隐性工具规则：它说明的是当期名义利率目标和在该期内取决于当前利率水平的那些变量之间的关系。因此，执行这样一项最优规则要求中央银行能够预测其自身不同政策决策对那些变量可能产生的影响，以判断何种利率政策可能与这一规则相一致。所以，根据这样的规则来执行货币政策时，最关键的就是货币传导机制的结构模型。这是沿着本章所解释的思路所得到的所有强健最优政策规则的一个非常普遍的特点。

我们不知道泰勒提出泰勒规则的初衷是不是想得到这样一种规则。但隐含在他的政策建议中的假设前提很可能是，关于下一季度通货膨胀率和产出缺口的预测可以准确地做出，并且这一预测是独立于当前政策决策的（一般认为货币政策变化不会这么快对价格和产出产生多大的影响），所以泰勒规则在不借助结构模型或条件预测时仍然是可以运用的。如果这是目的的话，那么本章提出的各种最优规则几乎不具有这一特征。我们也可以假设通货膨胀和产出缺口都可以提前若干月份确定，但是在这种情况下，最优政策通常包括对未来若干月份以后的利率操作目标做出一项提前的承诺，且这一承诺的信息基础是由政策决策决定的某个时间上的各种预测经济条件。

因此，将泰勒规则理解为旨在描述中央银行反应函数（该反应函数应该可以用于实现各目标变量的一条合乎要求的路径）可能更加准确，而不是将其理解为一个本身可用于衡量目标变量的路径是否合乎要求的目标准则。在这种观点下，寻找一个将利率操作目标表达成某些特定变量的函数的公式可能更合理，而这些变量必须是中央银行在其做出决策的时候可以观测到的（至少要是可以估计出来的）。从这一点来看，泰勒规则确实具备与最优规则对应的那些反应函数的某些基本特征。但是，最优反应函数不可能像泰勒规则的经典公式（约翰·泰勒印在其名片上的那个公式）那么简单。一个最优反应函数必然包括对所发现的真实冲击做出相应反应，而不能仅根据通货膨胀和产出缺口的过去和/或预测变量进行反应。尤其是，在我的简单模型里已经阐述过的各种反应函数中，还要求中央银行必须根据威克塞尔模型中的自然利率变化来调整其对于名义利率的操作目标——自然利率的这些变化可能是若干种真实冲击中的任何一种的结果，正如第4章所讨论的。[55]

此外，如果我们从这个角度来理解泰勒规则的话，虽然它作为一项简单的经验法则是有用的，但是在确定与各目标变量的合乎要求的路径最一致的政策设置方面，即使这一规则的一个复杂得多的版本也不能完全替代一个在此方面有着充分能力的经济模型。这是因为，最优政策的目标准则——也就是根据本章所解释的各种法则可以得到的那种一阶条件——可能更易于表达，而且当人们对于政策执行的环境的看法发生变化时，它比执行该目标准则必需的反应函数的显性公式来得更加稳定。因此，中央银行承诺遵守目标准则是更合理的，而且目标准则还为央行就其政策承诺与公众交流并论证已执行的政策提供了更合理的基础。当人们对一项给定的目标准则所隐含的反应函数的特征的理解可以直接为央行及其他市场参与者所利用时，那么在央行承诺遵守某项目标准则的前提下，不再需要承诺遵守任何诸如此类的公式。反应函数能解决的任何问题都可以在央行必须采取政策行动时的每种特定情况下得到解决，完全不需要一个一般性的公式。

8.4.2 通货膨胀预测盯住制

目前，许多中央银行正在使用的通胀预测盯住制也代表着央行政策实践上的一个重要进步。正如我在评述泰勒规则时所说的一样，引起人们对货币政策研究的兴趣并不断地澄清其中的问题，以及提高人们对政策系统特征的理解和预测能力本身就是前进道路上的一个重大进步。从这一角度来看，通胀预测盯住制比泰勒规则更为有用，因为与泰勒规则相比，它在更大的程度上有助于构建政策研究的框架（在很多国家），并且它还一直与中央银行政策决策透明度的显著提高有着紧密的关联。通胀预测盯住制的最重要特征是，通胀预测盯住型央行有明确的目标，并且承诺向公众解释其政策决策。

但是，这些中央银行的具体政策承诺形式在很多重要方面也与我对最优政策规则的分析是一致的。首先，我已经论证了，最优政策规则可以非常一般化地表达成目标规则，在该目标规则中，中央银行承诺以任何必要的方式来调整利率，以使各种目标变量的预测路径满足一个特定的显性目标准则。而且，我也论证了，强健最优的目标准则是那种仅能隐含地定义合理政策工具设置的目标准则，使用何种经济模型来预测不同利率决策的结果是货币政策决策的关键所在。英格兰银行、新西兰储备银行、瑞士银行等中央银行所采用的通胀预测目标盯住制为如何根据这种类型的承诺来执行货币政策提供了最好的例证。

这些中央银行所采用的盯住制度都强调它们的通胀目标，这也是在本书的研究中得到大量支持的政策之一。我们已经看到，在某些理想的情况下，最优政策的特征是使某个合理地选择的价格指数实现完全稳定，正如第6章中所讨论的一样。而且，尽管使价格达到完全稳定才算实现最优化的各种条件在某种程度上来说过于特殊，我在各种修正例子中对最优化政策的这一特征所做的量化研究说明，即使在更加现实的条件下，最优的平均通货膨胀率和通货膨胀变化率仍然是非常适度的。因此，“价格稳定”对于合理货币政策的一项主要目标来说，并非是一个不好的简短描述。

尽管如此，通胀预测盯住制（包括通胀盯住型央行实际使用的和许多学术文献中提倡的）仍然在很多重要方面与本章所讨论的最优目标规则不同。首先，我关于与泰勒规则有关的合理目标变量的评述在这里也是适用的。绝大多数通胀盯住型中央银行盯住的都是某种形式的消费者价格指数的增长率，有的可能会经过一些小的调整，如前面提到过的英国用的是零售物价指数（RPIX inflation）。正如我已经讨论过的，一项最优目标准则应该将更多的权重赋予某些特定的价格。盯住核心通货膨胀的某个衡量变量可能更接近于理论原则，尽管一项完全的最优目标准则可能包含不止一个通胀衡量变量（因为赋予不同通货膨胀的最优权重对于所有的前推值和滞后值并不一定是相同的）。而且最优目标准则应该在考虑物价通胀的同时也考虑工资通胀，正如8.2.5节中已经说明的那样。

类似地，关于伸缩性通胀盯住的文献通常提倡，为了得到一个较小的产出缺口而接受通货膨胀暂时的偏离其长期目标水平。但是这些文献往往在它们所分析的产出缺口概念上含糊不清。我们在这里已经看到，最优目标准则通常的确包含了产出缺口预测，但值得注意的是，我的理论分析中所涉及的产出缺口与中央银行在其政策分析中通常使用的产出缺口衡量变量存在着很大的差异，正如上一个部分中所讨论的一样。此外，学术界通常提出，可接受的通货膨胀偏离其长期目标水平程度应该与产出缺口预测的绝对水平成比例。但在这里得到的最优目标准则中，产生影响的只是产出缺口从一个季度到下一个季度的预测变化。

实践中的通胀预测盯住制在一个非常重要的方面上与本书阐述的理论原则存在差异，那就是目前使用的通胀预测盯住制是纯前瞻性的，至少在人们关注官方言论的范围内是这样。在英格兰银行每个季度发布的《通货膨胀报告》的开头部分，我们总能找到两个说明实际 GDP 和零售物价指数在未来八个季度内预测路径概率分布的“扇形图”。当期的隔夜利率水平被这两个图的特征证明是合理的，而论证的标准显然独立于之前已发生的经济事件，包括上一季度的预测和已经做出的政策决策。有人可能会认为，根据动态规则的推理，最近的政策决策完全基于对经济从那时起的可能路径的考虑既是完全正确的，也象征着理性。但是正如第 7 章中已经论证的，这种说法是不对的，因为它忽视了历史依赖性政策可能带来的好处，这种政策可以提前确定，并因此使我们能以某种合适的方法在更早的时候形成对当前状况的预测，这种预测本身也能带来一些好处。这并不意味着通胀预测盯住制不可能成为政策承诺的一种合理形式，只是说明，作为私人部门前瞻性行为的一个结果，最优目标准则几乎总是历史依赖性的。本章中很多例子都详细阐述了这种合理的历史依赖性。

当前通胀预测盯住制中使用的目标准则的另一个有问题的特征是其仅强调在相对较远的未来将实现的条件。因此，英格兰银行在对其预测的研讨中强调的目标准则是，未来八个季度内的预测零售商品物价指数必须等于 2.5%。这种政策承诺的问题并不在于它包含了一个不变的中期通胀目标。在我已经讨论过的各种例子中，最优政策几乎总是包含了一个确定的长期通胀目标，即使因为受到真实冲击的冲击而使通货膨胀率暂时偏离这一长期目标水平，它也应该在若干个季度之后回归其长期目标水平，并且为了稳定公众的中期通胀预期，中央银行确实有必要明确地知道其政策承诺的这个方面。

然而，问题是这种承诺不足以用来确定在短期内应该采取什么样的政策——这正是我们在现实中生活着的时期，就像凯恩斯所说的那样。前面已经说过，在这种承诺下中央银行希望看到通胀率在未来两年之内回归到 2.5%，但这一事实不足以说明在各种达到终点的可能过渡路径中到底哪一条更受偏好。因为总会存在一系列与这一终点条件相对应的可能情形：比如说，今年采取较为放松的政策，而在明年采取紧缩的政策作为补偿，或者反之亦可。

在实际操作中，英格兰银行，与许多其他通胀预测盯住型央行一样，采取要求不变利率预测满足终点条件的办法来解决这一问题。那就是，如果在假设利率水平保持不变的前提下，预测零售物价指数在未来八个季度之内应该会等于 2.5%，那么就证明当前的隔夜利率水平是合理的。但是，这意味着实际上不存在使利率在该时期内维持在当期水平的承诺，或者甚至也不存在使当期预期利率在该时期内平均地保持在这一水平的承诺。(通常遇到的情况是，公布出来的这个不变利率预测可能本身就意味着利率必须在来年发生改变，以保证在那时的预测条件下也有一个不变利率预测满足目标准则。）因此，我们很难看出，将政策决策基于这种特殊的预测盯住实践能如何提高货币政策的透明度，或者能如何改善私人部门政策预期的准确程度。[56]

从概念上来说，较好的方法当然是将政策基于下面这种特殊的预测，那就是，在假设政策的制定与将来的目标规则也是一致的前提下计算出来的相应预测，[57]因为在这种情况下，这个用于论证当期政策的预测与央行对自己在将来应该采取何种政策行为的最佳预测是一致的。[58]当然，必须强调的是，中央银行的唯一承诺是遵循隐含在这种预测中的规则，而不是遵循根据这种预测最有可能得到的利率的某条特定时间路径。但是，因为我们用扇形图来表示一系列可能的未来情形（具体情形的种类取决于届时我们如何解决各种不确定性），所以令人不解的是，当不存在一项比计划采取的承诺更具体的承诺时，我们为什么不能讨论未来利率的概率分布，就像在此时讨论通货膨胀和实际经济活动的概率分布一样。

然而，一旦解决了这个问题，就必须规定一个可以为经济系统确定合理短期动态的目标准则，而不能仅仅是为未来若干年以后的某一天确定一个终点条件。这样一个目标准则相应地赋予对来年各种变量的预测以较大的权重，就像在本章得到的最优目标准则中一样。同时，在论证通货膨胀预测对其长期目标值的短期偏离时，还必须借助各实际变量对其长期平均值的各种预期偏离，仅仅确定（不变的）长期通胀目标已经不能满足需要了。没有哪家通胀预测盯住型央行真的相信必须使通货膨胀总是尽可能接近其长期目标水平，这就是为什么通胀预测盯住制只是设法保证通货膨胀预期会在若干个季度之后回到其目标值。[59]但是，通过不为人们提供应该如何在达到该中期目标的不同路径之间进行抉择的明确规则，他们避免了必须澄清各种竞争性稳定目标之间的某个可接受平衡的性质这一任务。[60]

相反，一种一致性的方法——特别是一种可以证明是旨在实现本章讨论的最优政策的各种条件的方法——一定可以使产出和其他实际变量的某种特定预测变得明确化，这种特定的预测应该可以用于论证短期通胀目标的修正，也可用于论证这种预测对短期目标的影响程度。在绝大多数情况下，通胀预测盯住型中央银行都会避免对这一问题进行澄清，因为经济环境中能够合理地论证通货膨胀在短期内偏离其长期目标的种类非常之多，根本无法一一列举并进行相应的研究。但是，这里发展的理论旨在说明，确定强健最优的短期目标准则（在当前政策决策可以产生影响的最短时间内适用的标准）是有可能的，也就是说，无论发生的冲击具有什么样的性质，同样的目标准则都可以用来确定通货膨胀在短期内偏离其长期目标的正确程度。

因此，我们发现当前通胀预测盯住程序中仍然存在改进的余地，尽管这里提倡的方法是对英格兰银行等先驱者所用方法的一个直接继承。当然，能否在最优短期目标准则的各种细节方面达成共识，要取决于关于货币传导机制的结构模型能否同样在细节方面达成共识。因为，尽管这里得到的各种最优规则对于可叠加性冲击项特征的各种不同假设都是最优的，但对结构方程的具体形式以及各内生变量彼此之间的反应弹性确实是有影响的。这需要进一步的研究，并且这种研究需要学术研究者们和中央银行工作人员的共同努力。希望我目前的工作有助于激发对这一领域的进一步研究，并且通过这种研究，使理性地管理与货币相关的各种经济活动成为现实，这对于一个世纪以前的货币改革者们来说，只能是一个梦想。

【注释】

[1] 这一节基于 Giannoni and Woodford（2002a）。

[2] 参见 Taylor（1993a）。

[3] 其中也包含了我以前的一些研究，如 Rotemberg and Woodford（1999a）。

[4] 我假定向量 z_t 和 Z_t 都具有无限维的。但向量 s_t 却并不要求如此，就像 8.1.3 节所讨论的一样，但理论上允许无限种随机扰动的存在。在 s_t 不是一个有限维向量的情况下，我们对“有界扰动过程（bounded disturbance processes）”应理解为不仅 s_t 的每个元素有界，而且 Cs_t 的每个元素都如此，从而结构关系的扰动在每期都是有界的（和明确的）。

[5] 这里 $\bar{Z}_t$ 和 $\bar{s}_t$ 可以不同于（1.1）式中出现的向量，因为政策规则可能包含其他先决或外生的状态变量。

[6] 我仅在满足一些一致边界的可能计划中考虑了最优计划，因为在推导二次损失函数与线性均衡条件时所用到的泰勒级近似仅在局部有效。无界路径 $\{y_t\}$ 可以得到（1.2）式的较低值，但却不必对应于精确模型的任意一个均衡，所以这里不予考虑。当然，我对这一局部最优的关注依赖于这样一个理念，那就是精确模型的最优均衡实际上仅包含对稳态的较小偏离，这一稳态中我曾将均衡条件线性化。在那种情况下，这里定义的局部最优政策应当代表着对真实均衡政策的一个线性近似。

[7] 这里我所说的最优计划是指在上述其他条件约束下，所有有界过程族中能使（1.2）式最小化的过程 $\{y_t\}$。

[8] 这是此类线性二次最优化问题的一个一般性质。我们不难发现由（1.1）式和（1.9）式构成的系统的特征方程的根具有如下性质：对于它的每一个根 μ_i，$\beta^{-1}\mu_i^{-1}$ 也是它的根。因此，确切地说，所有根中有一半的模是小于 $\beta^{-1/2}$ 的。此性质亦见 Svensson and Woodford（2002b）。

[9] 另一方面，如果通胀率和产出都是事先确定的变量，就像 5.2 节所讨论的模型中一样，那么基本泰勒规则（1993）可能是显性工具规则的一个例子。

[10] 斯文森进一步明确区分了“一般的”和“具体的”目标规则。在此我仅考虑后一种描述政策承诺的方法。亦见 Svensson and Woodford（2003）。

[11] 命题 4.1 在新威克塞尔基本模型的基础上得出了此结论。

[12] 我的观点与斯文森（2003b）提倡的目标规则有联系但并不相同。斯文森的目标规则是建立在允许使用“判断”的基础上的，他假设中央银行拥有某些状态变量方面的信息，并且可以在执行某项目标规则时使用这些知识（通过使用这些信息来预测目标变量值），但是不能采用与那些状态变量直接相关的规则。因而，斯文森的分析是建立在冲击之间的区别上的，有的冲击是政策必须直接做出反应的，而另外一些冲击是政策必须不做出反应的。不同的是，从简化的角度出发，我主要强调的是遵守一项无需明确区分冲击种类的政策规则，但并不是简单地回避某些难于描述的冲击。

[13] 我的方法将斯文森（1997a，2003b）以及斯文森和伍德福德（2003c）的最优具

体目标规则一般化了。

[14] 在此最优承诺下，(1.19) 式和 (1.20) 式在所有时间 $t \geqslant t_0$ 上都成立。而只要 (1.19) 式和 (1.20) 式对于前 k 期都是成立的，我们就可以使用文中的推导来说明 (1.23) 式一定成立。

[15] 如果 $\Lambda \neq 0$，而这几乎可以说是必然正确的，只要 $\widetilde{E} \neq 0$，例如只要结构方程都是完全前瞻性的，就会出现该情况。详见附录 G 的 G_2 部分关于 Λ 的秩和 $\widetilde{E}$ 的秩之间关系的论述。

[16] 注意前述的定义隐含着条件 $\alpha(0)=1$，$B(0)=I$。

[17] 本节内容在较大程度上基于 Giannoni and Woodford (2003b)。

[18] 注意，图 7.5 的分图 1 所刻画的通货膨胀率 ($\gamma=1$ 时) 的脉冲反应与图 7.3 的分图 3 所刻画的价格水平的（最优政策下的）脉冲反应是一样的。它们的大小不一样是因为通货膨胀率是以年度为基础绘制的，是 $4\pi_t$ 而不是 π_t。

[19] 在这种情况下，结构方程 (2.11) 式和 (2.12) 式意味着实际工资不受货币政策影响，而是仅作为实际冲击过程的一个方程，随实际冲击的变化而变化，就像在第 3 章中讨论过的那样。相关的经验研究通常发现实际工资对于对货币政策冲击的估计反应一般很弱，不会显著地异于零。而詹诺尼和伍德福德 (2003b) 的研究结果也表明这种反应不会显著地异于零，尽管他们的脉冲反应方程的点估计结果说明工资并不像价格那么具有黏性，正如第 5 章讨论的那样

[20] 在此我将 (2.15) 式中的损失函数权重标准化，其中 $\lambda_p+\lambda_w=1$，以与 (2.3) 式中的标准化相一致。

[21] 当然，这仅当实际工资的变化为内生时才影响最优目标准则，这要求 $\kappa_w \neq \kappa_p$。

[22] 作为另一种选择，在 (2.28) 式中我们可以将 x_t 理解为 $\hat{Y}_t - E_{t-d}\hat{Y}_t^e$。在此情况下，损失函数 (2.2)式～(2.7) 式仍然是准确的，但依赖于与政策独立的各项（也包括不可能提前 d 期预测的要素 $\hat{Y}_t^e$）。

[23] 因为假设通货膨胀和产出缺口都被提前 d 期决定，所以我们可以将这一标准等价地表示成基于 t 期信息的预测形式。若假设通货膨胀和产出缺口都由内生的事先确定的因素构成，且根据 (2.28) 式和 (2.33) 式来决定，就像在斯文森和伍德福德 (2003) 考虑的模型中那样，那么最优目标准则仍由 (2.32) 式给出，除了此时在本质上目标准则中的各项都用它们在 t 期的条件期望来代替。

[24] 如果 ξ_p 和 ξ_w 被赋予相等的值，那么在 α_p 和 α_w 相等的假设下，我们必然会得到 $\omega_p\theta_p$ 和 $\omega_w\phi^{-1}\theta_w$ 相等这一结论。（具体参见 3.4.1 节中 ξ_w 和 ξ_p 的定义，并记住 $\omega_w \equiv \nu\phi$。）那么，θ_p 的隐含值就比 $\phi^{-1}\omega_w$ 大，并且前者减后者之差刚好等于 ω_w 减去 ω_p。事实上，他们关于 ξ_p 的估计值比他们对于 ξ_w 的估计值小，且这进一步增加了 θ_p 隐含值的相对大小。

[25] 在目标准则仅涉及各种不同类的预期通货膨胀（包括物价通货膨胀和工资通货膨胀）的情况下，该目标准则应能等价地表示成 $\phi_p F_t(\pi) + \phi_w F_t(\pi^w) = \bar{\pi}_t$。它与 8.2.2 节中给出的表达式是类似的，并可以让读者清楚地看到，只有进入损失函数的各变量的预期路径才与目标准则有关。但是，这里给出的表达式通过汇集央行对于单个变量未来名义值的预期——未来价格水平的预期值，为目标准则提供了一个可验证的更合适的数量概括。

[26] 正如在 (2.41) 式中一样，我们可以等价地用物价通胀预期、工资通胀预期和产出缺口预期的一个线性函数来表述该标准。

[27] 注意，对于短期目标准则（2.41)式～(2.43）式也是如此。

[28] 我们可以通过消去 $-\phi_w^* w_t-\phi_x^* x_t$ 这一项来简化目标准则的代数表达式，这一项同时出现在（2.44）式的等号左边和（2.45）式的等号右边。詹诺尼和伍德福德并没有这么做是为了让读者明白，目标准则实际上并不要求对产出的绝对水平或实际工资与其趋势路径之间的偏离进行估计，而只要求对产出缺口和实际工资的增长进行估计。当对这两个变量绝对水平的实时估计都存在较大的争议时，这才是一个重要的实际考虑。

[29] 因此，这个结论取决于詹诺尼和伍德福德的估计结果所隐含的结论 $\gamma_p=\gamma_w=1$。

[30] 因为詹诺尼-伍德福德经验模型是以一个季度为一期的，所以讨论政策过程的最简便方法就是假设政策决策也是每季度进行一次，尽管在现实中，绝大多数中央银行对其隔夜利率操作目标的反思和重设一般会更加频繁。希望读者不要从当前的讨论中得出货币委员会每季度决策一次才是最优的这一结论，因为只有当（就像在他们的模型中一样）所有其他市场也是每季度仅开一次时，我们才能得出这样的结论。

[31] 在此处和下文中，我将给出一个特定目标准则的系数值，在该标准中，通货膨胀率是以年度百分点个数来衡量的，而不像第 5 章的詹诺尼-伍德福德模型中那样以季度为基准来衡量。当以这个模型中的方式定义各变量的时候，相应系数乘以实际工资和产出缺口项仅与目前和以下情况中的一个季度的相应值大小相等。

[32] 本节的结论直接基于 Giannoni and Woodford（2002b，2003a)。

[33] 与伍德福德（1999a）提出的工具规则相比，这是当前这种工具规则的一个很大的优势，前者将联邦基金利率表述为滞后基金利率、滞后的基金利率增长率、当前通胀率以及上一季度通胀率的一个函数。前面这个工具规则可能与对实际冲击的最优反应也是一致的，但仅当（正如之前的计算中假设的那样）所有对自然利率的冲击过程都可以用一个具有单一特定序列相关系数的 AR(1) 过程来描述，且其对自然产出率不存在对于有效产出率那种影响时（也就是说，不存在成本推动型冲击）才成立。但是，前面讨论的规则也有其自身的优势，那就是中央银行在使用此规则时，除了要对通胀率进行精确测度之外（包括在制定联邦基金利率时，对 t 期的通胀率进行精确的预测），不再需要其他信息。

[34] 提醒读者回忆 4.2.2 节中将这一原则推广到具有利率惯性的政策规则情况时的论述。

[35] 从技术上来说，这与该政策规则的另一个等价表达式（3.10）中的观察结果是对应的，这个等价表达式将在后面给出，它有一个根且 $\lambda_2>1$。这个结论的一个充分条件是 $\rho_1>1$，在此情况下刚好有一个根大于 1。

[36] 莱文等人（1999）同样发现，在关于货币传导机制的若干前瞻性经验模型的背景下，具有 $\rho_1=1$（他们所考虑的最大的惯性系数值）的政策规则是最优的。

[37] 同时应该注意的是，在贾德和鲁迪布什的实证分析中所使用的产出缺口的度量标准是美联储可能使用的可行标准之一，但与最优规则（3.7）式中用变量 x_t 表示的与福利相关的产出缺口可能是不一致的。此外，ϕ_π 代表对最近四季度 GDP 缩减指数的增长的反应，而不单是对年度化的上一季度通胀率的反应。

[38] 卡拉（Kara，2003）提出了一种对美联储的估计政策规则和最优规则之间区别的理解。他认为，一个仅能进行非完全承诺的中央银行——在模型中，这意味着当某个以不变概率发生的事件出现时，央行总是在不考虑任何与其之前承诺有关的约束下，再一次对政策进行最优化选择——应该执行与形如（3.7）式的规则对应的政策，但此时的惯性系数 ρ_1 和 ρ_2 比（3.8）式中的要小。

[39] 这显然不是通常所假设的那种更加现实的情况，在后面这种情况中，我们通常

假设任何新信息对价格和支出的影响都会存在一定的时滞。但是在本文的这种情况里，也不需要隔夜利率对新的信息做出即时的反应，正如 8.1.4 节和 8.1.5 节中所讨论的那样。

[40] 如果冲击对通货膨胀和产出缺口的影响存在时滞，就像 8.3.2 节中所讨论的那样，这种说法就不再正确了。但是在那种情况下，尽管对中央银行政策工具的滞后影响是最优政策的一个要求，央行也不能只在目标变量观察水平的滞后值基础上来执行政策，因为冲击的这种滞后性本身也会影响这些目标变量。

[41] 但是要注意，这一情况在保证（3.7）式满足的承诺下并不会真正地不同：在该情况下，仍然需要一个可以得到隐含地满足该隐性规则的当期通胀率和产出缺口的模型。

[42] 但值得注意的是，这并不是说该规则将通胀预期的平均水平设为零。这是因为利率目标 i^* 一般与为零的平均通胀率不一致。

[43] 用这种方式表达的政策规则与下面这一事实也吻合得很好，那就是，中央银行在向公众论证它的货币政策决策时，总是明显地倾向于用其对通货膨胀和产出缺口未来路径的预测来论证，而不用其对利率未来路径的预测来论证。诸如英格兰银行的《通货膨胀报告》（Inflation Report）等与公众进行沟通的方式都将通胀和产出的预测放在中心地位，并且总是尽量不发表对于利率预测路径的任何相关意见。稍后将提出的以预测为基础的规则还与基于计划采取的政策的条件预测路径有关，但与不变利率下的条件预期无关，因此如果不借助（至少为了实现内部目的）利率的未来可能路径，央行是不可能执行这些规则的。但是，这些规则使我们可以直接讨论央行当前的政策工具设置是如何受其通胀和产出影响的，而不必直接讨论隐含在这些预测中的利率路径，并且从这种意义上来说，它们不需要对当前所用方法进行根本的修改。

[44] 注意，当 $\gamma \to 0$ 时，$\lambda_3 \to +\infty$，而 $\gamma\lambda_3 \to \beta^{-1}$。同时回忆在这种极端情况下，$\hat{f}_t = \hat{q}_t$。我们可以进一步说明，因式分解（3.20）式的两个较小根 λ_1、λ_2 是趋近于前面那个二次滞后多项式的因式分解（3.10）式中的两个根的。

[45] 这里我画出的是相对权重，而不是绝对权重，因为使用相对权重时，比较不同情况下最优政策对预测的依赖程度变得更加直观。这里的绝对权重只要通过对图中画出的相对权重进行简单的运算就可得到，因为在各种情况下相对权重之和都必然等于 $1/\alpha_{z,0}$。

[46] 斯文森和伍德福德（2002a）给出了中央银行和私人部门有着对称但不完全信息情况下的一个类似例子。

[47] 青木昌彦（2002）提供了这一点的另一个例子。在 Aoki 考虑的模型中，不存在成本推动型冲击，所以在完全信息下，最优政策可以完全稳定通货膨胀和产出缺口，并因此将名义利率设定为在所有时间上都等于当期自然利率。但是青木昌彦指出，当中央银行拥有完全信息的时候，最优政策一般不会将名义利率设定为等于央行对自然利率的最优当期估计值。事实上，他认为不完全信息下的最优政策往往是历史依赖性的：对于中央银行来说，最优政策是承诺在事后对在估计自然利率时所产生的误差进行不断的调整，而不是仅仅承诺根据当期自然利率的估计来调整。

[48] 关于这一点的进一步拓展详见 Svensson and Woodford（2002a），该文在一个简单的例子下进一步阐述了这一问题。

[49] 有些人可能认为，正是因为对于经济体系的合理模型来说，永远都不可能出现

完全的确定性，所以中央银行绝不可能承诺总是执行某项政策规则，如果真是这样的话，那么我的研究就没有意义了。但是，这里所说的以规则为基础的政策制定并不是说央行在某个时刻选择了一项具体的政策规则后，在往后的所有时间里都不能再对其进行重新考虑了。相反，我已经提出了判断政策规则的最优性的一种方法，且这种方法允许我们根据需要尽可能频繁地重新考虑一项给定规则的最优性。如果一个人希望政策是永久最优的，那么当他对于经济体系的正确模型的信念没有发生任何改变的时候，应该也就没有任何违背之前所采取的政策的理由。同时，在某个时点上采用这种规则并不妨碍在当中央银行关于传导机制的理解发生变化时对该规则进行修正。

[50] 尽管有人可能会认为与这种扭曲的严重程度直接相关的应该是货币量，事实上，不存在一个可用于判断某个给定的货币量如何与一个可将交易摩擦减轻到任何给定程度的货币量进行比较的非时变标准，相反，与效率对应的名义利率水平是非时变的（也就是说，持有货币的零机会成本）。值得注意的是，在弗里德曼关于“最优货币量”的著名论文中——该文的题目即已开宗明义地宣布了要求将这个问题作为一个货币总量的选择问题来考虑——实际得到的最优化标准是用名义利率来定义的：央行的货币增长率应该使名义利率降为零。

[51] 这里我仅给出了 $\gamma=0$ 这一特殊情况下的反应方程，也就是标准卡尔沃定价模型的情形，以使我们可以将其与第 7 章中的方程（5.5）式进行直接的比较。

[52] 比方说，伍德福德（1999a）在 8.1 节中的模型得到了一项最优政策规则，该规则仅包含短期名义利率和一个衡量通货膨胀率的变量，该文认为这就是我们所需要的最优政策表达式，因为它可以在不要求中央银行衡量产出缺口的情况下来执行。但是，那里讨论的规则只有在一系列关于冲击的严格假设下才是最优的：不存在成本推动型冲击、自然利率是 AR(1) 过程以及在创新对自然产出率产生影响的同期内将其公布等。此外，最优规则的系数还依赖于自然率冲击之间的序列相关系数。8.1 节中讨论的那些规则在对冲击的这些假设下同样是最优化的，并且在其他很多的可能情况下也是最优化的。

[53] 参见詹诺尼和伍德福德（2002b，sec. 3.1）关于工资和价格都具有刚性的模型的分析，在该模型中存在一项类似于（3.7）式的强健最优工具规则，但是那里的通货膨胀变量被一个工资和物价通胀的加权平均所取代。

[54] 当然，决定通货膨胀变化的产出缺口和定义合理稳定目标的产出缺口总是共同变化的。在某些假设前提下，就像在第 6 章中讨论的，它们应该是重合的；但是也存在很多可能的原因使它们在某种程度上不同，正如在 6.5 节中讨论过的一样。所以，仅是实际单位劳动成本看起来是衡量通胀压力的一个较好变量这一事实并不要求它也能精确地衡量与福利相关的产出缺口。

[55] 若需参考构建自然利率波动的实证序列方面的例子，请读者参见 Laubach and Williams（2001）和 Neiss and Nelson（2002）。

[56] 关于当前英格兰银行盯住制这一方面的有关批评参见 Svensson（2003a），而有关的这一方面的辩护参见 Goodhart（2001）。将政策基于一项不变利率预测的另一个问题是，许多关于货币传导机制的前瞻性模型，包括本书中讨论的所有这种模型，都满足萨金特—华莱士性质，因此这种模型不能为下面这一重要问题提供明确的答案，也就是说，当名义利率被固定在一个不明确的水平时，通货膨胀以及其他变量将如何演化。此外，Leitemo（2000）给出了将不变利率预测盯住作为一项政策规则的一些理解。

[57] 若想知道这在实际操作中的具体含义，请参见 Svensson and Woodford（2003）。

[58] 目前，新西兰储备银行是世界上唯一公布这种预测（亦即以其自身未来政策预期为基础的对其他相关经济变量的预测）的通胀预测盯住型央行。这些预测是通过求解一个叫做“预测与设计系统（Forecasting and Projection System）”的数量模型得到的，在这个模型中，包含着一项将储备银行自身未来政策包括在模型中的利率规则（Black et al.，1997a）。

[59] 关于这一点，可参见 Bernanke et al.（1999）或 Svensson（1999）。

[60] 在英格兰银行的《通货膨胀报告》的简介部分中，总是包括了一个实际 GDP 预测和一个零售物价指数预测——并且，事实上总是首先对它们进行讨论——这说明他们在判断当前利率水平的合理性的时候，会在一定程度上关注产出的预测路径。但是该行的官方目标准则仅包含了八个季度内零售物价指数的不变利率预测，并没有明确给出应该如何考虑产出预期影响的方法。

附 录

附录 A 第 2 章附录

A.1 命题 2.1 的证明

命题 2.1：考虑一个在所有时间上都满足第 2 章的方程（1.10）和方程（1.11）的正值随机过程 $\{P_t, Q_{t,T}\}$，且令 $\{C_t, M_t\}$ 为代表性家庭可能的消费和货币积累计划的非负过程。那么，在每一期都存在一个既满足预算约束（1.7）式，又满足借贷约束（1.9）式的家庭投资组合计划，[1] 当且仅当计划 $\{C_t, M_t\}$ 满足如下约束条件时：

$$\sum_{t=0}^{\infty} E_0 Q_{0,t}[P_t C_t + \Delta_t M_t] \leqslant W_0 + \sum_{t=0}^{\infty} E_0 Q_{0,t}[P_t Y_t - T_t] \tag{A.1}$$

证明：用 s 代替（1.7）式中的时间标识 t，对这个不等式两边在一个更早的（或者不是更晚的）时期取现值，然后将所得不等式对时间 s 从 t 到 $T-1$ 求和，可得在所有 $T \geqslant t+1$ 上都有

$$\sum_{s=t}^{T-1} E_t Q_{t,s}[P_s C_s + \Delta_s M_s] + E_t[Q_{t,T} W_T] \leqslant W_t + \sum_{s=t}^{T-1} E_t Q_{t,s}[P_s Y_s - T_s]$$

再考虑投资组合的约束条件（1.9）式，而这个约束条件是根据 $T-1$ 期的各种可能状态来进行选择的（在 T 期的各种可能状态下，它是家庭投资组合值的下界），通过结合这两个条件，我们发现一个可行计划必须满足

$$\sum_{s=t}^{T-1} E_t Q_{t,s}[P_s C_s + \Delta_s M_s] \leqslant W_t + \sum_{s=t}^{\infty} E_t Q_{t,s}[P_s Y_s - T_s]$$

注意，上式不等号右边此处是独立于终点日期 T 的。在所有时间上给定商品价格为正（对于任意有限水平的消费，要使其最优，该条件是必需的）、消费水平和货币余额非负的条件下，上式不等号左边是 T 的一个非递减序列。而不等号右边，因为（1.10）式的存在所以是有界的，它为该序列提供了一个上界，并且随着 T 的增大上界是收敛的。而且，这个序列的极值本身也必须满足这个上界。因此，任意可行计划都包含着一个满足跨期预算约束（1.13）式的状态依存消费水平和货币余额序列。特别地，给定家庭的初始财富 W_0，在所有可行计划下，整个无穷序列$\{C_t, M_t\}$从初始时期 $t=0$ 起必须满足这个对于零时期的约束。这样我们就证明了（A.1）式的必要性。

接下来就只需证明，为了保证过程$\{C_t, M_t\}$的可实现性，约束（A.1）式也是充分条件。不难证明，通过令家庭在 $t\geqslant 1$ 上的每一期（在每种可能的状态下）都选择那个使（1.13）式取等号的财富值 W_t，各过程都是满足（A.1）式的。给定 M_t 的假设过程，可推知在每个可能状态下的 A_{t+1} 值，这样就完全说明了 $t\geqslant 0$ 上各期家庭的投资组合计划。所得到的计划显然在每个时期都满足（1.9）式，并且易证它在每个时期都满足（1.7）式，因此也满足（1.2）式。这样就证明了整个约束序列与单个跨期约束（A.1）式是等价的。

A.2 命题 2.2 的证明

命题 2.2：令资产由一个满足第 2 章中（1.20）式的随机贴现因子系统来定价，并且在外生过程$\{Y_t, \xi_t\}$给定的前提下，考虑在所有各期都满足（1.15）式、（1.21）式和（1.23）式的过程$\{P_t, i_t, i_t^m, M_t^s, W_t^s\}$。那么，这些过程也满足（1.22）式，当且仅当它们满足如下条件时：

$$\lim_{T\to\infty}\beta^T E_t[u_c(Y_T;\xi_T)D_T/P_T]=0 \tag{A.2}$$

注意，在该命题中，$\{D_T\}$ 的路径可以利用如下等式所定义的过程推出

$$D_t=M_t^s+E_t[Q_{t,t+1}(W_{t+1}^s-(1+i_t^m)M_t^s)]$$

证明：注意到由（1.15）式和（1.21）式可以推出

$$\begin{aligned}\beta E_t[u_c(Y_{T+1};\xi_{T+1})(1+i_T^m)M_T^s/p_{T+1}] &= \beta E_t[u_c(Y_{T+1};\xi_{T+1})(1+i_T)M_T^s/p_{t+1}]\\ &= E_t[u_c(Y_T;\xi_T)M_T^s/P_T]\end{aligned}$$

将该式与下式相加

$$\beta E_t[u_c(Y_{T+1};\xi_{T+1})A_{T+1}^s/p_{T+1}]=E_t[u_c(Y_T;\xi_T)B_T^s/P_T]$$

上式是由（1.4）式和（1.20）式推导所得，经过这一运算过程后，我们发现

$$\beta E_t[u_c(Y_{T+1};\xi_{T+1})W^s_{T+1}/P_{t+1}]=E_t[u_c(Y_T;\xi_T)D_T/P_T]$$

因此，当且仅当（A.2）式成立时，（1.22）式成立。

在 2.3 节中介绍的带有交易摩擦的模型中，相似的命题也是成立的。该命题可以准确地表述如下。

命题 2.2′：令资产的价格由一个随机贴现因子系统确定，同时在外生干扰过程 $\{Y_t, \xi_t\}$ 给定的条件下，考虑在所有时间上都满足（1.21）式、（3.3）式和（3.4）式的过程。那么，这些过程满足（1.22）式当且仅当它们均满足

$$\lim_{T\to\infty}\beta^T E_t[u_c(Y_T,M^s_T/P_T;\xi_T)D_T/P_T]=0 \tag{A.3}$$

在这种更为一般的情况中，可以用（1.21）式和（3.3）式证明

$$\begin{aligned}&\beta E_t[u_c(Y_{T+1},M^s_{T+1}/p_{T+1};\xi_{T+1})(1+i^m_T)M^s_T/p_{T+1}]\\&=E_t[u_c(Y_T,M^s_T/P_T;\xi_T)(1-\Delta_T)M^s_T/P_T]\\&=E_t[(u_c(Y_T,M^s_T/P_T;\xi_T)-u_m(Y_T,M^s_T/P_T;\xi_T))M^s_T/P_T]\end{aligned}$$

同命题 2.2 类似，由上式可知

$$\begin{aligned}&\beta E_t[u_c(Y_{T+1},M^s_{T+1}/p_{T+1};\xi_{T+1})W^s_{T+1}/p_{T+1}]\\&=E_t[u_c(Y_T,M^s_T/P_T;\xi_T)D_T/P_T]-E_t[u_m(Y_T,M^s_T/P_T;\xi_T)M^s_T/P_T]\end{aligned}$$

并且，由（3.4）式可得

$$\lim_{T\to\infty}\beta^T E_t[u_m(Y_T,M^s_T/P_T;\xi_T)M^s_T/P_T]=0$$

因此，当且仅当（A.3）式成立时，（1.22）式成立。

A.3 对数线性化与均衡的确定性

在本书的研究中，为了得到各种政策规则下均衡的某种近似刻画，我大量地使用了求解原均衡条件的某种线性近似（一般是对数线性近似）的方法。这种方法本质上是隐函数定理（implicit function theorem）的一个应用，类似于静态经济模型中大家比较熟悉的“比较静态”分析方法。在静态经济模型中，一般只能同时决定有限个变量。

在典型的比较静态问题中，一般是一个包含有限个（比如 n 个）均衡条件的系统同时决定 n 个变量，如

$$\Phi(p;u)=0, \tag{A.4}$$

其中 p 是 n 维内生变量向量，u 是 m 维的参数变量（可能是冲击），而 Φ 是一个包含 n 个可微函数的向量。假设我们已经知道当 $u=0$ 时上面这个比较静态问题存在解 $\bar{p}$，也就是存在向量 $\bar{p}$ 满足

$$\Phi(\bar{p};0)=0$$

那么，利用微分的反函数定理（inverse function theorem），我们可以证明当偏微分矩阵 $D_p\Phi$（$\bar{p}$; 0）为非奇异时，这个解是局部唯一的（locally unique）。这意味着，存在 p 的某个邻域，当 $u=0$ 时，（A.4）式在该邻域中除 $p=\bar{p}$ 外没有其他解。而隐函数定理则告诉我们，在同样的假设条件下，对于所有足够接近 0 的 u 值，还存在一个局部唯一解 $p(u)$，并且，由（A.4）式隐含定义的 $p(u)$ 的导数满足

$$Dp(0)=-[D_p\Phi(\bar{p};0)]^{-1}D_u\Phi(\bar{p};0)$$

由上面这一结果可知，对于所有足够接近 0 的 u 值，这个解的一阶泰勒序列近似为

$$p(u)=\bar{p}-[D_p\Phi(\bar{p};0)]^{-1}D_u\Phi(\bar{p};0)\cdot u \tag{A.5}$$

这个近似解与原解的区别仅为一个 $\mathcal{O}(\|u\|^2)$ 阶的误差项，而求得该近似解的方法可简述如下：第一步，将均衡条件（A.4）式线性化（linearizes），将向量 Φ 中的各个方程都用它们在（$\bar{p}$; 0）点处展开的一阶泰勒序列来近似代替；[2] 我们得到均衡条件系统的一个如下近似形式：

$$[D_p\Phi(\bar{p};0)](p-\bar{p})+[D_u\Phi(\bar{p};0)]u=0 \tag{A.6}$$

第二步，检验方程的这个线性化系统是否有唯一解，当且仅当 $D_p\Phi$（$\bar{p}$; 0）为非奇异矩阵时。第三步，计算该线性化方程组的唯一解，并将这个解作为原方程组的一个近似解。值得注意的是，这个线性化系统恰好是（A.5）式，所以由隐函数定理（结合泰勒法则）可以推知，这事实上是原解的一个可行性局部近似。

稍做修改后，同样的方法对动态模型的均衡条件也是适用的。现在，假设我有一个每期都包含 n 个方程的系统，对于所有的 $t\geqslant 0$，其形式为

$$f(p_{t-1},p_t,p_{t+1};u_t)=0 \tag{A.7}$$

它在给定初始条件 p_{-1} 和每期包含 m 种冲击的冲击序列 $\{u_t\}$ 下，决定了 $t\geqslant 0$ 上序列 $\{p_t\}$ 的演化。这里，我假设整个 $\{u_t\}$ 序列在 $t=0$ 时是已知的，并且只考虑内生变量的外生变化也是已知的均衡情况。因此，我只希望刻画动态模型的完全预见均衡（perfect-foresight equilibria）。（这种均衡条件说明 p_t 在 t 期时受 p_{t+1} 的预期值影响，因为假设预见是完全的，所以 p_{t+1} 的实际值进入求解过程。）

假设已知 $\bar{p}$ 是不存在冲击时的稳态（steady-state）均衡，也就是说，如果系统由初始条件 $p_{-1}=\bar{p}$ 出发，并且在所有时间上都满足冲击 $u_t=0$，那么一个可能的完全预见均衡是 $p_t=\bar{p}$（对于所有的 t）。这要求 $\bar{p}$ 值满足

$$f(\bar{p},\bar{p},\bar{p};0)=0$$

（值得注意的是，这是一个由 n 个方程构成的系统，它决定了 $\bar{p}$ 的稳态值的 n 个元素。）首先需要回答的问题是这个均衡是否至少是局部唯一的。（全局均衡也是我们感兴趣的一种情形，正如 2.4 节所讨论的，但不可能用纯局部的方法来确定。）反函数定理（经过合理地一般化后）又可以用来解答这一问题了。

时间 $t\geqslant 0$ 上均衡条件（A.7）式的完整序列可以看作是一个形如（A.4）式

的系统，其中的 p 代表 $t\geqslant 0$ 的无穷序列 $\{p_t\}$，类似地，u 代表 $t\geqslant 0$ 上的整个无穷序列 $\{u_t\}$，并且它满足前文对初始条件 p_{-1} 的说明。Φ 是将这些无穷序列映射到无穷序列 $\{f_t\}$ 中（在时间 $t\geqslant 0$ 上）的一个函数，其中 f_t 是 t 期（A.7）式中 n 个函数的向量取值。当 $u=0$ 时，[3] 我们可以在特解 $\bar{p}$（稳态）附近定义一个微分映射 $D_p\Phi$（$\bar{p}$；0），它是一个将 $t\geqslant 0$ 上的扰动序列 $\{\hat{p}_t\}$（这里我们定义 $\hat{p}_t\equiv p_t-\bar{p}$）映射到 $t\geqslant 0$ 上的扰动序列 $\{\hat{f}_t\}$ 中的线性算子，其中对于所有的 $t\geqslant 0$ 总有[4]

$$\hat{f}_t=f_1\ \hat{p}_{t-1}+f_2\ \hat{p}_t+f_3\ \hat{p}_{t+1} \tag{A.8}$$

这里，对于 $j=1, 2, 3$，$f_j\equiv D_jf$（$\bar{p}$，$\bar{p}$，$\bar{p}$；0）是函数 f 对于第 j 个自变量的偏微分矩阵在相应自变量稳态值处的取值。

应用反函数定理要求上述微分映射是一个连续的线性算子，并且它还必须有连续的反映射。[5] 在有限维的情况中，任何偏微分矩阵都代表着一个连续线性算子，并且只要这个矩阵是非奇异的就一定存在连续的逆映射。在有限维的情况中，微分映射所代表的线性算子的连续性要求就没有那么重要了，它要求算子是有界的（仅是线性还不能保证这一点），那就是，在任何有界序列 $\{\hat{p}_t\}$ 的情况下，序列 $\{\hat{f}_t\}$ 必须是有界的。假设序列的线性空间具有 l_∞ 拓扑（或者上确界范数），那么我们要求对于所有满足某个一致边界的 $\hat{p}_t$，$\hat{f}_t$ 在所有时间 t 上都必须满足某个一致边界。（对于（A.8）式所代表的这类线性算子，这一点必然是满足的。）类似地，微分算子的可逆性要求，对于所有的有界序列 $\{\hat{f}_t\}$，条件序列有唯一的有界解 $\{\hat{p}_t\}$。这一点可能满足也可能不满足，即使当矩阵 f_j 中的偏微分都有意义的时候也是如此。在这里考虑的情况中，（一般来说）这一条件是满足的当且仅当特征方程

$$\det[f_3\lambda^2+f_2\lambda+f_1]=0 \tag{A.9}$$

恰有 n 个根位于单位圆内（也就是，$|\lambda|<1$ 时），n 个根位于单位圆外时（也就是，$|\lambda|>1$ 时）。如果这个条件是满足的，那么由反函数定理可知，稳态水平是均衡条件的局部唯一解。也就是说，除了 $p_t=\bar{p}$ 外（对于所有的 $t\geqslant 0$），在 $\bar{p}$ 的某个邻域内不存在其他均衡。

值得注意的是，（A.8）式仍恰好是（A.7）式在 $p_{-1}=\bar{p}$ 和 $u_t=0$ 时（对于所有时间 t）的线性化形式，而可逆性条件仅要求我们验证这一线性化方程有唯一解。在有限维的情况下，唯一重要的细节是必须验证这一线性方程存在唯一有界解。反函数定理说明，当线性化方程有唯一解时（也就是零解），原方程有唯一解，并且这个解总在稳态附近，也就是稳态本身。

正如在无限维情况中一样，当这一可逆性条件得到满足时，我们还可以利用隐函数定理来证明，在各种对均衡条件的扰动足够小的情况中，总存在局部唯一解。也就是说，我们可以证明，对于所有足够接近 $\bar{p}$ 的初始条件 p_{-1}，以及位于 0 的某个足够小的邻域内的干扰序列 u_t（对于所有的时间 t），总存在一个与它们相对应的局部唯一均衡序列 $\{p_t\}$。也就是说，总存在 $\bar{p}$ 的某个邻域具有这样一种性质——当 p_t 位于该邻域内时它是唯一的完全预见均衡（对于所有的 t）。并且，

这个局部唯一解可以用如下线性化均衡条件且满足初始条件$\hat{p}_{-1}$的（唯一有界）解｛$\hat{p}_t$｝来（一阶）近似地表示：

$$f_1\ \hat{p}_{t-1}+f_2\ \hat{p}_t+f_3\ \hat{p}_{t+1}=u_t \tag{A. 10}$$

这种情况下，方程的（局部唯一）原解与这种线性化条件的解之间的误差精确到$\mathcal{O}(\|u\|^2)$阶，其中$\|u\|$既是所有时间t上冲击规模的一致边界，也是初始条件与稳态的距离$\hat{p}_{-1}$的一个边界。[6]

类似的方法也可以应用于具有随机干扰的模型中，或者更加一般地，可以应用于那些我们感兴趣的均衡中内生变量是随机的（可能对应于太阳黑子状态（sunspot states））模型中。假设对于各时期t，均衡条件具有如下形式：

$$E_t[f(p_{t-1},p_t,p_{t+1};u_t)]=0 \tag{A. 11}$$

在此，u_t是一个随机干扰，并且我认为内生变量p_t是t期经济世界外生状态s_t的函数，其中s_t包含了基本冲击u_t的所有历史，也就是既包括了t期可获得的关于未来基本情况的所有信息，也包括了可能出现不在基本情况之列的太阳黑子状态。$E_t[\cdot]$表示基于t期经济世界状态s_t的条件期望。

这也可以看作是一个形如（A. 4）式的系统，其中p是有界的可度量函数序列｛$p_t(s_t)$｝，u是类似的有界的可度量函数序列｛$u_t(s_t)$｝，并且它满足对初始状态p_{-1}的描述，而Φ则将这些方程的序列映射到有界的可度量函数序列｛$f_t(s_t)$｝中。同样，这些有界可度量函数构成一个线性空间，并且如果假设L_∞拓扑分布的话，它就是一个巴纳赫空间（Banach space）（为了利用一般化的反函数和隐函数定量，这是必需的），在这一空间中，可度量的有界函数$\hat{p}$的模就是最小的边界，所以$\|p_t(s_t)\|$在各时期t上肯定都是满足这一边界的。

稳态$\bar{p}$（这里意味着在各时期t，在世界的各种状态下都有$p_t(s_t)=\bar{p}$）仍是$p_{-1}=\bar{p}$和$u_t=0$情况下的一个解（对于所有时间t）。和前面一样，我也可以定义一个微分映射$D_p\Phi(\bar{p};0)$，且它代表在稳态时的取值。这一映射是一个线性算子，它将时间$t\geqslant 0$上的干扰（perturbation）序列｛$\hat{p}_t$｝（对于每一时期t，这里$\hat{p}_t$都是一个有界的可度量函数）映射到时间$t\geqslant 0$上的干扰序列｛$\hat{f}_t$｝，其中

$$\hat{f}_t=f_1\ \hat{p}_{t-1}+f_2\ \hat{p}_t+f_3 E_t\ \hat{p}_{t+1} \tag{A. 12}$$

也是时间$t\geqslant 0$上一个有界的可度量函数。线性算子（A. 12）式必然将有界过程｛$\hat{p}_t$｝映射到有界过程｛$\hat{f}_t$｝上。那么，当且仅当系数矩阵｛f_j｝对于任意有界过程｛$\hat{f}_t$｝都使系统（A. 12）式有唯一有界解｛$\hat{p}_t$｝时，反函数定理和隐函数定理才适用。或者更一般地，当且仅当（A. 9）式恰有n个根位于单位圆内，n个根位于单位圆外时，这两个定理才适用。[7]

当这一可逆性条件得到满足时，对于足够接近$\bar{p}$的任意初始条件p_{-1}和在所有时间上都足够小的任意冲击过程｛u_t｝，方程系统（A. 11）式都有局部唯一解（一个总位于稳态值$\bar{p}$附近的解）。这一局部唯一解可以用如下线性化均衡条件系统的唯一有界解来近似地表示（近似程度与扰动幅度的界是一次同阶的）：

$$f_1\hat{p}_{t-1}+f_2\hat{p}_t+f_3 E_t\ \hat{p}_{t+1}=u_t \tag{A. 13}$$

相应地，我在本书的整个研究中大量使用了均衡条件的线性化（或者对数线性化），并且基本上都遵循下面这一过程，首先从诸如（A.11）式的原均衡条件出发，线性化后得到相应的线性化方程（A.13），然后重点讨论后面这个系统对于有界干扰是否有唯一的有界解。我们对后面这个问题——也称为理性预期均衡的（局部）确定性问题——比较感兴趣，这不仅是因为我们对均衡的局部唯一性问题感兴趣，而且因为在这一条件下，我们可以利用隐函数定理，通过线性化均衡方程系统的唯一有界解来证明当前模型均衡状态的这种近似是合理的。

因此，诸如（A.12）式的特定线性模型是否有唯一有界解成为我们在本研究中经常讨论的问题。处理这一问题的一般方法可以参见 Blanchard and Kahn（1980），Klein（1997）以及 Soderlind（1998）等。本研究中反复出现的某些简单线性模型的结论详见附录 A.4 和附录 C 中的 C.1 节。

A.4　命题 2.3 的证明

命题 2.3：在 $\phi_p>0$ 的威克塞尔政策规则（1.30）式下，价格和利率的理性预期均衡路径是（局部）确定的；即，存在开集 $\mathcal{P}$ 和 $\mathcal{I}$ 满足如下条件，对于外生过程 $\{\hat{r}_t, \pi_t^*, \nu_t\}$ 波动的任意足够紧（tight）的边界，总存在唯一的理性预期均衡，其中对于所有的时间 t 都有 $P_t/P_t^*\in\mathcal{P}$ 且 $i_t\in\mathcal{I}$。而且，第 2 章中的方程（1.37）和方程（1.38）给出了该解的一个对数线性（一阶泰勒序列）近似，误差精确到 $\mathcal{O}(\|\xi\|^2)$ 阶，其中 $\|\xi\|$ 是冲击过程的边界。

证明：就像 A.3 节中所讨论的那样，这是对隐函数定理的一种直接应用。正如正文中所讨论的，（1.34）式和（1.32）式代表着对均衡关系（1.21）式和（1.30）式的对数线性（一阶泰勒序列）近似。利用反函数定理可知，在所有外生干扰的边界足够紧的情况中，这两个对数线性化关系存在唯一有界解意味着原关系存在局部唯一解。而利用隐函数定理可知，上述对数线性化关系的解是原关系解的一阶泰勒序列近似。如果邻域 p 和 i 足够小的话，原关系的所有受这些集合约束的解也必定满足横截条件（1.24）式，并且因此代表着一个理性预期均衡。

所以，接下来要做的就是要证明由（1.32）式、（1.34）式以及恒等式（1.35）共同构成的系统在 $\phi_p>0$ 时有唯一有界解。正如正文中所说明的那样，由这些等式可以推出（1.36）式，这是在第 2 章中反复出现的期望差分方程的一种形式，它可以表示成如下形式：

$$z_t=aE_tz_{t+1}+u_t, \tag{A.14}$$

其中 z_t 是一个内生变量，u_t 是一个外生冲击过程。在当前的应用中，$z_t=\hat{P}_t$，$a=(1+\phi_p)^{-1}$，且

$$u_t=(1+\phi_p)^{-1}(\hat{r}_t+E_t\pi_{t+1}^*-\nu_t)$$

当 $|a|<1$ 时，对于任意有界冲击过程 $\{u_t\}$，所有形如（A.14）式的期望

差分方程都有唯一有界解 $\{z_t\}$。注意，由（A. 14）式可推出对于任意 $j\geq 0$ 都有

$$E_t z_{t+j}=aE_t z_{t+j+1}+E_t u_{t+j}$$

该式等号两边同时乘以 a^j 并对其从 $j=0$ 到 $k-1$ 求和可得

$$z_t = a^k E_t z_{t+k} + \sum_{j=0}^{k-1} a^j E_t u_{t+j} \tag{A. 15}$$

值得注意的是，（A. 15）式对于任意 k 值都是成立的。如果 $\{z_t\}$ 是有界过程且 $|a|<1$，易知

$$\lim_{k\to\infty} a^k E_t z_{t+k}=0$$

那么，因为（A. 15）式等号左边独立于 k，可知由于 k 是无穷大的，等式右边最后一项的值必然收敛，具体地说是收敛于等号左边的 z_t 值。因此，我们必然有

$$z_t = \sum_{j=0}^{\infty} a^j E_t u_{t+j} \tag{A. 16}$$

（有时也认为该解是通过前向求解（A. 14）式得到的。）

方程（A. 15）代表的不仅是（A. 14）式的一个可能解，而且是唯一的有界解。在当前的应用中，由（A. 16）式可得方程（1. 37）。将该式代入（1. 34）式又可得到（1. 38）式。

为了将来做进一步的参考，也有必要对 $|a|\geq 1$ 的情况进行讨论。在这种情况中，过程 $\{z_t\}$ 在所有 $t\geq 1$ 上都由下式迭代地定义：

$$z_t=a^{-1}(z_{t-1}-u_{t-1})+\nu_t \tag{A. 17}$$

该式从任意初始条件 z_0 开始，对于满足 $E_t\nu_{t+1}=0$ 的所有过程 $\{\nu_t\}$（对于所有时间 t）都代表着方程（A. 14）的一个解。如果 $|a|>1$，（A. 17）式对于任意有界过程 $\{\nu_t\}$ 都代表着一个 $\{z_t\}$ 的有界解，同时也假设 $\{u_t\}$ 是有界的。因此，方程（A. 14）存在一个非常巨大的有界解集合 $\{z_t\}$。

在 $|a|=1$ 的情况下，虽然 $\{u_t\}$ 和 $\{\nu_t\}$ 都是有界的，但并不是说所有（A. 17）形式的解都是有界的。但是，如果方程（A. 14）存在任何有界解，它必有无穷多个有界解。令 $\{\bar{z}_t\}$ 为一个有界解，（比如说，在

$$\nu_t \equiv \sum_{j=0}^{\infty} E_t u_{t+j}$$

是明确定义且有界的情况下，$\{u_t\}$ 是平稳 ARMA 过程且同样满足明确定义和有界的条件时，$\bar{z}_t=\nu_t$ 给出了方程（A. 14）的一个有界解，且该解是通过前向求解获得的，）那么，另外一个有界解在所有时间 $t\geq 1$ 上由下式迭代地定义：

$$z_t=\bar{z}_t+(z_{t-1}-\bar{z}_{t-1})+\nu_t$$

该式从某个任意初始条件 z_0 开始，其中 $\{\nu_t\}$ 是任意满足 $E_t\nu_{t+1}=0$ 的（在所有时间 t 上），且可使 $\sum_{t=1}^{T}\nu_t$ 对于任意大的 T 都保持有界的随机过程。显然，许多零均值的、不可预见的过程都是满足最后这条规定的；比如说，只要 ν_t 在每个时期 t 上都有界，并且对于所有大于某个日期 T 的 t 都以 1 的概率等于 0 就行了。

因此在这种情况下，方程（A.14）显然也存在无穷多个有界解。因此，条件 $|a|<1$ 既是方程（A.14）存在唯一有界解的必要条件，也是充分条件。

A.5 命题 2.4 的证明

命题 2.4： 考虑一个货币政策，其中基础货币在每一时期都具有正的下界：$M_t^s \geqslant \underline{M}>0$（例如，从初始水平 $M_0^s>0$ 开始，基础货币可能随时间是非递减的）。进一步假定在所有时间政府债务都是非负的，所以 $D_t \geqslant M_t^s$。最后，假定在所有时间 t 都有 $i_t^m=0$。那么，在 2.1.2 节描述的无现金经济中，并不存在价格水平 $\{P_t\}$ 的理性预期均衡路径。

证明： 如果在所有时间都有 $i_t^m=0$，第 2 章中的（1.15）式要求在所有均衡中，在所有时间上都有 $i_t=0$。那么，（1.21）式要求在所有时间上都有

$$\beta E_t[u_c(Y_{t+1};\xi_{t+1})/p_{t+1}]=u_c(Y_t;\xi_t)/P_t$$

并且因此通过迭代可得

$$\beta^T E_t[u_c(Y_T;\xi_T)/P_T]=\beta^T u_c(Y_t;\xi_t)/P_t$$

对于 $T \geqslant t$ 上的所有时间都成立。但是由该式和下界 $D_t \geqslant \underline{M}>0$ 可知

$$\begin{aligned}\beta^T E_t[u_c(Y_T;\xi_T)D^T/P_T] &\geqslant \underline{M}\beta^T E_t[u_c(Y_T;\xi_T)/P_T]\\ &=\underline{M}\beta^t E_t[u_c(Y_t;\xi_t)/P_t]>0\end{aligned}$$

这与（A.2）式矛盾。因此不存在均衡是有可能的。

事实上，在上述这样一种政策制度下，资产的实际利率和价格的均衡值都可以确定。如果我们用货币的实际单位而不是用货币单位来表示价格的话，价格水平就存在一个明确定义的均衡了，但可能会包含货币的零交换价值。本质上说，在前面描述的这样一种政策制度下，货币是一个纯粹的“泡沫”——一种交换价值完全由其未来交换价值维持的资产，并且不产生任何利息收益——它在理性预期均衡中是不可能存在交换价值的，至少在这里所假设的这种代表性家庭模型中是不可能有的（事实上，在某些更一般的环境中也可以得到类似的结论，正如桑托斯和伍德福德（Santos and Woodford，1997）所说明的那样）。相反，在命题 2.3 中所应用的那种政策制度下，货币是有利息的，而且——关键在于——这个利息并不是永远处于流通中的额外货币。因为在这种政策下，假设私人部门要求政府债券 D_t 支付的名义利息以低于货币利率的某个速度增长——提醒大家记住 $\gamma_D<\pi/\beta=1+\phi(1;0)=1+\bar{i}^m$——私人部门利息收入中至少有一部分最终会被政府收回（以税收的形式），所以货币就不再是纯粹的泡沫了。

A.6 命题 2.5 的证明

命题 2.5： 令货币政策由一个外生的利率目标过程设定，假定利率目标永久

地保持在对应于零通货膨胀稳态的利率（$\bar{i}>0$）的邻域内；并且政策的执行确保 i_t^m 每期都等于利率目标。像命题 2.3 中所假定的那样，令$\{M_t^s, D_t\}$是一个外生过程。最后，令 $\mathcal{P}$是实数 0 的任意邻域。那么，对外生过程$\{Y_t, \xi_t D_t/D_{t-1}\}$和利率目标过程的任意足够紧的边界而言，都存在价格水平的理性预期均衡路径的无穷集，且其中每条路径在所有的时间 t 上都满足通货膨胀率 $\pi_t \in \mathcal{P}$。这些路径包含了一个这样的均衡状态，那就是，在这种均衡中，通货膨胀率受到基本冲击（未预期到的 Y_t 或者 ξ_t 的变化）或纯太阳黑子状态（与“基本”变量无关的外生随机性）的任意程度上的影响，或者同时受到两者的影响。

正如第 2 章正文中所讨论的那样，该命题可以利用 A.3 节中所讨论过的局部方法来证明，具体过程详见 Woodford（1986）。但是，在当前的情况中，均衡关系非常简单，完全没有必要借助对数线性化来分析。

证明：令 $\{\nu_t\}$ 为在所有时间 t 上都满足 $\nu_t<1$ 的任意不可预测的零均值随机变量（或鞅差）。那么，通货膨胀过程由下式给出：

$$\frac{P_t}{p_{t-1}}=\beta\frac{1+i_{t-1}^m}{u_c(Y_{t-1};\xi_{t-1})}E_{t-1}[u_c(Y_t;\xi_t)(1-\nu_t)]\frac{1}{1-\nu_t}$$

它在所有时间 t 上都满足第 2 章中的（1.21）式。（注意，第 2 章给出的解（2.3）式是这些过程的对数线性近似。）在外生变量和 $\{\nu_t\}$ 的波动的边界都足够紧的情况下，我们将得到一个总是满足 $\pi_t \in \mathcal{P}$和（A.2）式的通货膨胀过程。因此，任何一个这样的解都代表着一个理性预期均衡。对应于 $\{\nu_t\}$ 的不同选择的解代表着不同的均衡，因为在每种情况下，通货膨胀中的未预期到的因素都由下式给出：

$$\pi_t-E_{t-1}\pi_t=-\log(1-\nu_t)$$

最后，变量 $\{\nu_t\}$ 可能以一种任意的方式与所有的基本变量相对应，或者也可能完全独立于这些变量。

A.7　命题 2.7 的证明

命题 2.7：令货币政策至少在零通货膨胀稳态附近由第 2 章（2.9）式的反馈规则来刻画，且 $\Phi_\pi \geqslant 0$。那么，当且仅当 $\Phi_\pi>1$ 时，均衡是确定的。当这个条件满足时，平滑后的通胀过程的均衡演化的对数线性近似由下式给出：

$$\bar{\pi}_t = (1-\delta)\sum_{j=0}^{\infty}(\delta+(1-\delta)\Phi_\pi)^{-(j+1)}E_t[\hat{r}_{t+j}-\bar{i}_{t+j}] \tag{A.18}$$

将（A.18）式代入下式

$$\pi_t=\frac{\bar{\pi}_t-\delta\bar{\pi}_{t-1}}{1-\delta} \tag{A.19}$$

就可得到对应于当期通货膨胀率 π_t 均衡演化的近似。

证明： 在$\bar{\pi}_t$的演化给定的情况下，π_t的解（2.12）式可以通过第2章中的（2.8）式转化得到。然后，将（2.9）式代入（1.32）式中消去i_t可得

$$\Phi_\pi \pi_t = E_t \pi_{t+1} + (\hat{r}_t - \bar{i}_t)$$

用（2.12）式代替该式中的π_t，我们可以得到平滑后通胀度量的一个期望差分方程

$$[\delta + (1-\delta)\Phi_\pi]\bar{\pi}_t = E_t \bar{\pi}_{t+1} + (1-\delta)(\hat{r}_t - \bar{i}_t) \tag{A.20}$$

这也是一个形如（A.14）式的差分方程，这就使得我们可以利用命题2.3的证明过程所采用的方法。求解（A.20）式可以得到唯一有界解，当且仅当

$$\delta + (1-\delta)\Phi_\pi > 1$$

也就是说，当且仅当$\Phi_\pi > 1$，这正是泰勒法则所要求的。当这一条件成立时，（A.15）式可由（A.18）式给出。

A.8 命题2.8的证明

命题2.8： 令货币政策至少在零通货膨胀稳态附近由第2章中方程（2.12）形式的反馈规则来刻画，且ϕ_π，$\rho \geqslant 0$。那么，当且仅当ξ_w，且

$$\phi_\pi + \rho > 1 \tag{A.21}$$

时，均衡是确定的。当这些条件都得到满足时，通货膨胀均衡演化的对数线性近似由（2.14）式给出。

证明： 这个命题的证明思路和命题2.7的证明思路是一样的。利用（2.12）式消去（1.32）式中的π_{t+1}，我们得到与上面的（A.20）式相对应的期望差分方程

$$(\phi_\pi + \rho)\hat{i}_t = E_t \hat{i}_{t+1} + \phi_\pi \hat{r}_t + \rho \bar{i}_t - E_t \bar{i}_{t+1}$$

它也是形如（A.14）式的。利用与证明命题2.3相同的方法，我们发现当且仅当

$$|\phi_\pi + \rho| > 1 \tag{A.22}$$

满足时，$\{\hat{i}_t\}$存在唯一有界解。在本命题对于参数符号的假设下，条件（A.22）式简化为（A.21）式。通过前向求解，也就是，运用（A.15）式，我们求得利率过程的解（2.15）式。

当且仅当$\phi_\pi \neq 0$时，与上述解对应的利率路径是$\{\pi_t\}$的唯一解，它可以通过对（2.12）式变形求得。因此如果$\phi_\pi > 0$，$\{\pi_t\}$存在唯一有界解，而且（A.21）式是适用的。利用所求的$\{\hat{i}_t\}$的解，我们得到通胀过程的解（2.14）式。

相反，如果 $\phi_\pi=0$，即使均衡路径 $\{\hat{i}_t\}$ 是唯一确定的，$\{\pi_t\}$ 的解也存在多种可能情况。事实上，在这种情况中命题 2.5 是再一次适用的。如果 $\phi_\pi>0$ 但 $0<\phi_\pi+\rho<1$，则 $\{\hat{i}_t\}$ 存在无穷多个解，根据命题 2.3 证明过程中使用的方法我们可以很容易地说明这一点。对于每一个解都有唯一的通胀过程与之相对应，但均衡通胀过程的集合是无穷的。

正如本章正文中所讨论的，均衡的确定性并不要求 $\phi_\pi>0$，尽管这是现实中实际利率的主要情况。前面的分析说明了，事实上全部的要求就是 $\phi_\pi\neq0$ 和（A.22）式得到满足。当 $\rho>1$ 时，所有的非零通胀反应系数 $\phi_\pi>-(\rho-1)$ 都是满足后面这个条件的，并且其中还包含了一些适度水平的负值。在这样一种情况中，（2.14）式仍然是对均衡通胀过程的一个对数线性近似。同时，所有的 $\phi_\pi<-(1+\rho)$ 也满足均衡确定性的条件（注意，这意味着即使当 $\rho<1$ 时，均衡的确定性也来自于 ϕ_π 的足够大的负值）。但是，这种均衡的获得过度地依赖于离散时间（在这个时间上各种金融市场以实际利率进行交易）的假设。（在这种模型的连续时间极限情况中，不可能出现这种均衡。具体细节参见 2.3.4 节结尾部分的讨论。）

A.9 命题 2.9 的证明

命题 2.9：假定均衡实际率 $\{\hat{r}_t\}$ 服从外生给定的平稳 AR（1）过程，令货币政策规则采用第 2 章中（2.12）式的形式，且 $\rho\geqslant0$、$\phi_\pi>0$，截距符合零通货膨胀稳态为不变常数（也就是，$i_t=0$）。考虑在这类政策规则中选择一个政策规则 $(\rho,\ \phi_\pi)$，以导致通货膨胀的某个合意的非条件方差$(\pi)>0$（围绕零平均通胀率）。对于任意足够大的 ρ 值而言，存在满足（A.21）式的 ϕ_π，使得在与这个规则对应的静态理性预期均衡中通货膨胀的非条件方差的大小是合意的，并且，ρ 值越大，该均衡中利率波动的非条件方差 $\mathrm{var}(\hat{i})$ 就越小。

证明：考虑均衡实际率的如下 AR(1) 过程

$$\hat{r}_t=\rho_r\hat{r}_{t-1}+\epsilon_t$$

且对于所有 $j\geqslant0$，$E_t\hat{r}_{t+j}=\rho_r^j\hat{r}_t$。那么，由所有满足（A.21）式和（2.15）式的政策规则 $(\rho,\ \phi_\pi)$ 都可推出

$$\hat{i}_t=\frac{\phi_\pi}{\phi_\pi+\rho-\rho_r}\hat{r}_t$$

所以 $\{\hat{i}_t\}$ 也是一个 AR(1) 过程，其方差和一阶自协方差分别为

$$\mathrm{var}(\hat{i})=\left(\frac{\phi_\pi}{\phi_\pi+\rho-\rho_r}\right)^2\mathrm{var}(\hat{r})$$

$$\mathrm{cov}(\hat{i}_t,\hat{i}_{t-1})=\rho_r\,\mathrm{var}(\hat{i}) \qquad \text{(A.23)}$$

通过对（2.12）式变形和整理可得 $\pi_t=\phi_\pi^{-1}$（$\hat{i}_t-\hat{i}_{t-1}$），由此可进一步推出

$$\begin{aligned}\text{var}(\pi)&=\phi_\pi^{-2}\text{var}(\hat{i}_t-\rho\,\hat{i}_{t-1})\\&=\phi_\pi^{-2}[(1+\rho^2)\text{var}(\hat{i})-2\rho\,\text{cov}(\hat{i}_t,\hat{i}_{t-1})]\\&=\frac{1-2\rho_r\rho+\rho^2}{(\phi_\pi+\rho-\rho_r)^2}\text{var}(\hat{r})\end{aligned}\tag{A.24}$$

由条件（A.24）式可解得为获得给定的通胀变化程度所需要的通胀反应系数

$$\phi_\pi=\left[(1-2\rho_r\rho+\rho^2)\frac{\text{var}(\hat{r})}{\text{var}(\pi)}\right]^{1/2}+\rho_r-\rho$$

（这里我选择正的平方根，因为我知道如果存在满足（A.21）式的解，它必然也满足 $\phi_\pi>\rho_r-\rho$。）值得注意到是，对于所有足够大的 $\rho>0$ 值，上式等号右边必然大于 $1-\rho$，在这种情况下，确实存在一个满足（A.21）式的解，正如本命题中所说的那样。

然后，我们可以用这个解替代（A.23）式中的 ϕ_π，得到

$$\sigma(\hat{i})=\sigma(\hat{r})-\frac{\rho-\rho_r}{(1-2\rho_r\rho+\rho^2)^{1/2}}\sigma(\pi)\tag{A.25}$$

其中，对于所有平稳随机变量 x，都有 $\sigma(x)\equiv(\text{var}\ (x))^{1/2}$。易知表达式

$$\frac{\rho-\rho_r}{(1-2\rho_r\rho+\rho^2)^{1/2}}=\frac{\rho-\rho_r}{[(1-\rho_r^2)+(\rho-\rho_r)^2]^{1/2}}$$

是随 ρ 单调递增的，所以对于 ϕ_π 的任意给定值，（A.23）式等号右边是随 ρ 单调递减的。

A.10 命题 2.10 的证明

命题 2.10：考虑一个形如（2.12）式的政策规则，其中 $\rho>1$，$\{\bar{i}_t\}$ 是一个有界过程，且该政策从某个初始日期 t_0 开始启用。那么，对于所有在时间 $t\geqslant t_0$ 上满足（2.12）式的有界过程 $\{\pi_t,\ \hat{i}_t\}$ 必然有，从 $t\geqslant t_0$ 的任意时间上前瞻的通货膨胀的预期路径满足（2.17）式。反过来，所有在时间 $t\geqslant t_0$ 上满足（2.17）式的有界过程上都满足（2.12）式。

证明：注意（2.12）式可以等价地表示为如下形式：

$$\hat{i}_{t-1}-\bar{i}_{t-1}=-\rho^{-1}\phi_\pi\pi_t+\rho^{-1}E_t[\hat{i}_t-\bar{i}_t]$$

这又是一个形如（A.14）式的随机差分方程，此处 $z_t\equiv\hat{i}_{t-1}-\bar{i}_{t-1}$ 恰为一个在 t 期提前确定的变量。由命题 2.3 的证明过程可知，如果 $|a|<1$，所有（A.14）式的有界解必然满足（A.16）式。在当前的情况中，当 $\rho>1$ 时这一结论也是适

用的，因为在这种情况中，$0<\rho^{-1}<1$，且第 2 章中的（2.17）式恰好是对应对于（A.16）式的条件。

本命题中后面那种反过来的情况也是很容易证明的，只要我们注意到了由（A.16）式可推知（A.14）式。这一点是隐含在（A.16）式是方程（A.14）的“解”这一特征中的。在当前的应用中，将条件（2.17）式称为变量$\hat{i}_{t-1}-\bar{i}_{t-1}$的“解”是没有意义的，因为（2.17）式依赖于 t 期的信息。相反，（2.17）式说明了 t 期中央银行的通胀目标是如何随过去的情况进行调整的。

A.11 命题 2.11 的证明

命题 2.11：在具有加性可分偏好的西德罗斯基-布洛克模型背景下，考虑一个从外生路径$\{M_t^s, i_t^m\}$的角度设定的货币政策，以及一个从外生路径$\{D_t\}$的角度设定的财政政策的结果。在这样一种政策制度下，价格和利率的理性预期均衡路径是（局部地）确定的；即，根据外生路径$\{M_t^s, i_t^m\}$来设定的货币政策的结果，并且根据外生路径$\{D_t\}$来设定财政政策。在该制度下，价格和利率的理性预期均衡路径是（局部地）确定的；即，存在开集 $\mathcal{P}$ 和$\mathcal{I}$，对于外生过程$\{Y_t, \xi_t, M_t^s/M_{t-1}^s, i_t^m, D_t/D_{t-1}\}$波动的任意紧边界，总存在唯一的理性预期均衡，且在所有时间 t 上都有 $P_t/M_t^s\in\mathcal{P}$和 $i_t\in\mathcal{I}$。并且，对价格水平均衡路径的对数线性近似具有如下形式（残差精确到$\mathcal{O}(\|\xi\|^2)$ 阶）：

$$\log P_t = \sum_{j=0}^{\infty}\varphi_j E_t[\log M_{t+j}^s - \eta_i\log(1+i_t^m) - u_{t+j}] - \log \bar{m} \tag{A.26}$$

其中权重

$$\varphi_j \equiv \frac{\eta_i^j}{(1+\eta_i)^{j+1}} > 0$$

之和为 1，u_t 是一个合成的外生冲击：

$$u_t \equiv \eta_y \hat{Y}_t - \eta_i \hat{r}_t + \epsilon_t^m - \eta_i\log(1+\bar{i}^m)$$

证明：我们可以再一次不考虑第 2 章中的条件（1.23）式和（3.4）式，因为所有满足足够紧的边界约束的过程$\{P_t/M_t^s, i_t, i_t^m, M_t^s/M_{t-1}^s, D_t/D_{t-1}, Y_t, \epsilon_t\}$都是满足这两个条件的。那么，我们只要考虑由（1.32）式、（3.6）式以及如下恒等式共同构成的线性对数关系系统的有界解的存在性就可以了：

$$\hat{m}_t = \hat{m}_{t-1} + \mu_t - \pi_t \tag{A.27}$$

其中，$\mu_t \equiv \log(M_t^s/M_{t-1}^s)$ 是基础货币的外生增长率。这就构成了一个每期都由三个期望差分方程共同决定三个内生变量$\hat{m}_t$、π_t 和$\hat{i}_t$ 的系统。

利用（1.32）式消去（3.6）式中的$\hat{i}_t$，我可以得到通胀决定的卡甘模型（Cagan model of inflation determination）的一个离散时间理性预期版本：

$$\hat{m}_t = -\eta_i E_t \pi_{t+1} + [u_t + \eta_i \log(1+i_t^m)] \qquad (A.28)$$

其中 u_t 是本命题中所定义的合成外生冲击。那么，当利用（A.27）式代替其中的 π_{t+1} 时，由（A.28）式可推知

$$\hat{m}_t = \alpha E_t \hat{m}_{t+1} + (1-\alpha)[u_t + \eta_i \log(1+i_t^m) - \eta_i E_t \mu_{t+1}] \qquad (A.29)$$

其中 $\alpha \equiv \eta_i/(1+\eta_i)$。

这又是一个形如（A.14）式的期望差分方程。由 $\eta_i > 0$ 可知 $0 < \alpha < 1$，所以通过前向求解方程（A.29）可以得到 $\{\hat{m}_t\}$ 的一个唯一有界解，具体形式如下：

$$\hat{m}_t = (1-\alpha)\sum_{j=0}^{\infty} \alpha^j E_t [u_{t+j} + \eta_i \log(1+i_t^m) - \eta_i \mu_{t+j+1}] \qquad (A.30)$$

然后，根据 $\{\hat{m}_t\}$ 的这个唯一有界解，利用第 2 章中的（3.6）式可推出 $\{\hat{i}_t\}$ 的唯一解，利用（A.27）式可推出 $\{\pi_t\}$ 的唯一解。那么，由 A.3 节中的讨论可知，当外生过程的边界足够紧时，原均衡关系（1.21）式和（3.5）式也有局部唯一解，并且，这个解满足对 $\hat{m}_t$ 和 $\hat{i}_t$ 边界的所有要求。（因为 $P_t/M_t^s = 1/m_t$，这使我可以确保 $P_t/M_t^s \in \mathcal{P}$ 在所有时间 t 上都成立。）最后，我发现（A.29）式可以重新表示为（A.26）式的形式。

A.12 命题 2.12 的证明

命题 2.12：在一个效用不必可分的西德罗斯基-布洛克模型中，令货币政策由第 2 章的中央银行利率操作目标的威克塞尔规则（1.30）式来设定。对于某些 $0 \leqslant \bar{i} < \beta^{-1} - 1$，假设在所有时间 t 都有 $\hat{i}_t^m = \bar{i}$；且令财政政策仍由外生过程 $\{D_t\}$ 刻画。最后，假定

$$\chi > -1/2\eta_i \qquad (A.31)$$

那么，在 $\phi_p > 0$ 的所有政策规则下，均衡都是确定的。局部唯一均衡价格过程的对数线性近似由（3.17）式给出，其中权重由（3.18）式和（3.19）式给出。

证明：用（1.34）式代替（3.12）式中的 $\hat{i}_t$，并设 $\hat{i}_t^m = 0$，我们得到如下均衡关系

$$\begin{aligned}(1+(1+\eta_i\chi)\phi_p)\hat{P}_t = {} & (1+\eta_i\chi\phi_p)E_t \hat{p}_{t+1} \\ & + [E_t\pi_{t+1}^* + (\tilde{r}_t - \nu_t) + \eta_i\chi(E_t\nu_{t+1} - \nu_t)]\end{aligned} \qquad (A.32)$$

它是（1.36）式的一般形式。这又是一个形如（A.14）式的随机差分方程。然后，由 A.4 节中的讨论可知，当且仅当

$$|1+\eta_i\chi\phi_p| < |1+\phi_p(1+\eta_i\chi)|$$

时，可以通过前向求解方程（A.32）得到 $\{\hat{P}_t\}$ 的唯一有界解。并且注意到，只要（A.31）式成立，这一均衡条件对于所有的 $\phi_p > 0$ 总是成立的，就像 2.1.2

节对 $\chi=0$ 的情况所下的结论一样，并且，在这种情况中，唯一的有界解由（A.16）式给出。应用这一结论并对各项进行重新整理，我们就得到了（3.17）式。

A.13 命题 2.13 的证明

命题 2.13：令货币政策由第 2 章中方程（2.12）形式的利率规则来设定，且系数 ϕ_π，$\rho\geqslant 0$，仍假定在所有时间 t 都有 $i_t^m=\bar{i}_t^m$，最后假定 χ 满足（A.31）式。那么，当且仅当 $\phi_\pi>0$ 和（A.21）式成立时，均衡是确定的。当这些条件都得到满足时，通货膨胀的均衡演化的对数线性近似由（3.20）式给出，且其中权重由（3.21）式和（3.22）式给出。

证明：利用（2.12）式消去（3.12）式中的 π_{t+1}，且仍设 $\hat{i}_t^m=0$，我们得到关于利率的一个随机差分方程，具体形式如下：

$$[(1+\eta_i\chi)\phi_\pi+\rho]\hat{i}_t=[1+\eta_i\chi\phi_\pi]E_t\hat{i}_{t+1}+\phi_\pi\tilde{r}_t+\rho\bar{i}_t-E_t\bar{i}_{t+1} \tag{A.33}$$

这又是一个形如（A.14）式的随机差分方程。由此可知，当且仅当上式等号左边方括号内的项（称之为 γ_0）在绝对值上大于右边方括号内的项（称之为 γ_1）时，均衡是局部确定的。条件（A.31）式足以保证 $\gamma_0+\gamma_1>0$，进而可知 $|\gamma_0|>|\gamma_1|$，所以，当且仅当 $\gamma_0>\gamma_1$ 时均衡是确定的。反过来，最后这个不等式也可视为等价于（A.21）式。在均衡确定的情况下，可以再次利用（A.16）式求得（3.20）式。

A.14 命题 2.14 的证明

命题 2.14：考虑一个阶段步长 Δ 越来越小的经济序列，并对其进行标准化以使 $\bar{\chi}\neq 0$。假设在各情况中货币政策都由同期泰勒规则（2.4）式设定，且该规则具有正的通胀反应系数 $\phi_\pi\neq 1$（独立于 Δ）。仍假设货币不存在利息。那么，如果 $\phi_\pi>1$ 且 $\bar{\chi}>0$，或者如果 $0<\phi_\pi<1$ 且 $\bar{\chi}<0$ 时，对于所有足够小的 Δ 值，均衡都是确定的，但在其他情况下均衡都是不确定的。

证明：正如命题 2.13 的证明过程中所讨论的一样，当且仅当 $|\gamma_0|>|\gamma_1|$ 时均衡是确定的。在 $\Delta\to 0$ 的极限情况中，γ_0 和 γ_1 都变得无穷大，且

$$\Delta\gamma_0,\Delta\gamma_1\to\bar{\eta}_i\bar{\chi}\phi_\pi \tag{A.34}$$

因此，对于所有足够小的 Δ 值，γ_0 和 γ_1 都和 $\bar{\chi}$ 有着相同的符号。并且注意到

$$\gamma_0-\gamma_1=\phi_\pi-1$$

所以当且仅当 $\phi_\pi>1$ 时，$\gamma_0>\gamma_1$。由此可知，当且仅当如果 $\phi_\pi>1$ 且 $\bar{\chi}>0$（所以 $\gamma_0>\gamma_1>0$），或者如果 $0<\phi_\pi<1$ 且 $\bar{\chi}<0$（所以 $\gamma_0<\gamma_1<0$）时，对于所有足够小的 Δ 值，都有 $|\gamma_0|>|\gamma_1|$，即均衡是确定的。

A. 15　命题 2. 15 的证明

命题 2. 15：再次考虑一个阶段步长 Δ 越来越小的经济序列，并假设

$$\bar{\chi} > -1/\psi\Phi_{\pi}\bar{\eta}_i \tag{A. 35}$$

令货币政策由第 2 章中方程（2. 12）形式的的惯性泰勒规则来设定，且其长期通胀反应系数 $\Phi_{\pi} \equiv \phi_{\pi}/(1-\rho)$，调整率为 $\psi \equiv -\log \rho/\Delta > 0$，它们都独立于 Δ 值。再一次假设货币不存在利息。那么，当且仅当 $\Phi_{\pi} > 1$ 时，即当且仅当泰勒原理得到满足时，理性预期均衡是确定的。

在均衡确定的情况中，名义利率路径的唯一有界解形式如下

$$\hat{i}_t = \Lambda \bar{i}_t + \Gamma(1-\gamma)\sum_{j=0}^{\infty}\gamma^j E_t \tilde{r}_{t+j} - \tilde{\Gamma}(1-\gamma)\sum_{j=0}^{\infty}\gamma^j E_t \bar{i}_{t+j} \tag{A. 36}$$

然后可以通过将（2. 12）式变形求得 $\{\pi_t\}$ 的解。在上面这个解中，当 Δ 任意小时，系数 Λ、Γ 和 $\tilde{\Gamma}$ 都趋近于明确定义的极值，并且，未来预期冲击权重的衰减率

$$\xi \equiv -\log \gamma/\Delta > 0$$

同样趋近于一个明确定义的极值。而且，对于那些满足（A. 35）式的 $\bar{\chi}$ 值，这些极值都是 $\bar{\chi}$ 的连续函数，包括其在零附近的取值。

证明：在这种情况中，因为 ϕ_{π} 和 Δ 以相同的速率趋近于零（尽管我们保持了一个独立于 Δ 的长期通胀反应系数），当 Δ 较小时，γ_0 和 γ_1 不会变得无穷大。此时我们得到如下关系来代替（A. 34）式：

$$\gamma_0, \gamma_1 \to 1 + \bar{\eta}_i \bar{\chi} \Phi_{\pi} \psi$$

给定（A. 35）式的条件下，这个极值为正。因此，在所有 Δ 值足够小的的情况下，γ_0，$\gamma_1 > 0$，尽管 $\bar{\chi}$ 为（适当地）负。并且在这种情况下我注意到

$$\gamma_0 - \gamma_1 = (\Phi_{\pi} - 1)(1-\rho)$$

因此，我再一次发现当且仅当 $\Phi_{\pi} > 1$ 时，$\gamma_0 > \gamma_1$。所以当且仅当 $\Phi_{\pi} > 1$ 时，$|\gamma_0| > |\gamma_1|$，均衡是确定的。

在均衡确定的情况下，名义利率的均衡解（在命题 2. 13 的证明过程中获得的）由下式给出：

$$\hat{i}_t = \bar{i}_t + \sum_{j=0}^{\infty}\phi_{\pi}\varphi_j E_t \tilde{r}_{t+j} - \sum_{j=0}^{\infty}\phi_{\pi}\tilde{\varphi}_j E_t \bar{i}_{t+j}$$

其中系数 $\{\varphi_j, \tilde{\varphi}_j\}$ 由（3. 21）式和（3. 22）式定义。观察可知，上式是形如（A. 36）式的，这使我们可以确定上述解的表达式中的系数 Λ、Γ、$\tilde{\Gamma}$ 和 γ。

然后注意到，当 Δ 值任意小时，

$$\Lambda+\Gamma(1-\gamma)-1=\frac{(1+\eta_i\chi)\phi_\pi}{(1+\eta_i\chi)\phi_\pi+\rho}\to\frac{\tilde{\eta}_i\bar{\chi}\Phi_\pi\psi}{1+\tilde{\eta}_i\bar{\chi}\Phi_\pi\psi}$$

$$\Gamma=\frac{\phi_\pi}{\phi_\pi+\rho-1}=\frac{\Phi_\pi}{\Phi_\pi-1}>0$$

$$\tilde{\Gamma}=\frac{1+(1-\rho)\eta_i\chi}{1+\eta_i\chi\phi_\pi}\Gamma\to\frac{1+\tilde{\eta}_i\bar{\chi}\psi}{1+\tilde{\eta}_i\bar{\chi}\Phi_\pi\psi}\frac{\Phi_\pi}{\Phi_\pi-1}>0$$

且当

$$\frac{1-\gamma}{\Delta}=\frac{1}{\Delta}\frac{\phi_\pi+\rho-1}{(1+\eta_i\chi)\phi_\pi+\rho}\to\frac{(\Phi_\pi-1)\psi}{1+\tilde{\eta}_i\bar{\chi}\Phi_\pi\psi}>0$$

时，ξ有相同的极值。因为 $\gamma\to 1$ 时，我们也发现

$$\Lambda\to 1+\frac{\tilde{\eta}_i\bar{\chi}\Phi_\pi\psi}{1+\tilde{\eta}_i\bar{\chi}\Phi_\pi\psi}>0$$

因此，系数 Λ、Γ、$\tilde{\Gamma}$ 和 γ 都有明确定义的极值，且每一个都是 $\bar{\chi}$ 的连续函数。

A 16 具有备择时点协定的货币摩擦

一些具有货币摩擦的离散时间经济学模型有时使用备择时点协定（Alternative Timing Convention)，因此也具有不同的预算约束，这里的备择是相对于 2.3 节中的那种情况而言的（来自于布洛克的经典著作)。因为许多关于各种政策规则下的均衡确定性的分析都使用备择时点协定（在诸如卢卡斯和斯托克斯（Lucas and Stoke，1987）等的现金先行模型中尤其普遍)，所以有必要比较这两种方法，并考虑它们之间的这种差异会在何种程度上影响我的结论。

在这种备择时点的表述方式中（我称之为卢卡斯-斯托克斯时间选择（Lucas-Stokey Timing))，下列事件依次出现在离散的各“期”中。第一，在 t 期开始的时候，家庭获得 $t-1$ 期金融市场应支付的各种金融资产的状态依存利息(或者红利)。这样，此时代表性家庭的名义金融资产为 W_t。第二，每个家庭支付税收 T_t，金融市场开始交易。在这个时候，家庭选择在货币余额 M_t 和状态依存的债券持有量（在购买时总名义价值为 B_t）之间分配它们的税后资产，家庭的这种选择服从如下预算约束：

$$M_t+B_t\leqslant W_t-T_t \tag{A. 37}$$

这一约束代替了第 2 章中的（1.2）式。第三，商品市场开始交易，家庭的货币余额因为它们在这个市场中的名义支出而减少。同时，家庭的货币余额因为它们销售商品所得的收益而增加，所以期末货币余额等于

$$M_t+P_tY_t-P_tC_t$$

由此可知，在下一期期初的时候，家庭的名义财富为

$$W_{t+1}=A_{t+1}+(1+i_t^m)[M_t+P_tY_t-P_tC_t] \tag{A. 38}$$

该式代替了（1.3）式。

再一次地，这一代表性家庭到期的非货币资产的状态依存值是与通过定价关系（1.4）式购买 B_t 时的投资组合值有关的。这从家庭计划在下一期拥有的期初财富的角度给出了一个如下形式的流量预算约束：

$$E_t[Q_{t,t+1}W_{t+1}] \leqslant W_t - T_t - \Delta_t M_t + (1-\Delta_t)(P_t Y_t - P_t C_t) \tag{A.39}$$

这一约束条件代替了（1.7）式。在借贷约束下，家庭只能借到它们能够确定偿还的数额（而不能再多），由此我们得到一个如下形式的跨期借贷约束：

$$\sum_{s=t}^{\infty} E_t Q_{t,s}[(1-\Delta_s)P_s C_s + \Delta_s M_s] \leqslant W_t + \sum_{s=t}^{\infty} E_t Q_{t,s}[(1-\Delta_s)P_s Y_s - T_s] \tag{A.40}$$

这一约束条件代替了（1.13）式，它是从任意时期 t 的期初开始前瞻的。

仍假设形如（3.1）式的偏好——尽管这里在 t 期提供流动性服务的货币余额是在商品市场开始交易前家庭持有的货币，而不是像布洛克时间选择（Brock Timing）中那样在期末持有的货币余额——则得到一个如下形式的最优家庭计划的一阶条件：

$$\frac{u_m(C_t, M_t/P_t; \xi_t)}{u_c(C_t, M_t/P_t; \xi_t)} = \frac{\Delta_t}{1-\Delta_t} \tag{A.41}$$

而不是（3.2）式，并且

$$\frac{u_c(C_t, M_t/P_t; \xi_t)}{u_c(C_{t+1}, M_{t+1}/P_{t+1}; \xi_{t+1})} = \frac{\beta}{Q_{t,t+1}} \frac{P_t}{P_{t+1}} \frac{1-\Delta_t}{1-\Delta_{t+1}} \tag{A.42}$$

而不是（1.16）式。值得注意的是，（A.42）式还可以重新表达为如下形式：

$$\frac{\lambda(C_t, M_t/P_t; \xi_t)}{\lambda(C_{t+1}, M_{t+1}; \xi_{t+1})} = \frac{\beta}{Q_{t,t+1}} \frac{P_t}{P_{t+1}} \tag{A.43}$$

但此处函数 $\lambda(C, m; \xi)$ 代表的并非消费的边际效用（像在具有布洛克时间选择的模型中那样），而是

$$\lambda(C, m; \xi) = u_c(C, m; \xi) + u_m(C, m; \xi) \tag{A.44}$$

和前面一样，$\lambda(C_t, M_t/P_t; \xi_t)$ 衡量的是 t 期额外实际收入的边际效用，且这一效用在家庭收到金融资产收益时获得的。但尽管在布洛克时间选择下，额外实际收入的值也总是等于消费的当期边际效用的（只要不存在强制的借贷约束），在卢卡斯-斯托克斯时间选择下，在期初获得的额外收入也具有增加该期货币余额的益处（并因此而增加流动性服务），尽管额外收入都在当期就支出了。

然而，这些可供选择的关于货币余额如何产生流动性服务的假设并不会显著地改变我们得到的各均衡条件的形式。在卢卡斯-斯托克斯时间选择下，我们再一次设 LM 方程形式如下：

$$M_t^s/P_t = L(Y_t, \Delta_t; \xi_t) \tag{A.45}$$

并且，因为在形如（3.1）式的偏好中假设消费和实际货币余额都是正常商品，

可知流动性偏好函数满足 $L_Y>0$，$L_\Delta<0$。这里，流动性偏好函数是在消费等于 Y_t 的条件下，通过在（A.41）式中求解符合要求的实际货币余额获得的。因为 $\Delta_t/(1-\Delta_t)$ 是 Δ_t 的单调递增函数，我之前关于该方程的存在性及其偏导数符号的结论仍然成立。类似地，我再一次得到了一个如下形式的费雪关系（Fisher relation）：

$$1+i_t=\beta^{-1}\left\{E_t\left[\frac{\lambda(Y_{t+1},M_{t+1}^s/P_{t+1};\xi_{t+1})}{\lambda(Y_t,M_t/P_t;\xi_t)}\frac{P_t}{P_{t+1}}\right]\right\}^{-1} \tag{A.46}$$

其中函数 λ 由（A.44）式定义。

对这两个关系（在 2.3 节的利率规则下分析局部均衡的确定性时唯一起作用的两个关系）进行对数线性化，我们再一次得到形如（3.6）式和（3.11）式的近似均衡关系。唯一的区别在于系数 η_y、η_i 和 χ 从效用函数偏导的角度所下的定义不同，比如说，作为（A.44）式的结果之一，这里我是用

$$\chi\equiv\frac{\overline{m}(u_{cm}+u_{mm})}{u_c+u_m} \tag{A.47}$$

来代替（3.10）式。但是，因为第 3 节中的结论是从系数 η_y、η_i 和 χ 的值的角度来表达的，所以，在具有卢卡斯-斯托克斯时间选择的模型中，所有的结论仍是成立的。

那么，为什么卡尔史东和富尔斯特（Carlstrom and Fuerst，2001）还要论证这两种不同的时间选择方式会导致均衡确定性条件上的“动态差异”呢？这是因为，他们在考虑均衡确定性条件时，所使用的模型是从间接效用函数 $u(C,m;\xi)$ 的具体假设形式来设定的。在该函数的某个给定的形式下，根据不同的时间选择协定，该函数所隐含的对数线性结构关系（3.6）式和（3.11）式的各系数是不同的，因此我们就会得到不同的结论。比如说，在布洛克时间选择的情况下，效用函数可加的可分离性（additive separability）意味着 $\chi=0$，正如第 2 章正文中所指出的那样。相反，在卢卡斯-斯托克斯时间选择下，由（A.47）式可知，效用函数可加的可分离性（$u_{cm}=0$）意味着 $\chi<0$。

但是，这并不意味着只有在布洛克时间选择协定下，我们才对 $\chi=0$ 条件下的均衡确定性问题（2.3.2 节和 2.3.3 节中讨论过的）感兴趣。即使在卢卡斯-斯托克斯时间选择下，我也可以确定那些能够导致特殊的、较为简单的均衡关系形式（也就是我在本章正文中首先考虑的那种形式）的假设。假设在某个给定时期家庭的效用为

$$v(C;\xi)-w(c_2;\xi) \tag{A.48}$$

其中 $v(\cdot;\xi)$ 表示家庭从购买的商品中所得到的效用，c_2 代表利用某种较不便利的支付方式（而不是以支付现金的方式）购买的商品的数量，而 $w(\cdot;\xi)$ 代表执行后面这种交易所产生的负效用（比如说，为了确认某人是否有信誉而花费的时间）。我假设 v 是 C 的递增的凹函数，而 w 是 C 的递增的凸函数。

使用这种不便利的支付方式时必须满足如下条件，那就是，在商品市场开始交易之前，家庭没有足够的现金余额来支付购买商品的款项，所以每个家庭都必

须满足

$$c_2 \geqslant \max(C-m, 0) \tag{A.49}$$

在对支付方式的这种假设条件下，将间接效用函数 $u(C, m; \xi)$ 定义为，当家庭在（A.49）式的约束下选择最优的 c_2 时，（A.48）式所能达到的最大值。显然，c_2 的最优选择由（A.49）式的右边给出，所以

$$u(C, m; \xi) = v(C; \xi) - w(\max(C-m, 0); \xi)$$

那么，无论 m 值为多少，函数 $\lambda(C, m; \xi)$ 都等于 $v_C(C; \xi)$。在这种情况中，欧拉方程（A.46）式并没有包含实际货币余额的路径，因此 2.3.2 节和 2.3.3 节所得到的结论在这种情况下仍是适用的。（当然，正如正文中所强调的，我们对 $\chi=0$ 的情况也是感兴趣的，因为它对应于这样一种经济情况，那就是，经济中货币摩擦没有对商品交易方式产生很大的扭曲。）

这个例子还说明了这样一个事实，那就是，交易摩擦的现金先行模型属于这些结论适用的那一类模型，在卢卡斯-斯托克斯时间选择下，它们对应于间接效用函数 $u(C, m; \xi)$ 某种特定形式。研究文献中关于“现金/信用商品”模型（“cash/credit goods” model）的共同表述来源于卢卡斯和斯托克斯（1987）。在这一表述中，假设每一期家庭的效用具有如下形式：

$$V(c_1, c_2; \xi) \tag{A.50}$$

其中 c_1 代表用现金购买的商品量，而 c_2 仍代表利用不需要预先支付现金的支付方式（信用方式）购买的商品量。这里，两种支付方式之间的替代关系要求这两类商品的购买量之间存在替代，但是假设信用的使用不存在其他成本。现金购买商品的购买量必须服从如下形式的现金先行约束

$$c_1 \leqslant m \tag{A.51}$$

其中 m 是可以用于现金购买商品的实际货币余额。值得注意的是，上式与（A.49）式是等价的，如果我们将两类商品的购买总额表示成如下形式的话：

$$C \equiv c_1 + c_2 \tag{A.52}$$

卢卡斯和斯托克斯进而假设，在某个给定时期内，这两类商品都以相同的价格 P 供应（从生产者的角度来看这两种支付方式是完全替代的，尽管对于消费者来说并非如此）。在这种情况下，（A.51）式中的数量 m 对应于实际货币余额的传统定义，而间接效用函数 $u(C, m; \xi)$ 的定义为，当在约束（A.51）式和（A.52）式下最优地选择 c_1 和 c_2 时，（A.50）式可能达到的最大值。这里，间接效用函数中的数量 C 是总消费支出的实际值。值得注意的是，上面刚讨论的例子可以看作是这个模型的一种特殊情况，其中

$$V(c_1, c_2; \xi) = v(c_1 + c_2; \xi) - w(c_2; \xi)$$

但是，在相关文献中，经常假设 V 对于这两类商品来说是可叠加地可分离的，即

$$V(c_1, c_2; \xi) = v(c_1; \xi) + w(c_2; \xi)$$

在这种情况中，对于饱和水平（satiation level）$\bar{m}(C;\xi)$ 以下的所有实际余额 m，额外金融收入的边际效用等于

$$\lambda(C,m;\xi)=v_c(m;\xi)$$

这里的饱和水平是指约束（A.51）式开始失效的那个货币余额水平。那么，由函数 $v(\cdot;\xi)$ 为严格凹的性质可知，λ 是 m 的递减函数，所以在这类模型中，$\chi<0$。

A.17 施密特-葛罗布和乌利贝模型的例子

2.4.3 节中所提到的施密特-葛罗布和乌利贝（2000）模型是前面讨论的那种现金/信用商品模型的一个例子，且其中 λ 是 m 的递减函数这一事实对于排除自我实现的恶性通货膨胀（self-fulfilling hyperinflation）的可能性来说是很重要的。这几位作者假设对于某些 $\theta>0$，偏好的形式如下：

$$V(c_1,c_2)=\log c_1+\theta\log c_2 \tag{A.53}$$

在这种情况中，现金商品购买量的最优水平等于

$$c_1=\min(m,C/(1+\theta))$$

将该式代入直接效用函数（A.53）式，我们就得到了一个间接效用函数 $u(C,\ m)$。从这个函数出发我们可以很容易地证明实际收入（金融收入，也就是期初收入）的边际效用为

$$\lambda(C,m)=\frac{1}{\min(m,C/(1+\theta))} \tag{A.54}$$

且货币需求函数具有如下形式：

$$L(Y,i)=\frac{Y}{1+\theta(1+i)} \tag{A.55}$$

（在后面这个表达式中，我们通过假设 $i^m=0$ 对其进行了简化，正如施密特-葛罗布和乌利贝所做的那样。）

将（A.55）式代入（A.54）式中，我们发现，在这个模型中，对于方程（4.5）中涉及的函数 $\lambda(i)$ 具有如下形式（对于所有的 $i\geqslant0$）：

$$\lambda(i)=\frac{1+\theta(1+i)}{Y}$$

这个函数具有 2.4.3 节结尾部分所讨论的那些性质。当利率足够高时，它可以变得无穷大，此时，与现金先行约束相关的扭曲也会变得无穷大。值得注意的是，即使 θ 非常小（但为正）时也是如此，所以，当我们的目标是分析低通货膨胀政策制度下通货膨胀率的决定时，收入的边际效用对名义利率当前水平的依赖是可以忽略不计的。并且，$\lambda(i)$ 对于 i 的弹性（对于所有的 i）总是在 1 以下的。

施密特-葛罗布和乌利贝考虑的是一个如下形式的线性泰勒规则的家庭

$$\phi(\Pi_t)=\beta^{-1}[\Pi^* +\phi_\pi(\Pi_t-\Pi^*)]-1 \tag{A.56}$$

且它与稳态通胀率 Π^* 是一致的。[8] 当且仅当 $\phi_\pi>1$ 时，这一规则满足泰勒法则。在这种情况中，我们发现 $A(\Pi)\equiv\lambda(\phi(\Pi))/(1+\phi(\Pi))$ 是 Π 的单调递减函数，当 Π 很大时，它趋近于其渐近值 $\theta>0$。相反，函数 $B(\Pi)\equiv\beta\lambda(\phi(\Pi))/\Pi$ 是 Π 的单调函数，且当 Π 很大时，它趋近其渐近值 $\phi_\pi\theta>\theta$。由此可知，存在有限个 $\bar{\Pi}$ 值满足 $A(\bar{\Pi})=\phi_\pi\theta$。然后我们注意到，在所有 $\Pi_t\geqslant\bar{\Pi}$ 的情况中，没有哪个 Π_{t+1} 值可以满足（4.5）式。

因此我们可推知，对于所有与这种政策一致的完全预见均衡都意味着 $\Pi_t<\bar{\Pi}$（在所有的时间 t 上）。我也可以利用第 2 章正文中所概括的那些论据证明，在所有时间 t 上都有 $\Pi_t<\Pi^*$。考虑边界序列 $\bar{\Pi}^{(k)}$，对于所有的 $k\geqslant0$，它由如下方程迭代地定义：

$$A(\bar{\Pi}^{(k+1)})=B(\bar{\Pi}^{(k)})$$

这一定义开始于上面定义的某个初始边界 $\bar{\Pi}^{(0)}=\bar{\Pi}$。从上一段中所指出的函数 $A(\cdot)$ 和 $B(\cdot)$ 的性质可以看出，对于所有的 $\bar{\Pi}^{(k)}>\Pi^*$，这个方程都有满足 $\Pi^*<\bar{\Pi}^{(k+1)}<\bar{\Pi}^{(k)}$ 的唯一解。因此，我们进一步构建一个满足如下条件的单调递减边界序列：

$$\lim_{k\to\infty}\bar{\Pi}^{(k)}=\bar{\Pi}^*$$

而由（4.5）式可知，如果 $\Pi_{t+1}<\bar{\Pi}^{(k)}$，必然有 $\Pi_t<\bar{\Pi}^{(k+1)}$。

所以，我们可以证明，不可能存在一个每一期都满足 $\Pi_t>\Pi^*$ 的完全预见均衡序列 $\{\Pi-t\}$。因为如果这样的话，对于某些 k 值就有 $\Pi_t>\bar{\Pi}^{(k)}$，而这个不等式只有当 $\Pi_{t+k}>\bar{\Pi}$ 时才与（4.5）式一致，但前面已经证明这是不可能的。相应地，当政策规则（A.56）式满足泰勒原理时，这个模型中不可能存在自我实现的恶性通货膨胀。正如 2.4.2 节中所讨论的，在平衡预算的财政政策下，自我实现的通货紧缩也是不可能的。因此，施密特-葛罗布和乌利贝证明，在满足泰勒原理的利率规则和平衡预算的财政政策下，唯一的完全预见均衡是在所有时间上都满足 $\Pi_t=\Pi^*$ 的那一个。

附录 B　第 3 章附录

B.1　非 CES 需求与可变加成

在金柏（1995）的模型中，总消费 C_t 由如下形式的关系式隐含地定义：

$$\int_0^1\psi(c_t(i)/C_t)\mathrm{d}i=1 \tag{B.1}$$

其中，$\psi(x)$ 是一个递增、严格凹的函数，且满足 $\psi(1)=1$。商品 i 的需求曲线则由下式隐含地定义：

$$\psi'\left(\frac{y_t(i)}{Y_t}\right)=\psi'(1)\frac{p_t(i)}{P_t} \tag{B.2}$$

其中，总体（B.1）式的价格指数 P_t 由下式隐含地定义：

$$\int_0^1 \frac{p_t(i)}{P_t}\psi'^{-1}\left(\psi'(1)\frac{p_t(i)}{P_t}\right)\mathrm{d}i=1 \tag{B.3}$$

那么，供应者 i 所面临的需求曲线（B.2）的弹性等于 $\theta(y(i)/Y_t)$，其中：

$$\theta(x)\equiv-\frac{\psi'(x)}{x\psi''(x)} \tag{B.4}$$

从而可知，对于伸缩性价格供应者来说，他所需要的价格超过边际成本的加成为 $\mu(y_t(i)/Y_t)$，其中：

$$\mu(x)\equiv\frac{\theta(x)}{\theta(x)-1} \tag{B.5}$$

值得注意的是，一般来说，θ 和 μ 都不像之前所假设的那样是常数，但是，这里我继续假设，在 1 的某个邻域内，对于所有的 x 总有一个函数 $\psi(x)$ 满足 $\theta(x)>1$，所以 $\mu(x)>1$ 就是有意义的，至少在那个邻域里面。那么，一个伸缩性价格供应者所要求的相对价格由第 3 章正文中的方程（1.39）给出，其中函数 $\mu(x)$ 由（B.5）式定义。

B.2 命题 3.3 的证明

命题 3.3 假定对不同产品的偏好由第 3 章（1.38）式来定义，生产技术由（1.42）式定义。那么同样可以得到对形如（1.34）式的概念 SRAS 曲线的对数线性近似，并且弹性为：

$$\zeta=\frac{(1-\mu s_m)(s_y+s_Y)}{1+\theta[\epsilon_\mu+(1-\mu s_m)s_y]} \tag{B.6}$$

在这里，$s_y\geqslant 0$ 表示由厂商 i 增加的供给价值的真实边际成本对该厂商增加的价值的弹性，s_Y 是对总增值的弹性。同样地，在特殊要素市场情形下（就像在 3.1.1 节中那样），这个表达式也是成立的，并且 $s_y=\omega$，$s_Y=\sigma^{-1}$；而在同质要素市场情形下（3.1.4 节中已经讨论过了），$s_y=0$，$s_Y=\omega+\sigma^{-1}$。

证明：由生产函数（1.42）式可知，如果企业以成本最小化的方式购买各种中间投入品 j，那么购买在生产产品 i 过程中所使用的投入品 j 的量为 $m_t(i)(p_t(j)/P_t)^{-\theta}$（或者是在非迪克西特—斯蒂格利茨总量（non Dixit-Stigliz aggregator）情况下与之相对应的一般情形），并且每单位物质投入的成本和将它们用于消费的目的是一样的，都是同一价格指数 P_t。对企业 i 产出的总需求，由最终需求和其他生产者的中间投入需求之和构成，仍由（1.5）式给出——或者更一般地，由（B.2）式给出——现在，其中的总需求 Y_t 为：

$$Y_t = C_t + \int_0^1 m_t(i)\mathrm{d}i \tag{B.7}$$

进一步由生产函数（1.42）式可知，企业 i 的实际边际成本为：

$$s_t(i)=(1-s_m)s_t^{VA}(i)+s_m \tag{B.8}$$

其中，$s_t^{VA}(i)$ 是增加一个单位的理论附加值的实际边际成本（初级投入的函数，由 $A_i f(h_t(i))$ 定义），并且在这里我利用了这样一个事实，那就是物质材料的总体价格水平为 P_t。提供价值增值的边际成本由之前已经求得的实际边际成本函数给出。比方说，在某个具体要素市场上，它由下式给出：

$$s_t^{VA}(i)=s((1-s_m)y_t(i),Y_t-s_m X_t;\tilde{\xi}_t)$$

其中，X_t 为可供选择的产出组合，这和（1.36）式是一样的，并且 $s(y,Y;\xi)$ 仍和（1.10）式定义的相同。那么，对称性稳态（symmetric steady state）的存在要求 $s_m<\mu^{-1}$，如果在给定企业要求的加成 $\mu>1$ 的情况下，其中后面这个量代表着实际边际成本的稳态水平。[9] 这样一种稳态包含了最终产品需求（或者实际价值增值）的一个不变水平 $\bar{Y}$，它由下面这一关系隐含地定义：[10]

$$s(\bar{Y},\bar{Y};0)=\frac{1-\mu s_m}{\mu(1-s_m)} \tag{B.9}$$

无论要素市场的结构如何，我们都可以证明价值增值的实际边际成本函数的对数线性近似为：

$$\hat{s}_t^{VA}(i)=s_y\hat{y}_t(i)+s_Y\hat{Y}_t$$

其中，弹性 s_y 和 s_Y 仍和之前的一样（并且与本命题表述中隐含的关于偏好和技术的各潜在参数（underlying parameters）有关）。那么，由（B.8）式的对数线性化可推出：

$$\hat{s}_t(i)=(1-\mu s_m)(s_y\hat{y}_t(i)+s_Y\hat{Y}_t)$$

在此，正是乘子 $1-\mu s_m<1$ 的存在解释了经济的投入产出结构是如何导致“实际黏性”的，而正是这种黏性增加了定价决策之间的战略互补性。然后，像之前一样，用需求曲线替换函数 $\hat{y}_t(i)$，我们可以再一次求得企业 i 所需要的相对价格。这样，我们会再一次求得对数线性关系（1.34）式，但现在弹性 ζ 由（B.6）式给出。

B.3 命题 3.4 的证明

命题 3.4：假定 $\{\log S_t\}$ 是一个差分平稳过程。那么方程（2.5）和方程（2.8）有价格指数过程的唯一满足如下条件的解，那就是满足价格指数过程（比如 $\{\log P_t\}$），也是一个差分平稳过程（也就是说，通货膨胀是平稳的过程），

$\{\log P_t\}$由下式给出：

$$\log P_t = \lambda_1 \log P_{t-1} + (1-\lambda_1)(1-\lambda_2^{-1})\sum_{j=0}^{\infty}\lambda_2^{-j}[\log \mu + E_t \log S_{t+j}] \tag{B. 10}$$

其中，$0<\lambda_1<1<\beta^{-1}<\lambda_2$ 是如下特征多项式

$$\mathcal{P}(\lambda)\equiv\beta\lambda^2-(1+\beta+\xi)\lambda+1=0 \tag{B. 11}$$

的两个根，其中：

$$\xi\equiv\frac{1-\alpha}{\alpha}\frac{1-\alpha\beta}{1+\tilde{\omega}\theta}>0 \tag{B. 12}$$

证明：如果预期（2.8）式在 t 期和 $t+1$ 期都成立，则有：

$$\log p_t^* = \frac{1-\alpha\beta}{1+\tilde{\omega}\theta}[\log \mu+\log S_t-\tilde{\omega}\theta\log P_t]+\alpha\beta E_t \log p_{t+1}^*$$

然后，作为本章正文中（2.5）式的一个结果，用 $(\log P_t-\alpha\log P_{t-1})/(1-\alpha)$ 来代替上式中的 $\log p_t^*$，同时对 $\log p_{t+1}^*$ 做类似的替换过程，我得到下式：

$$E_t[A(L)\log P_{t+1}]=-\xi[\log \mu+\log S_t] \tag{B. 13}$$

其中，ξ 由（B. 12）式定义，并且：

$$A(L)\equiv L^2-(1+\beta+\xi)L+\beta$$

这一滞后多项式可以因式分解为：

$$A(L)=\beta(1-\lambda_1 L)(1-\lambda_2 L)$$

其中 λ_1，λ_2 是方程（B. 11）的两个根。进一步注意到 $\mathcal{P}(0)>0$，$\mathcal{P}(1)<0$，$\mathcal{P}(\beta^{-1})<0$，并且对于所有足够大的正 λ 值总有 $\mathcal{P}(\lambda)>0$。由此可知，正如命题中所表述的一样，必然存在两个根且满足 $\lambda_1<1<\beta^{-1}<\lambda_2$。最后，将因式分解式与原滞后多项式进行比较，我发现 $\lambda_1\lambda_2=\beta^{-1}$。利用这一因式分解，我可以将（B. 13）式表示为：

$$E_t[(1-\lambda_1 L)(1-\lambda_2 L)\log P_{t+1}]=-\beta^{-1}\xi[\log \mu+\log S_t]$$

或者表示为：

$$z_t=\lambda_2^{-1}E_t z_{t+1}+\beta^{-1}\lambda_2^{-1}\xi[\log \mu+\log S_t] \tag{B. 14}$$

其中：

$$z_t\equiv(1-\lambda_1 L)\log P_t.$$

因为 $|\lambda_2^{-1}|<1$，通过前向求解可得方程（B. 14）式的一个解，为：

$$z_t=\bar{z}_t\equiv\beta^{-1}\lambda_2^{-1}\xi\sum_{j=0}^{\infty}\lambda_2^{-j}[\log \mu+E_t\log S_{t+j}]$$

这里，由 $\{\log S_t\}$ 是差分稳定过程这一假设条件可以推出，名义边际成本存在

一个确定的极限增长率，即：

$$\lim_{T\to\infty} E_t \Delta \log S_T = \gamma$$

并且因此对于所有的 $j\geqslant 0$ 都存在一个无限边界的 K 满足：

$$|E_t \log S_{t+j+1} - E_t \log S_{t+j}| \leqslant K$$

由最后这个边界可知，$\bar{z}_t$ 定义式的无穷和是确定的并且是有界的，而 $\{\bar{z}_t\}$ 继承了 $\{\log S_t\}$ 的所有单位根，且其中长期平均增长率为：

$$\lim_{T\to\infty} E_t \Delta \bar{z}_T = \gamma \tag{B.15}$$

最后，由（B. 11）式可知：

$$\begin{aligned}(1-\lambda_1)(1-\lambda_2) &= (1-\lambda_1)(1-\beta\lambda_1)\\ &= \mathcal{P}(\lambda_1) + \xi\lambda_1\\ &= \xi\lambda_1 = \beta^{-1}\lambda_2^{-1}\xi\end{aligned}$$

所以，解 $\bar{z}_t$ 也可以表示为（B. 10）式的形式。而且，由 $\{\bar{z}_t\}$ 是差分稳定过程可以推知 $\{\log P_t\}$ 也是差分稳定过程。

剩下来的事情就是证明对于 $\{\log P_t\}$ 只有唯一的差分稳定解。注意到由（B. 14）式可推出：

$$z_t - \bar{z}_t = \lambda_2^{-1} E_t[z_{t+1} - \bar{z}_{t+1}]$$

或者等价地，可推出：

$$E_t[z_{t+1} - \bar{z}_{t+1}] = \lambda_2[z_t - \bar{z}_t]$$

而由上式又可以进而推出，对于所有的 $j\geqslant 0$ 都有：

$$E_t[z_{t+j+1} - \bar{z}_{t+j+1}] = \lambda_2[z_{t+j} - \bar{z}_{t+j}]$$

然后，通过一个迭代过程，我们可以证明对于所有的 $j\geqslant 0$ 都有：

$$E_t[z_{t+j} - \bar{z}_{t+j}] = \lambda_2^j[z_t - \bar{z}_t]$$

从而可知，如果 $z_t \neq \bar{z}_t$，$E_t z_{t+j} - E_t \bar{z}_{t+j}$ 必然以 λ_2^j 的速度增长。因为由（B. 15）式可知 $E_t \bar{z}_{t+j}$ 仅以 γj 的速度渐近增长，所以 $E_t z_{t+j}$ 必须以 λ_2^j 的速度渐近增长。由此又可推知，$E_t \log P_{t+j}$ 也是以 λ_2^j 的速度渐近增长的（因为 $\log P_t$ 是 z_{t-j} 的一个指数移动平均值），并且因此 $E_t \Delta \log P_{t+j}$ 也以 λ_2^j 的速度渐近增长。但是，这又可以推知 $\{\Delta \log P_{t+j}\}$ 不是一个平稳过程。因此，唯一满足 $\{\log P_t\}$ 为差分平稳过程的解由（B. 10）式给出。

B. 4　命题 3. 5 的证明

命题 3. 5：令单个产品的供给者采用第 3 章中形如（1. 17）式的收益函数，且满足假设 3. 1，但假定产品的价格有 $0<\alpha<1$ 部分在每期都保持不变，在给定

时期每个价格被修正的概率是相等的，正如卡尔沃（1993）的模型那样。同时假定收益根据一个在平均意义上等于 β 的随机贴现因子来贴现，其中 $0<\beta<1$。那么，任意时期 t 的总通货膨胀率和总产出必须满足如下形式的总供给关系：

$$\pi_t=\kappa(\hat{Y}_t-\hat{Y}_t^n)+\beta E_t\pi_{t+1} \tag{B.16}$$

其中：

$$\kappa=\frac{(1-\alpha)(1-\alpha\beta)}{\alpha}\zeta>0$$

证明：在第 3 章正文中，我已经证明，由卡尔沃定价可推知总价格指数应该根据（2.5）式来演化（等于它的对数线性近似形式），其中 p_t^* 由（2.6）式给出（等于它的对数线性近似形式）。对此方程求解得到 $\log p_t^*$，然后等号两边同时减去 $\log P_t$，并将未来不同时间内价格指数的预期变化用未来各期的预期通货膨胀率来表示，我们得到：

$$\begin{aligned}\hat{p}_t^* &= (1-\alpha\beta)\sum_{T=t}^{\infty}(\alpha\beta)^{T-t}E_t\Big[\sum_{s=t+1}^{T}\pi_s+\zeta(\hat{Y}_T-\hat{Y}_T^n)\Big]\\ &= \sum_{T=t}^{\infty}(\alpha\beta)^{T-t}E_t\big[\alpha\beta\pi_{T+1}+(1-\alpha\beta)\zeta(\hat{Y}_T-\hat{Y}_t^n)\big]\end{aligned}$$

其中，$\hat{p}_t^*=\log(p_t^*/P_t)$ 是在 t 期重新定价的供应者所选择的相对价格的对数。正如在命题 3.4 的证明过程中一样，由此可以推出：

$$\hat{p}_t^*=[\alpha\beta E_t\pi_{t+1}+(1-\alpha\beta)\zeta x_t]+\alpha\beta E_t\,\hat{p}_{t+1}^* \tag{B.17}$$

由价格指数演化方程（2.5）可以推知（等号两边同时减去 $\log P_t$）通货膨胀率是与重新定价的供应者所选择的相对价格的对数成比例的，即：

$$\pi_t=\frac{1-\alpha}{\alpha}\hat{p}_t^*$$

利用这一关系同时替代方程（B.17）中的 $\hat{p}_t^*$ 和 $\hat{p}_{t+1}^*$，我们就得到了关系式（B.16）。

B.5 命题 3.6 的证明

命题 3.6：假定总名义支出根据（2.15）式演化，其中 ϵ_t 是 t 期不可预测的货币冲击，过程 $\{q_t\}$ 独立于过程 $\{\epsilon_t\}$。那么，在一个具有（B.16）式形式的新凯恩斯主义总供给关系的经济中，ϵ_t 的 1 个单位正的变动（也就是说，对数总名义支出永久性增加 1 个单位，并且这是未预期到的），对数价格和对数实际 GDP 的脉冲反应函数由下列式子给出：

$$\tilde{p}_k=1-\lambda^{k+1} \tag{B.18}$$
$$\tilde{y}_k=\lambda^{k+1}, \tag{B.19}$$

$k\geqslant0$，其中，$0<\lambda<1$ 是如下特征多项式

$$\beta\lambda^2-(1+\beta+\kappa)\lambda+1=0 \tag{B.20}$$

的两个实根中较小的一个。

证明：在第 3 章正文中，我已经证明，对数价格指数的脉冲反应函数对于所有 $k \geqslant 0$ 都必然满足（2.16）式，以及初始条件和终点条件：

$$\tilde{p}_{-1}=0$$

$$\lim_{k\to\infty}\tilde{p}_k=1$$

差分方程可以表示为如下形式：

$$A(L)\tilde{p}_{k+1}=-\kappa \tag{B.21}$$

其中：

$$A(L)\equiv L^2-(1+\beta+\kappa)L+\beta$$

并且这里滞后算子的定义满足 $L\tilde{p}_k\equiv\tilde{p}_{k-1}$。

这个差分方程可以用命题 3.4 的证明过程中所使用的方法来求解。再一次地，$A(L)$ 可以因式分解为：

$$A(L)=\beta(1-\lambda_1 L)(1-\lambda_2 L)$$

其中，λ_1，λ_2 是特征多项式（B.20）的根，并且再一次地，我们可以证明 $0<\lambda_1<1<\beta^{-1}<\lambda_2$，以及 $\lambda_1\lambda_2=\beta^{-1}$。使用与前面相同的方法，我们可以证明满足终点条件的唯一解必然由下式给出：

$$\begin{aligned} z_k &= \beta^{-1}\lambda_2^{-1}\kappa\sum_{j=0}^{\infty}\lambda_2^{-j} \\ &= \frac{\beta^{-1}\kappa}{\lambda_2-1}=1-\lambda_1 \end{aligned}$$

其中，$z_k\equiv(1-\lambda_1 L)\tilde{p}_k$。令 z_k 等于不变值 $1-\lambda_1$，那么我们就得到了 $\tilde{p}_k$ 的一个差分方程：

$$\tilde{p}_k=\lambda_1\tilde{p}_{k-1}+(1-\lambda_1)$$

在初始条件的约束下求解此方程，我们很容易发现该方程的解就是（B.18）式，其中我们用 λ 代表较小的根 λ_1。

最后，由恒等式 $\log y_{t+k}=\log P_{t+k}+\log Y_{t+k}$ 可知，对数价格和对数产出的脉冲反应函数对于所有 $k\geqslant 0$ 都必满足：

$$\tilde{p}_k+\tilde{y}_k=1$$

然后，由价格脉冲反应的解（B.18）式可推出产出脉冲反应的解（B.19）式。

B.6 命题 3.7 的证明

命题 3.7：假设总名义支出根据第 3 章中的方程（2.21）演化，其中，$0<\rho<1,\rho\neq\lambda$；$0<\lambda<1$ 仍和命题 3.6 中所定义一样；ϵ_t 是在 t 期的一个不可预测

的货币冲击；过程 $\{q_t\}$ 独立于过程 $\{\epsilon_t\}$。那么，在具有新凯恩斯主义形式（2.12）式的总供给关系的经济中，对数实际 GDP 对 ϵ_t 的大小为 $1-\rho$ 的正的变化（意味着对数形式的总名义支出最终永久地增加了 1 个单位）的脉冲反应函数由下式给出：

$$\tilde{y}_k=\frac{(1-\rho)(1-\beta\rho)}{(\lambda-\rho)(\lambda^{-1}-\beta\rho)}(\lambda^{k+1}-\rho^{k+1}) \tag{B.22}$$

其中，$k\geqslant 0$。对数价格水平的相应脉冲反应函数由下式给出：

$$\tilde{p}_k=1-\rho^{k+1}-\tilde{y}_k$$

证明：本命题的证明思路和命题 3.6 的证明是相同的，只是现在由（2.21）式可以推出，对于所有的 $k\geqslant -1$，都有如下关系：

$$\tilde{Y}_k\equiv(1-\rho)\frac{\partial}{\partial\epsilon_t}E_t\log\mathcal{Y}_{t+k}=1-\rho^k \tag{B.23}$$

作为上式的结果，（B.21）式必然可以一般化为如下形式：

$$A(L)\tilde{p}_{k+1}=-\kappa(1-\rho^{k+1}) \tag{B.24}$$

其中的滞后多项式 $A(L)$ 并未改变。因为这里的主要目的是求解产出的脉冲反应方程，所以将上式重新表示为 $\{\tilde{y}_k\}$ 的差分方程形式是很有用的。由方程（B.23）可推出对于 $k\geqslant 0$ 有：

$$A(L)\tilde{Y}_{k+1}=\beta(1-\rho^{k+2})-(1+\beta+\kappa)(1-\rho^{k+1})+(1-\rho^k)$$

从上式中减去（B.24）式，我们得到对于所有的 $k\geqslant 0$ 都有：

$$A(L)\tilde{y}_{k+1}=-(1-\rho)(1-\beta\rho)\rho^k \tag{B.25}$$

此外，产出的脉冲反应函数还必须满足如下初始条件和终点条件：

$$\tilde{y}_{-1}=0$$
$$\lim_{k\to\infty}\tilde{y}_k=0$$

和命题 3.6 的证明过程中一样，仍对 $A(L)$ 进行因式分解，我们可以证明，对于所有的 $k\geqslant 0$，唯一与终点条件相符的解由下式给出：

$$\begin{aligned}(1-\lambda_1 L)\tilde{y}_k &= \beta^{-1}\lambda_2^{-1}(1-\rho)(1-\beta\rho)\sum_{j=0}^{\infty}\lambda_2^{-1}\rho^{j+k}\\ &= C\rho^k\end{aligned}$$

其中：

$$C\equiv\frac{(1-\rho)(1-\beta\rho)}{\lambda_1^{-1}-\beta\rho}>0$$

从而可知，对于所有的 $k\geqslant 0$ 都有：

$$(1-\rho L)(1-\lambda_1 L)\tilde{y}_{k+1}=0 \tag{B.26}$$

现在这里还必须满足一个额外的初始条件，即：

$$\tilde{y}_0 = C$$

当 $\rho \neq \lambda_1$ 时（正如命题中所假设的），（B.26）式形式的二阶自控差分方程（autonomous second-order difference equation）在两个初始条件约束下的通解为：

$$\tilde{y}_k = A_1 \lambda_1^k + A_2 \rho^k$$

其中，系数 A_1 和 A_2 由 $k=-1$ 和 $k=0$ 时的初始条件唯一地确定。在现在的情况中，初始条件要求：

$$A_1 = \frac{\lambda_1}{\lambda_1 - \rho} C, \quad A_2 = \frac{\rho}{\rho - \lambda_1} C$$

所以这个解与（B.22）式相对应，只是在后者中 λ_1 被简单地写成了 λ，正如命题 3.6 中所表述的那样。注意，当 $0 < \rho < \lambda_1$ 时，$A_1 > 0$，$A_2 < 0$，而当 $\lambda_1 < \rho < 1$ 时后两者的不等号恰好改变方向。因此我们发现，较大项的符号是正的并且衰减得更慢，正如正文对本命题的讨论中所说的一样。

B.7 命题 3.8 的证明

命题 3.8：考虑前面所描述的那种两部门模型，其中每个部门采用的都是 Calvo 定价方式（并且部门 j 中每期保持不变的价格的比例等于 $0 < \alpha_j < 1$），并且偏好和技术的冲击在各个部门是不相同的。对每个部门 $j=1, 2$，令 $\pi_{jt} \equiv \log(P_{jt}/P_{j,t-1})$ 表示相应部门的通货膨胀率。那么，每个部门的通货膨胀率和总产出缺口之间的关系为：

$$\pi_{jt} = \kappa_j (\hat{Y}_t - \hat{Y}_t^n) + \gamma_j (\hat{p}_{Rt} - \hat{p}_{Rt}^n) + \beta E_t \pi_{j,t+1} \tag{B.27}$$

该式将（B.16）式一般化了，其中：

$$\kappa_j \equiv \frac{(1-\alpha_j)(1-\alpha_j \beta)}{\alpha_j} \frac{\omega - \sigma^{-1}}{1+\omega\theta} > 0$$

$j=1, 2$，并且：

$$\gamma_1 \equiv n_2 \frac{(1-\alpha_1)(1-\alpha_1 \beta)}{\alpha_1} \frac{1+\omega\eta}{1+\omega\theta} > 0$$

$$\gamma_2 \equiv -n_1 \frac{(1-\alpha_2)(1-\alpha_2 \beta)}{\alpha_2} \frac{1+\omega\eta}{1+\omega\theta} < 0$$

其中，$0 < n_j < 1$ 是部门 j 的产品数量。

证明：在正文所给出的假设条件下，利润函数的斜率表达式形式如下：

$$\Pi_p^i(p_t(i), P_{jt}, P_t; Y_t, \tilde{\xi}_t) = (1-\theta) Y_{jt} P_{jt}^{\theta} p_t(i)^{-\theta-1}$$
$$[p_t(i) - \mu s^j (Y_{jt}(p_t(i)/P_{jt})^{-\theta}, Y_t; \tilde{\xi}_t)] \tag{B.28}$$

这里，部门 j 供给产品 i 的实际边际成本为：

$$s^j(y_t(i), Y_t; \tilde{\xi}_t) \equiv v_h \left(\frac{f^{-1}(y_t(i)/A_{jt}); \tilde{\xi}_{jt}}{u_c(Y_t; \xi_t)} \right) A_{jt} \Psi(y_t(i)/A_{jt})$$

它是该种产品的供给量、总产出和该部门的实际冲击的一个函数，它将第 3 章的 (1.10) 式一般化了，而部门需求指数 Y_{jt} 由下式给出：

$$Y_{jt}=n_j\varphi_{jt}Y_t(P_{jt}/P_t)^{-\eta} \tag{B.29}$$

因为每个企业都面临一条弹性不变（等于 θ）的需求曲线，这和之前的情况是一样的，所以满足要求的加成仍是 μ。

那么，我们可以为每个部门 j 定义一个自然产出率 Y_{jt}^n，在价格可变的情况下，它是该部门所有产品 i 的共同均衡产出。这些部门自然率由如下关系隐含地定义（对于 $j=1$，2）：

$$\mu s^j(Y_{jt}^n,Y_t^n;\tilde{\xi}_t)=\left(\frac{Y_{jt}^n}{n_j\varphi_{jt}Y_t^n}\right)^{-1/\eta}$$

其中，等号右边代表为了引致相对需求 Y_{jt}^n/Y_t^n 所必需的相对价格 P_{jt}/P_t。总产出的自然率为 Y_t^n，利用 (2.22) 式综合考虑了 Y_{1t}^n 和 Y_{2t}^n。在 $\tilde{\xi}_t=0$（对于所有 t 和两个部门）并且 $\varphi_{jt}=1$（对于所有 t 和两个部门）的情况下，伸缩性价格均衡包含了所有产品的一个共同产出水平 Y，且它的定义方式仍和以前一样。在资源配置的这一点上进行对数线性化，部门 j 的实际边际成本可以近似地表示为：

$$\hat{s}_t^j(i)=\omega(\hat{y}_t(i)-\hat{Y}_{jt}^n)+\sigma^{-1}(\hat{Y}_t-\hat{Y}_t^n)+\eta(\hat{\varphi}_{jt}+\hat{Y}_t^n-\hat{Y}_{jt}^n) \tag{B.30}$$

它将 (1.15) 式一般化了。(这里，$\hat{\varphi}_{jt}\equiv\log\varphi_{jt}$，并且所有带“帽”的产出变量都代表原变量对于 $\bar{Y}$ 的偏差的自然对数。)

部门 j 中在 t 期重新定价的企业使用的定价原则是，选择价格 $p_t(i)$ 以使目标函数 (2.24) 式最大化，这一最优化过程的一阶条件为：

$$E_t\left\{\sum_{T=t}^{\infty}\alpha_j^{T-t}Q_{t,T}\Pi_p^j(p_{jt}^*,P_{jT},P_T;Y_T,\tilde{\xi}_T)\right\}=0 \tag{B.31}$$

将 (B.28) 式代入该式中并进行对数线性化，我们得到：

$$E_t\sum_{T=t}^{\infty}(\alpha_j\beta)^{T-t}\left\{\hat{p}_{jt}^*-\left[\hat{s}_{t,T}^j-\hat{p}_{jT}+\sum_{\tau=t+1}^{T}\pi_{j\tau}\right]\right\}=0 \tag{B.32}$$

其中，$\hat{p}_{jt}^*\equiv\log(\hat{p}_{jt}^*/p_{jt})$ 是部门 j 中在 t 期刚刚重新定价的那些企业的相对价格（相对于同部门中的其他企业），$\hat{p}_{jt}\equiv\log(P_{jt}/P_t)$ 是部门 j 的相对价格指数（相对于整个经济中的其他产品的价格），而 $\hat{s}_{t,T}^j$ 是 t 期部门 j 中最后重新定价的那个企业的 $\hat{s}_T^j(i)$。

进一步由 (B.30) 式可知：

$$\hat{s}_{t,T}^j=\hat{s}_T^j-\omega\theta\left[\hat{p}_{jt}^*-\sum_{\tau=t+1}^{T}\pi_{j\tau}\right]$$

其中，$\hat{s}_t^j$ 代表部门 j 实际边际成本平均水平的自然对数相对于其稳态值的偏差。然后将该式代入 (B.32) 式可得一个对数线性定价方程，且它可以表示为 (B.32) 式的形式。

经过一系列与命题 3.5 的证明过程中所使用方法相似的运算，对于每个部门我们可以得到一个如下形式的部门通胀方程：

$$\pi_{jt}=\xi_j(\hat{s}_t^j-\hat{p}_{jt})+\beta E_t\pi_{j,t+1} \tag{B.33}$$

其中：

$$\xi_j\equiv\frac{1-\alpha_j}{\alpha_j}\frac{1-\alpha_j\beta}{1+\omega\theta}>0$$

这个方程将单部门模型中的通胀方程（2.14）式一般化了。

最后，由（B.30）式推出：

$$\hat{s}_t^j=\omega(\hat{Y}_{jt}-\hat{Y}_{jt}^n)+\sigma^{-1}(\hat{Y}_t-\hat{Y}_t^n)+\eta(\hat{\varphi}_{jt}+\hat{Y}_t^n-\hat{Y}_{jt}^n)$$

利用从（B.29）式的对数线性近似中得到的如下关系代替上式中的$\hat{Y}_{jt}$，即：

$$\hat{Y}_{jt}=\hat{\varphi}_{jt}+\hat{Y}_t-\eta\hat{p}_{jt}$$

我们可以选择将原式表达为：

$$\hat{s}_t^j-\hat{p}_{jt}=(\omega+\sigma^{-1})(\hat{Y}_t-\hat{Y}_t^n)-(1+\omega\eta)(\hat{p}_{jt}-\hat{p}_{jt}^n)$$

其中，p_{jt}^n是伸缩性价格均衡中部门j相对价格指数的自然对数（仅是外生实际干扰的函数）。将该式代入（B.33）式中，我们就得到了（B.27）式。这里，我已经利用恒等式$\hat{p}_{1t}\equiv-n_2\hat{p}_{Rt}$和$\hat{p}_{2t}\equiv n_1\hat{p}_{Rt}$，将每个部门相对价格表达成单个相对价格$\hat{p}_{Rt}\equiv\log(P_{2t}/P_{1t})$，其中$\hat{p}_{Rt}^n=n_1^{-1}\hat{p}_{2t}^n$是这个相对价格的自然水平，而系数$\kappa_j$，$\gamma_j$就是本命题的表述中所定义的参数。

附录C　第4章附录

C.1　小型线性模型中均衡的确定性：一些有用的结论

4.2.2节中均衡确定性的证明要用到关于矩阵特征值的如下一些一般结论。

命题C.1： 考虑一个如下形式的线性理性预期：

$$E_tz_{t+1}=Az_t+ae_t$$

其中，z_t是关于非先决内生状态变量的一个二元向量，e_t是外生冲击，A是一个2×2阶系数矩阵。理性预期均衡是确定的，当且仅当矩阵A的两个特征值位于单位圆外（也就是说，它们的模$|\lambda|>1$）。[11]

当且仅当出现下面这两种情形之一时，这一条件得到满足，这两种情形依次是：

情形Ⅰ：

$$\det A>1 \tag{C.1}$$

$$\det A-\operatorname{tr}A>-1 \tag{C.2}$$

并且：

$$\det A+\operatorname{tr} A>-1 \tag{C.3}$$

情形Ⅱ：

$$\det A-\operatorname{tr} A<-1 \tag{C.4}$$

并且：

$$\det A+\operatorname{tr} A<-1 \tag{C.5}$$

证明：矩阵 A 的特征值是如下特征方程的两个根：

$$\mathcal{P}(\lambda)\equiv\lambda^2+A_1\lambda+A_0=0$$

其中，$A_1\equiv-\operatorname{tr} A$，$A_0\equiv\det A$。我首先说明由上述命题中所说的两种情况都可以推出这一方程的两个根都位于单位圆外。我从情形Ⅰ所包含的各条件开始说明。

因为上面这一特征多项式必然等于 $(\lambda-\lambda_1)(\lambda-\lambda_2)$，其中 λ_1、λ_2 是它的两个根，注意到 $\operatorname{tr} A=\lambda_1+\lambda_2$，$\det A=\lambda_1\lambda_2$。因此，由条件（C.1)式～(C.3）式可以推出：

$$\lambda_1\lambda_2>1 \tag{C.6}$$

$$(\lambda_1-1)(\lambda_2-1)>0 \tag{C.7}$$

和

$$(\lambda_1+1)(\lambda_2+1)>0 \tag{C.8}$$

在存在两个根的情况中，条件（C.7）式和（C.8）式分别可以推出这两个根都在1的同一边或－1的同一边，因此，它们或者都小于－1，或者都大于1。在这两种情况下，两根都是位于单位圆外的。另外一种情况，当两个根构成一对复根时，它们有共同的模，并且 $\lambda_1\lambda_2$ 等于这个模的平方。然后由条件（C.6）式可推出这个模必然大于1，因此这两个根同样是位于单位圆外的。因此对于均衡的确定性来说，(C.1)式～(C.3）式是充分条件。

接下来，我要说明情形Ⅱ中的各条件也是充分条件。由条件（C.4）式和（C.5）式可以推出：

$$(\lambda_1-1)(\lambda_2-1)<0 \tag{C.9}$$

和

$$(\lambda_1+1)(\lambda_2+1)<0 \tag{C.10}$$

因此，由它们可以推出这两个根不可能构成一对复根，并且它们必然分别位于－1和1的不同边，所以必然是一个根小于－1而另一个根大于1。从而可知这两个根都位于单位圆外，并且条件（C.4）式和（C.5）式对于均衡的确定性来说也是充分的。

接下来我将说明命题中所列出的各条件对于均衡来说（一般来说）也是必要条件。换句话说，我要说明的是，如果上述特征方程的两个根都位于单位圆外，这两组条件中总有一组必然是满足的。

这里同样有两种情形要考虑：一种是两个根为实根且满足$|\lambda_1|$、$|\lambda_2|>1$，另一种是一对复根且满足$|\lambda_1|=|\lambda_2|>1$。在有两个实根的情形中，如果两个实根都大于1，那么它们都在-1的同一边并且也同样在1的同一边，所以（C.7）式和（C.8）式必然是满足的。进而，这两个根的乘积必然是大于1的，所以（C.6）式也必然是满足的。当两个根都小于-1时，同样的论证过程仍然是适用的。因此情形Ⅰ中的三个条件在存在两个实根的情况下，当λ_1、$\lambda_2<-1$或者λ_1、$\lambda_2>1$时都是满足的。相反，如果$\lambda_1<-1$而$\lambda_2>1$，则条件（C.9）式和（C.10）式都同时是满足的，所以情形Ⅱ中的条件都是满足的。

最后，在存在一对位于单位圆外的复根的情况中，从这两个实根构成一对复根这一事实出发可推出（C.7）式和（C.8）式必然是同时满足的，而从它们的模大于1这一事实又可以推出这两个根的乘积必然是大于1的，所以条件（C.6）式也必然是满足的。因此，在这种情况下，情形Ⅰ中的三个条件都是满足的。所以在所有可能的两个根都在单位圆外的情况中，情形Ⅰ所包含的条件和情形Ⅱ所包含的条件都必然是满足的。

命题C.2：考虑一个如下形式的线性理性预期模型：

$$\begin{bmatrix} E_t z_{t+1} \\ x_{t+1} \end{bmatrix} = A \begin{bmatrix} z_t \\ x_t \end{bmatrix} + a e_t$$

其中，z_t还是关于非先决内生状态变量的一个二元向量，x_t是一个事先未确定的内生状态变量，e_t还是外生冲击，A是一个3×3阶矩阵。那么，理性预期均衡是确定的，当且仅当矩阵A恰有一个特征值位于单位圆内（也就是说，它的模$|\lambda|<1$），并且其他两个特征值都位于单位圆外。

矩阵A的特征方程可以表示为如下形式：

$$\mathcal{P}(\lambda)\equiv\lambda^3+\mathcal{A}_2\lambda^2+\mathcal{A}_1\lambda+\mathcal{A}_0=0$$

那么，该方程恰有一个根位于单位圆内而另外两个根位于单位圆外（自然预期均衡（natural-expectation equilibrium）是确定的），当且仅当[12]：

或者（情形Ⅰ）：

$$1+A_2+A_1+A_0<0 \tag{C.11}$$

并且：

$$-1+A_2-A_1+A_0>0 \tag{C.12}$$

或者（情形Ⅱ）：

$$1+A_2+A_1+A_0>0 \tag{C.13}$$

$$-1+A_2-A_1+A_0<0 \tag{C.14}$$

并且：

$$A_0^2-A_0A_2+A_1-1>0 \tag{C.15}$$

或者（情形Ⅲ）条件（C.13）式和（C.14）式成立，并且还有如下两个条件也

是成立的：[13]

$$A_0^2 - A_0A_2 + A_1 - 1 < 0 \tag{C.16}$$

和

$$|A_2| > 3 \tag{C.17}$$

证明：我首先证明上述的三种情形对于均衡的确定性来说都是充分条件。我从情形Ⅰ开始说明。由条件（C.11）式和（C.12）式可以分别推出 $\mathcal{P}(1)>0$ 和 $\mathcal{P}(-1)<0$。同时注意到，对于所有足够大的正的 λ 值总有 $\mathcal{P}(\lambda)>0$，而对于所有足够小的负的 λ 值总有 $\mathcal{P}(\lambda)<0$，因为在每种情况下起决定作用的都是 λ^3 这一项。那么，根据这一多项式取值的连续性可知必然存在三个实根，且满足：

$$\lambda_1 < -1 < \lambda_2 < 1 < \lambda_3$$

因此在这种情况下均衡是确定的。

接下来我考虑情形Ⅱ。条件（C.13）式和（C.14）式可以分别推出 $\mathcal{P}(1)<0$ 和 $\mathcal{P}(-1)>0$。然后由该多项式取值的连续性可知方程存在奇数个介于－1 和 1 之间的实根（即位于单位圆内），还有偶数个小于－1 的实根和偶数个大于 1 的实根。（这些偶数可能等于零。）

注意到 $\mathcal{P}(\lambda)=(\lambda-\lambda_1)(\lambda-\lambda_2)(\lambda-\lambda_3)$，我们发现特征方程的各系数可以表示如下：

$$A_0 = -\lambda_1\lambda_2\lambda_3$$
$$A_1 = \lambda_1\lambda_2 + \lambda_1\lambda_3 + \lambda_2\lambda_3$$
$$A_2 = -\lambda_1 - \lambda_2 - \lambda_3$$

将上述各系数代入（C.15）式，我们会看到（C.15）式等价于如下条件：

$$(\lambda_1\lambda_2 - 1)(\lambda_1\lambda_3 - 1)(\lambda_2\lambda_3 - 1) > 0$$

因此，由该关系可以推出这三个乘积必有奇数个是大于 1 的实数。（如果三个根都是实数，那么这三个乘积也是实数，那么上式中的每一个因子都是正的或者负的实数，具体取值取决于各乘积是大于 1 还是小于 1。如果 λ_1 和 λ_2 是一对复根，那么只有 $\lambda_1\lambda_2$ 是实数，而 $\lambda_1\lambda_3$ 和 $\lambda_2\lambda_3$ 是共轭复根。从而有 $(\lambda_1\lambda_3-1)(\lambda_2\lambda_3-1)>0$,因此不等号当且仅当 $\lambda_1\lambda_2>1$ 时才成立。）

这些条件对于均衡的确定性来说是充分的。在存在一个实根和一对复根的情况下，由条件（C.13）式和（C.14）式可以推出实根必然满足 $-1<\lambda_3<1$，而由条件（C.15）式可以推出复根对必然满足 $|\lambda_1|=|\lambda_2|>1$。因此我们知道均衡是确定的。另外一种情况，如果存在三个实根，由条件（C.13）式和（C.14）式可以推出或者是一个实根或者是三个实根位于区间－1 到 1 之间。如果三个实根都在这一区间内，那么它们的两两乘积都是介于－1 和 1 之间的，这显然与条件（C.15）式相矛盾。所以，只能是一个实根位于单位圆内而另外两个实根位于单位圆外。因此我们再一次知道均衡是确定的。

接下来我考虑情形Ⅲ。和上面的分析一样，条件（C.13）式和（C.14）式可以推出有奇数个实根介于－1 和 1 之间。同时，由条件（C.17）式可以推出三

个根之和 $\lambda_1+\lambda_2+\lambda_3$ 或者大于 3 或者小于 -3。如果三个根都是实根，它们不可能都介于 -1 和 1 之间，因为如果这样的话，三根之和必然位于 -3 到 3 之间。所以介于 -1 和 1 之间的根个数必然是 1 个，而另外两个实根的绝对值都大于 1，因而均衡的确定性是存在的。另外一种情况是，如果存在一个实根和一个复根对，实根必然位于 -1 和 1 之间。在这种情况下，三根之和等于实根加上任一复根实部的两倍之和。因为实根是位于 -1 和 1 之间的，三根之和不在 -3 到 3 之间的唯一可能情况就是两复根实部的绝对值大于 1。但是，因为两个复根的模都必然大于它们实部的绝对值，从而可知两个复根都是位于单位圆外的，所以我们再一次证明了均衡是确定的。因此，命题中所表述的各条件对于均衡的确定性来说是充分条件。（值得注意的是，在情形Ⅲ中，即使不要条件（C.16）式，所列出的其他条件对于确定性来说仍然是充分条件。）

下面我开始证明各条件对于均衡的确定性来说（一般来说）也是必要条件，也就是证明，任何可以得出确定性的（一般）情况必然满足上面列出的三组条件之一。我首先考虑存在三个实根的情况。在这种情况下，均衡的确定性要求特征方程恰有三个根位于 -1 和 1 之间，而另外两个的绝对值都大于 1。这要求各根满足下列三个条件之中的一个：

(a) $\lambda_1<-1<\lambda_2<1<\lambda_3$

(b) $\lambda_1, \lambda_2<-1<\lambda_3<1$

(c) $-1<\lambda_1<1<\lambda_2, \lambda_3$

我依次考虑这几种可能情形。

情形（a）要求 $\mathcal{P}(-1)>0$ 并且 $\mathcal{P}(1)<0$，所以条件（C.11）式和（C.12）式是满足的。因此命题中情形Ⅰ的各条件是满足的。相反，由情形（b）和（c）可推出 $\mathcal{P}(-1)<0$ 并且 $\mathcal{P}(1)>0$，因此在这两种情况下条件（C.13）式和（C.14）式都是满足的。

情形（b）又可以进一步分为如下四种（一般的）子情形：

(b1) $\lambda_3^{-1}<\lambda_1, \lambda_2<-1<\lambda_3<0$

(b2) $\lambda_1<\lambda_3^{-1}<\lambda_2<-1<\lambda_3<0$

(b3) $\lambda_1, \lambda_2<\lambda_3^{-1}<-1<\lambda_3<0$

(b4) $\lambda_1, \lambda_2<-1<0<\lambda_3<1$

在上述的每一种情形中，三根的两两乘积都分别满足：

(b1) $0<\lambda_1\lambda_3, \lambda_2\lambda_3<1<\lambda_1\lambda_2$

(b2) $0<\lambda_2\lambda_3<1<\lambda_1\lambda_2, \lambda_1\lambda_3$

(b3) $1<\lambda_1\lambda_2, \lambda_1\lambda_3, \lambda_2\lambda_3$ 和

(b4) $\lambda_1\lambda_3, \lambda_2\lambda_3<0<1<\lambda_1\lambda_2$

注意到情形（b1）、（b3）和（b4）中都存在奇数个大于 1 的乘积。因此这几种情形都满足条件（C.15）式，所以命题中的情形Ⅱ的所有条件都是满足的。但是，在情形（b2）中，存在偶数个大于 1 的乘积，由此可知条件（C.16）式是满足的。进一步看到在这种情形下三根之和必然满足：

$$\lambda_1+\lambda_2+\lambda_3<\lambda_3+\lambda_3^{-1}-1<3$$

所以（C.17）式成立。因此这种情形满足命题中情形Ⅲ的所有条件。

情形（c）完全可以用处理情形（b）的方法来处理，只需要改变相应的字母标号即可。因此在这种情形中，与情形（b2）相对应，我们得到：

$$0<\lambda_3<1<\lambda_2<\lambda_3^{-1}<\lambda_1,$$

由这一关系又可推出根的两两乘积同样满足如下关系：

$$0<\lambda_2\lambda_3<1<\lambda_1\lambda_2, \lambda_1\lambda_3,$$

而三根之和满足：

$$\lambda_1+\lambda_2+\lambda_3>\lambda_3+\lambda_3^{-1}+1>3.$$

因此，再一次地，条件（C.16）和（C.17）是满足的，并且命题中情形Ⅲ的所有条件都是成立的。我的结论是，如果存在三个实根，任何（一般的）确定性情形都必然满足命题中所述三组条件之一。

最后，我考虑存在一个实根和一对复根的情况。在这种情况中，均衡的确定性要求实根位于−1和1的区间内，而复根对的模大于1。因为特征方程不存在小于−1或者大于1的实根，在这种情况下必须有 $\mathcal{P}(-1)<0$ 和 $\mathcal{P}(1)>0$。因此条件（C.13）式和（C.14）式是满足的。而且，在这种情况中，根的两两乘积中仅有一个是实数，那就是两个复根之积，并且它们的乘积等于它们的模的平方。因为它们的模是大于1的，所以这个乘积也是大于1的。因此恰有一个乘积是大于1的实数，条件（C.15）式是满足的。从而，命题中情形Ⅱ所要求的所有条件都是满足的。到目前为止，我已经说明了每种（一般的）确定性情况都满足命题中所述各组条件之一。

C.2 命题4.3的证明

命题4.3：假定货币政策的执行使名义利率满足第4章中（1.14）式形式的规则，其中 ϕ_π，$\phi_x \geqslant 0$，那么，当且仅当反应系数满足下式时，均衡是确定的：

$$\phi_\pi+\frac{1-\beta}{4\kappa}\phi_x>1 \tag{C.18}$$

证明：在这种情况下，对于均衡确定性的分析与命题4.2的分析有着相同的技术思路，这在第4章的正文中已经讨论过了。在目前这种情况下，将（1.14）式代入（1.12）式可消去 $\hat{i}_t$，再一次得到如下形式的系统：

$$E_t z_{t+1}=Az_t+a(\hat{r}_t^n-\bar{i}_t+\bar{\pi}) \tag{C.19}$$

其中：

$$z_t \equiv \begin{bmatrix} \pi_t-\bar{\pi} \\ x_t-\bar{x} \end{bmatrix}$$

并且：

$$A\equiv\begin{bmatrix}\beta^{-1} & -\beta^{-1}\kappa\\ \sigma(\phi_\pi-\beta^{-1}) & 1+\sigma(\phi_x/4+\beta^{-1}\kappa)\end{bmatrix},\quad a\equiv\begin{bmatrix}0\\ -\sigma\end{bmatrix}$$

注意到：

$$\mathrm{tr}\,A=1+\beta^{-1}(1+\kappa\sigma)+\sigma\phi_x/4$$
$$\det A=\beta^{-1}[1+\sigma(\phi_x/4+\kappa\phi_\pi)]$$

由 C.1 节中的命题 C.1 可知，当且仅当情形Ⅰ中的不等式或者情形Ⅱ中的不等式成立时一个行列式为正的 2×2 阶矩阵的两个特征值都在单位圆外（确定性的条件）。在对符号的这些限定下，条件（C.5）式一定不成立，所以情形Ⅱ是不可能的。因此，我把注意力集中在情形Ⅰ上，当且仅当条件（C.1)式～(C.3)式都成立时，均衡是确定的。

在这些对符号的限定下，这些不等式中的第一个和第三个必然成立，所以，当且仅当条件（C.2）式成立时，两个特征值都位于单位圆外。已知上面对于 tr A和 det A 表达式的定义，可知这一不等式是等价于条件（C.18）式的。因此，该条件既是充分条件也是必要条件。

C.3 命题 4.4 的证明

命题 4.4：假设货币政策的执行可以确保名义利率满足第 4 章中（2.8）式形式的一个规则，其中，ρ，ϕ_π，$\phi_x\geqslant 0$。那么均衡是确定的，当且仅当反应系数满足：

$$\phi_\pi+\frac{1-\beta}{4\kappa}\phi_x>1-\rho \tag{C.20}$$

证明：将（2.8）式代入（1.12）式中，我再一次得到一个可以表示为形如（C.19）式的方程系统，不过现在其中的内生变量为：

$$z_t\equiv\begin{bmatrix}\pi_t-\bar{\pi}\\ x_t-\bar{x}\\ \hat{i}_{t-1}-\bar{i}_{t-1}\end{bmatrix} \tag{C.21}$$

并且：

$$A\equiv\begin{bmatrix}\beta^{-1} & -\beta^{-1}\kappa & 0\\ \sigma(\phi_\pi-\beta^{-1}) & 1+\sigma(\phi_x/4+\beta^{-1}\kappa) & \sigma\rho\\ \phi_\pi & \phi_x/4 & \rho\end{bmatrix},\quad a\equiv\begin{bmatrix}0\\ -\sigma\\ 0\end{bmatrix}$$

因为现在出现了一个先决的状态变量（也就是说，$\hat{i}_{t-1}-\bar{i}_{t-1}$），在这种情况下，当且仅当 3×3 阶矩阵 A 恰有两个特征值位于单位圆外时，均衡是确定的。

在这种形式的系统中，均衡确定性的必要和充分条件由 C.1 节中的命题 C.2

给出。注意，在目前的情况中，矩阵 A 的特征方程为：

$$\mathcal{P}(\mu)=\mu^3+A_2\mu^2+A_1\mu+A_0=0$$

其中：

$$A_0=-\beta^{-1}\rho<0$$
$$A_1=\rho+\beta^{-1}(1+\rho(1+\kappa\sigma))+\beta^{-1}\sigma(\kappa\phi_\pi+\phi_x/4)>0$$
$$A_2=-\beta^{-1}(1+\kappa\sigma)-1-\rho-\sigma\phi_x/4<0$$

该命题列举出了三组可能实现均衡确定性的条件。由上面各系数 A_i 取值的符号，我们可以马上发现条件（C.12）式是不成立的，而条件（C.14）式则必然成立，因此我们可以排除该命题中的情形Ⅰ。在目前的情况下，情形Ⅱ所需要的其他条件（除了条件（C.14）式以外，因为刚才我已经指出，它是必然成立的）简化为：

$$\phi_\pi+\frac{1-\beta}{4\kappa}\phi_x>1-\rho \tag{C.22}$$

$$\phi_\pi+\frac{1-\rho}{4\kappa}\phi_x+(\beta^{-1}-1)[\kappa^{-1}\sigma^{-1}(1-\rho)(\beta-\rho)-\rho]>0 \tag{C.23}$$

相反，情形Ⅲ[14]所需要满足的附加条件为（C.22）和

$$\beta^{-1}(1+\kappa\sigma)+\rho+\sigma\phi_x/4>2 \tag{C.24}$$

均衡是确定的，当且仅当政策规则（2.8）式的各系数在满足条件（C.22）式的同时，还至少满足条件（C.23）式和（C.24）式中的一个。

事实上，我们可以说明在关于系数取值符号的这些假设下，（C.22）式对于均衡的确定性来说既是充分条件也是必要条件。我们可以通过证明满足（C.22）式但不满足（C.24）式的所有参数值都必然满足（C.23）式来说明这一点。首先要注意的是，在关于系数取值符号的这些假设下，仅当 $\rho<\beta$ 时（C.24）式才有可能不成立。（这里我利用了 $\beta^{-1}+\beta>2$ 这一事实。）接着注意到，在所有其他参数给定，且 $\rho<\beta$ 的条件下，（C.23）式等号左边是 ρ 的一个递减函数。因此，使（C.23）式不成立所必需的 ϕ_π 值变得更小了，所需要的 ρ 值也变得更小了。同时，满足不等式（C.22）的 ϕ_π 值变大了，因为 ρ 值变小了。因此，对于 β，κ，σ 和 ϕ_x 的任意给定值，如果要求（C.22）式满足而（C.23）式不满足，当 ρ 的取值为使（C.24）式被弱（weakly）违反的最大 ρ 值时，这种情况必然会出现。（注意，最后这个量与 ϕ_π 的取值是独立的。）

而且，（C.23）式等号左边是 ϕ_π 的一个递增函数。所以在任意给定的 β，κ，σ，ϕ_x 和 ρ 情况下，如果（C.22）式满足而（C.23）式不满足，当 ϕ_π 的取值为使（C.22）式成立的最小 ϕ_π 值时，这种情况必然会出现。（图 C.1 给出了这些取值区域的几何图示。）因此，在给定其他参数值的前提下，我们只要考虑使（C.22）式和（C.24）式作为一个等式成立的 ρ 值和 ϕ_π 就足够了。（这一点就是图 C.1 中实线和虚线的交点。）在这种情况下，如果（C.23）式没有被违反，它就永远不可能被违反。

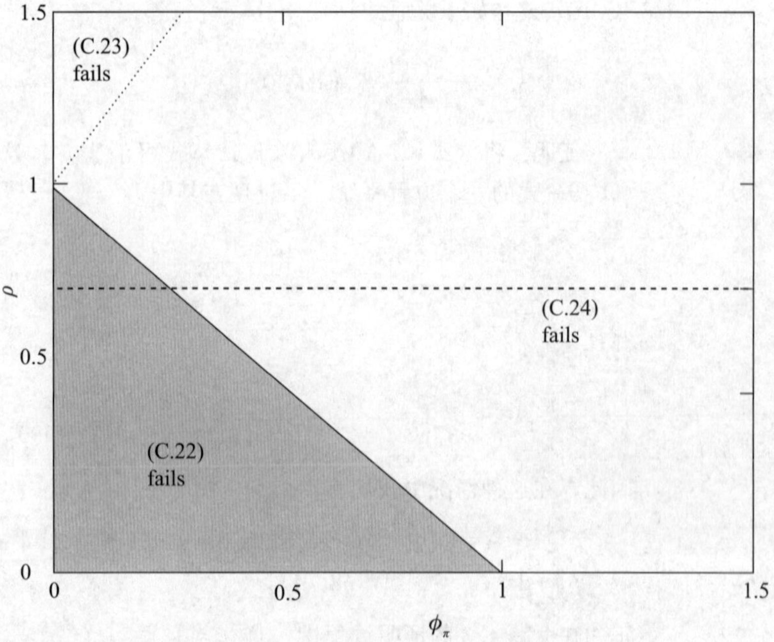

图 C.1　三个不等式都不成立的各个区域。阴影区域代表均衡不确定的政策规则，白色区域代表均衡确定的政策规则

如果我们通过求解（C.22）式和（C.24）式从而得到 ϕ_π 和 ϕ_x（且都是作为 ρ 的函数），而不是解出 ρ 和 ϕ_π（都作为 ϕ_x 的函数），那么只要通过非常简单的代数运算就可以验证上面这一点。通过上述求解过程我们得到：

$$\phi_\pi=(1-\rho)-\frac{1-\beta}{\kappa\sigma}\left[2-\rho-\frac{1+\kappa\sigma}{\beta}\right]$$

$$\phi_x=\frac{4}{\sigma}\left[2-\rho-\frac{1+\kappa\sigma}{\beta}\right]$$

将这两个量代入（C.23）式等号左边可得：

$$\frac{1}{\beta\kappa\sigma}(\beta-\rho)^2>0$$

因为 $\rho<\beta$，所以上式是一个严格不等式。因此在这种情况下（C.23）式成立，并且因而在（C.22）式成立但（C.24）式不成立的所有情况中，（C.23）式都是成立的。（图 C.1 在特定参数取值的情况下对这一点进行了说明。[15]）从而可知，条件（C.22）式对于均衡的确定性来说既是充分条件也是必要条件。

C.4　命题 4.5 的证明

命题 4.5：假设货币政策的执行确保名义利率满足形如第 4 章中（2.10）式的规则，且 ϕ_π，$\phi_x\geqslant 0$，那么，此时的均衡就是确定的，当且仅当反应系数满足

(C.18) 式和如下关系式：

$$\phi_\pi < 1 + \frac{1+\beta}{4\kappa}(\phi_x + 8\sigma^{-1}) \tag{C.25}$$

证明：将（2.10）式代入（1.12）式可消去 $\hat{i}_t$，这样我再一次得到了形如（C.19）式的一个方程系统，不过现在其中：

$$z_t \equiv \begin{bmatrix} \pi_t - \bar{\pi} \\ x_t - \bar{x} \end{bmatrix}$$

并且：

$$A \equiv \begin{bmatrix} \beta^{-1} & -\beta^{-1}\kappa \\ \sigma\beta^{-1}(\phi_\pi - 1) & 1+\sigma(\phi_x/4 - \beta^{-1}\kappa(\phi_\pi - 1)) \end{bmatrix}, \quad a \equiv \begin{bmatrix} 0 \\ -\sigma \end{bmatrix}$$

因此，在这种情况中我们有：

$$\text{tr } A = 1 + \beta^{-1} + \sigma(\phi_x/4 - \beta^{-1}\kappa(\phi_\pi - 1))$$
$$\det A = \beta^{-1}(1 + \sigma\phi_x/4)$$

正如在命题 4.3 的证明过程中一样，当且仅当（C.1)式～(C.3）式中的所有条件都成立，或者条件（C.4）式和（C.5）式都成立时，均衡是确定的。我们可能会注意到，由条件（C.4）式和（C.5）式可推出 $\det A < -1$（将这两个不等式的不等号左边相加可得）。但是在命题中关于参数取值符号的这些假设下，由 $\det A$ 的表达式可推出 $\det A > 1$。所以情形Ⅱ是不可能的，正如在命题 4.3 的证明过程中一样，因此当且仅当（C.1)式～(C.3）式中的所有条件都成立时，均衡是确定的。

在目前这种情况中，这三个条件中的第一个在形式上与之前稍有不同，但它仍然必须被所有符合这些取值符号假设（也就是刚才所提到过的那些假设）的政策规则所满足。第二个条件仍等价于（2.7）式。但这里第三个条件与一般（后向的）泰勒规则在形式上稍有不同，并且不再必须被所有符合我们对符号限定的政策规则所满足。这一条件现在等价于（C.25）式。因此，当且仅当政策规则的各系数同时满足（2.7）式和（2.11）式时，特征方程的两个根都位于单位圆外（均衡确定性的条件）。

C.5 命题 4.6 的证明

命题 4.6：假设货币政策的实施使名义利率满足第 4 章中（2.12）式形式的一个规则，其中，ρ，ϕ_π，$\phi_x \geqslant 0$。那么，均衡是确定的必要条件是反应系数同时满足（C.20）式（它将（C.18）式一般化了）和如下关系式：

$$\phi_\pi < 1 + \rho + \frac{1+\beta}{4\kappa}(\phi_x + 8\sigma^{-1}(1+\rho)) \tag{C.26}$$

该关系式将（C.25）式一般化了。

证明： 再一次地，由这一规则可以推出一个形如（C.19）式的方程系统，只是其中存在一个由（C.21）式给出的内生变量向量，而方程系统的系数矩阵为：

$$A\equiv\begin{bmatrix}\beta^{-1} & -\beta^{-1}\kappa & 0\\ \sigma\beta^{-1}(\phi_\pi-1) & 1+\sigma(\phi_x/4-\beta^{-1}\kappa(\phi_\pi-1)) & \sigma\rho\\ \beta^{-1}\phi_\pi & \phi_x/4-\beta^{-1}\kappa\phi_\pi & \rho\end{bmatrix},\quad a\equiv\begin{bmatrix}0\\-\sigma\\0\end{bmatrix}$$

正如在命题 4.4 的证明过程中一样，方程系统中存在一个单一的先决状态变量（即 $\hat{i}_{t-1}-\bar{i}_{t-1}$），所以，当且仅当 A 恰有两个特征值在单位圆外时，均衡是确定的。再一次地，C.1 节中的命题 C.2 给出了这种情况下的必要条件和充分条件。

注意到由条件（A.1）式和（A.2）式可推出 $\phi_x<0$，所以在本命题中关于参数取值符号的假设下，情形Ⅰ又是可能的。从而可知，条件（A.3）式和（A.4）式是均衡确定性的必要条件，因为该命题中情形Ⅱ和情形Ⅲ都要求这两个条件成立。在目前这种情况中，（A.3）式再一次地对应于（C.20）式，而（A.3）式对应于（C.26）式。因此这两个条件都是均衡确定性的必要条件。

但是，为了确保命题 C.2 中的情形Ⅱ或者情形Ⅲ的充分条件得以满足，还必须增加一些额外的限定条件。为了实现均衡的确定性，或者（A.5）式必须成立，或者（A.7）式所允许的两种情形之一必须成立，也就是说，或者 $A_2>3$，或者 $A_2<-3$。这里我省略了对充分条件的分析，但要指出的是，这些条件在第 4 章图 4.2 中所说明的量化例子中都是满足的。对于该图中所采用的参数值，所有满足条件（C.20）式和（C.26）式的政策规则系数也至少满足另外三个不等式中的一个。因此，至少在这种情况中，本命题中的两个条件成为均衡确定的充分必要条件。

C.6 命题 4.7 的证明

命题 4.7： 假设货币政策的执行能确保名义利率满足形如（2.14）式的规则，其中 $\phi_p>0$，$\phi_x\geqslant 0$，那么均衡必然是确定的。

证明： 在威克塞尔政策规则的情况中，将（1.10）式重新表示为如下形式，将有利于我们接下来的分析，即：

$$\Delta(p_t-\bar{p}_t)=\kappa(x_t-\bar{x})+\beta E_t\Delta(p_{t+1}-\bar{p}_{t+1})$$

并且，我们还用 $E_t\Delta(p_{t+1}-\bar{p}_{t+1})+\bar{\pi}$ 替代（1.12）式的 $E_t\pi_{t+1}$。这样，由（1.10）式、（1.12）式和（2.14）式构成的方程系统也可以写成（C.19）式的形式了，其中内生变量为：

$$z_t\equiv\begin{bmatrix}p_t-\bar{p}_t\\ p_{t-1}-\bar{p}_{t-1}\\ x_t-\bar{x}\end{bmatrix}\tag{C.27}$$

其系数矩阵为：

$$A\equiv\begin{bmatrix}1+\beta^{-1} & -\beta^{-1} & -\beta^{-1}\kappa\\ 1 & 0 & 0\\ \sigma(\phi_p-\beta^{-1}) & \sigma\beta^{-1} & 1+\sigma(\phi_x+\beta^{-1}\kappa)\end{bmatrix},\quad a\equiv\begin{bmatrix}0\\ 0\\ -\sigma\end{bmatrix}$$

这又是存在单个先决状态变量（也就是，$p_{t-1}-\bar{p}_{t-1}$）的情形，所以当且仅当矩阵 A 恰有两个特征值在单位圆外时，均衡是确定的，并且相应的充分条件和必要条件由命题 C. 2 给出。

正如詹诺尼（2000，app. A. 2）所说明的一样，在本命题对于参数符号的假设下，我们可以说明条件（A. 3）式和（A. 4）式必然成立，并且条件（A. 7）式也成立（且有 $A_2<-3$）。正如命题 C. 2 的证明过程中已经指出的那样，这些条件是均衡确定性的充分条件。（在该命题对情形Ⅲ的定义中，增加条件（A. 6）式只是为了使情形Ⅱ和情形Ⅲ不至于重合。）因此，在这一系列政策规则中，任何一个都可以实现均衡的确定性。

C. 7　命题 4. 9 的证明

命题 4. 9：再次假设从信念到结果的映射（mapping from beliefs to outcome）是第 4 章中布拉德和米特拉提出的那种映射（(2. 16) 式和（2. 17）式），政策根据形如（1. 14）式的利率规则来执行，且其系数 ϕ_π，$\phi_x\geqslant 0$，但现在假设经济主体通过 z_τ 对 $\bar{s}_{\tau-1}$ 的线性回归来预测通货膨胀和产出缺口，且 t 期用于该预测的各系数的估计值 $\hat{\Gamma}_t$ 是以 $\tau<t$ 期的通货膨胀和产出数据为基础的。那么，理性预期均衡 $\bar{\Gamma}$ 就是预期稳定的，当且仅当政策规则的反应系数满足（C. 18）式，即当且仅当政策服从泰勒原理。

证明：和命题 4. 8 中一样，当且仅当雅克比矩阵（Jacobian matrix）$DT(\bar{\Gamma})-I$ 的所有特征值都有负的实部时，理性预期均衡（T 的不动点）是预期稳定的（E-Stable）。这里，为了将这一列导数表示成一个矩阵，我们将 Γ 做如下向量化处理：

$$\begin{bmatrix}\Gamma_0\\ \text{vec}\Gamma_s\end{bmatrix}$$

在目前的例子中，T 是一个线性映射（linear mapping），可以表达为：

$$\begin{aligned}\Gamma_0-\bar{z}&=B[\hat{\Gamma}_0-\bar{z}]\\ \Gamma_s-\bar{\Gamma}_s&=B(\hat{\Gamma}_s-\bar{\Gamma}_s)C\end{aligned}\tag{C. 28}$$

从向量 Γ_s 的角度来看，后面这个映射可以表示为：

$$\text{vec}\ \Gamma_s-\text{vec}\ \bar{\Gamma}_s=[C'\otimes B](\text{vec}\ \hat{\Gamma}_s-\text{vec}\ \bar{\Gamma}_s)\tag{C. 29}$$

由（C. 28）式和（C. 29）式可知，DT 由如下表达式给出：

$$DT=\begin{bmatrix}B & 0\\ 0 & C'\otimes B\end{bmatrix}$$

因此矩阵 DT 的特征值就是它的两个对角块的特征值，所以其中一组就是矩阵 B 的两个特征值。正如命题 4.8 的证明过程中所说明的那样，当且仅当政策规则的各反应系数都满足（C.18）式时，这两个特征值都有小于 1 的实部（正如预期稳定性所要求的）。所以（C.18）式仍是均衡确定性的必要条件。接下来要做的就是证明从这一条件也可以推出矩阵 DT 的其他所有特征值都有小于 1 的实部。

矩阵 DT 的其他特征值就是矩阵 $C'\otimes B$ 的特征值。两个矩阵的克罗内克（Kronecker）乘积的特征值是形为 $\rho_i\lambda_i$ 的一组乘积，其中，ρ_i 是矩阵 C' 的一个特征值，而 λ_i 则是矩阵 B 的一个特征值。如果条件（C.18）式得到满足，则有 $|\lambda_j|<1$（对于 $j=1$，2）。（这一点在命题 4.3 的证明过程中已经说明过了。）而且我还假设矩阵 C 的每个特征值都满足 $|\rho_i|<1$（因而矩阵 C' 的每个特征值也满足这一条件），因为这是外生冲击的平稳性所提出的要求。从而可知，对于所有的（i，j）都有 $|\rho_i\lambda_j|<1$，所以矩阵 $C'\otimes B$ 的每个特征值的模都小于 1，进而可知它们的实部都小于 1。综上所述，（C.18）式也是预期稳定性的充分条件。

C.8 命题 4.11 的证明

命题 4.11： 再次考虑一个无现金的新威克塞尔基本模型，假设其中的货币政策根据第 4 章中（1.14）式形式的规则来执行，且其中 ϕ_π，$\phi_x\geqslant 0$，而财政政策由形如（4.3）式的规则来确定，且其中 $\tau_b\leqslant 1$。那么如果财政政策是局部李嘉图的（Locally Ricardian）（也就是说，如果 $\tau_b>1-\beta>0$），那么命题 4.3 的结果成立：均衡是确定的，当且仅当货币政策规则服从泰勒原理，也就是说，反应系数满足条件（C.18）式。如果（C.18）式中的不等式逆号，那么均衡就是不确定的，正如 4.2 节所讨论的。

如果财政政策是局部非李嘉图的（Locally non-Ricardian）（也就是说，如果 $\tau_b<1-\beta$），那么，均衡是确定的，当且仅当货币政策规则违反泰勒原理，即（2.7）式中的不等式逆号。相反，如果货币政策服从泰勒原理，那么即使内生变量 $\{b_t, \pi_t, Y_t, i_t\}$ 仍始终在稳态值的一个很小的领域内变动，（对于几乎所有可能的初始条件和外生冲击）都不会存在任何均衡，无论初始条件和外生扰动的值是来自于一个多么小的开集。

证明： 当将政府债券的运动方程（4.5）式与命题 4.3 的证明过程中所考虑的各方程联立时，我们会得到一个如下形式的方程系统：

$$\begin{bmatrix} E_t z_{t+1} \\ \hat{b}_t \end{bmatrix} = \begin{bmatrix} A & 0 \\ c' & \beta^{-1}(1-\tau_b) \end{bmatrix} \begin{bmatrix} z_t \\ \hat{b}_{t-1} \end{bmatrix} + \begin{bmatrix} a(\hat{r}_t^n - \bar{i}_t + \pi) \\ f_t \end{bmatrix}$$

其中，A，a 和 z_t 与（C.19）式定义相同。因为其中的状态变量除了包含两个非先决变量（z_t 的元素）外，还包含了一个先决变量（$\hat{b}_{t-1}$），所以当且仅当上式中的系数矩阵恰有两个特征值位于单位圆外时，均衡是确定的。因为该系数矩阵是对角块矩阵，它的特征值就是矩阵 A 的两个特征值和对角元素 $\beta^{-1}(1-\tau_b)$ 的特征值。

在财政政策是局部李嘉图的情况中，第三个特征值是位于单位圆内的，所以均衡的确定性要求矩阵 A 的两个特征值都位于单位圆外。这正是命题 4.3 中已经描述过的情况，并且当 A 具备这种必需的性质时（也就是说，当货币政策符合泰勒原理时），$\{z_t\}$ 的唯一有界解由（2.34）式给出。

相反，如果财政政策是局部非李嘉图的，第三个特征值则是位于单位圆外的，所以均衡的确定性要求矩阵 A 恰有一个特征值位于单位圆外。当且仅当（C.18）式的不等号改变方向时，我们会得到这种情况，并且当财政政策是局部李嘉图的时，这将导致均衡的非确定性。这种情况下关于均衡确定性的进一步讨论，参见 Woodford（1996）。

附录 D　第 5 章附录

D.1　对习惯持续模型的另一种解释

有人可能会认为，将私人支出作为一个整体来说明习惯持续性（Habit Persistence）是不合理的，因为目前关于习惯持续性的经典文献都是与家庭消费支出理论有关的，但是我（在第 4 章中）已经指出，当我们利用单一的欧拉方程来对总私人支出建模时，我们并没有真正假设所有的私人支出仅由消费支出构成。为了更好地理解货币传导机制，我们主要关心的肯定是利率对投资支出的影响。（在 5.3 节中，这已经被一个明确地将消费和投资分开讨论的模型定量地证明了。）那么，在这种与货币传导机制密切相关的私人支出中假设习惯持续性的存在是如何产生影响的呢？

尽管习惯持续性这一假设在关于消费支出的文献中更为常见，但我们也可以理解 5.1.2 节所提出的那种说明的意义，这种说明将 C_t^h 理解为实际上包含了投资支出（虽然在建模时抽象掉了投资支出对生产成本变化的影响）。如果我们假设投资支出的调整成本是巴苏和金柏（2002）所提出的那种特定类型的，这种类似性（parallel）就很明显了。

假设家庭每期从它的投资支出中得到的效用等于 νK_t^h（其中，$\nu>0$ 是一个常数，νK_t^h 代表家庭通过占有 K_t^h 规模的资本存量所得到的直接效用）减去 $\psi(S_t^h;\xi_t)$（$\psi(S_t^h;\xi_t)$ 代表家庭在给定时期为了启动 S_t^h 所必须付出的努力，对于干扰 ξ_t 的任意可能值，$\psi(\cdot;\xi_t)$ 都是一个递增、严格凸的函数）。（这里我在对家庭的资本需求建模时将资本品都简单地看成耐用消费品，而且还假设拥有额外的这种耐用品不会带来递减的边际效用。为了简单起见，我还假设家庭无法从其他支出中得到效用。）

家庭的资本存量根据运动方程 $K_{t+1}^h=I_t^h+(1-\delta)K_t^h$ 变化，其中，I_t^h 是家庭的投资支出，而 $0<\delta<1$ 是资本品的折旧率。家庭的投资支出率由 $I_t^h=S_t^h+\eta I_{t-1}^h$ 给

出，其中 η 代表了投资项目需要"时间来建造"的程度。在 t 期启动一个新的投资项目意味着在每个 $t+j$ 期（对于所有的 $j\geqslant 0$）都存在规模为 η^j 的投资支出。

在这样一个模型中，额外实际收入的边际效用与投资支出之间的关系是第5章中的（1.23）式形式的，只是其中每个 $u_c(C_t-\eta C_{t-1};\xi_t)$ 形式的项都用 $\gamma-\psi_s(I_t-\eta I_{t-1};\xi_t)$ 代替，其中，$\gamma\equiv\nu\beta/[(1-\beta\eta)(1-\beta(1-\delta))]>0$。值得注意的是，对于 ξ_t 的任意可能取值，它都是 $I_t-\eta I_{t-1}$ 的单调递减函数，这与（1.23）式中 u_c 的情况是一样的。

克瑞斯汀娜等人（2001）从实证的角度证明了类似形式的投资调整成本是与现实相符的。

D.2 命题5.1的证明

命题5.1：在存在内生资本积累的模型中，在 t 期重新考虑自己价格的企业的最优相对价格为：

$$(a-b)\hat{p}_t^* = \sum_{k=0}^{\infty}(\alpha\beta)^k E_t\hat{s}_{t+k} + a\sum_{k=1}^{\infty}(\alpha\beta)^k E_t\pi_{t+k} - b\sum_{k=1}^{\infty}\mu_2^{-k}E_t\pi_{t+k}, \tag{D.1}$$

其中：

$$a\equiv\frac{1+\omega\theta}{1-\alpha\beta}+(\omega-\nu)\frac{\alpha}{1-\alpha\beta}\frac{\Xi}{(1-\alpha\beta\mu_1)(1-\alpha\beta\mu_2)}>0$$

$$b\equiv(\omega-\nu)\frac{\alpha}{1-\mu_2^{-1}}\frac{\Xi}{(1-\alpha\beta\mu_1)(1-\alpha\beta\mu_2)}>0$$

$$\Xi\equiv(1-\beta(1-\delta))\rho_y\theta\epsilon_\psi^{-1}>0$$

且 μ_2 是方程

$$\mathcal{P}(\mu)\equiv\beta\mu^2-[1+\beta+(1-\beta(1-\delta))\rho_k\epsilon_\psi^{-1}]\mu+1=0 \tag{D.2}$$

的大于 β^{-1} 的根。

证明：由第5章中的（3.7）式可知：

$$\begin{aligned}\epsilon_\psi[\tilde{k}_{t+1}(i)-\tilde{k}_t(i)]=&[1-\beta(1-\delta)][\rho_y E_t(\hat{y}_{t+1}(i)-\hat{Y}_t)\rho_k\tilde{k}_{t+1}(i)]\\&+\beta\epsilon_\psi E_t[\tilde{k}_{t+2}(i)-\tilde{k}_{t+1}(i)]\end{aligned}$$

再一次利用需求曲线将相对产出表示为企业相对价格的函数，这一函数关系可以表示为如下形式：

$$E_t[Q(L)\tilde{k}_{t+2}(i)]=\Xi E_t\hat{p}_{t+1}(i) \tag{D.3}$$

其中的滞后多项式为：

$$Q(L)\equiv\beta-[1+\beta+(1-\beta(1-\delta))\rho_k\epsilon_\psi^{-1}]L+L^2$$

而 Ξ 的定义和本命题中所表述的相同。

这个滞后多项式可以进行如下因式分解：

$$Q(L)=\beta(1-\mu_1 L)(1-\mu_2 L)$$

其中，μ_1 和 μ_2 是特征多项式（D.2）的两个根。已知对于所有足够大的 $z>0$ 值，总有 $Q(0)=\beta>0$，$Q(\beta)<0$，$Q(1)<0$以及 $Q(z)>0$，我们不难发现 $Q(z)$ 有两个实根：其中一个实根位于 0 到 β 之间，另一个大于 1。因此，（D.2）式的两个根满足 $0<\mu_1<1<\beta^{-1}<\mu_2$。

我们还注意到：

$$\Xi=-\theta\frac{\rho_y}{\rho_k}Q(1)=\beta\theta\frac{\rho_y}{\rho_k}\mu_2(1-\mu_1)(1-\mu_2^{-1})$$

从而可知，给定企业的初始资本存量，对于任意的有界过程 $\{\hat{p}_t(i)\}$，（D.3）式总能求得 $\{\tilde{k}_t(i)\}$ 变化的唯一有界解。该解由下式给出：

$$\tilde{k}_{t+1}(i)=\mu_1\tilde{k}_t(i)-z_t(i) \tag{D.4}$$

这个解可以从某个初始条件 $\tilde{k}_t(i)$处开始积分。这里我定义：

$$z_t(i)\equiv\beta^{-1}\Xi\sum_{j=1}^{\infty}\mu_2^{-j}E_t\,\hat{p}_{t+j}(i)$$

求解（3.13）式要求我们计算无限和算子 $\sum_{k=0}^{\infty}(\alpha\beta)^k E_t\,k_{t+k}(i)$ 的值。我注意到由（D.4）式可以推出对于所有的 $k\geqslant0$ 总有：

$$E_t\tilde{k}_{t+k+1}(i)=\mu_1 E_t\tilde{k}_{t+k}(i)-E_t z_{t+k}(i)$$

然后对这一运动法则求积分，我得到：

$$E_t\tilde{k}_{t+k}(i)=\mu_1^k\tilde{k}_t(i)-\sum_{j=0}^{k-1}\mu_1^{k-1-j}E_t z_{t+j}(i)$$

进而由该式可得：

$$\sum_{k=0}^{\infty}(\alpha\beta)^k E_t\tilde{k}_{t+k}(i)=\frac{1}{1-\alpha\beta\mu_1}\tilde{k}_t(i)-\frac{\alpha\beta}{1-\alpha\beta\mu_1}\sum_{j=0}^{\infty}(\alpha\beta)^j E_t z_{t+j}(i) \tag{D.5}$$

而且，（D.5）式的最后一项可以用预期相对价格来表示，可得：

$$\sum_{j=0}^{\infty}(\alpha\beta)^j E_t z_{t+j}(i)$$
$$=\frac{\Xi}{\beta(1-\alpha\beta\mu_2)}\Big[\sum_{j=1}^{\infty}\mu_2^{-j}E_t\,\hat{p}_{t+j}(i)-\sum_{j=1}^{\infty}(\alpha\beta)^j E_t\,\hat{p}_{t+j}(i)\Big] \tag{D.6}$$

现在我用（D.5）式和（D.6）式替换（3.13）式中的预期相对资本存量和，就得到了一个仅包含初始相对资本存量 $\tilde{k}_t(i)$ 的关系式。如果将该关系式对所有在 t 期选择新价格的企业 i 求平均值，可以将其简化。因为卡尔沃模型假设每个企业都以相等的几率在 t 期选择新的价格，所以 $\tilde{k}_t(i)$ 的平均值为零（尽管当 $k>0$ 时 $E_t\tilde{k}_{t+k}(i)$ 的平均值不必为零）。$E_t\hat{p}_{t+k}(i)$ 的平均值也可以表示为：

$$\hat{p}_t^*-\sum_{j=1}^{k}E_t\pi_{t+j}$$

其中，代表在 t 期选择新价格的那些企业的平均相对价格（$\log p_t(i)/P_t$ 的平均值）。通过这一替换，（3.13）式变成了一个关于 $\hat{p}_t^*$ 的形如（D.1）式的方程，其中 a 和 b 的定义和本命题表述中的是一样的。

D.3　命题 5.2 的证明

命题 5.2：令 $\tilde{Y}_t \equiv \hat{Y}_t - \hat{Y}_t^n$，其中产出的自然率 $\hat{Y}_t^n$ 代表给定 $\hat{K}_t$ 的情况下，产出的伸缩性价格均衡水平。类似地，令 $\tilde{K}_{t+1} \equiv \hat{K}_{t+1} - \hat{K}_{t+1}^n$，其中 $\hat{K}_{t+1}^n$ 代表给定 $\hat{K}_t$ 时资本存量的伸缩性价格均衡水平（$\hat{K}_t$ 是 t 期的实际资本存量，而不是如果之前价格是伸缩性的话应该有的资本存量）。最优化投资需求，得到产出和资本缺口 $\{\tilde{Y}_t, \tilde{K}_{t+1}\}$ 满足：

$$[1-\beta(1-\delta)][\rho_y(E_t\tilde{Y}_{t+1}+\eta_y\tilde{K}_{t+1})-\rho_k\tilde{K}_{t+1}] \\ +\beta\epsilon_\psi[(E_t\tilde{K}_{t+2}+\eta_k\tilde{K}_{t+1})-\tilde{K}_{t+1}] \quad \text{(D.7)}$$

其中，系数 ρ_y，ρ_k，η_y，η_k 依然服从第 5 章中（3.7）式的定义。

证明：首先我注意到，第 5 章中的条件（3.7）式（该条件是独立于关于定价的各种假设的）在伸缩性价格方程（flexible-price equation）中必然成立，就像在黏性价格模型中一样。从而有：

$$\hat{\lambda}_t^n + \epsilon_\psi(\hat{K}_{t+1}^n - \hat{K}_t) = \beta(1-\delta)[E_t\hat{\lambda}_{t+1} - \eta_\lambda\tilde{K}_{t+1}] \\ +[1-\beta(1-\delta)][\rho_y(E_t\hat{Y}_{t+1}^n - \eta_y\tilde{K}_{t+1}) - \rho_k\hat{K}_{t+1}^n - \omega q_t] \\ +\beta\epsilon_\psi[(E_t\hat{K}_{t+2}^n - \eta_k\tilde{K}_{t+1}) - \hat{K}_{t+1}^n]$$

在此，我利用了这样一个事实，即在伸缩性价格均衡中，t 期对于 $t+1$ 期产出的条件期望并不与黏性价格均衡中 t 期 $E_tY_{t+1}^n$ 的值相等，因为后者的取值取决于黏性价格均衡（Sticky-price equilibrium）中 $\hat{K}_{t+1}$ 的取值，而这一变量值一般来说与伸缩性价格均衡中 $t+1$ 期资本存量的取值是不一样的。因此，伸缩性价格均衡中 t 期对于 $t+1$ 期产出的条件期望（该期望在 t 期进行且以 t 期的实际资本存量为基础）实际上是等于 $E_t\hat{Y}_{t+1}^n - \eta_y\tilde{K}_{t+1}$ 的。并且类似地，对于其他 t 期的期望由 $t+1$ 期情况决定的变量来说，情况也是如此。将该式与（3.7）式进行比较，我们发现，在黏性价格均衡中，产出缺口变量必须满足（D.7）式。

附录 E　第 6 章附录

E.1　命题 6.1 的证明

命题 6.1：在每种商品的产出水平 $\hat{y}_t(i)$ 围绕着 $\bar{Y}$ 的波动足够小、扰动足够小

并且 Φ_y 足够小的情形中，代表性家庭在每期的效用可以近似地表示为：

$$U_t = -\frac{\bar{Y}u_c}{2}\{(\sigma^{-1}+\omega)(x_t - x^*)^2 + (\theta^{-1}+\omega)\text{var}_i\,\hat{y}_t(i)\}$$
$$+\text{t. i. p.} + \mathcal{O}(\|\Phi_y, \hat{y}_t, \tilde{\xi}\|^3) \qquad (\text{E. 1})$$

这里，$\hat{y}_t(i) \equiv \log(y_t(i)/\bar{Y})$；$x_t \equiv \hat{Y}_t - \hat{Y}_t^n$，其中，$\hat{Y}_t \equiv \log(Y_t/\bar{Y})$，$\hat{Y}_t^n$ 表示产出自然率（的对数），（正如第 3 章说明的那样，）它被定义为价格具有完全伸缩性的条件下产出的均衡水平，而 $x^* = \log(Y^*/\bar{Y})$ 为产出缺口的有效水平，由第 6 章中的（2.9）式给出。“t. i. p.”项包含了独立于货币政策的各项，即常数或者纯粹是外生扰动因素的函数，从而与按福利大小对不同均衡排序无关的那些项。

证明：（2.3）式的第一项可以近似地表达成如下形式：

$$\tilde{u}(Y_t;\tilde{\xi}_t) = \bar{u} + u_c\tilde{Y}_t + u_\xi\tilde{\xi}_t + \frac{1}{2}u_{cc}\tilde{Y}_t^2 + u_{c\xi}\tilde{\xi}_t\tilde{Y}_t + \frac{1}{2}\tilde{\xi}'_t u_{\xi\xi}\tilde{\xi}_t + \mathcal{O}(\|\hat{y}, \tilde{\xi}\|^3)$$
$$= \bar{u} + \bar{Y}u_c(\hat{Y}_t + \frac{1}{2}\hat{Y}_t^2) + u_\xi\tilde{\xi}_t + \frac{1}{2}\bar{Y}^2u_{cc}\hat{Y}_t^2$$
$$+ \bar{Y}u_{c\xi}\tilde{\xi}_t\hat{Y}_t + \frac{1}{2}\tilde{\xi}'_t u_{\xi\xi}\tilde{\xi}_t + \mathcal{O}(\|\hat{y}, \tilde{\xi}\|^3)$$
$$= \bar{Y}u_c\hat{Y}_t + \frac{1}{2}[\bar{Y}u_c + \bar{Y}^2u_{cc}]\hat{Y}_t^2 - \bar{Y}^2u_{cc}g_t\hat{Y}_t + \text{t. i. p.} + \mathcal{O}(\|\hat{y}, \tilde{\xi}\|^3)$$
$$= \bar{Y}u_c\left\{\hat{Y}_t + \frac{1}{2}(1-\sigma^{-1})\hat{Y}_t^2 + \sigma^{-1}g_t\hat{Y}_t\right\} + \text{t. i. p.} + \mathcal{O}(\|\hat{y}, \tilde{\xi}\|^3) \quad (\text{E. 2})$$

这里，第一行代表的是普通的泰勒展开式[16]，其中 $\bar{u} \equiv u(\bar{Y};0)$，$\tilde{Y}_t \equiv Y_t - \bar{Y}$，并且我假设，对于各个时期和世界上的各个国家，$\tilde{Y}_t$ 的波动精确到 $\mathcal{O}(\|\hat{y}\|)$ 阶，其中 $\|\hat{y}\|$ 代表各种差异性商品产出波动（相对于 $\bar{Y}$）幅度的一个边界。该式的第二行（第二行是指上式第二个等号与第三个等号之间的所有项，而不一定是正文排版公式中的第二行，下同。——译者注）用 $\hat{Y}_t$ 替换了 $\tilde{Y}_t$，在这一替换过程中利用了如下泰勒展开式：

$$Y_t/\bar{Y} = 1 + \hat{Y}_t + \frac{1}{2}\hat{Y}_t^2 + \mathcal{O}(\|\hat{y}\|^3)$$

第三行将所有与政策无关的项都纳入到 t. i. p. 项中了，并且使用了第 2 章中介绍的如下符号：

$$g_t \equiv -\frac{u_{c\xi}\tilde{\xi}_t}{\bar{Y}u_{cc}}$$

来代表在对偏好和/或政策购买的干扰给定的前提下，为了使支出的边际效用 u_c 保持在稳态水平所必需的产出变动百分比。最后一行对式中各项进行了整理。注意，对于这一表达式，不同政策间的唯一区别在于波浪形括号中的那一部分。

相似地，我可以用下式来近似地表示 $\tilde{v}(y_t(i);\tilde{\xi}_t)$：

$$\tilde{v}(y_t(i);\tilde{\xi}_t) = \bar{Y}v_y\left\{\hat{y}_t(i) + \frac{1}{2}(1+\omega)\hat{y}_t(i)^2 - \omega q_t\hat{y}_t(i)\right\}$$
$$+\text{t. i. p.} + \mathcal{O}(\|\hat{y}, \tilde{\xi}\|^3)$$

$$=\bar{Y}u_c\left\{(1-\Phi)\hat{y}_t(i)+\frac{1}{2}(1+\omega)\hat{y}_t(i)^2-\omega q_t\hat{y}_t(i)\right\}$$
$$+\text{t. i. p.}+\mathcal{O}(\|\Phi_y,\hat{y},\tilde{\xi}\|^3) \qquad (E.3)$$

其中，$\hat{y}_t(i)\equiv\log(y_t(i)/\bar{Y})$，$\omega$ 是实际边际成本相对于自身产出的弹性，而

$$q_t\equiv\frac{v_{y\xi}\tilde{\xi}_t}{\bar{Y}v_{yy}}$$

是在对偏好的冲击给定的情况下，为了将供给的边际负效用保持在其稳态水平所必需的产出波动百分比，这在第 3 章中已经介绍过了。第二行利用（2.7）式和（2.8）式来用 $(1-\Phi_y)u_c$ 代替 v_y，然后略去所有高于二次的项，因为已知 Φ_y 是一个展开系数。注意，现在左乘波浪形括号中表达式的那一项与（E.3）式是完全一样的了。

对该表达式求各种不同商品 i 的积分，我们得到：

$$\int_0^1\tilde{v}(y_t(i);\tilde{\xi}_t)=\bar{Y}u_c\left\{(1-\Phi_y)E_i\hat{y}_t(i)+\frac{1}{2}(1+\omega)[(E_i\hat{y}_t(i))^2\right.$$
$$\left.+\text{var}_i\hat{y}_t(i)]-\omega q_tE_i\hat{y}_t(i)\right\}+\text{t. i. p.}$$
$$+\mathcal{O}(\|\Phi_y,\hat{y},\tilde{\xi}\|^3)$$
$$=\bar{Y}u_c\left\{(1-\Phi_y)\hat{Y}_t+\frac{1}{2}(1+\omega)\hat{Y}_t^n-\omega q_t\hat{Y}_t\right.$$
$$\left.+\frac{1}{2}(\theta^{-1}+\omega)\text{var}_i\hat{y}_t(i)\right\}+\text{t. i. p.}$$
$$+\mathcal{O}(\|\Phi_y,\hat{y},\tilde{\xi}\|^3) \qquad (E.4)$$

其中，我们用符号 $E_i\hat{y}_t(i)$ 代表 t 期所有不同商品的 $\hat{y}_t(i)$ 的平均值，而 $\text{var}_i\hat{y}_t(i)$ 则代表方差。在第二行中，我用（2.6）式的如下泰勒序列近似表达式来消去$E_i\hat{y}_t(i)$：

$$\hat{Y}_t=E_i\hat{y}_t(i)+\frac{1}{2}(1-\theta^{-1})\text{var}_i\hat{y}_t(i)+\mathcal{O}(\|\hat{y}\|^3) \qquad (E.5)$$

结合（E.2）式和（E.4）式，我最终得到：

$$U_t=\bar{Y}u_c\left\{\Phi_y\hat{Y}_t-\frac{1}{2}(\sigma^{-1}+\omega)\hat{Y}_t^2+(\sigma^{-1}g_t+\omega q_t)\hat{Y}_t\right.$$
$$\left.-\frac{1}{2}(\theta^{-1}+\omega)\text{var}_i\hat{y}_t(i)\right\}+\text{t. i. p.}+\mathcal{O}(\|\Phi_y,\hat{y},\tilde{\xi}\|^3)$$
$$=-\frac{\bar{Y}u_c}{2}\left\{(\sigma^{-1}+\omega)(x_t-x^*)^2+(\theta^{-1}+\omega)\text{var}_i\hat{y}_t(i)\right\}$$
$$+\text{t. i. p.}+\mathcal{O}(\|\Phi_y,\hat{y},\tilde{\xi}\|^3)$$

在上式第二行中，利用第 3 章中的如下结论和（2.9）式给出的 x^* 的表达式，同时利用产出缺口的表达式 $x_t\equiv\hat{Y}_t-\hat{Y}_t^n$ 对原式进行了重新表述：

$$\hat{Y}_t^n=\frac{\sigma^{-1}g_t+\omega q_t}{\sigma^{-1}+\omega}+\mathcal{O}(\|\tilde{\xi}\|^2) \qquad (E.6)$$

这样，我就最终得到了（E.1）式。

E.2 命题6.3的证明

命题6.3：假设如第3章中详细解释的离散时间的卡尔沃模型中那样，价格变动出现延迟，每一期有保持占 α 比例的价格保持不变，且在任意时点上的价格偏差由

$$\Delta_t \equiv \mathrm{var}_i \log p_t(i).$$

所度量。那么，在初始价格偏差和冲击足够小，并且有一个能保证长期平均通货膨胀率接近于零的政策规则（相应于很小的 ϕ 值）的情形中，以上度量的偏差按照下面的方式随时间演化：

$$\Delta_t = \alpha\Delta_{t-1} + \frac{\alpha}{1-\alpha}\pi_t^2 + \mathcal{O}(\|\Delta_{t-1}^{1/2}, \varphi, \xi\|^3) \tag{E.7}$$

证明：卡尔沃定价模型意味着，每一期的价格分布 $\{P_t(i)\}$ 等于 α 乘以前一期的价格，加上 $(1-\alpha)$ 乘以新的价格 p_t^*，因为在 t 期总有 $(1-\alpha)$ 比例的供应者选择新的价格 p_t^*。令：

$$\overline{P}_t \equiv E_i \log p_t(i)$$

由该式可知，t 期价格分布存在如下递归特征：

$$\begin{aligned}\overline{P}_t - \overline{P}_{t-1} &= E_i[\log p_t(i) - \overline{P}_{t-1}] \\ &= \alpha E_i[\log p_{t-1}(i) - \overline{P}_{t-1}] + (1-\alpha)(\log p_t^* - \overline{P}_{t-1}) \\ &= (1-\alpha)(\log p_t^* - \overline{P}_{t-1})\end{aligned}$$

对衡量分散程度的变量 Δ_t 进行类似的推理过程有：

$$\begin{aligned}\Delta_t &= \mathrm{var}_i[\log p_t(i) - \overline{P}_{t-1}] \\ &= E_i\{[\log p_t(i) - \overline{P}_{t-1}]^2\} - (E_i \log p_t(i) - \overline{P}_{t-1})^2 \\ &= \alpha E_i\{[\log p_{t-1}(i) - \overline{P}_{t-1}]^2\} + (1-\alpha)(\log p_t^* - \overline{P}_{t-1})^2 - (\overline{P}_t - \overline{P}_{t-1})^2 \\ &= \alpha\Delta_{t-1} + \frac{\alpha}{1-\alpha}(\overline{P}_t - \overline{P}_{t-1})^2\end{aligned} \tag{E.8}$$

最后，$\overline{P}_t$ 可以通过对数一线性近似与迪克西特-斯蒂格利茨价格指数联系起来，即：

$$\overline{P}_t = \log P_t + \mathcal{O}(\|\Delta_{t-1}^{1/2}, \varphi, \tilde{\xi}\|^2).$$

注意，从第6章的总供给关系（2.18）式可知，$\hat{Y}_t$ 的长期平均值接近于1的小 φ 政策必然也是长期平均通胀率接近于1的政策。这里对残差给出的边界来源于这样一个事实，那就是，均衡通胀过程满足一个 $\mathcal{O}(\|\varphi, \tilde{\xi}\|)$ 阶的边界，同时，对于已经存在的价格分散程度也存在一个边界。将该式代入（E.8）式就得到了（E.7）式。

E.3 命题 6.6 的证明

命题 6.6：假设代表性家庭的偏好按第 6 章中（2.26）式给出的方式呈现习惯持续性，其中 $0 \leqslant \eta \leqslant 1$。那么，在（其他方面）与命题 6.1 相同的假设条件下，代表性家庭每期获得的效用流可以近似地表示为：

$$U_t = -\frac{\bar{Y}u_c}{2}\{\mu_x(x_t - \delta x_{t-1} - \hat{x}^*)^2 + (\theta^{-1} + \omega)\text{var}_i\ \hat{y}_t(i)\} + \text{t.i.p.} + \mathcal{O}(\|\Phi_y, \hat{y}, \tilde{\xi}\|^3) \quad \text{(E.9)}$$

这里，系数 $0 \leqslant \delta \leqslant \eta$ 仍是第 5 章中（1.28）式的较小的根，其中：

$$\mu_x \equiv \frac{1-\beta\eta}{1+\beta\delta^2}[\omega + \varphi(1+\beta\eta^2)] > 0$$

且：

$$\hat{x}^* \equiv \frac{1+\beta\delta^2}{1-\beta\delta}\frac{\Phi_y}{\omega+\varphi(1+\beta\eta^2)} \geqslant 0$$

而表达式 $\varphi > 0$ 仍由第 5 章中的（1.25）式定义。

证明：这个近似表达式的推导过程的技术路线与命题 6.1 证明过程相同。[17] 当存在习惯持续性的时候，（E.2）式具有如下更加一般的形式：

$$\begin{aligned} u_t &\equiv u((Y_t - G_t) - \eta(Y_{t-1} - G_{t-1}); \tilde{\xi}_t) \\ &= \bar{Y}u_c\Big\{(\hat{Y}_t - \eta\hat{Y}_{t-1}) + \frac{1}{2}[\hat{Y}_t^2 - \eta\hat{Y}_{t-1}^2 - \sigma^{-1}(\hat{Y}_t - \eta\hat{Y}_{t-1})^2] \\ &\quad + \sigma^{-1}(g_t - \eta\hat{G}_{t-1})(\hat{Y}_t - \eta\hat{Y}_{t-1})\Big\} + \text{t.i.p.} + \mathcal{O}(\|\hat{y}, \tilde{\xi}\|^3) \quad \text{(E.10)} \end{aligned}$$

这隐含了一个如下形式的贴现值：

$$\begin{aligned} \sum_{t=0}^{\infty}\beta^t u_t = \bar{Y}u_c\sum_{t=0}^{\infty}\Big\{&(1-\beta\eta)\hat{Y}_t + \frac{1}{2}[(1-\beta\eta) - \sigma^{-1}(1+\beta\eta^2)]\hat{Y}_t^2 \\ &+ \eta\sigma^{-1}\hat{Y}_t\hat{Y}_{t-1} + \sigma^{-1}\tilde{g}_t\hat{Y}_t\Big\} + \text{t.i.p.} + \mathcal{O}(\|\hat{y}, \tilde{\xi}\|^3) \quad \text{(E.11)} \end{aligned}$$

其中：

$$\tilde{g}_t \equiv (g_t - \eta\hat{G}_{t-1}) - \beta\eta E_t(g_{t+1} - \eta\hat{G}_t)$$

（E.4）式仍然是 t 期劳动供给的负效用的一个近似，不过现在稳态边际负效用 v_y 必须等于 $(1-\beta\eta)(1-\Phi_y)u_c$，而不是 $(1-\Phi_y)u_c$，因此（E.4）式的等号右边必须乘以 $(1-\beta\eta)$。对这些项求贴现和，然后用（E.11）式减去它，就得到了：

$$\sum_{t=0}^{\infty}\beta^t U_t = (1-\beta\eta)\bar{Y}u_c\sum_{t=0}^{\infty}\Big\{\Phi_y\hat{Y}_t - \frac{1}{2}[\omega + \varphi(1+\beta\eta^2)]\hat{Y}_t^2$$

$$+\eta\varphi\hat{Y}_t\hat{Y}_{t-1}+(\varphi\tilde{g}_t-\omega q_t)\hat{Y}_t-\frac{1}{2}(\theta^{-1}+\omega)\text{var}_i\,\hat{y}_t(i)\Big\}$$

$$+\text{t. i. p.}+\mathcal{O}(\|\hat{y},\tilde{\xi}\|^3) \qquad \text{(E. 12)}$$

其中，$\varphi\equiv(1-\beta\eta)^{-1}\sigma^{-1}>0$，这和第5章中是一样的。我们也可以说明在这个具有习惯持续性的模型中，产出的伸缩性价格均衡水平在每一期都满足如下关系：

$$E_t\{[\omega+\varphi(1-\eta L)(1-\beta\eta L^{-1})]\hat{Y}_t^n\}=\varphi\tilde{g}_t-\omega q_t$$

该式将（E. 6）式一般化了。用该式替换（E. 12）式中包括外生干扰在内的各二次项，我们得到：

$$\sum_{t=0}^{\infty}\beta^t U_t=(1-\beta\eta)\bar{Y}u_c\sum_{t=0}^{\infty}\Big\{\Phi_y x_t-\frac{1}{2}[\omega+\varphi(1+\beta\eta^2)]x_t^2+\eta\varphi x_t x_{t-1}$$

$$-\frac{1}{2}(\theta^{-1}+\omega)\text{var}_i\,\hat{y}_t(i)\Big\}+\text{t. i. p.}+\mathcal{O}(\|\hat{y},\tilde{\xi}\|^3) \qquad \text{(E. 13)}$$

像往常一样，其中 $x_t\equiv\hat{Y}_t-\hat{Y}_t^n$。

最后，值得注意的是，通过对各项进行整理，我们可以将（E. 13）式中包括产出缺口在内的各二次项表达成平方和（sum of squared terms）的形式，在这一过程中利用了如下关系：

$$\sum_{t=0}^{\infty}\beta^t\Big\{-\frac{1}{2}[\omega+\varphi(1+\beta\eta^2)]x_t^2+\eta\varphi x_t x_{t-1}\Big\}$$

$$=\frac{1}{2}\delta_0\delta^2x_{-1}^2-\frac{1}{2}\delta_0\sum_{t=0}^{\infty}\beta^t(x_t-\delta x_{t-1})^2$$

其中，$0\leqslant\delta\leqslant\eta$ 是第5章中的二次方程（1. 28）式的较小根，而：

$$\delta_0\equiv\frac{\mu_x}{1-\beta\eta}>0$$

其中，μ_x 的定义和本命题中的表述是一致的。类似地，产出缺口中的各线性项也可以合并到平方和项中去，这一点可以通过将后面各项表示为如下贴现和来实现：

$$\sum_{t=0}^{\infty}\beta^t(x_t-\delta x_{t-1}-\hat{x}^*)^2$$

其中，常数 $\hat{x}^*$ 的定义和本命题中的表述是一致的。进行这一替换后（并且注意，x_{-1}^2 项是独立于政策的），我们就得到了形如（E. 9）式的二次近似表达式。

E. 4　命题 6. 7 的证明

命题 6. 7：假设交易技术满足假设 6. 1。那么，在每种商品的生产 $\hat{y}_t(i)$ 围绕着 $\bar{Y}$ 周围的波动足够小，利息率微分 Δ_t 围绕着 $\bar{\Delta}$ 波动足够小，扰动足够小，并且稳态扭曲 Φ 的值足够小的条件下，代表性家庭在每期的效用流可以近似地表示为：

$$U_t = -\frac{\bar{Y}u_c}{2}\Big\{\epsilon_{mc}(x_t - x^*)^2 + \bar{v}^{-1}\eta_i(\hat{i}_t - \hat{i}_t^m + \bar{\Delta})^2$$

$$+(\theta^{-1}+\omega)\operatorname{var}_i \hat{y}_t(i)\Big\} + \text{t. i. p.} + \mathcal{O}(\|\Phi, \hat{y}, \hat{\Delta}, \tilde{\xi}\|^3) \qquad \text{(E. 14)}$$

这里，ϵ_{mc} 由第 6 章中的（4.3）式定义，x_t 是由（4.5）式定义的相对于产出自然率的产出缺口，x^* 由（4.6）式定义，$\bar{v} \equiv \bar{Y}/\bar{m} > 0$ 是稳态的“货币流通速度”，而 $\eta_i > 0$ 是货币需求的利率半弹性的极限值。

证明：我再一次计算效用的私人支出二阶泰勒序列展开式，得到（E.2）式的一种一般化形式：

$$u(Y_t, m_t; \tilde{\xi}_t) = \bar{Y}u_c\Big\{\hat{Y}_t + \frac{1}{2}(1-\sigma^{-1})\hat{Y}_t^2 + \sigma^{-1}g_t\hat{Y}_t + s_m\hat{m}_t$$

$$+\frac{1}{2}s_m(1-\sigma_m^{-1})\hat{m}_t^2 + \chi\hat{m}_t\hat{Y}_t + s_m\sigma^{-1}g_t\hat{m}_t$$

$$+s_m(\chi+\sigma_m^{-1})\epsilon_t^m\hat{m}_t\Big\} + \text{t. i. p.} + \mathcal{O}(\|\hat{y}, \hat{m}, \tilde{\xi}\|^3) \qquad \text{(E. 15)}$$

（因为 u_{mm} 在饱和点处的非连续性）这一展开式仅适用于饱和点及其以下的实际货币余额水平。像在第 2 章中一样，这里我定义弹性 $\sigma_m \equiv -u_m/\bar{m}u_{mm} > 0$，外生干扰项 g_t 和无现金模型中的定义相同，而

$$\epsilon_t^m \equiv (\chi + \sigma_m^{-1})^{-1}\left[\frac{u_{m\xi}}{u_m}\xi_t - \sigma^{-1}g_t\right]$$

是货币需求关系（4.1）式的外生冲击项。作为假设 6.1 的一个结果，这些变量的最终取值都是确定的。

再一次地，我可以合理地将结构方程的对数一线性近似解代入该式中（仅当各展开参数中所有线性项的系数最多为一阶时才可如此）。这要求我们选择 $\bar{\Delta}$ 和 Φ_y 作为展开参数，这也意味着只有当经济体满足货币余额足够接近于饱和状态这一假设时福利近似（welfare approximation）才是适用的。为了构建足够贴近我所设想的这一系列经济条件，且不改变对偏好或者技术（包括交易技术）的假设，那么允许对基础货币支付利息是很重要的，而我假设这一利率水平总是接近于 $\bar{i}^m$ 的稳态水平的。那么假设 $\bar{\Delta}$ 值较小也就可以视为相当于假设 $\bar{i}^m$ 贴近于 $\bar{i}$ 了，并且这不需要对后者的取值再做其他假设。

由假设 6.1 可知，在 $\bar{\Delta}$ 值很小的极端情况下，s_m 是 $\mathcal{O}(\bar{\Delta})$ 阶的，σ_m 也是如此，尽管当 $\bar{\Delta}\to 0$ 时比率 $s_m\sigma_m^{-1}$ 是趋近于一个正极限的，因为：

$$\frac{s_m}{\sigma_m} = -\frac{\bar{m}^2u_{mm}}{\bar{Y}u_c} + \mathcal{O}(\bar{\Delta})$$

这使我可以从（E.15）式略去某些系数仅为 $\mathcal{O}(\bar{\Delta})$ 阶的二次项。

同样值得注意的是，在 $\bar{\Delta}$ 值较小的极端情况下，货币需求关系（4.1）式的各种弹性简化为：

$$\eta_y = -\frac{\bar{Y}u_{cm}}{\bar{m}u_{mm}} + \mathcal{O}(\bar{\Delta}), \qquad \eta_i = -\frac{u_c}{\bar{m}u_{mm}} + \mathcal{O}(\bar{\Delta}) \qquad \text{(E. 16)}$$

然后我可以用$(\eta_i\bar{v})^{-1}$和$\chi\eta_i\bar{v}$分别替代二次项系数中的$s_m\sigma_m^{-1}$和η_y。[18]进行了这些替代之后，(E.15) 式可以表示为：

$$u(Y_t,m_t;\xi_t)=\bar{Y}u_c\Big\{\hat{Y}_t+\frac{1}{2}(1-\sigma^{-1})\hat{Y}_t^2+\sigma^{-1}g_t\hat{Y}_t+s_m\hat{m}_t$$
$$+\chi\hat{m}_t\hat{Y}_t-\frac{1}{2}(\eta_i\bar{v})^{-1}(\hat{m}_t-\epsilon_t^m)^2\Big\}$$
$$+\text{t.i.p.}+\mathcal{O}(\|\hat{y},\hat{m},\tilde{\xi}\|^3) \tag{E.17}$$

那么，(4.1) 式就可以替代均衡实际余额$\hat{m}_t$，[19]从而有：

$$u(Y_t,m_t;\xi_t)=\bar{Y}u_c\Big\{\hat{Y}_t+\frac{1}{2}(1-\sigma^{-1})\hat{Y}_t^2+\sigma^{-1}g_t\hat{Y}_t+s_m\eta_y\hat{Y}_t-s_m\eta_i(\hat{i}_t-\hat{i}_t^m)$$
$$+\frac{1}{2}\chi\eta_y\hat{Y}_t^2+\chi\epsilon_t^m\hat{Y}_t-\frac{1}{2}\bar{v}^{-1}\eta_i(\hat{i}_t-\hat{i}_t^m)^2\Big\}$$
$$+\text{t.i.p.}+\mathcal{O}(\|\hat{y},\hat{\Delta},\tilde{\xi}\|^3) \tag{E.18}$$

(E.18) 式减去 (E.4) 式得到 (2.10) 式的一个一般形式：

$$U_t=\bar{Y}u_c\Big\{(\Phi_y+s_m\eta_y)\hat{Y}_t-s_m\eta_i(\hat{i}_t-\hat{i}_t^m)+[\sigma^{-1}g_t+\omega q_t+\chi\epsilon_t^m]\hat{Y}_t$$
$$-\frac{1}{2}\bar{v}^{-1}\eta_i(\hat{i}_t-\hat{i}_t^m)^2-\frac{1}{2}\epsilon_{mc}\hat{Y}_t^2-\frac{1}{2}(\theta^{-1}+\omega)\text{var}_i\,\hat{y}_t(i)\Big\}$$
$$+\text{t.i.p.}+\mathcal{O}(\|\Phi,\hat{y},\hat{\Delta},\tilde{\xi}\|^3)$$
$$=-\frac{\bar{Y}u_c}{2}\Big\{\epsilon_{mc}(x_t-x^*)^2+\bar{v}^{-1}\eta_i(\hat{i}_t-\hat{i}_t^m+\bar{\Delta})^2$$
$$+(\theta^{-1}+\omega)\text{var}_i\,\hat{y}_t(i)\Big\}+\text{t.i.p.}+\mathcal{O}(\|\Phi,\hat{y},\hat{\Delta},\tilde{\xi}\|^3)$$

E.5 命题 6.9 的证明

命题 6.9：考虑如下二次损失的预期贴现和的最小化问题：

$$E_0\Big\{(1-\beta)\sum_{t=0}^{\infty}\beta^t L_t\Big\} \tag{E.19}$$

且该最小化问题必须满足下面这两个约束条件：

$$E_0\Big\{(1-\beta)\sum_{t=0}^{\infty}\beta^t i_t\Big\}\geqslant 0 \tag{E.20}$$

$$E_0\Big\{(1-\beta)\sum_{t=0}^{\infty}\beta^t i_t^2\Big\}\leqslant K\Big[E_0\Big\{(1-\beta)\sum_{t=0}^{\infty}\beta^t i_t\Big\}\Big]^2 \tag{E.21}$$

那么，最优政策也就最小化了形如 (E.19) 式的修正贴现准则，不过其中L_t被替换为：

$$\tilde{L}_t\equiv L_t+\tilde{\lambda}_i(\hat{i}_t-i^{**})^2 \tag{E.22}$$

且除了结构方程以外没有其他的约束条件，这里，$\bar{\lambda}_i\geqslant 0$，它为严格正数值的充分必要条件是条件（4.19）式具有约束力。此外，如果约束有效，则 $i^{**}>0$，即目标利息率高于与零通货膨胀稳态相对应的名义利率 $\bar{i}$。

证明：令 m_1 和 m_2 为与解决本命题中所说的带约束的最优化问题的政策相对应的 i_t 和 i_t^2 的贴现均值，令 $m_1^* \geqslant \bar{i}>0$ 和 $m_2^*>0$ 为与在无约束条件下最小化（E.19）式的政策相对应的上述相应值。（如前所述，无约束最优政策包含了通货膨胀和产出情况的一条确定性路径，在这两条路径上，这两个变量总是非负的。）首先要注意的是，约束条件（E.20）式总是不起作用的。因为（E.19）式一方面可以根据政策的确定性分解为各种要素，另一方面又可以根据对冲击的反应来分解，而政策的这两个方面都可以进行独立的说明（给定各结构方程所隐含的约束的线性特征）。政策的稳定性因素（已说明的对未预期冲击的反应）决定了$m_2-(m_1)^2$的值，而它的确定性因素决定了 m_1 的取值。因为对政策确定性因素的无约束最优化描述包括了 $m_1=m_1^*>0$ 这一条件，而在对政策稳定性因素的所有给定描述下，约束（E.20）式和（E.21）式都只是为 m_1 设定了一个下界，所以不可能存在选择政策的确定性因素以使 $m_1<m_1^*$ 的好处，尽管有人可能会选择$m_1>m_1^*$ 以放松约束（E.21）式。因此，$m_1 \geqslant m_1^*>0$，条件（E.20）式不起约束作用。

并且，带约束的最优化政策也是在如下两个可供选择的约束条件下最小化（E.19）式的政策：

$$E_0\left\{(1-\beta)\sum_{t=0}^{\infty}\beta^t i_t\right\} \geqslant m_1$$

$$E_0\left\{(1-\beta)\sum_{t=0}^{\infty}\beta^t i_t^2\right\} \leqslant m_2$$

因为凡是同时与这两个约束条件一致的政策同样也是满足较弱约束（E.20）式和（E.21）式的。

于是，根据库恩-塔克（Kuhn-Tucker）定理，可以证明，在（E.20）式和（E.21）式的约束下最小化（E.19）式的预期贴现值的政策同样是最小化如下形式的（无约束）损失标准：

$$E_0\left\{(1-\beta)\sum_{t=0}^{\infty}\beta^t L_t\right\}-\mu_1 E_0\left\{(1-\beta)\sum_{t=0}^{\infty}\beta^t i_t\right\}$$
$$+\mu_2 E_0\left\{(1-\beta)\sum_{t=0}^{\infty}\beta^t i_t^2\right\} \tag{E.23}$$

其中，μ_1 和 μ_2 恰为所选择的拉格朗日乘子，且这两个乘子都是非负的，并且如果约束（E.21）式起作用的话，那么：

$$\mu_1=2Km_1\mu_2>0 \tag{E.24}$$

因为 $2Km_1$ 是约束集（E.21）式边界的斜率，且其是在带约束的最优值水平上计算得到的。

最后，可以对（E.23）式中的各项进行整理以得到一个形如（E.19）式的贴现—损失准则，不过其中的 L_t 被下式替代了：

$$\widetilde{L}_t \equiv L_t + \mu_2 (i_t - (\mu_1/2\mu_2))^2 \tag{E.25}$$

（在完整的平方项中还存在一个常数项，但和在通常的情况下一样，这一项被略去了，因为它完全不影响各种政策之间的比较。最后一项仅在 $\mu_2>0$，因而 $\mu_1/2\mu_2$ 有定义时才会出现。）将最后一项用 $\hat{i}_t \equiv i_t - \bar{i}$ 而不是用 i_t 来表示，以与前面的结果保持一致，这样，我就得到了一个形如（E.22）式的修正损失函数。

注意到 $\tilde{\lambda}_i = \mu_2 \geqslant 0$，当且仅当条件（E.21）式具有约束作用时它们具有严格正的值。在 $\lambda_i>0$ 的情况下，进一步注意到：

$$i^{**} = \mu_1/2\mu_2 - \bar{i} = Km_1 - \bar{i} > 0$$

该式中的最后那个不等号成立是因为 $m_1 \geqslant \bar{i} > 0$ 且 $K>1$。

E.6 命题 6.10 的证明

命题 6.10：考虑一个具有 3.2.5 节所描述的那种不对称冲击的两部门模型。令 n_1 和 n_2 分别代表（稳态时）国民收入中两部门所占的份额，$\eta>0$ 是家庭偏好中对两部门消费总量之间的替代弹性。于是，在总产出水平 Y_t 围绕着 $\bar{Y}$ 的波动足够小、相对价格 $\hat{p}_t(i) \equiv \log(p_t(i)/P_t)$ 的波动足够小（因此不同商品生产的与消费的相对数量的变动很小）、扰动足够小而且 Φ_y 足够小的情形中，代表性家庭在每期的效用流可以近似地表示为：

$$U_t = -\frac{\bar{Y}u_c}{2}\Big\{(\sigma^{-1}+\omega)(x_t - x^*)^2 + n_1 n_2 \eta(1+\omega\eta)(\hat{p}_{Rt} - \hat{p}_{Rt}^n)^2 + \theta(1+\omega\theta)\sum_{j=1}^{2} n_j \text{var}_i^j \log p_t(i)\Big\} + \text{t.i.p.} + \mathcal{O}(\|\Phi_y, \hat{Y}, \hat{p}, \tilde{\xi}\|^3) \tag{E.26}$$

这里 x_t 再次表示产出缺口 $\hat{Y}_t - \hat{Y}_t^n$，其中，$\hat{Y}_t^n$ 是（第 3 章中定义的）价格完全伸缩性情况下总产出均衡水平（的对数），而产出缺口的有效水平 x^* 再次由（2.17）式给出。我也使用 $\hat{p}_{Rt} \equiv \log(P_{2t}/P_{1t})$ 表示部门间相对价格（的对数），用 $\hat{p}_{Rt}^n$ 表示它的自然价值，即完全伸缩性价格下均衡的相对价格（只是不对称外生冲击的一个函数）。

证明：请大家回忆将 Y_t 定义为部门需求指数（sectoral-demand indices）（参见第 3 章）的一个函数的那个方程，这一方程的二阶展开式形式如下：

$$\hat{Y}_t = \sum_{j=1}^{2} n_j (1+\eta^{-1}\hat{\varphi}_{jt})\hat{Y}_{jt} + \frac{1}{2} n_1 n_2 (1-\eta^{-1})(\hat{Y}_{2t} - \hat{Y}_{1t})^2 + \text{t.i.p.} + \mathcal{O}(\|\hat{y}, \tilde{\xi}\|^3) \tag{E.27}$$

其中，n_j 是商品总量中属于部门 j 的比例，η 是两个部门生产的商品之间的替代弹性（贝尼尼奥（2003）假设其为 1），而 $\hat{\varphi}_{jt}$ 则是对商品需求部门构成的外生冲击。类似地，对于每个部门 $j=1$，2，商品的部门需求指数的二阶展开式具有如下形式：

$$\hat{Y}_{jt}=E_i^j\ \hat{y}_t(i)+\frac{1}{2}(1-\theta^{-1})\mathrm{var}_i^j\ \hat{y}_t(i)+\mathcal{O}(\|\hat{y}\|^3) \tag{E. 28}$$

该式将（E. 5）式一般化了。这里，我引入符号 $E_i^j(\cdot)$ 和 $\mathrm{var}_i^j(\cdot)$ 分别代表给定部门 j 中商品 i 的相应变量的均值和方差。

类似地，在部门 j 的任意商品 i 的情况下，产出供给的负效用的二阶展开式可以表示为如下形式：

$$\begin{aligned}\tilde{v}(y_t(i);\xi_t^j)=&\bar{Y}u_c\left\{(1-\Phi_y)\hat{y}_t(i)+\frac{1}{2}(1+\omega)\hat{y}_t(i)^2-\omega q_{jt}\hat{y}_t(i)\right\}\\&+\mathrm{t.\,i.\,p.}+\mathcal{O}(\|\Phi_y,\hat{y},\tilde{\xi}\|^3)\end{aligned} \tag{E. 29}$$

该式将（E. 3）式一般化了，现在，其中：

$$q_{jt}\equiv-\frac{\tilde{v}_{y\xi}\xi_t^j}{\bar{Y}\tilde{v}_{yy}}$$

该式代表为了使供给的边际负效用保持不变所必需的特定部门的产出水平的变化程度。将（E. 29）式对部门 j 的商品 i 求积分，并利用（E. 28）式消去 $E_i^j\hat{y}_t(i)$ 可得：

$$\begin{aligned}\int_{N_j}\tilde{v}(y_t(i);\xi_t^j)di=&\ n_j\bar{Y}u_c\Big\{(1-\Phi_y)\hat{Y}_{jt}+\frac{1}{2}(1+\omega)\hat{Y}_{jt}^2-\omega q_{jt}\hat{Y}_{jt}\\&+\frac{1}{2}(\theta^{-1}+\omega)\mathrm{var}_i^j\ \hat{y}_t(i)\Big\}+\mathrm{t.\,i.\,p.}\\&+\mathcal{O}(\|\Phi_y,\hat{y},\tilde{\xi}\|^3)\end{aligned}$$

然后对两个部门求和，并利用（E. 27）式消去 $\sum_j n_j\hat{Y}_{jt}$，可得：

$$\begin{aligned}\int_0^1\tilde{v}(y_t(i);\xi_t)di=&\ \bar{Y}u_c\Big\{(1-\Phi_y)\hat{Y}_t+\frac{1}{2}(1+\omega)\hat{Y}_t^2\\&-\sum_{j=1}^2 n_j(\omega q_{jt}+\eta^{-1}\hat{\varphi}_{jt})\hat{Y}_{jt}+\frac{1}{2}n_1n_2(\eta^{-1}+\omega)(\hat{Y}_{2t}-\hat{Y}_{1t})^2\\&+\frac{1}{2}(\theta^{-1}+\omega)\sum_{j=1}^2 n_j\mathrm{var}_i^j\ \hat{y}_t(i)\Big\}\\&+\mathrm{t.\,i.\,p.}+\mathcal{O}(\|\Phi_y,\hat{y},\tilde{\xi}\|^3)\end{aligned} \tag{E. 30}$$

该式将（E. 4）式一般化了。

结合（E. 2）式和（E. 30）式，我最终得到：

$$\begin{aligned}U_t=&\ \bar{Y}u_c\Big\{\Phi\hat{Y}_t-\frac{1}{2}(\sigma^{-1}+\omega)\hat{Y}_t^2+\sum_{j=1}^2 n_j(\sigma^{-1}g_t+\omega q_{jt}+\eta^{-1}\hat{\varphi}_{jt})\hat{Y}_{jt}\\&-\frac{1}{2}n_1n_2(\eta^{-1}+\omega)(\hat{Y}_{2t}-\hat{Y}_{1t})^2-\frac{1}{2}(\theta^{-1}+\omega)\sum_{j=1}^2 n_j\mathrm{var}_i^j\ \hat{y}_t(i)\Big\}\\&+\mathrm{t.\,i.\,p.}+\mathcal{O}(\|\Phi_y,\hat{y},\tilde{\xi}\|^3)\\=&-\frac{\bar{Y}u_c}{2}\Big\{(\sigma^{-1}+\omega)(x_t-x^*)^2+n_1n_2(\eta^{-1}+\omega)x_{Rt}^2\\&+(\theta^{-1}+\omega)\sum_{j=1}^2 n_j\mathrm{var}_i^j\ \hat{y}_t(i)\Big\}+\mathrm{t.\,i.\,p.}+\mathcal{O}(\|\Phi_y,\hat{y},\tilde{\xi}\|^3)\end{aligned} \tag{E. 31}$$

该式将（2.10）式一般化了。这里，$x_t \equiv \hat{Y}_t - \hat{Y}_t^n$ 仍是总产出缺口，而 x^* 则是（2.17）式给出的最优总产出缺口。相应地，我定义相对产出缺口 $x_{Rt} \equiv x_{2t} - x_{1t}$，其中 $x_{jt} = \hat{Y}_{jt} - \hat{Y}_{jt}^n$ 是部门 j 的产出缺口。最后，在上式求解（E.31）式的过程中，我利用了这样一个事实，那就是，第3章中的总自然产出率水平和部门自然产出率水平的定义可以推出如下两个关系式：

$$(\sigma^{-1} + \omega)\hat{Y}_t^n = \sigma^{-1} g_t + \sum_{j=1}^{2} n_j q_{jt}$$

$$(\eta^{-1} + \omega)(\hat{Y}_{2t}^n - \hat{Y}_{1t}^n) = \eta^{-1}(\hat{\varphi}_{2t} - \hat{\varphi}_{1t}) + \omega(q_{2t} - q_{1t})$$

如果可以利用部门需求方程将相对部门需求表示为相对部门价格的一个方程，并且可以利用单个商品的需求方程将部门产出的离散程度表示为部门价格离散程度的一个函数，那么（E.31）式就可以表示为（E.26）式的形式。现在对残差的约束可以用这样一种方式来表述，那就是，这种方式说明对相对价格变化范围的约束隐含了对相对需求量的一个相应约束。

E.7 命题 6.11 的证明

命题 6.11：考虑一个两部门模型，其中每一部门按（卡尔沃）延迟定价方式定价，但两个部门中的价格调整频率可能不同。则代表性家庭的效用贴现加总可以再次由第6章中的（2.21）式近似地表示，其中此处的每期损失函数具有如下形式：

$$L_t = \sum_{j=1}^{2} w_j \pi_{jt}^2 + \lambda_x (x_t - x^*)^2 + \lambda_R (\hat{p}_{Rt} - \hat{p}_{Rt}^n)^2, \tag{E.32}$$

它可以看成是（2.22）式的一般化。这里 π_{jt} 是 j 部门中的价格通胀率，而权重（被标准化，从而有 $w_1 + w_2 = 1$）由下面的式子给出：

$$w_j \equiv \frac{n_j \kappa}{\kappa_j} > 0, \quad \lambda_x \equiv \frac{\kappa}{\theta} > 0, \quad \lambda_R \equiv \frac{n_1 n_2 \eta(1+\omega\eta)}{\sigma^{-1} + \omega} \lambda_x > 0$$

其中，系数 k_j 按命题3.8中的方式定义，且

$$\kappa \equiv (n_1 \kappa_1^{-1} + n_2 \kappa_2^{-1})^{-1} > 0$$

为两个系数的几何平均值。

证明：这个命题是从命题6.10中得来的，且从后者推出该命题的思路与之前我从命题6.1中推出命题6.4的思路是一样的。使用与命题6.3的证明过程相同的步骤，我们可以说明衡量部门价格分散程度的变量：

$$\Delta_t^j \equiv \mathrm{var}_i^j \log p_t(i)$$

该式是根据如下近似运动法则来变化的：

$$\Delta_t^j = \alpha_j \Delta_{t-1}^j + \frac{\alpha_j}{1-\alpha_j} \pi_{jt}^2 + \mathcal{O}(\| \Delta_{t-1}^{1/2}, \varphi, \tilde{\xi} \|^3)$$

其中，α_j 是 j 部门中在每一期都保持原有价格的商品所占的比例。（这里我再一次用系数向量 φ 来确定政策的参数，在干扰较小的情况下，向量 φ 的模较小意味着所有商品的通货膨胀都接近于零。）

上式对时间求和可得：

$$\sum_{t=0}^{\infty}\beta^t\Delta_t^j=\frac{\alpha_j}{(1-\alpha_j)(1-\alpha_j\beta)}\sum_{t=0}^{\infty}\beta^t\pi_{jt}^2+\text{t. i. p.}+\mathcal{O}(\|\Delta_{-1}^{1/2},\varphi,\tilde{\xi}\|^3)$$

利用该式替换（E. 26）式中衡量价格分散程度的各项，我再一次发现一生效用的贴现值可以近似地表达为（2. 21）式的形式，只是此时每期的损失函数为（E. 32）式。值得注意的是，对于（2. 21）式中残差的范围而言，Δ_{-1} 的模与两个部门中的任何一个的初始价格分散程度都是直接相关的。

E. 8　命题 6. 12 的证明

命题 6. 12： 当一个模型既有工资黏性又有价格黏性时（3. 4 节中描述的情况），如果围绕产出 Y_t 的波动 $\bar{Y}$ 足够小，对于相对价格 $\hat{p}_t(i)\equiv\log(p_t(i)/P_t)$ 和相对工资 $\hat{w}_t(i)\equiv\log(w_t(j)/W_t)$ 的波动足够小，扰动足够小和 Φ_y 值足够小，那么代表性家庭每期的效用流可以用下式近似表示：

$$U_t=-\frac{\bar{Y}u_c}{2}\{(\sigma^{-1}+\omega)(x_t-x^*)^2+\theta_p(1+\omega_p\theta_p)\text{var}_i\log p_t(i)+\theta_w\phi^{-1}(1+\nu\theta_w)\text{var}_j\log w_t(j)\}+\text{t. i. p.}+\mathcal{O}(\|\Phi_y,\hat{Y},\hat{p},\hat{w},\tilde{\xi}\|^3) \tag{E. 33}$$

其中，x_t 代表在伸缩性工资模型下的产出，最优产出 x^* 仍由（2. 17）式给出。

证明： $v(h_t(j);\xi_t)$ 的二次展开式对不同类型劳动的连续统求积分，可得：

$$\int_0^1 v(h_t(j);\xi)dj=\bar{H}v_h\left\{\hat{H}_t+\frac{1}{2}(1+\nu)\hat{H}_t^2-\nu\bar{h}_t\hat{H}_t+\frac{1}{2}\theta_w(1+\nu\theta_w)\text{var}_j\log w_t(j)\right\}+\text{t. i. p.}+\mathcal{O}(\|\hat{H},\hat{w},\tilde{\xi}\|^3) \tag{E. 34}$$

再一次地，其中：

$$\nu\equiv\frac{\bar{H}v_{hh}}{v_h}>0$$

这里，我利用（4. 27）式替换了衡量不同类型劳动需求的分散程度的变量，也就是用 $\theta_w^2\text{var}_j\log w_t(j)$ 替换了 $\text{var}_j\log h_t(j)$。

复合劳动投入的总需求 H_t 则由下式给出：

$$H_t=\int_0^1 f^{-1}(y_t(i)/A_t)di \tag{E. 35}$$

该式是对企业 i 的需求的积分。利用单个企业劳动需求的如下二次近似：

$$f^{-1}(y_t(i))=\overline{H}\{1+\phi\,\hat{y}_t(i)+\frac{1}{2}(1+\omega_p)\phi\,\hat{y}_t(i)^2\}+\mathcal{O}(\|\hat{y}\|^3)$$

再一次地，其中：

$$\phi_h\equiv\frac{\overline{Y}}{\overline{H}f'}>1,\qquad \omega_p\equiv-\frac{ff''}{(f')^2}>2$$

我们可以将（E. 35）式展开如下：

$$\begin{aligned}\hat{H}=&\phi(E_i\,\hat{y}_t(i)-a_t)+\frac{1}{2}(1+\omega_p-\phi_h)\phi_h(E_i\,\hat{y}_t(i)-a_t)^2\\&+\frac{1}{2}(1+\omega_p)\phi_h\mathrm{var}_i\,\hat{y}_t(i)+\mathcal{O}(\|\hat{y},\tilde{\xi}\|^3)\\=&\phi_h(\hat{Y}_t-a_t)+\frac{1}{2}(1+\omega_p-\phi_h)\phi_h(\hat{Y}_t-a_t)^2\\&+\frac{1}{2}(1+\omega_p\theta_p)\theta_p\phi_h\mathrm{var}_i\log p_t(i)+\mathcal{O}(\|\hat{Y},\hat{p},\tilde{\xi}\|^3)\end{aligned}\tag{E. 36}$$

在第二行中（第二个等号后的各项），我再一次利用（E. 5）式消去了 $E_i\hat{y}_t(i)$，并利用（2. 12）式将 $\mathrm{var}_i\hat{y}_t(i)$ 表示为单个商品价格分散程度的一个方程，现在，用 θ_p 代表不同商品间的替代弹性。

最后，用（E. 36）式替代（E. 34）式中的 $\hat{H}_t$，然后结合所得结果与（E. 2）式，我得到（E. 33）式，其中 x_t 和 x^* 仍与基本（伸缩性工资）模型中的定义是一样的。（E. 33）式中残差的范围是用边界 $\|\hat{H}\|=\mathcal{O}(\|\hat{Y},\hat{p},\tilde{\xi}\|)$ 的方式给出的，这一点可由（E. 36）式推出。

附录 F　第 7 章附录

F. 1　命题 7. 6 的证明

命题 7. 6：给定时期 t_0 以前的经济变化，并且满足第 7 章（2. 8）式的约束，其中 π_{t_0} 由（2. 9）式给定，最小化（1. 2）式预期值的通货膨胀 $\{\pi_t\}$ 的状态依存变化由下式给出（对于所有 $t\geqslant t_0$）：

$$\begin{aligned}\pi_t=&\beta^{-1}\sum_{j=0}^{\infty}\mu_2^{-j-1}E_tu_{t+j}\\&-\beta^{-1}(1-\mu_1)\sum_{k=1}^{\infty}\sum_{j=0}^{\infty}\mu_1^{k-1}\mu_2^{-j-1}E_{t-k}u_{t+j-k}\end{aligned}\tag{F. 1}$$

证明：正如在正文中所讨论的一样，该最优化问题的解由在 $t\geqslant t_0$ 期满足（1. 7）式、（1. 8）式和（2. 1）式，以及初始条件 π_{t_0} 的（$t\geqslant t_0$ 期的）有界过程 $\{\pi_t,\ x_t\}$ 和（$t\geqslant t_0-1$ 期的）$\{\varphi_t\}$ 来刻画。而且正文中已经说明，过程 $\{\varphi_t\}$ 必须

由（2.7）式的对应于某个初始值 φ_{t_0-1} 的迭代解给出。那么接下来的问题就是找出与（2.8）式一致的那个 φ_{t_0-1} 值。在这个值给定的情况下，整个过程 $\{\varphi_t\}$ 就确定下来了，然后过程 $\{\pi_t, x_t\}$ 则由（1.7）式和（1.8）式给出。

将方程（2.7）式的解代入（1.7）式中可得：

$$\pi_{t_0} = (1-\mu_1)[\varphi_{t-1} + (\lambda/\kappa)x^*] + \beta^{-1}\sum_{j=0}^{\infty}\mu_2^{-j-1}E_t u_{t+j} \tag{F. 2}$$

该式可以作为任意给定 φ_{t_0-1} 值所对应的 π_{t_0} 的解。该式等于（2.9）式的等号右边，利用此关系我们可以解得与初始约束（2.8）式对应的初始拉格朗日乘子，得到：

$$\varphi_{t_0-1} = -(\lambda/\kappa)x^* - \beta^{-1}\sum_{k=1}^{\infty}\sum_{j=0}^{\infty}\mu_1^{k-1}\mu_2^{-j-1}E_{t_0-k}u_{t_0+j-k} \tag{F. 3}$$

这使我们可以完全刻画命题中描述的带约束最优化问题的解。

将（F.3）式代入（2.7）式可得 φ_{t_0}：

$$\varphi_{t_0} = -(\lambda/\kappa)x^* - \beta^{-1}\sum_{k=1}^{\infty}\sum_{j=0}^{\infty}\mu_1^{k-1}\mu_2^{-j-1}E_{t_0+1-k}u_{t_0+1+j-k}$$

通过进一步迭代，对于任意 $t\geqslant t_0-1$，我们可以得到如下关系：

$$\varphi_t = -(\lambda/\kappa)x^* - \beta^{-1}\sum_{k=1}^{\infty}\sum_{j=0}^{\infty}\mu_1^{k-1}\mu_2^{-j-1}E_{t+1-k}u_{t+1+j-k} \tag{F. 4}$$

将该式代入（1.7）式就得到了（F.1）式。

F.2 命题 7.9 的证明

命题 7.9： 再次考虑命题 7.5 所假定的那种经济。在任何足够小边界 $\|\Delta_{-1}^{1/2}, \Phi_y, \tilde{\xi}\|$ 的情况下，任何先决外生变量（作为政策规则的结果可能和均衡决定有关）的任何初始值，其与零通货膨胀稳定状态相关值密切相关。通货膨胀与产出缺口的长期平均值在任何 t_0 期都将被选择的 t_0 最优政策下都满足：

$$\lim_{T\to\infty}E_t\pi_T = 0$$
$$\lim_{T\to\infty}E_t x_T = 0$$

而且，从长期看来最优的任何政策执行均衡都是如此。

并且，任何变量 y_{t+m} 在 t 期的预测中未预期到的变化可以表示为：

$$I_t[y_{t+m}] \equiv E_t y_{t+m} - E_{t-1}y_{t+m}$$

那么，任何 t 期未预期到的冲击对通货膨胀与产出路径的影响由下式给出：

$$I_t[\pi_{t+m}] = \beta^{-1}\sum_{j=0}^{\infty}\mu_2^{-j-1}I_t[u_{t+j}] - \beta^{-1}(1-\mu_1)\sum_{k=1}^{m}\sum_{j=0}^{\infty}\mu_1^{k-1}\mu_2^{-j-1}I_t[u_{t+m-k+j}] \tag{F. 5}$$

$$I_t[x_{t+m}] = -\beta^{-1}\sum_{k=0}^{m}\sum_{j=0}^{\infty}\mu_1^k\mu_2^{-j-1}I_t[u_{t+m-k+j}] \tag{F.6}$$

对任何 t_0 期都将被选择的 t_0 最优政策的每个 m≥0 来说是如此，从长期看来最优的任何政策执行均衡也都是如此。（在对通货膨胀和产出缺口路径的每一个描述中，给定的结果精确到$\mathcal{O}(\|\Delta_{-1}^{1/2},\ \Phi_y,\ \tilde{\xi}\|^2)$ 阶。）

证明：所有这些结论都来自于下面这一事实，那就是，命题中提到的所有均衡都必须包含满足第 7 章中的（1.7）式、（1.8）式和（2.7）式（在所有 $t\geq t_0$ 上），并且满足某个特定的初始拉格朗日乘子 ϕ_{t_0-1} 的过程 $\{\pi_t,\ x_t,\varphi_t\}$。（命题中所说明的所有结论都不依赖于 φ_{t_0-1} 的具体取值。）因为 $|\mu_1|<1$，方程（2.7）式意味着：

$$\lim_{T\to\infty}E_t\varphi_T = -(\lambda/\kappa)x^* < 0 \tag{F.7}$$

根据此式，并利用（1.7）式和（1.8）式，可知通货膨胀和产出缺口的长期预期值必然是完全确定且等于零的。

类似地，由（2.7）式可知对于任意 $m\geq 0$ 都有：

$$I_t[\varphi_{t+m}] = \mu_1 I_t[\varphi_{t+m-1}] - \beta^{-1}\sum_{j=0}^{\infty}\mu_2^{-j-1}E_t[u_{t+m+j}]$$

从初始条件 $I_t[\varphi_{t-1}]=0$ 开始，利用迭代法求解此差分方程，我们得到：

$$I_t[\varphi_{t+m}] = -\beta^{-1}\sum_{k=0}^{m}\sum_{j=0}^{\infty}\mu_1^k\mu_2^{-j-1}E_t[u_{t+m-k+j}]$$

用此方程替代（1.7）式和（1.8）式中的拉格朗日乘子的预测修正值，就得到了所需要的（F.5）式和（F.6）式，它们就是通货膨胀和产出缺口的预测修正值公式。

F.3　命题 7.10 的证明

命题 7.10：在与命题 7.9 同样的假定下，在 t_0 最优计划下，存在一个明确定义的长期预期价格水平，即：

$$\lim_{T\to\infty}E_t p_T = p_\infty$$

无论时期 t_0 与 t 之间的冲击历史如何，这一点对 $t\geq t_0$ 期都如此；同样地，任何从 t_0 期向前的长期观点看来最优的政策条件下也是正确的。在后面那种在第 7 章中的初始条件（2.13）式的或（2.14）式的约束下最优的特殊情况，长期的期望价格水平与约束中不变价格 $\bar{p}$ 一致。

证明：本命题中所考虑的均衡必须满足的各种均衡条件详见命题 7.9 的证明过程。其中条件之一是（1.7）式，且其可以重新表达为如下形式：

$$p_t + \varphi_t = p_{t-1} + \varphi_{t-1} \tag{F.8}$$

因此，无论出现什么样的扰动，$p_t+\varphi_t$ 之和在均衡中都一直不会改变。从而，根据（F.7）式有：

$$\lim_{T\to\infty} E_t p_T = (p_t + \varphi_t) - \lim_{T\to\infty} E_t \varphi_T$$
$$= (p_t + \varphi_t) + (\lambda/\kappa) x^* \qquad \text{(F. 9)}$$

并且，因为无论冲击的历史情况如何，$p_t + \varphi_t$ 之和都不会改变，所以（F. 9）式的等号右边保持不变，从而长期预期价格水平 p_∞ 保持不变（尽管它可能在本命题所涉及的均衡的各种情况下会各不相同）。

在条件（2.13）式或者（2.14）式的初始约束下的最优化的特定均衡情况下，我们注意到通过使（F. 2）式和（2.13）式相等，可以说明这种情况下的初始拉格朗日乘子由下式给出：

$$\varphi_{t_0-1} = -(\lambda/\kappa) x^* - (p_{t_0-1} - \bar{p})$$

再将该表达式代入（F. 9）式，我们会看到长期预期价格水平等于 $\bar{p}$。

F. 4 最优非惯性计划

假设基本新威克塞尔模型中的冲击是第 7 章中的（2.18）式和（2.27）式的形式，且它们各自的序列相关系数分别为 ρ_u 和 ρ_r。那么，最优惯性计划由下式给出：

$$z_t = \bar{z} + F e_t, \qquad i_t = \bar{i} + f_i e_t$$

其中，$z_t \equiv [\pi_t, x_t]'$，$e_t \equiv [\hat{r}_t^n, u_t]'$。长期平均值 $\bar{z}$、$\bar{i}$，以及反应系数分别为：

$$\bar{z} = \begin{bmatrix} \dfrac{(1-\beta)\kappa^{-1}\lambda_x x^* + \lambda_i (i^* - \bar{r})}{1 + (1-\beta)^2 \kappa^{-2} \lambda_x + \lambda_i} \\ \dfrac{1-\beta}{\kappa} \dfrac{(1-\beta)\kappa^{-1}\lambda_x x^* + \lambda_i (i^* - \bar{r})}{1 + (1-\beta)^2 \kappa^{-2} \lambda_x + \lambda_i} \end{bmatrix}$$

$$\bar{i} = \frac{(1-\beta)\kappa^{-1}\lambda_x x^* + \lambda_i (i^* - \bar{r})}{1 + (1-\beta)^2 \kappa^{-2} \lambda_x + \lambda_i} + \bar{r}$$

和

$$F = \begin{bmatrix} \pi_r & \pi_u \\ x_r & x_u \end{bmatrix}, \quad f_i = [i_r \quad i_u]$$

其中系数分别为：

$$\pi_r = \frac{\lambda_i \sigma^{-1} (\gamma_r - \rho_r \kappa \sigma) \kappa}{h_r}, \quad \pi_u = \frac{\lambda_i \sigma^{-2} (\gamma_u - \rho_u \kappa \sigma)(1 - \rho_u) + \xi_u}{h_u}$$

$$x_r = \frac{\lambda_i \sigma^{-1} (\gamma_r - \rho_r \kappa \sigma)(1 - \beta \rho_r)}{h_r}, \quad x_u = \frac{\rho_u \lambda_i \sigma^{-1} (\gamma_u - \rho_u \kappa \sigma) - \kappa}{h_u}$$

$$i_r = \frac{\xi_r (1 - \beta \rho_r) + \kappa^2}{h_r} > 0, \quad i_u = \frac{\sigma^{-1} \kappa (1 - \rho_u) + \xi_u \rho_u}{h_u} > 0$$

并且对于 $j \in \{r, u\}$ 有：

$$\gamma_j \equiv (1-\rho_j)(1-\beta\rho_j) > 0,$$
$$h_j \equiv \lambda_i \sigma^{-2}(\gamma_j - \rho_j \kappa\sigma)^2 + \lambda_x(1-\beta\rho_j)^2 + \kappa^2 > 0,$$
$$\xi_j \equiv \lambda_x(1-\beta\rho_j) > 0,$$

F.5 命题 7.15 的证明

命题 7.15：再次考虑选择从时期 t_0 开始的货币政策以最小化（1.2）式期望值的问题，其中对时期 $t \geqslant t_0$ 通货膨胀与产出的联合变化必须满足（2.1）式。设 $\{u_t\}$ 是一个有界外生扰动过程，然而其统计特征却没有设定。这时，如果中央银行承诺遵循一项确保（5.1）式在每个 $t \geqslant t_0$ 期成立的政策，那么对 $t \geqslant t_0$ 的时期存在一个与这个政策规则相一致的唯一有界理性预期均衡过程 $\{u_t, x_t\}$。而且，由这个政策承诺所决定均衡与命题 7.7 所刻画的是相同的。因此所建议的政策规则从长期来看是最优的。

证明：这种政策承诺下的均衡条件系统由（2.1）式和（5.1）式构成，且它们对于所有的 $t \geqslant t_0$ 期都必须成立。利用（5.1）式从（2.1）式中消去 π_t 和 π_{t+1}，我们得到产出缺口的一个随机差分方程：

$$\beta E_t x_{t+1} - (1+\beta+\kappa^2/\lambda)x_t + x_{t-1} = (\kappa/\lambda)u_t$$

这个方程在形式上与（2.6）式相似。尤其是，它们都有相同的特征方程（1.11）式，并且正如前面所讨论的，该特征方程有两个实根 $0 < \mu_1 < 1 < \mu_2$。这意味着（正如在（2.7）式的推导过程中一样）对于过程 $\{x_t\}$ 总存在唯一的有界解，在任意有界冲击过程 $\{u_t\}$ 的情况下，这个有界解由下式给出：

$$x_t = \mu_1 x_{t-1} - (\kappa/\lambda)\beta^{-1}\sum_{j=0}^{\infty}\mu_2^{-j-1}E_t u_{t+j} \tag{F.10}$$

当初始条件 x_{t_0-1} 给定时，就可以迭代求解过程 $\{x_t\}$ 了。将该式代入（5.1）式就可以得到 π_t 的唯一有界解了。

利用命题 7.6 的证明过程中所使用的方法，我们可以很容易地刻画命题 7.7 带约束最优化问题的解中通货膨胀和产出缺口的变化。我们发现，在该解中，过程 $\{x_t\}$ 也是满足差分方程（F.10）式的，而且是从给定初始值 x_{t_0-1}（因为这一初始值对 π_{t_0} 存在约束作用，所以它对这个带约束的最优化问题的解有影响）开始就一直满足这一方程的。因此，与永恒最优均衡对应的过程 $\{x_t\}$ 和政策规则（5.1）式对应的过程 $\{x_t\}$ 是完全相同的。对于通货膨胀过程（在各种情况下，给定产出缺口，通过前向求解（2.1）式都可以唯一地确定通货膨胀过程），情况也是如此。

F.6 命题 7.16 的证明

命题 7.16：在与命题 7.15 相同的假设条件下，假设承诺遵守确保第 7 章中

(5.3) 式在每个 $t \geqslant t_0$ 期都成立的政策。那么对 $t \geqslant t_0$ 期存在与这项政策规则相一致的唯一有界理性预期均衡过程 $\{\pi_t, x_t\}$。而且，由这项政策承诺所决定的均衡与命题 7.8 中刻画的一样。因此，所建议的政策规则是永久最优的。

证明：注意，一项确保 (5.3) 式在 $t \geqslant t_0$ 的所有时间上都成立的承诺意味着 (5.1) 式在 $t \geqslant t_0+1$ 的所有时期都是成立的。并且，如果存在如下关系的话，(5.1) 式在 $t=t_0$ 上也是成立的：

$$\bar{p}=p_{t_0-1}+(\lambda/\kappa)x_{t_0-1} \tag{F.11}$$

我们可以将上式理解为，如果 x_{t_0} 有一个确定的值（给定 p_{t_0-1} 的值，该值就是满足 (F.11) 式的那个值），则 (5.1) 式在 $t=t_0$ 上也是成立的。

因为在这种政策规则下，x_{t_0} 不对任何其他均衡条件产生影响，所以我们可以说，如果假定 x_{t_0-1} 存在一个由 p_{t_0-1} 和 $\bar{p}$ 共同决定的初始值，则 (5.1) 式在 $t \geqslant t_0$ 的所有时期都成立。在这种情况下，命题 7.15 的证明过程可用于说明 $\{x_t\}$ 存在一个唯一有界解，并且从假设的初始条件 x_{t_0-1} 开始，该解由 (F.10) 式给出。因此，对于 $t \geqslant t_0+1$，这个解由下式和 (F.10) 式共同给出：

$$x_{t_0}=-\mu_1(\kappa/\lambda)(p_{t_0-1}-\bar{p})-(\kappa/\lambda)\beta^{-1}\sum_{j=0}^{\infty}\mu_2^{-j-1}E_{t_0}u_{t_0+j}$$

$\{x_t\}$ 的这个唯一有界解隐含了 $\{p_t\}$ 的唯一有界解，后者可通过将上式代入 (5.3) 式解得，正因为这样，它也隐含了通货膨胀的唯一有界解。并且，我们可以很容易地验证，这些依赖于初始条件 $p_{t_0-1}-\bar{p}$ 的均衡路径，与求解命题 7.8 中带约束的最优化问题所得到的均衡路径（依赖于同样的初始条件，因为它们在约束 π_{t_0} 方面的作用）是完全重合的。

附录 G　第 8 章附录

G.1　假设 8.3 与假设 8.4

除了文中已经给出的假设以外，对命题 8.1 进行准确的表述还需要一些额外的技术性假设。

假设 8.3：对于第 8 章中的特征多项式 (1.15) 来说，如果 $\mathrm{r}(A)<n$（也就是说，如果 A 是奇异的），那么除了零根以外，该特征多项式还有 $\mathrm{r}(\tilde{E})+\mathrm{r}(A)-n_z$ 个互不相同的非零根。同时，如果 $\mathrm{r}(A)<n$，则存在 $n-\mathrm{r}(A)$ 个满足 $Au_i=0$ 的线性无关向量 u_i，同样地，存在 $n-\mathrm{r}(A)$ 个满足 $f'_iA=0$ 的线性无关向量 f'_i。类似地，如果 $\mathrm{r}(\tilde{E})<n_z$，则存在 $n_z-\mathrm{r}(\tilde{E})$ 个满足 $e'_j\hat{I}=0$ 的线性无关向量 e'_j，同样地，也存在 $n_z-\mathrm{r}(\tilde{E})$ 个满足 $\hat{I}h_j=0$ 的线性无关向量 h_j。

假设 8.3 说明，存在 $\mathrm{r}(\hat{I})=n_z+\mathrm{r}(\tilde{E})$ 个线性无关向量 u_i 对于某个（标量）

特征值 μ_i 满足如下条件：

$$Au_i=\mu_i \hat{I} u_i \tag{G.1}$$

这里的特征值与方程（1.15）式的根 μ_i 是一一对应的，并且除了与零根对应的 $n-\mathrm{r}(A)$ 个特征向量外，对于每一个非零根都存在一个特征向量。而且，与实数特征值对应的特征向量是实值的，与虚数特征值对应的特征向量是虚值的。这里，所有的复根总是以共轭复根对的形式出现，并且如果 u_i 是与某个虚数特征值 μ_i 对应的特征向量，那么与 $\mu_i^\dagger$ 对应的特征向量是 $u_i^\dagger$，这里字母上方的“剑形”符号代表该字母代表的是一对共轭复根。同时，还存在一组由 $n_z-\mathrm{r}(\tilde{E})$ 个满足 $\hat{I} h_j=0$ 的线性无关向量 h_j 构成的额外向量组，该向量组必然与特征向量组线性无关。将这些向量放在一起，就构成了一个含有 n 个线性无关向量的向量组，这个向量组可以作为 C^n 的一个基（basis）。

类似地，至少存在 $\mathrm{r}(A)$ 个线性无关的向量 e_j' 对于某个 θ_j 满足如下条件：[20]

$$\theta_j e_j' A=e_j' \hat{I} \tag{G.2}$$

对应于方程（1.15）式的每一个非零根 μ_i 总存在一个左特征向量 e'_i 对于 $\theta_i=\mu_i^{-1}$ 满足这一方程。其余的左特征向量是 $n_z-\mathrm{r}(\tilde{E})$ 个满足 $e'_j \hat{I}=0$ 的线性无关向量 e'_j，当 $\theta_j=0$ 时它们满足（G.2）式。同样，也存在一个由 $n-\mathrm{r}(A)$ 个满足 $f_i'A=0$ 的线性无关向量 f_i' 构成的额外向量组。这些向量共同构成一个含有 n 个一般化的（generalized）左特征向量的向量组，这个向量组也构成 C^n 的一个基。

在特征值满足 $\theta_j\mu_i\neq1$ 时，如果存在一个左特征向量 e_j' 和一个右特征向量 u_i 分别与它们相对应，那么必然有：

$$e_j' A u_i=e_j' \hat{I} u_i=0 \tag{G.3}$$

当 e_j' 或者 u_i 是那些一般化的特征向量中的一个的时候，我们不难说明这一条件也同样是成立的，也就是说，如果 $e_j'A=0$ 或者 $\hat{I} u_i=0$ 时，该条件是成立的。我们也可以将这些特征向量标准化，以满足当 $\theta_j\mu_i=1$ 时，如果 e_j' 和 u_i 分别是与它们对应的特征向量，就必然有：

$$e_j' \hat{I} u_i=1$$

假设 8.2 和假设 8.3 合在一起可以说明，至少存在 n_z 个线性无关的向量满足（G.1）式，且与之相对应的特征值满足 $|\mu_i|<\beta^{-1}$。这样，我们可以得到一个具有如下性质的 $n\times n_z$ 维矩阵 J：

$$AJ=\hat{I} J\Omega \tag{G.4}$$

其中，Ω 是一个 n_z 维方阵，且其所有特征值都满足 $|\mu_i|<\beta^{-1}$。由最后这条性质可推出：

$$\|\beta\Omega\|<1 \tag{G.5}$$

矩阵 J 的各列是特征向量 u_i 中的 n_z 个的线性组合，而 Ω 的特征值正是与之相对应的特征值。[21]我们也可以用特征向量中所有满足 $Au_i=0$ 的向量 u_i 来构造矩阵

J 的各列，并且我假设矩阵 J 确实是以这种方式来构建的。

根据这种对右特征向量进行选择的方法，我们可以类似地得到两组（一般化的）左特征向量，Φ 和 Ψ。这里，Ψ' 的各行是 n_z 个左特征向量的 n_z 种线性无关组合，并且与这些左特征向量对应的特征值或者等于零，或者等于方程（1.15）式的所有根中不在 Ω 的特征值之列的各个根的倒数。从而可知，存在一个矩阵 Θ 满足如下条件：

$$\Theta'\Psi'A=\Psi'\hat{I} \tag{G.6}$$

这个矩阵的秩为 $k\equiv \mathrm{r}(\tilde{E})$，并且对应于刚才提到的方程（1.15）式的那些根的倒数，总存在非零的特征值。根据（G.3）式还可知：

$$\Psi'AJ=\Psi'\hat{I}J=0 \tag{G.7}$$

类似地，Φ' 的各行是 $n-\mathrm{r}(A)$ 个满足 $f_i'A=0$ 的向量 f_i' 和 $\mathrm{r}(A)-n_z$ 个左特征向量的 n_z 种线性组合，并且与这些左特征向量相对应的特征值是 Ω 的非零特征值的倒数。我们可以选择这一矩阵以使之满足：

$$\Phi'A=\Omega\Phi'\hat{I} \tag{G.8}$$

$$\Phi'\hat{I}J=I \tag{G.9}$$

注意，Ψ 和 Φ 的各列共同构成 C^n 的一个基。

现在，我可以说明命题 8.1 中用到的其他技术性假设了。

假设 8.4：左特征向量矩阵 Ψ 满足：(i) 矩阵 $A'\Psi$ 是满秩的（也就是说，其秩为 n_z）；(ii) 如果对 Ψ 的行进行分块：

$$\Psi\equiv\begin{bmatrix}\Psi_1\\ \Psi_2\end{bmatrix}$$

且它的这种分块方式与（1.1）式中的内生变量向量的分块方式是一致的，那么：

$$\det\left[\mathrm{Re}\Psi_2\right]\neq 0$$

在秩方面满足 $0\leqslant \mathrm{r}(\tilde{E})\leqslant n_z\leqslant \mathrm{r}(A)\leqslant n$ 的一般矩阵 A 和 $\tilde{E}$ 都是满足假设 8.3 和假设 8.4 的。现在，我开始证明第 8 章中的各个命题。

G.2 假设 8.5

对命题 8.2 进行精确的表述还必须借助下面这样一个额外的假设。

假设 8.5：向量 B_2' 与向量 $B_2'\Lambda^j$（$j=1, \cdots, k-1$）之间总是彼此线性无关的。同样地，各向量组 $B_2'\Lambda^j$（$j=1, \cdots, k$）也是线性无关的。

值得注意的是，下面这种特殊情况是违反上述假设的，即当向量 B_2' 是 Λ 的一个左特征向量时，或者当 B_2' 是对应于非零特征值的左特征向量（必须少于 k 个）和对应于零特征值的左特征向量的任何一个线性组合时。（注意，$\mathrm{r}(\Lambda)=k$，所以恰好存在 k 个非零特征值。）假设 8.5 还要求，对于 Λ 的与非零特征值相对应的任意右特征向量 g_i 来说，都必须满足 $B_2' g_i \neq 0$。此外，具有任意秩的一般矩阵显然都是满足该假设的，因为 B_2 的各元素并未包含在定义矩阵 Λ 的那些条件中。

G.3 一些技术性引理

本章中某些命题的证明过程用到了下面这些技术性引理。

引理 G.1：对于任何实值系数 A_0、A_1、A_2、A_3，我们都有：

$$A_3 z^3 + A_2 z^2 + A_1 z + A_0 = A_3 (B_0 + B_1 \zeta + \zeta^3)$$

其中：

$$\zeta = z + \frac{A_2}{3A_3}$$

$$B_0 = \frac{27A_0A_3^2 + 2A_2^3 - 9A_3A_2A_1}{27A_3^3}$$

$$B_1 = \frac{3A_3A_1 - A_2^2}{3A_3^3}$$

证明：

$$A_3(B_0 + B_1\zeta + \zeta^3) = A_3\left(\zeta^3 + \frac{1}{3}\frac{3A_3A_1 - A_2^2}{A_3^2}\zeta + \frac{1}{27}\frac{27A_0A_3^2 + 2A_2^3 - 9A_3A_2A_1}{A_3^3}\right)$$

$$= A_3\left(\left(z + \frac{1}{3}\frac{A_2}{A_3}\right)^3 + \frac{1}{3}\frac{3A_3A_1 - A_2^2}{A_3^2}\left(z + \frac{1}{3}\frac{A_2}{A_3}\right)^3\right.$$

$$\left. + \frac{1}{27}\frac{27A_0A_3^2 + 2A_2^3 - 9A_3A_2A_1}{A_3^3}\right)$$

$$= A_3 z^3 + A_2 z^2 + \left(\frac{1}{3}\frac{A_2^2}{A_3} + \frac{1}{3}\frac{3A_3A_1 - A_2^2}{A_3}\right)z + \frac{1}{27}\frac{A_2^3}{27A_3^2}$$

$$+ \frac{1}{27}\frac{27A_0A_3^2 + 2A_2^3 - 9A_3A_2A_1}{A_3^2} + \frac{1}{9}\frac{3A_3A_1 - A_2^2}{A_3^2}A_2$$

$$= A_3 z^3 + A_2 z^2 + A_1 z + A_0$$

引理 G.2：在极限情况下，当 γ 趋近于零时，$\lambda_3 \to +\infty$，且 $\gamma\lambda_3 \to \beta^{-1}$。

证明：在极限情况下，当 γ 趋近于零时，多项式 $A(L)$ 可简化为：

$$A(L) = \beta^{-1}(\beta - (1 + \beta + \kappa\sigma)L + L^2)(-L)$$

并且可以进一步因式分解为：

$$A(L) = \beta^{-1}(z_1 - L)(z_2 - L)(z_3 - L)$$

其中，$z_3 = 0$，而 z_1、z_2 是下面二阶多项式的两个根：

$$\widetilde{A}(L) = \beta - (1 + \beta + \kappa\sigma)L + L^2$$

注意，因为 $\widetilde{A}(0) = \beta > 0$，且 $\widetilde{A}(1) = -\kappa\sigma < 0$，所以 $\widetilde{A}(L)$ 的两个根都是实根，

并且满足 $0<z_2<1<z_1$。从而有：

$$0<\lambda_1<1<\lambda_2<\lambda_3=+\infty$$

其中，$\lambda_j \equiv z_j^{-1}$，$j=1, 2, 3$。

而且，因为（G. 20）式对于所有的 γ 都成立，我们可得：

$$\lambda_3\gamma=\beta^{-1}+\gamma(1+\beta^{-1}-\lambda_1-\lambda_2)$$

对等号两边取 $\gamma \to 0$ 时的极限，并同时注意到 λ_1 和 λ_2 都是有界的，可得：

$$\lim_{\gamma\to 0}\lambda_3\gamma=\beta^{-1}$$

G. 4 命题 8. 5 的证明

命题 8. 5：假设在 $t\geqslant t_0$ 期，对于任意有界冲击过程，我们都可以唯一地选择一个有界的状态依存性计划 $\{\pi_t, x_t, i_t\}$，且该计划同时满足第 8 章的（2. 1）式、（3. 1）式以及初始条件（3. 6）式。那么一项遵守由（3. 7）式～（3. 9）式所刻画的最优规则的承诺将隐含着一个确定性理性预期均衡。

证明：由结构方程（2. 1）式和（3. 1）式，以及政策规则（3. 7）式～（3. 9）式构成的方程系统，可以表达成如下矩阵形式：

$$\bar{I}\begin{bmatrix}Z_{t+1}\\ E_t z_{t+1}\\ E_t i_{t+1}\end{bmatrix}=\begin{bmatrix}0\\ -\bar{\phi}\end{bmatrix}+\bar{A}\begin{bmatrix}Z_t\\ z_t\\ i_t\end{bmatrix}+\bar{C}s_t \qquad (G. 10)$$

其中，$z_t\equiv[\pi_t, x_t]'$，$Z_t\equiv[x_{t-1}, i_{t-1}, i_{t-2}]'$，$s_t\equiv[r_t^n, u_t]'$，且：

$$\bar{I}=\begin{bmatrix}1&0&0&0&0&0\\0&1&0&0&0&0\\0&0&1&0&0&0\\0&0&0&\sigma&1&0\\0&0&0&\beta&0&0\\0&0&0&0&0&0\end{bmatrix}$$

$$\bar{A}=\begin{bmatrix}0&0&0&0&1&0\\0&0&0&0&0&1\\0&1&0&0&0&0\\0&0&0&0&1&0\\0&0&0&1&-\kappa&0\\-\dfrac{\sigma\lambda_x}{\lambda_i}&1+\dfrac{\kappa\sigma}{\beta}+\beta^{-1}&-\beta^{-1}&\dfrac{\kappa\sigma}{\lambda_i}&\dfrac{\sigma\lambda_x}{\lambda_i}&-1\end{bmatrix}$$

正如 8. 1. 2 节中所讨论的那样，当特征多项式 $\det[\bar{A}-\mu\bar{I}]$ 恰有 $n_Z=3$ 个满足 $|\mu|<1$ 的根时，均衡就是确定的。请读者记住，当满足此条件的根少于 3 个

时，就完全不存在有界解了。因为规则（3.7)式～(3.9）式是从一阶条件（3.3）式～(3.5）式中解得的，所以它必然与最优状态依存计划是一致的。因为我假设存在一个有界最优状态依存计划，所以这里出现的情况必然是 det $[\bar{A}-\mu\bar{I}]$ 至少有三个根位于单位圆内。

我可以将特征多项式重新表达成如下形式：

$$\det[\bar{A}-\mu\bar{I}]=-p(\mu)\beta\mu \tag{G.11}$$

其中：

$$p(\mu)\equiv\mu^4-a\mu^3+b\mu^2-a\beta^{-1}\mu+\beta^{-2} \tag{G.12}$$

并且：

$$a=2\,\frac{1+\beta+\sigma\kappa}{\beta}+\frac{\sigma^2\lambda_x}{\lambda_i}$$

$$b=\frac{1+2\kappa\beta\sigma+2\sigma\kappa+\sigma^2\kappa^2+4\beta+\beta^2}{\beta^2}+\sigma^2\,\frac{(1+\beta)\lambda_x+\kappa^2}{\beta\lambda_i}$$

我还可以进一步将 $p(\mu)$ 表示为：

$$p(\mu)=(\mu-\mu_1)(\mu-\mu_2)(\mu-\mu_3)(\mu-\mu_4)$$

由于（G.12）式存在对称性，该式的四个根 μ_i 满足：

$$\mu_1=(\beta\mu_2)^{-1}\quad 和\quad \mu_3=(\beta\mu_4)^{-1} \tag{G.13}$$

因为 det $[\bar{A}-\mu\bar{I}]$ 至少允许三个根在单位圆内，（G.11）式和（G.12）式说明 $p(\mu)$ 允许两、三或四个根在单位圆内。下面我依次考虑这几种情况：

（1）首先假设相反的情况，那就是假设 $p(\mu)$ 的四个根都在单位圆内。那么由假设可知$|\mu_1|<1$。但是，（G.13）式意味着$|\beta\mu_2|>1$，并且因此有$|\mu_2|>1$，这显然与四个根都在单位圆内的假设是矛盾的。

（2）接下来，假设 $p(\mu)$ 有三个根在单位圆内。如果$|\mu_1|<1$，那么（G.13）式再一次意味着$|\beta\mu_2|>1$。从而有，剩下的两个根 μ_3 和 μ_4 必然在单位圆内。但这是不可能的，因为由$|\mu_3|<1$ 可知$|\mu_4|>1$。相反，如果$|\mu_1|>1$，那么剩下的三个根必然在单位圆内，这也是不可能的，因为由$|\mu_3|<1$ 可知$|\mu_4|>1$。

从而我们得知，$p(\mu)$ 必然恰有两个根在单位圆内，并且正因为如此，均衡是确定的。

G.5 命题 8.6 的证明

命题 8.6：两个有界随机过程 $\{\hat{i}_t,\ \hat{q}_t\}$ 在所有时间 $0<\lambda_1<1<\lambda_2$ 上满足：

$$(1-\lambda_1L)(1-\lambda_2L)\hat{i}_t=\hat{q}_t \tag{G.14}$$

当且仅当它们对于所有的 $t\geqslant0$ 都满足：

$$(1-\lambda_1L)\hat{i}_{t-1}=-\lambda_2^{-1}E_t[(1-\lambda_2^{-1}L^{-1})^{-1}\hat{q}_t] \tag{G.15}$$

证明：首先我说明由（G. 14）式可推出（G. 15）式。将（G. 14）式的等号左边展开可得：

$$(1-\lambda_1 L)\hat{i}_t-\lambda_2(1-\lambda_1 L)\hat{i}_{t-1}=\hat{q}_t$$

或者等价地可得：

$$\begin{aligned}(1-\lambda_1 L)\hat{i}_{t-1}&=-\lambda_2^{-1}[\hat{q}_t-(1-\lambda_1 L)\hat{i}_t]\\&=-\lambda_2^{-1}E_t[\hat{q}_t-(1-\lambda_1 L)\hat{i}_t]\end{aligned}$$

迭代等号右边的 $(1-\lambda_1 L)\hat{i}_{t+j}$ 可得：

$$\begin{aligned}(1-\lambda_1 L)\hat{i}_{t-1}&=-\lambda_2^{-1}E_t\Big[\sum_{j=0}^{\infty}\lambda_2^{-j}\hat{q}_{t+j}\Big]\\&=-\lambda_2^{-1}E_t[(1-\lambda_2^{-1}L^{-1})^{-1}\hat{q}_t]\end{aligned}$$

因为 $0<\lambda_2^{-1}<1$，上式中的最后一个等号是成立的。因此，由（G. 14）式可推出（G. 15）式。

接着，我说明由（G. 15）式可推出（G. 14）式。因为（G. 15）式对于所有的 $t\geqslant 0$ 都成立，可知：

$$(1-\lambda_1 L)\hat{i}_t=-\lambda_2^{-1}E_{t+1}[(1-\lambda_2^{-1}L^{-1})^{-1}\hat{q}_{t+1}]$$

等号两边同时乘以 $(1-\lambda_2 L)$，并取 t 时刻的期望值，我们得到：

$$\begin{aligned}(1-\lambda_1 L)(1-\lambda_2 L)\hat{i}_t&=E_t[(1-\lambda_2^{-1}L^{-1})^{-1}(L-\lambda_2^{-1})\hat{q}_{t+1}]\\&=E_t[(1-\lambda_2^{-1}L^{-1})^{-1}(1-\lambda_2^{-1}L^{-1})L\hat{q}_{t+1}]\\&=E_t[L\hat{q}_{t+1}]\\&=\hat{q}_t\end{aligned}$$

因此，由（G. 15）式可推出（G. 14）式。

G. 6 命题 8. 7 的证明

命题 8. 7：假设 σ、$\kappa>0$，$0<\beta<1$，且 $0<\gamma\leqslant 1$。那么若

$$A(L)=\beta\gamma(1-\lambda_1 L)(1-\lambda_2 L)(1-\lambda_3 L) \tag{G. 16}$$

是下面这个多项式的因式分解式：

$$A(L)\equiv\beta\gamma-(1+\gamma+\beta\gamma)L+(1+\gamma+\beta^{-1}(1+\kappa\sigma))L^2-\beta^{-1}L^3 \tag{G. 17}$$

则（G. 16）式必然有一个实根 $0<\lambda_1<1$，且另外两个根在单位圆外。后面两个根或者是两实根 $\lambda_3\geqslant\lambda_2>1$，或者是一对实部大于 1 的共轭复根。并且当 $\gamma>0$ 的值足够小时，（G. 16）式必然存在三个实根；而当 γ 足够接近 1 时，必然存在一对复根。

证明：考虑多项式（G. 17）的下面这些性质：

$$A(z)>0,\forall_z\leqslant 0,\quad A'(z)<0,\forall_z\leqslant 0$$

$$A(\beta)=\beta\kappa\sigma>0,\quad A'(\beta)=(1-\beta)(1-\gamma)+2\kappa\sigma>0$$
$$A(1)=\beta^{-1}\kappa\sigma>0$$
$$A(+\infty)=-\infty$$

由这些性质可知，对于所有的 $z\leqslant 0$，$A(z)$是正的并且是递减的。当 z 从零递增到β时，$A(z)$首先不断下降，直到达到一个最小值（在最小值处 $A(z)$可能是正的也可能是负的），然后当 z 接近β时 $A(z)$开始上升。当 $z=1$ 时，多项式 $A(z)$是正的，但是当 z 继续变大时，$A(z)$不断下降并趋向于$-\infty$。从而可知，$A(z)$有一个实根 $z_1>1$，还有或者两个实根 $0<z_3\leqslant z_2<1$，或者一对复根 z_2、z_3。

因此 $A(L)$ 可以重新表示成：

$$\begin{aligned}A(L)&=\beta^{-1}(z_1-L)(z_2-L)(z_3-L)\\&=\beta^{-1}\lambda_1^{-1}\lambda_2^{-1}\lambda_3^{-1}(1-\lambda_1 L)(1-\lambda_2 L)(1-\lambda_3 L)\\&=\frac{1}{\beta\lambda_1\lambda_2\lambda_3}-\frac{\lambda_1+\lambda_2+\lambda_3}{\beta\lambda_1\lambda_2\lambda_3}L+\frac{\lambda_1\lambda_2+(\lambda_1+\lambda_2)\lambda_3}{\beta\lambda_1\lambda_2\lambda_3}L^2-\beta^{-1}L^3\end{aligned}\qquad\text{(G. 18)}$$

其中，$\lambda_j\equiv z_j^{-1}$，对于 $j=1$，2，3。比较（G. 18）式和（G. 17）式等号右边第一项，我发现：

$$(\beta\lambda_1\lambda_2\lambda_3)^{-1}=\beta\gamma\qquad\text{(G. 19)}$$

因此多项式 $A(L)$ 可以因式分解成（G. 16）式的形式，其中 $0<\lambda_1<1$，并且 λ_2、λ_3 或者是两个实根且满足 $1<\lambda_2\leqslant\lambda_3$，或者是一对复根。

现在我说明当 λ_2、λ_3 是一对复根时，它们的共同实部大于 1。比较（G. 18）式和（G. 17）式等号右边的第二项，并使用（G. 19）式，我们发现：

$$\beta\gamma(\lambda_1+\lambda_2+\lambda_3)=1+\gamma+\beta\gamma\qquad\text{(G. 20)}$$

并且，因为 $\beta\gamma\lambda_1<1$，我们得到：

$$\beta\gamma\lambda_1=1+\gamma-\beta\gamma(\lambda_2+\lambda_3-1)<1$$

这意味着：

$$-\beta\gamma(\lambda_2+\lambda_3-1)<-\gamma$$

并且因而有：

$$\lambda_2+\lambda_3>1+\beta^{-1}>2$$

所以：

$$\mathrm{Re}\lambda_2=\mathrm{Re}\lambda_3=\frac{\lambda_2+\lambda_3}{2}>1$$

从而我们得知模 $|\lambda_2|=|\lambda_3|>1$。

下面我说明当 $\gamma>0$ 的值足够小时，（G. 16）式必然存在三个实根 λ_1、λ_2 和 λ_3，而当 γ 足够接近 1 时，（G. 16）式必然存在一对复根。首先注意，$\lambda_j(j=1$，2，3）中的每一个都是实根，当且仅当下面这个方程的解 $z_j\equiv\lambda_j^{-1}$ 是实根时：

$$A(z)\equiv A_0+A_1 z+A_2 z^2+A_3 z^3=0$$

其中：

$$
\begin{aligned}
A_0 &= \beta\gamma \\
A_1 &= -(1+\gamma+\beta\gamma) \\
A_2 &= 1+\gamma+\beta^{-1}(1+\kappa\sigma) \\
A_3 &= -\beta^{-1}
\end{aligned}
$$

同时，因为：

$$A(z)=A_3(B_0+B_1\zeta+\zeta^3)$$

并且：

$$\zeta=z+\frac{A_2}{3A_3}$$

和

$$
\begin{aligned}
B_0 &= \frac{27A_0A_3^2+2A_2^3-9A_3A_2A_1}{27A_3^3} \\
B_1 &= \frac{3A_3A_1-A_2^2}{3A_3^2}
\end{aligned}
$$

都是实系数，λ_j 中的每一个都是实根当且仅当下面这个方程的相应解 ζ_j 是实根：

$$B_0+B_1\zeta+\zeta^3=0$$

这一结论是由引理 G.1 得出来的。根据卡尔达诺（Cardano）关于三次方程根的公式，我们知道，该方程具有如下性质：

(1) 如果 $\Delta\equiv 27B_0^2+4B_1^3<0$，方程有三个相异实根；

(2) 如果 $\Delta=0$，方程有三个实根，并且其中至少有两个是相等的；

(3) 如果 $\Delta>0$，方程有一个实根和两个复根。

将 Δ 表示为 γ 的方程可得：

$$
\begin{aligned}
\Delta(\gamma) &= 27B_0^2+4B_1^3=A_3^{-4}(27A_0^2A_3^2+4A_0A_2^3-18A_0A_3A_2A_1-A_2^2A_1^2+4A_3A_1^3) \\
&= -\beta^4(1-\beta)^2\gamma^4-2\beta^3((1+\beta^2-4\beta)\kappa\sigma-(1+\beta)(1-\beta)^2)\gamma^3 \\
&\quad -\beta^2(\kappa^2\sigma^2(1-10\beta+\beta^2)+2\kappa\sigma(1+\beta)(1+\beta+\beta^2) \\
&\qquad +(1+4\beta+\beta^2)(1-\beta)^2)\gamma^2 \\
&\quad +\beta^2(4\kappa^3\sigma^3+10(1+\beta)\kappa^2\sigma^2+4(2+2\beta^2-\beta)\kappa\sigma \\
&\qquad +2(1+\beta)(1-\beta)^2)\gamma \\
&\quad -\beta^2(2\beta\kappa\sigma+\kappa^2\sigma^2+2\kappa\sigma+(1-\beta)^2)
\end{aligned}
$$

该式是 γ 的一个四阶多项式。注意，$\Delta(\gamma)$ 是 γ 的一个连续函数，它允许最多存在四个实根，且其具有如下性质：

$$
\begin{aligned}
&\Delta(-\infty)=-\infty \\
&\Delta(0)=-\beta^2(2\beta\kappa\sigma+\kappa^2\sigma^2+2\kappa\sigma+(1-\beta)^2)<0 \\
&\Delta(1)=\beta^2\kappa\sigma(4\kappa^2\sigma^2+(8+20\beta-\beta^2)\kappa\sigma+4(1-\beta)^3)>0 \\
&\Delta(+\infty)=-\infty
\end{aligned}
$$

从而我们得知，$\Delta(\gamma)$ 允许存在一个或者三个介于 0 和 1 之间的根。此外，当 $\gamma>0$ 足够小时，$\Delta<0$；而对于所有足够接近于 1 的 γ 值，$\Delta>0$。因此，对于所有足够小的 $\gamma>0$ 值，$\Delta(\gamma)$ 必然存在三个实根，而对于足够接近于 1 的 γ 值，必然存在一对复根。

G.7 命题 8.8 的证明

命题 8.8：在命题 8.7 的前提下，如果第 8 章中的因式分解（3.20）式含有三个实根，一组有界过程 $\{\hat{i}_t, \hat{f}_t\}$ 在 $t \geqslant t_0$ 的所有时期都满足下列方程中的每一个：

$$(1-\lambda_1 L)(1-\lambda_2 L)\hat{i}_t = (\beta\gamma\lambda_3)^{-1} E_t[(1-\lambda_3^{-1}L^{-1})^{-1}\hat{f}_t] \qquad (G.21)$$

$$(1-\lambda_1 L)(1-\lambda_3 L)\hat{i}_t = (\beta\gamma\lambda_2)^{-1} E_t[(1-\lambda_2^{-1}L^{-1})^{-1}\hat{f}_t] \qquad (G.22)$$

或者

$$(1-\lambda_1 L)\left(1-\frac{\lambda_2+\lambda_3}{2}L\right)\hat{i}_t = \frac{1}{2}(\beta\gamma\lambda_3)^{-1} E_t[(1-\lambda_3^{-1}L^{-1})^{-1}\hat{f}_t] + \frac{1}{2}(\beta\gamma\lambda_2)^{-1} E_t[(1-\lambda_2^{-1}L^{-1})^{-1}\hat{f}_t] \qquad (G.23)$$

当且仅当它们在同样的时间内满足：

$$E_t[A(L)\hat{i}_{t+1}] = -\hat{f}_t \qquad (G.24)$$

当存在一个复根对的时候，（G.23）式在同样的意义上与（G.24）式也是等价的。

证明：命题 8.7 保证了因式分解（3.20）式的三个根 λ_1、λ_2、λ_3 或者都是实根且满足 $0<\lambda_1<1<\lambda_2\leqslant\lambda_3$，或者 $0<\lambda_1<1$ 且 λ_2、λ_3 是位于单位圆外的共轭复根对。我们首先考虑 λ_1、λ_2、λ_3 都是实根的情形。

规则Ⅰ：现在我说明由（G.24）式可推出（G.21）式。用（3.20）式替代 $A(L)$，并且展开（G.24）式等号左边，我们得到：

$$\beta\gamma E_t[(1-\lambda_1 L)(1-\lambda_2 L)\hat{i}_{t+1} - (1-\lambda_1 L)(1-\lambda_2 L)\lambda_3\hat{i}_t] = -\hat{f}_t$$

或者

$$(1-\lambda_1 L)(1-\lambda_2 L)\hat{i}_t = (\beta\gamma\lambda_3)^{-1}\hat{f}_t + \lambda_3^{-1}E_t[(1-\lambda_1 L)(1-\lambda_2 L)\hat{i}_{t+1}]$$

迭代上式等号右边的 $(1-\lambda_1 L)(1-\lambda_2 L)\hat{i}_{t+j}$ 可得：

$$\begin{aligned}(1-\lambda_1 L)(1-\lambda_2 L)\hat{i}_t &= (\beta\gamma\lambda_3)^{-1}E_t\Big[\sum_{j=0}^{\infty}\lambda_3^{-j}\hat{f}_{t+j}\Big] \\ &= (\beta\gamma\lambda_3)^{-1}E_t[(1-\lambda_3^{-1}L^{-1})^{-1}\hat{f}_t]\end{aligned}$$

该式与（G.21）式相对应。

下面我说明由（G.21）式可推出（G.24）式。因为（G.21）式对于所有的

$t \geqslant t_0$ 都成立，(G.21）式隐含了：

$$(1-\lambda_1 L)(1-\lambda_2 L)\hat{i}_{t+1}=(\beta\gamma\lambda_3)^{-1}E_{t+1}[(1-\lambda_3^{-1}L^{-1})^{-1}\hat{f}_{t+1}]$$

两边同时乘以 $\beta\gamma(1-\lambda_3 L)$，然后两边取 t 期的期望，我们得到：

$$\begin{aligned}E_t[A(L)\hat{i}_{t+1}]&=\lambda_3^{-1}E_t[(1-\lambda_1 L)(1-\lambda_3^{-1}L^{-1})^{-1}\hat{f}_{t+1}]\\&=E_t[(1-\lambda_3^{-1}L^{-1})(1-\lambda_3^{-1}L^{-1})^{-1}L\hat{f}_{t+1}]\\&=-E_t[L\hat{f}_{t+1}]\\&=-\hat{f}_t\end{aligned}$$

该式与（G.24）式相对应。

规则Ⅱ：为了说明一组有界过程 $\{\hat{i}_t,\hat{f}_t\}$ 在所有的时间上满足（G.22）式，当且仅当其在所有时间上都满足（G.24）式，我们只需要重复上面的步骤就可以了，并且反之亦然。

规则Ⅲ：现在假使 λ_2、λ_3 或者是实根，或者是位于单位圆外的共轭复根。因为（G.24）式同时隐含了（G.21）式和（G.22）式，我们易知由（G.24）式可推出：

$$\begin{aligned}(1-\lambda_1 L)\left[\frac{(1-\lambda_2 L)+(1-\lambda_3 L)}{2}\right]\hat{i}_t=&\frac{1}{2}(\beta\gamma\lambda_3)^{-1}E_t[(1-\lambda_3^{-1}L^{-1})^{-1}\hat{f}_t]\\&+\frac{1}{2}(\beta\gamma\lambda_2)^{-1}E_t[(1-\lambda_2^{-1}L^{-1})^{-1}\hat{f}_t]\end{aligned}$$

该式是通过（G.21）式和（G.22）式相加后除以 2 得到的。因此由（G.24）式可推出（G.23）式。

现在我说明由（G.23）式可推出（G.24）式。因为（G.23）式对于所有的 $t \geqslant t_0$ 都成立，所以由（G.23）式可知：

$$\begin{aligned}(1-\lambda_1 L)\left(1-\frac{\lambda_2+\lambda_3}{2}L\right)\hat{i}_{t+2}=&(2\beta\gamma\lambda_3)^{-1}E_{t+2}[(1-\lambda_3^{-1}L^{-1})^{-1}\hat{f}_{t+2}]\\&+(2\beta\gamma\lambda_2)^{-1}E_{t+2}[(1-\lambda_2^{-1}L^{-1})^{-1}\hat{f}_{t+2}]\end{aligned}$$

上式等号两边同时乘以 $\beta\gamma(1-\lambda_2 L)(1-\lambda_3 L)$，并取 t 期的期望值，我们得到：

$$\begin{aligned}&E_t\left[A(L)\left(1-\frac{\lambda_2+\lambda_3}{2}L\right)\hat{i}_{t+2}\right]\\&=\frac{1}{2\lambda_3}E_t[(1-\lambda_2 L)(1-\lambda_3 L)(1-\lambda_3^{-1}L^{-1})^{-1}\hat{f}_{t+2}]\\&\quad+\frac{1}{2\lambda_2}E_t[(1-\lambda_2 L)(1-\lambda_3 L)(1-\lambda_2^{-1}L^{-1})^{-1}\hat{f}_{t+2}]\\&=-\frac{1}{2}E_t[(1-\lambda_2 L)\hat{f}_{t+1}]-\frac{1}{2}E_t[(1-\lambda_3 L)\hat{f}_{t+1}]\\&=-E_t\left[\left(1-\frac{\lambda_2+\lambda_3}{2}L\right)\hat{f}_{t+1}\right]\end{aligned}$$

从而有

$$-E_t\left[A(L)\left(1-\frac{2}{\lambda_2+\lambda_3}L^{-1}\right)L\,\hat{i}_{t+2}\right]=E_t\left[\left(1-\frac{2}{\lambda_2+\lambda_3}L^{-1}\right)L\,\hat{f}_{t+1}\right]$$

并且因此有：

$$E_t[A(L)(1-\alpha L^{-1})\,\hat{i}_{t+1}]=v_t$$

其中，$0\leqslant\alpha\equiv 2/(\lambda_2+\lambda_3)<1$，并且 $v_t\equiv -E_t[(1-\alpha L^{-1})\hat{f}_t]$。并且由该式可推出：

$$\begin{aligned}E_t[A(L)\ \hat{i}_{t+1}] &= \alpha E_t[A(L)\ \hat{i}_{t+2}]+v_t\\ &= E_t\Big[\sum_{j=0}^{\infty}\alpha^j v_{t+j}\Big]\\ &= E_t[(1-\alpha L^{-1})^{-1}v_t]\\ &=-\hat{f}_t\end{aligned}$$

该式与（G. 24）式相对应。

G. 8 命题 8. 9 的证明

命题 8. 9. 在命题 8. 7 的前提下，若损失函数中 λ_x，$\lambda_i>0$，则规则Ⅰ、Ⅱ和Ⅲ（只要在该 γ 值上这些规则有定义）对于所有的 γ 值都有一个如下形式的表达式：

$$\begin{aligned}i_t=&(1-\rho_1)i^*+\rho_1 i_{t-1}+\rho_2\Delta i_{t-1}+\phi_\pi F_t(\pi)\\ &+\frac{\phi_x}{4}F_t(x)-\theta_\pi\pi_{t-1}-\frac{\theta_x}{4}x_{t-1}\end{aligned}\tag{G. 25}$$

且在该表达式中，

$$\begin{aligned}&\rho_1>1,\qquad \rho_2>0\\ &0<\theta_\pi\leqslant\phi_\pi\\ &0<\theta_x=\phi_x\end{aligned}$$

此外，在其他参数值给定的情况下，当 $\gamma\to 0$ 时（对于规则Ⅰ），系数 θ_π 趋近于零，虽然此时 ϕ_π 趋近于一个正的极限；而当 $\gamma\to 1$ 时（对于规则Ⅲ），系数 θ_π 和 ϕ_π 趋近于相同的正极限。

证明： 命题 8. 7 保证了第 8 章中的因式分解（3. 20）式的三个根 λ_1、λ_2、λ_3 或者都是实根且满足 $0<\lambda_1<1<\lambda_2\leqslant\lambda_3$，或者 $0<\lambda_1<1$ 且 λ_2、λ_3 是位于单位圆外的共轭复根对。首先考虑 λ_1、λ_2、λ_3 都是实根，从而规则Ⅰ和Ⅱ都有定义的情形。

规则Ⅰ：首先注意规则Ⅰ，也就是（3. 22）式可以重新表达成如下形式：

$$\hat{i}_t=\rho_1\,\hat{i}_{t-1}+\rho_2\Delta\hat{i}_{t-1}+(\beta\gamma\lambda_3)^{-1}v_t\tag{G. 26}$$

其中：

$$\begin{aligned}&\rho_1=1+(\lambda_2-1)(1-\lambda_1)>1\\ &\rho_2=\lambda_1\lambda_2>0\end{aligned}$$

并且：

$$\begin{aligned} v_t &\equiv E_t[(1-\lambda_3^{-1}L^{-1})^{-1}\hat{f}_t] \\ &= E_t\Big[\sum_{j=0}^{\infty}\lambda_3^{-j}\hat{f}_{t+j}\Big] \end{aligned}$$

因为 $E_t\hat{f}_{t+j}$ 由下式给出：

$$\begin{aligned} E_t\hat{f}_{t+j} &= \frac{\kappa\sigma}{\lambda_i}E_t(\hat{q}_{t+j}-\beta\gamma\hat{q}_{t+j+1}) \\ &= \frac{\kappa\sigma}{\lambda_i}E_t[-\gamma\hat{\pi}_{t+j-1}+(1+\beta\gamma^2)\hat{\pi}_{t+j}-\beta\gamma\hat{\pi}_{t+j+1}] \\ &\quad+\frac{\lambda_x\sigma}{\lambda_i}E_t[-\hat{x}_{t+j-1}+(1+\beta\gamma)\hat{x}_{t+j}-\beta\gamma\hat{x}_{t+j+1}] \end{aligned}$$

我们有：

$$\begin{aligned} v_t &= \frac{\kappa\sigma}{\lambda_i}E_t\Big[\sum_{j=0}^{\infty}\lambda_3^{-j}(-\gamma\hat{\pi}_{t+j-1}+(1+\beta\gamma^2)\hat{\pi}_{t+j}-\beta\gamma\hat{\pi}_{t+j+1})\Big] \\ &\quad+\frac{\lambda_x\sigma}{\lambda_i}E_t\Big[\sum_{j=0}^{\infty}\lambda_3^{-j}(-\hat{x}_{t+j-1}+(1+\beta\gamma)\hat{x}_{t+j}-\beta\gamma\hat{x}_{t+j+1})\Big] \\ &= \frac{\kappa\sigma}{\lambda_i}\sum_{j=-1}^{\infty}\tilde{\alpha}_{\pi,j}E_t\hat{\pi}_{t+j}\ \frac{\lambda_x\sigma}{\lambda_i}\sum_{j=-1}^{\infty}\alpha_{x,j}E_t\hat{x}_{t+j} \end{aligned}$$

其中：

$$\tilde{\alpha}_{\pi,-1}=-\gamma \tag{G. 27}$$

$$\tilde{\alpha}_{\pi,0}=1+\beta\gamma^2-\lambda_3^{-1}\gamma \tag{G. 28}$$

$$\tilde{\alpha}_{\pi,j}=-\lambda_3^{-j+1}\beta\gamma+\lambda_3^{-j}(1+\beta\gamma^2)-\lambda_3^{-j-1}\gamma,\quad \forall_j\geqslant 1 \tag{G. 29}$$

并且：

$$\tilde{\alpha}_{x,-1}=-1 \tag{G. 30}$$

$$\tilde{\alpha}_{x,0}=1+\beta\gamma-\lambda_3^{-1} \tag{G. 31}$$

$$\tilde{\alpha}_{x,j}=-\lambda_3^{-j+1}\beta\gamma+\lambda_3^{-j}(1+\beta\gamma)-\lambda_3^{-j-1},\quad \forall_j\geqslant 1 \tag{G. 32}$$

变量 ν_t 可以表示成如下形式：

$$\begin{aligned} v_t &= \frac{\kappa\sigma}{\lambda_i}S_\pi\sum_{j=0}^{\infty}\alpha_{\pi,j}E_t\hat{\pi}_{t+j}+\frac{\lambda_x\sigma}{\lambda_i}\sum_{j=0}^{\infty}\alpha_{x,j}E_t\hat{x}_{t+j} \\ &\quad-\frac{\kappa\sigma\gamma}{\lambda_i}\hat{\pi}_{t-1}-\frac{\lambda_x\sigma}{\lambda_i}\hat{x}_{t-1} \end{aligned} \tag{G. 33}$$

其中：

$$\begin{aligned} S_\pi &= \sum_{j=0}^{\infty}\tilde{\alpha}_{\pi,j} \\ &= -(0+\lambda_3^{-0}+\lambda_3^{-1}+\lambda_3^{-2}+\cdots)\beta\gamma+(\lambda_3^{-0}+\lambda_3^{-1}+\lambda_3^{-2}+\cdots)(1+\beta\gamma^2) \\ &\quad-(\lambda_3^{-1}+\lambda_3^{-2}+\cdots)\gamma \\ &= (1-\lambda_3^{-1})^{-1}(1+\beta\gamma^2-\beta\gamma-\lambda_3^{-1}\gamma) \end{aligned}$$

并且：

$$\alpha_{\pi,j}=\frac{\tilde{\alpha}_{\pi,j}}{S_{\pi}},\quad \forall_{j}\geqslant 0$$

注意，系数 $\alpha_{\pi,j}$ 满足：

$$\sum_{j=0}^{\infty}\alpha_{\pi,j}=S_{\pi}^{-1}\sum_{j=0}^{\infty}\tilde{\alpha}_{\pi,j}=1$$

并且系数 $\alpha_{x,j}$ 满足：

$$\begin{aligned}\sum_{j=0}^{\infty}\alpha_{x,j}&=-(0+\lambda_3^{-0}+\lambda_3^{-1}+\lambda_3^{-2}+\cdots)\beta\gamma\\&\quad+(\lambda_3^{-0}+\lambda_3^{-1}+\lambda_3^{-2}+\cdots)(1+\beta\gamma)-(\lambda_3^{-1}+\lambda_3^{-2}+\cdots)\\&=(1-\lambda_3^{-1})^{-1}(1-\lambda_3^{-1})\\&=1\end{aligned}$$

结合（G. 26）式和（G. 33）式，我们可以将规则Ⅰ重新表达成如下形式：

$$\hat{i}_t=\rho_1\hat{i}_{t-1}+\rho_2\Delta\hat{i}_{t-1}+\phi_{\pi}F_t(\hat{\pi})+\frac{\phi_x}{4}F_t(\hat{x})-\theta_{\pi}\hat{\pi}_{t-1}-\frac{\phi_x}{4}\hat{x}_{t-1}\tag{G. 34}$$

其中：

$$\phi_{\pi}=(\beta\gamma\lambda_3)^{-1}\frac{\kappa\sigma}{\lambda_i}S_{\pi}=\frac{\kappa\sigma}{\lambda_i\beta}\frac{1+\beta\gamma^2-\beta\gamma-\lambda_3^{-1}\gamma}{\lambda_3\gamma(1-\lambda_3^{-1})}$$

$$\theta_{\pi}=(\beta\gamma\lambda_3)^{-1}\frac{\kappa\sigma\gamma}{\lambda_i}=\frac{\kappa\sigma}{\lambda_i\beta\lambda_3}>0,$$

$$\phi_x=\theta_x=\frac{4\lambda_x\sigma}{\lambda_i\beta\gamma\lambda_3}>0$$

并且值得注意的是：

$$\begin{aligned}\phi_{\pi}&=\theta_{\pi}\frac{\lambda_3+\beta\gamma^2\lambda_3-\beta\gamma\lambda_3-\gamma}{\gamma(\lambda_3-1)}\\&=\theta_{\pi}\left(1+\frac{(1-\gamma)(1-\beta\gamma)}{\gamma(1-\lambda_3^{-1})}\right)\geqslant\theta_{\pi}\end{aligned}\tag{G. 35}$$

请读者记住，对于所有的变量 z 总有 $\hat{z}_t\equiv z_t-\bar{z}$，并且同时有 $\phi_x=\theta_x$，我们可以将（G. 34）式重新写成如下形式：

$$\begin{aligned}i_t&=(1-\rho_1)\bar{i}-(\phi_{\pi}-\theta_{\pi})\bar{\pi}+\rho_1 i_{t-1}+\rho_2\Delta i_{t-1}\\&\quad+\phi_{\pi}F_t(\pi)+\frac{\phi_x}{4}F_t(x)-\theta_{\pi}\pi_{t-1}-\frac{\theta_x}{4}x_{t-1}\end{aligned}\tag{G. 36}$$

由命题 8.8 可知（3.21）式成立，因此（3.16）式成立。在稳态处，方程（3.16）简化为：

$$A(L)(\bar{i}-i^*)=-\bar{f}$$

其中：

$$\bar{f}=\frac{\kappa\sigma}{\lambda_i}(1-\beta\gamma)\bar{q}=\frac{\kappa\sigma}{\lambda_i}(1-\beta\gamma)(1-\gamma)\bar{\pi}$$

由（3.20）式可得：

$$(1-\lambda_1)(1-\lambda_2)i^*=(1-\lambda_1)(1-\lambda_2)\bar{i}+\frac{\kappa\sigma}{\lambda_i}\frac{(1-\gamma)(1-\beta\gamma)}{\beta\gamma(1-\lambda_3)}\bar{\pi} \tag{G.37}$$

给定

$$(1-\lambda_1)(1-\lambda_2)=1-\rho_1$$

并且由（G.35）式可知：

$$\frac{\kappa\sigma}{\lambda_i}\frac{(1-\gamma)(1-\beta\gamma)}{\beta\gamma(1-\lambda_3)}=-(\phi_\pi-\theta_\pi)$$

我们可以将（G.37）式重新写成如下形式：

$$(1-\rho_1)i^*=(1-\rho_1)\bar{i}-(\phi_\pi-\theta_\pi)\bar{\pi}$$

将该式与（G.36）式联合可得（G.25）式。

当γ趋近于零时，易得 $\lambda_3^{-1}\to 0$，并且 $\lambda_3\gamma\to\beta^{-1}$。从而有：

$$\lim_{\gamma\to 0}\phi_\pi=\lim_{\gamma\to 0}\frac{\kappa\sigma}{\lambda_i\beta}\frac{1+\beta\gamma^2-\beta\gamma-\lambda_3^{-1}\gamma}{\lambda_3\gamma(1-\lambda_3^{-1})}=\frac{\kappa\sigma}{\lambda_i}>0$$

$$\lim_{\gamma\to 0}\theta_\pi=\lim_{\gamma\to 0}\frac{\kappa\sigma}{\lambda_i\beta}\lambda_3^{-1}=0$$

$$\lim_{\gamma\to 0}\phi_x=\lim_{\gamma\to 0}\theta_x=\lim_{\gamma\to 0}\frac{4\lambda_x\sigma}{\beta\gamma\lambda_3}=\frac{4\lambda_x\sigma}{\lambda_i}>0$$

规则Ⅱ：根据与规则Ⅰ相同的推导过程，但是用 λ_3 代替 λ_2，反之亦然，我可以说明（3.23）式同样可以表达成（G.25）式的形式，但是其中：

$$\rho_1=1+(\lambda_3-1)(1-\lambda_1)>1$$

$$\rho_2=\lambda_1\lambda_3>0$$

$$\theta_\pi=\frac{\kappa\sigma}{\lambda_i\beta\lambda_2}>0$$

$$\phi_\pi=\theta_\pi\left(1+\frac{(1-\gamma)(1-\beta\gamma)}{\gamma(1-\lambda_2^{-1})}\right)\geqslant\theta_\pi$$

$$\phi_x=\theta_x=\frac{4\lambda_x\sigma}{\lambda_i\beta\gamma\lambda_2}>0$$

规则Ⅲ：现在我假设 λ_2 和 λ_3 或者都是实根，或者都是复根。请读者记住从命题 8.7 的证明可知 $(\lambda_2+\lambda_3)/2$是实数并且大于 1。由此可知，对于 $\gamma\in(0,1]$ 的所有取值，规则Ⅲ都可以重新写成如下形式：

$$\hat{i}_t=\rho_1\hat{i}_{t-1}+\rho_2\Delta\hat{i}_{t-1}+\frac{1}{2}(\beta\gamma\lambda_3)^{-1}v_t^I+\frac{1}{2}(\beta\gamma\lambda_2)^{-1}v_t^{II} \tag{G.38}$$

其中，ρ_1 和 ρ_2 现在由如下两式给出：

$$\rho_1=\lambda_1+\frac{\lambda_2+\lambda_3}{2}-\lambda_1\ \frac{\lambda_2+\lambda_3}{2}$$

$$=1+\left(\frac{\lambda_2+\lambda_3}{2}-1\right)(1-\lambda_1)>1 \tag{G. 39}$$

$$\rho_2=\lambda_1\ \frac{\lambda_2+\lambda_3}{2}>0 \tag{G. 40}$$

并且：

$$v_t^I\equiv E_t[(1-\lambda_3^{-1}L^{-1})^{-1}\ \hat{f}_t\ ]=\frac{\kappa\sigma}{\lambda_i}\sum_{j=-1}^{\infty}\tilde{\alpha}_{\pi,j}^{I}E_t\ \hat{\pi}_{t+j}$$

$$+\frac{\lambda_x\sigma}{\lambda_i}\sum_{j=-1}^{\infty}\alpha_{x,j}^{I}E_t\ \hat{x}_{t+j} \tag{G. 41}$$

$$v_t^{II}\equiv E_t[(1-\lambda_2^{-1}L^{-1})^{-1}\ \hat{f}_t\ ]=\frac{\kappa\sigma}{\lambda_i}\sum_{j=-1}^{\infty}\tilde{\alpha}_{\pi,j}^{II}E_t\ \hat{\pi}_{t+j}$$

$$+\frac{\lambda_x\sigma}{\lambda_i}\sum_{j=-1}^{\infty}\alpha_{x,j}^{II}E_t\ \hat{x}_{t+j} \tag{G. 42}$$

其中，$\tilde{\alpha}_{\pi,j}^{I}$，$\alpha_{x,j}^{I}$对于所有的$j\geqslant 1$都由（G. 27)式～(G. 32）式定义，且$\tilde{\alpha}_{\pi,j}^{II}$，$\alpha_{x,j}^{II}$也是以同样的方式定义的，只是此时 λ_3 由 λ_2 来代替。利用（G. 41）式和(G. 42）式，方程（G. 38）可以重新表示为：

$$\hat{i}_t\ =\rho_1\ \hat{i}_{t-1}+\rho_2\Delta\hat{i}_{t-1}+\frac{\kappa\sigma}{\lambda_i\beta\gamma}\ \frac{S_\pi}{2}\sum_{j=0}^{\infty}\alpha_{\pi,j}E_t\ \hat{\pi}_{t+j}$$

$$+\frac{\lambda_x\sigma}{\lambda_i\beta\gamma}\ \frac{S_x}{2}\sum_{j=0}^{\infty}\alpha_{x,j}E_t\ \hat{x}_{t+j}-\frac{\kappa\sigma}{\lambda_i\beta}\ \frac{\lambda_2^{-1}+\lambda_3^{-1}}{2}\ \hat{\pi}_{t-1}$$

$$-\frac{\lambda_x\sigma}{\lambda_i\beta\gamma}\ \frac{\lambda_2^{-1}+\lambda_3^{-1}}{2}\ \hat{x}_{t-1} \tag{G. 43}$$

其中：

$$S_\pi=\sum_{j=0}^{\infty}(\lambda_3^{-1}\tilde{\alpha}_{\pi,j}^{I}+\lambda_2^{-1}\tilde{\alpha}_{\pi,j}^{II})$$

$$S_x=\sum_{j=0}^{\infty}(\lambda_3^{-1}\tilde{\alpha}_{x,j}^{I}+\lambda_2^{-1}\tilde{\alpha}_{x,j}^{II})=\lambda_2^{-1}+\lambda_3^{-1}$$

$$\alpha_{\pi,j}=S_\pi^{-1}(\lambda_3^{-1}\tilde{\alpha}_{\pi,j}^{I}+\lambda_2^{-1}\tilde{\alpha}_{\pi,j}^{II})$$

$$\alpha_{x,j}=S_x^{-1}(\lambda_3^{-1}\tilde{\alpha}_{x,j}^{I}+\lambda_2^{-1}\tilde{\alpha}_{x,j}^{II})$$

并且：

$$\sum_{j=0}^{\infty}\alpha_{\pi,j}=\sum_{j=0}^{\infty}\alpha_{x,j}=1$$

方程（G. 43）是形如（G. 34）式的，其中 ρ_1 和 ρ_2 由（G. 39）式和（G. 40）式定义，并且：

$$\phi_\pi=\frac{\kappa\sigma}{\lambda_i\beta\gamma}\frac{S_\pi}{2} \tag{G. 44}$$

$$\theta_\pi=\frac{\kappa\sigma}{\lambda_i\beta}\frac{\lambda_2^{-1}+\lambda_3^{-1}}{2}>0 \tag{G. 45}$$

$$\phi_x=\theta_x=\frac{4\lambda_x\sigma}{\lambda_i\beta\gamma}\frac{\lambda_2^{-1}+\lambda_3^{-1}}{2}>0 \tag{G.46}$$

（注意，如果 λ_2 和 λ_3 是共轭复根，那么 $\lambda_2^{-1}+\lambda_3^{-1}=(\lambda_2+\lambda_3)/\lambda_2\lambda_3$ 是实数。）注意，对于 $\gamma\in(0,1]$ 的所有取值，系数 ϕ_π 满足：

$$\begin{aligned}\phi_\pi&=\frac{\kappa\sigma}{\lambda_i\beta}\left(\frac{\lambda_3^{-1}}{2}\frac{1+\beta\gamma^2-\beta\gamma-\lambda_3^{-1}\gamma}{\gamma(1-\lambda_3^{-1})}+\frac{\lambda_2^{-1}}{2}\frac{1+\beta\gamma^2-\beta\gamma-\lambda_2^{-1}\gamma}{\gamma(1-\lambda_2^{-1})}\right)\\&=\frac{\kappa\sigma}{\lambda_i\beta}\left(\frac{\lambda_3^{-1}}{2}\left(1+\frac{(1-\gamma)(1-\beta\gamma)}{\gamma(1-\lambda_3^{-1})}\right)+\frac{\lambda_2^{-1}}{2}\left(1+\frac{(1-\gamma)(1-\beta\gamma)}{\gamma(1-\lambda_2^{-1})}\right)\right)\\&=\theta_\pi-\frac{\kappa\sigma}{\lambda_i\beta\gamma}\frac{(1-\gamma)(1-\beta\gamma)}{(1-\lambda_2)(1-\lambda_3)}\left(1+\frac{\lambda_2+\lambda_3}{2}\right)\\&\geqslant\theta_\pi\end{aligned} \tag{G.47}$$

就像对于规则Ⅰ一样，我可以将（G.34）式重新表达成（G.36）式的形式，但其中各系数由（G.39）式、（G.40）式以及（G.44)式～(G.46）式给出。再一次，从命题 8.8 可知（3.16）式成立，因此（G.37）式成立。(G.37）式等号两边同时乘以 $(1-\lambda_2)^{-1}$ $(1-(\lambda_2+\lambda_3)/2)$ 可得：

$$\begin{aligned}(1-\lambda_1)\left(1-\frac{\lambda_2+\lambda_3}{2}\right)i^*=&(1-\lambda_1)\left(1-\frac{\lambda_2+\lambda_3}{2}\right)\bar{i}\\&+\frac{\kappa\sigma}{\lambda_i}\frac{(1-\gamma)(1-\beta\gamma)}{\beta\gamma(1-\lambda_2)(1-\lambda_3)}\left(1-\frac{\lambda_2+\lambda_3}{2}\right)\bar{\pi}\end{aligned} \tag{G.48}$$

因为（G.39）式和（G.47）式隐含了：

$$(1-\lambda_1)\left(1-\frac{\lambda_2+\lambda_3}{2}\right)=1-\rho_1$$

$$\frac{\kappa\sigma}{\lambda_i\beta\gamma}\frac{(1-\gamma)(1-\beta\gamma)}{(1-\lambda_2)(1-\lambda_3)}\left(1-\frac{\lambda_2+\lambda_3}{2}\right)=-(\phi_\pi-\theta_\pi)$$

我们可以将（G.48）式重新表达为：

$$(1-\rho_1)i^*=(1-\rho_1)\bar{i}-(\phi_\pi-\theta_\pi)\bar{\pi}$$

结合该式与（G.36）式可得（G.25）式。

最后，在极限的情况下，当 $\gamma=1$ 时，我们有：

$$\phi_\pi=\frac{\kappa\sigma}{\lambda_i\beta}\frac{\lambda_2^{-1}+\lambda_3^{-1}}{2}=\theta_\pi$$

G.9 命题 8.10 的证明

命题 8.10：在命题 8.7 的前提下，一组有界过程 $\{\hat{i}_t,\hat{f}_t\}$ 在所有时间 $t\geqslant t_0$ 上满足：

$$(1-\lambda_1 L)\hat{i}_{t-1}=-(\beta\gamma\lambda_2\lambda_3)^{-1}E_t[(1-\lambda_2^{-1}L^{-1})^{-1}(1-\lambda_3^{-1}L^{-1})^{-1}\hat{f}_t] \tag{G.49}$$

当且仅当它在同样的时间上满足：

$$E_t[A(L)\hat{i}_{t+1}]=-\hat{f}_t \tag{G.50}$$

证明： 命题8.7保证了$0<\lambda_1<1$，并且λ_2和λ_3或者都是实数，或者是位于单位圆外的共轭复根。

首先，我说明由（G.50）式可推出（G.49）式。用（3.20）式代替$A(L)$，并展开（G.50）式的等号左边，我们得到：

$$(\beta\gamma\lambda_2\lambda_3)E_t[(1-\lambda_1 L)(\lambda_2^{-1}L^{-1}-1)(\lambda_3^{-1}L^{-1}-1)L^2\ \hat{i}_{t+1}]=-\hat{f}_t$$

或者

$$E_t[D(L)(1-\lambda_3^{-1}L^{-1})\hat{i}_{t-1}]=v_t$$

其中：

$$D(L)=(1-\lambda_1 L)(1-\lambda_2^{-1}L^{-1})$$
$$v_t\equiv-(\beta\gamma\lambda_2\lambda_3)^{-1}\hat{f}_t$$

从而有：

$$\begin{aligned}E_t[D(L)\hat{i}_{t-1}]&=\lambda_3^{-1}E_t[D(L)\ \hat{i}_t]+v_t\\&=E_t\Big[\sum_{j=0}^{\infty}\lambda_3^{-j}v_{t+j}\Big]\\&=E_t[(1-\lambda_3^{-1}L^{-1})^{-1}v_t]\end{aligned}$$

该式可以重新表示成如下形式：

$$E_t[(1-\lambda_1 L)(1-\lambda_2^{-1}L^{-1})\hat{i}_{t-1}]=\tilde{v}_t$$

其中：

$$\tilde{v}_t\equiv-(\beta\gamma\lambda_2\lambda_3)^{-1}E_t[(1-\lambda_3^{-1}L^{-1})^{-1}\hat{f}_t]$$

从而有：

$$\begin{aligned}E_t[(1-\lambda_1 L)\ \hat{i}_{t-1}]&=\lambda_2^{-1}E_t[(1-\lambda_1 L)\ \hat{i}_t]+\tilde{v}_t\\&=E_t\Big[\sum_{j=0}^{\infty}\lambda_2^{-j}\tilde{v}_{t+j}\Big]=E_t[(1-\lambda_2^{-1}L^{-1})^{-1}\tilde{v}_t]\\&=-(\beta\gamma\lambda_2\lambda_3)^{-1}E_t[(1-\lambda_2^{-1}L^{-1})^{-1}(1-\lambda_3^{-1}L^{-1})^{-1}\ \hat{f}_t]\end{aligned}$$

该式与（G.49）式相对应。

然后，我说明由（G.49）式可推出（G.50）式。因为（G.49）式对于所有的时间$t\geqslant t_0$都成立，（G.49）式隐含了如下关系：

$$(1-\lambda_1 L)\hat{i}_{t+1}=-(\beta\gamma\lambda_2\lambda_3)^{-1}E_{t+2}[(1-\lambda_2^{-1}L^{-1})^{-1}(1-\lambda_3^{-1}L^{-1})^{-1}\hat{f}_{t+2}]$$

上式等号两边同时乘以$\beta\gamma(1-\lambda_2 L)(1-\lambda_3 L)$，然后取$t$期的期望值。我们得到：

$$\begin{aligned}E_t[A(L)\hat{i}_{t+1}=-\lambda_2^{-1}\lambda_3^{-1}E_t[(1-\lambda_2 L)(1-\lambda_3 L)(1-\lambda_2^{-1}L^{-1})^{-1}\times\\(1-\lambda_3^{-1}L^{-1})^{-1}\hat{f}_{t+2}]\end{aligned}$$

$$=-E_t[L_2\hat{f}_{t+2}]$$
$$=-\hat{f}_t$$

该式与（G.50）式相对应。

G.10　命题 8.11 的证明

命题 8.11：在命题 8.9 的前提下，最优目标准则

$$(1-\lambda_1 L)\hat{i}_{t-1}=-(\beta\gamma\lambda_2\lambda_3)^{-1}\mathrm{E}_t[(1-\lambda_2^{-1}L^{-1})^{-1}(1-\lambda_3^{-1}L^{-1})^{-1}\hat{f}_t] \tag{G.51}$$

具有如下形式的表达式：

$$F_t(\pi)+\frac{\phi_x}{4}F_t(x)=\theta_\pi\pi_{t-1}=\frac{\theta_x}{4}x_{t-1}-\theta_i(i_{t-1}-i^*)-\theta_\Delta\Delta i_{t-1} \tag{G.52}$$

其中：

$$\phi_x=\theta_x>0$$
$$0<\theta_\pi\leqslant 1$$

并且：

$$\theta_i,\theta_\Delta>0$$

此外，在其他参数取值不变的情况下，当 $\gamma\to 0$ 时，$\theta_\pi\to 0$，并且其他参数趋近于与第 8 章中的目标准则（3.13）式相对应的各非零值。相反，当 $\gamma\to 1$ 时，$\theta_\pi\to 1$。

证明：最优目标准则（G.51）式可以表示成如下形式：

$$\hat{i}_{t-1}-\lambda_1\hat{i}_{t-2}=-(\beta\gamma\lambda_2\lambda_3)^{-1}v_t \tag{G.53}$$

其中：

$$v_t\equiv E_t[(1-\lambda_2^{-1}L^{-1})^{-1}(1-\lambda_3^{-1}L^{-1})^{-1}\hat{f}_t]$$

并且 $|\lambda_2|$、$|\lambda_3|>1$。注意在 $\lambda_2\neq\lambda_3$ 的情况下有：

$$(1-\lambda_2^{-1}L^{-1})^{-1}(1-\lambda_3^{-1}L^{-1})^{-1}=c_2(1-\lambda_2^{-1}L^{-1})^{-1}-c_3(1-\lambda_3^{-1}L^{-1})^{-1}$$

其中，$c_2\equiv\lambda_3/(\lambda_3-\lambda_2)$，且 $c_3\equiv\lambda_2/(\lambda_3-\lambda_2)$。因此变量 v_t 可以重新表示成如下形式：

$$v_t=E_t[C_2(1-\lambda_2^{-1}L^{-1})^{-1}-c_3(1-\lambda_3^{-1}L^{-1})^{-1}\hat{f}_t]$$
$$=E_t\Big[\sum_{j=0}^{\infty}(c_2\lambda_2^{-j}-c_3\lambda_3^{-j})\hat{f}_{t+j}\Big]$$

像在命题 8.9 的证明过程中一样消去 $\hat{f}_{t+j}$，得：

$$v_t = \frac{\kappa\sigma}{\lambda_i} E_t \Big[\sum_{j=0}^{\infty} (c_2 \lambda_2^{-j} - c_3 \lambda_3^{-j})(-\gamma\, \hat{\pi}_{t+j-1} + (1+\beta\gamma^2)\, \hat{\pi}_{t+j} - \beta\gamma\, \hat{\pi}_{t+j+1}) \Big]$$

$$+ \frac{\lambda_x \sigma}{\lambda_i} E_t \Big[\sum_{j=0}^{\infty} (c_2 \lambda_2^{-j} - c_3 \lambda_3^{-j})(-\hat{x}_{t+j-1} + (1+\beta\gamma)\, \hat{x}_{t+j} - \beta\gamma\, \hat{x}_{t+j-1}) \Big]$$

$$= \frac{\kappa\sigma}{\lambda_i} \sum_{j=-1}^{\infty} \tilde{\alpha}_{\pi,j} \mathrm{E}_t\, \hat{\pi}_{t+j} + \frac{\lambda_x \sigma}{\lambda_i} \sum_{j=-1}^{\infty} \alpha_{x,j} \mathrm{E}_t\, \hat{x}_{t+j}$$

其中：

$$\tilde{\alpha}_{\pi,-1} = -\gamma$$

$$\tilde{\alpha}_{\pi,0} = 1 + \beta\gamma^2 - (c_2 \lambda_2^{-1} - c_3 \lambda_3^{-1})\gamma$$

$$\tilde{\alpha}_{\pi,j} = -(c_2 \lambda_2^{-j+1} - c_3 \lambda_3^{-j+1})\beta\gamma + (c_2 \lambda_2^{-j} - c_3 \lambda_3^{-j})(1+\beta\gamma^2) - (c_2 \lambda_2^{-j-1} - c_3 \lambda_3^{-j-1})\gamma, \quad \forall_j \geqslant 1$$

并且：

$$\alpha_{x,-1} = -1$$

$$\alpha_{x,0} = 1 + \beta\gamma - (c_2 \lambda_2^{-1} - c_3 \lambda_3^{-1})$$

$$\alpha_{x,j} = -(c_2 \lambda_2^{-j+1} - c_3 \lambda_3^{-j+1})\beta\gamma + (c_2 \lambda_2^{-j} - c_3 \lambda_3^{-j})(1+\beta\gamma) - (c_2 \lambda_2^{-j-1} - c_3 \lambda_3^{-j-1}), \quad \forall_j \geqslant 1$$

而且，我们还可以将变量 ν_t 表示为如下形式：

$$v_t = \frac{\kappa\sigma}{\lambda_i} S_\pi \sum_{j=0}^{\infty} \alpha_{\pi,j} E_t\, \hat{\pi}_{t+j} + \frac{\lambda_x \sigma}{\lambda_i} \sum_{j=0}^{\infty} \alpha_{x,j} E_t\, \hat{x}_{t+j} - \frac{\kappa\sigma\gamma}{\lambda_i} \hat{\pi}_{t-1} - \frac{\lambda_x \sigma}{\lambda_i} \hat{x}_{t-1} \tag{G. 54}$$

其中：

$$S_\pi = \sum_{j=0}^{\infty} \tilde{\alpha}_{\pi,j} = \frac{\lambda_3 (1 + \beta\gamma^2 - \beta\gamma - \lambda_2^{-1}\gamma)}{(\lambda_3 - \lambda_2)(1 - \lambda_2^{-1})} - \frac{\lambda_2 (1 + \beta\gamma^2 - \beta\gamma - \lambda_3^{-1}\gamma)}{(\lambda_3 - \lambda_2)(1 - \lambda_3^{-1})}$$

$$= \gamma + \frac{(1-\gamma)(1-\beta\gamma)}{(1-\lambda_2^{-1})(1-\lambda_3^{-1})}$$

$$\geqslant \gamma \tag{G. 55}$$

并且：

$$\alpha_{\pi,j} = \frac{\tilde{\alpha}_{\pi,j}}{S_\pi}, \quad \forall_j \geqslant 0$$

注意，各系数 $\alpha_{\pi,j}$ 和 $\alpha_{x,j}$ 满足：

$$\sum_{j=0}^{\infty} \alpha_{\pi,j} = \sum_{j=0}^{\infty} \alpha_{x,j} = 1$$

结合（G. 53）式和（G. 54）式，我们可以将最优目标准则重新表示为如下形式：

$$\frac{\kappa\sigma}{\lambda_i} S_\pi F_t(\hat{\pi}) + \frac{\lambda_x \sigma}{\lambda_i} F_t(\hat{x}) - \frac{\kappa\sigma\gamma}{\lambda_i} \hat{\pi}_{t-1} - \frac{\lambda_x \sigma}{\lambda_i} \hat{x}_{t-1}$$

$$=-\beta\gamma\lambda_2\lambda_3(\hat{i}_{t-1}-\lambda_1\hat{i}_{t-2})$$

请读者记住，对于任意变量 z 都有 $\hat{z}_t\equiv z_t-\bar{z}$，

$$\frac{\kappa\sigma}{\lambda_i}S_\pi(F_t(\pi)-\bar{\pi})+\frac{\lambda_x\sigma}{\lambda_i}F_t(x)=\frac{\kappa\sigma\gamma}{\lambda_i}(\hat{\pi}_{t-1}-\bar{\pi})+\frac{\lambda_x\sigma}{\lambda_i}x_{t-1}$$
$$-\beta\gamma\lambda_2\lambda_3((1-\lambda_1)(i_{t-1}-\bar{i})-\lambda_1\Delta i_{t-2})$$

由此可得：

$$F_t(\pi)+\frac{\phi_x}{4}F_t(x)=\theta_i\bar{i}+(1-\theta_\pi)\bar{\pi}+\theta_\pi\pi_{t-1}$$
$$+\frac{\theta_x}{4}x_{t-1}-\theta_i i_{t-1}-\theta_\Delta\Delta i_{t-1} \quad (G.56)$$

其中：

$$\phi_x=\theta_x=\frac{4\lambda_x}{\kappa S_\pi}>0$$

$$\theta_\pi=\frac{\gamma}{S_\pi}>0$$

$$\theta_i=\frac{\lambda_i\beta\gamma(1-\lambda_1)\lambda_2\lambda_3}{\kappa\sigma S_\pi}>0$$

$$\theta_\Delta=\frac{\lambda_i\beta\gamma\lambda_1\lambda_2\lambda_3}{\kappa\sigma S_\pi}>0$$

由命题 8.8 可知（3.21）式成立，因此（3.16）式成立。在稳态处，方程（3.16）式简化为：

$$A(L)(\bar{i}-i^*)=-\bar{f}$$

其中：

$$\bar{f}=\frac{\kappa\sigma}{\lambda_i}(1-\beta\gamma)\bar{q}=\frac{\kappa\sigma}{\lambda_i}(1-\beta\gamma)(1-\gamma)\bar{\pi}$$

并且，利用（3.20）式可得：

$$\theta_i i^*=\theta_i\bar{i}+\frac{\theta_i}{A(1)}\frac{\kappa\sigma}{\lambda_i}(1-\beta\gamma)(1-\gamma)\bar{\pi}$$
$$=\theta_i\bar{i}+\frac{[\lambda_i\beta\gamma(1-\lambda_1)\lambda_2\lambda_3]/\kappa\sigma S_\pi}{\beta\gamma(1-\lambda_1)(1-\lambda_2)(1-\lambda_3)}\frac{\kappa\sigma}{\lambda_i}(1-\beta\gamma)(1-\gamma)\bar{\pi}$$
$$=\theta_i\bar{i}+\frac{(1-\beta\gamma)(1-\gamma)}{(1-\lambda_2^{-1})(1-\lambda_3^{-1})}\frac{1}{S_\pi}\bar{\pi}$$
$$=\theta_i\bar{i}+(S_\pi-\gamma)\frac{1}{S_\pi}\bar{\pi}$$
$$=\theta_i\bar{i}+(1-\theta_\pi)\bar{\pi}$$

结合该式与（G.56）式可得（G.52）式。

当 $\gamma\to 0$ 时，根据引理 G.2 可知 $\lambda_3^{-1}\to 0$，$\lambda_3\gamma\to\beta^{-1}$，$S_\pi\to(1-\lambda_2^{-1})^{-1}>0$，因此有：

$$\phi_x = \theta_x \to 4(1-\lambda_2^{-1})\frac{\lambda_x}{\kappa} > 0$$

$$\theta_\pi \to 0$$

$$\theta_i \to \lambda_2(1-\lambda_1)(1-\lambda_2^{-1})\frac{\lambda_i}{\kappa\sigma} > 0$$

$$\theta_\Delta \to \lambda_1\lambda_2(1-\lambda_2^{-1})\frac{\lambda_i}{\kappa\sigma} > 0$$

同时，$c_2 = \lambda_2^{-1}/(\lambda_2^{-1}-\lambda_3^{-1}) \to 1$，$c_3 = \lambda_3^{-1}/(\lambda_2^{-1}-\lambda_3^{-1}) \to 0$，且对于所有的 $j \geqslant 0$ 都有$\tilde{\alpha}_{\pi,j} \to \lambda_2^{-j}$，因此对于所有的 $j \geqslant 0$ 都有：

$$\alpha_{\pi,j} \to (1-\lambda_2^{-1})\lambda_2^{-j}$$
$$\alpha_{x,j} \to (1-\lambda_2^{-1})\lambda_2^{-j}$$

相反，当 $\gamma = 1$ 时，我们可得 $S_\pi \to 1$，并且：

$$\theta_\pi \to 1$$

到目前为止，我考虑的都是 $\lambda_2 \neq \lambda_3$ 的情况，接下来我们开始考虑 $\lambda_2 = \lambda_3$ 的情况。这种情况下，因为：

$$(1-\lambda_2^{-1}L^{-1})^{-1}(1-\lambda_3^{-1}L^{-1})^{-1} = (1-\lambda_2^{-1}L^{-1})^{-2} = \sum_{j=0}(1+j)\lambda_2^{-j}L^{-j}$$

我们可以将 v_t 表示为：

$$v_t = E_t\Big[\sum_{j=0}^{\infty}(1+j)\lambda_2^{-j}\ \hat{f}_{t+j}\Big]$$

像在命题 8.9 的证明过程中一样消去$\hat{f}_{t+j}$，我们得到：

$$\begin{aligned} v_t &= \frac{\kappa\sigma}{\lambda_i}E_t\Big[\sum_{j=0}^{\infty}(1+j)\lambda_2^{-j}(-\gamma\,\hat{\pi}_{t+j-1} + (1+\beta\gamma^2)\,\hat{\pi}_{t+j} - \beta\gamma\,\hat{\pi}_{t+j+1})\Big] \\ &\quad + \frac{\lambda_x\sigma}{\lambda_i}E_t\Big[\sum_{j=0}^{\infty}(1+j)\lambda_2^{-j}(-\hat{x}_{t+j-1} + (1+\beta\gamma)\,\hat{x}_{t+j} - \beta\gamma\,\hat{x}_{t+j+1})\Big] \\ &= \frac{\kappa\sigma}{\lambda_i}\sum_{j=-1}^{\infty}\tilde{\alpha}_{\pi,j}E_t\,\hat{\pi}_{t+j} + \frac{\lambda_x\sigma}{\lambda_i}\sum_{j=-1}^{\infty}\alpha_{x,j}E_t\,\hat{x}_{t+j} \end{aligned}$$

其中：

$$\tilde{\alpha}_{\pi,-1} = -\gamma$$
$$\tilde{\alpha}_{\pi,0} = 1+\beta\gamma^2-2\lambda_2^{-1}\gamma$$
$$\tilde{\alpha}_{\pi,j} = -j\lambda_2^{-j+1}\beta\gamma + (1+j)\lambda_2^{-j}(1+\beta\gamma^2) - (2+j)\lambda_2^{-j-1}\gamma, \quad \forall_j \geqslant 1$$

并且：

$$\alpha_{x,-1} = -1$$
$$\alpha_{x,0} = 1+\beta\gamma-2\lambda_2^{-1}$$
$$\alpha_{x,j} = -j\lambda_2^{-j+1}\beta\gamma + (1+j)\lambda_2^{-j}(1+\beta\gamma) - (2+j)\lambda_2^{-j-1}, \quad \forall_j \geqslant 1$$

变量 v_t 也可以表示成（G. 54）式的形式，和前面一样，其中 $\alpha_{\pi,j} = \tilde{\alpha}_{\pi,j}/S_\pi$，$\forall_j \geqslant$

0，并且：

$$\begin{aligned}S_\pi &= \sum_{j=0}^{\infty}\tilde{\alpha}_{\pi,j} = -(1\lambda_2^{-0}+2\lambda_2^{-1}+3\lambda_2^{-2}+\cdots)\beta\gamma \\ &\quad +(1\lambda_2^{-0}+2\lambda_2^{-1}+3\lambda_2^{-2}+\cdots)(1+\beta\gamma^2)-(2\lambda_2^{-1}+3\lambda_2^{-2}+\cdots)\gamma \\ &= (1-\lambda_2^{-1})^{-2}(-\beta\gamma+1+\beta\gamma^2-\gamma)+\gamma \\ &= \gamma+\frac{(1-\gamma)(1-\beta\gamma)}{(1-\lambda_2^{-1})^2}\end{aligned}$$

注意，当 $\lambda_2=\lambda_3$ 时，S_π 和（G. 55）式中得到的值是相等的。此外，各系数 $\alpha_{\pi,j}$ 和 $\alpha_{x,j}$ 也满足 $\sum_{j=0}^{\infty}\alpha_{\pi,j}=\sum_{j=0}^{\infty}\alpha_{x,j}=1$。从而，最优目标规则也可以表示为（G. 52）式的形式，其中各系数仍与之前定义的一样。

【注释】

[1] 如无特别说明，各附录中的方程编号代表的是该附录所对应的章中相同编号所对应的方程。

[2] 当向量 p 实际上代表了各内生变量的自然对数时，这是均衡条件的对数线性近似，在本书对该方法的绝大多数情况中，情况亦是如此。

[3] 这里，我在确定 u 中各元素时，对 p_{-1} 进行了一些规定，使它满足当 $u=0$ 时有 $p_{-1}=\bar{p}$。

[4] 等号右边的第一项是它在 $t=0$ 时的表示形式，因为序列 p 的定义并未包含 p_{-1}。

[5] 有限维空间下的反函数定理和隐函数定理的详细表述参见 Lang（1983，ch. 6）。

[6] 对该方法的进一步讨论及其应用参见 Woodford（1998）。

[7] 隐函数定理在这种非线性理性预期均衡模型中适用性的进一步讨论参见 Woodford（1986）。

[8] 显然，只有当通胀率所隐含的利率非负时，这种形式才成立。因为这里我只对自我实现的恶性通货膨胀感兴趣，所以我省略了对低通胀率下该规则的具体形式的讨论。

[9] 在符合要求的加成可变的情况下，我们继续使用系数 μ 来代指稳态值 $\mu(1)$。

[10] 值得注意的是，（B. 9）式等号右边的是市场力所导致的稳态“价值增值”或者无效率边界的倒数，罗特伯格和伍德福德（1995）曾把它与稳态“总产出加成”或者企业层面上的边际成本之上的价格加成 μ 进行比较。我们在对抽象掉中间投入品的不完全竞争模型进行修正时，对这二者进行区分是非常关键的。

[11] 精确地说，这些条件对于均衡的确定性来说是充分的，并且一般来说不仅仅是必要的。我忽略掉了对非一般性的边缘情况的考虑，在这些情况中，这些条件中的一个或者两个成立和整组条件成立的结果是一样的。在这些情况中，原均衡条件的一个对数线性近似并不足以解决均衡是否是局部确定的（locally determinate）这一问题。

[12] 和命题 C. 1 中一样，这些条件对于均衡的确定性来说实际上一般并不只是必要条件，而且还是充分条件。这里我同样忽略了某些非一般性的边缘情况。

[13] 在情形Ⅲ中，要使命题成立，实际上并不一定需要满足条件（C. 16）式。添加这一条件是为了使这三种情况相互之间不产生重叠。

[14] 在 C. 1 节的命题 C. 2 的表述中，我还列出了另外一个条件（C. 16）式，这个条件成立意味着条件（C. 23）式不可能成立。但它并非必要条件，因为即使条件（C. 23）

式成立，确定性也可以获得，因为那样的话就适用情况Ⅱ了。而且正如命题中所表述的，从条件（C.17）式可知系数 A_2 要么大于 3 要么小于 -3。但在目前的情况中，A_2 必须为负，所以唯一的可能是 A_2 小于 -3，这就是条件（C.24）式。

[15] β，κ 和 σ 的假设取值由表 5.1 列出，ϕ_x 的假设取值为 0.5。ϕ_x 这一假设取值并没有太多的特殊意义，选择这一取值是因为当它是一个较小的正数时，各区域的相对位置更容易确定。

[16] 为了使我们的表达变得简洁，我用下标 ξ 表示该变量对整个外生干扰向量 $\bar{\xi}_t$ 的偏导数。同样，所有带有下标的 u 代表 $\bar{u}$ 的偏导数，尽管我一直使用下标 c 而不是 y 来代表其对于产量水平的偏导数，因为这些导数等于直接效用函数 u 对消费指数所求的相应偏导数。

[17] 进一步的细节，参见 Giannoni and Woodford（2003b），该书在一个更加复杂的模型中推导出了这一结论的一个更加一般化的形式。

[18] 用 $\chi\eta_i\bar{v}$ 替代 η_y 的好处在于，替代之后，我们可以清楚地看出常见的那种特殊情况中的结果所采取的形式，在这种特殊情况中，通常假设 $u_{cm}=0$。在后面将要求得的表达方式中，我简单地设 $\chi=0$。

[19] 注意，在对数一线性近似关系（4.1）式中，残差精确到$\mathcal{O}(\|\hat{y},\hat{\Delta},\tilde{\xi}\|^2)$ 阶。

[20] 注意，对于虚值的列向量或者矩阵 e，我使用符号 e' 来代表 e 的转置，而不是它的共轭形式。

[21] 当我们选择的是特征向量中的一个共轭复根对的时候，最好是不要用特征向量本身来构造矩阵 J 的各列，以使它们具有实值。

参考文献

Aiyagari, S. Rao, and R. Anton Braun, "Some Models to Guide Monetary Policymakers," *Carnegie-Rochester Conference Series on Public Policy* 48: 1–42, 1989.

Akerlof, George A., William T. Dickens, and George L. Perry, "The Macroeconomics of Low Inflation," *Brookings Papers on Economic Activity* 1996–1: 1–76, 1996.

Altig, David, Lawrence J. Christiano, Martin S. Eichenbaum, and Jesper Linde, "Technology Shocks and Aggregate Fluctuations," unpubished, Federal Reserve Bank of Cleveland, 2002.

Amato, Jeffery D., and Thomas Laubach, "Implications of Habit Formation for Optimal Monetary Policy," Finance and Economic Discussion Series no. 2001–58, Federal Reserve Board, 2001.

_____, "Estimation and Control of an Optimization-Based Model with Sticky Prices and Wages," *Journal of Economic Dynamics and Control* 27: 1181–1215, 2003a.

_____, "Rule-of-thumb behaviour and monetary policy," *European Economic Review*, forthcoming 2003b.

Andersen, Torben M., "Persistency in Sticky Price Models," *European Economic Review* 42: 593–603, 1998.

Anderson, Gary, and Andrew Levin, "A User-Friendly, Computationally-Efficient Algorithm for Obtaining Higher-Order Approximations of Non-Linear Rational Expectations Models," unpublished, Federal Reserve Board, 2002.

Aoki, Kosuke, "Optimal Monetary Policy Responses to Relative Price Changes," *Journal of Monetary Economics* 48: 55 - 80, 2001.

____, "Optimal Commitment Policy under Noisy Information," CEPR Discussion Paper No. 3370, May 2002.

Ascari, Guido, "Price/Wage Staggering and Persistence: A Unifying Framework," unpublished, University of Pavia, September 2001.

Backus, David, and John Driffill, "The Consistency of Optimal Policy in Stochastic Rational Expectations Models," CEPR Discussion Paper No. 124, August 1986.

Ball, Laurence, and David Romer, "Real Rigidities and the Non-Neutrality of Money," *The Review of Economic Studies* 57: 183 - 203, 1990.

Barro, Robert J., "Unanticipated Money Growth and Unemployment in the United States," *American Economic Review* 67: 101 - 115, 1977.

Barro, Robert J., and David B. Gordon, "A Positive Theory of Monetary Policy in a Natural Rate Model," *Journal of Political Economy* 91: 589 - 610, 1983.

Barth, Melvin J. III, and Valerie A. Ramey, "The Cost Channel of Monetary Transmission," NBER Working Paper No. 7675, April 2000.

Bassetto, Marco, "A Game-Theoretic View of the Fiscal Theory of the Price Level," *Econometrica* 70: 2167 - 2196, 2002.

Basu, Susanto, "Intermediate Good and Business Cycles: Implications for Productivity and Welfare," *American Economic Review* 85: 512 - 531, 1995.

Basu, Susanto, and Miles Kimball, "Investment Planning Costs and the Effects of Fiscal and Monetary Policy," unpublished, University of Michigan, November 2002.

Batini, Nicoletta, and Joe Pearlman, "Too Much Too Soon: Instability and Indeterminacy with Forward-Looking Rules," unpublished, Bank of England, July 2002.

Batini, Nicoletta, and Andrew G. Haldane, "Forward-Looking Rules for Monetary Policy," in J. B. Taylor, ed., *Monetary Policy Rules*, Chicago: University of Chicago Press, 1999.

Batini, Nicoletta, Brian Jackson, and Stephen Nickell, "Inflation Dynamics and the Labour Share in the U. K.," External MPC Discussion Paper No. 2, Bank of England, November 2000.

Bean, Charles R., "Targeting Nominal Income: An Appraisal," *Economic Journal* 93: 806 - 819, 1983.

Bénassy, Jean-Pascal, *The Macroeconomics of Imperfect Competition and Non-*

clearing Markets, Cambridge: MIT Press, 2002.

Benhabib, Jess, Stephanie Schmitt-Grohé, and Martín Uribe, "Monetary Policy and Multiple Equilibria," *American Economic Review* 91: 167 - 186, 2001a.

_____, "The Perils of Taylor Rules," *Journal of Economic Theory* 96: 40 - 69, 2001b.

_____, "Avoiding Liquidity Traps," *Journal of Political Economy* 110: 535 - 563, 2002.

Benigno, Pierpaolo, "Optimal Monetary Policy in a Currency Area," *Journal of International Economics*, forthcoming 2003.

Benigno, Pierpaolo, and Michael Woodford, "Inflation Stabilization and Welfare: The Case of Large Distortions," unpublished, Princeton University, April 2003.

Bergin, Paul R., and Robert C. Feenstra, "Staggered Price Setting, Translog Preferences, and Endogenous Persistence," *Journal of Monetary Economics* 45: 657 - 680, 2000.

Bernanke, Ben S., and Jean Boivin, "Monetary Policy in a Data-Rich Environment," unpublished, Princeton University, September 2000.

Bernanke, Ben S., and Michael Woodford, "Inflation Forecasts and Monetary Policy," *Journal of Money, Credit, and Banking* 24: 653 - 684, 1997.

Bernanke, Ben S., Thomas Laubach, Frederic S. Mishkin, and Adam S. Posen, *Inflation Targeting*, Princeton: Princeton University Press, 1999.

Beveridge, Stephen, and Charles R. Nelson, "A New Approach to the Decomposition of Economic Time Series into Permanent and Transitory Components with Particular Attention to Measurement of the 'Business Cycle'," *Journal of Monetary Economics* 7: 151 - 174, 1981.

Black, Fischer, "Banking in a World without Money: The Effects of Uncontrolled Banking," *Journal of Bank Research* 1: 9 - 20, 1970.

Black, Richard, Vincenzo Cassino, Aaron Drew, Eric Hansen, Benjamin Hunt, David Rose, and Alasdair Scott, "The Forecasting and Policy System: The Core Model," Research Paper No. 43, Reserve Bank of New Zealand, August 1997a.

Black, Richard, Tiff Macklem, and David Rose, "On Policy Rules for Price Stability," in T. Macklem, ed., *Price Stability, Inflation Targets and Monetary Policy*, Ottawa: Bank of Canada, 1997b.

Blanchard, Olivier J., "Price Asynchronization and Price-Level Inertia," in R. Dornbusch and M. H. Simonsen des., *Inflation, Debt and Indexation*, Cambridge: MIT Press, 1983.

Blanchard, Olivier J., and Stanley Fischer, *Lectures on Macroeconomics*, Cambridge: MIT Press, 1989.

Blanchard, Olivier J., and Charles Kahn, "The Solution of Linear Difference Equations under Rational Expectations," *Econometrica* 48: 1305 - 1311, 1980.

Blanchard, Olivier J., and Nobuhiro Kiyotaki, "Monopolistic Competition and the Effects of Aggregate Demand," *American Economic Review* 77: 647 - 666, 1987.

Blinder, Alan S., *Central Banking in Theory and Practice*, Cambridge: MIT Press, 1998.

Blinder, Alan S., Elie R. D. Canetti, David E. Lebow, and Jeremy B. Rudd, *Asking About Prices: A New Approach to Understanding Price Stickiness*, New York: Russell Sage Foundation, 1998.

Blinder, Alan S., Charles Goodhart, Philipp Hildebrand, David Lipton, and Charles Wyplosz, *How Do Central Banks Talk?*, Geneva Report on the World Economy No. 3, International Center for Monetary and Banking Studies, 2001.

Boivin, Jean, and Marc Giannoni, "Has Monetary Policy Become More Effective?" NBER Working Paper No, 9459, January 2003.

Brandt, R. E., *Ethical Theory*, Englewood Cliffs, N. J.: Prentive-Hall, Inc., 1959.

Brayton, Flint, Andrew Levin, Ralph Tryon, and John Williams, "The Evolution of Macro Models at the Federal Reserve Board," *Carnegie-Rochester Conference Series on Public Policy* 47: 43 - 81, 1997.

Brock, William A., "Money and Growth: The Case of Long-Run Perfect Foresight," *International Economic Review* 15: 750 - 777, 1974.

_____, "A Simple Perfect Foresight Monetary Rule," *Journal of Monetary Economics* 1: 133 - 150, 1975.

Bryan, Michael F., Stephen G. Cecchetti, and Roisin O'Sullivan, "Asset Prices in the Measurement of Inflation," NBER Working Paper No. 8700, January 2002.

Buiter, Willem H., "The Fiscal Theory of the Price Level: A Critique," *Economic Journal* 112: 459 - 480, 2002.

Bullard, James, and Kaushik Mitra, "Learning about Monetary Policy Rules," *Journal of Monetary Economics* 49: 1105 - 1129, 2002.

Bulow, Jeremy, John Geanakoplos, and Paul Klemperer, "Multimarket Oligopoly: Strategic Substitutes and Complements," *Journal of Political Economy* 93: 488 - 511, 1985.

Cagan, Phillip, "The Monetary Dynamics of Hyperinflation," in M. Friedman, ed., *Studies in the Quantity Theory of Money*, Chicago: University of Chicago Press, 1956.

Calvo, Guillermo, "Staggered Prices in a Utility-Maximizing Framework," *Journal of Monetary Economics* 12: 383 - 398, 1983.

Caplin, Andrew, and John Leahy, "State-Dependent Pricing and the Dynamics of Money and Output," *Quarterly Journal of Economics* 106: 683 - 708, 1991.

Carlstrom, Charles T., and Timothy S. Fuerst, "Timing and Real Indeterminacy in Monetary Models," *Journal of Monetary Economics* 47: 285 - 298, 2001.

Chari, V. V., and Patrick J. Kehoe, "Optimal Fiscal and Monetary Policy," in J. B. Taylor and M. Woodford, eds., *Handbook of Macroeconomics*, Vol. 1C, Amsterdam: North-Holland, 1999.

Chari, V. V., Lawrence J. Christiano, and Martin S. Eichenbaum, "Expectation Traps and Discretion," *Journal of Economic Theory* 81: 462 - 492, 1998.

Chari, V. V., Patrick J. Kehoe, and Ellen R. McGrattan, "Sticky Price Models of the Business Cycle: Can the Contract Multiplier Solve the Persistence Problem?" *Econometrica* 68: 1151 - 1179, 2000.

Christiano, Lawrence J., Martin S. Eichenbaum, and Charles L. Evans, "Sticky Price and Limited Participation Models of Money: A Comparison," *European Economic Review* 41: 1201 - 1249, 1997.

_____, "Monetary Policy Shocks: What Have We Learned and to What End?" in J. B. Taylor and M. Woodford, eds., *Handbook of Macroecnomics*, Vol. 1A, Amsterdam: North-Holland, 1999.

_____, "Nominal Rigidities and the Dynamic Effects of a Shock to Monetary Policy," NBER Working Paper No. 8403, July 2001.

Clarida, Richard, Jordi Galí and Mark Gertler, "The Science of Monetary Policy: A New Keynesian Perspective," *Journal of Economic Literature* 37: 1661 - 1707, 1999.

_____, "Monetary Policy Rules and Macroeconomic Stability: Evidence and Some Theory," *Quarterly Journal of Economics* 115: 147 - 180, 2000.

_____, "Optimal Monetary Policy in Closed versus Open Economies: An Integrated Approach," NBER Working Paper No. 8604, November 2001.

Cochrane, John H., "What do the VARs Measure? Measuring the Output Effects of Monetary Policy," *Journal of Monetary Economics* 41: 277 - 300, 1998.

_____, "Money as Stock: Price Level Determination with No Money Demand," NBER Working Paper No. 7498, January 2000.

Coletti, Donald, Benjamin Hunt, David Rose, and Robert Tetlow, "The Dynamic Model: QPM, The Bank of Canada's New Quarterly Projection Model, Part 3," Technical Report No. 75, Bank of Canada, May 1996.

Collard, Fabrice, and Michel Juillard, "Perturbation Methods for Rational Expectations Models," unpublished, CEPREMAP (Paris), February 2001.

Collard, Fabrice, Harris Dellas, and Guy Ertz, "Poole Revisited," unpublished, CEPREMAP (Paris), October 1998.

Cooley, Thomas F., and Gary D. Hansen, "The Inflation Tax in a Real Business Cycle Model," *American Economic Review* 79: 733 - 748, 1989.

Cooley, Thomas F., and Edward C. Prescott, "Economic Growth and Business Cycles," in T. F. Cooley, ed., *Frontiers of Business Cycle Research*, Princeton:

Princeton University Press, 1995.

Costa, Claudia, and Paul DeGrauwe, "Monetary Policy in a Cashless Society," CEPR Discussion Paper No. 2696, February 2001.

Currie, David , and Paul Levine, *Rules , Reputation and Macroeconomic Policy Coordination*, Cambridge: Cambridge University Press, 1993.

Dixit, Avinash K. , and Joseph E. Stiglitz, "Monopolistic Competition and Optimum Product Diversity," *American Economic Review* 67: 297 – 308, 1997.

Dotsey, Michael, Robert G. King, and Alexander L. Wolman, "State-Dependent Pricing and the General Equilibrium Dynamics of Money and Output," *Quarterly Journal of Economics* 114: 655 – 690, 1999.

Dunlop, John T. , "The Movement of Real and Money Wage Rates," *Economic Journal* 48: 413 – 434, 1938

Dupor, BIll, "Optimal Monetary Policy with Nominal Rigidities," unpublished, Wharton School, February 1999.

Edge, Rochelle M. , "Time to Build, Time to Plan, Habit Persistence, and the Liquidity Effect," International Finance Discussion Paper No. 2000 – 2673, Federal Reserve Board, July 2000.

_____, "The Equivalence of Wage and Price Staggering in Monetary Business Cycle Models," *Review of Economic Dynamics* 5: 559 – 585, 2002.

Eggertsson, Gauti B. , and Michael Woodford, "The Zero Interest-Rate Bound and Optimal Monetary Policy," unpublished, Princeton University, March 2003.

Erceg, Christopher J. , and Andrew T. Levin, "Optimal Monetary Policy with Durable and Non-Durable Goods," ECB Working Paper No. 179, September 2002.

Erceg, Christopher J. , Dale W. Henderson, and Andrew T. Levin, "Optimal Monetary Policy with Staggered Wage and Price Contracts," *Journal of Monetary Economics* 46: 281 – 313, 2000.

Evans, George W. , and Seppo Honkapohja, *Learning and Expectations in Macroeconomics*, Princeton: Princeton University Press, 2001.

_____, "Monetary Policy, Expectations and Commitment," CEPR Discussion Paper No. 3434. June 2002a.

_____, "Policy Interaction, Learning and the Fiscal Theory of Prices," unpublished, University of Oregon, July 2002b.

_____, "Adaptive Learning and Monetary Policy Design," unpublished, University of Oregon, October 2002c.

Feenstra, Robert, "Functional Equivalence Between Liquidity Costs and the Utility of Money," *Journal of Monetary Economics* 17: 271 – 291, 1986.

Fisher, Irving, *Stable Money: A History of the Movement*, New York: Adelphi, 1934.

Fisher, Mark, and Christian Gilles, "Modeling the State-Price Deflator and the Term Structure of Interest Rates," unpublished, Research Department, Federal Reserve Bank of Atlanta, February 2000.

Flodén, Martin, "The Time Inconsistency Problem of Monetary Policy under Alternative Supply Side Modelling," unpublished, Stockholm University, 1996.

Freedman, Charles, "Monetary Policy Implementation: Past, Present and Future-Will Electronic Money Lead to the Eventual Demise of Central Banking?" *International Finance* 3: 211 - 227, 2000.

Friedman, Benjamin M., "The Future of Monetary Policy: The Central Bank as an Army with Only a Signal Corps?" *International Finance* 2: 321 - 338, 1999.

Friedman, Milton, "The Role of Monetary Policy," *American Economic Review* 58: 1 - 17, 1968.

_____, "The Optimum Quantity of Money," in *The Optimum Quantity of Money and Other Essays*, Chicago: Aldine, 1969.

Friedman, Milton, and Anna J. Schwartz, *A Monetary History of the United States*, 1867 - 1960, Princeton: Princeton University Press, 1963.

Fuhrer, Jeffrey C., "Comment," *NBER Macroeconomics Annual* 12: 346 - 355, 1997.

_____, "Habit Formation in Consumption and Its Implications for Monetary-Policy Models," *American Economic Review* 90: 367 - 390, 2000.

Fuhrer, Jeffrey C., and Geoffrey R. Moore, "Inflation Persistence," *Quarterly Journal of Economics* 110: 127 - 159, 1995a.

_____, "Monetary Policy Trade-offs and the Correlation between Nominal Interest Rates and Real Output," *American Economic Review* 85: 219 - 239, 1995b.

_____, "Forward-Looking Behavior and the Stability of a Conventional Monetary Policy Rule," *Journal of Money, Credit and Banking* 27: 1060 - 1070, 1995c.

Gabaix, Xavier, and David Laibson, "The 6D Bias and the Equity Premium Puzzle," HIER Discussion Paper No, 1947, Harvard University, March 2002.

Galí, Jordi, "New Perspectives on Monetary Policy, Inflation and the Business Cycle," unpublished, Universitat Pompeu Fabra, Barcelona, January 2001.

_____, "The Conduct of Monetary Policy in the Face of Technological Change: Theory and Postwar U. S. Evidence," in *Stabilization and Monetary Policy: The International Experience*, Mexico City: Banco de Mexico, 2002.

Galí, Jordi, and Mark Gertler, "Inflation Dynamics: A Structural Econometric Analysis," *Journal of Monetary Economics* 45: 195 - 222, 1999.

Galí, Mark Gertler, and J. David Lopez-Salido, "European Inflation Dynamics,"

European Economic Review 45: 1237 - 1270, 2001.

_____, "Robustness of the Estimates of the Hybrid New Keynesian Phillips Curve," unpublished, Universitat Pompeu Fabra, January 2003.

Gesell, Silvio, *The Natural Economic Order* [1929]. English translation by Philip Pye, San Antonio: Free-Economy Publishing Co., 1934.

Giannoni, Marc P., "Optimal Interest-Rate Rules in a Forward-Looking Model, and Inflation Stabilization versus Price-Level Stabilization," unpublished, FRBNY, September 2000.

_____, "Robust Optimal Monetary Policy in a Forward-Looking Model with Parameter and Shock Uncertainty," unpublished, Princeton University, 2001.

_____, "Does Model Uncertainty Justify Caution? Robust Optimal Monetary Policy in a Forward-Looking Model," *Macroeconomic Dynamics* 6: 111 - 144, 2002.

Giannoni, Marc P., and Michael Woodford, "Optimal Interest-Rate Rules: I. General Theory," NBER Working Paper No. 9419, December 2002a.

_____, "Optimal Interest-Rate Rules: II. Applications," NBER Working Paper No. 9420, December 2002b.

_____, "How Forward-Looking is Optimal Monetary Policy?" *Journal of Money, Credit and Banking*, forthcoming 2003a.

_____, "Optimal Inflation Targeting Rules," in B. S. Bernanke and M. Woodford, eds., *Inflation Targeting*, Chicago: University of Chicago Press, forthcoming 2003b.

Goodfriend, Marvin, "Interest-Rate Smoothing and Price-Level Trend-Stationarity," *Journal of Monetary Economics* 19: 335 - 348, 1987.

_____, "Interest Rate Smoothing in the Conduct of Monetary Policy," *Carnegie-Rochester Conference Series on Public Policy* 34: 7 - 30, 1991.

Goodfriend, Marvin, and Robert G. King, "The New Neoclassical Synthesis and the Role of Monetary Policy," *NBER Macroeconomics Annual* 12: 231 - 283, 1997.

Goodhart, Charles A. E., "The Conduct of Monetary Policy," *Economic Journal* 99: 293 - 346, 1989.

_____, "The Objectives for, and Conduct of, Monetary Policy in the 1990s," in A. Blundell-Wignall, ed., *Inflation, Disinflation, and Monetary Policy*, Sydney: Ambassador Press, 1992.

_____, "Time, Inflation and Asset Prices," unpublished, London School of Economics, August 1999.

_____, "Can Central Banking Survive the IT Revolution?" *International Finance* 3: 189 - 209, 2000.

_____, "Monetary Transmission Lags and the Formulation of the Policy Decision on Interest Rates," *Federal Reserve Bank of St. Louis Review*, July/August 2001, pp. 165 - 181.

Grandmont, Jean-Michel, "On Endogenous Competitive Business Cycles," *Econometrica* 53: 995 – 1046, 1985.

Grandmont, Jean-Michel, and Guy Laroque, "Stability of Cycles and Expectations," *Journal of Economic Theory* 40: 138 – 151, 1986.

Grimes, Arthur, "Discount Policy and Bank Liquidity: Implications for the Modigliani-Miller and Quantity Theories," Reserve Bank of New Zealand, Discussion Paper No. G92/12, October 1992.

Guerrieri, L., "Inflation Dynamics," International Finance Discussion Paper No. 715, Federal Reserve Board, December 2001.

Haavelmo, Trygve, "Wicksell on the Currency Theory vs. the Banking Principle," *Scandinavian Journal of Economics* 80: 209 – 215, 1978.

Hairault, Jean-Olivier, and Franck Portier, "Money, New Keynesian Macroeconomics, and the Business Cycle," *European Economic Review* 37: 1533 – 1568, 1993.

Hall, Robert E., "Employment Fluctuations and Wage Rigidity," *Brookings Papers on Economic Activity* 1980 – 1981, pp. 91 – 123.

_____, "Optimal Fiduciary Monetary Systems," *Journal of Monetary Economics* 12: 33 – 50, 1983.

_____, "Controlling the Price Level," *Contrbutions to Macroeconomics* 2 (1), Article 5, 2002. [http:// www. bepress. com]

Hall, Robert E., and N. Gregory Mankiw, "Nominal Income Targeting," in N. G. Mankiw, ed., *Monetary Policy*, Chicago: University of Chicago Press, 1994.

Haltiwanger, John, and Michael Waldman, "Limited Rationality and Strategic Complements: The Implications for Macroeconomics," *Quarterly Journal of Economics* 104: 465 – 483, 1989.

Hansen, Gary D., "Indivisible Labor and the Business Cycle," *Journal of Monetary Economics* 16: 309 – 327, 1985.

Hansen, Lars P., Dennis Epple, and William Roberds, "Linear-Quadratic Duopoly Models of Resource Depletion," in T. J. Sargent, ed., *Energy, Foresight and Strategy*, Washington, D. C.: Resources for the Future, 1985.

Harsanyi, John C., "Morality and the Theory of Rational Behaviour," in A. Sen and B. Williams, eds., *Utilitarianism and Beyond*, Cambridge: Cambridge University Press, 1982.

Henderson, Dale, and Warwick J. McKibbin, "A Comparison of Some Basic Monetary Policy Regimes for Open Economies: Implications of Different Degrees of Instrument Adjustment and Wage Persistence," *Carnegie-Rochester Conference Series on Public Policy* 39 (1): 221 – 318, 1993.

Howitt, Peter, "Interest-Rate Control and Nonconvergence to Rational Expectations," *Journal of Political Economy* 100: 776 - 800, 1992.

Huang, Kevin X. D., and Zheng Liu, "Staggered Contracts and Business Cycle Persistence," Discussion Paper No. 127, Federal Reserve Bank of Minneapolis, December 1998.

Humphrey, Thomas M., "Price-Level Stabilization Rules in a Wicksellian Model of the Cumulative Process," *Scandinavian Journal of Economics* 94: 509 - 518, 1992.

____, "Knut Wicksell and Gustav Cassel on the Cumulative Process and the Price-Stabilizing Policy Rule," *Economic Quarterly*, Federal Reserve Bank of Richmond, 88 (3): 59 - 83, 2002.

Ireland, Peter N., "The Role of Countercyclical Monetary Policy," *Journal of Monetary Policy* 104: 704 - 723, 1996.

____, "A Small, Structural, Quarterly Model for Monetary Policy Evaluation," *Carnegie-Rochester Conference Series on Public Policy* 47: 83 - 108, 1997.

____, "Money's Role in the Monetary Business Cycle Model," NBER Working Paper no. 8115, February 2001.

Jadresic, Esteban, "Can Staggered Price-Setting Explain Short-Run Inflation Dynamics?" unpublished, IMF Research Department, October 2000.

Jensen, Christian, and Bennett T. McCallum, "The Non-Optimality of Proposed Monetary Policy Rules Under Timeless-Perspective Commitment," NBER Working Paper No. 8882, April 2002.

Jin, He-hui, and Kenneth L. Judd, "Perturbation Methods for General Dynamic Stochastic Models," unpublished, Stanford University, April 2002.

Jonas, Jiri, and Frederic Mishkin, "Inflation Targeting in Transition Economies: Experience and Prospects," in B. S. Bernanke and M. Woodford, eds., *Inflation Targeting*, Chicago: University of Chicago Press, forthcoming 2003.

Jondeau, E., and H. LeBihan, "Testing for a Forward-Looking Phillips Curve: Additional Evidence from European and U. S. Data," Notes d'Etudes et de Recherche No. 86, Bank of France, December 2001.

Jonsson, Gunnar, "Monetary Politics and Unemployment Persistence," *Journal of Monetary Economics* 39: 303 - 325, 1997.

Jonung, Lars, "Knut Wicksell's Norm of Price Stabilization and Swedish Monetary Policy in the 1930s," *Journal of Monetary Economics* 5: 459 - 496, 1979.

Judd, John F., and Glenn D. Rudebusch, "Taylor's Rule and the Fed: 1970 - 1997," *Federal Reserve Bank of San Francisco Economic Review* 1998 (3), pp. 3 - 16.

Kara, Ali Hakan, "Optimal Monetary Policy Rules under Imperfect Commitment:

Some Theory and Evidence," unpublished, Central Bank of Turkey, February 2003.

Kazemi, H. B., "An Intertemporal Model of Asset Prices in a Markov Economy with a Limiting Stationary Distribution," *Review of Financial Studies* 5: 85-104, 1992.

Kerr, William, and Robert G. King, "Limits on Interest Rate Rules in the IS Model," *Economic Quarterly*, Federal Reserve Bank of Richmond, 82: 47-76, 1996.

Keynes, John Maynard, *The General Theory of Employment, Interest, and Money*, New York: Macmillan, 1936.

Khan, Aubhik, Robert G. King, and Alexander L. Wolman, "Optimal Monetary Policy," NBER Working Paper No. 9402, December 2002.

Kiley, Michael T., "Partial Adjustment and Staggered Price Setting," *Journal of Money, Credit and Banking* 34 (2): 283-298, 2002.

____, "Is Moderate-to-High Inflation Inherently Unstable with Forward-Looking Monetary Policy?" unpublished, OECD, January 2003.

Kim, Jinill, and Sunghyun Henry Kim, "Spurious Welfare Reversals in International Business Cycle Models," *Journal of International Economics*, forthcoming 2003.

Kim, Jinill, Sunghyun Kim, Ernst Schaumburg, and Christopher A. Sims, "Second Order Accurate Solution of Discrete Time Dynamic Equilibrium Models," unpublished, Princeton University, January 2003.

Kimball, Miles, S., "The Quantitative Analytics of the Basic Neomonetarist Model," *Journal of Money, Credit and Banking* 27: 1241-1277, 1995.

King, Mervyn A., "Changes in UK Monetary Policy: Rules and Discretion in Practice," *Journal of Monetary Economics* 39: 81-97, 1997.

____, "Challenges for Monetary Policy: New and Old," in *New Challenges for Monetary Policy*, Kansas City: Federal Reserve Bank of Kansas City, 1999.

King, Robert G., and Sergio T. Rebelo, "Resuscitating Real Business Cycles," in J. B. Taylor and M. Woodford, eds., *Handbook of Macroeconomics*, Vol. 1B, Amsterdam: North-Holland, 1999.

King, Robert G., and Mark W. Watson, "Money, Prices, Interest Rates and the Business Cycle," *Review of Economics and Statistics* 78: 35-53, 1996.

King, Robert G., and Alexander L. Wolman, "Inflation Targeting in a St. Louis Model of the 21st Century," *Federal Reserve Bank of St. Louis Review* 78: 83-107, 1996.

____, "What Should the Monetary Authority Do when Prices are Sticky?" in J. B. Taylor, ed., *Monetary Policy Rules*, Chicago: University of Chicago Press, 1999.

King, Robert G., Charles I. Plosser, and Sergio T. Rebelo, "Production, Growth and Business Cycles: I. The Basic Neoclassical Model," *Journal of Monetary Economics* 21: 195 - 232, 1988.

Klein, Paul, "Using the Generalized Schur Form to Solve a System of Linear Expectational Difference Equations," in *Papers on the Macroeconomics of Fiscal Policy*, IIES Monograph Series No. 33, Stockholm University, 1997.

Koenig, Evan F., "A Dynamic Optimizing Alternative to Traditional IS-LM Analysis," Discussion Paper No. 87-07, Department of Economics, University of Washington, May 1987.

_____, "Rethinking the IS in IS-LM: Adapting Keynesian Tools to Non-Keynesian Economies," *Economic Review*, Federal Reserve Bank of Dallas, Third Quarter 1993, 99, 33 - 50, and Fourth Quarter 1993, pp. 17 - 36.

Krugman, Paul, "It's Baaack! Japan's Slump and the Return of the Liquidity Trap," *Brookings Papers on Economic Activity* 1998 - 2, pp. 137 - 187.

Kurmann, André, "Quantifying the Uncertainty about the Fit of a New Keynesian Pricing Model," unpublished, Université de Québec à Montréal, December 2002.

Kydland, Finn E., and Edward C. Prescott, "Rules Rather than Discretion: The Inconsistency of Optimal Plans," *Journal of Political Economy* 85: 473 - 491, 1997.

_____, "Dynamic Optimal Taxation, Rational Expectations and Optimal Control," *Journal of Economic Dynamics and Control* 2: 79 - 91, 1980.

_____, "Time to Build and Aggregate Fluctuations," *Econometrica* 50: 1345 - 1370, 1982.

Lang, Serge, *Real Analysis*, 2nd ed., Reading, MA: Addison-Wesley, 1983.

Lange, Joe, Brian Sack, and William Whitesell, "Anticipations of Monetary Policy in Financial Markets," FEDS Paper No. 2001 - 24, Federal Reserve Board, April 2001.

Lau, Sau-Him Paul, "Aggregate Pattern of Time-Dependent Adjustment Rules, II: Strategic Complementarity and Endogenous Non-Synchronization," *Journal Economic Theory* 98: 199 - 231, 2001.

Laubach, Thomas, and John C. Williams, "Measuring the Natural Rate of Interest," FEDS Discussion Paper No. 2001 - 56, Federal Reserve Board, November 2001.

Laxton, Douglas, and Paolo Pesenti, "Monetary Rules for Small, Open Emerging Economies" unpublished, International Monetary Fund, November 2002.

Leeper, Eric, "Equilibria Under 'Active' and 'Passive' Monetary and Fiscal Policies," *Journal of Monetary Economics* 27: 129 - 147, 1991.

Leijonhufvud, Axel, "The Wicksell Connection—Variations on a Theme," in *Information and Coordination: Essays in Macroeconomic Theory*, Oxford: Oxford University Press, 1981.

Leitemo, Kai, "Targeting Inflation by Constant-Interest-Rate Forecasts," unpublished, University of Oslo, November 2000.

Lettau, Martin, and Timothy Van Zandt, "Robustness of Adaptive Expectations as an Equilibrium Selection Device," unpublished, Federal Reserve Bank of New York, March 2000.

Levin, Andrew, Volker Wieland, and John C. Williams, "Robustness of Simple Monetary Policy Rules Under Model Uncertainty," in J. B. Taylor, ed., *Monetary Policy Rules*, Chicago: University of Chicago Press, 1999.

_____, "The Performance of Forecast-Based Monetary Policy Rules Under Model Uncertainty," FEDS Paper No. 2001 - 39, Federal Reserve Board, August 2001.

Levine, Paul, "Should Rules be Simple?" CEPR Discussion Paper No. 515, March 1991. [Reprinted as Chapter 6 of Currie and Levine, 1993.]

Lindahl, Erik, "The Dynamic Approach to Economic Theory," in *Studies in the Theory of Money and Capital*, London: Allan and Unwin, 1939.

Linde, Jesper, "Estimating New-Keynesian Phillips Curves: A Full Information Maximum Likelihood Approach," Working Paper No. 129, Bank of Sweden, April 2002.

Long, John B., and Charles I. Plosser, "Real Business Cycles," *Journal of Political Economy* 91: 39 - 69, 1983.

Loungani, Prakash, Assaf Razin, and Chi-Wa Yuen, "Capital Mobility and the Output-Inflation Tradeoff," *Journal of Development Economics* 64: 255 - 274, 2001.

Loyo, Eduardo H. M., "Tight Money Paradox on the Loose: A Fiscalist Hyperinflation," unpublished, Kennedy School of Government, June 1999.

Lubik, Thomas A., and Frank Schorfheide, "Testing for Indeterminacy: An Application to U. S. Monetary Policy," unpublished, Johns Hopkins University, July 2002.

Lucas, R. E., Jr., "Expectations and the Neutrality of Money," *Journal of Economic Theory* 4: 103 - 124, 1972.

_____, "Econometric Policy Evaluation: A Critique," *Carnegie-Rochester Conference Series on Public Policy* 1: 19 - 46, 1976.

_____, "Adaptive Behavior and Economic Theory," *Journal of Business* 59 (supp.): 401 - 426, 1986.

_____, "Inflation and Welfare," *Econometrica* 68: 247 - 274, 2000.

Lucas, R. E., Jr., and Nancy L. Stokey, "Money and Interest in a Cash-in-Advance Economy," *Econometrica* 55: 491 - 513, 1987.

Mankiw, N. Gregory, "Small Menu Costs and Large Business Cycles: A Macroeconomic Model of Monopoly," *Quarterly Journal of Economics* 100: 529 - 539, 1985.

Mankiw, N. Gregory, and Ricardo Reis, "Sticky Information versus Sticky Prices: A Proposal to Replace the New Keynesian Phillips Curve," NBEE Working Paper No. 8290, May 2001a.

_____, "Sticky Information: A Model of Monetary Non-Neutrality and Structural Slumps," NBER Working Paper No. 8614, December 2001b.

Marcet, Albert, and Thomas J. Sargent, "Convergence of Least-Squares Learning in Environments with Hidden State Variables and Private Information," *Journal of Political Economy* 97: 1306 - 1322, 1989.

Mash, Richard, "New Keynesian Microfoundations Revisited: A Generalized Calvo-Taylor Model and the Desirability of Inflation vs. Price-Level Targeting," Discussion Paper No. 109, Oxford University Department of Economics, June 2002.

McCallum, Bennett T., "Price Level Determinacy with an Interest Rate Policy Rule and Rational Expectations," *Journal of Monetary Economics* 8: 319 - 329, 1981.

_____, *Monetary Economics: Theory and Policy*, New York: Macmillan, 1989.

_____, "Issues in the Design of Monetary Policy Rules," in J. B. Taylor and M. Woodford, eds., *Handbook of Macroeconomics* Vol. 1C, Amsterdam: North-Holland, 1999.

_____, "Indeterminacy, Bubbles, and the Fiscal Theory of Price Level Determination," *Journal of Monetary Economics* 47: 19 - 30, 2001.

McCallum, Bennett T., and Edward Nelson, "An Optimizing IS-LM Specification for Monetary Policy and Business Cycle Analysis," *Journal of Money, Credit and Banking* 31: 296 - 316, 1999a.

_____, "performance of Operational Policy Rules in an Estimated Semi-Classical Structural Model," NBER Working Paper No. 6599, 199b.

_____, "Timeless Perspective vs. Discretionary Monetary Policy in Forward-Looking Models," NBER Working Paper No. 7915, November 2000.

McGrattan, Ellen R., "Predicting the Effects of Effects of Federal Reserve Policy in a Sticky-Price Model: An Analytical Approach," Federal Bank of Minneapolis Working Paper No. 598, December 1999.

Meade, James, E., *The Theory of International Economic Policy*, Vol. 1: The Balance of Payments, London: Oxford University Press, 1951.

Monetary Policy Committee, "Minutes of the Monetary Policy Committee Meeting on 9 - 10 December 1998," *Inflation Report February* 1999, Bank of England, pp. 66 - 68.

Myrdal, Gunnar, *Monetary Equilibrium*, London: W. Hodge and Co., 1939 [orig. Swedish, 1931].

Neiss, Katherine S., and Edward Nelson, "Inflation Dynamics, Marginal Cost, and the Output Gap: Evidence from Three Countries," unpublished, Bank of England, July 2002.

_____, "The Real Interest Rate Gap as an Inflation Indicator," *Macroeconomic Dynamics*, 7: 239-262, 2003.

Nelson, Edward, "U.K. Monetary Policy 1972 - 1997: A Guide using Taylor Rules," in P. Mizen, ed., *Central Banking Monetary Theory and Practice: Essays in Honour of Charles Goodhart*, Vol. 1, Cheltenham, UK: Edward Elgar, forthcoming 2003.

Nelson, Edward, and Kalin Nikolov, "Monetary Policy and Stagflation in the UK," CEPR Discussion Paper No. 3458, July 2002.

Niehans, Jurg, *A History of Economic Theory: Classic Contributions, 1720 - 1980*, Baltimore: Johns Hopkins University Press, 1990.

Obstfeld, Maurice and Kenneth Rogoff, "Speculative Hyperinflations in Maximizing Models: Can We Rule Them Out?" *Journal of Political Economy* 91: 675-687, 1983.

_____, "Ruling Out Divergent Speculative Bubbles," *Journal of Monetary Economics* 17: 349-362, 1986.

_____, *Foundations of International Macroeconomics*, Cambridge: MIT Press, 1996.

Ohanian, Lee H., Alan Stockman, and Lutz Klian, "The Effects of Real and Monetary Shocks in a Business Cycle Model with Some Sticky Prices," *Journal of Money, Credit, and Banking* 27: 1209-1234, 1995.

Orphanides, Athanasios, "Monetary Policy Rules Based on Real-Time Data," *American Economic Review* 91: 964-985, 2001.

_____, "Monetary Policy Rules, Macroeconomic Stability and Inflation: A View from the Trenches," *Journal of Money, Credit and Banking*, forthcoming 2003.

Phelps, Edmund S., "Phillips Curves, Expectations of Inflation and Optimal Unemployment over Time," *Economica* 34: 254-281, 1967.

_____, "Disinflation without Recession: Adaptive Guideposts and Monetary Policy," *Weltwirtschaftliches Archiv* 114: 789-809, 1978.

Pigou, Arthur C., "The Classical Stationary State," *Economic Journal* 53: 343-351, 1943.

Poole, William, "Optimal Choice of Monetary Policy Instrument in a Simple Stochastic Macro Model," *Quarterly Journal of Economics* 84: 197-216, 1970.

Prescott, Edward C., "Should Control Theory Be Used for Economic Stabilization?" *Carnegie-Rochester Conference Series on Economic Policy* 7: 13-38, 1977.

Preston, Bruce, "Learning about Monetary Policy Rules when Long-Horizon Forecasts Matter," unpublished, Princeton University, August 2002a.

_____, "Adaptive Learning and the Use of Forecasts in Monetary Policy," unpublished, Princeton University, December 2002b.

Razin, Assaf, and Chi-Wa Yuen, "The 'New Keynesian' Phillips Curve: Closed Economy versus Open Economy," *Economics Letters* 75: 1–9, 2002.

Roberts, John M., "New Keynesian Economics and the Phillips Curve," *Journal of Money, Credit and Banking* 27: 975–984, 1995.

Rogoff, Kenneth, "The Optimal Degree of Commitment to an Intermediate Monetary Target," *Quarterly Journal of Economics* 100: 1169–1190, 1985.

Rotemberg, Julio J., "Monopolistic Price Adjustment and Aggregate Output," *Review of Economic Studies* 49: 517–531, 1982.

_____, "The New Keynesian Microfoundations" *NBER Macroeconomics Annual* 2: 69–104, 1987.

_____, "Prices, Output and Hours: An Empirical Analysis Based on a Sticky Price Model," *Journal of Monetary Economics* 37: 505–533, 1996.

Rotemberg, Julio J., and Michael Woodford, "Oligopolistic Pricing and the Effects of Aggregate Demand on Economic Activity," *Journal of Political Economy* 100: 1153–1207, 1992.

_____, "Dynamic General Equilibrium Models with Imperfectly Competitive Product Markets," in T. F. Cooley, ed., *Frontiers of Business Cycle Research*, Princeton: Princeton University Press, 1995.

_____, "An Optimization-Based Econometric Framework for the Evaluation of Monetary Policy," *NBER Macroeconomics Annual* 12: 297–346, 1997.

_____, "An Optimization-Based Econometric Framework for the Evaluation of Monetary Policy," NBER Technical Working Paper No. 233, May 1998.

_____, "Interest-Rate Rules in an Estimated Sticky-Price Model," in J. B. Taylor, ed., *Monetary Policy Rules*, Chicago: University of Chicago Press, 1999a.

_____, "The Cyclical Behavior of Prices and Costs," in J. B. Taylor and M. Woodford, eds., *Handbook of Macroeconomics*, Vol. 1B, Amsterdam: North-Holland, 1999b.

Rudebusch, Glenn D., and Lars E. O. Svensson, "Policy Rules for Inflation Targeting," in J. B. Taylor, ed., *Monetary Policy Rules*, Chicago: University of Chicago Press, 1999.

Santos, Manuel S., and Michael Woodford, "Rational Asset Pricing Bubbles," *Econometrica* 65: 19–58, 1997.

Sargent, Thomas J., and Neil Wallace, "'Rational' Expectations, the Optimal Monetary Instrument, and the Optimal Money Supply Rule," *Journal of Po-*

litical Economy 83: 241 - 254, 1975.

Sbordone, Argia M., "Prices and Unit Labor Costs: A New Test of Price Stickiness," IIES Seminar Paper No. 653, Stockholm University, October 1998.

_____, "Prices and Unit Labor Costs: A New Test of Price Stickiness," *Journal of Monetary Economics* 49: 265 - 292, 2002.

_____, "Inflation Dynamics and Real Marginal Costs," unpublished, Rutgers University, February 2003.

Schmitt-Grohé, Stephanie, and Martín Uribe, "Price Level Determinacy and Monetary Policy under a Balanced-Budget Requirement," *Journal of Monetary Economics* 45: 211 - 246, 2000.

_____, "Solving Dynamic General Equilibrium Models Using a Second-Order Approximation to the Policy Function," NBER Technical Working Paper No. 282, October 2002.

Sheffrin, Steven M., *Rational Expectations*, Cambridge: Cambridge University Press, 1996.

Sidrauski, Miguel, "Rational Choice and Patterns of Growth in a Monetary Economy," *American Economic Review* 57: 534 - 544, 1967.

Simons, H. C., *Economic Policy for a Free Society*, Chicago: University of Chicago Press, 1948.

Sims, Christopher A., "Fiat Debt as Equity: Domestic Currency Denominated Debt as Equity in the Primary Surplus," Unpublished, Princeton University, August 1999

_____, "Limits to Inflation Targeting," in B. S. Bernanke and M. Woodford, eds., *Inflation Targeting*, Chicago: University of Chicago Press, forthcoming 2003.

Smets, Frank, and Raf Wouters, "Sources of Business Cycle Fluctuations in the U. S.: A Bayesian DSGE Approach," seminar presentation, Princeton University, November 1, 2002.

Soderlind, Paul, "Solution and Estimation of RE Macromodels with Optimal Policy," unpublished, Stockholm Shool of Economics, September 1998.

Steinsson, Jón, "Optimal Monetary Policy in an Economy with Inflation Persistence," unpublished, Harvard University, May 2002.

Summers, Lawrence, "How Should Long Term Monetary Policy Be Determined?" *Journal of Money, Credit and Banking* 23: 625 - 631, 1991.

Sutherland, Alan, "A Simple Second-Order Solution Method for Dynamic General-Equilibrium Models," unpublished, University of St. Andrews, July 2002.

Svensson, Lars E. O., "Sticky Goods Prices, Flexible Asset Prices, Monopolistic Competition and Monetary Policy," *Review of Economic Studies* 53: 385 - 405, 1986.

_____, "Inflation Forecast Targeting: Implementing and Monitoring Inflation Tar-

gets," *European Economic Review* 41: 1111–1146, 1997a.
_____, "Optimal Inflation Targets, 'Conservative' Central Banks, and Linear Inflation Contracts," *American Economic Review* 87: 98–114, 1997b.
_____, "Inflation Targeting as a Monetary Policy Rule," *Journal of Monetary Economics* 43: 607–654, 1999.
_____, "The Inflation Forecast and the Loss Function," unpublished, Princeton University, January 2003a.
_____, "What is Wrong with Taylor Rules? Using Judgment in Monetary Policy through Targeting Rules," *Journal of Economic Literature*, forthcoming June 2003b.
Svensson, Lars E. O., and Michael Woodford, "Indicator Variables for Optimal Policy," *Journal of Monetary Economics*, forthcoming 2003a.
_____, "Indicator Variables for Optimal Policy under Asymmetric Information," *Journal of Economic Dynamics and Control*, forthcoming 2003b.
_____, "Implementing Optimal Policy through Inflation-Forecast Targeting," in B. S. Bernanke and M. Woodford, eds., *Inflation Targeting*, Chicago: University of Chicago Press, forthcoming 2003c.

Tarshis, Lorie, "Changes in Real and Money Wage Rates," *Economic Journal* 49: 150–154, 1939.
Taylor, John B., "Staggered Wage Setting in a Macro Model," *American Economic Review* 69 (2): 108–113, 1979a.
_____, "Estimation and Control of a Macroeconomic Model with Rational Expectations," *Econometrica* 47: 1267–1286, 1979b.
_____, "Aggregate Dynamics and Staggered Contracts," *Journal of Political Economy* 88: 1–24, 1980.
_____, "Discretion versus Policy Rules in Practice," *Carnegie-Rochester Conference Series on Public Policy* 39: 195–214, 1993.
_____, "The Inflation/Output Variability Trade-off Revisited," in J. C. Fuhrer, ed., *Goals, Guidelines, and Constraints Facing Monetary Policymakers*, Boston: Federal Reserve Bank of Boston, 1995.
_____, ed., *Monetary Policy Rules*, Chicago: University of Chicago Press, 1999a.
_____, "Introduction," in J. B. Taylor, ed., *Monetary Policy Rules*, Chicago: University of Chicago Press, 1999b.
_____, "A Historical Analysis of Monetary Policy Rules," in J. B. Taylor, ed., *Monetary Policy Rules*, Chicago: University of Chicago Press, 1999c.
_____, "Expectations Open Market Operations, and Changes in the Federal Funds Rate," *Federal Reserve Bank of St. Louis Review* 83 (3): 33–47, 2001.

Van Hoose, D. "Monetary Targeting and Price Level Non-Trend Stationarity."

Journal of Money, Credit, and Banking 21: 233-239, 1989.

Vestin, David, "Price Level Targeting versus Inflation Targeting in a Forward Looking Model," unpublished, European Central Bank, July 2002.

Vickers, John, "Inflation Targeting in Practice: The U. K. Experience," *Bank of England Quarterly Bulletin*, November 1998.

Walsh, Carl, *Monetary Theory and Policy*, Cambridge: MIT Press, 1998.

West, Kenneth D., "Targeting Nominal Income: A Note," *Economic Journal* 96: 1077-1083, 1986.

White, Bruce, "Central Banking: Back to the Future," Discussion Paper No. 2001/5, Reserve Bank of New Zealand, September 2001.

Wicksell, Knut, *Interest and Prices*, 1898. English translation by R. F. Kahn, London: Macmillan, for the Royal Economic Society, 1936. Reprinted New York: Augustus M. Kelley, 1962.

_____, "The Influence of the Rate of Interest on Prices," *Economic Journal* 17: 213-220, 1907.

_____, *Lectures in Political Economy, Vol. II: Money*, 1915. English translation of the second edition by E. Claasen, London: George Routledge and Sons, 1935. Reprinted Fairfield, N. J.: Augustus M. Kelley, 1978.

Williams, John C., "Simple Rules for Monetary Policy," Finance and Economics Discussion Series Paper No. 1999-2012, Federal Reserve Board, February 1999.

Woodford, Michael, "Stationary Sunspot Equilibria: The Case of Small Fluctuations around a Deterministic Steady State," unpublished, University of Chicago, September 1986.

_____, "The Optimum Quantity of Money," in B. M. Friedman and F. H. Hahn, eds., *Handbook of Monetary Economics*, Vol. II, Amsterdam: North-Holland, 1990.

_____, "Discussion of Fuhrer and Madigan, 'Monetary Policy when Interest Rates are Bounded at Zero'," presented at Conference on Monetary Policy in a Low-Inflation Environment, Federal Reserve Bank of San Francisco, March 1994a.

_____, "Monetary Policy and Price-Level Determinacy in a Cash-in-Advance Economy," *Economic Theory* 4: 345-380, 1994b.

_____, "Price-level Determinacy Without Control of a Monetary Aggregate," *Carnegie-Rochester Conference Series on Public Policy* 43: 1-46, 1995.

_____, "Control of the Public Debt: A Requirement for Price Stability?" NBER Working Paper No. 5684, July 1996. [Shorter version published in G. A. Calvo and M. King, eds., *The Debt Burden and its Consequences for Monetary Policy*, London: Macmillan, 1997.]

_____, "Doing Without Money: Controlling Inflation in a Post-Monetary World,"

Review of Economic Dynamics 1: 173 - 219, 1998.

_____, "Optimal Monetary Policy Inertia," NBER Working Paper No. 7261, August 1999a.

_____, "Commentary: How Should Monetary Policy Be Conducted in an Era of Price Stability?" in *New Challenges for Monetary Policy*, Kansas City: Federal Reserve Bank of Kansas City, 1999b.

_____, "Pitfalls of Forward-Looking Monetary Policy," *American Economic Review* 90 (2): 100 - 104, 2000.

_____, "Fiscal Requirements for Price Stability," *Journal of Money, Credit and Banking* 33: 669 - 728, 2001a.

_____, "Monetary Policy in the Information Economy," in *Economic Policy for the Information Economy*, Kansas City: Federal Reserve Bank of Kansas City, 2001b.

Yun, Tack, "Nominal Price Rigidity, Money Supply Endogeneity, and Business Cycles," *Journal of Monetary Economics* 27: 345 - 370, 1996.

Zbaracki, Mark, Mark Ritson, Daniel Levy, Shantanu Dutta, and Mark Bergen, "The Managerial and Customer Dimensions of the Cost of Price Adjustment: Direct Evidence from Industrial Markets," unpublished, University of Pennsylvania, November 1999.

索　引*

A

adaptive learning dynamics
适应性学习动态
See learning dynamics
见学习动态
Altig，David
阿提格，大卫
Amato，Jeffery D.
阿马托，杰弗里 D.
Amato-Laubach model：
阿马托-劳巴克模型：
impulse response to shocks in
阿马托-劳巴克型中对冲击的脉冲反应
optimal policy rules for
阿马托-劳巴克型中的最优政策规则
parameter values in
阿马托-劳巴克型中的参数值
Anderson，Torben M.
安德森，托本 M.
Anderson，Gary，
安德森，加里
Aoki，Kosuke
青木孝介
asset-price inflation
资产价格通货膨胀
asset-pricing model in cashless economy：
无现金经济中的资产定价模型：
conditions for rational-expectations equilibrium in
资产定价模型中的理性预期均衡条件
government liabilities in
资产定价模型中的政府负债
government purchases in
资产定价模型中的政府购买
household flow budget constraints in
资产定价模型中的家庭流动预算约束
household optimization problem in
资产定价模型中的家庭最优化问题
household portfolio decisions in
资产定价模型中的家庭投资组合决策
indirect utility in
资产定价模型中的间接效用
intertemporal household budget constraints in

* 沈佳、马航、王俊昌、崔晋义、祝东宇、关伟雄、周宏伟、李民、张文伟、龚义、郑德平、胡平、鲁小湖、张建民、王小芽、孙晖、罗建平、张和宇、马晓禹、孙涛、李敏、崔静、李军、顾长兵、洪云、杜伟民、王一凡、陶泽、崔剑、毛彪伟、卫民、杜兵、张小强、洪勇、冯子威、孔岗、林晓泉、何洪虎、李俊等校对了书稿。

资产定价模型中的家庭跨期预算约束
nominal interest rates in
资产定价模型中的名义利率
utility functions in
资产定价模型中的效用函数
asymmetric shocks:
不对称冲击:
in Calvo staggered pricesetting model
卡尔沃交错定价模型中的不对称冲击
inflation and
通货膨胀与不对称冲击
optimal policy
最优政策
representative-household utility flow
代表性家庭效用流动
in sticky price models
黏性价格模型中不对称冲击
welfare losses
福利损失
Australia, channel system
澳大利亚，渠道控制系统

B

balanced-budget fiscal rule
平衡预算财政规则
Ball, Laurence
Bank of England:
英格兰银行:
inflation-forecast targeting
通货膨胀预测目标
Inflation Reports
通货膨胀报告
interest-rate forecasts
利率预测
See also United Kingdom
*亦见*英国
Barro, Robert J.
巴罗，罗伯特 J.，
Barth, Melvin J.，
巴思，梅尔文 J.
basic neo-Wicksellian model:
新威克塞尔基本模型:
aggregate demand in
新威克塞尔基本模型中总需求
aggregate-supply relations
总供给关系
comparison with variable-capital model
新威克塞尔基本模型与可变资本模型的比较
consumption
消费
cost-push shocks and
成本推动冲击与新威克塞尔基本模型
with delayed effects of monetary policy
货币政策效应延迟的新威克塞尔基本模型
determinacy of equilibrium
均衡的决定
differences from current central bank models
与当前中央银行模型的不同
with discretionary policy responses to shocks
包含对冲击做出反应的相机决策政策的新威克塞尔基本模型
disturbance terms in
新威克塞尔基本模型中的扰动项
equilibrium conditions in
新威克塞尔基本模型中的均衡条件
expected future interest rates in
新威克塞尔基本模型中的未来预期利率
with expenditure decisions based on old information
具有基于过去信息进行消费决策的新威克塞尔基本模型
feedback rules in
新威克塞尔基本模型中的反馈规则
forward-looking
前瞻性
with habit persistence
具有习惯性持续的新威克塞尔基本模型
household income in
新威克塞尔基本模型中的家庭收入
household spending rule in
新威克塞尔基本模型中的家庭支出规则
indeterminate equilibria in
新威克塞尔基本模型中的不确定均衡
inertial adjustment of interest rates in
新威克塞尔基本模型中的利率惯性调整
inflation coefficients in
新威克塞尔基本模型中的通货膨胀系数
inflation determinants in
新威克塞尔基本模型中的通货膨胀决定
inflation dynamics in
新威克塞尔基本模型中的通货膨胀动态
inflation inertia in

新威克塞尔基本模型中的通货膨胀惯性
inflation stabilization in
新威克塞尔基本模型中的通货膨胀稳定
inflation-targeting rules in
新威克塞尔基本模型中的通货膨胀目标规则
interest-rate responses to disturbances
利率对扰动的反应
interest-rate rules in
新威克塞尔基本模型中的利率规则
interest-rate shocks in
新威克塞尔基本模型中的利率冲击
investment demand in
新威克塞尔基本模型中的投资需求
investment spending omitted from
新威克塞尔基本模型中遗漏的投资支出
labor in
新威克塞尔基本模型中的劳动
log-linear approximate model
对数线性近似模型
loss function for
新威克塞尔基本模型的损失函数
marginal supply costs in
新威克塞尔基本模型中的边际供给成本
natural rate of interest in
新威克塞尔基本模型中的自然利率
nonlinear equilibrium conditions
非线性均衡条件
optimal interest-rate rules in
新威克塞尔基本模型中的最优利率规则
optimal noninertial plan
最优非惯性计划
optimal pricing decision
最优价格决定
optimal responses to shocks
对冲击的最优反应
optimal Taylor rules in
新威克塞尔基本模型中的最优泰勒规则
output dynamics in
新威克塞尔基本模型中的产出动态
output gap in
新威克塞尔基本模型中的产出缺口
output-gap stabilization in
新威克塞尔基本模型中的产出缺口稳定
with predetermined expenditure decisions
支出决策事先确定的新威克塞尔基本模型
predicted responses to shocks
对冲击的预计反应
price index
价格指数
rational-expectations equilibrium conditions in
新威克塞尔基本模型中的理性预期均衡条件
real-balance effects in
新威克塞尔基本模型中的实际余额效应
real marginal cost functions in
新威克塞尔基本模型中的实际边际成本函数
representative-household utility in
新威克塞尔基本模型中的代表性家庭效用
stability under learning dynamics
学习动态中的稳定
staggered pricesetting in
新威克塞尔基本模型中的交错定价
timelessly optimal policies
永久的最优政策
with time-varying distortions
带有时变扭曲的新威克塞尔基本模型
with transactions frictions
带有交易摩擦的新威克塞尔基本模型
wealth effects in
新威克塞尔基本模型中的财富效应
basic sticky price model
基本的黏性价格模型
See also sticky price model，basic
*亦见*黏性价格模型，基本的
Bassetto，Macro
巴斯托，马尔科
Basu，Susanto，
巴苏，苏桑托
Benhabib，Jesse
贝哈鲍比，杰西
Benigno，Pierpaolo
贝哈鲍比，皮耶罗
Bergin，Paul R.，
博金，保罗 R.
Bernanke，Ben S.，
伯南克，本 S.
Beveridge，Stephen，
贝弗里奇，施蒂芬
Beveridge-Nelson price-level trend
贝弗里奇-尼尔森价格水平趋势
Black，Fischer
布莱克，费舍尔
Blanchard，Olivier J.，

布兰查德，奥利维埃
Blinder，Alan S.，
布林德，艾伦 S.
Boivin，Jean
布瓦万，让
Boivin-Giannoni model
布瓦万-詹诺尼模型
bond-price support regimes
债券价格支持制度
Brazil，inflation of 1980s
巴西，20 世纪 80 年代的通货膨胀
Britain. *See* United Kingdom
不列颠，*亦见*英国
Bullard，James
布拉德，詹姆斯

C

Calvo，Guillermo
卡尔沃，吉勒莫
Calvo staggered pricesetting model：
卡尔沃交错定价模型：
  accuracy of
  卡尔沃交错定价模型的准确性
  aggregate-supply relations in
  卡尔沃交错定价模型中的总供给关系
  with asymmetric shocks
  带有不对称冲击的卡尔沃交错定价模型
  consumption in
  卡尔沃交错定价模型中的消费
  contract multiplier
  合约乘数
  demand functions in
  卡尔沃交错定价模型中的需求函数
  effects of shocks
  冲击影响
  equilibrium inflation dynamics
  均衡通货膨胀动态
  evolution of prices
  价格演化
  frequency of price adjustment
  价格调整频率
  impulse-response functions
  脉冲反应函数
  with indexed prices
  带有指数价格的卡尔沃交错定价模型
  labor supply in
  卡尔沃交错定价模型中的劳动供给
  large shocks in
  卡尔沃交错定价模型中的重大冲击
  loss function for
  卡尔沃交错定价模型的损失函数
  optimal policies for
  卡尔沃交错定价模型的最优政策
  persistence of shock effects
  冲击影响的持续性
  persistent growth in nominal spending
  名义花费的持续增长
  predictions of U. S. inflation
  美国通货膨胀预测
  with prices fixed between revisions
  修正期间价格不变的卡尔沃交错定价模型
  production functions in
  卡尔沃交错定价模型中的生产函数
  profit function in
  卡尔沃交错定价模型中的利润函数
  real effects of nominal disturbances
  名义扰动的实际影响
  real marginal cost function in
  卡尔沃交错定价模型中的实际边际成本函数
  representative-household utility in
  卡尔沃交错定价模型中的代表性家庭效用
  with sectoral asymmetries
  部门不对称的卡尔沃交错定价模型
  with transactions frictions
  具有交易摩擦的卡尔沃交错定价模型
  See also staggered pricesetting
  *亦见*交错定价
Canada：Large-Value Transfer System
加拿大：大额转账系统
  overnight interest rates
  隔夜利率
capital：common economy-wide market
资本：一般资本要素市场
  marginal revenue product of
  资本的边际收益产品
  natural stock
  固有存货
  optimal pricesetting with endogenous
  具有内生性的最优定价
  quasi-fixity of
  资本投入的半固定性
  ratio to labor inputs

资本劳动投入比
ratio to output
资本产出比
shadow value of marginal unit of additional
边际单位资本的影子价值
See also factor markets；investment spending；variable-capital model
亦见 要素市场；投资支出；可变资本模型
Caplin，Andrew
凯普林，安德鲁
cashless economy：
无现金经济：
argued to be unstable
无现金经济的不稳定性
in basic neo-Wicksellian model
新威克塞尔基本模型中的无现金经济
in basic sticky price model
基本的黏性价格模型中的无现金经济
central bank role in
无现金经济中的中央银行作用
government liabilities in
无现金经济中的政府负债
interest rates
无现金经济中的利率
large shocks in
无现金经济中的重大冲击
monetary policy in
无现金经济中的货币政策
money supply in
无现金经济中的货币供给
price-level determination in
无现金经济中的价格水平决定
rational-expectations equilibrium in
无现金经济中的理性预期均衡
units of account in
无现金经济中的计算单位
Wicksellian policy regime in
无现金经济中的威克塞尔主义政策制度
See also asset-pricing model in cashless economy
亦见 无现金经济中的资产定价模型；
real money balances；transactions frictions
实际货币余额；交易摩擦
cashless limiting economy
无现金极限经济
distinguished from truly cashless economy
区别于真正的无现金经济
central banks：
中央银行：
advantages of policy rules
政策规则的优势
commitments to policy rules
对政策规则的承诺
communication with public
与公众的交流
credibility of commitments
承诺的信誉度
expectations management
预期管理
forecasts by
中央银行预测
functions of
中央银行的功能
imperfect information
不完全信息
information available to
中央银行可获得的信息
interest on balances at
中央银行货币余额利息
interest-rate interventions
利率干预
interest-rate targets
利率目标
macroeconometric models
宏观经济计量模型
output-gap estimates of
中央银行对产出缺口的估计
predictability of policy
政策的可预测性
preemptive actions
优先行为
role in cashless economy
中央银行在无现金经济中的作用
transparency of decisionmaking
决策的透明度
See also Bank of England；discretionary optimization；Federal Reserve；stabilization goals
亦见 英格兰银行；相机抉择最优化；美联储；稳定性目标
certainty-equivalence principle
确定性等价原则
channel systems

渠道控制系统
Chari，V. V.，
查利，V. V.，
Christiano，Lawrence J.，
克瑞斯汀娜，劳伦斯 J.
Citibank
花旗银行
Clarida，Richard
克拉里达，理查德
Cochrane，John H.，
科克瑞恩，约翰 H.
Collard，Fabrice
科勒德，法布里斯
competition. *See* monopolistic competition；perfect competition
竞争，*见*垄断竞争；完全竞争
constant-capital natural rate of output
不变资本自然产出率
constant-interest-rate forecasts
不变利率预测
consumption：
消费：
in basic neo-Wicksellian model
新威克塞尔基本模型中的消费
in Calvo staggered pricesetting model
卡尔沃交错定价模型中的消费
household
家庭消费
in sticky-price model，basic
基本黏性价格模型中的消费
See also expenditure decisions
*亦见*支出决定
contract multiplier
合约乘数
Cooley，Thomas F.
库利，托马斯 F.
cost-push shocks：
成本推动冲击：
with inflation inertia
具有通货膨胀惯性的成本推动冲击
negative
负的成本推动冲击
optimal responses
最优反应
optimal responses compared to discretionary optimization
与相机抉择最优化相比的最优反应
optimal stabilization policies and
最优的稳定性政策与成本推动冲击
timelessly optimal policy
永久的最优政策
costs：
成本：
materials
材料成本
production
生产成本
unit labor
单位劳动成本
See also real marginal costs
*亦见*实际边际成本
credit controls
信贷控制
cumulative process
累积过程
currencies：
通货：
flight from
通货流失
gold standard
金本位
values of
通货币值
values pegged to commodity
钉住商品的通货币值
Currie，David
柯里，大卫

D

deflation：
通货紧缩：
in Japan
日本的通货紧缩
as optimal policy
作为最优政策的通货紧缩
prevention of
预防通货紧缩
self-fulfilling
自我实现通货紧缩
delayed effects of monetary policy：
货币政策的滞后效应：
habit persistence as cause of

货币政策的迟滞效应的习惯持续性原因
predetermined expenditure models
预先确定的支出模型
delayed price changes:
价格变化滞后:
effects of
价格变化滞后的影响
effects on impact of shocks
价格变化滞后对冲击影响的作用
optimal policy rules in case of
价格变化滞后情况下的最优政策规则
in predetermined expenditure model
预先确定支出模型中的滞后价格变化
with price indexation
指数化的价格滞后变化
in quantitative models
数量模型中的滞后价格变化
with transactions frictions
具有交易摩擦的滞后价格变化
delays:
迟滞:
due to use of old information
由于使用过去的信息导致的迟滞
See also habit persistence
*亦见*习惯的持续性
predetermined expenditure models
预先确定的支出模型
demand:
需求:
elasticity of
需求弹性
labor
劳动需求
real-balance effects
实际余额效应
shocks
需求冲击
See also investment demand
*亦见*投资需求
determinacy of equilibrium:
确定性均衡:
in basic neo-Wicksellian model
新威克塞尔基本模型中的确定性均衡
conditions for
确定性均衡的条件
fiscal policy and
财政政策与确定性均衡
in flexible-price model
可变价格模型中的确定性均衡
forward-looking interest-rate rules and
前瞻性利率规则与确定性均衡
interest-rate rules leading to
利率规则导致的确定性均衡
local determinacy
局部确定性
with locally Ricardian fiscal policy
具有局部李嘉图财政政策的确定性均衡
log-linearization and
对数线性化与确定性均衡
with money-growth rules
具有货币增长规则的确定性均衡
with optimal policy rules
具有最优政策规则的确定性均衡
with predetermined expenditure decisions
预先确定支出的确定性均衡
with price-level rules
具有价格水平规则的确定性均衡
Taylor principle and
泰勒原则与确定性均衡
with timelessly optimal policy
具有永久最优政策的确定性均衡
with transactions frictions
具有交易摩擦的确定性均衡
under Wicksellian rules
威克塞尔规则下的确定性均衡
See also indeterminacy of equilibrium; Taylor rules, determinacy of equilibrium and
*亦见*不确定性均衡;确定性均衡与泰勒规则
differentiated goods
有差异商品
See preferences over differentiated goods
*见*偏好有差异商品
direct rules
直接规则
discretionary optimization:
相机抉择最优化:
in basic neo-Wicksellian model
新威克塞尔基本模型中的相机抉择最优化
comparison to optimal policy
与最优政策的比较
comparison to rule-based policy
与基于规则的政策的比较

disadvantages of
相机抉择的不足
inflationary bias of
相机抉择的通货膨胀倾向
inflation dynamics under
相机抉择下的通货膨胀动态
with inflation inertia
具有通货膨胀惯性的相机抉择
as purely forward-looking
完全前瞻性的相机抉择
remedies for inflationary bias
解决通货膨胀倾向（quite uncertain of it）
responses to shocks under
相机抉择情况下对冲击的反应
distortions：
扭曲：
time-varying. *See also* price distortions
时变扭曲 *亦见*价格扭曲
disturbance terms. *See also* shocks
扰动项. *亦见*冲击
Dixit-Avinash K.
迪克西特-阿维纳什 K.
Dixit-Stiglitz model
迪克西特-斯蒂格利茨模型
Dotsey，Michael
Dupor，Bill

E

ECB. *See* European Central Bank
ECB，*见*欧洲中央银行
Edge，Rochelle M.，
艾吉，罗谢尔 M.
Eggertsson，Gauti B.，
艾格尔逊，
electronic payments systems
电子支付系统
EMU. *See* European Monetary Union
EMU. *见*欧洲货币联盟
endogenous capital. *See* variable-capital model
内生资本. *见*可变资本模型
equilibria
均衡：
flexible-price
可变价格均衡
See also determinate equilibria；rational-expectations equilibria；self-consistent equilibrium
*亦见*确定性均衡；理性预期均衡；一致性均衡
Erceg，Christopher J.，
安斯格，克里斯托夫 J.
Erceg-Henderdson-Levin model
安斯格-享德森-莱文模型
See staggered wagesetting model
*见*交错工资定价模型
E-stability (expectational stability)：
E-稳定性（预期稳定性）：
in basic neo-Wicksellian model
新威克塞尔基本模型中的 E-稳定
conditions for
E-稳定条件
iterative
重复预期稳定
of rational-expectations equilibria
理性预期均衡的预期稳定
of self-consistent equilibria
一致性均衡的预期稳定
of Taylor rules
泰勒规则的预期稳定
European Central Bank (ECB)
欧洲中央银行（ECB）
European Monetary Union (EMU)，
欧洲货币联盟（EMU）
Stability and Growth Pact
稳定与增长条约
Evans，George W.，
埃文斯，乔治 W.
exogenous interest-rate targets
外生利率目标
expectational stability. *See* E-stability
预期稳定性 *见*E-稳定性
expectations：
预期：
central bank management of
中央银行对预期的管理
effects of shocks
冲击对预期的影响
formation of
预期的形成
of future short-term interest rates
对未来短期利率的预期
in models
模型中的预期
past

过去的预期
role in relation between inflation and real activity
预期在通货膨胀与实际活动关系中的作用
self-fulfilling
自我实现的预期
in simple models
简单模型中的预期
See also rational-expectations models
*亦见*理性预期模型
expectations-augmented Phillips curve
附加预期的菲利普斯曲线
expectations-based reaction function
基于预期的反应函数
expenditure decisions:
支出决定：
based on old information
基于过去信息的支出决定
timing of
支出决定的时机
See also habit persistence; predetermined expenditure models
*亦见*习惯的持续性；预先确定支出的模型
explicit instrument rules
显性的工具规则

F

factor markets:
要素市场：
common economy-wide
一般要素市场
price equalization
价格均等的要素市场
specific
特殊要素市场
See also capital; labor markets
*亦见*资本、劳动力市场
federal funds rate:
联邦基金利率：
comparison to target rate
与目标利率的比较
control of
对联邦基金利率的控制
impulse response to shocks
对冲击的脉冲反应
operating target
操作目标
in Taylor rule
泰勒规则中的联邦基金利率
Federal Open Market Committee
联邦公开市场委员会
Federal Reserve:
联邦储备：
Accord with Treasury
与财政部一致的联邦储备银行
balances
联邦储备余额
comparison of behavior to Taylor rule
联邦储备行为与泰勒规则
estimated interest-rate rules
估计的利率规则
Greenspan period
格林斯潘时期
implementation of monetary policy
货币政策执行
inflation forecasts used by
联邦储备使用的通货膨胀预测
inflation measures
通货膨胀的计量
interest on balances at
联邦储备余额利息
interest-rate targets
利率目标
notes
票据
open market operations
公开市场操作
output gap data
产出缺口数据
reaction functions
反应函数
recent monetary policy
近期货币政策
Volcker period
沃克尔时期
feedback rules:
反馈规则：
in basic neo-Wicksellian model
新威克塞尔基本模型中的反馈规则
forecast-based
基于预测的反馈规则
history dependent

依据过去的反馈规则
inflation measures used in
反馈规则中对通货膨胀的计量
interest-rate rules
利率规则
rational-expectations equilibria with
具有反馈规则的理性预期均衡
Feenstra, Robert C.,
芬斯特，罗伯特 C.
fiat systems
法币体系
financial markets, complete
完备的金融市场
fiscal policy:
财政政策:
commitment to a rule
承诺某一规则的财政政策
globally non-Ricardian
全部的非李嘉图财政政策
government liabilities growth rates
政府负债增长率
interest-rate rules and
利率规则与财政政策
locally non-Ricardian
局部的非李嘉图财政政策
locally Ricardian
局部的李嘉图财政政策
in monetary-targeting regime
盯住货币量制度中的财政政策
policy rules
政策规则
with price stabilization goals
具有价格稳定目标的财政政策
See also taxes
亦见税收
fiscal theory of the price level
物价的财政理论
Fischer, Stanley
flexible-price equilibria
可变价格均衡
flow government budget constraint
流动性政府预算约束
forecasts: type required under optimal targeting procedure
预测：最优目标盯住过程中的预测类型
forward-looking systems
前瞻性机制
See also purely forward-looking policies
亦见完全的前瞻性政策
Friedman, Benjamin
弗里德曼，本杰明
Friedman, Milton
弗里德曼，米尔顿
Fuhrer, Jeffrey C.,
菲雷尔，杰弗里 C.
fundamentals-based reaction function
基于基本原理的反应函数

G

Gabaix, Xavier
加贝克斯，泽维尔
Gali, Jordi
加利，霍尔迪
general-equilibrium models:
一般均衡模型:
flexible wages and prices in
一般均衡模型中的可变工资和价格
Lucas model
卢卡斯模型
prices in
一般均衡模型中的价格
with sticky prices
具有黏性价格的一般均衡模型
transactions frictions in
一般均衡模型中的交易摩擦
See also real-business-cycle (RBC) models
亦见实际经济周期模型（RBC）
Gertler, Mark
格特勒，马克
Giannoni, Marc P.,
詹诺尼，马克 P.
Giannoni-Woodford models:
詹诺尼-伍德福德模型:
impulse responses to shocks in
詹诺尼-伍德福德模型中对冲击的脉冲反应
optimal policy rule for
詹诺尼-伍德福德模型的最优政策规则
parameter values in
詹诺尼-伍德福德模型中的参数值
predicted responses to shocks
对冲击的预计反应

restricted cases
受限制情况下的詹诺尼-伍德福德模型
weighting of projections
预测的权重
gold standard
金本位
Goodfriend，Marvin
古德弗兰德，马文
Goodhart，Charles A. E.，
古德哈特，查尔斯 A. E.
goods：
商品：
imported
进口商品
strategic substitutes
战略替代
See also prices
亦见物价
Gordon，David B.，
戈登，大卫 B.
government liabilities：
政府负债：
in cashless economy
无现金经济中的政府负债
evolution under alternative monetary-fiscal regimes
在不同货币财政制度中的政府负债变化
explosive dynamics of
政府负债的爆炸性动态
growth rates
政府负债的增长速度
influence of monetary policy
货币政策的影响
See also fiscal policy
亦见财政政策
government purchases：
政府购买：
in asset-pricing model（cashless economy）
资产定价模型（无现金经济）中的政府购买
responses to variations in
政府购买中对变化的反应
Wicksellian interest-rate rule and
威克塞尔利率规则和政府购买
Greenspan，Alan
格林斯潘，Alan
gross-output production functions
总产出生产函数

H

habit persistence：
习惯持续性：
in Boivin-Giannoni model
布瓦万-詹诺尼模型中的习惯持续性
extension of basic neo-Wicksellian model
新威克塞尔基本模型的扩展
of investment spending
投资支出
optimal policy with
具有习惯持续性的最优政策
stabilization goals in case of
在习惯持续情况下的稳定目标
Hairault，Jean-Olivier
海尔奥特，吉思-奥利维埃
Hall，Robert E.，
霍尔，罗伯特 E.
Hansen，Gary D.，
汉森，加里 D.
Hayek，Friedrich
哈耶克，弗里德里希
history dependent policy：
依据过去的政策：
advantages of
依据过去的政策优势
feedback rules
反馈规则
optimal policy as
依据过去的最优政策
responses to interest-rate shocks
对利率冲击的反应
target criteria
目标标准
Honkapohja，Seppo
杭卡坡佳，赛坡
households，representative
代表性家庭
See representative-household utility
见代表性家庭效用
Huang，Kevin X. D.
hyperinflation：
恶性通货膨胀：
Brazilian
巴西的恶性通货膨胀

I

imperfect information, optimal policies with
具有不完全信息的最优政策
implementation of monetary policy:
货币政策执行:
central bank operations
中央银行操作
channel systems
渠道控制系统
by Federal Reserve
联邦储备银行执行货币政策
inflation-targeting rules
通货膨胀目标制规则
instruments
货币政策执行的工具
interest-rate rule
利率规则
money supply variations
货币供给变化
open-market operations
公开市场操作
optimal policy rules
最优政策规则
process
货币政策执行的过程
targeting rules
货币政策执行的目标规则
with transactions frictions
具有交易摩擦的货币政策执行
Wicksellian interest-rate rule
威克塞尔利率规则
implicit instrument rules
隐性的工具规则
import prices
进口价格
impulse responses to shocks:
对冲击的脉冲反应:
in Amato-Laubach model
阿马托-劳巴克模型中对冲击的脉冲反应
in basic neo-Wicksellian model
新威克塞尔基本模型中对冲击的脉冲反应
in Calvo staggered pricesetting model
卡尔沃交错定价模型中对冲击的脉冲反应
delayed effects
滞后效应
with delays
对冲击迟滞的脉冲反应
federal funds rate
联邦基金利率
in Giannoni-Woodford model
詹诺尼-伍德福德模型中对冲击的脉冲反应
with inertial rules
具有惯性规则的对冲击的脉冲反应
with inflation inertia and Taylor rule
具有通货膨胀惯性与泰勒规则的对冲击的脉冲反应
interest-rate shocks
利率冲击
monetary policy shocks
货币政策冲击
of nominal output
名义产出对冲击的脉冲反应
with predetermined expenditure decisions
支出选择已定时对冲击的脉冲反应
with predetermined expenditures and prices
支出与价格均已确定时对冲击的脉冲反应
with price indexation
价格指数化对冲击的脉冲反应
with real-balance effects
具有实际余额效应时对冲击的脉冲反应
in real-business-cycle models
实际经济周期模型中对冲击的脉冲反应
of real marginal costs
实际边际成本对冲击的脉冲反应
of real output
实际产出对冲击的脉冲反应
in Rotemberg-Woodford model
罗伯特-伍德福德模型中对冲击的脉冲反应
shock persistence and
冲击持续性和对冲击的脉冲反应
with sticky wages
具有工资黏性时对冲击的脉冲反应
timing of effects in inflation
对通货膨胀影响的时机
in variable-capital model
可变资本模型中对冲击的脉冲反应
of wages
工资对冲击的脉冲反应
indeterminacy of equilibrium:
不确定性均衡:
in basic neo-Wicksellian model

新威克塞尔基本模型中的不确定性均衡
with constant interest rates
利率不变的不确定性均衡
interest-rate rules and
利率规则与不确定性均衡
price levels
物价水平
See also determinacy of equilibrium
亦见确定性均衡
indexation
指数化
See price indexation; wage indexation
见价格指数化；工资指数化
indices. *See* price indices
指数，见价格指数
inertial inflation models
惯性通货膨胀模型
inflation:
通货膨胀：
asset-price
资产价格通货膨胀
bias in discretionary optimization policies
最优相机抉择政策中的通货膨胀倾向
in Brazil
巴西的通货膨胀
cumulative process of
通货膨胀的累积过程
determinants in basic neo-Wicksellian model
新威克塞尔基本模型中的通货膨胀决定
equilibrium evolution of
通货膨胀的均衡变化
expectations of
通货膨胀预期
hyper-
恶性通货膨胀
Keynesian view of
凯恩斯主义的通货膨胀观
measures of
通货膨胀的计量
persistence of shock effects
冲击效应的持续性
predicted responses to shocks
对冲击的预计反应
prevention of panics
对通货膨胀恐慌的预防
as purely forward-looking process
完全前瞻性过程
in reaction functions
反应函数中的通货膨胀
real-balance effects
实际余额效应
relative price distortions and
相对价格扭曲和通货膨胀
sectoral asymmetries
部门不对称
self-fulfilling
自我实现的通货膨胀
short-term
短期通货膨胀
spirals
螺旋形的通货膨胀
during transition to optimal policy
向最优政策过渡时期的通货膨胀
unexpected component of
通货膨胀中未预期到的部分
in variable-capital model
可变资本模型中的通货膨胀
wage
工资上涨
Wicksellian explanation of
威克塞尔主义对通货膨胀的解释
See also impulse responses to shocks; prices; price stability
亦见对冲击的脉冲反应；价格；物价稳定
inflation inertia:
通货膨胀惯性：
aggregate-supply relations
总供给与通货膨胀惯性的关系
in basic neo-Wicksellian model
新威克塞尔模型中的通货膨胀惯性
determinate equilibria
确定性均衡
with discretionary optimization
最优相机抉择中的通货膨胀惯性
effects in inflation path
通货膨胀惯性对通货膨胀路径的影响
interest-rate rules and
利率规则与通货膨胀惯性
optimal policies with
最优政策与通货膨胀惯性
due to price indexation
由于价格指数化造成的通货膨胀惯性

timelessly optimal policy with
具有通货膨胀惯性的永久性最优政策
inflation rates:
通货膨胀率:
core inflation
核心通货膨胀率
distortions caused by high
由高通货膨胀率造成的扭曲
distortions caused by variations in
通货膨胀率变动造成的扭曲
optimal
最优通货膨胀率
persistence of changes
通货膨胀率变化的持续性
relationship to price dispersion
通货膨胀率与价格离散的关系
short-term
短期通货膨胀率
in Taylor rule
泰勒规则中的通货膨胀率
variability
通货膨胀变动
zero as goal
零目标通货膨胀率
See also inflation-targeting rules; price indices
亦见通货膨胀盯住规则；价格指数
Inflation Reports
通货膨胀报告
inflation-targeting central banks:
盯住通货膨胀目标的中央银行:
interest-rate forecasts of
对利率的预测
policy rules of
政策规则
procedures of
盯住通货膨胀目标的过程
purely forward-looking
完全前瞻性
reaction functions of
盯住通货膨胀目标的中央银行的反应函数
reports to public
对公众做公告
rules representing policies of
盯住通货膨胀目标的中央银行政策规则
strict inflation targeting
严格的通货膨胀盯住
Taylor principle and
泰勒原则和盯住通货膨胀目标的中央银行
See also Bank of England
亦见英格兰银行
inflation-targeting rules:
通货膨胀目标规则:
arguments for
有关通货膨胀目标规则的论证
in basic neo-Wicksellian model
新威克塞尔基本模型中的通货膨胀目标规则
communication to public
与公众的交流
comparison to optimal policy
与最优政策的比较
comparison to Taylor rules
与泰勒规则的比较
constant rates as goal
以不变利率为目标
core inflation as target rate
目标核心通货膨胀率
examples
举例
flexible
可变的
goals
目标
gradually lower rates
通货膨胀率逐渐降低
implementation of
通货膨胀目标规则的执行
near-term inflation
近期通货膨胀
negative inflation targets
负的通货膨胀目标
optimal
最优通货膨胀目标规则
optimal long-run target
最优长期目标
positive long-run average rates
正的长期平均通货膨胀率
in practice
实践中的通货膨胀目标规则
purely forward-looking
完全前瞻性的通货膨胀目标规则
robustly optimal
最优的通货膨胀目标规则

target criteria
目标标准
timelessly optimal
永远最优的通货膨胀目标规则
with transactions frictions
具有交易摩擦的通货膨胀目标规则
wage-adjusted inflation
工资调整的通货膨胀
weighting of projections
预测的权重
zero long-run inflation rate as goal
长期通货膨胀目标为零
See also baseline model of welfare and inflation stabilization
亦见 福利与通货膨胀稳定的基本模型
information delays, *See* delays
信息滞后，*见* 滞后
input-output structure of economy
经济的投入产出结构
inputs:
投入：
intermediate
中间投入
See also factor markets
亦见 要素市场
instrument instability
工具不稳定性
instrument rules:
工具规则：
coefficients
工具规则系数
explicit
显性的工具规则
implicit
隐性的工具规则
optimal
最优的工具规则
superinertial
具有超级惯性的工具规则
weighting of projections
预测的权重
interest, natural rate of:
自然利率：
in basic neo-Wicksellian model
新威克塞尔基本模型中的自然利率
definitions
定义
differences from actual real rates
与实际利率的区别
effects shocks on
对自然利率冲击的影响
estimates of current
对当前自然利率的估计
expectations of future
对未来自然利率的预期
implementation of targeting rules with
执行具有自然利率的目标规则
importance in monetary policy
自然利率在货币政策中的重要性
negative
负的自然利率
neutral
中性自然利率
optimal responses to disturbances to
对自然利率干扰的最优反应
real-time information about
有关自然利率的实时信息
sources of variation in
自然利率变动的来源
as target rate
作为目标的自然利率
in variable-capital model
可变资本模型中自然利率
variations in
自然利率的变动
interest-rate gap
利率缺口
interest-rate rules:
利率规则：
alternative
不同的利率规则
based on contemporaneous inflation
基于同期通货膨胀的利率规则
in basic neo-Wicksellian model
新威克塞尔基本模型中的利率规则
compared to monetary targeting
与盯住货币量的比较
criticisms of
对利率规则的批评
design of
利率规则设计
desirable features of

利率规则的合意特性
determinate equilibria and
确定性均衡与利率规则
exogenous interest-rate targets in
利率规则中的外生利率目标
feedback rules
反馈规则
forward-looking
前瞻性
Goodhart proposal
古德哈特方案
implementation of
执行利率规则
independence from implementation instrument
独立于执行工具
inertial
惯性
optimal
最优的利率规则
with predetermined spending an pricing decisions
支出与定价预先确定的利率规则
robustly optimal
最优的利率规则
short-term nominal rate targets
短期名义利率目标
with transactions frictions
具有交易摩擦的利率规则
in variable-capital model
可变资本模型中的利率规则
See also superinertial interest-rate rules；Taylor rules；Wicksellian interest-rate rule
亦见具有超惯性的利率规则；泰勒规则；威克塞尔利率规则
interest rates：
利率：
central bank influence on
中央银行对利率的影响
differential between nonmonetary and monetary assets
非货币与货币资产的区别
effects on private expenditure
对私人部门支出的影响
expected future path of short-term
未来短期利率的预期路径
factors in equilibrium
利率均衡因素
inertial
惯性利率
neutral
中性利率
overnight
隔夜利率
relationship to supply costs
与供给成本的关系
stabilization goals
稳定目标
variability with inertial policies
存在政策惯性时的利率变动
zero lower bound
利率下界为零
See also impulse responses to shocks；interest，natural rate of
亦见对冲击的脉冲反应；自然利率
interest rates，nominal：
名义利率：
central bank control of
中央银行对名义利率的控制
implementation of targeting rules and
执行目标规则与名义利率
responses to fluctuations in natural rate of interest
对自然利率波动的反应
short-term targets
短期目标
stabilization goals
稳定目标
transactions frictions and
交易摩擦与名义利率
interest-rate targets：
利率目标：
factors in setting
制定利率目标的因素
of Federal Reserve
联邦储备的利率目标
independence from price levels
独立于物价水平
inertia in adjustment of
利率目标调整的惰性
nominal rates
名义利率
optimal rules for setting

制定利率目标的最优规则
See also interest，natural rate of
*亦见*自然利率
investment demand：
投资需求：
in basic neo-Wicksellian model
新威克塞尔基本模型中的投资需求
with sticky prices
具有价格黏性的投资需求
in variable-capital model
可变资本模型中的投资需求
investment spending：
投资支出：
adjustment costs
投资支出的调整成本
allocation of
投资支出的分配
cyclical variations
投资支出的周期变化
dynamics of
投资支出动态
habit persistence of
投资支出的习惯持续性
inertia in
投资支出的惯性
marginal utility of
投资支出的边际效用
natural rate of
投资支出的自然率
neoclassical theory
新古典理论
omitted from basic neo-Wicksellian model
不包含投资支出的新威克塞尔基本模型
optimal pricesetting and
最优定价与投资支出
predetermined
预定的投资支出
variations in
投资支出的变动
See also variable-capital model
*亦见*可变资本模型
Ireland，Peter N.，
爱尔兰，彼得 N.
IS equation，intertemporal：
跨期 IS 方程：
in basic neo-Wicksellian model
新威克塞尔基本模型中的跨期 IS 方程
with endogenous capital
资本内生的跨期 IS 方程
in Giannoni-Woodford model
詹诺尼-伍德福德模型中的跨期 IS 方程
with habit persistence
具有习惯持续性的跨期 IS 方程
with predetermined expenditure
具有预先确定支出的跨期 IS 方程
with real-balance effects
具有实际余额效应的跨期 IS 方程
in Rotemberg-Woodford model
罗特伯格-伍德福德模型中的跨期 IS 方程
with sticky information
具有信息黏性的跨期 IS 方程
IS-LM model，optimizing
最优化的 IS-LM 模型

J

Japan：
日本：
deflation in
通货紧缩
negative natural rate of interest in
日本的负自然利率
Jin，He-hui
金和慧
Judd，John F.，
贾德，约翰 F.
Judd，Kenneth L.，
贾德，肯尼斯
Juillard，Michel
朱利亚，米歇尔

K

Keynes，John Maynard
凯恩斯，约翰·梅纳德
Keynesian theory
凯恩斯理论
Khan，Aubhik
肯恩，
Kim，Jinill
金，吉尼尔
Kimball，Miles S.，
金柏，迈尔斯 S.
King，Mervyn

金，默文
King，Robert G.，
金，罗伯特 G.
Kiyotaki，Nobuhiro
清泷信宏
Krugman，Paul
克鲁格曼，保罗
Kydland，Finn E.，
基德兰德，芬恩

L

labor:
劳动:
demand in staggered wagesetting model
交错工资定价模型中的劳动需求
differentiated inputs in staggered wagesetting model
交错工资定价模型中有差异的劳动力投入
differentiated inputs in sticky-price model
黏性价格模型中有差异的劳动力投入
ratio to capital inputs
资本劳动投入比
unit costs
劳动的单位成本
See also marginal cost of labor; wages
*亦见*劳动的边际成本；工资
labor markets:
劳动力市场:
homogenous
同质劳动力市场
specific
特殊劳动力市场
yeoman farmer model
自耕农模型
See also factor markets
*亦见*要素市场
labor supply:
劳动供给:
in Calvo staggered pricesetting model
卡尔沃交错定价模型中的劳动供给
optimizing
劳动供给最优化
in staggered wagesetting model
交错工资定价模型中的劳动供给
in sticky price model
黏性价格模型中的劳动供给
Laibson，David
莱布森，大卫
Large-Value Transfer System
大额转账系统
Laubach，Thomas
劳巴克，托马斯
Leahy，John
李若瑟，约翰
learning dynamics:
学习动态:
in basic neo-Wicksellian model
新威克塞尔基本模型中的学习动态
expectations formation models
预期形成模型
least-squares
最小二乘法
stable equilibria
稳定均衡
under Taylor rules
泰勒规则下的学习动态
without Taylor principle
无泰勒原则的学习动态
least-squares learning dynamics
最小二乘法学习动态
Leeper，Eric
利珀，埃里克
Levin，Andrew
莱文，安德鲁
Levin，Paul
莱文，保罗
Linhahl，Erik，
林达尔，埃里克
liquidity effects
流动性效应
liquidity preference function
流动性偏好函数
liquidity preference theory
流动性偏好理论
liquidity trap
流动陷阱
Long，John
朗，约翰
Loyo，Eduardo
罗尤，爱德华多
Lucas，Robert E. Jr.
卢卡斯，罗伯特

Lucas-Stokey timing
卢卡斯-斯托克斯时间选择

M

Mankiw，N. Gregory
曼昆，格里高利
Mankiw-Reis model
曼昆-赖斯模型
marginal cost of labor
劳动边际成本
marginal supply costs：
边际供给成本：
in basic neo-Wicksellian model
新威克塞尔基本模型中的边际供给成本
in basic sticky-price model
基本黏性价格模型中的边际供给成本
relationship to interest rates
边际供给成本与利率的关系
See also real marginal costs
*亦见*实际边际成本
markups：
加价：
time-varying
时变加价
McCallum，Bennett T.，
麦考伦，贝内特 T.
Mitra，Kaushik
米特拉，考希克
models. *See* monetary transmission mechanism models
模型，*见*货币传导机制模型
monetary frictions. *See* transactions frictions
货币摩擦，*见*交易摩擦
monetary policy：
货币政策：
in cashless economy
无现金经济中的货币政策
effects on equilibrium prices
货币政策对均衡价格的影响
effects on impact of shocks
对冲击影响的作用
effects on output
对产出的影响
See also discretionary optimization；implementation of monetary policy
*亦见*相机抉择最优化；货币政策执行
interest-rate rules；money-growth rules
利率规则；货币增长规则；
optimal policy rules；targeting rules；Taylor rules
最优政策规则；目标规则；泰勒规则
monetary policy rules. *See* policy rules
货币政策规则，*见*政策规则
monetary targeting. *See* money-growth rules
盯住货币量目标，*见*货币增长规则
monetary transmission mechanism models：
货币传导机制模型：
Amato-Laubach model
阿马托-劳巴克模型
Boivin-Giannoni model
布瓦万-詹诺尼模型
of central banks
中央银行的货币传导机制模型
Giannoni-Woodford model
詹诺尼-伍德福德模型
microeconomic foundations of
货币传导机制模型的微观经济基础
quantitative models of United States
美国的数量模型
role in policy rules
在政策规则中的作用
simple
简单货币传导机制模型
state-dependent pricing
状态依存定价
structural models
结构模型
structural relations
结构关系
utility functions
效用函数
See also basic neo-Wicksellian model；Rotemberg-Woodford model；sticky price models
*亦见*新威克塞尔基本模型；罗特伯格-伍德福德模型；黏性价格模型
money-growth rules：
货币增长规则：
arguments for
有关货币增长规则的论证
comparison to interest-rate rules
与利率规则的比较
determinate equilibria

确定性均衡
disadvantages of
货币增长规则的不足
effects of shocks
冲击的影响
effects on interest rates
货币增长规则对利率的影响
equilibrium real balances
实际余额均衡
equivalent to Wicksellian interest-rate rules
等价于威克塞尔利率规则
fiscal policy and
财政政策与货币增长规则
perfect-foresight equilibrium under
货币增长规则下完全预见的均衡
price-level determination with
货币增长规则下的均衡物价决定
rational-expectations equilibria with
货币增长规则下的理性预期均衡
self-fulfilling inflation under
货币增长规则下自我实现的通货膨胀
theoretical analyses
理论分析
money supply:
货币供给：
in cashless economy
无现金经济中的货币供给
effects of changes in transactions technology
交易技术改变对货币供给的影响
elasticity of demand
需求弹性
factors in evolution of
货币供给变化因素
in industrial economies
工业经济中的货币供给
path required for price stability
保持物价稳定所需的货币供给路径
price-level determination and
均衡物价决定与货币供给
procyclical variations
正向周期变化
responses to real disturbances
对实际扰动的反应
targets
货币供给目标
in United States
美国的货币供给
monopolistic competition
垄断竞争
Moore，Geoffrey R.，
Myrdal，Gunnar
缪尔达尔，纲纳

N

natural rate of interest. *See* interest，natural rate of
自然利率
natural rate of investment spending
投资支出的自然率
natural rate of output. *See* output，natural rate of
产出自然率
natural real wages
自然实际工资
Neiss，Katherine S.，
奈斯，凯瑟林 S.
Nelson，Charles R.
尼尔森，查尔斯 R.
Nelson，Edward
尼尔森，爱德华
neo-Wicksellian monetary theory.
新威克塞尔货币政策
See also basic neo-Wicksellian model；Wicksellian interest-rate rule
*亦见*新威克塞尔基本模型；威克塞尔利率规则
neutral rate of interest
中性利率
New Classical models:
新古典模型：
aggregate-supply relations
总供给关系
effects of shocks on real activity
对实际经济活动冲击的影响
expectations in
新古典模型中的预期
inflation-output trade-off
与通货膨胀产出的权衡
lagged interest rates in
新古典模型中的滞后利率
loss function
损失函数
optimal policies for

新古典模型的最优政策
ratio of prices to marginal costs
价格与边际成本比
sticky prices
黏性价格
strategic complementarity in pricesetting
定价中的战略互补
with transactions frictions
具有交易摩擦的新古典模型
New Classical Phillips curve
新古典菲利普斯曲线
New Keynesian literature
新凯恩斯主义文献
New Keynesian Phillips curve:
新凯恩斯主义菲利普斯曲线:
in Calvo staggered pricesetting model
卡尔沃交错定价模型中的新凯恩斯主义菲利普斯曲线
criticism of
对新凯恩斯主义菲利普斯曲线的批评
impulse response functions
脉冲反应函数
impulse response to shocks with delayed effects
具有滞后效应时对冲击的脉冲反应
optimal policies for
新凯恩斯主义菲利普斯曲线的最优政策
use of
新凯恩斯主义菲利普斯曲线的应用
new neoclassical synthesis
新古典综合
New York Federal Reserve Bank
纽约联邦储备银行
New Zealand:
新西兰:
channel system
渠道控制系统
inflation-forecast targeting
新西兰通货膨胀预测目标制
nominal interest rates. See interest rates, nominal
名义利率
noninertial plan
非惯性计划
nonseparable utility
不可分效用

O

Obstfeld, Maurice
奥博斯特弗尔德，莫瑞斯
Ohanian, Lee
奥海宁，李
open economies
开放经济
open-market operations
公开市场操作
optimal noninertial plan
最优的非惯性计划
optimal policy rules:
最优政策规则:
alternative forms
不同形式的最优政策规则
with asymmetric shocks
具有不对称冲击的最优政策规则
in basic neo-Wicksellian model
新威克塞尔基本模型中的最优政策规则
in Calvo staggered pricesetting model
卡尔沃交错定价模型中的最优政策规则
comparison to discretionary policy
与相机抉择政策的比较
comparison to inflation-forecast targeting
与通货膨胀预测目标制的比较
comparison to purely forward-looking policies
与完全前瞻性政策的比较
comparison to Taylor rules
与泰勒规则的比较
conditions for
最优政策规则条件
constraints on
最优政策规则的约束
with cost-push shocks
具有成本推动冲击的最优政策规则
definitions
最优政策规则定义
design of
最优政策规则设计
determinacy of equilibrium
确定性均衡
direct
直接的最优政策规则
endogenous variable paths
内生变量路径

with habit persistence
具有习惯持续性的最优政策规则
history dependence of
最优政策规则对过去的依赖
with imperfect information
具有不完全信息的最优政策规则
implementation of
最优政策规则执行
with inefficient natural rate of output
自然产出无效率的最优政策规则
with inflation inertia
具有通货膨胀惯性的最优政策规则
inflation-targeting rules
通货膨胀目标规则
instrument rules
工具规则
interest-rate rules
利率规则
with large distortions
具有重大扭曲的最优政策规则
long-run expected inflation rates
长期通货膨胀率预期
need for consistency from date zero
与初始期一致
noninertial
非惯性最优政策规则
with predetermined spending and pricing decisions
支出与定价预先确定的最优政策规则
with price indexation
价格指数化的最优政策规则
price-level process with unit root
物价水平的单位根过程
purely forward-looking
完全前瞻性
responses to cost-push shocks
对成本推动冲击的反应
responses to interest-rate shocks
对利率冲击的反应
responses to shocks
对冲击的反应
selection criteria
选择标准
simple
简单最优政策规则
with staggered wagesetting
交错工资定价的最优政策规则
with sticky prices
具有价格黏性的最优政策规则
with sticky wages
具有工资黏性的最优政策规则
Taylor rules
泰勒规则
time consistency
时间一致性
time-invariance property
时间不变下的性质
with transactions frictions
具有交易摩擦的最优政策规则
transition to
向最优政策规则的过渡
types of disturbances
扰动类型
use of
最优政策规则的运用
zero interest-rate lower bound constraint
零利率下边界约束
See also robustly optimal policy; timelessly optimal policy
*亦见*强健最优政策；永久的最优政策
optimal state-contingent instrument path:
最优状态依存工具路径：
design of
最优状态依存工具路径的设计
as policy rule
作为政策规则的最优状态依存工具路径
responses to cost-push shocks
对成本推动冲击的反应
Orphanides, Athanasios
欧菲尼德斯，阿萨纳斯奥斯
output:
产出：
causes of fluctuations in
产出波动的原因
cyclical variations in
产出的周期变化
equilibrium independent of monetary policy
独立于货币政策的产出均衡
with flexible prices
价格可变的产出
growth rate of nominal
名义产出增长率

inefficient composition of
无效率的产出构成
inefficient level of
无效率的产出水平
persistence of shock effects
冲击影响的持续性
persistent growth in nominal
名义产出的持续增长
predicted responses to shocks
对冲击的预计反应
relationship to monetary policy
与货币政策的关系
relationship to real marginal costs
与实际边际成本的关系
target criteria
目标标准
See also impulse responses to shocks
亦见对冲击的脉冲反应
output, natural rate of:
自然产出率:
in basic neo-Wicksellian model
新威克塞尔基本模型中的自然产出率
constant-capital
不变资本自然产出率
definition of
自然产出率定义
efficient
有效率的自然产出率
forecasts of
自然产出率预测
inefficient level of
无效率的自然产出率水平
price stability and
物价稳定与自然产出率
reactions to real disturbances
对真实扰动的反应
real-balance effects and
实际余额效应与自然产出率
in sticky-price model
黏性价格模型中的自然产出率
tracking variations in
自然产出率的跟踪变化
with transactions frictions
具有交易摩擦的自然产出率
in variable-capital model
可变资本模型中的自然产出率
variations in
自然产出率变化
output gap:
产出缺口:
estimates of
产出缺口估计
factors in changes
产出缺口变化的因素
in Federal Reserve reaction function
联邦储备反应函数中的产出缺口
forecasts of changes in
对产出缺口变化的预测
measure of time variation in
产出缺口中的时间变化测度
measures of
产出缺口的测度
optimal
最优的产出缺口
in reaction functions
反应函数中的产出缺口
real-balance effects
实际余额效应
relationship to inflation
与通货膨胀的关系
relationship to real marginal costs
与实际边际成本的关系
responses to variations in
对产出缺口变化的反应
in Taylor rule
泰勒规则中的产出缺口
in United States
美国的产出缺口
output-gap stabilization:
产出缺口稳定性:
choice of policy
产出缺口稳定性的政策选择
as goal
以产出缺口稳定为目标
losses from
产出缺口稳定导致的损失
as optimal policy
把产出缺口稳定作为最优政策
relative to previous period
与以前期间的关系
representative-household utility flow
代表性家庭的效用流动性

trade-offs with price stability
与物价稳定的权衡
overnight interest rates. *See also* federal funds rate
隔夜利率，*亦见*联邦基金利率

P

perfect competition, in general-equilibrium models
一般均衡模型中的完全竞争
perfect-foresight equilibrium:
完全预见均衡：
in basic neo-Wicksellian model
新威克塞尔基本模型中的完全预见均衡
with monetary targeting
以货币量为目标的完全预见均衡
with transactions frictions
具有交易摩擦的完全预见均衡
Phelps, Edmund S.
费尔普斯，埃德蒙德
Phillips curve:
菲利普斯曲线：
expectations-augmented
附加预期的菲利普斯曲线
New Classical
新古典菲利普斯曲线
See also New Keynesian Phillips curve
*亦见*新凯恩斯主义菲利普斯曲线
Pigou, Arthur C.
庇古，阿瑟 C.
Plosser, Charles I.
普罗索，查尔斯 I.
policy rules:
政策规则：
commitment to
对政策规则的承诺
comparison to discretionary optimization
与相机抉择最优化的比较
current approaches
当前政策规则
differences among
各种政策规则的不同
direct
直接的政策规则
fiscal policy
财政政策
forms
政策规则形式
importance of
政策规则的重要性
meaning
有意义的政策规则
money supply
货币供给
optimal
最优政策规则
optimal state-contingent instrument path
最优的状态依存工具路径
proposals
政策规则方案
public understanding of
公众对政策规则的理解
resistance of central bankers to
中央银行家对政策规则的反对
role of models in
政策规则中模型的作用
in simple models
简单模型中的政策规则
use of
政策规则的使用
See also inflation-targeting rules; instrument rules; interest-rate rules; optimal policy rules; targeting rules
*亦见*通货膨胀目标规则；工具规则；利率规则；最优政策规则；目标规则
Polle, William
波尔，威廉
Portier, Franck
波特尔，弗兰克
predetermined expenditure models:
预先确定的支出模型：
Amato-Laubach model
阿马托-劳巴克模型
delayed price changes in
预先确定的支出模型中的滞后价格变化
effects of interest-rate innovations
利率革新的影响
extension of basic neo-Wicksellian model
新威克塞尔基本模型的扩展
Giannoni-Woodford model
詹诺尼-伍德福德模型
impulse responses to shocks

对冲击的脉冲反应
optimal policy rules for
预先确定的支出模型的最优政策规则
quantitative
预先确定的支出数量模型
rational-expectations equilibria in
预先确定的支出模型中的理性预期均衡
real marginal cost functions in
预先确定的支出模型中的实际边际成本函数
Rotenberg-Woodford model
罗特伯格-伍德福德模型
with staggered pricesetting
存在交错定价的预先确定的支出模型
Taylor rules in
预先确定的支出模型中的泰勒规则
variable-capital model
可变资本模型
preferences over differentiated goods:
对有差异商品的偏好:
with asymmetric disturbances
扰动不对称时对有差异商品的偏好
Dixit-Stigliz; Kimball
迪克西特-斯蒂格利茨，金柏
Prescott，Edward C.
普雷斯科特，爱德华 C.
Preston，Bruce
普雷斯顿，布鲁斯
price dispersion:
价格离散:
absence of
缺乏价格离散
distortions associated with
与价格离散有关的扭曲
eliminating
消除价格离散
with price indexation
价格指数化情况下的价格离散
relationship to inflation rate
与通货膨胀率的关系
price distortions:
价格扭曲:
losses from
价格扭曲造成的损失
relative
相对价格扭曲
inflation and
通货膨胀与价格扭曲
sticky prices and
价格黏性与价格扭曲
price indexation:
价格指数化:
in Christiano-Eichenbaum-Evans model
Christiana-Eichenbaum-Evans 模型
inflation dynamics
通货膨胀动态
inflation measures used
用价格指数化来计量通货膨胀
loss function implied by
运用价格指数化的损失函数
optimal policies with
价格指数化情况下的最优政策
price dispersion and
价格离散与价格指数化
in quantitative models
数量模型中的价格指数化
in staggered pricesetting models
交错定价模型中的价格指数化
price indices:
价格指数:
asymmetric
不对称的价格指数
in basic neo-Wicksellian model
新威克塞尔基本模型中的价格指数
choice of
价格指数选择
price-level drift
价格水平漂移
price-level rules:
价格水平规则:
determinacy of equilibrium under
价格水平规则下的确定性均衡
optimality of
价格水平规则的最优化
See also Wicksellian interest-rate rule
亦见 威克塞尔利率规则
prices:
价格:
based on old information
基于过去信息的价格
expectations of dynamics
价格的动态预期
factors in equilibrium

均衡价格要素
factors in level variations
价格水平变化的要素
flexible
可变价格
of imports
进口价格
impulse response to nominal spending growth
对名义支出增长的脉冲反应
with large distortions
有重大扭曲的价格
markups
价格加成
menu costs of changes
价格变化的菜单成本
optimal pricesetting with flexible prices
可变价格的最优定价
optimal pricesetting with sticky prices
价格具有黏性时的最优定价
optimal relative
最优相对价格
ratio to unit labor costs in United States
美国的价格与单位劳动成本比
relative
相对价格
See also delayed price changes; inflation; staggered pricesetting; sticky prices; strategic complementarity in pricesetting
*亦见*滞后的价格变化；通货膨胀；交错定价；黏性价格；定价中的战略互补
price stability:
价格稳定：
allocation of resources under
价格稳定下的资源配置
asymmetric
不对称的价格稳定
choice of index
指数选择
distortions eliminated by
通过稳定价格消除扭曲
efficient natural rate of output and
有效率的自然产出与价格稳定
feasibility of
价格稳定的可行性
as goal
以价格稳定为目标
long-run
长期价格稳定
measures of
价格稳定的测度
reasons for deviations from
偏离价格稳定的原因
with sticky wages
具有工资黏性的价格稳定
trade-offs with output-gap stabilization
与产出缺口稳定的权衡
with transactions frictions
具有交易摩擦时的价格稳定
wage stability goal and
工资稳定目标和价格稳定
See also inflation
*亦见*通货膨胀
private-sector expectations. *See* expectations
私人部门预期，*见*预期
production functions:
生产函数：
gross-output
总产出生产函数
value-added
增值的生产函数
purely forward-looking policies:
完全前瞻性的政策：
comparison to optimal policy
与最优政策的比较
current
当前的完全前瞻性政策
disadvantages
完全前瞻性的政策的不足
inflation-targeting rules
通货膨胀目标规则
Taylor rules
泰勒规则
pure targeting rules
纯目标规则

Q

quantitative models of U. S. monetary transmission mechanism:
美国货币传导机制的数量模型：
Amato-Laubach model
阿马托-劳巴克模型
Boivin-Giannoni model

布瓦万-詹诺尼模型
Christiano-Eichenbaum-Evans model
克瑞斯汀娜-艾肯鲍姆-埃文斯模型
Giannoni-Woodford model
詹诺尼-伍德福德模型
Smets-Wouters model
斯麦茨-沃特斯模型
See also Rotenberg-Woodford model
亦见罗特伯格-伍德福德模型
quantity theory of money
货币数量理论

R

Ramey，Valerie A.
雷米，瓦莱利 A.
rational-expectations equilibria（r. e. e.）:
理性预期均衡（r. e. e）:
in cashless economy
无现金经济中的理性预期均衡
convergence to
向理性预期均衡收敛
correspondence to self-consistent equilibrium
与一致性均衡相符
determinacy
确定性理性预期均衡
E-stability of
理性预期均衡的 E-稳定
with exogenous interest-rate targets
具有外生利率目标的理性预期均衡
global multiplicity
全局多重理性预期均衡
inflation processes in
理性预期均衡中的通货膨胀过程
with money-growth rules
带有货币增长规则的理性预期均衡
representative-household utility function in
理性预期均衡中的代表性家庭的效用函数
with targeting rules
目标规则与理性预期均衡
Taylor rules and
泰勒规则与理性预期均衡
with transactions frictions
具有交易摩擦的理性预期均衡
Wicksellian interest-rate rule and
威克塞尔利率规则与理性预期均衡
rational-expectations models
理性预期模型
RBC models. See real-business-cycle（RBC）models
RBC 模型，见实际经济周期（RBC）模型
reaction functions:
反应函数:
associated with optimal policies
最优政策的反应函数
expectations-based
基于预期的反应函数
of Federal Reserve
联邦储备的反应函数
fundamentals-based
基于基本原理的反应函数
implementation of targeting rules and
目标规则执行与反应函数
of inflation-targeting central banks
通货膨胀目标制中央银行的反应函数
lagged variables in
反应函数中的滞后变量
partial-adjustment dynamics
部分调整动态
specification of
反应函数的说明
Taylor rule as
作为反应函数的泰勒规则
real-balance effects:
实际余额效应:
on aggregate demand
实际余额对总需求的影响
in basic neo-Wicksellian model
新威克塞尔模型中的实际余额效应
deflation and
通货紧缩与实际余额效应
effects on impact of shocks
对冲击影响的作用
evidence of
实际余额效应的证明
on inflation
实际余额对通货膨胀的影响
and natural rate of output
实际余额效应与自然产出率
on output gap
实际余额对产出缺口的影响
sizes
实际余额规模

with Taylor rules
带有泰勒规则的实际余额效应
See also real money balances
亦见实际货币余额
real-business-cycle (RBC) models:
实际经济周期（RBC）模型：
causes of interest-rate variation
利率变动的原因
consequences of short-run fluctuations in economic activity
经济活动短期波动产生的结果
as descriptions of optimal policy regime
作为最优政策制度的描述
effects of disturbances on output
对产出扰动的影响
equilibrium in
实际经济周期模型中的均衡
prices in
实际经济周期模型中的价格
sticky prices included in
实际经济周期模型中黏性价格
real marginal costs:
实际边际成本：
in basic neo-Wicksellian model
新威克塞尔基本模型中的实际边际成本
in basic sticky-price model
基本黏性价格模型中的实际边际成本
in Calvo staggered pricesetting model
卡尔沃交错定价模型中的实际边际成本
elasticity of
实际边际成本弹性
evolution of
实际边际成本变化
impulse response to shocks
对冲击的脉冲反应
long-run average
长期平均实际边际成本
relationship to output
与产出的关系
relationship to output gap
与产出缺口的关系
in Rotenberg-Woodford model
罗特伯格-伍德福德模型中的实际边际成本
with staggered pricesetting
具有交错定价的实际边际成本
in sticky price models
黏性价格模型中的实际边际成本
in variable-capital model
可变资本模型中的实际边际成本
See also marginal supply costs
亦见边际供给成本
real money balances:
实际货币余额：
costs of holding
持有实际货币余额的成本
demand for
实际货币余额需求
effects of hyperinflation on
恶性通货膨胀对实际货币余额的影响
equilibrium
均衡实际货币余额
equilibrium interest rates and
均衡利率与实际货币余额
excess
超额实际货币余额
expectations of
实际货币余额预期
perfect-foresight equilibrium and
完全预见均衡与实际货币余额
returns on
实际货币余额的回报
satiation level
实际货币余额的充足水平
transactions services
交易服务
utility of
实际货币余额的效用
See also real-balance effects; transactions frictions
亦见实际余额效应；交易摩擦
real rigidities. *See also* strategic complementarity in pricesetting
实际刚性，亦见定价中的战略互补
r. e. e. *See* rational-expectations equilibria
r. e. e，见理性预期均衡
Reis, Ricardo
赖斯，李嘉图
representative-household utility
代表性家庭效用
See also preferences over differentiated goods; welfare criterion, utility-based
亦见对有差异商品的偏好；基于效用的福利

标准
Reserve Bank of New Zealand
新西兰储备银行
Roberts，John M.
罗伯茨，约翰 M.
robustly optimal policy：
最优政策：
conditions for
最优政策的条件
direct rules
直接规则
existence of
最优政策的存在性
with inflation inertia
具有通货膨胀惯性的最优政策
inflation-targeting rules
通货膨胀目标规则
interest-rate rules
利率规则
responses to output gap variations
对产出缺口变化的反应
target criteria
目标标准
targeting rules
目标规则
time-invariance property
时变性质
Rogoff，Kenneth
罗戈夫，肯尼斯
Romer，David
罗默，大卫
Rotemberg，Julio J.
罗特伯格，胡里奥 J.
Rotemberg-Woodford model：
罗特伯格-伍德福德模型：
aggregate-supply relations in
罗特伯格-伍德福德模型中的总供给关系
impulse responses to shocks
对冲击的脉冲反应
parameter values in
罗特伯格-伍德福德模型中的参数值
predicted responses to shocks
对冲击的预计反应
production function in
罗特伯格-伍德福德模型中的生产函数
real marginal cost function in
罗特伯格-伍德福德模型中的实际边际成本函数
variability constraint in
罗特伯格-伍德福德模型中的可变约束
variability of natural rate of interest and
自然利率的可变性与 Rotemberg-Woodford 模型
weaknesses of
罗特伯格-伍德福德模型的弱点
Rudebusch，Glenn D.
鲁迪布什，格兰 D.
rule-based policymaking. See policy rules
基于规则的政策决策，见政策规则

S

Sargent，Thomas J.
萨金特，托马斯
Sargent-Wallace property
萨金特-华莱士性质
Sbordone，Argia M.
斯波唐恩，阿齐亚 M.
s. c. e. See self-consistent equilibrium
s. c. e，见一致性均衡
Schmitt-Grohé，Stephanie
sectoral asymmetries
部门不对称性
self-consistent constraints
一致性约束
self-consistent equilibrium (s. c. e.)：
一致性均衡 (s. c. e)：
correspondence to rational-expectations equilibrium
与理性预期均衡的一致性
E-stability of
一致性均衡的 E-稳定
global stability of
一致性均衡的全局稳定
iterative E-stability of
一致性均衡的重复 E-稳定
local stability of
一致性均衡的局部稳定
self-fulfilling deflations
自我实现的通货紧缩
self-fulfilling expectations
自我实现的预期
self-fulfilling inflations

自我实现的通货膨胀
shocks:
冲击:
delayed effects of
冲击的滞后效应
demand
需求冲击
discretionary optimization responses to
对冲击的最优相机抉择反应
effects of delayed price changes
价格变化滞后的影响
effects on expectations
冲击对预期的影响
effects on natural rate of interest
对自然利率的影响
effects on natural rate of output
对自然产出率的影响
effects under a money-growth rule
在货币增长规则下的冲击影响
inefficient supply
无效率供给冲击
interest-rate
利率冲击
large
巨大冲击
to natural rate of interest
对自然利率的冲击
nominal
名义冲击
optimal responses to
对冲击的最优反应
persistence of effects
冲击影响的持续性
persistence of effects with sticky wages
具有黏性工资的冲击影响持续性
reactions of money supply
对货币供给冲击的反应
technology
技术冲击
types
冲击类型
See also asymmetric shocks; cost-push shocks; impulse responses to shocks
*亦见*不对称冲击；成本推动冲击；对冲击的脉冲反应
shoe-leather costs. *See also* transactions frictions
系鞋带成本，*亦见*交易摩擦
short-run aggregate-supply (SRAS) curve
短期总供给（SRAS）曲线
Sidrauski-Brock model
西德罗斯基-布洛克模型
Smets, Frank
斯麦茨，弗兰克
SRAS. *See* short-run aggregate-supply (SRAS) curve
SRAS，*见*短期总供给曲线（SRAS）
Stability and Growth Pact (EMU)
稳定与增长条约（EMU）
stabilization goals:
稳定目标:
efficient frontier
有效边界
interest rates
利率稳定目标
loss functions
损失函数
output
产出稳定目标
recent
近期的稳定目标
target variables
目标变量
trade-offs among
稳定目标之间的权衡
wage inflation
工资通货膨胀
weighting
权重
welfare criterion
福利标准
See also inflation-targeting rules; optimal policy rules; output-gap stabilization; price stability
*亦见*通货膨胀目标规则；最优政策规则；产出缺口稳定；价格稳定
staggered pricesetting:
交错定价:
in basic neo-Wicksellian model
新威克塞尔基本模型中的交错定价
effects on overall price level
交错定价对总体价格水平的影响
in predetermined expenditure model

预先确定支出模型中的交错定价
in quantitative models
数量模型中的交错定价
in Rotemberg-Woodford model
罗特伯格-伍德福德模型中的交错定价
See also strategic complementarity
*亦见*战略互补
staggered pricesetting models:
交错定价模型：
contract multiplier in
交错定价模型中的合约乘数
delayed price changes in
交错定价模型中的滞后价格变化
effects on impact of shocks
对冲击影响的作用
effects on persistence of shock effect
对冲击效应持续性的作用
frequency of adjustments in
交错定价模型中的调整频率
loss function in
交错定价模型中的损失函数
price indexation in
交错定价模型中的价格指数化
representative-household utility in
交错定价模型中的代表性家庭效用
variable-capital model
可变资本模型
See also Calvo staggered pricesetting model
*亦见*卡尔沃交错定价模型
staggered wagesetting, in quantitative models
数量模型中的交错工资定价
staggered wagesetting model:
交错工资定价模型：
aggregate-supply relations in
交错工资定价模型中的总供给关系
differentiated labor inputs in
交错工资定价模型中的有差异劳动投入
equilibrium wage dynamics in
交错工资定价模型中的均衡工资动态
evolution of wage index in
交错工资定价模型中的工资指数变化
labor demand in
交错工资定价模型中的劳动需求
labor supply in
交错工资定价模型中的劳动供给
optimal policy for
交错工资定价模型的最优政策
optimal wages in
交错工资定价模型中的最优工资
prices in
交错工资定价模型中的价格
wagesetting in
交错工资定价模型中的工资定价
See also Amato-Laubach model; sticky wages
亦见 Amato-Laubach 模型；黏性工资
state-dependent pricing models
状态依存定价模型
sticky price model, basic:
基本黏性价格模型：
aggregate demand in
黏性价格模型中的总需求
aggregate supply in
黏性价格模型中的总供给
consumption in
黏性价格模型中的消费
differentiated labor inputs in
黏性价格模型中有差异劳动投入
equilibrium price level in
黏性价格模型中均衡价格水平
household budget constraints in
黏性价格模型中的家庭预算约束
household portfolio decisions in
黏性价格模型中的家庭资产组合决定
intertemporal household budget constraints in
黏性价格模型中的跨期家庭预算约束
labor supply in
黏性价格模型中的劳动供给
marginal supply costs in
黏性价格模型中的边际供给成本
monopolistic competition in
黏性价格模型中的垄断竞争
optimal household behavior in
黏性价格模型中的最优家庭行为
optimal pricesetting in
黏性价格模型中的最优定价
pricesetting and endogenous output in
黏性价格模型中的定价与内生产出
with prices fixed a period in advance
价格提前固定的黏性价格模型中的
production functions in
黏性价格模型中的中的生产函数
profit function in

黏性价格模型中的利润函数
real balances abstracted from
由黏性价格模型得出的实际余额
real marginal cost function in
黏性价格模型中的实际边际成本函数
representative-household utility in
黏性价格模型中的代表性家庭效用
wages in
黏性价格模型中的工资
sticky price models:
黏性价格模型:
of Andersen
安德森黏性价格模型
with asymmetric shocks
具有不对称冲击的安德森黏性价格模型
degree of stickiness
黏性程度
demand functions in
安德森黏性价格模型中的需求函数
differentiated labor inputs in
安德森黏性价格模型中的有差异劳动投入
with flexible wages
具有可变工资的安德森黏性价格模型
general-equilibrium models
一般均衡模型
New Classical
新古典
price distortions in
安德森黏性价格模型中的价格扭曲
production functions in
安德森黏性价格模型中的生产函数
profit functions in
安德森黏性价格模型中的利润函数
real marginal cost functions in
安德森黏性价格模型中的实际边际成本函数
relative prices in
安德森黏性价格模型中的相对价格
sectoral asymmetries in
安德森黏性价格模型中的部门不对称
with some flexible prices
某些价格可变的安德森黏性价格模型
variable-capital model
可变资本模型
See also Calvo staggered pricesetting model; staggered pricesetting models
亦见卡尔沃交错定价模型；交错定价模型
sticky prices:
黏性价格:
adjustments of
黏性价格的调整
allocation of resources and
资源分配与黏性价格
comparison to sticky wages
与黏性工资的比较
effects on impact of shocks
对冲击影响的作用
evidence for
黏性价格的证明
factors in increases of
黏性价格增加的因素
frequency of adjustments
黏性价格调整的频率
investment demand with
具有价格黏性的投资需求
in models
模型中的黏性价格
optimal policy for
黏性价格的最优政策
output gap and
产出缺口与黏性价格
price distortions and
价格扭曲与黏性价格
price indices
价格指数
See also staggered pricesetting
亦见交错定价
sticky wages:
黏性工资:
adjustments of
黏性工资的调整
aggregate-supply relations and
总供给关系与黏性工资
in Amato-Laubach model
阿马托-劳巴克模型中的黏性工资
in Christiano-Eichenbaum-Evans model
克瑞斯汀娜-艾肯鲍姆-埃文斯模型中的黏性工资
comparison to sticky prices
与黏性价格的比较
consequences of
黏性工资的重要性
contract multiplier

合约乘数
criticism of hypothesis
关于假设的批评
degree of stickiness
黏性程度
effects on impact on shocks
对冲击影响的作用
factors in increases of
黏性工资增加的因素
frequency of adjustments
调整的频率
in Giannoni-Woodford model
詹诺尼-伍德福德模型中的黏性工资
impulse response to shocks
对冲击的脉冲反应
in models
模型中的黏性工资
optimal policy for
黏性工资的最优政策
price stabilization with
具有黏性工资时的价格稳定性
in quantitative models
数量模型中的黏性工资
relative stickiness
相对黏性
strategic complementarity
战略互补
See also staggered wagesetting model
亦见交错工资定价模型
Stigliz，Joseph E.
斯蒂格利茨，约瑟夫
Stockholm school. *See also* Wicksell，Knut
斯德哥尔摩学院，亦见威克塞尔，纳特
stock market
股票市场
strategic complementarity in pricesetting：
定价中的战略互补：
with common factor markets
一般要素市场中的定价战略互补
and effects of variation in nominal spending
定价战略互补与名义支出变化的影响
and persistence of shock effects
定价战略互补与冲击影响的持续性
and slope of Phillips curve
定价战略互补与菲利普斯曲线斜率
input-output structure of economy and
经济的投入产出结构与定价战略互补
markup variation and
价格加成变化与定价战略互补
sources of
定价战略互补的来源
with specific factor markets
特殊要素市场的定价战略互补
staggered pricesetting and
交错定价与定价战略互补
strategic complementarity in wagesetting
工资定价中的战略互补
strategic substitutes
战略替代
strict inflation targeting
严格的通货膨胀目标制
structural models
结构模型
structural VAR literature
有关结构 VAR 的文献
Summers，Lawrence
萨默斯，劳伦斯
superinertial interest-rate rules：
超惯性利率规则：
as optimal policy
作为最优政策的超惯性利率规则
Sutherland，Alan
萨瑟兰德，艾伦
Svensson，Lars E. O.
斯文森，拉尔斯 E. Q.
Swedish Riksbank
瑞典银行

T

target criteria：
目标标准：
communication to public
与公众的交流
expectations-based reaction function implied by
基于预期的反应函数
fundamentals-based reaction function implied by
基于基本原理的函数
history dependence of
目标标准对过去的依赖
horizon of forecasts involved
包含的预测范围

implementation of
目标标准的执行
inflation rates
通货膨胀率
interest rates
利率
optimal
最优目标标准
output gap in
目标标准中的产出缺口
robustly optimal
强健最优目标标准
specification of
目标标准的说明
with sticky prices
具有价格黏性的目标标准
in targeting rules
目标规则中的目标标准
timelessly optimal
永久的最优目标标准
wages in
目标标准中的工资
targeting rules:
目标规则：
advantages of
目标规则的好处
definition of
目标规则的定义
feasibility of
目标规则的可行性
implementation of
目标规则的执行
inflation-forecast
通货膨胀预测
money supply
货币供给
optimal
最优的目标规则
public understanding of
公众对目标规则的理解
pure
纯目标规则
rational-expectations equilibria
理性预期均衡
robustly optimal
强健最优目标规则
timelessly optimal
永久最优目标规则
See also inflation-targeting rules; interest-rate rules; target criteria
*亦见*通货膨胀目标规则；目标标准
target variables:
目标变量：
projected evolution of
目标变量的预测变化
in Taylor rule
泰勒规则中的目标变量
taxes:
税收：
locally Ricardian rules
局部李嘉图规则
net collections
净征税
time-varying distortions
时变扭曲
See also fiscal policy
*亦见*财政政策
Taylor, John B.
泰勒，约翰
Taylor principle:
泰勒原则：
defined for inertial rules
惯性原则定义
defined when output is endogenous
产出内生时的定义
determinate equilibria and
确定性均衡与泰勒原则
econometric tests of
泰勒原则的计量检验
global validity of
泰勒原则在全球范围内的有效性
price-level rule and
价格水平规则与泰勒原则
rational-expectations equilibrium and
理性预期均衡与泰勒原则
U. S. policy and
美国政策与泰勒原则
Taylor rules:
泰勒规则：
backward-looking
后向的泰勒规则
in basic neo-Wicksellian model

新威克塞尔基本模型中的泰勒规则
in cashless economy
无现金经济中的泰勒规则
coefficients
泰勒规则系数
commitment to
承诺泰勒规则
comparison to Fed behavior
与美联储行为的比较
comparison to inflation-targeting rules
与通货膨胀目标规则的比较
comparison to optimal policy
与最优政策的比较
comparison to Wicksellian rule
与威克塞尔规则的比较
current policies using
当前政策对泰勒规则的运用
desirable features of
泰勒规则的合意特性
empirical estimates of
泰勒规则的经验估计
equilibria resulting from
来自泰勒规则的均衡
equilibrium prices and
均衡价格与泰勒规则
E-stability under
泰勒规则下的 E-稳定
forward-looking
前向泰勒规则
generalized
一般化的泰勒规则
globally unique equilibria
全局的唯一均衡
habit persistence and
习惯持续性与泰勒规则
improving upon
泰勒规则改进
inertial
泰勒规则惯性
interest-rate inertia and
利率惯性与泰勒规则
learning dynamics under
泰勒规则下的学习动态
limitations of
泰勒规则的局限性
optimal choice of
泰勒规则的最优选择
output gap in
泰勒规则中的产出缺口
with predetermined expenditure decisions
支出决策预先确定的泰勒规则
purely forward-looking
完全前瞻性的泰勒规则
rational-expectations equilibrium and
理性预期均衡与泰勒规则
real-balance effects
实际余额效应
relationship to U. S. policy
与美国政策的关系
self-fulfilling inflation under
泰勒规则下自我实现的通货膨胀
simple formulation
简单公式
specification in terms of output gap
在产出缺口方面的说明
statement of
泰勒规则报告
target variables
目标变量
in variable-capital model
可变资本模型中的泰勒规则
determinacy of equilibrium and
均衡的确定性与泰勒规则
in basic neo-Wicksellian model
新威克塞尔基本模型中的泰勒规则
in cashless economy
无现金经济中的泰勒规则
with forward-looking variants
具有前瞻性变量的泰勒规则
and interest rate inertia
泰勒规则与利率惯性
proofs of
泰勒规则的证明
technology shocks
技术冲击
time-invariant policy rules
时间不变的政策规则
timelessly optimal policy
永久的最优政策
definition of
永久最优政策的定义
design of

永久最优政策的设计
determinacy of equilibrium
确定性均衡
with inflation inertia
具有通货膨胀惯性的永久最优政策
inflation-targeting rules
通货膨胀目标规则
long-run expected inflation rates
长期的预期通货膨胀率
responses to shocks
对冲击的反应
target criteria
目标标准
targeting rules
目标规则
Taylor rule
泰勒规则
time-invariance property
时间不变的性质
time-varying distortions
时变扭曲
transactions frictions：
交易摩擦：
alternative timing convention for
不同时点的交易摩擦协定
basic neo-Wicksellian model with
存在交易摩擦的新威克塞尔基本模型
determinate equilibria
确定性均衡
equilibrium conditions
均衡条件
equilibrium prices and interest rates
均衡价格与利率
in general-equilibrium models
一般均衡模型中的交易摩擦
implementation of monetary policy with
有交易摩擦的货币政策执行
importance in monetary theory
在货币理论中的重要性
inflation targets with
有交易摩擦的通货膨胀目标
interest-rate rules with
利率规则与交易摩擦
loss function justified by
用交易摩擦来解释的损失函数
model with
存在交易摩擦的模型
natural rate of output with
存在交易摩擦的自然产出率
nominal interest rates and
名义利率与交易摩擦
optimal policy with
考虑交易摩擦的最优政策
optimizing IS-LM model
最优化的 IS-LM 模型
price-level determination with
存在交易摩擦时的价格水平决定
rational-expectations equilibrium with
有交易摩擦的理性预期均衡
representative-household utility function
代表性家庭的效用函数
welfare effects
福利效应
with Wicksellian interest-rate rule
威克塞尔利率规则中的交易摩擦
See also cashless economy；real-balance effects
*亦见*无现金经济；实际余额效应
transactions services
交易服务
transactions technology. *See also* cashless economy
交易技术，*亦见*无现金经济
Treasury Department，U. S.
美国财政部

U

unit labor costs
单位劳动成本
United Kingdom：
英国：
inflation rates in
英国通货膨胀率
interest rates in
英国利率
proposed interest-rate rule
提出的利率规则
See also Bank of England
*亦见*英格兰银行
United States：

美国：
bond-price support regime in
美国的债券价格支持机制
inflation in
美国的通货膨胀
macroeconomic instability in
美国的宏观经济不稳定性
money-demand elasticities in
美国的货币需求弹性
money supply variations in
美国的货币供给变化
output fluctuation half-life
产出波动半衰期
output gap in
美国的产出缺口
size of monetary base in
美国的基础货币规模
unit labor costs in
美国的单位劳动成本
See also federal funds rate；Federal Reserve；quantitative models of U. S. monetary transmission mechanism
亦见联邦基金利率；联邦储备；美国货币传导机制的数量模型
Taylor principle，U. S. policy and；Taylor rules，relationship to U. S. policy
美国政策与泰勒原则；泰勒规则与美国政策的关系
units of account
计算单位
Uribe，Martin
乌利贝，马丁

V

value-added production functions
增值生产函数
variable-capital model：
可变资本模型：
adjustment costs in
可变资本模型中的调整成本
aggregate demand in
可变资本模型中的总需求
aggregate supply in
可变资本模型中的总供给
capital stock equilibrium in
可变资本模型中的资本存量均衡
coefficients
系数
comparison with basic neo-Wicksellian model
与新威克塞尔基本模型的区别
equilibrium inflation dynamics in
可变资本模型中均衡通货膨胀动态
impulse response to shocks
对冲击的脉冲反应
inflation stabilization policy rules in
可变资本模型中的通货膨胀稳定政策规则
interest-rate feedback rule in
可变资本模型中的利率反馈规则
investment demand in
可变资本模型中的投资需求
IS block in
可变资本模型中的一组 IS 方程
natural rate of interest in
可变资本模型中的自然利率
natural rate of output in
可变资本模型中的自然产出率
optimal pricesetting in
可变资本模型中的最优定价
parameter values in
可变资本模型中的参数值
with predetermined expenditure decisions
支出决策预先确定的可变资本模型
predicted responses to shocks
对冲击的预计反应
producer demand curves
生产者需求曲线
real marginal cost functions in
可变资本模型中的实际边际成本函数
staggered pricesetting in
可变资本模型中交错定价
VAR models：
VAR 模型：
inflation forecasts
通货膨胀预测 VAR 模型
monetary policy in
VAR 模型中的货币政策
structural
结构 VAR 模型

Volcker，Paul
沃尔克，保罗

W

wage indexation：
工资指数化：
in Giannoni-Woodford model
Giannoni-Woodford 模型中的工资指数化
in quantitative models
数量模型中的工资指数化
wages：
工资：
avoiding declines in
避免工资下降
dispersion of
工资离散
elasticity of demand
需求弹性
equalization of
工资均等
equivalent to marginal cost of labor
与边际劳动成本相等
expectations of dynamics
动态预期
flexible
可变工资
impulse response to shocks
对冲击的脉冲反应
natural real
自然实际工资
nominal rigidity
名义刚性
stabilization of inflation as goal
把通货膨胀稳定作为目标
in sticky price models
黏性价格模型中的工资
strategic complementarity in setting
工资决定时的战略互补
See also staggered wagesetting model；sticky wages
*亦见*交错工资定价模型；黏性工资
Wallace，Neil
华莱士，尼尔
Watson，Mark W.
沃森，马克 W.
welfare criterion，utility-based
基于效用的福利标准
Wicksell，Knut
威克塞尔，纳特
advocacy of price-level targeting
提出价格水平目标制
on cumulative process
累积过程
factors in price level variations
价格水平变动的因素
natural rate of interest
自然利率
on pure credit economy
纯信用经济
Wicksellian interest-rate rule：
威克塞尔利率规则：
arguments for
对威克塞尔利率规则的论证
in cashless economy
无现金经济中的威克塞尔利率规则
comparison to Taylor rule
与泰勒规则的比较
determinacy of equilibrium under
威克塞尔利率规则下的确定性均衡
differences from current policies
与当前政策的不同
equilibrium prices and
均衡价格与威克塞尔利率规则
implementation of
威克塞尔利率规则执行
inflation processes under
威克塞尔利率规则下的通货膨胀过程
interest rates on central-bank balances
中央银行余额的利率
price-level fluctuations
价格水平波动
proposal
提案
rational-expectations equilibrium and
理性预期均衡与威克塞尔利率规则
with transactions frictions

有交易摩擦的威克塞尔利率规则
Wicksellian theory：
威克塞尔理论：
See also basic neo-Wicksellian model
亦见新威克塞尔基本模型
neo-Wicksellian monetary theory
新威克塞尔货币理论
Williams，John C.
威廉姆斯，约翰 C.
Wolman，Alexander L.
沃尔曼，亚历山大 L.
Woodford，Michael
伍德福德，迈克尔
Wouters，Raf
沃特斯，

Y

yeoman farmer model of aggregate supply
总供给的自耕农模型
Yun，Tack
恽，塔克

Z

zero interest-rate lower bound
零利率下界

译后记

本书的作者迈克尔·伍德福德教授为国内学术界所熟悉，应该是在 2005 年举办的“诺贝尔奖获得者北京论坛”期间，当时他是受邀请的主题演讲嘉宾之一，记得当时国内媒体所追逐报道的新闻重点是伍德福德教授在世界经济学家中的排名如何如何。作为享誉学界的货币经济学家，伍德福德教授已经不需要通过获奖、出版专著或者凭借各类排名来确立自己的学术地位，不过读者手中现在拿到的这本煌煌巨著由普林斯顿大学出版社于 2003 年的出版，确实称得上是近几年来经济学界的一件大事，它使得伍德福德教授在宏观经济学，尤其是货币理论与政策研究领域的声望一时无二。美联储经济学家福梅尼在一篇书评中激情洋溢地写道：“单独一本著作引起如此大的兴趣，收获如此多的赞美，实属多年难遇，这标志着这位当代最受尊崇的宏观理论家二十多年的学术努力终于达到了顶峰。”[①] 伦敦政治经济学院的古德哈特教授则感慨道，他等待这样一本著作的问世已经差不多四十年了。[②] 经济史协会（History of Economics Society）更是在 2004 年多伦多年会期间就这本书的出版召开了专题座谈会。[③]

① Formaini, R. (2005), “Book Review: Interest and Prices: Foundations of a Theory of Monetary Policy”, *Cato Journal*, 25(2): 429 - 432.

② Goodhart, C. (2004), “Book Review: Interest and Prices: Foundations of a Theory of Monetary Policy”, *Journal of Economics*, 82(2): 195 - 200.

③ 专家发言与作者回应可从伍德福德教授的个人主页 http://www.columbia.edu/~mw2230/Symposium/下载。

我们是在2002年下旬开始注意到这部著作的，它最初是作为伍德福德教授的货币理论研究生课程讲义出现，挂在网上可供自由下载。当时我们正在从事中国人民大学“985”项目“行为经济学研究和实验室建设”，需要培养和聚集一批研究力量，于是设想在中国人民大学经济学院举办“行为宏观经济学”研讨班，参加人员主要是从事这一专业方向研究的青年教师，我们的三届博士研究生、两届硕士研究生，以及其他若干对这一领域感兴趣的研究生。每周一次的研讨班实行双管齐下的思路，单周着重于经典和前沿文献的阅读，双周则着重于教师和学生原创论文的报告。为此我们需要编订一本适用于研讨班的“行为宏观经济学读本”，发现伍德福德教授的这一讲义之后，顿觉欣喜若狂，立即推荐给研讨班的同仁们。于是，这部当时尚未完成的书稿便成为了我们探索货币理论脉络、挑战宏观经济研究前沿的起点和指南。本书正式出版后，将其翻译成中文，引介给更多的国内读者，似已成为我们这个团队义不容辞的责任。

如今展现在读者面前的这部著作系统地回答了货币政策理论与实践中的一系列核心问题：指导货币政策实践的正确的理论模型应该是理性预期的动态随机一般均衡模型；货币政策的目标应该是价格水平的稳定而非产出或就业指标；评价货币政策优劣应该基于具有微观基础的社会福利函数；货币政策当局的主要任务应该是管理公众预期；（因此）货币政策应该是一种规则承诺；货币政策规则的操作工具应该是控制利率而非控制货币总量。当然，这并不是说，有关货币政策的所有问题都得到了圆满解决，货币理论就此应该“终结”。仅从理论和实践角度各举一例：名义利率变动对实体经济的长期滞后效应究竟应该如何从理论上给予解释，尚未盖棺论定；货币政策承诺的可信度与恶性通货膨胀时期适当的相机抉择，这一对矛盾如何协调也亟需从实践中寻找智慧。但无论如何，这部著作向我们展示了货币经济学的蓬勃生命力和广阔的研究前景。诚如《经济文献杂志》中的书评作者格林教授所言，这部著作既为货币理论的研究者们提供了“对话框架”，也将成为中央银行家案头必备的“圣经”。①

本书对经济学理论发展的贡献以及对货币政策制定的影响几何，尚需时间的检验，但笔者做过一个粗略的统计，宏观经济学领域的核心杂志《货币经济学杂志》2007年全年总共发表文章125篇，其中引用该书的文章竟达到24篇。这一数字的大小可以类比经济学论文引入率得到解释。根据金等人所做的最新统计②，1970—2005年间引用率最高的宏观经济学文献为卢卡斯（1988）的《论经济发展的机制》，平均每年被引用次数为98次，但要知道，这一数字涵括了41本顶级经济学杂志。在素以发表文章为学术评价标准的经济学界，一本专著的引用率能够达到如此惊人的地步，在笔者印象中已经堪与现代宏观经济学鼻祖凯恩斯的《就业、利息和货币通论》相媲美了！

面对如此重要而优秀的著作，我们的翻译团队身负的压力亦可想而知。译作

---

① Green, E. J. (2005), “A Review of Interest and Prices: Foundations of a Theory of Monetary Policy by Michael Woodford”, *Journal of Economic Literature* 43(1): 121-134.

② Kim, E. H., A. Morse, and L. Zingales(2006), “What Has Mattered to Economics Since 1970”, NBER Working Paper No. 12526.

的质量是否与原著的分量相称，是我们每译一句都在考虑的问题，以致整个翻译进程前后耗时两年有余。在这两年多的时间里，我们的研讨班也从未间断对该书各章的穿插讨论。可以说，翻译过程也是我们学习和研究的过程，呈现给读者的中译本，也凝结了参加研讨班的所有成员的劳动。翻译过程中各章分工如下：前言和第一章由江艇翻译；第二章由唐小峰和陈彦斌翻译；第三章由陈彦斌和唐小峰翻译；第四、五章由于泽翻译；第六章由刘凤良和吕辉翻译；第七章由高东明翻译；第八章由吕志华和刘凤良翻译；附录由吕志华翻译；索引由牛晓颖翻译；其他内容由刘凤良和陈彦斌翻译；张逸群通读了索引；卢莉娟参与了第二、三、七章的初校工作；全书由刘凤良和陈彦斌最后统校，胡安荣、冯丽君、顾晓波、郭强通读了全书，并提出了宝贵意见。尽管全体同仁付出了巨大的努力，错漏恐仍难避免，文中可能存在的错误由刘凤良和陈彦斌负责。读者若发现任何问题，务请与我们联系（flliu@ruc. edu. cn)，以促进本书中文版的完善。

刘凤良　陈彦斌

2009 年 10 月

Interest and Prices: Foundations of a Theory of Monetary Policy by Michael Woodford

图书在版编目（CIP）数据

利息与价格——货币政策理论基础/（美）伍德福德著；刘凤良等译.
北京：中国人民大学出版社，2010
（经济科学译丛）
ISBN 978-7-300-11661-7

Ⅰ. ①利…
Ⅱ. ①伍…②刘…
Ⅲ. ①货币理论—研究
Ⅳ. ①F820

中国版本图书馆 CIP 数据核字（2010）第 023144 号

“十三五”国家重点出版物出版规划项目
经济科学译丛
利息与价格——货币政策理论基础
迈克尔·伍德福德　著
刘凤良　陈彦斌　于　泽　江　艇 等　译
陈彦斌　刘凤良　校
Lixi yu Jiage

出版发行	中国人民大学出版社		
社　　址	北京中关村大街 31 号	**邮政编码**	100080
电　　话	010－62511242（总编室）		010－62511770（质管部）
	010－82501766（邮购部）		010－62514148（门市部）
	010－62515195（发行公司）		010－62515275（盗版举报）
网　　址	http://www.crup.com.cn		
	http://www.ttrnet.com（人大教研网）		
经　　销	新华书店		
印　　刷	涿州市星河印刷有限公司		
规　　格	185mm×260mm　16 开本	**版　　次**	2010 年 3 月第 1 版
印　　张	39 插页 2	**印　　次**	2018 年 11 月第 2 次印刷
字　　数	871 000	**定　　价**	98.00 元